INSEGNARE DOMANI
Sostegno

GRATTA L'ETICHETTA PER OTTENERE IL CODICE
DI ACCESSO GRATUITO ALLA PIATTAFORMA

INSEGNARE DOMANI DIGITALE
Erickson

Progettazione
Sofia Cramerotti
Massimo Turrini
Angela Cattoni

Editing
Serena Banal
Claudia Mandracchia
Alessio Morando
Roberta Tanzi

Impaginazione
Mirko Pau

Illustrazione di copertina
© vonviper

Copertina
Giordano Pacenza

Via del Pioppeto 24
38121 TRENTO
Tel. 0461 950690
Fax 0461 950698
www.erickson.it
info@erickson.it

ISBN 978-88-590-1092-0

a cura di

DARIO IANES E SOFIA CRAMEROTTI

INSEGNARE DOMANI

SOSTEGNO

PROVA SCRITTA

PER TUTTI I LIVELLI SCOLASTICI

Erickson

Dario Ianes

Docente ordinario di Pedagogia e Didattica Speciale all'Università di Bolzano, Corso di Laurea in Scienze della Formazione Primaria. È co-fondatore del Centro Studi Erickson di Trento, per il quale cura alcune collane, tra cui *le Guide* e *i Materiali*. Autore di vari articoli e libri e direttore della rivista «Difficoltà di Apprendimento».

Sofia Cramerotti

Psicologa dell'educazione e pedagogista, perfezionata in «Comunicazione multimediale e didattica». Si occupa di programmazione educativa individualizzata e di adattamento e semplificazione di materiali didattici. Autrice di vari articoli e libri. Svolge attività di formazione e consulenza su tematiche di carattere psicologico e educativo-didattico.

Indice

INTRODUZIONE

Un Concorso è sempre una prova importante e delicata, e mette a dura prova le proprie capacità di finalizzare in un tempo breve una preparazione che è partita da lontano e che può essersi arricchita anche di preziose esperienze sul campo.

Nel corso degli anni si sono studiate molte cose, molte sono state sperimentate, ma adesso si manifesta l'esigenza pragmatica di superare un concorso, e di farlo bene, con soddisfazione.

Dunque dobbiamo interpretare un copione non scritto da noi, ma imposto dai programmi ministeriali, e dobbiamo interpretarlo bene. In questo libro ci siamo attenuti ai contenuti del copione, studiando ogni dettaglio dei programmi, leggendo attentamente ogni parola e cercando di capire anche tra le righe ciò che il Concorso richiede. Abbiamo raccolto e scelto per voi i migliori e più completi materiali che possono servire a illustrare e organizzare cognitivamente e metacognitivamente i vari temi e argomenti.

Ma per una preparazione efficace non basta che il programma «ci sia tutto», serve anche un input metodologico alla riflessione metacognitiva e alle attività di riconcettualizzazione e organizzazione delle conoscenze.

Già nei volumi di preparazione al Concorso del 1999 sperimentammo per la prima volta una serie di aiuti metacognitivi allo studio, quali ad esempio le *mappe concettuali come organizzatori anticipati,* da un lato, delle conoscenze e, dall'altro, come valido aiuto per memorizzare grandi quantità di informazioni.

Anche oggi, così come allora, crediamo fortemente (anche supportati dai riscontri positivi di chi le ha utilizzate con successo e soddisfazione in fase di studio) nel valore qualitativo di questo strumento in grado di organizzare in modo realmente significativo, e fortemente ancorato e interconnesso, gli apprendimenti.

Dopo la fase di elaborazione del materiale, come sappiamo, serve però una fase di progettazione e realizzazione di un output efficace, ovvero la stesura di una risposta corretta e «buona» da diversi punti di vista e criteri. Il materiale presentato in questo libro aiuterà anche questa fase fondamentale della vostra preparazione.

Dovendo dunque, come abbiamo precedentemente accennato, aderire e interpretare un copione scritto da altri, dovrete essere rapidi ed efficaci, ma allo stesso tempo accurati e precisi nel «cucire» le informazioni e le conoscenze più mirate, nel coprire ogni spazio, collegare, riflettere, memorizzare e produrre parole, frasi, argomentazioni. Per superare le prove, questo è vero e innegabile, ma non basta.

Un Concorso è inevitabilmente anche *una prova con se stessi.* Un momento specifico per fare il punto delle tante cose studiate, pensate, vissute e che avete ora l'occasione di costruire in una «vostra» e originale visione di voi stessi nella vostra professione. Anche se state già lavorando come insegnanti specializzati per il sostegno, e possedete già un'abilitazione, questa è un'occasione, anche fortemente simbolica, per ripensare con orgoglio ciò che vorreste essere come insegnanti che lavorano per l'integrazione degli alunni con disabilità, un'integrazione, però, di qualità. Vi sentite, e vorreste essere, insegnanti tecnicamente all'avanguardia sulle varie strategie educative e didattiche rivolte all'alunno con disabilità, tecnici esperti dell'insegnamento-apprendimento in particolari condizioni di disabilità, come ad esempio l'autismo? Vi sentite, e vorreste essere, figure professionali che attivano le risorse educativo-didattiche dei colleghi curricolari, affiancandoli con diverse forme di compresenza inclusiva, organizzando varie forme di didattica inclusiva per la classe? Vi sentite, e vorreste essere, figure di sistema nelle dinamiche di collaborazione interistituzionale, comunitaria, attori e propulsori di processi di autosviluppo dell'inclusività scolastica, attori di una *governance* della scuola e del territorio?

Il nostro consiglio è di affrontare questo Concorso con due anime: una pragmatica e orientata in modo efficace alle necessità del programma, e una più personale, improntata a un'originale e orgogliosa identità professionale, affinché possiate coltivare sempre, anche nei momenti di più dura necessità, visioni innovative e desideri di continua evoluzione professionale.

Edgar Morin ci ricorda: «Ciò che non si rigenera, degenera», e non parla soltanto della vita di coppia…

Buono studio, quindi, e un «in bocca al lupo» a tutti voi!

Dario Ianes e Sofia Cramerotti
Trento, febbraio 2016

CONCORSO DOCENTI 2016
BANDO PER IL SOSTEGNO
NELLE SCUOLE DI OGNI ORDINE E GRADO

Si riportano di seguito le corrispondenze tra il Programma d'esame e i capitoli del manuale. Le indicazioni contenute nelle «Avvertenze generali» sono parte integrante del programma d'esame e per i contenuti si rimanda alla piattaforma che arricchisce e completa la preparazione necessaria per le prove: *Insegnare Domani Digitale – Concorso scuola 2016.*

PROGRAMMA D'ESAME

Come evidenziato dalle *Linee guida per l'integrazione scolastica degli alunni con disabilità* (2009), «un sistema inclusivo considera l'alunno protagonista dell'apprendimento qualunque siano le sue capacità, le sue potenzialità e i suoi limiti. Va favorita, pertanto, la costruzione attiva della conoscenza, attivando le personali strategie di approccio al "sapere", rispettando i ritmi e gli stili di apprendimento e "assecondando" i meccanismi di autoregolazione. Si suggerisce il ricorso alla metodologia dell'apprendimento cooperativo».

In tale prospettiva, il docente per le attività di sostegno, dalla scuola dell'infanzia alla scuola secondaria di secondo grado, deve dimostrare di assumere un ruolo centrale per favorire la progettazione educativa individualizzata che, sulla base del caso concreto e delle sue esigenze, dovrà individuare interventi equilibrati fra apprendimento e socializzazione, in stretta collaborazione con i docenti delle discipline curricolari.

Il candidato, in relazione al settore per cui concorre, deve dimostrare di possedere adeguate conoscenze e competenze con riferimento ai seguenti ambiti.

AMBITO NORMATIVO

Conoscenza del sistema normativo relativo ai diritti delle persone con disabilità, con particolare riferimento all'inclusione scolastica.

La legislazione riportata di seguito si trova all'interno del manuale nell'**ambito 1 «Normativo»** e nei **capitoli 3, 18, 26, 32, 34, 35, 36, 38, 40, 41.**

In particolare, il candidato deve dare prova di conoscere la legislazione primaria e secondaria riferita all'integrazione scolastica e le Linee Guida su disabilità, intercultura, disturbi specifici di apprendimento, autismo, con particolare riguardo al seguente excursus storico-normativo:

- art. 3 e art. 34 della Costituzione Italiana
- La «Relazione Falcucci» e la Legge 517/1977
- La Legge 5 febbraio 1992, n. 104: Legge quadro per l'assistenza, l'integrazione sociale e i diritti delle persone handicappate
- Il DPR 24 febbraio 1994: Atto di Indirizzo e coordinamento relativo ai compiti delle Unità Sanitarie in materia di alunni portatori di handicap
- Legge n. 328 dell'8 novembre 2000: Legge quadro per la realizzazione del sistema integrato di interventi e servizi sociali
- DPCM 23 febbraio 2006, n. 185: Regolamento recante modalità e criteri per l'individuazione dell'alunno come soggetto in situazione di handicap
- Legge 3 marzo 2009: Ratifica Convenzione Onu sui Diritti delle persone con disabilità
- Nota Miur del 4 agosto 2009: Linee Guida sull'integrazione degli alunni con disabilità
- Legge 8 ottobre 2010, n. 170: Norme in materia di Disturbi Specifici di Apprendimento in ambito scolastico
- Linee guida per il diritto allo studio degli alunni e degli studenti con Disturbi Specifici di Apprendimento allegate al decreto ministeriale n. 5669 del 12 luglio 2011
- Accordo in Conferenza Stato-Regioni sulle certificazioni di DSA (Intesa 25/07/2012)
- Direttiva Miur del 27 dicembre 2012: Strumenti di intervento per alunni con Bisogni Educativi Speciali e organizzazione territoriale per l'inclusione scolastica
- Circolare Miur n. 8 del 6 marzo 2013: Indicazioni operative alunni con BES
- Nota prot. n. 2563 del 22 novembre 2013: Strumenti di intervento per alunni con Bisogni Educativi Speciali. Chiarimenti
- Decreto Miur del 17.04.2013: Linee guida per la predisposizione dei protocolli regionali per le attività di individuazione precoce dei casi sospetti di DSA
- DPR 22 giugno 2009, n. 122: Regolamento recante coordinamento delle norme vigenti per la valutazione degli alunni
- Linee guida per l'accoglienza e l'integrazione degli alunni stranieri – febbraio 2014
- Circolari e Ordinanze Ministeriali su scrutini finali e istruzioni per lo svolgimento degli esami di Stato conclusivi del primo e del secondo ciclo di istruzione
- ICF: Classificazione Internazionale del Funzionamento, della Disabilità e della Salute, 2001
- Linee guida per l'autismo, approvate dalla Società Italiana di Neuropsicologia dell'Infanzia e dell'Adolescenza
- Legge 13 luglio 2015, n. 107

AMBITO PSICOPEDAGOGICO E DIDATTICO

Padronanza degli strumenti di progettazione e di osservazione/valutazione previsti dalla normativa di riferimento finalizzati a una didattica inclusiva centrata sui processi dell'apprendimento.

A tal fine, il candidato deve dare prova di possedere adeguate conoscenze di:

Bando	Capitolo
- Pedagogia speciale e didattica speciale	3, 8, 20, 24, 26, 27, 29, 36, 37
- Fondamenti generali di psicologia dell'età evolutiva	4
- Psicologia dell'apprendimento scolastico	5, 13, 14
- Psicologia della preadolescenza ed adolescenza, con riferimento allo sviluppo cognitivo, affettivo e sociale	6
Competenze pedagogico-didattiche che consentano di:	
- progettare e realizzare approcci didattici e forme efficaci di individualizzazione e di personalizzazione dei percorsi formativi in classi eterogenee per una gestione integrata del gruppo	8, 15, 16, 20, 24, 31
- utilizzare strumenti di osservazione e di valutazione degli apprendimenti e dei comportamenti	5, 7, 9, 13
- attuare modalità di interazione e di relazione educativa con gli alunni ai fini della promozione di comportamenti di prosocialità tra pari e tra membri di una comunità	4, 15, 16, 25
- conoscere i contenuti delle discipline di insegnamento e dei loro fondamenti epistemologici essenziali, promuovere processi cognitivi relativi ai nuclei essenziali delle discipline, così come delineati dalle Indicazioni nazionali per le scuole dell'infanzia e del primo ciclo di istruzione, dalle Indicazioni Nazionali per i licei e dalle Linee guida per gli istituti tecnici e professionali	8, 18, 21, 22
- utilizzare le nuove tecnologie per la promozione degli apprendimenti	17
- utilizzare modalità efficaci di coinvolgimento delle famiglie per la costruzione di percorsi educativi condivisi	19
- utilizzare strumenti di osservazione ed esperienze di mediazione per la promozione dei processi di interazione comunicativa con gli alunni disabili	4, 16, 29

Bando	Capitolo
– progettare percorsi di apprendimento finalizzati all'acquisizione di competenze	9, 10
– utilizzare strumenti compensativi e attivare misure dispensative a sostegno della mediazione didattica	7, 12, 26
– osservare, valutare e certificare competenze anche al fine di facilitare i momenti di passaggio tra i diversi ordini di scuola	9, 10, 11
– conoscere e utilizzare strumenti per l'individuazione di situazioni di rischio	3, 26, 29
– attivare positive relazioni scuola-famiglia anche per la definizione del patto di corresponsabilità educativa	19
AMBITO DELLA CONOSCENZA DELLE DISABILITÀ E DEGLI ALTRI BISOGNI EDUCATIVI SPECIALI IN UNA LOGICA BIO-PSICO-SOCIALE **Il candidato deve dimostrare di saper lavorare in ambienti scolastici inclusivi, tenendo conto di tutte le forme di diversità.**	
A tal fine, deve dar prova di conoscere	
– le diverse tipologie di disabilità e di saper utilizzare le didattiche speciali per le disabilità sensoriali, intellettive e della comunicazione	27, 28, 29, 30
in modo da:	
– conoscere il modello ICF dell'OMS (versione ICF Children and Youth Version)	1, 2, 3, 32
– osservare e valutare il funzionamento umano secondo l'approccio ICF dell'OMS	1, 2, 3, 32
– compilare e attuare i Piani Educativi Individualizzati e i Piani Didattici Personalizzati attraverso l'uso dell'ICF	32, 34
– costruire il Profilo Dinamico Funzionale	32
– attuare interventi psico-educativi nei disturbi relazionali, comportamentali e della comunicazione	28, 29, 30
– conoscere i codici comunicativi dell'educazione linguistica e del linguaggio logico e matematico al fine di utilizzare strategie di intervento metacognitivo nelle difficoltà di apprendimento (lettura, problem solving, matematica, memoria, abilità di studio)	14, 21, 22, 23, 24
– conoscere le interazioni tra componenti emotive, motivazionali e metacognitive nell'apprendimento	14, 23, 25

Bando	Capitolo
– attuare interventi organizzativi finalizzati alla partecipazione degli alunni disabili all'Esame di Stato conclusivo del primo e del secondo ciclo di istruzione (prove differenziate o equipollenti)	**32**
– favorire la partecipazione degli alunni con disabilità alle rilevazioni degli apprendimenti predisposte dall'INVALSI	**35**
– progettare interventi scolastici orientati alla vita adulta	**33**
AMBITO ORGANIZZATIVO E DELLA GOVERNANCE **Al fine di realizzare la governance dell'integrazione, il candidato deve possedere le seguenti competenze organizzative e relazionali:**	
– la promozione di una cultura inclusiva che, a partire dall'ICF, valorizzi le diversità delle persone	**3, 32**
– organizzazione di procedure finalizzate all'inclusione delle diversità nella classe e nel sistema scuola: accoglienza, integrazione, individuazione dei bisogni educativi speciali, attivazione di modalità organizzative in grado di rispondere alle esigenze di personalizzazione	**3, 20, 26, 31, 32, 34, 36**
– costruzione di un curricolo inclusivo di istituto finalizzato all'individuazione degli elementi di essenzialità accessibili a tutti gli alunni	**20**
– capacità di lavorare in gruppo con gli operatori della scuola e con le famiglie, con altri professionisti e con gli operatori dei servizi sociali e sanitari per la costruzione di partnership e alleanze e la progettazione di percorsi o di piani personalizzati	**19, 26, 28, 32, 34**
– elaborazione del Piano annuale di inclusività: modalità di raccolta dati e monitoraggio dei percorsi	**38**
– individuazione e utilizzo di indicatori per valutare la qualità dell'integrazione e la dimensione inclusiva dell'istituto scolastico ai fini dell'elaborazione del Rapporto di autovalutazione e dei successivi piani di miglioramento	**39**
– interazione con il territorio per la costruzione di reti educative	**40, 42**
– organizzazione e gestione di percorsi di alternanza scuola-lavoro	**41**
– attivazione dell'opportuna flessibilità organizzativa in funzione dell'età degli alunni e della specifica disabilità (laboratori, classi aperte, attività di compresenza, utilizzo di esperti)	**37**
– attuazione di accordi di programma tra istituzioni e tavoli di lavoro interistituzionali	**1, 2, 40**

– predisposizione e attuazione di protocolli operativi per la gestione dei servizi a favore degli alunni con disabilità	›	1, 2, 40
– conoscenza dei contesti informali di apprendimento e dell'associazionismo	›	42

AMBITO 1

AMBITO NORMATIVO

“*Tutti i cittadini hanno pari dignità sociale e sono eguali davanti alla legge, senza distinzione di sesso, di razza, di lingua, di religione, di opinioni politiche, di condizioni personali e sociali. È compito della Repubblica rimuovere gli ostacoli di ordine economico e sociale, che, limitando di fatto la libertà e l'eguaglianza dei cittadini, impediscono il pieno sviluppo della persona umana e l'effettiva partecipazione di tutti i lavoratori all'organizzazione politica, economica e sociale del Paese.*”

Art. 3, Costituzione Italiana

CAPITOLO 1

L'INTEGRAZIONE SCOLASTICA DEGLI ALUNNI CON DISABILITÀ: IL QUADRO NORMATIVO

(Salvatore Nocera)

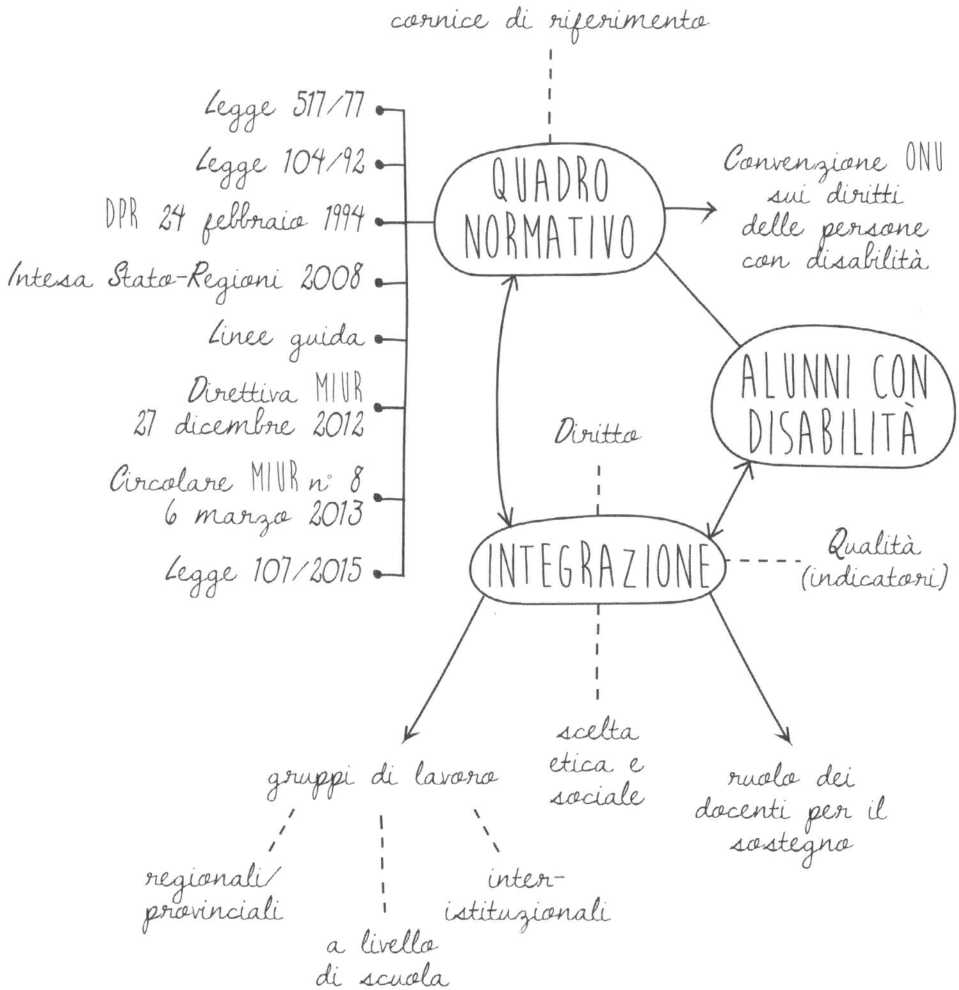

L'integrazione degli allievi con disabilità e la riforma della scuola*

Avviatosi nella metà degli anni Novanta, il processo di riforma del sistema di istruzione e di formazione, dopo oltre un decennio di travaglio, non è ancora completato e si presenta alla stregua di un «cantiere aperto», in cui l'attività procede per tempi di elaborazione lunghi; per di più, alle deliberazioni fanno seguito le revisioni, così da rendere difficile prevedere il corso del cambiamento.

La Legge di riordino del sistema scolastico, licenziata dal Parlamento nel 2003[1] come portatrice di innovazioni strutturali e radicali, ha subìto una sostanziale battuta d'arresto dopo appena tre anni, con la sospensione, in vista della modifica, di buona parte della decretazione delegata attuativa. In particolare, è stata prorogata l'entrata in vigore dei Decreti legislativi riguardanti la riforma ordinamentale e programmatica della scuola secondaria di secondo grado;[2] il rapporto tra scuola e mondo del lavoro;[3] la formazione degli insegnanti;[4] mentre è prevista la rivitalizzazione con potenziamento degli istituti tecnici e professionali.[5] Si è inoltre messo mano alla revisione dei programmi della scuola di base *(Indicazioni nazionali per i Piani di studio personalizzati nella scuola dell'infanzia, primaria e secondaria di primo grado)*;[6] si è deciso di soprassedere su alcune acquisizioni di carattere valutativo (il portfolio) e organizzativo (il docente tutor), inerenti più direttamente all'azione didattica in classe.

In un regime di transizione, lenta e a tratti «sussultoria», la principale e più innovativa norma di riferimento per la scuola rimane quella che attribuisce l'autonomia alle istituzioni scolastiche.[7] Questo caposaldo — che regolamenta la reciprocità di dialogo tra le rispettive competenze e responsabilità, dell'amministrazione centrale e delle scuole autonome — costituisce la cornice entro la quale iscrivere e interpretare il processo evolutivo in corso e il quadro di riferimento principale dei processi di innovazione.

* Questo capitolo è stato scritto da Marisa Pavone, *Il Piano educativo individualizzato,* vol. 1, 2009. L'aggiornamento dell'edizione 2016 è stato curato da Salvatore Nocera.

1 Legge 28 marzo 2003, n. 53, «Delega al Governo per la definizione delle norme generali sull'istruzione e dei livelli essenziali delle prestazioni in materia di istruzione e formazione professionale».

2 Decreto legislativo 15 aprile 2005, n. 76, «Definizione delle norme generali sul diritto-dovere all'istruzione e alla formazione, a norma dell'articolo 2, comma 1, lettera c) della Legge 28 marzo 2003, n. 53»; inoltre, Decreto legislativo 17 ottobre 2005, n. 226, «Norme generali e livelli essenziali delle prestazioni sul ciclo del sistema educativo di istruzione e formazione», ai sensi degli artt. 1, 2, 3 e 7 della Legge n. 53/2003. Il Governo ha emanato tre regolamenti e linee guida sulla riforma delle scuola secondaria di secondo grado, in particolare il DPR n. 87 del 2010 per gli istituti professionali, il DPR n. 88 del 2010 per gli istituti tecnici e il DPR n. 89 del 2010 per i Licei.

3 Decreto legislativo 15 aprile 2005, n. 77, «Definizione delle norme generali relative all'alternanza scuola-lavoro, a norma dell'articolo 4 della Legge 28 marzo 2003, n. 53».

4 Decreto legislativo 17 ottobre 2005, n. 227, «Definizione delle norme generali in materia di formazione degli insegnanti ai fini dell'accesso all'insegnamento, ai sensi dell'art. 5 della Legge n. 53 del 28 marzo 2003».

5 Legge 2 aprile 2007, n. 40, «Conversione in legge, con modifiche, del Decreto legge 31 giugno 2007, n. 7, recante misure urgenti per la tutela dei consumatori, la promozione della concorrenza, lo sviluppo di attività economiche e la nascita di nuove imprese», art. 13.

6 *Indicazioni nazionali per i Piani di studio personalizzati nella scuola dell'infanzia, primaria e secondaria di primo grado,* contenute in allegato al Decreto legislativo 19 febbraio 2004, n. 59, «Definizione delle norme generali relative alla scuola dell'infanzia e al primo ciclo dell'istruzione, a norma dell'articolo 1 della Legge 28 marzo 2003, n. 53».

7 Legge 15 marzo 1997, n. 59, «Delega al Governo per il conferimento di funzioni e compiti alle regioni ed Enti locali, per la riforma della Pubblica amministrazione e per la semplificazione amministrativa», art. 21; DPR 8 marzo 1999 n. 275, «Regolamento recante norme in materia di autonomia delle istituzioni scolastiche ai sensi dell'art. 21 della Legge 15 marzo 1997, n. 59».

Per contro, il mondo politico ha rivisitato la tradizione — tutta italiana — di affidare a una Legge finanziaria[8] la prerogativa di introdurre consistenti mutamenti nel sistema formativo: primo fra tutti l'elevamento dell'obbligo di istruzione fino all'età di 16 anni, da attuarsi nel primo biennio degli istituti secondari superiori. Tale provvedimento, realizzato con modalità sperimentali dalle scuole autonome, a partire dall'anno scolastico 2007/2008, utilizza, come quadro culturale, la *Raccomandazione europea* che definisce le competenze chiave necessarie per la cittadinanza attiva, al termine del percorso di istruzione obbligatoria. Il Ministro ha insediato un'apposita Commissione di studio e monitoraggio della sperimentazione.

Non è possibile, in questa sede, analizzare più da vicino gli articolati passaggi che sostanziano l'evoluzione in atto, interpretandone le prospettive, tanto più che non sembrano del tutto chiare neppure agli esperti del settore, come emerge dal dibattito vivace sull'assetto *in progress* della scuola presso l'opinione pubblica, i politici, i professionisti, il mondo accademico, le associazioni di famiglie e i sindacati. Indubbiamente, la transizione pone in evidenza non pochi aspetti suscettibili di ripercussioni sulla qualità del percorso formativo e dell'integrazione scolastica, sociale e lavorativa degli studenti con disabilità.

Fra i traguardi acquisiti proviamo a porre in evidenza quelli di rilievo positivo:

- la definizione del percorso di istruzione e formazione per tutti, della durata di almeno dodici anni, o comunque fino al conseguimento di una qualifica entro il diciottesimo anno di età; l'elevamento generalizzato dell'obbligo di istruzione fino a 16 anni;
- il ridimensionamento della quota nazionale dei contenuti scolastici obbligatori (20%) a favore di quella locale;
- la riaffermazione che il principio educativo e didattico prioritario per le scuole autonome è la centralità del soggetto che apprende, con la sua individualità e con la rete di relazioni che lo legano alla famiglia e ai diversi ambiti sociali, regionali ed etnici;
- la conferma dell'importanza di diffondere strategie di differenziazione didattica e metodologica e del principio di flessibilità;
- la possibilità di ingressi anticipati nella scuola dell'infanzia e primaria; la sperimentazione di cosiddette «sezioni primavera», aggregate alla scuola dell'infanzia, per i bambini al di sotto dei tre anni di età, improntate ai criteri di qualità pedagogica, flessibilità e rispondenza alle caratteristiche specifiche dell'età;
- la costituzione di un nuovo organismo a sostegno dell'autonomia delle istituzioni scolastiche e di supporto ai loro compiti di innovazione e ricerca: l'«Agenzia nazionale per lo sviluppo dell'autonomia scolastica» (che sostituisce i vecchi Istituti di ricerca nazionali – INDIRE e regionali – IRRE).

Quanto agli studenti con disabilità, la Legge di bilancio 2007 contempla sostanziali cambiamenti, prevedendo nuove procedure per determinare la consistenza degli organici dei docenti di supporto all'integrazione scolastica: in particolare, il superamento del rapporto funzionale 1:138 (un docente di sostegno ogni 138 alunni presenti a scuola),

[8] Legge 27 dicembre 2006, n. 296, «Disposizioni per la formazione del bilancio annuale e pluriennale dello Stato», pubblicata in G.U. n. 299 del 27 dicembre 2006, supplemento ordinario n. 244.

a favore di determinazioni organiche «corrispondenti alle effettive esigenze rilevate».[9] È un'impostazione radicalmente innovativa, rispetto alla quale i risvolti pratici sono da chiarificare; si tratta dell'art. 1 comma 605 lettera «b», che ha già avuto applicazione con l'Ordinanza sospensiva del Consiglio di Stato del 24 febbraio 2009, che ha aumentato le ore di sostegno proprio in forza del principio delle «effettive esigenze» dell'alunno. Un'altra significativa discontinuità con il passato è rappresentata dalle nuove modalità di identificazione della disabilità, introdotte con il DPCM n. 185/06,[10] decreto da lungo tempo atteso e immediatamente fatto oggetto di critiche al momento della sua emanazione.

Sono restate invece al palo la riforma del sistema secondario di istruzione e di formazione — che rappresenta una priorità assolutamente indilazionabile, anche in relazione all'elevamento dell'obbligo di istruzione e che va concertata con le Regioni e le istituzioni territoriali — e l'importante, altrettanto improcrastinabile, riforma della formazione degli insegnanti, curricolari e specializzati per le attività di sostegno.

Il Governo ha emanato tre regolamenti e linee guida sulla riforma della scuola secondaria di secondo grado, in particolare il DPR n. 87 del 2010 per gli istituti professionali, il DPR n. 88 del 2010 per gli istituti tecnici e il DPR n. 89 del 2010 per i Licei, fissandone l'entrata in vigore all'inizio dell'a.s. 2010/2011 ed è stato emanato il Regolamento sulla formazione iniziale dei docenti con DM n. 249 del 2010.

Alcuni esperti sottolineano che, in ambito pedagogico, troppo spesso «tutto accade come se bastasse sapere ciò che occorre fare, per farlo», al punto che molti educatori e insegnanti si domandano perché sia così difficile mettere in pratica le migliori convinzioni. In verità, la distanza tra «il dire e il fare» è strutturale al discorso educativo, «perché il progetto di educare implica il riconoscimento di una radicale impotenza sulla libertà dell'altro» (Meirieu, 1996). Una «fisiologica» discrasia, questa, che risulta più evidente quando non sembra sufficientemente chiaro nemmeno «ciò che si vuole fare», cioè la direzione da intraprendere in taluni settori strategici dell'architettura del sistema scolastico.

Un altro motivo di preoccupazione è per il fatto che il passaggio dai principi alle realizzazioni è reso più arduo dall'urgenza di adeguate politiche di sviluppo, delle quali non c'è certezza, piuttosto molti ragionevoli dubbi, se si guarda alle scelte restrittive che le ultime leggi finanziarie continuano a imporre alla scuola e agli Enti locali. I tagli di risorse operati negli ultimi anni aggravano il rischio di permanere in un regime di continua emergenza e allontanano il traguardo di garantire a tutti gli allievi diritti comuni, costanti e duraturi. Nello specifico, la Finanziaria per il 2007 prevedeva misure orientate a una convivenza presumibilmente difficile tra le dichiarazioni di principio — la valorizzazione dell'autonomia scolastica e il rilancio complessivo del sistema di

[9] Legge finanziaria per il 2007, art. 1, comma 605, lettera b, che è già stato applicato dal Consiglio di Stato con due ordinanze sospensive del 24 febbraio 2009 che, in riforma di ordinanze negative del TAR di Cagliari, hanno aumentato le ore di sostegno assegnate.

[10] Decreto del Presidente del Consiglio 23 febbraio 2006, n. 185, «Regolamento recante modalità e criteri per l'individuazione dell'alunno come soggetto in situazione di handicap, ai sensi dell'art. 35, comma 7 della legge 27 dicembre 2002, n. 289».

istruzione — e le esigenze di razionalizzazione delle risorse.[11] Ad esempio, imponeva la riduzione ulteriore degli organici dei docenti curricolari e dei collaboratori scolastici; invece il rapporto medio nazionale fra docenti per il sostegno e alunni certificati con disabilità rimaneva pienamente rispettoso del rapporto uno a due, essendo gli alunni certificati meno di 180.000 e i docenti per il sostegno poco più di 90.000 (dati ufficiali del Ministero dell'Istruzione).

Auspichiamo che ancora una volta, come è avvenuto per oltre un trentennio nella nostra tradizione scolastica, l'esigenza di corrispondere compiutamente al diritto-dovere di istruzione e di formazione per gli studenti con disabilità rappresenti un'occasione e uno stimolo a programmare e migliorare l'offerta formativa per tutti, con il coraggio di mantenere la rotta, esercitando le scelte necessarie a modulare il sistema scolastico secondo i bisogni educativi particolari e plurali di una popolazione studentesca eterogenea. In quel gioco continuo di «dare e ricevere», che sempre ha contraddistinto il rapporto fra allievi con disabilità e allievi cosiddetti normali, fra pedagogia speciale e pedagogia generale, siamo convinti che il processo di inclusione abbia molto da suggerire.

Una scelta etica e sociale irreversibile

La scelta della piena integrazione scolastica degli alunni con disabilità è stata compiuta, in Italia, negli anni Settanta, prima in forma spontanea da parte della società civile e della «scuola militante», poi dal legislatore. Gli esperti ritengono che fino all'inizio degli anni Novanta, le politiche di integrazione abbiano rappresentato una «variabile indipendente» di quelle scolastiche generali. La normativa era cioè orientata a fare breccia nel rigido tessuto del sistema scolastico, per aprirlo all'accoglienza degli alunni con disabilità; un esempio emblematico è la Legge quadro sull'handicap.[12] Una volta resa normale la presenza degli alunni portatori di deficit, le politiche scolastiche si sono orientate a considerare l'integrazione una «variabile dipendente» del sistema, cioè si sono avute sempre meno norme apposite per i disabili nella scuola e sempre più gli aspetti dell'integrazione sono stati affrontati nell'ambito delle norme generali. Questo può essere considerato «l'approdo sulle sponde della normalità di politiche sociali avviate con determinazione» e, contemporaneamente, l'avvio di una fase in cui ci si occupa prioritariamente della qualità complessiva del servizio scolastico e, al suo interno, della qualità dell'integrazione degli allievi appartenenti alle fasce deboli (Nocera, 2001).

La capillare esperienza dell'inclusione interessa, nell'a.s. 2014/15, nelle sole scuole statali, oltre 218 mila alunni e alunne certificati e le loro famiglie. Nelle scuole paritarie sono presenti oltre 12.000 alunni con disabilità. Di tutti questi alunni certificati, nell'a.s. 2014/15, gli alunni stranieri sono il 12%; nell'a.s. 2014/15 vi sono complessivamente 119.384 docenti per il sostegno di cui purtroppo ancora risultano a tempo determinato

[11] Nota di Gabinetto del Ministero della pubblica istruzione, prot. n. 136/FR del 24 gennaio 2007, «Legge finanziaria 2007. Sintesi illustrativa delle disposizioni concernenti il settore dell'istruzione».

[12] Legge 5 febbraio 1992, n. 104, «Legge quadro per l'assistenza, l'integrazione sociale e i diritti delle persone handicappate».

44.361 (dati ufficiali del Ministero dell'Istruzione) il cui numero però si riduce a seguito delle immissioni in ruolo stabilite dalla Legge n. 107 del 2015. Inoltre, tale esperienza, chiama in causa Regioni, Province, Comuni, Comunità montane e Aziende Sanitarie Locali, tenuti per legge ad assicurare i rispettivi compiti-contributi, a supporto dell'integrazione di tutti e di ciascuno.

Si può ritenere che l'integrazione scolastica nel nostro Paese sia entrata in una fase di «maturità adulta». Il bilancio dell'esperienza evidenzia molte buone prassi scolastiche, che hanno dato e danno vita a realtà e organizzazioni più che positive, anche se non mancano situazioni in cui i diritti di cittadinanza sono ancora deboli per chi vive una situazione di disabilità. Non si può ignorare che le scuole manifestino una diversa capacità di accogliere e istruire i soggetti con bisogni educativi speciali: molto alta nelle scuole dell'infanzia, piuttosto bassa nella scuola secondaria di secondo grado, dove diminuisce l'attenzione verso le singolarità degli studenti e, sul piano didattico, la disponibilità alla flessibilità. In alcuni istituti superiori (ad esempio nei professionali e negli istituti d'arte) la percentuale degli alunni con disabilità è maggiore rispetto ad altri; in generale la loro frequenza diminuisce progressivamente dal primo al quinto anno superiore. Nonostante il promettente, continuo incremento di presenze di studenti con disabilità all'Università (oltre quindicimila), le statistiche sul conseguimento di un titolo di studio confermano che i minori con deficit raggiungono per lo più traguardi medio-bassi di istruzione (oltre il 50% la licenza primaria e secondaria di primo grado; solo il 10,4% il titolo di studio superiore).[13] Dal punto di vista logistico, troppe scuole presentano ancora ostacoli strutturali all'accoglienza della popolazione scolastica portatrice di deficit: solo un quarto degli edifici scolastici è a norma, quanto ad abbattimento delle barriere architettoniche.

Pur fra luci e ombre, la prospettiva inclusiva viene considerata irreversibile: tutta l'evoluzione legislativa e normativa richiama come principio fondamentale l'integrazione delle persone in difficoltà personali, attraverso l'attivazione di interventi adeguati. L'inclusione si inquadra in un processo di cambiamento e di innovazione, anche se il confronto con la diversità ha costituito, e costituisce ancora oggi, un impatto scomodo.

La «scommessa» resta quella di imparare a guardare alla differenza e alla difficoltà in termini di risorsa e non di limite, di possibilità di conoscere nuovi modi di fare esperienza, di sperimentare nuove metodologie e modi di rapportarsi, comprendere, imparare.[14] Tutto ciò porta a un arricchimento delle forme della convivenza e della cittadinanza, che va rafforzato, in relazione a numerosi fattori:

- ai rapporti tra etica, valori e diritti, nella prospettiva della crescente attenzione mondiale al diritto di cittadinanza delle varie forme di «diversità» e al superamento di ogni forma di intolleranza. Un eccezionale riconoscimento ai diritti della popolazione in condizione di deficit è stato tributato dall'Assemblea Generale dell'Organizzazione delle Nazioni Unite (ONU), nel dicembre 2006, con l'approvazione della *Convenzione sui diritti delle persone con disabilità*. È il primo trattato del Ventunesimo secolo orientato a contrastare la condizione di discriminazione che, seppure con differenti

[13] Fonte dei dati riportati, relativi all'anno scolastico 2006/2007: ISTAT, *Istruzione e integrazione delle persone con disabilità*, pp. 4-5, in www.disabilitaincifre.it; inoltre, per un approfondimento, si veda Pavone (2004).

[14] Per un approfondimento si veda Canevaro (2006).

manifestazioni, accomuna lo status sociale delle persone disabili nei territori dei diversi continenti. L'Italia ha ratificato la Convenzione con la Legge n. 18/09;
- alla constatazione, validata dall'esperienza, che l'impegno per l'integrazione nella scuola di tutti rappresenta la strategia fondamentale per lo sviluppo, la crescita e la conquista delle autonomie da parte di ogni persona con disabilità; ma, soprattutto, costituisce la condizione fondamentale per la successiva integrazione sociale (e, se possibile, lavorativa);
- all'idea, ampiamente diffusa anche a livello europeo e internazionale, che la prassi della piena inclusione, realizzata nel nostro Paese, costituisce un valore peculiare per la scuola italiana e deve continuare a rappresentare occasione di scambio, di confronto e di reciproco incoraggiamento per innalzare la qualità della scuola e dell'integrazione;[15]
- alla considerazione, anch'essa confermata dalla ricerca, dei vantaggi che la co-educazione comporta per gli altri alunni;
- all'esperienza umana, culturale e professionale maturata da una ampia fascia di operatori scolastici, in questi ultimi decenni, che non deve andare dispersa o relegata in nuovi ambiti «speciali», ma messa a disposizione di tutta la scuola e di ogni alunno.

La cornice di riferimento

È necessario collocare il diritto all'educazione, all'istruzione e all'integrazione sempre più saldamente nell'assetto dei sistemi scolastici, formativi, lavorativi, sociali, sanitari e assistenziali, portando al centro dell'attenzione i bisogni fondamentali della persona con disabilità e dei suoi familiari, nel contesto abituale di vita e richiamando competenze e obblighi che le leggi vigenti assegnano a Regioni, Enti locali e Servizio sanitario nazionale.

In sintesi, possiamo sostenere che:
- l'integrazione degli studenti con disabilità nelle sezioni e nelle classi comuni — strutturale al processo di ridisegno del sistema scolastico e formativo — riguarda tutti gli allievi, indipendentemente dal tipo e dal livello di gravità della minorazione;
- l'integrazione va ulteriormente potenziata, garantendo la disponibilità e la valorizzazione delle risorse umane, materiali e della storia presenti, comprese quelle professionali maturate dagli operatori e quelle tecnologiche;
- è importante per il disabile partecipare alla vita della classe per apprendere. I «compiti», a diversi livelli e in relazione alle potenzialità individuali, possono essere meglio intrapresi quando si consente la «partecipazione alla cultura del compito», cioè quando si permette all'allievo di sperimentare il valore formativo di tutte le diverse discipline. Gli esperti ricordano che le istituzioni del sistema educativo, a partire da un'esplorazione delle capacità degli allievi, sono chiamate, per le prerogative dell'autonomia didattica, a trasformare i singoli obiettivi di apprendimento, in *obiettivi formativi* (art. 13 del DPR 275/99), ovvero in compiti di apprendimento realmente significativi e accessi-

[15] Si veda ad esempio, le riflessioni conclusive del progetto internazionale INCLUES, presentate da Lucia de Anna durante la conferenza su: «Le buone prassi per l'integrazione e l'inclusione», Roma, 22 e 23 settembre 2006 e dalla stessa riassunte in *L'integrazione scolastica e sociale*, n. 6/1, febbraio 2007, pp. 9-26.

bili ai ragazzi che hanno dinanzi, e dopo, alla fine delle attività educative e didattiche intraprese e programmate, in *competenze* che è loro dovere certificare. In generale, la riflessione pedagogica e soprattutto l'esperienza insegnano che la possibilità di essere presenti in modo significativo nei normali contesti di vita, di scuola e di lavoro, permette ai soggetti con disabilità sviluppi impensabili e inattesi, ma fondamentali per la conquista di ulteriori autonomie;
- le capacità progettuali degli operatori e la progettualità delle proposte educative e didattiche devono rappresentare sempre più risorse e strumenti ordinari di intervento (Ianes, 2006), così come la flessibilità dell'organizzazione scolastica, la personalizzazione dei curricoli formativi, l'abitudine a una valutazione rilevante in positivo, che certifichi le competenze (anche minime) concretamente acquisite, sulle quali costruire i successivi traguardi;
- è necessario che la differenziazione dei percorsi formativi (non solo per gli allievi con disabilità) trovi ancoraggi costanti con la programmazione di tutta la classe e, in generale, con il principio di integrazione cooperativa: individualizzazione dell'insegnamento non è infatti sinonimo di insegnamento individuale;
- è importante individuare raccordi di rete — orizzontali e/o verticali — fra tutti i soggetti istituzionali, professionali ma anche «grezzi», che debbono o possono contribuire al raggiungimento dell'obiettivo della piena integrazione sociale, per ciascun individuo. La persona con disabilità trascorre nella scuola solo alcune ore al giorno, non per l'intero anno solare e vive in strutture educative e formative solo per alcuni anni della sua vita; la prospettiva complessiva deve essere quella di avere cura di tutto l'arco dell'esistenza, nel rispetto delle scelte personali, familiari, culturali e sociali dell'interessato.

Il quadro normativo

Il quadro normativo nel quale collocare — in continuità con l'esperienza maturata — il processo di integrazione scolastica degli alunni e delle alunne con disabilità fa riferimento ai provvedimenti legislativi o amministrativi indicati nella tabella 1.1, i cui testi integrali dovrebbero essere a disposizione presso ogni singolo istituto, per diventare oggetto di analisi, riflessione e proposta, nell'interesse del servizio formativo nel suo insieme e di ogni destinatario degli interventi educativi e didattici. Non si tratta di suggerire sofisticate letture giuridiche, quanto di incoraggiare un «approccio» alle norme secondo un'ottica pedagogica, per individuare spazi concreti di intervento che meglio possano rispondere a situazioni e bisogni peculiari.

Prima di entrare nel merito di alcuni provvedimenti che hanno stretta attinenza con il lavoro quotidiano di dirigenti scolastici e insegnanti, desideriamo richiamare l'attenzione su aspetti più generali, destinati tuttavia a influire fortemente sul processo di integrazione degli alunni e delle alunne in difficoltà. Riteniamo fondamentale ribadire il principio che il complesso delle disposizioni si orienti a riconoscere e sostenere comunque sempre, in linea di principio — pur nel rispetto dell'età evolutiva e delle condizioni personali — il protagonismo nelle scelte scolastiche, culturali e sociali da parte della persona con disabilità e della sua famiglia; la sua legittima aspirazione a diventare adulto e a rimanere inserito nell'ambiente. Nel processo di integrazione, la qualità del risultato si costruisce attraverso la qualità del processo.

TABELLA 1.1

L'integrazione scolastica degli allievi con disabilità. Quadro normativo

Legislazione nazionale di riferimento
– Sentenza della Corte Costituzionale del 3 giugno 1987, n. 215 – Legge 5 febbraio 1992, n. 104, «Legge quadro per l'assistenza, l'integrazione sociale e i diritti delle persone handicappate» – DPR 24 febbraio 1994, «Atto di indirizzo e coordinamento relativo ai compiti delle Unità sanitarie locali in materia di alunni portatori di handicap» – Decreto legislativo 16 aprile 1994, n. 297, «Testo unico delle disposizioni legislative in materia di istruzione» – DPR 23 luglio 1998, n. 323, «Regolamento recante disciplina degli esami di Stato conclusivi dei corsi di studio di istruzione secondaria superiore» – Legge 10 marzo 2000, n. 62, «Norme per la parità scolastica e disposizioni sul diritto allo studio e all'istruzione» – Legge n. 62 del 2000 recante norme sulla parità scolastica – Legge costituzionale 18 ottobre 2001, n. 3, «Modifiche al titolo V della parte seconda della Costituzione» – Legge 28 marzo 2003, n. 53, «Delega al Governo per la definizione delle norme generali sull'istruzione e dei livelli essenziali delle prestazioni in materia di istruzione e formazione professionale» – Decreto legislativo 19 febbraio 2004, n. 59, «Definizione delle norme generali relative alla scuola dell'infanzia e al primo ciclo di istruzione, a norma dell'articolo 1 della legge 28 marzo 2003, n. 53» – Decreto legislativo 19 novembre 2004, n. 286, «Istituzione del Servizio nazionale di valutazione del sistema educativo di istruzione e di formazione, nonché riordino dell'omonimo istituto, a norma degli articoli 1 e 3 della legge 28 marzo 2003, n. 53» – Legge 9 gennaio 2004, n. 4, «Disposizioni per favorire l'accesso dei soggetti disabili agli strumenti informatici» – Legge 20 febbraio 2006, n. 95, «Nuova disciplina in favore dei minorati auditivi» – Decreto del Presidente del Consiglio 23 febbraio 2006, n. 185, «Regolamento recante modalità e criteri per l'individuazione dell'alunno come soggetto in situazione di handicap, ai sensi dell'art. 35, comma 7 della legge 27 dicembre 2002, n. 289» – Legge 1 marzo 2006, n. 67, «Misure per la tutela giudiziaria delle persone con disabilità vittime di discriminazioni» – Legge 11 gennaio 2007, n. 1, «Disposizioni in materia di esami di Stato conclusivi dei corsi di studio di istruzione secondaria superiore e delega al Governo in materia di raccordo tra la scuola e le università» – Legge 2 aprile 2007, n. 40, «Conversione in legge, con modifiche, del Decreto legge 31 giugno 2007, n. 7, recante misure urgenti per la tutela dei consumatori, la promozione della concorrenza, lo sviluppo di attività economiche e la nascita di nuove imprese», art. 13 (potenziamento degli istituti tecnici e professionali) – DPR n. 89/09 «Riforma del primo ciclo di istruzione» – DPR n. 87 del 2010 per Istituti Professionali – DPR n. 88 del 2010 per gli Istituti Tecnici – DPR n. 89 del 2010 per i Licei – Legge n. 122 del 2010, art. 9 comma 15 applicativo della sentenza della Corte Costituzionale n. 80 del 2010 – Legge n. 170 del 2010 sugli alunni con DSA – Decreto MIUR del 17.04.2013: Linee guida per la predisposizione dei protocolli regionali per le attività di individuazione precoce dei casi sospetti di DSA – Accordo in Conferenza Stato-Regioni sulle certificazioni di DSA (Intesa 25/7/2012) – Direttiva Ministeriale del 27/12/2012 sui BES e successiva Nota di chiarimento prot. N. 2563 del 22 novembre 2013 – Circolare MIUR n. 8 del 6 marzo 2013. Indicazioni operative per l'inclusione dei BES – Legge n. 128 del 2013 recante misure urgenti in materia di istruzione, università e ricerca – Legge n. 107 del 2015 di riforma della scuola

Autonomia delle istituzioni scolastiche
– Legge 15 marzo 1997, n. 59, «Delega al Governo per il conferimento di funzioni e compiti alle regioni ed Enti locali, per la riforma della Pubblica Amministrazione e per la semplificazione amministrativa», art. 21 – Decreto Legislativo 6 marzo 1998, n. 59, «Disciplina della qualifica dirigenziale dei capi di istituto delle istituzioni scolastiche autonome» – Decreto del Presidente della Repubblica 18 giugno 1998, n. 233, «Regolamento recante norme per il dimensionamento delle istituzioni scolastiche e per la determinazione degli organici funzionali dei singoli istituti» – Decreto del Presidente della Repubblica 8 marzo 1999, n. 275, «Regolamento recante norme in materia di autonomia delle istituzioni scolastiche, ai sensi dell'art. 21 della legge 15 marzo 1997, n. 59»
Arricchimento e ampliamento dell'offerta formativa
– Legge 18 dicembre 1997, n. 440, «Istituzione del Fondo per l'arricchimento e l'ampliamento dell'offerta formativa e per gli interventi perequativi» – Legge 22 marzo 2000, n. 69, «Interventi finanziari per il potenziamento e la qualificazione dell'offerta di integrazione scolastica degli alunni con handicap» – Direttiva Ministeriale del 3 aprile 2006, n. 33, ai sensi dell'art. 2 della legge 18 dicembre 1997, n. 440, «Individuazione degli interventi prioritari e criteri generali per la ripartizione delle somme, le indicazioni sul monitoraggio, il supporto e la valutazione degli interventi stessi», in tema di arricchimento e ampliamento dell'offerta formativa e di interventi perequativi – Nota 30 agosto 2006, prot. n. 7705, «Finanziamento dei piani dell'offerta formativa e di formazione e aggiornamento delle istituzioni scolastiche, in applicazione della Legge n. 440/1997 e della direttiva attuativa n. 33 del 3 aprile 2006 – Esercizio finanziario 2006» – Nota MIUR n. 2805 del 2015 recante indicazioni per la formulazione del PTOF
Diritto-dovere di istruzione e formazione
– Legge 28 marzo 2003, n. 53, «Delega al Governo per la definizione delle norme generali sull'istruzione e dei livelli essenziali delle prestazioni in materia di istruzione e formazione professionale», art. 2, comma c) (elevamento dell'obbligo formativo fino ai 18 anni) – Legge 27 dicembre 2006, n. 296, «Disposizioni per la formazione del bilancio annuale e pluriennale dello Stato» (Legge finanziaria per il 2007), art. 1, comma 622 (innalzamento dell'obbligo di istruzione per un arco temporale di almeno dieci anni) – Nota 21 dicembre 2006, prot. N. 11699, «Reiterazione della frequenza di corsi di studio di pari livello» per studenti disabili – Parere del Consiglio di Stato – Direttive USR Puglia dell'11 settembre 2008 e USR Sicilia dell'8 gennaio 2009 «Divieto di utilizzo per supplenze di docenti di sostegno» – Circolare Ministeriale 04/09 «Iscrizione a.s. 2009/2010» – Sentenza TAR Puglia 25 giugno 2009 riconosciuto il risarcimento del «danno esistenziale» per la riduzione di ore di sostegno
Giurisprudenza sull'integrazione scolastica
– Ordinanze del 24 febbraio 2009, ore aggiuntive di sostegno: nel contrasto tra TAR e Tribunale Civile fa chiarezza il Consiglio di Stato – Sentenza CGA Sicilia del 12 marzo 2009, il Consiglio di Giustizia Amministrativa siciliana solleva la questione di costituzionalità sull'abolizione delle deroghe per il sostegno – Sentenza Corte Costituzionale n. 80 del 2010 che accoglie l'eccezione di legittimità costituzionale sollevata dal CGA Sicilia nel 2009 – Sentenza della Corte di Cassazione n. 25011 del 2014 che ha stabilito la competenza dei tribunali ordinari in materia di assegnazione di ore di sostegno
Valutazione
– Ordinanza Ministeriale 21 maggio 2001, n. 90, «Norme per lo svolgimento degli scrutini e degli esami nelle scuole statali e non statali di istruzione elementare, media e secondaria superiore – Anno scolastico 2000-2001» – Nota 1 marzo 2005, prot. n. 1787, «Esami di Stato 2004/2005 – Alunni affetti da dislessia»

– Ordinanza Ministeriale 15 marzo 2007, n. 26, «Istruzioni e modalità organizzative e operative per lo svolgimento degli esami di Stato conclusivi dei corsi di studio di istruzione secondaria superiore nelle scuole statali e non statali. Anno scolastico 2006/2007» – Circolare Ministeriale 16 febbraio 2007, n. 20, «Formazione delle commissioni degli esami di Stato conclusivi dei corsi di studio d'istruzione secondaria superiore per l'anno scolastico 2006/2007» – Circolare Ministeriale 15 marzo 2007, n. 28, «Esame di Stato conclusivo del primo ciclo di istruzione nelle scuole statali e paritarie per l'anno scolastico 2006/2007» – Decreto legislativo n. 137 convertito dalla Legge n. 169/08 e Circolare Ministeriale n. 10/09 «Nuove norme sulla valutazione degli alunni» – Ordinanza Ministeriale n. 40/09 «Esame di Stato 2009» – Circolare Ministeriale 50/09 e Circolare Ministeriale 51/09 «Esame di licenza media per l'a.s. 2008/2009» – O.M. n. 11 del 29 maggio 2015 Istruzioni e modalità organizzative e operative per losvolgimentoidegli esami di stato conclusividei corsi di studio di istruzione secondaria di secondo grado nelle scuole statali e non statali – C.M. n. 48 del 2012 sugli esami conclusivi del primo ciclo
Formazione classi e assegnazione personale per il sostegno
– [ABROGATI DAL DPR 81/2009]Legge 27 dicembre 2002, n. 289, «Disposizioni per la formazione del bilancio annuale e pluriennale dello Stato» (Legge finanziaria 2003) – Legge 24 dicembre 2003, n. 350, «Disposizioni per la formazione del bilancio annuale e pluriennale dello Stato (Legge finanziaria 2004) – Legge 30 dicembre 2004, n. 311, «Disposizioni per la formazione del bilancio annuale e pluriennale dello Stato (Legge finanziaria 2005) – Legge 27 dicembre 2006, n. 296, «Disposizioni per la formazione del bilancio annuale e pluriennale dello Stato», art. 1, comma 605, lettere a) e b) (Legge finanziaria per il 2007) – Circolare Ministeriale 13 febbraio 2007, n. 19, «Dotazioni organiche del personale docente per l'anno scolastico 2007/2008. Trasmissione schema di decreto ministeriale» – Legge n. 244/07, Legge Finanziaria per il 2008, art. 2 commi 413 e 414 recanti norme sui nuovi criteri per la determinazione dei posti di sostegno – Decreto legislativo n. 112, convertito dalla Legge n. 133/08 art. 64 recante norme per la scuola – Circolare Ministeriale n. 38/09 «Posti di sostegno e composizione delle classi per l'a.s. 2009/2010 – DPR n. 81/09 «Riorganizzazione della rete scolastica e formazioni delle classi a seguito della riforma Gelmini» – Circolare Ministeriale n. 63 del 6 luglio 2009 «Avvio anno scolastico 2009-2010 – Personale docente educativo e A.T.A. – Indicazioni in merito all'adeguamento degli organici di diritto alle situazioni di fatto» – C.M. n. 41 del 15/07/2014 sugli organici di fatto – C.M. n. 19400 del 3/7/2015 sugli organici di fatto
Collegamenti scuola-lavoro
– Legge 24 giugno 1997, n. 196, «Norme in materia di promozione dell'occupazione» – Decreto Ministeriale 24 luglio 1998, n. 331, «Disposizioni concernenti la riorganizzazione della rete scolastica, la formazione delle classi e la determinazione degli organici del personale della scuola», art. 43, comma 3 b) (percorsi integrati di istruzione e di formazione professionale e di inserimento nel mondo del lavoro) – Legge 12 marzo 1999, n. 68, «Norme per il diritto al lavoro dei disabili» – Decreto del Presidente del Consiglio dei Ministri 13 gennaio 2000, «Atto di indirizzo e coordinamento in materia di collocamento obbligatorio dei disabili, a norma dell'art. 1, comma 4, della legge 12 marzo 1999, n. 68» – Decreto legislativo n. 151 del 2015 secondo il quale le chiamate sulla base delle riserve da numeriche divengono tutte nominative – Guida operativa per l'alternanza scuola-lavoro dell'8/10/2015
Sostegni al processo di integrazione scolastica
– Circolare Ministeriale 1 aprile 1999, n. 86, «Ripartizione del contingente di personale della scuola assegnato per lo svolgimento dei compiti connessi con l'attuazione dell'autonomia scolastica» – Circolare Ministeriale 19 marzo 1999, n. 69, «Assegnazione di personale direttivo e docente per lo svolgimento dei compiti connessi con l'attuazione dell'autonomia scolastica» – Legge 3 maggio 1999, n. 124, «Trasferimento personale ATA dagli Enti Locali allo Stato»

– Circolare Ministeriale 15 ottobre 1999, n. 245, «Legge 3/5/1999, n. 124 – art. 8, Trasferimento personale ATA dagli Enti locali allo Stato»   – Nota 24 gennaio 2002, n. 119, «Finanziamenti finalizzati all'integrazione degli alunni delle scuole paritarie in situazione di handicap»   – Nota 11 aprile 2002, n. 645 «Visite e viaggi di istruzione»   – Contratto Collettivo Nazionale di lavoro relativo al personale del comparto scuola per il quadriennio normativo 2002-2005   – Nota 27 luglio 2005, prot. N. 4798/A 4°, «Attività di programmazione dell'integrazione scolastica degli alunni disabili da parte delle istituzioni scolastiche – Anno scolastico 2005-2006»   – Nota 8 novembre 2006, prot. N. 6258, «Integrazione scolastica degli alunni disabili – Legge 440/1997.Fondo per l'arricchimento e l'ampliamento dell'offerta formativa e per gli interventi perequativi – E. F. 2006»   – Nota 13 novembre 2006, n. 6330, «Progetto «E-Inclusion» — Fase di attuazione: modalità, tempi e procedure» (l'integrazione dei disabili con le nuove tecnologie)   – «Linee guida sull'integrazione scolastica degli alunni con disabilità» pubblicate il 4 agosto 2009 (disponibili sul sito internet del Ministero dell'Istruzione)   – Linee guida per l'autismo. Raccomandazioni tecniche-operative per i servizi di neuropsichiatria dell'età evolutiva. - SINPIA - Società Italiana di Neuropsicologia dell'Infanzia e dell'iadolescenza, 2005   – Legge 18 agosto 2015 n. 134: Disposizioni in materia di diagnosi, cura e abilitazione delle persone con disturbi dello spettro autistico e di assistenza alle famiglie   – Legge n. 107 del 2015 di riforma della scuola, art. 1 comma 181 lett. c) delega per migliorare l'inclusione scolastica
Obblighi e contributi degli Enti locali
– Decreto legislativo 31 marzo 1998, n. 112, «Conferimento di funzioni e compiti amministrativi dello Stato alle regioni e agli Enti locali»   – Legge 3 maggio 1999, n. 124, «Disposizioni urgenti in materia di personale scolastico»   – Legge 8 novembre 2000, n. 328, «Legge quadro per la realizzazione del sistema integrato di interventi e servizi sociali»   – Intesa Stato-Regioni del 20 Marzo 2008 «Norme sulla presa in carico del progetto di accoglienza degli alunni con disabilità»   – Legge n. 125 del 2015, art. 8 comma 13 quater che ha stanziato 30 milioni di euro per l'assistenza per l'autonomia e la comunicazione agli alunni con disabilità nelle scuole secondarie di secondo grado a carico delle province e delle città metropolitane   – Legge n. 208 del 2015 che ha stanziato altri 70 milioni sempre per l'assistenza nelle scuole secondarie di secondo grado.

A questo proposito, una condizione strategica per favorire lo sviluppo è la cura della continuità educativa e didattica fra gli interventi realizzati nei vari ordini e gradi di scuola, tenendo conto delle norme che consentono il completamento del percorso scolastico almeno fino al compimento del diciottesimo anno di età, e altresì evitando indebite e pregiudiziali «canalizzazioni» (ad esempio, tutti i disabili indistintamente orientati al percorso della formazione professionale).

Uno snodo altrettanto fondamentale è costituito dall'urgenza di prevedere iniziative sistematiche di formazione alla disabilità per tutti i docenti, non solo per quelli specializzati per il sostegno, ciò in applicazione dell'art. 1 comma 24 e comma 181 lettera c) punti 7 e 8 della Legge n. 107 del 2015 che hanno previsto la formazione iniziale e obbligatoria in servizio di dirigenti, docenti e personale ATA sull'inclusione scolastica. Il coinvolgimento degli insegnanti curricolari risulta fondamentale per assicurare la qualità dell'integrazione scolastica. Occorre avviare corsi di aggiornamento e di qualificazione comuni anche per singoli consigli di classe, per gruppi di docenti, per operatori scolastici. È anche essenziale integrare la formazione iniziale dei docenti di sostegno specializzati con una formazione continua, in servizio, più approfondita, in relazione a particolari tipologie di disabilità. Fra i temi di rilevante interesse formativo per il personale docente vi è indubbiamente l'utilizzo delle nuove tecnologie informatiche e multimediali, tenuto conto che l'accesso alla cultura digitale può offrire grandi opportunità all'integrazione scolastica e sociale degli alunni con disabilità.

In questa sintetica panoramica di priorità, non può essere trascurata la definizione di indicatori di qualità dell'integrazione scolastica e dell'offerta formativa della scuola, proprio in rapporto alle peculiari esigenze poste dall'educazione e dall'istruzione degli allievi in difficoltà in sezioni e classi comuni. E ancora, occorre procedere a passo spedito nella direzione di incrementare la rete di servizi a sostegno dell'integrazione scolastica e sociale, in relazione ai compiti sempre più rilevanti assegnati a Regioni, Province e Enti locali dalla normativa vigente.

La conduzione delle classi in presenza di alunni con disabilità

Interrompendo una continuità legislativa decennale, che prevedeva la nomina degli insegnanti specializzati per il sostegno sulla base dell'organico di diritto (il tradizionale rapporto 1/138, introdotto con la Finanziaria del 1997) e il diritto alle deroghe in organico di fatto per i casi di deficit in situazione di gravità, la Finanziaria per il 2007 introduce un sostanziale cambiamento di rotta che, in linea di principio — non è dato ancora conoscerne l'attuazione — si mostra indubbiamente positivo. Si prevede, infatti, il perseguimento del criterio di individuare «organici corrispondenti alle effettive esigenze rilevate», tramite una più stretta collaborazione tra scuole, uffici scolastici regionali, Aziende Sanitarie Locali, regioni (Legge n. 296/06, art. 1, comma 605, lettera b). Questa novità potrà consentire, auspichiamo, il superamento della discrasia tra l'organico di diritto e l'organico di fatto, nella nomina dei docenti per le attività di sostegno e dunque migliori garanzie di una loro permanenza continuativa sul posto e con l'allievo seguito.

Formazione delle classi

Su questo aspetto la direzione del cambiamento non è certo foriera di aspettative favorevoli. Infatti, prima in sede di Legge finanziaria, poi in regime applicativo, sono modificate le vecchie disposizioni sulla formazione delle classi in presenza di alunni con disabilità. Come è noto, il DM n. 141/99 prevedeva il tetto massimo di 20 (se la classe ospitava più di un allievo disabile) o 25 studenti (qualora ospitasse un solo disabile) purché fosse esplicitata e motivata la necessità della riduzione numerica di ciascuna classe, in rapporto alle esigenze formative dell'alunno e il progetto articolato di integrazione definisse espressamente gli obiettivi da perseguire, le strategie e le metodologie adottate dai docenti della classe, dall'insegnante di sostegno, nonché da altro personale della stessa scuola. Da settembre 2007 il numero massimo di allievi per classe — anche in presenza dello studente con disabilità — potrà superare le soglie sopra indicate senza comportare lo sdoppiamento automatico, per ragioni di contenimento della spesa

(CM n. 19/2007). Sul tema della formazione delle classi si veda infine anche il DPR n. 81/09 che ha abrogato il DM n. 141/99 mantenendo fermo il tetto massimo di 20/22 alunni nelle classi frequentate dagli alunni con disabilità (art. 5 comm,a 2 e art. 4). Con l'abrogazione del DM n. 141/99 non è più fissato un limite al numero di alunni con disabilità all'interno della stessa classe.

I condizionamenti delle Leggi Finanziarie a partire dal 2002

Il problema delle supplenze: allo scopo di realizzare risparmi, a partire dalla Legge finanziaria per il 2002 è previsto che nelle scuole secondarie di primo e secondo grado non si possa procedere alla nomina di supplenti per assenze dei titolari fino a 15 giorni. A questo proposito ricordiamo che, a volte, l'amministrazione giudiziaria si è dimostrata più lungimirante dell'amministrazione scolastica nell'interpretazione autentica della normativa. Esiste infatti un precedente in cui la Corte del Conti ha assolto il dirigente scolastico di un istituto tecnico dall'accusa di aver indebitamente nominato un supplente di sostegno per un'assenza del titolare inferiore agli undici giorni, considerando corretta l'argomentazione didattica e organizzativa del capo di istituto a sostegno della nomina; anzi, sostenendo che lo stesso sarebbe incorso nel reato di interruzione di pubblico servizio, se non avesse provveduto alla chiamata del supplente (Sentenza 29 gennaio 2004, n. 59). Il Ministero ha emanato il 30/09/2015 la più rassicurante Nota prot. n. 2116/15 che permette ai dirigenti scolastici di derogare a loro discrezione e responsabilità al divieto di supplenze brevi imposto dalla precedente Nota prot. n. 25141/15 per i casi a «tutela e garanzia del diritto allo studio» per quanto riguarda le supplenze anche di un solo giorno dei docenti e, tra gli altri, per «la indispensabile assistenza agli alunni diversamente abili» per quanto riguarda le assenze inferiori a 7 giorni dei collaboratori scolastici.

Osserviamo, inoltre, che sembra lesivo del diritto all'integrazione scolastica che gli insegnanti di sostegno assenti vengano sostituiti da colleghi non specializzati, sia durante sia oltre il loro orario di servizio; altresì lesivo risulterebbe l'utilizzo di insegnanti per le attività di sostegno in supplenza di colleghi curricolari, durante il loro normale orario di servizio. Queste cattive prassi sono comunque vietate dalle linee-guida del 4/8/2009.

Perplessità continua a suscitare la norma introdotta a partire dalla Finanziaria 2003 sul completamento dell'orario di cattedra degli insegnanti della scuola secondaria: se tutti i docenti devono insegnare in una classe, si riduce il numero di quelli a disposizione per le supplenze cosiddette «brevi»; ci auguriamo che, per questa incombenza, non vengano reclutati gli insegnanti di sostegno.

Funzioni dei collaboratori scolastici: la Legge finanziaria per il 2003 ha stabilito che tra le loro funzioni rientrino l'accoglienza e la sorveglianza degli alunni e l'ordinaria vigilanza e assistenza durante la consumazione del pasto nelle mense scolastiche. Il Contratto collettivo nazionale di lavoro per il comparto scuola del dicembre 2007 ha confermato questi compiti, allargandone la sfera a comprendere anche l'assistenza personale agli alunni con disabilità; gli articoli 47, 48 e la tabella A precisano che i collaboratori scolastici svolgono, oltre alle mansioni ordinarie, anche «compiti di particolari responsabilità, rischio o disagio, necessari per lo svolgimento del piano dell'offerta formativa, come descritto nel piano delle attività». Il collaboratore o la collaboratrice scolastica (le Associazioni insistono per il rispetto del genere degli alunni da assistere) devono ricevere uno specifico incarico dal Dirigente scolastico, sono tenuti a seguire un corso di 40 ore di formazione e hanno diritto a un incremento economico che, dal 2006 entra a far parte della base stipendiale pensionabile. Per converso, purtroppo, a partire dalla Legge finanziaria 2003 è prevista la riduzione progressiva delle dotazioni organiche del personale ATA delle scuole (confermata dalle Finanziarie 2007 e 2008).

Situazione di gravità dei soggetti con sindrome di Down: la Legge n. 289/02 all'art. 92 comma 4 (Legge finanziaria 2003) ha previsto che le persone con sindrome di Down siano automaticamente dichiarate in situazione di gravità, sulla base della presentazione del «cariotipo» (mappa cromosomica): dunque non occorre più l'accertamento medico legale da parte di un'apposita commissione, quando la minorazione sia conseguenza di una causa genetica.

Individuazione dell'alunno con disabilità e nomina degli insegnanti di sostegno: la Finanziaria 2007 ha introdotto cambiamenti nella procedura di identificazione della disabilità e nei criteri di nomina degli insegnanti specializzati, la cui portata e i cui risvolti applicativi sono da precisare.

Sperimentazione di modelli efficaci di integrazione nelle classi ordinarie

Un punto particolarmente qualificante del Decreto ministeriale n. 331/1998 riguarda l'attivazione di «progetti sperimentali» da parte di singoli istituti scolastici (art. 43). Tale norma viene abrogata, assieme al DM 331/98, dal nuovo regolamento sulla formazione delle classi (DPR n. 81/09). Però è da tener presente che la sperimentazione è strumento previsto per l'inclusione scolastica in via generale dall'art. 13 comma 1 lettera «e» della Legge n. 104/92, che, a sua volta richiama la normativa di cui al DPR n. 419/1974. Pertanto l'abrogazione del DM n. 331/98, per questo aspetto, non crea alcun vuoto normativo o peggio alcuna soppressione. A scanso di equivoci, è bene precisare che:

- l'integrazione scolastica degli alunni con disabilità è garantita dal complesso delle norme vigenti e non può tornare, di fatto, a essere «sperimentale»; di conseguenza, i progetti debbono avere come obiettivo non quello di rendere possibile l'integrazione, ma di innalzarne ulteriormente la qualità;
- in ogni caso, i progetti sperimentali debbono «evitare la concentrazione di alunni della stessa tipologia di handicap nella stessa scuola, favorendo invece i consorzi tra scuole e lo scambio di strumenti ed esperienze»; è opportuno altresì evitare la concentrazione — per la maggior parte del tempo scuola — di allievi con disabilità nella stessa classe, perché questa «prassi» preclude loro i benefici derivanti dalla co-educazione con i compagni, oltre a prefigurare le vecchie, superate «classi speciali».

I progetti di sperimentazione devono presentare alcuni requisiti: a) definizione degli obiettivi, degli strumenti metodologici e didattici, delle modalità di documentazione dell'attività svolta e di diffusione dell'esperienza tra le altre scuole; b) eventuale attuazione del progetto attraverso l'integrazione di risorse e di esperienze con altri enti, sulla base di accordi di programma e intese con istituzioni, associazioni, organizzazioni non profit, cooperative sociali e centri specializzati; c) preventivo di spesa per le risorse umane e strumentali necessarie, tenendo conto anche degli apporti di soggetti esterni alla scuola operanti nello stesso ambito territoriale.

Interessanti sono, ancora, le due disposizioni di cui all'art. 43, comma 4 del DM n. 331/98:

1. Nella fase di passaggio di un alunno da un grado all'altro di scuola è consentita «l'eventuale assegnazione temporanea di insegnanti di sostegno del grado di scuola precedente», nel caso in cui il progetto educativo individuale e le esigenze di integrazione «rendano necessarie forme di raccordo e integrazione tra i due gruppi di docenti»;[16] anche l'abrogazione di questa disposizione non crea alcun vuoto normativo, sopperendo espressamente a ciò l'art. 14 comma 1 lettera «c» della Legge n. 104/92, di cui le due norme amministrative abrogate costituivano mere esecuzioni, che prevede «forme obbligatorie» di collaborazione fra docenti della classe precedente e di quella successiva.
2. L'eventuale finalizzazione di competenze professionali assegnate, per alunni in particolari situazioni di disabilità, anche a reti di scuole. Pure questa abrogazione non crea vuoti, dal momento che analoga norma si rinviene nel DPR n. 275/99 «Regolamento per l'autonomia scolastica».

Anche l'informazione e la diffusione delle esperienze è ambito da curare, da parte delle scuole che attuano progetti di sperimentazione (art. 43, comma 6), attraverso «Centri territoriali di servizi didattici e strumentali». Neppure l'abrogazione di tale dispositivo produce vuoti, dal momento che i Centri territoriali di documentazione sono ormai regolati da una serie di norme proprie che anzi li rafforzano come Centri territoriali per l'integrazione scolastica, la documentazione, la consulenza e la formazione dei docenti, anche con riguardo alle nuove tecnologie informatiche.

Infine, l'art. 45 (commi 1 e 2) apre la strada a ulteriori sperimentazioni, nell'ottica di un innalzamento della qualità dell'integrazione scolastica:

– la progettazione di «nuove forme di flessibilità dell'organizzazione didattico-educativa», che consentano di: a) rendere meno determinanti i raggruppamenti di alunni per classe e le loro dimensioni; b) prendere in considerazione la possibilità di programmare attività didattiche per: 1) gruppi ristretti di alunni; 2) gruppi più ampi di alunni iscritti a classi diverse; c) assicurare la maggiore efficacia possibile dell'insegnamento in rapporto alle potenzialità di apprendimento individuale;
– la formulazione «di progetti per l'ampliamento dell'offerta formativa», utilizzando: a) la disponibilità di personale e di mezzi del fondo d'istituto; b) ulteriori risorse di personale e mezzi messi a disposizione: 1) dai competenti Enti locali; 2) da enti e organismi pubblici o privati; 3) appositi accordi o convenzioni.

[16] Merita segnalare l'iniziativa dell'allora CSA (Centro Servizi Amministrativi), oggi Provveditorato agli Studi di Torino, che ha scelto di co-finanziare i progetti presentati dalle scuole a sostegno della continuità educativa e didattica degli allievi con disabilità (Circolare n. 449 del 30 settembre 2004).

Anche l'abrogazione di tale articolo è indifferente per la realizzazione della qualità dell'inclusione scolastica, dal momento che la flessibilità delle classi è espressamente prevista dell'art. 14 comma 1 lettera «b» della Legge n. 104/92 e l'utilizzo di docenti da parte di reti di scuole e la collaborazione con enti pubblici e privati del territorio sono espressamente previsti dal DPR n. 275/99.

Il diritto all'integrazione scolastica: la Legge quadro sull'handicap

L'applicazione della Legge quadro sull'handicap

Il diritto all'educazione e all'istruzione degli alunni in situazione di disabilità nelle sezioni e classi comuni delle scuole di ogni ordine e grado, come sappiamo, è disciplinato *in primis* dalla Legge quadro sull'handicap, le cui indicazioni sono state recepite sia dal Testo unico della scuola, al Capo IV, Sezione I,[17] e inoltre dalla Legge di riordino del sistema scolastico.[18]

La Legge quadro ha compiuto oltre ventitré anni: un considerevole tempo di applicazione, accompagnato da cambiamenti notevoli nel contesto nazionale e internazionale, scolastico ed extrascolastico, che hanno contribuito a modificarne in senso tendenzialmente migliorativo (ma non sempre) gli effetti sulla vita dei diretti interessati. Il bilancio critico, dopo un così lungo arco temporale di vigenza, ha animato voci di consenso, miste a dissensi, da parte di famiglie, associazioni, operatori ed esperti: molti l'hanno considerata una legge di carattere «vocazionale», che ha enunciato principi senza renderli effettivamente esigibili, anche a causa dell'inadeguata copertura finanziaria; altri ne hanno posto in rilievo il limite culturale emergente dal titolo stesso, che nell'ordine si riferisce prima all'assistenza, poi all'integrazione sociale, quindi ai diritti delle persone disabili; altri ancora hanno evidenziato l'obsolescenza delle scelte terminologiche, specie dopo le recenti indicazioni dell'Organizzazione Mondiale della Sanità (2002) sui nuovi criteri di classificazione delle condizioni di salute e della disabilità.

L'integrazione scolastica dei soggetti disabili, anche alla luce delle ultime disposizioni, rappresenta la parte più elaborata della legge stessa, e quella che meglio garantisce diritti esigibili. Fra i punti di forza riconosciuti, si annoverano in particolare: la logica della programmazione concertata, da realizzarsi in ambiti professionali e territoriali diversi (Gruppi di lavoro intra e interprofessionali, inter ed extrascolastici, Accordi di programma interistituzionali) e la scelta della formazione universitaria per i docenti di sostegno.

Al di là delle articolate e ricche riflessioni di commento levatesi da più parti, in linea generale va osservato che le leggi non possono trasformare la realtà, per il solo fatto di esserci. Certo una legge buona — riteniamo che la Legge quadro nel suo complesso

[17] Decreto legislativo 16 aprile 1994, n. 297, «Approvazione del testo unico delle disposizioni legislative in materia di istruzione».

[18] Le principali disposizioni di legge e norme secondarie che riguardano direttamente o indirettamente l'integrazione scolastica sono riportate e commentate in chiave pedagogica in Pavone e Tortello (2000); nella rivista «Le leggi dell'integrazione scolastica e sociale», annate 2000 e 2001 e nella rivista «L'integrazione scolastica e sociale», a partire dal 2002.

possa ritenersi discreta — contribuisce a migliorare la vita dei cittadini e a costruire una mentalità innovativa, ma una buona legge non basta: è una condizione necessaria, ma non sufficiente. I percorsi di integrazione possono trovare ostacoli, ad esempio, in una applicazione meramente burocratica o tecnicistica della molteplicità di norme vigenti; oppure può accadere che un'eccessiva proliferazione di disposizioni applicative, a volte contraddittorie, provochi rischi di «cortocircuitazione» nelle procedure.

Vogliamo sottolineare che l'«architettura» complessiva delle norme non può soverchiare o offuscare la tensione progettuale verso l'obiettivo da perseguire: il progetto di vita personale e l'attenzione rispettosa alla diversità considerata come risorsa. A questo riguardo, procedendo per grandi nuclei tematici, il giudizio sull'attuazione della legge sembra evidenziare le seguenti aspettative per il futuro: prevalenza della progettualità, rispetto al tecnicismo e alla medicalizzazione; consolidamento e ampliamento della logica della concertazione collegiale intra e interistituzionale; migliore definizione del profilo e delle competenze di alcune professioni di aiuto, quali in particolare il docente per le attività di sostegno e le figure dell'educatore e del collaboratore scolastico; superamento della logica degli interventi per categorie di persone a vantaggio della logica dei servizi per tutti i cittadini.[19]

Il diritto all'integrazione scolastica

Si è detto che gli aspetti più completi ed esaustivi presenti nella Legge n. 104/92 riguardano il diritto all'integrazione scolastica dei minori con disabilità, normato nello specifico dal seguente articolato:

- l'art. 12, al diritto all'educazione e all'istruzione;
- l'art. 13, agli strumenti per l'integrazione che devono essere messi a disposizione in maniera coordinata da Scuola, Enti locali e Unità sanitarie locali;
- l'art. 14, sulle modalità di attuazione dell'integrazione, con espliciti richiami ai compiti del Ministero della Pubblica Istruzione.

Nella presente sezione è opportuno soffermarsi ad analizzare in modo approfondito l'art. 12 e il successivo Atto di indirizzo alle aziende ASL ad esso collegato, in parte modificato dal DPCM n. 185/2006, che si riferiscono agli strumenti di documentazione certificativa, osservativa e progettuale, accompagnatori della frequenza scolastica dello studente in difficoltà.

Art. 12. Diritto all'educazione e all'istruzione

i. Al bambino da 0 a 3 anni handicappato è garantito l'inserimento negli asili nido.
ii. È garantito il diritto all'educazione e all'istruzione della persona handicappata nelle sezioni di scuola materna, nelle classi comuni delle istituzioni scolastiche di ogni ordine e grado e nelle istituzioni universitarie.

[19] Si vedano la Monografia *I 10 anni della Legge 104,* pubblicata in «L'integrazione scolastica e sociale», n. 1/4, settembre 2002, pp. 310-362 e *L'importanza della Legge-quadro n. 104/92 sui diritti delle persone con disabilità,* in «L'integrazione scolastica e sociale», n. 6/1, febbraio 2007, pp. 86-90.

iii. L'integrazione scolastica ha come obiettivo lo sviluppo delle potenzialità della persona handicappata nell'apprendimento, nella comunicazione, nelle relazioni e nella socializzazione.
iv. L'esercizio del diritto all'educazione e all'istruzione non può essere impedito da difficoltà di apprendimento né da altre difficoltà derivanti dalle disabilità connesse all'handicap.
v. All'individuazione dell'alunno come persona handicappata e all'acquisizione della documentazione risultante dalla diagnosi funzionale, fa seguito un profilo dinamico-funzionale ai fini della formulazione di un piano educativo individualizzato, alla cui definizione provvedono congiuntamente, con la collaborazione dei genitori della persona handicappata, gli operatori delle Unità sanitarie locali e, per ciascun grado di scuola, personale insegnante specializzato della scuola, con la partecipazione dell'insegnante operatore psicopedagogico individuato secondo criteri stabiliti dal Ministro della pubblica istruzione. Il profilo indica le caratteristiche fisiche, psichiche e sociali e affettive dell'alunno e pone in rilievo sia le difficoltà di apprendimento conseguenti alla situazione di handicap e le possibilità di recupero, sia le caratteristiche possedute che devono essere sostenute, sollecitate, progressivamente rafforzate e sviluppate nel rispetto delle scelte culturali della persona handicappata.
vi. Alla elaborazione del profilo dinamico-funzionale iniziale seguono, con il concorso degli operatori delle Unità sanitarie locali, della scuola e delle famiglie, verifiche per controllare gli effetti dei diversi interventi e l'influenza esercitata dall'ambiente scolastico.
vii. I compiti attribuiti alle Unità sanitarie locali dai commi 5 e 6 sono svolti secondo le modalità indicate con apposito atto di indirizzo e coordinamento emanato ai sensi dell'articolo 5, primo comma, della Legge 23 dicembre 1978, n. 833.
viii. Il profilo dinamico funzionale è aggiornato a conclusione della scuola materna, della scuola elementare e della scuola media e durante il corso di istruzione secondaria superiore.

La Legge quadro riprende e perfeziona quanto precedentemente disposto dalla Legge n. 118 del 30 marzo 1971, art. 28, comma 2, la prima a stabilire che, per gli alunni con disabilità, «l'istruzione dell'obbligo deve avvenire nelle classi normali della scuola pubblica». Tale norma prevedeva, però, anche un limite all'integrazione: «Salvo i casi in cui i soggetti siano affetti da gravi deficienze intellettive o da menomazioni fisiche di tale gravità da impedire o rendere molto difficoltoso l'apprendimento o l'inserimento nelle predette classi normali». In altre sedi, è stato autorevolmente sostenuto che «l'attenzione della legge è centrata esclusivamente sugli interessi della persona con disabilità e non della comunità scolastica che lo circonda, nel senso che l'impedimento nell'ammissione può derivare non da eventuali turbamenti al resto della classe, ma solo da difficoltà che lo stesso handicappato potrebbe incontrare» (Fassone, 1981, pp. 8-14). Tale interpretazione trova conforto in una consolidata scelta normativa; ricordiamo in particolare:

– la Legge-quadro, che all'art. 43 abroga i commi secondo e terzo dell'art. 28 della Legge 118/71, per evitare interpretazioni distorte della norma a scapito del diritto soggettivo all'integrazione scolastica;

- la disposizione contenuta al comma 4 dell'art. 12 della Legge quadro, con la quale si sancisce che «l'esercizio del diritto all'educazione e all'istruzione non può essere impedito da difficoltà di apprendimento né da altre difficoltà derivanti dalle disabilità connesse all'handicap»;
- la Legge n. 517 del 4 agosto 1977, in cui si prevede — all'art. 2 per la scuola elementare e all'art. 7 per la scuola media — il ricorso a interventi scolastici compensativi, non già per escludere preventivamente l'alunno con disabilità dalla frequenza delle classi normali, ma per rispondere in maniera adeguata alle esigenze «supplementari» derivanti dall'integrazione;
- l'importante sentenza della Corte Costituzionale n. 215 del 3 giugno 1987, in cui si sancisce che per gli alunni in situazione di handicap la frequenza alle scuole secondarie di secondo grado e universitarie deve essere «assicurata» e non solo «facilitata», come prevedeva inizialmente la Legge 118/71, art. 28, comma terzo.

Auspichiamo che gli orientamenti preannunciati nell'attuazione della riforma del sistema di istruzione e di formazione trovino applicazione in prospettiva inclusiva.

Alcune sentenze a sostegno del diritto all'integrazione scolastica

Riteniamo interessante riportare alcune sentenze emesse, dal 2002 a oggi, dai Tribunali ordinari, amministrativi e costituzionali, le quali chiariscono interpretazioni autentiche di norme preesistenti e/o sanciscono nuove disposizioni, orientate a consolidare e supportare il diritto alla piena integrazione scolastica degli studenti con disabilità:

- *sentenza della Corte Costituzionale n. 226 del 6 luglio 2001, che fissa a 18 anni il limite di frequenza della scuola dell'obbligo* per i soggetti con disabilità, dopo di che il diritto all'istruzione potrà essere esercitato mediante la frequenza di corsi per adulti finalizzati al conseguimento del diploma, corsi nei quali si mantengono tutti i diritti all'inclusione scolastica per espressa previsione della CM n. 455/97, esplicitamente richiamata nella sentenza della Corte. Questo pronunciamento è stato ripreso dal Consiglio di Stato, il quale ha negato a tutti gli studenti — e in particolare a quelli con disabilità — il diritto a reiterare l'iscrizione a un secondo ciclo di studi superiori, dopo averne concluso uno precedente (parere del 25 ottobre 2006, prot. n. 3333/06). La sentenza della Corte Costituzionale esprime altresì un'importante pronuncia, relativa al fatto che nell'arco temporale di istruzione (allora di otto anni) non può computarsi il periodo di apprendimento «in ambito privato o familiare», «perché il diritto all'istruzione delle persone handicappate deve intendersi in senso estensivo [...] attraverso l'integrazione scolastica»;
- decisione della sezione VI del Consiglio di Stato n. 245 del 26 gennaio 2001, concernente il fatto che *l'assegnazione di sostegno all'allievo con disabilità debba essere «personalizzata»* in funzione delle esigenze dettate dalla minorazione e in relazione all'indirizzo prescelto;
- sentenza del Tribunale del Lavoro di Roma (n. 2779 del 2002), la quale ha stabilito il *diritto a un assistente sanitario a scuola*, nel caso che l'alunno disabile sia in condizione

di gravità a causa di un'allergia che si manifesta in modo improvviso e imprevedibile (gli alunni disabili hanno diritto, anche se in condizioni di salute precaria, alla frequenza delle scuole comuni, che non può essere sostituita dal ricovero presso scuole operanti in day hospital);
- sentenza della Corte Costituzionale n. 467 del 22 novembre 2002, che *riconosce anche ai bambini con disabilità da 3 mesi a 3 anni, frequentanti il nido, il diritto a percepire l'assegno economico di «indennità di frequenza»;*
- sentenza del Tribunale di Roma n. 69789 del 17 dicembre 2002, con la quale viene riconosciuto il *diritto inalienabile alle deroghe sull'assegnazione del monte ore di attività di sostegno*, per allievi in situazione di gravità. Dopo questo pronunciamento, negli ultimi anni, in molte città italiane, si sono moltiplicate le sentenze di Tribunali ordinari e del TAR i quali — a fronte di ricorsi presentati dalle famiglie contro la riduzione delle ore di sostegno nelle scuole di diverso ordine e grado, imposta dall'Amministrazione scolastica periferica — si sono pronunciati sempre nella direzione del potenziamento dell'intervento di sostegno. Sono ormai numerose pure le decisioni in tal senso del Consiglio di Stato. Questi verdetti testimoniano un'apprezzabile sensibilità da parte del potere giudiziario, nei confronti dell'integrazione scolastica di alunni con disabilità; ciò detto, è bene tenere sempre presente che la qualità dell'offerta formativa non si risolve o riduce alla quantità del monte ore di sostegno (che, certo, deve essere congrua e adeguata), ma chiama in causa la capacità educativa, didattica, organizzativa della scuola nel suo insieme — primi fra tutti i docenti —, nel reperire e gestire risorse personali e materiali ai fini inclusivi;
- sentenza del TAR di Salerno (n. 167 del 22 febbraio 2006) e più di recente il Parere del Consiglio di Stato n. 213/08 e la Sentenza del Consiglio di Stato n. 2361/08 con le quali si pone un punto fermo in merito alla gratuità del diritto al trasporto per gli allievi con disabilità frequentanti le scuole secondarie superiori, superando le precedenti ambiguità normative, attraverso un'interpretazione storico-evolutiva delle stesse. Infatti è stato deciso che, in mancanza di una specifica legge regionale che disponga diversamente, l'obbligo di tale trasporto grava sulle Province.[20]

Obiettivi dell'integrazione scolastica

Compito primario della scuola è quello di impartire l'istruzione e l'educazione. Può essere utile annotare che tutta la produzione legislativa a partire dagli anni Settanta si è preoccupata di sottolineare costantemente questa coppia di valori:
- già la Legge n. 118/71, all'art. 28, a proposito dell'integrazione scolastica degli alunni con disabilità, parla contestualmente di «apprendimento» e di «inserimento», facendo della cosiddetta socializzazione un obiettivo istituzionale avente pari dignità rispetto alla acculturazione e valorizzando il concetto di «inserimento», che è quanto mai vasto, comprendendo una somma di relazioni umane e sociali atte a sviluppare la personalità complessiva del minore e di competenze ben distinte dalla sola acquisizione di un determinato corredo di conoscenze;

[20] Per sentenze più recenti si veda Nocera (2015).

- la Legge n. 517/77, agli articoli 2 e 7 disciplina la programmazione educativa alla luce di un duplice fine: quello di «agevolare l'attuazione del diritto allo studio» e quello di «conseguire la promozione della piena formazione della personalità degli alunni»;
- l'art. 1 della Legge n. 148/1990 di riforma degli ordinamenti della scuola elementare ribadisce che l'istruzione primaria «si ripropone lo sviluppo della personalità del fanciullo promuovendone la prima alfabetizzazione culturale»;
- la Legge quadro, all'art. 12, comma 3, sancisce che l'integrazione scolastica nelle classi comuni di ogni ordine e grado «ha come obiettivo lo sviluppo delle potenzialità della persona handicappata» non solo ai fini dell'istruzione, ma nell'ordine:
  a) dell'apprendimento;
  b) della comunicazione;
  c) delle relazioni;
  d) della socializzazione;
  e) dell'autonomia e della comunicazione personale (questi ultimi, contemplati all'art. 13, comma 3);
- anche la Legge di riordino della scuola n. 53/2003 ribadisce che «il sistema educativo di istruzione e di formazione è finalizzato alla crescita e valorizzazione della persona umana, nel rispetto dei ritmi dell'età evolutiva, delle differenze e dell'identità di ciascuno e delle scelte educative della famiglia, nel quadro della cooperazione tra scuola e genitori» (art. 1, comma 1).
- gli obiettivi dell'inclusione scolastica vengono meglio attualizzati nella nuova Legge di riforma della scuola n. 107 del 2015 espressamente nell'art. 1 comma 181 lettera c) punti da 1 a 9.

L'integrazione è dunque un concetto ben più ampio di quello che definisce il solo inserimento nelle classi comuni, e richiede a tutta la scuola piccoli o grandi cambiamenti, per evitare mere assimilazioni in un contesto educativo e formativo che non è capace di adattamenti reciproci.

Parimenti, in questo ordine di considerazioni, si può aggiungere un ulteriore valore, tutt'altro che trascurabile, e cioè l'aspetto simmetrico dell'integrazione scolastica dell'alunno con disabilità: lo stimolo alla crescita e alla maturazione che gli stessi compagni normodotati ricevono dalla presenza di coetanei in difficoltà, nei cui confronti possono acuire la capacità di riconoscere e rispettare la «diversità», recependo e sviluppando atteggiamenti di mutuo aiuto e sentimenti di solidarietà.

Dall'individuazione della disabilità al Piano educativo individualizzato

Il comma 5 dell'art. 12 della Legge quadro identifica alcuni momenti significativi dell'iter finalizzato alla piena integrazione scolastica degli alunni con disabilità:
- l'individuazione dell'alunno come «persona handicappata»;
- la definizione di una «Diagnosi funzionale»;
- la predisposizione di un «Profilo dinamico funzionale»;
- la formulazione di un «Piano educativo individualizzato»;

- le occasioni di verifica degli interventi realizzati e di aggiornamento della documentazione (questi ultimi, contemplati dai commi 6 e 8).

Vengono definite anche le modalità di intervento, le caratteristiche peculiari di tale documentazione — finalizzata non a un generico inserimento sociale, ma a sostenere e a rendere concreto il diritto all'educazione e all'istruzione — e i limiti degli interventi stessi, avendo ben presente che al centro della programmazione educativa e didattica vi è l'alunno con la sua situazione peculiare e le sue esigenze di sviluppo della personalità complessiva e non le singole prestazioni.

Circa le modalità, la Legge quadro richiama l'esigenza di una integrazione di tutte le competenze e di tutte le professionalità che entrano in gioco:

- la scuola, nelle sue diverse componenti (dirigente scolastico, docenti curricolari, docenti per il sostegno, eventuali insegnanti utilizzati con funzioni psicopedagogiche, collaboratori scolastici);
- gli operatori delle Aziende Sanitarie Locali (ASL);
- i genitori della persona con disabilità;
- lo stesso alunno, specie nella scuola secondaria superiore;
- gli altri alunni.

Rispetto alle caratteristiche della documentazione da elaborare, la Legge quadro chiarisce senza ombra di dubbio che l'iter da seguire per la sua predisposizione deve evitare il rischio di una sanitarizzazione degli interventi e valorizzare invece appieno gli aspetti propriamente educativi e didattici. Il comma 5 dell'art. 12 prevede un approccio non solo «alle caratteristiche fisiche, psichiche, sociali e affettive dell'alunno» o alle «difficoltà di apprendimento conseguenti alla situazione di handicap», ma più diffusamente alle «possibilità di recupero, alle capacità possedute che devono essere sostenute, sollecitate e progressivamente rafforzate e sviluppate».

Infine, a proposito dei confini entro cui definire i contenuti degli interventi da effettuare, si sottolinea la necessità di operare «nel rispetto delle scelte culturali della persona handicappata» (art. 12, comma 5), «con la collaborazione dei genitori» e con il coinvolgimento degli stessi studenti (art. 5, comma 2; ove il riferimento vale sia per gli alunni con disabilità che non siano né inabilitati né interdetti, sia per i compagni normodotati).

Questo significa che il «PEI-progetto di vita» relativo al minore con disabilità deve da un lato tenere conto delle sue potenzialità, aspirazioni e desideri, coinvolgendo lui e i suoi familiari nella definizione delle linee di fondo; dall'altro prendere in considerazione non soltanto la situazione contingente — scolastica ed extrascolastica —, ma sapersi muovere in una dimensione dinamica, in una prospettiva che sappia guardare anche al futuro. Ciò vale, fra l'altro, anche ai fini dell'«attivazione di forme sistematiche di orientamento, particolarmente qualificate per la persona handicappata, con inizio almeno dalla prima classe della secondaria di primo grado» (art. 14, comma 1a). Non sono rari i casi in cui, a proposito dell'orientamento scolastico e professionale, vengono ricercate e sollecitate tutte le risorse possibili interne ed esterne alla scuola, tralasciando però quelle che possono essere messe in campo dal diretto interessato (Pavone, 2004).

L'integrazione delle professionalità

Questo aspetto dell'integrazione riguarda la comunità scolastica nel suo insieme, gli operatori sociali, sanitari e culturali del territorio, i tecnici della riabilitazione, gli educatori presenti a scuola o nell'extrascuola e ogni altra eventuale figura professionale operante nello scenario prefigurato dagli Accordi di programma per l'integrazione scolastica degli alunni con disabilità (Legge quadro, art. 13, comma 1a), inseriti nei «piani di zona» (Legge n. 328/2000, articoli 14 e 19). Una effettiva integrazione delle competenze e delle professionalità rimanda, fra l'altro, a problemi organizzativi istituzionali; ad esempio, dentro la scuola, se si vuole che i docenti possano veramente integrare le rispettive competenze e professionalità nell'azione educativa e didattica, diventano necessarie sia la loro organizzazione come gruppo, sia la continuità e la stabilità del lavoro.

Analogamente, rispetto al percorso formativo degli alunni si richiede:
- alla scuola, agli operatori di territorio, a tutti coloro che sono coinvolti nel progetto di integrazione dell'allievo con disabilità di concordare i tempi e i modi del proprio intervento;
- ai servizi sanitari e socio-assistenziali di garantire le proprie prestazioni anche presso la scuola, ogni qualvolta sia necessario e previsto dal progetto di integrazione.

Tutto ciò comporta la definizione operativa delle modalità e delle caratteristiche degli incontri, obiettivo primario per garantire l'apporto delle diverse funzioni e dei vari ruoli, esercitati nei confronti del singolo minore, e giungere a un piano di interventi ove tali funzioni e ruoli si integrino senza perdere la loro specificità. Va ricordato, inoltre, che gli Accordi di programma possono prevedere lo svolgimento di corsi di aggiornamento comuni per il personale delle scuole, delle Aziende ASL e degli Enti locali, impegnati in piani educativi e di recupero individualizzati» (Legge quadro, art. 14, comma 7).

Anche la capacità di documentare il proprio lavoro assume una grande importanza per ciascuno degli operatori, che dovrebbero farlo avendo presente la possibilità di committenze diverse:
- l'istituzione di appartenenza, innanzitutto (per poterle consentire di mettere a contatto piani diversi: il piano politico, quello amministrativo, quello tecnico, quello che si riferisce alla trasparenza degli atti);
- l'utenza, a partire da una documentazione che abbia una leggibilità da parte della stessa persona con disabilità (è chiaro che tale fruibilità dipende anche dal deficit) e che consenta a genitori e familiari di capire;
- gli altri tecnici e gli altri operatori, sia quelli che appartengono al medesimo servizio, sia quelli di altre istituzioni;
- l'autore della documentazione stessa, il che consente al lavoro individuale di mettere delle «radici».

Infine, l'integrazione delle competenze e delle professionalità chiama in causa anche i cosiddetti «tecnici grezzi», cioè quelle persone che, non avendo una preparazione accademica o un ruolo professionale, mettono in campo competenze che derivano dalla loro esperienza di vita e che sono preziose per organizzare l'inserimento scolastico e sociale. Possono essere i familiari, il volontariato, ma non solo.

Verifiche e aggiornamenti

Molto opportunamente, la Legge quadro prevede momenti di aggiornamento e verifica per seguire e adattare in itinere lo sviluppo dell'integrazione scolastica. Così, all'art. 12, comma 6, contempla «verifiche per controllare gli effetti dei diversi interventi e l'influenza esercitata dall'ambiente scolastico», mentre al comma 8 sancisce che «il profilo dinamico funzionale è aggiornato a conclusione della scuola materna, della scuola elementare e della scuola media e durante il corso di istruzione secondaria superiore». Tali verifiche e aggiornamenti coinvolgono ancora una volta tutti gli operatori scolastici ed extrascolastici interessati, secondo modalità definite dai provvedimenti applicativi della Legge quadro stessa.

L'Atto di indirizzo e coordinamento alle Aziende Sanitarie Locali (1994) e sue modifiche DPCM n. 185/06

Come si evince dall'art. 12, comma 7 della Legge n. 104/92, la definizione delle modalità di svolgimento dei compiti attribuiti dalle norme alle Aziende Sanitarie Locali in materia di integrazione scolastica degli alunni con disabilità è rinviata a un apposito Atto di indirizzo e coordinamento, predisposto dal Ministero della Sanità di concerto con quello per gli Affari regionali ed emanato con DPR in data 24 febbraio 1994.[21] Esso disciplina i compiti delle Aziende sanitarie e/o socio-sanitarie locali in ordine all'elaborazione:
- dell'iter per l'individuazione della situazione di disabilità
- della Diagnosi funzionale
- del Profilo dinamico funzionale
- del Piano educativo individualizzato.

Il DPR contempla sette articoli che si riferiscono all'attività delle Regioni e delle Province autonome (art. 1), all'individuazione dell'alunno come persona con disabilità (art. 2), alla Diagnosi funzionale (art. 3), al Profilo dinamico funzionale (art. 4), al Piano educativo individualizzato (art. 5), alle verifiche (art. 6) e alla vigilanza (art. 7). Fanno parte integrante del provvedimento, inoltre, due allegati:
- una «scheda indicativa per la redazione della Diagnosi funzionale» (Allegato A);
- una «scheda indicativa per la redazione del Profilo dinamico funzionale» (Allegato B).

Nella parte relativa all'individuazione dell'alunno quale portatore di deficit, l'Atto di indirizzo è stato in buona parte modificato nel 2006 con apposito Decreto del Presidente del Consiglio dei Ministri e, successivamente, dall'Intesa Stato-Regioni del 20 marzo 2008. Prima di esaminare nel dettaglio il DPR 24 febbraio 1994 e il successivo parziale aggiornamento, può essere utile segnalare sul piano generale alcuni aspetti che,

[21] DPR 24 febbraio 1994, «Atto di indirizzo e coordinamento relativo ai compiti delle Unità sanitarie locali in materia di alunni portatori di handicap».

se applicati correttamente e interamente, possono risultare di grande vantaggio per l'integrazione scolastica:

- i ruoli di disciplina, promozione e vigilanza da parte delle Regioni sulle Aziende Sanitarie Locali e il conseguente obbligo delle ASL stesse di dare «piena e qualificata collaborazione agli operatori della scuola e alle famiglie» (art. 1 e art. 7);
- l'identificazione del Piano educativo individualizzato come sintesi di «interventi integrati ed equilibrati» che contemplano «progetti didattico-educativi, riabilitativi e di socializzazione», comprese le «attività scolastiche ed extrascolastiche» (art. 5). L'iter previsto per la sua predisposizione va definito attraverso una lettura integrata con quella dell'art. 12, comma 5 della Legge quadro, anche per evitare un'applicazione meramente medicalizzante di un provvedimento finalizzato all'integrazione di competenze e professionalità a beneficio dell'integrazione scolastica degli alunni con disabilità;
- le norme molto dettagliate che richiamano e regolano i diversi momenti di «valutazione», «aggiornamento» e «verifica» dei vari documenti (art. 4, comma 4; art. 6);
- il sistema di classificazione delle condizioni di salute *ICF*, che introduce nuovi criteri per descrivere il funzionamento e la disabilità associati alla salute della popolazione, non solo biomedici ma anche psico-sociali.

Art. 1. Attività delle Regioni e delle Province autonome

Le regioni a statuto ordinario e speciale e le province autonome di Trento e Bolzano provvedono a che le Unità sanitarie e/o socio-sanitarie locali, nell'ambito dei servizi istituiti ai sensi e per le finalità di cui all'art. 14 lett. e) della Legge 23 dicembre 1978, n. 833, resi anche tramite strutture universitarie con le quali le regioni o le province stesse abbiano stipulato specifici protocolli d'intesa ai sensi dell'art. 6 comma 1 del Decreto legislativo 30 dicembre 1992, n. 502, ovvero avvalendosi delle strutture di cui all'art. 26 della Legge 23 dicembre 1978, n. 833, operanti secondo le modalità richiamate nell'art. 38 della Legge 5 febbraio 1992, n. 104, assicurino l'intervento medico cognitivo sull'alunno in situazione di handicap, necessario per le finalità di cui agli artt. 12 e 13 della Legge n. 104/1992, da articolarsi nella compilazione:

a) di una diagnosi funzionale del soggetto;
b) di un profilo dinamico funzionale dello stesso;
c) per quanto di competenza, di un piano educativo individualizzato, destinato allo stesso alunno in situazione di handicap.

Compiti delle Regioni

Perché il DPR 24 febbraio 1994 trovi effettiva e uniforme applicazione sul territorio è indispensabile che le Regioni e le Province autonome esercitino pienamente il loro duplice ruolo nei confronti delle Aziende Sanitarie Locali: quello di indirizzo (contemplato dall'art. 1) e quello di vigilanza (previsto dall'art. 7).

La funzione di indirizzo. I compiti delle Aziende Sanitarie Locali relativi al tema in oggetto necessitano di provvedimenti-quadro a livello regionale in riferimento ai problemi generali e particolari di organizzazione dei servizi. Fra questi, possiamo elencarne

alcuni che l'esperienza indica come elementi di forte condizionamento della auspicata collaborazione tra le diverse amministrazioni interessate:
- la disponibilità e l'assegnazione del personale necessario ai nuovi compiti
- la frequenza degli incontri tra operatori dei servizi e operatori scolastici
- gli orari e i luoghi degli incontri.

Circa la funzione di indirizzo, il DPR 24 febbraio 1994 si mostra più prescrittivo della Legge quadro sull'handicap. L'art. 39 della Legge 104/1992, nel richiamare i compiti delle Regioni, recita che queste «possono provvedere, nei limiti delle proprie disponibilità di bilancio» a definire fra l'altro «l'organizzazione dei servizi» e «i livelli delle prestazioni».

L'art. 1 dell'Atto di indirizzo e coordinamento esce dall'ambiguità di tale «legislazione vocazionale» e sancisce che le Regioni «provvedono».

Può essere utile comunque ricordare alcuni spazi di intervento richiamati dal citato art. 39 della Legge quadro:
- la già menzionata definizione dell'organizzazione dei servizi e dei livelli qualitativi delle prestazioni;
- la definizione delle modalità di coordinamento e di integrazione dei servizi e delle prestazioni individuali con gli altri servizi sociali, sanitari e educativi, anche per la messa a disposizione di attrezzature, operatori o specialisti;
- la disciplina del controllo periodico dell'integrazione, per verificarne la rispondenza alla effettiva situazione di bisogno.

Purtroppo, il carattere facoltativo di tali definizioni a livello regionale riduce — stando alla sola Legge quadro — molti diritti essenziali delle persone con deficit a pura «possibilità» di intervento. Su un punto specifico — la predisposizione degli strumenti per l'integrazione scolastica degli alunni disabili — l'Atto di indirizzo e coordinamento vincola le Regioni a «provvedere» nei confronti delle Aziende Sanitarie Locali.

Obblighi delle Aziende Sanitarie Locali

La «vocazionalità» degli interventi — peraltro già superata da altre norme precedenti o successive alla Legge quadro sull'handicap — non può, nello specifico, riguardare i compiti/contributi del Sistema sanitario nazionale all'iter relativo all'integrazione scolastica. L'Atto di indirizzo sancisce che le Aziende Sanitarie Locali debbono «assicurare» l'intervento medico cognitivo sull'alunno con disabilità, definendo anche modalità e strumenti in cui si articolano tali contributi.

L'intervento «medico cognitivo»

I tre strumenti previsti dall'Atto di indirizzo e coordinamento (Diagnosi funzionale, Profilo dinamico funzionale, Piano educativo individualizzato) sono predisposti e pensati come uno dipendente dall'altro. Non si giunge al terzo se non attraverso la costruzione dei primi due. La Diagnosi funzionale e il Profilo dinamico funzionale debbono abbracciare gli aspetti cognitivi, affettivo-relazionali, linguistici, sensoriali, motorio-prassici, neuropsicologici e l'esame delle autonomie personali e sociali, indicati nel primo documento come «aree» (art.3, comma 4 e Allegato A) e nel secondo come «assi» (art. 4, comma 3 e Allegato B). Invece l'art. 1 dell'Atto di indirizzo sottolinea la sola dimensione medico-cognitiva, il che può risultare rischioso e importante allo stesso tempo:

– l'analisi delle difficoltà negli aspetti cognitivi è utile, ma complementare ad altre e non può diventarne sostitutiva;
– per contro, questa sottolineatura può diventare importante se serve a coinvolgere gli operatori sanitari nella gestione del problema più spinoso che preoccupa il mondo della scuola: le varie situazioni di difficoltà di apprendimento e/o di comportamento degli allievi. In questi casi, non è né sufficiente né opportuna la mera catalogazione come con disabilità degli alunni che fanno fatica a seguire i ritmi scolastici. Ciò non esclude una collaborazione tra scuola e Azienda Sanitaria Locale, finalizzata non alla certificazione di falsi disabili, ma alla formulazione di progetti mirati, soprattutto allo scopo di evitare la medicalizzazione dell'insuccesso e/o del disadattamento scolastico.

Convenzioni con altre strutture

L'art. 1 dell'Atto di indirizzo rimanda, infine, alla possibilità che gli interventi delle Aziende Sanitarie Locali vengano «assicurati» anche attraverso strutture convenzionate, secondo l'art. 26 della Legge n. 833/1978 di riforma sanitaria, richiamato dall'art. 38 della Legge quadro sull'handicap. L'art. 26 si riferisce alle «prestazioni di riabilitazione» dirette «al recupero funzionale e sociale dei soggetti affetti da minorazioni fisiche, psichiche o sensoriali, dipendenti da qualunque causa». Tali prestazioni sono erogate dalle Aziende Sanitarie Locali «attraverso i propri servizi» o «mediante convenzioni» con altre strutture, che la riforma sanitaria prevede in prima battuta ubicate nella Regione in cui abita l'utente. A tali strutture devono oggi aggiungersi anche quelle «accreditate» ai sensi del DL n. 299/99.

La certificazione di «handicap» per la frequenza scolastica

Al fine di garantire gli interventi di sostegno necessari a frequentare la scuola, come è noto, l'Atto di indirizzo attribuisce la competenza della certificazione di disabilità al medico specialista nella patologia denunciata, ovvero allo psicologo in servizio presso l'Azienda Sanitaria Locale di residenza dell'alunno.

> *Art. 2. Individuazione dell'alunno come persona handicappata*
>
> All'individuazione dell'alunno come persona handicappata, al fine di assicurare l'esercizio del diritto all'educazione, all'istruzione e all'integrazione scolastica, di cui agli artt.12 e 13 della Legge n. 104/1992, provvede lo specialista su segnalazione ai servizi di base, anche da parte del competente capo d'istituto, ovvero lo psicologo esperto dell'età evolutiva, in servizio presso le UUSSLL o in regime di convenzione con le medesime, che riferiscono alle Direzioni sanitaria e amministrativa, per i successivi adempimenti, entro il termine di dieci giorni dalle segnalazioni.

Dopo una lunga parentesi di prassi consolidate — che hanno portato con sé non poche ambiguità nell'entità e nelle procedure di certificazione tra le varie Regioni e le diverse ASL, oltre a diversi casi di certificazioni «improprie» (ad esempio, l'assimilazione alla categoria del deficit di molte situazioni di gravi difficoltà di apprendimento) — viene emanato il Decreto di modifica delle procedure di attestazione della disabilità: il DPCM 23 febbraio 2006, n. 185. Quest'ultimo prevede quanto segue:

Art. 2 (DPCM n. 185/06). Modalità e criteri

1. Ai fini dell'individuazione dell'alunno come soggetto in situazione di handicap, le aziende sanitarie dispongono, su richiesta documentata dei genitori o degli esercenti la potestà parentale o la tutela dell'alunno medesimo, appositi accertamenti collegiali, nel rispetto di quanto previsto dagli articoli 12 e 13 della Legge 5 febbraio 1992, n. 104.
2. Gli accertamenti di cui al comma 1, da effettuarsi in tempi utili rispetto all'inizio dell'anno scolastico e comunque non oltre trenta giorni dalla ricezione della richiesta, sono documentati attraverso la redazione di un verbale di individuazione dell'alunno come soggetto in situazione di handicap ai sensi dell'art. 3, comma 1, della Legge 5 febbraio 1992, n. 104 e successive modificazioni. Il verbale, sottoscritto dai componenti il collegio, reca l'indicazione della patologia stabilizzata o progressiva accertata con riferimento alle classificazioni internazionali dell'Organizzazione mondiale della sanità nonché la specificazione dell'eventuale carattere di particolare gravità della medesima, in presenza dei presupposti previsti dal comma 3 del predetto articolo 3. Al fine di garantire la congruenza degli interventi cui gli accertamenti sono preordinati, il verbale indica l'eventuale termine di rivedibilità dell'accertamento effettuato.
3. Gli accertamenti di cui ai commi precedenti sono propedeutici alla redazione della diagnosi funzionale dell'alunno, cui provvede l'unità multidisciplinare, prevista dall'articolo 3, comma 2, del DPR 24 febbraio 1994, anche secondo i criteri di classificazione di disabilità e salute previsti dall'Organizzazione mondiale della sanità. Il verbale di accertamento, con l'eventuale termine di rivedibilità e il documento relativo alla diagnosi funzionale, sono trasmessi ai genitori o agli esercenti la potestà parentale o la tutela dell'alunno e da questi all'istituzione scolastica presso cui l'alunno va iscritto, ai fini della tempestiva adozione dei provvedimenti conseguenti.

Il Decreto, giunto con ampio ritardo rispetto alle aspettative, introduce novità che necessitano di interpretazione autentica, sia nel merito sia nella tempistica, da parte dell'autorità centrale, lasciando per ora spazi aperti all'incertezza e alle proposte applicative. Fra le innovazioni segnaliamo:

- la certificazione di disabilità viene imputata a una commissione collegiale non meglio precisata (non più uno specialista singolo); in proposito, opportunamente, le associazioni di persone con disabilità e i loro familiari chiedono che la commissione si identifichi con la stessa Unità multidisciplinare che già provvede a redigere la Diagnosi funzionale;
- la certificazione deve essere richiesta dalla famiglia (istanza documentata) e prodotta alla famiglia in tempo utile rispetto all'inizio dell'anno scolastico;
- l'attestazione di disabilità può essere sottoposta a revisione.

Il ruolo dei genitori

Tutto il complesso normativo, a partire dalla Legge quadro, ribadisce con chiarezza il principio che la certificazione di disabilità viene consegnata dalla famiglia alla scuola all'atto dell'iscrizione; e che in ogni caso, sia prima dell'inizio della frequenza scolastica, sia nel corso della stessa, spetta ai genitori la responsabilità di richiedere per il figlio gli accertamenti sanitari preliminari all'attestazione di deficit. Dunque l'atteggiamento più corretto da seguire, da parte della scuola, è quello di accompagnare i genitori, di aiutarli a capire, senza esercitare indebite interferenze quando si prende atto che i familiari, o coloro che esercitano la potestà parentale, non sono dell'idea di attivare tali procedure. Altri atti opportuni possono essere la richiesta di consulenza al Gruppo di studio e di lavoro di circolo o di istituto, come pure il ricorso alle diverse risorse e iniziative di sostegno previste in caso di difficoltà degli allievi e inquadrate nel Piano dell'offerta formativa dell'istituzione scolastica.

Non è però da dimenticare la CM n. 363/94, secondo la quale se i docenti, all'inizio dell'anno scolastico, ritengono che un alunno abbia difficoltà di apprendimento che potrebbero essere positivamente contrastate, ove venisse prodotta una certificazione di disabilità, viene consentita alla scuola iniziativa di impulso in tal senso. Infatti, si prevede che il dirigente scolastico invii una raccomandata alla famiglia, invitandola a produrre, entro dieci giorni, una certificazione positiva o negativa, avvertendo che, in mancanza provvederà la scuola. Se la famiglia provvede, la situazione seguirà il contenuto positivo o negativo della certificazione. Se la famiglia si oppone, la circolare precisa che il Dirigente, nell'interesse dei diritti dell'alunno, può rivolgersi al Tribunale dei diritti dei minori; ragionevolmente deve ritenersi che il passaggio a questo rimedio estremo debba essere necessariamente mediato dal ricorso ai servizi sociali del Comune di residenza dell'alunno. Tale procedura prevista dalla circolare, trova il suo fondamento nell'art. 2 del DPR del 24 febbraio 1994, che prevede l'ipotesi di intervento del Dirigente scolastico.

Lo spirito delle disposizioni giuridiche, così come l'orientamento culturale che caratterizza il nostro Paese, muove nella direzione di riconoscere il protagonismo e l'iniziativa della persona disabile e della sua famiglia, sotto diverse angolature:

- a proposito della ricerca scientifica — genetica, biomedica, psicopedagogica, sociale e tecnologica — si prescrive di considerare la persona con disabilità e la sua famiglia, se coinvolti, soggetti partecipi e consapevoli;
- a proposito dei servizi terapeutici e riabilitativi, deve essere garantito il mantenimento della persona con disabilità nell'ambiente familiare e sociale;
- si deve assicurare alla famiglia dell'alunno con disabilità una corretta e completa informazione di carattere sanitario e sociale, per facilitare la comprensione dell'evento, anche in relazione alle possibilità di recupero e di integrazione nella società;
- in modo particolare, nella scelta e nell'attuazione degli interventi socio-sanitari, occorre assicurare la collaborazione della famiglia, della comunità e del soggetto stesso, attivandone le capacità potenziali.

Per ciò che riguarda l'integrazione scolastica, inoltre, la presenza attiva e responsabile dei genitori è contemplata dalla Legge quadro in diversi Gruppi; in specie, nel gruppo fondamentale ed estremamente impegnativo, deputato alla formulazione del Profilo dinamico funzionale e del Piano educativo individualizzato, da parte degli operatori dell'Azienda Sanitaria Locale e del personale scolastico «con la collaborazione dei genitori della persona handicappata» (Legge 104/1992, art. 12, comma 5).

Ancora: i familiari partecipano alla pari al Gruppo di studio e di lavoro istituito presso ogni istituzione scolastica, insieme con insegnanti, operatori dei servizi e studenti (art. 15, comma 2). Fra i compiti da affidare a questo Gruppo, possono rientrare anche quelli relativi ai casi di alunni in difficoltà, da segnalare in ogni caso al collegio dei docenti perché attivi i compiti previsti dalla normativa.

Gli adempimenti dell'Azienda Sanitaria Locale

A seguito dei maggiori poteri nel campo dell'organizzazione sanitaria attribuiti alle regioni dalla riforma costituzionale introdotta dalla Legge Costituzionale n. 3/01, ciascuna Regione ha deciso a quale organismo collegiale assegnare gli adempimenti dell'Azienda Sanitaria Locale per gli accertamenti collegiali finalizzati a individuare la condizione di deficit del minore, propedeutici alla redazione della Diagnosi funzionale. Va ribadita l'importanza che i tecnici e gli specialisti dell'ASL garantiscano un accesso prioritario agli eventuali esami diagnostico-strumentali, per consentire la formulazione della diagnosi clinica «in tempi utili» rispetto all'iscrizione a scuola, o comunque non oltre trenta giorni dalla domanda (DPCM n. 185/06, art. 2, comma 2). È da sottolineare la necessità che gli accertamenti sanitari intervengano in tempo utile per i successivi adempimenti della scuola. Ciò significa che le certificazioni devono pervenire alla scuola entro i termini delle iscrizioni e cioè, normalmente, entro il 30 gennaio di ogni anno.

Procedure

Conseguentemente, a seguito della tempistica introdotta dalla Legge n. 333/01, la Diagnosi funzionale, il Profilo dinamico funzionale, il PEI e il conseguente «piano degli studi personalizzato» devono essere elaborati in tempo utile affinché i Dirigenti scolastici inviino formalmente agli Uffici scolastici regionali le richieste per gli organici di fatto (comprendenti anche quelle per ore aggiuntive di sostegno), in modo che l'USR possa far pervenire le proprie risposte, come fissato dalla citata Legge n. 333/01, entro fine luglio dell'anno precedente l'inizio della frequenza che avrà luogo nel settembre successivo. Ciò comporta due modifiche implicite al DPR del 24 febbraio 1994, concernenti l'epoca di redazione del PDF e la formulazione del PEI per gli alunni che si iscrivono al primo anno di ciascun grado di scuola.

Quanto al primo aspetto è da ricordare che l'art. 4 del DPR stabilisce che il PDF venga redatto dopo due mesi di osservazione dell'alunno a partire dall'inizio della sua frequenza dell'anno; conseguentemente anche la formulazione del PEI e del conseguente piano degli studi personalizzato debbono essere ritardati sino a circa dicembre dell'anno in corso. Ciò non è più compatibile con la nuova tempistica che vuole questi adempimenti siano compiuti entro giugno o luglio dell'anno precedente la frequenza.

Quanto al secondo aspetto, si pone il problema di chi debba procedere alla formulazione di DF, PDF, PEI e PSP per gli alunni che, appena iscritti, non hanno ancora una classe e quindi anche i rispettivi docenti. Si è così diffusa la prassi di fare intervenire nel provvisorio GLH operativo, oltre ai genitori e agli operatori sociosanitari che seguono il caso e ai docenti dell'ultima classe del grado precedente di istruzione, i docenti del GLH d'istituto e qualche funzione strumentale, che effettuano un primo abbozzo di questi documenti, dopo aver conosciuto, sia pur per breve tempo, l'alunno, in modo da offrire al Dirigente tutte le informazioni e la documentazione necessarie per le richieste sia all'USR, tramite l'USP, sia agli Enti locali. A settembre, poi, quando si conoscerà già il Consiglio di classe dell'alunno, si effettuerà la programmazione che aggiorna, raffinandoli, i documenti precedentemente formulati. Ciò in base alla Nota ministeriale prot. n. 4798/05; dopo l'inizio della frequenza si avrà la messa a punto definitiva del PEI e del PSP.

È però necessario far presente che, a seguito del vigente Regolamento sulla formazione delle classi (si veda anche DPR n. 81/09), non sarà più possibile chiedere lo sdoppiamento di classi numerose frequentate da alunni con disabilità. Infatti, in forza dell'art. 64 del DL n. 112/08, convertito, con modifiche, nella Legge n. 133/08, l'art. 5 comma 2 del regolamento applicativo stabilisce che le classi frequentate da alunni con disabilità sono costituite «di norma» con 20 alunni, aumentabili, in base all'art. 4 dello stesso regolamento del 10%, in caso di eccesso di iscrizioni e cioè sino a 22 alunni. Però lo stesso Regolamento fissa il numero delle classi assegnate dall'Ufficio scolastico regionale a ogni provincia e quindi a ogni istituzione scolastica, senza possibilità di deroghe. Il regolamento precisa che il numero degli alunni per classe verrà determinato dividendo il numero degli iscritti per il numero delle classi assegnate a quella scuola. Pertanto, siccome nella media dei quozienti, risulteranno anche le classi frequentate da alunni con disabilità, per mantenere il tetto massimo di 20 o 22 alunni, sarà necessario ripartire fra le altre classi il numero di alunni sottratti alle prime classi con alunni con disabilità. I Dirigenti scolastici e regionali sono dichiarati responsabili contabilmente e amministrativamente di queste operazioni e quindi non avranno margini di manovra rispetto a queste operazioni di travaso che, in vero, potrebbero creare una «lotta tra poveri», con la veicolazione di rancori contro gli alunni con disabilità, la cui presenza determina l'affollamento delle altre classi. Ma vi è di più. Infatti, il regolamento abroga il DM n. 141/99 che fissava un tetto massimo degli alunni con disabilità presenti nella stessa classe. Conseguentemente, al fine della riduzione della spesa, non potendosi distribuire molti alunni con disabilità in molte classi, perché vi sarebbe un aumento insopportabile di alunni nelle altre classi, si corre il rischio fondato di vedere la concentrazione di più alunni con disabilità nelle stesse classi, con disappunto certo dei genitori non solo degli alunni con disabilità, ma anche dei compagni.

A proposito dei rapporti tra scuola e famiglia, anche gli operatori sanitari debbono operare d'intesa con i genitori, illustrando loro l'esito diagnostico e spiegando il significato di un'eventuale certificazione, comprese le implicazioni successive. Riportiamo le indicazioni sulla Diagnosi funzionale secondo l'Atto di indirizzo, tuttora valide.

Art. 3. Diagnosi funzionale

1. Per diagnosi funzionale si intende la descrizione analitica della compromissione funzionale dello stato psico-fisico dell'alunno in situazione di handicap, al momento in cui accede alla struttura sanitaria per conseguire gli interventi previsti dagli artt.12 e 13 della Legge n. 104/1992.
2. Alla diagnosi funzionale provvede l'unità multidisciplinare composta dallo specialista nella patologia segnalata, dallo specialista in neuropsichiatria infantile, dal terapista della riabilitazione, dagli operatori sociali in servizio presso l'Unità sanitaria locale o in regime di convenzione con la medesima. La diagnosi funzionale deriva dall'acquisizione di elementi clinici e psico-sociali. Gli elementi clinici si acquisiscono tramite la visita medica diretta dell'alunno e l'acquisizione dell'eventuale documentazione medica preesistente. Gli elementi psico-sociali si acquisiscono attraverso specifica relazione in cui siano ricompresi:
   - i dati anagrafici del soggetto;
   - i dati relativi alle caratteristiche del nucleo familiare (composizione, stato di salute dei membri, tipo di lavoro svolto, contesto ambientale, ecc.).
3. La diagnosi funzionale, di cui al comma 2, si articola necessariamente nei seguenti accertamenti:
   a) anamnesi fisiologica e patologica prossima e remota del soggetto, con particolare riferimento alla nascita (in ospedale, a casa, ecc.), nonché alle fasi dello sviluppo neuropsicologico da zero a sedici anni e inoltre alle vaccinazioni, alle malattie riferite e/o repertate, agli eventuali periodi di ospedalizzazione, agli eventuali programmi terapeutici in atto, agli eventuali interventi chirurgici, alle eventuali precedenti esperienze riabilitative;
   b) diagnosi clinica, redatta dal medico specialista nella patologia segnalata (rispettivamente neuropsichiatra infantile, otorinolaringoiatra, oculista, ecc.) come indicato nell'art. 3, comma 3: la stessa fa riferimento all'eziologia ed esprime le conseguenze funzionali delle infermità indicando la previsione dell'evoluzione naturale.
4. La diagnosi funzionale, essendo finalizzata al recupero del soggetto portatore di handicap, deve tenere particolarmente conto delle potenzialità registrabili in ordine ai seguenti aspetti:
   b.1) cognitivo, esaminato nelle componenti: livello di sviluppo raggiunto e capacità di integrazione delle competenze;
   b.2) affettivo-relazionale, esaminato nelle componenti: livello di autostima e rapporto con gli altri;
   b.3) linguistico, esaminato nelle componenti: comprensione, produzione e linguaggi alternativi;
   b.4) sensoriale, esaminato nella componente: tipo e grado di deficit con particolare riferimento alla vista, all'udito e al tatto;
   b.5) motorio-prassico, esaminato nelle componenti: motricità globale e motricità fine;
   b.6) neuropsicologico, esaminato nelle componenti: memoria, attenzione e organizzazione spazio-temporale;
   b.7) autonomia, personale e sociale.

5. Degli accertamenti sopra indicati viene redatta una documentazione nella forma della scheda riepilogativa del tipo che, in via indicativa, si riporta nell'allegato A al presente atto di indirizzo e coordinamento. Nella predetta scheda riepilogativa viene riportata la diagnosi funzionale redatta in forma conclusiva, da utilizzare per i successivi adempimenti.

Definizione della Diagnosi funzionale e suoi elementi

Possiamo trovare una impostazione della Diagnosi funzionale adeguata ai canoni richiesti dall'intervento educativo e didattico e al contempo anticipatrice del modello di descrizione della salute/disabilità introdotto con l'ICF, in una vecchia circolare del Ministero della Pubblica Istruzione degli anni Ottanta. Secondo questa interpretazione, alla sua definizione devono provvedere, secondo le rispettive competenze, gli operatori sanitari, degli Enti locali e della scuola con la collaborazione dei genitori. Tale diagnosi

> dovrà porre in evidenza [...] il profilo dell'alunno dal punto di vista fisico, psichico, sociale e affettivo, comportamentale, e dovrà mettere in rilievo sia le difficoltà di apprendimento conseguenti alla situazione di handicap, e le relative possibilità di recupero, sia le capacità e abilità possedute, che devono essere sostenute, sollecitate e progressivamente rafforzate e sviluppate. I successivi itinerari di preparazione dell'attività scolastica saranno indirizzati a rendere gli obiettivi e gli interventi educativi e didattici quanto più possibile adeguati alle esigenze e potenzialità evidenziate nella diagnosi funzionale dell'alunno e daranno luogo alla elaborazione di un progetto educativo individualizzato ben inserito nella programmazione educativa e didattica. (CM n. 250/1985)

L'Atto di indirizzo riconduce invece la Diagnosi funzionale alle sole competenze degli operatori sanitari (art. 3), pur lasciando margini (molto ristretti) per un coinvolgimento delle strutture educative e formative e prevedendo la necessità di prendere in considerazione la situazione del nucleo familiare:

- deve descrivere analiticamente la compromissione funzionale dello stato psicofisico dell'alunno (comma 1);
- è qualcosa di più della diagnosi clinica, dovendo comprendere anche gli elementi psicosociali (comma 2);
- la stessa diagnosi clinica deve fare riferimento all'eziologia ed esprimere le conseguenze funzionali dell'infermità indicando la previsione dell'evoluzione naturale (comma 3);
- è finalizzata al recupero funzionale del soggetto disabile e deve tenere conto delle potenzialità registrabili in ordine agli aspetti cognitivo, affettivo-relazionale, linguistico, sensoriale, motorio-prassico, neuropsicologico, autonomia personale e sociale.

Resta da chiedersi se i soli operatori sanitari abbiano tutte le competenze necessarie a rispondere adeguatamente a questi sette punti, tenendo anche conto del fatto che sia il complesso della legislazione sanitaria, sia gli ultimi provvedimenti di riorganizzazione delle ASL hanno fortemente ridotto le occasioni di contatto con il «sociale», riconducendo di fatto molti interventi agli aspetti unicamente sanitari. Un operatore che abbia poche conoscenze del contesto abituale di vita familiare, scolastica e sociale di un minore disabile perde molte delle sue possibilità di indicare dei percorsi riabilitativi reali, legati non solo al cosiddetto «recupero funzionale».

Perciò, nella prassi concreta, soprattutto dopo l'introduzione dell'ICF, sarebbe opportuno che la diagnosi psicosociale registri non solo i dati anagrafici e le caratteristiche del nucleo familiare, ma estenda il suo esame anche al contesto educativo e formativo precedente o contingente, con il coinvolgimento sin da questa fase di chi opera nella scuola. Ciò è previsto, anche se in modo sibillino dall'Intesa Stato-Regioni del 20 marzo 2008, dove all'art. 2 si prevede la presenza, oltre che della famiglia, anche di un esperto di pedagogia e didattica speciale nominato dall'Ufficio scolastico provinciale; tale figura, come si dirà più avanti non può essere che un docente della classe dell'alunno, curricolare o meglio, forse, per il sostegno.

Parimenti, non basta una mera fotografia dell'ambiente familiare: è doveroso e possibile un coinvolgimento reale dei genitori e degli altri congiunti. La partecipazione non solo nominale della scuola e della famiglia può consentire, infatti, agli operatori sanitari di sintetizzare nel documento diagnostico tutte le capacità e potenzialità registrabili in relazione al deficit e di predisporre uno strumento flessibile, che permetta di cogliere i cambiamenti e di valorizzare ogni risorsa.

L'unità multidisciplinare: composizione e compiti

Secondo l'Atto di indirizzo, le Aziende Sanitarie Locali sono tenute a individuare gli operatori interessati direttamente al caso o con competenza specifica sull'età evolutiva, che formeranno l'unità multidisciplinare e provvederanno alla stesura della Diagnosi funzionale. Qualora non fossero presenti all'interno dell'ASL operatori specializzati per il trattamento di alcune patologie, le unità multidisciplinari potranno essere integrate anche attraverso convenzioni o prestazioni libero-professionali. Si ritiene che la presenza nell'unità multidisciplinare dell'operatore che ha provveduto alla certificazione debba essere considerata prioritaria.

Alcune Regioni hanno ritenuto di suggerire la nomina — presso ogni Azienda Sanitaria Locale — di uno o più referenti amministrativi, ai quali attribuire la responsabilità dei procedimenti, con il compito di attivare, concordare, coordinare e riunire le unità multidisciplinari, nel rispetto dei tempi previsti dagli accordi interistituzionali. In questo ambito, ogni Azienda Sanitaria Locale provvede a formalizzare le unità multidisciplinari, organizzandole in modo flessibile per garantire la maggior aderenza possibile alle diverse situazioni — di patologia e di territorio — e la personalizzazione della Diagnosi funzionale. Pertanto, pare assodato che le unità multidisciplinari vengano costituite di volta in volta in relazione alla specifica situazione.

Infine, l'unità multisciplinare potrebbe individuare al suo interno un operatore quale «referente del caso» per l'unità multidisciplinare stessa, per la famiglia e per la scuola, scelto eventualmente in relazione all'intervento terapeutico prevalente.

Il grave problema organizzativo che si è palesato sempre più frequentemente in questi ultimi anni è costituito dal fatto che, a causa dei continui tagli alla spesa sanitaria e al conseguente divieto di nuove assunzioni, molti operatori delle ASL non sono più di ruolo e vengono assunti con contratti di pochi mesi, alla scadenza, non è garantito il rinnovo del contratto con lo stesso operatore. Così, alla precarietà dei docenti per il sostegno, si aggiunge anche la precarietà degli operatori sanitari che disorienta paurosamente gli alunni, specie quelli con disabilità intellettive.

Scheda indicativa per la redazione della Diagnosi funzionale

Come si è detto, il DPR 24 febbraio 1994 contempla all'Allegato A una «Scheda indicativa per la redazione della Diagnosi funzionale». Anche su questo aspetto, alcune Regioni hanno proposto adattamenti e integrazioni, che garantiscono tuttavia la salvaguardia di alcune condizioni:

- l'esigenza di ricercare un'uniformità di procedure e di interventi almeno a livello di ogni singola Regione;
- l'opportunità di confermare l'attuale analogia tra gli schemi di diagnosi e di osservazione proposti sia per la Diagnosi funzionale sia per il Profilo dinamico funzionale. Infatti, come si evince dalla tavola 1 (tabella 1.2), il confronto sinottico tra «aree» e «assi» favorisce la collaborazione fra operatori sanitari e insegnanti all'interno dei gruppi di lavoro previsti; inoltre, in questo modo, le osservazioni degli uni e degli altri possono essere condotte in funzione della vera destinazione funzionale del profilo dinamico.

TABELLA 1.2
TAVOLA 1 Diagnosi funzionale e Profilo dinamico funzionale
(Fonte: DPR 24 febbraio 1994, Allegati A e B)

Diagnosi funzionale (Aree)	Profilo dinamico funzionale (Assi)
– cognitiva – affettivo-relazionale – linguistica – sensoriale – motorio-prassica – neuropsicologica – autonomia personale e sociale	– cognitivo – affettivo-relazionale – linguistico – sensoriale – motorio-prassico – neuropsicologico – autonomia – apprendimento

Sarà proprio dalla sinergia tra «aree» e «assi» che, a livello di questi ultimi, potranno essere indicati gli elementi riferiti a:

- osservazione-descrizione
- obiettivi
- strumenti e proposte
- verifiche.

Art. 4. Profilo dinamico funzionale

1. Ai sensi dell'art. 12, comma 5, della Legge n. 104/1992, il profilo dinamico funzionale è atto successivo alla diagnosi funzionale e indica in via prioritaria, dopo un primo periodo di inserimento scolastico, il prevedibile livello di sviluppo che l'alunno in situazione di handicap dimostra di possedere nei tempi brevi (sei mesi) e nei tempi medi (2 anni). Il profilo dinamico funzionale viene redatto dall'unità multidisciplinare di cui all'art. 3, dai docenti curricolari e dagli insegnanti specializzati della scuola, che riferiscono sulla base della diretta osservazione ovvero in base all'esperienza maturata in situazioni analoghe, con la collaborazione dei familiari dell'alunno.
2. Il profilo dinamico funzionale, sulla base dei dati riportati dalla diagnosi funzionale, di cui all'articolo precedente, descrive in modo analitico i possibili livelli di risposta dell'alunno in situazione di handicap riferiti alle relazioni in atto e a quelle programmabili.
3. Il profilo dinamico funzionale comprende necessariamente:
   a) la descrizione funzionale dell'alunno in relazione alle difficoltà che l'alunno dimostra di incontrare in settori di attività;
   b) l'analisi dello sviluppo potenziale dell'alunno a breve e a medio termine, desunto dall'esame dei seguenti parametri:
      b.1) cognitivo, esaminato nelle potenzialità esprimibili in relazione al livello di sviluppo raggiunto (normodotazione; ritardo lieve, medio, grave; disarmonia medio-grave; fase di sviluppo controllata: età mentale, ecc.), alle strategie utilizzate per la soluzione dei compiti propri della fascia dell'età, allo stile cognitivo, alla capacità di usare, in modo integrato, competenze diverse;
      b.2) affettivo-relazionale, esaminato nelle potenzialità esprimibili rispetto all'area del sé, al rapporto con gli altri, alle motivazioni dei rapporti e dell'atteggiamento rispetto all'apprendimento scolastico, con i suoi diversi interlocutori;
      b.3) comunicazionale, esaminato nelle potenzialità esprimibili in relazione alle modalità di integrazione, ai contenuti prevalenti, ai mezzi privilegiati;
      b.4) linguistico, esaminato nelle potenzialità esprimibili in relazione alla comprensione del linguaggio orale, alla produzione verbale, all'uso comunicativo del linguaggio verbale, all'uso del pensiero verbale, all'uso di linguaggi alternativi o integrativi;
      b.5) sensoriale, esaminato, soprattutto, in riferimento alle potenzialità riferibili alla funzionalità visiva, uditiva e tattile;
      b.6) motorio-prassico, esaminato in riferimento alle potenzialità esprimibili in ordine alla motricità globale, alla motricità fine, alle prassie semplici e complesse e alle capacità di programmazione motorie interiorizzate;
      b.7) neuropsicologico, esaminato in riferimento alle potenzialità esprimibili riguardo alle capacità mnestiche, alla capacità intellettiva e all'organizzazione spazio-temporale;
      b.8) autonomia, esaminata con riferimento alle potenzialità esprimibili in relazione all'autonomia della persona e all'autonomia sociale;
      b.9) apprendimento, esaminato in riferimento alle potenzialità esprimibili in relazione all'età prescolare, scolare (lettura, scrittura, calcolo, lettura di messaggi, lettura di istruzioni pratiche, ecc.).

4. In via orientativa, alla fine della seconda elementare, della quarta elementare, alla fine della seconda media, alla fine del biennio superiore e del quarto anno della scuola superiore, il personale di cui agli articoli precedenti traccia un bilancio diagnostico e prognostico finalizzato a valutare la rispondenza del profilo dinamico funzionale alle indicazioni nello stesso delineate e alla coerenza tra le successive valutazioni, fermo restando che il profilo dinamico funzionale è aggiornato, come disposto dal comma 8 dell'art. 12 della Legge n. 104/1992, a conclusione della scuola materna, della scuola elementare, della scuola media e durante il corso di istruzione secondaria superiore.
5. Degli accertamenti sopra indicati viene redatta dall'unità multidisciplinare della Unità sanitaria locale, in collaborazione con il personale insegnante e i familiari o gli esercenti la potestà parentale, una documentazione nella forma di scheda riepilogativa del tipo che, in via indicativa, si riporta nell'allegato B al presente atto di indirizzo e coordinamento. Nella predetta scheda sarà inoltre riportato il profilo dinamico funzionale redatto in forma conclusiva, da utilizzare per i successivi adempimenti e relativo alle caratteristiche fisiche, psichiche, sociali e affettive dell'alunno.

Definizione del Profilo dinamico funzionale e suoi elementi

Il Profilo dinamico funzionale:

- indica il prevedibile livello di sviluppo che l'alunno con disabilità dimostra di possedere:
  a) nei tempi brevi;
  b) nei tempi medi;
- descrive analiticamente i possibili livelli di risposta dell'alunno riferiti:
  a) alle relazioni in atto;
  b) a quelle programmabili;
- comprende:
  a) la descrizione delle difficoltà dell'alunno nei singoli settori di attività;
  b) l'analisi dello sviluppo potenziale a breve e a medio termine, riferita ai parametri cognitivo, affettivo-relazionale, comunicazionale, linguistico, sensoriale, motorio-prassico, neuropsicologico, autonomia e apprendimento.

Questo è quanto attualmente in vigore a livello normativo e di prassi compilativa anche se la recente Intesa Stato-Regioni del 20 marzo 2008 stabilisce che la Diagnosi funzionale venga a includere anche il Profilo dinamico funzionale e corrisponda, in coerenza con i principi dell'ICF, al *Profilo di funzionamento della persona.*

Con l'emanazione del Decreto n. 185/06 è cambiata, come citato sopra, anche la tempistica di elaborazione del Profilo dinamico funzionale e del Piano educativo individualizzato. Diversamente dal passato, si prevede infatti che, per gli alunni interessati (nuovi ingressi o in caso di eventuale modificazione della diagnosi), questa progettazione debba essere pronta in tempi utili rispetto alle esigenze amministrative e organizzative di avvio dell'anno scolastico (formazione delle classi e assegnazione degli organici); dunque, presumibilmente, entro fine luglio dell'anno scolastico precedente. A questo buon fine, il legislatore raccomanda che le istituzioni preposte — Enti locali, uffici scolastici regionali e ASL — adottino tutti gli accordi possibili, finalizzati al coordinamento degli interventi per una migliore qualità dell'integrazione (art. 3, comma 3).

Non si può che accogliere positivamente questo sollecito a coordinare le operazioni affinché all'avvio della scuola l'alunno disabile, gli insegnanti e i compagni di classe siano messi in condizione di lavorare serenamente, avendo a disposizione tutti gli strumenti conoscitivi e progettuali e tutte le risorse umane e materiali necessari. Ben venga il vincolo di redigere il Profilo dinamico funzionale e il Piano educativo individualizzato entro il termine dell'anno scolastico precedente; d'altra parte è, questa, una prassi consolidata da tempo in molte realtà provinciali. Vogliamo tuttavia segnalare l'esigenza che documenti progettuali così importanti dal punto di vista educativo e didattico, soprattutto quando l'alunno è alla prima frequenza — come il PDF e il PEI — vadano rivisti e aggiornati dopo un primo periodo di frequenza scolastica (ad esempio entro il secondo mese dall'inizio delle lezioni, come si fa per il piano di lavoro di classe). È essenziale tenere a mente che la prima progettazione «estiva», per quanto debba essere elaborata con la massima cura professionale da parte delle componenti coinvolte, assume un carattere previsionale connesso a una finalità amministrativa; quindi deve venire arricchita, integrata, rivisitata secondo un'impostazione più propriamente pedagogica: quella che viene vivificata e motivata dalla situazione didattica in corso e dalla conoscenza del minore «in presenza», nel contesto del gruppo classe.

In sintesi, il Profilo dinamico funzionale si configura come momento di riflessione del gruppo che lo elabora e:

- fornisce il quadro globale dell'evoluzione e del percorso che operatori e insegnanti prevedono per l'alunno;
- costituisce una guida per la progettazione dell'intervento, evidenziando i bisogni dell'alunno e le sue risorse e indicando le strategie utili per attivarle e valorizzarle, anche evidenziando l'eventuale carenza di sostegni.

Rispetto al testo dello stesso art. 4, va ancora rilevato che esso contiene presumibilmente un errore materiale di trascrizione sulla «Gazzetta Ufficiale». Al comma 2, lettera b7), si legge «capacità intellettiva» in luogo di «attentiva», come correttamente compare invece nell'Allegato B, schema 2g.

Sinergia tra competenze scolastiche e sanitarie

Rispetto alla diagnosi, nella stesura del Profilo dinamico funzionale aumentano le aree o gli elementi che è necessario acquisire. Il DPR indica quindi la necessità di integrazione delle competenze e delle professionalità presenti:

- quelle esistenti all'interno dell'unità multisciplinare dell'Azienda Sanitaria Locale;
- quelle della scuola, con la sottolineatura che devono essere coinvolti sia i docenti curricolari sia quelli specializzati;
- quelle presenti in ambito familiare.

Nella prassi, occorre evitare una gerarchizzazione degli interventi e delle figure professionali, che rischia di subordinare di fatto la struttura scolastica a quella sanitaria e le proposte didattico-operative alla sola analisi clinica. Tutto ciò richiama l'esigenza di una formazione degli insegnanti di tipo progettuale, che superi le ristrettezze di una formazione riduttivamente esecutiva.

Il riferimento a un'articolazione del Profilo dinamico funzionale che per ogni «asse» tenga conto dei momenti: di osservazione-descrizione, di definizione degli obiettivi, di individuazione degli strumenti e delle proposte, di verifica, può servire da «ponte» verso il Piano educativo individualizzato. Può essere importante, perciò, che per ciascun asse vengano fissati obiettivi specifici; in questo modo, gli insegnanti sono indotti a prendere in considerazione interventi adeguati relativi a tutti gli «assi», senza trascurarne nessuno, per introdurre poi nel Piano educativo individualizzato attività e strumenti didattici ben calibrati, così da evitare la predisposizione di documenti programmatici troppo generici o concentrati solo su alcuni settori, come quello dell'apprendimento curricolare.

Il coinvolgimento della famiglia

La partecipazione effettiva dei genitori dell'alunno con disabilità alla stesura e alla verifica del Profilo dinamico funzionale e del Piano educativo individualizzato risulta essenziale, in quanto configura un percorso e una crescita comuni rispetto alla sua situazione e alla sua evoluzione.

Tempi di stesura e aggiornamento del profilo

Il Profilo dinamico funzionale dovrebbe essere preso in esame collegialmente almeno in due momenti specifici nel corso dell'anno scolastico: durante gli incontri per la stesura e durante quelli per la verifica. Come prescrive l'art. 12, comma 8 della Legge n. 104/1992, «deve essere aggiornato a conclusione della scuola dell'infanzia, elementare e media e durante il corso di istruzione secondaria». Ma l'Atto di indirizzo ha voluto prevedere anche altri significativi momenti di «valutazione degli interventi a sostegno dell'integrazione scolastica»: alla fine della seconda e quarta elementare, alla fine della seconda media, del biennio superiore e alla fine del quarto anno di scuola secondaria. È ovvio che tali valutazioni rappresentano un momento congiunto di lavoro e di impegno di tutte le componenti chiamate in causa e di tutti gli interventi messi in atto.

Scheda indicativa per la redazione del Profilo dinamico funzionale

È riportata nell'Allegato B al DPR 24 febbraio 1994. Mentre all'art. 4, comma 1, si dice che il profilo «viene redatto dall'unità multidisciplinare [...], dai docenti curricolari e dagli insegnanti specializzati della scuola [...], con la collaborazione dei familiari dell'alunno», al comma 5 si sostiene che la scheda riepilogativa «viene redatta dalla unità multisciplinare della unità sanitaria locale, in collaborazione con il personale insegnante e i familiari». Valgono a questo riguardo le considerazioni già formulate in precedenza circa i rischi di gerarchizzazione degli interventi e l'esigenza di una partecipazione a pari titolo di tutte le figure professionali e non professionali interessate. Tale necessità trova sostegno anche nelle indicazioni finora suggerite in calce al documento: «I redattori sanitari, scolastici, familiari».

Infine, va richiamato il fatto che la scheda riepilogativa, oltre alla parte prettamente analitica, deve contenere uno spazio per riportare il «Profilo dinamico funzionale redatto in forma conclusiva», da utilizzare per i successivi adempimenti.

Art. 5. Piano educativo individualizzato

1. Il piano educativo individualizzato (indicato in seguito con il termine PEI) è il documento nel quale vengono descritti gli interventi integrati ed equilibrati tra di loro, predisposti per l'alunno in situazione di handicap, in un determinato periodo di tempo, ai fini della realizzazione del diritto all'educazione e all'istruzione, di cui ai primi quattro commi dell'art. 12 della Legge n. 104/1992.
2. Il PEI è redatto, ai sensi del comma 5 del predetto art. 12, congiuntamente dagli operatori sanitari individuati dalla USL e/o USSL e dal personale insegnante curricolare e di sostegno della scuola e, ove presente, con la partecipazione dell'insegnante operatore psicopedagogico in collaborazione con i genitori o gli esercenti la potestà parentale dell'alunno.
3. Il PEI tiene presenti i progetti educativi, riabilitativi e di socializzazione individualizzati, nonché le forme di integrazione tra attività scolastiche ed extrascolastiche, di cui alla lettera a) del comma 1 dell'art. 13 della Legge n. 104/1992.
4. Nella definizione del PEI, i soggetti di cui al precedente comma 2, propongono, ciascuno in base alla propria esperienza pedagogica, medico-scientifica e di contatto, e sulla base dei dati derivanti dalla diagnosi funzionale e dal profilo dinamico funzionale, di cui ai precedenti articoli 3 e 4, gli interventi finalizzati alla piena realizzazione del diritto all'educazione, all'istruzione e integrazione scolastica dell'alunno in situazione di handicap. Detti interventi propositivi vengono successivamente integrati tra di loro, in modo da giungere alla redazione conclusiva di un piano educativo che sia correlato alle disabilità dell'alunno stesso, alle conseguenti difficoltà e alle potenzialità dell'alunno comunque disponibili.

Obiettivi del Piano educativo individualizzato e necessità di integrazione degli interventi

L'art. 5 dell'Atto di indirizzo stabilisce che nel Piano educativo individualizzato vengano descritti «gli interventi integrati ed equilibrati tra di loro». In concreto, i componenti del gruppo di lavoro per la sua predisposizione «propongono, ciascuno in base alla propria esperienza pedagogica, medico-scientifica e di contatto [...] gli interventi finalizzati alla piena realizzazione del diritto all'educazione, all'istruzione e integrazione scolastica». Questi «interventi propositivi» vengono successivamente «integrati tra di loro, in modo da giungere alla redazione conclusiva di un piano educativo».

Ancora più nello specifico, l'integrazione dei vari contributi deve tenere presenti, sia come dati preesistenti, sia come previsione di specifici progetti personalizzati e coordinati tra loro, «i progetti didattico-educativi, riabilitativi e di socializzazione individualizzati, nonché le forme di integrazione tra attività scolastiche ed extrascolastiche».

A completamento degli aspetti menzionati, il DPCM n. 185/06 prevede opportunamente che il gruppo tecnico formuli all'interno del progetto anche proposte in merito alle risorse necessarie, ivi compresa l'indicazione del numero di ore di sostegno (art. 3, comma 2); a chiarificazione, di fatto, del Decreto, la Finanziaria 2007 precisa che queste dovranno essere assegnate in corrispondenza delle effettive esigenze segnalate (Legge n. 296/06, art. 1, comma 605, lettera b).

Il primato dell'intervento educativo

L'art. 4, comma 4, parla di un Piano educativo «che sia correlato alle disabilità dell'alunno stesso, alle sue conseguenti difficoltà e alle potenzialità dell'alunno comunque disponibili». Nella formulazione del testo (e, più in generale, di tutto l'Atto di indirizzo e coordinamento), pare di intravvedere sempre al primo posto i problemi legati alla patologia. Questo emerge chiaramente a proposito della Diagnosi funzionale, viene evidenziato dalle disposizioni relative alla stesura Profilo dinamico funzionale, e, per quanto riguarda lo stesso Piano educativo, il riferimento alle potenzialità arriva solo in terza battuta, dopo il richiamo alle disabilità e alle difficoltà conseguenti a questa.

Si tratta, in realtà, di un passo indietro rispetto a quanto stabilito dall'art. 12, comma 5, della Legge n. 104/92, in precedenza commentato e che qui si richiama per il riferimento esplicito alle «possibilità di recupero, alle capacità possedute che devono essere sostenute, sollecitate e progressivamente rafforzate e sviluppate». Il rischio è che un'interpretazione riduttiva del complesso di norme citate, da un lato solleciti un'attenzione prioritaria alla patologia, con la conseguenza di individuare rimedi settoriali e interventi separati, dall'altro penalizzi l'aspetto delle potenzialità, considerandolo residuale rispetto a quello patologico. In realtà, la lettura integrata delle disposizioni — che collegano fra l'altro l'integrazione scolastica a quella sociale — consente un'effettiva sinergia delle competenze e delle professionalità, nell'interesse primario dell'alunno in situazione di disabilità, titolare di un diritto soggettivo all'educazione e all'istruzione nella scuola di tutti. Perciò, il Gruppo di lavoro individuato per la stesura del Profilo dinamico funzionale e del Piano educativo individualizzato deve operare nell'ottica di una maturazione il più possibile armonica e completa del minore, considerato nella totalità della sua persona e nei differenti momenti della sua vita, di cui la scuola è momento fondamentale ma non esclusivo.

Composizione del gruppo di lavoro

Un punto non secondario rinvenibile nel comma 2 è quello che regola la composizione del Gruppo di lavoro per la definizione del Piano educativo individualizzato: l'Atto di indirizzo include giustamente anche gli insegnanti curricolari e non solo quelli di sostegno o l'operatore psicopedagogico (raramente presente), evitando così fraintendimenti sulla presenza indispensabile dei docenti curricolari, non menzionati, probabilmente per svista, nell'art. 12 comma 5 Legge n. 104/92. Senza la precisazione dell'Atto di indirizzo, si sarebbe potuta legittimare la «delega» del progetto di integrazione, di fatto realizzata troppo spesso dai docenti curricolari, al solo docente per il sostegno. Tale delega è illegalmente favorita da quei Dirigenti che, talora su richiesta degli operatori sociosanitari, talora di proprio impulso, convocano le riunioni di GLH operativo per stesura e verifica del PDF e del PEI in orari coincidenti con quelli delle lezioni. Ciò è palesemente illecito, poiché contrario alla logica dell'integrazione e della presa in carico corale del progetto di integrazione e dovrebbe al più presto essere espressamente vietato dal Ministero dell'Istruzione, come da tempo chiedono le associazioni.

Art. 6. Verifiche

1. Con frequenza, preferibilmente correlata all'ordinaria ripartizione dell'anno scolastico, o se possibile con frequenza trimestrale (entro ottobre-novembre, entro febbraio-marzo, entro maggio-giugno), i soggetti indicati al comma 6 dell'art. 12 della Legge n. 104/1992 verificano gli effetti dei diversi interventi disposti e l'influenza esercitata dall'ambiente scolastico sull'alunno in situazione di handicap.
2. Le verifiche di cui al comma precedente sono finalizzate a che ogni intervento destinato all'alunno in situazione di handicap sia correlato alle effettive potenzialità che l'alunno stesso dimostri di possedere nei vari livelli di apprendimento e di prestazioni educativo-riabilitative nel rispetto della sua salute mentale.
3. Qualora vengano rilevate ulteriori difficoltà (momenti di crisi specifica o situazioni impreviste relative all'apprendimento) nel quadro comportamentale o di relazione o relativo all'apprendimento del suddetto alunno, congiuntamente o da parte dei singoli soggetti di cui al comma 1, possono essere effettuate verifiche straordinarie, al di fuori del termine indicato allo stesso comma 1. Gli esiti delle verifiche debbono confluire nel PEI.

Valutazione, aggiornamento e verifiche

L'Atto di indirizzo dettaglia le norme relative a questi importanti momenti che devono seguire e adattare in itinere lo sviluppo dell'integrazione scolastica. Già si è parlato, in precedenza, degli aspetti legati alla valutazione riferita al Profilo dinamico funzionale. Ora, l'art. 6 regola le verifiche complessive:

– sugli «effetti dei diversi interventi disposti»;
– sull'«influenza esercitata dall'ambiente scolastico sull'alunno in situazione di handicap».

In particolare, tali verifiche «sono finalizzate a che ogni intervento [...] sia correlato alle effettive potenzialità che l'alunno stesso dimostra di possedere nei vari livelli di apprendimento e di prestazioni educativo-riabilitative, nel rispetto della sua salute mentale».

Tempi di attuazione delle verifiche

Le verifiche ordinarie e periodiche devono avere una «frequenza, preferibilmente correlata all'ordinaria ripartizione dell'anno scolastico o, se possibile, con frequenza trimestrale (entro ottobre-novembre, entro febbraio-marzo, entro maggio-giugno)». Oltre a queste verifiche «ordinarie» ne sono previste altre «straordinarie», qualora «vengano rilevate ulteriori difficoltà (momento di crisi specifica o situazioni impreviste relative all'apprendimento) nel quadro comportamentale o di relazione o relativo all'apprendimento».

Necessità di condizioni strutturali e organizzative

Ovviamente, queste precise e ricorrenti occasioni di valutazione, aggiornamento e verifiche presuppongono maggiori condizioni strutturali e organizzative, soprattutto da parte delle Aziende Sanitarie Locali, anche in termini di assegnazione del personale, di frequenza degli incontri fra i diversi operatori, di necessaria definizione dei tempi e degli orari degli incontri stessi. È importante perciò che le stesse si preoccupino di prevedere la partecipazione dei propri operatori anche ai Gruppi di studio e di lavoro istituiti presso le istituzioni scolastiche di ogni ordine e grado ai sensi dell'art. 15, comma 2 della Legge quadro.

> *Art. 7. Vigilanza*
>
> Le regioni e le province autonome di Trento e Bolzano, tramite i propri servizi, esercitano la vigilanza sulle Unità sanitarie e/o socio-sanitarie, perché diano la piena e qualificata collaborazione agli operatori della scuola e alle famiglie, al fine di dare attuazione al diritto all'educazione, all'istruzione e all'integrazione scolastica dell'alunno in situazione di handicap, previsti dagli artt. 12 e n. 13 della Legge n. 104/1992.

Vigilanza sulle Aziende Sanitarie Locali

Si è richiamata in precedenza l'attenzione sui compiti di vigilanza che il DPR impone alle Regioni e alle Province autonome rispetto ai compiti delle Aziende Sanitarie Locali. Questo implica però che esse provvedano all'istituzione di un servizio ad hoc. A tale scopo, sarebbe utile predisporre fra l'altro una scheda di sintesi per la rilevazione annuale degli interventi effettuati in ogni singola ASL, con il numero di segnalazioni pervenute, il numero di individuazioni di reale disabilità registrate, il numero di unità multidisciplinari attivate e la loro composizione, la diagnosi prevalente, ecc.

Necessità di una piena e qualificata collaborazione

La sottolineatura contenuta nell'art. 7 dell'Atto di indirizzo è particolarmente impegnativa sia rispetto ai compiti delle Aziende Sanitarie Locali (nei rapporti con gli operatori della scuola e nei rapporti con le famiglie), sia rispetto al tipo di vigilanza che dev'essere esercitata.

Resta da dire che la piena integrazione scolastica nelle sezioni e nelle classi comuni delle scuole di ogni ordine e grado (e nella formazione professionale regionale, alla quale devono ritenersi estese le indicazioni dell'Atto di indirizzo) è fondata sul raccordo degli interventi della scuola, del servizio sanitario, degli Enti locali e di ogni altra risorsa che possa rivelarsi necessaria al raggiungimento dell'obiettivo.

Il quadro complessivo delle disposizioni legislative e normative vigenti delinea con sufficiente chiarezza le competenze di ogni singola istituzione, fissandone gli obblighi di intervento. Del resto, la Legge quadro sull'handicap (art. 13, comma 1a):

- prescrive la necessità di una «programmazione coordinata dei servizi scolastici con quelli sanitari, socio-assistenziali, culturali, ricreativi, sportivi e con altre attività sul territorio gestite da enti pubblici o privati», richiamata dalla Legge finanziaria 2007;
- contempla la stipula di appositi «Accordi di programma» tra Enti locali, organi scolastici e Aziende Sanitarie Locali, «finalizzati alla predisposizione, attuazione e verifica congiunta di progetti educativi, riabilitativi e di socializzazione individualizzati, nonché a forme di integrazione tra attività scolastiche e attività integrative extrascolastiche».

A scanso di equivoci, è bene ricordare che, anche in assenza di Accordi di programma a livello locale, gli enti e le amministrazioni coinvolti nel processo di integrazione scolastica sono tenuti a garantire i provvedimenti di competenza, sanciti a loro carico dalle leggi vigenti. Tuttavia, la stipula degli Accordi stessi — per altro contemplata anche dalla Legge di riforma delle autonomie locali, dell'8 giugno 1990, n. 142, art. 27 — o le nuove prospettive di integrazione dei servizi — prefigurate dalla Legge quadro n. 328/2000 — rappresentano la possibilità di contare su un sistema di riferimento uniforme per i diversi livelli territoriali e assicurano una migliore integrazione delle risorse sul piano strutturale e organizzativo.

Il Piano degli Studi Personalizzato (PSP)

L'Atto di indirizzo non menziona, né poteva, il Piano degli Studi Personalizzato (PSP) che viene redatto esclusivamente dai docenti del Consiglio di classe, sulla base delle indicazioni concordate nel PEI.

Di questo si parla espressamente per ben due volte nella normativa: cioè nell'art. 41 del DM n. 331/98 a proposito della richiesta di ore aggiuntive di sostegno e nel DM n. 141/99 a proposito dello sdoppiamento delle classi sovraffollate frequentate da alunni con disabilità. In entrambe le norme si precisa che occorre un progetto didattico personalizzato che, usando la terminologia adottata dalla Legge n. 53/03, qui si denomina «Piano degli Studi Personalizzato». Per la sua formulazione, le disposizioni citate dicono espressamente che è di esclusiva redazione del solo Consiglio di classe. E ciò è perfettamente in linea con una visione sistematica della normativa sulla differenza fra progetto didattico, «progetto di abilitazione-riabilitazione», di cui all'art. 26 della Legge n. 833/1978 e «progetto di socializzazione», di cui all'art. 14 della Legge n. 328/00. Ciascuno di questi distinti progetti viene redatto dai soli professionisti di ciascuna istituzione, pur dovendo le loro indicazioni contribuire alla formulazione del PEI e alla sua attuazione mediante l'elaborazione dei tre distinti progetti personalizzati. Ecco perché si è detto che al PEI deve seguire, al massimo entro i primi di luglio, il Piano degli Studi Personalizzato che contiene le esplicitazioni pedagogico-didattiche del PEI.

L'abrogazione delle due norme amministrative non reca alcun vuoto normativo, circa l'obbligo di redazione del PSP da parte del solo Consiglio di classe, poiché tale compito è già presente sia nel DPR n. 416/1974 sugli organi collegiali, sia nella Legge di riforma n. 53/03.

L'Intesa Stato-Regioni del 20 marzo 2008

Il procedimento e la documentazione per l'integrazione fin qui delineati hanno subito alcune modifiche a seguito della stipula dell'Intesa del 20 marzo 2008 sottoscritta da Stato e Regioni per la presa in carico del progetto di integrazione scolastica di qualità degli alunni con disabilità. Si ritiene però di non considerare ormai superate le norme descritte, relative alla DF e al PDF, come previsti dal DPR del 24 febbraio 1994, modificato e integrato dal DPCM n. 185/06, in quanto l'Intesa necessita di atti applicativi e soprattutto di un processo formativo generalizzato che richiedono tempi non brevi per la piena attuazione. È comunque importante darne una sintesi indicativa.

Il 20 marzo 2008 la Conferenza Stato-Regioni ha dato parere favorevole al testo di un Decreto interministeriale — Pubblica Istruzione-Salute — e quindi ha sancito l'Intesa: un documento di appena tre paginette che però rivoluziona in parte la normativa precedente sull'integrazione scolastica, adeguandola agli sviluppi degli ultimi anni, a partire dalla Legge n. 328/00 sui piani di zona e alla Legge costituzionale n. 3/01, che ha attribuito una più ampia competenza legislativa e amministrativa alle Regioni e agli Enti locali, costituzionalizzando addirittura il principio dell'autonomia scolastica.

L'Intesa è assai interessante fin dal titolo e dall'introduzione, sottolineando che è «finalizzata a stabilire modalità e criteri» per il coordinamento di tutti gli interventi delle diverse pubbliche istituzioni coinvolte, le quali «si impegnano a realizzare gli interventi di seguito descritti, prevedendo anche modalità di valutazione e monitoraggio».

Taluno potrebbe obiettare che, come al solito, l'ultimo articolo (art. 6), impone che l'attuazione dell'Intesa non deve comportare nuovi o maggiori oneri per la finanza pubblica statale e regionale. Le somme pubbliche finalizzate all'integrazione scolastica sono notevoli, ma scarsissimamente coordinate, producendo talora duplicazioni e sprechi: quindi un loro migliore coordinamento e una redistribuzione interna ai bilanci delle singole amministrazioni, con gli atti programmatori conseguenti all'Intesa, possono fornire risorse sufficienti a garantire un miglioramento della qualità dell'integrazione.

Gli articoli in cui si sostanzia l'Intesa sono sinteticamente i seguenti:

- *L'art. 1* prevede che la presa in carico del progetto d'integrazione si realizza tramite Accordi di programma regionali, provinciali e territoriali che necessitano di adeguate informazioni offerte agli alunni e alle loro famiglie circa i percorsi da seguire. Qui l'Intesa riecheggia l'art. 40 della Legge n. 104/92, i cui contenuti però qui vengono spontaneamente sottoscritti dalle Regioni, e dagli Enti locali, nonché dagli Uffici scolastici e dalle istituzioni scolastiche autonome.
- *L'art. 2* riguarda la certificazione delle disabilità e la valutazione delle capacità e potenzialità su cui intervenire. Una prima novità concerne la semplificazione amministrativa delle certificazioni, in quanto, per gli alunni già in carico all'ASL, basta la

certificazione iniziale per l'iscrizione scolastica, evitando così le lungaggini previste dal DPCM n. 185/06 che quindi, per questo aspetto, viene modificato.
Solo per gli alunni che fanno il loro ingresso a scuola, privi di certificazione, si applica l'obbligo di una apposita certificazione che va effettuata secondo i criteri del modello di classificazione dell'ICD-10 dell'OMS da effettuarsi, di regola, non oltre la scuola dell'infanzia e primaria, salvo disabilità sopravvenute. Ciò evita la strana lievitazione del numero di certificazioni nel passaggio dalla scuola primaria alla secondaria di secondo grado, assai raramente dovuta a effettiva insorgenza di disabilità; troppo spesso, tali nuove certificazioni sono spiegabili con una incapacità del nuovo grado di scuola di prendersi in carico soggetti difficili; altrimenti si dovrebbe supporre che la scuola primaria, invece di favorire l'integrazione di questi alunni, produrrebbe l'insorgenza di disabilità.
Ne dovrebbe conseguire l'obbligo delle AASSLL di continuare a tenere in carico gli alunni di scuola secondaria di secondo grado anche dopo il raggiungimento della maggiore età; al contrario molti servizi per l'età evolutiva si rifiutano di continuare, dopo tale data, la presa in carico, anche se gli alunni continuano per qualche anno la frequenza.
L'art. 2 descrive inoltre finalità e modalità di effettuazione della Diagnosi funzionale, introducendo un'altra novità: il ridimensionamento del Profilo dinamico funzionale e il suo assorbimento nella Diagnosi funzionale in quanto quest'ultima viene redatta, sulla base dei criteri bio-psico-sociali della classificazione ICF dell'OMS, anche con la presenza della famiglia e, ai fini dell'individuazione delle figure professionali e delle risorse, anche con la presenza di un esperto in didattica speciale nominato dall'Ufficio scolastico provinciale. Si può supporre che tale esperto sia un docente curricolare o, preferibilmente, insegnante specializzato per il sostegno; infatti come potrebbe l'USP nominare tanti propri esperti quanti sono gli alunni certificati frequentanti? Inoltre come potrebbe da solo un tale eventuale esperto conoscere tutti gli alunni? Sembra quindi più ragionevole e a costo zero, che tale figura coincida con l'insegnante specializzato per il sostegno, operante nella classe. La Diagnosi funzionale dovrà essere aggiornata nel passaggio da un grado all'altro di scuola, «obbligatoriamente» (come precisa l'art. 2).

– *L'art. 3* concerne il PEI alla cui formulazione deve partecipare anche «l'intero Consiglio di classe», precisazione assente nell'art. 12 comma 5 della Legge n. 104/92 e già introdotta, come detto prima, nell'art. 4 del DPR del 24 febbraio 1994.
È appena il caso di precisare che il PEI, dovendo essere redatto da tutti questi soggetti, non è ancora il progetto didattico personalizzato, ma il progetto di integrazione scolastica ed extrascolastica dell'alunno. Il piano degli studi personalizzato è predisposto, sulla base delle indicazioni del PEI, esclusivamente da tutti i docenti del consiglio di classe, come espressamente previsto dall'art. 41 del Decreto ministeriale n. 331/98.
Inoltre l'art. 3 precisa i contenuti del PEI che riguardano gli interventi didattici, di riabilitazione e di socializzazione, in quanto formulato anche dalla famiglia e dagli operatori dell'ASL e degli Enti locali; prevede anche l'indicazione di tutte le risorse necessarie, quindi non solo le ore di sostegno, ma anche quelle eventuali di assistenza

per l'autonomia e la comunicazione (art. 13 comma 3 Legge n. 104/92), nonché, se necessaria, l'assistenza igienica dei collaboratori e delle collaboratrici scolastiche, il trasporto gratuito a scuola, l'eliminazione delle barriere architettoniche e senso-percettive, ausili e sussidi, ecc.

Si precisa che il PEI deve essere verificato ed eventualmente modificato durante l'anno e «aggiornato all'inizio di ogni anno». Nell'ultimo anno di ciascun ciclo di scuola il Dirigente deve concordare con il Dirigente della nuova scuola scelta dall'alunno, la continuità della presa in carico del progetto d'integrazione.

Nell'ultimo anno della scuola secondaria di primo grado deve essere avviato un periodo di orientamento alla scelta di un istituto di scuola superiore e, all'ultimo anno di scuola secondaria di secondo grado, è necessario che il Dirigente prenda accordi con i servizi di territorio per il possibile avvio ad attività di formazione professionale e lavorative e comunque di socializzazione, nel quadro dei servizi predisposti nei piani di zona.

Ciò dovrebbe evitare la richiesta di ripetenze nell'ultimo anno, dovute alla mancanza di sbocchi successivi alla scuola, che spesso la rendono un parcheggio, snaturandone le finalità di integrazione scolastica.

Da quanto detto emerge con chiarezza che il PEI va redatto durante il periodo precedente la frequenza dell'alunno, onde consentire l'acquisizione programmata e preventiva delle risorse necessarie. Soccorre a tale interpretazione la Nota ministeriale prot. n. 4798/05 che prevede l'obbligo di un periodo di programmazione del progetto d'integrazione all'inizio di ogni anno scolastico, proprio per rivedere definitivamente e aggiornare la bozza di PEI effettuata in precedenza (maggio o giugno) in occasione della richiesta delle ore di sostegno in organico di fatto e delle altre risorse.

– *L'art. 4* concerne le procedure di indicazione, proposta e individuazione delle risorse umane e materiali necessarie. Il Gruppo di lavoro di istituto (all'art. 15 comma 2 Legge n. 104/92), raccoglie tutti i PEI della scuola e propone all'Ufficio Scolastico Provinciale e agli Enti locali presenti nel Piano di zona la richiesta delle risorse necessarie interne ed esterne alla stessa.

  Importante l'affermazione che tutte le richieste alle diverse Amministrazioni vanno effettuate contestualmente e le risorse vanno programmate e fornite contemporaneamente.

– *L'art. 5* riguarda l'assegnazione dei docenti per il sostegno. Anche qui è prevista una novità. Il contingente attribuito dall'Ufficio Scolastico Regionale a ogni provincia viene assegnato a ciascun ambito territoriale coincidente con l'ambito del piano di zona. I docenti sia a tempo determinato che indeterminato vengono incardinati come sede a singole scuole-polo, secondo la specificità dei bisogni educativi speciali conseguenti alle tipologie diverse di disabilità. Da esse i docenti vengono di anno in anno assegnati alle diverse scuole dell'ambito del piano di zona, dove si iscrivono o continuano la frequenza gli alunni con disabilità. Ciò dovrebbe garantire una maggiore continuità didattica.

  Bisognerà sapere quanti tipi di scuole-polo verranno attivati; ad esempio, solo per docenti maggiormente formati per casi di cecità o sordità, oppure per persone con

autismo, sindrome di Down, ecc.? Data la novità, ciò sarà tutto da vedere, anche perché ancora a tale Intesa non è stata data attuazione con atti regolamentari di portata generale.
L'Ufficio scolastico provinciale, avvalendosi della competenza degli Ispettori tecnici e dei referenti per l'integrazione scolastica, provvede all'individuazione di «indicatori di risultato e alla valutazione dell'efficacia e dell'efficienza« dell'integrazione scolastica realizzata.
Ciò significa che nulla è immutato circa la persistenza delle figure professionali citate, che però dovrebbero lavorare anche nell'ambito dei piani di zona, ad esempio tramite la previsione, negli Accordi di programma, di Gruppi interistituzionali di zona.

In conclusione, il quadro istituzionale delineato sembra logico, coerente e decisamente rispettoso dell'esigenza di rispondere alla qualità dell'integrazione scolastica e potrebbe cominciare a funzionare relativamente, abbastanza presto. Come prevede l'Intesa, occorre l'emanazione di un Decreto interministeriale della Pubblica Istruzione – Tesoro per la quantificazione degli organici di diritto e di fatto per il sostegno; tale determinazione è stata effettuata con l'art. 2 commi 413 e 414 della Legge finanziaria n. 244/07 e il Decreto interministeriale è stato trasmesso con la Circolare ministeriale n. 38/09.

Occorre inoltre che le regioni stipulino gli Accordi di programma regionali e gli Enti locali promuovano a cascata gli accordi provinciali, ad esempio per le scuole secondarie di secondo grado e accordi comunali, nei Comuni metropolitani, per le scuole del primo ciclo e nell'ambito dei piani di zona per il coinvolgimento anche delle scuole singole o, meglio, in rete.

Il Lazio ha già anticipato l'Intesa con la stipula di un accordo di programma regionale avvenuta nel febbraio 2008. Anche il XII Municipio di Roma ha anticipato i tempi con la stipula alla fine del 2007 dell'Accordo di programma a livello di piano di zona.

Sono questi segnali positivi, che però non devono nascondere la difficoltà di avviare subito ovunque le stesse procedure. Anche perché il perno culturale del nuovo sistema si incentra sulla classificazione ICF e occorre una formazione a tappeto per tutti i professionisti della scuola e dei servizi sociosanitari per il suo uso; sappiamo che l'aggiornamento è un processo che, senza la collaborazione dei sindacati, non riesce a decollare.

Piuttosto, potrebbe apparentemente preoccupare un'obiezione circa il fatto che le modifiche introdotte per Diagnosi funzionale e Profilo dinamico funzionale siano contenute in una Intesa, mentre le norme modificate sono di rilevanza legislativa (art. 12 comma 5 Legge n. 104/92). Se però si analizza attentamente la nuova normativa ci si renderà conto che non si tratta di abrogazione, ma di riformulazione dei processi di integrazione, fermi restando gli obiettivi da raggiungere. Infatti, va effettuata una interpretazione storico-evolutiva della norma della Legge n. 104/92 alla luce dell'Intesa e non viceversa. L'Intesa ha recepito un nuovo concetto di Diagnosi funzionale alla luce della classificazione ICF. Come chiaramente dimostrato nel volume *La diagnosi funzionale secondo l'ICF* (Ianes, 2004), la Diagnosi funzionale prevista dalla Legge-quadro del 1992 era una «diagnosi che descrive le funzioni corporee, secondo una visione prevalentemente sanitaria e statica dell'organismo umano». La Diagnosi funzionale introdotta dall'ICF è invece una visione bio-psico-sociale del funzionamento di tale organismo, visto non staticamente, ma nel contesto dove si svolgono le sue attività e la sua partecipazione alla vita di tutti. In questa nuova visione la Diagnosi funzionale è «funzionale alla formulazione del PEI», obiettivo che nella Legge quadro è affidato al Profilo dinamico funzionale. Pertanto non viene abrogato il Profilo dinamico funzionale, ma viene riassorbito nella Diagnosi funzionale che, come il Profilo dinamico funzionale è ora formulato anche con la partecipazione della famiglia e un esperto pedagogico e, come il Profilo dinamico funzionale, viene aggiornata al termine di ogni grado di scuola.

Fugati i timori di censura di legittimità costituzionale alla nuova normativa, si può procedere ad attuarla, sia pur con qualche difficoltà organizzativa.

I gruppi di competenza generale

In tutta la procedura di integrazione scolastica, come descritta nella Legge quadro e nel suo primo regolamento applicativo, contenuto nel DPR del 24 febbraio 1994 e successive modificazioni sino all'Intesa del 20 marzo 2008, è sottintesa la presenza di tre organismi di carattere generale, che intervengono sulla generalità degli alunni e non direttamente sui singoli casi, come il GLH operativo. Si tratta di Gruppi per l'integrazione scolastica interni agli Uffici scolastici provinciali, di cui alla CM n. 227/74, Gruppi di Lavoro Interistituzionali Provinciali (GLIP, di cui ai commi 1, 3 e 4 dell'art. 15 della Legge n. 104/92) e dei Gruppi di studio e di lavoro di istituto per l'integrazione degli handicappati (GLHI, di cui al comma 2 dell'art. 15 della stessa legge).

Il gruppo interno agli Uffici scolastici provinciali

Questo fu il primo a essere costituito agli inizi e attorno a esso è venuto crescendo l'Ufficio-studi sia del Ministero, sia dei singoli Provveditorati agli studi. Di esso fanno parte dirigenti e docenti delle scuole di ogni ordine e grado, nominati, a titolo di volontariato. In seguito, per garantirgli continuità e maggiore specificità, si è nominato, per concorso un docente competente nel campo dell'integrazione scolastica, che viene «utilizzato» presso l'USP e che è ormai entrato a far parte dell'Ufficio per il supporto all'autonomia e per la tutela della persona.

I compiti di tale Gruppo sono indicati nel DM n. 331/98 e si concretizzano nell'istruttoria delicatissima di tutte le richieste di ex «deroghe», di sostegno in organico di fatto per le singole scuole della provincia; dopo l'abolizione delle deroghe operata dall'art. 64 del DL n. 112/08, convertito con modifiche dalla Legge n. 133/98, si procede all'assegnazione di ore aggiuntive di sostegno tramite supplenze temporanee; l'abrogazione delle «deroghe» non ha potuto eliminare la necessità di ore aggiuntive di sostegno, stante la circostanza che solo la metà dei docenti per il sostegno è con rapporto a tempo indeterminato. La modifica però crea problemi. Infatti sino a oggi le ore «in deroga», indicate in organico di fatto nell'anno di nomina, entravano nel calcolo dell'organico di diritto dell'anno successivo, garantendo una maggiore continuità didattica. Oggi invece tali nomine vengono azzerate alla fine di ogni anno scolastico e si ricostituiscono sempre in organico di fatto nell'anno successivo, contribuendo a un alternarsi «infernale» di docenti che, specie per gli alunni con disabilità intellettive, crea gravissimi disagi e talora anche regressioni psicologiche.

Il Gruppo di lavoro interistituzionale provinciale (GLIP)

Questo organismo è voluto dalla Legge quadro per facilitare il coordinamento dei diversi enti che intervengono nell'integrazione. Le sue componenti sono quattro: l'Amministrazione scolastica con due membri, gli Enti locali e le ASL, con due rappresentanti per ciascuna istituzione e le associazioni maggiormente rappresentative delle persone con disabilità e le loro famiglie (con tre rappresentanti). È da sottolineare che i «rappresentanti» non hanno una rappresentanza «politica» dell'ente di provenienza, ma devono essere «esperti» nel campo dell'integrazione scolastica, come espressamente ribadito anche nel DM n. 122/94.

Questo gruppo ha come compito principale quello di consulenza, proposta e collaborazione con l'USP, gli Enti locali e le AASSLL per la stipula e la verifica dell'attuazione degli Accordi di programma per l'integrazione scolastica; tale compito dovrebbe accrescersi quando entrerà pienamente in funzione l'Intesa Stato-Regioni che attribuisce grande importanza agli Accordi di programma.

Altro compito importante è quello di fornire consulenza per la formulazione dei PEI. Ovviamente trattasi di consulenze sui criteri generali: infatti il DM n. 331/98 prevede che il GLIP fissi i criteri generali di ripartizione dei posti di sostegno fra i diversi ordini e gradi di scuole.

Altro compito importante è quello della redazione di una relazione annuale circa lo stato di andamento dell'integrazione scolastica nella provincia, di cui una copia va mandata al Ministero dell'Istruzione e altra copia al presidente della Giunta regionale che può avvalersene per l'invio della propria relazione annuale al Ministero delle politiche sociali, che cura una Relazione annuale sugli interventi delle Autorità amministrative centrali e delle regioni.

Questi Gruppi, negli ultimi anni, sono stati un po' trascurati dagli USR e dal Ministero, mentre continuano ad avere notevole importanza. Per evitare moltiplicazioni di enti, a causa della costituzione sempre più frequente di Gruppi di lavoro interistituzionali a livello di piani di zona (GLIZ), potrebbero coordinarsi a livello regionale.

Il gruppo di studio e di lavoro a livello di scuola

A partire dalla Legge quadro sull'handicap e in seguito all'approvazione dei provvedimenti attuativi dell'autonomia scolastica, la scuola va considerata come una comunità di apprendimento e di sostegno per tutti gli allievi, in particolare per quelli con deficit. L'integrazione non si esaurisce con la presenza degli allievi in difficoltà nella singola classe ordinaria — pur sostenuta dalla previsione del Piano educativo individualizzato, dall'assegnazione dell'insegnante specializzato e di risorse materiali e organizzative — ma deve coinvolgere la scuola in tutte le sue componenti, considerata come un organismo che interagisce in modo «sistemico».

Secondo la normativa vigente, il modello pedagogico dell'integrazione scolastica di ogni alunno prevede il coinvolgimento di tutti gli attori, in quanto è orientato all'arricchimento culturale e educativo della comunità nel suo insieme. In caso contrario, ci si attesterebbe su di una prospettiva esclusivamente «clinica», che si preoccupa di affrontare e «sanare» le problematiche personali imposte dalla disabilità; ma la persona con disabilità, di norma, non è un malato; la sua condizione è condivisa da una comunità di persone con disabilità che ha una storia.

D'altra parte, il Piano dell'offerta formativa della scuola è per sua natura un documento programmatico che richiama l'integrazione di molteplici «diversità», in quanto ha la pretesa di raccordare docenti, allievi, operatori, metodologie e linguaggi diversi in un unico disegno educativo. Il suo obiettivo integrativo risulta incrementato in presenza di soggetti con deficit, poiché questi non solo impongono un più elevato livello di raccordo tra professionisti della scuola, ma richiamano l'intervento di altre qualifiche professionali esterne ad essa (ad esempio gli operatori dell'ASL e degli Enti locali). Lo standard di un'integrazione «sufficientemente buona» è strettamente connesso alla possibilità e alla capacità di creare un'adeguata rete di comunicazione e di relazioni tra i protagonisti di questi diversi contesti professionali (Pavone, 2001).

Proprio nei confronti degli alunni in difficoltà, la scuola dell'autonomia sollecita un utilizzo più razionale delle risorse umane e materiali comunque presenti nel contesto; ne troviamo indicazione anche negli artt. 12-13-14-15 della Legge quadro sull'handicap. Fra gli strumenti collegiali previsti dalla legge stessa, e non ancora pienamente utilizzati in tutta la loro ricchezza, anche a causa della scarsa conoscenza ed esperienza circa il loro carattere propulsivo nei riguardi della prospettiva integrativa, vi sono i Gruppi di lavoro da attivare nell'ambito dell'istituzione scolastica; in particolare, il Gruppo di studio e di lavoro a livello di Istituto di cui all'art. 15, comma 2, Legge n. 104/92, che ha il suo regolamento nel DM n. 122/94 (circolo didattico, istituto comprensivo, scuola media, scuola superiore).

In linea di massima, il gruppo di lavoro presiede alla programmazione generale dell'integrazione scolastica nella scuola e ha il compito di «collaborare alle iniziative educative e di integrazione previste dal piano educativo individualizzato» dei singoli alunni; per quanto attiene alle attribuzioni specifiche, interviene per:

a) analizzare la situazione complessiva nell'ambito dei plessi di competenza (numero degli alunni disabili, tipologia dei deficit, classi coinvolte);
b) analizzare le risorse dell'Istituto scolastico, sia umane che materiali;
c) predisporre una proposta di calendario per gli incontri dei Gruppi «tecnici»;
d) verificare periodicamente gli interventi a livello di Istituto;
e) formulare proposte per la formazione e l'aggiornamento, anche nell'ottica di prevedere corsi di aggiornamento «comuni» per il personale delle scuole, delle Aziende Sanitarie Locali e degli Enti locali, impegnati in piani educativi e di recupero individualizzati.

Schematicamente, l'azione del gruppo può essere riassunta in competenze di tipo organizzativo, progettuale, valutativo e consultivo. L'elenco è da considerarsi indicativo, non esaustivo; infatti esso dovrebbe formulare proposte per la formulazione e le modifiche del POF – Piano dell'offerta formativa di istituto, con riguardo agli aspetti organizzativi e valutativi dell'integrazione in quella istituzione scolastica.

Competenze di tipo organizzativo

- Gestione delle risorse personali (assegnazione delle ore di attività di sostegno ai singoli casi sulla base delle proposte formulate nei singoli PEI e nei singoli PSP; utilizzo delle compresenze fra docenti; pianificazione dei rapporti con gli operatori extrascolastici; reperimento di specialisti e consulenze esterne, ecc.);
- definizione delle modalità di passaggio e di accoglienza dei minori in situazione di disabilità; gestione e reperimento delle risorse materiali (sussidi; ausili tecnologici e informatici; biblioteche specializzate e/o centri di documentazione; ecc.);
- censimento delle risorse informali (volontari; famiglie; allievi; competenze non ufficialmente riconosciute; ecc.).

Competenze di tipo progettuale e valutativo

- Formulazione di progetti per la continuità fra ordini di scuola;
- progetti specifici in relazione alle tipologie di deficit;
- progetti relativi all'organico (ad esempio, per la formazione delle classi che ospitano allievi con disabilità);
- progetti per l'aggiornamento del personale, anche in una prospettiva interistituzionale;
- progetti per l'arricchimento dell'offerta formativa in presenza di allievi con disabilità.

Competenze di tipo consultivo

Assunzione di iniziative di collaborazione e tutoring fra docenti (in presenza di specifiche minorazioni); di confronto interistituzionale nel corso dell'anno; di documentazione e costituzione di banche dati.

Si tratta di una funzione intesa a impegnare preventivamente la disponibilità della scuola, predisponendo in anticipo gli interventi che promuovono l'integrazione, concepita quale processo richiedente competenze plurime e una cultura condivisa. Nell'ottica di una lettura pedagogica della normativa sono significative le osservazioni del sociologo Edgar Morin: «Una società può progredire in complessità solo se progredisce in solidarietà. La complessità crescente comporta un aumento delle libertà, delle possibilità di iniziativa, nonché nuove possibilità di disordine, tanto feconde quanto distruttive. La sola soluzione integratrice è lo sviluppo di una solidarietà effettiva, non imposta, ma interiormente sentita e vissuta come fraternità» (Morin, 1993).

Fra le indicazioni operative che il gruppo di studio e di lavoro di scuola dovrebbe tenere presenti, al fine di valorizzare la rete di sostegni nella comunità scolastica, possiamo richiamare che:

- le tipologie di risorse di sostegno dovrebbero essere elaborate in funzione dei bisogni dell'allievo;
- la rete di sostegno dovrebbe rivolgersi a tutti: programmi pensati e realizzati per un solo alunno o per un insegnante, non sono generalmente efficaci per lo sviluppo di una comunità integrata di sostegno;
- le risorse di sostegno dovrebbero potenziare le capacità della persona di essere in grado di badare a se stessa e agli altri, senza indurre un'inutile e pericolosa dipendenza (occorre promuovere itinerari che sollecitano l'autonomia);
- la rete di risorse dovrebbe divenire un elemento naturale e permanente della comunità scolastica, e dovrebbe essere gestita da persone direttamente coinvolte nella vita scolastica stessa (docenti, dirigente scolastico, allievi, genitori, specialisti).

La Legge quadro fissa i componenti del gruppo di studio e di lavoro, che specularmente ripropongono, a livello di Istituto, i componenti del gruppo tecnico del Piano educativo individualizzato: docenti di classe e di sostegno; dirigente scolastico (o suo delegato); operatori dei servizi; genitori; studenti (nella scuola secondaria di secondo grado). Vi è rappresentata dunque tutta la comunità scolastica.

La normativa non fissa il numero dei suoi componenti, che è quindi rimesso all'autonomia delle singole istituzioni scolastiche. La prassi evidenzia come sia preferibile la presenza di almeno due componenti dei genitori, uno di alunni con disabilità e altro di alunni senza disabilità, due docenti, uno per il sostegno e l'altro curricolare, e, nelle scuole superiori, due studenti, uno con disabilità e l'altro senza. La stessa prassi che è radicata nei valori di democrazia partecipativa, fa eleggere le rappresentanze dalle assemblee delle diverse componenti o dai comitati rappresentativi delle stesse.

È bene chiarire — per questo organismo collegiale, come per tutti gli altri organismi collegiali interistituzionali — che l'eventuale assenza di una componente non invalida le decisioni adottate da tali organismi; vale infatti per tutti gli organi collegiali interistituzionali il principio sancito nel DPR n. 416/1974 secondo cui le deliberazioni sono valide anche in assenza di una componente.

Questo organo collegiale — che per la parte insegnanti può identificarsi con una sottocommissione del collegio dei docenti — si caratterizza per un intervento finalizzato alla specificazione concreta dell'integrazione e alla sua omogeneizzazione, collegata all'autoanalisi a livello di Istituto. Inoltre, in virtù della pluralità dei partecipanti, può sollecitare nuove iniziative per stabilire collegamenti con i servizi, gli operatori e le risorse dell'extrascuola, che rappresentano la rete istituzionale, lo sfondo integratore esterno, rispetto alle attività di sostegno.

È da tener presente che il MIUR con la CM n. 8/13 e con la Nota ministeriale del 22/11/2013 ha istituito il GLI (Gruppo di Lavoro per l'Inclusione) che riguarda anche gli alunni con DSA e ulteriori BES del quale il gruppo di lavoro di cui si è fin qui parlato (GLHI) può considerarsi una sezione concernente solo gli alunni con disabilità.

Sul ruolo del docente per il sostegno

In calce a questa visione pedagogica della legislazione vigente, relativa all'iter per la predisposizione congiunta tra scuola e servizi degli strumenti che precedono e accompagnano l'integrazione scolastica degli alunni con disabilità, è utile annotare alcune considerazioni sulla figura e sul ruolo del docente per il sostegno.

Personale assegnato a scuole normali per le attività di sostegno

Già il DPR 31 ottobre 1975, n. 970, art. 9, chiarisce che il personale specializzato non è assegnato per gli alunni con disabilità, ma «a scuole normali per interventi individualizzati di natura integrativa in favore della generalità degli alunni e in particolare di quelli che presentano specifiche difficoltà di apprendimento».

La sottolineatura è ripresa costantemente dalla produzione normativa successiva, che ricorda: «la locuzione «insegnanti di sostegno» è oramai così invalsa nell'uso comune che si può anche accettarla ufficialmente. Quello che invece bisogna evitare è che i suoi compiti siano interpretati in modo riduttivo e cioè in sottordine all'insegnante di classe [...]. La responsabilità dell'integrazione è assunta non dalla singola classe, ma da tutta la comunità scolastica, che costituisce di per sé uno dei sostegni più validi».

Tutti gli insegnanti di sostegno e di classe (indipendentemente dalla materia insegnata) devono essere «capaci di rispondere ai bisogni educativi degli alunni, con interventi calibrati sulle condizioni personali di ciascuno» (Circolare ministeriale n. 199/79).

Da tener presente le innovazioni relative alla formazione iniziale dei docenti specializzati e dalle loro carriere separate rispetto ai colleghi curricolari introdotte dai principi 1 e 2 dell'art. 1 comma 181 lettera c) della Legge n. 107 del 2015.

Contitolarità delle classi

La Legge quadro sull'handicap (art. 13, comma 6), nel sancire che le attività di sostegno «sono garantite mediante l'assegnazione di docenti specializzati», stabilisce che «gli insegnanti di sostegno assumono la contitolarità [...] delle classi in cui operano, partecipano alla programmazione educativa e didattica e all'elaborazione e verifica delle attività di competenza dei consigli di interclasse e di classe e dei collegi dei docenti».

I provvedimenti applicativi si sono anche preoccupati di ricordare che è illecito istruire l'alunno disabile fuori dalla sua classe; in particolare, la Circolare ministeriale n. 153 del 15 giugno 1988 ribadisce l'illegittimità dell'uscita dalla classe degli alunni con deficit, salvo i casi in cui un periodo di attività individuato fuori dall'aula sia espressamente previsto nel Piano educativo individualizzato e concordato tra docente specializzato e docenti curricolari; agli stessi si raccomanda la necessità di stretta collaborazione. Per una corretta utilizzazione degli insegnanti per il sostegno, possono essere richiamate le disposizioni contenute nei programmi dei Corsi biennali di specializzazione, che presiedevano la formazione dei docenti alle attività di sostegno fino al 1998, prima che questa fosse definitivamente affidata alle Università.

Dopo aver osservato che il processo di integrazione dell'alunno riguarda tutti i docenti, la «Premessa» ai Programmi dell'86 in particolare aggiunge: «Tale insegnante deve superare le angustie di un ruolo limitato, assumendo una corretta competenza nelle problematiche dell'organizzazione scolastica, facendo valere concretamente le proprie capacità relazionali e comunicazionali, senza tuttavia prescindere dall'esercizio di specifiche competenze didattiche e curricolari» (DM del 24 aprile 1986).

L'integrazione come condizione primaria per il recupero

Sul piano generale, la medesima «Premessa» sottolinea che «il passaggio da una visione centrata sul recupero della minorazione come presupposto per l'inserimento a una visione che considera la situazione di inserimento come condizione primaria per il recupero stesso» ha «ampiamente modificato i compiti dell'insegnante specializzato».

> Il complesso normativo, a partire dagli anni Ottanta, afferma con chiarezza la responsabilità collegiale del progetto educativo per gli alunni con disabilità: Non si deve mai delegare al solo insegnante di sostegno l'attuazione del progetto educativo individualizzato, poiché in tal modo l'alunno verrebbe isolato anziché integrato nel contesto della classe, ma tutti i docenti devono farsi carico della programmazione e dell'attuazione e verifica degli interventi didattico-educativi previsti dal piano individualizzato. Spetta agli insegnanti di classe e di sezione, in accordo con l'insegnante di sostegno, realizzare tale progetto anche quando quest'ultimo insegnante non sia presente nell'aula. Ciò per evitare i tempi vuoti che purtroppo spesso si verificano nella vita scolastica degli alunni in situazione di handicap e che inducono a richieste di una presenza sempre più prolungata dell'insegnante di sostegno a fianco dei singoli alunni, travisando così il principio stesso dell'integrazione che è quello di fare agire il più possibile il soggetto insieme ai suoi compagni di classe, di sezione o di gruppo. (Circolare ministeriale n. 250/1985)

Purtroppo negli ultimi anni, a causa dei tagli alla spesa scolastica statale, si è determinata una contrazione nell'assegnazione delle ore di sostegno; conseguentemente, per l'impreparazione di molti docenti curricolari, specie di scuola secondaria, i genitori si sono visti costretti a rivolgersi alla Magistratura civile e amministrativa per ottenere il massimo del numero delle ore di sostegno. I giudici hanno assecondato questa «deriva giustizialista dell'integrazione scolastica», arrivando talora ad assegnare un docente per «tutta la durata dell'orario scolastico»; ciò significa che nelle scuole a tempo pieno si sarebbero dovuti assegnare più di due docenti per alunno. La Magistratura fa il suo mestiere: in presenza di un diritto costituzionalmente garantito all'integrazione e della denuncia di mancanza di risorse umane per l'attuazione di tale diritto, ha ritenuto legittimo assegnare il massimo delle ore di sostegno, ignorando che per l'integrazione il sostegno è una delle importanti risorse, ma non l'unica, né la più determinante, dovendosi fondamentalmente attivare gli interventi di presa in carico da parte di tutti i docenti della classe. In mancanza di una prassi programmatoria chiara e inequivoca sull'obbligo di formazione iniziale e in servizio di tutti i docenti curricolari sulle problematiche psicopedagogiche e didattiche dell'integrazione scolastica, i giudici fanno leva sull'unica chiaramente indicata nella normativa, cioè l'insegnante per il sostegno (art. 13 e art. 14 Legge n. 104/92).

Docente specializzato per l'integrazione

A proposito della qualificazione per il sostegno, il DM del 1986 ben evidenzia le peculiarità del percorso formativo, che restano di grande attualità anche dopo l'attivazione dei percorsi di formazione e di specializzazione a livello universitario:

- anzitutto, si sottolinea che *la polivalenza nella formazione* rappresenta «una scelta strategica elettiva che deve essere considerata come un tratto fondamentale della figura professionale»;
- si evidenziano i *rapporti tra «area formativa» e «area informativa»*: «gran parte della professionalità dell'insegnante specializzato consiste nella capacità di intervenire attraverso corrette modalità relazionali sia con gli alunni che con altri insegnanti. Tali modalità possono essere apprese soltanto con l'esperienza guidata»;
- si richiama l'opportunità di un *ridimensionamento delle discipline medico-sanitarie*: «il ridimensionamento delle discipline medico-sanitarie mira a eliminare un tipo di nozionismo sicuramente poco produttivo a favore di una competenza culturale più ampia [...]. La formazione prevalentemente pedagogico-didattica comporta, e non esclude, un saper fare che non può prescindere dalla dimensione biopsicologica»;
- si insiste sulla necessità di dare grande importanza alla pedagogia generale e a una *formazione centrata sulla relazione e sulla comunicazione.* «L'insegnante specializzato si trova piuttosto a dover programmare, gestire, trovare spazi e stabilire relazioni, che a dover attuare interventi molto specifici (i quali tuttavia non debbono essere esclusi poiché, in alcune situazioni, sono necessari) [...]. Il processo di integrazione degli alunni riguarda tutti i docenti e l'insegnante specializzato ha il compito precipuo di far sperimentare al contesto educativo la dinamica delle esigenze degli alunni portatori di handicap [...]. Anche quando la minorazione si impone per la propria specificità, l'essenziale dell'attività dell'insegnante resta di natura educativa».

In sintesi, si possono definire quattro caratteristiche qualificanti che consentono di tracciare un preciso profilo dell'insegnante specializzato: la professionalità; le conoscenze; le competenze; gli atteggiamenti.

Dal sostegno ai sostegni

Senza voler prescindere dal ruolo strategico dell'insegnante specializzato per le attività di sostegno, nel corso degli anni si è consolidata la convinzione che nella scuola è opportuno intrecciare differenti fonti, supporti e contesti di sostegno, in un sistema complesso di risorse coordinate per l'inclusione. «Resta senza dubbio essenziale e insopprimibile, allo stato dei bisogni e della normativa, la figura del docente specialista quale risorsa della scuola e nella scuola, ma la risposta all'esigenza di integrazione non può più esaurirsi né quindi limitarsi alla formazione di personale *specializzato,* evidenziandosi invece inderogabilmente la necessità che *tutto* il personale scolastico sia riqualificato in funzione della messa in atto di strategie e di tecniche che consentano di realizzare una piena ed effettiva integrazione scolastica» (Premessa ai *Programmi dei corsi biennali di specializzazione* del 1995, paragrafo II, punto 1).

Con l'affermazione dell'autonomia delle istituzioni scolastiche, in una logica di scuola intesa come «comunità di apprendimento» dove funzionano «reti di sostegno», vale il presupposto che ciascuno — dirigente scolastico, docente, collaboratore scolastico, assistente, genitore, specialista, studente, anche il soggetto con disabilità — disponga di abilità, e sia direttamente coinvolto non solo come «oggetto di attenzione o cura», ma anche come soggetto attivo, in modo sia formale che informale.

Il DM 26 maggio 1998 sulla formazione universitaria degli insegnanti[22] disponeva, come è noto, che la qualificazione per le attività di sostegno fosse presidiata dagli Atenei. Erano infatti contemplate sia per il Corso di laurea in Scienze della formazione primaria (all'art. 3, comma 6), sia per la Scuola interateneo di specializzazione per la formazione degli insegnanti della scuola secondaria (SSIS all'art. 4, comma 8) «specifiche attività didattiche aggiuntive per conseguire la specializzazione per il sostegno all'integrazione scolastica degli allievi in situazione di disabilità».

In sintonia con la tradizione pregressa, le nuove disposizioni contemplano all'interno del curricolo:

– «attività didattiche rivolte a tutti gli studenti», finalizzate all'acquisizione delle necessarie attitudini e competenze, in relazione ad alcuni aspetti trasversali della funzione docente, compresi quelli rivolti all'integrazione scolastica degli allievi in situazione di disabilità; tali attività devono essere individuate dall'ordinamento didattico di ogni ateneo «quali contenuti minimi qualificanti necessari al conseguimento dell'obiettivo formativo» (ad esempio, conoscenze e competenze a trattare con le «diversità» presenti in una popolazione scolastica eterogenea; capacità di elaborare e utilizzare i principali strumenti di osservazione e progettazione per gli studenti con disabilità; capacità di creare ambienti di apprendimento e di utilizzare strategie didattiche e metodologiche integrate);
– «specifiche attività didattiche aggiuntive», per acquisire la specializzazione per le attività di sostegno, pari ad almeno 400 ore di impegno, articolate nella frequenza di lezioni, attività di laboratorio e di tirocinio (riferibili, ad esempio, all'acquisizione di metodi e all'uso di tecniche e materiali specifici per particolari tipologie di deficit, all'accompagnamento nel progetto di vita del disabile, al consolidamento di capacità relazionali particolarmente avanzate, nel trattare con le diverse figure di aiuto);
– «ulteriore specializzazione», in sede di formazione in servizio, per il completamento della preparazione necessaria, in riferimento a particolari deficit sensoriali (o a situazioni di particolare gravità, o presenza di pluridisabilità).

Mentre per la formazione obbligatoria in servizio tutto è ancora rimandato alla contrattazione collettiva nazionale con i sindacati, finalmente il Regolamento sulla formazione iniziale dei docenti, per la prima volta nel nostro sistema, prevede obbligatoriamente trentadue crediti didattici nei corsi universitari per la formazione dei futuri docenti di scuola dell'infanzia e primaria. Per quelli di scuola secondaria le associazioni

[22] Decreto ministeriale 26 maggio 1998, «Criteri generali per la disciplina da parte delle Università degli ordinamenti dei corsi di laurea in Scienze della formazione primaria e delle Scuole di specializzazione per l'insegnamento nella scuola secondaria».

sono riuscite a far inserire solo sei crediti formativi e non di più a causa della fortissima resistenza opposta dai docenti «disciplinaristi», che non intendono né ridurre le ore dei corsi destinati alle discipline, né aumentare il monte ore globale dei corsi per dare risposte concrete a questa grande esigenza formativa generale.

Per i nuovi corsi di specializzazione dei docenti per il sostegno, le associazioni hanno ottenuto la previsione di sessanta crediti formativi, più un congruo numero di ore di tirocinio. Inoltre si è ottenuto che la responsabilità culturale e organizzativa dei corsi rimanesse incardinata nelle Università, le quali, per le discipline specialistiche su singole tipologie di bisogni educativi speciali conseguenti a specifiche minorazioni non direttamente da esse insegnate, possono avvalersi di contratti con specialisti con documentata competenza.

Per sopperire alla perdurante carenza di insegnanti specializzati su posti di sostegno, in ogni ordine e grado di scuola, il MIUR ha intrapreso la «scorciatoia» dei «corsi intensivi abbreviati», autorizzando le Università ad attivare corsi per le attività di sostegno all'integrazione scolastica degli alunni con disabilità, rivolti a docenti abilitati attraverso vari canali e sprovvisti del titolo specifico nella scuola dell'infanzia, primaria e secondaria. Nello specifico, erano stati affidati alle SSIS corsi di 800 ore (ex DM del 20 febbraio 2002) e ai Corsi di Laurea in Scienze della formazione primaria presso le Facoltà di Scienze della formazione corsi di 700 ore (ex Legge 4 giugno 2004, n. 143, art. 2).

Come si è anticipato il Ministero dell'Istruzione ha emanato il Regolamento che stabilisce di innovare la formazione dei docenti alla disabilità — sia quella iniziale sia quella continua, in servizio, da rivolgere non solo ai docenti di sostegno ma anche ai curricolari — di cui il mondo della scuola lamenta l'urgenza (DM n. 249/10, art. 13). Riteniamo che l'innovazione non solo si ponga in linea di continuità con il passato — mantenendo alto il profilo della qualificazione e riconoscendo la priorità dell'ottica formativa rispetto a quella medica, pur necessaria — ma contribuisca a migliorare le tendenze in atto; in particolare favorisca la ricerca di più feconde sinergie nei percorsi formativi per la preparazione dei docenti specializzati di domani: specie tra le dimensioni teorico-informative e pratico-formative, tra la formazione specialistica e il normale progetto formativo previsto per tutti gli insegnanti, tra la formazione iniziale e quella continua durante l'attività di servizio.

La valutazione dei risultati dell'integrazione scolastica

La valutazione individualizzata

L'insieme delle disposizioni legislative e normative ribadisce ed esplicita il concetto di valutazione individualizzata per gli alunni con disabilità, relativamente agli interventi educativi e didattici effettivamente svolti sulla base del Piano educativo individualizzato e del conseguente Piano degli Studi Personalizzato, e con riferimento ai progressi in rapporto alle potenzialità e ai livelli di apprendimento iniziali (si veda la sezione «Valutazione» nella tabella 1.1 presentata in precedenza e la tabella 1.3 riportata di seguito) (Pavone, 2000).

TABELLA 1.3
La valutazione

Capacità e merito	vanno valutati secondo parametri peculiari, adeguati alle rispettive situazioni di minorazione (Sentenza Corte Costituzionale n. 215/87).
Deve comunque avere luogo	perché ha un valore positivo da un punto di vista formativo e educativo (parere Consiglio di Stato 1991).
È relativa	agli interventi educativi e didattici effettivamente svolti sulla base del Piano educativo individualizzato (Legge n. 104/92, art. 16, comma 1).

Una scheda di valutazione a parte per gli alunni in situazione di disabilità?

La valutazione degli alunni con disabilità deve essere «speciale»? Calonghi sottolinea che essa merita una considerazione esplicita per potersi tradurre in un intervento costruttivo e non meramente fiscale, burocratico; osserva tuttavia:

> Gli alunni handicappati non hanno bisogno di una scheda di valutazione a parte se quella esistente consente di raccogliere le risultanze del piano educativo individualizzato. Non necessitano neanche di una pseudoindulgenza che riduca per loro gli obiettivi o i traguardi culturali e formativi previsti per la scuola dell'obbligo, quando questo può essere evitato. Hanno diritto invece a una individualizzazione sagace, che studi le strategie, appronti i mezzi e intervenga con competenza e costanza, cercando il più possibile di non farli sentire un caso o un peso. (Calonghi, 1995)

Analoga posizione è sostenuta da Canevaro che afferma che un disabile ha bisogno di una valutazione speciale, si dovrebbe ritenere che vi sia una valutazione per tutti i normali e una per tutti i disabili. Ma ci si accorgerebbe immediatamente che, per quanto riguarda la disabilità, ciascuno ha una sua valutazione originale e quindi uno strumento valutativo dovrebbe avere una continua ridefinizione in relazione al singolo soggetto. E questo sembra coincidere con le esigenze di tutti, disabili e non. È certo compito dei docimologi adeguare gli strumenti a queste esigenze; così come è compito degli insegnanti utilizzare bene, e non meccanicamente, gli strumenti di valutazione (Canevaro, 1995).

Sulla base di alcune esperienze positive, si possono confermare i vantaggi dell'utilizzo dei normali strumenti di valutazione anche per gli alunni con disabilità. In linea di principio, questo utilizzo assume addirittura un valore di maggiore integrazione dell'alunno nella classe e nella scuola, contro la tendenza a farne un «diverso», attraverso l'impiego di metodologie e strumenti troppo specifici. E si può anche osservare che — se pure i documenti di valutazione in uso non siano stati appositamente ideati per gli allievi con disabilità — sarebbe alquanto ostico elaborare un documento specifico per chi è in difficoltà, tanto sono differenziate le possibili condizioni soggettive di minorazione.

La peculiarità che si riferisce al Piano educativo individualizzato si deve saldare con l'applicazione di un'individualizzazione che rappresenti il metodo comune e partecipato da tutti gli alunni, tenendo presente che:

- il punto di partenza è diverso per ognuno;
- i programmi indicano le linee portanti dell'azione pedagogico-didattica e ne definiscono i traguardi comuni, ma è dato agli organi di istituto adeguare le indicazioni programmatiche alla concreta realtà operativa (territoriale, di scuola, di classe, personale);
- le «guide» della crescita sono più d'una: famiglia, scuola, società, ecc.; quindi, la valutazione non è solo un giudizio sulle prestazioni dell'alunno, ma la raccolta dei dati che servono a valutare tutte le variabili in gioco: l'alunno, ma anche le «guide», i metodi, le condizioni create o imposte.

Il ricorso al portfolio delle competenze, inteso come strumento di valutazione e orientamento, può contribuire a sostenere gli sviluppi del percorso formativo per lo studente in difficoltà: essendo costruito con la sua collaborazione, vengono esaltati infatti l'iniziativa individuale — è l'allievo che contribuisce a selezionare le sue produzioni più significative e a giustificarle — la responsabilizzazione, l'autogoverno dei propri processi cognitivi. Inoltre, il dispositivo stimola i docenti a esplicitare con più cura le tappe del lavoro formativo e a intensificare la collaborazione con la famiglia.

Introdotto dalla Legge di riforma della scuola del 2003 per tutti gli alunni dei segmenti dell'infanzia e primaria, il portfolio, come strumento amministrativo di certificazione valutativa, è stato sospeso dopo soli tre anni; il suo impiego, nei ranghi di dispositivo formativo e didattico di supporto ai processi di apprendimento, è stato rimesso alla scelta autonoma delle scuole.[23] A nostro avviso, il suo utilizzo per gli allievi con disabilità — a integrazione dei tradizionali strumenti di progettazione individualizzata — può risultare molto positivo, sia per le ragioni didattiche sinteticamente riportate, sia perché questo approccio avvia un circolo virtuoso che induce a valorizzare l'identità personale del minore e a rivolgere l'attenzione anche a competenze non strettamente curricolari. Ciò stimola ad apprezzare il cammino percorso e i progressi ottenuti e favorisce l'autonomia personale del soggetto (Pavone, 2006).

Le disposizioni sulla valutazione individualizzata

In questo contesto è prioritario richiamare la Legge quadro sull'handicap (art. 16) e ricordare che, nelle scuole del primo ciclo di istruzione, gli strumenti di valutazione finale per gli studenti con disabilità sono gli stessi dei normodotati.

Per quanto riguarda scrutini ed esami, restano sostanzialmente confermate le indicazioni dell'Ordinanza ministeriale n. 80 del 1995, aggiornate con l'Ordinanza ministeriale n. 90 del 21 maggio 2001 e ribadite con la Circolare ministeriale n. 50 e 51 del 2009 e da ultimo con la CM n. 48/12 che ha carattere di norma permanente. In sintesi, prevedono che:

- i docenti di sostegno fanno parte del Consiglio di classe e partecipano a pieno titolo alle operazioni connesse alla predisposizione e correzione delle prove e alla formulazione del giudizio globale (DPR n. 122/2009, art. 2, 4 e 6);

[23] Circolare ministeriale 31 agosto 2006, «Provvedimenti e temi di rilevante interesse connessi all'avvio dell'anno scolastico 2006/2007».

– le prove d'esame, per le quali l'alunno può avvalersi degli ausili necessari, devono essere idonee a valutare il progresso in rapporto alle potenzialità personali e ai livelli di apprendimento iniziali (Legge n. 104/92, art. 16 comma 2);
– tutti gli alunni sono sottoposti a un giudizio di ammissione all'esame finale; per gli studenti gravemente disabili per i quali la scuola, d'intesa con la famiglia, ipotizzava la non ammissione all'esame, l'eventuale assenza, senza che ne vengano giustificate le ragioni, esime dalla necessità di procedere alle prove suppletive (nota del MPI prot. n. 5695 del 31 maggio 2007);
– nel diploma di licenza non deve essere fatta menzione delle prove differenziate (prove ammesse dall'art. 11 comma 11 dell'OM n. 90 del 2001);
– nel caso di esito negativo delle prove d'esame, è possibile rilasciare un attestato che certifichi i crediti formativi acquisiti, valido per l'iscrizione e la frequenza di classi successive, ai soli fini del riconoscimento di crediti da far valere anche per percorsi integrati.

Alla luce delle preoccupazioni da tempo sollevate da numerose associazioni di famiglie e dagli esperti, l'attestazione del credito formativo, nel caso di esito negativo dell'esame (Ordinanza ministeriale n. 90/01), appare inutile se non dannosa; infatti, il quadro normativo sulla valutazione scolastica degli allievi con disabilità, coniugato con una sagace applicazione da parte degli insegnanti, nell'insieme permette di affrontare con strategie valutative individualizzate e flessibili le più disparate situazioni particolari. L'indicazione in questione rischia di pregiudicare per tutti gli anni scolastici futuri, per l'allievo inserito nella scuola superiore e inizialmente non valutato secondo i criteri ordinari, la possibilità di rientrare nel curricolo, anche qualora i risultati lo consentano (una possibilità che, nel rispetto dell'età evolutiva, opportunamente le disposizioni ammettevano fin dal 1991). La criticità di questa disposizione risulta ulteriormente enfatizzata dopo l'entrata in vigore della norma che eleva l'obbligo di istruzione per tutti fino a 16 anni di età.

Comunque è bene evidenziare che, qualora una scuola non ritenga di far conseguire il diploma di scuola secondaria di primo grado, deve egualmente ammettere agli esami l'alunno e non può rilasciargli «l'attestato»; infatti questo documento indicante i crediti formativi può essere rilasciato solo dalla Commissione d'esame, come chiaramente si evince dalla dizione letterale dell'art. 11 comma 12 dell'OM n. 90/01, secondo cui il Consiglio di classe può ammettere o non ammettere agli esami l'alunno per due chiare ragioni: o il conseguimento del diploma, tendenzialmente, nella generalità dei casi, o al fine di conseguire l'attestato che è titolo idoneo all'iscrizione nella scuola secondaria di secondo grado. Alcune scuole invece rilasciano esse stesse illegittimamente l'Attestato, convinte di aver così «chiuso con l'alunno», mentre possono solo rilasciare certificati di frequenza, che non consentono l'iscrizione dell'alunno nella scuola secondaria di secondo grado e quindi lo costringono a ripetere.

Per gli studenti con disabilità frequentanti il ciclo secondario di secondo grado sono valide le indicazioni sulla valutazione finale introdotte con l'Ordinanza ministeriale del 27 maggio 1997, n. 330 (su scrutini ed esami), e con il DPR 23 luglio 1998, n. 323

(Regolamento che disciplina l'esame di Stato previsto dalla Legge 10 dicembre 1997, n. 425); tali disposizioni sono confermate dalla Legge n. 1/07 che modifica le modalità degli esami di Stato e dall'Ordinanza e Circolare che ne definiscono gli aspetti organizzativi e operativi (in particolare L'OM n. 11/15, che tiene conto della norma base contenuta nell'art. 9 del DPR n. 122/2009).[24]

Il complesso normativo sostanzialmente riguarda:[25]

- La possibilità di un duplice percorso formativo: un PEI per obiettivi minimi, il cui superamento dà diritto al diploma, e un PEI differenziato nei casi molto gravi, che dà diritto solo al rilascio di un attestato con i crediti formativi maturati (OM n. 90/2001, art. 15);
- la possibilità di essere ammessi a una seconda ripetenza per gli allievi disabili;
- la possibilità di frequenza nella classe successiva e di attivazione di sinergie tra secondaria superiore e formazione professionale, per gli allievi ripetenti la terza classe degli istituti professionali e d'arte;
- la situazione del docente di sostegno che, durante l'esame di Stato, può essere chiamato dalla Commissione esaminatrice per l'assistenza allo studente seguito durante l'anno; l'insegnante di sostegno non fa parte di diritto della Commissione d'esame ma può esservi designato come membro interno (inoltre, può presentare domanda quale presidente o commissario esterno);
- la possibilità per gli alunni con disabilità valutati in modo differenziato, di partecipare agli esami di Stato con un programma diversificato, coerente con il percorso svolto; in tal caso viene rilasciato allo studente un attestato di credito formativo (il cui modello è indicato nella Circolare ministeriale n. 125 del 20 luglio 2001), spendibile nella frequenza di corsi di formazione professionale regionali. Per detti candidati, il riferimento all'effettuazione delle prove differenziate va indicato solo nell'attestazione e non nei tabelloni affissi all'albo dell'istituto;
- l'eventuale ricorso — in sede di esame — a prove equipollenti,[26] ad assistenti per l'autonomia e la comunicazione, a tempi più lunghi per l'effettuazione delle prove scritte, grafiche e del colloquio.

[24] Legge 11 gennaio 2007, n. 1, «Disposizioni in materia di esami di Stato conclusivi dei corsi di studio di istruzione secondaria superiore e delega al Governo in materia di raccordo tra la scuola e le università»; Ordinanza ministeriale 15 marzo 2007, n. 26, «Istruzioni e modalità organizzative e operative per lo svolgimento degli esami di Stato conclusivi dei corsi di studio di istruzione secondaria superiore nelle scuole statali e non statali. Anno scolastico 2006/2007»; Circolare Ministeriale 16 febbraio 2007, n. 20, «Formazione delle commissioni degli esami di Stato conclusivi dei corsi di studio d'istruzione secondaria superiore per l'anno scolastico 2006/2007».

[25] È utile menzionare un'interessante Circolare diramata dall'allora CSA torinese: «Cofinanziamento di progetti a sostegno dello studio individuale», con la quale si finanziano progetti formulati dalle istituzioni scolastiche, finalizzati a «favorire il successo formativo attraverso un percorso di sostegno e recupero scolastico di allievi disabili che si presume possano, con il necessario aiuto, pervenire a una valutazione regolare» (Circolare n. 480 del 21 ottobre 2004).

[26] Le «prove equipollenti» consistono «nell'utilizzo di mezzi tecnici o modi diversi, ovvero nello sviluppo di contenuti culturali e professionali differenti. In ogni caso le prove equipollenti devono consentire di verificare che il candidato abbia raggiunto una preparazione culturale e professionale idonea per il rilascio del diploma attestante il superamento dell'esame» (Ordinanza ministeriale 20 febbraio 2006, n. 22, «Istruzioni e modalità organizzative e operative per lo svolgimento degli esami di Stato conclusivi dei corsi di studio di istruzione secondaria superiore nelle scuole statali e non statali. Anno scolastico 2005/2006».

È infine utile segnalare che, in seguito a sollecitazioni delle famiglie aderenti all'AID (Associazione Italiana Dislessia), il Ministero dell'Istruzione è intervenuto direttamente per sensibilizzare le commissioni per l'esame di Stato «affinché adottino, nel quadro e nel rispetto delle regole generali che disciplinano la materia degli esami, ogni opportuna iniziativa, idonea a ridurre il più possibile le difficoltà degli studenti dislessici» (Nota del primo marzo 2005, prot. 1787).

Inoltre, con anticipo rispetto all'approvazione della riforma nel ramo secondario di secondo grado, sono stati definiti i modelli di certificazione per il riconoscimento dei crediti, ai fini del passaggio dal sistema della formazione professionale e dell'apprendistato alle classi degli istituti di istruzione secondaria superiore (Decreto ministeriale 3 dicembre 2004); nei modelli sono presenti i riferimenti alla Legge n. 104/92 e quindi agli studenti disabili che vorranno utilizzare questa opportunità.

Le norme generali sulla valutazione degli alunni, comprendenti anche la novità che il voto in condotta fa media con quelli delle discipline e che il cinque in condotta costituisce causa di bocciatura e di non ammissione agli esami finali, sono contenute nella Circolare ministeriale n. 10/09, che trasmette il regolamento sulla valutazione adottato con DPR n. 122/2009 a seguito del Decreto legge n. 137/08, convertito con modificazioni dalla Legge n. 169/08. Vi si precisa che, mentre per l'ammissione agli esami finali del primo ciclo occorre la sufficienza in tutte le discipline, per quella relativa agli esami conclusivi del secondo ciclo l'alunno deve aver riportato la «media del sei».

Peculiarità della funzione valutativa dei docenti per il sostegno

Non sempre si è posta la dovuta attenzione a ciò su cui si esprime il giudizio valutativo dei docenti per il sostegno sia verso l'alunno con disabilità sia per i compagni e su come tali docenti votano in seno al Consiglio di classe. Sul contenuto del giudizio valutativo non può certamente pensarsi che i docenti per il sostegno votino; ciò perché alla valutazione delle singole discipline devono provvedere i singoli docenti delle stesse, eventualmente aiutati dai colleghi per il sostegno nella formulazione dei programmi e nella valutazione del profitto. Quando i docenti per il sostegno votano per tutti gli alunni devono invece aver presente la loro funzione di «mediatori dell'integrazione dell'alunno affidato con la classe». Ci aiuta a comprendere ciò l'art. 12 comma 3 Legge n. 104/92, concernente «gli obiettivi dell'integrazione». Se la legge fissa degli obiettivi, questi devono essere valutati fondamentalmente da un loro esperto.

Tali obiettivi, come precedentemente ricordato, sono:

- la crescita negli apprendimenti intesi nella loro globalità, come ad esempio li valuta il presidente della Commissione di esami di maturità, che potrebbe anche non conoscere alcune discipline oggetto degli esami (eppure egli vota, e anzi il suo voto, in caso di parità, è determinante);
- la crescita nella comunicazione, anche non verbale fra alunno e compagni;
- la crescita nella socializzazione, cioè la capacità di saper stare bene insieme;
- la crescita negli scambi relazionali, cioè riuscire a instaurare rapporti amicali significativi con i docenti e con i compagni anche e soprattutto al di fuori della scuola;
- la crescita nell'autonomia.

Questi sono gli oggetti del giudizio valutativo del docente per il sostegno e solo lui può esprimerlo. Conseguentemente la prassi, purtroppo assai diffusa, di fare uscire dalla classe per troppo tempo, l'alunno con disabilità complesse insieme con il docente per il sostegno, oltre che essere contraria alla logica dell'integrazione scolastica, impedisce al docente la conoscenza degli altri alunni e delle dinamiche relazionali fra tutti.

Altro problema riguarda la presenza talora di più docenti per il sostegno nella stessa classe e talora, specie nelle scuole secondarie di secondo grado con le aree disciplinari, per lo stesso alunno certificato. Sorgono spesso problemi circa la pretesa di ciascuno di esprimere un proprio voto, che potrebbe essere in disaccordo con quello dei colleghi.

La logica impone di ritenere che, essendo quella del sostegno «una funzione», unico deve essere il ruolo valutativo di questa funzione, qualunque ne sia il numero dei componenti. Pertanto o i docenti dello stesso alunno concordano un voto comune o votano e decidono a maggioranza il voto; i docenti si comportano allo stesso modo nell'esprimere una valutazione per ciascuno degli altri alunni. Ovviamente in caso di due alunni certificati presenti nella stessa classe, ciascuno voterà esclusivamente per l'alunno a lui affidato e tutti insieme voteranno per i compagni. Diversamente sorgerebbero gravi problemi giuridici in caso di conflitto e soprattutto verrebbe alterato il principio del «collegio perfetto», in cui più docenti per il sostegno potrebbero alterare il voto complessivo degli altri colleghi curricolari.

È da ricordare, a margine di quanto detto, che non deve esistere un particolare «registro di sostegno», in cui normalmente il docente per il sostegno riporti le annotazioni del solo alunno con disabilità.

Egli invece deve tenere un registro normale con i nomi di tutti gli alunni (come chiarito nella Nota ministeriale prot. n. 11900/08).

È da precisare infine che le aree disciplinari sono state abolite dalla legge n. 128/2013, art. 15 comma 3 bis.

La valutazione della qualità dell'integrazione

Sia l'art. 12 comma 6 della Legge n. 104/92, sia l'art. 5 dell'Intesa Stato-Regioni del 2008 prevedono delle «verifiche» sul funzionamento dei servizi necessari all'integrazione scolastica. Tali verifiche quindi non riguardano solo la valutazione del profitto e del raggiungimento degli obiettivi dell'integrazione dei singoli alunni (Legge n. 104/92 art. 12, comma 3), ma la qualità dell'integrazione circa gli effetti che essa produce sui singoli alunni con disabilità.

Alla luce di quanto sopra, in molte realtà italiane, specie a opera di alcuni Centri territoriali per l'integrazione scolastica, come Brescia e Vicenza e anche dell'INVALSI nel 2005, si è provato a individuare degli «indicatori» per misurare il livello di qualità realizzata dai diversi servizi concorrenti con la scuola all'integrazione scolastica, attraverso la rivelazione della loro presenza o della loro assenza. Vengono normalmente distinti in tre gruppi: indicatori «strutturali», «di processo», di «risultato». I primi riguardano la preparazione dell'integrazione nell'anno precedente: ad esempio eliminazione delle barriere architettoniche e senso-percettive nella scuola dove andrà l'alunno, richiesta delle ore di sostegno entro luglio o dell'assistente per l'autonomia e la comunicazione agli Enti locali. I secondi riguardano lo svolgimento dell'integrazione: ad esempio programmazione a inizio d'anno del PEI e del Piano degli studi personalizzato definitivi, comportamento dei docenti curricolari e dei collaboratori e delle collaboratrici scolastiche nei confronti della presa in carico degli alunni con disabilità secondo le rispettive competenze. I terzi riguardano l'esito dell'integrazione: come ad esempio modalità di valutazione degli alunni, tipi di prove utilizzati, raccordi fra un grado e l'altro di scuola e fra la scuola e la formazione professionale, ecc.

Gli indicatori proposti dalla rilevazione INVALSI del 2005 potrebbero, se integrati alla luce di buone prassi e delle ulteriori ricerche successive, divenire una griglia di rilevazione da utilizzarsi sia per l'autovalutazione delle singole scuole, sia per la valutazione della customer-satisfaction.

In ogni caso, quando si perverrà definitivamente a individuare «indicatori di qualità» per il sistema generale di istruzione, sarà necessario inserire nella griglia generale alcuni «indicatori» concernenti la qualità dell'integrazione scolastica. Infatti, senza una tale valutazione, le scuole in cui l'integrazione si realizza a livelli di qualità, saranno costrette a ridurre fortemente tali livelli, poiché l'integrazione costa in termini di risorse umane e materiali, di tempi più lunghi e di risultati di profitto meno eccellente. Ciò farebbe certamente regredire i livelli di qualità dell'integrazione in tutto il Paese, con ricadute negative in termini di monitoraggio che, d'altra parte, ormai non potrà ignorare la Convenzione ONU sui diritti delle persone con disabilità.

La Convenzione ONU sui diritti delle persone con disabilità

Tutte le disposizioni finora descritte assumono una particolare rilevanza alla luce della Convenzione ONU sui diritti delle persone con disabilità, in quanto il diritto all'istruzione, regolato espressamente all'art. 24 e richiamato in diverse altre norme, sarà da ora in poi soggetto a monitoraggio per verificarne non solo la formulazione normativa astratta, che nel nostro Paese è una delle migliori del mondo, ma la sua concreta attuazione in tutti i suoi aspetti capillari, che invece lascia molto a desiderare.

Sembra quindi importante dare notizia di tutta la Convenzione, non solo per completezza di informazione, ma perché essa è uno strumento di esigibilità anche del diritto allo studio degli alunni con disabilità e della qualità della loro inclusione.

Con la firma, il 30 marzo 2007, della Convenzione universale dei diritti delle persone con disabilità, si apre una pagina giuridica nuova nella storia della civiltà, avviata politicamente con l'approvazione in dicembre della Convenzione da parte dell'Assemblea dell'ONU. Le persone con disabilità, nella seconda metà del secolo scorso, erano emerse come soggetti di diritto a livello dei singoli Stati; nel terzo millennio, emergono come soggetti di diritti a livello internazionale.

La Convenzione è un trattato internazionale che, già dal preambolo, colloca i diritti delle persone con disabilità nell'ambito di tutte le altre convenzioni sui diritti umani, precisando che ancora esistono discriminazioni a loro danno, malgrado la proclamazione dei diritti delle persone umane, delle donne, dei bambini e quindi occorre un'apposita convenzione.

Il testo si compone di cinquanta articoli e di un protocollo aggiuntivo, assai interessante, di diciotto articoli.

La Convenzione può, a larghe linee, dividersi in due parti: sino all'art. 32, essa contiene quello che i giuristi chiamano «il diritto sostanziale», cioè l'elencazione dei principi e dei diritti; dall'art. 33 al 50 si ha «il diritto processuale», cioè le procedure di approvazione e gli strumenti per farla rispettare. Il protocollo aggiuntivo può considerarsi un prolungamento di questa seconda parte.

I primi quattro articoli indicano lo scopo, le definizioni: ad esempio per «linguaggi» si intendono anche quelli non verbali come la lingua dei segni per i sordi «segnanti», ma anche quelli aumentativi e alternativi concernenti, ad esempio le persone con autismo o cerebrolese; indicano inoltre i principi e gli obblighi generali, analiticamente sviluppati negli articoli successivi. Interessante l'art. 4 comma 3 in cui gli Stati firmatari si impegnano a consultare le persone con disabilità, tramite le loro Associazioni di rappresentanza.

Questa norma, in Italia comporterà una modifica nell'attuale legislazione, che prevede come rappresentanti per legge solo le Associazioni «storiche», cioè l'ANMIC, ENS UIC, ANMIL, UNMIL, anche contro la volontà dei singoli interessati.

Interessante pure il successivo comma 4 secondo il quale nessuno Stato può ridurre il livello dei diritti già previsto dalla legislazione interna, adducendo che nella Convenzione i livelli o i diritti siano indicati in misura minore. Ciò in Italia è fondamentale, ad esempio per l'integrazione scolastica che è un diritto pienamente riconosciuto in misura ben maggiore di quanto non faccia l'art. 24 della Convenzione.

Gli articoli da 5 a 13 sono fondamentalmente imperniati sull'eguaglianza declinata sia con riguardo alle donne e ai bambini, sia con la lotta ai pregiudizi, sia con l'accessibilità delle persone con disabilità a tutti i mezzi di informazione e comunicazione, sia nei casi di calamità naturale, sia di fronte ai tribunali.

Gli articoli da 14 a 32 contemplano un'ampia rassegna dei diritti fondamentali che, con Bobbio, potremmo classificare nel modo seguente:

- *Diritti di prima generazione* quelli concernenti la vita, l'integrità fisica, il divieto di essere sottoposti a tortura e a sfruttamento. Si pensi all'uso assai diffuso, soprattutto nei Paesi poveri, di persone con disabilità, specie minori, per raccolte di elemosine organizzate da sfruttatori; o alle notizie ricorrenti sulla stampa di utilizzo di persone con disabilità intellettiva per espianto di organi, oggetto di commercio criminale.
- *Diritti di seconda generazione* possono considerarsi quelli di libertà, declinata nei diversi ambiti: di locomozione, che per le persone con disabilità significa diritto all'eliminazione delle barriere architettoniche e senso-percettive; inviolabilità del domicilio, libertà di manifestazione del pensiero, che per le persone con disabilità intellettiva significa rispetto delle loro esigenze e aspirazioni, come stabilisce la nostra Legge n. 6/04 sull'amministratore di sostegno; libertà di partecipazione alla vita politica, anche col voto.
- *Diritti di terza generazione* possono considerarsi quelli all'assistenza sanitaria e sociale, all'abilitazione e alla riabilitazione, all'istruzione, al lavoro e alla liberazione dalla povertà, che per le persone con disabilità dei Paesi sottosviluppati rappresenta una endemica situazione non ancora seriamente affrontata.
- *Diritti di quarta generazione:* possiamo considerare il diritto alla privacy, ancora non pienamente tutelato neppure in tutti i Paesi del Primo mondo; il diritto alla vita

indipendente e all'inclusione sociale, sancito dall'art. 19 della Convenzione, che per le persone con disabilità significa divieto di ghettizzazione negli istituti speciali, assai presenti, specie nei Paesi del mondo occidentale e ancora in molte regioni italiane; diritto a una vita nel proprio nucleo familiare originario o a una vita autonoma, fuori famiglia, assistito dai servizi sociosanitari di territorio, come prevede la nostra Legge n. 162/98.

L'art. 23 sulla famiglia e l'art. 25 sulla salute hanno incontrato riserve da parte dello Stato del Vaticano che vi ha visto la legittimazione dell'aborto e per questo si rifiuta di sottoscrivere la Convenzione. Trattandosi della prima Convenzione universale del Terzo Millennio e delle Persone con disabilità, sarebbe gravissima la mancanza di sottoscrizione della Santa Sede, che ha pure dedicato documenti assai importanti e innovativi ai diritti delle persone con disabilità.

Le Associazioni delle Persone con disabilità auspicano che la Santa Sede voglia avvalersi del diritto riconosciuto di «riserva» nella sottoscrizione della Convenzione, escludendo da essa solo quelle parti dei due articoli controversi.

Gli articoli da 33 a 50 riguardano le modalità di entrata in vigore della Convenzione e il monitoraggio per il suo rispetto da parte degli Stati firmatari: questa è una parte importantissima, perché permette di parlare di «esigibilità dei diritti» in una materia, quella del diritto internazionale, assai fragile sotto questo profilo.

L'approvazione da parte dell'Assemblea generale dell'ONU può considerarsi una specie di autorizzazione di tutto il mondo alla possibilità di sottoscrizione degli Stati che lo vogliano. Questi sottoscrivono a partire dal 30 marzo 2007; dalla sottoscrizione nasce per lo Stato l'obbligo di ratifica, che per la nostra Costituzione avviene con legge, non sottoponibile a referendum abrogativo; solo quando si arriverà almeno a venti ratifiche, a partire dal trentesimo giorno dal deposito della ventesima ratifica, la Convenzione entrerà in vigore. Quindi non solo gli Stati aderenti all'ONU non sono obbligati a firmare, ma anche quelli firmatari non sono obbligati a ratificare se non dopo un mese dal deposito della ventesima ratifica, come stabilisce l'art. 45 della Convenzione.

Per assicurarsi dell'attuazione della Convenzione e cioè dell'emanazione da parte degli Stati che hanno ratificato, delle leggi e degli atti amministrativi necessari, ogni Stato firmatario deve creare un «punto di contatto» amministrativo, un organismo amministrativo, con l'ONU; deve inoltre istituire un organismo di monitoraggio con la presenza pure di rappresentanti delle associazioni delle persone con disabilità. Presso l'ONU è costituito un «Comitato per i diritti delle persone con disabilità», composto da non più di diciotto membri eletti fra gli Stati firmatari col compito di ricevere segnalazioni di inadempienze o violazioni della Convenzione e di redigere un rapporto periodico sullo stato di attuazione della Convenzione da parte dei singoli Stati.

A tal proposito è assai importante il protocollo aggiuntivo, che prevede la possibilità di presentare segnalazioni e denunce al Comitato anche da parte di persone singole o gruppi non nominati dagli Stati firmatari. Questa forma di controllo da parte della società civile è fondamentale, poiché i rappresentanti ufficiali degli stati potrebbero filtrare le informazioni secondo calcoli politici; di qui la possibilità di questo controllo dal basso, che però deve essere accettato dagli Stati con la sottoscrizione del protocollo aggiuntivo. In caso di mancata sottoscrizione del protocollo, il Comitato ONU di controllo non potrà prendere in considerazione eventuali segnalazioni provenienti da persone e gruppi dello Stato firmatario. Però, in tal caso, è noto che potrà supplire la cooperazione di uno stato firmatario, specie tramite gli organismi non governativi che ormai hanno ramificazioni internazionali.

L'importanza della Convenzione risulta anche dal fatto che suo depositario, così come di tutti gli atti che la riguardano (ad esempio emendamenti successivi) è il Segretario generale dell'ONU. Dopo la firma dell'allora nostro Ministro Ferrero in rappresentanza dello Stato italiano e la ratifica dell'Italia della Convenzione e del protocollo aggiuntivo, avvenuta con Legge n. 18/09, alle persone con disabilità incombe l'impegno di sollecitare il Governo e il Parlamento per l'approvazione più rapida possibile del decreto istituito dell'Osservatorio, il quale ha il compito principale di effettuare il monitoraggio sul rispetto delle norme da parte di tutte le pubbliche autorità italiane; dopo di che comincerà il lavoro certosino di monitoraggio, in cui le associazioni avranno un ruolo determinante nel segnalare le lacune normative e le inefficienze cui occorrerà immediatamente porre rimedio.

CAPITOLO 2

L'EVOLUZIONE DELLA NORMATIVA INCLUSIVA IN ITALIA

(Salvatore Nocera)

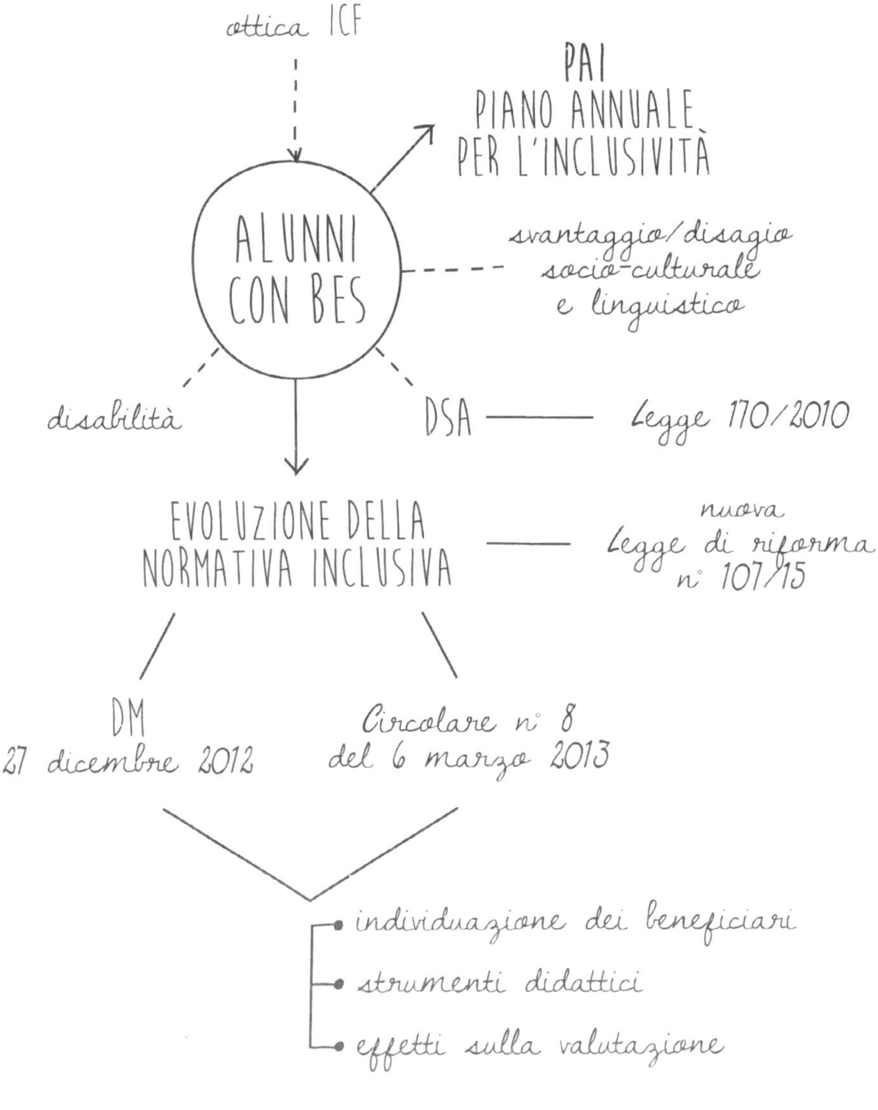

Le premesse della recente normativa inclusiva

All'inizio degli anni Duemila, il ciclo della normativa inclusiva italiana, che aveva vissuto i suoi coraggiosi inizi alla fine degli anni Sessanta con l'inserimento prima e l'integrazione poi, degli alunni con disabilità nelle sezioni e nelle classi comuni delle scuole statali, si poteva considerare concluso; la Legge n. 62/2000 sanciva infatti il diritto all'integrazione degli alunni con disabilità anche nelle sezioni e nelle classi delle scuole paritarie.

L'Italia era l'unico Stato che aveva realizzato una normativa sull'inclusione generalizzata degli alunni con disabilità. In Europa e nei Paesi anglosassoni, però, si erano affermate una prassi e una normativa inclusiva riguardanti gli alunni con difficoltà di apprendimento non dovute a cause sanitarie, ma a svantaggio socioculturale e ambientale e a disagio familiare e personale, di cui invece in Italia non si era per nulla tenuto conto a livello normativo. Quando in incontri internazionali l'Italia presentava orgogliosamente la propria normativa inclusiva, gli altri Stati facevano osservare che essa però trascurava i tanti casi di difficoltà di apprendimento, molto più numerosi e meno difficili da tutelare. Cominciò quindi a sorgere anche da noi l'interesse per questi ambiti della cultura inclusiva.

Se antesignano della nostra cultura inclusiva a livello pedagogico era stato fin dall'inizio Andrea Canevaro (Canevaro et al., 1997; Canevaro, 1999; Canevaro, Cives e Frabboni, 1999), oggi l'apertura a questa nuova cultura è promossa dalla traduzione italiana delle regole di ICF dell'OMS, sostenuta soprattutto da Dario Ianes (2004; 2005; 2006), specie con la traduzione della versione per i minori (OMS, 2007). Ianes ha effettuato una serie di studi e ricerche sulla possibile inclusione nelle scuole anche degli alunni con svantaggio e disagio, formulando ipotesi di modelli di funzionamento dell'organismo umano, ispirandosi ai principi di approccio bio-psico-sociali suggeriti da ICF che non puntavano solo sulle cause sanitarie personali delle difficoltà di apprendimento, che avevano caratterizzato sino ad allora la cultura inclusiva italiana, bensì sull'interferenza con esse di situazioni ambientali, quali conformazione del territorio, nuove tecnologie, concezioni culturali, religiose e sociali, che condizionano fortemente la realizzazione dell'inclusione sia agevolandola (fattori favorenti) che ostacolandola (fattori impedienti) (Ianes, 2005; Ianes e Cramerotti, 2011).

La nostra cultura inclusiva è stata fortemente scossa dall'ingresso massiccio di alunni stranieri che sono arrivati nelle nostre scuole e ai quali inizialmente sono state offerte soluzioni suggerite dall'esperienza e dalla normativa dell'inclusione degli alunni con disabilità, assegnando ad esempio anche a loro ore di sostegno didattico.

A modificare notevolmente il precedente orientamento sono state anche le ricerche di Gabriel Levi (2012) sui ritardi nell'affrontare situazioni di difficoltà di bambini che, senza un'individuazione precoce, potevano degenerare in vere e proprie disabilità.

In questo dibattito culturale ha partecipato pure Giacomo Stella (2004; Stella e Savelli, 2011), che con l'AID, Associazione Italiana per la Dislessia, ha insistito sempre più sulla necessità di trovare soluzioni didattiche per gli alunni con disturbi specifici dell'apprendimento.

A ciò si sono aggiunti gli studi e ricerche di Renzo Vianello (2012) sugli effetti esistenzialmente positivi dell'inclusione scolastica negli alunni con disabilità e con altri disturbi rispetto ai coetanei frequentanti, all'estero, le scuole speciali.

L'assidua attenzione di Canevaro per questi problemi ha contribuito a promuovere un maggior approfondimento della cultura inclusiva, specie puntando sulla «prossimità dei sostegni» che non si riducono solo all'insegnante per il sostegno e che non debbono essere valorizzati solo in termini quantitativi e fissi, bensì in rapporti qualitativi variabili col tempo e col progredire dell'inclusione nei diversi gradi di scuola.

Ruolo determinante nei cambiamenti culturali ha avuto pure l'approvazione nel 2006 a New York della Convenzione dell'ONU sui diritti delle persone con disabilità che ha fatto propria ufficialmente l'impostazione degli ICF e che è stata ratificata dall'Italia con la Legge 18/09.

Così, anche a seguito di pressanti interventi delle associazioni aderenti alla FISH, Federazione Italiana per il Superamento dell'Handicap, e dell'Osservatorio ministeriale sull'integrazione scolastica degli alunni con disabilità, preoccupati dalle derive individualistiche e selettive-meritocratiche delle Riforme Moratti (Legge 53/03) e Gelmini (dal 2008 al 2011), il Ministero dell'istruzione, dopo aver stipulato l'intesa sull'inclusione degli alunni con disabilità del 20 marzo 2008, ha emanato le Linee guida sull'inclusione scolastica degli alunni con disabilità il 4 agosto 2009, le quali costituiscono un fondamentale documento sia sulla storia della normativa inclusiva italiana, sia sulle modalità operative da realizzarsi nelle singole classi e nelle singole scuole, a opera non solo dei docenti per il sostegno ma anche e soprattutto dei Dirigenti scolastici, dei docenti curricolari e degli altri operatori sociosanitari di territorio, tutti in costante dialogo con le famiglie.

Su questa scia si inserisce il movimento culturale che porta all'approvazione della Legge 170/2010 sui DSA e delle norme aggiuntive, come le Linee guida applicative del 12 luglio 2011 e l'Intesa Stato-Regioni del 25 luglio 2012, che inseriscono di pieno diritto i DSA nella cultura e nella normativa inclusiva italiana.

A questa evoluzione contribuisce certamente la Magistratura, specie la Corte costituzionale che, seguendo la giurisprudenza a partire dagli anni Settanta e Ottanta (sentenza n. 215/87), ribadisce il principio che il diritto allo studio non può essere indebolito a causa di pur apprezzabili ragioni di bilanci pubblici (sentenza n. 80/2010).

In questo clima culturale e politico il Ministero dell'istruzione emana la Direttiva del 27 Dicembre 2012, seguita dalla Circolare applicativa n. 8 6/3/2013 sui BES.

Le novità della Direttiva e della Circolare ministeriali sui BES

La Direttiva ministeriale del 27 dicembre 2012 e la relativa Circolare n. 8 del 6 marzo 2013 debbono essere lette insieme perché la seconda integra significativamente la prima, specie dove in quest'ultima non vengono approfonditi o chiariti alcuni problemi di collegamento con le precedenti normative inclusive e relativamente agli aspetti organizzativi e operativi.

I due documenti affermano espressamente che ormai si è completato il ciclo della normativa inclusiva, dal momento che sotto la denominazione di BES si ricomprendono, sia pur con problemi diversi, gli alunni con difficoltà di apprendimento dovute alla disabilità, quelli con DSA e quelli con altri BES dovuti a svantaggio e disagio, ed estende a questi ultimi sia il principio di personalizzazione didattica, introdotto dalla Legge 104/92, generalizzato poi nella Legge 53/03, Riforma Moratti, sia gli strumenti compensativi e dispensativi previsti dalla Legge 170/10 per gli alunni con DSA.

Non tutti hanno gradito questa unificazione e ancora fanno confusione circa la normativa da applicarsi ai diversi casi. Così taluni hanno ritenuto di intendere i BES come una terza categoria di alunni con difficoltà di apprendimento, ragione per la quale è stata criticata la scelta di normare con una semplice Circolare una materia, quella dei BES, legata a problemi di svantaggio e di disagio, che avrebbe dovuto essere regolata da leggi come la Legge 104/92 per le disabilità e la Legge 170/2010 per i DSA.[1] Personalmente ho sostenuto, già in tempi non sospetti, a proposito del Testo Unico sulla legislazione scolastica n. 297/94, che la normativa inclusiva a favore degli alunni con disabilità, lungi dal costituire norme «eccezionali», cioè contrarie alle regole generali dell'ordinamento giuridico, rappresenta invece estrinsecazione di principi costituzionali fondamentali quali quelli sanciti nell'art. 2 (sui diritti inalienabili della persona), nell'art. 3 comma 2 (obbligo della Repubblica di rimuovere gli ostacoli che, limitando l'eguaglianza, impediscono la piena partecipazione sociale delle persone), nell'art. 34 (secondo cui la scuola è aperta a tutti). Ho quindi ritenuto pienamente legittimo il ricorso del MIUR alla Direttiva e alla Circolare per estendere «per analogia» ai casi di BES le norme scritte per la disabilità e i DSA, in quanto compatibili; ciò in forza dell'art. 14 delle disposizioni preliminari al Codice civile che consente l'interpretazione analogica delle norme speciali, mentre la vieta per quelle eccezionali. Anzi, sostengo che, ormai, si sarebbe potuto fare a meno della Legge 170/10 per i DSA, poiché la normativa inclusiva sugli alunni con disabilità, confermata dalla giurisprudenza costituzionale, poteva legittimamente applicarsi per analogia anche ai DSA e a tutti gli altri casi di BES; tanto più che il MIUR, già dai primi anni Duemila e sino a prima della Legge 170/10 (art. 10, DPR n. 122/09) aveva emanato norme amministrative sulle modalità di effettuazione delle prove e di valutazione degli alunni con DSA, poi riprodotte sostanzialmente nella Legge 170/10 e normativa applicativa.

Vediamo ora in dettaglio i diversi aspetti normativi concernenti le tre tipologie di BES sotto il profilo dell'individuazione dei beneficiari, degli strumenti didattici e degli effetti sulla valutazione didattica.

L'individuazione dei beneficiari

Alunni con disabilità

Per tali alunni la normativa, a partire dall'art. 12, comma 5, Legge 104/92 e dall'art. 2 del DPR del 24 febbraio 1994, ha stabilito la necessità di una certificazione medico-legale

[1] Si vedano i numeri del 10 e del 18 marzo 2013 della rivista «Tuttoscuola», consultabili sul sito http://www.tuttoscuola.com

di disabilità ai sensi dell'art. 3 della Legge 104/92, che definisce persona con disabilità solo quella che, a causa di un evento traumatico o morboso avvenuto in periodo pre-peri-post-natale abbia subito una minorazione «stabilizzata o progressiva» che sia causa di emarginazione. Il comma 3 dello stesso articolo stabilisce che quando la minorazione richiede un'assistenza continuativa globale e permanente la disabilità assume connotazione di gravità.

Il DPCM n. 185/06 ha imposto che gli accertamenti medico-legali siano effettuati da un collegio e non più da un singolo professionista, come avvenuto in precedenza. Ogni regione avrebbe dovuto stabilire commissioni operanti presso le ASL. A seguito poi della Legge 102/09, art. 20, si stabilì che tutti gli accertamenti medico-legali concernenti le persone con disabilità dovessero essere effettuati solo dalle commissioni vigilate dall'Inps; esse erano sino ad allora appositamente attrezzate solo per gli accertamenti dell'invalidità civile. Mancando un numero sufficiente di specialisti professionalmente preparati per l'individuazione ai fini dell'inclusione scolastica, e dati i tempi assai lunghi dei calendari di tali commissioni, la Legge 111 (all'art. 19, comma 11) ha stabilito che permangono per gli accertamenti a fini scolastici le commissioni di cui al citato DPCM n. 185/06, che però vanno attivate con accesso telematico e integrate da uno specialista dell'Inps (si dovrebbe supporre che lo specialista debba alternarsi a seconda delle differenti tipologie di minorazioni segnalate). Siccome però, negli anni precedenti, si era verificata una certa facilità nella certificazione di disabilità anche nei casi di DSA, gli Uffici Scolastici Regionali, che sono responsabili anche contabilmente delle spese per il sostegno didattico, stanno pretendendo che gli alunni con diagnosi clinica di disabilità che non porti espressamente la dicitura «ai sensi dell'art. 3, comma 1 o comma 3 della Legge 104/92», non possano fruire del diritto a ore di sostegno. Poiché pare che il numero di tali certificazioni incomplete sia notevole, si è diffusa la voce che occorra risottoporsi a visita medico-legale per ottenere un nuovo certificato. Ciò è comunque impraticabile, poiché non si deve seguire nuovamente la procedura delle Commissioni dell'Inps; tornare alle ASL o ai centri con esse convenzionati o accreditati costituirebbe un aggravio insopportabile di lavoro che ritarderebbe ulteriormente i tempi.

Alunni con DSA

Per gli alunni con DSA la Direttiva richiedeva una diagnosi di un medico generico; nelle Linee guida del 12 luglio 2011 era stato opportunamente precisato che doveva trattarsi di una diagnosi proveniente da uno specialista dell'ASL o di un centro con essa convenzionato o accreditato e che poteva correttamente essere effettuata solo dopo lo svolgimento della seconda classe della scuola primaria; una diagnosi effettuata prima, dati l'età evolutiva e i problemi di inserimento nella scuola primaria, avrebbe potuto essere imprecisa se non addirittura errata.

Tale diagnosi continua a risentire dell'impostazione sanitaria di cui è pervasa tutta la normativa relativa agli alunni con disabilità, ma serve a giustificare alcuni interventi didattici che influiscono direttamente sulla valutazione del profitto; il nostro, inoltre, è un ordinamento che attribuisce valore legale ai titoli di studio e quindi è necessario avere alcune garanzie onde evitare possibili discriminazioni o favoritismi.

Poiché, però, troppo spesso le certificazioni pervengono con gravi ritardi, la Circolare aveva consentito genericamente che, producendo alla scuola copia della domanda di diagnosi all'ASL accompagnata da una diagnosi di un medico privato, si potesse godere dei benefici che la normativa prevede, cioè la concessione di strumenti compensativi e dispensativi. A seguito di richiesta di precisazione da parte delle associazioni delle persone con disabilità, l'Intesa Stato-Regioni del 25 luglio 2012 ha precisato che, limitatamente agli alunni che debbono affrontare esami di Stato, esame conclusivo del primo ciclo di istruzione ed esami conclusivi degli studi, la diagnosi debba pervenire non oltre il 31 marzo; ciò ovviamente al fine di precostituirsi solo in vista degli esami delle possibili illegittime agevolazioni.

Alunni con altri BES

La materia è divenuta assai problematica con i casi indicati nella Direttiva e nella Circolare sui BES. Infatti non tutti i casi di svantaggio o disagio possono avere una causa sanitaria e quindi essere certificati. Era quindi necessario avere un punto fermo cui potersi riferire in caso di contestazioni da parte di altri alunni, eventualmente bocciati, rispetto agli alunni con BES promossi.

La Direttiva in ciò era generica e, opportunamente, la Circolare n. 8 del 6 marzo 2013 ha precisato che, in mancanza di diagnosi mediche, occorre fare riferimento a situazioni oggettive, come la segnalazione dei servizi sociali o lo status di alunni stranieri. In mancanza di dati oggettivi, la Circolare, con una grande innovazione che valorizza la cultura pedagogica, ha stabilito che siano i docenti del Consiglio di classe a decidere (ove necessario a maggioranza) se l'alunno versi in un caso di svantaggio o disagio che meriti dei benefici didattici previsti, ovvero l'estensione anche a essi degli strumenti compensativi e dispensativi previsti per gli alunni diagnosticati con DSA. Onde evitare incertezze e possibili ricorsi, la Circolare stabilisce che l'esito della deliberazione vada verbalizzato con l'individuazione delle ragioni e l'indicazione dei singoli interventi didattici compensativi, dispensativi o altri, attribuiti a tali alunni. Alcuni hanno obiettato che ciò comporterebbe un aggravio di lavoro per i docenti i quali, inoltre, non sarebbero sufficientemente preparati a ciò. Quanto all'aggravio di lavoro, esso non dovrebbe essere notevole, rientrando nelle normali attenzioni didattiche. Quanto alla preparazione, gli argomenti sono più fondati; ma è da tener presente che a tale decisione si perviene normalmente su richiesta dei familiari e nei soli casi in cui i docenti abbiano la certezza che l'alunno, dato il suo comportamento in classe, presenti problemi che possono essere oggetto di ulteriore approfondimento con le famiglie.

Strumenti didattici

Alunni con disabilità

Per questi alunni l'art. 12, comma 5 della Legge 104/1992, e gli artt. da 2 a 5 del DPR del 24 febbraio 1994, stabiliscono che debbano essere formulati da tutti i docenti, in dialogo con i familiari e gli operatori sociosanitari, un profilo dinamico funzionale e il PEI, Piano educativo individualizzato, che non è solo il percorso didattico, ma il progetto di vita in età scolare sul quale i soli docenti della classe predispongono il piano degli studi personalizzato (così com'è definito nella Legge 53/03).

In tale percorso didattico possono essere previsti, in forza dell'art. 16 comma 3 della Legge 104/92, tempi più lunghi, l'uso di strumenti anche tecnologicamente avanzati e prove equipollenti. Il concetto di prova equipollente è indicato ufficialmente nel DPR n. 323/98, art. 6 comma 1 e nella Circolare annuale sugli esami conclusivi degli studi che le definiscono prove che, pur differenti nelle modalità di somministrazione (ad esempio, prove scritte invece che orali o viceversa) o nei contenuti (minor numero di esercizi, questionari a scelta multipla con prove di richiamo, ecc.), debbano comunque mettere la commissione in grado di verificare se l'alunno conosca gli elementi essenziali delle discipline.

Inoltre, l'art. 13, comma 3 della Legge 104/92 conferisce agli alunni certificati il diritto di avere assegnate ore con un docente specializzato per il sostegno didattico. Questo è l'argomento maggiormente trattato dalla normativa e più discusso dall'opinione pubblica, poiché si ritiene (erroneamente) che il sostegno sia l'unica, o quasi, risorsa in grado di soddisfare il diritto allo studio degli alunni con disabilità. Tale erroneo convincimento è divenuto pure l'oggetto prevalente di migliaia di decisioni della Magistratura, non solo dei Tribunali civili e dei Tribunali amministrativi regionali, ma anche del Consiglio di Stato e della Corte costituzionale.

In principio la situazione era differente, poiché le risorse principali erano costituite dai docenti curricolari e dai compagni di classe. Purtroppo, essendo stato degradato «l'obbligo» di formazione in servizio a mera «scelta volontaria dei docenti» ed essendo vertiginosamente cresciuto il numero degli alunni nelle classi, si sono verificate delle anomalie.

Infatti, i genitori, constatato che — mancando in classe il docente per il sostegno — i propri figlioli con disabilità venivano abbandonati o portati fuori dalla classe, hanno cominciato a pretendere tramite ricorsi ai TAR il massimo delle ore di sostegno. Si è così determinata, anche a causa dei tagli alla spesa scolastica pubblica, «la deriva giurisdizionale» all'inclusione scolastica con conseguente delega ai soli docenti per il sostegno del progetto inclusivo, snaturando così l'impostazione iniziale della cultura inclusiva.

Alunni con DSA

Per gli alunni con DSA le Linee guida precisano che il Consiglio di classe deve predisporre un Progetto didattico personalizzato (PDP). In esso deve essere indicato per ogni disciplina l'eventuale strumento compensativo o dispensativo deliberato.

Sugli strumenti compensativi e dispensativi le Linee guida del 12 Luglio 2011 si soffermano in modo particolare. Il loro uso è finalizzato a dispensare l'alunno da talune prestazioni didattiche che gli risulterebbero particolarmente difficili a causa della sua dislessia, disgrafia, discalculia o disortografia (quali, ad esempio, la lettura ad alta voce e la scrittura sotto dettatura veloce) o a permettergli di utilizzare la calcolatrice o un computer con correttore automatico.

Nel caso di dispensa dallo scritto di una o più lingue straniere, scatta una misura compensativa secondo cui l'alunno deve sostenere una prova orale, ove non prevista, oppure una prova orale più approfondita per compensare l'assenza dello scritto. Ciò vale ovviamente solo per lo studio delle Lingue straniere moderne. Non vale, ad esempio, per il latino o il greco nei Licei.

E a proposito delle Lingue straniere, dietro richiesta di precisazione da parte delle associazioni delle persone con disabilità, le Linee guida hanno precisato che se, su richiesta della famiglia, corredata di certificazione medica e approvata con delibera del Consiglio di classe, un alunno viene non «dispensato» ma esonerato dallo studio e quindi dalle valutazioni ed esami di una lingua straniera, egli, al pari di quanto avviene per gli alunni con disabilità di scuola secondaria che seguono un PEI differenziato, non potrà conseguire il diploma ma avrà solo un attestato coi crediti formativi maturati. Questo, nel caso di alunni di scuola secondaria di primo grado, significa che essi potranno iscriversi alle secondarie di secondo grado col semplice attestato purché non abbiano superato l'età dell'obbligo scolastico, ovvero 18 anni di età, per analogia a quanto disposto per gli alunni con disabilità dall'art. 11, comma 12 dell'OM n. 90/01; nel caso, invece, di alunni di scuola secondaria di secondo grado, questi non potranno iscriversi all'Università. Ciò deve essere bene chiarito alle famiglie che vengano a chiedere l'esonero dallo studio di una lingua straniera.

Alunni con altri BES

Per gli alunni con altri BES la Direttiva e la Circolare estendono analogicamente gli strumenti compensativi e dispensativi che vanno indicati nel PDP che pure deve essere formulato. L'adozione di tali strumenti diviene un fatto assai delicato quando manchino elementi oggettivi provenienti da terzi e i docenti siano i soli a dover deliberare basandosi solo sul proprio intuito pedagogico. Per questo la Circolare ha voluto che tale scelta venisse verbalizzata e motivata. Ciò vale pure quando la famiglia richiede tali strumenti, mentre il Consiglio di classe delibera di non concederli.

Alcuni hanno obiettato che la formulazione del PDP anche per questi alunni — che talora possono costituire la metà della classe — costituisce un gravoso sovraccarico di lavoro per i docenti. In verità, a differenza del PEI, in questo caso ci si deve limitare a indicare: il nome dell'alunno con BES, la data della delibera del Consiglio di classe, le discipline per le quali egli necessita di strumenti compensativi e/o dispensativi. Ciò non dovrebbe dunque comportare un carico di lavoro eccessivo, una volta concordato nella delibera il da farsi.

Effetti sulla valutazione

Gli effetti della concessione o negazione di strumenti compensativi o dispensativi agli alunni con BES sono notevoli, potendo agevolare, in caso di concessione, o impedire, in caso di diniego, una corretta valutazione degli apprendimenti degli stessi. Vediamo quali sono le diverse situazioni per ciascuna delle tre tipologie di BES.

Alunni con disabilità

L'art. 16 della Legge 104/92 stabilisce le regole fondamentali per gli alunni con disabilità.

Il primo comma prevede che il PEI, sui cui risultati si basa la valutazione, possa prevedere la riduzione o la sostituzione dei contenuti di talune discipline; e ciò vale per le scuole di ogni ordine e grado. In particolare, per la scuola dell'obbligo (che nel 1992 si arrestava alla terza media) il comma 2 stabilisce che il PEI debba essere formulato sulla base delle effettive capacità e potenzialità dell'alunno e che la valutazione avrà esito positivo qualora si verifichi che vi siano stati progressi rispetto ai livelli iniziali degli apprendimenti. Le norme applicative di tali principi sono state emanate con l'Ordinanza ministeriale n. 90/01 che, all'art. 11, comma 11, ha ribadito gli orientamenti legislativi, che sono la previsione eccezionale sia di non ammissione agli esami, sia di bocciatura durante il primo ciclo di istruzione; in ogni caso, per chi non consegue il diploma conclusivo del primo ciclo di istruzione è previsto il rilascio di un attestato con la certificazione dei crediti formativi maturati. Tale documento costituisce titolo valido per l'iscrizione alle scuole secondarie di secondo grado ai fini dell'adempimento dell'obbligo scolastico. Ciò è stabilito dall'art. 11, comma 12 della citata Ordinanza. È da tener presente che per gli alunni con disabilità l'obbligo scolastico può adempiersi sino al compimento del diciottesimo anno di età (art. 14, comma 1, lett. C). Di conseguenza, tutte le Circolari sulle iscrizioni prevedono che sino al compimento del diciottesimo anno gli alunni in possesso del solo attestato possano legittimamente iscriversi alle scuole secondarie di secondo grado.

Quello che può sembrare uno strappo al principio costituzionale, secondo cui si passa da un grado all'altro di istruzione solo dopo aver superato un esame di Stato, si spiega con la sentenza n. 215/87 della Corte costituzionale, la quale ha sancito il diritto pieno e incondizionato di tutti gli alunni con disabilità anche grave a frequentare la scuola secondaria di secondo grado, stabilendo, tra l'altro, che per essi capacità e merito non vadano valutati secondo parametri oggettivi ma secondo le loro specificità e peculiarità. Ciò quindi ha consentito al Ministero dell'istruzione di emanare norme che consentano l'accesso alle scuole secondarie di secondo grado anche tramite semplice attestato.

Per gli alunni di scuola secondaria di secondo grado l'Ordinanza ministeriale n. 90/01, all'art. 15, stabilisce che il Consiglio di classe possa deliberare, dopo la riunione del Gruppo di Lavoro per l'Handicap Operativo (GLHO), lo svolgimento di un PEI semplificato o per obiettivi minimi, che viene formulato con l'indicazione da parte di ciascun docente di quelli che a suo avviso sono gli elementi essenziali che debbono essere posseduti per ottenere un giudizio di sufficienza. Se il GLHO non ritiene che l'alunno sia in grado di raggiungere neppure la sufficienza, allora delibera, seguito in ciò dal Consiglio di classe, un PEI differenziato rispetto ai programmi ministeriali che dà diritto solo al rilascio di un attestato il quale, ovviamente, non è titolo idoneo per l'iscrizione universitaria.

In ogni caso, per il principio del rispetto del ruolo della famiglia, lo stesso art. 15 dell'OM n. 90/01 stabilisce che, in caso di divergenza di pareri tra il Consiglio di classe, che propone il PEI differenziato, e la famiglia, che richiede il PEI semplificato, prevalga la volontà della famiglia, la quale però deve essere formalmente informata che, ai soli fini della valutazione, l'alunno non verrà in tal caso considerato con disabilità e sarà dunque valutato come tutti gli altri compagni.

Per rimuovere gli ostacoli allo svolgimento delle prove, costituiti dalle disabilità degli alunni, l'art. 16, comma 3 della Legge 104/92 prevede la concessione di tempi più lunghi, l'uso di strumenti anche tecnologicamente avanzati e prove equipollenti; di ciò si è detto al paragrafo «Strumenti didattici – Alunni con disabilità». Questa normativa è stata confermata dal DPR n. 122/09 all'art. 9 sulla valutazione degli alunni con disabilità. Tale regolamento però fornisce dei chiarimenti importanti circa le modalità e l'oggetto della valutazione dei docenti per le attività di sostegno.

Se un alunno è seguito da più di un docente per il sostegno essi potranno tutti insieme esprimere un solo voto e lo stesso accade per la valutazione dei compagni; ciò al fine di non alterare la logica del «collegio perfetto» in cui un certo numero di docenti per il sostegno potrebbe fortemente condizionare la valutazione conclusiva.

Quanto invece all'oggetto della valutazione, i docenti per il sostegno debbono valutare il livello di inclusione raggiunto dall'alunno assegnato e dai suoi compagni. Per questo i primi articoli del DPR n. 122/09 stabiliscono che essi debbano valutare sulla base degli obiettivi dell'integrazione scolastica sanciti dall'art. 12, comma 3 della Legge 104/92, espressamente richiamata, che sono: gli apprendimenti nella loro globalità (come fa ad esempio il presidente di una commissione di esami), la crescita nella comunicazione, nella socializzazione e nelle relazioni.

Alunni con DSA

Per gli alunni con DSA la normativa consente l'uso di strumenti compensativi e dispensativi di cui si è già detto al paragrafo «Strumenti didattici – Alunni con DSA». Non vengono assegnati docenti per il sostegno, se non nel caso di comorbilità.

Va segnalato che la Magistratura ha affermato che le valutazioni di alunni con DSA sono annullabili qualora i docenti non abbiano rispettato il PDP concordato con la famiglia o qualora non abbiano concesso gli strumenti compensativi o dispensativi ivi previsti. Ovviamente ciò non significa che, in tali casi, gli alunni siano automaticamente promossi; significa solo che essi vanno sottoposti a nuove prove con l'ausilio degli strumenti compensativi o dispensativi e che l'esito sarà quello conseguente alla valutazione al pari di tutti gli altri alunni.

Alunni con svantaggio e disagio

Agli alunni con svantaggio e disagio si applicano strumenti compensativi o dispensativi o altri accorgimenti didattici, come ad esempio la concessione di tempi più lunghi.

Sulla base degli orientamenti della giurisprudenza sopra citati, sarà opportuno che il Consiglio di classe verbalizzi, come previsto dalla Circolare n. 8 del 6 marzo 2013, le decisioni adottate in dialogo con la famiglia. È necessario chiarire che il Consiglio di classe non deve supinamente accettare le richieste della famiglia; ove non intenda accoglierle, esso farà risultare a verbale le motivazioni del diniego; così potranno fare anche i docenti dissenzienti. In questo caso la questione è più delicata rispetto agli alunni con DSA, poiché non sempre si dispone di una diagnosi o si possono avere riscontri oggettivi, ma le decisioni sono adottate sulla base di valutazioni pedagogiche e didattiche. Inoltre, anche qui vale l'orientamento giurisprudenziale secondo il quale, una volta stabiliti il contenuto del PDP e gli strumenti compensativi o dispensativi da assegnare, ove questi non vengano rispettati, la valutazione può essere annullata dal TAR.

In particolare, per le prove degli esami conclusivi dell'istruzione, la Circolare n. 13/13, all'art. 18, comma 4, effettua il seguente riferimento innovativo agli altri BES: «Per altre situazioni di alunni con difficoltà di apprendimento di varia natura, formalmente individuate dal Consiglio di classe, devono essere fornite dal medesimo Organo utili e opportune indicazioni per consentire a tali alunni di sostenere adeguatamente l'esame di Stato».

Data la novità del comma 4 dell'art. 18 relativo ai nuovi BES, sembra opportuno soffermarsi in particolare su di esso. Per gli alunni che non hanno né certificazioni di disabilità né diagnosi di DSA, ma eventuali altre certificazioni o sono individuati dai soli Consigli di classe d'intesa con la famiglia, la norma pretende che siano «formalmente individuati dal Consiglio di classe». Ciò significa che è necessaria la produzione della delibera del Consiglio di classe con la motivazione e l'individuazione degli eventuali strumenti compensativi o dispensativi, come espressamente stabilito dalla Circolare del 6 marzo 2013.

Nella stessa Delibera o nella Relazione del 15 maggio, alla quale va allegata la Delibera, il Consiglio di classe deve fornire alla Commissione d'esame utili indicazioni perché questa possa fare svolgere agli alunni adeguatamente l'esame di Stato.

Le parole «utili», «opportune», «adeguatamente» non debbono trarre in inganno ed essere reputate troppo generiche. Esse offrono al Consiglio di classe un ampio margine nel formulare alla Commissione le proposte; qualora la Commissione volesse discostarsi da esse, dovrebbe necessariamente fornirne nel verbale d'esame la motivazione.

Nulla invece dice il Ministero circa gli alunni con altri BES che affrontano gli esami conclusivi del primo ciclo di istruzione. Non è stata emanata infatti alcuna circolare in proposito, ritenendo il MIUR che ormai valga la Circolare n. 48/2012 come norma permanente, nella quale ovviamente non è fatto cenno alcuno alle recenti norme sui BES.

Esami da privatisti

Più delicato, a mio avviso, è il caso di alunni con altri BES che vogliano avvalersi della recente normativa durante esami da privatisti.

In questi casi, infatti, il Decreto ministeriale del 10 dicembre 1984 detta delle norme specifiche consistenti nell'onere da parte dell'alunno di contattare per tempo la scuola sede di esami, producendo la certificazione di disabilità rilasciata dall'ASL. Egli concorda con la scuola il PEI su cui si svolgerà l'esame e viene quindi valutato in base ad esso.

Per gli alunni, invece, con altri BES, privi di certificazione medica, sembrerebbe mancare un requisito oggettivo fondamentale (allo stato della nostra normativa, tributaria di una fondamentale logica sanitaria). Verrebbe quindi meno la condizione per il riconoscimento dell'uso di strumenti compensativi o dispensativi, che dovrebbero essere riconosciuti dal solo gruppo di docenti della scuola sede di esami.

È comunque da osservare che l'esplicito riferimento ai BES nell'art. 18 dell'Ordinanza ministeriale n. 13/2013 agli esami conclusivi può creare contraddizione interna alle stesse norme ministeriali.

Prove INVALSI

A seguito della Legge 176/07 è divenuto operativo il principio della valutazione standardizzata introdotta nel nostro sistema dalla Legge 53/03. La normativa è stata applicata in due modalità:

- una relativa al confronto tra i risultati apprenditivi realizzati nel nostro sistema di istruzione per alcune discipline e quelli dei Paesi dell'OCSE, al fine di stimolare una positiva emulazione e colmare dei ritardi o delle carenze negli apprendimenti, nei quali purtroppo l'Italia risulta non essere tra i primi posti nella graduatoria tra i diversi Stati;
- un'altra relativa alla valutazione con prove standard degli apprendimenti degli alunni italiani in alcune discipline, valutazione che si somma alla valutazione tradizionale dei singoli docenti.

Le prove relative alla valutazione comparativa tra diversi Paesi

Senza entrare nel merito dell'accesissimo dibattito circa l'idoneità pedagogica di tali prove nel valutare seriamente i livelli apprenditivi raggiunti dagli alunni tramite questionari standardizzati, qui si darà conto unicamente dei problemi giuridici a esse legati.

L'INVALSI ha diramato la Nota del 23 aprile 2013 concernente le prove da svolgere solo in seconda e quinta classe della scuola primaria, nella prima della secondaria di primo grado e nella seconda della secondaria di secondo grado.

Nella Premessa si precisa che tali prove non hanno alcun valore valutativo per il profitto dei singoli alunni. Si precisa ancora che i risultati delle prove degli alunni con disabilità certificata e DSA diagnosticati sono trasmessi all'INVALSI — che provvede a trasferirli in un'apposita banca dati — ma non entrano a far parte della media nazionale.

E qui già si nota una stranezza. È comprensibile infatti che non vengano inseriti i risultati relativi ad alunni con disabilità intellettive, perché potrebbero falsare i risultati complessivi della media; non si comprende invece la logica dell'esclusione per gli alunni con sole disabilità fisiche e per le disabilità sensoriali meno gravi che non necessitano di particolari accorgimenti, a meno di non intenderla come una ingiustificata discriminazione ai loro danni, conseguente a un insuperato pregiudizio, in contrasto con la nostra normativa e con la prassi di inclusione generalizzata.

Questa stranezza è stata superata dalla Nota MIUR-INVALSI del 18/02/2014 secondo la quale gli alunni con disabilità motoria e sensoriale partecipano alle prove e i loro risultati fanno media.

Il Dirigente scolastico, su suggerimento dei rispettivi Consigli di classe, decide quali alunni con disabilità intellettiva far partecipare alle prove e quali no; ad esempio, i dati degli alunni con un PEI differenziato con disabilità intellettive, qualora ammessi allo svolgimento delle prove, non vengono neppure inviati all'INVALSI. Per quelli invece con disabilità fisica e sensoriale ammessi si attua un'ulteriore comprensibile distinzione: se necessitano dell'assistenza del docente per il sostegno o debbono far uso di strumenti compensativi (quali computer con la sintesi vocale o la lettura a voce alta da parte di un assistente), svolgono le prove in aula separata per non disturbare i compagni che hanno tempi più brevi in cui concentrarsi; gli altri invece svolgono le loro prove con i compagni, sia pur, se necessario, con tempi più lunghi, al massimo di 30 minuti.

Per gli alunni con BES di cui alle due Circolari citate, si stabilisce che potranno svolgere le prove come tutti gli altri e che i loro risultati saranno inseriti nella media nazionale; ciò smentisce l'accenno contenuto nella stessa Circolare n. 8/13 che rinviava a successive indicazioni specifiche. Probabilmente il MIUR ha voluto analizzare con calma la questione, dal momento che, ove questi alunni possano avvalersi di strumenti compensativi e dispensativi, i loro risultati sarebbero entrati nella media nazionale, mentre per gli alunni diagnosticati con DSA, che pure possono usufruire di strumenti solo compensativi o di altre misure, come tempi più lunghi, individuate dalla scuola, è la stessa scuola a decidere se farli partecipare o meno e se inserire i loro risultati nella media nazionale (Nota 18/02/2014). Ciò avrebbe certamente creato scompensi e possibili accuse di discriminazioni fra le diverse tipologie di BES.

Intorno a queste prove è nato un forte conflitto sindacale, in quanto si è ritenuto che i docenti impegnati venissero sottratti alle loro normali attività didattiche o dovessero lavorare gratuitamente in orario aggiuntivo. La questione è stata portata alla Magistratura amministrativa, la quale ha stabilito che contribuire a fare svolgere prove esterne alla valutazione singola e alla valutazione dei risultati è una mansione che rientra a pieno titolo nello stato giuridico dei docenti.

La quarta prova nazionale degli esami conclusivi del primo ciclo di istruzione

La Direttiva n. 16 del 2008, la Circolare n. 54/08 e tutte le Circolari annuali sulla valutazione di scrutini ed esami della scuola secondaria di primo grado a partire dalla Circolare n. 32/07 hanno introdotto una quarta prova nazionale predisposta dall'INVALSI per una valutazione standard dei risultati i cui esiti fanno media con quelli delle altre prove tradizionali di ciascun alunno, ma non con i risultati delle prove nazionali da compararsi con quelle degli altri Paesi dell'OCSE. Per questo motivo, per gli alunni con disabilità e altri BES non è previsto nessun divieto e sono consentiti i benefici che la normativa ormai consolidata concede loro.

Per gli alunni con disabilità, tali prove hanno valore di «prove equipollenti» e quindi essi, a differenza di quanto avviene nelle prove precedenti, hanno diritto a una valutazione che si somma a quella delle altre prove.

Per gli alunni con DSA, è concesso l'uso degli strumenti compensativi e dispensativi.

Per gli alunni stranieri, già a partire dalle Linee guida per la loro accoglienza nelle scuole, trasmesse con la Circolare ministeriale n. 24 del primo marzo 2006, si sono razionalizzati gli interventi che si erano succeduti già a partire dagli anni Ottanta. Questi alunni costituiscono il gruppo più numeroso incluso nell'insieme di soggetti con BES, di cui alla Direttiva 2012 e alla Circolare n. 8/2013, diversi da quelli degli alunni con disabilità e con DSA. Oltre alle brevi indicazioni contenute nella Circolare del 6 marzo 2013, una visione organica dei criteri di valutazione si rinviene in un corposo recentissimo documento dell'Ufficio Scolastico Regionale del Lazio, trasmesso con la Circolare n. 1 del 18 gennaio 2013, decisamente prezioso per la ricchezza dei dati e dei riferimenti anche a interventi di altri Uffici Scolastici Regionali, il più recente dei quali è una Circolare della regione Emilia-Romagna. Comunque il Ministero è recentemente intervenuto con tre importanti documenti:

- CM n. 4233 del 19/02/2014 che ha trasmesso le nuove «Linee guida per l'accoglienza e l'integrazione degli alunni stranieri» che contengono anche riferimenti espliciti agli alunni stranieri con disabilità o con altri BES;
- le «Linee di indirizzo per favorire lo studio dei ragazzi adottati», trasmesse con nota prot. n. 7443 del 18/12/14;
- un documento dell'Osservatorio nazionale per l'integrazione degli alunni stranieri e per l'intercultura del MIUR allegato a una comunicato stampa del 9/9/2015 nel quale in 10 punti vengono indicate delle buone prassi di inclusione scolastica degli alunni stranieri.

Il Piano Annuale per l'Inclusività (PAI): la Nota ministeriale del 27/6/2013

La normativa prevede come strumento programmatorio la formulazione del Piano Annuale per l'Inclusività (PAI), che deve essere predisposto dal GLI ed essere approvato dal Collegio dei docenti. Esso ha lo scopo di individuare annualmente gli aspetti di forza e di debolezza delle attività inclusive svolte dalla scuola e di predisporre quindi un piano delle risorse da offrire e richiedere a soggetti pubblici e del privato sociale al fine di impostare, per l'anno scolastico successivo, una migliore accoglienza degli alunni, con particolare attenzione a quelli con diversi bisogni educativi speciali. Il PAI è parte integrante del POF, di cui è quindi premessa. Per questo, la CM n. 8 6/3/2013 ha previsto che debba essere approvato annualmente entro giugno. Tuttavia, data la brevità di tempo intercorrente tra la data di emanazione della Circolare (6 marzo) e quella di redazione e approvazione del primo PAI, in molte scuole si è prodotta una forte resistenza per la sua formulazione, recepita e fatta propria dai sindacati; ciò ha costretto il MIUR a diramare la Nota prot. n. 1551 del 27 giugno 2013, con la quale si demanda ai singoli Uffici Scolastici Regionali la fissazione della data entro la quale il PAI va approvato e inviato agli stessi. In tale Nota si precisa che l'a.s. 2013/14 sarà dedicato alla sperimentazione del PAI e alla raccolta da parte del MIUR delle esperienze migliori.

La Nota è un documento importante perché approfondisce il significato di programmazione didattica del PAI:

> Il PAI, infatti, non va inteso come un ulteriore adempimento burocratico, bensì come uno strumento che possa contribuire ad accrescere la consapevolezza dell'intera comunità educante sulla centralità e la trasversalità dei processi inclusivi in relazione

alla qualità dei «risultati» educativi, per creare un contesto educante dove realizzare concretamente la scuola «per tutti e per ciascuno». (Nota prot. n. 1551 27/6/2013)

La Nota precisa che si tratta non di un piano per i soli alunni con BES, ma di una programmazione generale della didattica della scuola, al fine di favorire la crescita nella qualità dell'offerta formativa.

L'articolazione organizzativa

La seconda parte della Direttiva e della Circolare riguarda le modalità organizzative a sostegno della tutela degli alunni con BES, specie quelli che non rientrano nelle categorie dalla disabilità e dei DSA, rispettivamente considerati dalla Legge 104/92 e dalla Legge 170/10. Mentre la Direttiva si sofferma diffusamente sui Centri Territoriali di Supporto a livello provinciale (CTS), fortemente impegnati sul versante delle nuove tecnologie informatiche, la Circolare dà opportunamente molto spazio ai Gruppi di Lavoro per l'Inclusione a livello di singole scuole (GLI) e ai Centri Territoriali per l'Inclusione a livello di reti di scuole nell'ambito di un distretto sociosanitario (CTI). La Circolare, anzi, fornisce utili indicazioni circa questi nuovi organismi e i loro rapporti con quelli precedenti, come ad esempio i GLHO, i GLIP, i CTI, i CDH, ecc., per gli alunni con disabilità e i referenti scolastici e i CTS per gli alunni con DSA, introdotti dalla precedente specifica normativa. Si è cercato di far coincidere per quanto possibile tutti questi organismi per il principio dell'economia dell'organizzazione.

Così il GLI non è altro che il GLHI, di cui all'art. 15, comma 2 della Legge 104/92 che, fermi restando i suoi compiti, li amplia e ne estende la composizione anche a favore delle altre tipologie di BES. Lo stesso vale per i GLIP, di cui all'art. 15 commi 1, 3 e 4 della Legge 104/92 che, fermi restando i propri compiti e la propria composizione, li ampliano a favore degli altri casi di BES; ciò, precisa la Circolare, è consentito dallo stesso art. 15 citato, che affidava ai GLIP già nel 1992 il compito di occuparsi dei casi di disagio. Sarebbe stato allora più logico che i GLIP avessero preso la denominazione di CTS e che i CTI previsti dalla Circolare coincidessero, ampliandone i compiti, con i CTI e gli altri organismi da tempo istituiti e operanti per l'inclusione degli alunni con disabilità.

La Direttiva però configura i CTS come dei nuovi organismi provinciali che curano specificamente l'informazione e l'aggiornamento circa le nuove tecnologie informatiche, che possono anche essere acquistate per essere date in comodato alle singole scuole. Sarebbe stato molto utile fondere CTS e GLIP; tuttavia, il Ministero non ha ritenuto di razionalizzare coerentemente tutto il sistema, limitandosi a prevedere l'opportunità di collaborazione tra tutti i suddetti organismi, collaborazione che non sarà semplice da attuare, dati gli incarichi e le funzioni ormai collaudati di enti e organismi già esistenti. È da tener presente, inoltre, che la Direttiva e la Circolare sugli altri BES prevedono la possibilità di incarichi pluriennali per i coordinatori dei GLI, dei CTI e dei CTS, nonché la continuità per almeno un triennio dei nominati, ma se la Legge 104/92, all'art. 15, comma 1 contempla l'esonero dall'insegnamento solo per i due rappresentanti dell'amministrazione scolastica nei GLIP, l'attuale recente normativa, invece, nulla prevede per i referenti dei nuovi organismi, i quali quindi, se vogliono lavorare in essi, dovranno farlo a titolo di volontariato. E nulla è detto su a chi spetti l'individuazione delle scuole-polo per la costituzione dei CTI e dei CTS nonché la nomina dei referenti regionali.

Inoltre la normativa recente prevede che i rappresentanti dei singoli CTS eleggano un referente regionale per i nuovi BES, il quale dovrà collaborare con il referente regionale per la disabilità/DSA; se si sono fuse le due figure per disabilità e DSA, non si comprende perché a esse non si sia pure attribuita la competenza per i nuovi BES, con risparmio di personale, comunque sempre volontario, ed eliminazione di conflitti, sempre possibili, che riducono l'efficienza amministrativa dei nuovi organismi e dei referenti.

I referenti regionali si riuniscono in un Coordinamento nazionale che esprime un Comitato tecnico ristretto, incardinato presso la direzione generale per lo studente del Ministero, in cui sono presenti un rappresentante del MIUR, quattro referenti regionali della disabilità e quattro referenti dei DSA. Del Coordinamento nazionale possono anche far parte rappresentanti di FISH e FAND, le due federazioni maggiormente rappresentative del mondo della disabilità.

Nella logica razionalizzatrice della Direttiva del 27 dicembre 2012 e della successiva Circolare sarebbe stato più logico unificare i nuovi organismi con quelli già esistenti per la disabilità, facendo sì che l'attuale Osservatorio per l'inclusione scolastica degli alunni con disabilità assumesse anche le competenze per i DSA e gli altri BES, eventualmente suddividendosi in sezioni. E lo stesso si sarebbe potuto fare — e sarebbe opportuno si faccia — per il comitato tecnico dell'Osservatorio per la disabilità e quello per gli altri BES. È infine da tener presente che, a seguito della Legge 18/09 che ha ratificato la convenzione ONU sui diritti delle persone con disabilità, è stato costituito presso il Ministero degli Affari sociali un Osservatorio che si occupa di tutti i problemi di tali persone. Sarà necessario creare un collegamento tra questo osservatorio e l'attuale presso il MIUR e il Coordinamento nazionale di nuova istituzione per i BES. Probabilmente si potrebbe prevedere che l'attuale Osservatorio per la disabilità operante presso il MIUR, assorbendo il Coordinamento nazionale sui BES, entri a far parte dell'Osservatorio del Ministero degli Affari sociali, mantenendo la sede presso il MIUR. In tal modo si eviterebbero duplicazioni e il rischio di sovrapposizione di competenze con i conseguenti prevedibili conflitti.

Azioni programmatorie

La Direttiva e la Circolare sui BES prevedono che presso ogni scuola il POF sia integrato con norme concernenti i principi sull'inclusione di alunni con altri BES. Si stabilisce inoltre che il GLI predisponga annualmente un programma di attività raccogliendo tutte le richieste dai GLHO per gli alunni con disabilità e dai Consigli di classe per gli altri casi di BES; il programma viene approvato dal Collegio dei docenti e inviato entro giugno all'Ufficio Scolastico Regionale, ai GLIP e ai GLIR, Gruppi di Lavoro Interistituzionali Regionali per gli alunni con disabilità.

Le richieste concernenti le ore di sostegno valgono — è ovvio — esclusivamente per gli alunni certificati ai sensi dell'art. 3 della Legge 104/92.

All'inizio dell'anno i GLI debbono a coordinare le risorse assegnate e distribuirle alle singole classi, che provvederanno a programmare l'attività per ciascun alunno con BES; a fine anno, gli stessi GLI valuteranno i risultati della qualità dell'inclusione realizzata nella scuola per quell'anno e formuleranno proposte migliorative per l'anno successivo.

Conseguentemente, il MIUR dovrà individuare indicatori di qualità per consentire le autovalutazioni da parte delle singole scuole secondo criteri uniformi.

Ciò diviene ancora più urgente, dal momento che l'allora Governo Monti aveva approvato il Decreto delegato sull'autovalutazione della qualità del sistema di istruzione e sulla valutazione da parte del nucleo di valutazione dell'INVALSI.

Lascia invece perplessi la previsione della Circolare circa le riunioni di lavoro dei GLI che sono previste con cadenza mensile persino durante l'orario di lezione, decisione che meriterebbe, forse, una sequenza negoziale con i sindacati.

Per lo svolgimento delle proprie attività e la comunicazione con l'esterno, sia i CTS che il MIUR attiveranno dei siti web con sezioni riservate anche alle associazioni dei familiari degli alunni con BES.

Per facilitare e rendere più efficaci il coordinamento e la produzione di tutte le azioni previste, la Direttiva e la Circolare invitano i CTS e le scuole singole, singolarmente e in rete tra loro, a stipulare intese e accordi di programma con gli Enti locali, le ASL e le associazioni degli alunni con BES ai diversi livelli territoriali, specie nell'ambito del distretto sociosanitario, ai sensi dell'art. 19 della Legge 328/2000.

Le obiezioni alla normativa sui BES

A seguito dei due recenti atti normativi, assieme ai consensi manifestati da alcune associazioni, si sono levate anche perplessità, obiezioni e addirittura critiche mosse da gruppi di docenti che lamentano l'aggravio di lavoro per una categoria professionale che continua ad avere uno stipendio tra i più bassi d'Europa. Queste hanno trovato un interprete razionale in Luigi d'Alonzo, presidente della SIPeS, Società Italiana di Pedagogia Speciale.

Secondo queste obiezioni, si teme che la formulazione di una nuova categoria, quella di alunni con difficoltà di apprendimento, possa determinare una stigmatizzazione che ha già nuociuto agli alunni con certificazione di disabilità, rischiando che la medesima situazione si crei appunto per quelli con DSA, generalizzandosi poi a tutti gli altri casi di alunni con altri BES. Così, dalla fine degli anni Novanta, per ognuna delle Circolari ministeriali sulle iscrizioni e sulla valutazione di scrutini ed esami, non sono state emanate Circolari parallele per gli alunni con disabilità e DSA bensì sono stati inclusi in esse articoli specifici riguardanti gli alunni con disabilità, di recente con DSA (si vedano gli artt. 9 e 10 del DPR n. 122/09) e, d'ora in poi, anche con altri BES (si vedano le norme sulle prove INVALSI relative alla quarta prova degli esami a conclusione del primo ciclo di istruzione per gli alunni con disabilità). Certo, se la nostra scuola non fosse vincolata al valore legale dei titoli di studio, vi potrebbe essere molta più libertà didattica e meno «burocrazia», ma dovendo rispettare il principio di eguaglianza di trattamento, pena ricorsi al TAR, è pur necessario che il Ministero dell'istruzione fissi alcuni paletti onde evitare i contenziosi, come espressamente detto nella Circolare n. 8/13 quali, ad esempio, la delibera formale del Consiglio di classe, verbalizzata e motivata, su proposta delle famiglie, circa gli strumenti compensativi o dispensativi o le certificazioni di disabilità o diagnosi di DSA, nonché la sottoscrizione da parte della famiglia, dei docenti del Consiglio di classe, tranne i dissenzienti, e del Dirigente scolastico.

Anche la critica circa il presunto sovraccarico di lavoro causato dalla formulazione dei PDP per ciascun alunno con DSA o altri BES, oltre a quella dei PEI per gli alunni certificati con disabilità, sembra eccessiva. Infatti, mentre i PEI richiedono un lavoro notevole per la formulazione del precedente PDF (fino a quando non verrà applicata l'Intesa Stato-Regioni del 20 marzo 2008) e dello stesso PEI, il PDP per i casi di DSA e altri BES è un documento estremamente breve che, prendendo atto della delibera del Consiglio di classe, indica semplicemente per quale disciplina viene adottato lo strumento compensativo o dispensativo.

Altra obiezione giustamente mossa è che i docenti curricolari non sono preparati a farsi carico dei problemi legati alle difficoltà di apprendimento e che il progetto di formazione iniziale dei futuri docenti delle scuole secondarie prevede nei nuovi programmi appena sei crediti formativi sulla didattica speciale.

Anche la FISH ha duramente criticato la povertà formativa di questi programmi unendosi agli esperti che ne chiedono un notevole incremento.

Un'ulteriore giusta critica concerne l'impossibilità di programmazione congiunta, specie per i docenti delle scuole secondarie che non hanno, a differenza dei docenti della primaria, neppure un'ora di programmazione mensile.

Sembrano invece poco fondate le critiche circa l'aumento di casi di BES creati dalla Circolare che comporterebbero un maggior carico di lavoro per i docenti.

È facile obiettare che non è stata la Circolare a creare questi nuovi casi di svantaggio e disagio, poiché sono sempre esistiti, benché aumentati negli ultimi anni; essa ha avuto semmai il merito di evidenziarli offrendo loro strumenti di tutela didattica e giuridica.

Viene denunciata infine da molti la presunta sudditanza rispetto alle valutazioni medico-legali per disabilità, DSA e alcuni casi di ulteriori BES. Invero, però, la recente normativa, specie la Circolare n. 8 del 6 marzo 2013, dà molto rilievo a scelte esclusivamente pedagogiche del Consiglio di classe.

Le proposte avanzate

A seguito delle difficoltà nel realizzare una buona qualità generalizzata dell'inclusione, testimoniate da una ricerca di Canevaro, Ianes, d'Alonzo e Caldin (2011), sono state avanzate varie proposte di soluzione. Alcuni, come l'Associazione TreeLLLe e la Fondazione Agnelli, hanno proposto di far tornare in classe l'80% degli attuali docenti per il sostegno, circa 80.000, utilizzando il restante 20% in équipe itineranti a sostegno e consulenza delle singole scuole non solo per i casi di disabilità ma per tutti i BES. Questa soluzione sembra avere il vantaggio di evitare il licenziamento in massa dei docenti per il sostegno, lasciando ai docenti curricolari la presa in carico del progetto di inclusione aiutati dai docenti di sostegno; questi tornerebbero a fare i curricolari, e tutti si avvarrebbero della consulenza delle équipe itineranti. Si pensa di supplire alla carenza di formazione specifica dei docenti curricolari senza però prevedere i tempi di questa operazione, ignorando peraltro che la Riforma Gelmini ne ha fortemente ridotto il numero e l'orario di insegnamento.

Altra soluzione ancor più radicale propone di licenziare tutti i docenti per il sostegno e, con le risorse risparmiate in questo modo, aumentare gli stipendi degli insegnanti curricolari impegnati nella presa in carico dell'inclusione.

Un'ulteriore ipotesi avanzata prevede di assegnare alle singole scuole, meglio se in rete, un organico funzionale di sostegno. Questa soluzione è stata fatta propria dalla Legge 35/13 all'art. 50, ma non è ancora stata posta in atto, anche perché i vincoli di bilancio impongono uno studio serio sull'equa ripartizione delle risorse-sostegno, attualmente molto sbilanciate: sono infatti, per ore pro capite, maggiori nel Centro-Sud (2,5% rispetto all'1,5%), mentre, per certificazioni, statisticamente più numerose al Nord.

Altra soluzione proposta dalle associazioni è quella di avviare un programma generalizzato di formazione iniziale e obbligatoria in servizio dei docenti curricolari, in modo da affrontare personalmente la presa in carico del progetto inclusivo, con l'aiuto dei docenti per il sostegno, che, quando la formazione fosse terminata, potrebbero anche ridursi di numero, garantendo comunque la qualità dell'inclusione generalizzata.

Tutte queste proposte hanno esplicitamente o implicitamente l'obiettivo di estendere la risorsa-sostegno a favore di tutti i casi con BES anche al fine di prevenire la crescente dispersione scolastica, specie nel Sud.

Possibili soluzioni

Una possibile soluzione, tra le varie proposte, potrebbe essere quella di creare un organico funzionale di reti di scuole non solo per i posti di sostegno, accompagnata da un CCNL tra MIUR e Sindacati concernente l'obbligo di formazione in servizio sulla didattica inclusiva. Con ciò ci sarebbero risorse accettabili anche per rispondere adeguatamente ai bisogni degli alunni con disabilità e anche agli altri casi di BES, fermo restando il divieto di impiego dei docenti per il sostegno agli altri casi di BES.

Queste due innovazioni potrebbero avere avvio immediato, dal momento che il Parlamento ha approvato la Legge n. 107/2015 che prevede l'assegnazione alle singole scuole, che possono anche mettersi in rete, di un organico del potenziamento comprendente mediamente da 2 a 8 docenti per scuola a seconda del numero di alunni; di tali docenti fanno parte certamente anche quelli per il sostegno. Inoltre la legge citata ha introdotto l'obbligo della formazione iniziale e in servizio di tutti i docenti sulle didattiche inclusive.

Questi interventi, realizzati secondo i miglioramenti proposti, debbono essere affiancati da un severo controllo circa il rispetto del tetto massimo dei 20/22 alunni nelle classi con alunni con disabilità, di cui agli artt. 4 e 5, comma 2, del DPR n. 81/09.

Sarebbe inoltre da emanare un provvedimento concernente una procedura di «conciliazione preventiva» onde evitare l'immediato ricorso ai TAR, estremamente costoso per le famiglie e per la stessa Amministrazione, la quale risulta quasi sempre perdente in materia di ore di sostegno, di numero di alunni per classe e, attualmente, anche quanto al mancato rispetto del PDP per gli alunni con DSA.

Se entro un breve termine, ad esempio un paio di settimane dalla richiesta, la famiglia e l'Ufficio Scolastico Regionale non trovassero un accordo in merito alle richieste avanzate, la famiglia potrebbe adire il giudice. Si tratterebbe di una forma di «giurisdizione condizionata», esistente nel nostro sistema, ad esempio a proposito delle liti tributarie. Ciò faciliterebbe il dialogo tra famiglie e amministrazione scolastica a tutto vantaggio della pedagogia e della qualità dell'inclusione.

Questa, come altre proposte, si rinvengono nella proposta di legge Atto Camera n° 2444 fatto presentare da FISH e FAND della quale alcune idee ispiratrici sono state recepite nei principi concernenti la delega sul miglioramento della qualità inclusiva della scuola contenuta nell'art. 1 comma 181 lettera c) della Legge n. 107/15.

La nuova legge di riforma

Una buona parte dei problemi fin qui esposti dovrebbeo trovare delle concrete soluzioni con l'applicazione della nuova Legge di riforma n. 107/15. Sembra opportuno esporne una breve sintesi. Essa contiene numerose novità che continuano a trovare opposizioni nei sindacati, in numerosi docenti e studenti. Si indicano le principali:

1. Rafforzamento dell'autonomia scolastica anche con la possibilità nelle scuole secondarie di secondo grado di inserire nel curriculum materie opzionali.
2. Piano triennale dell'offerta formativa, formulato dal Collegio dei docenti sulla base delle indicazioni del Dirigente scolastico e approvato dal consiglio d'istituto.
3. L'organico dell'autonomia comprendente i docenti curricolari e per il sostegno, nonché un organico «funzionale» aggiuntivo per il potenziamento dell'organico dell'autonomia di circa l'8% in più per scuola non impegnati su cattedra. Dall'a.s. 2016/2017 i ruoli saranno regionali e le sedi non saranno più per singola scuola, ma per ambito territoriale inferiore alla provincia. Il MIUR con Nota prot. n° 30549 del 21/09/2015 ha fornito alcuni chiarimenti circa l'assegnazione dell'organico di potenziamento per l'a.s. 2015-2016.
4. I nuovi poteri del Dirigente scolastico fondamentalmente consistenti nella libertà di chiamare direttamente i docenti nella propria scuola ogni tre anni e di valutarli anche ai fini di assegnare ai migliori un bonus in denaro.
5. Immissioni in ruolo di oltre 100.000 docenti precari in due anni.
6. Obbligo di formazione in servizio per tutti i dirigenti e i docenti, superando così la facoltatività di tale aggiornamento. I docenti potranno inoltre usufruire di un bonus di 500 euro all'anno per spese relative all'aggiornamento, acquisto libri, visite a musei, ecc.

7. Nuove possibilità per gli studenti consistenti nell'ampliamento dell'offerta formativa, nell'aumento e obbligatorietà di ore di alternanza scuola-lavoro nell'ultimo triennio delle scuole superiori (200 ore nei licei e 400 ore negli istituti tecnici e professionali). Le modalità di effettuazione di tale alternanza sono state normate dalla recente Guida operativa del MIUR trasmessa con lettera del Ministro Giannini l'8/10/2015.
8. Benefici economici per le iscrizioni alle scuole paritarie pari a 400 euro di detrazioni di imposta.
9. Edilizia scolastica per la quale sono previsti numerosi interventi e finanziamenti.
10. Copertura finanziaria di circa 3 miliardi di euro annui.

Per gli alunni con disabilità è importante il comma 181 lettera c) in cui si prevede una delega al Governo per l'emanazione di un decreto legislativo sul miglioramento dell'inclusione scolastica che dovrà attenersi ai seguenti principi:

> c) promozione dell'inclusione scolastica degli studenti con disabilità e riconoscimento delle differenti modalità di comunicazione attraverso:
> 1. la ridefinizione del ruolo del personale docente di sostegno al fine di favorire l'inclusione scolastica degli studenti con disabilità, anche attraverso l'istituzione di appositi percorsi di formazione universitaria;
> 2. la revisione dei criteri di inserimento nei ruoli per il sostegno didattico, al fine di garantire la continuità del diritto allo studio degli alunni con disabilità, in modo da rendere possibile allo studente di fruire dello stesso insegnante di sostegno per l'intero ordine o grado di istruzione;
> 3. l'individuazione dei livelli essenziali delle prestazioni scolastiche, sanitarie e sociali, tenuto conto dei diversi livelli di competenza istituzionale;
> 4. la previsione di indicatori per l'autovalutazione e la valutazione dell'inclusione scolastica;
> 5. la revisione delle modalità e dei criteri relativi alla certificazione, che deve essere volta a individuare le abilità residue al fine di poterle sviluppare attraverso percorsi individuati di concerto con tutti gli specialisti di strutture pubbliche, private o convenzionate che seguono gli alunni riconosciuti disabili ai sensi degli articoli 3 e 4 della Legge 5 febbraio 1992, n. 104, e della Legge 8 ottobre 2010, n. 170, che partecipano ai gruppi di lavoro per l'integrazione e l'inclusione o agli incontri informali;
> 6. la revisione e la razionalizzazione degli organismi operanti a livello territoriale per il supporto all'inclusione;
> 7. la previsione dell'obbligo di formazione iniziale e in servizio per i dirigenti scolastici e per i docenti sugli aspetti pedagogico-didattici e organizzativi dell'integrazione scolastica;
> 8. la previsione dell'obbligo di formazione in servizio per il personale amministrativo, tecnico e ausiliario, rispetto alle specifiche competenze, sull'assistenza di base e sugli aspetti organizzativi e educativo-relazionali relativi al processo di integrazione scolastica;
> 9. la previsione della garanzia dell'istruzione domiciliare per gli alunni che si trovano nelle condizioni di cui all'articolo 12, comma 9, della Legge 5 febbraio 1992, n. 104.

Riflessioni conclusive

Da quanto detto sembra possano dedursi alcune osservazioni conclusive.

1. Il dibattito su BES e ICF degli ultimi anni ha riportato all'attenzione il tema dell'inclusione in Italia, che si era affievolito con l'inizio degli anni Duemila. Il dibattito culturale è stato ampliato e le Linee guida del 4 agosto 2009 sulla qualità dell'inclusione degli alunni con disabilità ne sono la prova.
2. La normativa sui DSA e sugli altri BES è fortemente tributaria ai principi e alle soluzioni date ai problemi concernenti precedentemente l'inclusione degli alunni con disabilità. Infatti la previsione per DSA e altri BES dell'obbligo di diagnosi, per i primi, e di oggettive situazioni verbalizzabili, per i secondi, ricalca la certificazione di disabilità; la previsione della formulazione del PDP ricalca quella del PEI; la previsione delle misure compensative e dispensative richiama quella delle prove equipollenti. Infine, le Linee guida del 4 agosto 2009 per la disabilità trovano un parallelo nelle Linee guida del 12 luglio 2011 per i DSA e nella Direttiva del 27 dicembre 2012 e relativa Circolare per gli altri BES.
3. La normativa che si è succeduta sui DSA e sugli altri BES compone un quadro organico che sembra riprodurre la tripartizione, che dovrebbe intendersi ormai arretrata, operata nel campo dell'inclusione degli alunni con disabilità visive, uditive e psicofisiche, che sono un gruppo indistinto non rientrante nelle prime due classificazioni, come avviene per gli altri BES.
4. A chi obiettasse che il MIUR ha sempre privilegiato l'attenzione ai casi di difficoltà di apprendimento, trascurando i casi di eccellenza, si potrebbe rispondere che l'eccellenza è stata premiata coi crediti didattici previsti per la votazione finale degli esami conclusivi degli studi, che ha visto anche introdurre la novità della «lode» proprio per chi eccelle. Inoltre tutta la pedagogia ha sempre insistito sulla circostanza che, puntando a interventi a favore degli alunni con maggiori difficoltà, si migliorano gli apprendimenti di tutti i compagni. Di qui l'importanza data alla didattica cooperativa. E anche la Circolare n. 8 del 6/3/2013 richiama l'art. 50 della Legge 35/13 nel quale alla lettera C sono indicati gli interventi sia per i casi di eccellenza che per quelli di difficoltà.
5. Tutta la normativa sull'inclusione scolastica di questi ultimi 40 anni dà come sottintesa l'importanza dei compagni di classe per una vera inclusione. Esplicitamente lo dichiara l'art. 12, comma 3 della Legge n. 104/92, laddove stabilisce che obiettivi dell'integrazione scolastica sono, oltre che la crescita negli apprendimenti e nella comunicazione, anche i progressi nella socializzazione e nelle relazioni. Anzi, come si legge nelle Premesse dei nuovi Programmi dei corsi di specializzazione polivalente del 1987, se prima in pedagogia si pensava che bisognasse riabilitare e poi inserire, ora invece si ritiene che è proprio dall'inclusione coi compagni che si sviluppano potenziali educativi che, altrimenti, sarebbero destinati a rimanere latenti e a spegnersi. Quindi l'appello che sembra venire da tutta la normativa e ora anche dalla Direttiva e dalla Circolare sui BES è che occorre coinvolgere il più possibile i compagni per coeducare tutti, aiutando i più fragili a rinforzarsi psicologicamente, socialmente e culturalmente per superare le difficoltà.

6. Tutta la normativa inclusiva degli ultimi 40 anni, ribadita dalla Direttiva e dalla Circolare del 27/12/2012 e del 6/3/2013 punta a far sì che le singole scuole non siano lasciate sole, ma si riuniscano in reti che si convenzionino con gli Enti locali, le altre istituzioni pubbliche e le associazioni sul territorio tramite le intese e gli accordi di programma di cui all'art. 13, comma 1 della Legge n. 104/92 e all'art. 19 della Legge n. 328/2000. Questo è un orientamento di politica scolastica che rafforza la cultura inclusiva, non solo perché i tagli ai fondi per l'istruzione sono estremamente preoccupanti, ma anche perché le scuole divengono sempre più una realtà legata alle sorti del territorio, contribuendone peraltro a migliorarne la qualità di vita.
7. In conclusione, l'orientamento della normativa inclusiva italiana sembra aver fatto tesoro dell'insegnamento e della prassi di don Milani il quale voleva che i docenti lavorassero con una dedizione massima, per far sì che anche gli alunni più fragili fossero messi in condizione di pervenire ai medesimi risultati nonostante i diversi livelli di partenza. Che la scuola sia l'ambito della società in cui si avvia l'inclusione di tutte le diversità è ormai un fatto riconosciuto universalmente di cui ha dato atto anche il Presidente del nuovo Governo in un passaggio del suo discorso di presentazione alla Camera dei Deputati del 29 aprile 2013.

AMBITO 2

AMBITO PSICOPEDAGOGICO E DIDATTICO

“*L’arte e la scienza sono libere e libero ne è l’insegnamento.*”

Art. 33, Costituzione Italiana

CAPITOLO 3

L'INDIVIDUAZIONE DELL'ALUNNO CON BISOGNI EDUCATIVI SPECIALI SU BASE ICF

(Dario Ianes, Sofia Cramerotti, Vanessa Macchia e Ricerca e Sviluppo Erickson)

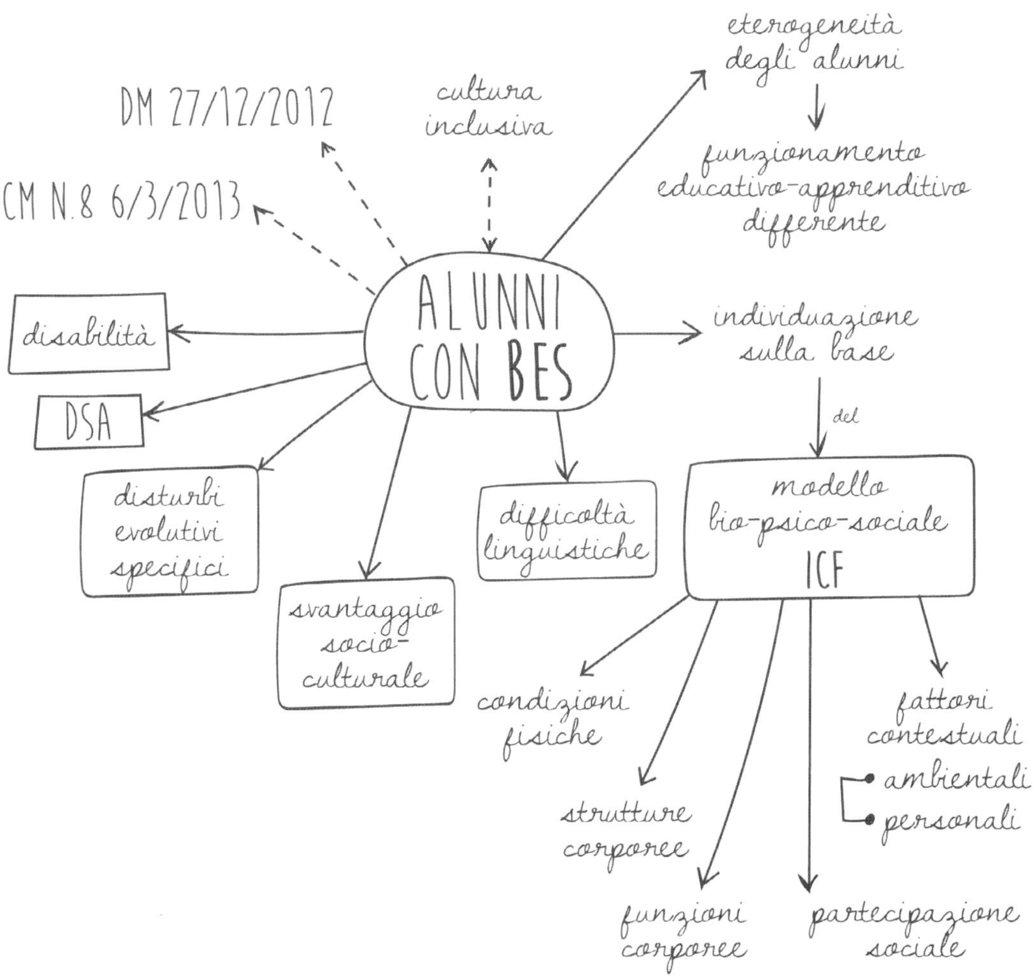

I Bisogni Educativi Speciali nella scuola italiana

Il concetto di Bisogno Educativo Speciale (BES) è quindi una macrocategoria che comprende dentro di sé tutte le possibili *difficoltà educative e apprenditive* degli alunni (figura 3.1). Tra queste, le situazioni di disabilità certificata secondo la Legge 104/92, quelle legate a difficoltà che si presentano in caso di DSA, di disturbo da deficit di attenzione/iperattività e in altre condizioni di problematicità psicologica, comportamentale, relazionale e apprenditiva di origine socioculturale e linguistica, così come in tutti i casi in cui è ancora in corso la procedura diagnostica, ma il bisogno educativo è già emerso nella quotidianità scolastica.

Come vediamo, nella Normativa relativa agli alunni con BES non sono inclusi gli alunni di cittadinanza non italiana di recente immigrazione. Questi studenti, che a tutti gli effetti presentano ovviamente dei Bisogni Educativi Speciali, non rientrano dal punto di vista normativo tra gli alunni con BES; tuttavia i loro bisogni sono tutelati da un'apposita normativa (CM n. 24, 2006, e Linee Guida della CM n. 2, 2010), che tende a rendere il sistema maggiormente flessibile in termini di tempi, orari, spazi e gruppi di apprendimento, per garantire anche in questi casi la necessaria personalizzazione dei percorsi scolastici.

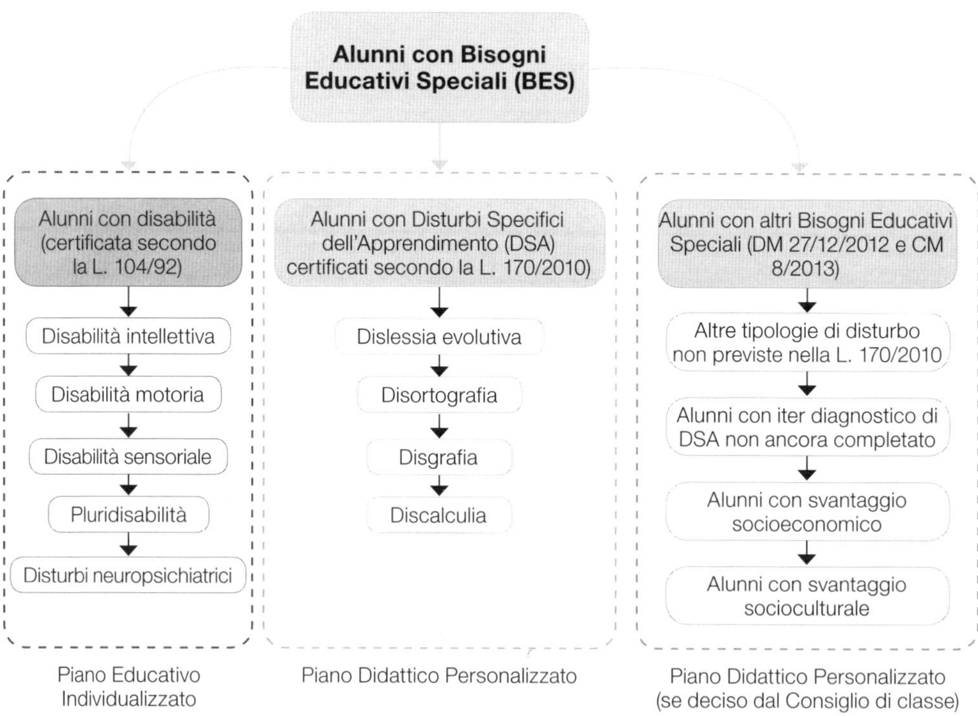

Fig. 3.1 La macrocategoria di Bisogno Educativo Speciale.

Hanno Bisogni Educativi Speciali quindi tutti quegli alunni che evidenziano una difficoltà nell'apprendimento e nella partecipazione sociale, rispetto alla quale è richiesto un intervento didattico mirato, individualizzato e personalizzato, nel momento in cui le normali misure e attenzioni didattiche non siano sufficienti a garantire un percorso educativo efficace. Nella tabella 3.1 presentiamo una sintesi dei principali aspetti normativi che riguardano l'individualizzazione e la personalizzazione didattica riferita agli alunni con BES.

TABELLA 3.1
Alunni con Bisogni Educativi Speciali: cosa dice la Normativa

	Alunni con disabilità	**Alunni con DSA**	**Alunni con altri Bisogni Educativi Speciali (DM 27/12/2012)**
Chi sono	Alunni con disabilità intellettiva, fisica, psichica o sensoriale, stabilizzata o progressiva.	Alunni con dislessia evolutiva, disgrafia, disortografia e discalculia.	Alunni che presentano condizioni di *svantaggio socioeconomico e/o culturale*. Alunni per i quali l'iter di certificazione di DSA è in corso. Alunni con altri disturbi, non coperti dalla Legge 170/2010.
Valutazione, certificazione e diagnosi	Certificazione ai sensi della Legge n. 104/92 art. 3, commi 1 o 3 e del DPCM n. 185/06.	Certificazione ai sensi della L. n. 170/2010 e alle relative Linee Guida di attuazione (Luglio 2011).	Valutazione e delibera del Consiglio di classe, ai sensi della DM 27/12/2012 e CM 8/2013.
Programmazione educativa e strumenti didattici	PEI (Piano Educativo Individualizzato) d'obbligo per tutti gli alunni con certificazione. Basato su: – *Diagnosi funzionale* (descrizione del funzionamento dell'alunno); – *Profilo dinamico funzionale*: programmazione degli obiettivi didattici a lungo, medio e breve termine; – *descrizione di attività e materiali didattici di intervento*; – *forme di valutazione e verifica individualizzata.* Insegnante di sostegno e/o assistente per l'autonomia e la comunicazione.	PDP (Piano Didattico Personalizzato), d'obbligo per tutti gli alunni con certificazione. Basato su: – dati generali sull'alunno; – descrizione del funzionamento nelle abilità specifiche e disturbi associati; – misure e strumenti compensativi e dispensativi utili; – forme di valutazione personalizzata.	Il PDP non è un obbligo per il Consiglio di classe, ma una scelta autonoma per la migliore gestione dei processi inclusivi; esso: – definisce le misure didattiche da adottare collegialmente per soddisfare i bisogni, monitorare e valutare gli apprendimenti; – è indicato se è prevista l'adozione di strumenti e misure compensative e dispensative.
Valutazione	Alla scuola primaria, la valutazione è positiva se si riscontrano miglioramenti rispetto al livello iniziale e agli obiettivi individualizzati previsti nel PEI. Per la scuola secondaria, l'articolo 15 dell'OM 90/01 prevede due percorsi di valutazione:	Forme personalizzate di valutazione che prevedono la possibile dispensa dalla forma scritta nella seconda lingua (da integrare con prova analoga orale). Tempi più estesi per le prove di verifica e valutazione.	Non è prevista la dispensa dalla forma scritta della lingua straniera. È prevista l'adozione degli strumenti compensativi e l'estensione dei tempi per le prove, se previsto nel PDP.

	Alunni con disabilità	Alunni con DSA	Alunni con altri Bisogni Educativi Speciali (DM 27/12/2012)
	– *PEI semplificato,* basato sul raggiungimento di obiettivi minimi disciplinari che ha come effetto il conseguimento del diploma valido a tutti gli effetti; – *PEI differenziato,* non più legato agli ambiti disciplinari, ma alle reali capacità dell'alunno. In questo caso alla fine del percorso viene rilasciato un attestato con la certificazione dei crediti formativi, ma non il diploma.		

Qui vorremmo sostenere una tesi che riteniamo particolarmente importante, oggi anche alla luce delle recenti disposizioni della Direttiva e della Circolare ministeriali per i BES, ossia la necessità di sviluppo delle qualità inclusive della scuola italiana. Crediamo che leggere le situazioni degli alunni attraverso il concetto di bisogno educativo speciale (BES), fondato su base ICF, possa far fare al nostro sistema di istruzione un significativo passo in avanti verso la piena inclusione.

Se nella nostra scuola l'integrazione degli alunni con disabilità è da tempo un dato di fatto (realizzata più o meno bene; si vedano Canevaro et al., 2007, e Ianes e Canevaro, 2008), l'inclusione è ancora un traguardo lontano. Va precisato che nella letteratura internazionale il concetto di «inclusione» si applica a tutti gli alunni, come garanzia diffusa e stabile di poter partecipare alla vita scolastica e di raggiungere il massimo possibile in termini di apprendimento e partecipazione. Dunque non è un concetto riferito solo ad alunni con una qualche difficoltà. Considerando la situazione del nostro Paese, da alcuni anni Dario Ianes ha ritenuto invece di parlare di inclusione in un'accezione che estende il campo delle misure e della cultura di riconoscimento dei bisogni e di individualizzazione anche ad altri alunni in difficoltà, ma che non hanno una disabilità. Questo allargamento sarebbe già un grande passo avanti, uno stadio «intermedio» per raggiungere la piena inclusione. Si tratta di riconoscere e rispondere efficacemente ai diritti di individualizzazione di tutti gli alunni che hanno una qualche difficoltà di funzionamento.

Questa linea di pensiero è diventata recentemente attuale proprio grazie alla Direttiva ministeriale del 27 dicembre 2012 e alla successiva Circolare recante le indicazioni operative del 6 marzo 2013.

Una scuola che sa rispondere adeguatamente a tutte le difficoltà degli alunni e sa prevenirle, ove possibile, diventa poi una scuola davvero e profondamente inclusiva per tutti gli alunni, dove si eliminano le barriere all'apprendimento e alla partecipazione di ognuno. Questo è il traguardo a cui tendere, traguardo che è ormai ben discusso anche nella letteratura scientifica internazionale più avanzata (Booth e Ainscow, 2008).

Ma qual è la reale utilità del concetto di bisogno educativo speciale? Il concetto di bisogno educativo speciale è una macrocategoria che comprende dentro di sé tutte le possibili difficoltà educative-apprenditive degli alunni, sia le situazioni considerate tradizionalmente come disabilità mentale, fisica, sensoriale, sia quelle di deficit in specifici apprendimenti clinicamente significative, quali la dislessia, il disturbo da deficit attentivo, ad esempio, e altre varie situazioni di problematicità psicologica, comportamentale, relazionale, apprenditiva, di contesto socioculturale, ecc.

Tutte queste situazioni sono diversissime l'una dall'altra, ma malgrado la loro clamorosa diversità un dato le avvicina, e le rende, a nostro avviso, sostanzialmente uguali nel loro diritto a ricevere un'attenzione educativo-didattica sufficientemente individualizzata ed efficace: ognuna di queste persone ha un funzionamento per qualche aspetto problematico, che rende loro più difficile trovare una risposta adeguata ai propri bisogni.

Si obietterà che non ha senso creare una macrocategoria, se esistono le singole categorie che la compongono. Non è cioè sufficiente parlare, ad esempio, di ritardo cognitivo, dislessia, depressione, ecc.? Per ribattere su questo punto entriamo nel dettaglio del nostro ragionamento.

Dobbiamo distinguere attentamente la nostra proposta di una lettura equa di tutti i bisogni degli alunni da una modalità di riconoscimento-comprensione di una situazione problematica che operi attraverso una diagnosi clinica di tipo nosografico ed eziologico, che rileva segni e sintomi attribuendoli a una serie di cause che li hanno prodotti. È ovviamente utile porre correttamente questo tipo di diagnosi, ove possibile (si pensi alla dislessia, ai disturbi dello spettro autistico, ecc.); tuttavia, si tratta di un tipo di riconoscimento che divide e distingue le difficoltà degli alunni in base alla loro causa, come fa la nostra legislazione: la Legge 104 del 5 febbraio 1992 («Legge-quadro per l'assistenza, l'integrazione sociale e i diritti delle persone handicappate»), e i successivi atti che regolano l'attribuzione di risorse aggiuntive alla scuola per far fronte alle difficoltà degli alunni, danno legittimità soltanto ai bisogni che hanno un fondamento chiaro nella minorazione del corpo del soggetto, minorazione che deve essere stabile o progressiva. Altra tutela è stata recentemente riservata agli alunni con DSA con la Legge 170 dell'8 ottobre 2010 («Nuove norme in materia di disturbi specifici di apprendimento in ambito scolastico»).

Ma altre difficoltà non sono altrettanto riconosciute, legittimate e tutelate.

Una diagnosi nosografica ed eziologica è ovviamente fondamentale per progettare e realizzare interventi riabilitativi, abilitativi, terapeutici, preventivi, epidemiologici, ecc., ma non ci aiuta a fondare politiche di equità reale nelle nostre scuole. È una diagnosi che frammenta, che consolida appartenenze e categorie, che mette gli uni contro gli altri, in una cronica guerra tra poveri per la spartizione delle scarse risorse disponibili. Abbiamo invece bisogno di un riconoscimento più ampio, e per questo più equo, che non distingua tra bisogni di serie A — quelli evidentemente fondati su qualche minorazione corporea — e bisogni di serie B — quelli per cui non è chiara, o non c'è, una base corporea.

Abbiamo bisogno di politiche eque di riconoscimento dei reali bisogni degli alunni, al di là delle etichette diagnostiche.

Questa divisione è la logica conseguenza del dominio culturale (che diventa politico) del modello medico più tradizionale, dove contano solamente le variabili biostrutturali. Ma se il corpo funziona bene, se non è ammalato, si può dire che la persona goda di buona salute, che viva una situazione di benessere?

Secondo l'Organizzazione Mondiale della Sanità, la salute non è assenza di malattia, ma benessere bio-psico-sociale, piena realizzazione del proprio potenziale, della propria *capability* (Sen, 1993). Questo chiama fortemente in causa dimensioni sociali, culturali, economiche, razziali, religiose, ecc. che non sono biostrutturali. Se accettiamo il dominio del modello medico tradizionale saremo costretti a cercare sempre un'eziologia biostrutturale oppure a negare lo status di reale malattia o disturbo a una problematicità di funzionamento che non sia evidentemente causata da menomazioni o danni fisici. E le situazioni problematiche di cui non si conoscono le cause?

Per una lettura e riconoscimento dei bisogni reali di un alunno, a noi interessa di più comprendere la situazione attuale di funzionamento, per così dire, «a valle» di una qualche eziologia. Comprendere cioè l'intreccio di elementi che adesso, qui e ora, costituisce il funzionamento di quell'alunno in quella serie di contesti.

A scuola si fanno i conti quotidianamente con i funzionamenti «a valle», con gli intrecci più diversi di fattori personali e sociali, che nel tempo rendono molto differenti i funzionamenti anche di persone «uguali» per alcuni aspetti biostrutturali.

Una forza che spinge nella direzione da noi auspicata è la diffusione forte e convinta che il modello ICF dell'Organizzazione Mondiale della Sanità (2002; 2007) ha avuto e ha tuttora in Italia, diffusione enormemente maggiore rispetto ad altri Paesi europei. Il modello ICF è radicalmente bio-psico-sociale, ci obbliga cioè a considerare la globalità e la complessità dei funzionamenti delle persone, e non solo gli aspetti biostrutturali. Questo è il motivo per cui proprio su ICF si è fondato il nostro concetto di bisogno educativo speciale (Ianes, 2005).

Questo allargamento, questa «estensione» e questo riconoscimento ufficiale, anche attraverso la Direttiva ministeriale del dicembre 2012, sono ovviamente positivi rispetto alla precedente visione più restrittiva in senso biostrutturale e si fondano sul modello base di *human functioning* di ICF.

In Italia ICF si è diffuso con forza nel mondo dell'educazione e della scuola, grazie anche al fatto che ha trovato una forte affinità con la cultura pedagogica italiana e con la sua visione antropologica, molto sociale e legata ai contesti di vita.

L'Intesa Stato-Regioni, siglata il 20 marzo 2008 sulla presa in carico globale dell'alunno con disabilità, prevede per la prima volta a chiare lettere l'uso di ICF come modello antropologico su cui basare la diagnosi funzionale per gli alunni con disabilità: «La Diagnosi Funzionale è redatta secondo i criteri del modello bio-psico-sociale alla base dell'ICF dell'Organizzazione Mondiale della Sanità» (art. 2, comma 2).

Riteniamo dunque che stiano maturando almeno alcune delle condizioni necessarie perché si possa lavorare appieno con il concetto di bisogno educativo speciale.

Difficoltà ed eterogeneità degli alunni

Sono sempre di più gli alunni che per una qualche difficoltà di «funzionamento» preoccupano gli insegnanti e le famiglie. Sulle forme, buone e meno buone, che assume tale preoccupazione torneremo più avanti. Occupiamoci ora più da vicino di queste varie e diversissime difficoltà.

Nelle classi si trovano molti alunni con difficoltà nell'ambito dell'apprendimento e dello sviluppo di competenze. In questa grande categoria possiamo includere varie difficoltà: dai più tradizionali disturbi specifici dell'apprendimento (dislessia, disgrafia, discalculia) al disturbo da deficit attentivo con o senza iperattività, a disturbi nella comprensione del testo, alle difficoltà visuo-spaziali, alle difficoltà motorie, alla goffaggine, alla disprassia evolutiva, ecc. Troviamo anche gli alunni con ritardo cognitivo e ritardi nello sviluppo, originati dalle cause più diverse. Hanno una difficoltà di apprendimento e di sviluppo anche alunni con difficoltà di linguaggio o disturbi specifici nell'eloquio e nella fonazione. Ci sono poi quelli con disturbi dello spettro autistico, dall'autismo più chiuso con disabilità intellettiva alla sindrome di Asperger o all'autismo ad alto funzionamento. Accanto a questi alunni con aspetti patologici nell'apprendimento e nello sviluppo ne troviamo altri che hanno «soltanto» un apprendimento difficile, rallentato, uno scarso rendimento scolastico.

Nelle classi ci sono poi soggetti con varie difficoltà emozionali: timidezza, collera, ansia, inibizione, depressione, ecc. Forme più complesse di difficoltà sono invece quelle riferibili alla dimensione psichica e psicopatologica: disturbi della personalità, psicosi, disturbi dell'attaccamento o altre condizioni psichiatriche.

Più frequenti però sono le difficoltà comportamentali e nelle relazioni: dal semplice comportamento aggressivo fino ad atti autolesionistici, bullismo, disturbi del comportamento alimentare, disturbi della condotta, oppositività, delinquenza, uso di droghe, ecc. La sfera delle relazioni produce infatti molto spesso delle difficoltà nell'ambito psicoaffettivo, rivolte prevalentemente all'interno: bambini isolati, ritirati in sé, eccessivamente dipendenti, passivi, ecc.

Gli insegnanti possono incontrare difficoltà educative e didattiche, oltre che psicologiche, anche con alunni che hanno delle compromissioni fisiche rilevanti, traumi, esiti di incidenti, menomazioni sensoriali, malattie croniche o acute, allergie, disturbi neurologici, paralisi cerebrali infantili, epilessie, ecc.

L'ambito familiare degli alunni, inoltre, può creare anch'esso notevoli disagi: pensiamo alle situazioni delle famiglie disgregate, patologiche, trascuranti o con episodi di abuso o di maltrattamento, agli alunni che hanno subìto eventi drammatici come ad esempio lutti o carcerazione dei familiari, o che comunque vivono alti livelli di conflitto.

Accanto a queste difficoltà, un insegnante ne conosce molte altre di origine sociale ed economica: povertà, deprivazione culturale, difficoltà lavorative ed esistenziali, ecc. Sempre più poi nella scuola italiana troviamo alunni che provengono da ambiti culturali e linguistici anche molto diversi: il caso di quelli immigrati è evidente, ma è chiara anche la difficoltà che può essere originata da un percorso di precedente scolarità particolarmente difficile, per problemi relazionali o di apprendimento con altri insegnanti.

Il mondo della scuola è inoltre sempre più attento anche a quelle difficoltà «soft» che si manifestano con problemi motivazionali, disturbi dell'immagine di sé e dell'identità, deficit di autostima, insicurezza e disorientamento del progetto di vita. Crediamo che un insegnante esperto e sensibile conosca bene questa multiforme e sfaccettata galassia di difficoltà, le più varie, le più diverse, che si trovano sempre più spesso nelle nostre classi, legate ognuna a una singola storia di un singolo bambino e delle sue ecologie di vita.

Ogni insegnante sa bene, per esperienza diretta, che gli allievi che lo preoccupano per qualche forma di difficoltà sono ben di più di quel 2-3% di alunni certificati dall'Azienda Sanitaria con una disabilità. Queste percentuali sono soltanto la punta di un iceberg: sotto vi è almeno un 10-15% di soggetti con qualche altro tipo di difficoltà.

Nella percezione degli insegnanti si trova molto spesso l'impressione che questi casi aumentino a un ritmo crescente, che le difficoltà, di vario genere, siano sempre più presenti nelle loro classi. Pensiamo che diversi fattori contribuiscano a questa percezione di incremento e di maggiore diffusione.

Però, accanto a questo aumento oggettivo, dobbiamo anche tener conto di altri fenomeni concorrenti: da un lato, la sempre maggiore capacità di individuazione di tali disturbi/difficoltà da parte di psicologi e neuropsichiatri, oltre che di quelle figure professionali preziose, come i logopedisti e gli psicomotricisti, che si occupano sempre più dell'apprendimento e della sua psicopatologia sulla base di modelli teorici e applicativi tratti dalle teorie dell'apprendimento, dalla psicologia cognitiva, dalla neuropsicologia e dalle neuroscienze, ecc. Dall'altro, si riscontra una maggiore capacità osservativa e interpretativa degli insegnanti, che riescono ad accorgersi sempre meglio delle varie condizioni di criticità. Professionalmente sono sempre di più, infatti, i docenti in grado di cogliere le difficoltà di apprendimento, i deficit o i disagi. Anche i genitori, inoltre, si rendono spesso conto in tempo delle difficoltà dei figli e cercano un aiuto competente.

Dunque le situazioni di difficoltà in parte aumentano realmente, in parte sono ora maggiormente riconosciute, benché esistessero certo anche in passato.

Sono molti, e molto diversi fra loro, gli alunni che preoccupano gli insegnanti. Li preoccupano perché sono in difficoltà gli alunni e, ovviamente, perché sono in difficoltà i docenti stessi. In questi allievi, i bisogni educativi normali, e cioè quelli di sviluppo delle competenze, di appartenenza sociale, di identità autonoma, di valorizzazione e di autostima, di accettazione, solo per citarne alcuni, diventano bisogni speciali, più complessi, per i quali è più difficile trovare una risposta adeguata che li soddisfi. E questo per una «difficoltà di funzionamento». Da qui, il concetto di bisogno educativo speciale.

La percezione di difficoltà da parte degli insegnanti deve essere letta anche sullo sfondo di una sempre crescente consapevolezza dell'eterogeneità delle classi. I docenti si rendono conto sempre di più che le classi sono abitate, di norma, da alunni che percepiscono essere diversi, diversità che osservano nei processi di apprendimento, negli stili di pensiero, nelle dinamiche di relazione e di attaccamento, nei vissuti familiari, sociali e culturali.

I profili degli alunni diventano ricchi di sfumature psicologiche, relazionali, motivazionali, identitarie, anche attraverso un uso consapevole e avanzato di modalità nuove di valutazione autentica e di portfolio (Tuffanelli, 2004; Pavone, 2006). Le varie e diverse provenienze culturali, geografiche e linguistiche completano l'opera.

Si incrociano dunque e si enfatizzano due percezioni di differenza: una legata alle difficoltà di un singolo alunno, l'altra alle eterogeneità del contesto classe. Questo incrocio aumenta molto spesso l'ansia degli insegnanti, dei dirigenti e delle famiglie. In alcuni casi, questa ansia porta a una specie di affanno, a una sensazione di non essere in grado di rispondere con buona qualità formativa, di individualizzare in modo sufficiente, di includere realmente nella vita scolastica dell'apprendimento e delle relazioni, con risposte formative adeguate ed efficaci, tutti questi vari alunni con difficoltà.

Qui sta l'esigenza dell'inclusione di poter rispondere con un'individualizzazione «sufficientemente buona» a tutti gli alunni con bisogni educativi speciali nell'ottica che, in prospettiva, ognuno di essi, qualunque sia la loro situazione di funzionamento, possa raggiungere il proprio massimo potenziale di apprendimento e di partecipazione.

Crediamo infatti che sia fondamentale che ogni scuola prenda apertamente, ribadisca, comunichi nell'offerta formativa e concordi con le famiglie e con la comunità locale alcune decisioni strategiche e operative, ovvero:

1. *occuparsi in maniera efficace ed efficiente di tutti gli alunni* che presentano *qualsiasi difficoltà* di funzionamento educativo;
2. *accorgersi in tempo delle difficoltà* e delle condizioni di rischio;
3. *accorgersi di tutte le difficoltà,* anche di quelle meno evidenti, in tutti gli alunni;
4. *comprendere le complesse interconnessioni dei fattori* che costituiscono e che mantengono le varie difficoltà. In qualche caso sarà anche necessario attivare un processo stretto di collaborazione con gli operatori sociali e sanitari del territorio. Per la maggior parte degli alunni in difficoltà, invece, la scuola e il Consiglio di classe, così come evidenziato anche nella Circolare ministeriale, dovranno attrezzarsi con solide competenze pedagogiche, psicologiche e didattiche proprie, per non delegare il riconoscimento e la comprensione dei BES, che devono essere una loro competenza, anche se ovviamente condivisa con altre figure professionali;
5. *rispondere in modo inclusivo, efficace ed efficiente* alle difficoltà, attivando tutte le risorse dell'intera comunità scolastica e non.

I BES come difficoltà evolutiva di funzionamento educativo e/o apprenditivo

Approfondiamo il concetto di bisogno educativo speciale, provando a definire i criteri per una concettualizzazione valida e utile operativamente.

Innanzitutto, dovrebbe essere una concettualizzazione che abbia le caratteristiche della *sensibilità,* che riesca cioè a cogliere in tempo e precocemente il maggior numero possibile di condizioni di difficoltà dei bambini. Ovviamente, l'accezione di sensibilità non dovrebbe essere eccessivamente ampia, per evitare che troppi bambini vengano considerati in situazioni di BES. Una concezione troppo estesa produrrebbe molti «falsi positivi» e, di conseguenza, risulterebbe dannosa. La questione del «cosa» fa scattare la definizione di problematicità, del «confine» tra stranezza e problematicità sarà discussa diffusamente più avanti.

Accanto alle caratteristiche della sensibilità crediamo debbano essere definite anche quelle della *reversibilità* e della *temporaneità* della definizione di alunno con bisogno educativo speciale. Molte situazioni che si configurano senz'altro con BES non sono affatto stabili e cristallizzate, anzi, sono soggette a forti mutamenti nel tempo, a miglioramenti e, di conseguenza, alla reversibilità. Crediamo che la definizione di BES debba portare con sé proprio questo senso di provvisorietà e di reversibilità, non sempre, certo, ma sicuramente più di quanto non facciano le etichette diagnostiche tradizionali, più rigide e più stabili. Questa reversibilità evidentemente rende più facile alla famiglia e all'alunno stesso accettare un percorso di conoscenza e di approfondimento della difficoltà e di successivo intervento di individualizzazione e di educazione speciale. Sono infatti noti a tutti i disagi che vive oggi una famiglia nell'intraprendere un iter diagnostico che ha come unico sbocco una diagnosi clinica ed eventualmente misure di supporto segreganti e stigmatizzanti.

Un'altra caratteristica importante e positiva del concetto di BES crediamo sia quella del *minor impatto stigmatizzante* che questa definizione ha rispetto ad altre quali disabilità, dislessia, discalculia, disturbo da deficit attentivo con iperattività, disturbo specifico di apprendimento, ecc. Se il concetto di bisogno educativo speciale deriva da un modello globale di funzionamento educativo e apprenditivo ed è considerato come eventualmente transitorio e reversibile, allora l'impatto psicologico e sociale di questa valutazione e di questo riconoscimento sarà assolutamente più lieve e meno doloroso per l'alunno e la sua famiglia.

La concettualizzazione che cercheremo di costruire di BES inoltre non dovrà fare riferimento alle origini eziologiche dei disturbi né alle classificazioni patologiche, bensì partire dalla situazione complessiva di funzionamento educativo e apprenditivo del soggetto, qualunque siano le cause che originano una difficoltà di funzionamento.

La nostra concettualizzazione di bisogno educativo speciale dovrà anche fondarsi sulla necessità di individualizzazione, di educazione speciale e di inclusione.

Un tentativo di definizione originale potrebbe dunque essere il seguente:

> Il bisogno educativo speciale è qualsiasi difficoltà evolutiva, in ambito educativo e/o apprenditivo, che consiste in un funzionamento (frutto dell'interrelazione reciproca tra i sette ambiti della salute secondo il modello ICF dell'Organizzazione Mondiale della Sanità) problematico anche per il soggetto, in termini di danno, ostacolo o stigma sociale, indipendentemente dall'eziologia, e che necessita di educazione speciale individualizzata.

Esaminiamo nel dettaglio le singole componenti di questa definizione.

Un bisogno educativo speciale è una difficoltà che si deve manifestare in età evolutiva, e cioè entro i primi 18 anni di vita del soggetto.

Questa difficoltà si manifesta negli ambiti di vita dell'educazione e/o dell'apprendimento scolastico/istruzione. Può coinvolgere, a vario livello, le relazioni educative, formali e/o informali, lo sviluppo di competenze e di comportamenti adattivi, gli apprendimenti scolastici e di vita quotidiana, lo sviluppo di attività personali e di partecipazione ai vari ruoli sociali. È evidente l'enorme difficoltà nel trovare problematiche che si manifestino entro il diciottesimo anno di vita e che non abbiano un impatto diretto nell'ambito dell'educazione e dell'apprendimento scolastico.

Certamente si apprende per tutto l'arco della vita, ma i primi 18 anni sono sicuramente più collegati al concetto di educazione e di istruzione formale. Per questo si può parlare correttamente di bisogno educativo speciale soltanto entro l'età evolutiva, benché, ovviamente, esistano tanti disturbi, a insorgenza nell'età adulta, che compromettono la sfera dell'apprendimento della persona.

Una componente della definizione è il concetto di *funzionamento globale del soggetto,* ovvero di salute bio-psico-sociale della persona intesa come risultato dell'interconnessione dei vari ambiti, come sono stati definiti nel 2002 dal modello ICF dell'Organizzazione Mondiale della Sanità e nella sua versione per bambini e adolescenti del 2007. È proprio del funzionamento globale del soggetto, della sua salute, globalmente e sistemicamente intesa, che dobbiamo occuparci, dobbiamo conoscerlo a fondo in tutte le sue varie interconnessioni, a prescindere dalle varie eziologie che possono averne danneggiato singoli aspetti. Il modello ICF ci fornisce un'ottima base concettuale per costruire una griglia di conoscenza del funzionamento educativo e apprenditivo di un individuo, come vedremo più avanti.

Un'altra componente della definizione di BES riguarda la necessità di tracciare il *confine tra una deviazione di funzionamento problematica per il contesto familiare e/o per gli insegnanti, ad esempio, ma non per il soggetto, e invece una deviazione di funzionamento realmente problematica anche per il soggetto che la manifesta, oppure ancora una deviazione niente affatto problematica per il contesto relazionale, ma problematica per il soggetto.*

Potrebbe infatti accadere che le persone attorno al bambino vivano un problema di funzionamento educativo-apprenditivo, ma che questo sia esclusivamente loro e non del bambino stesso (aspettative troppo rigide e convenzionali che fanno vivere con disagio e difficoltà un'intelligenza particolarmente creativa e divergente, ad esempio): in un caso del genere, questa deviazione di funzionamento non dovrebbe essere «corretta» in alcun modo, ma anzi tutelata e rispettata come diversità da valorizzare e non come bisogno di cui prendersi cura in senso abilitativo e riabilitativo. In quei casi invece in cui la difficoltà di funzionamento danneggi direttamente il bambino oltre che gli altri, lo ostacoli direttamente o lo stigmatizzi, è evidente la necessità di prendersene cura, anche se, in qualche caso, tale difficoltà non è vissuta come particolarmente problematica e preoccupante dagli altri (ad esempio, un bambino passivo, timido, chiuso in sé, poco intraprendente può essere vissuto come un bambino «tranquillo e riposante»).

In questa nostra definizione è evidente una *continuità tra BES e normalità,* un continuum tra «normalità» e «problematicità», dove il punto di passaggio rischia di essere arbitrario, se non vengono definiti dei criteri il più possibile oggettivi a tutela del soggetto, dell'alunno. L'ottica con cui viene giudicato problematico un certo tipo di funzionamento dipenderà ovviamente del sistema di valori di chi opera questo giudizio: se la priorità verrà data, ad esempio, al benessere dell'alunno in difficoltà o invece a quello di chi riveste ruoli di potere (insegnante, genitore, ecc.). Nel formulare questa definizione dobbiamo fare i conti anche con un senso di incertezza e di ignoto rispetto a quelle cause che non riusciamo oggi a definire, a quelle eziologie non conosciute che però, in modi che magari non comprendiamo, producono una difficoltà di funzionamento educativo-apprenditivo. È a quest'ultima dimensione globale che dobbiamo rivolgerci primariamente, anche se è evidente che la conoscenza delle cause ci potrebbe consentire di agire su di esse in termini di prevenzione e di definizione degli interventi efficaci ed efficienti.

I BES sulla base del modello ICF

Come risulta evidente, in questa idea di bisogno educativo speciale è centrale il concetto di *funzionamento educativo-apprenditivo*. In tale dimensione del funzionamento, peraltro totalizzante nell'esperienza evolutiva di ogni bambino, si attribuisce un'enfasi prevalente al concetto di apprendimento (nei più disparati ambiti) frutto dell'intreccio tra le varie spinte evolutive endogene, per maturazione biologica programmata geneticamente, e le mediazioni educative degli ambienti. Nei contesti delle varie forme di educazione, formale e informale, il bambino cresce apprendendo, sviluppando competenze negli ambiti più diversi: cognitivo, linguistico, interpersonale, motorio, valoriale, autoriflessivo, ecc. Questi funziona bene dal punto di vista evolutivo se riesce a intrecciare positivamente le spinte biologiche alla crescita con le varie forme di apprendimento date dall'esperienza e dal contatto con le relazioni umane e gli ambienti fisici.

L'educazione media questo intreccio, nelle sue molteplici azioni quotidiane, fornendo stimoli, guida, accompagnamento, feedback, significati, obiettivi e gratificazioni, modelli, ecc., e il bambino funziona bene dal punto di vista educativo se integra questi messaggi con la sua spontanea iniziativa e con le spinte biologiche.

Il funzionamento educativo è dunque intrecciato tra biologia, esperienze di ambienti e relazioni e attività e iniziative del soggetto.

Per comprendere meglio questo intreccio e leggerlo nella mescolanza delle sue componenti abbiamo bisogno di una cornice forte che orienti l'analisi, una cornice concettuale e antropologica condivisa dalle varie ottiche e culture professionali. L'ICF dell'Organizzazione Mondiale della Sanità (2002; 2007) è il modello concettuale che serve a questa lettura e che proponiamo qui a questo scopo.

Rispetto al concetto di BES, crediamo sia molto appropriato proporre la struttura concettuale dell'ICF, perché questo approccio parla di salute e di funzionamento globale, non di disabilità o di varie patologie. Secondo l'Organizzazione Mondiale della Sanità, infatti, una situazione — e cioè il funzionamento di una persona — va letta e compresa profondamente in modo globale, sistemico e complesso, e in modo interconnesso e reciprocamente causale (figura 3.2). Pensiamo dunque che questo modello sia utile per una lettura globale dei bisogni educativi speciali in un'ottica di salute e di funzionamento, come frutto di relazioni tra vari ambiti interni ed esterni al bambino.

Come si vede dallo schema nella figura 3.2, la situazione di salute di una persona, nel nostro caso il suo funzionamento educativo-apprenditivo, è la risultante globale delle reciproche influenze tra i sette fattori rappresentati.

Condizioni fisiche e fattori contestuali stanno agli estremi superiori e inferiori del modello: la dotazione biologica da un lato e, dall'altro, l'ambiente in cui il bambino cresce, dove accanto ai fattori esterni, come le relazioni, le culture, gli ambienti fisici, ecc. egli incontra anche fattori contestuali personali, e cioè le dimensioni psicologiche che fanno da sfondo interno alle sue azioni, ad esempio autostima, identità, motivazioni, ecc. Questi contesti potranno essere dei mediatori facilitanti o delle barriere.

Nella grande dialettica fra queste due enormi classi di forze, biologiche e contestuali, si trova il corpo del bambino, come concretamente si sta sviluppando dal punto di vista strutturale e come si stanno sviluppando le varie funzioni, da quelle mentali a quelle motorie e di altro genere.

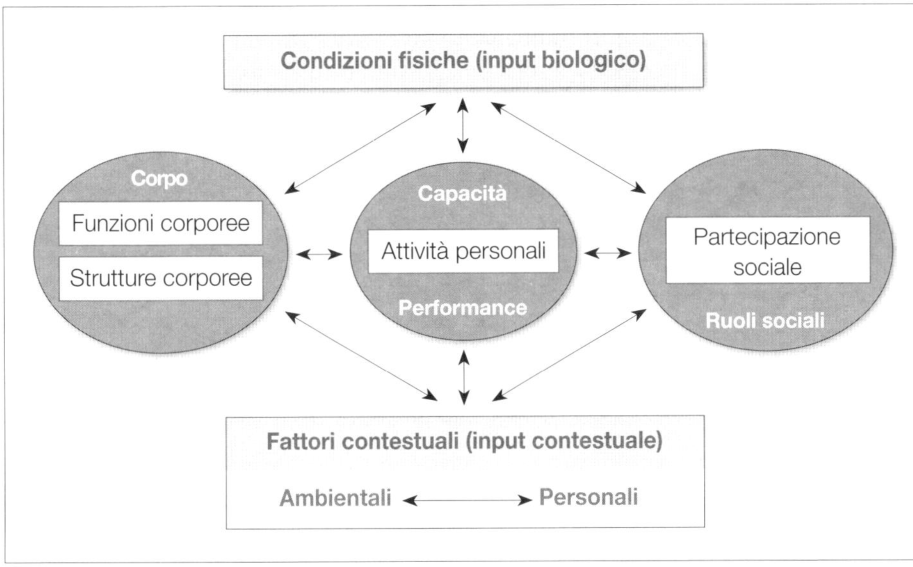

Fig. 3.2 La situazione globale di una persona (i vari fattori che, interagendo tra di loro, determinano il suo «funzionamento»).

Il corpo del bambino agisce poi nel mondo sviluppando reali capacità e attività personali, e partecipa socialmente ai vari ruoli familiari, comunitari, scolastici, ecc.

Quando i diversi fattori interagiscono in modo positivo, il bambino crescerà sano e funzionerà bene dal punto di vista educativo-apprenditivo, altrimenti il suo funzionamento sarà difficoltoso, ostacolato, disabilitato, ammalato, con bisogni educativi speciali, ecc.

La comprensione il più possibile profonda e completa del funzionamento educativo-apprenditivo di un bambino sarà possibile soltanto se riusciremo a cogliere le singole dimensioni ma soprattutto se riusciremo a integrarle in una visione complessa e completa. Si tratta di vedere non le singole stelle (le singole capacità, performance o fattori contestuali, ecc.), ma la costellazione che dà significato e senso a una figura, a una serie di relazioni di interconnessione (Ianes e Biasioli, 2005).

Una buona comprensione di una situazione non può che derivare da una messa in relazione di diversi aspetti dell'alunno in questione.

È evidente che il concetto globale di «funzionamento» è molto relativo, fluido; non è ontologicamente non modificabile e si manifesta in modo molto diverso in relazione ai fattori contestuali, interni ed esterni, e ai giochi di influenze reciproche e di forze che tutti questi creano, in altrettante «costellazioni» che dovrebbero renderli visibili.

Il bambino potrà avere una difficoltà di funzionamento, e cioè un bisogno educativo speciale, originata dalle infinite combinazioni possibili tra i sette ambiti di funzionamento illustrati nella figura 3.2.

Una difficoltà di funzionamento potrà originarsi da condizioni fisiche problematiche: malattie varie, acute o croniche, fragilità, allergie o intolleranze alimentari, patrimoni cromosomici particolari, lesioni, traumi, malformazioni, disturbi del ciclo del sonno-veglia, disturbi del metabolismo, della crescita, ecc. In questi casi il funzionamento globale è minacciato da un input biologicamente significativo, che irrompe sulla scena e può condizionare in maniera drammatica l'apprendimento e l'educazione. Spesso problemi in questo ambito portano a criticità anche nell'ambito successivo, quello delle strutture corporee.

L'ambito delle strutture corporee può originare a sua volta difficoltà di funzionamento educativo e apprenditivo: pensiamo al ruolo delle malformazioni o alla mancanza di arti, organi o parti di essi, come ad esempio strutture cerebrali o necessarie per la fonazione o la locomozione. È evidente come l'iniziativa e l'attività personale del bambino saranno più o meno profondamente danneggiate da deficit strutturali nel corpo. Le strutture del corpo però devono funzionare a livelli sempre più evoluti, e infatti il terzo elemento di funzionamento è definito dall'Organizzazione Mondiale della Sanità come «funzioni corporee»: il bambino può avere una difficoltà di funzionamento educativo-apprenditivo originata da deficit funzionali, come deficit visivi, motori, aprassie, afasie, deficit sensomotori, deficit nell'attenzione, nella memoria, nella regolazione dell'attivazione *(arousal)*, ecc. È evidente che i deficit funzionali più legati a un difficoltoso funzionamento educativo-apprenditivo sono quelli delle funzioni cerebrali e mentali, sia globali che specifiche.

Con il suo corpo, in strutture e funzioni, il bambino apprende attività personali e partecipa socialmente. Un'altra possibile fonte di difficile funzionamento educativo, e di conseguenza di bisogno educativo speciale, è infatti una ridotta dotazione di attività personali. Il bambino può avere deficit di capacità e/o performance. Nel caso delle «capacità», egli agisce in modo virtualmente «puro», senza cioè risentire degli effetti facilitanti o barrieranti dei vari fattori contestuali ambientali e personali.

Nel caso delle «performance», egli agisce invece attraverso l'effetto facilitante/barrierante dei vari fattori contestuali. Una comprensione approfondita del funzionamento del bambino dovrà quindi tener conto — e mettere in relazione — delle sue capacità, delle sue performance e dei ruoli facilitanti/barrieranti dei fattori contestuali in vari ambiti di attività: apprendimento, applicazione delle conoscenze, pianificazione delle sue azioni, linguaggio e comunicazione, autoregolazione metacognitiva, interazione, autonomia personale e sociale, cura del proprio luogo di vita. Questa è una situazione molto nota all'insegnante: l'alunno non sa fare bene le cose che sarebbe importante facesse per sviluppare patrimoni sempre più ampi di competenze. Un bambino con scarse attività personali sa fare meno cose, o le fa in forme deficitarie, anche se può essere perfettamente integro dal punto di vista strutturale e funzionale, ovvero avere un corpo senza alcuna difficoltà. Può avere dei deficit di capacità e di performance dovuti a scarse esperienze di apprendimento, di stimolazione oppure all'influenza negativa (nel caso delle performance) dei fattori contestuali.

Un'ulteriore fonte di funzionamento educativo-apprenditivo difficoltoso è la partecipazione sociale. Secondo l'Organizzazione Mondiale della Sanità, una persona funziona bene se partecipa socialmente, se riveste ruoli di vita sociale in modo integrato e attivo;

dunque non è sufficiente avere un corpo integro e funzionante, presentare anche molte attività personali, bisogna anche partecipare socialmente. In questo ambito possono generarsi (o co-generarsi) difficoltà specifiche che diventano bisogno educativo speciale: difficoltà nello svolgere i ruoli previsti dall'essere alunno, compagno di classe e utente di servizi rivolti all'infanzia, culturali, sportivi, sociali. Il bambino che venisse ostacolato nella partecipazione, emarginato o allontanato, isolato, rifiutato, vivrebbe un elemento significativamente determinante per lo sviluppo di un bisogno educativo speciale.

Dalle due classi di fattori contestuali, ambientali e personali, si possono originare varie combinazioni di BES. Un bambino può infatti vivere fattori contestuali ambientali molto difficili: una famiglia problematica, un contesto culturale e linguistico diverso, una situazione socioeconomica difficile, subire atteggiamenti ostili, di indifferenza o rifiuto, usufruire di scarsi servizi, di esigue risorse educative sanitarie, incontrare barriere architettoniche, ecc.

Anche nei fattori contestuali personali si possono originare cause o concause di bisogno educativo speciale: scarsa autostima, reazioni emozionali eccessive, scarsa motivazione, stili attributivi distorti, ecc.

Nella nostra proposta basata su ICF tutti i fattori ambientali vanno ovviamente considerati, tanto più quelli socioeconomici. Se non li consideriamo approfonditamente nel loro influsso positivo/negativo sul funzionamento la nostra analisi non sarà compiutamente bio-psico-sociale, perché ci mancherà un pezzo importante di «sociale».

Una differenza notevole tra la nostra proposta di utilizzo di ICF per la comprensione dei BES e del funzionamento riguarda anche i fattori contestuali personali. Nella versione originale di ICF, la formulazione dei fattori contestuali personali (che non sono riportati nel dettaglio per un uso concreto dei qualificatori, come invece lo sono quelli ambientali) è la seguente:

> I fattori personali sono il background personale della vita e dell'esistenza di un individuo, e rappresentano quelle caratteristiche che non fanno parte della condizione di salute o degli stati di salute. Questi fattori comprendono il sesso, la razza, l'età, altre condizioni di salute, la forma fisica, lo stile di vita, le abitudini, l'educazione ricevuta, le capacità di adattamento, il background sociale, l'istruzione, la professione e l'esperienza passata e attuale (eventi di vita passata e eventi contemporanei), modelli di comportamento generali e stili caratteriali, che possono giocare un certo ruolo nella disabilità a qualsiasi livello. (OMS, 2007, p. 43)

A nostro avviso, questa formulazione produce confusione e non è particolarmente utile. Accanto a pochi elementi individuali di contesto personale (come il sesso, l'età e la razza), gli altri sono riconducibili ad ambiti differenti (attività, partecipazione e contesti ambientali). Ci è sembrato più utile, fin dal primo modello di Diagnosi Funzionale basato su ICF (Ianes, 2004), introdurre nei fattori contestuali personali le principali dimensioni psicoaffettive che mediano (positivamente/negativamente) il funzionamento, ovvero:

- stili di attribuzione
- autoefficacia
- autostima

– emotività
– motivazione
– comportamenti problema.

In questo modo, le varie dimensioni psicologiche, affettive e comportamentali, così importanti in età evolutiva, trovano una collocazione più strategica rispetto al loro ruolo di mediazione.

In uno qualsiasi di questi sette ambiti si può generare dunque una causa o concausa di bisogno educativo speciale, che interagisce continuamente in maniera sistemica con gli altri elementi, che potranno essere favorevoli o avversi.

Attraverso queste interazioni complesse si produce giorno dopo giorno il funzionamento educativo-apprenditivo del bambino. Ovviamente, il peso dei singoli ambiti varierà da soggetto a soggetto, anche all'interno della stessa condizione biologica originaria e della medesima condizione contestuale ambientale: due bambini figli di emigrati senegalesi, ad esempio, non sono affatto uguali.

In questo modo, il modello ICF ci aiuta a definire le diverse situazioni di BES degli alunni: alcune di esse saranno caratterizzate da problemi biologici, corporei e di attività personali, altre primariamente da fattori contestuali e ambientali, altre principalmente da difficoltà di partecipazione sociale, discriminazione, ostilità e così via.

La soglia tra funzionamento normale e problematico

Se abbiamo posto il concetto di funzionamento globale di un alunno alla base di quello di bisogno educativo speciale, nasce evidente il problema del dove porre la soglia tra funzionamento «normale» e funzionamento «problematico». Ne avevamo già precedentemente accennato, ma ora la questione va affrontata più nel dettaglio. Potremmo ipotizzare un continuum di funzionamento sul quale si deve formulare un giudizio, a un certo punto, di disfunzionalità e di problematicità per il soggetto.

Evidentemente l'insegnante, l'educatore e il genitore «sentono» attraverso il loro disagio una problematicità di apprendimento e di sviluppo nel bambino, ma questo loro disagio non è affatto sufficiente per giudicare come realmente problematico il funzionamento educativo-apprenditivo del soggetto. Questo loro disagio educativo è il primo motore, la prima energia che li spinge a prendersi cura dello sviluppo del bambino; tuttavia, può essere eccessivo e, di conseguenza, indurli a giudicare problematica una situazione di sviluppo, ritardata o differente, che in realtà non è tale per l'alunno. Potrebbe trattarsi invece di una preoccupazione per se stessi, per la propria tranquillità piuttosto che per il benessere e lo sviluppo del bambino e creare così falsi positivi in nome dell'ansia dell'insegnante o del genitore.

In realtà, la valutazione del bisogno educativo speciale deve difendere il bambino tanto da un eccesso di preoccupazione — che diventa iperprotezione e limitazione in nome del proprio benessere di insegnante o genitore — quanto da una scarsa preoccupazione, da un non rilevare in anticipo possibili fonti di difficoltà e di scarso funzionamento educativo-apprenditivo.

L'insegnante e il genitore «sufficientemente buoni» colgono in tempo, si accorgono prestissimo che qualcosa non va, che il funzionamento del bambino e dell'alunno in qualche modo sono negativamente condizionati. Ma allora come passare da una sensazione soggettiva di disagio a una valutazione il più possibile oggettiva che quello stato di funzionamento, in quel particolare momento, è effettivamente problematico per il soggetto? Per fare questo passaggio dovremmo poter disporre di criteri il più possibile oggettivi per decidere.

Il primo criterio può essere quello del *danno,* effettivamente vissuto dall'alunno e prodotto su altri, alunni o adulti, rispetto alla sua integrità attuale fisica, psicologica o relazionale. Una situazione di funzionamento è realmente problematica per un bambino se lo danneggia direttamente o danneggia altri: si pensi a disturbi del comportamento gravi, all'autolesionismo, a disturbi emozionali importanti, a seri deficit di attività personali, a situazioni di grandi rifiuti o allontanamento dal gruppo. In questi casi si può osservare un danno diretto al bambino o ad altri che lo circondano. Se ciò accade è evidente che la situazione è realmente problematica e non è affatto un falso positivo. Ne conseguiranno un obbligo deontologico a intervenire e una legittimazione forte, in nome del benessere del bambino, ad agire urgentemente.

Ma può verificarsi anche una situazione in cui il danno non sia attualmente osservabile in maniera chiara, nel qual caso si potrebbe assumere come criterio quello dell'*ostacolo:* un funzionamento problematico è tale realmente per quel bambino se lo ostacola nel suo sviluppo futuro, se cioè lo condizionerà nei futuri apprendimenti cognitivi, sociali, relazionali ed emotivi. In questa situazione la difficoltà non riesce a danneggiare oggi direttamente il bambino, ma lo pone in situazione di svantaggio per ulteriori successivi sviluppi. Si pensi alle difficoltà di linguaggio ma anche ai disturbi dell'apprendimento lievi o alle difficoltà emotive o comportamentali. Anche con questo secondo criterio potremmo dunque decidere che una situazione di funzionamento è realmente problematica per quel bambino, oltre che per gli adulti, e che di conseguenza dovremo intervenire per aiutarlo nello sviluppo.

Potremmo però incontrare casi in cui non sia dimostrabile un danno o un ostacolo al bambino o ad altri da parte del suo scarso funzionamento educativo-apprenditivo: in queste situazioni di stranezze e di bizzarrie dovremmo analizzare la situazione rispetto a un terzo criterio, che potremmo definire dello *stigma sociale.* Con esso ci si chiede se oggettivamente il bambino, attraverso il suo scarso funzionamento educativo-apprenditivo, stia peggiorando la sua immagine sociale, stia costruendosi ulteriori processi di stigmatizzazione, soprattutto se appartiene a qualche categoria socialmente debole. Come adulti, insegnanti e genitori, abbiamo il dovere etico di tutelare e di migliorare, se possibile, l'immagine dei nostri alunni e dei nostri figli. Anche perché un'immagine sociale negativa evidentemente diventerà poi ostacolo, e successivamente danno, per il loro sviluppo.

Con questi tre criteri potremo dunque decidere se la preoccupazione che viviamo nei confronti dell'apprendimento e dello sviluppo dei nostri alunni o figli è realmente fondata, ha realmente identificato un bisogno educativo speciale su cui dobbiamo assolutamente intervenire in senso pedagogico, psicologico e didattico, oltre che naturalmente fisico e biologico, se necessario. In questo caso, l'intervento risponde a un preciso obbligo deontologico.

In conclusione, risulta abbastanza chiaro che questa idea di bisogno educativo speciale fondata sul funzionamento globale della persona, come definito dall'Organizzazione Mondiale della Sanità nel modello ICF, porti a un evidente superamento delle categorie diagnostiche tradizionali nella fase del riconoscimento di una situazione in cui l'alunno ha diritto a un intervento individualizzato e inclusivo.

Ciò non significa ovviamente ignorare o rifiutare le diagnosi cliniche nosografiche ed eziologiche, che hanno un profondo significato per gli aspetti conoscitivi legati alla terapia, alla prevenzione, ecc. Nel nostro caso, però, cerchiamo un approccio globale, per così dire «a valle» della diagnosi, più esteso, più comprensivo e più rispondente a quella che è una reale situazione di BES e di difficoltà. Il nostro modello di bisogno educativo speciale include anche alunni che non potrebbero essere diagnosticati con alcuna delle condizioni patologiche tradizionali, ma che hanno talvolta enormi bisogni educativi speciali che vanno riconosciuti in tempo e con precisione, anche se sfuggono ai sistemi tradizionali di classificazione.

Questo tipo di valutazione del bisogno educativo speciale non è riferito dunque a una qualche classificazione nosografica o eziologica ma serve per cogliere globalmente tutte le condizioni di funzionamento problematico, per potervi costruire una didattica inclusiva ben individualizzata.

Tratto e adattato da *Alunni con BES,* 2013, pp. 29-43;
BES a scuola, 2015, pp. 14-18

CAPITOLO 4

LO SVILUPPO DEL BAMBINO

(Vito Piazza e Dario Ianes)

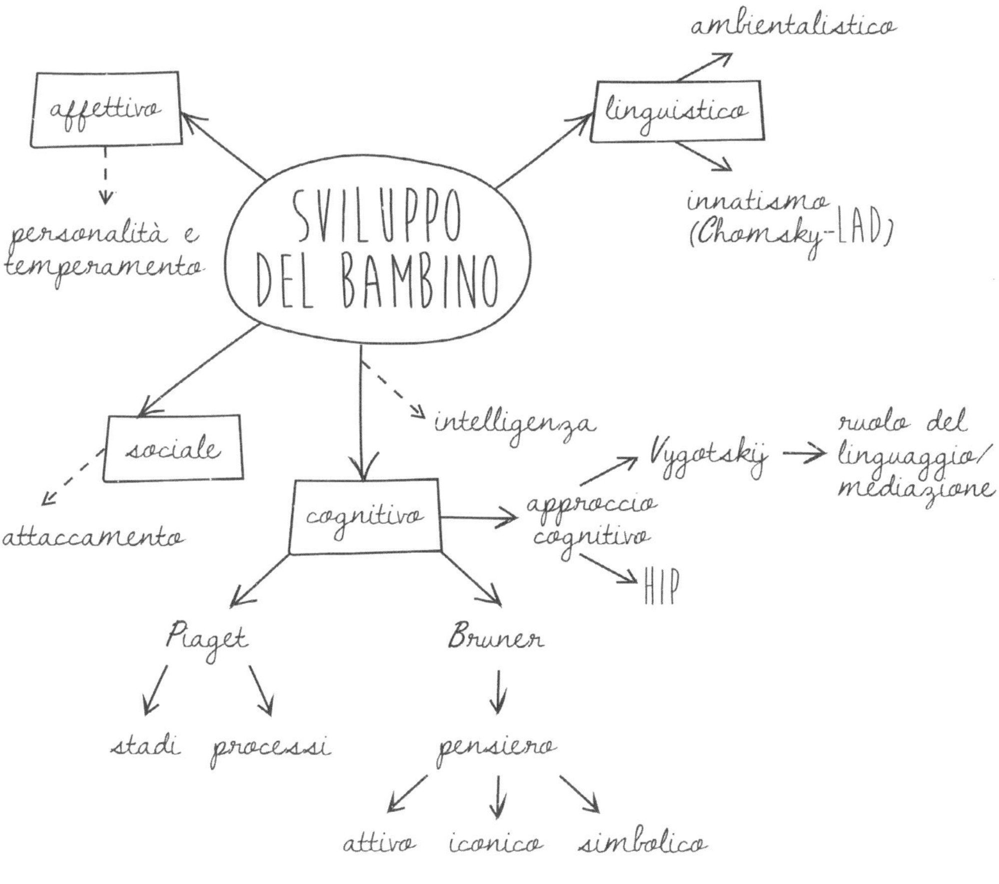

Lo sviluppo sociale

Il bambino non nasce in un vuoto sociale, e una psicologia che tenga avulso lo studio del suo sviluppo dal contesto in cui esso avviene è una psicologia monca. Qualunque sia l'opinione degli studiosi sull'influenza dell'ambiente rispetto al patrimonio genetico e qualunque peso si voglia dare alla natura e all'ambiente, tutti sono concordi nel ritenere che tra eredità e ambiente esista non solo una correlazione, ma un'interazione continua che incide sullo sviluppo e sull'ambiente stesso.

Bene fa quindi David Fontana nel suo *Manuale di psicologia per gli insegnanti* (1996) a collocare il bambino nel suo contesto e non isolato.

Gli esseri umani sono creature sociali. La relativa incapacità degli individui di difendersi, specialmente nella prima infanzia, ha contribuito, nel corso di milioni di anni di evoluzione umana, a far sì che le persone si legassero tra loro. Noi viviamo e lavoriamo in gruppi sociali, ed è stato dimostrato che isolare un individuo dagli altri può portare a gravi problemi cognitivi ed emozionali.

Il primo gruppo sociale del bambino è costituito dalla famiglia. Perciò la famiglia viene definita dagli psicologi sociali «il luogo della socializzazione primaria»; la famiglia fornisce una sorta di *imprinting,* un marchio che resta nel tempo anche se più o meno sbiadito, un'esperienza cruciale in grado di condizionare anche le scelte e gli sviluppi futuri. La prima relazione sociale il neonato la stabilisce con la madre: già a due mesi ne riconosce la voce, a tre mesi circa ne riconosce il volto. È questo il primo legame sociale a cui è stato dato il nome di «attaccamento». Ainsworth (1982) sostiene che questa predisposizione all'attaccamento sia innata e che i segnali che fanno capire come si stia sviluppando siano i seguenti:

a) il bambino quando è afflitto viene consolato con sollecitudine più da quell'adulto — la madre o chi ne fa le veci — che da chiunque altro;
b) il bambino accetta maggiormente la presenza di estranei se questa è mediata dalla presenza di quell'adulto che gli dà sicurezza;
c) il bambino dimostra gioia e presta attenzione, sguardi e movimenti in direzione di quell'adulto.

L'attaccamento, pur essendo il primo passo nel processo di apprendimento sociale del bambino, non è da considerarsi sempre in modo positivo: è possibile che un eccessivo attaccamento alla famiglia (più precocemente per la madre, più lentamente per una figura paterna che sia comunque «presente») possa determinare una dipendenza che potrebbe creare carenze e problemi in un futuro più o meno prossimo: ciò è dimostrato dalle osservazioni compiute su bambini che sono stati costretti a stare a casa rispetto a bambini che frequentavano la scuola. I bambini, quando vivono in un ambiente deprivato e con genitori che li trascurano, se non addirittura li maltrattano, rimangono comunque attaccati alle figure genitoriali: «Sembrerebbe che la natura abbia programmato il neonato umano, per ragioni di sopravvivenza, ad attaccarsi a chiunque gli fornisca le prime cure, per minime che possano essere» (Fontana, 1996). Da qui l'importanza — per il bambino — dello stile genitoriale che può essere autorevole, ma anche autoritario; indulgente, ma anche negligente. Lo sviluppo sociale e affettivo (ma anche cognitivo) del bambino viene influenzato dal tipo di relazione instaurata all'inizio con la madre. L'interazione genitore-bambino è un processo a due vie: il comportamento del genitore è influenzato da quello del bambino e viceversa.

Un legame eccessivamente forte, iperprotettivo, porterà scompensi nello sviluppo sociale futuro del bambino e nella sua evoluzione, rendendolo insicuro e dipendente dall'adulto. Si può notare, inoltre, che i bambini fisicamente aggressivi hanno spesso una storia di percosse e maltrattamenti ricevuti nell'infanzia. Un bambino maltrattato nell'infanzia diventerà a sua volta un genitore che maltratterà i propri figli: da qui l'importanza di un rapporto sereno e dialogante all'interno della famiglia. Se oggi assistiamo a un dilagare di comportamenti aggressivi o comunque devianti, ciò è dovuto in gran parte alla perdita di importanza della famiglia, perdita di importanza dovuta a diversi fattori come la scomparsa della famiglia patriarcale, la mobilità sociale, i fenomeni legati al mondo del lavoro e all'urbanizzazione: quando i bambini venivano educati nell'ambito di una famiglia estesa e sotto l'influenza di modelli culturali omogenei, essi erano assoggettati a pressioni più forti di conformità sociale di quanto non avvenga oggi.

Anche il tipo di linguaggio usato in famiglia presenta ripercussioni sullo sviluppo sociale e sull'apprendimento scolastico: in una famiglia deprivata culturalmente il tipo di linguaggio è quello «pubblico», un linguaggio il cui sfondo è l'empatia e si traduce in una povertà lessicale, in un uso infrequente di congiuntivi, in molti «cioè», «allora», ecc. La scuola privilegia invece il linguaggio «formale», un linguaggio colto che permette di parlare e di strutturare il pensiero (non si dimentichi che la lingua non è solo un oggetto culturale, ma una modalità di organizzazione della realtà) in maniera più fine, in grado di comprendere meglio il mondo e gli alfabeti necessari a conoscere quel mondo.

Lo sviluppo cognitivo

Non è isolabile dallo sviluppo affettivo se non per motivi espositivi. Lo sviluppo cognitivo riguarda la capacità di pensare, le modalità e le strategie di soluzione dei problemi, le tappe e gli stili del pensiero del bambino. E subito il pensiero corre a Piaget (1896-1980), autore del più intenso tentativo di studiare il pensiero del bambino. Piaget sostiene che il modo in cui siamo in grado di formare e gestire i concetti cambia a mano a mano che passiamo dalla primissima infanzia all'adolescenza. Il pensiero del bambino non è una versione immatura di quello dell'adulto, ma semplicemente un modo di pensare con caratteristiche proprie che cambiano lungo il percorso evolutivo che si sostanzia di tappe precise o stadi.

Tale percorso, secondo Piaget, è caratterizzato dalle seguenti fasi:

– stadio sensomotorio: da 0 a 2 anni
– stadio del pensiero preoperatorio: da 2 a 7 anni
– stadio delle operazioni concrete da 7 a 11-12 anni
– stadio delle operazioni formali: dai 12 in poi.

Stadio sensomotorio (0-2 anni)

All'interno di ogni singola fase vi sono delle tappe intermedie: e così, all'interno del primo stadio, è possibile individuare un percorso che va dalla nascita ai quattro mesi in cui l'adattamento all'ambiente si basa soprattutto sul perfezionamento di comportamenti riflessi, come quelli relativi alla fonazione, alla suzione, alla prensione e ai riflessi pupillari e palpebrali. Il neonato reagisce a qualcosa di sgradevole piangendo, chiude gli occhi a una luce intensa, afferra il dito che gli poniamo in mano, succhia ciò che viene a contatto con la sua bocca. Il neonato però, via via che passano le settimane o a volte solo i giorni, affina sempre più queste reazioni: si adatta alla posizione del seno, coordina due diversi schemi di azione prendendo un oggetto e portandoselo alla bocca... Sono ancora le prime forme di adattamento acquisito che Piaget chiama «reazioni circolari primarie» (circolari per la tendenza alla ripetizione di un movimento subito dopo la percezione del risultato, primarie perché si verificano nel primissimo periodo dell'attività riflessa centrata solo su se stessa e non diretta a incidere sul mondo esterno di cui non ha ancora consapevolezza: fino a quattro mesi un oggetto percepito cessa di esistere con la scomparsa della percezione immediata, qui e ora, l'assenza è non esistenza).

Dai quattro mesi e fino a un anno circa le reazioni circolari primarie si evolvono in reazioni circolari secondarie, che avvengono quando il bambino comincia a manifestare attività dirette a uno scopo, a produrre un qualche risultato nell'ambiente circostante: il bambino non scuote più le gambe solo per il gusto (e l'affinamento dello schema attraverso la ripetizione) di scuoterle, ma lo fa per spostare un oggetto, per rimuovere un lenzuolo, ecc.

Il bambino in questa fase può afferrare un biscotto, può frantumarlo e infine raccoglierne le briciole per portarle alla bocca. Eppure — dice Piaget — non possiamo ancora parlare di intelligenza vera e propria, poiché in questi gesti manca ancora un elemento determinante: l'intenzionalità. Il rapporto causa-effetto, mezzi-fini si sta scoprendo lentamente, ma il caso ancora domina. È solo dopo il primo anno di vita che il bambino è in grado di compiere i primi atti di intelligenza vera e propria. La caratteristica di queste azioni è la costituzione di nuovi schemi sensomotori dovuti alla comparsa di reazioni circolari terziarie: con la sperimentazione (il bambino, servendosi di un bastone o di altro oggetto, riesce, provando e riprovando, ad avvicinare a sé un giocattolo o altro) ottiene risultati sempre nuovi, arrivando, intenzionalmente e non più preda del caso, a stabilire relazioni tra oggetti (tra il giocattolo e la tovaglia, tra il bastone e la mano, tra la mano, il bastone e una palla, ecc.). Questo tipo di intelligenza, la cui pienezza si raggiunge verso i due anni, è definita da Piaget intelligenza sensomotoria ed è caratterizzata da:

a) consapevolezza della permanenza dell'oggetto;
b) necessità però che gli oggetti siano sempre presenti in modo da essere percepiti e utilizzati nella soluzione di un problema.

Sono due facce dello stesso problema che il bambino risolverà con l'insorgere dell'intelligenza rappresentativa (dopo i 18 mesi) che gli permetterà di utilizzare il pensiero simbolico, una modalità di pensare che usa le rappresentazioni mentali per risolvere problemi cognitivi. La rappresentazione permette al bambino di considerare i cubi che ha sottomano come vagoni di un trenino, di trasformare una sedia in un cavallo, di imitare certi gesti dell'adulto non più solo «in diretta», ma anche «in differita». Verso i due anni non potremo più prendere in giro il bambino facendogli vedere una moneta per poi fargliela sparire nascondendola nel pugno chiuso: il bambino ora sa che comunque c'è e tenta di farci aprire la mano.

Stadio del pensiero preoperatorio (2-7 anni)

Nel periodo immediatamente successivo, definito stadio preoperatorio, si hanno altre distinzioni interne:

a) *stadio preconcettuale.* I bambini diventano capaci di usare simboli, in particolare emerge il linguaggio a fini funzionali: non parlano più solo per parlare, ma per chiedere, per rispondere, per capire. Con lo sviluppo delle abilità linguistiche il bambino giunge a possedere quelli che Piaget chiama «segni»: suoni, cioè, che sebbene non abbiano relazioni intrinseche con gli oggetti e gli eventi (lingue diverse utilizzano suoni diversi), vengono usati per rappresentarli. Anche la matematica è un esempio di sistema di segni.
Si noti che secondo Piaget la distinzione tra simboli e segni è importante. Il bambino riesce a usare i simboli prima dei segni e perciò non dobbiamo equiparare lo sviluppo dell'attività simbolica allo sviluppo del linguaggio, benché i due tipi di sviluppo tendano a essere sempre più legati a mano a mano che il bambino cresce. Né, Piaget insiste, l'emergere dell'attività simbolica indica che il bambino sia in grado di formare concetti allo stesso modo in cui vi riescono gli adulti e i ragazzi più grandi (da qui il nome «preconcettuale» attribuito a questo substadio). Per esempio, il bambino non riesce a formare concetti generali (cioè classi di oggetti) correttamente (gli può accadere di riferirsi a tutti gli uomini chiamandoli «papà») e non può neppure fare «inferenze transitive» (ad esempio, A è maggiore di B, B è maggiore di C, dunque A è maggiore di C) (Fontana, 1996).
Lo stadio preconcettuale è caratterizzato da una forma di pensiero che va dal particolare al particolare: dato che A è sempre associato a B, allora tutte le volte che compare A deve comparire B; visto che il treno mi ha portato a Roma, tutti i treni portano a Roma. Con una citazione classica si può affermare che il bambino scambia il *post hoc* col *propter hoc;*
b) *stadio intuitivo.* Questo substadio ha attirato l'attenzione di Piaget e della scuola di Ginevra perché coincide con l'inizio della scolarità. In questo substadio si possono osservare alcune tipiche caratteristiche:
   - *egocentrismo* (il bambino è incapace di vedere il mondo da un punto di vista che non sia il suo. Se si chiede a un bambino: «Tu hai un fratello?» ed egli risponde di sì, alla domanda successiva: «E tuo fratello ha un fratello?» è molto probabile che la sua risposta sia un convinto «No»);
   - *focalizzazione* (è la concentrazione su unico aspetto rilevante a scapito di altri. Esempio classico è quello delle due palle, una a forma di salsiccia, l'altra di forma

rotonda. Il bambino dirà che quella allungata è la più grande. Il bambino non ha ancora il concetto di conservazione);
- *irreversibilità* (il bambino non è capace di eseguire azioni a ritroso tornando al punto di partenza).

> Quindi, benché riescano a sommare tre più due per avere cinque, spesso troveranno impossibile rovesciare la procedura e sottrarre due da cinque per tornare a tre. Non è che non riescano a eseguire il calcolo se viene presentato loro come un'altra addizione; è semplicemente che non riescono ad afferrare che poiché tre più due fa cinque, cinque meno due debba fare tre. Analogamente, i bambini in questo substadio non riescono a cogliere le inferenze transitive che sfuggivano loro nel substadio preconcettuale. (Fontana, 1996)

Stadio delle operazioni concrete (7-12 anni)

È il periodo che coincide con la frequenza della scuola primaria. In questa fase di sviluppo il bambino è in grado di descrivere l'ambiente vicino (quello in cui vive ogni giorno) e quello più lontano (il mondo che gli arriva attraverso notizie e filtri di informazioni varie) ma non è ancora in grado di spiegarlo: ecco perché i bambini di questa età, quando si chiede loro di fornire delle definizioni, invece che definire, esemplificano. Sono comunque in grado di raggiungere un sistema di pensiero simbolico organizzato e coerente che li rende capaci di anticipare gli avvenimenti e di controllare l'ambiente. Lo stadio delle operazioni concrete si distingue da quello delle operazioni formali perché se è vero che i bambini, a questo stadio di sviluppo, possono formulare ipotesi anche in assenza di un'evidenza concreta e possono spingersi fino a ragionare anche in astratto, le ipotesi che possono essere da loro formulate devono basarsi sull'esperienza passata.

In altre parole, per formulare un'ipotesi occorre che questa sia presa dalla loro esperienza concreta: non è possibile per loro stabilire ad esempio se un prototipo può avere una velocità doppia rispetto all'auto di papà a meno che il prototipo sia riconoscibile: l'utilitaria di papà ha un numero infimo di cavalli, mentre il prototipo ne può avere otto volte di più; ebbene, fin quando il prototipo non sarà rivestito e avrà assunto, ad esempio, la forma di un'auto da corsa, tale ipotesi astratta non potrà essere formulata. Dell'auto da corsa il bambino ha esperienza, del prototipo con i suoi cavalli no.

Inoltre, la natura delle ipotesi formulate è assoluta: non esiste un'ipotesi nulla, un'ipotesi che venga contraddetta dalla realtà. Se un bambino ritiene che quel portiere sia il migliore di tutti e sia capace di parare i rigori, continuerà a crederlo malgrado i numerosi gol incassati. L'aspetto affettivo non riesce a lasciar libera la capacità cognitiva. «In ogni caso», scrive ancora Fontana, «il pensiero dei bambini ha una considerevole evoluzione durante questo stadio. Diviene meno egocentrico e si sviluppa la capacità di mostrare sia il decentramento (l'opposto dell'egocentrismo) sia il rovesciamento. Con il decentramento il bambino acquisisce anche la conservazione e Piaget sostiene che quest'ultima avvenga secondo un ordine definito: dapprima avviene la conservazione della quantità (a 7/8 anni circa), poi la conservazione del peso (fra i 9 e i 10 anni) e infine la conservazione del volume (verso i 12 anni)». Durante questo stadio i bambini diventano capaci di categorizzare: riconoscono i componenti di una vera classe logica, e quindi sono in grado di organizzare gli oggetti e gli eventi in classi sulla base delle loro caratteristiche comuni. Sono capaci di raggruppare oggetti per colore, forma, altre caratteristiche comuni. Ma sono anche capaci di operare delle seriazioni, vale a dire quelle operazioni che consentono di ordinare degli elementi in ordine di dimensione e peso, in modo sia crescente che decrescente. Il raggruppamento e la seriazione indicano che i bambini sono ora in grado di vedere la corretta relazione tra le cose, e di usare tale conoscenza per risolvere problemi.

Stadio delle operazioni formali (12-oltre)

L'adolescenza fa emergere quelle caratteristiche, definite da Piaget operazioni formali, che rappresentano lo stadio «finale» di sviluppo. Il finale è tra virgolette poiché lo sviluppo per Piaget non si arresta mai: tutta la vita è un processo continuo e sempre dinamico di assimilazione e accomodamento alla ricerca di un equilibrio sempre più avanzato. Il pensiero degli adolescenti differisce da quello adulto solo nel grado, non nella qualità.

I ragazzi iniziano a essere capaci di seguire la forma di un argomento o di fare un'ipotesi senza aver bisogno di possedere una vera e propria esperienza delle situazioni e degli oggetti concreti da cui essa dipende. È altrettanto importante il fatto che, giunti a comprendere nei precedenti stadi di sviluppo concetti o categorie isolate, i ragazzi comincino a rendersi conto che possono essere interdipendenti in determinate circostanze. Per esempio, possono rendersi conto che velocità, peso e tempo potrebbero dover essere tutti considerati per poter dare risposta a un particolare problema, e che uno di questi elementi potrebbe dover variare mentre gli altri devono restare costanti e così via.

Le operazioni formali si fondano su una struttura cognitiva di tipo reticolare: ogni cosa è in relazione con altre, tutto è collegabile e tutto può essere combinato o scombinato a livello ipotetico, cioè astratto. Infatti il tipo di ragionamento attivato è ipotetico-deduttivo, poiché il ragazzo è capace sia di formulare ipotesi sia di fare deduzioni.

I processi dello sviluppo cognitivo

I bambini modificano le loro strutture cognitive via via che crescono: si tratta delle varianti funzionali. Ma il bambino che cresce possiede processi cognitivi invarianti che rimangono costanti per tutta la vita: adattamento, assimilazione e accomodamento. L'adattamento è il processo per cui i vari schemi degli stadi si evolvono allo scopo di migliorare l'efficacia e l'efficienza cognitiva generale. L'assimilazione si riferisce invece al processo con cui gli oggetti o alcune loro nuove proprietà vengono incorporati subordinandosi alle strutture cognitive già esistenti di un soggetto che non vengono modificate. Assimilazione e accomodamento costituiscono i momenti continuamente interagenti del processo di adattamento.

L'accomodamento è la terza delle invarianti funzionali. Riguarda il modo in cui gli atti cognitivi vengono modificati e sistemati per formare sequenze di schemi.

In ogni atto cognitivo è infatti sempre presente uno schema di qualche tipo, un qualche piano cognitivo che le persone usano per aiutarsi a gestire un qualche problema. Se un certo schema si rivela inappropriato e l'assimilazione delle nuove informazioni non è più possibile, allora le persone cercano di accomodarlo: vale a dire cercare di modificare, di aggiungere o togliere o di risistemare gli atti cognitivi che contiene per ottenere un risultato più soddisfacente.

Oltre Piaget: altri approcci allo sviluppo cognitivo

Critiche a Piaget non sono mancate, ma anche i critici sono d'accordo nel considerare il suo contributo essenziale. Jerome Bruner sostiene che i bambini attraversano tre stadi principali nell'acquisizione del pensiero maturo: attivo (il pensiero è basato sul fare), iconico (il pensiero è immaginazione, fantasia, creatività), simbolico (si usa il simbolismo, anche quello che richiede complessità come il linguaggio).

La differenza con Piaget è nel ritenere — da parte di Bruner — che tutte le modalità di pensiero persistano nel tempo e benché l'enfasi nel pensiero adulto sia posta sul versante simbolico, l'adulto continua a usare il pensiero attivo e quello iconico quando la situazione li richiede.

L'approccio noto come elaborazione umana dell'informazione *(Human Information Processing/HIP)* ha dei punti in comune con l'approccio piagetiano, anche se molti studiosi sostengono che il processo di sviluppo del pensiero sia più continuo rispetto alla stadialità ipotizzata da Piaget, e altri pensano invece che gli stadi esistano, ma siano differenti per le diverse forme di pensiero attivate dai diversi ambiti di conoscenza: matematica, linguaggio, abilità comunicative e interpersonali.

Essenzialmente l'approccio HIP esamina come i bambini riconoscano, codifichino, immagazzinino e recuperino le informazioni per risolvere problemi cognitivi. La cognizione, secondo tale prospettiva, implica l'uso strutturato di un numero preciso di processi cognitivi di base (riconoscimento percettivo, attenzione, memoria a breve e a lungo termine, ecc.). Ne consegue che l'insegnante ha il compito di identificare quali elementi chiave un bambino abbia bisogno di riconoscere per padroneggiare un percorso di apprendimento, come questi elementi possano essere connessi tra loro, in quale forma essi possano essere immagazzinati nella memoria e con quali mezzi essi possano essere recuperati e selezionati per essere d'aiuto nella soluzione di nuovi problemi. Il bambino fallisce nel compito se non riceve un aiuto adeguato in uno o più di questi quattro elementi, ciascuno dei quali coinvolge sottoprocessi come classificare, seguire dei piani (affrontare ogni fase del problema seguendo un ordine logico) e associare (identificare le analogie tra un compito nuovo e le conoscenze pregresse). La maggior parte degli studiosi che fanno riferimento all'approccio HIP concorda nel ritenere il bambino capace di processi mentali complessi fin dalla più tenera età e quindi tende a rifiutare la tesi piagetiana secondo la quale il bambino nel periodo sensomotorio abbia una relazione solo fisica con le azioni che compie. Lo sviluppo è più un progressivo affinamento dei processi cognitivi preesistenti che una creazione di processi del tutto nuovi in risposta all'esperienza. Nel corso di tale affinamento i processi cognitivi subiscono modificazioni qualitative e ricorrono a una banca dati (informazioni) che si accresce rapidamente. Il cervello del neonato, in questa prospettiva, si avvicina a quello dell'adulto: e il suo limite non è determinato da immaturità, ma da una semplice mancanza di conoscenze.

Piaget ha dimostrato che non dovremmo commettere l'errore di attribuire gli errori dei bambini alla loro incapacità, bensì ai loro attuali livelli di pensiero e di elaborazione dell'informazione; i teorici dell'acquisizione di conoscenze hanno dimostrato che questi livelli possono essere migliorati se viene fornita ai bambini una base appropriata di conoscenze e se viene prestata attenzione ai processi attraverso i quali questa base di conoscenze può essere appropriatamente strutturata e applicata (vedi l'approccio metacognitivo).

Infine, gli approcci dell'elaborazione dell'informazione e dell'acquisizione di conoscenze sottolineano entrambi che dobbiamo anche tenere conto del tipo di cultura in cui un bambino viene cresciuto. Culture diverse fanno sì che le persone percepiscano il mondo ed elaborino le informazioni in modi radicalmente diversi.

Uno degli studiosi più sensibili all'influenza della cultura e dell'ambiente sullo sviluppo cognitivo fu lo psicologo russo Lev Vygotskij (1896-1934), la cui opera ha avuto influssi sempre maggiori negli ultimi anni. Vygotskij (1973; 1990) dissentiva dall'opinione di Piaget secondo la quale nella mente umana ci sarebbero strutture psicologiche essenzialmente indipendenti dal contesto, dal contenuto del compito e dai fattori sociali, e ha sostenuto che le capacità cognitive dei bambini vengono costruite in un processo interattivo con le opportunità di stimolo e con la guida fornite dall'ambiente. Gli adulti competenti possono aiutare i bambini guidandoli o fornendo loro un'«impalcatura» di aiuto grazie alla quale essi possono agire *come se fossero competenti* e, così facendo, possono sviluppare le strategie necessarie per trovare la soluzione soddisfacente.

Così il bambino apprende attraverso l'imitazione, attraverso l'internalizzazione dei processi cognitivi forniti da altri e mettendo ripetutamente in pratica le abilità. Lo sviluppo cognitivo è quindi per Vygotskij profondamente legato alla sfera culturale e a quella sociale, e di conseguenza dipende largamente dal linguaggio, benché l'esatta relazione evolutiva fra sviluppo cognitivo e linguaggio resti ancora da chiarire.

Lo sviluppo del linguaggio

Fra il quarto e il sesto mese di vita i bambini già cominciano a parlare: in realtà non di parole si tratta, ma dell'emissione di suoni senza senso seppur manifestanti gioia: la cosiddetta lallazione, uno stadio prelinguistico. La cosa strana è che questo fenomeno che combina alla rinfusa vocali e consonanti avviene allo stesso modo in tutti i Paesi del mondo, il che significa che i suoni prodotti sono indipendenti dall'influenza dell'ambiente esterno. D'altra parte l'emissione di questi suoni gioiosi e giocosi avviene sia in presenza di adulti sia in loro assenza. Come poi il bambino passi dalla lallazione al linguaggio ancora non appare chiaro; addirittura qualche studioso, osservando che non tutti i bambini passano attraverso la lallazione, mette in dubbio che tra i due fenomeni, lallazione e linguaggio, possano esservi stretti legami.

Le parole fanno parte di un processo cognitivo e comunicativo complesso: si tratta di suoni che gli esseri umani utilizzano per rappresentare gli oggetti e gli accadimenti dell'ambiente che li circonda. Il bambino a un certo punto «comprende» che le parole rappresentano non solo suoni, ma esperienze reali. Sembra che i bambini diventino consapevoli, in qualche modo, che alcuni dei suoni che emettono durante la lallazione trovano una qualche corrispondenza con i suoni prodotti da altre persone. È probabile che essi capiscano o si rendano conto in qualche modo che l'emissione di questi suoni da parte di qualcuno trovi un riscontro positivo in altri, una sorta di gratificazione o di rinforzo; allora il bambino tenderà a ripetere i suoni «lallati» che trovano corrispondenza e a eliminare gli altri suoni poiché non trovano rinforzi. Il bambino, cioè, da un lato comincia a eliminare dal proprio repertorio di lallazione i suoni che non trovano riscontro, dall'altro prova a ripetere i suoni nuovi inserendoli nel proprio repertorio. In pratica si tratterebbe di una progressiva sostituzione di suoni «lallati» con suoni di parole. Da qui una prima importante notazione: allo stadio della lallazione i bambini possono cogliere qualsiasi linguaggio ed enunciarlo perfettamente, ma quando abbiano eliminato i suoni «lallati» con le prime parole, per loro diventa difficile recuperare quei primi suoni. Si spiega come l'imparare una nuova lingua dopo quel primo periodo venga reso più difficile dai residui della lingua originaria. Si rende chiara in questo modo la necessità, per i bambini non udenti, di una diagnosi precoce: prima si interviene, minori saranno le distorsioni nella pronuncia dei vari suoni (fonemi).

Purtroppo i bambini che sono nati non udenti, quantunque attraversino anch'essi lo stadio della lallazione, progressivamente cadono nel silenzio poiché non odono alcun suono attorno a loro. È vero peraltro che quando una mamma si accorge che il proprio neonato è non udente, diventa muta.

È paradossale e tragico insieme: proprio «quel» bambino avrebbe bisogno di quantità e qualità di stimoli uditivi e proprio a «quel» bambino non viene concesso neppure quello che viene dato agli altri: parole, suoni, rumori, tintinnii vari, ecc.

Se potessimo amplificare a sufficienza i suoni, la lallazione del bambino non udente avrebbe (purché fosse presente un piccolo residuo uditivo) la possibilità di trasformarsi in linguaggio.

Sono i bambini udenti che durante lo stadio della lallazione generalmente aggiungono suoni al loro repertorio secondo una sequenza prestabilita. Quando il bambino emette dei suoni che si avvicinano a «mamma», «papà», ecc., viene premiato in qualche modo dai genitori: perciò egli continua a imitare le parole con suoni che assomigliano sempre di più alle parole.

Dopo aver cominciato a «copiare» le parole dei grandi e ad associarle alle cose che rappresentano, i bambini piccoli iniziano a metterle insieme in brevi frasi. A questo punto essi vanno oltre la semplice riproduzione e cominciano a inventare, ad andare al di là della semplice copiatura. Da qui hanno origine gli «ipercorrettismi»: il bambino che ha appreso una regola (amo, ricavandolo da «amare») generalizzerà questa stessa regola (io ando, da «andare»). Chomsky (1979) sostiene che gli individui umani siano geneticamente equipaggiati per acquisire il linguaggio. Il linguista adopera, per questa dotazione genetica che permette di acquisire il linguaggio nel modo umano, l'acronimo *LAD/Language Acquisition Device* («dispositivo di acquisizione linguistica»). Secondo questa tesi, il bambino impara a parlare se si verificano due condizioni:

a) una, genetica, costituita dal LAD innato;
b) un'altra, di tipo ambientale, costituita dall'effettiva esperienza di udire dei «parlanti».

E le differenze nelle capacità linguistiche? Occorre considerare non solo la capacità base, ma anche quantità e qualità degli input, vale a dire gli stimoli linguistici del mondo esterno. Più il bambino sente parlare, più parla; meglio il bambino sente parlare, meglio parla. Anche la «disponibilità a rispondere» riveste un ruolo importante. E questa si verifica tanto più quanto più i genitori si mostrano disponibili essi stessi non solo a parlare, ma anche a rispondere. David Fontana suddivide il vocabolario del bambino in attivo e passivo: quest'ultimo include le parole comprese, l'altro le parole che riesce a usare in modo funzionale allo scopo comunicativo. Naturalmente il vocabolario passivo è più vasto di quello attivo. Alcuni psicologi hanno provato a registrare l'espansione dei vocabolari attivi dei bambini in diverse età e ne hanno tratto dei valori medi:

– 13 mesi: prima parola riconoscibile
– 17 mesi: 10 parole
– 18 mesi: da 40 a 50 parole
– 2 anni: 300 parole; 2 o 3 frasi di media lunghezza
– 6 anni: 14.000 parole; frasi di lunghezza analoga a quelle degli adulti.

Inutile dire come le variazioni da caso a caso siano fisiologiche e non debbano far pensare né a una superdotazione, né, peggio, a difficoltà di apprendimento.

Lo sviluppo del linguaggio ha delle scansioni temporali, anche se non assolute: a essere appresi per primi sono i sostantivi, seguiti dai verbi, e intorno ai due anni e mezzo compaiono i pronomi. L'uso del pronome segnala un progresso significativo.

Un bambino deve padroneggiare l'idea molto complessa che, quando parlo di me stesso, «io vuol dire me» ma, quando tu parli di te stesso, «io vuol dire tu». L'apparizione di aggettivi e avverbi è temporalmente più variabile, ma di solito si verifica nel terzo anno di vita. Anche in questo caso si tratta di una vera e propria prodezza: un bambino deve afferrare l'idea che si tratta di termini «comparativi». Vale a dire, un oggetto grande è tale solo se confrontato con altri oggetti della stessa categoria.

In conclusione si può affermare che i bambini, più sentono usare il linguaggio (e non solo sul piano quantitativo), più sono in grado di padroneggiare il loro linguaggio: da qui il vantaggio della provenienza da famiglie e da ambienti che siano culturalmente ricchi, anche se le nozioni di linguaggio formale o codice elaborato e linguaggio pubblico o codice ristretto sono state rivedute dallo stesso Bernstein (1978): in realtà tale semplificazione secondo la quale i bambini in possesso del solo linguaggio pubblico rimarranno deprivati per sempre va corretta col fatto che i bambini provenienti da ambienti poveri usano il linguaggio in modo differente, ma ugualmente significativo. Da qui il ruolo e l'importanza della scuola che deve assumere una valenza positiva, di incoraggiamento, di informazione, di supporto per le difficoltà linguistiche. Di seguito, le regole che l'insegnante dovrà tenere a mente e applicare.

1. Inserire ogni nuova struttura verbale che si sta spiegando in strutture linguistiche che siano già possedute dagli alunni.

2. Rispondere sempre alle domande che i bambini fanno sulla lingua e giocare con le parole.
3. Fornire sempre un feedback: anche gli errori possono essere sfruttati invece che demonizzati. In questa direzione si è mosso Gianni Rodari, vero maestro nella sua *Grammatica della fantasia* (1974): se un bambino dice e scrive l'ago di Garda, perché invece di considerarlo un errore non si inventa una storia su un ago perduto nel lago?

Le parole, dice Humpty Dumpty ad Alice, possono significare qualunque cosa si desidera esse significhino.

L'intelligenza

Non esiste una definizione univoca, sebbene questo aspetto della psicologia abbia ricevuto molte attenzioni anche perché sembra essere quello che più investe l'ambito educativo. In realtà è solo all'inizio di questo secolo che l'intelligenza ha avuto un vero e proprio *exploit.* E ciò è avvenuto quando si pretese di misurare l'intelligenza tramite i test.

Oggi i test sono ancora in uso, ma risultano più sofisticati e meno pretenziosi: a essi si attribuisce un valore indicativo, in qualche modo predittivo, ma non normativo. Quando, all'inizio del Novecento, lo psicologo francese Alfred Binet e il suo collaboratore Théodore Simon decisero di trovare delle modalità di misurazione dell'intelligenza, misero a punto una serie di problemi semplici per misurare la comprensione, il ragionamento, la capacità di adattamento in rapporto all'età. Dall'abilità nella risoluzione dei test, una volta stabilita la prestazione «media», sarebbe derivata una classificazione decrescente che partendo dagli «intelligenti» sarebbe scesa giù giù fino agli «ottusi» e ai «tardi». Questo portò al concetto di età mentale e l'età mentale di un bambino corrispondeva all'età cronologica in cui la media dei bambini otteneva punteggi simili: un bambino di otto anni che otteneva punteggi normalmente ottenuti soltanto da bambini di dieci anni avrebbe avuto un'età mentale di dieci anni.

Nel 1916 Lewis Terman, dell'Università di Stanford, sviluppò tale concetto e diede vita al QI (quoziente intellettivo). Il QI di un bambino si determina prendendo il rapporto tra età mentale ed età cronologica e moltiplicandolo per cento. In tal modo un bambino con età mentale di 10 e un'età cronologica di 8 avrebbe un QI di 125.

$$\frac{\text{E.M.}\ 10}{\text{E.C.}\ 8} \times 100 = 125$$

Se le età mentali dei bambini fossero state corrispondenti alla loro età anagrafica, essi avrebbero avuto un QI esattamente di 100 e questo avrebbe permesso di «eliminare» dalle classi comuni coloro che, inferiori a 100, ritardavano o ostacolavano i progressi degli altri. Facile prevedere come il QI avrebbero potuto trasformarsi in notevole strumento di selezione.

Questo metodo di calcolare il QI fu usato per molti anni, ma presentava uno svantaggio rilevante. L'esperienza mostrava che l'età mentale non sembrava migliorare dopo i 15 anni (vale a dire, perlomeno nei termini di punteggi ai test d'intelligenza, sembra che il nostro apice si situi a 15 anni). Poiché l'età cronologica continua invece ad aumentare, ciò significherebbe che, se si dovesse continuare a usare l'equazione, i punteggi del QI diminuirebbero automaticamente anno dopo anno dopo aver compiuto il 15° anno di età. Per esempio, un trentenne nella media avrebbe un QI apparente di soli 50, e potrebbe con ciò essere considerato una persona con disabilità intellettiva medio!

Anche i successivi aggiustamenti dei test che sfociarono nella Scala Stanford-Binet e in altri tipi di test hanno mostrato e mostrano i limiti di tutti questi strumenti: non si può infatti assumere per certo il principio che l'intelligenza sia distribuita normalmente nella popolazione come la statura o il colore degli occhi.

Qualcuno (il primo fu Spearman) cominciò a costruire modelli di intelligenza per vedere non solo «quanto» questa funzioni, ma «come» funzioni. La teoria di Spearman è nota come *teoria bifattoriale*. Un esempio servirà a chiarire: il nuoto. Nel nuoto entrano in gioco una capacità generale sottesa a ogni attività sportiva (capacità vitale, frequenza cardiaca, tonicità e forza muscolare, ecc.) e una capacità specifica (l'acquaticità). Analogamente nell'intelligenza o in attività cognitive, dove ipotizzò una dimensione «generale», che chiamò fattore «g», e una gamma di fattori di capacità specifiche, che chiamò fattore «s». In ogni atto di intelligenza sono quindi coinvolti il fattore «g» più gli altri fattori che entrano in gioco per quella particolare prestazione. Le capacità specifiche sono separate e distinte l'una dall'altra, ed è il fattore «g», secondo Spearman, che dà conto di tutte le correlazioni fra le capacità cognitive. Di sicuro c'è un fatto, anzi due:

a) le polemiche relative al QI non riguardano la sua «predittività», ma il suo uso improprio, discriminante in senso negativo;
b) il QI può essere migliorato: dato che il QI è il risultato di un intreccio tra fattori genetici e fattori ambientali, è possibile intervenire su questi ultimi.

Ruolo fondamentale quindi assume la scuola: bambini con lo stesso QI sviluppano doti diverse e migliorano le prestazioni «intelligenti» se inseriti in ambienti stimolanti: si può verificare una differenza fino a 25 punti sulla base di un ambiente poco o molto stimolante. E questo risulta anche dagli studi sui gemelli monozigoti.

Ciò significa, per esempio, che un bambino di quattro anni con un QI di 95 potrebbe raggiungere un punteggio di 100-105 al termine degli studi se riceve gli stimoli appropriati, e potrebbe scendere a un punteggio di 80-85 senza quegli stimoli.

Affettività, personalità e differenze individuali

L'affettività si fonda sull'emotività e il termine affettivo si applica a fattori emozionali associati al comportamento umano, ma generalmente lo si pone in riferimento a tutti quegli elementi che vanno a costruire la personalità. La personalità è l'insieme delle caratteristiche stabili della vita psicologica di un individuo. Essa comprende quindi atteggiamenti e comportamenti abituali, sistemi di valori e convinzioni, emozioni e sentimenti, autostima e percezione del proprio Sé.

Pur essendoci un'interazione stretta tra sistemi affettivi e sistemi cognitivi, è indubbia una certa indipendenza o, almeno, una specificità dei diversi fattori. Spesso sentiamo dire: «È una persona così intelligente, peccato che abbia un pessimo carattere». E così non necessariamente a una personalità dolce e comprensiva corrisponde un QI elevato.

La prima domanda da porsi e che gli studiosi continuano a porsi è se la personalità sia frutto della programmazione del DNA e quindi ereditaria o se dipenda esclusivamente dall'ambiente. Non è la solita domanda oziosa: se la personalità (come l'intelligenza, come la capacità di apprendimento) fosse solo frutto dell'ereditarietà, allora vani sarebbero i nostri sforzi, nullo e inutile l'intervento delle agenzie educative. La risposta sulla quale gli studiosi concordano appare questa: si nasce con un «temperamento», si cresce con una «personalità». La personalità quindi si fonda sul temperamento (le doti genetiche che fanno un individuo naturalmente introverso o estroverso, allegro o umorale, ecc.), ma il temperamento deve fare i conti con l'ambiente, con l'esperienza di ciascuno e che in ciascuno è diversa, con le condizioni di vita, con le cure ricevute fin dai primi anni di vita e una serie di variabili non sempre identificabili.

Il temperamento è solo l'inizio della storia. Quando il bambino cresce il temperamento interagisce con l'ambiente, con le variabili cognitive e con altri fattori collegati alla maturazione, come la costituzione fisica e l'aspetto, e tutto ciò ha un suo peso nel forgiare la personalità e nel conferirle una ricca complessità.

Ci si chiede poi se la personalità abbia caratteristiche stabili o instabili. A questo proposito si può usare la metafora del metro e del termometro: il metro viene usato per misurare oggetti fissi, mentre il termometro si usa per misurare qualità che mutano continuamente per cui la temperatura misurata alcune ore fa nulla ci dice sulla temperatura di adesso che nel frattempo può essersi modificata. La «misura» della personalità abbisogna del metro o del termometro? Di entrambi. Soprattutto per chi, come l'insegnante, deve essere attrezzato ad adattarsi all'allievo che ha davanti. Si distinguono i *tratti di personalità* dagli *stati di personalità*. I primi sono relativamente stabili e possono essere avvicinati al temperamento; data la loro costanza abbisognano del «metro». Gli stati di personalità sono transitori e possono essere assimilati agli stati d'animo e al modo in cui gli individui fanno esperienza di se stessi e degli altri. Tra gli stati e i tratti c'è un interscambio continuo. Sapere che un individuo ha un alto punteggio nel tratto di personalità dell'introversione non ci dice se, trovandosi a riparare da solo il rubinetto di casa, si trovi sereno e allegro con se stesso o se non preferirebbe invece la compagnia di qualcuno, magari un idraulico. Al contrario, sapere che una persona si trova in uno stato di inquietudine mentre legge la bolletta del telefono nulla ci dice se abbia un alto punteggio nel tratto di personalità relativo all'ansia. I tratti di personalità (come gli stati d'animo del resto) influenzano l'apprendimento.

C'è una relazione interessante fra successo scolastico e tipo di personalità. A otto anni si osserva una correlazione positiva tra personalità estroversa e prestazione scolastica. Dieci anni dopo la relazione risulta invertita e il successo scolastico è correlato positivamente all'introversione. Una possibile spiegazione potrebbe essere questa: mentre nella scuola primaria l'ambiente è più solidale, affettivamente significativo, familiare, nelle scuole di ordine superiore l'ambiente si fa più asettico (contano più le discipline che le relazioni) e quindi chi ha energie «dentro», cioè l'introverso, rende di più. Eysenck (1990) propone come chiave di lettura anche la dimensione «nevroticismo» della personalità, rifacendosi alla famosa legge di Yerkes-Dodson secondo la quale un livello contenuto di ansia caratteristica del «nevroticismo» agisce come fattore motivante e migliora le prestazioni scolastiche, mentre alti livelli ansiosi conducono a un deterioramento della prestazione. Eysenck suggerisce che i bambini che raggiungono alti punteggi nel nevroticismo potranno dare il meglio di sé in ambienti privi di stress, mentre bambini con bassi punteggi di nevroticismo daranno il meglio in situazioni iperstimolanti e stressanti.

In conclusione: non esiste una regola assoluta che metta gli «stabili» in condizioni di miglior rendimento e i «nevrotici» all'opposto, né la dimensione introversione-estroversione fornisce indici meccanici di correlazione. Ma ciò che interessa all'insegnante è la possibilità di modificare — sia pur parzialmente — i tratti di personalità attraverso l'intervento della scuola che va reso stimolante per l'alunno stabile e più sereno per il nevrotico. E questo ci riporta, ancora una volta, all'individualizzazione dell'insegnamento, necessaria non solo in rapporto ai fattori cognitivi (stili di apprendimento) ma anche a quelli affettivi (stati e tratti di personalità).

Tratto e adattato da *Insegnare domani nella scuola primaria,* 2013, pp. 87-102

CAPITOLO 5

PSICOLOGIA DELL'APPRENDIMENTO

(Sofia Cramerotti)

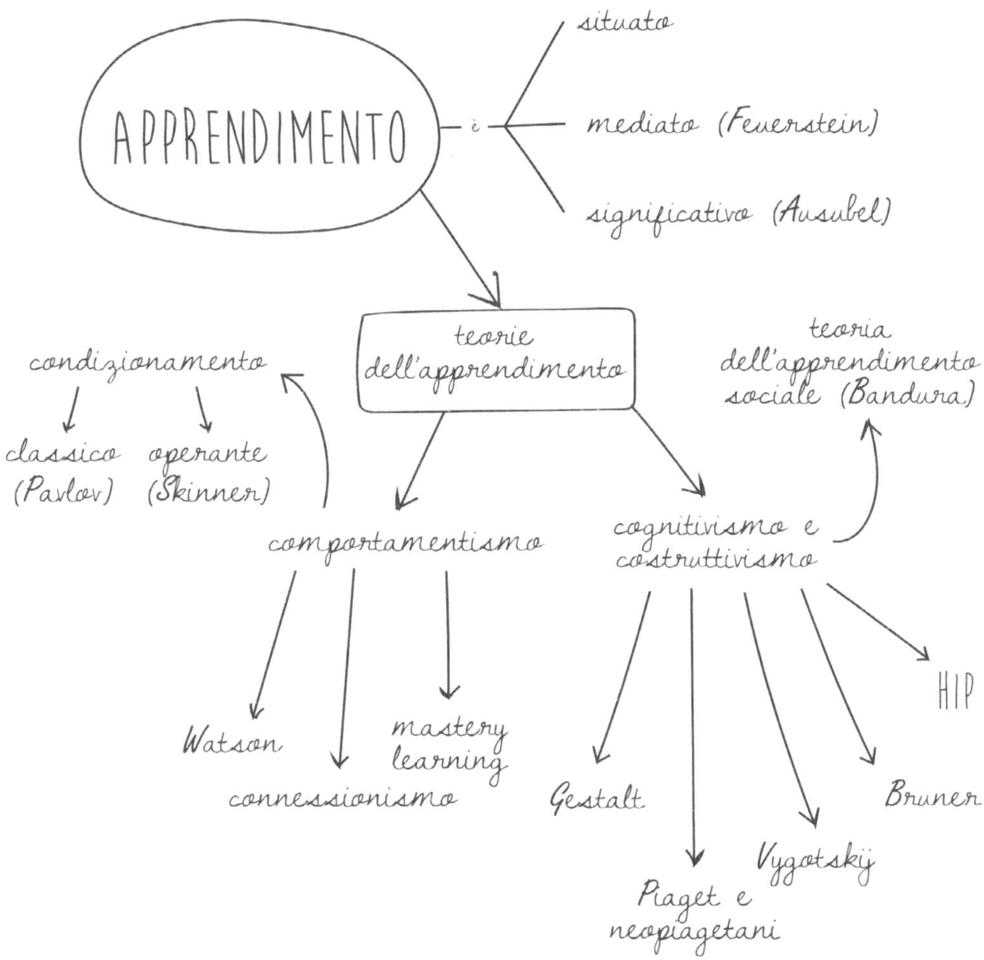

Teorie dell'apprendimento

Osservando, anche superficialmente e in modo del tutto informale, una qualsiasi situazione che caratterizza il nostro quotidiano, non faremo certo fatica a notare come l'apprendimento sia un qualcosa di inscindibile dal nostro pensare e agire, anche quando esso riguarda gli aspetti più comuni e, molto spesso, inconsci e non intenzionali.

Anche l'azione più semplice e apparentemente insignificante è fortemente ancorata a un apprendimento passato, modifica quello attuale e influenzerà certamente anche quello futuro.

L'apprendimento è qualcosa che ci accompagna inevitabilmente per tutto l'arco temporale della vita: dalla nascita (anzi oggi sappiamo anche dalla vita intrauterina) fino all'età adulta, scandendo continuamente ogni momento della nostra esistenza.

L'apprendimento umano si caratterizza quindi per una complessità e un'articolazione davvero di rilievo. A questo proposito crediamo che le parole di Novak (2001; 2012) esprimano bene tale complessità:

> L'apprendimento significativo è alla base dell'integrazione costruttiva di pensieri, sentimenti e azioni e induce all'*empowerment* finalizzato all'impegno e alla responsabilità. (Novak, 2001, p. 26)

Al di là della concezione di apprendimento di Novak, che avremo modo di analizzare in maniera approfondita più avanti, ci sembra che questa sua affermazione sintetizzi in modo chiaro che l'apprendimento è ampiamente influenzato e in misura altrettanto forte influenzi non solo il versante cognitivo della persona, ma anche tutta la sua sfera affettivo-emotivo-motivazionale. Riteniamo che questa affermazione, allo stato attuale della situazione scolastica sia dal punto di vista degli alunni sia dalla prospettiva degli insegnanti, risulti oggi più che mai attuale.

> L'insegnamento e l'apprendimento sono degli eventi interattivi e coinvolgono i pensieri, i sentimenti e le azioni sia del docente che dell'alunno. Qualsiasi evento educativo rappresenta un'azione condivisa per cercare uno scambio di significati ed emozioni tra l'alunno e il docente. Questo scambio o negoziazione diventa emozionalmente positivo e intellettualmente costruttivo quando gli studenti allargano le proprie conoscenze rispetto a una porzione di sapere o di esperienza; viceversa si rivela negativo o distruttivo quando manca la comprensione o emergono sentimenti di inadeguatezza. Poiché l'alunno e il suo insegnante condividono pensieri, sentimenti e azioni, quando l'azione educativa avrà successo anche l'insegnante sperimenterà emozioni positive e acquisterà consapevolezza delle proprie capacità. Ogni volta che l'alunno e il docente riescono a concordare e a condividere il significato di un'unità di conoscenza si verifica un apprendimento significativo. (Novak, 2001, p. 26)

Risulta utile fornire al lettore un'ampia riflessione su quelle che sono le principali teorie dell'apprendimento, analizzando nello specifico quelle che hanno maggiore attinenza con l'ambito scolastico. Lo faremo presentando gli aspetti delle varie teorie che più si prestano a un aggancio con la proposta di dimensioni operative, ossia di strategie, tecniche, metodologie, ecc., che possono trovare immediata applicabilità nel contesto educativo-didattico della scuola.

Definire l'apprendimento

Dare una definizione univoca di un termine così complesso come quello di apprendimento, o comunque sceglierne una rappresentativa, tra le molte formulate dai vari filoni e approcci in ambito psicopedagogico e educativo-didattico, diventa impresa ardua se non impossibile (e forse anche non completamente corretta da un punto di vista metodologico).

Possiamo però cercare di individuare alcune caratteristiche che accomunano queste definizioni e provare a cogliere quegli aspetti che, più di altri, vanno nella direzione che abbiamo scelto di intraprendere e che già abbiamo anticipato nella parte introduttiva di questo capitolo.

Le prime definizioni dalle quali potrebbe partire la nostra riflessione sono:

> Il termine «apprendimento» indica un cambiamento relativamente permanente nel comportamento o nella conoscenza provocato dall'esperienza, cioè dall'interazione tra un soggetto e l'ambiente fisico o sociale. I cambiamenti dovuti ad apprendimento vanno dunque distinti sia da quelli derivanti da condizioni temporanee dell'organismo [...], sia da quelli dovuti principalmente a processi di maturazione. (Berti, 1994, p. 58)

> Possiamo definire l'apprendimento come quella modificazione comportamentale che consegue a, o viene indotta da, un'interazione con l'ambiente ed è il risultato di esperienze che conducono allo stabilirsi di nuove configurazioni di risposta agli stimoli esterni. (Moderato e Ziino, 1997, p. 274)

Da queste definizioni si evince, innanzitutto, che sono escluse tutte quelle modificazioni di breve durata, occasionali e legate a condizioni temporanee nonché quelle connesse a fattori biologici di maturazione e sviluppo o a fattori innati.

L'apprendimento implica infatti un *cambiamento* nell'interazione che si stabilisce tra l'organismo e il contesto ambientale — inteso nell'accezione più ampia del termine — che lo circonda. Tale cambiamento è quindi innescato da eventi-stimolo ambientali ben precisi e ha come conseguenza una classe ben definita di risposte.

Il termine *cambiamento* è forse la chiave di lettura che ci permette di capire come l'apprendimento sia stato studiato all'interno dei vari orientamenti teorici, proprio focalizzando l'attenzione non solo sulle diverse tipologie di cambiamento alle quali si può andare incontro, ma anche sui meccanismi attraverso i quali questi cambiamenti potevano essere analizzati e spiegati.

La seconda definizione pone inoltre l'accento sul rapporto *stimolo-risposta,* diade sulla quale possiamo certamente collocare l'origine più arcaica dell'apprendimento.

Questa diade ci riconduce a due tipologie ben definite di apprendimento, uno più *semplice* associativo e meccanico che porta alla formazione di abitudini; l'altro più *complesso* che coinvolge funzioni cognitive superiori come ad esempio la percezione, la memoria, l'intelligenza, ecc.

Queste prime affermazioni, non ci devono però indurre a dimenticare anche la forte *dimensione sociale* dell'apprendimento, dove gli individui pur con le diverse peculiarità che li contraddistinguono (si pensi, ad esempio, alla varietà e alle infinite combinazioni possibili tra i vari stili cognitivi di apprendimento), sono impegnati in maniera dinamica e interattiva a costruire sofisticate reti di significati condivisi. Questo perché oltre a fattori cognitivi entrano in gioco anche le importanti dimensioni sociale, relazionale, emotiva, affettiva, motivazionale, ecc. con tutta la loro vasta gamma di interconnessioni e influenze reciproche.

Prenderemo in esame alcune delle principali teorie dell'apprendimento in un'accezione molto ampia del termine, includendo cioè, oltre alle teorie classiche e «canoniche», anche alcune teorie dello sviluppo, teorie dell'insegnamento e altri ambiti di particolare interesse per la nostra riflessione. In particolare, analizzeremo gli aspetti per noi più rilevanti al fine di individuare risvolti applicativi utili per impostare percorsi educativo-didattici all'interno del contesto scolastico. Tutto questo anche con l'intento di comprendere meglio e avere ulteriori spunti per analizzare le complesse interazioni che caratterizzano un processo così dinamico e articolato come quello di insegnamento-apprendimento.

Il comportamentismo: dagli albori dell'apprendimento ai risvolti applicativi più attuali

La presentazione delle varie teorie dell'apprendimento che hanno caratterizzato il pensiero psicologico fino ai giorni nostri e che hanno avuto una forte influenza nella programmazione e attuazione dei processi di insegnamento-apprendimento, non può non partire dalle note teorie elaborate nell'ambito del comportamentismo. Secondo questo approccio ciò che può essere studiato è solo il comportamento osservabile e non i processi mentali (come, ad esempio, il pensiero) o quelli affettivo-emotivi (come, ad esempio, i sentimenti). Secondo i comportamentisti esisterebbero delle «leggi universali» che stanno alla base degli apprendimenti, sia di quelli più semplici sia di quelli più complessi, in contrapposizione quindi alla visione degli psicologi cognitivisti, la cui attenzione è volta invece proprio ai processi mentali implicati nell'apprendimento, ritenendo che un cambiamento comportamentale osservabile sia la manifestazione di veri e propri cambiamenti nelle conoscenze e nelle abilità (Berti, 1994).

Avremo modo di approfondire ampiamente più avanti la posizione cognitivista rispetto all'apprendimento; torniamo quindi per ora a focalizzare la nostra attenzione sull'approccio tipicamente comportamentista e, in particolare, partiamo dagli studi pionieristici del fisiologo russo Pavlov (1849-1936), padre del *condizionamento classico o rispondente.*

Il condizionamento classico di Pavlov

Pavlov studiò il condizionamento rispondente osservando, durante alcuni esperimenti condotti in laboratorio, che la reazione di salivazione di un cane, la cui comparsa era generalmente contemporanea a quella del cibo, può presentarsi anche in risposta a stimoli che precedono la somministrazione del cibo stesso.

Il condizionamento pavloviano, basato su un apprendimento di tipo associativo stimolo-risposta, ha come assunto base il fatto che uno stimolo incondizionato con ogni probabilità sarà in grado di dare origine a una risposta incondizionata.

Nelle ricerche di Pavlov lo *stimolo incondizionato* era della carne, mentre la *risposta incondizionata* consisteva nella salivazione, una risposta riflessa innata che non deve essere appresa.

Presentando uno stimolo neutro, non rilevante per la secrezione salivare (ad esempio il suono di un campanello), immediatamente prima della somministrazione del cibo e ripetendo più volte questa associazione, Pavlov osservò che il semplice stimolo sonoro del campanello era in grado di provocare la risposta di salivazione, in quanto segnale anticipatorio della comparsa del cibo. La salivazione diventava quindi, in questo caso, una *risposta condizionata* al suono del campanello che, a sua volta, diventava uno *stimolo condizionato* (Hill, 2000).

Attraverso l'associazione stimolo-risposta, è quindi possibile costruire lunghe catene di condizionamenti e questo è facilmente osservabile anche nella nostra vita di tutti i giorni, dove certe relazioni di contiguità tra stimoli si presentano in maniera del tutto naturale.

Di particolare interesse, soprattutto in ambito educativo e, in particolare negli apprendimenti rivolti ad alunni anche con disabilità gravi (si pensi ad esempio, in questo caso, ai programmi di sviluppo e potenziamento delle autonomie personali e sociali) risulta il fenomeno della *generalizzazione* dello stimolo, grazie al quale la risposta condizionata viene estesa anche ad altri stimoli condizionati aventi proprietà simili allo stimolo originale.

La generalizzazione non è comunque da considerarsi sempre in termini positivi; pensiamo ad esempio alla generalizzazione di certe paure che, proprio per questo, spesso ci appaiono immotivate o a tutto l'ambito dei disturbi fobico-ossessivi, in cui si sono sviluppati programmi di *desensibilizzazione* verso gli stimoli condizionati generatori di paure, ansia e fobie. In questi casi, in cui la generalizzazione non risulta adattiva ma funge piuttosto da vera e propria «barriera» e ostacolo, può essere quindi utile contrastarla attraverso *l'estinzione,* cioè sfruttando il fatto che una risposta condizionata tende a scomparire se lo stimolo incondizionato si presenta ripetutamente senza essere seguito da quello condizionato. Questo ha certamente per l'uomo e per gli animali anche un alto valore adattivo in quanto permette di selezionare i comportamenti non più funzionali (o peggio ancora nocivi) destinati a non essere mantenuti. Lo stesso cane di Pavlov smise di salivare dopo che, per un certo numero di volte, il suono non venne seguito dal cibo! (Berti, 1994).

Una altro concetto importante di questo paradigma teorico, che ha trovato notevoli implicazioni pratiche, è anche quello di *discriminazione,* ossia la capacità di distinguere stimoli simili ma che comunque differiscono per una o più caratteristiche, anche minime, essendo quindi in grado di elicitare risposte differenti. Anche il cane di Pavlov smetteva di produrre salivazione all'udire suoni di 900 e 1100 Hertz, se riceveva il cibo soltanto dopo il suono di 1000 Hertz. Inoltre, una volta che uno stimolo è associato a una risposta, diventando quindi saldamente il suo stimolo condizionato può verificarsi un ulteriore fenomeno di *condizionamento di ordine superiore*: uno stimolo neutro, che precede quello condizionato può diventare capace, a sua volta, di produrre da solo la risposta condizionata (Berti, 1994). È assai nota l'immagine del cane di Pavlov che ormai condizionato a salivare al suono del campanello, emetteva la stessa risposta anche alla semplice vista dello sperimentatore.

Il comportamentismo di Watson

Più o meno negli stessi anni in cui Pavlov conduceva in Russia i suoi esperimenti, negli Stati Uniti nasceva e si diffondeva un nuovo modo di concepire la psicologia. «Basta con lo studio dei pensieri e dei sentimenti; è ora di studiare ciò che la gente fa concretamente!»: questo il motto dei sostenitori di questo nuovo orientamento che trovò in Watson (1878-1958) uno dei più autorevoli sostenitori e che ben presto venne conosciuto con il termine di *comportamentismo.*

Secondo Watson l'essere umano nasce con alcune connessioni stimolo-risposta chiamate riflessi e successivamente si possono poi formare numerose altre connessioni stimolo-risposta, proprio grazie all'apprendimento che ha luogo in base ai processi di condizionamento descritti da Pavlov. Watson si collocava quindi decisamente nella schiera dei sostenitori del primato dei fattori ambientali in opposizione ai sostenitori del primato dei fattori ereditari: ciò che siamo dipende interamente da ciò che abbiamo appreso (Hill, 2000).

L'interesse di Watson era quindi completamente rivolto al comportamento (da qui il termine comportamentismo) escludendo quindi l'esperienza cosciente, che non essendo un dato oggettivo era priva di valore scientifico e quindi anche di interesse per i suoi studi.

Secondo Watson, quindi, la natura umana è suscettibile di innumerevoli modificazioni grazie alle influenze reciproche tra le esperienze di apprendimento passate e quelle attuali, non ponendo limiti a ciò che una persona, con un opportuno e adeguato condizionamento, sarà in grado di fare.

A questo proposito è celebre questo passo tratto da uno dei suoi scritti:

> Affidatemi una decina di bambini piccoli in buona salute e di sana costituzione, permettetemi di educarli in un ambiente realizzato come intendo io, e vi garantisco che, prendendo a caso uno qualsiasi di loro, ne farò uno specialista di qualunque genere, a scelta: medico, avvocato, artista, commerciante, dirigente, persino mendicante o ladro, e questo a prescindere dal suo talento, dalle sue inclinazioni, capacità, predisposizioni e dalle sue origini etniche. (Watson, 1930)

La citazione evidenzia sicuramente molto bene anche il clima sociale, politico ed economico americano in cui il comportamentismo prese piede: uguaglianza delle opportunità di accesso alle risorse per tutti, valorizzazione della capacità di prendere decisioni concrete senza lasciarsi trasportare dall'influenza delle emozioni, fede nel progresso, ecc. (Hill, 2000).

Da un punto di vista applicativo, le teorizzazioni di Watson sono particolarmente conosciute in associazione allo studio e alla terapia di paure e fobie, soprattutto quelle innescate appunto da circoli viziosi come abbiamo visto in precedenza.

È celebre il caso del «piccolo Albert», un bambino di 11 mesi che fu sperimentalmente condizionato alla paura verso un ratto bianco, associando la presenza della cavia a un rumore improvviso di forte intensità. Bastarono poche presentazioni simultanee dei due stimoli per fare in modo che si innescasse una reazione condizionata di paura verso l'animale, anche in assenza del rumore, che si generalizzò ben presto anche ad altri stimoli percettivamente simili. Con questo esperimento Watson intendeva dimostrare che era possibile spiegare la genesi di alcune reazioni emotive come la paura, semplicemente in base alle leggi del condizionamento e, proprio attraverso gli stessi principi che regolano questo apprendimento, formulare delle proposte di intervento a scopo terapeutico (Moderato e Rovetto, 1997). Nel caso del piccolo Albert e in casi analoghi, ad esempio, era possibile adottare quattro diverse soluzioni: impostare un processo di estinzione, attuare attività costruttive sull'oggetto temuto, effettuare il ricondizionamento o provocare una competizione con l'emissione della risposta di paura. Quello che oggi noi conosciamo come «inibizione reciproca», ossia il decondizionamento per mezzo della presentazione di uno stimolo competitivo, fu però di fatto messo a punto in termini terapeutici e trovò ampia diffusione solamente molti anni dopo a opera di Wolpe (Moderato e Rovetto, 1997), così come la tecnica della «desensibilizzazione sistematica».

Il connessionismo di Thorndike

Le conseguenze premianti o punitive all'emissione di una risposta, ossia il concetto base di rinforzo, uno dei nuclei centrali dell'apprendimento, venne sistematicamente analizzato da Thorndike (1874-1949) partendo da studi condotti su animali. Sono celebri i suoi esperimenti con i gatti rinchiusi in una «gabbia problema» grazie alla quale era possibile uscire azionando una cordicella, avendo così accesso a un'ambita ricompensa (ad esempio del pesce, ma anche semplicemente la libertà!). Dopo vari tentativi, Thorndike notò che il gatto era in grado di imparare a tirare la cordicella, ma questo non era dovuto a una presa di coscienza intelligente del rapporto esistente fra l'atto di tirare la cordicella e l'apertura della grata, bensì a un progressivo consolidamento della connessione stimolo-risposta, ossia un graduale e meccanico apprendimento della risposta corretta (da qui il termine *connessionismo*) (Hill, 2000).

Di rilievo nella teoria di Thorndike è la sua formulazione della *legge dell'effetto:*

> Il rafforzamento delle connessioni stimolo-risposta non deriva semplicemente dalla contemporaneità della comparsa di stimolo e risposta, ma dagli effetti che seguono la risposta: se uno stimolo è seguito da una risposta e poi da uno *stato di soddisfazione,* la connessione stimolo-risposta si rafforza; se invece uno stimolo è seguito da una risposta e poi da uno *stato sgradevole,* la connessione stimolo-risposta si indebolisce. (Hill, 2000, p. 45)

Qualche anno più tardi, Thorndike apportò delle modifiche alla sua legge dell'effetto, assegnando un'importanza superiore al ruolo svolto dagli stati di soddisfazione, rispetto a quello prodotto dagli stati sgradevoli.

La teoria della contiguità di Guthrie

Per Guthrie (1886-1959), sulla scia di Watson, l'apprendimento non è altro che una combinazione di stimoli e movimenti, dove ogni risposta è una conseguenza di uno stimolo:

> Una combinazione di stimoli che abbia accompagnato un determinato movimento tenderà, ogni volta che si ripresenta, a essere seguita da quel movimento. (Guthrie, 1960)

Parafrasando questo principio si potrebbe quindi dire:

> Se in una determinata situazione si fa una data cosa, la prossima volta che ci si ritroverà in quella situazione si tenderà a fare di nuovo la stessa cosa. (Hill, 2000)

Quindi a differenza del condizionamento classico, non interviene alcuno stimolo incondizionato, ma è sufficiente che stimolo condizionato e risposta compaiano insieme perché si abbia apprendimento (un apprendimento di tipo associativo, meccanico, privo di intenzionalità). Allo stesso modo scompaiono anche premi e punizioni o stati di soddisfazione/insoddisfazione, importanza di successo/insuccesso nell'emissione della risposta. Mantengono invece forte rilevanza l'esercizio e la vicinanza nel tempo; infatti per Guthrie ogni forma di apprendimento anche complesso, come può essere un apprendimento di tipo intenzionale, può trovare completa spiegazione facendo riferimento alla *legge dell'associazione per contiguità,* mentre la motivazione può solo determinare i movimenti del soggetto e fungere da stimolo di mantenimento fino al raggiungimento della meta finale (Guthrie, 1960).

Interessanti sono alcune applicazioni pratiche di questa teoria volte a modificare cattive abitudini. Guthrie formula tre metodi, tutti accomunati dall'intento di individuare quelli che sono gli stimoli che provocano la risposta indesiderata per poi trovare il modo di far comparire un'altra risposta (quella desiderata o più accettabile) in presenza di quegli stessi stimoli. Una volta fatto questo dovrebbe essere proprio quest'altra risposta a ricomparire la volta successiva in cui si ripresenteranno questi stimoli (Hill, 2000).

1. *Metodo della soglia*: consiste nel presentare gli stimoli in forma talmente lieve o attenuata in modo tale che la risposta indesiderata non abbia modo di verificarsi, in quanto l'intensità dello stimolo è al di sotto della soglia necessaria per determinare la risposta.
2. *Metodo dell'affaticamento*: si fa in modo di indurre in continuazione e ripetutamente la risposta da eliminare, fino a quando la persona è talmente stanca da smettere di ripeterla, volendo quindi solo riposarsi o mettersi a fare qualcosa di diverso, ed è probabile che questo «qualcosa di diverso» sarà la risposta che si presenterà per prima la prossima volta alla comparsa degli stimoli in questione.
3. *Metodo degli stimoli incompatibili*: gli stimoli che provocano la risposta indesiderata vengono presentati insieme ad altri stimoli che si prevede daranno luogo a una risposta diversa e incompatibile, in modo che gli stimoli originari finiscano per associarsi alla nuova risposta (Hill, 2000).

La teoria dell'apprendimento di Hull

La teoria proposta da Hull (1884-1952) è certamente molto complessa e articolata in vari postulati e, pur ricalcando fedelmente gli assunti base del comportamentismo, introduce però anche alcuni interessanti elementi di novità. Hull schematizza il suo complesso sistema di variabili in quattro stadi: si parte da un gruppo di variabili indipendenti (stadio 1) volte ad avanzare delle previsioni, fino ad arrivare alle variabili dipendenti (stadio 4) grazie alle quali è possibile formulare concretamente tali previsioni, passando attraverso delle variabili intermedie o intervenienti (stadi 2 e 3) che le mettono in relazione (Hill, 2000; Quaglia e Longobardi, 2007).

- *Primo stadio – variabili indipendenti:* ossia quelle che si possono manipolare direttamente, come ad esempio il tipo di stimolazione che il soggetto riceve, variabili che riguardano avvenimenti immediatamente precedenti (come ad esempio la privazione di cibo), le esperienze già fatte in situazioni analoghe di apprendimento (ad esempio l'entità del rinforzo ricevuto), ecc., potendo continuare quasi all'infinito nel formularne.
- *Secondo e terzo stadio – variabili intermedie o intervenienti:* ossia variabili che fanno riferimento a stati ipotetici dell'organismo, non direttamente osservabili ma che si presume siano influenzati dalle variabili indipendenti. Le più importanti sono: la *forza dell'abitudine,* che fa riferimento alla forza della connessione, appresa e consolidata grazie a una ripetizione sistematica di sessioni di addestramento seguite da rinforzo (ricompensa per la risposta), tra stimolo e risposta, e *la pulsione,* ossia lo stato di necessità e di attivazione dell'organismo, lo stimolo ad agire, dove una riduzione dell'intensità di tale pulsione agisce da ricompensa. Successivamente Hull individua una terza variabile intermedia, la *motivazione da incentivo,* ossia l'effetto motivante prodotto dall'incentivo fornito al soggetto. Queste tre variabili concorrono a generare un'altra variabile interveniente (terzo stadio): il *potenziale di reazione o eccitazione,* definito come la tendenza complessiva a dare una determinata risposta a uno stimolo.
- *Quarto stadio – variabili dipendenti:* fanno riferimento agli aspetti del comportamento che sono direttamente e concretamente osservabili e misurabili, come l'ampiezza/entità della risposta, la velocità della risposta, la resistenza all'estinzione e sui quali agisce direttamente e in maniera correlata il potenziale di reazione.

Queste in estrema sintesi le tappe principali della teoria di Hull, che ha sicuramente dei punti di forza ma anche vari limiti; essa ha comunque trovato sia continuazione e approfondimenti da parte di molti ricercatori della scuola di Yale, sia una applicazione pratica anche in ambito psicopatologico e psicoterapeutico (Dollard e Miller, 1975).

Il condizionamento operante di Skinner

La teoria di Skinner (1904-1990), basata su poderosi studi svolti con animali (il cui comportamento veniva osservato all'interno della famosa «Skinner box»), ha trovato ampia applicazione al comportamento umano; essa evidenzia due tipi principali di comportamento: il *comportamento rispondente,* quello tipico individuato dal condizionamento classico ossia le risposte riflesse a un dato stimolo, e il *comportamento operante,* un comportamento di tipo volontario che sta alla base, secondo Skinner, della maggior parte dei comportamenti umani e si caratterizza per il fatto di essere influenzato non dagli stimoli che lo precedono, quanto piuttosto dagli stimoli che lo seguono e che sono, di solito, effetto del comportamento stesso (Berti, 1994). Partono proprio da qui gli importanti concetti di *rinforzo* e *punizione,* ossia la possibilità del ripetersi o meno di un dato comportamento, in base alla diversa tipologia di conseguenze prodotte.

I rinforzi ricoprono quindi, all'interno della teoria skinneriana, un ruolo centrale tanto che ne vengono individuate varie e diverse tipologie: *rinforzi positivi,* quelli che rafforzano la probabilità di ricomparsa o emissione di un dato comportamento (ad esempio l'approvazione di un insegnante o del genitore), contrapposti ai *rinforzi negativi* che, al contrario, sono legati a eventi e situazioni la cui cessazione o scomparsa, proprio per il carattere negativo e disturbante per il soggetto, provoca uno stato di benessere e sollievo, tale da indurre la persona a mettere in atto i comportamenti che provocano tale cessazione.

Un'ulteriore distinzione che va fatta è quella tra *rinforzi primari,* che hanno basi biologiche e che sono volti a soddisfare un bisogno dell'organismo, e *rinforzi secondari,* ossia eventi o situazioni originariamente neutri che però, grazie a un condizionamento di tipo classico di associazione a rinforzi primari, hanno acquisito potere rinforzante (si pensi a uno dei più potenti rinforzi secondari: il denaro).

Un altro importante aspetto che caratterizza il condizionamento operante è quello di modulare non solo la frequenza di emissione di determinati comportamenti ma anche di consentire la comparsa di comportamenti in parte o completamente nuovi, grazie al *modellaggio,* una tecnica che prevede il rinforzo passo passo dei vari comportamenti che si avvicinano sempre più in maniera corretta e precisa al comportamento atteso.

Questa tecnica — come del resto numerosi altri principi del condizionamento operante — ha trovato ampia applicazione e successo sia in ambito educativo scolastico, sia nell'insegnamento di particolari abilità anche nei casi di disabilità piuttosto gravi. Le tecniche principali della terapia e modificazione del comportamento proprie dell'*Applied Behavior Analysis* traggono infatti origine proprio dagli studi di Skinner e dei suoi seguaci.

Comportamentismo e processi di insegnamento-apprendimento: Gagné, Bloom e il mastery learning

Anche nel periodo in cui l'approccio cognitivo allo studio dei processi di apprendimento e anche di quelli in ambito educativo iniziava a influenzare marcatamente la ricerca, alcuni studiosi hanno tenuto fede (pur con le inevitabili influenze proprie del cognitivismo) a una descrizione di pratiche di insegnamento-apprendimento che sono molto vicine all'impostazione comportamentista.

In questa prospettiva dobbiamo vedere, ad esempio, il contributo di Gagné con la sua *teoria dell'apprendimento cumulativo*. Gagné concepisce lo sviluppo umano non come un qualcosa che procede «a salti» passando da uno stadio all'altro, ma come un qualcosa di progressivo. Di qui la sua concezione di «apprendimento cumulativo»: il bambino progredisce nello sviluppo non grazie a semplici nuove associazioni (discostandosi quindi qui dal comportamentismo), ma perché

> impara un insieme ordinato di capacità che si costruiscono l'una sull'altra progressivamente, attraverso processi cumulativi di discriminazione, rievocazione e transfer. Queste capacità sono tutte apprese e l'acquisizione di ciascuna di esse richiede che siano

> soddisfatte determinate condizioni *interne* [prerequisiti, cioè capacità già possedute] ed *esterne* [modalità di presentazione degli stimoli, situazione di apprendimento]. (Boscolo, 1986, p. 38)

Gagné distingue otto tipi di apprendimenti organizzati in una struttura gerarchica in base alle diverse componenti di conoscenza richieste, dove l'acquisizione di uno è condizionata all'acquisizione di tutti i precedenti. Solo quando si è raggiunta la padronanza di tutte le singole componenti si può ottenere con successo il risultato finale (Boscolo, 1986).

1. *apprendimento di segnali:* apprendimento di risposte di tipo emotivo secondo il condizionamento classico;
2. *apprendimento stimolo-risposta:* la risposta acquisita è un comportamento preciso e circoscritto;
3. *concatenazione motoria:* sequenza di connessioni S-R di movimenti semplici o complessi;
4. *concatenazione o associazione verbale:* apprendimento di associazioni verbali (ad esempio imparare il nome di un oggetto);
5. *apprendimento di discriminazioni:* capacità di dare risposte diverse a elementi stimolo di uno stesso gruppo, discriminandone i tratti distintivi;
6. *apprendimento di concetti:* dare una stessa risposta a stimoli appartenenti alla stessa classe;
7. *apprendimento di principi/regole:* concetti appresi per definizione (ad esempio in relazione alle varie discipline scolastiche);
8. *soluzione di problemi:* applicare regole note per individuare poi regole nuove di ordine superiore da far entrare nel repertorio individuale.

Gagné considera l'analisi dei compiti di apprendimento la «chiave di volta» dell'insegnamento e quindi, secondo questo studioso, esiste un rapporto molto stretto tra teoria dell'apprendimento e teoria dell'insegnamento.

In questa prospettiva, Gagné propone nove eventi legati al processo di istruzione che forniscono le condizioni necessarie per l'apprendimento e che servono come base per la scelta delle strategie educative più appropriate (Gagné, 1974):

1. stimolare l'attenzione per favorire la ricezione dello stimolo;
2. informare gli studenti degli obiettivi stabiliti, in modo da creare aspettative adeguate;
3. stimolare la memoria delle conoscenze pregresse;
4. fornire uno stimolo e assicurare una percezione selettiva;
5. guidare l'apprendimento attraverso una codifica semantica appropriata;
6. promuovere la pratica e la generazione di risposte;
7. fornire feedback;
8. valutare le prestazioni;
9. far svolgere attività diversificate in modo da promuovere il transfer e favorire futuri recuperi della conoscenza.

Il nome di Bloom è particolarmente noto in ambito educativo e psicopedagogico soprattutto per i suoi studi legati alla *tassonomia degli obiettivi educativi,* alla *pedagogia dei curricoli* e alla metodologia di insegnamento *mastery learning* (apprendimento della padronanza) (Bloom, 1956; 1979; Block, 1972; 1980).

Le sue riflessioni partono dalla convinzione che il sistema tradizionale di insegnamento è *errorfull,* cioè del tutto errato e inefficace, in quanto basato su una didattica indifferenziata che non promuove i talenti. L'insegnamento efficace e adeguato, invece, deve essere in grado di promuovere questi talenti attraverso l'acquisizione della *mastery* (padronanza), che avviene grazie alla perseveranza (strettamente legata alla motivazione), all'attitudine, alla capacità di apprendere da parte dell'alunno, ma anche alla qualità dell'istruzione (programmazione e metodi di insegnamento adeguati, individualizzazione degli interventi didattici, ecc.) e alle opportunità di apprendimento offerte dal contesto scolastico. Infatti, anche le differenze nell'apprendimento sono considerate un qualcosa che è possibile prevedere, spiegare e modificare, se ricondotte alle condizioni «ambientali», cioè al sistema di istruzione scolastica e alle sue variabili.

Secondo l'approccio del *mastery learning*

> la maggior parte degli studenti può raggiungere un alto livello di capacità di apprendere a patto che: si affronti l'insegnamento con sensibilità e sistematicità, si aiutino gli allievi quando e dove presentano difficoltà di apprendimento, si dia loro il tempo sufficiente per conseguire la padronanza, e si stabilisca un criterio chiaro per definire che cosa sia da considerare, appunto, «padronanza». (Bloom, 1979)

Più concretamente, nella strutturazione di percorsi di apprendimento e nella formulazione delle singole unità didattiche gli obiettivi devono essere definiti in modo chiaro, esplicito e condiviso, facendo riferimento a precisi indicatori che esprimono ciò che ci si attende che l'alunno sappia fare al termine del percorso di apprendimento.

In questo ci può aiutare la *tassonomia degli obiettivi educativi* messa a punto da Bloom (1956); riportiamo qui di seguito le categorie dell'area cognitiva:

1. *conoscenza:* capacità di rievocare materiale memorizzato (fatti, metodi, processi, modelli, strutture, ecc.);
2. *comprensione:* capacità di afferrare il senso di un'informazione e di saperla trasformare, interpretare, riorganizzare, ecc.;
3. *applicazione:* capacità di far uso di materiale conosciuto per risolvere problemi nuovi e di utilizzare quindi rappresentazioni astratte (idee, regole di procedimento, metodi, principi, teorie, ecc.) applicandole a casi concreti;
4. *analisi:* capacità di separare degli elementi di un complesso evidenziandone i rapporti, rendendo così esplicita la gerarchia delle idee e delle relazioni esistenti;
5. *sintesi:* capacità di riunire i vari elementi al fine di formare una nuova struttura organizzata e coerente (ad esempio elaborazione di un piano d'azione, deduzione autonoma di regole, ecc.);
6. *valutazione:* capacità di formulare autonomamente giudizi critici di valore e di merito in base all'evidenza interna e a criteri prestabiliti.

Anche Block (1972), nell'ottica della *mastery learning,* propone dei precisi procedimenti di educazione individualizzata (Tessaro, 2002):

– *definizione operativa degli obiettivi:* l'insegnante definisce le abilità concettuali e operative che gli studenti dovrebbero raggiungere al termine dell'intervento didattico;
– *frazionamento del contenuto in unità significative:* si stabiliscono i livelli intermedi definendo gli obiettivi particolari in una successione di unità didattiche in grado di promuovere progressivamente le abilità finali;
– *elaborazione di prove* in grado di verificare il raggiungimento o meno degli obiettivi delle unità didattiche individuate;
– *predisposizione delle unità didattiche* tenendo conto il più possibile dello stato di preparazione iniziale degli allievi;
– *strutturazione di attività integrative e di recupero* da proporre a quegli allievi che non avessero raggiunto ancora livelli intermedi di abilità nelle singole unità didattiche;
– *controllo* che gli allievi non affrontino l'unità successiva se non hanno acquisito il minimo indispensabile di dominio delle conoscenze e competenze previste dalle unità precedenti.

Gli inizi della «rivoluzione cognitiva»

Come abbiamo già avuto modo di anticipare, il passaggio dal comportamentismo al cognitivismo non è certamente stato improvviso e repentino e nemmeno definitivo, ma ben presto vari studiosi si resero conto che molti processi di apprendimento, oggetto delle loro analisi, non potevano essere spiegati semplicemente attraverso i principi base dell'associazione tra stimoli e risposte (abbiamo già avuto modo di vedere l'esempio di Gagné), ma diventava necessario e urgente incominciare a occuparsi in modo analitico anche della struttura cognitiva di chi è impegnato ad apprendere.

Riportiamo quindi qui di seguito le teorie proposte da alcuni studiosi, che pur basandosi e partendo da principi propri del comportamentismo, si sono spostati poi gradualmente verso un sempre maggiore interesse per gli aspetti cognitivi del soggetto che apprende.

Il comportamentismo «intenzionale/finalistico» di Tolman

Tolman (1886-1959), pur inserendosi nel filone delle teorie comportamentiste statunitensi, terreno all'interno del quale le influenze delle teorie cognitive più «europee» hanno impiegato parecchi anni prima di acquisire visibilità e importanza, può essere a pieno diritto considerato uno dei precursori di questo orientamento di reciproca influenza.

Infatti, questo studioso include nei principi responsabili dell'apprendimento, il concetto di *intenzione* che anima un'azione. Le unità di comportamento non possono essere considerate come il semplice risultato della somma delle loro parti, ma il comportamento è sempre diretto verso uno scopo ed è suscettibile di continue modificazioni proprio in seguito ai processi di apprendimento. Per questi assunti, il comportamentismo di Tolman è detto «molare»: non ci troviamo più di fronte solo a un organismo che ricevendo degli stimoli produce delle risposte, ma a un organismo in grado anche di *valutare* le relazioni esistenti tra stimolo, azione e conseguenza (Quaglia e Longobardi, 2007). Il comportamento molare può quindi essere descritto come orientato verso una meta, finalizzato a precisi obiettivi e quindi, in definitiva, pianificato e intenzionale.

Anche l'ambiente svolge un ruolo di influenza fondamentale sul comportamento umano: tra stimolo e risposta si inserisce il contesto fatto di strumenti, risorse, fattori ostacolanti o facilitanti, ecc., con i quali gli individui sono costantemente in relazione e che permettono il raggiungimento, più o meno agevole, degli scopi prefissati.

Inoltre, gli stimoli non sono collegati nella mente umana con singole risposte, ma sono elaborati secondo una mappa cognitiva dell'ambiente che, valutando percorsi, itinerari, relazioni, fornisce la risposta più adatta, basandosi su una vera e propria rappresentazione della meta/ricompensa finale. L'organismo apprenderebbe quindi, secondo Tolman, significati, percorsi di apprendimento e quindi non solo semplici riproduzioni di movimenti (Tolman, 1948; Quaglia e Longobardi, 2007). Per questi e altri assunti, i lavori di Tolman possono quindi essere considerati a pieno titolo anticipatori di una rivoluzione nel modo di concepire l'apprendimento che sarebbe seguita a breve.

La teoria dell'apprendimento sociale di Bandura

Proponiamo questa teoria al «confine» tra comportamentismo e cognitivismo proprio perché Bandura, più di altri, è certamente riuscito in maniera esemplare a coniugare efficacemente i principi classici della tradizione comportamentale con quelli di derivazione squisitamente cognitivista, offrendo degli spunti che trovano oggi ampia ed efficace applicazione anche in ambito educativo-didattico e sono capisaldi del processo di insegnamento-apprendimento.

La nascita di questa teoria va di pari passo con il crescente interesse verso lo studio del comportamento non più all'interno dei laboratori di ricerca, ma piuttosto in contesti relazionali interpersonali (Miller e Dollard, 1977; Dollard e Miller, 1975).

Il perno centrale della teoria dell'apprendimento sociale è quello di *apprendimento osservativo* che avviene all'interno di una rete di rapporti sociali e che ha luogo quando una persona viene influenzata semplicemente osservando il comportamento di un'altra persona che funge da modello e che viene quindi imitata. Questo processo è conosciuto con il termine di *modellamento (modeling)*, di seguito proponiamo alcuni elementi che ci consentono di comprendere meglio la teoria dell'apprendimento sociale (Bandura, 1996; 2000).

I modelli che una persona tende a imitare sono quelli che, per varie ragioni spesso del tutto personali, appaiono più attraenti e con caratteristiche apprezzate dalla persona che osserva; possono esserci ragioni di carattere affettivo-emotivo e di stima (si pensi ai modelli genitoriali o a quelli offerti dagli insegnanti) o anche semplicemente perché incarnano persone che godono di successo e popolarità (si pensi quanto questo sia forte soprattutto nel periodo adolescenziale).

Un altro fattore che determina in maniera forte il modellamento sono anche le conseguenze prodotte dal comportamento osservato, definite da Bandura come *conseguenze vicarie.* Se il modello viene rinforzato, ciò agisce sull'osservatore come «rinforzo vicario» aumentando la probabilità di imitazione di quel comportamento, cosa che non avviene invece se il modello subisce una punizione. L'osservazione viene quindi elevata allo stesso livello del processo di insegnamento.

Vediamo come, alla base di questo approccio, ci siano i principi base del condizionamento operante con la differenza che la sperimentazione delle conseguenze di un determinato comportamento non avviene in prima persona, ma attraverso il ruolo «mediatore» e «vicario» di un'altra persona in carne e ossa o anche semplicemente quando questa è rappresentata in filmati. L'imitazione o meno di un modello può anche non essere immediata, ma avvenire dopo un certo periodo di tempo in conseguenza del ripresentarsi di situazioni che si aveva avuto occasione di osservare in precedenza. Dobbiamo quindi ricordare che l'apprendimento e l'acquisizione di un determinato comportamento va distinta dalla prestazione vera e propria, ossia dalla messa in atto concreta di quel comportamento (Berti, 1994).

La semplice socializzazione non è però in grado di spiegare apprendimenti più complessi e questo spinse Bandura a estendere la propria riflessione anche all'elaborazione cognitiva delle informazioni e al ruolo svolto da processi quali percezione, attenzione, memoria; Bandura prendeva così definitivamente le distanze dal modello stimolo-risposta, denominando la sua teoria *sociocognitiva* e aderendo quindi formalmente alla prospettiva cognitivista.

In questa nuova prospettiva, Bandura (1996; 2000) formula un sistema di rappresentazioni, denominato sistema del Sé, in base al quale una persona è in grado di anticipare e valutare le attese che il suo comportamento implica, sviluppando quindi un *senso di autoefficacia,* pianificando le azioni necessarie per portare a compimento con successo quanto ci si è prefissati, controllando e dirigendo attivamente, in definitiva, il proprio comportamento *(agency personale)* (Quaglia e Longobardi, 2007).

Le convinzioni di autoefficacia sono alimentate da quattro fonti principali di informazioni (Quaglia e Longobardi, 2007):

1. *Senso di padronanza (mastery):* esperienze di azioni dirette caratterizzate da successo e quindi da efficacia personale;
2. *Esperienze vicarie:* influenzano, come abbiamo visto, le valutazioni di efficacia attraverso l'osservazione di modelli;
3. *Persuasione verbale:* fiducia che le persone esprimono nelle capacità di chi agisce;
4. *Informazioni somatiche:* connesse a stati fisiologici ed emozionali.

Tali fonti di convinzioni di efficacia producono i loro effetti e quindi regolano il funzionamento umano attraverso quattro processi principali: cognitivi, motivazionali (ad esempio attribuzioni causali, aspettative di risultato, ecc.), affettivi e di scelta.

L'apprendimento negli approcci cognitivisti e costruttivisti

Verso la fine degli anni Sessanta cominciano ad affermarsi sempre più approcci di impostazione cognitivista che modificano radicalmente sia la concezione di *cosa* viene appreso, sia le *modalità* con cui questi apprendimenti avvengono.

Se il comportamentismo era caratterizzato dallo stretto rapporto tra stimolo e risposta, negli approcci di stampo cognitivista il soggetto assume un ruolo decisamente più attivo nell'elaborare la realtà circostante, in cui la conoscenza è acquisita intenzionalmente e dove, le nuove conoscenze, possono anche andare a modificare quelle preesistenti attraverso *accrescimento* (aggiunta di nuove informazioni negli schemi già esistenti), *ristrutturazione* (vengono originati nuovi schemi) e *sintonizzazione* (affina e aumenta il grado di accuratezza degli schemi attraverso modificazioni graduali) (Rumelhart e Norman, 1981).

La modalità attraverso la quale le conoscenze già possedute da una persona (schemi, concetti, teorie, ecc.) influenzano l'acquisizione di nuove conoscenze viene definita *top-down* (dall'alto al basso); viceversa, la modalità in cui invece è la realtà percepita che attiva processi cognitivi di apprendimento o revisione di schemi precedenti è definita *bottom-up* (dal basso verso l'alto).

Quelle che vengono acquisite non sono più quindi semplici «abitudini» ma strutture cognitive articolate, in grado di predisporre la mente affinché colleghi le varie informazioni e costruisca attivamente delle risposte.

Soffermiamoci ancora brevemente sulla nozione di *schema* che troveremo in più occasioni nelle varie teorie che andremo a proporre. Il termine è apparso per la prima volta nell'opera di Bartlett (1974), che considerava la memoria come processo costruttivo: nel ricordo il materiale viene «agganciato» a schemi di cui l'individuo già dispone grazie alle sue precedenti esperienze e tali schemi influenzano la percezione, l'elaborazione e la produzione dei contenuti.

Lo schema, avente funzione di guida nell'organizzazione delle informazioni in arrivo, si può quindi definire come:

- una struttura di dati per rappresentare i concetti generici immagazzinati nella memoria (Rumelhart e Ortony, 1977, p. 101);
- un «pacchetto» organizzato di conoscenze che serve a rappresentare unità singole di conoscenze riunite insieme (Norman, 1982, p. 54);
- strutture astratte di conoscenza che si formano attraverso la presentazione ripetuta di alcune esperienze dalle quali è possibile astrarre caratteristiche comuni e la cui attivazione resta generalmente inconsapevole. (De Beni et al., 2003)

Strettamente legati al concetto di schema, sono anche quello di *script* («copione», ossia una struttura stereotipica di conoscenza che la persona acquisisce relativamente a eventi/situazioni abituali) e la teorizzazione più recente del concetto di *modelli mentali* (Johnson-Laird, 1983), secondo la quale gli esseri umani costruirebbero attraverso vari processi (per lo più di natura inconscia) dei veri e propri modelli mentali per rappresentarsi il mondo e tali modelli verrebbero poi impiegati dall'individuo come guida in varie forme di ragionamento.

Ma torniamo ora alla nostra riflessione sul passaggio dalla prospettiva comportamentista a quella cognitivista.

Mentre nel comportamentismo i fattori determinanti per l'apprendimento erano per lo più esterni (si pensi ad esempio al ruolo dei rinforzi), nel cognitivismo grande importanza assumono anche i fattori interni, legati ai processi mentali del soggetto e alle diverse componenti cognitive coinvolte. Ecco quindi che il soggetto è in grado di selezionare attivamente gli stimoli grazie ai processi attentivi, analizzare i dati in possesso, formulare scopi circa i propri apprendimenti e il proprio agire, pianificando di conseguenza il proprio modo di procedere e le proprie scelte dirette a una meta, ipotizzando e «anticipandosi» mentalmente i possibili esiti, monitorando il proprio procedere, attribuendo significati, utilizzando le strategie più adatte (ad esempio le strategie di memorizzazione), ecc.

La svolta è talmente radicale che in un primo momento scompare addirittura quasi completamente l'utilizzo del termine apprendimento, considerato ancora troppo legato ai principi del comportamentismo, favorendo invece l'uso di termini come schema (struttura di conoscenza che guida il processo di elaborazione e viene a sua volta aggiornato in base alle nuove informazioni in entrata, in un processo costruttivo e dinamico), script, strategie (modi per affrontare un compito, raggiungere gli obiettivi prefissati), metacognizione, cambiamento, ecc. (Berti, 1994).

Gradualmente quindi, la conoscenza «trasmessa, memorizzata e riprodotta» (basata sui contenuti) viene a contrapporsi a una conoscenza che è «costruita, compresa e prodotta» attivamente dalla persona. Questo assunto è il caposaldo del costruttivismo secondo il quale l'apprendimento è un processo personale costruttivo, autentico, intenzionale e collaborativo, mediato dal pensiero che non è mai separato dall'azione. Questo fa in modo che la fonte dell'apprendimento si basi su una comprensione personale di ciò che ci circonda, cercando di dare continuamente un senso profondo alla realtà, basandosi sulle esperienze vissute che andranno inevitabilmente a influenzare anche quelle future. In questa prospettiva assume quindi un ruolo centrale l'apprendimento che avviene in situazioni e contesti reali, mediati socialmente, aperti al confronto, all'interazione, alla negoziazione, all'assunzione di responsabilità, ecc.

Cominciamo a vedere nello specifico i principali approcci che si sono sviluppati a partire da questi nuovi filoni di pensiero e da questi nuovi modi di concepire l'apprendimento.

L'apprendimento per intuizione: la teoria della Gestalt

Come abbiamo visto in precedenza, Tolman aprì la strada a una concezione di apprendimento che superava la semplice associazione tra stimoli e risposte, iniziando a ipotizzare l'influenza anche di fattori di tipo cognitivo.

Un importante contributo in questa direzione, venne in quegli stessi anni da alcuni rappresentanti della scuola della Gestalt (Wertheimer, Köhler, Koffka) che si è occupata in particolare di processi cognitivi quali il pensiero e la percezione. In particolare si deve a Köhler (1960) lo studio dell'apprendimento per *insight (intuizione improvvisa),* ossia caratterizzato dalla soluzione a un problema che si presenta improvvisamente al soggetto, creando in lui la sensazione di presa di coscienza di un qualcosa che prima rappresentava un vero e proprio mistero, un problema irrisolvibile dal quale non si vedeva via di uscita. In un linguaggio gestaltico potremmo quindi definire questa situazione come una «ristrutturazione percettiva» una modificazione repentina e unitaria del «campo» che porta a riconsiderare in modo qualitativamente diverso gli elementi in gioco e ci fa vedere le cose da una prospettiva fino ad allora sconosciuta o non considerata (De Beni et al., 2003; Hill, 2000). Questo tipo di apprendimento non è una prerogativa del genere umano; sono infatti famosi gli esperimenti con gli scimpanzé, che erano in grado, proprio grazie all'insight, di percepire improvvisamente la possibilità di utilizzare un bastone presente nella gabbia dove si trovavano per avvicinare delle banane che erano all'esterno e quindi fuori dalla loro portata. L'apprendimento nella prospettiva della Gestalt si è quindi basato sulle varie possibilità di soluzione di problemi o meglio di «pensiero produttivo» in cui è fondamentale riuscire a individuare una nuova struttura cognitiva attraverso un meccanismo di ristrutturazione dei vari elementi in una totalità dotata di significato.

L'apprendimento in Piaget e negli approcci neopiagetiani

Per Piaget (1896-1980) l'apprendimento dipende dai meccanismi dello sviluppo, riferendosi a modificazioni stabili delle strutture cognitive, dando quindi al termine apprendimento un significato ampio e profondo, volto alla continua ricerca di coerenza e organizzazione cognitiva (Boscolo, 1986).

L'obiettivo di Piaget è essenzialmente epistemologico: individuare i meccanismi che promuovono la conoscenza e descrivere come questa procede grazie all'interazione con l'ambiente e alla costruzione dei comportamenti attraverso l'azione.

> È dunque la conoscenza, con i suoi cambiamenti strutturali, l'essenza dello sviluppo cognitivo, regolandone le diverse tappe evolutive in vista di un sempre più vantaggioso adattamento del pensiero alla realtà. Piaget sposta l'attenzione dalla conoscenza come stato alla conoscenza come processo e ne traccia l'evoluzione partendo dalle sue basi organiche fino alle sue forme più astratte. (Quaglia e Longobardi, 2007, pp. 103-104)

Le strutture cognitive (chiamate schemi) rappresentano le forme dell'organizzazione mentale che si modificano lungo tutto l'arco evolutivo, con caratteristiche ben diversificate. I suoi studi mettono infatti in risalto la specificità del pensiero infantile rispetto a quello dell'adulto, visto quindi non semplicemente come una versione immatura di quest'ultimo. Il bambino passa infatti da modelli di pensiero infantili fino a quelli propri dell'adulto attraverso una sequenza ben precisa e ordinata di stadi e la rapidità del passaggio da uno stadio all'altro, benché sia influenzata dalle esperienze vissute nel proprio ambiente, è essenzialmente governata da processi di maturazione determinati biologicamente. Ogni stadio è caratterizzato da una struttura cognitiva ben precisa e dall'utilizzo di strategie messe in atto dal bambino per cercare di organizzare e comprendere l'esperienza (Fontana, 1996).

Gli approcci neopiagetiani nascono da un'operazione di sintesi tra il costruttivismo di Piaget (facendo quindi anche fronte alle numerose critiche che vennero mosse alla sua teoria) e l'approccio dell'elaborazione dell'informazione. Riteniamo utile ricordare in questa sede gli importanti contributi di Pascual-Leone (per la teoria degli operatori costruttivi e l'interesse per gli stili cognitivi), Case (per aver considerato il modello strutturale dello sviluppo alla luce dei principi propri dell'elaborazione dell'informazione), Fischer (per la sua teoria delle abilità e per il ruolo centrale assegnato al contesto sociale/fattori ambientali nella comprensione dei processi di sviluppo), Karmiloff-Smith (per l'importanza assegnata alle predisposizioni innate e all'ambiente nel regolare i processi di apprendimento e influenzare l'acquisizione di abilità/conoscenze e per il fatto di aver considerato lo sviluppo cognitivo alla luce dei risultati conseguiti dalle neuroscienze).

La «zona di sviluppo prossimale» di Vygotskij

Il concetto di «apprendimento come interiorizzazione», elaborato da Vygotskij (1896-1934), ha sicuramente esercitato un'influenza enorme e innovativa nell'ambito della psicologia dell'educazione. La conoscenza si costruisce attraverso la fitta rete di relazioni con l'ambiente e il significato che ciascuno di noi dà ai concetti, ai fatti, alla realtà che lo circonda e con la quale viene continuamente in contatto, è socialmente costruito attraverso il linguaggio. Vi sarebbe quindi una vera e propria internalizzazione dei processi di interazione con il mondo esterno; ogni funzione si presenta prima sul piano sociale (esternamente nell'interazione tra le persone) e poi su quello individuale (internamente al bambino).

> In riferimento al rapporto apprendimento-sviluppo, Vygotskij appare animato da una stimolante fiducia nell'istruzione e nella sua possibilità di interagire con lo sviluppo. Va ricordato, a tale proposito, che per Vygotskij l'apprendimento umano ha una natura specificamente sociale, è un processo attraverso cui i bambini «crescono nella vita intellettuale di chi li circonda»: l'apprendimento non deve quindi limitarsi a adeguarsi allo sviluppo, ma introduce in esso qualcosa di fondamentalmente nuovo. (Boscolo, 1986, p. 36)

Per chiarire questo stretto rapporto tra sviluppo e apprendimento Vygotskij introduce il concetto di «zona di sviluppo prossimale» (Vygotskij, 2006). Vygotskij individua due livelli di sviluppo: uno *effettivo* che è la risultante della maturazione completa di specifici cicli evolutivi e che permette al bambino di giungere autonomamente alla soluzione di problemi e allo svolgimento di compiti ben precisi; l'altro *potenziale,* un livello di ordine superiore che permette la soluzione di problemi grazie alla guida esperta di un adulto o di coetanei più abili (che forniscono uno *scaffolding,* una «impalcatura», un sostegno all'attività svolta senza sostituirsi al bambino, ma aiutandolo a raggiungere lo scopo comune). La «zona di sviluppo prossimale» è quindi definita come la distanza tra questi due livelli, quello effettivo e quello potenziale. In quest'ottica apprendimento e sviluppo, pur interagendo strettamente tra loro, rimangono concettualmente ben distinti.

> L'apprendimento crea la *zona di sviluppo prossimale* nel senso che attiva una varietà di processi evolutivi che possono operare solo quando il bambino interagisce con i suoi pari e con le altre persone del suo ambiente. Questi processi entrano poi a far parte del progresso evolutivo del bambino. L'apprendimento è quindi un aspetto necessario nel processo di sviluppo delle funzioni psicologiche, e lo sviluppo non è la semplice accumulazione di cambiamenti, ma un processo dialettico caratterizzato da periodicità e irregolarità, da trasformazioni qualitative e dall'intreccio di fattori

> interni ed esterni. Vygotskij, dunque, rifiuta l'identificazione di apprendimento e sviluppo propria del comportamentismo, ma rifiuta anche il concetto di sviluppo come indipendente dall'apprendimento e assecondato da questo: in realtà, apprendimento e sviluppo sono aspetti complementari in continua interazione. (Boscolo, 1986, p. 37)

Questo ci fa subito notare come la posizione di Vygotskij, che attribuisce al concetto di apprendimento un significato decisamente ampio, permeato di aspetti sociali e comunicativi, sia in aperto dissenso con quella di Piaget, al quale critica, tra le altre cose, anche la scarsa importanza attribuita al ruolo svolto dall'istruzione.

All'interno della «zona di sviluppo prossimale», proprio grazie al ruolo mediatore degli «esperti», può accadere infatti che il processo di apprendimento preceda il processo evolutivo: ogni nuova acquisizione segnerebbe l'inizio e fornirebbe le basi di un successivo sviluppo (Quaglia e Longobardi, 2007). Il focus è quindi spostato dal «prodotto dell'apprendimento» al processo, con particolare attenzione al cambiamento, alla trasformazione, all'uso delle strategie, alle azioni compiute.

Recenti applicazioni di questi principi, metodologie e strategie si possono trovare nelle esperienze di *apprendistato cognitivo* (Collins, Brown e Newman, 1989) e di *apprendimento per scoperta guidata* (Brown e Campione, 1994).

Apprendimento e istruzione secondo Bruner

Bruner paragona le teorie di Piaget e Vygotskij alla «mano destra» e alla «mano sinistra»: solo attraverso una stretta collaborazione tra le due è possibile conoscere il mondo. Bruner ha il grande merito di fornire un impulso fondamentale alla «rivoluzione cognitiva», aprendo la psicologia a tutte le dimensioni della cultura (assegnando a questa una forte valenza formativa), in un approccio interdisciplinare allo studio della costruzione della conoscenza. Bruner sostiene che la crescita non può essere compresa senza far riferimento alla cultura in cui la persona è inserita; risulta quindi fondamentale tenere presente non solo la meta ultima a cui tende lo sviluppo, ma anche l'origine da cui lo sviluppo prende avvio.

> Sono la partecipazione dell'uomo alla cultura e la realizzazione delle potenzialità della sua mente attraverso la cultura che rendono possibile la costruzione di una psicologia su base puramente umana. (Bruner, 1992, p. 28)

Lo scopo fondamentale della ricerca di Bruner è quello di mettere in evidenza i processi attraverso i quali l'uomo riesce a elaborare le informazioni, ritenerle, trasformarle e comunicarle, usare le strategie andando oltre la semplice «informazione data», fare ipotesi e verificarne la validità, accentuando l'importanza dell'apprendimento per scoperta.

Lo sviluppo cognitivo è rappresentato dai cambiamenti nel codice di rappresentazione del mondo circostante; Bruner ne individua tre principali (Quaglia e Longobardi, 2007):

1. *Esecutivo:* la conoscenza è assimilata attraverso l'azione. A questo corrisponde una modalità di rappresentazione attiva, caratterizzata dal bisogno di sapere cosa fare e

quindi un tipo di apprendimento che deriva dall'azione, dal contatto e dalla manipolazione dell'ambiente.
2. *Iconico:* la conoscenza del mondo, più obiettiva perché basata su caratteristiche oggettive, è conservata in forma di immagine. A questo si connette un tipo di apprendimento basato sull'imitazione dell'azione e quindi con l'attività immaginativa.
3. *Simbolico:* mediato dal linguaggio, codice simbolico per eccellenza fornisce l'impulso decisivo allo sviluppo del pensiero conferendogli una forma più «sociale».

Per Bruner diventa quindi prioritario comprendere non tanto come avvenga la costruzione del mondo, quanto piuttosto l'elaborazione dei significati, il modo in cui gli individui interpretano se stessi e il mondo che li circonda e cosa significhi per l'essere umano trovarsi nel mondo. Questo processo di costruzione attiva può avvenire solamente in un contesto di relazioni e di negoziazione sociale di significati, attraverso continui scambi comunicativi fra gli individui.

La «costruzione della mente», così come il comportamento, non sono quindi la semplice risposta a uno stimolo, ma un processo che proviene dall'interno, che è influenzato da valori, motivazioni, credenze, dove l'uomo è attivo costruttore della propria intelligenza, è mosso da intenzioni, aspettative, si prefigge scopi ben precisi, è un anticipatore dei risultati.

Per fare tutto questo la persona si avvale di alcuni strumenti che la cultura ha abilmente «prodotto»; primo fra tutti il linguaggio (che, come abbiamo visto, nella prospettiva bruneriana assume un ruolo fondamentale), la cui competenza si esprime nello scambio e nella negoziazione di significati e si avvale dell'insegnamento di altri (la «zona di sviluppo prossimale» di Vygotskij).

Possiamo quindi affermare che in Bruner l'apprendimento è scoperta attiva, creatrice, che non produce abilità specifiche bensì modalità e stili di pensiero. Il linguaggio nasce indipendentemente dal pensiero, ed essi procedono su linee parallele; esso ha la funzione sociale di regolare il comportamento altrui e di trasmettere informazioni.

La scuola, nel sistema di Bruner ha un ruolo centrale in questo ambito sociale, proprio per la sua opera di trasmissione di forme fondamentali di abilità e saperi. L'istruzione ha quindi il compito di affinare le modalità di conoscenza, di «insegnare a pensare» attraverso uno strumento privilegiato, «amplificatore»: le discipline.

Dal pensiero di Bruner, possiamo quindi individuare alcune caratteristiche fondamentali di una teoria dell'istruzione:

1. deve stabilire quali sono le esperienze migliori che predispongono il soggetto ad apprendere, facilitando l'esplorazione;
2. deve guidare lo studente attraverso una serie di elementi progressivi, allo scopo di accrescere le sue capacità di comprendere e trasformare tutto ciò che apprende;
3. deve chiarire il modo in cui un insieme di saperi (e i relativi materiali) vanno presentati (e secondo quale progressione) per essere adeguatamente compresi;
4. l'allievo deve essere informato sulle finalità e gli obiettivi verso i quali tendono i suoi sforzi;
5. devono essere chiari la natura e il ritmo delle ricompense e delle punizioni.

L'elaborazione dell'informazione (Human Information Processing)

L'approccio noto come elaborazione umana dell'informazione *(Human Information Processing – HIP)* esamina come le persone riconoscono, decodificano, immagazzinano e recuperano le informazioni per risolvere compiti cognitivi ed emettere quindi le risposte corrette. La mente umana viene quindi paragonata a un programma del computer, un sistema molto complesso in grado di elaborare efficacemente moltissime informazioni in entrata ed emettere, sulla base di questa elaborazione, gli output richiesti. Mente e computer, quindi, sono entrambi sistemi che applicano una serie di procedure e operazioni per trasformare le informazioni, conservandole poi sotto forma di simboli o elementi rappresentazionali. L'obiettivo e l'interesse dei ricercatori sono dunque la relazione esistente tra input e output: studiare le computazioni eseguite sull'informazione in entrata (input sensoriale), individuare le singole operazioni che supportano i processi cognitivi e rendere ragione delle trasformazioni finali operate dal sistema cognitivo (conoscenza prodotta) (Quaglia e Longobardi, 2007).

Per comprendere meglio il processo di elaborazione dell'informazione, illustriamo brevemente il modello proposto da Atkinson e Shiffrin (1968) (si veda figura 5.1).

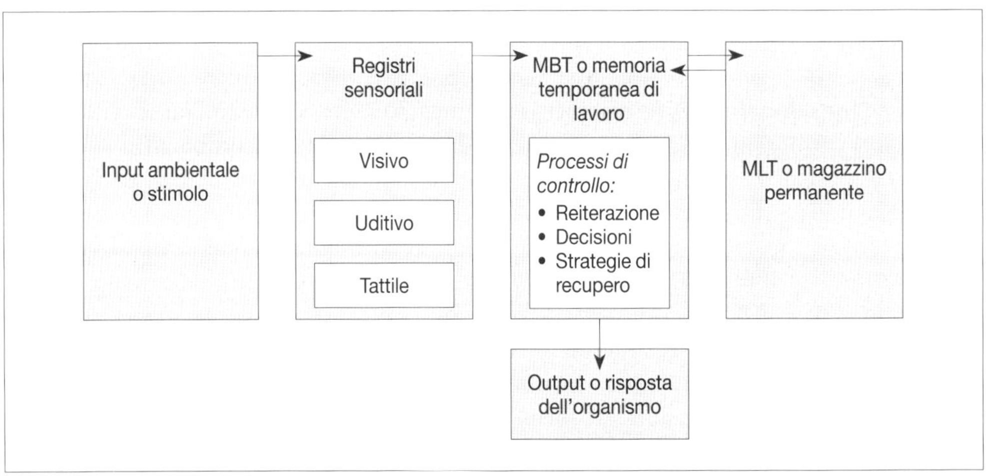

Fig. 5.1 Modello di Atkinson e Shiffrin (1968).

L'elaborazione delle informazioni in entrata avviene a differenti livelli o stadi. L'input ambientale (stimolo) viene trasformato dal sistema competente (visivo, uditivo, tattile) in stimolo sensoriale. Nel registro sensoriale lo stimolo viene mantenuto nella sua forma originaria per qualche frazione di secondo, ossia il tempo necessario per stabilire se l'informazione deve essere ignorata (decadimento) o ritenuta rilevante — per mezzo del confronto con le conoscenze contenute nella memoria a lungo termine — e quindi inviata a stadi di elaborazione successivi, come la memoria a breve termine. Qui le informazioni vengono mantenute in misura limitata (7 unità + o - 2; Miller, 1956) e temporaneamente, in modo da permettere lo svolgimento dei compiti cognitivi necessari. Infine, l'informazione passa nella memoria a lungo termine che, a differenza di quella a breve termine, ha capacità illimitata ed è permanente; qui l'informazione viene conservata e, se necessario, recuperata attraverso un processo di ricerca.

Il modello prevede quindi l'integrazione dell'elaborazione dal basso, guidata dai dati, da cui provengono gli stimoli *(bottom-up),* con l'elaborazione dall'alto, guidata dai concetti *(top-down),* cioè dalle conoscenze depositate nella memoria a lungo termine. Il flusso delle informazioni può dunque avere un andamento e un'elaborazione sia *seriale,* sia *parallela* (De Beni et al., 2003).

La maggior parte degli studiosi appartenenti a questo approccio considera il bambino capace di processi mentali complessi fin dalla più tenera età e quindi con lo sviluppo si avrebbe un affinamento, una modificazione qualitativa di processi cognitivi preesistenti che possono via via contare su una vera e propria «banca dati» che si accresce rapidamente nell'arco della vita di una persona. Con il crescere dell'età quindi, l'individuo è in grado di utilizzare una gamma sempre più vasta e flessibile di strategie cognitive (Fontana, 1996).

Riteniamo utile citare anche la *teoria della mente modulare* di Fodor (1999) che muove all'interno dell'orizzonte funzionalista, ossia di quella concezione che assimila la mente umana a un elaboratore elettronico, con uno sguardo quindi anche alle possibilità e alle prospettive future offerte dall'approccio computazionale e dell'intelligenza artificiale.

Secondo la teoria modulare, l'analisi degli input viene assegnata a strutture verticali, chiamate *moduli,* che ricevono informazioni dai sistemi sensoriali ed effettuano un'elaborazione a un primo livello; questi moduli sono innati, altamente specializzati ed efficienti, poco flessibili ma molto veloci nell'elaborazione delle informazioni e «incapsulati», non hanno cioè accesso ai contenuti provenienti da altri moduli. Ci sarebbe poi anche un *processore centrale* (più lento nell'elaborazione ma più flessibile), che riceve dati dai moduli e ha la funzione di integrare e interpretare le varie informazioni.

L'apprendimento significativo: da Ausubel a Novak

Per inquadrare meglio la cornice teorica di riferimento propria dell'apprendimento significativo, partiamo da questa illuminante affermazione di Ausubel:

> Se dovessi condensare in un unico principio l'intera psicologia dell'educazione direi che il singolo fattore più importante che influenza l'apprendimento sono le conoscenze che lo studente già possiede. Accertatele e comportatevi in conformità nel vostro insegnamento. (Ausubel, 1998)

La teoria dell'apprendimento di Ausubel parte dalla distinzione tra:

- *apprendimento significativo:* poter collegare la nuova informazione a concetti rilevanti già posseduti, preesistenti nella struttura cognitiva della persona;
- *apprendimento meccanico:* la nuova conoscenza può essere acquisita attraverso la semplice memorizzazione e venire incorporata arbitrariamente nella struttura cognitiva senza che ci sia interazione con ciò che essa già contiene.

Ai poli opposti di un continuum troviamo quindi un tipo di *apprendimento recettivo* (ad esempio imparare le tabelline) e un tipo di *apprendimento per scoperta* (forme creative di ricerca autonoma).

Ausubel fa suo il concetto di significatività nell'apprendimento, attraverso la *teoria dell'assimilazione:* l'apprendimento consiste per la maggior parte nel processo che conduce all'assimilazione, all'ancoraggio delle nuove esperienze nella personale struttura cognitiva già esistente (Ausubel, 1998). La quantità delle informazioni ricordate dipenderà quindi principalmente dalla significatività del processo di apprendimento, dal grado in cui queste informazioni si sono «arricchite», perfezionate. Ausubel ci parla anche di *conciliazioni integrative:* nuove e vecchie informazioni si integrano e si conciliano, creando una modificazione di natura non solo quantitativa ma anche, e soprattutto, qualitativa (nuove connessioni trasversali).

Ne consegue che uno degli aspetti fondamentali di un buon metodo di insegnamento è la capacità di presentare il nuovo materiale da apprendere in modo tale da renderlo il più possibile assimilabile in maniera corretta e agevole da parte dello studente (Hill, 2000). Tra le strategie utili a questo scopo, Ausubel suggerisce l'uso degli *organizzatori anticipati.*

I vantaggi di un apprendimento significativo sono quindi ben evidenti, ma proviamo a elencarne i principali:

1. le conoscenze vengono ricordate più a lungo;
2. la classificazione delle informazioni aumenta la differenziazione e il perfezionamento dei concetti classificatori (quelli cioè che facilitano il passaggio delle informazioni pertinenti, fornendo una base per il collegamento tra le nuove informazioni e quelle acquisite in precedenza), rendendo più facile il successivo apprendimento di argomenti simili;
3. l'informazione che viene ricordata dopo che è avvenuta la fase di cancellazione (quando cioè l'informazione ha assunto gli attributi più generali del concetto classificante nel quale è stata assimilata e perciò le informazioni non sono più recuperabili nella loro forma originaria), lascia comunque un effetto residuale sul concetto classificante e di fatto sull'intera struttura relativa dei concetti;
4. l'informazione appresa in modo significativo può essere applicata a un'ampia varietà di nuovi problemi e contesti, è possibile un'elevata generalizzazione delle conoscenze (questa è, ad esempio, una caratteristica indispensabile del pensiero creativo).

Facendo propri i principi della teoria di Ausubel, Novak (Novak e Gowin, 1989; Novak, 2001; 2012), in anni più recenti, ha messo a punto una personale teoria dell'apprendimento significativo di cui abbiamo già avuto modo di accennare alcuni assunti base in apertura di questo capitolo.

Secondo Novak, lo scopo principale dell'educazione è quello di consentire a chi impara di farsi carico della propria personale costruzione di significato. Qualsiasi evento educativo rappresenta un'azione condivisa per cercare uno scambio di significati e di emozioni tra alunno e docente. Ogni volta che alunno e docente riescono a concordare e condividere il significato di un'unità di conoscenza si verifica un apprendimento significativo, mediato inevitabilmente dalle conoscenze precedenti, dalla significatività del materiale da apprendere e, naturalmente, dalla decisione consapevole di apprendere in modo significativo (Novak, 2001; 2012). In ambito didattico, lo strumento principale che permette un apprendimento significativo della conoscenza è, secondo Novak, la *mappa concettuale*, ossia una rappresentazione grafica delle conoscenze in grado di far emergere i significati insiti nei materiali da apprendere proprio perché invita gli studenti a riflettere sulla natura delle conoscenze e sulla fitta rete di relazioni che intercorrono fra queste (Novak, 2001; 2012; Novak e Gowin, 1989; Carletti e Varani, 2005). Al pari di una mappa geografica, la mappa concettuale permette di orientarsi nella rete di informazioni riguardanti la struttura della conoscenza, aiutandoci nei processi di organizzazione, interpretazione, rielaborazione e trasmissione delle conoscenze stesse.

Orientamenti attuali e prospettive future

In chiusura di questo capitolo proponiamo brevemente alcuni ulteriori approcci legati al processo di apprendimento che meritano un'attenzione particolare soprattutto per le grandi potenzialità e le possibilità di ampliamento e approfondimento che la ricerca futura potrà offrire in queste direzioni.

Feuerstein e la teoria dell'Esperienza di Apprendimento Mediato

In questo paragrafo vogliamo introdurre alcuni concetti base proposti da Reuven Feuerstein (Feuerstein et al., 2008) per l'applicazione dell'Esperienza di Apprendimento Mediato (EAM) alla formazione e al recupero delle funzioni cognitive.

L'EAM è il meccanismo primario per il raggiungimento della Modificabilità Cognitiva Strutturale e il processo attraverso il quale avvengono un'efficace e significativa modificazione dello sviluppo e dell'apprendimento umano. L'EAM si riferisce quindi al modo in cui gli stimoli di cui una persona fa esperienza nell'ambiente sono trasformati da un agente mediatore (ad esempio un insegnante).

> Questo agente mediatore, guidato dalla sua volontà, dalla sua cultura, dall'investimento emotivo, sceglie, arricchisce, esamina e organizza in altra maniera il mondo degli stimoli per l'allievo, con l'intenzione e il chiaro obiettivo di potenziare e rendere efficace il suo funzionamento cognitivo. Il mediatore sceglie gli stimoli che sono più appropriati ai suoi scopi e poi li profila, li filtra e li organizza; la loro presenza/assenza è calcolata per definire l'esposizione all'allievo in base a obiettivi espliciti e individuati chiaramente. Attraverso questo processo, chi apprende acquisisce modelli comportamentali, consapevolezza e strategie che a loro volta diventano importanti componenti della sua capacità di modificarsi a seguito di ulteriori esposizioni dirette agli stimoli. In questo modo vengono acquisiti set di apprendimenti e di strategie che hanno il potenziale di generalizzarsi a nuove e successive esposizioni agli stimoli esterni. (Feuerstein et al., 2008, p. 110)

Sono forme di interazioni mediate: la selezione degli stimoli e la mediazione del focusing, la pianificazione degli stimoli e la mediazione delle relazioni temporali, l'anticipazione, l'imitazione, l'offerta di stimoli specifici, l'opportunità e le richieste di ripetizione/variazione, le forme di comportamento comparativo, ecc.

L'EAM presenta due differenti ruoli/aspetti:

1. *Aspetto di contenuto:* fornire a chi apprende conoscenze ed esperienze che non sarebbe in grado di ottenere semplicemente attraverso l'esperienza sensoriale diretta.
2. *Aspetto processuale:* ossia il tipo di esperienza che il mediatore trasmette a chi apprende come, ad esempio, strategie, aspirazioni, stili di apprendimento, ecc.

Tre sono invece i parametri universalmente applicati e presenti in ogni interazione che possono trasformarla in un'Esperienza di Apprendimento Mediato, partecipando quindi alla creazione di nuove strutture cognitive:

1. *Intenzionalità/reciprocità:* il contenuto e il processo di interazione sono modellati dall'intenzione di mediare, non solo per quel particolare stimolo al quale l'allievo è esposto (il contenuto), ma anche per quanto riguarda l'esplicita trasmissione dell'intenzionalità stessa. Questa intenzione trasmessa in modo forte è progettata per creare reciprocità, insita nel bisogno e nel desiderio di chi riceve la mediazione di reagire sia al contenuto che al processo dell'interazione.
2. *Trascendenza:* è la dimensione che porta l'individuo oltre il «qui e ora», in una prospettiva più ampia dotata di significato più profondo, lontano dalla dipendenza del diretto e immediato contatto con gli oggetti e gli eventi. La trascendenza porta l'interazione oltre le abilità e gli obiettivi immediati, creando invece la propensione ad ampliare il proprio repertorio di risposte cognitive e affettive, rendendo la persona flessibile, duttile, aperta alle modificazioni, disponibile al cambiamento.
3. *Mediazione di significato:* questo parametro è correlato con la dimensione affettivo/energetica della mediazione e consiste nel significato affettivo attribuito dal mediatore agli oggetti e agli eventi, come l'incoraggiamento ma anche la messa a fuoco degli stimoli offerti e la valutazione del significato potenziale che assumono per l'allievo. In definitiva intensificare e rendere più profondo il significato dell'esperienza per l'alunno.

Quando questi tre parametri vengono chiaramente compresi e applicati in modo appropriato, si verificano dei cambiamenti significativi nelle tre componenti dell'interazione:

1. *Gli stimoli:* che vengono modificati attraverso l'interazione con il mediatore diventando così una fonte di cambiamento in chi apprende; attraverso un attento lavoro, questi stimoli possono essere percepiti, registrati ed elaborati in strutture temporali e spaziali in grado di conferire loro un significato particolare e personalizzato per chi apprende (percependoli quindi in un modo che va al di là dell'esperienza immediata). Arricchire lo stimolo di caratteristiche garantisce che la risposta dell'allievo non sia una pura e semplice osservazione, ma che vengano percepiti, sperimentati, registrati ed elaborati molti altri elementi. Il mondo degli stimoli ha infatti un vasto potenziale di possibili significati e qualità che possono essere elaborate per conseguire gli obiettivi della mediazione, soprattutto la creazione di modalità di apprendimento che sono di estrema importanza per l'allievo.
2. *L'individuo,* ossia la persona che è oggetto di mediazione. Il mediatore crea in lui uno stato mentale che garantisce che lo stimolo venga effettivamente registrato. Il media-

tore sceglie gli stimoli e fa in modo che l'allievo si concentri su di essi, evidenziando la loro rilevanza e il loro significato; questo favorisce un atteggiamento mentale e un livello di allerta per cui chi riceve la mediazione avverte il bisogno di essere presente, di registrare, di focalizzare e di agire in risposta agli stimoli. In questo modo egli impara a trattare gli stimoli in modo differenziato a seconda dell'intenzione del mediatore e del contesto. L'intenzionalità del mediatore e la reciprocità che la accompagna sono un'ulteriore causa determinante dei cambiamenti prodotti nell'allievo, poiché richiedono e in un certo senso impongono un atteggiamento e una risposta attivi. Chi impara non può restare passivo di fronte alle esperienze, ma gli viene chiesto di parteciparvi attivamente.

3. *Il mediatore:* è il terzo elemento che viene condizionato dall'interazione mediativa. Nel mediatore si verificano vari cambiamenti come risultato della sua stessa intenzione di mediare, in primo luogo quelli necessari per far sì che l'interazione fra mediatore e persona mediata sia abbastanza efficace da rendere il processo significativo. In questo risulta importante avere ben chiari quelli che sono gli obiettivi da perseguire. È inoltre possibile dover cambiare in modo significativo per agire come mediatori, in termini di personalità, stile, modo di rivolgersi agli allievi per stimolare o attivare una risposta potenziale che altrimenti potrebbe non verificarsi.

Vi sarebbero poi ulteriori parametri detti *situazionali* o *di rinforzo,* ossia determinati dalle situazioni e dagli eventi ai quali l'allievo è esposto: senso di competenza (creando situazioni in cui l'allievo possa fare esperienza della propria competenza), regolazione/controllo del comportamento (inibizione dei comportamenti non desiderati e disfunzionali, e attivazione di comportamenti che sono invece bloccati o presenti in misura insufficiente nel repertorio di chi apprende), comportamento di condivisione (partecipare insieme ad altri e accettare la partecipazione di altri), individualizzazione/differenziazione psicologica (sviluppare un Sé articolato e differenziato), ricerca/scelta/conseguimento/monitoraggio dell'obiettivo, ricerca della novità e della complessità (portare l'allievo a contatto con esperienze nuove, anche potenzialmente difficili e non familiari), consapevolezza della modificabilità dell'essere umano (cambiamento come processo di crescita), ricerca di un'alternativa ottimistica (con il coinvolgimento di componenti affettive e motivazionali), sentimento di appartenenza, consapevolezza (importanza di diventare consapevoli del proprio bisogno di mediazione e della possibilità di trarre vantaggi da essa).

L'apprendimento situato, le comunità di pratica e l'istruzione ancorata

Il concetto di *apprendimento situato* (Lave, 1998; Lave e Wenger, 2006), facente parte dell'orientamento proprio del costruttivismo sociale, fa riferimento a un tipo di apprendimento che non si configura come una pratica individuale e svincolata dalle dinamiche e dal contesto di appartenenza, ma piuttosto risulta di fondamentale importanza, nella produzione di significato, il coinvolgimento in attività, il rapporto e il confronto con il contesto e le persone, e quindi con la dimensione esperienziale e sociale dell'apprendimento che viene così a configurarsi come un processo complesso fatto di attori, azioni e situazioni.

L'apprendimento autentico è quindi sempre situato e non può esistere apprendimento astratto da una situazione. Lo scopo degli studi di questo filone di ricerca è quindi quello di costruire contesti e ambienti di apprendimento in cui le persone siano messe nelle condizioni migliori per apprendere, secondo le modalità più naturali e vicine quindi alla quotidianità della vita reale.

> Abbiamo inventato sistemi scolastici che sequestrano gli studenti dalla vita sociale. Abbiamo concepito programmi formativi che non danno agli allievi ciò che serve loro per potersi impegnare nelle pratiche presenti nel mondo reale. Abbiamo valutato i progressi e l'intelligenza dei nostri studenti in modo che non ne catturano la loro vera essenza. Abbiamo progettato tecnologie ignorando la comunità degli utilizzatori. Abbiamo decretato che l'apprendimento non è parte della nostra vita quotidiana, che ha bisogno di situazioni speciali, che sia difficoltoso apprendere. (Wenger, 1998)

Lave e Wenger (2006) individuano alcuni principi fondamentali dell'apprendimento situato:
– si verifica in funzione dell'attività, del contesto e della cultura in cui è situato;
– richiede interazione sociale, collaborazione e attivazione di contesti autentici;
– è facilitato quando sono disponibili opportunità di *scaffolding*.

Per apprendere quindi, è necessario appartenere a una comunità, essere coinvolti e partecipare attivamente a una *comunità di pratica* (scuola, lavoro, casa, ambiti degli interessi sociali e personali, ecc.), dove il novizio interagisce con gli altri membri spostandosi dalla «periferia» verso il «centro» di un cerchio che raffigura simbolicamente il suo diventare esperto. Si tratta di quella che gli autori hanno definito come *partecipazione periferica legittimata* ossia il novizio che si trova ancora ai «margini» della comunità deve essere progressivamente coinvolto nelle pratiche autentiche di apprendimento svolte dagli esperti; pur mantenendo quindi un ruolo ancora «periferico» è comunque «legittimato» come membro vero di quella comunità. La volontà di imparare e il significato stesso di apprendimento autentico si sviluppano quindi progressivamente attraverso il diventare un partecipante «a tempo pieno» di una pratica socio-culturale, di una comunità che è continuamente definita e negoziata da tutti i suoi membri in un mutuo coinvolgimento e condivisione di risorse/scopi comuni (Wenger, 1998).

Un altro esempio interessante, in questa prospettiva, ci è offerto dall'*istruzione ancorata* (Bransford e *The Cognition and Technology Group* – Vanderbilt University, 1990) che si basa fortemente sull'uso delle nuove tecnologie (video, foto, audio, computer e programmi software, uso del web, ecc.), volte a favorire e promuovere l'apprendimento e la soluzione di problemi in contesti significativi, reali e autentici. Questa tecnica colloca i processi di insegnamento-apprendimento all'interno di contesti di vita reali (spesso simulati proprio grazie all'impiego delle varie tecnologie disponibili) per facilitare la comprensione, la riflessione, il transfer e le capacità di soluzione dei problemi. Le attività sono infatti costruite attorno a un'«ancora», ossia una situazione problema che può essere presentata sotto forma di studio di caso, una storia, una narrazione, una situazione-problema da risolvere, tutte situazioni che vanno esplorate attivamente da parte degli alunni (ad esempio tramite la consultazione di siti internet, motori di ricerca, banche dati, files audio-video, ecc.). Si tratta quindi di veri e propri contesti di apprendimento di tipo generativo: gli studenti si «agganciano» all'ancora, si identificano con il problema e si coinvolgono reciprocamente nella generazione di soluzioni (anche nella forma di scenari multipli).

Tratto e adattato da *Insegnare domani nella scuola primaria,* 2013, pp. 111-141

CAPITOLO 6

L'ADOLESCENZA

(Claudio Sica, Luigi Rocco Chiri, Riccardo Favilli e Igor Marchetti)

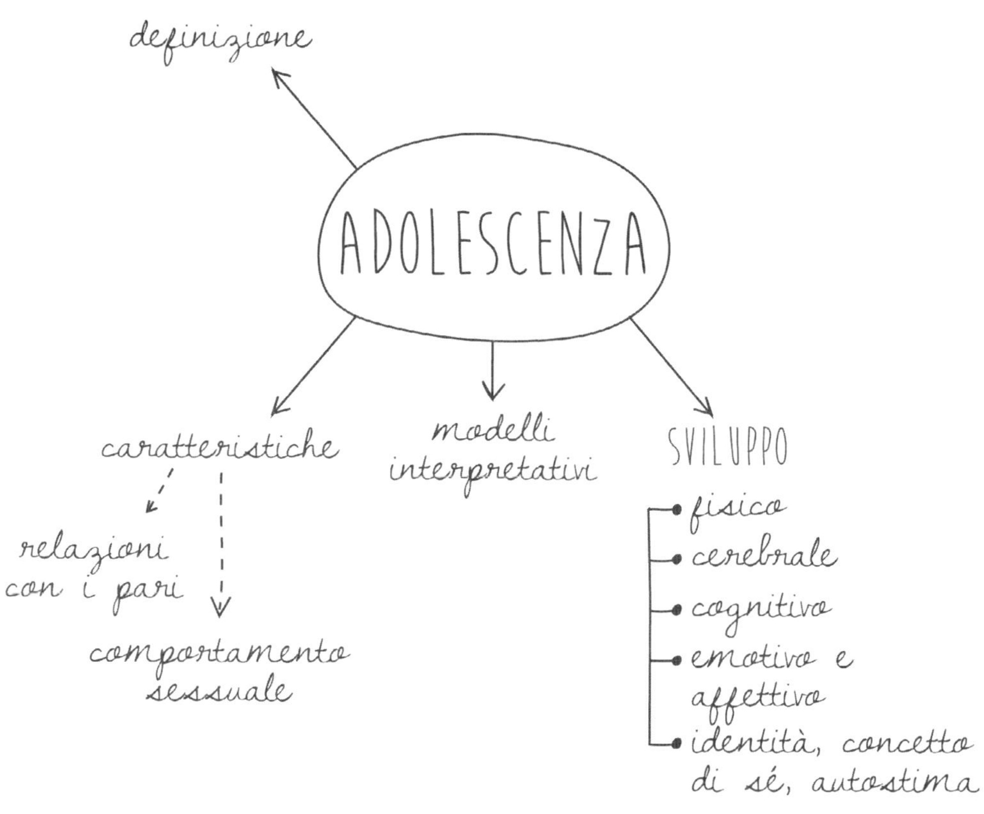

Introduzione

Il concetto di adolescenza ha impiegato molto tempo prima di affermarsi, e può essere considerato come il risultato della modernizzazione sociale avvenuta dalla metà del diciottesimo secolo. Inizialmente infatti, non esisteva una divisione tra periodo giovanile ed età adulta: non c'era tra questi un periodo intermedio, l'adolescenza appunto. Prima dell'avvento dell'industrializzazione, come sottolinea Ariès nella sua opera *Padri e figli nell'Europa medioevale e moderna,* il bambino nel Medioevo, appena tolto dalle fasce, veniva mandato ad apprendere un mestiere nelle botteghe dove il maestro gli insegnava tecniche e segreti di un'arte, per essere integrato nel mondo degli adulti. Questo segnava il brusco passaggio dall'infanzia alla vita adulta, contrassegnato dal raggiungimento dell'autonomia fisica. Il bambino quindi veniva considerato come un «piccolo adulto». Tuttavia tra il diciottesimo e il diciannovesimo secolo, importanti avvenimenti portarono alla nascita del concetto di adolescenza. Ciò che andò modificandosi fu l'attenzione nei confronti dei bambini e delle loro esigenze da parte degli adulti, i quali cambiarono atteggiamento nei loro confronti, anche a livello legislativo. Tutto questo contribuì alla creazione di una fascia di età vuota, che si inserì tra infanzia ed età adulta. Attorno al 1900 si iniziò a parlare di adolescenza come fase della vita umana, come periodo di transizione, necessario alla costruzione di una nuova immagine di sé, caratterizzato da cambiamenti fisici, psicologici e sociali. Agli inizi del Novecento, l'adolescenza divenne oggetto di numerosi studi, da parte di psicologi clinici, psicoanalisti, antropologi e sociologi, i quali attraverso studi e ricerche scientifiche produssero una grande quantità di dati sul tema. Tuttavia tra il modello elaborato dagli psicologi clinici e quello prodotto da antropologi e sociologi si possono individuare alcune discrepanze, soprattutto per quanto riguarda il modo in cui essi concepiscono il concetto di giovinezza: i primi infatti mettono in risalto i caratteri di conflittualità e di «tempesta» che contraddistinguono questo periodo, mentre i secondi danno maggior rilievo ai processi di adattamento e all'ordine sociale esistente (Ardigò, 1964). Il periodo successivo al 1968 è caratterizzato dall'utilizzo di ricerche riguardanti le modalità con cui gli adolescenti gestiscono la propria esperienza all'interno dei contesti naturali, come la famiglia, la scuola, i gruppi dei coetanei. Il concetto di adolescenza, spesso considerato solo come fase di transizione o di preparazione alla vita adulta, va quindi modificandosi: oggi l'adolescente è considerato come un individuo in grado di partecipare attivamente alla vita sociale di cui è parte ed è chiamato ad affrontare i problemi che i cambiamenti fisici, biologici, psicologici e sociali gli mettono di fronte.

Principali modelli interpretativi

Uno degli studiosi che per primo si occupò di adolescenza è Stanley Hall, il quale nel 1904 pubblicò un'importante opera intitolata *Adolescence*, dove propose la sua teo-

Si ringraziano le dottoresse Elisa Pandolfini e Veronica Sbaragli per il fondamentale contributo nella stesura di questo capitolo.

ria dell'adolescenza come «nuova nascita», proprio perché secondo l'autore è in questo periodo che si verifica un profondo cambiamento a ogni livello della persona. Egli cercò di studiare ed esplorare l'adolescenza per identificare quei processi e quelle dinamiche di sviluppo che la caratterizzano. Per i suoi studi si avvalse di un approccio scientifico, mediante l'utilizzo di questionari, grazie ai quali riuscì a raccogliere una grande quantità di dati. Fu il primo a non considerare l'adolescenza solo come un periodo di preparazione alla vita adulta, ma come un'età caratterizzata da profondi mutamenti biologici, fisiologici e psicologici, e rifacendosi alla teoria dell'evoluzione, ha considerato questi fenomeni come determinati biologicamente con scarse influenze ambientali.

Un altro contributo fondamentale, che aiuta a inquadrare meglio il fenomeno «adolescenza», è portato da Margaret Mead, la quale condusse una ricerca utilizzando il metodo dell'osservazione partecipante, sull'isola di Taw, nell'arcipelago di Samoa. La Mead riporta che le «tempeste emotive» dell'adolescenza non costituiscono un passaggio obbligato per l'adolescente, ma sono solo un prodotto culturale. I bambini di Samoa, infatti, hanno da subito un'educazione sulla sessualità, sulla nascita e sulla morte, acquisita con il contatto quotidiano con questi fenomeni. Conseguentemente, i giovani in età puberale assumono già tutte le forme del comportamento adulto, sotto ogni punto di vista. La Mead conclude che l'adolescenza non è un fenomeno universale, ma culturalmente specifico. Tali studi, anche se sono stati oggetto di numerose critiche (Freeman, 1983), hanno aperto la strada a una serie amplissima di ricerche che ha dimostrato l'importanza dell'influenza culturale sulle specifiche esperienze degli adolescenti (Neubauer, 1992).

Spostando l'attenzione sull'approccio sociale, che mette in rilievo la rapidità dei cambiamenti che si verificano da una generazione di adolescenti a quella successiva, l'autore Karl Mannheim, nel suo saggio del 1928, parla dell'influenza dell'organizzazione sociale sulle generazioni emergenti. L'autore scrisse questa opera in polemica con la posizione positivista di Comte, secondo il quale il susseguirsi generazionale garantisce l'evoluzione della società, poiché il rinnovamento biologico delle generazioni corrisponde a un conseguente rinnovamento sociale. Mannheim considera necessaria, invece, la distinzione tra gruppi concreti e posizioni sociali, poiché i primi si basano su vincoli naturali e spontanei, mentre le seconde rappresentano raggruppamenti di persone tenute insieme ad esempio o dall'avere la stessa età oppure dall'occupare la stessa posizione geografica. Queste ultime, per diventare gruppi in grado di sviluppare un sistema omogeneo di valori o atteggiamenti, devono far proprie altre specifiche condizioni. Anche nel caso dei giovani si può affermare che la coesistenza naturale di soggetti di una certa età può dar vita, soltanto in determinate condizioni, a una o più *unità di generazione,* forme particolari cioè di gruppi concreti. Esse sono legate alla posizione sociale, ma implicano necessariamente sia una *connessione di generazione*, sia la percezione di partecipare a uno stesso scopo. L'autore tuttavia non chiarisce con quali modalità e sotto l'influenza di quali forze si costituiscono queste unità di generazione. L'approccio sviluppatosi dalla fine degli anni Sessanta, definito «life-span model», enfatizza lo sviluppo e il cambiamento della personalità lungo l'intero arco della vita, dove diventano fondamentali il contesto biologico, sociale, storico e culturale. Questo approccio promuove metodi di ricerca longitudinali, facendo particolare attenzione all'interazione dell'individuo con l'ambiente, concepito come insieme di fonti che influenzano in modo diverso le persone e che in qualche modo l'individuo deve fronteggiare. Da questo punto di vista, l'adolescente può utilizzare le determinanti ambientali come opportunità di sviluppo e non farle diventare necessariamente motivo di crisi e difficoltà. Le ricerche effettuate da Keniston durante gli anni Sessanta mostrano come il gruppo dei pari possa diventare territorio di scambio e confronto con una cultura più vasta; l'autore è inoltre il primo a coniare il costrutto di *gioventù,* intesa come fase della vita tra l'adolescenza e l'età adulta, definita come quel tipico atteggiamento che rende l'individuo in grado di stabilire rapporti duraturi sia nel lavoro che nelle relazioni. Anche Lewin (1939), con la sua *Teoria del Campo,* tenta di mettere in risalto il lato dinamico dell'adolescenza, concettualizzandola come il passaggio da una situazione psicologica conosciuta a un'altra meno familiare, con inevitabili ripercussioni sull'individuo.

La psicoanalisi offre un importante contributo agli studi sull'adolescenza e il primo riferimento a questo periodo appare nei *Tre saggi sulla teoria sessuale* di Sigmund Freud del 1905, dove la pubertà è descritta come il momento in cui la vita sessuale infantile raggiunge la sua forma definitiva. Anna Freud (1958), riprendendo ed elaborando in modo originale la teoria del padre, riconosce i cambiamenti qualitativi che avvengono durante la pubertà. L'autrice vuole precisare che la vita sessuale non inizia con la pubertà, ma ben prima, cioè durante l'infanzia, e la pubertà costituisce la prima ricapitolazione della vita sessuale infantile; la seconda avverrà nel climaterio. La prima ricapitolazione, ovvero quella dell'adolescenza, mostra tuttavia delle differenze rispetto all'infanzia: nuovi meccanismi di difesa, diversa collocazione dell'*energia libidica* e sostituzione degli oggetti d'amore. Successivamente, Peter Blos (1968) definisce l'adolescenza come un periodo in cui avvengono il consolidamento e la ristrutturazione del carattere, aspetto della personalità che modella le risposte di ogni individuo agli stimoli che provengono dall'ambiente e dal sé. Già nell'infanzia inizia a formarsi e al termine dell'adolescenza assume una struttura stabile. La formazione del carattere, secondo l'autore, passa attraverso 4 sfide:

- un processo di individuazione, con riferimento diretto alla teoria di Margaret Mahler;
- una rielaborazione e un controllo dei traumi infantili;
- lo stabilizzarsi di una continuità dell'Io;
- la formazione dell'identità sessuale.

L'adolescente normale, secondo Blos, affronta le esperienze costituite da queste sfide, mostrandosi capace di affrontare ulteriori compiti evolutivi. L'autore inoltre suddivide l'adolescenza in 3 periodi: *adolescenza precoce*, durante la quale prevale l'interesse verso l'amicizia dei coetanei dello stesso sesso e l'adesione a valori diversi rispetto a quelli proposti dalla famiglia; *adolescenza* vera e propria, dove si affermano le relazioni d'amore per il proprio sé; *adolescenza avanzata*, dove l'adolescente tenta di rispondere alla domanda «Chi sono io?». È in questo periodo che la stima di sé diviene stabile e si forma una identità sessuale precisa. In parziale accordo con Blos, Erik Erikson nella sua opera *Gioventù e crisi d'identità* (1974) sostiene che il compito evolutivo specifico e principale dell'adolescenza sia la formazione di una identità stabile. Tuttavia il raggiungimento di quest'ultima comporta il passaggio di alcune «crisi di identità», contrassegnate da tentativi ed errori, grazie ai quali l'adolescente sceglie chi vuole essere. Erikson parla di crisi di identità, facendo riferimento al processo di formazione di questa, concetto ripreso successivamente da Marcia (1980) che utilizza però il termine «esplorazione» al posto del termine «crisi», per sottolineare come la persona sperimenti diverse soluzioni durante il tentativo di ricerca di una certa stabilità. È importante tuttavia sottolineare come le ricerche di ispirazione psicologica, realizzate a partire dagli anni Sessanta (come ad esempio Douvan e Adelson, 1966; Offer, 1969) mostrano degli adolescenti spesso privi di sintomi di stress e coinvolti in problemi che tuttavia si sentono in grado di risolvere (Rutter et. al., 1976; Siddique e D'Arcy, 1984). Questi risultati sono in contrasto con i punti di vista classici, di impostazione cioè psicoanalitica, sociologica ed eriksoniana, che continuavano a considerare l'adolescenza solo come un periodo tempestoso, pieno di conflitti e di stress. Si evidenzia, come dice Coleman (1980), una netta divergenza di opinioni fra la posizione classica e la posizione «empirica». Coleman tuttavia ha tentato di andare oltre, proponendo il suo *Modello focale dell'adolescenza,* che in una certa maniera mostra che entrambe le posizioni hanno una parte di ragione. Secondo il modello, infatti, nei diversi momenti dell'età adolescenziale sono affrontati pattern particolari di problemi, ad esempio preoccupazione per il proprio cambiamento fisico, ansia nelle relazioni fra coetanei, paura di non essere accettato dal gruppo, conflitto con i genitori e preoccupazione per il futuro. Se l'adolescente si trovasse ad affrontare tutti questi problemi nello stesso momento, sicuramente fallirebbe nel suo tentativo di farvi fronte, ma se li affronta separatamente e cioè durante un lasso di tempo differente, allora con molta probabilità sarà in grado di risolverli e affrontarli senza stress eccessivo.

Definizione e caratteristiche dell'adolescenza

L'adolescenza è un periodo tra l'infanzia e l'età adulta, caratterizzato da profondi cambiamenti fisici, psicologici e di ordine sociale (Ernst, Pine e Hardin, 2006). Esso va dalla pubertà (11-12 anni, circa), momento in cui hanno inizio le prime trasformazioni biologiche e psicologiche, fino ad arrivare all'inizio dell'età adulta, caratterizzata dal distacco dalla famiglia e dal raggiungimento dell'indipendenza. L'adolescente inizia ad essere molto più autonomo nelle sue scelte, ad avere più padronanza delle proprie emozioni e azioni e inizia a staccarsi dal controllo dei genitori. La scuola diventa il luogo privilegiato per le relazioni, dove l'adolescente diventa maggiormente consapevole dei punti di vista dei compagni, dell'insegnante e delle altre influenze sociali (Adams e Berzonsky, 2003). L'adolescenza può essere divisa in tre sotto-periodi fondamentali: un primo periodo caratterizzato da cambiamenti profondi a livello scolastico (passaggio dalla scuola secondaria di primo grado a quella di secondo grado) e all'interno del proprio gruppo e da un aumento di conflittualità all'interno dell'ambiente familiare, fino ad arrivare alla tarda adolescenza dove prevale la preoccupazione per il futuro, un aumento della complessità delle relazioni, dei comportamenti verso la società (Lerner e Steinberg, 2004) e una riduzione del conflitto nei confronti dei genitori. Queste trasformazioni fanno dell'adolescenza un periodo soggetto a vulnerabilità e a esperienze emozionali intense che incentivano la ricerca di nuovi equilibri nei rapporti con il mondo (Steinberg, 2005), e un periodo in cui si sviluppano e si rafforzano il concetto di sé, la propria identità e una maggiore comprensione di sé in relazione all'ambiente esterno (Coleman e Hendry, 1990).

Le relazioni con i pari diventano più intense e profonde e in questa fase di incertezza il gruppo diventa per l'adolescente fonte di sostegno e guida, nel difficile tentativo di definire il proprio ruolo e valore. I compagni del gruppo assurgono a importante punto di riferimento e l'adolescente attua nei confronti dei pari un vero e proprio processo di identificazione e di adeguamento alla loro cultura, processo che si affievolirà via via che l'individuo entrerà nell'età adulta, cioè quando avrà stabilito in modo saldo il suo senso di identità personale (Berndt, 1979). Nel gruppo, l'adolescente ha la possibilità di rispecchiarsi e trovare sostegno attraverso l'identificazione con gli altri, grazie al forte senso di appartenenza e di coesione instaurata, aspetti fondamentali che caratterizzano il gruppo. Il senso di appartenenza e di coesione all'interno del gruppo viene rafforzato attraverso la condivisione di azioni ed emozioni, che fungono da rito di legame, e molto spesso vi è una ricerca da parte dell'individuo e del gruppo di azioni a forte impatto emotivo, spinti dalla volontà di mettersi in gioco e dalla ricerca dell'approvazione; spesso accade che queste azioni finiscano per mettere a rischio la salute e a volte la vita dell'adolescente (abuso di alcol e droghe, pratiche sessuali precoci, comportamenti alimentari inadeguati e dannosi, gioco d'azzardo). Nell'adolescenza si verifica un processo di differenziazione dell'immagine di sé rispetto a quella acquisita durante l'infanzia, e tale differenziazione è caratterizzata da una concezione di se stessi costruita attraverso il rapporto con le figure parenterali prima, con il gruppo dei pari poi. L'individuo abbandona l'immagine di sé e del proprio corpo costruita all'interno della famiglia, per prendere coscienza dei nuovi cambiamenti che avvengono sul proprio corpo e a livello psicologico.

Sviluppo fisiologico e biologico

L'adolescenza è, dal punto di vista biologico, un periodo di transizione tra l'infanzia e l'età adulta e segna il passaggio dell'essere umano all'età riproduttiva. Cronologicamente, lo sviluppo fisico è il primo cambiamento che si realizza nella prima parte dell'adolescenza. Lo sviluppo fisico avviene attraverso una maturazione sessuale che riguarda sia un cambiamento e un'attivazione del ciclo ormonale, sia un accrescimento corporeo. Oltre alle modificazioni a livello dell'apparato genitale, si verifica infatti un improvviso scatto di crescita («growth spurt»), che consiste nell'aumento del ritmo di sviluppo di peso e di altezza. Il cambiamento fisico tuttavia è molto rapido anche nel periodo dell'infanzia, con la differenza però che il bambino non è in grado di averne una precisa consapevolezza (Zazzo, 1966), mentre l'adolescente ha consapevolezza dei cambiamenti che stanno avvenendo sul proprio aspetto fisico e tale esperienza non è sicuramente facile da affrontare, poiché il corpo diventa per lui un qualche cosa di «ignoto e infido» (Lewin, 1972). Vi è comunque una grande variabilità intra-individuale e quindi le età indicate nelle tappe di sviluppo sono puramente indicative. Dopo i primi due anni di vita, in cui il bambino cresce rapidamente in peso e altezza, lo sviluppo diventa più lento e regolare e si assesta su un incremento annuale di 5-7,5 cm per quanto riguarda l'altezza e di 2,7 Kg per il peso (Stern e Eichorn, 1989). Questo ritmo si mantiene costante fino all'età puberale e da questo periodo in poi (dai 15 anni per i maschi e dagli 11 anni per le femmine) si produce una crescita che ha connotazioni simili a quella dei primi due anni di vita: una fase di accelerazione che dura circa 2 anni, seguita poi da una decelerazione, durante la quale la crescita continua, ma con un ritmo minore. Lo scatto di crescita non interessa solo la statura, ma anche il peso, ma più tardivamente e in maniera più consistente. Lo scatto ponderale è dovuto soprattutto all'aumento dei tessuti muscolari e ossei. Le parti corporee che raggiungono per prime la loro dimensione definitiva sono la testa, le mani e i piedi. Altre trasformazioni organiche interessano il cuore e i polmoni, che aumentano di volume. Per quanto riguarda il ciclo ormonale, si ha un incremento delle secrezioni degli ormoni da parte del lobo anteriore, della ghiandola pituitaria e dell'ipotalamo, il quale dà inizio al fenomeno, una volta raggiunta la maturazione adeguata. Questi ormoni hanno un effetto stimolante sulla maggior parte delle ghiandole endocrine come la tiroide, le surrenali, i testicoli e le ovaie, che attivano a loro volta gli ormoni androgeni (testosterone e diidrotestosterone) responsabili della crescita e della maturazione sessuale (Mussen, 1984). La pelle nei ragazzi si inspessisce, mentre quella delle ragazze rimane liscia e sottile. In entrambi i sessi aumentano le secrezioni sebacee e le ghiandole sudoripare si attivano molto soprattutto nella zona ascellare, anale, genitale, dei piedi e del palmo della mano. Durante l'adolescenza il volume del cervello aumenta molto poco, anche se la mielinizzazione e la crescita del tessuto connettivo proseguono fino al raggiungimento dell'età adulta. Verso i 12 anni circa il tessuto linfatico raggiunge il massimo del suo sviluppo, per poi subire una riduzione consistente verso i 20 anni, tornando a un livello pari a quello di un individuo di 6-7 anni.

Sviluppo fisico femminile

Nelle femmine la pubertà comincia e termina prima rispetto ai ragazzi e il primo cambiamento che avviene è l'aumento del seno; l'areola del capezzolo aumenta e si pigmenta, poi la ghiandola si solleva e si tende, assumendo la sua forma definitiva fra i 13 e i 18 anni. Lo stadio del «germoglio», cioè l'inizio dello sviluppo del seno può manifestarsi fra gli 8 e i 13 anni. Anche il bacino aumenta di dimensione, sia a causa dell'allargamento dell'ossatura pelvica, sia a causa di un accumulo di tessuto adiposo. L'apparato genitale si modifica attraverso lo sviluppo delle piccole e grandi labbra, il clitoride si ingrossa, l'utero aumenta di volume e si flette in avanti, le ovaie aumentano di volume. L'apporto di androgeni contribuisce alla comparsa della peluria pubica verso i 10 e i 12 anni, per completarsi verso i 14 anni. In un terzo delle ragazze, la pelosità pubica precede lo sviluppo del seno. La pelosità ascellare ha un esordio tardivo rispetto a quella pubica e spesso precede dai 6 agli 8 mesi le prime mestruazioni. Il menarca, cioè la comparsa delle prime mestruazioni, può apparire tra 10 e 16 anni. Esso è un avvenimento relativamente tardivo nella sequenza dello sviluppo sessuale e quasi sempre si presenta dopo lo «scatto di crescita». In Italia avviene in media a 12 anni e mezzo (Nicoletti, 1989). Problematici possono essere gli *anticipi* e i *ritardi puberali*. È infatti importante maturare allo stesso ritmo dei coetanei o non vedersi diversi per le dimensioni e la forma del proprio corpo, in quanto uno sviluppo diversificato può generare disagio e ansia. Per pubertà precoce si intende quando le trasformazioni fisiche avvengono prima dei nove anni nei maschi e prima degli otto anni nelle femmine. Per pubertà ritardata, invece, si intende la mancata presenza di cambiamenti dopo i quattordici anni nel maschio e tredici anni nelle femmine. Per quanto riguarda le femmine, una maturità precoce è associata a una cattiva immagine del proprio corpo e a un aumento del rischio di incorrere in disturbi alimentari. Una ricerca longitudinale svolta in Svezia da Magnusson, Stattin e Allen (1985) ha rilevato che le ragazze che avevano avuto il menarca prima degli undici anni tendevano ad assumere comportamenti devianti in misura maggiore di quanto non facessero quelle che presentavano uno sviluppo puberale normale o posticipato. In particolare, erano più soggette a marinare la scuola, a ubriacarsi, ad assumere droghe e a violare le regole familiari e scolastiche. Tuttavia, tali risultati si riferivano solo a quei soggetti che, essendo percepiti più adulti di quanto non fossero, erano inseriti in gruppi di adolescenti più grandi, dove certe trasgressioni erano considerate «normali». È stato rilevato, dieci anni più tardi, all'età circa di venticinque anni, che le stesse ragazze non mostravano tassi di devianza (per consumo di alcol o violazione di norme sociali) più elevati delle loro coetanee che avevano avuto uno sviluppo in tempi normali.

Sviluppo fisico maschile

Nei maschi uno tra i primi segni di cambiamento e maturazione puberale è l'aumento del volume dei testicoli (inizio a 9 anni circa). Successivamente si verificano l'allungamento e ingrossamento del pene, lo scroto aumenta di volume e la pelle che lo ricopre si inspessisce, crescono le ghiandole annesse come la prostata, le ghiandole di Cooper e le vescicole seminali. Le prime eiaculazioni possono verificarsi all'età di 13 anni circa, ma queste non contengono spermatozoi o, se vi sono, risultano essere pochi e poco mobili. Anche la distribuzione pilifera cambia: la comparsa della pelosità pubica avviene infatti intorno ai 12 anni, e si completa con la comparsa della pelosità ascellare, della barba e dei baffi intorno ai 16 anni. La voce si abbassa di un'ottava a causa di un ingrandimento della laringe, con conseguente allungamento delle corde vocali. Il cambiamento definitivo della voce è piuttosto tardivo e, prima che questo avvenga, si ha una fase in cui la voce risulta sgradevole e rauca (De Toni, 1972), anche se questo non si verifica per tutti. Dalla rassegna di Downs (1990) emerge che per i maschi la precocità nello sviluppo costituisce un vantaggio psicologico: riscuotono maggior popolarità e coprono più facilmente posizioni di leadership. I ritardi, invece, creerebbero situazioni di maggior insoddisfazione e più dubbi sulla propria normalità.

Sviluppo cerebrale

Studi recenti hanno dimostrato che durante l'adolescenza il cervello va incontro a un vero e proprio processo di rimodellamento ed è possibile che la plasticità neuronale faciliti lo sviluppo di abilità sociali e cognitive richieste durante il periodo dell'adolescenza.

Studi longitudinali hanno riportato che i maggiori cambiamenti si hanno nella regione frontale e parietale dove lo sviluppo della materia grigia (MG) non risulta lineare come nella regione occipitale (Giedd et al., 1999; Sowell et al., 2003; Gogtay et al., 2004; Toga et al., 2006). Il volume della materia grigia nel lobo frontale accresce durante l'infanzia e raggiunge il suo picco intorno ai 12 anni per i maschi e agli 11 per le femmine, per subire poi una diminuzione durante l'adolescenza (Giedd et al., 1999; Sowell et al., 2003; Gogtay et al., 2004; Toga, Thompson e Sowell, 2006). In modo simile, la MG ha un picco di crescita, nel lobo parietale, durante la pre-adolescenza intorno ai 12 anni nei maschi e intorno ai 10 anni nelle femmine, con seguente diminuzione nell'adolescenza (Giedd et al., 1999; Gogtay et al., 2004). Lo sviluppo della corteccia frontale e parietale è relativamente rapido durante l'adolescenza e la corteccia temporale, incluso il solco temporale superiore, raggiunge il suo picco intorno ai 16 anni per poi stabilizzarsi (Toga, Thompson e Sowell, 2006).

L'adolescenza è un periodo caratterizzato da impulsività e dall'assunzione di condotte a rischio e sono state formulate numerose ipotesi per spiegare perché gli adolescenti siano attratti da questo tipo di comportamenti. Una recente revisione della letteratura suggerisce che l'impulsività tende a diminuire con l'età ed è associata allo sviluppo della corteccia cerebrale prefrontale (Casey et al., 2007). Tuttavia, esistono delle differenze tra individuo e individuo, per quanto riguarda il grado di impulsività, e, in contrasto con uno sviluppo lineare tra aumento dell'età e diminuzione dell'impulsività, le condotte di rischio durante l'adolescenza si presentano in maniera più marcata, rispetto al periodo dell'infanzia o dell'età adulta, in associazione con un accrescimento dell'attività della corteccia subcorticale (nucleus accumbens e amigdala) che si verifica quando l'individuo effettua una scelta rischiosa (Matthews et al., 2004; Ernst et al., 2005). Il sistema limbico subcorticale si sviluppa durante l'adolescenza, in opposizione al sistema del controllo che mostra uno sviluppo lineare e continuo dalla giovinezza fino all'età adulta. Tale sistema, di competenza della regione prefrontale, è necessario per tenere a freno le scelte e le azioni. Durante l'adolescenza, il coinvolgimento sociale cambia, poiché molto tempo viene trascorso con il gruppo dei pari rispetto al gruppo degli adulti (Csikszentmihalyi, Larson e Prescott, 1997; Steinberg, 1989). Questi cambiamenti nelle relazioni sociali hanno una grande influenza sull'aumento della reattività emozionale. Un'intensa attività emozionale sembra avere un ruolo importante nell'alta incidenza dei disordini affettivi durante questo periodo di sviluppo (Pine, Cohen e Brook, 2001; Steinberg, 2005).

Sviluppo cognitivo

Ricerche empiriche hanno dimostrato che durante l'adolescenza avvengono numerosi cambiamenti a carico delle funzioni esecutive e delle abilità cognitive, che subiscono uno sviluppo e un miglioramento; si tratta di abilità come: essere in grado di controllare e coordinare i pensieri e il comportamento; la memoria di lavoro (Wood et al., 2004); il processo di assunzione del rischio (Gardner e Steinberg, 2005). Uno fra i maggiori esponenti dell'approccio allo sviluppo cognitivo è Jean Piaget. Egli sosteneva che fra i 7-8 e i 12 anni di età, l'individuo, grazie al formarsi di un buon numero di strutture stabili nel tempo e coerenti, costruisce una logica delle azioni reversibili. Nei bambini dai 7-8 anni cominciano a svilupparsi schemi cognitivi che rappresentano, almeno all'inizio, sequenze di azioni. Sono presenti strutture come il sistema di classificazione e ordinamento, secondo i criteri di seriazione, numeri naturali, sistemi di misura, operazioni di conservazione. Queste operazioni sono dette «concrete», cioè il bambino per applicarle ha bisogno degli oggetti concreti e inoltre queste non permettono di mettere in relazione un elemento con un altro qualsiasi, così quando il bambino classifica gli oggetti, li associa in base a certe somiglianze che risultano direttamente percepibili, ma non riesce a mettere nella stessa classe oggetti molto diversi fra loro. Una nuova forma logica si manifesta a partire dagli 11-12 anni e si caratterizza con la capacità di ragionare in termini di ipotesi formulate verbalmente e non soltanto sulla base di oggetti manipolabili concretamente. Questa capacità è importantissima, poiché ragionare in termini ipotetici, dedurre conseguenze implicate nelle ipotesi e operare mentalmente sui simboli, costituisce la modalità tipica del *pensiero formale*. Piaget inoltre considera caratteristica fondamentale dell'adolescenza l'inserimento dell'individuo nella società degli adulti, e tra sistema nervoso e società sono situati le esperienze e gli esercizi che l'individuo compie per adattarsi al mondo fisico e sociale. Tuttavia l'assunto piagetiano del pensiero formale non può essere esteso a tutti gli adolescenti, poiché i parametri considerati dallo studioso risentono di un'inclinazione verso modelli occidentali. Riegel (1973) ha supposto invece l'esistenza di uno stadio ulteriore denominato *della logica dialettica,* successivo al pensiero formale e specifico dell'età adulta.

I modelli neopiagetiani hanno lo scopo di definire la complessità concettuale che si sviluppa con l'età, descrivendo le modalità attraverso le quali i concetti di livello più complesso vengono costruiti integrando concetti di livello più semplice. In questo modo lo sviluppo è descritto come il procedere da concetti semplici e di base, verso concetti che integrano una maggiore quantità di informazioni in strutture coerenti. I modelli neopiagetiani si ispirano all'approccio della *Teoria dell'Elaborazione dell'Informazione* (HIP). A partire dagli anni Settanta, vennero fatte ricerche sullo sviluppo delle strategie di problem solving, della memoria, delle capacità di attenzione, delle modificazioni della conoscenza e i modelli neopiagetiani hanno rinnovato l'interesse anche per lo studio delle operazioni classiche proposte da Piaget che vengono reinterpretate come il prodotto dell'attivazione dei processi di memoria e di elaborazione di informazione. I modelli di elaborazione delle informazioni possono essere distinti in:

- modelli che cercano di integrare i concetti tratti dall'HIP nella teoria piagetiana (Pascual-Leone parla di capacità di attivazione di schemi, Case di automatizzazione);
- modelli che utilizzano i compiti piagetiani classici, all'interno dell'HIP (Klahr e Wallace, 1976; Siegler, 1976).

Questi modelli hanno l'obiettivo di descrivere i processi di cambiamento, conservano il riferimento alla nozione di stadio, ampliando la nozione di «schema». Recenti ricerche hanno considerato invece l'abilità di repressione di pensieri e azioni inappropriate in favore di azioni dirette a uno scopo, come un'abilità fondamentale dello sviluppo cognitivo (Casey, Galvan e Hars, 2005; Casey et al., 2005). Molte teorie hanno incluso il concetto di «inibizione» tra i processi di sviluppo cognitivi (Harnishfeger e Bjorkland, 1993). Il raggiungimento di obiettivi specifici richiede un controllo sull'impulso o un rinvio di una gratificazione immediata per ottimizzare l'azione, e questa abilità si sviluppa durante il passaggio tra infanzia e adolescenza (Casey et al., 2002).

Sviluppo emotivo e affettivo

Le emozioni rappresentano un'importante interfaccia tra l'individuo e l'ambiente che lo circonda, sono potenti mezzi di comunicazione, sia interni che esterni a sé. Le diverse risposte emozionali possono manifestarsi sia attraverso indicatori verbali, con l'utilizzo del linguaggio, sia attraverso indicatori non verbali, ad esempio attraverso le espressioni facciali. Le emozioni racchiudono in sé varie componenti:

- una *componente cognitiva*, che consente di valutare in termini cognitivi alcuni stimoli provenienti dall'ambiente;
- una *componente fisiologica*, poiché la risposta emotiva prevede un'attivazione del sistema nervoso centrale;
- una *componente espressivo-motoria*, che riguarda le espressioni facciali, i movimenti del corpo, strettamente connessi al grado di attivazione emozionale, i differenti toni di voce, fattore importante per discriminare ad esempio emozioni come la rabbia e la tristezza, caratterizzate rispettivamente da un'alta e da una bassa intonazione;
- una *componente motivazionale*, alimentata dal bisogno dell'individuo di realizzare determinati scopi e di soddisfare specifici bisogni;
- infine una *componente soggettiva*, che permette una riflessione personale dell'esperienza e del vissuto emozionale.

Tutti questi aspetti coesistono e insieme fanno sì che il dato emotivo risulti non omogeneo. Per quanto riguarda gli studi sulle emozioni possiamo prendere in considerazione quattro prospettive fondamentali:

- il filone di ricerca promosso dagli studi di James, che definiva soprattutto le risposte fisiologiche all'emozione e a questo filone possiamo accostare i numerosi contributi sul «cervello emotivo» di LeDoux (1996) e di Damasio (1994);
- la prospettiva evoluzionistica di Darwin, che sottolinea l'universalità dell'espressione emotiva facciale e la continuità in linea filogenetica di tale espressione. Più recentemente alcuni concetti come quelli delle emozioni fondamentali, comuni sia all'uomo sia agli animali, sono stati ripresi da Tomkins (1962), Izard (1971) e Ekman (1972; 1973; 1977);
- la prospettiva cognitivista, in base alla quale le emozioni sono inserite in un sistema di comunicazione tra individuo e ambiente e costituiscono delle informazioni da elaborare, dei dati da valutare, come i modelli di Scherer (1984) e di Frijda (1986);
- il costruttivismo sociale che definisce le emozioni come degli insiemi costituiti da regole, che si evolvono e assumono un significato diverso in relazione a un differente contesto sociale e storico e non semplicemente come delle esperienze private. Questa prospettiva si può ritrovare anche nel modello proposto da Harré (1986).

Durante l'adolescenza la sfera dell'affettività subisce evoluzioni e manifestazioni particolari, dettate anche dal fatto che l'adolescente avverte l'esigenza di staccarsi dalle proprie figure parenterali, per intraprendere nuovi tipi di relazione con i pari del proprio sesso e relazioni intime con l'altro sesso. Le emozioni e la loro regolazione sono legate al modo con cui l'individuo si rapporta con il mondo esterno e dal modo in cui è influenzato da fattori cognitivi e sociali. È proprio attraverso le emozioni e la loro espressione che si realizza e si instaura ad esempio un legame privilegiato tra madre e bambino, e la modalità con cui viene stabilito tale legame di attaccamento influenzerà la qualità dei rapporti interpersonali che l'individuo avrà lungo l'arco della sua vita (Bowlby, 1969). I modelli mentali (Internal Working Model) di attaccamento tenderebbero infatti a mantenersi stabili nello sviluppo, poiché questi modelli farebbero sì che ognuno intraprenda percorsi sempre più obbligati che lo porterebbero a riprodurre nelle relazioni successive quelle caratteristiche che si sono manifestate all'interno delle prime relazioni. Questo però risulta vero in parte, poiché molti fattori possono portare a una modificazione dei modelli acquisiti. Lo stesso Bowlby puntualizza che anche chi ha sperimentato una relazione materna negativa o addirittura assente non necessariamente svilupperà una personalità distorta (per una critica si veda, Sica, Turchi e Ghisi, 2004). Lo sviluppo affettivo diventa fondamentale quindi per lo sviluppo delle relazioni, indispensabile per definire connessioni tra stati emotivi interni e manifestazioni esterne. Alcuni ricercatori, all'interno dell'approccio delle neuroscienze, hanno tentato di delineare in che modo si verifica il cambiamento in adolescenza, anche alla luce di uno sviluppo emozionale che subisce numerose variazioni rispetto al periodo dell'infanzia. Buckley e colleghi hanno messo a punto una teoria per spiegare come si sviluppano le competenze emozionali dall'infanzia all'età adulta (Buckley e Saarni, 2009). Questi studiosi individuano due competenze di base per quanto riguarda l'emozione:

- il raggiungimento di una consapevolezza del proprio stato emotivo;
- acquisizione di abilità nell'utilizzare vocaboli riferiti all'espressione di emozioni.

Il bambino sviluppa una certa consapevolezza del proprio stato emotivo già tra i 12 e i 28 mesi di età e, successivamente, tra i 3 e i 5 anni, è capace di comunicare le emozioni e di attuare un processo di valutazione delle proprie e delle altrui emozioni; è capace ad esempio di comprendere la distinzione tra essere «buoni» o «cattivi». Tra i 6-11 anni il bambino diventa consapevole che può provare molteplici emozioni, qualche volta in conflitto tra loro, anche verso la medesima persona. Con l'adolescenza acquisisce la capacità di riconoscere i propri stati emotivi. Lane e colleghi (1990) hanno proposto un modello cognitivo per lo sviluppo della consapevolezza emozionale, a conferma del modello di Saarni. L'esperienza emotiva si differenzia e si integra con lo sviluppo e le rappresentazioni degli stati emotivi che passano da una forma implicita a una forma esplicita. Gli autori identificano cinque livelli di consapevolezza dell'emozione e ciascun livello, posizionato gerarchicamente, rappresenta un aumento della differenziazione e integrazione del livello precedente. L'acquisizione delle abilità necessarie per identificare un'emozione prevede una grande variabilità intraindividuale, poiché vari fattori possono interferire nel processo di apprendimento di tali abilità; ad esempio traumi subiti in età precoce possono influenzare lo sviluppo cerebrale, producendo veri e propri problemi neuroanatomici, che possono compromettere alcune abilità, compresa quella di interpretazione corretta delle emozioni. L'adolescente, anche grazie ai suoi cambiamenti biologici, è guidato verso un più alto coinvolgimento sociale e maggiori consapevolezza e interesse per le altre persone. Numerosi studi hanno evidenziato come i cambiamenti fisici, ormonali, e soprattutto cerebrali influenzino e rendano ragione delle diverse modalità adottate dai giovani nell'approccio con i coetanei. Uno fra gli aspetti più studiati negli adolescenti è il riconoscimento delle espressioni facciali (Herba e Phillips, 2004); attraverso la fMRI (Risonanza Magnetica Funzionale), effettuata su un gruppo di soggetti di età compresa tra i 12 e 17 anni (Baird et al., 1999), è stata riscontrata una maggiore attività dell'amigdala durante il riconoscimento delle espressioni facciali (Adolphs, 1999; Dolan, 2002; Phillips et al., 2003). Queste scoperte sono prese a dimostrazione del fatto che esiste una correlazione tra maturazione cerebrale e crescita del processo di regolazione delle emozioni. Risultati simili sono stati dimostrati in un recente studio effettuato da Yurgelun-Todd e Killgore (2006), il quale mostra come ci sia un accrescimento della regione prefrontale bilaterale del cervello per le ragazze (da 8 a 15 anni), e come invece nei ragazzi ci sia un aumento dell'attività della corteccia prefrontale destra, correlata con l'età. È possibile allora che tale maturazione sia regolata dal sistema ormonale, diverso nei due sessi. Osservando queste teorie nel loro insieme, possiamo farci un'idea di quanto sia complesso lo sviluppo emotivo e affettivo; tale sviluppo infatti appare lungo e difficile, poiché è legato sia alle varie tappe dello sviluppo dell'individuo dalla nascita fino all'inizio dell'età adulta, sia ai processi relazionali che hanno inizio con la diade madre figlio per poi ampliarsi nei vari sistemi di relazione all'interno del contesto sociale di cui l'individuo è parte.

La regolazione emotiva in adolescenza

L'interazione con l'ambiente circostante richiede agli individui la continua capacità di regolare le proprie emozioni e la relativa espressione. La cronica incapacità di modulare l'attivazione emozionale, infatti, può generare numerosi problemi psicologici, difficoltà relazionali e un ridotto benessere fisico (Gross, 2007).

Con il termine regolazione emotiva si fa riferimento a una serie di processi, dipendenti dagli obiettivi di un individuo, che consistono nell'attenuazione, intensificazione e/o mantenimento di una determinata emozione (Gross, 2007). I processi regolatori possono essere automatici o controllati, consapevoli o inconsapevoli; in ogni caso coinvolgono cambiamenti dinamici che durano nel tempo (Gross, 2007). È importante non trascurare la distinzione tra la modulazione degli stati emotivi acuti (uno stato generato dall'elicitazione di uno stimolo specifico) e la modulazione degli stati affettivi durevoli (umore). Le ricerche hanno suggerito che la regolazione emotiva adattiva si caratterizza per l'alterazione della durata (o dell'intensità) dell'emozione piuttosto che per il cambiamento del tipo di emozione esperita. In altre parole, una regolazione adattiva comprende la *modulazione* dell'esperienza emotiva piuttosto che la completa *eliminazione* di alcune emozioni. Questo significa che, di fronte a emozioni negative e disorganizzanti, la modulazione dell'attivazione facilita la diminuzione dell'urgenza e della tendenza d'azione associata all'emozione, consentendo all'individuo di controllare il proprio comportamento in linea con gli obiettivi personali e le richieste dell'ambiente (Kopp, 1989; Linehan, 2001; Cortez e Bugental, 1994; Zeman e Garber, 1996; Garner e Spears, 2000; Melnick e Hinshaw, 2000). Inoltre, alcune concettualizzazioni hanno enfatizzato la natura funzionale delle emozioni (positive e negative) suggerendo che la mancata capacità di esperire, differenziare e rispondere all'intera gamma dell'esperienza emotiva sia disadattiva quanto la ridotta abilità di attenuare e modulare le emozioni negative rilevanti (Cole, Michel e Teti, 1994; Gross e Munoz, 1995).

Il costrutto di regolazione emotiva è stato affrontato tradizionalmente da ricercatori che si sono focalizzati sugli adulti (Gross, 2007), mettendo in evidenza le caratteristiche regolatorie intrinseche, oppure da ricercatori che hanno investigato il ruolo della regolazione emotiva nella prima e seconda infanzia (Thompson, 1994), focalizzandosi sulle caratteristiche estrinseche.

Purtroppo, la specificità della capacità regolatoria in adolescenza è stata affrontata solo recentemente. Alcuni autori hanno sottolineato il ruolo della regolazione emotiva come strettamente collegato ai cambiamenti a cui va incontro il sistema di attaccamento in adolescenza. Nello specifico, Allen e Land (1999) sostengono esplicitamente che, a differenza dell'infanzia, dove il ruolo del sistema di attaccamento è vantaggioso per la sopravvivenza, in adolescenza tale tesi non può essere più sostenuta. L'ipotesi offerta è che l'attaccamento in questo periodo svolga la funzione di sostenere le capacità dell'adolescente di regolare le proprie emozioni, come caratteristica che fa aumentare sensibilmente l'adattamento all'ambiente, in primis quello sociale. Anche altri autori (Cooper et al., 2004; Cummings e Davies, 1996; Kobak e Sceery, 1988) hanno sottolineato il ruolo fondamentale dell'attaccamento in adolescenza come fonte primaria di regolazione emotiva. Diamond e Fagundes (2008) recentemente hanno, ad esempio, riformulato il fenomeno presente in adolescenza dell'*attachment transfer*, ovvero di sostituzione delle figure di attaccamento infantile con altre in età adolescenziale, con quello della formazione, ovvero di nuove figure di attaccamento che tuttavia non sostituiscono quelle vecchie, ma anzi vi si aggiungono. Tale cambiamento dell'assetto del sistema di attaccamento comporta delle inevitabili ricadute anche sulla modalità di regolazione emotiva.

Sviluppo dell'identità, del concetto del sé e dell'autostima

Nell'adolescenza si modificano anche le richieste rivolte al giovane, cambiano cioè le aspettative nei suoi confronti; da lui ci si aspetta infatti un comportamento da adulto, ma nello stesso tempo si continua a considerarlo non autonomo, incapace di prendere da solo decisioni rilevanti per il suo futuro. Questo presuppone un vero e proprio cambiamento nell'approccio alle relazioni (Palmonari, 1997). L'adolescente ne è consapevole e cerca di mettere in atto cambiamenti e modificazioni verso il proprio atteggiamento, verso se stesso e verso ciò che lo circonda. Tutti questi cambiamenti mettono l'adolescente in condizioni di dover modificare il sistema di rappresentazioni e di schemi che hanno regolato fino a quel momento le sue relazioni. Per questo l'adolescente affronta periodi di crisi e di incertezza, a causa del processo di riorganizzazione del sistema del sé che può rafforzarsi grazie all'acquisita capacità di ragionare in modo formale o ipotetico-deduttivo (Piaget e Inhelder, 1971) e grazie alle relazioni più frequenti e significative con il gruppo dei pari. Se questa capacità viene raggiunta, l'adolescente ha la possibilità di ragionare su se stesso in termini astratti e potrà considerare la propria immagine attuale come una fra le tante possibili. Erikson utilizzò per la prima volta il concetto di «identità dell'Io» *(ego-identity)* nell'ambito del suo lavoro clinico, effettuato con i veterani di guerra, che mostravano sintomi di perdita di continuità della propria esperienza e di perdita del sentimento di «essere se stessi». Il processo di formazione dell'identità, durante l'adolescenza, costituisce la base per gli sviluppi successivi della personalità, la sua acquisizione implica un conflitto ed è influenzata dal passato e dal futuro. Formare un'identità significa incorporare un Io sicuro e sensibile ai propri bisogni e talenti, rendendolo capace di occupare un proprio spazio nel contesto sociale circostante. Il raggiungimento di una propria identità implica il saper sposare una causa e investire in essa le necessarie energie, implica la capacità di sapersi impegnare in un rapporto intimo, dove per intimità si intende la capacità di fondere la propria identità con un altro senza temere di perdere qualche cosa di se stessi. Marcia (1966) ha cercato di operazionalizzare il concetto di identità proposto da Erikson, individuando due dimensioni di base, cruciali per lo sviluppo: l'*esplorazione* e l'*impegno*. L'*esplorazione* è un processo attraverso il quale l'individuo attua un processo di ricerca per la risoluzione dei problemi, rifacendosi a obiettivi, regole e credenze che riguardano l'ambiente circostante. L'*impegno* si riferisce invece alla scelta tra varie alternative che il soggetto percepisce come disponibili, in diversi ambiti della vita (lavoro, gruppo di appartenenza, religione, ecc.). Marcia ha inoltre identificato quattro stadi dell'identità: *diffusione*, *acquisizione*, *moratorium*, *blocco*. Chi ha acquisito l'identità ha messo in atto un'esplorazione delle alternative possibili e ha assunto impegni seri in queste. Chi si trova nello stato di *diffusione* non si affida ad alcun particolare obiettivo, regola o credenza e non ne sta cercando nessuna attivamente, con una mancanza quasi totale di impegno. Chi si trova nello stato di *moratorium* è ancora nella fase esplorativa, ove gli impegni non sono ancora assunti, invece chi si trova nello stato di *blocco dell'identità* è impegnato fortemente in vari ambiti, senza però aver messo in atto alcuna esplorazione delle alternative possibili. Per Marcia l'acquisizione di un'identità ha inizio nel momento in cui l'individuo cerca di superare il disequilibrio creato dai diversi cambiamenti biologici, cognitivi e sociali, specifici dell'inizio del periodo adolescenziale. Questo processo si conclude con un'integrazione tra gli elementi nuovi e le caratteristiche precedenti della persona, dopo un preciso confronto dei significati, dei valori e delle prospettive di comportamento che andranno a costituire il nuovo equilibrio. Il modello di Marcia fa due assunzioni fondamentali: la crisi adolescenziale può essere superata e da quel momento gli adolescenti possono prendere decisioni o fare scelte importanti per la loro vita. Il superamento delle crisi e l'impegno in nuove decisioni conduce all'acquisizione dell'identità.

I concetti di sé e autostima hanno ricevuto grande attenzione nella letteratura psicologica. Tra le prime definizioni di autostima troviamo quella proposta da Williams James (1901), che la considera come il risultato di un confronto tra successi ottenuti e aspettative corrispondenti. Questa proposta di James pose le basi anche per l'idea secondo cui l'autostima sarebbe una caratteristica psicologica unitaria, un costrutto globale. Cooley

(1902) propose, come James, un concetto di sé generalizzato. Egli affermava che il «sé si forma rispecchiandosi nelle relazioni degli altri», suggerendo così che il modo con cui ci consideriamo, dipende in larga misura dal modo in cui vengono «riflesse» dagli altri le nostre azioni e caratteristiche. Anche Rosenberg (1965; 1979) sosteneva che le relazioni con gli altri influenzano la valutazione di noi stessi e in questa ottica, il concetto di sé e l'autostima si sviluppano attraverso un processo continuo di interazione reciproca tra l'individuo e il suo ambiente. Tra questi due elementi c'è una condizione di costante reciprocità. Tale approccio interazionista è stato proposto anche da Bloom (1979), soprattutto in riferimento al concetto del «sé scolastico». Roger e Dymond (1954) posero l'accento sugli effetti prodotti dagli standard ideali e ipotizzarono che l'entità della differenza tra il sé reale e il sé ideale di una persona costituisce un indice importante del suo adattamento socio-emozionale. È probabile che le persone elaborino i propri standard ideali attraverso le proprie osservazioni, le aspettative espresse e dimostrate dagli altri che cercano di imitare. Studi recenti considerano un concetto negativo di sé in adolescenza, come un fattore di rischio per lo sviluppo di problemi mentali, fisici e comportamentali (Marsh, Parada e Ayotte, 2004). Un numero consistente di studi empirici ha mostrato, inoltre, come un concetto negativo di sé sia collegato all'attuazione di comportamenti aggressivi e delinquenziali (DeSimone, Murray e Lester, 1994), a disturbi di ansia e depressione (Erkolahti et al., 2003), a disturbi alimentari (O'Dea, 2006). Appare evidente il collegamento tra concetto di sé e il modo di condurre le relazioni interpersonali (Leary, 1957).

Il comportamento sessuale degli adolescenti: modelli e atteggiamenti che cambiano

Negli ultimi decenni, le concezioni e le abitudini sessuali nel mondo occidentale sono profondamente cambiate. Per prima cosa, stiamo assistendo a un assottigliamento delle differenze nella rappresentazione sociale della sessualità maschile e femminile. Così come si riconoscono a uomini e donne gli stessi diritti e doveri, vengono riconosciute anche pari opportunità nell'esercizio della propria sessualità. Le ragazze, ad esempio, non solo possono vestire abiti un tempo esclusivamente maschili, non solo non accettano più di farsi carico esclusivo di compiti domestici nei confronti dei coetanei maschi ma, anche nelle relazioni affettive, assumono iniziative considerate prerogativa esclusiva dei maschi. Le recenti ricerche sui valori nei giovani (Buzzi, Cavalli e De Lillo, 2002) mostrano che la morale sessuale è l'area che negli ultimi vent'anni ha subito i maggiori cambiamenti. Si rileva una maggior accettazione dei rapporti prematrimoniali, del divorzio e dei rapporti omosessuali. Prima di tutto, occorre dire che la tendenza storica è quella di allungare la distanza tra maturazione sessuale e maturazione fisica. Persone adulte biologicamente, infatti, non sono considerate tali anche sul piano sociale, perché viste ancora come soggetti in formazione. Ma l'esigenza dell'adolescente di esprimere la propria sessualità è sempre più forte e non rientra nel quadro istituzionale del matrimonio, almeno a breve termine, perché non coincide con lo status sociale di adulto. Tutto ciò ha così portato come conseguenza la maggior accettazione del sesso prematrimoniale, agevolata notevolmente anche dalla diffusione dei metodi contraccettivi. Stiamo assistendo quindi a una modifica dei modelli dei comportamenti sessuali che conduce alla maggior diffusione e precocità dei rapporti sessuali tra i giovani. Ad esempio, la verginità femminile, un tempo considerata come una dote matrimoniale, oggi è quasi considerata un indicatore di immaturità sessuale e sentimentale alle soglie del matrimonio. Si parla con più libertà e franchezza di problemi sessuali e vi è stato anche un grande cambiamento culturale nel modo di concepire la masturbazione: prima considerata addirittura pericolosa psicologicamente e fisicamente, oggi vista dalla maggioranza dei sessuologi come un'esperienza utile per conoscere meglio il proprio corpo e che prepara ai rapporti sessuali completi. Nel nostro contesto sociale, infine, la gestione della sessualità è sempre più considerata una questione individuale privata piuttosto che attinente alla morale pubblica, e questo fa sì che gli adolescenti vivano più liberamente questo importante aspetto della vita.

Prima di concludere occorre fare un breve accenno alla sessualità adolescenziale con tendenza omosessuale. È proprio nell'adolescenza che inizia a delinearsi una scelta di tipo omosessuale, più difficile da esplicitare per l'individuo e meno accettata socialmente di quella eterosessuale. Fortunatamente, l'omosessualità non è più considerata un disturbo, bensì una modalità di sviluppo legittima. Viene considerato disturbo, invece, il rifiuto del proprio sesso, denominato disturbo dell'identità di genere. Dalle testimonianze di individui che si dichiarano omosessuali si evince che la prima consapevolezza della propria omosessualità si ha in genere intorno ai tredici anni per i maschi e un po' più tardi per le femmine e, di solito, è vissuta in modo conflittuale e doloroso, con un'intensità che varia in base alla radicalizzazione dei pregiudizi omofobici nel contesto sociale. La scelta omosessuale può indurre l'individuo a bloccarne l'espressione, a rimandarla nel tempo, a cercare altri ambienti e altri gruppi di persone per esprimerla compiutamente senza vergogna e senza giudizio. Spesso, infatti, essi scelgono di abbandonare una famiglia e un ambiente intolleranti per ottenere libertà sociale, emozionale e sessuale presso comunità gay e lesbiche presenti nelle maggiori città (Gagnon, 1989). La questione dell'omosessualità in adolescenza non si riduce al problema del *coming out* (il momento in cui l'individuo decide di dichiarare la propria omosessualità), ma vi possono essere anche altri aspetti critici. Ci sono adolescenti che devono riconoscere e accettare la propria omosessualità, che hanno paura di avere desideri omosessuali, ma ci sono anche alcuni adolescenti che compiono una scelta omosessuale in realtà come modo per rafforzare o salvaguardare la propria virilità e altri che rifuggono da una relazione eterosessuale per timore di essere inadeguati nelle proprie prestazioni.

Bancroft (1989) riferisce che circa un quarto degli adolescenti è consapevole di provare sentimenti omosessuali e gran parte di essi, soprattutto maschi, li traduce nel comportamento, ma è interessante notare che la maggioranza di questi sviluppa un orientamento eterosessuale, come se questi comportamenti fossero delle vere e proprie sperimentazioni.

Il gruppo dei pari

Nel corso dell'adolescenza l'amicizia e il gruppo dei pari rappresentano dei punti di riferimento importanti per tutti i ragazzi. Il valore dell'amicizia viene enfatizzato al massimo mentre l'intimità, l'autenticità, l'accettazione reciproca e il fatto di avere gusti e aspirazioni comuni assumono un'importanza sempre maggiore. L'appartenenza a un gruppo, poi, è così connaturale all'adolescenza che il termine «gruppo dei pari» è utilizzato nel linguaggio comune quasi esclusivamente per riferirsi ai gruppi che sorgono in questa fascia di età. Oggi, per gruppo dei pari, si intendono le aggregazioni di giovani che intrattengono liberamente una relazione di amicizia intensa e continuativa, fondata sulla condivisione di esperienze, interessi e valori. Il gruppo copre una funzione fondamentale per l'adolescente. Innanzitutto è quel contenitore che dà garanzie e riconoscimento di sé in un nuovo ambiente sociale, diverso dalla famiglia, e in una nuova fase di vita densa di cambiamenti e instabilità. I coetanei rappresentano un riferimento per esplorare nuovi spazi e per valutare in modo autonomo le proprie scelte. Il gruppo consente lo sviluppo di una propria identità soggettiva grazie al confronto tra la percezione di se stesso e il riconoscimento da parte degli altri; aiuta la definizione dei ruoli di genere, fornisce sicurezza emotiva, sostegno all'autostima, rafforza valori e modelli. Insomma, prepara il soggetto all'età adulta e ai suoi compiti biologici e sociali. Nell'infanzia il bambino frequenta soprattutto relazioni a due o con piccoli gruppi di coetanei, spesso organizzati e sostenuti dai genitori. Queste prime esperienze sociali sono importanti per le successive relazioni adolescenziali. Adams e Berzonsky (2003) individuano una stretta correlazione tra le capacità di avere buone relazioni amicali durante l'infanzia e l'evoluzione della competenza a costruire legami d'amicizia e di gruppo in adolescenza. Verso gli undici anni il gruppo è formato da un numero maggiore di soggetti rispetto all'infanzia, ma quasi tutti dello stesso sesso. A quattordici anni poi si inizia a preferire gruppi misti di amici con i quali si parla, ci si scambiano confidenze e si inizia a sperimentare l'autonomia dai genitori attraverso le prime brevi uscite (Palmonari, Pombeni e Kirchler, 1993). Successivamente si diffondono i gruppi informali, come si spiegherà più avanti, e alla fine dell'adolescenza l'esperienza del gruppo lascerà posto ai rapporti di coppia e ad altre esperienze di gruppo più finalizzate. Una prima distinzione tra i vari tipi di gruppi è quella fra gruppi formali e gruppi informali. I primi sono di tipo associazionistico e nascono intorno ad attività specifiche, come ad esempio attività sportive, religiose, politiche o culturali. Questi sono gruppi gestiti da adulti, che hanno una funzione di stimolo e controllo, organizzati in spazi di incontro predefiniti, con obiettivi e impegni precisi. I gruppi formali rappresentano una base sicura nel corso della prima adolescenza che aiuta all'inserimento e alla formazione di gruppi informali o spontanei. Varie ricerche dimostrano infatti che l'adesione a questi gruppi è maggiore nella prima adolescenza per poi calare consistentemente con l'aumentare dell'età. La motivazione che spinge i ragazzi a far parte dei gruppi formali è soprattutto l'acquisizione di nuove competenze, la condivisione di interessi specifici e il desiderio di scambiarsi idee e di trascorrere il tempo libero. I gruppi informali, invece, sono le cosiddette «compagnie» che si formano in modo spontaneo e naturale in base alla somiglianza e reciprocità. È considerato un valore indispensabile, infatti, l'omogeneità di provenienza e di esperienza. I luoghi di ritrovo sono di solito la piazza, il bar o i giardini pubblici e spesso non vengono perseguite attività specifiche. La coesione del gruppo si fonda sull'intensità delle relazioni e sulle esperienze concrete vissute insieme. I membri del gruppo condividono il tempo libero, il divertimento e l'attività centrale è lo stare insieme a parlare. Si condividono gli stessi problemi, si ricercano insieme le soluzioni in condizioni di parità ed empatia. In questi gruppi emerge spesso il sentimento del «noi» e cioè di un'identità collettiva grazie alla quale il gruppo si vede come un'unità sociale che trascende i singoli individui. Gli adolescenti, inoltre, passano molto del loro tempo in un altro gruppo che potremo definire istituzionale: la classe. La classe è «un vero e proprio gruppo di lavoro, caratterizzato da un obiettivo condiviso, da regolamenti espliciti, da obbligatorietà dell'impegno, da valutazioni e sanzioni» (Saottini, 2004).

Nella classe, gli adolescenti acquisiscono abilità cognitive importanti per il futuro lavorativo adulto e provano comportamenti di competizione e di solidarietà. Gli anni di scuola sono spesso ricordati per il rapporto con i compagni, per le amicizie e gli amori nati fra i banchi di scuola, per le risate, ma anche per le delusioni. Le relazioni con i compagni di classe rappresentano un ambito fondamentale della relazione con i coetanei perché i ragazzi sperimentano rapporti con individui che non hanno scelto, con coetanei più eterogenei rispetto ai gruppi informali e con i quali si creano diverse possibilità d'identificazione. Il gruppo dei pari quindi si accosta alla famiglia e diventa un'importante fonte di sostegno e di riferimento per ogni adolescente.

Tratto e adattato da *Q-PAD – Questionario per la valutazione della psicopatologia in adolescenza,* 2011, pp. 9-29

CAPITOLO 7

LA GESTIONE DEI PROCESSI DI MEDIAZIONE DIDATTICA

(Dario Ianes)

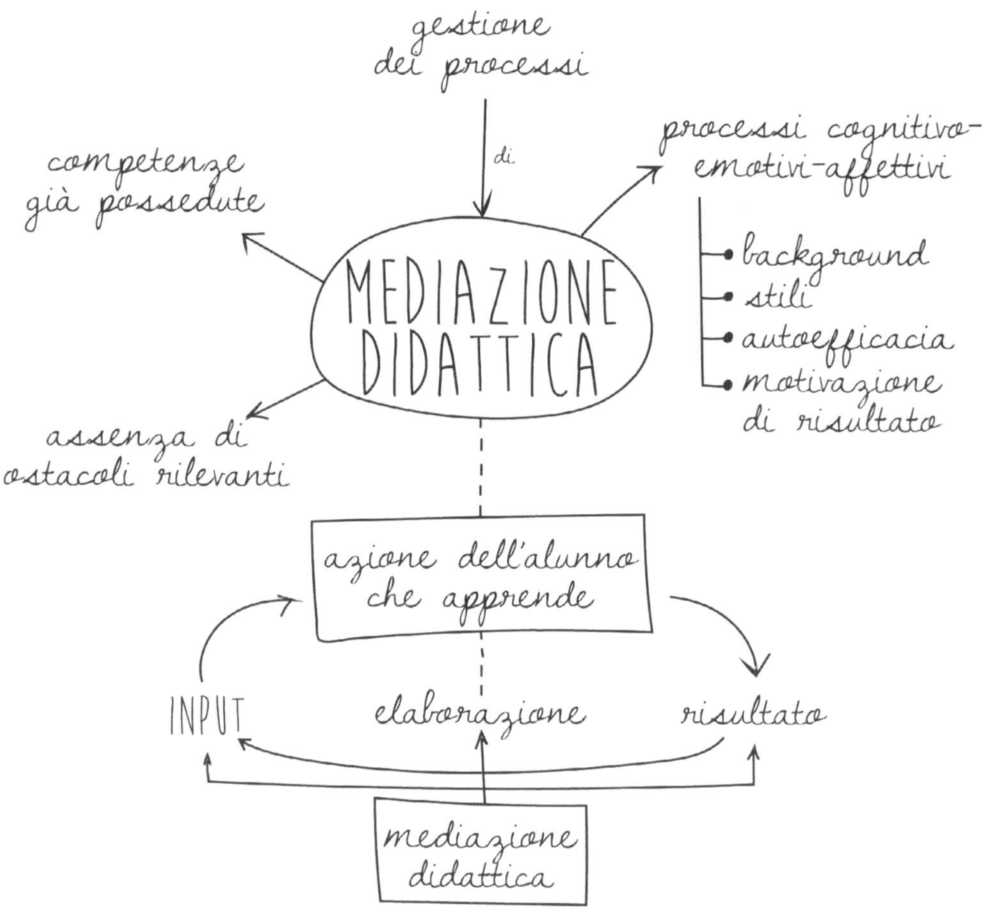

Nei contesti strutturanti di una buona relazione con l'insegnante e di una buona metodologia didattica (cooperativa, facilitante e metacognitiva) avvengono continuamente, in un flusso auspicabilmente ininterrotto, microscopici processi di scambio di informazioni tra chi insegna e chi apprende, che portano a un accrescimento qualitativo e quantitativo delle capacità/performance d'azione dell'alunno (figura 7.1). Al centro di queste dinamiche di insegnamento-apprendimento mettiamo infatti l'azione dell'alunno che apprende, che si basa su un qualche tipo di input (indicazioni, richieste, testi, immagini, ecc.) ed è seguita da un risultato (feedback di qualche genere, esterni e/o interni), che diventa poi un nuovo input, e così via, in un continuo moto circolare di passaggio di informazioni e di mediazione didattica. Semplificando, si potrebbe dire che l'insegnante, quando fa mediazione didattica, si colloca a livello della produzione di input e di risultato, curando anche la trasformazione del risultato in un nuovo input per la successiva azione (Ianes e Macchia, 2008).

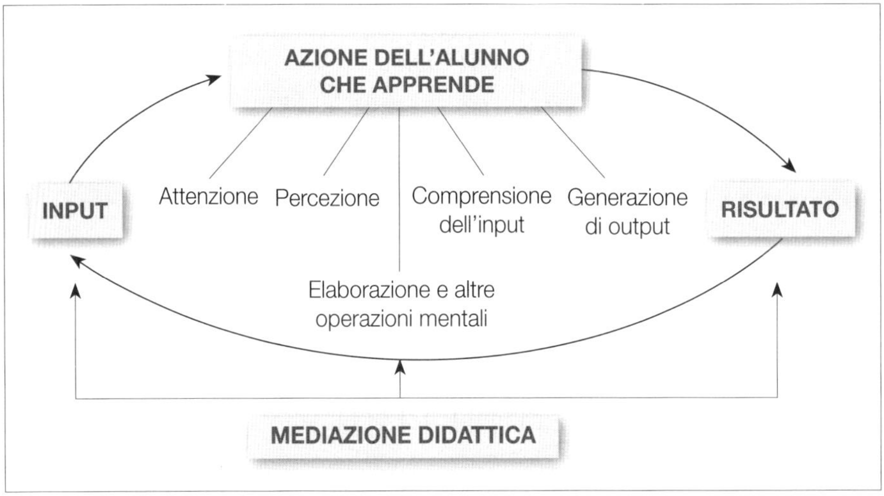

Fig. 7.1 Lo scambio continuo di informazioni tra chi insegna e chi apprende. In Ianes e Macchia (2008).

L'apprendimento che desideriamo (evoluzione stabile e generalizzata delle varie componenti dell'azione, in direzione di una competenza positiva, frutto dell'interazione tra azioni di chi apprende e informazioni esterne/interne) avverrà nella misura in cui questi tre elementi sono continuamente in movimento: gli input efficaci incidono sull'azione, l'azione si modifica positivamente, si concretizza e riesce a produrre risultati, i risultati ritornano, diventati nuovi input, la consapevolezza dell'alunno agisce e incide sulle successive azioni, e così via, in un continuo anello ricorsivo.

Questo movimento continuo, per essere sostenuto nel tempo e produrre i frutti auspicati, ha bisogno di energia: una parte di energia è il soggetto stesso a fornirsela, stimolando dal punto di vista motivazionale e affettivo le sue varie componenti di azione (anche fornendosi input e risultati), un'altra parte siamo noi insegnanti a immetterla nel sistema, fornendo varie forme di *input* esterni (aiuti, materiali, ecc.) e contribuendo in maniera significativa alle componenti *risultato* e trasformazione del risultato in un nuovo input.

A un primo livello, si potrebbe dire che l'opera di mediazione svolta dall'insegnante (e/o dal materiale) si colloca a livello di *Input* e *Risultato* (ad esempio, anche quando aiutiamo fisicamente un'azione motoria di autonomia dell'alunno generiamo un input aggiuntivo rispetto a quelli normalmente presentati dalla situazione).

Ma le cose non sono così semplici. Questo anello in continuo movimento potrà infatti compiere il suo moto a condizione che:

1. Le azioni che l'input chiede al soggetto siano compatibili con il livello di performance già raggiunta nelle competenze di riferimento. L'obiettivo dovrà essere cioè nell'ambito della zona di sviluppo prossimale: se l'alunno non possiede le necessarie competenze non potrà ovviamente agire, e l'anello si bloccherà, nonostante noi (e l'alunno stesso) prodighiamo grandi sforzi per mantenerlo in movimento con un grande investimento di *Input* (sia aiuti che motivazioni).
2. L'alunno attivi dei processi di interpretazione-rappresentazione mentale cognitivo-motivazionali-affettivi positivi e non frenanti (dall'autoefficacia alle attribuzioni: vedremo in seguito).
3. L'alunno non presenti ostacoli significativi per la sua azione (comportamenti problema e reazioni emotive eccessive).

Le tre componenti dell'azione dell'alunno

Prima di entrare nel dettaglio di queste tre condizioni favorenti o ostacolanti, dobbiamo approfondire un po' il concetto di azione (dell'alunno). Credo sia utile suddividere l'azione dell'alunno in tre parti, anche se nella realtà vi possono essere sovrapposizioni, contemporaneità e i confini e la scansione temporale tra le tre componenti sono estremamente mobili.

Questa tripartizione origina dalla analisi compiuta da Feuerstein sulle attività cognitive (Feuerstein, Rand e Rynders, 1992; Feuerstein et al., 1995; Feuerstein, Feuerstein, Falik e Rand, 2008), dal suo allievo Tzuriel, con particolare riferimento alla valutazione (Tzuriel, 2004) e da Fabio e Pellegatta (2005a; 2005b). Un approccio simile, che definisce le attività mentali nei processi di apprendimento, è quello di De la Garanderie (2003) e più in generale dei vari approcci cognitivisti e neuropsicologici di studio dell'attività mentale nell'apprendimento (Cornoldi, 2007; Caponi et al., 2008).

In questo paragrafo si discute di ciò che accade nella mente dell'alunno quando apprende. Queste subcomponenti di azione si attivano, più o meno accuratamente, qualsiasi sia l'azione-obiettivo a cui si rivolge l'apprendimento. Nel paragrafo seguente verranno discussi invece i diversi livelli di azione-obiettivo che possiamo proporre all'alunno (Ianes e Macchia, 2008).

Il soggetto che apprende, quando è esposto a qualche forma di input, attiva primariamente delle strategie attentive e percettive. Anzi, dovrà attivarle proprio per ricevere adeguatamente le varie forme di input ambientali. Queste due componenti dell'azione del soggetto hanno lo scopo di portarlo e tenerlo a contatto con l'input quanto necessario e di fornire i materiali di stimolo alla sua consapevolezza di modo che possa aver luogo la fase di Comprensione. Attenzione e Percezione lavorano insieme, in modo intrecciato. Ovviamente, il nostro alunno con Bisogni Educativi Speciali può incontrare difficoltà in uno o entrambi di questi processi. Si pensi ad esempio al deficit attentivo caratteristico dell'autismo (iperselettività per i dettagli) oppure alle varie minorazioni sensoriali.

Nella fase di *Comprensione dell'input* troviamo all'opera una serie di abilità:

1. comportamento esplorativo pianificato, riflessivo e sistematico sulle coordinate spazio e tempo;
2. uso di strumenti verbali ricettivi (riconoscimento dei concetti e dei termini);
3. bisogno di precisione e bisogno di accuratezza nella raccolta delle informazioni dell'input;
4. capacità di considerare due o più fonti di informazione simultaneamente.

Più in generale, si potrebbero aggiungere a questa fase varie competenze di riconoscimento concettuale più alto, quando l'input è caratterizzato da complessità notevole. Comunque, ciò che caratterizza il complesso di operazioni che fa l'alunno nella fase di comprensione dell'input è il seguente: riesce a trasformarle una serie di significati ben compresi, cioè agganciati in modo significativo al suo livello di competenze. Su questi significati opererà poi nella fase di elaborazione.

Nella fase di *Elaborazione,* troviamo altre operazioni mentali:

1. scelta degli indizi pertinenti per lavorare sul compito, qualunque esso sia, come il semplice recupero dalla memoria a lungo termine o problem solving;
2. comportamenti di comparazione, confronto, scelta, messa in relazione, ecc.;
3. ragionamento logico (sia come bisogno di logica che come capacità di pensare in modo razionale con pensiero ipotetico deduttivo (se-allora), previsione degli effetti e inferenze causali);
4. transfer, estensione e generalizzazione di principi e azioni;
5. pianificazione (planning) cognitiva e decisione rispetto all'azione (output) che dovrà di lì a poco essere generata e prodotta.

Ciò che caratterizza questa fase è un ulteriore lavoro di reimpasto, anche nuovo e originale, tra i significati prodotti dall'input e le conoscenze-competenze già possedute dal soggetto, ulteriore rispetto a quello che ha già fatto per comprendere. Nei casi più semplici, l'input risveglia soltanto la memoria di una cosa che si sa già fare, e l'alunno la fa, magari un po' meglio. Nei casi più complessi, l'input attiva una profonda ristrutturazione e un processo creativo di generazione di nuove risposte.

Nella fase di *Generazione di output* troviamo, tra le altre, le seguenti operazioni:

1. pianificazione accurata e non impulsiva, una specie di «controllo preventivo» (Levine, 2005);
2. attivazione singola o coordinata delle varie componenti dell'azione (verbale, motoria, cognitiva, ecc.);
3. svolgimento dell'azione con precisione/accuratezza/controllo del ritmo e dell'investimento costante di energia.

Come risulta evidente, questa tripartizione è largamente generica, ma ha una diretta utilità didattica: su questa base noi possiamo pensare a varie forme di input di aiuto o enfatizzazione di risultato che vadano ad aiutare e sostenere più esattamente le componenti dell'azione che ci sembrano più deficitarie in quell'alunno o più difficili in quel compito. Sarà infatti ben diverso, ad esempio, dare un aiuto, tramite aggiunte di indizi visivi, al comportamento esploratorio di un alunno sulla pagina di un testo, rispetto al fornirgli uno schema già parzialmente costruito che lo aiuti a ricordare come si riassume, o ancora ad aiutarlo con una checklist di autocorrezione ortografica nella fase di scrittura-editing del suo testo. In questi tre esempi, abbiamo aiutato, rispettivamente, le fasi di comprensione dell'input, elaborazione e generazione di output.

L'azione del soggetto che apprende

Abbiamo visto che l'elemento centrale delle microdinamiche che avvengono nella mediazione didattica è l'azione del soggetto che apprende. È questo il centro dei processi di apprendimento, che auspicabilmente viene modificato in senso positivo, evolvendolo nella direzione degli obiettivi che sono stati definiti. Abbiamo anche visto che tali obiettivi dovrebbero, in una buona logica di individualizzazione inclusiva, provenire da alcune «fonti» significative e valide. Ovviamente gli obiettivi educativi-formativi non si improvvisano.

Come abbiamo accennato, le fonti che riteniamo maggiormente significative sono il curricolo e le attività che normalmente la classe svolge, i contenuti di ICF e le competenze del progetto di vita. Questi tre ambiti generali rispondono alle esigenze, da parte dell'alunno, di sviluppare competenze appartenenti al curricolo della classe, competenze di funzionamento globale, anche di base (ad esempio autonomia personale, o comunicazione con immagini) e competenze proiettate in una visione di sviluppo dell'adultità, come ad esempio usare i mezzi di trasporto pubblici o fare una buona manutenzione della propria rete amicale.

Tutto questo va bene, ma dobbiamo entrare più nel dettaglio rispetto al concetto di «azione» dell'alunno che apprende e chiarire, se possibile, le differenze che esistono, e non sono poche, tra approcci teorici molto diffusi, che è bene conoscere, perché poi si traducono in concrete scelte metodologiche.

Come vedremo, le differenze di impostazione vanno messe in rapporto anche al tipo di difficoltà che l'alunno presenta: sarà ovviamente diverso ragionare su quale livello di azione proporre a un alunno con disabilità intellettiva grave rispetto a uno con un disturbo lieve di lettura.

La dimensione fondamentale su cui rifletteremo è la *vicinanza-lontananza dell'azione rispetto al compito-prodotto finale,* obiettivo dell'apprendimento. In altre parole: per favorire al meglio lo sviluppo di una competenza, è più efficace proporre subito all'alunno l'apprendimento di una serie di azioni che sono già il compito-prodotto finale stesso oppure è più vantaggioso proporre l'apprendimento di una serie di azioni-processi, anche molto sganciati dal compito e differenti come contenuto, ma che formano nell'alunno le fondamentali funzioni cognitive e le operazioni mentali generalizzate e generative, che lo aiuteranno ad apprendere bene ogni tipo poi di prodotto-contenuto?

Iniziamo questa riflessione esaminando la figura 7.2. Nella parte in alto della figura si trova lo strato che abbiamo chiamato di «superficie», dove si trovano azioni da proporre all'apprendimento dell'alunno che sono già il prodotto finale, la performance intera e conclusa. Le azioni come dovrebbero essere fatte: una telefonata digitando il numero da un foglietto di carta, un riassunto, il modellare un animale con la plastilina, la classificazione di forme geometriche, una sottrazione, ecc.

A questo livello di azione si esercita l'alunno direttamente su quello che saprà fare alla fine dell'apprendimento: i materiali sono reali, i contesti sono altrettanto reali e l'azione sarà proposta nella sua interezza o a singole parti, in funzione della difficoltà dell'azione stessa e delle capacità dell'alunno. L'azione rappresenta dunque un «compito con un contenuto specifico», un prodotto finale dei processi di apprendimento.

Per rendere possibile una programmazione individualizzata, il compito-azione viene analizzato (scomposto) nelle sue componenti sequenziali che un soggetto abile mette in moto eseguendolo. Queste componenti singole sono a loro volta azioni concrete (di vari repertori, naturalmente: motorio, verbale, cognitivo, interpersonale, ecc.), decisioni-scelte e input ambientali e/o interni che vengono utilizzati per compiere le scelte e conseguentemente agire il passo successivo.

Questa scomposizione sequenziale del compito «di superficie» viene definita *analisi del compito descrittiva*, e può svilupparsi con una prevalente presenza di microazioni motorie (ad esempio: 1. Apre il rubinetto del lavandino, 2. Prende lo spazzolino, 3. Prende il dentifricio, 4. Svita il tappo al dentifricio, ecc.) oppure con l'introduzione di processi decisionali (i rombi nel linguaggio grafico dei diagrammi di flusso: «Che segnale sento nell'apparecchio telefonico?». Se sento un certo segnale, significa che l'altro apparecchio è libero e il mio interlocutore può rispondere, se sento invece un altro segnale significa che... ecc.) e di situazioni di stimolo che il soggetto userà per compiere i processi decisionali stessi. All'alunno saranno proposte, come obiettivi di apprendimento, varie combinazioni di microazioni e decisioni di lunghezza variabile, da una a molte in sequenza. Alcune tecniche comportamentali di insegnamento, e in particolare il concatenamento retrogrado e anterogrado, presentano un percorso facilitato di apprendimento iniziando, rispettivamente, dall'ultimo e dal primo anello della catena di microazioni e aggiungendo poi un anello-azione alla volta, non appena raggiunta la padronanza dell'anello su cui l'alunno sta lavorando. In questo modo si costruisce gradualmente l'intera catena di azioni singole e il compito, nella sua interezza, viene appreso e consolidato.

Nel secondo strato si comincia a scendere oltre la superficie del compito, proponendo al soggetto che apprende delle azioni che non sono parti del compito, ma sono abilità «componenti» che rendono possibile l'esecuzione, in superficie, di una o più azioni terminali del compito stesso. Queste «abilità componenti» sono dei nuclei di conoscenza, abilità o competenza più generali rispetto al compito, ma sempre strettamente derivati da esso. Ad esempio, se alcune azioni del compito «telefonare con il cellulare» sono «legge una cifra e la digita sulla tastiera», ripetuta tante volte quante sono le cifre del numero telefonico da comporre, le abilità componenti che rendono possibile queste azioni sono le seguenti:

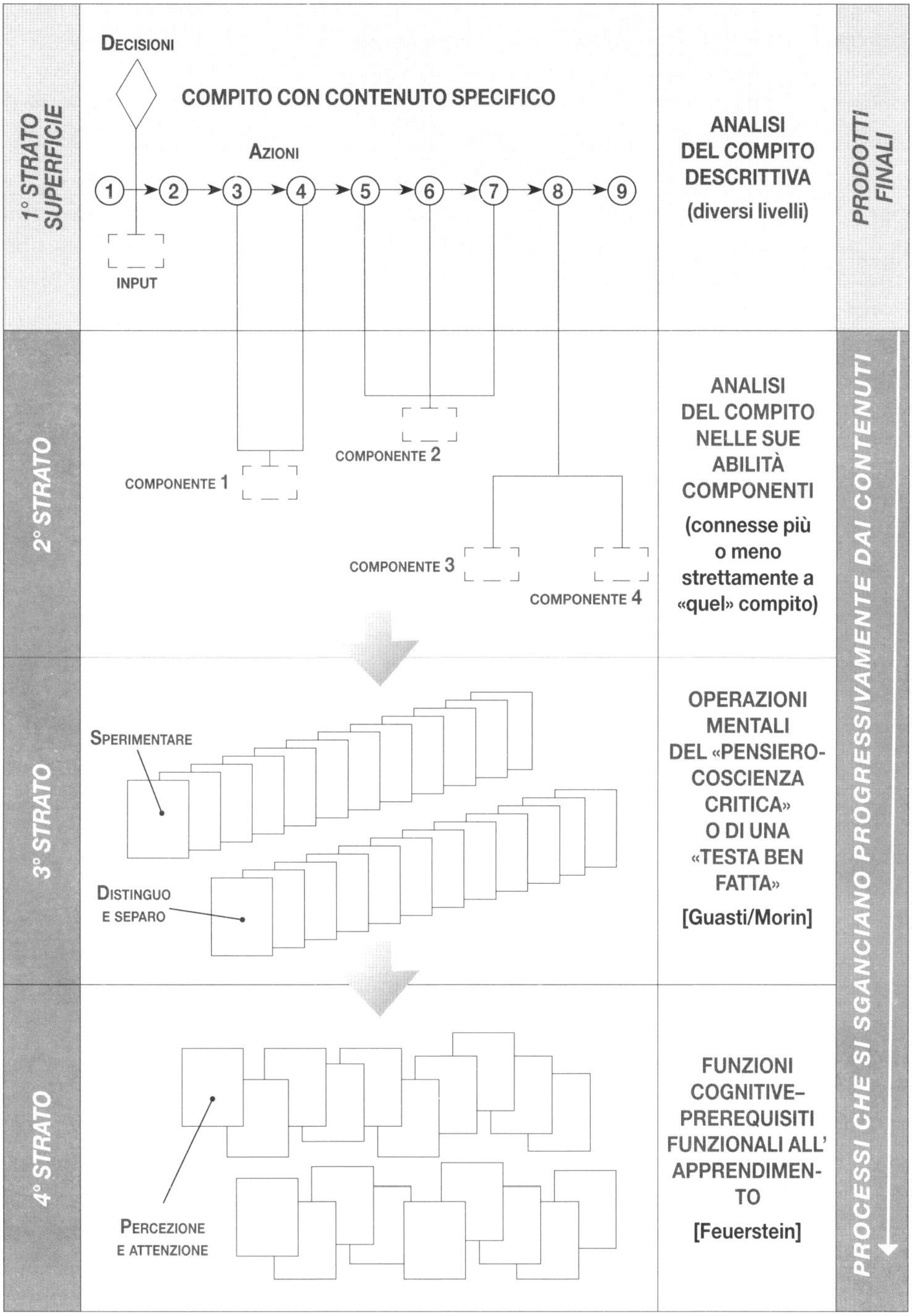

Fig. 7.2 I quattro livelli di azione del soggetto che apprende: dall'esecuzione finale di un compito specifico alle funzioni cognitive di base. In Ianes e Macchia (2008).

– trovare la cifra uguale a quella data;
– generalizzare tra diversi caratteri di scrittura di cifre;
– seguire precisamente una sequenza da sinistra a destra;
– riconoscere caratteri di cifre scritti su tastiera telefonica di un apparecchio portatile.

Come si nota, queste abilità componenti «stanno sotto» la performance di superficie del comporre adeguatamente un numero di telefono in questo modo e su questo apparecchio. Se il compito cambiasse e, ad esempio, le cifre del numero fossero dettate una o più alla volta, o tutte insieme, è evidente che le abilità componenti varierebbero di molto. Di conseguenza varierebbe la difficoltà del compito e le modalità di presentazione sequenziale delle abilità componenti al soggetto che apprende.

In questo strato, la metodologia usata è *l'analisi del compito nelle sue abilità componenti.* Le abilità che si vengono a definire attraverso questa scomposizione possono essere proposte come attività di apprendimento preparatorie al lavoro sulla performance terminale. Le abilità componenti dunque sono tipi di azione derivate strettamente dal contenuto del compito, ma che se ne allontanano. Se ne possono sganciare anche di molto, mantenendo però un collegamento necessario con il compito stesso. Ad esempio, l'abilità componente che abbiamo citato prima, «seguire precisamente una sequenza da sinistra a destra», può essere appresa con proposte di azione carta e matita su lettere, cifre, disegni, simboli, ma anche con proposte di azione su oggetti fissi, mobili, su movimenti del corpo, in spazi ampi, ecc. In funzione delle sue capacità, l'alunno partirà dalle azioni più possibilmente vicine alla destinazione, e cioè l'esecuzione del compito finale.

Nel terzo strato le proposte di apprendimento si allontanano ancora un po' dal compito terminale e dalle specifiche abilità che lo compongono e si rivolgono a una serie di operazioni mentali tipiche del «pensiero/coscienza critica» o di una «testa ben fatta», per riprendere le espressioni di Lucio Guasti (2008) e Edgar Morin (2000). A questo livello le teorizzazioni sono molte: a noi piace ricordare qui, anche a titolo di esempio, la sequenza di operazioni mentali definita da Lucio Guasti nella sua collana di «Didattica per operazioni mentali». Le operazioni mentali che egli definisce sono abbastanza sganciate dal contenuto, senz'altro più delle abilità componenti dello strato 2, e sono più «universali», più generalizzate e fondamentali, anche se non sono del tutto «senza» contenuto, non lo potrebbero essere. L'autore ne individua 12:

1. sperimentare
2. osservare
3. comprendere
4. ipotizzare
5. descrivere
6. valutare
7. interpretare
8. comparare
9. riflettere
10. creare
11. produrre
12. giudicare.

Come si vede, queste operazioni mentali si possono applicare a moltissimi contenuti e generare azioni apprenditive su compiti scolastici e di vita quotidiana. Una didattica per operazioni mentali rovescia il tradizionale approccio che parte dai contenuti rigidamente separati e mette invece al centro l'apprendimento del soggetto. Inutile ricordare come questo approccio sia prezioso per i nostri alunni con Bisogni Educativi Speciali.

Ritengo indispensabile che si cerchi di vedere il problema dell'apprendimento che si realizza nella mente del soggetto con l'ottica della mente stessa che deve mettere in campo le operazioni fondamentali di cui dispone e che devono essere attuate, potenziate e, infine, oggettivate. (Guasti, 2008, p. 15)

Naturalmente, operare questa suddivisione in 12 operazioni mentali non significa settorializzare rigidamente il funzionamento mentale, isolando un'operazione dall'altra, che nella realtà si intrecciano e dialogano funzionalmente, ma definire alcune modalità ben identificabili e connotate operativamente che strutturino l'acquisizione di competenze e il loro uso il più possibile evoluto.

Un altro approccio «per operazioni mentali», che ritengo avvicinabile al precedente e collocabile al terzo strato è quello di Edgar Morin, presentato nel suo celebre libro *Una testa ben fatta* (2000). Anche Morin invoca una riforma del pensiero e una corrispondente riforma radicale dell'insegnamento, una riforma che non sia programmatica (dei contenuti), ma sia paradigmatica, di come cioè si organizza e struttura la conoscenza umana. Tuffanelli e Ianes, nel 2003, hanno tradotto l'approccio di Morin in una modalità didattica cooperativa, con un gioco di ruoli (esploratore, stratega, critico e saggio) applicato al problem solving, costruendo una serie di *carte del pensiero,* che corrispondono ad altrettante operazioni mentali fondamentali. Le carte rappresentano per gli alunni dei «poteri» mentali che possono far scendere in campo e applicare al loro pensiero mentre stanno cooperativamente risolvendo un problema. L'elenco delle carte, con le corrispondenti operazioni mentali è il seguente:

– *Distinguo e separo:* metto ordine trovando differenze significative.
– *Interconnetto:* metto in relazione, contestualizzo, metto in un quadro più ampio.
– *Leggo me stesso:* mi guardo dentro, scopro come reagisco affettivamente alle cose per comprendere meglio il problema.
– *Controllo le mie emozioni:* non le blocco ma le comprendo e le dirigo in espressioni positive.
– *Cambio ipotesi:* modifico continuamente e liberamente le mie ipotesi di soluzione.
– *Traccio collegamenti con la mia vita:* tengo i contatti tra i problemi e le varie cose che mi accadono.
– *Cambio punto di vista:* cerco di guardare il problema con la mente e dalla prospettiva di un altro.
– *Scopro e metto in discussione abitudini mentali:* svelo gli automatismi che mi condizionano.
– *Scopro anelli retroattivi:* comprendo la dimensione sistemica degli eventi.
– *Accetto la sfida dell'imprevisto e del difficile:* affronto positivamente incertezza e complessità.

– *Scopro che la parte è nel tutto e il tutto è nella parte:* esploro i rapporti reciproci tra parte e tutto nei sistemi complessi.
– *Cerco i presupposti del mio modo di pensare:* scopro le memorie e i valori che mi orientano, più o meno consapevolmente.

Nel testo citato del 2003 non abbiamo definito dei percorsi didattici per lo sviluppo di queste operazioni mentali, ma un modo per applicarle arricchendo il processo di problem solving. Non sarebbe difficile, però, organizzare delle attività didattiche che propongono al soggetto che apprende di sviluppare azioni positive ascrivibili alle varie dimensioni del «pensare bene».

Si immagini, ad esempio, a come sarebbe operazionalizzabile agevolmente il «cambiare punto di vista», in una serie di attività di percezione e comprensione intersoggettiva di «cosa penso io-cosa pensa lui», tra l'altro estremamente importanti nel caso dei disturbi dello spettro autistico, in cui è drammaticamente carente la cosiddetta «teoria della mente», ovvero la capacità di rappresentarsi ciò che probabilmente accade nelle menti altrui.

Nel quarto strato, il più profondo, incontriamo azioni del soggetto che potremmo definire *Funzioni cognitive-Prerequisiti funzionali all'apprendimento.*

Il riferimento teorico scelto per questo livello è Feuerstein (Feuerstein et al., 2008) che in ogni modo non è il solo che ragiona di funzioni cognitive e prerequisiti all'apprendimento; se ne sono occupati e ancora se ne occupano tutti gli studiosi di psicologia cognitiva e di neuropsicologia, è ovvio.

Il motivo che ci ha spinto a collocare come esempio di azioni del quarto strato l'approccio di Feuerstein è la radicalità del suo modo di sostenere che nel lavoro di recupero delle difficoltà, la strada maestra (e unica) sia proprio il lavoro a questo livello e non quello ai livelli «superiori». Nel suo Programma di Arricchimento Strutturale (PAS) i livelli vicini al contenuto, al compito finale sono accuratamente evitati. L'obiettivo del suo programma è in effetti un cambiamento strutturale (anche biologico, del cervello) di come il soggetto interagisce con le fonti di informazione, come agisce su di esse e come vi risponde. La sua fiducia in una profonda modificabilità cognitiva di base è incrollabile e diventa mediazione didattica (Esperienza di Apprendimento Mediato) rivolta a processi-funzioni di base, neutrali, generalizzabili e trasferibili, che non hanno alcunché in comune (né debbono averlo, se non in qualche caso, come vedremo) con i prodotti e i compiti finali, ricchi invece di contenuto.

«Sia che si insegni a una persona a costruire una canoa o a completare un puzzle, lo sviluppo cognitivo dipende dall'acquisizione di strategie, operazioni e procedure da parte del discente» (Feuerstein et al., 2008, p. 127). Dunque non punteremo a insegnargli a costruire una canoa o a completare un puzzle, ma a sviluppare le funzioni cognitive di base che permetteranno il suo sviluppo cognitivo e qualunque apprendimento successivo.

Nella concettualizzazione di Feuerstein ritroviamo 19 funzioni cognitive, che sono pensate come le condizioni mentali essenziali all'esistenza delle operazioni mentali; dunque sono ben collocate nello strato più profondo:

1. *Percezione e attenzione* (raccolta di dati essenziali, chiari e non distorti).
2. *Orientamento spaziale e temporale* (capacità di organizzare una realtà nel sistema di relazioni spaziali e temporali e di manipolare oggetti ed eventi su questi parametri).

3. *Conservazione delle costanti* (identificare un oggetto nonostante i suoi possibili cambiamenti di dimensioni e altre caratteristiche).
4. *Precisione e accuratezza nella raccolta di dati* (si veda il punto 1).
5. *Uso simultaneo di due o più fonti di informazione* (mettere in relazione, collegare dati in relazione ai limiti della capacità attentiva, si veda il punto 1).
6. *Cogliere l'esistenza di un problema* (accorgersi di incoerenze, contrasti e contraddizioni). In questa funzione si enfatizza il dialogo mentale con le conoscenze pregresse e dunque un processo di comprensione.
7. *Distinguere i dati rilevanti da quelli non rilevanti.*
8. *Comportamento comparativo spontaneo nel confronto.*
9. *Ampiezza del campo mentale* (mettere in relazione in un insieme coerente, utilizzando memoria e metamemoria, organizzazione e recupero dei dati attraverso una struttura organizzatrice; funzione molto simile alla cosiddetta «coerenza centrale» che unifica le percezioni singole in un insieme coerente e dotato di significato).
10. *Comportamento sommativo* (creazione di rappresentazioni mentali di sintesi significative, anche a livello percettivo: si pensi al *subitemizing* nello sviluppo del concetto di numero).
11. *Proiezione di relazioni virtuali* (generalizzare relazioni causali, finali, ecc. tra eventi).
12. *Bisogno di prove logiche* (trovare spiegazioni razionali a diversi livelli di complessità).
13. *Comportamento di interiorizzazione* (costruzione di immagini mentali interne, superando gli elementi concreti e anticipando il futuro).
14. *Comportamento di pianificazione* (darsi obiettivi, definire mezzi, organizzare fasi di lavoro, ecc.).
15. *Percezione attiva e complessa della realtà* (mettere in relazione oggetti/eventi di contesti e tempi diversi).
16. *Superamento di una modalità di comunicazione egocentrica* (percepire chi è in relazione come altro da sé).
17. *Capacità di superare blocchi e inibizioni emozionali.*
18. *Capacità di procedere per tentativi ed errori.*
19. *Trasposizione visiva* (conservare una figura mentre la si sposta mentalmente, individuare parti mancanti di una figura, ecc.).

Evidentemente, alcune di queste funzioni cognitive si sovrappongono alle altre, o non sono bene definite: ognuno di noi potrebbe aggiungere o togliere qualcosa a questo elenco. Ma il punto non è ovviamente questo. Feuerstein, sulla base di questa sua analisi, ha costruito un programma strutturato di strumenti con esercizi carta-matita per esercitare le azioni che costituiscono le funzioni cognitive. I 14 strumenti che compongono il programma di arricchimento strumentale sono: Organizzazione di punti, Orientamento spaziale 1 e 2, Confronti, Classificazioni, Percezione analitica, Relazioni familiari, Relazioni temporali, Progressioni numeriche, Istruzioni, Immagini, Sagome e Relazioni transitive e Sillogismi. Le attività del programma richiedono come minimo un livello di sviluppo pari a 7 anni e dunque alunni più piccoli o con difficoltà non vi possono accedere. Per questo motivo il gruppo di Feuerstein ha costruito un programma di base con i seguenti strumenti: Organizzazione di punti, Orientamento spaziale, Conosci e identifica emozioni, dall'empatia all'azione, Confronta e scopri l'assurdo, Pensa e impara a come prevenire la violenza, Impara a fare domande per la comprensione della lettura, Come sono fatte le cose.

Un ultimo riferimento a una parte della proposta di Feuerstein che ci sembra utile è la sua scaletta di parametri, attraverso i quali può essere analizzata un'attività mentale. Questi sono interessanti perché anche attraverso di essi un compito si può comprendere meglio nelle sue difficoltà specifiche e così adattare, individualizzando le azioni-obiettivo, alle caratteristiche peculiari di un alunno. Un'attività mentale può dunque essere analizzata, e si caratterizza sui seguenti parametri:

- contenuto e argomento;
- modalità, linguaggi e codici;
- fase dell'attività mentale (comprensione dell'input, elaborazione o generazione di output);
- operazioni mentali coinvolte;
- livello di complessità;
- livello di astrazione;
- livello di efficienza richiesto.

In tutte le attività dei programmi Feuerstein vengono dunque espressamente evitati i riferimenti al contenuto finale del compito.

> Il passaggio dal vedere il materiale come un obiettivo a vederlo come un mezzo ha come suo corollario il passaggio dall'essere orientati al prodotto all'essere orientati al processo, con una corrispondente enfasi sul come piuttosto che sul cosa. (Feuerstein, 2008, p. 243)

La posizione di Feuerstein è molto radicale e su di essa si sono abbattute molte critiche, soprattutto da parte di chi si occupa di intervento per alunni con difficoltà. Credo sia evidente, infatti, il limite del proporre esercizi lontani dalle pratiche curricolari e dalla realtà della vita quotidiana. Questa lontananza limita l'integrazione nella classe e riduce la motivazione intrinseca. Ed in più la generalizzazione di quanto appreso non è assolutamente garantita, anzi!

Alcune ragioni addotte da Feuerstein per sostenere la sua posizione sono però interessanti e vanno valutate attentamente. Egli infatti mette esplicitamente in discussione l'efficacia dei tentativi di sviluppare funzioni cognitive facendo riflettere i soggetti su argomenti-azioni ricche di contenuto perché i contenuti sarebbero troppo invasivi sui processi (questa è una critica velata alla didattica metacognitiva, che sta molto aderente ai contenuti curricolari). Un'altra argomentazione interessante cita le resistenze nella mentalità degli insegnanti, poco abituati a pensare per processi e troppo ancorati ai contenuti (dunque bisognerebbe disancorarli). Non ultima, la resistenza degli alunni in difficoltà ad affrontare, per l'ennesima volta, gli stessi contenuti su cui hanno fallito molte volte. Lavorare invece, ad esempio, su schede di Organizzazione di punti, dove possono essere più bravi addirittura dell'insegnante nel ricostruire forme geometriche collegando punti sparsi sul foglio, li gratificherà non poco.

Alla fine, Feuerstein propone di utilizzare le sue attività di apprendimento come un percorso completamente staccato da quello curricolare, curando i possibili collegamenti tra di essi. Crediamo che sarebbe meglio, invece, in un'ottica di speciale normalità, isolare bene ciò che fa crescere le funzioni cognitive, il tipo di attività più efficace, e cercare di portare questa specialità tecnica «dentro» le normali attività di contenuto curricolare, proprio per renderle normalmente più efficaci. È evidente che in questo passaggio si perderebbe la purezza e la specificità dell'attività avulsa dal contenuto, ma tutte le attività si arricchirebbero di «principi attivi» che ne faciliterebbero l'apprendimento anche nelle situazioni più difficili.

Più in generale, quando e come è utile operare una scelta tra i quattro livelli di azione da proporre all'alunno che apprende? Crediamo sia abbastanza evidente che non è possibile scegliere soltanto un livello, come se proprio quello e solo quello fosse l'unico «giusto». Una programmazione individualizzata inclusiva sarà un mix ricco di obiettivi nei vari livelli, che si intrecciano e si completano a vicenda. Anche se, in alcune situazioni di disabilità intellettiva abbastanza consistente, definiremo serie di obiettivi negli ambiti dell'autonomia personale e sociale, ad esempio, proponendoli attraverso analisi del compito al primo livello, sarà molto spesso necessario formare o espandere contemporaneamente abilità componenti del secondo livello.

Se invece proporremo azioni sul terzo livello, operazioni mentali, sarà inevitabile collegarle ad applicazioni su compiti reali, del primo livello, e fondarle sempre di più su funzioni cognitive di base che le renderanno maggiormente disponibili al soggetto che apprende. In alcuni casi saremo prevalentemente vicini al prodotto, in altri (ad esempio, nel caso dei disturbi nell'apprendimento della lettura) saremo molto più orientati ai processi. Nel campo della psicologia dell'apprendimento e della riabilitazione dei disturbi dell'apprendimento si è avuto un dibattito molto simile, in cui i sostenitori del «training centrato sul deficit» argomentavano l'utilità di un lavoro sulle funzioni di base compromesse, mentre altri ritenevano più utile confrontare il soggetto che apprende direttamente con la sua performance deficitaria, sviluppando in suo aiuto una serie di strategie metacognitive di autoregolazione.

Questa distinzione tra processi e prodotti delle attività mentali e di apprendimento è comunque un aspetto fondamentale su cui riflettere continuamente nella nostra azione di programmazione per obiettivi e competenze e nella sua revisione.

Esistono azioni di migliore qualità?

Rispetto poi alla più generale «qualità» e valore intrinseco dell'azione del soggetto, credo si possa sostenere che una qualsiasi azione (in quasi tutti i campi del funzionamento umano) sia «di migliore qualità» (nel senso dell'efficacia-efficienza e nel senso valoriale-etico-pedagogico) se ha dentro di sé la maggiore quantità possibile dei seguenti componenti:

- *autoregolazione metacognitiva:* un'azione il più possibile autoconsapevole e autodiretta;
- *interazione cooperativa:* un'azione frutto di mediazione, dialogo, cooperazione, scambio, ecc. (Capurso, 2004; Polito, 2004; Andrich e Miato, 2003);

– *espressione e regolazione affettiva:* un'azione ricca di espressione libera e nel contempo regolata positivamente, di emozioni, sia positive che negative (Goleman, 1995; 2006; Gottman e Declaire, 1999; Ianes e Demo, 2007).

Nella scelta degli obiettivi e delle metodologie didattiche attivate per raggiungerli, si dovrebbe tener conto anche di queste qualità intrinseche dell'azione. Ma torniamo al nostro ruolo di mediatori didattici. La prima, e forse più evidente, strategia componente il nostro ruolo è quella legata alla generazione di input di ottima qualità per l'azione del soggetto.

L'input all'azione

Attraverso indicazioni, consegne, testi, aiuti, immagini, ecc. noi forniamo input all'azione dell'alunno, alla sua comprensione, elaborazione e risposta. Ma non solo. Quando ci si preoccupa della qualità dell'input spesso si ragiona soltanto sull'efficacia-efficienza dello stesso rispetto alle varie componenti di azione, e si trascura il fatto che alcuni aspetti dell'input attivano nella mente dell'alunno processi di rappresentazione cognitivo-motivazionale-affettiva. Ad esempio, un'attività presentata con un tono di voce sfiduciato e commenti del tipo «Boh, proviamo, chi sa mai che questa volta non succeda il miracolo» probabilmente attiverà scarsa autoefficacia positiva e uno stato d'animo negativo e ostacolante (se non un comportamento problema!). Dobbiamo dunque considerare primario il ruolo attivatore dell'input rispetto all'azione, tenendo però presente anche il ruolo di facilitatore di vissuti affettivi e motivazionali che esso riveste (e che sono spesso più difficili da cogliere). Un elenco, molto parziale, dei vari tipi di input (che sono in realtà virtualmente infiniti) è quello riportato nella tabella 7.1.

Nell'approccio didattico di ispirazione comportamentale classica si dava molta enfasi principalmente agli aiuti verbali/fisici o visivi, che dovevano, in una prima fase, essere forti quel tanto che basta per garantire che l'alunno risponda correttamente, ma poi gradualmente ridursi ed attenuarsi, fino a sparire (fading). Questo approccio viene definito «apprendimento senza errori» (Lancioni, 1992a; Celi, 1989).

TABELLA 7.1
Tipologie di input all'azione di apprendimento

1. Istruzioni, consegne, richieste, aiuti verbali (che possono diventare dialogo interno e auto-istruzione).
2. Testi, spiegazioni, didascalie scritte, script, ecc.
3. Aiuti dati da schemi, immagini, fotografie, colori, aspetti grafici, ecc.
4. Conversazioni, storie, narrazioni, dialoghi, antropomorfizzazione, ecc.
5. Conflitti cognitivi (disequilibrio e dissonanza tra informazioni) e sociocognitivi (discussione tra posizioni divergenti).
6. Situazioni reali problematiche (problemi reali tratti dalla vita comunitaria e/o scolastica).
7. Modelli competenti (ma non troppo!) e che attivino buona identificazione.
8. Aiuti dati da guida fisica sui movimenti, oppure indicazioni gestuali/mimiche.

9. Aiuti dati da caratteristiche fisiche specifiche del materiale (carta a rilievo che guida l'azione dello scrivere, ecc.), anche attraverso l'amplificazione delle caratteristiche percettive.
10. Ogni altro input che faciliti l'azione del soggetto, e che sia il più naturale e il meno invasivo possibile (si vedano le varie considerazioni che faremo nella parte che riguarda l'adattamento degli obiettivi curricolari).

La condizione necessaria a livello di competenze già possedute dall'alunno

L'input cerca di attivare una risposta da parte dell'alunno, ma questa potrà essere espressa soltanto se l'alunno possiede un livello di competenze, informazioni, abilità, ecc. sufficiente per iniziare un percorso di tentativi e approssimazioni alle azioni a cui si vuole arrivare. In altre parole: l'alunno è pronto a muoversi verso la padronanza di quell'obiettivo? Per tener nel giusto conto questa condizione necessaria (ma certo non sufficiente!) dobbiamo chiederci:

- l'alunno possiede (anche se non del tutto) le informazioni, abilità e competenze «componenti» quell'azione a cui puntiamo? Per affrontare un compito occore possedere alcuni prerequisiti, o abilità componenti, capacità cioè che servono direttamente in quei contenuti che si vorrebbero evolvere: per un'attività di classificazione tra esseri viventi e inanimati, ad esempio, servono alcune parole specifiche (lessico) e alcuni concetti; per imparare a usare il telefono serve conoscere le cifre, ecc.
  In questa prima valutazione dovremmo dunque renderci conto il più possibile della presenza, assenza o imprecisione delle varie singole capacità che si intendono integrare insieme o evolvere in una competenza e in una capacità di azione più alta, articolata nelle tre fasi (comprensione, elaborazione, output);
- l'alunno possiede le abilità generali, non legate a specifici contenuti e compiti, per elaborare informazioni e sviluppare competenze (processi cognitivi di base, percezione, attenzione, memoria, discriminazione visiva, motricità, ecc.)?

In questo modo saremmo in grado di proporre azioni nuove e/o più complesse, ottimali come successivo e ulteriore gradino, perché appoggiano bene a una solida base di competenze pregresse e si collocano correttamente nella zona di sviluppo prossimale.

La condizione necessaria a livello di processi di interpretazione-rappresentazione cognitivo-emotivo-affettiva

L'alunno che apprende non è una macchina che reagisce rigidamente a degli input ben programmati. Con la sua mente egli interpreta attivamente tutto ciò che sta vivendo (input diretti e indiretti, cornici organizzative, relazionali, affettive, proprie percezioni, anche fisiologiche, ecc.), si rappresenta mentalmente questo complesso di percezioni, vi attribuisce un significato, lo valuta (più o meno correttamente) e tutto ciò produce effetti considerevoli sulle varie componenti dell'azione (facilitandole e inibendole) attraverso mediazioni affettive (emozioni e stati d'animo) e motivazionali (cioè energetiche).

L'alunno costruisce attivamente e autonomamente, anche se sempre in una relazione interpersonale sociale e culturale, una sua realtà mentale: è questo uno dei punti più interessanti dell'approccio sociocostruttivistico (Carletti e Varani, 2005; 2007; Roletto, 2004). L'alunno che apprende attiva, più o meno consciamente, vari processi di rappresentazione mentale.

Di seguito si accennano i più frequenti.

Rappresentazione dell'input/azione rispetto al proprio background percepito di competenze

L'alunno mette in relazione, più o meno consapevolmente, quello che riceve (input e aspettative di azione) con quello che ritiene di saper fare: «So già qualcosa di questo? Cosa so fare di simile?». Cerca di fare quello che Ausubel suggeriva rispetto all'assimilazione e alla vera comprensione: l'aggancio significativo con le conoscenze che l'alunno già possiede.

> Se dovessi condensare in un unico principio l'intera psicologia dell'educazione direi che il singolo fattore più importante che influenza l'apprendimento sono le conoscenze che l'alunno già possiede. Accertatele e comportatevi in conformità nel vostro insegnamento. (Ausubel, 1968)

Spesso però questo processo di autorappresentazione positivo e motivante viene aiutato poco dagli insegnanti, che dovrebbero invece favorirlo come prima grande strategia di automonitoraggio e autoregolazione. Se l'esito di questa rappresentazione è positivo, l'alunno ne trae una spinta energetica e motivazionale e stati d'animo positivi. Tipicamente l'alunno con Bisogni Educativi Speciali opera con difficoltà questo aggancio tra il nuovo materiale proposto dall'input e il vecchio background di abilità possedute e crea un distacco, una lontananza che tende a togliergli energie nei confronti della proposta.

Rappresentazione dell'input/azione rispetto alle caratteristiche qualitative intrinseche e individuali percepite

L'alunno mette in relazione quello che riceve con quello che ritiene essere il suo «stile», le sue caratteristiche qualitative, le sue qualità intrinseche, vissute quasi sempre come stabili, immodificabili o comunque fuori controllo: «Questo non fa per me, non sono *tagliato* per i conti, oppure per il ballo, per la poesia, per il teatro, non ho il carattere adatto». Ovviamente senza consapevolezza teorica, l'alunno opera più o meno consapevolmente un confronto, che produrrà agio o disagio, tra le caratteristiche dell'input/azione e varie categorie di differenze e qualità individuali: le qualità e pluralità delle intelligenze, gli stili di pensiero, le dimensioni del temperamento e della personalità.

L'alunno con Bisogni Educativi Speciali molto spesso ha interiorizzato una visione di sé non troppo capace e poco adattabile, spesso perché associata a caratteristiche di immutabilità e di frustrazione al cambiamento positivo. Spesso egli riceve comunicazioni sul suo «essere fatto così», che ben difficilmente potrà cambiare.

Avviene, spesso inconsapevolmente, una specie di giudizio di «congruità» tra proposta esterna e modalità tipica interna di funzionamento:

– «Impariamo a giocare a scacchi! → «Oh, no, sono così impulsivo!»
– «Impariamo la contabilità! → «Oh, no, sono così creativo!»
– «Impariamo le abilità sociali! → «Oh, no, ho un carattere così chiuso!», ecc.

In una didattica metacognitiva non è da trascurare l'importanza di questo processo di mediazione, che, se ben guidato, può diventare un'interessante strategia di approccio al compito: «Come mi sento? Cosa penso di essere rispetto a ciò che il compito mi chiede?».

Rappresentazione delle proprie specifiche capacità rispetto a quell'azione (autoefficacia)

L'alunno che apprende giudica se stesso anche rispetto alle sue capacità percepite e richieste da quell'input/azione. Di autoefficacia si è già discusso. Basti qui ricordare che un giudizio di autoefficacia negativo produce un rallentamento nell'apprendimento e nell'azione (una specie di «effetto Pigmalione» autogenerato, un pregiudizio contro se stessi) attraverso alcuni piccoli meccanismi ormai ben studiati: un'immaginazione e una previsione del risultato più scarse e meno motivanti, una più limitata scelta delle attività in questione, un'autodefinizione di obiettivi e livelli di aspirazione più limitata e depressa, una più lenta velocità di inizio del lavoro e un ritmo più lento, un impegno più scarso nell'attivazione delle strategie e regole utili, una più scarsa persistenza nel tempo, un più debole controllo dell'ansia, maggiori reazioni depressive dopo una frustrazione, recuperi più lenti e difficoltosi dell'azione dopo un insuccesso, scarsa disponibilità a far uso dei feedback ricevuti e a usare strategie di autovalutazione (Bandura, 1996; 2000; Schunk e Zimmerman, 1998; Caprara, 2001).

Rappresentazione del valore del risultato (motivazione di risultato)

L'alunno che apprende genera con questo processo mentale il grado di attrazione dell'azione e del risultato che essa (forse) produrrà. In questo processo si rappresenta anche il probabile costo dell'azione e vive il conflitto motivazionale che ne può seguire. Sul tema della motivazione si sono spese molte parole, ma ci preme qui ricordare un paio di cose. Nella pedagogia e nella didattica speciale talvolta si deve ricorrere a delle motivazioni estrinseche (gratificazioni, premi, rinforzi positivi) per potenziare (da fuori) il valore attrattivo del risultato prodotto dall'azione. L'alunno con un deficit di motivazione intrinseca si rappresenterà allora come molto interessante l'agire perché porterà (strumentalmente) a un risultato interessante, anche se del tutto estrinseco e artificiale rispetto al vero e intrinseco risultato di quell'azione. «Mi lavo le mani per il sorriso della maestra, oltre che per la figurina di Zubat (Pokémon) e non per l'intrinseca pulizia delle mani e l'igiene». La sfida in questo caso sarà nel non rimanere prigionieri delle figurine (al sorriso si può rimanere legati per sempre) e pian piano spostare il focus motivazionale alle caratteristiche intrinseche del risultato. L'obiettivo sarà ovviamente quello della motivazione intrinseca «pura», quella che scaturisce dal senso profondo che attribuiamo alle cose, dai significati di autonomia, sviluppo di sé, autorealizzazione, competenza, appartenenza, relazionalità, che costituiscono l'aspetto valoriale-motivazionale della nostra identità. Qui può essere stimolante rileggere queste righe di Bruner:

> Quello che caratterizza l'identità umana è la costruzione di un sistema concettuale che organizza una sorta di documentazione degli incontri attivi con il mondo, una registrazione che è riferita al passato (e abbiamo la cosiddetta memoria autobiografica), ma che viene anche estrapolata per applicarla al futuro — un Sé con storia e possibilità. È un Sé possibile che regola le aspirazioni, la fiducia, l'ottimismo e i loro contrari. (Bruner, 1997)

Il mio sé possibile, se chiaramente percepito e ben collocato nella mia identità, mi orienta dal punto di vista motivazionale intrinseco, crea ambiti di valore verso cui ritengo positivo dirigere i miei sforzi. Sulla motivazione e sull'autoregolazione motivazionale del comportamento si vedano anche i due importanti lavori di Ostinelli (2005) e Carver e Schreier (2004).

Rappresentazione dell'efficacia dell'azione rispetto al risultato (attribuzioni)

Ammesso che un certo risultato, per motivi estrinseci o intrinseci, sia attraente e ricco di valore, l'alunno che apprende si rappresenta, come abbiamo visto, i nessi causali tra l'azione e il risultato: può pensare che quel risultato, nel suo caso, non dipenda dalla sua azione, ma da altri fattori (fortuna, facilità/difficoltà del compito, ecc.) su cui non può esercitare alcun controllo. Questa attribuzione, ovviamente, non produrrà in lui grande spinta motivazionale: questo è il caso degli alunni con Bisogni Educativi Speciali, che attribuiscono spesso un ruolo causativo maggiore alle azioni degli altri piuttosto che alle proprie. Ripensiamo velocemente alla classica definizione di attribuzioni, data da Kelley già nel 1967:

> Le attribuzioni sono i processi attraverso i quali le persone identificano le cause degli eventi, delle azioni e dei fatti che si verificano nel loro ambiente. Questi processi sono una conseguenza del bisogno, presente in ogni individuo, di comprendere il mondo e le sue regole. (Kelley, 1967)

Uno stile di attribuzione distorto (troppo interno/immodificabile oppure esterno/colpevolizzante, ecc.) disconnette causalmente l'azione del risultato e l'alunno, pur desiderando di raggiungere quel risultato e vivendo magari anche un sufficiente senso di autoefficacia generale, sarà inibito nell'agire e svilupperà una passività che viene definita *helplessness* (impotenza appresa; Seligman, 1990).

Riflettere sulle attribuzioni è importante anche per un altro fatto: l'insegnante agisce sistematicamente anche come «amplificatore» di risultato, abbiamo visto, magnificandone il valore, ecc., ma perché il risultato retroagisca correttamente, come nuovo input, sull'azione dell'alunno, quest'ultimo dovrà elaborare e concepire il risultato come prodotto di quell'azione, non di altri fattori. Se l'insegnante dirà: «Ottimo lavoro, un buon riassunto! Ti è venuto bene perché hai usato lo schema, ecc.», contribuirà alla costruzione di un corretto stile attributivo di fiducia nella potenzialità della strategia dello schema per far bene un riassunto (feedback attribuzionale). La tematica del feedback e delle sue valenze apprenditive, è stata discussa nel dettaglio da Czerwinsky Domenis (2005), con particolare attenzione all'utilità della riflessione sull'errore dell'alunno.

La condizione necessaria dell'assenza di ostacoli rilevanti

La terza condizione riguarda due grandi ostacoli all'apprendimento: la presenza di comportamenti problema di gravità sufficiente a inibire il funzionamento dell'alunno (aggressioni fisiche e/o verbali, fuga, evitamenti rilevanti, autolesionismo, ecc.) e l'espressione eccessivamente intensa e/o prolungata di reazioni affettive (prevalentemente negative: ansia, paura, panico, tristezza, collera, ecc., ma anche positive: eccitazione, gioia, ecc.) che disturbano il funzionamento apprenditivo dell'alunno. Nel caso della disabilità mentale, questa condizione è spesso rilevante. Ovviamente non tutti gli alunni con disabilità si ostacolano nell'apprendimento in questi modi, ma se dovesse accadere, gli insegnanti, gli operatori dei servizi e la famiglia dovranno, in alleanza, definire nel PEI un forte investimento di strategie specifiche, per liberare il più possibile l'alunno dagli ostacoli prodotti dai suoi comportamenti e dalle sue emozioni/stati d'animo.

Tratto e adattato da *Il Piano educativo individualizzato,* vol. 1, 2009, pp. 205-223

CAPITOLO 8

STRATEGIE DI ADATTAMENTO E FACILITAZIONE DEI CONTENUTI DISCIPLINARI

(Dario Ianes)

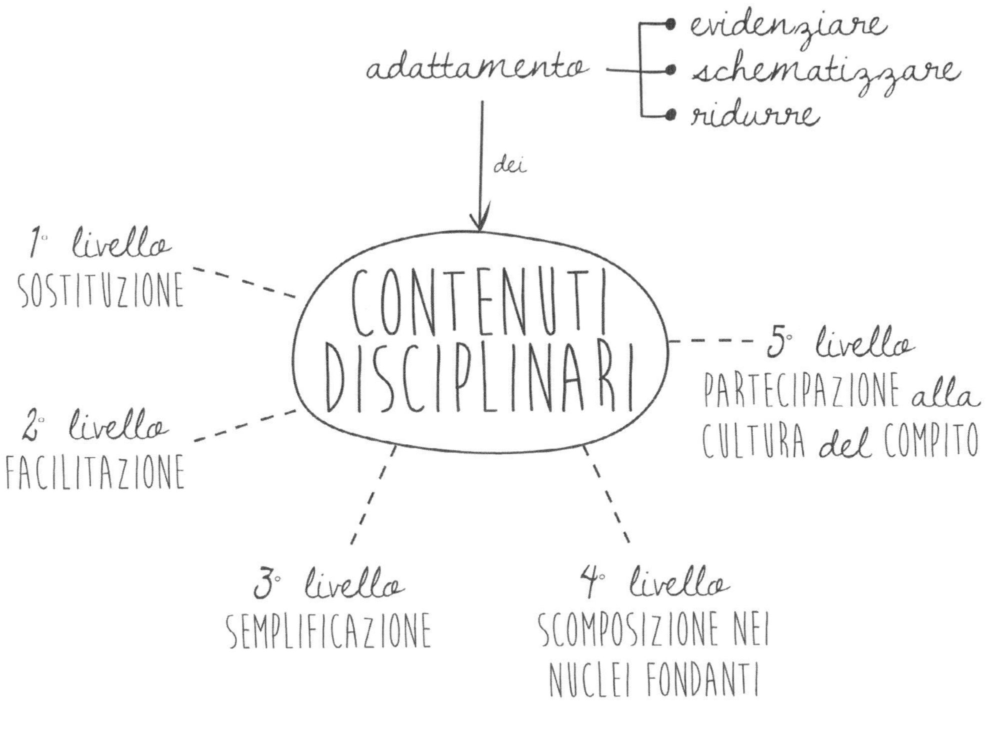

L'adattamento degli obiettivi curricolari e dei materiali su cui si apprende

Nella fase di definizione degli obiettivi individualizzati vanno definiti vari livelli di obiettivi: a lungo termine, a medio termine e a breve termine, derivandoli da tre ambiti: i bisogni fondamentali di sviluppo dell'alunno (abilità cognitive, linguaggio, interazione sociale, autonomia personale, ecc.), il suo Progetto di vita (autonomia sociale, partecipazione comunitaria, formazione prelavorativa, identità autonoma, motivazioni, ecc.) e la programmazione curricolare della classe che frequenta (lettere, matematica, scienze, geografia, ecc.).

Soffermiamoci in particolare sul lavoro «speciale» sugli obiettivi curricolari, il lavoro cioè di integrazione nella programmazione della classe, di definizione dei vari «punti di contatto», nei vari saperi e ambiti disciplinari, tra le competenze (magari scarse) dell'alunno e le richieste degli obiettivi della classe.

La ricerca del «punto di contatto» è un processo continuo di avvicinamento e collegamento di obiettivi, in modo che quelli individualizzati per l'alunno disabile rispondano il più possibile a due criteri:

- siano nell'ambito disciplinare curricolare
- siano compatibili con i suoi livelli di performance.

In questo modo si ottiene una partecipazione sociale al ruolo di alunno realmente significativa: gli altri compagni fanno geografia e anche lui la fa, naturalmente adattata nei modi necessari e sufficienti per i suoi bisogni speciali.

In questa ricerca continua del «punto di contatto» diventa utilissima la stretta collaborazione tra gli insegnanti curricolari (che conoscono meglio quel campo di sapere, la sua epistemologia e la sua didattica) e i docenti di sostegno (che conoscono meglio l'alunno, le sue caratteristiche, i suoi bisogni e le dinamiche di insegnamento-apprendimento).

L'adattamento degli obiettivi curricolari

Per rendere possibile e significativo l'apprendimento e attiva la partecipazione a un compito per un alunno disabile, molto spesso dobbiamo «adattare» gli obiettivi, modificare cioè qualcosa nella coppia di elementi principali che costituisce l'essenza di qualunque obiettivo:

INPUT →	**AZIONE**
condizioni di «stimolo», nei confronti delle quali il soggetto agirà.	quello che il soggetto farà, nella componente «comprensione» dell'input (decodifica e generazione di significato), «elaborazione» (lavoro mentale e non solo a vari livelli sui significati per costruire ciò che l'azione richiede: memoria e collegamenti, inferenze, ragionamento, valutazione, decisione, problem solving, ecc.) «output» (programmazione e realizzazione del prodotto agito: verbale, motorio, ecc.).

In ogni fase del lavoro di adattamento degli obiettivi dovremmo tener conto di queste componenti dell'azione che chiediamo all'alunno: potremmo infatti modificare l'input per facilitare la fase di comprensione (lessico più facile, lettere scritte più grandi, ecc.), ma anche per facilitare la fase di elaborazione (forniamo qualche esempio in più delle strategie del raggruppare per categoria, diamo una mappa concettuale per organizzare in anticipo un argomento, ecc.) oppure per facilitare la fase di realizzazione di un output (guidiamo la mano, tracciamo con dei piccoli punti un percorso facilitato di scrittura, facciamo scegliere tra varie opzioni invece di scrivere, ecc.).

In questa parte del capitolo ci limiteremo a discutere di varie possibilità di adattamento della coppia «input → azione», ma nella terza parte si illustrerà ampiamente il fatto che le informazioni che l'input porta all'alunno non sono soltanto riferite all'azione prevista: l'input comunica psicologicamente molto altro.

Comunica, anche inconsapevolmente, e stimola processi di rappresentazione di sé e di interpretazione cognitivo-motivazionali (che vedremo nel dettaglio) molto importanti: «Oddio, matematica!»; «Oh, no... movimenti e mimo!»; «Non ce la farò mai!»; «Troppo difficile, non ne abbiamo mai parlato prima!»; «Non ha senso! Non serve! Cosa mi importa di...!»; «Non funziona così... è solo questione di fortuna... O, se fosse più semplice, forse ce la farei... ma così...».

Nell'affrontare le varie possibilità di adattamento degli obiettivi curricolari, che abbiamo definito come coppia di input → azione, dobbiamo tener conto di un principio di parsimonia (e di normalità): meno si adatta meglio è (a condizione però che l'azione dell'alunno sia sufficientemente facilitata e resa realmente possibile): si introducono meno cambiamenti possibile, oppure i cambiamenti più «naturali» possibile, proprio per alterare al minimo la situazione in cui agisce l'alunno. Dobbiamo però fare i conti con il principio di efficacia: l'adattamento che facciamo deve realmente essere decisivo per la facilitazione dell'alunno, deve cioè produrre un'azione efficace. Seguendo questo principio, spesso si dovrà fare ricorso ad aiuti anche molto forti, espliciti, artificiosi talvolta: nessun problema, se gradualmente ridurremo la loro invasività, portando progressivamente la situazione (il materiale, le consegne, gli aiuti, ecc.) il più vicino possibile a quella naturale.

Un adattamento, per essere considerato un aiuto/mediazione didattica e non essere una «protesi», dovrà dunque essere inizialmente molto efficace, molto naturale e poi via via ridursi fino a sparire. Vediamo nel diagramma di flusso che segue le varie possibilità di adattamento.

Come si è visto, la sequenza dei cinque livelli segue il principio di parsimonia: non cambiare niente che non sia strettamente necessario, modificare il meno possibile, ma se serve per aiutare la risposta all'alunno, dovremmo via via modificare anche profondamente la situazione di apprendimento. Le operazioni della fase di «sostituzione» sono necessarie prevalentemente nei casi di difficoltà sensoriali e/o motorie. Le fasi della «facilitazione» sono particolarmente appropriate quando le difficoltà non sono troppo forti e sono specifiche e settoriali. Quando però i deficit di comprensione, elaborazione e output diventano più significativi, si dovrà ricorrere alle varie procedure della fase di «semplificazione», e, nei casi di ancor maggiore difficoltà, dell'alunno o della disciplina, alla «scomposizione in nuclei fondanti» di quel sapere disciplinare o di quell'ambito di apprendimento.

Nei rarissimi casi in cui, dopo aver tentato, in scienza e coscienza, ognuna di queste forme di adattamento, ancora non si riesce a creare una serie significativa di obiettivi di collegamento, si può ricorrere alla «partecipazione alla cultura del compito» (Pavone, 2000; 2004; Cottini, 2004), tenendo però ben d'occhio la situazione di sviluppo dell'alunno, perché il nostro obiettivo primario, nell'integrazione, è sempre quello del massimo livello di partecipazione attiva dell'alunno alle attività curricolari.

Accanto al lavoro di adattamento degli obiettivi curricolari dobbiamo ora discutere di adattamento del materiale primario su cui ancora tanto si lavora: il libro di testo e le schede didattiche.

Adattamento e semplificazione dei libri di testo/schede operative didattiche

L'integrazione scolastica è un obiettivo raggiungibile soltanto se la ricerca del «punto di contatto» viene rivolta non solo agli obiettivi e ai contenuti, ma anche agli strumenti di apprendimento comunemente usati. Spesso si cerca di avvicinare l'attività dell'alunno disabile a quella del resto della classe, utilizzando in larga misura materiale strutturato e uno degli esempi più ovvi è quello del libro di testo.

Abbiamo dunque bisogno di strategie tali da permettere l'uso del libro di testo anche a chi, di solito, non è in grado di utilizzarlo autonomamente. La scelta di evitare l'uso dei libri di testo agli alunni disabili provoca una serie di conseguenze negative su tutto il processo di integrazione.

La più evidente è la perdita di quegli stimoli che, in ogni caso, vengono forniti nel libro. Non secondarie poi sono le conseguenze di carattere psicologico. L'alunno, infatti, si convince ancora una volta di «non essere in grado», perché quello che studiano gli altri è «troppo difficile» e si rende necessario per lui l'uso di un testo più facile, diverso e, a volte, di un ordine inferiore di scuola.

Un senso di frustrazione accompagna così non solo l'alunno, ma anche le famiglie, deluse nelle aspettative rispetto alle capacità dei propri figli e della scuola stessa che, ricorrendo all'uso di testi di ordine inferiore, dichiara apertamente un'insanabile frattura tra livelli di apprendimento diversi.

Gli insegnanti, infatti, utilizzando un libro per la classe e un «libro diverso» per un «alunno diverso», negano la possibilità di lavorare insieme sul testo di tutti, delegando poi all'insegnante specializzato la cura dei processi di apprendimento dell'alunno disabile.

La scelta di utilizzare gli stessi strumenti, gli stessi libri, con gli opportuni accorgimenti e le dovute strategie di facilitazione ha invece un effetto importante sull'apprendimento, sui processi di integrazione, sul coinvolgimento delle famiglie, sulla socializzazione e condivisione del problema e sulla collaborazione tra insegnanti curricolari e di sostegno.

Solo in questa prospettiva il libro di testo diventa non più solo strumento di apprendimento, ma anche di integrazione (Scataglini, 1999).

Dati la rilevanza del ruolo del libro di testo nella didattica e il fatto che esso non può necessariamente rispondere ai bisogni e alle caratteristiche individuali di tutti gli alunni, Scataglini e Giustini (1998) hanno costruito una sequenza operativa che, attraverso l'articolarsi di diverse fasi, semplifica la struttura del testo e del materiale

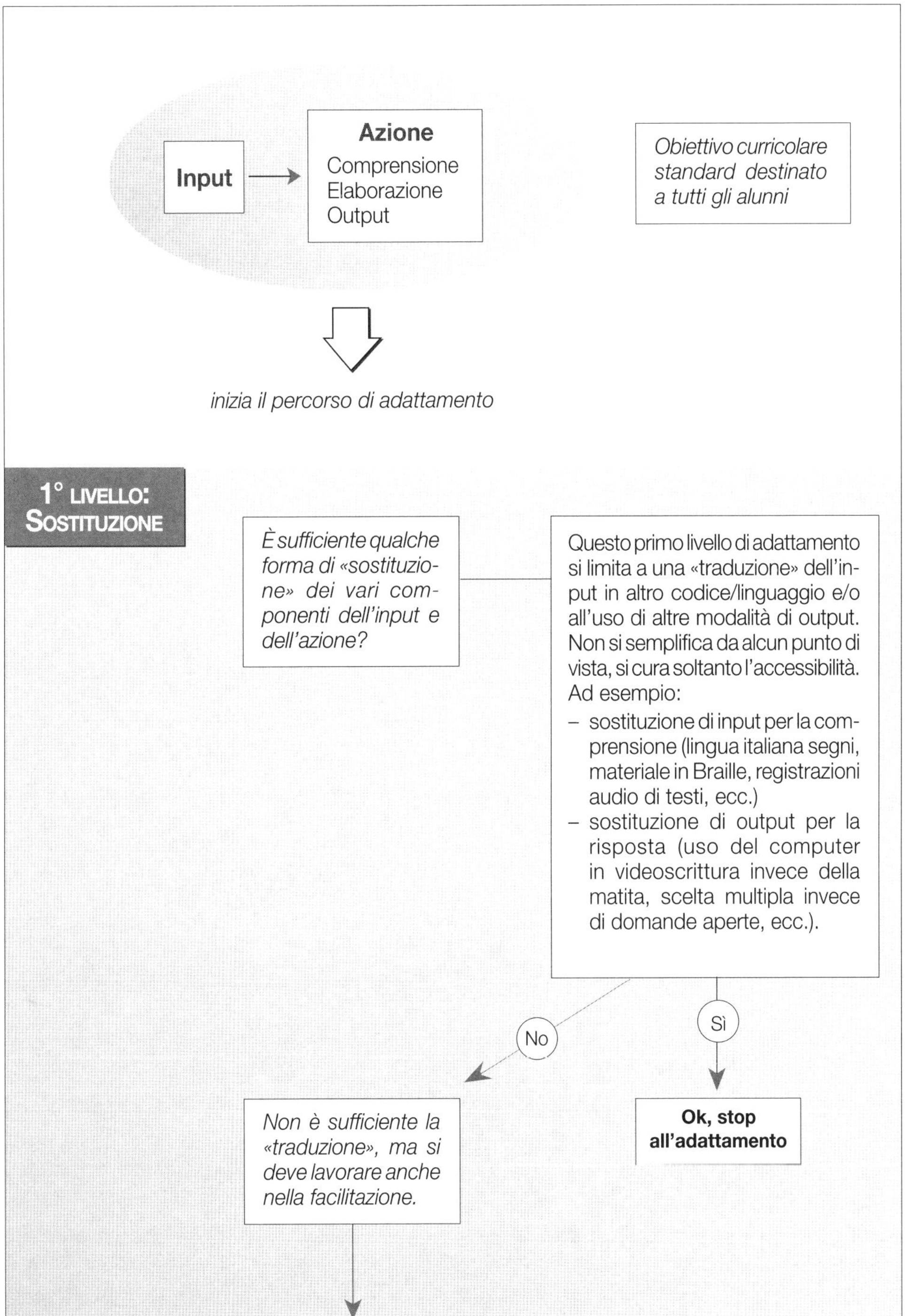
Input
Azione
Comprensione
Elaborazione
Output
Obiettivo curricolare standard destinato a tutti gli alunni
inizia il percorso di adattamento
1° LIVELLO: SOSTITUZIONE
È sufficiente qualche forma di «sostituzione» dei vari componenti dell'input e dell'azione?
Questo primo livello di adattamento si limita a una «traduzione» dell'input in altro codice/linguaggio e/o all'uso di altre modalità di output. Non si semplifica da alcun punto di vista, si cura soltanto l'accessibilità. Ad esempio:
– sostituzione di input per la comprensione (lingua italiana segni, materiale in Braille, registrazioni audio di testi, ecc.)
– sostituzione di output per la risposta (uso del computer in videoscrittura invece della matita, scelta multipla invece di domande aperte, ecc.).
No
Sì
Non è sufficiente la «traduzione», ma si deve lavorare anche nella facilitazione.
Ok, stop all'adattamento

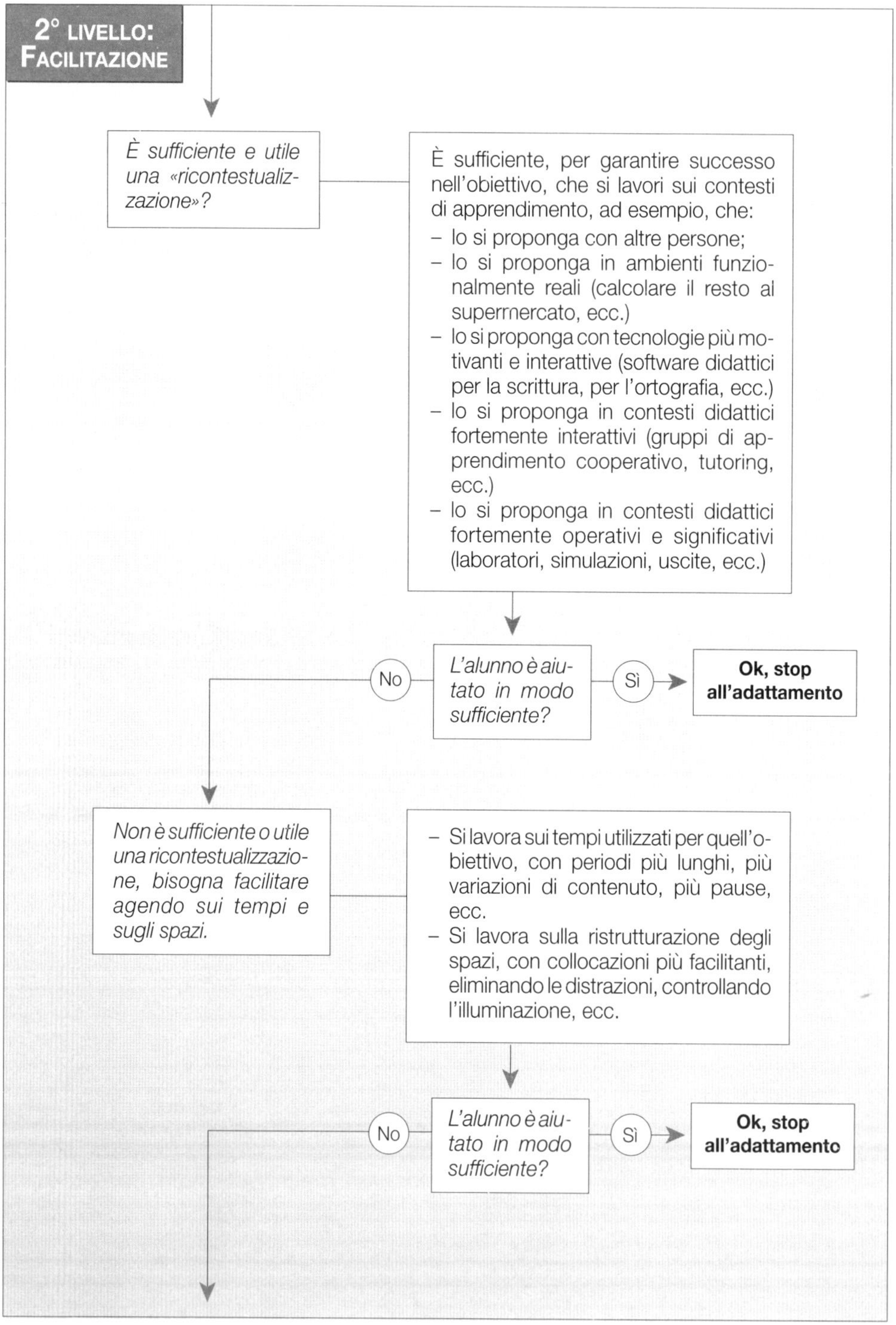
2° LIVELLO: FACILITAZIONE
È sufficiente e utile una «ricontestualizzazione»?
È sufficiente, per garantire successo nell'obiettivo, che si lavori sui contesti di apprendimento, ad esempio, che:
– lo si proponga con altre persone;
– lo si proponga in ambienti funzionalmente reali (calcolare il resto al supermercato, ecc.)
– lo si proponga con tecnologie più motivanti e interattive (software didattici per la scrittura, per l'ortografia, ecc.)
– lo si proponga in contesti didattici fortemente interattivi (gruppi di apprendimento cooperativo, tutoring, ecc.)
– lo si proponga in contesti didattici fortemente operativi e significativi (laboratori, simulazioni, uscite, ecc.)
No
L'alunno è aiutato in modo sufficiente?
Sì
Ok, stop all'adattamento
Non è sufficiente o utile una ricontestualizzazione, bisogna facilitare agendo sui tempi e sugli spazi.
– Si lavora sui tempi utilizzati per quell'obiettivo, con periodi più lunghi, più variazioni di contenuto, più pause, ecc.
– Si lavora sulla ristrutturazione degli spazi, con collocazioni più facilitanti, eliminando le distrazioni, controllando l'illuminazione, ecc.
No
L'alunno è aiutato in modo sufficiente?
Sì
Ok, stop all'adattamento

Oltre alla modificazione dei tempi e degli spazi dobbiamo arricchire la situazione con vari tipi di aiuto.

Aggiungiamo indizi, stimoli estrinseci *(extra cue)* che aiutino le varie fasi dell'azione:

- colori
- immagini
- mappe cognitive
- spiegazioni aggiuntive
- modelli competenti nel «far vedere» come si fa
- organizzatori anticipati
- domande di riorganizzazione del background di conoscenze pregresso
- aiuti vari per la memoria (immagazzinamento e recupero), per la pianificazione delle azioni (esempi di script per scrivere un testo), per la decodifica e la comprensione, ecc.

In questa fase si aggiungono informazioni, non si facilita riducendo qualcosa dell'obiettivo.

L'alunno è aiutato in modo sufficiente?

Sì → **Ok, stop all'adattamento**

No ↓

3° LIVELLO: SEMPLIFICAZIONE

Dobbiamo semplificare l'obiettivo in una o più delle sue componenti di azione:
– comprensione
– elaborazione
– output di risposta

- modifichiamo il lessico o ciò che dà le informazioni da comprendere
- riduciamo la complessità concettuale con ordini inferiori di elaborazione e di operazioni mentali, materiali ed esempi più semplici, ecc.
- sostituiamo alcune routine componenti (ad esempio alcuni calcoli si fanno con la calcolatrice)
- semplifichiamo i criteri di corretta esecuzione delle risposte (ad esempio consentiamo più errori, più imprecisioni, più approssimazioni)

L'alunno è aiutato in modo sufficiente?

Sì → **Ok, stop all'adattamento**

No ↓

4° LIVELLO: SCOMPOSIZIONE NEI NUCLEI FONDANTI

Dobbiamo trovare nel percorso curricolare dei nuclei fondanti della disciplina che siano più agevolmente traducibili in obiettivi accessibili e significativi.

Nell'epistemologia di quel sapere disciplinare si identificano delle attività fondanti e accessibili, al livello di difficoltà di cui abbiamo bisogno.
Ad esempio: in Geografia, la distinzione tra cambiamenti naturali e cambiamenti operati dall'uomo può essere affrontata in modo significativo ma accessibile realizzando una serie di fotografie di ambienti naturali e manufatti e classificandole in un cartellone.
In Storia, la consapevolezza della pluralità sistemica delle cause può essere affrontata realizzando un libro della propria storia personale, con i fatti più salienti circondati da molte cause (il cambio di casa è causato dall'arrivo di un fratello, dall'eredità del nonno, dalla voglia di stare più vicini alla campagna, ecc.).
In questo modo ci si avvicina ai nuclei fondanti di un sapere disciplinare, essendo più attenti però ai processi cognitivi tipici di quel sapere piuttosto che ai prodotti (nozioni e conoscenze fattuali).

L'alunno è aiutato in modo sufficiente?

Sì → **Ok, stop all'adattamento**

No ↓

5° LIVELLO: PARTECIPAZIONE ALLA CULTURA DEL COMPITO

Dobbiamo trovare le occasioni per far partecipare l'alunno a dei momenti significativi di elaborazione o utilizzo reale delle competenze curricolari, in modo che sperimenti, anche se soltanto (?) da spettatore, la «cultura del compito» (il clima emotivo, la tensione cognitiva, i prodotti elaborati, la socializzazione dei risultati, ecc.).

proposto dal libro adattandolo allo stile percettivo e cognitivo dei singoli soggetti. Gli autori prevedono tre livelli di semplificazione che si presentano diversamente nell'aspetto grafico e iconico, mantenendo ovviamente il «punto di contatto» con il testo originale nell'aspetto contenutistico.

Prima di presentare i tre livelli di semplificazione del testo è bene ricordare che il lavoro di adattamento deve essere sempre preceduto da un'attenta analisi del testo.

Affinché l'intervento sul libro di testo risulti efficace, esso deve fondarsi su una profonda valutazione sia degli aspetti contenutistici, sia di quelli grafici. Il momento dell'analisi dovrebbe quindi essere volto all'individuazione dei concetti chiave e dell'idea principale che il testo vuole comunicare.

Molti termini, ricchi di significato e di informazioni, possono risultare troppo astratti se non vengono riferiti direttamente all'esperienza dell'alunno. In casi come questo sarà dunque indispensabile lavorare sulle parole chiave contestualizzandole in base al vissuto del bambino stesso. In questo modo risulterà chiara, interessante e facilmente assimilabile l'idea principale che esse vogliono esprimere.

Un'analisi finalizzata all'adattamento e semplificazione del testo non può trascurare l'individuazione degli elementi di difficoltà in esso contenuti. Le difficoltà di un testo possono essere legate ad aspetti contenutistici (argomenti lontani dalle conoscenze pregresse, dalle esperienze e dagli interessi degli alunni), linguistici (ossia alle modalità espositive del testo), grafici (ad esempio un uso di immagini poco chiarificatrici dei concetti), e infine difficoltà legate alle operazioni cognitive richieste (ad esempio ricavare e confrontare dei concetti, sintesi e generalizzazione degli apprendimenti).

Di seguito si presentano i tre livelli di adattamento proposti nel modello di Scataglini e Giustini (1998) che, senza pretendere di essere le uniche modalità di adattamento, mostrano come l'approccio al testo didattico o a un contenuto specifico possa essere flessibile e adeguarsi il più possibile alle necessità individuali degli alunni.

Primo livello: facilitazione ed evidenziazione del testo

Il primo livello di facilitazione implica la costruzione sul testo originale di cornici ingrandite contenenti i concetti essenziali e le relative immagini. Questo primo livello si rivolge a quegli alunni che, pur essendo in grado di seguire il ritmo della classe e quindi la scansione temporale delle proposte di contenuto del libro, hanno difficoltà percettive e di decodifica nell'approccio al testo. In questo caso l'intervento consiste semplicemente nell'evidenziare visivamente i concetti essenziali. Operativamente ciò è possibile estrapolando dal testo cornici che contengono i concetti chiave ingranditi graficamente e un supporto iconico che sia particolarmente motivante. L'alunno ha così a disposizione una «speciale lente di ingrandimento» che focalizza visivamente e illustra gli aspetti essenziali del discorso, rendendolo in grado di lavorare sullo stesso libro dei compagni.

Secondo livello: semplificazione, schematizzazione e ristrutturazione del testo

Il secondo livello di adattamento consiste nelle seguenti operazioni:
- rafforzamento dell'idea principale con altre informazioni fondamentali
- uso di un linguaggio più semplice

– evidenziazione delle parole chiave in neretto
– uso di caratteri sufficientemente grandi.

Il secondo livello di adattamento si propone di integrare e completare le informazioni. È probabile che in una classe ci sia più di un alunno che rimane disorientato di fronte a un argomento frazionato in più segmenti e quindi in un arco temporale più o meno lungo.

Eliminando le parti non essenziali del testo e fornendo fin dall'inizio l'idea principale, integrandola con le informazioni rilevanti espresse in un linguaggio semplice ed evidenziate in diversi modi (caratteri grandi e parole chiave in neretto), si permette all'alunno di comprendere subito e di elaborare-assimilare più facilmente le nozioni necessarie. La conoscenza delle informazioni essenziali permette poi forse di seguire la scansione del libro di testo, procedendo soltanto con l'aiuto di una semplificazione di primo livello. Questa operazione può essere realizzata in modo molto semplice usando materiali facilmente reperibili (per esempio cartelloni, pennarelli e colori); il lavoro può essere ulteriormente semplificato con l'uso del computer, che dà la possibilità di scegliere il tipo e la dimensione dei caratteri di stampa.

Terzo livello: semplificazione e riduzione del testo

Il terzo livello di adattamento implica interventi più radicali sul materiale:
– netta riduzione del testo in brevi periodi riferiti ai concetti fondamentali
– uso di immagini affiancate ai concetti chiave
– forte contenuto mnestico e motivazionale nella realizzazione grafica.

Il terzo livello di adattamento è rivolto agli alunni con maggiori difficoltà di elaborazione cognitiva, per i quali anche i livelli precedenti rappresentano un ostacolo di difficile superamento. Si rende necessario, quindi, ridurre al minimo la parte linguistica per lasciare quasi interamente il posto a una sequenza iconica espressiva.

A questo livello è indispensabile che i disegni siano altamente motivanti, cioè che vengano realizzati in modo da stimolare l'interesse dell'alunno per facilitargli la comprensione e la memorizzazione delle informazioni presentate. Le immagini inserite devono essere di dimensioni sufficientemente grandi e presentate in una successione che rispecchi la sequenza delle informazioni fornite.

A questo punto la parte scritta, fortemente ridotta e presentata con un linguaggio elementare, diventa in realtà un complemento alle immagini.

Per quanto riguarda l'aspetto operativo, la ricomposizione della pagina del testo con fotocopie e ingrandimenti o la preparazione di immagini e disegni può essere realizzata anche con l'intervento diretto degli stessi alunni che diventano in questo modo protagonisti attivi del lavoro di semplificazione. Questa attività di ristrutturazione del testo, che richiede per esempio la scelta del disegno che meglio chiarisce un concetto, della parte da eliminare e di quella da evidenziare, sicuramente è stimolante e formativa anche per quegli alunni che didatticamente non hanno bisogno di alcuna semplificazione, ma che in questo assumono il ruolo di tutor. L'alunno in difficoltà, d'altra parte, superata in questo modo la rigidità dei contenuti scolastici, ha la possibilità di ricercare e utilizzare le parti del libro di testo per lui più motivanti. Una simile impostazione del lavoro, una volta avviata e consolidata, ha la duplice e fondamentale funzione di fornire all'insegnante un feedback per la preparazione di nuove unità adattate e di portare l'alunno verso una maggiore autonomia nel proprio processo di apprendimento.

Il lavoro di adattamento del testo è basato su due principi essenziali: il primo è che qualsiasi disabilità o difficoltà di apprendimento non deve far perdere di vista, per tutti gli alunni, l'obiettivo dell'integrazione e quindi «dell'aggancio» significativo e utile per tutti all'attività di classe; il secondo è che qualsiasi unità di contenuto può essere modificata e rielaborata se non è adatta alle capacità cognitive degli alunni (Lancioni, 1992). Ricercare gli elementi di difficoltà presenti in un testo e modificarli affinché sia più chiaro e completo e risulti così accessibile e comprensibile per tutti gli alunni, non significa mettere in discussione la qualità del libro di testo, ma incoraggiare una didattica che possa essere definita realmente «integrata».

Tratto e adattato da *Il Piano educativo individualizzato,* vol. 1, 2009, pp. 172-182

CAPITOLO 9

LE COMPETENZE: PROGETTARE, VALUTARE, CERTIFICARE

(Nunziante Capaldo e Luciano Rondanini)

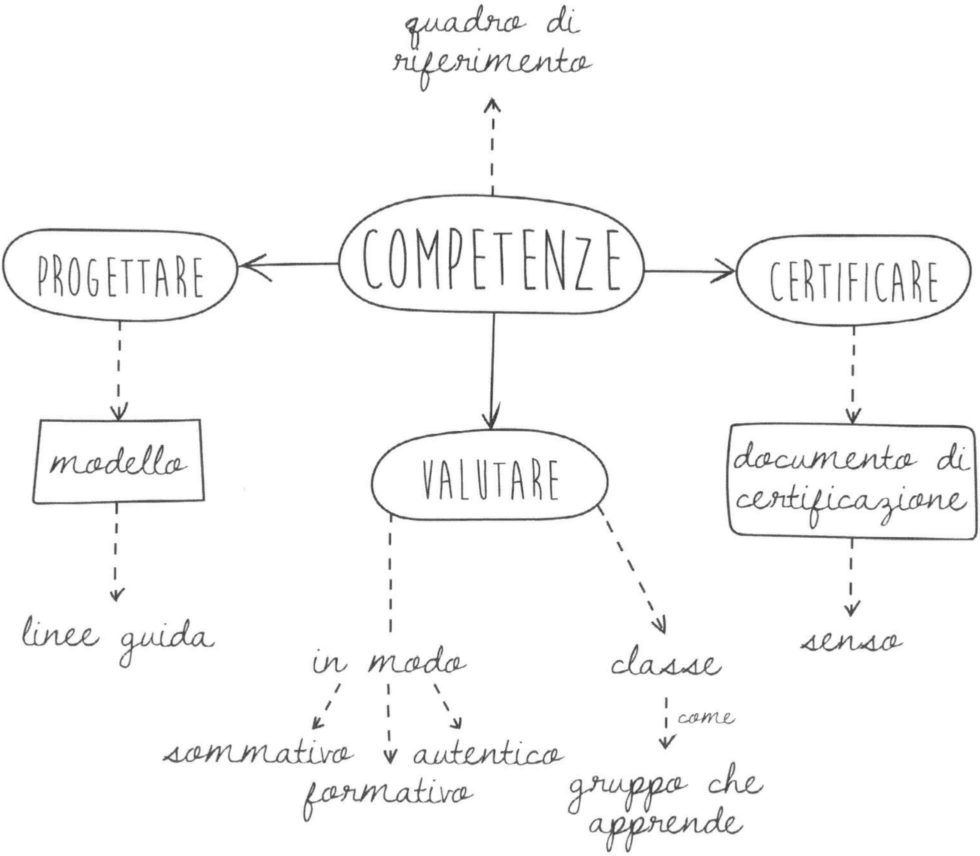

Il quadro di riferimento: un lungo iter

Il Ministero dell'Istruzione ha diramato il 13 febbraio 2015 la Circolare n. 3 che reca come oggetto: *Adozione sperimentale dei nuovi modelli nazionali di certificazione delle competenze nel primo ciclo d'istruzione.*

La sperimentazione che il MIUR ha avviato nell'a.s. 2014-2015 si concluderà nell'arco di un biennio: l'adozione obbligatoria del definitivo modello di certificazione avverrà nell'a.s. 2016-2017. Essa si inserisce in una cornice normativa che risale al Regolamento attuativo dell'autonomia scolastica (DPR n. 275/1999), nel quale all'art. 10 si prevede che, con un apposito Decreto del MPI, siano adottati

> i nuovi modelli per le certificazioni, le quali indicano le conoscenze, le competenze e le capacità acquisite e i crediti formativi riconoscibili, compresi quelli relativi alle discipline e alle attività realizzate nell'ambito dell'ampliamento dell'offerta formativa o liberamente scelte dagli alunni e debitamente certificate.

Da allora è trascorso un tempo interminabile e, dopo un iter durato oltre 15 anni, le scuole possono finalmente adottare uno strumento di certificazione delle competenze valido sull'intero territorio nazionale.

Nel frattempo, altre norme hanno rilanciato l'impegno contemplato nel DPR n. 275/1999 senza però approdare, per quanto concerne il primo ciclo d'istruzione, ad alcuna soluzione. Si indicano brevemente alcuni passaggi normativi emanati successivamente al DPR n. 275/1999.

Cominciamo dalla Legge n. 53/2003 (ministro Letizia Moratti), in cui all'art. 3 si riprende il tema della valutazione delle competenze acquisite dagli studenti; il Decreto attuativo della Legge n. 53 (D.lgs. n. 59/2004) agli artt. 8 e 11 affida ai docenti il compito di certificare le competenze rispettivamente al termine della scuola primaria e della secondaria di primo grado.

Con il nuovo obbligo d'istruzione, introdotto dalla Legge n. 296/2006 (art. 1, c. 622), attuato con il DM n. 139/2007 (ministro Giuseppe Fioroni), viene estesa la procedura della certificazione delle competenze al termine del percorso decennale di istruzione e di formazione obbligatoria.

Con il DM n. 9/2010 il MIUR emana un apposito modello nazionale di certificazione che prevede la valutazione delle competenze acquisite nei quattro *assi culturali* su tre livelli, con l'aggiunta di un ulteriore *livello base non raggiunto* che, come vedremo, non viene riproposto nel modello sperimentale riguardante il primo ciclo d'istruzione.

Nel DM n. 9/2010 la progressione delle competenze viene descritta sui seguenti tre livelli:

- *di base:* lo studente svolge compiti semplici in situazioni note, mostrando di possedere conoscenze e abilità essenziali e di saper applicare regole e procedure fondamentali;
- *intermedio:* lo studente svolge compiti e risolve problemi complessi in situazioni note, compie scelte consapevoli, mostrando di saper utilizzare le conoscenze e le abilità acquisite;

– *avanzato:* lo studente svolge compiti e problemi complessi anche in situazioni non note, mostrando padronanza nell'uso delle conoscenze e delle abilità; ad esempio, proporre e sostenere le proprie opinioni e assumere autonomamente decisioni consapevoli.

Continuando questo iter ricognitivo, approdiamo alla Legge n. 169/2008 (ministro Mariastella Gelmini), nella quale viene esteso il voto numerico in decimi alla valutazione delle competenze sia nella scuola primaria che nella secondaria di primo grado. Tale scelta viene in parte ridimensionata nel Regolamento attuativo della Legge n. 169/2008, il DPR n. 122/2009, nel quale si afferma che

> nel primo ciclo dell'istruzione, le competenze acquisite dagli alunni sono descritte e certificate al termine della scuola primaria e, relativamente al termine della scuola secondaria di primo grado, accompagnate anche da valutazioni in decimi.

Nel DPR n. 122/2009 si distingue tra la certificazione delle competenze al termine della scuola primaria che possono essere «solo» descritte (anche se la Legge dice diversamente!), mentre devono essere valutate con voto decimale al termine della scuola secondaria di primo grado.

Le certificazioni operate dalle istituzioni scolastiche, dall'a.s. 2008-2009 sino all'adozione del modello sperimentale dell'a.s. 2014-2015, sono avvenute su «prototipi» deliberati dalle singole scuole autonome, senza alcuna possibilità di confronto in quanto format, strumenti, standard di riferimento erano diversi tra loro. Si è trattato, in larga misura, di «prove generali» di certificazione di difficile comprensione!

Nelle Indicazioni nazionali per il curricolo della scuola dell'infanzia e del primo ciclo d'istruzione, di cui al DM n. 254/2012, nel paragrafo Certificazione delle competenze, si afferma che la scuola finalizza il curricolo alla maturazione delle competenze previste nel *profilo dello studente*. Sulla scorta di questa finalità, si sottolinea che la valutazione delle competenze spetta all'autonomia didattica delle comunità professionali, precisando che

> solo a seguito di una regolare osservazione, documentazione e valutazione delle competenze è possibile la loro certificazione, al termine della scuola primaria e secondaria di primo grado, attraverso modelli che verranno adottati a *livello nazionale*.

La Circolare n. 3/2015 sottolinea il fatto che le Indicazioni 2012 sono un testo definitivo e che, quindi, si può procedere all'adozione di un modello di certificazione nazionale come delineato nel quadro brevemente riassunto in questo paragrafo.

Le coordinate del modello

Il modello che si va definendo si richiama ad alcuni essenziali riferimenti pedagogico-culturali e normativi.

Innanzitutto, risulta palese l'ancoraggio al *Profilo delle competenze* dello studente al termine del primo ciclo d'istruzione definito nelle Indicazioni per il curricolo (DM n. 254/2012). Tale profilo si rifà alle otto competenze chiave per l'apprendimento permanente contenute nella Raccomandazione del Parlamento europeo e del Consiglio del 18 dicembre 2006, recepite a loro volta nell'ordinamento italiano dal DM n. 139/2007, nel quale vengono descritte le otto competenze chiave di cittadinanza. La lettura sinottica del quadro europeo e di quello nazionale può essere così raffigurata (tabella 9.1).

TABELLA 9.1
Competenze chiave a livello europeo e nazionale

Competenze chiave per l'apprendimento permanente (UE -2006)	**Competenze chiave di cittadinanza (DM 22 agosto 2007, n. 139 – Regolamento obbligo di istruzione)**
Comunicazione nella madre lingua	Imparare a imparare
Comunicazione nella lingua straniera	Progettare
Competenza matematica e competenza base in campo scientifico e tecnologico	Comunicare
Competenza digitale	Collaborare e partecipare
Imparare a imparare	Agire in modo autonomo e responsabile
Competenze sociali e civiche	Risolvere i problemi
Senso di inziativa e imprenditorialità	Individuare collegamenti e relazioni
Consapevolezza ed espressione culturale	Acquisire e interpretare l'informazione

Il quadro europeo comprende competenze sia disciplinari che trasversali, quello nazionale è incentrato su competenze trasversali.

Nel primo è importante sottolineare il collegamento con il concetto di *literacy* su cui si basano le prove OCSE-PISA:

- *Reading literacy* (capacità di un individuo di utilizzare e di comprendere testi scritti e di riflettere sui loro contenuti in vista dello svolgimento di un ruolo attivo nella società);
- *Mathematical literacy* (capacità dell'individuo di identificare e comprendere il ruolo della matematica nel mondo per esercitare da cittadino un ruolo costruttivo, impegnato e basato sulla riflessione);
- *Scientific literacy* (insieme delle competenze scientifiche e uso di tali conoscenze per identificare domande, acquisire nuove conoscenze, spiegare fenomeni scientifici in vista dell'educazione di un cittadino che riflette).

La versione italiana della Raccomandazione dell'UE si incentra sulla promozione di una cittadinanza costruttiva, critica, impegnata e le competenze delineate sono di natura prevalentemente trasversale. La scuola deve perseguire l'obiettivo di portare gli alunni ad acquisire quegli strumenti culturali che consentono a ciascuno di vivere appieno la propria dimensione di cittadinanza.

Il secondo punto della Circolare n. 3/2015 riguarda i *livelli di certificazione* ipotizzati e le *caratteristiche degli indicatori*. I livelli sono quattro (nel DM n. 139/2007 erano tre), così descritti:

- *A-avanzato:* l'alunno/a svolge compiti e risolve problemi complessi, mostrando padronanza nell'uso delle conoscenze e delle abilità; propone e sostiene le proprie opinioni e assume in modo responsabile decisioni consapevoli;
- *B-intermedio:* l'alunno/a svolge compiti e risolve problemi in situazioni nuove, compie scelte consapevoli, mostrando di saper utilizzare le conoscenze e le abilità acquisite;
- *C-base:* l'alunno/a svolge compiti semplici anche in situazioni nuove, mostrando di possedere conoscenze e abilità fondamentali e di saper applicare basilari regole e procedure apprese;
- *D-iniziale:* l'alunno/a, se opportunamente guidato/a, svolge compiti semplici in situazioni note.

A differenza del modello impiegato al termine dell'istruzione decennale di cui al DM n. 139/2010 e relativo DM n. 9/2010, non è presente un livello negativo, in quanto la valutazione assume un carattere prevalentemente formativo, attesta la sua «funzione pro-attiva» e acquisitiva delle conoscenze che stanno alla base della maturazione delle competenze nella scuola primaria e secondaria di primo grado.

Inoltre, diversamente da quanto disposto nel DPR n. 122/2009, per la natura sperimentale del documento, anche nella scuola secondaria di primo grado viene data indicazione di attribuire uno dei quattro livelli senza riportare il voto in decimi.

Per la scuola secondaria di primo grado, in calce al documento è prevista l'indicazione del consiglio orientativo proposto dal consiglio di classe, che dovrà essere coerente con il profilo dell'alunno rappresentato dalla scheda per la certificazione delle competenze al termine del primo ciclo d'istruzione.

La struttura del documento di certificazione

La scheda di certificazione, proposta a livello sperimentale e in attesa del modello definitivo che diventerà obbligatorio nell'a.s. 2016-2017, rispecchia, come precedentemente sottolineato, il *Profilo dello studente* al termine del primo ciclo d'istruzione ed esplicita le competenze chiave fissate nella Raccomandazione europea del dicembre 2006. È articolata in quattro colonne:

- la prima riporta le competenze indicate nel Profilo dello studente, perché in esso sono descritte le competenze riferite alle discipline e al pieno esercizio della cittadinanza;
- la seconda mette in relazione le competenze del Profilo con le competenze chiave definite in ambito europeo, in quanto nelle Indicazioni nazionali 2012 si sottolinea che esse sono poste alla base del nostro sistema scolastico;
- la terza colonna indica le discipline che concorrono a sviluppare le competenze indicate nel Profilo. I docenti dovranno indicare le discipline che hanno un peso maggiore rispetto ad altre;
- la quarta, infine, dà conto del livello da attribuire a ciascuna competenza.

Si riporta lo schema della scheda riferita allo studente che ha completato la scuola secondaria di primo grado per quanto concerne la lingua italiana (tabella 9.2).

TABELLA 9.2
Scheda alunno sulle competenze di lingua italiana

	Profilo delle competenze	Competenze chiave	Discipline coinvolte	Livello
1	Ha una padronanza della lingua italiana tale da consentirgli di comprendere enunciati e testi di una certa complessità, di esprimere le proprie idee, di adottare un registro linguistico appropriato alle diverse situazioni	Comunicazione nella madrelingua o lingua di istruzione	Tutte le discipline, con particolare riferimento a: ______________	

Le analogie con quanto descritto nel Profilo delle competenze dello studente al termine del primo ciclo d'istruzione sono particolarmente evidenti. Nel Profilo, infatti, per quanto concerne la lingua italiana si afferma:

> Lo studente dimostra una padronanza della lingua italiana tale da consentirgli di comprendere enunciati e testi di una certa complessità, di esprimere le proprie idee, di adottare un registro linguistico appropriato alle diverse situazioni.

La corrispondenza tra il Profilo dello studente e la scheda di certificazione delle competenze si ripropone in tutte le altre discipline comprese nel modello della sperimentazione nazionale, che rappresenta, pertanto, un completamento dell'attuazione delle Indicazioni nazionali 2012 in uno dei passaggi più rilevanti del Documento che interessa, per l'appunto, il paragrafo riguardante la certificazione delle competenze.

In tale paragrafo si ribadisce che

> la scuola finalizza il curricolo alla maturazione delle competenze previste nel Profilo dello studente al termine del primo ciclo, fondamentali per la crescita personale e per la partecipazione sociale, e che saranno oggetto di certificazione.

Le Linee guida del modello

Alla Circolare del MIUR n. 3 del 13 febbraio 2015 sono allegate le *Linee guida per la certificazione delle competenze nel primo ciclo di istruzione,* che riprendono il quadro culturale e il senso del concetto di competenza.

Sul piano *pedagogico-culturale*, si riprendono alcuni contenuti delle Indicazioni 2012 e vengono sottolineati i seguenti aspetti:

– la relazione tra la maturazione delle competenze e la finalità del curricolo d'istituto;
– le competenze sono un costrutto complesso che si compone di *conoscenze, abilità, atteggiamenti, emozioni, potenzialità e attitudini personali;*
– le competenze devono essere oggetto di *osservazione, documentazione e valutazione*;
– le competenze devono essere *promosse, rilevate e valutate* in relazione ai traguardi di sviluppo delle discipline riportati nelle Indicazioni.

L'aspetto più rilevante dello scenario culturale e pedagogico è il rapporto tra la promozione di una didattica per competenze e la progettualità del curricolo d'istituto.

Nelle Linee guida si sottolinea che

> la caratteristica principale del curricolo è la sua progettualità, ossia la capacità di individuare con chiarezza i fini complessi del percorso di apprendimento e cercare di raggiungerli usando flessibilmente come mezzi le discipline, i traguardi per lo sviluppo delle competenze e gli obiettivi di apprendimento individuati nelle Indicazioni.

Uno dei tratti fondativi del curricolo dell'istituzione scolastica è la *continuità educativa* tra scuola primaria e scuola secondaria di primo grado; in questa ottica, risulta pertanto necessario definirlo con una progressione *verticale* in relazione ai traguardi di competenze irrinunciabili al termine della primaria e della scuola secondaria di primo grado.

Le Linee guida dedicano poi ampio spazio alla *natura* e al *ruolo delle competenze,* soffermandosi sulla ricerca internazionale, in particolare sulla Raccomandazione dell'Unione Europea del dicembre 2006, in cui le competenze sono definite come una combinazione di *conoscenze, abilità* e *atteggiamenti appropriati al contesto.*

Nella Raccomandazione del Parlamento europeo e del Consiglio del 23 aprile del 2008, che si occupa del Quadro europeo delle qualifiche, conoscenze e abilità vengono così definite:

- le *conoscenze:* sono il risultato dell'assimilazione di informazioni attraverso l'apprendimento. Sono un insieme di fatti, principi, teorie e pratiche relative a un settore di lavoro o di studio;
- le *abilità:* sono le capacità di applicare conoscenze e di utilizzare il *know-how* per portare a termine compiti e risolvere problemi.

A loro volta, le conoscenze possono essere *teoriche* e/o *pratiche;* le abilità, *cognitive* (comprendenti l'uso del pensiero logico, intuitivo e creativo) o *pratiche* (comprendenti l'abilità manuale e l'uso di metodi, materiali e strumenti).

Il *Quadro Europeo delle Qualificazioni* (European Qualification Framework – EQF) è stato recepito dal Governo italiano nella Conferenza Stato-Regioni, il 20 dicembre 2008, nel *Primo Rapporto di referenziazione delle qualificazioni al Quadro Europeo EQF.*

Nel costrutto di competenza confluiscono pertanto diversi contenuti di apprendimento — formale, non formale, informale — insieme a una molteplicità di fattori che interessano la persona, il contesto e la natura del compito che deve essere portato a termine.

Molto opportunamente, nelle Linee guida allegate alla Circolare, si evidenzia che l'attenzione alle competenze non sminuisce la funzione di tutti i più tradizionali risultati di apprendimento.

> Non è infatti pensabile che si possano formare delle competenze in assenza di un solido bagaglio di contenuti e di saperi disciplinari. La competenza costituisce il livello di uso consapevole e appropriato di tutti gli oggetti di apprendimento ai quali si applica, con effetti *elaborativi, metacognitivi e motivazionali.*

Nel testo delle Linee guida si sottolineano inoltre alcuni irrinunciabili passaggi, quali l'importanza delle strategie didattiche, di nuovi strumenti valutativi e del rapporto tra valutazione e certificazione.

Didattica e valutazione

Affrontare il tema della competenza in ambito scolastico significa affermare una concezione dell'apprendimento diversa dai paradigmi tradizionali. L'attributo che più lo contraddistingue è quello «costruttivo», a denotare

> un processo inteso come ri-costruzione di quanto il soggetto già conosce, rielaborazione degli schemi mentali e delle conoscenze pregresse. Con il costruttivismo si afferma definitivamente la natura relazionale della conoscenza, in un'ottica del superamento definitivo dell'*antinomia soggetto/oggetto*. (Castoldi, 2012)

La dimensione relazionale dell'apprendimento è comprensiva di un triplice ordine di ragioni che tiene insieme le domande dell'alunno, la struttura dei saperi e l'organizzazione del/i contesto/i.

L'apprendimento, nella prospettiva del costruttivismo, valorizza l'apporto del soggetto e del suo rapporto con l'apparato delle discipline e della struttura delle conoscenze, nonché un contesto d'azione nel quale l'allievo possa «mettere alla prova» conoscenze e abilità.

La competenza, infatti, evidenzia l'attitudine del soggetto a relazionarsi con la realtà in cui opera e a impegnarsi in compiti «aperti» (autentici), caratterizzati dalla rielaborazione del proprio sapere e della complessità delle situazioni che devono essere portate a conclusione.

Una didattica per competenze può essere espressa da un insieme di linee guida rappresentabili dalle seguenti azioni:

> – predisporre esperienze che facilitino il processo di costruzione della conoscenza;
> – promuovere esperienze di comprensione attraverso molteplici prospettive;
> – inserire l'apprendimento in contesti realistici e rilevanti;
> – incoraggiare la padronanza e la libertà nei processi di apprendimento;
> – inserire l'apprendimento in un'esperienza sociale;
> – incoraggiare l'uso di molteplici modalità di rappresentazione;
> – promuovere l'autoconsapevolezza dei processi sottesi alla costruzione delle conoscenze. (Castoldi, 2014)

La classe dovrà pertanto essere organizzata come *gruppo che apprende* e gli alunni impegnati in compiti nei quali siano richieste interdipendenza reciproca, capacità di dialogo e di lavoro collaborativo.

La valutazione di una competenza non è un compito semplice. Infatti, le prove tradizionali per la valutazione dei contenuti appresi non sono adeguate ad accertare il possesso di una competenza.

Alle forme più conosciute di valutazione, *formativa e sommativa*, va aggiunta quella *autentica*; le tre funzioni sono così sintetizzabili:

– accertamento degli esiti di apprendimento degli alunni *(valutazione sommativa);*
– regolazione delle strategie di insegnamento in relazione ai processi di apprendimento *(valutazione formativa);*
– consapevolezza dell'alunno circa il suo «procedere» nel proprio percorso formativo *(valutazione autentica).*

Il tema della valutazione delle competenze è strettamente connesso alla natura dei compiti che vengono assegnati agli studenti. Molto schematicamente tali compiti possono essere distinti, secondo la complessità richiesta, in due grandi tipologie:

– compito esercitativo, ha la funzione di dimostrare che l'alunno sa applicare regole, riconoscere problemi, ecc., quindi è utile per consolidare procedure, automatismi, schemi concettuali e contenuti, ecc. *(conosco, quindi faccio)*;
– compito autentico, è centrato sull'agire dell'alunno, impegnato a realizzare un prodotto materiale, immateriale, a risolvere un problema, a costruire ipotesi, a portare a compimento un progetto, ecc. *(faccio, quindi conosco).*

Un compito autentico coincide con un *compito di realtà*, in quanto si identifica con una richiesta rivolta all'alunno di risolvere una situazione vicina al mondo reale, utilizzando conoscenze, abilità, attitudini maturate nei diversi contesti di apprendimento, in primis quello formale.

Il senso della certificazione

Nella Circolare del MIUR n. 3/2015 viene sottolineato con particolare attenzione il significato della certificazione nelle scuole del primo ciclo, ribadendo che essa riveste una *funzione prevalentemente educativa*,

> di attestazione delle competenze in fase di acquisizione, capace di accompagnare le tappe più significative (quinta classe primaria, terza classe secondaria di primo grado) di un percorso formativo di base che oggi, partendo dall'età dei 3 anni, si estende fino ai 16 anni.

La stessa tesi viene ripresa nelle Linee guida allegate alla Circolare, in cui la dimensione educativa della certificazione viene ricondotta all'effettuazione di un'osservazione sistematica da parte dei docenti in alcuni aspetti di un «comportamento competente» dell'allievo:
– *autonomia:* è capace di reperire da solo strumenti o materiali necessari e di usarli in modo efficace;
– *relazione:* interagisce con i compagni, sa esprimere e infondere fiducia, sa creare un clima propositivo;
– *partecipazione:* collabora, formula richieste di aiuto, offre il proprio contributo;
– *responsabilità:* rispetta i tempi assegnati e le fasi previste del lavoro, porta a termine la consegna ricevuta;
– *flessibilità:* reagisce a situazioni o esigenze non previste con proposte divergenti, con soluzioni funzionali, con utilizzo originale di materiali, ecc.;
– *consapevolezza:* è consapevole degli effetti delle sue scelte e delle sue azioni.

La certificazione nella scuola del primo ciclo d'istruzione assume una valenza formativa e svolge la funzione di descrivere la progressione del percorso, anche in forma autovalutativa. A questo proposito, occorre sottolineare che nelle Indicazioni 2012 si ribadisce questa dimensione, *in progress,* nel passaggio in cui si afferma che

> la valutazione precede, accompagna e segue i percorsi curricolari. Attiva le azioni da intraprendere, regola quelle avviate, promuove il bilancio critico su quelle condotte a termine. Assume una preminente funzione formativa, di accompagnamento dei processi di apprendimento e di stimolo al miglioramento continuo.

Quindi la certificazione delle competenze, così come la valutazione in generale, non rappresenta un'operazione che viene confinata nell'ultimo anno della primaria e della scuola secondaria di primo grado, ma che si colloca all'interno dell'intero percorso, dal momento iniziale a quello intermedio a quello conclusivo.

Dovrà soprattutto promuovere la *propensione orientativa* della persona, la consapevolezza da parte dell'alunno dei propri punti di forza e di criticità, lo sviluppo delle proprie potenzialità in vista delle scelte importanti della vita.

Soprattutto, come si afferma nelle *Indicazioni 2012 – Il senso dell'esperienza educativa*, il significato dell'idea di competenza coincide con la capacità da parte della scuola di

> promuovere quel primario senso di responsabilità che si traduce nel far bene il proprio lavoro e nel portarlo a termine, nell'avere cura di sé, degli oggetti, degli ambienti che si frequentano, sia naturali sia sociali.

Questo sintetico assunto comprende il significato autentico della crescita della persona, del rapporto tra adulti e minori, del rapporto dell'alunno con se stesso, con gli altri e della ricerca di senso alle attività che facciamo e alle azioni che compiamo.

Tratto e adattato da *Dirigere domani,* vol. 1, 2015, pp. 355-368

CAPITOLO 10

DALLE COMPETENZE-CHIAVE AL CURRICOLO E ALLA DIDATTICA PER COMPETENZE

(Franca Da Re)

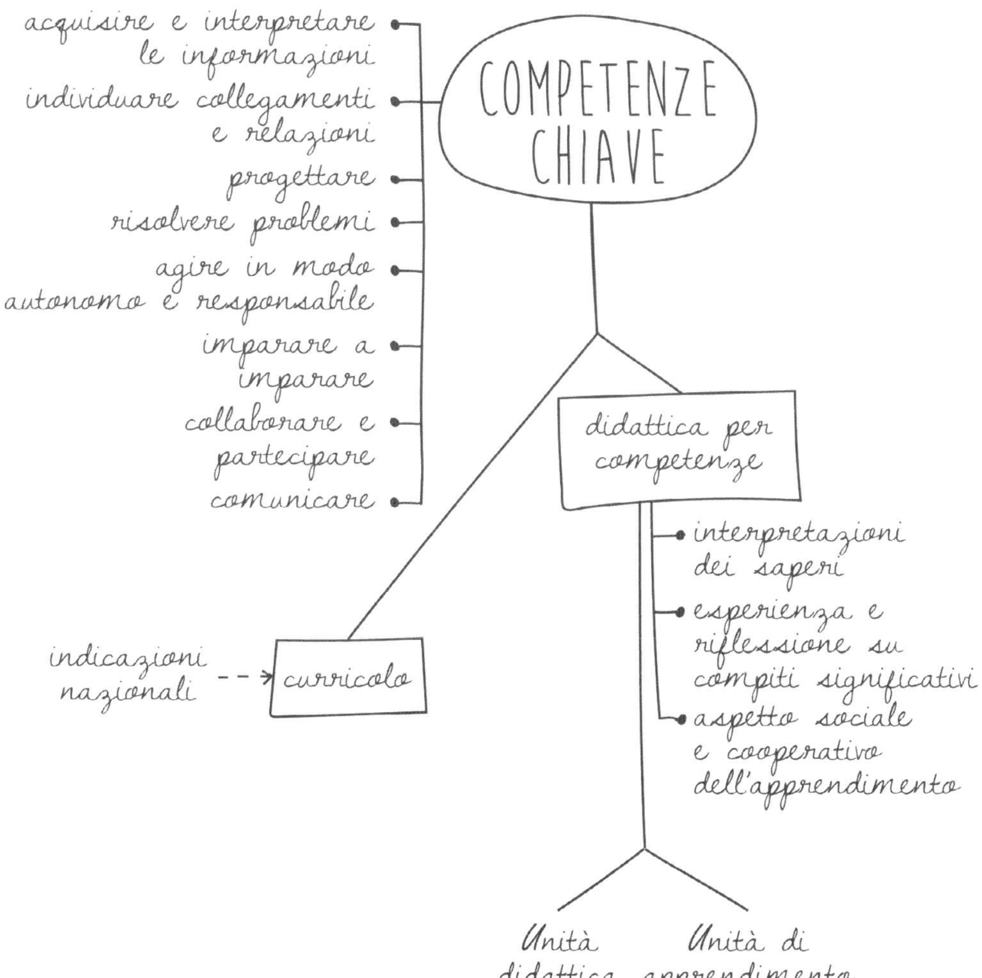

La competenza nei documenti nazionali: il DM 139/2007 sull'innalzamento dell'obbligo di istruzione

Il concetto di competenza pervade il testo delle Indicazioni nazionali 2012 per il curricolo della scuola dell'infanzia e del primo ciclo di istruzione, il quale assume come orizzonte diretto di riferimento le otto competenze-chiave europee.

Il fatto che sia stato redatto e licenziato per ultimo certamente ha influito, dato che il tempo trascorso rispetto alla redazione degli altri documenti di cui parleremo ha permesso una maturazione nel dibattito e nella riflessione sul tema.

Le Indicazioni 2007 assumevano la competenza come riferimento per l'impostazione della didattica. Erano già presenti i traguardi per lo sviluppo delle competenze, ma non c'era alcun riferimento alle competenze-chiave europee, né a un profilo finale dello studente che contemplasse dimensioni diverse dalle competenze culturali legate alle discipline e sviluppate nei traguardi. Non c'era neppure un riferimento all'articolazione in abilità e conoscenze descritta dalla Raccomandazione del 23 aprile 2008.

Un documento contemporaneo, il DM 139 del 22 agosto 2007, che detta orientamenti per il curricolo del primo biennio obbligatorio della scuola secondaria di secondo grado, assume una prospettiva interessante, che tenta il superamento delle discipline con la formulazione di sedici competenze di base, raggruppate in quattro assi culturali: asse dei linguaggi, asse matematico, asse scientifico-tecnologico, asse storico-sociale.

L'asse culturale dei linguaggi contempla a sua volta tre competenze di padronanza della lingua italiana, una competenza generale di padronanza delle lingue straniere, una competenza relativa al patrimonio artistico e letterario, una competenza relativa ai linguaggi multimediali.

L'asse culturale matematico contempla quattro competenze: la prima relativa al calcolo, la seconda sulla soluzione di problemi, la terza sulla geometria e la misura, la quarta sull'analisi, interpretazione, rappresentazione dei dati anche con l'ausilio di mezzi informatici.

L'asse scientifico-tecnologico comprende tre competenze: la prima rivolta all'osservazione, descrizione, analisi dei fenomeni, in una prospettiva sistemica e di complessità; la seconda rivolta al concetto di energia e alle sue trasformazioni; la terza relativa alla comprensione delle potenzialità e dei limiti della scienza e della tecnologia.

L'asse storico-sociale comprende tre competenze: la prima, relativa alla conoscenza, analisi e comprensione di eventi e fenomeni e di trasformazioni nel tempo e nello spazio; la seconda, relativa alla comprensione della relazione tra esperienza personale e sistemi di regole e norme, nel quadro della Costituzione; la terza, relativa alla conoscenza e all'orientamento nel sistema socio-economico del proprio territorio.

Le sedici competenze sono articolate e descritte in abilità e conoscenze.

Il DM 139 indica anche otto competenze-chiave di cittadinanza, delle quali viene solo enunciato brevemente il significato, senza l'articolazione in abilità e conoscenze:

1. comunicare
2. collaborare e partecipare
3. imparare a imparare

4. agire in modo autonomo e responsabile
5. risolvere problemi
6. progettare
7. individuare collegamenti e relazioni
8. acquisire e interpretare le informazioni.

Queste otto competenze andrebbero perseguite nelle attività condotte nell'ambito dei quattro assi culturali.

Il documento, che dal punto di vista metodologico è formulato in modo assai rigoroso, come abbiamo detto, tenta un superamento delle discipline, formulando competenze di base organizzate in assi culturali. Assai funzionale è anche la descrizione in abilità e conoscenze.

A nostro parere, il documento mantiene, però, due criticità sostanziali: la prima è costituita dalla formulazione di otto competenze-chiave di cittadinanza che rappresentano, a ben guardare, una specificazione più «scolastica» delle otto competenze-chiave europee, senza, invece, prendere queste ultime come riferimento diretto del curricolo.

L'altra criticità è la sostanziale dicotomia e separatezza tra assi culturali e competenze di cittadinanza. Il rischio molto concreto è che, di fatto, i curricoli si fermino agli assi culturali, lasciando le competenze di cittadinanza in terra di nessuno. Il documento di certificazione delle competenze al termine della scuola dell'obbligo, licenziato con il DM 9 del 27 gennaio 2010, rischia di confermare tale tendenza, richiedendo una puntuale certificazione delle competenze degli assi culturali e limitando l'attenzione alle competenze di cittadinanza a una formulazione generica in calce: «Le competenze di base relative agli assi culturali sopra richiamati sono state acquisite dallo studente con riferimento alle competenze-chiave di cittadinanza, di cui all'allegato 2 del documento citato in premessa [il DM 139/07]».

I DPR 87, 88, 89 del 15 marzo 2010 sul riordino degli istituti professionali, istituti tecnici e licei

I tre DPR di riordino della scuola secondaria di secondo grado descrivono la nuova architettura dei tre ordini di scuola, prevedendo i nuovi indirizzi e articolazioni dei percorsi di studio. I Regolamenti degli istituti professionali e degli istituti tecnici prevedono un profilo finale, rappresentato da una serie di risultati di apprendimento descritti in termini di competenze comuni a tutti gli indirizzi, che sono sostanzialmente le stesse, sia per gli istituti tecnici che per i professionali, e da competenze di indirizzo specifiche per i diversi percorsi.

Il DPR 89/2010, Regolamento di riordino dei licei, prevede una serie di competenze comuni a tutti gli indirizzi, distribuite in cinque aree culturali, e competenze specifiche ai diversi indirizzi.

Al termine di tutti i percorsi di scuola secondaria di secondo grado, è prevista la certificazione delle competenze sul modello EQF.

Le Linee guida per il curricolo degli istituti professionali e quelle per il curricolo degli istituti tecnici riprendono le competenze dei Regolamenti, riferendole alle diverse discipline e articolandole in abilità e conoscenze. Forniscono, inoltre, orientamenti su come strutturare la didattica e l'ambiente di apprendimento per conseguire i risultati di apprendimento in termini di competenze, previsti nei Regolamenti.

Le Indicazioni nazionali dei licei, invece, assumono una prospettiva nettamente disciplinare, indicando obiettivi specifici di apprendimento, peraltro spesso formulati in termini narrativi, e soprattutto contenuti da affrontare nel corso del quinquennio. Nel complesso, le Indicazioni nazionali dei licei sembrano allontanarsi dalla prospettiva più orientata alla competenza prevista nel Regolamento.

Tuttavia, le scuole autonome, che hanno responsabilità esclusiva nella formulazione del curricolo, potrebbero certamente riferirsi alla fonte primaria del Regolamento, che prevede risultati d'apprendimento in termini di competenze, da certificare alla fine sul modello EQF, per riorganizzare gli orientamenti delle Indicazioni in una progettazione curricolare per competenze.

Costruire un curricolo per competenze alla luce delle Indicazioni nazionali. La relazione tra competenze-chiave, competenze culturali, abilità, conoscenze e discipline; la descrizione dei risultati di apprendimento

Attraverso la progettazione del curricolo, la scuola autonoma descrive i risultati di apprendimento attesi nel percorso formativo, alla luce delle Indicazioni nazionali; definisce le scelte organizzative, e i criteri generali per la verifica e valutazione degli apprendimenti e la valutazione e certificazione delle competenze in uscita; pianifica i percorsi didattici necessari per realizzare e conseguire i risultati di apprendimento, contestualizzati secondo la fisionomia e le necessità delle singole classi e gruppi di alunni.

In pratica, il curricolo, in qualità di progetto fondamentale della scuola, pianifica l'offerta formativa, rende evidenti le scelte organizzative, educative e didattiche ed esplicita le attività di didattica quotidiana messe a punto dalla comunità professionale per conseguire i traguardi previsti dalle Indicazioni nazionali 2012, che nel capitolo della *Premessa*, *L'organizzazione del curricolo*, al paragrafo *Dalle Indicazioni al curricolo*, così si esprimono:

> Nel rispetto e nella valorizzazione dell'autonomia delle istituzioni scolastiche, le Indicazioni costituiscono il quadro di riferimento per la progettazione curricolare affidata alle scuole. Sono un testo aperto, che la comunità professionale è chiamata ad assumere e a contestualizzare, elaborando specifiche scelte relative a contenuti, metodi, organizzazione e valutazione coerenti con i traguardi formativi previsti dal documento nazionale.
>
> Il curricolo di istituto è espressione della libertà d'insegnamento e dell'autonomia scolastica e, al tempo stesso, esplicita le scelte della comunità scolastica e l'identità dell'istituto. La costruzione del curricolo è il processo attraverso il quale si sviluppano e organizzano la ricerca e l'innovazione educativa.
>
> Ogni scuola predispone il curricolo all'interno del Piano dell'offerta formativa con riferimento al profilo dello studente al termine del primo ciclo di istruzione, ai traguardi per lo sviluppo delle competenze, agli obiettivi di apprendimento specifici per ogni disciplina.

> A partire dal curricolo di istituto, i docenti individuano le esperienze di apprendimento più efficaci, le scelte didattiche più significative, le strategie più idonee, con attenzione all'integrazione fra le discipline e alla loro possibile aggregazione in aree, così come indicato dal Regolamento dell'autonomia scolastica, che affida questo compito alle istituzioni scolastiche.

Poiché le Indicazioni nazionali assumono come orizzonte di riferimento le competenze-chiave e fissano i traguardi per lo sviluppo delle competenze prescrittivi e ineludibili, pare opportuno che il curricolo sia organizzato per perseguire e sviluppare le competenze degli alunni. Ricordiamo che i traguardi per lo sviluppo delle competenze sono l'unica *prescrittività esplicita* delle Indicazioni nazionali, che nel testo così recitano:

> Al termine della scuola dell'infanzia, della scuola primaria e della scuola secondaria di primo grado, vengono fissati i traguardi per lo sviluppo delle competenze relativi ai campi di esperienza e alle discipline.
>
> Essi rappresentano dei riferimenti ineludibili per gli insegnanti, indicano piste culturali e didattiche da percorrere e aiutano a finalizzare l'azione educativa allo sviluppo integrale dell'allievo.
>
> Nella scuola del primo ciclo i traguardi costituiscono criteri per la valutazione delle competenze attese e, nella loro scansione temporale, sono prescrittivi, impegnando così le istituzioni scolastiche affinché ogni alunno possa conseguirli, a garanzia dell'unità del sistema nazionale e della qualità del servizio. Le scuole hanno la libertà e la responsabilità di organizzarsi e di scegliere l'itinerario più opportuno per consentire agli studenti il miglior conseguimento dei risultati.

La prescrittività dei traguardi impegna le istituzioni scolastiche a mettere in atto tutte le strategie, tecniche e organizzazioni che sono nella loro disponibilità, ma anche libertà, perché possibilmente tutti gli alunni possano conseguirli, al termine dei diversi segmenti del percorso di istruzione, almeno a un livello essenziale.

Poiché i traguardi rappresentano dei punti di arrivo, sarebbe opportuno che i curricoli prevedessero dei *livelli* di complessità crescente che descrivessero l'evoluzione nella padronanza della competenza nel tempo e servissero come guida per la valutazione.

I traguardi, come dicono le Indicazioni, rappresentano dei criteri per la valutazione delle competenze; in effetti essi descrivono dei comportamenti che, se agiti, rivelano l'agire competente. Possiamo dunque assumerli come *evidenze,* «comportamenti sentinella» della competenza. Ancora meglio, sulla base delle azioni formulate dai traguardi, possiamo pianificare situazioni e compiti che permettano agli alunni di metterle in atto e quindi di valutarne nel tempo l'incremento della padronanza.

Il curricolo è unitario, progressivo e continuo, dai 3 ai 14 anni. L'organizzazione diffusa nel territorio nazionale degli istituti comprensivi dovrebbe favorire questa prospettiva progettuale. La continuità sostanziale, infatti, non si realizza tanto nell'uniformità di contesti, di proposte e di ambienti, quanto nella coerenza della progettualità e delle visioni didattico-educative delle comunità professionali dei tre gradi di scuola considerati.

I giovani allievi, passando da un segmento all'altro, si aspettano, anzi, di trovare richieste, ambienti, stili diversi e ciò rappresenta, ai loro occhi, la testimonianza dell'essere cresciuti e di poter affrontare compiti e situazioni differenti.

Il testo delle Indicazioni non prescrive batterie di contenuti o di conoscenze da conseguire; anche gli obiettivi di apprendimento, che costituiscono senza dubbio un utile riferimento per la costruzione del curricolo e la descrizione dei risultati di apprendimento, non sono rigidamente vincolanti, rappresentando piuttosto un orientamento alla pianificazione, più che un corredo di prescrizioni da applicare.

Le Indicazioni non riportano le *abilità* in cui si articolano i traguardi di competenza, ma gli obiettivi. Questa è una criticità che il testo si trascina fin dal 2007; in una prospettiva di competenza, al centro del processo di apprendimento ci sono l'allievo e la sua azione autonoma e responsabile per sviluppare conoscenze, abilità, competenze, che sono tutte dimensioni che appartengono alla persona che apprende. Gli obiettivi, invece, riportano al centro della scena il docente, poiché essi appartengono a chi insegna. Tuttavia, poiché gli obiettivi sono quasi sempre formulati con buoni verbi operativi, come azioni che devono essere intraprese, li assumeremo come obiettivi di apprendimento e come abilità degli allievi. Con un'operazione di transizione, potremmo dire che lavoriamo perché gli obiettivi diventino le abilità degli allievi.

Le *conoscenze* necessarie a sostenere le abilità e le competenze sono inferibili dagli obiettivi per i traguardi, ma è necessario che le comunità professionali, nella pianificazione del curricolo, scelgano accuratamente i contenuti davvero irrinunciabili, che devono diventare le conoscenze indispensabili per supportare abilità e competenze. Non tutti i contenuti sono indispensabili, non tutte le conoscenze debbono essere per forza conseguite a scuola. Dobbiamo rinunciare a pretese di enciclopedismo, da una parte valorizzando le conoscenze già possedute dagli allievi, dall'altra facendo in modo che i contenuti proposti a scuola diventino conoscenze coinvolgenti e motivanti, tali da spingere gli allievi a continuare a coltivarle anche da soli, con autonoma ricerca. È indispensabile, invece, insistere su strategie e metodi per apprendere e indagare e fornire agli allievi situazioni dove agire, scoprire e, nel contempo, costruire nuove conoscenze e abilità.

Rispetto al testo del 2007, le Indicazioni 2012 non organizzano le discipline in aree culturali precostituite, motivando tale scelta in modo assai puntuale e condivisibile.

> Fin dalla scuola dell'infanzia, nella scuola primaria e nella scuola secondaria di primo grado l'attività didattica è orientata alla qualità dell'apprendimento di ciascun alunno e non a una sequenza lineare, e necessariamente incompleta, di contenuti disciplinari. I docenti, in stretta collaborazione, promuovono attività significative nelle quali gli strumenti e i metodi caratteristici delle discipline si confrontano e si intrecciano tra loro, evitando trattazioni di argomenti distanti dall'esperienza e frammentati in nozioni da memorizzare.
>
> Le discipline, così come noi le conosciamo, sono state storicamente separate l'una dall'altra da confini convenzionali che non hanno alcun riscontro con l'unitarietà tipica dei processi di apprendimento. Ogni persona, a scuola come nella vita, impara infatti attingendo liberamente dalla sua esperienza, dalle conoscenze o dalle discipline, elaborandole con un'attività continua e autonoma.
>
> Oggi, inoltre, le stesse fondamenta delle discipline sono caratterizzate da un'intrinseca complessità e da vaste aree di connessione che rendono improponibili rigide separazioni.

> Nelle Indicazioni le discipline non sono aggregate in aree precostituite per non favorire un'affinità più intensa tra alcune rispetto ad altre, volendo rafforzare così trasversalità e interconnessioni più ampie e assicurare l'unitarietà del loro insegnamento. Sul piano organizzativo e didattico la definizione di aree o di assi funzionali all'ottimale utilizzazione delle risorse è comunque rimessa all'autonoma valutazione di ogni scuola.
> Un ruolo strategico essenziale svolge l'acquisizione di efficaci competenze comunicative nella lingua italiana che non è responsabilità del solo insegnante di italiano ma è compito condiviso da tutti gli insegnanti, ciascuno per la propria area o disciplina, al fine di curare in ogni campo una precisa espressione scritta e orale.

La scelta di non aggregare a priori in aree culturali le discipline risponde pienamente al concetto di competenza come capacità di utilizzare e orchestrare conoscenze, abilità e capacità personali, sociali e metodologiche di fronte a situazioni e problemi. Sono i problemi e le situazioni, la loro natura e configurazione a determinare l'aggregazione di saperi necessari alla loro gestione. Così, di volta in volta, a seconda delle opportunità e delle necessità, ad esempio la geografia può essere apparentata alla storia o alle scienze; le arti alla tecnologia, alla storia o alla matematica. Molto opportunamente, le Indicazioni sottolineano la portata trasversale delle competenze comunicative nella lingua italiana, come strumento veicolare per tutti i saperi. La comunicazione nella madrelingua, ma anche la matematica, assume valenza di metacompetenze, poiché è con questi due sistemi di simboli — lingua e matematica — che noi ci relazioniamo con il mondo e con i fenomeni.

È opportuno anche riflettere sulla differenza tra «materia» e «disciplina». Abbiamo la convinzione che nelle aule scolastiche il passaggio tra insegnare materie e occuparsi di discipline non sia ancora completamente compiuto. Per perseguire un'autentica didattica per competenze, è necessario padroneggiare solidamente la didattica delle discipline. Le discipline, infatti, concorrono tutte a costruire le competenze culturali di base che ad esse fanno riferimento; le competenze culturali, infine, contribuiscono allo sviluppo delle competenze-chiave.

Insegnare una materia significa trasmettere un corredo di contenuti e, talvolta, abilità relativi a un campo del sapere. Occuparsi di una disciplina significa orientarsi in un campo del sapere costituito da conoscenze, abilità, metodi di indagine, teorie e concetti in costante evoluzione, relazioni interne tra concetti ed esterne, con altre discipline. Una materia si trasmette, una disciplina si indaga. Riportiamo di seguito un'interessante considerazione del professor Maurizio Tiriticco, sul passaggio dalla materia alla disciplina:

> Va sempre ricordato che un conto è una disciplina, altro conto la materia corrispondente. La disciplina non è un oggetto, non è un contenuto, è un ambito di ricerca, e, come tale, non ha confini né di tempo né di spazio: si autoalimenta — possiamo dire — degli apporti continui che la arricchiscono. E non solo: è in continuo movimento; ora si lasciano alcuni contenuti, ora si aprono nuovi campi del sapere. Le sette arti del trivio e del quadrivio furono seriamente messe in discussione dallo sperimentalismo galileiano. La geografia di Tolomeo non è quella di oggi. E ciò vale per ciascuna disciplina. Per non dire poi della continua nascita di nuovi campi di ricerca e di nuove discipline e di tutte le intersezioni pluri-, inter- e transdisciplinari.

> Ad esempio, sono discipline «recenti» la sociologia e la psicologia. Una disciplina non è un oggetto fisico, ma una serie di operazioni mentali in continua trasformazione. (Tiriticco, 2014)

Il testo delle Indicazioni, dunque, ci fornisce gli strumenti per pianificare la parte generale del curricolo, quella che descrive i risultati di apprendimento in termini di competenze, abilità e conoscenze. È utile organizzare tutte queste dimensioni nella cornice di riferimento delle competenze-chiave europee. Dentro di esse è possibile iscrivere l'intero curricolo; esse costituiscono la cornice unificante di senso del lavoro di tutto il gruppo docente. Un curricolo organizzato per competenze-chiave è di tutti e di ciascuno, poiché l'intero gruppo docente è coinvolto nella promozione di tutte, senza esclusioni e separatezze. Tutti sono impegnati a promuovere le competenze-chiave come fonte di cittadinanza attiva, apprendimento permanente, autonomia, responsabilità, resilienza.

Le Indicazioni dicono che le competenze culturali di base che fanno capo ai diversi saperi contribuiscono a costruire le competenze-chiave. Qui ci imbattiamo in un'altra criticità delle Indicazioni. Pur citandole e rivestendole di tanta importanza, il testo non enuncia mai quali siano le competenze culturali di base. È vero che esse si possono enucleare dai traguardi, tuttavia sarebbe stato molto più chiaro e lineare definirle.

Nella costruzione di un curricolo per competenze, individuare le competenze culturali di base è indispensabile, perché esse rappresentano la cerniera tra le discipline e le competenze-chiave. Le competenze culturali, infatti, si radicano nella struttura epistemica delle discipline, indicano che cosa sia indispensabile possedere per padroneggiare la disciplina. Non possiamo pensare che i collegi dei docenti impieghino tempo, energia, fatica, nello sforzo vano di «inventare» le competenze di base che invece sono da ricercare nella struttura dei saperi.

Le competenze di base sono poche, restano le stesse nei diversi gradi di scuola, anche se possono essere formulate con parole diverse; costituiscono dei descrittori delle competenze-chiave cui principalmente si riferiscono. Anche se le Indicazioni non le elencano, abbiamo a disposizione altri documenti che ci aiutano a reperirle:

- il DM 139/07 sul nuovo obbligo di istruzione già citato, che per i quattro assi culturali individua sedici competenze culturali di base;
- le Linee guida per i Piani di studio provinciali del primo ciclo della Provincia Autonoma di Trento, del 2010; la commissione che li ha redatti ha individuato, per ogni disciplina, le competenze culturali di base, declinandole anche in abilità e conoscenze;
- gli Allegati 1 e 2 all'ordinanza ministeriale (OM) 236 del 1993. Questi vecchi documenti licenziavano il documento di valutazione che proponeva «indicatori» di valutazione per le diverse discipline, da valutare sulla scala A, B, C, D, E. Essi possono essere assunti come competenze culturali di base, proprio perché «indicavano» le dimensioni da padroneggiare per dire di possedere una disciplina.

Le competenze culturali di base vengono articolate in abilità e conoscenze. Per quanto riguarda le competenze culturali di base che si riferiscono a discipline, disponiamo delle abilità, poiché possiamo mutuarle dagli obiettivi per i traguardi delle Indicazioni, dai quali possiamo estrapolare anche le conoscenze.

Le competenze culturali di base — e la loro articolazione in abilità e conoscenze — vengono «iscritte» nelle competenze-chiave di riferimento, delle quali divengono specificazioni. Ad esempio, le competenze culturali di base della lingua italiana vengono iscritte nella competenza-chiave *Comunicazione nella madrelingua*; le competenze culturali della matematica e delle scienze vengono iscritte nella competenza-chiave *Competenza matematica e competenze di base in scienza e tecnologia*; le competenze culturali di storia, di arte e musica, trovano principale riferimento nella competenza-chiave *Consapevolezza ed espressione culturale*. Naturalmente questa classificazione è in qualche modo convenzionale, viene operata per comodità didattica, poiché abbiamo già detto che le competenze-chiave sono una rete e che le competenze culturali e le discipline contribuiscono alla costruzione di tutte le competenze-chiave.

Maggiori problemi ritroviamo nella declinazione di quelle competenze-chiave in cui non ci soccorrono discipline di riferimento, come la *Competenza digitale, Imparare a Imparare, Spirito di iniziativa e imprenditorialità*. Il limite di un documento che si riferisce a discipline, infatti, è quello di non considerare quelle indispensabili competenze sociali, metacognitive e di metodo, senza le quali, però, si rischia di rimanere allo stadio dell'abilità.

Se la declinazione delle competenze digitali può essere agevolmente effettuata a partire da dalle competenze tecnologiche, applicate alle nuove tecnologie della comunicazione, la ricerca sulla metacognizione e sulle abilità sociali ci permette di individuare le competenze di base, le abilità e le conoscenze relative alle competenze sociali e civiche, all'imparare a imparare e allo spirito di iniziativa.

Un curricolo così organizzato, strutturato graficamente in tabelle che chiameremo «rubriche», comprende la descrizione dei risultati di apprendimento in termini di competenze, abilità e conoscenze; l'individuazione delle «evidenze» della competenza; la strutturazione dei livelli di padronanza della competenza.

Caratteristiche della didattica per la promozione delle competenze

Le strategie e le tecniche didattiche per la promozione delle competenze sono diverse, tanto che dovremmo più propriamente parlare di «didattiche» funzionali alla promozione delle competenze. Prese singolarmente, sono tutte note alla teoria e alla pratica didattica. Tutti gli insegnanti possono dire onestamente di aver praticato e praticare nelle proprie classi esempi di didattica per competenze. Ciò che viene chiesto, però, è di riunire in una progettualità sistematica, ordinaria, intenzionale, condivisa da tutta la comunità professionale queste strategie e pratiche, rendendole esplicite, in un curricolo di scuola.

Molto spesso, le pregevoli esperienze che vengono realizzate nelle nostre scuole hanno carattere di episodicità e frammentazione, sono talvolta implicite nella mente dei docenti stessi, soprattutto dipendono dalla discrezionalità delle persone, dai loro interessi, dalla buona volontà di metterle in atto, più che da una condivisione intersoggettiva di una progettualità educativa e didattica, a livello di istituto. Realizzare un curricolo per competenze non significa insegnare cose diverse dal solito; certo, è necessario selezionare i contenuti indispensabili, per recuperare il tempo prezioso necessario a fare lavorare in autonomia gli alunni, a stimolare discussioni e ricerche, a indagare e sperimentare. Ciò che, però, ora si richiede, è di iscrivere gli oggetti di apprendimento in una cornice di significato e di senso, in una prospettiva di formazione della persona e del cittadino, in un curricolo che prenda in carico le persone, consentendo loro di maturare capacità di interagire con la realtà, tenendo conto della sua complessità, relazionarsi positivamente con se stessi, con gli altri, con il mondo.

Un primo aspetto rilevante dell'approccio per competenze è la centralità del discente e del processo di apprendimento, rispetto al docente e all'insegnamento. Ciò non significa che il docente perda di importanza, al contrario, la sua azione viene valorizzata. Il docente assume più spesso il ruolo di mediatore e facilitatore, quando mette a disposizione strumenti e pianifica situazioni che permettono all'allievo di costruire il proprio apprendimento. Ha meno risposte e molte buone domande; sollecita la ricerca, la formulazione di ipotesi, la sperimentazione; indica strategie e tecniche, piuttosto che soluzioni. Gli strumenti e le situazioni che vengono pianificati non sono banali e indifferenti, ma attentamente scelti, allo scopo di consentire agli studenti di accrescere le proprie conoscenze e abilità in autonomia, in una prospettiva vygotskiana, nella quale la qualità degli strumenti messi a disposizione dal maestro può favorire, rallentare o mortificare l'evoluzione dell'allievo nelle sue «soglie prossimali».

Il docente assume una responsabilità educativa, poiché l'insegnamento persegue la finalità della formazione della persona e del cittadino autonomo e responsabile e non resta, quindi, confinato nell'ambito, pure importante, della dimensione culturale.

La didattica per competenze è l'unica che può divenire realmente inclusiva, perché si propone di strutturare percorsi in cui tutti gli alunni possano trovare un posto e una possibilità di esprimere le proprie potenzialità. Per questo, è improntata alla massima flessibilità, con l'utilizzo di mediatori diversi (attivi, iconici, analogici, simbolici), in grado di venire incontro alle diversità individuali e ai differenti stili di apprendimento. Ciò non significa che vengono proposti strumenti diversi per ciascuno, ma che le proposte didattiche vengono organizzate con modalità diverse per tutti, in modo che ciascuno trovi le modalità a sé più congeniali.

Viene valorizzata l'esperienza attiva, concreta, in contesti veri o verosimili, attraverso la proposizione di «compiti autentici», che possano legare gli oggetti di apprendimento alla realtà nella quale possono essere impiegati. Considerati l'età degli allievi e gli stili di apprendimento di molti di loro, l'apprendimento segue prevalentemente — ma non esclusivamente — modalità induttive. Si procede dall'esperienza attiva e concreta alla sua rappresentazione simbolica, attraverso la formulazione di ipotesi, la narrazione e ricostruzione delle procedure di lavoro, la generalizzazione e la modellizzazione. Ciò non significa che non si debbano seguire modalità ipotetico-deduttive, a patto che esse vengano riportate sempre alla verifica dell'esperienza concreta. La laboratorialità è, in sintesi, uno degli approcci migliori per perseguire competenze. Per laboratorialità non si intende, ovviamente, praticare un laboratorio fisico, quanto impostare la didattica come «laboratorio», attraverso l'individuazione di problemi, la formulazione di ipotesi, la sperimentazione e la ricerca.

I percorsi didattici privilegiano l'integrazione dei saperi, che insieme concorrono a costruire competenze attraverso l'esperienza e la riflessione nei compiti significativi e nelle unità di apprendimento. La riflessione, poco praticata in realtà nelle nostre aule, è una condizione indispensabile alla costruzione della metacognizione e della competenza. L'alunno dovrebbe avere sempre la possibilità di narrare e ripercorrere, verbalmente o per iscritto, le procedure attivate per la realizzazione di un compito. Nel momento in cui egli può ripercorrere la strada seguita, si rende conto degli errori, delle cose che potrebbe aver fatto meglio, chiarisce maggiormente a se stesso concetti e pratiche, valuta il proprio lavoro e le proprie risorse, attribuisce significato all'esperienza.

Nell'organizzazione dei percorsi e dell'ambiente di apprendimento, va posta particolare attenzione agli aspetti metodologici e strategici, legati all'imparare a imparare e allo spirito di iniziativa e imprenditorialità. Lo sviluppo di queste due competenze, ricordiamo, consente di possedere risorse per reperire, scegliere, valutare, organizzare, mettere in relazione e recuperare informazioni, nonché di intervenire nella realtà, rilevare e risolvere problemi, assumere iniziative, prendere decisioni, pianificare e progettare, agire in modo flessibile e creativo.

Non va trascurata la dimensione affettiva e motivazionale connessa all'apprendimento. Abbiamo in diverse occasioni ricordato che un contenuto diventa conoscenza nel momento in cui, agli occhi dell'allievo, è dotato di senso, di significato, di utilità, suscita curiosità, viene affrontato in un clima relazionale positivo e collaborativo. Non va trascurata, tuttavia, anche l'educazione affettiva vera e propria, che tanto contribuisce alla formazione della persona e alla costruzione delle competenze sociali e civiche. A questo proposito ricordiamo l'interessante prospettiva di integrazione tra le competenze-chiave europee e le life skills enunciate dall'Organizzazione mondiale della sanità nel 1993:[1] entrambi gli approcci mirano a dotare le persone di strumenti solidi e sicuri per gestire se stessi e per affrontare il mondo, maturando quella resilienza che permette di salvaguardare più a lungo l'integrità fisica, psichica ed etica e a migliorare le relazioni interpersonali e sociali. Non possiamo dimenticare che il sentimento su cui si fonda l'etica è l'empatia, una delle dieci life skills. L'etica viene talvolta sintetizzata nelle due «regole auree» che attraversano il pensiero in epoche e civiltà diverse, tanto da essere assunte come aspetti «assoluti» nella condotta umana: la prima, «Non fare agli altri ciò che non vorresti fosse fatto a te» (oppure, semplicemente, «Non nuocere»); la seconda, maturata nel pensiero del Novecento, nell'etica della responsabilità, «Fai agli altri ciò che vorresti fosse fatto a te», o anche «Prenditi cura». Una persona empatica non può nuocere e più facilmente si prende cura, perché è capace di rappresentarsi l'altro e i suoi sentimenti.

A questo proposito, sono molto utili tutti quei compiti che portano gli allievi a riflettere su avvenimenti, esperienze, stimoli che possono suscitare reazioni emotive: fatti di cronaca, avvenimenti personali o del gruppo, eventi dolorosi, fino ai meccanismi della pubblicità, come linguaggio persuasivo. Fino a che le persone restano sul piano del vissuto prevalentemente emotivo (pensiamo alle reazioni di fronte a un evento

[1] Le dieci life skills dell'OMS (1993): Capacità di prendere decisioni (decision making); capacità di risolvere problemi (problem-solving); creatività; senso critico; comunicazione efficace; capacità di relazionarsi con gli altri; autocoscienza; empatia; gestione delle emozioni; gestione dello stress.

doloroso), non possono esercitare pensiero critico e valutazioni razionali. È necessario che il vissuto emotivo sia elaborato, trasformato, attraverso la riflessione, fino a divenire qualcosa certamente meno «caldo», ma più stabile, ovvero l'affetto, il sentimento. L'analisi di messaggi dei media che agiscono, appunto, sul piano emotivo, come la pubblicità, determinati modi di portare le notizie, talk show, reality, ecc., può contribuire a far crescere una maggiore indipendenza di giudizio e pensiero critico e, in definitiva, una maggiore capacità di autodeterminazione e di cittadinanza attiva.

La didattica per competenze privilegia l'aspetto sociale e cooperativo dell'apprendimento. Insieme si può apprendere meglio, si possono condividere informazioni, procedure e strategie, si può prestare e ottenere aiuto. Le tecniche di apprendimento cooperativo, di tutoraggio tra pari, la discussione, sono congeniali alla promozione di competenze. L'inclusività dell'approccio per competenze si manifesta al massimo grado nelle modalità cooperative e di peer-tutoring, nelle quali gli allievi meglio attrezzati possono prendersi cura dei compagni più in difficoltà e dove la dimensione del piccolo gruppo favorisce gli scambi comunicativi e l'interdipendenza positiva.

Poiché il fine ultimo dell'educazione è l'acquisizione di autonomia e responsabilità, nella didattica per competenze si riserva ampio spazio alle situazioni in cui gli alunni affrontano compiti autentici, assumendosi, appunto, la responsabilità di portare a termine il lavoro nei tempi e nei modi stabiliti, lavorando in autonomia, affrontando, da soli o in gruppo, situazioni inusuali e risolvendo i problemi che si presentano. I compiti che si propongono agli allievi debbono sempre essere un po' più difficili, rispetto alle risorse che essi già posseggono. Se dovessero affrontare lavori commisurati strettamente a ciò che sanno e sanno fare, si limiterebbero a esercitare conoscenze e abilità già conseguite. La situazione appena più complessa (ma non troppo complessa da risultare inaffrontabile) stimola il problem-solving e la necessità di reperire informazioni e strategie che ancora non si posseggono. È così che la competenza si autoalimenta: essa si manifesta nella capacità di affrontare le situazioni utilizzando risorse che si hanno e che *non* si hanno. L'agire competente si rivela proprio nella capacità di reperire strumenti e risorse nuovi, partendo da quelli già posseduti.

Per tutti questi aspetti, l'apprendimento cooperativo, il gruppo di lavoro, l'attribuzione di responsabilità e autonomia, la valorizzazione dell'esperienza nei compiti autentici, la didattica per competenze sono particolarmente adatti a classi complesse e numerose, proprio perché non fanno leva sulle sole risorse degli adulti, ma principalmente su quelle dei ragazzi e del gruppo. Organizzare una classe di trenta alunni in sei o sette gruppi di lavoro vuol dire seguire e supportare sei o sette situazioni, non trenta individualità. Mentre i ragazzi lavorano, li si può osservare, vedere lavorare in contesto diverso, cosa che non sarebbe mai possibile in contesto di lezione frontale o di esercitazione eterodiretta. La possibilità di lavorare in modo induttivo favorisce quegli alunni che incontrano maggiori difficoltà nell'approccio teorico all'apprendimento, che li porta spesso a demotivazione ed estraniamento, fino a favorire in taluni condotte antisociali che compromettono ulteriormente il clima di classe.

Anche nella quotidianità e nella «didattica ordinaria», comunque, nell'ambito delle lezioni frontali, è opportuno problematizzare, coinvolgere gli allievi, contestualizzare nell'esperienza, dare senso all'apprendimento, costruire relazioni tra saperi e tra discipline. La lezione frontale non viene abbandonata; essa è uno strumento tra altri, che viene utilizzato al bisogno. Può servire per introdurre un argomento; per dare velocemente informazioni necessarie all'avvio di un compito; per puntualizzare concetti durante il lavoro; alla fine del compito, per sistematizzare, riassumere, portare a teoria e modellizzazione ciò che si è affrontato con l'esperienza.

Le Indicazioni nazionali, nel capitolo relativo al curricolo del primo ciclo di istruzione, al paragrafo *L'ambiente di apprendimento*, suggeriscono pressappoco le stesse modalità di organizzazione delle condizioni che favoriscono la costruzione di competenze. Riportiamo integralmente il paragrafo, nel quale si evidenziano in corsivo le condizioni principali di organizzazione del contesto di apprendimento.

> Una buona scuola primaria e secondaria di primo grado si costituisce come un contesto idoneo a promuovere apprendimenti significativi e a garantire il successo formativo per tutti gli alunni.
>
> A tal fine è possibile indicare, nel rispetto dell'autonomia delle scuole e della libertà di insegnamento, alcuni principi metodologici che contraddistinguono un'efficace azione formativa senza pretesa di esaustività.
>
> L'acquisizione dei saperi richiede un uso flessibile degli spazi, a partire dalla stessa aula scolastica, ma anche la disponibilità di luoghi attrezzati che facilitino approcci operativi alla conoscenza per le scienze, la tecnologia, le lingue comunitarie, la produzione musicale, il teatro, le attività pittoriche, la motricità.
>
> Particolare importanza assume la biblioteca scolastica, anche in una prospettiva multimediale, da intendersi come luogo privilegiato per la lettura e la scoperta di una pluralità di libri e di testi, che sostiene lo studio autonomo e l'apprendimento continuo; un luogo pubblico, fra scuola e territorio, che favorisce la partecipazione delle famiglie, agevola i percorsi di integrazione, crea ponti tra lingue, linguaggi, religioni e culture.
>
> *Valorizzare l'esperienza e le conoscenze degli alunni*, per ancorarvi nuovi contenuti. Nel processo di apprendimento l'alunno porta una grande ricchezza di esperienze e conoscenze acquisite fuori dalla scuola e attraverso i diversi media oggi disponibili a tutti, mette in gioco aspettative ed emozioni, si presenta con una dotazione di informazioni, abilità, modalità di apprendere che l'azione didattica dovrà opportunamente richiamare, esplorare, problematizzare. In questo modo l'allievo riesce a dare senso a quello che va imparando.
>
> *Attuare interventi adeguati nei riguardi delle diversità*, per fare in modo che non diventino disuguaglianze. Le classi sono oggi caratterizzate da molteplici diversità, legate alle differenze nei modi e nei livelli di apprendimento, alle specifiche inclinazioni e ai personali interessi, a particolari stati emotivi e affettivi. La scuola deve progettare e realizzare percorsi didattici specifici per rispondere ai bisogni educativi degli allievi. Particolare attenzione va rivolta agli alunni con cittadinanza non italiana i quali, ai fini di una piena integrazione, devono acquisire sia un adeguato livello di uso e controllo della lingua italiana per comunicare e avviare i processi di apprendimento, sia una sempre più sicura padronanza linguistica e culturale per proseguire nel proprio itinerario di istruzione. Tra loro vi sono alunni giunti da poco in Italia (immigrati «di prima generazione») e alunni nati in Italia (immigrati «di seconda generazione»). Questi alunni richiedono interventi differenziati che non devono investire il solo inse-

gnamento della lingua italiana ma la progettazione didattica complessiva della scuola e quindi dei docenti di tutte le discipline. L'integrazione degli alunni con disabilità nelle scuole comuni, inoltre, anche se è da tempo un fatto culturalmente e normativamente acquisito e consolidato, richiede un'effettiva progettualità, utilizzando le forme di flessibilità previste dall'autonomia e le opportunità offerte dalle tecnologie.

Favorire l'esplorazione e la scoperta, al fine di promuovere il gusto per la ricerca di nuove conoscenze. In questa prospettiva, la problematizzazione svolge una funzione insostituibile: sollecita gli alunni a individuare problemi, a sollevare domande, a mettere in discussione le conoscenze già elaborate, a trovare appropriate piste d'indagine, a cercare soluzioni originali.

Incoraggiare l'apprendimento collaborativo. Imparare non è solo un processo individuale. La dimensione sociale dell'apprendimento svolge un ruolo significativo. In tal senso, molte sono le forme di interazione e collaborazione che possono essere introdotte (dall'aiuto reciproco all'apprendimento cooperativo, all'apprendimento tra pari), sia all'interno della classe, sia attraverso la formazione di gruppi di lavoro con alunni di classi e di età diverse. A questo scopo risulta molto efficace l'utilizzo delle nuove tecnologie che permettono agli alunni di operare insieme per costruire nuove conoscenze, ad esempio attraverso ricerche sul web e per corrispondere con coetanei anche di altri paesi.

Promuovere la consapevolezza del proprio modo di apprendere, al fine di «imparare ad apprendere». Riconoscere le difficoltà incontrate e le strategie adottate per superarle, prendere atto degli errori commessi, ma anche comprendere le ragioni di un insuccesso, conoscere i propri punti di forza, sono tutte competenze necessarie a rendere l'alunno consapevole del proprio stile di apprendimento e capace di sviluppare autonomia nello studio. Occorre che l'alunno sia attivamente impegnato nella costruzione del suo sapere e di un suo metodo di studio, sia sollecitato a riflettere su come e quanto impara, sia incoraggiato a esplicitare i suoi modi di comprendere e a comunicare ad altri i traguardi raggiunti. Ogni alunno va posto nelle condizioni di capire il compito assegnato e i traguardi da raggiungere, riconoscere le difficoltà e stimare le proprie abilità, imparando così a riflettere sui propri risultati, valutare i progressi compiuti, riconoscere i limiti e le sfide da affrontare, rendersi conto degli esiti delle proprie azioni e trarne considerazioni per migliorare.

Realizzare attività didattiche in forma di laboratorio, per favorire l'operatività e allo stesso tempo il dialogo e la riflessione su quello che si fa. Il laboratorio, se ben organizzato, è la modalità di lavoro che meglio incoraggia la ricerca e la progettualità, coinvolge gli alunni nel pensare, realizzare, valutare attività vissute in modo condiviso e partecipato con altri, e può essere attivata sia nei diversi spazi e occasioni interni alla scuola sia valorizzando il territorio come risorsa per l'apprendimento.

Strumenti della didattica per competenze. Compiti significativi e unità di apprendimento

Costruire le rubriche di descrizione dei risultati di apprendimento in termini di competenze, abilità, conoscenze, individuare le evidenze, strutturare i livelli di padronanza, sono i primi passi per progettare il curricolo di scuola. È un punto di partenza che unifica i linguaggi, le progettualità, costruisce la cornice di senso del lavoro. Tuttavia, il curricolo deve essere concretamente realizzato nella quotidianità, giorno per giorno, settimana per settimana, nello spirito delle Indicazioni e nella prospettiva della promozione di competenze.

Abbiamo illustrato quali possono essere le strategie e le tecniche utili al perseguimento di competenze; gli strumenti operativi per pianificare percorsi didattici che realizzino il curricolo e impieghino le metodologie appena illustrate sono i «compiti significativi» o «autentici» o «di realtà» e le unità di apprendimento.

Il compito significativo è un lavoro relativamente breve e circoscritto, che può essere affidato anche dal singolo insegnante nell'ambito della propria disciplina, in cui si chiede all'allievo di portare a termine un lavoro autonomo e originale, contestualizzato nell'esperienza, o che attiva esperienze concrete. Alcuni compiti significativi sono stati illustrati nell'esempio di rubrica riportato poco sopra. Essi si fondano sulle evidenze, delle quali rappresentano occasioni di attuazione, e quindi costituiscono materiale utile per l'apprezzamento e la valutazione dell'evoluzione della competenza.

L'unità di apprendimento costituisce un percorso strutturato di apprendimento che ha lo scopo di costruire competenze attraverso la realizzazione di un prodotto, materiale o immateriale, in contesto esperienziale. La struttura può ricordare quella dell'unità didattica: entrambe, infatti, sono «moduli» di apprendimento che si propongono di coprire fasi del curricolo. I due strumenti, però, si differenziano in modo sostanziale. La tabella 10.1 illustra le principali diversità.

TABELLA 10.1

Unità didattiche e unità di apprendimento

Unità didattica	Unità di apprendimento
È centrata su obiettivi del docente e sulla disciplina.	È centrata su competenze degli allievi.
È centrata sull'azione del docente.	È centrata sull'azione autonoma degli allievi.
Parte da obiettivi disciplinari e, attraverso mediatori diversi, si propone di conseguire conoscenze e abilità.	Parte dalle competenze e, attraverso la realizzazione di un prodotto, si propone di conseguire nuove conoscenze, abilità e competenze.
Contiene un apparato di verifica e valutazione delle conoscenze e delle abilità.	Contiene un apparato di verifica e valutazione delle competenze, abilità e conoscenze, attraverso l'analisi del processo, del prodotto e la riflessione-ricostruzione da parte dell'allievo.
È costituita prevalentemente di attività individuali o collettive dirette dall'insegnante.	È costituita essenzialmente da un'attività di gruppo autonomamente condotta dagli studenti con il supporto e la mediazione dell'insegnante.

L'unità di apprendimento è un modulo didattico, progettato e strutturato da parte dell'insegnante che, suo tramite, si propone di far conseguire agli allievi conoscenze, abilità e competenze in ordine a quanto progettato nel curricolo. Essa può essere molto complessa e articolata, coinvolgere molti insegnanti del consiglio di classe e mettere a fuoco diverse competenze, distribuendosi in un tempo relativamente lungo, oppure può essere più contenuta, coinvolgere alcuni insegnanti, mettere a fuoco solo alcune competenze e distribuirsi in un tempo ridotto. Le grandi unità di apprendimento che coinvolgono gran parte, se non tutti, i docenti generalmente hanno come focus principale competenze sociali e civiche che possono accomunare tutta l'équipe docente, attraverso, ad esempio, la realizzazione di percorsi di educazione ambientale, storico-sociale, che possono fornire spunti per le competenze scientifico-tecnologiche, di comunicazione, di indagine sociale, di iniziativa e imprenditorialità e, appunto, per costruire competenze sociali. Richiedono uno sforzo di progettazione e di condivisione abbastanza elevato e quindi, per forza di cose, nel corso dell'anno se ne potranno realizzare una o due.

Le unità di apprendimento più semplici, invece, possono durare anche solo qualche settimana e indagare aspetti specifici del curricolo, permettendo così agli insegnanti di progettarne diverse individualmente, partendo dalle competenze cui la propria disciplina contribuisce particolarmente, oppure concordando con alcuni colleghi percorsi comuni. In questo modo, i docenti singoli, o coordinati a piccoli gruppi variabili, possono mettere a punto una serie di unità di apprendimento che mettano a fuoco nel corso dell'anno diverse competenze che siano costituite da conoscenze e abilità provenienti dalle proprie discipline, fino a coprire tutta o gran parte della progettazione curricolare prevista.

Dentro un'unità di apprendimento non c'è solo l'azione autonoma degli allievi, che pure ne è il motore principale: possono esserci lezioni frontali da parte dell'insegnante, che fornisce agli allievi informazioni necessarie alla realizzazione del lavoro, esercitazioni per consolidare abilità necessarie, lezioni conclusive che si propongono di sistematizzare, portare a modello, a teoria, l'esperienza condotta.

L'unità di apprendimento mira allo sviluppo di competenze, ma essendo queste costituite da abilità e conoscenze, serve anche a verificare e valutare il profitto. Il valore aggiunto è che abilità e conoscenze sono contestualizzate, messe al servizio di un problema, agite in contesto significativo, e quindi acquistano agli occhi dell'allievo senso e significato e hanno maggiore opportunità di essere ricordate e consolidate. L'altro grosso vantaggio è che l'insegnante ha l'opportunità di valutare non solo se l'allievo ha acquisito le conoscenze e le abilità, ma soprattutto se le sa impiegare, se sa mettersi in relazione con altri per portare a termine un compito, se sa agire con autonomia e responsabilità. Inoltre, mentre gli allievi sono impegnati nel compito, l'insegnante ha l'opportunità di osservarli e rilevare atteggiamenti relazionali, comunicativi, modalità di approccio al lavoro e al compito.

Tutto il curricolo potrebbe essere senz'altro realizzato attraverso la progettazione di unità di apprendimento. Tuttavia, è una modalità di lavoro alla quale gli insegnanti non sono abituati e che sentono di non controllare. La sensazione degli insegnanti, di fronte all'UDA, è di perdere la sistematicità e progressività degli argomenti da affrontare, di essere frammentari e dispersivi. Indubbiamente, fino a quando l'esperienza dell'UDA è ridotta a una o due all'anno, esse rappresentano sicuramente degli «episodi». Diverso sarebbe se una tessitura di unità di apprendimento, pianificate intorno agli ambiti di indagine di cui abbiamo parlato in precedenza, affrontasse organicamente tutto il curricolo, utilizzando strumenti diversi, dalle lezioni, alle ricerche, alle sperimentazioni. Per arrivare a questo, tuttavia, sono necessari tempo ed esperienza e la pianificazione, nel tempo, di molte unità di apprendimento. Per fare ciò, non è necessario per forza spendere decine di riunioni. Se ci si accorda all'inizio dell'anno sull'impianto generale e si individuano dentro il curricolo gli ambiti di indagine, ciascuno può mettere a punto UDA, a casa propria e nel proprio tempo, condividendo anche a distanza i materiali con i colleghi, i quali potranno integrare e apportare modifiche.

In attesa di arrivare a questo livello generalizzato di organizzazione, però, è bene che i docenti lavorino conservando le proprie sicurezze; quindi si propone un avvicinamento alla situazione definitiva in modo progressivo. Gli insegnanti procedano nell'organizzazione dell'insegnamento nel modo in cui sono abituati, con l'accortezza, però, di arricchire le lezioni di compiti significativi, di discussioni, di collegamenti interdisciplinari, di riflessioni, che sono anch'essi utili a sviluppare competenze; pianifichino, però, nel tempo scuola, uno spazio adeguato e progressivamente maggiore per la laboratorialità, la ricerca e il lavoro in situazione. Parafrasando Jerome Bruner, potremmo pensare di organizzare la scuola in questo modo: il lunedì, il mercoledì e venerdì si faccia come sempre; almeno il martedì e il sabato, però, si mettano gli alunni in azione, consegnando loro compiti di autonomia e responsabilità.

Taluni obiettano che la didattica condotta attraverso unità di apprendimento, e quindi attraverso il lavoro autonomo degli allievi, è dispendiosa dal punto di vista del tempo e non consentirebbe di coprire tutto il «programma».

A questa obiezione si può rispondere con una serie di riflessioni che riprendono e riassumono anche diverse considerazioni che abbiamo fatto in precedenza.

- Non esistono più i Programmi, ma Indicazioni nazionali con traguardi di apprendimento che sono distribuiti su archi temporali medio-lunghi.
- La responsabilità di costruire il curricolo con riferimento ai traguardi è delle scuole, che hanno il compito di organizzare autonomamente il curricolo in modo che i traguardi siano conseguiti secondo le grandi tappe previste nei documenti nazionali (fine della scuola dell'infanzia, fine della scuola primaria, fine della scuola secondaria di primo grado, termine dell'obbligo di istruzione, termine della scuola secondaria di secondo grado). I collegi dei docenti, tenuto conto delle Indicazioni nazionali, hanno la responsabilità, nella progettazione del curricolo, di individuare gli aspetti fondanti, i saperi essenziali, i contenuti irrinunciabili che dovranno sostenere quelle conoscenze fondamentali che andranno ad alimentare abilità e competenze. Non tutto si può imparare e non tutto ha lo stesso peso e lo stesso valore. Molte conoscenze vengono acquisite dagli allievi fuori dalla scuola; giova quindi concentrarsi sull'approfondimento delle conoscenze e delle abilità essenziali e fornire strategie e metodi per imparare, organizzare e dare significato alle conoscenze. Per quanto riguarda le conoscenze, il curricolo va essenzializzato per lasciare maggiore spazio alla riflessione, alla contestualizzazione e al sapere agito dall'allievo in prima persona. È opportuno ricordare che l'unità di apprendimento deve essere ancorata a un curricolo per competenze, non avrebbe molto senso, infatti, organizzare unità di apprendimento decontestualizzate da una progettazione curricolare. Si rischierebbe di realizzare esperienze episodiche, non caratterizzate come progettazione organica e intenzionale. Le unità di apprendimento sono la realizzazione pratica di un curricolo per competenze.

– Molte conoscenze sono ricorsive nel percorso scolastico; esse sono sempre pressappoco le stesse, ma vengono esercitate in procedure e contesti via via più complessi e articolati. Da un lato, si dovrebbe fare lo sforzo di non ripetere nel tempo gli stessi contenuti con le stesse modalità, dall'altro si dovrebbe sempre tenere conto di quanto già sanno gli allievi e non pretendere di partire sempre daccapo, come se essi nulla sapessero di ciò che noi proponiamo. Questi accorgimenti, da soli, permetterebbero di risparmiare un bel po' di tempo.
– Il sodalizio e l'accordo tra insegnanti permetterebbero di capitalizzare le attività che gli alunni conducono in contesti diversi: ad esempio, se l'insegnante di arte chiede di redigere delle schede illustrative dei beni culturali della città, esse non sarebbero che dei testi espositivo-informativi che potrebbero essere valutati anche dal punto di vista linguistico-comunicativo dall'insegnante di madrelingua. Gli esempi di questo tipo possono essere innumerevoli.
– L'approccio tradizionale, improntato all'acquisizione della conoscenza e al massimo alla sua applicazione esercitativa per conseguire abilità, crea in moltissimi casi disinteresse da parte degli allievi, che si limitano a studiare per l'interrogazione e poi dimenticano. Non possiamo dire che in questo modo il nostro tempo sia stato ottimamente investito. È vero che siamo convinti di avere svolto molta parte del programma, ma molta parte di esso è stato messo da parte dagli alunni, che non hanno trasformato i contenuti affrontati in vere e proprie conoscenze capitalizzate.

Crediamo, pertanto, che sia un migliore investimento di tempo scegliere davvero i contenuti e i saperi essenziali e sforzarci di organizzare la didattica in modo che questi acquisiscano senso e significato per gli allievi e non vengano dimenticati. L'apprendimento attraverso l'esperienza e la soluzione di problemi è senz'altro la strada maestra.

Nello stesso tempo si costruisce competenza avendo cura di organizzare un ambiente di apprendimento improntato alla responsabilità, alla collaborazione, alla condivisione, alla solidarietà e al rispetto reciproco. Tutto ciò, come abbiamo altre volte detto, si persegue con l'utilizzo sapiente e coerente dell'ascolto, della parola e dell'esempio, le poche ma potenti armi di chi educa, e con la possibilità offerta agli allievi di lavorare e discutere insieme, imparando a negoziare i reciproci spazi e a essere autenticamente costruttori del proprio apprendimento.

L'unità di apprendimento serve a sviluppare competenze, a incrementare abilità e conoscenze e a conseguirne di nuove. Si presta a una valutazione di processo, che viene effettuata essenzialmente attraverso l'osservazione, mediante griglie o diari di bordo. Si osserva come l'allievo affronta il compito, la sua capacità di far fronte ai problemi, di gestire le crisi, il tempo, di collaborare con gli altri, di pianificare l'attività, la sua precisione, la puntualità e l'accuratezza, ecc. Le conoscenze e le abilità conseguite attraverso l'UDA si verificano con gli strumenti usuali: colloqui, questionari, saggi brevi, ecc. I prodotti intermedi delle singole fasi e il prodotto finale costituiscono altri elementi di valutazione, che dipendono dalla natura del prodotto stesso. L'ultimo elemento di valutazione è costituito dalla relazione finale. Mentre il prodotto è collettivo, la relazione finale è sempre individuale, perché persegue due funzioni: la prima è quella di permettere all'allievo la ricostruzione-riflessione-valutazione sul proprio lavoro; la seconda è quella di permettere all'insegnante di avere informazioni su come il singolo allievo ha interiorizzato ed elaborato il lavoro condotto collettivamente e cosa ne ha personalmente tratto.

Estremamente importante è partire dalle conoscenze già possedute dagli allievi per innestarne di nuove o per correggere, completare, organizzare quelle esistenti. A questo proposito, un utile strumento è la «conversazione clinica». Il concetto è ripreso da Piaget ed è stato ampiamente trattato dalla didattica delle mappe concettuali. Si tratta di introdurre concetti, argomenti, problemi, partendo con una conversazione che ha lo scopo di indagare ciò che gli alunni già conoscono. L'insegnante inizia ponendo domande-stimolo di tipo aperto e accoglie tutte le risposte, senza formulare giudizi o correggere asserzioni, ma semplicemente ponendo domande più precise, di specificazione, riformulando con altre parole, «rispecchiando» l'affermazione dell'alunno, ripetendola, ponendo domande di contraddittorio.

La conversazione clinica, che si può condurre su tutti gli argomenti più o meno complessi del curricolo, permette di realizzare una mappa delle «conoscenze spontanee» degli allievi, o meglio, di ciò che essi hanno conseguito attraverso l'apprendimento informale, non formale, o in altre situazioni formali, ad esempio gli anni di scuola precedenti. In questo modo l'insegnante si rende conto di ciò che la classe possiede già in modo sicuro e completo, di ciò che è scorretto e va modificato, di ciò che va arricchito e organizzato; il successivo apprendimento formale sarà ancorato ai saperi pregressi, con lo scopo di fare degli apprendimenti informali, non formali e formali un unico capitale strutturato e organizzato.

L'esplicitazione dei saperi spontanei crea motivazione verso i successivi apprendimenti, perché gli alunni si sentono, da un lato, confermati rispetto a ciò che sanno già, dall'altro, incuriositi per tutto ciò che ancora resta da apprendere e che l'insegnante mostrerà loro, affiancando alla mappa delle conoscenze spontanee quella «scientifica» dei saperi, che, insieme alla classe, intende costruire da ora in poi.

L'utilizzo di mediatori didattici diversi si concretizza nel proporre approcci attivi all'apprendimento: osservazioni e sperimentazioni, manipolazioni, ricerche sul campo, attività pratiche, ecc.; i mediatori iconici, che rappresentano un livello appena più alto di astrazione, sono rappresentati da tutte le rappresentazioni grafiche: disegni, pitture, ma anche mappe, diagrammi, grafici e tabelle; i mediatori analogici sono quelli, peraltro molto potenti, che fanno leva sulla simulazione di situazioni, sul «mettersi nei panni di»; sul «come se». Sono mediatori analogici le drammatizzazioni, il role playing, il gioco simbolico, ma anche l'organizzazione di un mercatino in classe per consolidare le capacità d'uso delle monete e i concetti economici di spesa, guadagno, ricavo. Sono mezzi potenti, perché chiedono all'allievo di mettersi in gioco in una situazione che ha anche notevoli risvolti affettivo-emotivi e perciò possono essere connotati da grande curiosità e motivazione.

Il compito della scuola è quello di accompagnare gli allievi a padroneggiare i sistemi simbolici, i linguaggi formalizzati, i modelli e le teorie astratte. Importante è che per arrivare ai sistemi simbolici si parta dall'esperienza e si segua un progressivo percorso di astrazione e concettualizzazione, anche tenendo conto dell'età degli allievi e che, una volta conseguiti i sistemi simbolici, con un percorso induttivo questi vengano utilizzati per affrontare problemi e situazioni di realtà simili o diverse — allo scopo di generalizzare e trasferire quanto appreso — questa volta con un percorso di tipo deduttivo.

Tratto e adattato da *Didattica per competenze e inclusione,* 2014, pp. 45-54, 57-73

CAPITOLO 11

LA CONTINUITÀ DEL PERCORSO FORMATIVO

(Nunziante Capaldo e Luciano Rondanini)

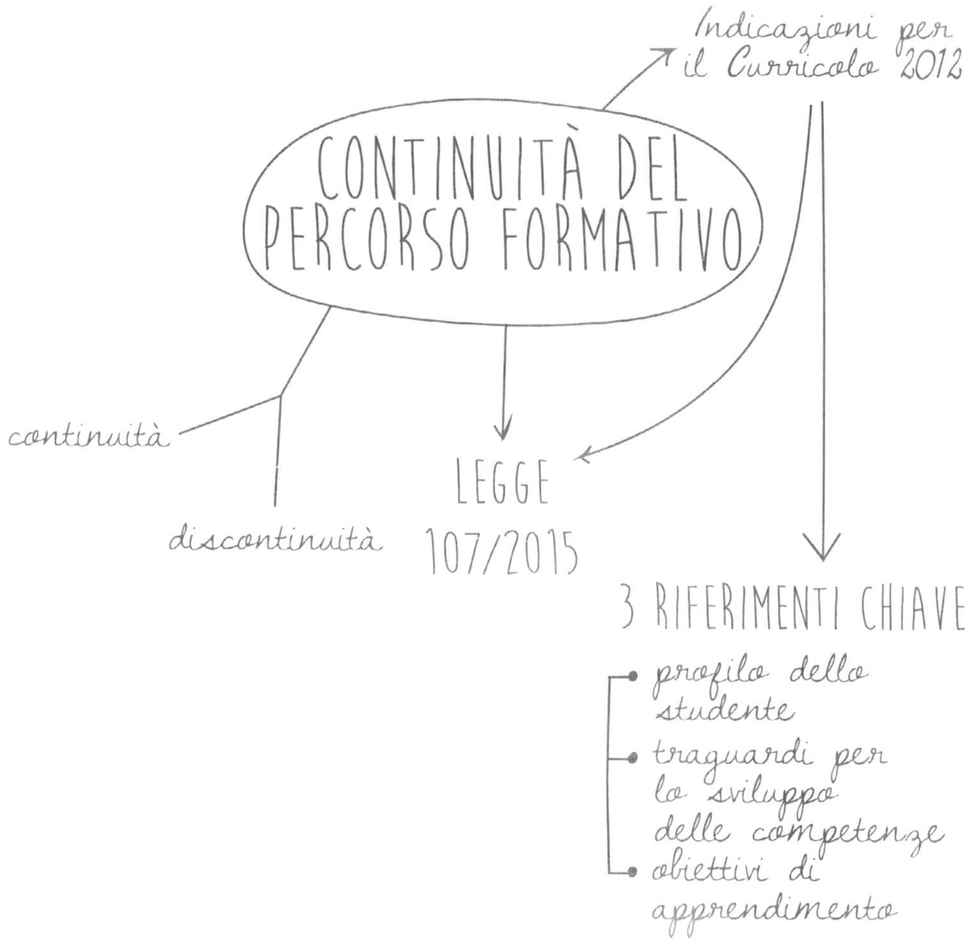

Il senso della continuità educativa nelle Indicazioni 2012

Il curricolo che le istituzioni scolastiche sono tenute a predisporre e che farà parte integrante del Piano triennale dell'Offerta Formativa (PTOF) si inquadra nel più ampio tema della continuità educativa tra i diversi gradi di scuola *(continuità verticale)* e nell'interazione tra le istituzioni scolastiche e il contesto territoriale *(continuità orizzontale).*

Il testo delle Indicazioni 2012 è a questo proposito molto chiaro. Nel quadro di riferimento espresso dal Documento nazionale, ogni singola scuola autonoma definisce obiettivi e interventi all'interno della propria progettazione curricolare.

> Il curricolo d'istituto è espressione della libertà d'insegnamento e dell'autonomia scolastica e, al tempo stesso, esplicita le scelte della comunità scolastica e l'identità dell'istituto. [...] A partire da esso, i docenti individuano le esperienze di apprendimento più efficaci, le scelte didattiche più significative e le strategie più idonee.

Il raccordo tra la scuola dell'infanzia e primaria dovrà pertanto essere esplicitato in questo importante documento che costituisce la carta d'identità dell'istituto stesso.

Questo tema è stato in passato molto presente nel dibattito pedagogico del nostro Paese; oggi, come vedremo, si pone in un altro modo, anche se non è più oggetto di specifiche direttive da parte del Ministero dell'istruzione, come fino a qualche decennio fa.

Sul piano storico, occorre ricordare che i tre segmenti educativi del primo ciclo d'istruzione sono nati in tempi molto diversi: prima la scuola elementare (1861), cent'anni dopo la scuola media (1962) e nel 1968 la scuola materna statale. Queste differenze temporali (si veda lo schema riprodotto di seguito) hanno determinato un'evidente discontinuità tra questi tre ordini scolastici.

Scuola elementare 1861 (istituzione) Scuola media 1962 (istituzione) Scuola dell'infanzia statale 1968 (istituzione)	Istituzione degli Istituti comprensivi (da 3 a 14 anni) 1994 Attribuzione dell'autonomia a tutte le istituzioni scolastiche 1997 (art. 21 della Legge 59)

Gli interventi concreti che, soprattutto negli anni Novanta del secolo scorso, sono stati frequentemente caldeggiati dal MPI (vedi in particolare la CM 336/1992) possono essere ricondotti ai seguenti aspetti:

- il coordinamento delle attività che si svolgono nelle annualità-ponte (5-6 anni);
- la conoscenza del percorso formativo del bambino e dell'alunno;
- la cura della documentazione nel passaggio dalla scuola dell'infanzia alla primaria;
- l'efficace promozione della continuità orizzontale.

Occorre tenere alto il livello di attenzione soprattutto nelle fasi di passaggio per contrastare una *pseudocontinuità*, fatta di prerequisiti, precocismi e anticipazioni dei contenuti d'insegnamento della scuola successiva: pregrafismi, prelettura, eserciziari, ecc., tipici delle «primine», oggi pressoché scomparse perché i genitori possono decidere di iscrivere anticipatamente i figli al primo anno della scuola primaria (D.lgs. 59/2004).

Sergio Neri, uno dei pedagogisti e educatori più autorevoli della seconda metà del secolo scorso, sosteneva un po' provocatoriamente che ciò che veramente serve

> è anticipare per fare diversamente, tenendo fermo il diritto del bambino di passare — nella scuola dell'infanzia — dall'esperienza alla sua rappresentazione tramite diverse forme di linguaggio, in parte inventate e in parte ricavate dal patrimonio dei sistemi simbolico-culturali in cui oggi i bambini sono immersi. (Neri, 1991)

Nelle Indicazioni per il curricolo 2012 si tiene conto della discontinuità storica che ha caratterizzato la nascita dei differenti gradi scolastici ma, nello stesso tempo, si orientano le scuole a predisporre il curricolo d'istituto incentrato su *tre riferimenti chiave:*
- il profilo dello studente al termine del primo ciclo di istruzione;
- i traguardi per lo sviluppo delle competenze;
- gli obiettivi di apprendimento per ogni specifica disciplina.

In particolare, il profilo delle competenze al termine del primo ciclo d'istruzione rappresenta il punto di arrivo non solo della scuola primaria e secondaria di primo grado, ma anche della scuola dell'infanzia.

La continuità, il curricolo in azione

Come sottolineato più volte in questo testo, la legge 107/2015 va letta e compresa alla luce delle Indicazioni nazionali per il curricolo del 2012. Queste ultime delineano lo sfondo pedagogico-culturale, mentre la 107 si incentra sull'efficienza dei meccanismi gestionali del personale e di funzionamento delle scuole. Possiamo sintetizzare, per sommi capi, l'importanza di tenere uniti i due testi come rappresentato nello schema riprodotto di seguito:

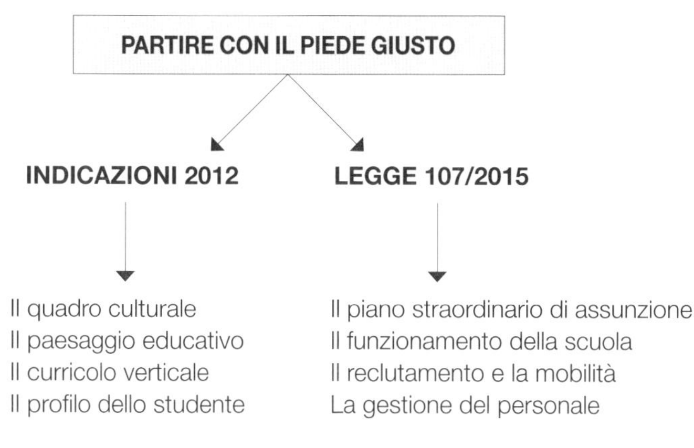

Come si evince da una essenziale lettura sinottica, alcuni elementi dei due testi aiutano a cogliere l'importanza della loro interdipendenza.

Per assicurare, ad esempio, le condizioni di una efficace continuità verticale, occorre elaborare un progetto pedagogico-educativo (Indicazioni), ma anche assicurare la stabilità del personale sulla stessa sede di servizio (legge 107). Entrambe le condizioni sono essenziali e ineludibili, altrimenti si rischia di progettare bene con persone che ogni anno cambiano scuola o, al contrario, avere a disposizione le stesse risorse professionali per un arco di tempo prolungato senza che queste vengano impiegate adeguatamente. Alcune riflessioni su quanto è avvenuto negli ultimi decenni del secolo scorso ci possono aiutare a capire meglio un possibile «circolo virtuoso» che può ingenerarsi tra le due prospettive richiamate.

La cultura della continuità si è affermata negli anni Ottanta attorno a un principio-guida ancora molto valido, cioè la sensibilità preferenziale nei confronti della *persona che apprende*. Dal primato dell'*oggetto* (contenuti, nozioni) si è passati alla centralità del *soggetto*.

A fondamento della continuità, pertanto, va collocato il bambino: interessi, stili di apprendimento, motivazioni, problemi legati alle età della crescita, attitudini; da un lato, essa va assunta con ciò che deve permanere, dall'altro, con i cambiamenti che devono essere assicurati da un segmento educativo a quello successivo. Continuità e discontinuità, permanenze e mutamenti, avanzamenti e ritorni sono facce della stessa medaglia per una scuola che voglia interpretare correttamente i bisogni formativi dei bambini e dei ragazzi.

Assumendo questa prospettiva come riferimento di base della nostra riflessione, possiamo individuare alcuni approcci ineludibili, così sintetizzabili.

Continuità come *coerenza:* si riferisce all'organicità del processo educativo del bambino e al progetto della scuola. Oggi, come vedremo, nell'ottica della generalizzazione degli istituti comprensivi, lo snodo da affrontare è quello del «posto» dell'alunno nello sviluppo del curricolo verticale.

Continuità come *integrazione:* si sottolinea l'importanza dell'unitarietà delle proposte dei docenti e dell'organizzazione della giornata e della settimana di scuola; ad esempio, i carichi di lavoro degli alunni nell'arco della mattinata e della giornata, il peso educativo delle routine, i momenti (nella scuola dell'infanzia) del riposo, delle fiabe, ecc.

Continuità come *arricchimento progressivo:* è indispensabile considerarla come una condizione dello sviluppo. Non si tratta solo di stabilire delle connessioni con le esperienze che precedono, ma anche con quelle che seguiranno. In questo senso, si pone il rapporto tra permanenze e cambiamenti e, di conseguenza, il *valore della discontinuità*.

Continuità e discontinuità nello sviluppo

Nello sviluppo affettivo e cognitivo del bambino si alternano periodi di *regolarità* (progressione, gradualità, sequenzialità) ad altri di *discontinuità* (imprevedibilità, sorpresa, eventi inattesi). Negli ultimi decenni si è affermata in misura crescente una concezione dello sviluppo non di tipo lineare, ma dinamico e variabile, non riconducibile a un modello prettamente cumulativo di esperienze.

Lo stesso Piaget, che sosteneva una visione *stadiale di sviluppo*, intendeva quest'ultimo come orma di adattamento e riorganizzazione in senso qualitativo. La stessa intelligenza del bambino, secondo il ginevrino, è una forma di adattamento alle condizioni dell'ambiente esterno tramite due processi, che possiamo definire *invarianti* dello sviluppo cognitivo: *l'assimilazione* e *l'adattamento*. L'assimilazione è un processo tramite il quale un nuovo dato di esperienza viene incorporato dal bambino in schemi (motori, visivi...) preesistenti senza dar luogo ad alcuna modificazione. L'accomodamento, invece, è complementare rispetto al processo precedente: i nuovi dati incorporati dal bambino modificano lo schema preesistente.

Nella sua concezione sono presenti sia elementi di *progressione,* come la sequenza dall'intelligenza motoria a quella delle operazioni astratte, sia momenti di *discontinuità* (accelerazioni/decelerazioni, avanzamenti/regressioni).

Negli Orientamenti della scuola dell'infanzia del 1991 si evidenziava con molta chiarezza questa posizione, in un passaggio nel quale si sottolinea come la continuità vera si realizza promuovendo un'attenta *progettualità delle differenze*.

Mentre un tempo la variabilità individuale poteva essere considerata il campo dell'errore rispetto a un modello ideale di sviluppo, oggi invece si tende a sottolineare la dimensione *non-continua* dello sviluppo medesimo.

A questo proposito, possiamo richiamare, oltre a Piaget, due autori molto noti nella ricerca psicologica: Vygotskij e Bronfenbrenner.

Il primo intuì, negli anni Venti del secolo scorso, che tra sviluppo e apprendimento esiste una relazione non sequenziale; nel testo *Pensiero e linguaggio,* lo psicologo russo sostiene che l'apprendimento è veramente tale quando precede (non segue) lo sviluppo. Per sostenere questo orientamento, delimita uno spazio sociale di estrema importanza che egli chiama *zona di sviluppo prossimale*.

La zona di sviluppo prossimale rappresenta la differenza tra il livello di apprendimento determinato mediante prove eseguite dal soggetto da solo, senza aiuto, e il livello potenziale determinato attraverso compiti di problem solving, eseguiti sotto la guida dell'adulto o in collaborazione con coetanei più abili (Boscolo, 1986).

L'interazione sociale che si determina tra adulto e bambino o tra coetanei con diversi livelli di competenza rappresenta una condizione di apprendimento significativo che «spinge in avanti» lo sviluppo intellettivo e sociale del bambino stesso.

Bronfenbrenner, nel suo libro *Ecologia dello sviluppo umano*, sostiene l'importanza dei contesti: da un modello di lettura centrato sull'individuo si passa a una concezione di tipo ecologico e di interazione tra contesti e soggetto.

L'ambiente ecologico è concepito in modo *topologico,* e cioè con una serie ordinata di strutture concentriche incluse l'una nell'altra. Facciamo riferimento a queste strutture con i termini di *microsistema, mesosistema, ecosistema, macrosistema* (Bronfenbrenner, 2006). Il primo di questi rappresenta uno schema di attività, ruoli e relazioni del «tipo faccia a faccia»: madre-figlio, insegnante-bambino, ecc.

Si pensi, a questo proposito, all'importanza della qualità dell'organizzazione della sezione o della classe, un microsistema in cui tramite il *curricolo reale* si realizzeranno o meno le intenzionalità che gli insegnanti intendono porre in essere nel *curricolo dichiarato*.

Scrive Lucio Guasti:

> La sezione (classe) è il luogo della realtà dei processi di apprendimento. Tutto ciò che è stato pensato ai livelli formali trova qui il suo compimento, la sua verifica, la sua crisi. È il luogo della verità, della coincidenza tra realtà e verità. È quindi il luogo del curricolo reale. (Guasti, 2012)

Sezione (scuola dell'infanzia) e classe (gradi scolastici successivi) sono i luoghi privilegiati della progressività dei saperi. Come si legge nel Documento dell'allora MPI, *Indirizzi per l'attuazione del curricolo della scuola di base* del 2000:

> Lo statuto di una disciplina non cambia perché mutano, con l'età degli allievi, tappe e scansioni del processo di apprendimento. Se lo statuto disciplinare resta fermo, assai diversa invece è la distanza del soggetto che impara dall'oggetto da imparare: da un legame forte con la della esperienza diretta dei bambini nella dell'infanzia si passa via via a forme più pronunciate di decontestualizzazione e di astrazione. E tuttavia, con modalità diverse e dosaggi adeguati, contestualità e astrazione rimangono esigenze da rispettare durante tutto il percorso di istruzione.

Un curricolo verticale e progressivo prefigura un percorso formativo in grado di accompagnare il bambino dalla scuola dell'infanzia alla conclusione dell'intero ciclo scolastico.

CAPITOLO 12

STRUMENTI COMPENSATIVI E MISURE DISPENSATIVE

(Melisa Ambrosini)

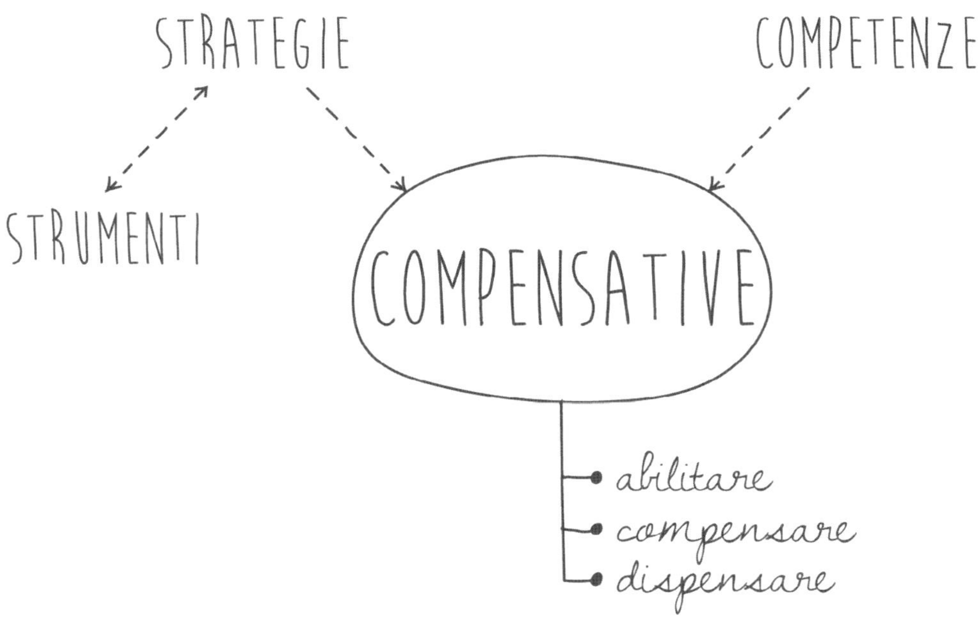

Strategie e competenze compensative

Quando sono stati pubblicati la Legge 170/2010 sui disturbi specifici di apprendimento e il successivo decreto attuativo (DM 5669 del 12 luglio 2011) con annesse Linee guida, la prima reazione di molti operatori della scuola è stata quella di chiedersi perché garantire il diritto allo studio di questa parte di alunni con diagnosi (non tutelati dalla Legge 104/1992), escludendo così tutte quelle condizioni di difficoltà non riconducibili a un disturbo specifico di apprendimento o a una disabilità intellettiva. In realtà, l'attenzione ai DSA, che riguardano solo la punta dell'iceberg di una categoria di alunni che necessita di un adeguamento del processo di insegnamento-apprendimento, ha promosso una sensibilizzazione con ricadute anche su altre situazioni di malessere scolastico. La Direttiva del 27 dicembre 2012 — «Strumenti d'intervento per alunni con bisogni educativi speciali e organizzazione territoriale per l'inclusione scolastica» — costituisce in questo senso una svolta nell'aprire «un diverso canale di cura educativa, concretizzando i principi di personalizzazione dei percorsi di studio enunciati nella Legge 53/2003, nella prospettiva della "presa in carico" dell'alunno con BES da parte di ciascun docente curricolare e di tutto il team di docenti coinvolto, non solo dall'insegnante per il sostegno».

Nemmeno il «Regolamento recante norme in materia di autonomia delle istituzioni scolastiche» (DPR 8 marzo 1999, n. 275) aveva avviato una tale riflessione sul significato profondo di «equità» e sull'etica delle «pari opportunità scolastiche». Eppure, già quello sanciva la possibilità per l'istituzione scolastica di regolare i tempi di insegnamento, di promuovere forme di flessibilità didattica e organizzativa, di attivare percorsi didattici individualizzati adattandoli ai bisogni e ai ritmi di apprendimento degli alunni al fine di permettere loro il raggiungimento del successo formativo.

La normativa emanata a favore degli alunni con DSA ha costretto la scuola a un'autoriflessione sul proprio ruolo e sulle proprie competenze. A questo proposito le Linee guida dicono:

> È appena il caso di ricordare che nel profilo professionale del docente sono ricomprese, oltre alle competenze disciplinari, anche competenze psicopedagogiche (art. 27 CCNL). Gli strumenti metodologici per interventi di carattere didattico fanno parte, infatti, dello «strumentario» di base che è patrimonio di conoscenza e di abilità di ciascun docente. Tuttavia, è pur vero che la competenza psicopedagogica, in tal caso, deve poter essere aggiornata e approfondita. (MIUR, 2011)

Se oltre alla normativa italiana sui DSA consideriamo anche i documenti dell'OMS sulla Classificazione di Funzionamento, Disabilità e Salute (ICF, *International Classification of Functioning, Disability and Health,* 2001, e ICF-CY, *Children and Youth,* 2007), possiamo dire che a livello sia nazionale che internazionale l'intento sia quello di definire riferimenti culturali comuni indispensabili per realizzare concretamente la collaborazione tra più culture: da quella pedagogica a quella psicologica, da quella etica a quella medica e psichiatrica. La sinergia tra poli diversi, infatti, condizione indispensabile per creare reti di supporto, non può che passare attraverso una comunicazione che non lasci spazio a interpretazioni soggettive.

In questo contesto, un contributo dall'ambito sanitario viene dato alla definizione del concetto di salute, non intesa in termini di «assenza di malattia», bensì di benessere bio-psico-sociale, in cui è possibile la piena realizzazione del proprio potenziale, della propria «capability». Quando il benessere soggettivo viene a mancare, per condizioni fisiche, diminuzione delle capacità personali e/o distorsione dei ruoli sociali o riduzione della stessa partecipazione sociale, si crea una situazione di disequilibrio in cui il contesto può rappresentare un fattore facilitante o «barrierante» e la risposta non è dare a tutti la stessa cosa. Questo, in effetti, non è garanzia di equità e benessere; lo è invece il dare a ognuno ciò di cui ha veramente bisogno, aumentando i fattori facilitanti ed eliminando le barriere, che, in quanto ostacolo all'educazione, all'apprendimento e alla partecipazione, sono fonti di difficile funzionamento globale. Come nella biodiversità così nella neurodiversità della razza umana, infatti, stanno differenze individuali che possono risultare adatte a un contesto in un dato momento oppure no; sta una complessità neurologica che fa di queste differenze punti di debolezza o di forza; stanno fattori di crescita diversi da bambino a bambino che suggeriscono agli insegnanti un approccio ecologico sia in termini concettuali che linguistici. Non essendo stigmatizzante, il concetto di *caratteristica* individuale insito nella neurodiversità porta con sé un senso di speranza che preserva i costrutti psicologici di autostima, autoefficacia e resilienza. Quella speranza è una spinta motivazionale che dirige il comportamento e si genera dai *bisogni,* fondamentali o superiori, della persona, intesa in senso fisico o psicologico, relativamente al suo vissuto intrapersonale o interpersonale. Nel modello della Tomlinson (2006), sulla scia di quello di Maslow, lo studente cerca occasioni per affermarsi, contribuire, acquisire potere, avere scopi, vivere sfide. L'insegnante dovrebbe rispondere a questi bisogni dando fiducia, creando opportunità, facendosi guida attenta all'ascolto e osservando anche attraverso gli occhi dello studente per trovare percorsi che puntino a un suo continuo miglioramento.

Modificare l'ambiente in base ai bisogni, adattandolo all'unicità del cervello umano e senza pretendere che sia sempre e solo il soggetto a modificare se stesso per adeguarsi all'ambiente, produce una maggiore capacità di adattamento del soggetto stesso grazie al presupposto che il cervello non può non apprendere e, per la sua plasticità di funzione, si modifica strutturalmente arricchendosi di collegamenti sinaptici nelle reti neurali. Per ottenere ciò non è sufficiente arricchire un ambiente di apprendimento di stimoli a cui *esporre* il bambino o il ragazzo. Il curricolo, che veicola le risposte dell'insegnante ai bisogni dell'alunno, dev'essere sì *coinvolgente* e *importante*, ovvero solido nel tenere in equilibrio conoscenze, comprensione e abilità, ma dev'essere anche sapientemente *strutturato, focalizzato* e *impegnativo.*

Abilitare, compensare, dispensare

Saper leggere i bisogni degli alunni con bisogni educativi speciali significa saperli anche interpretare e sapervi far fronte: in questo senso, l'insegnante rappresenta il primo vero strumento compensativo, il primo facilitatore, il catalizzatore dell'apprendimento, l'amplificatore dei risultati, un modello di identificazione. L'insegnante che, facendo tesoro dei contributi di altre discipline, sia consapevole di questo significativo ruolo nel percorso di crescita di bambini e ragazzi, crei un'alleanza con loro contro l'errore, mostri adeguatezza educativa anche cogliendo le situazioni di crisi come occasioni speciali per curare la relazione e superi la resistenza a pensare per processi e il legame con i contenuti del *programma*, ha in sé i prerequisiti per contribuire alla rappresentazione di sé dei propri studenti e per prevenire fenomeni di disagio, impotenza appresa, aggressività, abbandono scolastico.

Quando uno di questi alunni manifesta uno svantaggio scolastico e chiede una speciale attenzione, l'approccio educativo e didattico da seguire dovrebbe rispettare una gerarchia d'interventi.

Se gli insegnanti hanno rilevato delle difficoltà transitorie e reversibili o sospettano di essere di fronte a una situazione di rischio di disturbo (si pensi al primo biennio della scuola primaria, quando ancora non è possibile una diagnosi di DSA e l'alunno può semplicemente essere discronologico e aver bisogno di più tempo per maturare le abilità di letto-scrittura), si adopereranno per una *abilitazione pedagogica,* per un *potenziamento* delle funzioni e/o delle abilità carenti o non ancora emerse, allo scopo di favorirne e promuoverne l'acquisizione e il normale sviluppo. Nella distanza tra lo sviluppo attuale in un dominio specifico e lo sviluppo potenziale (quanto l'alunno riuscirebbe a fare con l'aiuto di un adulto o di un pari più competente) sta il concetto di «potenza» da cui le idee di «zona di sviluppo prossimale» di Vygotskij e di «modificabilità cognitiva strutturale» di Feuerstein. Sulla base di ciò i compiti proposti non dovranno situarsi né al di sotto né al di sopra della zona di sviluppo prossimale: nel primo caso, infatti, non vi sarebbe apprendimento (l'alunno è già capace di eseguire quei compiti), nel secondo si rischierebbe di non produrre apprendimento, ma addirittura di provocare senso di frustrazione e di fallimento per l'inaccessibilità dei compiti stessi. Infine, per essere efficace, l'intervento di potenziamento dovrà essere sistematico e frequente, condotto per tempi brevi, rassicurante e motivante, e dovrà proporre stimoli *dominio-specifici* dell'area carente. Quanto a quest'ultimo criterio, se ad esempio la difficoltà riguardasse un aspetto specifico della cognizione numerica, quale potrebbe essere il valore posizionale delle cifre di un numero, il meccanismo di elaborazione che andrà potenziato sarà in particolar modo quello dei processi sintattici.

Ma il percorso di abilitazione potrebbe non portare a breve a dei miglioramenti. Ecco che, se così fosse, potrebbe risultare necessario promuovere una didattica di tipo *compensativo* in cui si propongono delle *alternative* e/o delle *facilitazioni,* ovvero delle tecniche di supporto che rendono sì più facile la prestazione, ma che, non facendo più esercitare una funzione o un'abilità, possono anche provocarne una regressione. Secondo le Linee guida ministeriali, gli strumenti compensativi «sono strumenti didattici e tecnologici che sostituiscono o facilitano la prestazione richiesta nell'abilità deficitaria» e che «sollevano l'alunno o lo studente con DSA da una prestazione resa difficoltosa dal disturbo, senza peraltro facilitargli il compito dal punto di vista cognitivo» (MIUR, 2011, p. 7). Restando nell'esempio della matematica, per quell'alunno che, nonostante il percorso di potenziamento o per una diagnosi di disturbo, trovasse ancora difficoltà nel rispettare l'ordine posizionale delle cifre di un numero, si potrebbe prevedere l'utilizzo di uno strumento compensativo non tecnologico come delle griglie e dei numeri con colori diversi in base alla posizione delle cifre, o tecnologico come la sintesi o il riconoscimento vocale, utile il primo per leggere il numero scritto ed eventualmente correggerlo, il secondo per far scrivere il numero al computer sotto dettatura.

Dopo aver appurato l'eventuale fallimento dell'intervento abilitativo e dei sistemi compensativi, si può optare per la possibilità di dispensare l'alunno. Questa dovrebbe rappresentare una scelta da seguire in casi estremi: dispensare un alunno significa, infatti, scegliere di tutelarlo da eventuali ulteriori insuccessi, ma nella consapevolezza che ciò, diversamente dall'impiego degli strumenti compensativi, non lo porterà all'autonomia.

Nel caso di alunni con BES in quanto con svantaggio nell'area socioeconomica, culturale e linguistica, è importante che strumenti compensativi e misure dispensative siano utilizzati per un tempo definito. La Direttiva ministeriale del 27 dicembre 2012, infatti, afferma che

> le scuole — con determinazioni assunte dai Consigli di classe, risultanti dall'esame della documentazione clinica presentata dalle famiglie e sulla base di considerazioni di carattere psicopedagogico e didattico — possono avvalersi per tutti gli alunni con bisogni educativi speciali degli strumenti compensativi e delle misure dispensative previste dalle disposizioni attuative della Legge 170/2010 (DM 5669/2011), meglio descritte nelle allegate Linee guida. (DM 27/12/2012)

Ma la CM n. 8 del 6 marzo 2013, relativamente all'applicazione di strumenti compensativi e misure dispensative con alunni con svantaggio socioeconomico, culturale e linguistico, precisa che

> in tal caso si avrà cura di monitorare l'efficacia degli interventi affinché siano messi in atto per il tempo strettamente necessario. Pertanto, a differenza delle situazioni di disturbo documentate da diagnosi, le misure dispensative, nei casi sopra richiamati, avranno carattere transitorio e attinente aspetti didattici, privilegiando dunque le strategie educative e didattiche attraverso percorsi personalizzati, più che strumenti compensativi e misure dispensative. (CM n. 8 6/3/2013)

La differenza è sostanziale: diversamente da quanto accade con gli alunni con DSA o con altra disabilità diagnosticata, l'utilizzo di compensativi e dispensativi con gli altri alunni con bisogni educativi speciali deve avere carattere temporaneo. Diverso è infatti dispensare dalla lettura ad alta voce un alunno con DSA rispetto a un alunno straniero di recente immigrazione: quest'ultimo potrà essere sollevato da questa misura d'intervento non appena acquisirà maggior competenza nella lingua italiana.

In questi casi, quindi, gli strumenti compensativi e le misure dispensative sono in sostanza delle impalcature, per loro natura né fisse né stabili *(scaffolding)*, che verranno tolte con gradualità *(fading)*.

Dagli strumenti compensativi alle strategie compensative

L'adozione degli strumenti compensativi è in contrasto con il potenziamento? Se parliamo di potenziamento di una funzione carente e di strumenti che la compensino, si rischia di cadere in evidente contraddizione. Ma se per potenziare intendiamo il promuovere *empowerment* nell'uso di strumenti compensativi, i due concetti possono coesistere. Questa padronanza che permette di raggiungere un certo grado di autonomia è definibile come *competenza compensativa* ed è possibile solo se c'è stata un'adeguata formazione. Questa è infatti una delle condizioni perché gli strumenti compensativi si rivelino davvero *funzionanti* (ossia compensino realmente il disturbo). Non è sufficiente permettere l'utilizzo di uno strumento compensativo: la scuola deve assicurarsi che questo possa avvenire con efficacia ed efficienza. Il DM 5669/2011 e le Linee guida hanno anche questo merito, ovvero quello di chiarire che «le Istituzioni scolastiche assicurano l'impiego degli opportuni strumenti compensativi, curando particolarmente l'acquisizione, da parte dell'alunno e dello studente con DSA, delle competenze per un efficiente utilizzo degli stessi» (DM 5669, art. 4, comma 4) perché «l'utilizzo di tali strumenti [strumenti tecnologici compensativi] non è immediato e i docenti — anche sulla base delle indicazioni del referente di istituto — avranno cura di sostenerne l'uso da parte di alunni e studenti con DSA» (MIUR, 2011, p. 7).

Tra gli strumenti compensativi tecnologici (o tecnologie compensative) su cui concentrare l'attenzione, specie dalla scuola secondaria, ma valutando eventualmente l'opportunità di inserirli in un progetto didattico anche già a partire dall'ultimo biennio della scuola primaria, possiamo elencare i seguenti:

- *sintesi vocale e software di gestione della sintesi vocale:* permettono la lettura di testi digitali come i libri scolastici e le produzioni personali scritte con i tradizionali editor; i software di gestione hanno in genere anche un loro ambiente di scrittura e delle funzionalità aggiuntive alla gestione della sintesi (traduttore, correttore ortografico, dizionario, calcolatrice parlante, ecc.); il riascolto dei propri scritti con la sintesi vocale torna utile anche per rilevare errori ortografici e di sintassi;
- *libri digitali ed eBook:* i primi sono maggiormente funzionali allo studio perché il formato PDF (Portable Document Format) ne permette la lettura attraverso la sintesi vocale, ma anche la manipolazione (semplificazione e riduzione del testo, estrazione di testo, grafici e immagini, per esempio); gli altri sono sempre digitali, ma richiedono dei dispositivi appositi per la lettura (eReader);
- *audiolibri e libri parlati:* diversamente dal software di gestione della sintesi vocale che permette di avviarla, calibrarne la velocità, fermarla, seguendo la lettura del testo che via via viene automaticamente messo in evidenza a mo' di effetto «karaoke», questi libri si presentano sotto forma di registrazioni audio già predisposte;
- *registratore e video-fotocamera:* è possibile registrare la lezione esclusivamente per scopi personali e quindi anche per motivi di studio individuale; oltre al registratore e alla video-fotocamera, oramai a disposizione di quasi tutti gli studenti della scuola secondaria perché presenti nei telefoni cellulari, esistono interessanti alternative quali le penne elettroniche che, mentre scrivono su fogli particolari, registrano e sincronizzano la registrazione audio con quanto scritto, e i software per Lavagne Interattive Multimediali che permettono di memorizzare la lezione in file audio e video;

- *agenda o diario elettronici:* applicazioni per cellulari, iPad, computer, online o scaricabili, sono strumenti utili per la gestione organizzativa degli impegni e la segnalazione di scadenze e appuntamenti;
- *software per l'uso della tastiera:* hanno lo scopo di addestrare all'uso della tastiera con l'utilizzo di tutte e dieci le dita così che il computer compensi la lentezza nella scrittura e non rischi invece di allungarne i tempi;
- *programmi di video-scrittura con correttore ortografico:* permettono di scrivere in modo graficamente comprensibile e sono di supporto alla correttezza ortografica in quanto, evidenziando errori ortografici e lessicali, creano un conflitto cognitivo nell'alunno che potrà revisionare il proprio lavoro in autonomia o con l'aiuto dei suggerimenti proposti dal programma stesso;
- *fogli elettronici per il calcolo e calcolatrice:* il foglio elettronico, oltre che per il calcolo, può essere sfruttato anche per creare strumenti compensativi nella veste di tabelle con finestre a tendina da cui scegliere delle alternative (si pensi alle varie classificazioni nelle analisi grammaticali); la calcolatrice (anche in versione digitale) può avere la caratteristica di essere parlante e di dare quindi un feedback immediato agli alunni che hanno difficoltà nello scrivere correttamente i numeri, oltre che facilitarne i compiti di calcolo;
- *enciclopedie e dizionari digitali:* grazie ai motori di ricerca interni e alla sintesi vocale, suppliscono alla lentezza nel cercare un vocabolo e nel leggerne spiegazione o definizione; il copia-incolla del testo è a evidente vantaggio dell'alunno con difficoltà di scrittura;
- *software per la creazione di mappe e schemi:* si tratta di programmi per la creazione, anche automatica se a partire da testi strutturati, di mappe concettuali e mentali, e di libere schematizzazioni.

La scelta di uno strumento compensativo deve considerare innanzitutto se ci sono le condizioni, anche socioeconomiche, oltre che personali, perché vi sia un reale vantaggio per lo studente. Non vanno sottovalutati: i prerequisiti richiesti dall'utilizzo di un computer e dei suoi programmi, la disponibilità della famiglia, la motivazione dell'alunno, il rischio di stigma nell'usare strumenti diversi dai compagni, l'impegno della scuola a promuovere un percorso di formazione, le soluzioni alternative non tecnologiche.

In particolare, si rivela necessario assicurarsi che l'alunno possa concretamente usufruire di un computer e dei software adatti a lui (valutando l'opportunità di installare programmi freeware prima di proporre quelli a pagamento) e, se si tratta di supporti che richiedono un'applicazione costante (esercizio dattilografico, utilizzo di software per lo studio, ecc.), che un adulto possa monitorarne l'uso anche quotidianamente.

Un altro accorgimento importante riguarda la sintesi vocale: per quanto essa sia uno straordinario aiuto, potrebbe non rivelarsi tale con tutti gli alunni perché ha il limite di leggere senza capire ciò che legge, non sempre ha una buona prosodia, salta le pause quando non indicate da segni di punteggiatura, sbaglia l'accentazione nelle parole omografe o nelle parole a bassa frequenza d'uso. Per non creare ulteriori barriere, va accertato, perciò, che non ci siano difficoltà di comprensione da ascolto da parte di chi la userà.

Anche per l'adozione dei libri digitali è utile seguire delle avvertenze legate al possibile rifiuto dell'alunno (lo stesso valga per la sintesi vocale) e alla necessità di averli a disposizione fin dall'inizio dell'anno scolastico per avviare un percorso di formazione. Al di là degli aspetti tecnici e delle modalità di studio, uno degli obiettivi dell'allenamento, qualora sia prevista la lettura del libro digitale con sintesi vocale, dovrebbe consistere nell'uso combinato di libro digitale e sintesi vocale ai fini di una lettura integrata e non limitata al solo ascolto.

E ancora, l'uso di un registratore audio e/o video, risorsa importante non solo per gli alunni che hanno difficoltà nel prendere appunti in classe, ma anche per gli alunni che temporaneamente sono assenti da scuola e non possono seguire le lezioni online, può diventare un ostacolo anziché un aiuto qualora ci si dovesse imbattere in ore e ore di lezioni da sbobinare. Va quindi esercitata o guidata la scelta delle parti di lezione da registrare, sollecitando appunti presi in modo schematico.

Infine, prima di consigliare a uno studente l'uso della calcolatrice, è importante valutare quali siano le sue reali difficoltà e quale sia l'obiettivo del compito in cui essa sarà impiegata. Nel risolvere un'espressione algebrica la difficoltà potrebbe non essere nel calcolo, ma nelle procedure; la calcolatrice non faciliterebbe la prestazione, ma un diagramma di flusso con indicato l'algoritmo dei vari passaggi sì.

Il diagramma di flusso appena citato è un esempio di strumento compensativo non tecnologico. In questa categoria possiamo far rientrare anche: tabelle, formulari, schemi, grafici, linee del tempo, linea dei numeri, mappe non digitali, ovvero tutto ciò che permette di muoversi in un ambiente di lavoro visivo perché i concetti sono espressi con simboli, codici e semplici frasi. Ciò non significa una proliferazione di schede e fotocopie inutili, fornite passivamente, senza un percorso di graduale creazione che preveda la partecipazione diretta dell'alunno a cui sono destinate. La strategia che sottende questi supporti di tipo compensativo è che viene filtrato e selezionato solo ciò che serve, ed è possibile una visione d'insieme dall'aspetto grafico ordinato e accattivante che favorisce lo stile cognitivo di molti alunni con disturbo o difficoltà. Strumenti di questo tipo permettono di cogliere relazioni (il prima e il dopo sulla linea dei numeri, le equivalenze tra misure di grandezza, ecc.) e connessioni tra i vari dati inseriti (temporali, causali, finali, di somiglianza, di differenza), e sono di grande supporto per la memoria (si pensi alle tabelle con le formule geometriche o con le proprietà delle operazioni, alla tavola pitagorica, a tabelle con modi e tempi verbali, a tavole in cui i numeri siano scomposti e che anche grazie al supporto del colore forniscano il calcolo del mcm e del MCD). In fase di autovalutazione, poi, sono di aiuto per monitorare e controllare la correttezza delle conoscenze acquisite. Tutto ciò promuove abilità di visualizzazione utili a prefigurarsi mentalmente non solo i problemi, ma anche le possibili soluzioni.

Valorizzare linguaggi comunicativi altri dal codice scritto e utilizzare mediatori didattici quali immagini, video, registrazioni audio, disegni e riepiloghi a voce, sono *strategie compensative* che permettono di favorire la comprensione e la partecipazione nello scambio comunicativo. Anche nel linguaggio quotidiano, impiegato nella gestione di una lezione, possono tornare molto utili per raggiungere gli alunni stranieri, quelli con ritardo cognitivo o del linguaggio, tutti bambini e ragazzi che richiedono una comunicazione chiara, semplice, non ambigua, senza espressioni idiomatiche o metafore o con l'esplicitazione concreta del loro significato.

Nello studio di un libro di testo, poi, è estremamente proficuo partire dall'osservazione di indici testuali e paratestuali (formattazione di titoli, didascalie, parole colorate o in grassetto, capoversi, ecc.), illustrazioni, grafici, schemi. Grazie a questi è possibile fare anticipazioni, sollecitare ipotesi e inferenze, da verificare poi nel corso della lettura.

Ulteriori strategie compensative si possono rinvenire in altri espedienti e stili del vissuto scolastico quotidiano. Alcune riguardano la verifica e la valutazione degli apprendimenti: la chiarificazione delle consegne scritte, la programmazione delle verifiche in modo da non sovrapporre più prove nella stessa giornata, la riduzione e la facile reperibilità dei contenuti su cui studiare e richiesti nelle prove stesse, la concessione di tempo aggiuntivo per lo svolgimento delle verifiche o, ancora, l'inserimento di pause (si pensi agli alunni con disturbi la cui attenzione sostenuta è di breve durata), la scelta di domande che richiedano risposte concise o comunque brevi (le domande con risposta a scelta multipla non sempre si adattano a chi è lento nella lettura e si ritrova a dover leggere tutte le opzioni proposte), l'opportunità di integrare le prove scritte con prove orali qualora queste risultino essere più congeniali ai bisogni degli alunni. Probabilmente non servirebbe ricorrere a molti di questi accorgimenti se solo le prove di verifica consistessero in performance riferite a contesti autentici, attinenti alla vita reale, in cui poter applicare le conoscenze apprese tramite processi di pensiero complesso (valutazione autentica); o se le prove venissero predisposte tarandole in base allo stile cognitivo di ciascun alunno e al potenziale di apprendimento (calcolato secondo quanto suggerito dalla valutazione dinamica).

La strategia di lavoro o di apprendimento più conveniente per ridurre i limiti di una disabilità, di un disturbo, di una difficoltà può essere proposta dall'adulto, ma può anche essere scoperta dall'alunno, che va appoggiato e valorizzato. L'esperienza di scoprire autonomamente strategie compensative utili a *sopravvivere* alle verifiche è stata efficacemente raccontata da due studenti dislessici. Uno di loro, Giacomo Cutrera, scrive: «L'unica soluzione che trovai consisteva nell'eseguire la classica metà della verifica e *sparare a botto* (eseguire in modo casuale senza leggere le domande) il resto. Benché questa idea mi sembrasse colossalmente stupida, applicandola riscontrai nei miei voti un interessante incremento che portò gli insegnanti a pensare che stessi studiando di più» (Cutrera, 2008, p. 19).

Filippo Barbera, invece, riporta: «Per una questione che oserei dire di sopravvivenza, ho imparato a sviluppare una discreta capacità di sintesi per far bastare il tempo a mia disposizione che, proprio per la mia lentezza, mi sembrava sempre molto poco. Ho adottato per sistema questo tipo di comportamento: dare subito una risposta precisa ed esaustiva per far capire che l'impegno e lo studio c'erano stati e poi, se mi fosse avanzato del tempo, sviscerare l'argomento e dilungarmi per quanto potevo» (Barbera, 2010, p. 94).

Tratto e adattato da *Alunni con BES,* 2013, pp. 331-339

CAPITOLO 13

I PROCESSI DI INSEGNAMENTO-APPRENDIMENTO

(Sofia Cramerotti)

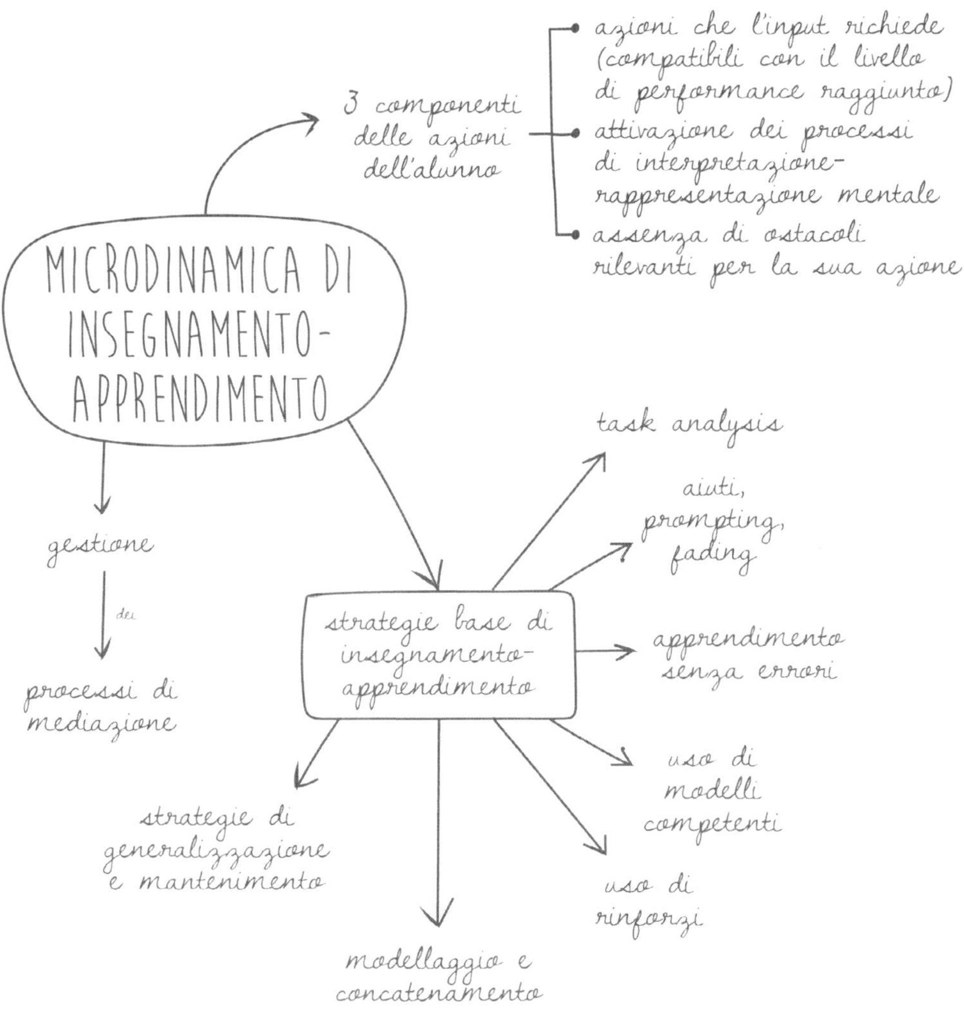

Strategie base di insegnamento-apprendimento

In questo capitolo presenteremo alcune strategie educativo-didattiche «di base» tratte dalle sperimentazioni nell'ambito dell'analisi del comportamento *(Applied Behavior Analysis – ABA).* Attualmente l'approccio neocomportamentale è un ambito operativo e di ricerca molto ampio che include varie tecniche educative e di insegnamento e diverse metodologie di intervento. In ogni sua applicazione o ramificazione si trova ben in evidenza la necessità di fondare sistematicamente gli interventi sui dati della ricerca empirica e di rivolgersi primariamente al comportamento osservabile, attualmente manifestato dal soggetto, e ai fattori controllabili che contribuiscono al suo mantenimento e alla sua evoluzione.

Questo approccio definisce dunque come oggetto appropriato di intervento il comportamento attuale dell'alunno (sia nei suoi aspetti problematici, che in quelli deficitari rispetto allo sviluppo delle varie abilità), pur riconoscendo naturalmente che gli eventi della storia passata e i processi genetici e organici hanno in molti casi giocato un ruolo determinante. Molti di questi fattori però non possono essere più modificati e soltanto l'ambiente di stimolo circostante e lo stato attuale dell'organismo (nei suoi aspetti di comportamento e di elaborazione delle informazioni, oltre che di vissuto emotivo) possono essere in qualche misura coinvolti per facilitare l'apprendimento di abilità adattive e comportamenti adeguati. Il ruolo dell'insegnante, dell'educatore e del genitore diventa allora quello di far acquisire comportamenti più adattivi e di organizzare l'ambiente in modo che esso sia naturalmente rinforzante per i nuovi comportamenti appresi, che così saranno maggiormente mantenuti e impiegati nel tempo. L'operatore che usa l'approccio comportamentale assume inoltre, quasi sempre, un chiaro e attivo ruolo educativo e di supporto nei confronti dei genitori, e più in generale della famiglia del bambino con difficoltà.

Verranno qui di seguito presentate le principali tecniche speciali per lo sviluppo e l'insegnamento di abilità, che costituiscono l'ossatura centrale e primaria di questo approccio (Ianes, 2006; Ianes, Celi e Cramerotti, 2003).

La «task analysis» (analisi del compito)

Molto spesso, nell'insegnamento ad alunni con Bisogni Educativi Speciali gli obiettivi, che vengono definiti in base a una prima operazione di valutazione delle abilità possedute e dei deficit, devono essere ridotti e organizzati in sequenze graduali per difficoltà, che riescano a facilitarne l'apprendimento. L'analisi del compito è un insieme di metodi che consente di scomporre in sotto-obiettivi più semplici e accessibili un compito-obiettivo inizialmente troppo complesso per essere proposto nella sua totalità anche con le opportune facilitazioni (Ianes, 1985).

Una metodologia di task analysis, in genere la prima che si utilizza, va sotto il nome di «descrizione del compito» ed è stata definita da Rusch e Mithaugh (1980) come l'identificazione e la descrizione sistematica di tutti i movimenti e le risposte che compongono le sequenze ottimali dell'esecuzione efficace ed efficiente di un compito.

Questa elencazione dei singoli comportamenti motori, verbali o cognitivi, deve rispettare esattamente la sequenza temporale in cui devono essere emessi. Con questa metodologia descrittiva un compito può essere scomposto in unità di risposta abbastanza ampie oppure in micro-unità, non ulteriormente riducibili in modo semplice. Tale definizione molto dettagliata si esegue su obiettivi particolarmente difficili, che hanno un grande rischio di errore, e che perciò devono essere analizzati in modo molto accurato, al fine di trarne indicazioni utili per la valutazione iniziale della performance dell'alunno e per la successiva programmazione dell'insegnamento.

In questa descrizione vengono individuati i processi decisionali che il soggetto dovrebbe consapevolmente eseguire per scegliere fra l'esecuzione dei diversi comportamenti possibili (Ianes, 1985). In questo modo, una descrizione completa del compito comprenderà le risposte del soggetto, gli indizi percettivi discriminativi e i processi decisionali: tale sequenza può servire come base per una valutazione specifica dei livelli di abilità, come contenuto per una serie di auto-istruzioni o strategie autoregolative metacognitive o per l'impiego di altre tecniche di aiuto (prompting) verbale. A questo punto è possibile introdurre una seconda metodologia di task analysis, ovvero l'individuazione delle abilità componenti e prerequisite al compito. Si cerca cioè di identificare le varie abilità il cui possesso sia un requisito indispensabile per l'esecuzione del compito (abilità componenti) e per il suo apprendimento iniziale (abilità prerequisite).

Sia nel caso della descrizione che in quello della scomposizione di un compito complesso nelle sue abilità componenti e prerequisite, l'insegnante sta definendo una serie di sotto-obiettivi sequenziali, per facilitare con un percorso molto graduale in termini di difficoltà l'apprendimento dell'alunno.

Uso degli aiuti, tecniche di «prompting» e «fading»

L'acquisizione di un'abilità è facilitata anche dall'uso di istruzioni, aiuti gestuali, esempi e modelli e altri stimoli aggiuntivi di vario genere *(prompts)*. Si possono considerare prompts tutti «gli eventi di stimolo» che facilitano il soggetto che apprende nell'iniziare l'emissione della risposta desiderata o di una sua approssimazione positiva, in modo che possa poi sperimentare un risultato gratificante (Kazdin, 1984).

Il comportamento positivo può essere aiutato in molti modi: guidando fisicamente la risposta del soggetto, con istruzioni verbali specifiche sull'azione attesa, indicando l'elemento che dovrebbe essere scelto, mostrando attraverso un modello competente l'esecuzione adeguata delle risposte, aggiungendo immagini o figure esplicative, oppure enfatizzazioni delle caratteristiche distintive visive in compiti di discriminazione, quindi ampio uso di materiali-stimolo facilitati e facilitanti. Questi e altri esempi di aiuto possono definirsi forme di prompting solo se possiedono due caratteristiche essenziali: essere efficaci, produrre cioè un effetto di decisa facilitazione sulla risposta corretta e quindi di prevenzione dell'errore, ed essere poi progressivamente ridotti, sparire cioè gradualmente dalla situazione di stimolo che viene presentata al soggetto, la quale, più o meno lentamente, ritorna al suo stato normale, senza più nessuna aggiunta di prompts artificiali.

Per quanto riguarda alcuni aspetti applicativi della procedura di fading degli stimoli di aiuto, è importante ricordare l'interessante rassegna di Striefel e Owens (1988), dove si indicano cinque modi diversi per realizzare il fading: riduzione graduale dell'aiuto inizialmente dato attraverso guida fisica diretta che diventa via via fornito solo da istruzioni verbali; attenuazione di intensità del modello o del prompt verbale; attenuazione di varie forme di enfatizzazione di alcuni elementi importanti delle istruzioni; attenuazione della ripetizione di alcune parole chiave contenute nelle istruzioni verbali; attenuazione e sparizione progressiva delle figure, dei colori o di altre forme di aiuto visivo introdotte come aggiunte facilitanti in compiti di discriminazione.

Le tecniche per l'apprendimento «senza errori» di abilità di discriminazione

Le tecniche di insegnamento «senza errori» cercano di facilitare apprendimenti discriminativi di varia natura, senza però fare incorrere in errori il soggetto (Lancioni, 1992; Celi, 1989). Ciò è possibile con un'accuratissima programmazione e «manipolazione» del materiale di stimolo che viene presentato al soggetto nel programma di insegnamento (Bijou, 1968; Etzel e Le Blanc, 1979). Il materiale visivo di stimolo viene realizzato introducendo massicciamente prompt costituiti da figure e vari richiami per l'attenzione, come colori, o altre aggiunte grafiche (frecce direzionali, disegni, ecc.).

La tecnica più nota è lo *stimulus fading* (Etzel et al., 1981; Etzel e Le Blanc, 1979) che consiste nell'esagerazione di alcune caratteristiche fisiche dello stimolo discriminativo, quello che dovrà poi guidare la risposta di scelta, in modo che tale risposta corretta sia immediatamente facilitata in modo decisivo. Con questi alti livelli di aiuto, infatti, non è quasi possibile che l'alunno commetta un errore: le abilità richieste per rispondere correttamente dovrebbero essere già presenti nel suo repertorio comportamentale e cognitivo. Questa enfatizzazione artificiale dello stimolo discriminativo si ottiene aumentandone grandezza e intensità, con un uso dell'aggiunta di «sottolineature» e indicazioni colorate aggiungendo stimoli «potenti» rispetto alla risposta attesa (figure familiari) e poi gradualmente tali modificazioni si dovranno ridurre fino a ritornare alla forma originale dello stimolo.

Tra le tecniche di apprendimento senza errori troviamo anche *lo stimulus shaping* (Smeets, Lancioni e Hoogeven, 1984a; 1984b) in cui lo stimolo con funzione di aiuto è una figura che viene progressivamente trasformata nello stimolo da imparare, generalmente una parola, una lettera o un numero di difficile discriminazione.

Un'altra tecnica di apprendimento senza errori, importante per quanto riguarda il processo di eliminazione degli stimoli-aiuto è il *prompt-delay* (presentazione sempre più differita nel tempo dello stimolo-aiuto). Nelle prime presentazioni del materiale stimolo, quello di aiuto (già ben noto) è fornito contemporaneamente a quello ancora da apprendere: ad esempio, la figura che rappresenta l'oggetto (aiuto) e la parola scritta del nome di quell'oggetto. In questo modo vengono praticamente annullate le possibilità di errore. Successivamente, lo stimolo di aiuto viene presentato dopo quello da apprendere, inizialmente con un intervallo di ritardo di pochi secondi, che però aumenta progressivamente sempre di più. Lo studente, dopo un certo numero di prove in cui ha avuto bisogno di attendere l'arrivo del prompt, riuscirà così ad anticiparlo, rispondendo correttamente allo stimolo che prima non conosceva.

L'uso di modelli competenti (modeling)

L'apprendimento di nuove competenze attraverso la tecnica del modeling si basa sull'apprendimento osservativo, che avviene quando il soggetto osserva un'altra persona (il modello) che esegue il comportamento in questione. L'osservatore guarda il modello che agisce, ma egli non emette direttamente nessuna risposta, né riceve alcuna conseguenza diretta. Il comportamento desiderato è appreso solamente attraverso l'osservazione «passiva» del modello. Per chiarire meglio gli effetti del modeling, è importante distinguere tra apprendimento e performance, intesa come emissione reale della risposta osservata. Quest'ultima si ritiene possa essere acquisita nel repertorio di possibilità e «potenzialità» comportamentali dell'alunno attraverso una codificazione cognitiva di ciò che egli osserva (Bandura, 1977). Se invece l'alunno modificherà in modo stabile e duraturo i suoi repertori comportamentali manifestati, allora si potrà parlare di apprendimento vero e proprio, e questo sarà in funzione delle conseguenze, rinforzanti o meno, che egli avrà sperimentato direttamente in contingenza ai suoi tentativi di imitazione.

Rinforzamento positivo e motivazione estrinseca «di risultato»

La tecnica senz'altro più nota dell'analisi del comportamento è il rinforzamento positivo sistematico, che si basa sul principio, fondamentale nel paradigma dell'apprendimento operante (Skinner, 1971), secondo cui un comportamento si rafforzerà, aumenterà cioè in frequenza e probabilità di emissione, se sarà seguito da un rinforzatore (positivo o negativo) vissuto dal soggetto che emette il comportamento.

In ambito educativo e didattico sono state usate infinite varianti e applicazioni quasi esclusivamente del rinforzamento positivo, utilizzando vari tipi di premi e incentivi: rinforzi «consumatori» alimentari, rinforzi tangibili: oggetti, attività piacevoli, privilegi, rinforzi simbolici (sistemi di *token economy* o «economie» a gettoni, punti, stelline, ecc.), rinforzatori dinamici (possibilità di fare qualcosa di gradito dopo aver svolto un compito «meno gradito» come, ad esempio, poter andare a giocare a pallone solo dopo aver svolto i compiti assegnati), rinforzatori sociali (situazioni che hanno il loro potere rinforzante nell'interazione con altri esseri umani: la vicinanza e il contatto fisico, un sorriso, gratificazioni affettive come attenzione e approvazione), feedback informativi di vario genere, ecc.

Di fronte a tale mole di esperienze e sperimentazioni e considerando l'apparente banalità di questa tecnica, l'insegnante può essere portato ad avere un atteggiamento semplicistico, quasi a darla per scontata. In realtà, usare bene il rinforzamento positivo non è né facile né scontato. Dobbiamo superare una certa resistenza culturale a usare in modo esplicito e consapevolmente critico una tecnica che ci sembra un po' troppo semplicistica e dobbiamo essere poi molto attenti ad alcune variabili estremamente importanti per far funzionare veramente il rinforzo. Dovremmo saper valutare, infatti, la sua effettiva valenza psicologica, perché esso sia realmente molto motivante per lo studente o il gruppo a cui si rivolge (vale la pena infatti dedicare un po' di tempo alla ricerca di rinforzatori che si possano effettivamente definire come tali) e programmare la possibilità di fornire il rinforzo con immediatezza e coerenza, all'interno di un democratico patto formativo.

Una volta poi iniziato un sistema di rinforzamento, si dovrebbe essere molto sistematici, costanti. Un aspetto applicativo importante è inoltre l'avere un'attenzione continua alla riduzione progressiva dei rinforzatori estrinseci e alla loro graduale sostituzione con rinforzatori sociali e intrinseci alle competenze raggiunte: questa non è una precauzione superflua e per questo la ribadiamo ancora una volta. Infatti spesso l'insegnante si può accontentare degli effetti più immediati di «controllo comportamentale» ottenuti con il rinforzo e perdere così di vista la necessità di eliminarlo dalla situazione, rendendo purtroppo quasi croniche quelle misure educative che dovrebbero essere solo temporanee e strumentali.

Le tecniche di «shaping» (modellaggio) e «chaining» (concatenamento)

Lo *shaping* è una classica tecnica comportamentale per lo sviluppo di comportamenti complessi, non presenti nel repertorio di abilità del bambino. Si attua tramite l'aiuto e il rinforzo sistematico di approssimazioni sempre più vicine al comportamento finale.

Se l'alunno, ad esempio, è molto timoroso e non parla mai in classe di sua spontanea volontà, l'insegnante può decidere di usare lo shaping per sviluppare passo dopo passo una serie di comportamenti di partecipazione abbastanza complessi e, per il momento, ancora fuori portata di quell'alunno. L'insegnante può iniziare aiutando la partecipazione dello studente rivolgendogli una domanda molto semplice, che gli richiede un livello di capacità già stabilmente posseduto. In queste condizioni le probabilità di una risposta corretta e di un conseguente rinforzo sono molto alte. Una volta consolidato e reso frequente questo primo livello di partecipazione, l'insegnante richiederà una seconda approssimazione alla meta, e cioè ad esempio rivolgerà una domanda non più solo a lui, ma assocerà anche un altro alunno, e così via.

Lo shaping richiede una grande flessibilità e attenzione da parte dell'insegnante, che dovrà cogliere anche progressi molto lievi, per rinforzarli positivamente. In questo senso, lo shaping si avvicina di più a una «filosofia» generale di intervento, che non ad una tecnica ben precisa, come è invece il chaining (concatenamento).

Il *chaining* è anch'esso una classica tecnica comportamentale, derivata dagli studi di Skinner sull'apprendimento operante. L'obiettivo è lo stesso dello shaping, e cioè costruire un comportamento complesso, attualmente non presente nel repertorio di abilità, ma il metodo è radicalmente diverso. Nel chaining il comportamento finale viene descritto nei suoi microcomportamenti con la task analysis, e diventa così simile a una catena di unità di risposta singole e facilmente accessibili. Il docente inizia poi il suo insegnamento con il proporre l'ultimo anello di questa catena (concatenamento retrogrado), perché si ritiene che l'ultimo componente del comportamento complesso sia il più rinforzante, essendo quello contiguo al rinforzamento naturale finale.

Strategie di generalizzazione e mantenimento

Le tecniche descritte precedentemente producono senz'altro, se applicate correttamente e sistematicamente, dei risultati significativi e apprezzabili, ma ci dobbiamo anche porre due domande critiche per giudicare l'effettivo successo delle procedure impiegate. I cambiamenti ottenuti si estendono anche a situazioni, contesti, persone o materiali diversi da quelli dove è o era attivo l'intento originale, in modo tale che si possa affermare che vi è stata «generalizzazione dello stimolo»? E inoltre: i cambiamenti ottenuti si mantengono nel tempo, dopo che le condizioni speciali del programma di intervento originario si sono attenuate del tutto e interrotte?

Nella pratica i due problemi si vengono quasi a sovrapporre, dal momento che l'obiettivo sarà veramente raggiunto quando le nuove abilità saranno applicate in tutti quei vari contesti e per tutto il tempo in cui questo è necessario.

La generalizzazione avverrà inoltre con maggiore probabilità se si verifica un'espansione del controllo che alcuni stimoli (quelli usati originariamente nell'insegnamento) hanno sul comportamento positivo. L'alunno sarà dunque in grado di generalizzare se riconoscerà, in altri contesti o situazioni, degli aspetti di stimolo che gli consentiranno di assimilare questa nuova condizione a quella precedente (Striefel e Owens, 1988). Ciò può avvenire con maggiore facilità se si introducono nell'insegnamento un numero sufficiente di esemplari diversi della situazione stimolo, oppure vari insegnanti, o vari ambienti dove simulare le abilità, oppure se si insiste particolarmente sul lavoro con quello che viene definito il «caso generale», la situazione cioè che racchiude in sé quante più caratteristiche di tipicità, che poi si ritroveranno nelle varie situazioni naturali.

La modificazione delle contingenze di rinforzamento può essere un'altra strategia efficace per la generalizzazione e il mantenimento: ciò significa rendere il rinforzo positivo non sempre continuo e in rapporto immediato 1:1 con la risposta desiderata, ma gradualmente differito nel tempo dopo l'esecuzione della risposta, dato in modo intermittente, dopo due, tre e via via sempre più risposte e soprattutto in maniera irregolare, di modo che siano sempre meno evidenti le contingenze originarie.

Il trasferimento di abilità da un contesto all'altro e la loro durata si possono ottenere anche con l'uso, nel ruolo di facilitatori, aiutanti e tutor, di altri alunni, compagni del soggetto.

Tratto e adattato da *Fare sostegno nelle scuole superiori,* 2008, pp. 75-103

CAPITOLO 14

DIDATTICA METACOGNITIVA

(Dario Ianes)

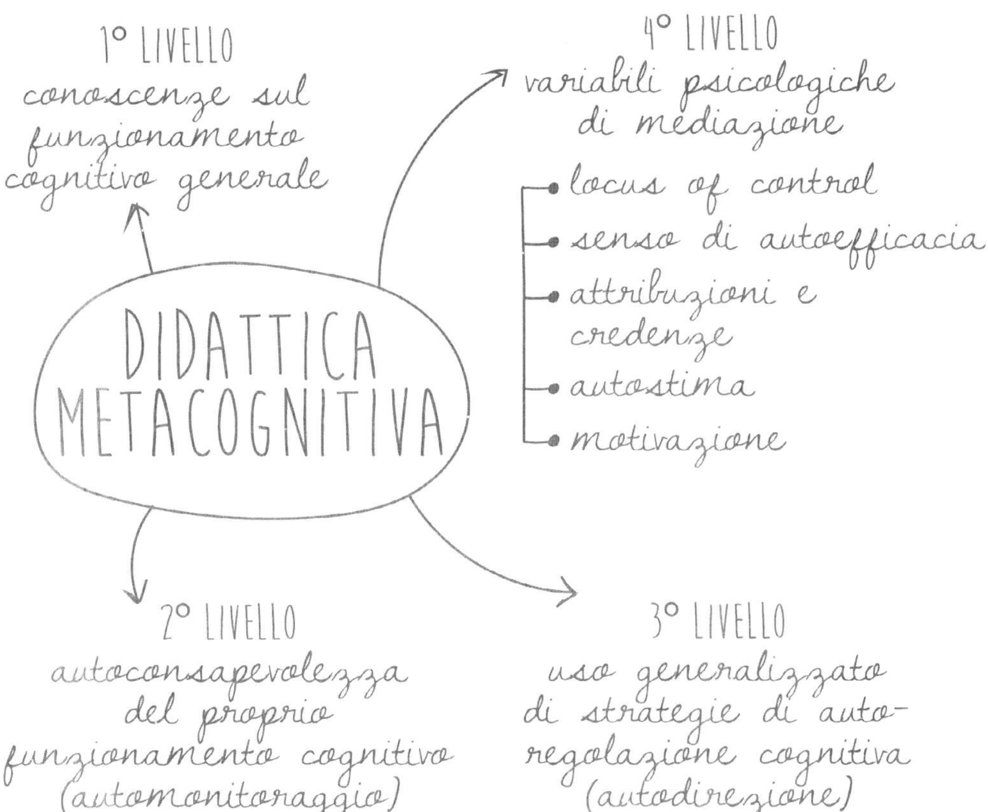

La didattica metacognitiva e lo sviluppo dell'autoregolazione

Il terzo grande filone di didattica speciale riguarda la metacognizione e l'autoregolazione consapevole.

Negli ultimi venticinque anni si sono accumulati tantissimi dati sull'efficacia di un approccio metacognitivo all'apprendimento di abilità e di competenze in soggetti con disturbi dell'apprendimento (Cornoldi, 2007). Nella didattica metacognitiva l'attenzione dell'insegnante non è tanto rivolta all'elaborazione di materiali o metodi nuovi per «insegnare come fare a...», quanto al formare quelle strategie mentali superiori di autoregolazione che vanno al di là dei «semplici» processi cognitivi primari (ad esempio, leggere, calcolare, ricordare, ecc.). Questo andare al di là della cognizione significa innanzitutto sviluppare nell'alunno la consapevolezza di quello che sta facendo, del perché lo fa, di quando è opportuno farlo e in quali condizioni; l'approccio metacognitivo tende a formare le capacità di essere il più possibile «gestori» diretti dei propri processi cognitivi, dirigendoli attivamente con proprie valutazioni e indicazioni operative.

L'approccio didattico metacognitivo è senz'altro uno sviluppo molto interessante e utile tra quelli originati nell'ambito della psicologia cognitiva dell'educazione e viene applicato attualmente con risultati positivi sia a livello della metodologia didattica rivolta alla generalità degli alunni, sia negli interventi di recupero e sostegno di quelli con difficoltà di apprendimento e disabilità intellettiva media e lieve. L'approccio metacognitivo si colloca così perfettamente nel quadro metodologico della «speciale normalità» (Ianes, 2006), perché consente agli insegnanti di non separare rigidamente i necessari interventi di recupero o sostegno individualizzato dalla didattica normale rivolta all'intera classe, visto che questo approccio si fonda su un comune riferimento metodologico (la metacognizione e le strategie cognitive) e utilizza una serie di collegamenti operativi tra insegnamento normale e speciale e tra gli alunni stessi (le tecniche di insegnamento reciproco, apprendimento cooperativo e di tutoring tra alunni con differenti livelli di abilità).

Gli elementi costitutivi della didattica metacognitiva

La didattica metacognitiva è un modo di fare scuola, sia nelle normali attività curricolari sia nel recupero e sostegno, che utilizza deliberatamente e sistematicamente i vari concetti e le metodologie derivati dai numerosi studi sulla metacognizione (Cornoldi, 1995).

Con la metacognizione si stanno introducendo nella didattica e nel lavoro educativo delle novità importanti anche a livello di contenuti, di obiettivi e di abilità che l'alunno troverà utile apprendere e usare.

L'insegnante che opera in modo metacognitivo interviene a quattro livelli diversi, che rappresentano altrettante dimensioni ben distinte della metacognizione, anche se vedremo come esse siano strettamente interconnesse e si influenzino reciprocamente (vedi figura 14.1).

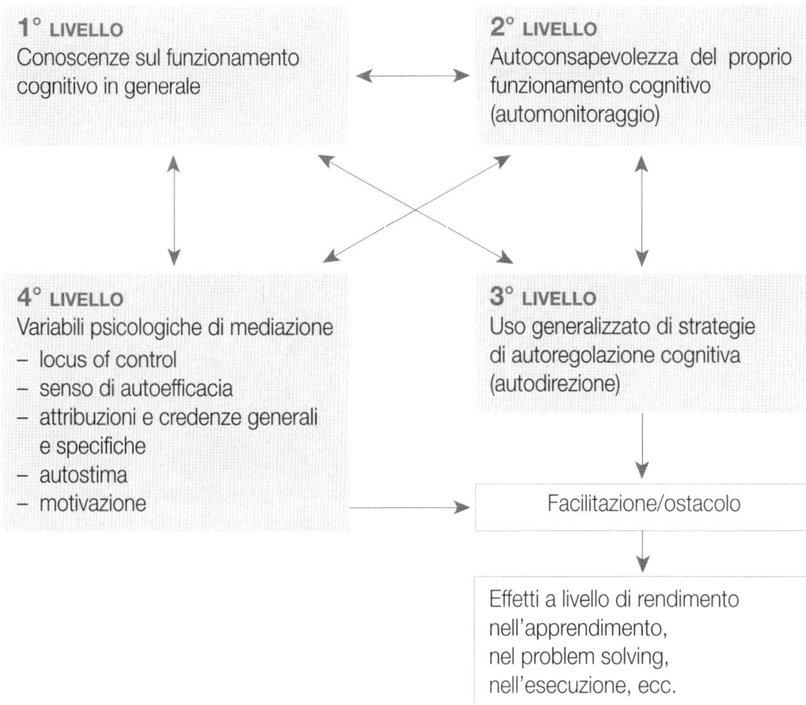

Fig. 14.1 I quattro livelli dell'approccio metacognitivo.

1° livello: conoscenze sul funzionamento cognitivo in generale

Questo primo livello metacognitivo include una serie di conoscenze, notizie e dati su come funziona la mente umana, per quanto è possibile attualmente saperlo. L'insegnante fornisce all'alunno informazioni generali, organizzate in una sorta di «teoria della mente», rispetto ai vari processi cognitivi e risolutivi (come funziona la memoria, la soluzione di problemi, lo scrivere, ecc.), sui meccanismi che li rendono possibili, sui limiti che necessariamente condizionano le prestazioni mentali e sui fenomeni tipici più frequenti. Ad esempio, l'alunno impara tutto quello che è alla sua portata per quanto riguarda la memoria e le varie strategie di elaborazione e immagazzinamento delle informazioni, viene a conoscenza dei diversi tipi di memoria, delle rispettive caratteristiche e di quali strategie l'essere umano dispone per migliorare le sue prestazioni mnestiche. Lo stesso input teorico generale può essere fornito per altri aspetti della vita mentale: la percezione, l'attenzione, i vari tipi di apprendimento, le emozioni e gli stati d'animo, le abilità logiche e di ragionamento, il problem solving, la scelta e la decisione, il planning, le abilità di studio, le differenze negli stili di pensiero, la varietà delle intelligenze, ecc.

All'interno di queste conoscenze teoriche generali sono particolarmente importanti tre aspetti, che si possono affrontare discutendo di qualsiasi processo psicologico: il funzionamento in generale e cioè la tipicità normale; i limiti del processo stesso, con l'entità e le caratteristiche della variabilità interindividuale e, terzo aspetto, ma non certo ultimo in ordine di importanza, la possibilità di influenzare attivamente lo svolgimento del processo attraverso esperienze che lo possano far crescere in estensione e complessità oppure con strategie di autoregolazione che producano un aumento dell'efficacia del processo stesso.

L'alunno si può così rendere conto che, nella mente umana, si svolge una notevole varietà di attività differenti ma interconnesse tra di loro: l'immagazzinamento di informazioni, ma anche la loro successiva ricerca e recupero (talvolta affannosi e inefficaci!); l'auto-osservazione delle proprie prestazioni e il confronto di queste osservazioni con standard più o meno elevati, che sono stati fissati in parte anche in base al senso di autoefficacia e al livello di autostima; le emozioni e gli stati d'animo (la paura, l'ansia, la collera e la gioia) ma anche il sogno, l'immaginazione, il desiderio, il dubbio e il sospetto; il fare piani e progetti concreti con valutazioni razionali dei costi e dei benefici; la presa di decisione attiva ma anche il vivere in senso depressivo la convinzione che «non ci si possa fare niente» e che tutto sfugga alle nostre capacità di controllo. Questi sono solo alcuni esempi della enorme varietà di processi mentali che si accavallano e si influenzano a vicenda, ma che l'alunno deve cominciare a imparare a riconoscere esattamente, e quanto prima possibile, almeno quelli più importanti. Si pensi all'importanza che riveste la capacità di cogliere esattamente le differenze tra la conoscenza di un «fatto» reale e l'informazione trasmessa invece da un'«opinione» e agli effetti negativi di un'eventuale confusione a vari livelli psicologici: dal punto di vista cognitivo ma anche da quello affettivo-sociale.

I primi due programmi operativi metacognitivi messi a punto in Italia (Cornoldi e Caponi, 1991; De Beni e Pazzaglia, 1991) iniziano proprio fornendo all'alunno una serie di informazioni sulle caratteristiche della cognizione, in particolare della memoria, oppure sull'attività cognitiva del leggere (le diverse modalità di lettura di un testo per comprenderne a fondo i significati) e sulla struttura tipica di testi diversi (il testo di una lettera scritta da un amico è ben diverso da una fiaba e da una definizione tratta da un'enciclopedia).

Questo primo aspetto della metacognizione può essere anche molto problematico per gli alunni con disabilità intellettiva, per i quali non è facile sganciarsi dal mondo reale e concreto ed entrare nel mondo delle conoscenze astratte. Anche in questo caso è possibile però proporre informazioni accessibili, realmente comprensibili e soprattutto utili nella vita quotidiana. Si potrebbe spiegare, tornando all'esempio precedente, che la mente umana raccoglie notizie «vere», cioè provenienti in modo esatto dalla realtà fisica e sociale che ci circonda, ma produce da se stessa anche notizie e informazioni «false», frutto cioè di elaborazioni non giustificate oggettivamente e razionalmente. Si pensi infatti al sospetto, alla generalizzazione eccessiva di dati particolari, alle aspettative, desideri e sogni che vengono trattati come se fossero realtà, e lo stesso può valere per gli eventi temuti, spaventosi, di fatto soltanto possibili ma che sono vissuti invece come reali e assolutamente certi. Un'altra nozione basilare potrebbe riguardare la «modificabilità mentale» e cioè il fatto che la persona possiede realmente la possibilità di migliorare e «funzionare meglio» cognitivamente. Molte persone con disabilità intellettiva hanno invece un vissuto di passività e un atteggiamento fatalistico, ad esempio nei confronti delle loro scarse abilità di memoria o di soluzione di problemi.

Queste conoscenze sul funzionamento generale della mente umana, una volta acquisite dall'alunno, sono poi effettivamente in grado di influenzare, in senso positivo, i processi cognitivi? In altre parole: sapere bene come funziona la memoria porta a ricordare meglio? In genere, le risposte degli studiosi sono positive, anche se non sono esenti da qualche legittimo dubbio. Nel loro lavoro su memoria e metacognizione, Cornoldi e Caponi (1991) sono ottimisti e sostengono il ruolo determinante rivestito dalle conoscenze metacognitive rispetto ai processi di controllo e autoregolazione delle attività cognitive.

Questa riflessione ci porta a distinguere due aspetti fondamentali della metacognizione e, cioè, la conoscenza metacognitiva (l'insieme delle conoscenze che un individuo possiede, e che riguardano il funzionamento della mente e sono potenzialmente in grado di influire su di esso) e i processi metacognitivi di controllo (l'insieme dei processi che governano le attività cognitive durante la loro esecuzione), e ad assumere al tempo stesso che la conoscenza metacognitiva ha un ruolo determinante nei confronti dei processi metacognitivi e, quindi, dell'attività cognitiva (Cornoldi e Caponi, 1991).

Gli stessi autori riconoscono comunque che nella letteratura scientifica non si è riscontrato sempre un rapporto causale forte e netto, quale invece dovrebbe essere se le conoscenze metacognitive, soprattutto nell'ambito della memoria, fossero l'unico o il principale elemento che determina il livello di prestazione. In realtà, i fattori che incidono sulle prestazioni concrete sono molti, anche soltanto nell'ambito delle quattro dimensioni della metacognizione, ma si può affermare quantomeno che le conoscenze teoriche sulla mente facilitino, in modo più o meno deciso in funzione del livello di capacità astrattive e di autoconsapevolezza dell'alunno, le sue capacità e prestazioni concrete a livello cognitivo e nell'apprendimento.

2° livello: autoconsapevolezza del proprio funzionamento cognitivo

A questo secondo livello si deve parlare di introspezione, autoanalisi e autoconsapevolezza di «cosa e come sto pensando, valutando, ricordando», ecc. Dalle conoscenze teoriche generali si passa a quelle più strettamente individuali e cioè al conoscere da parte dell'alunno stesso il funzionamento dei propri processi cognitivi e comportamentali, rendendosi conto dei rispettivi punti di forza e deficit.

È difficile che l'importanza di questa autoconsapevolezza personale venga sottovalutata, proprio perché è il «ponte» che collega la conoscenza teorica sulla mente al suo concreto utilizzo individuale nell'autodirezione dei processi cognitivi.

Rendersi conto dello svolgersi dei propri processi cognitivi e dei fattori, esterni/ambientali e psicologici, che li influenzano non è affatto semplice, anche per un adulto. Vi possono essere varie difficoltà nell'autoanalisi, che senz'altro non è una capacità ben sviluppata e abitualmente esercitata negli alunni con disabilità intellettiva o disturbi dell'apprendimento. Nella loro tormentata carriera di apprendimento essi hanno ricevuto innumerevoli sollecitazioni a occuparsi prevalentemente, se non esclusivamente, di oggetti vissuti come «altri da se stessi», esterni, come abilità, nozioni, ecc. Trovarsi contemporaneamente poi nel ruolo di osservatore e di osservato non è certo una situazione semplice dal punto di vista psicologico, a tutto danno dell'obiettività delle informazioni e con notevoli resistenze e difficoltà. I propri limiti, le carenze e gli errori sono i candidati più probabili a processi di rimozione, ridimensionamento o comunque difficoltà di percezione, soprattutto se questo riconoscimento del proprio limite viene vissuto come direttamente e gravemente minaccioso per il livello psicologico di autostima dell'alunno.

Diventa allora fondamentale il ruolo del feedback sociale positivo che l'adulto deve fornire sulle prestazioni dell'alunno, e cioè di un'informazione di ritorno che dovrebbe articolarsi su due livelli: una base continua e comunque presente di conferma psicologica della «validità essenziale» e del valore intrinseco dell'alunno come persona, al di là delle sue capacità, in parallelo a una serie fattuale e oggettiva di informazioni sulle reali caratteristiche, positive o negative, delle prestazioni, che dovrebbe formare gradualmente la consapevolezza del proprio funzionamento. Può essere utile ricordare che in molti bambini/adolescenti lo stile relazionale dell'insegnante, che purtroppo trascura di confermarli psicologicamente e sostenerne l'autostima, non riesce a creare quelle premesse di benessere e sicurezza emotiva che consentono poi l'accettazione profonda e consapevole delle notizie (provenienti dagli altri ma anche da se stessi) che riguardano i limiti delle proprie capacità.

L'analisi guidata e sistematica degli errori commessi, ma anche delle situazioni affrontate e risolte positivamente, è un'ottima occasione per far crescere nell'alunno la consapevolezza di cosa non ha funzionato in lui, o viceversa. Questa analisi si può compiere più agevolmente se i vari processi attivati dall'alunno lasciano un qualche tipo di traccia visibile, che gli consente poi, con l'aiuto dell'insegnante, di ricostruirne il percorso e trovarne i punti di forza, di debolezza e gli errori.

Se l'alunno, ad esempio mentre risolve un problema, «pensa ad alta voce», verbalizzando apertamente tutto quello che pensa, e questo monologo cognitivo viene registrato, potrà essere per lui estremamente utile riascoltare il proprio flusso di valutazioni, ipotesi e decisioni. Altrettanto utile è ascoltare e valutare i processi cognitivi verbalizzati dagli altri alunni e confrontarli con i propri, per rendersi conto della variabilità individuale, di come possano essere diversi i modi di affrontare lo stesso problema, ma anche di come vi siano processi comuni a tutte le persone e come noi stessi possiamo dare risposte diverse in funzione di numerose variabili contestuali.

Kirby e Grimley (1989), ma anche Vio, Marzocchi e Offredi (1999) ritengono che una delle procedure di valutazione più importanti nella diagnosi del bambino iperattivo e con disturbi dell'attenzione sia il chiedergli cosa lui stesso sappia del suo «fare attenzione», quali sono le condizioni che lo facilitano, quali quelle che lo ostacolano, cosa tenta di fare per evitare le distrazioni, cosa pensa che potrebbe fare per migliorare la sua attenzione, ecc.

Nel caso di alunni con significative limitazioni cognitive, anche in questo secondo aspetto della metacognizione possono essere raggiunti degli obiettivi minimali di autoconsapevolezza. L'insegnante può partire dall'osservazione guidata e sistematica di caratteristiche di sé, del proprio corpo, delle sue varie funzioni e poi introdurre gradualmente alcune semplici operazioni di auto-osservazione e automonitoraggio rivolte a operazioni quotidiane, come l'alimentazione o altre routine tipiche, facilmente osservabili nella sequenza delle azioni che le compongono.

Successivamente, se le sue capacità lo consentiranno, l'alunno potrà monitorare le sue prestazioni (automonitoraggio), raccoglierne i rispettivi dati (anche in forma analogica, valutativa, non è necessario che i risultati delle osservazioni siano espressi sempre in forma numerica) e rendersi conto, ad esempio, di quanta attenzione è riuscito a prestare nelle diverse ore di lezione a scuola, con diversi insegnanti e materie; di quanto tempo gli serve per indossare vari indumenti, di come riesce a risolvere problemi che riguardano conflitti interpersonali con i membri della propria famiglia oppure con i compagni di classe, di quanta paura prova in varie situazioni, quale lode gli fa più piacere e quale aiuto gli piacerebbe riuscire a evitare, soprattutto quando non lo richiede direttamente. È forse troppo semplice dire che si dovrebbe sempre e comunque stimolare il più possibile l'alunno a «guardare dentro di sé» e non solo «fuori di sé» ma, al di là di questo principio generale, riteniamo che lo sviluppo dell'autoconsapevolezza sia una linea di lavoro ricca di prospettive interessanti anche nel caso degli alunni con gravi difficoltà di apprendimento.

3° livello: uso generalizzato di strategie di autoregolazione cognitiva

A questo livello metacognitivo l'alunno dirige consapevolmente e attivamente se stesso, in particolare governa lo svolgersi dei propri processi cognitivi. Nel processo di «controllo» o autoregolazione è utile individuare, anche a scopo operativo e didattico, alcune operazioni fondamentali che ne costituiscono altrettanti momenti necessari.

Autoregolare un proprio processo cognitivo significa attivare le seguenti fasi:

a) fissarsi un chiaro obiettivo di funzionalità ottimale del processo stesso, in termini sia di risultati, sia di modalità di svolgimento (come si dovrebbe fare per ricordare alcuni nomi o per scrivere un buon riassunto, vedi le indicazioni generali che dovrebbero derivare dalla «teoria della mente»);
b) darsi delle istruzioni, suggerimenti o aiuti per svolgere concretamente le operazioni tipiche del processo stesso (ad esempio, scriversi su un foglio di ripetere mentalmente cinque volte la lista di parole che dovranno essere poi rievocate);
c) osservare l'andamento del processo stesso, raccogliere dati sui risultati prodotti e renderli disponibili per una successiva valutazione;
d) confrontare questi dati prodotti con gli obiettivi e gli standard che precedentemente si erano fissati (fase a);
e) valutare come positivo lo svolgimento delle varie operazioni richieste se il confronto ha dato esiti positivi e dunque perseverare nelle operazioni intraprese, oppure nel caso contrario valutare come negativo e insoddisfacente il proprio operato e attivare correzioni appropriate e modifiche alle strategie in corso.

Come risulta chiaro, l'alunno deve gestire attivamente una continua dialettica tra i processi di auto-osservazione, autodirezione e autovalutazione. Può sorgere a questo punto un legittimo dubbio: questi processi di controllo consapevole e razionale esistono realmente nella vita quotidiana? Sono veramente usati dalle persone che devono svolgere compiti di apprendimento? Tale dubbio sembra appropriato anche a Mazzoni e Cornoldi (1991), i quali riconoscono la difficoltà di cogliere all'opera questa serie di processi di controllo e pianificazione delle attività cognitive. Il fatto però che questi processi di autocontrollo non siano sempre evidenti, e consapevoli all'alunno stesso, non significa necessariamente che essi non esistano, ma può invece voler dire che siano operanti, nell'alunno (e nell'adulto) di buon livello intellettivo, molto velocemente e al di là del focus primario di consapevolezza, essendo spesso automatizzati.

La novità significativa dell'approccio didattico metacognitivo, e in particolare con alunni con Bisogni Educativi Speciali, consiste proprio nel cercare di far «uscire allo scoperto» i processi di autoregolazione, rendendoli consapevoli nel loro svolgimento e nella loro funzione rispetto alle prestazioni e nell'insegnare all'alunno modalità sempre più attive ed efficaci di controllo consapevole dei propri processi cognitivi. Questo secondo aspetto è ovviamente quello più indicato e necessario nel caso degli alunni con disabilità intellettiva o gravi disturbi dell'apprendimento.

In questo terzo livello metacognitivo l'alunno dovrebbe applicare le sue conoscenze, sia teoriche generali che personali e introspettive, per autoregolarsi efficacemente durante lo svolgimento di un compito concreto di apprendimento, memorizzazione, problem solving o altro. Le conoscenze più utili a questo proposito riguardano il riconoscimento del tipo di compito con le relative richieste in termini di attività cognitive necessarie, lo svolgimento tipico delle attività cognitive con i limiti loro propri e le strategie che si possono utilizzare per regolare al meglio queste attività.

In altre parole, l'allievo che, ad esempio, affronta in modo metacognitivo una situazione di problem solving dovrebbe guidarsi attraverso una sequenza di fasi.

1. Riconoscere che la situazione che sta per affrontare è di problem solving e non, ad esempio, di memorizzazione di sequenze ordinate o di applicazione routinaria di regole già apprese.
2. Ricordare che nel problem solving sono di norma attivate funzioni psicologiche quali la definizione oggettiva e realistica delle caratteristiche e richieste del problema, la creatività e il pensiero divergente nella fase di brainstorming e di «invenzione» di varie ipotesi di soluzione, la valutazione razionale dei vantaggi/costi delle varie ipotesi, la scelta dell'azione, l'esecuzione dell'azione stessa, e così via.
3. Ricordare come si dovrebbero svolgere queste attività specifiche, soprattutto nella loro sequenza, che deve seguire quell'ordine particolare che costituisce il «metodo» tipico del problem solving.
4. Essere eventualmente consapevole che lui stesso incontra delle difficoltà nella sequenza di attività di problem solving: ad esempio è troppo impulsivo nella fase di brainstorming, pensa infatti soltanto a poche alternative di soluzione e sceglie d'istinto quella che gli «piace di più», senza averla valutata razionalmente a fondo (compiendo questa autoanalisi l'alunno è in grado di prevedere meglio quale sarà la propria prestazione).
5. Darsi degli aiuti concreti che lo guidino nello svolgimento corretto del problem solving: ad esempio, sa che una strategia di aiuto molto efficace è scrivere (o disegnare) su un foglio i passaggi importanti di questa sequenza, evidenziando in modo visivo i due momenti che per lui sono particolarmente critici, e cioè il brainstorming (troppo affrettato e poco

ampio) e la valutazione e scelta di un'ipotesi di soluzione (fatta senza criteri oggettivi di analisi razionale dei costi/benefici). Per aiutarsi e autoregolare ancora di più queste due fasi difficili l'allievo può costruirsi ulteriori autoistruzioni e suggerimenti. Per la fase di brainstorming può disegnare una lista numerata di possibili soluzioni, con almeno dieci posti, con riportato bene in evidenza lo slogan «Penso ancora una possibilità! C'è sicuramente un altro modo!». Per aiutarsi a valutare razionalmente le varie possibilità può invece usare una scheda a due colonne, una per gli aspetti positivi e una per quelli negativi (dove dovrà specificare anche se sono certi o solo ipotizzati) su cui scrivere le proprie valutazioni.

6. Osservare i propri progressi sia nella soluzione del problema che nell'applicazione costante delle strategie di aiuto che ha deciso di utilizzare.

Risulta dunque abbastanza chiaro il ruolo che giocano le conoscenze razionali sui processi concreti di autoregolazione, ma naturalmente non è sufficiente «sapere come si fa e come ci si può aiutare a farlo» per ottenere dei risultati soddisfacenti sul piano pratico: nella questione delle capacità di «autocontrollo psicologico» entrano infatti molti altri fattori extrarazionali.

A questo punto si può esplorare ulteriormente il campo dei processi e strategie di controllo cognitivo, cercando di individuare alcune modalità metacognitive di autoregolazione che si sono dimostrate utili sul piano della didattica speciale.

Cornoldi (1990a) elenca una lunga serie di processi metacognitivi di controllo, che potrebbero essere insegnati direttamente in quanto tali (come abilità di studio) oppure inseriti all'interno del lavoro didattico in una specifica disciplina:

- Problematizzazione (rendersi conto del fatto che esiste un problema)
- Comprensione e definizione del problema-compito (valutarne la difficoltà)
- Collegamento di quel particolare compito ad altri simili già affrontati
- Attivazione delle conoscenze precedenti implicate in quel tipo di compito
- Integrazione delle varie informazioni provenienti da fonti diverse
- Definizione dei livelli di prestazione e soluzione attesi
- Generazione delle alternative per la soluzione del problema
- Esame delle alternative e decisione rispetto alle azioni da compiere
- Applicazione del piano strategico di soluzione che è stato scelto
- Inibizione delle alternative che per il momento non si vogliono attivare
- Raccolta e valutazione dei feedback (automonitoraggio)
- Valutazione della distanza dalla soluzione
- Aggiustamenti del piano che si sta seguendo
- Decisione di quando è opportuno sospendere l'esecuzione del piano
- Valutazione dei risultati finali
- Autovalutazione e autorinforzamento
- Spiegazione di un eventuale insuccesso e corretta attribuzione di cause
- Decisione di riprovare o predisporre un piano strategico alternativo.

Nisbet e Shucksmith (1986) ritengono che le strategie potrebbero essere organizzate globalmente in modo gerarchico su tre livelli, da quelle più generali a quelle specifiche, nel modo seguente:

1° livello. Strategia centrale: consiste in realtà in uno stile globale di approccio ai compiti di apprendimento nel senso della *planfulness* (Brown, 1974) e cioè della disposizione mentale dell'alunno a fare piani sistematici e consapevoli di approccio ai vari compiti, in stretta relazione con fattori motivazionali, di atteggiamento e di livello intellettivo generale.

2° livello. Macrostrategie: sono i processi metacognitivi di controllo, come il monitoraggio, la verifica, la revisione e l'autovalutazione. Si tratta di strategie molto generalizzabili, che migliorano con l'età e con l'esperienza e che si possono insegnare, anche se con una certa difficoltà, anche ad alunni con deficit intellettivi.

3° livello. Microstrategie: consistono nel rivolgersi particolari domande e pianificare le proprie azioni in un ambito specifico ben definito. Queste dovrebbero essere strategie più legate a un tipo specifico di compito in una specifica disciplina, che ha richieste sue particolari, ovviamente meno generalizzabili ma più semplici da insegnare, perché più concrete (ad esempio, come si fa la divisione a due cifre, o come si scrive un testo argomentativo). Il confine tra macro e microstrategie non è ben definito e ci possono essere molte posizioni intermedie.

Nell'analisi delle strategie cognitive utilizzate nella comprensione di un testo scritto, la Brown (1980) individua, ad esempio, le seguenti attività di controllo metacognitivo:

- Rendere ben chiari ed espliciti gli obiettivi di ciò che si sta facendo (il perché si legge il brano).
- Identificare gli aspetti del testo che sono più importanti.
- Distribuire l'attenzione in modo che sia concentrata sui contenuti principali piuttosto che sui dettagli.
- Monitorare continuamente le attività di lettura per rendersi conto se effettivamente si sta comprendendo appieno il significato del testo.
- Verificare, attraverso domande rivolte a se stessi, se si stanno raggiungendo gli obiettivi inizialmente definiti nella comprensione.
- Prendere misure correttive se ci si accorge di problemi nella comprensione.
- Riprendere velocemente l'attenzione dopo interruzioni o distrazioni.

Sempre per quanto riguarda le abilità di comprensione del testo scritto, Garner (1987, citato in Cornoldi, 1990b) individua alcuni processi di controllo metacognitivo sulla propria prestazione di lettura:

1. Essere consapevoli che il leggere non è soltanto il pronunciare ad alta voce e in modo fluido le parole che si vedono scritte, ma è principalmente comprenderne a fondo il significato.
2. Riconoscere il livello di importanza delle varie informazioni contenute in un brano.
3. Riconoscere e reagire attivamente a eventuali incongruenze di significato.
4. Avere un approccio differenziato ai vari testi, in funzione delle loro rispettive caratteristiche.
5. Valutare le relative difficoltà e la comprensibilità delle varie parti di un testo e conseguentemente prestare un'attenzione differenziata.

6. Riconoscere l'importanza di alcune strategie attive per il miglioramento della comprensione, come ad esempio nel caso della strategia del «fare previsioni su cosa accadrà più avanti nel racconto».
7. Comprendere le differenze tra tipi diversi di testo e tra parti dello stesso testo, nonché conoscere il ruolo indicatore di alcuni elementi grafici tipici (il neretto, i livelli dei sottotitoli, ecc.).
8. Utilizzare sistematicamente le conoscenze che già si posseggono per riattivare una rete di dati che permetterà una migliore comprensione delle nuove informazioni.

Derry (1990) ha presentato in modo sintetico varie strategie di controllo metacognitivo, estremamente utili nello studio e nell'apprendimento autogestito, classificandole nelle seguenti tre grandi categorie.

1. *Strategie per l'acquisizione di conoscenze di base legate ai contenuti* (strategie di comprensione e strategie di memorizzazione):
   - focalizzazione dell'attenzione e cioè uso strategico dell'attenzione selettiva per contrastare la tendenza alla distrazione (ad esempio, sottolineare le informazioni importanti);
   - costruzione di schemi che organizzano l'informazione (ad esempio grafici e figure, diagrammi a forma di mappe cognitive o reti) a beneficio sia della comprensione concettuale sia del successivo ricordo;
   - strategie di anticipazione su ciò che probabilmente verrà detto dall'insegnante o sarà letto nel libro (chiedersi cosa sarà probabile riscontrare);
   - monitoraggio continuo dell'avvenuta comprensione, con immediata consapevolezza della perdita di significato e relativa richiesta di chiarificazione o aiuto (ad esempio, rivolgersi frequentemente delle domande di verifica sulla comprensione oppure fermarsi ogni tanto nella lettura, prendere appunti e fare dei piccoli riassunti);
   - strategie di collegamento e di elaborazione originale delle nuove informazioni attraverso le quali esse siano messe in relazione significativa con conoscenze precedentemente apprese e ben ricordate, anche attraverso immagini, collegamenti logici o qualsiasi altra tattica che riesca a connettere in modo sicuro il nuovo materiale ad altre informazioni già stabilmente immagazzinate nella memoria a lungo termine e di facile accesso e recupero. Queste strategie sono fondamentali per una buona didattica con alunni dislessici: sembra infatti che questo approccio maggiormente consapevole dia buoni risultati di compensazione dei deficit nelle abilità strumentali coinvolte nella dislessia (Ianes, Cramerotti e Tait, 2007).
2. *Strategie per il perfezionamento dei livelli di competenza raggiunti.* Queste strategie puntano a un affinamento delle abilità acquisite, attraverso, se possibile, un'analisi approfondita degli schemi concettuali che costituiscono l'essenza interna di un'abilità (si pensi ai concetti matematici e logici su cui si fonda l'operazione della divisione). Questa analisi può diventare il fare ipotesi e il ricercare motivi e «perché» di determinate operazioni prescritte dalla strategia di base, precedentemente appresa in modo magari anche soltanto meccanico. In questo modo si approfondiscono le ragioni fondamentali di alcune operazioni logico-matematiche o di altre discipline (capire la logica sottesa

al calcolo frazionario, ad esempio). Un'altra strategia consigliata in questa categoria è il confronto continuo delle proprie prestazioni con quelle di un modello più abile e con i propri risultati precedenti, per migliorare progressivamente le proprie capacità. Sono suggerite anche due strategie per «fare pratica» nel modo più efficace possibile: il far pratica di singoli «segmenti» di abilità (parti componenti) e l'esercitare invece tutta l'abilità nel suo complesso, anche in funzione dell'automatizzazione.

3. *Strategie per potenziare la motivazione.* In questa categoria vengono ricordate le strategie del ridurre la complessità di un compito suddividendolo in parti più accessibili e di autorinforzarsi sistematicamente anche per piccoli passi compiuti in direzione della meta finale. Altre strategie, più «psicologiche», si rivolgono ad esempio all'autocontrollo dell'umore e degli stati emotivi, che possono influenzare in modo determinante la prestazione cognitiva. Derry cita a questo proposito le strategie di rilassamento muscolare e di controllo della respirazione per ridurre gli stati d'ansia eccessiva e la metodologia dell'autoverbalizzazione positiva rivolta a migliorare la propria percezione di autoefficacia e di senso di «potercela fare». Quest'ultima strategia consiste nel rivolgersi frasi costruttive di incoraggiamento, considerazioni positive su se stessi, sulle proprie capacità e sulla possibilità di riuscita, interrompendo così la catena di pensieri negativi, autodistruttivi e demotivanti che frequentemente caratterizzano gli allievi con difficoltà di apprendimento.

Altre strategie di autoregolazione cognitiva abbastanza note, ma soprattutto molto utili nella prassi didattica e educativa, sono la serie di operazioni del problem solving e il planning-programmazione di una sequenza di azioni. È importante discutere brevemente queste due strategie di autoregolazione, perché sono le più accessibili anche a persone con gravi difficoltà di apprendimento e deficit intellettivi (Ianes, 1990).

Nel *problem solving* l'allievo si trova a fronteggiare una situazione per lui nuova, che non può risolvere con le consuete modalità e che perciò gli richiede lo sforzo creativo di scoprire una nuova e più adatta soluzione attraverso un procedimento paziente di prove ed errori oppure con un'intuizione improvvisa che, riorganizzando tutti gli elementi del campo, gli «faccia vedere» la soluzione.

Questa seconda modalità è molto difficile da insegnare alle persone con disabilità intellettiva, anche se si possono trasmettere delle «strategie preparatorie», come ad esempio lo spostare e riorganizzare il materiale o gli elementi del problema per facilitare l'emergere di una nuova soluzione e per sfuggire alla cristallizzazione dell'agire sempre secondo i vecchi schemi. Per gli stessi motivi potrebbe essere utile il vietarsi di tentare soluzioni già usate, anche se precedentemente utilizzate con successo.

Nel caso degli allievi con gravi limitazioni cognitive è molto più proficuo insegnare una strategia sistematica e paziente di problem solving che si svolga secondo le seguenti fasi:

1. Definire il problema, in cosa consiste cioè l'ostacolo all'azione abituale e quale sarà l'obiettivo da raggiungere.
2. Pensare una gamma di ipotesi di soluzione il più possibile ampia, attivando al massimo la creatività (brainstorming).

3. Valutare razionalmente i pro e i contro di ogni ipotesi immaginata e definirne la fattibilità («Abbiamo tutto quello che ci serve?») e la probabilità di successo.
4. Scegliere l'ipotesi di soluzione probabilmente più efficace, sulla base delle valutazioni svolte nel punto precedente.
5. Applicare concretamente questo tentativo di soluzione.
6. Verificarne gli esiti; in caso positivo continuare l'applicazione, in caso negativo ricominciare da capo il processo di problem solving.

Suggerendosi apertamente di usare questa sequenza di fasi, l'allievo sta attivamente autodirigendo il suo processo di problem solving. Concretamente, la tecnica più semplice per trasmettere queste capacità di autocontrollo è l'insegnamento dell'*autoistruzione verbale* (Whitman, 1990). In questa procedura didattica l'insegnante all'inizio pronuncia lui direttamente le istruzioni per svolgere le varie fasi (che effettivamente esegue lui stesso, ponendosi come modello sia delle strategie di autoistruzione verbale, sia delle azioni richieste dal compito) e poi riduce sempre di più il suo aiuto, finché è l'allievo stesso che, a voce alta, si suggerisce l'operazione che deve fare in quella fase. Se il livello evolutivo lo consente, le autoistruzioni potranno essere successivamente interiorizzate e pronunciate a livello subvocale, con il «pensiero», in una specie di «dialogo interno».

La tecnica di autoistruzione è fondamentale anche per l'uso della strategia di *planning*, dove l'alunno deve programmare una sequenza stabile di azioni e aiutarsi a svolgerla regolarmente senza ometterne nessuna componente.

In sintesi, le operazioni della strategia di planning sono le seguenti:

1. Definire chiaramente l'obiettivo o il risultato voluto e la sequenza di operazioni che devono essere fatte.
2. Attivare la prima azione.
3. Controllare la corretta esecuzione della prima azione e solo in quel caso...
4. Attivare la seconda azione.
5. Controllare la corretta esecuzione della seconda azione e così via per l'intera sequenza di azioni fino a...
6. Eseguire l'ultima azione, riconoscere che è l'ultima e verificare se il risultato concretamente ottenuto risponde all'obiettivo inizialmente fissato.

Risulta chiaro come anche in questo caso l'autoistruzione può essere il modo migliore perché l'allievo fornisca a se stesso i suggerimenti necessari per svolgere con successo la sequenza. La strategia di planning, soprattutto se applicata a semplici operazioni di routine, da eseguire in modo sempre costante nel tempo, è alla portata di moltissimi allievi con disabilità intellettiva, che possono così acquisire i primi rudimenti di una generale competenza autoregolatoria. Le autoistruzioni sono in genere verbali, come si è visto, ma nel caso non vi fosse questa possibilità, gli autosuggerimenti a compiere le varie azioni possono prendere la forma di sequenze di illustrazioni, figure e disegni che esemplificano nel giusto ordine le operazioni da compiere.

Come si è visto, vi sono varie forme e livelli molto differenti di abilità di autoregolazione, ma l'obiettivo è sempre quello di autodirigere attivamente e deliberatamente i propri processi cognitivi e comportamentali. L'effetto cumulativo dei primi tre livelli di intervento metacognitivo che sono illustrati nello schema iniziale (e cioè la teoria della mente, l'autoconsapevolezza personale e l'autoregolazione) dovrebbe produrre miglioramenti significativi nell'apprendimento, nella soluzione di problemi, nell'esecuzione di compiti vari, ecc. Questa relazione non è però così semplice e lineare: dobbiamo considerare anche il ruolo del quarto elemento, e cioè delle variabili psicologiche di mediazione, che possono favorire e potenziare enormemente gli effetti positivi dei primi tre livelli, ma che sono in grado anche di ostacolarli o vanificarli (fattori contestuali personali ICF).

4° livello: variabili psicologiche di mediazione

L'allievo sviluppa, anche se forse in modo solo parzialmente consapevole, una «immagine di sé come persona in grado (più o meno) di imparare», immagine che entra in rapporto con le caratteristiche più profonde della sua generale immagine e valutazione di sé. All'interno di questa dimensione psicologica fondamentale si possono individuare alcune linee di intervento metacognitivo che sono complementari a quelle precedentemente descritte. In alcuni casi si potrebbe anche affermare che un intervento adeguato a questo quarto livello sia indispensabile per il successo di un approccio metacognitivo e comunque per un soddisfacente coinvolgimento dell'alunno nella vita scolastica.

Locus of control e stili di attribuzione

Con questa espressione si indica il «luogo» dove l'alunno ritiene si trovino i fattori «responsabili» di quello che gli accade, nel bene e nel male, e cioè dove siano le cause dei successi e degli insuccessi. Se l'allievo riesce a risolvere bene un problema, sentirà profondamente che è lui stesso l'artefice di questa vittoria oppure crederà che sia avvenuta «per caso» oppure per la bontà dell'insegnante o per la facilità del compito?

Nel caso attribuisca la responsabilità a dei fattori «interni», e cioè a se stesso, a quale «parte di sé» penserà? All'uso sistematico e paziente di strategie di azione e poi di automonitoraggio e di autoregolazione (come dovrebbe essere in realtà), oppure penserà alla sua fortuna o alla sua simpatia («abilità» poco riferibili all'insegnamento/apprendimento e all'impegno)? In caso di fallimento, tenderà a essere punitivo nei confronti degli altri, che ritiene non lo abbiano aiutato, ad esempio, oppure saprà riferire il suo insuccesso a se stesso e, in particolare, all'uso poco adeguato delle strategie insegnate?

L'allievo con un locus of control distorto, eccessivamente proiettato su fattori esterni, con conseguente deresponsabilizzazione personale, in genere assume un atteggiamento passivo. Egli ritiene infatti di «non potercela fare», in nessun modo, perché «non dipende da me...».

L'intervento più appropriato a questo livello sarà dunque quello di ridare all'alunno un senso di controllo positivo, almeno su alcuni settori della sua vita scolastica, discutendo continuamente con lui il rapporto tra la propria attività, gli effetti prodotti da questa e quelli invece attribuibili a fattori esterni, usando sistematicamente forme di feedback attribuzionale. In alcuni casi si tratta di «attaccare» razionalmente convinzioni molto resistenti, intrecciate alle dimensioni più profonde della personalità e all'autostima, con una paziente opera di ristrutturazione delle credenze (in alcuni casi costruite sulle convinzioni degli altri adulti significativi) e di sostegno psicologico all'accettazione dei propri limiti e delle proprie capacità (Ravazzolo et al., 2005).

Gli stili di attribuzione si riferiscono anche agli atteggiamenti e alle convinzioni più specifiche che l'alunno possiede riguardo alle strategie, alla loro utilità nel processo di apprendimento, al ruolo rivestito dallo sforzo attivo di apprenderle. Non ha senso insegnare una strategia metacognitiva di memoria a un allievo che ritenga che essa non serva assolutamente a niente e pensi invece che le «cose dovrebbero rimanere bene in mente anche solo dopo averle lette una volta».

L'importanza delle attribuzioni sull'uso reale delle strategie è ben documentata da Borkowski e collaboratori (1990), i quali suggeriscono di attivare sistematicamente interventi strutturati di modificazione delle attribuzioni, che riorganizzino il sistema di credenze riguardo all'utilità, percepita dall'alunno, di assumere un ruolo strategico e di usare una serie di procedure di controllo, valutate realisticamente e in senso positivo per quanto riguarda i loro benefici. In questi due primi aspetti psicologici abbiamo dunque considerato quello che l'alunno pensa rispetto al proprio potere personale di influenzare gli eventi e all'utilità di usare strategie di controllo, ma è importante ampliare ancora questa analisi dei fattori psicologici.

Senso di autoefficacia

Gli psicologi cognitivi ritengono che questa sia una variabile di importanza cruciale nell'influenzare, in senso positivo o negativo, la capacità di autoregolare il proprio apprendimento e la propria motivazione (Bandura, 1996; 2000; Schunk, 1990). Come si è già visto, il senso di autoefficacia è la convinzione delle proprie capacità di raggiungere il successo nell'esecuzione di un compito, e cioè il senso di «potercela fare».

Locus of control, stile di attribuzione e senso di autoefficacia sono tre elementi psicologici molto vicini e di conseguenza l'insegnante dovrà trattarli congiuntamente. Gli alunni con un buon senso di autoefficacia apprendono meglio le strategie di autoregolazione rispetto ad altri, anche se di pari capacità cognitive, e riescono a utilizzare meglio i risultati dell'automonitoraggio delle proprie azioni. Le influenze positive di un alto livello di autoefficacia si estendono anche alla continuità dell'impegno e alla persistenza nel tempo in uno sforzo strategico, nonché alla libertà di operare autonomamente delle scelte, al definire per sé obiettivi più alti e interessanti, al subire meno gli effetti dell'ansia e della tristezza dopo un insuccesso.

Il senso personale di autoefficacia è costituito dall'interazione di un'infinità di fattori (Schunk, 1990; Bandura, 1996; 2000), ma risente molto dell'atteggiamento ottimistico dell'insegnante che trasmette «fiducia», una sorta di *empowerment psicologico* («trasmissione di forza»; Borkowski et al., 1990). In questo caso, il docente crede profondamente nelle risorse dell'alunno e le valorizza, dando loro credito. Il senso di autoefficacia dipende anche dai vari tentativi di persuasione operati da modelli adulti con vari gradi di credibilità, forza psicologica e capacità di attrazione rispetto alle tendenze di identificazione operanti in quel momento nel bambino, e dalla percezione di altri alunni con alti o bassi livelli di autoefficacia (Bandura, 1996; 2000).

Al di là di un generico atteggiamento positivo, è essenziale una programmazione didattica «basata sul successo», che sia concretamente in grado di garantire all'alunno esperienze vere di efficacia, su cui gli sia possibile rimodellare le proprie percezioni personali, che in molti casi di alunni con Bisogni Educativi Speciali sfiorano il totale senso di impotenza e le caratteristiche cliniche della depressione.

Autostima

Il complesso di giudizi di valore e di sentimenti che proviamo nei confronti dei molti aspetti della nostra persona costituisce il concetto psicologico di autostima. L'enorme importanza di questa dimensione della vita psichica non può essere in alcun caso sottovalutata e si potrebbe affermare addirittura che uno dei principali obiettivi dello sviluppo psicologico sia proprio quello di costruire un senso positivo di autostima come parte integrante dell'identità personale. L'insegnante può usare strumenti di valutazione diretta dell'autostima (Bracken, 2003) e conseguentemente intraprendere anche dei percorsi strutturati e sistematici di sostegno e potenziamento dell'autostima e della sicurezza di sé (Pope, McHale e Craighead, 1992; Plummer, 2002; 2003).

L'autostima dell'alunno è qualcosa che va oltre, in senso affettivo, il locus of control e il senso di autoefficacia, ma si collega, con una fitta rete di rimandi, conferme e dubbi, a molti altri aspetti della vita scolastica e familiare che, in un primo momento, non sembrerebbero in rapporto con l'autostima. Pensiamo ad esempio ai vari sforzi di «facilitazione» che l'insegnante quotidianamente attiva nei confronti dell'alunno: semplifica gli obiettivi, programma il «successo garantito», anche fornendo dosi massicce di aiuti, magari non richiesti esplicitamente dall'alunno. Tutto ciò è quasi sempre necessario per garantire che avvengano velocemente gli apprendimenti, ma ne sono stati previsti i possibili effetti negativi sull'autostima?

È stato dimostrato che l'aiuto non richiesto può produrre una senso di diversità e di inferiorità rispetto ai compagni, con conseguente sofferenza psicologica a livello di autostima (Graham e Baker, 1991). Lo stesso può accadere con materiale didattico diverso (o percepito come tale dall'alunno a cui è rivolto). Diventa allora essenziale operare didatticamente secondo il principio della «speciale normalità» (Ianes, 2005; 2006): atteggiamenti e materiali il più possibile uguali a quelli dei compagni, proprio per trasmettere il senso positivo e valorizzante dell'«essere considerato come tutti gli altri».

L'autostima cresce anche attraverso il vivere una serie di relazioni interpersonali significative, che confermino cioè il valore dell'alunno come persona, al di là dei suoi successi scolastici. Questa dimensione dovrebbe diventare lo sfondo costante e il tessuto connettivo di ogni altro intervento didattico o educativo. È difficile infatti che l'alunno segua un piano di insegnamento o i consigli di un adulto se li vive come minacciosi per la sua autostima e cioè per la sua integrità psicologica.

Motivazione

Tutti i fattori psicologici che sono stati qui sopra citati contribuiscono senz'altro a potenziare la spinta motivazionale dell'alunno verso l'apprendimento e l'uso di strategie, ma è importante ricordare brevemente anche altre dimensioni fondamentali della motivazione.

L'insegnante lamenta spesso la carenza di motivazione intrinseca, e cioè di un riconoscimento personale, da parte dell'allievo, dell'importanza che riveste per lui quel tipo di acquisizione, con conseguente investimento spontaneo di energie e comportamenti diretti alla meta. Le ragioni di questo vissuto di estraneità, e in alcuni casi anche di rifiuto manifesto, sono molteplici: dall'incapacità cognitiva di comprendere realmente e di immaginare l'utilità di quello che viene proposto alle influenze negative di un ambiente familiare e sociale che disincentiva il successo negli apprendimenti scolastici.

Sempre più situazioni di difficoltà di apprendimento, soprattutto nella preadolescenza/adolescenza (con conseguente dispersione e abbandono scolastico), sono da imputare, almeno in parte, a questi deficit nella motivazione intrinseca. Di qui lo sforzo didattico di utilizzare materiali vicini agli interessi presenti negli alunni o che comunque permettano loro di sperimentare facilmente dei successi, allo scopo di rendere l'impegno nell'apprendimento il più gratificante possibile. Esistono varie analisi su come potenziare la motivazione intrinseca degli alunni più difficili attraverso strategie cognitive e relazionali. Ad esempio, con un'analisi e correzione decisa dei pensieri autosvalutanti e facilitando la partecipazione democratica alla definizione condivisa degli obiettivi (McCombs e Pope, 1996).

La motivazione estrinseca si differenzia da quella intrinseca per il fatto che viene sostenuta dall'esterno attraverso l'uso sistematico di rinforzatori positivi. Normalmente, l'insegnante cerca di motivare l'alunno rinforzando le sue risposte che si orientano nella direzione voluta (prestare attenzione, portare il materiale, tentare di risolvere i problemi, usare le strategie proposte, persistere attivamente nello sforzo, ecc.) attraverso vari tipi di stimoli positivi gratificanti (rinforzi positivi) come la lode, l'approvazione pubblica, varie forme di riconoscimento anche concrete, come piccoli premi o sistemi complessi di gratificazioni simboliche.

In questi casi la motivazione dell'alunno viene potenziata dalla presenza di questi incentivi, di per sé estranei ai contenuti dell'apprendimento, ma che vengono tatticamente utilizzati dall'insegnante con la speranza di «agganciare» poi l'alunno alle motivazioni intrinseche che la padronanza, nel frattempo acquisita, dovrebbe riuscire a fargli sperimentare, accanto a tutti i riconoscimenti affettivi e relazionali che l'insegnante userà.

Accanto a queste due dimensioni della motivazione dobbiamo però considerare altri meccanismi psicologici che autoregolano in qualche misura la motivazione dell'alunno a impegnarsi con energia in un compito.

L'alunno dovrebbe essere in grado di valutare con realismo le difficoltà del compito che sta intraprendendo, senza sottovalutarlo né al contrario sovrastimarne le difficoltà: in entrambi i casi questa valutazione irrealistica lo depotenzierà nella motivazione fin dai primi tentativi.

È importante anche la resistenza dell'alunno alla frustrazione e alla dilazione della gratificazione: se è in grado di tollerare molti tentativi andati a vuoto e l'idea di raggiungere solo dopo un bel po' di tempo l'esito positivo finale, ha una risorsa psicologica estremamente favorevole per la motivazione e la persistenza verso l'obiettivo.

Rispetto alla percezione della gratificazione finale può essere utile citare anche la capacità di immaginare in modo chiaro, ma soprattutto riferito direttamente alla propria persona, quali saranno i vantaggi che porterà il risultato degli sforzi e del successo nell'apprendimento. Maggiore sarà questa «preveggenza» e capacità di vedere lontano, tanto maggiore sarà la motivazione dell'alunno. Nel caso della disabilità intellettiva grave è necessario aiutare questa visione con supporti concreti, anche grafici e visivi, che rendano ben evidente «quello che sarai capace di fare... i vari vantaggi».

Notevole importanza riveste anche il dialogo interno motivazionale dell'alunno: le autogratificazioni che spontaneamente si dà, riconoscendo i progressi compiuti, e anche i messaggi punitivi, autosvalutanti, di cui purtroppo sono generosi gli alunni con difficoltà di apprendimento. Questo sbilanciamento in negativo conferma comunque l'ipotesi che il dialogo interno provenga da un'interiorizzazione dei messaggi verbali ricevuti dal mondo adulto.

L'ansia eccessiva per l'insuccesso oppure la tendenza a rispondere in modo emotivo, reagendo con scoppi di collera quando qualcosa non va come dovrebbe, sono altri fattori psicologici che influenzano in modo preciso la motivazione e l'orientamento al compito. Uno dei primi obiettivi dell'insegnante che lavora con alunni con difficoltà è infatti lo sviluppo di forme di autocontrollo dell'eccessiva reattività emozionale (Ianes, 2007).

Un ultimo riferimento deve essere fatto alle idee e premesse irrazionali che si trovano nel sistema mentale di riferimento dell'alunno e ai suoi stili di pensiero distorti. L'alunno potrebbe basare la sua analisi della realtà su premesse/aspettative/credenze irrazionali e distruttive rispetto al suo impegno, alla sua valutazione dei risultati e ai suoi vissuti emozionali: si pensi, ad esempio, all'aspettativa secondo la quale «ci deve sicuramente essere sempre una soluzione» oppure «si deve sempre fare giusto ed essere necessariamente lodati». I processi logici del pensiero possono svolgersi in modo altrettanto distorto e ugualmente controproducente: l'alunno può cadere in ipergeneralizzazioni indebite, frutto di supposizioni, sospetti o pure fantasie; può analizzare la realtà in modo rigido e stereotipato, con superficialità, genericità e perentorietà (Di Pietro, 1992).

Risulta dunque evidente l'importanza di una valutazione e di un'attenzione psicologica e educativa particolare dell'insegnante rispetto a questi fattori «sottostanti» al funzionamento strategico e autoregolatorio dell'alunno, che lo possono condizionare direttamente.

Le interconnessioni tra le varie dimensioni metacognitive

I quattro livelli metacognitivi che sono stati discussi nei punti precedenti costituiscono altrettante dimensioni di analisi e di lavoro didattico-educativo che devono essere ben distinte tra loro e che posseggono una propria precisa identità e caratterizzazione. Tutte queste dimensioni dell'attività mentale metacognitiva si attivano e funzionano però in modo integrato e interconnesso. Cerchiamo di analizzare più da vicino queste interconnessioni attraverso alcuni esempi.

Alcune informazioni generali a livello di teoria della mente (ad esempio, alcune conoscenze sull'influenza negativa delle aspettative irrazionali sulle emozioni) permettono all'alunno di osservarsi in modo nuovo e di capire cose interessanti di se stesso (2° livello). Questi due primi livelli si integrano e si sostengono a vicenda, e spingono l'alunno a usare una qualche strategia di autocontrollo (ad esempio, valutare più razionalmente, ed eventualmente correggere, le proprie aspettative, prima di lasciarsi prendere dall'emozione). Gli effetti positivi dell'uso di questa strategia confermeranno non solo la bontà dell'utilizzo stesso della strategia e la convinzione della sua utilità, ma anche le valutazioni fatte su se stessi al 2° livello e la teoria generale (1° livello). I buoni risultati ottenuti influenzeranno anche il 4° livello, ridando all'alunno un po' di fiducia nella propria capacità di controllare una parte della sua vita mentale che egli riteneva «non gestibile». Il locus of control, il senso di autoefficacia e l'autostima ne saranno così influenzati positivamente e a loro volta agiranno da amplificatori positivi per spingere l'alunno a usare ancora di più queste strategie in situazioni simili.

Si pensi poi al rapporto diretto di interconnessione tra l'esplorazione di sé, con il relativo riconoscimento delle proprie capacità e difficoltà (l'accorgersi di essere in difficoltà è una delle prime esperienze del bambino che si potrebbero definire metacognitive) e l'autostima, il senso di autoefficacia e la motivazione.

Il 3° livello, cioè l'uso di strategie di autoregolazione, è connesso strettamente a tutti gli altri: usare una strategia che deriva da una particolare teoria del funzionamento cognitivo (ad esempio, la ripetizione mentale del materiale da memorizzare) e verificarne i risultati positivi conferma la teoria, ma affina anche la conoscenza di sé, attraverso la quale anche l'utilizzo della strategia stessa si può modificare, adattandosi meglio alle proprie caratteristiche e preferenze (che l'alunno sta via via conoscendo sempre più a fondo) e questo influenza positivamente i vissuti psicologici del 4° livello, soprattutto il senso di essere capace di «ricordare meglio» e la motivazione a impegnarsi maggiormente negli apprendimenti scolastici.

Questa fitta rete di interconnessioni e di influenze reciproche ci porta a sostenere l'importanza di avere un approccio integrato e cioè di affrontare tutti e quattro i livelli metacognitivi. Ciò significa operare contemporaneamente a livello conoscitivo generale, introspettivo personale, strategico autoregolatorio e psicologico più profondo.

Non crediamo che sia assolutamente sempre necessaria (e possibile) questa assoluta globalità per ottenere buoni risultati, anche se è naturale che più elementi metacognitivi vengono attivati e coinvolti nell'insegnamento, maggiori e più ampi, anche in termini di generalizzazione, saranno gli effetti positivi. Riteniamo che sia importante e valido anche un intervento focale, addirittura anche solo su un elemento (ammettendo che nella prassi didattica sia possibile isolare in questo modo i propri interventi, vista la grande interconnessione spontanea che esiste tra i livelli). Ad esempio, è sicuramente utile sviluppare una serie di unità didattiche sul funzionamento generale della memoria (1° livello) o insegnare come operare con la strategia di memorizzazione che consiste nel raggruppamento sulla base di regole (3° livello) oppure rivedere criticamente le convinzioni degli allievi sull'utilità di determinate strategie nella soluzione di alcuni problemi (prevalentemente 4° livello).

Risultati e punti di forza di un insegnamento metacognitivo

I dati a sostegno dell'utilità di un approccio metacognitivo generale nella didattica, anche in quella rivolta ad alunni con disturbi dell'apprendimento e con disabilità intellettiva, sono ormai numerosi nella letteratura scientifica internazionale (per un'analisi approfondita si rimanda il lettore interessato ai lavori di Ashman e Conway, 1991; Cornoldi, 1991a; Cornoldi et al., 1995; Ianes, 1996; Cisotto, 1998; Marzocchi et al., 2000; Wells, 2002; Friso et al., 2006 e a tutti gli studi del gruppo MT di Padova, condotto da Cornoldi e De Beni).

L'interesse per questo approccio si può mettere in relazione anche con le riconcettualizzazioni delle origini cognitive e metacognitive che stanno alla base dei disturbi dell'apprendimento: l'incapacità di scegliere, usare e generalizzare strategie efficaci di autoregolazione nella soluzione di un compito di apprendimento.

Numerose ricerche forniscono dati positivi a conferma dell'utilità dell'approccio metacognitivo anche nella disabilità intellettiva, anche se sono prevalentemente prodotti da ricerche su abilità di autoregolazione relativamente semplici, quali l'automonitoraggio e l'autoistruzione verbale (Ianes, 1990; Whitman, 1990). Se si considera poi che i processi di autoregolazione (soprattutto quelli che utilizzano l'autoistruzione verbale) avvengono principalmente attraverso l'uso del linguaggio verbale, questo costituisce, per gran parte delle persone con disabilità intellettiva, un problema di una certa serietà, visto che i deficit linguistici sono una loro caratteristica abbastanza tipica, dal punto di vista sia espressivo che ricettivo (Freeman e Dake, 2007). Whitman (1990) afferma addirittura che, prima di intraprendere una programmazione rivolta allo sviluppo di abilità autoregolatorie, si dovrebbero utilizzare dei programmi veramente efficaci rivolti all'insegnamento del linguaggio, dalle abilità più semplici del nominare oggetti alla competenza nel seguire istruzioni complesse.

Il linguaggio sembra dunque esercitare un ruolo importantissimo nello sviluppo dell'autoregolazione nella disabilità intellettiva, sia perché attraverso il linguaggio l'alunno può acquisire le conoscenze che caratterizzano il primo livello metacognitivo, sia perché il linguaggio diventa il canale di gestione delle autoistruzioni. Non sfuggirà certo la somiglianza di questa impostazione con le teorie sociocognitive di Vygotskij (1980; 1986b; 2006) e Lurija (1961), le quali attribuiscono un'importanza primaria al linguaggio, in particolare all'autoverbalizzazione, considerata un meccanismo evolutivo attraverso il quale le primissime forme del pensiero (inteso come regolatore del comportamento) passano da una dimensione interpersonale (le istruzioni ricevute dalle persone adulte) a una intrapersonale (l'interiorizzazione dell'autoverbalizzazione e cioè il pensiero e l'attività cognitiva nel senso proprio del termine).

Pur riconoscendo questo ruolo fondamentale svolto dal linguaggio nello sviluppo e nell'insegnamento dell'autoistruzione, si ritengono comunque possibili (e utili in senso funzionale) anche altre forme di autoconsapevolezza non verbale dei propri processi cognitivi/comportamentali, oltre che l'insegnamento e il successivo utilizzo di meccanismi e strategie di autoregolazione che utilizzano mezzi visivi, quali ad esempio figure, fotografie, sequenze di disegni o simili (anche pupazzi tridimensionali per suggerire azioni specifiche).

Tali forme non verbali di autoregolazione che, nel caso delle persone con deficit più grave, possono diventare dei semplici strumenti di autodirezione in compiti quotidiani di routine, rappresentano una vera e propria sfida educativa degna di essere raccolta dall'insegnante, anche perché sono un mezzo indiretto per sviluppare la comprensione e l'uso di simboli.

La didattica metacognitiva ha dunque in sé sicuramente elementi di complessità e novità tali da richiedere un buon investimento di energie intellettuali per acquisirne le tecniche e la «mentalità» di fondo. Tale investimento sarà però ben ripagato, non solo in termini di efficacia della prassi didattica, come abbiamo visto, ma anche da una serie di altri vantaggi generali di non minore importanza.

Nell'insegnamento metacognitivo infatti si enfatizza molto e continuamente lo sviluppo della flessibilità del proprio corso d'azione e di pensiero, dell'adattabilità, del sapersi autonomamente riorientare attraverso un continuo automonitoraggio e controllo dell'esito delle proprie azioni rispetto agli obiettivi inizialmente definiti. Crediamo che queste abilità rivestano un'utilità evidente in particolare per gli alunni con disabilità intellettiva, di cui sono note la rigidità e la tendenza a seguire ripetitivamente schemi comportamentali sempre uguali.

Una seconda caratteristica positiva dell'approccio metacognitivo, soprattutto quando si rivolge all'insegnamento delle strategie di problem solving, è l'enfasi che viene attribuita all'obiettività dell'analisi della situazione problematica che l'alunno deve affrontare, l'importanza di una raccolta completa di dati oggettivi e dell'analisi razionale dei vari fattori coinvolti nel problema. Tale approccio razionale, legato alla realtà, è un'altra dote unanimemente ritenuta fondamentale, ma altrettanto spesso riscontrata carente nelle persone con difficoltà di apprendimento.

La didattica rivolta all'uso di meccanismi di autoregolazione stimola inoltre nell'alunno uno stile di pensiero strategico, in cui assume un ruolo importante l'elaborazione di «piani», di sequenze studiate di azioni, coordinate verso il raggiungimento di un obiettivo finale. In questo modo si potenzia lo sviluppo di un pensiero che operi costantemente attraverso vari mezzi per raggiungere fini e che riesca continuamente a fare anticipazioni e ipotesi sulle possibili conseguenze delle proprie azioni. Come è noto, questo stile di pensiero è molto spesso uno stadio evolutivo raggiunto con difficoltà, soprattutto dalle persone con disturbi dell'apprendimento o disabilità intellettiva, oppure non è accompagnato da un'adeguata consapevolezza.

L'autoconsapevolezza è infatti un altro dei punti forti di questo approccio. La conoscenza, sia teorica che personale, dei processi cognitivi, comportamentali ed emozionali ha un valore inestimabile nel processo evolutivo della persona. Al di là dell'importanza delle conoscenze generali trasmesse attraverso insegnamenti sul «funzionamento mentale», l'approccio metacognitivo è prezioso per l'enfasi sull'introspezione e sull'autoanalisi. L'alunno deve osservarsi attentamente, cogliere vari aspetti di sé, diventarne ben consapevole, elaborare conoscenze precise sul proprio funzionamento, sui punti di forza, sui deficit e sulle proprie particolarità. Abbiamo visto come questo processo sia importante per l'autostima e per la definizione dell'identità psicologica della persona, tanto più in alunni con deficit di apprendimento, così spesso in difficoltà con l'autoconsapevolezza.

Un ulteriore aspetto positivo di questo approccio è nel nuovo ruolo che viene attribuito alla persona «destinataria» dell'insegnamento. Si punta infatti esplicitamente a un ruolo attivo e di autodirezione, a un ruolo competente e autonomo. L'attenzione alle dimensioni psicologiche del locus of control e alle percezioni di autoefficacia personale, allo sviluppo corretto e produttivo di attribuzioni sulle strategie e di stili adeguati di pensiero, è un elemento chiave per far uscire l'alunno dal tradizionale ruolo di persona passiva, solamente destinatario di interventi che arrivano dall'esterno. L'importanza di questo cambiamento di ottica, che porta a una valorizzazione e a un potenziamento del ruolo attivo e delle risorse presenti nell'alunno, è ancora più evidente se consideriamo le caratteristiche di passività, demotivazione e impotenza di moltissimi alunni con difficoltà di apprendimento. Tale «ricentratura» sullo studente e sulle sue capacità di autogestione, piuttosto che sull'insegnante e i suoi materiali e programmi, ben si accorda con l'evolversi anche dell'approccio più strettamente comportamentale alla disabilità, che non pone l'enfasi esclusivamente sulle operazioni compiute dall'insegnante e sulla qualità delle stimolazioni che egli fornisce (Lancioni, 1992). Nell'approccio metacognitivo si può raggiungere una sintesi ben equilibrata tra orientamento sull'alunno che apprende, da un lato, e attenzione ai materiali e agli stimoli speciali, dall'altro.

L'autoregolazione, in generale, al pari dell'autonomia e dell'indipendenza, è un valore riconosciuto come estremamente prezioso nella nostra cultura attuale e perciò il definirla come un obiettivo esplicito e alla portata anche della persona con notevoli deficit intellettivi contribuisce senz'altro positivamente al lento processo della costruzione di un suo ruolo sociale più valorizzato.

Come abbiamo visto, l'approccio metacognitivo, inoltre, enfatizza notevolmente il ruolo del linguaggio nella mediazione didattica e del dialogo guidato come ambito preferenziale per realizzare in pieno la funzione mediatrice dell'insegnante rispetto agli apprendimenti.

Questa enfasi si fonda sulle analisi compiute da Vygotskij sul ruolo del linguaggio come mediatore fondamentale dell'apprendimento e sul valore motivazionale e di coinvolgimento insito nei rapporti interpersonali. Da notare infatti che tra gli strumenti didattici più usati nell'approccio metacognitivo troviamo l'apprendimento reciproco (cooperativo) nel piccolo gruppo di compagni di classe e il tutoring (Paris e Winograd, 1990; Palincsar et al., 1991; Johnson, Johnson e Holubec, 1996).

Un ulteriore aspetto positivo riguarda la buona compatibilità di questo approccio rispetto all'attuazione di interventi integrati e inclusivi di recupero/sostegno per alunni con difficoltà varie di apprendimento. Alcune caratteristiche dell'intervento metacognitivo rendono infatti possibile un'applicazione molto ampia. Il ruolo del gruppo dei coetanei e l'enfasi posta sui processi di pensiero e sulle strategie autoregolatorie (piuttosto che sugli specifici contenuti scolastici) facilita l'estensione a tutti gli alunni della classe, pur con le necessarie differenze di livello, di molti interventi didattici metacognitivi. Tutta la classe può allora venire coinvolta, sia su programmazioni molto specifiche (ad esempio, unità didattiche sull'autoregolazione delle abilità di memoria), sia su interventi dai contenuti più tradizionali come la lettura, il calcolo, la storia o la geografia affrontati però con una metodologia metacognitiva, che permette più agevolmente una definizione degli obiettivi in diretto rapporto con i livelli individuali di competenza.

In conclusione: l'approccio didattico metacognitivo ha ormai solide e riconosciute basi teoriche di riferimento nella psicologia cognitiva e negli studi sull'apprendimento, ha accumulato una notevole mole di conferme sperimentali della sua efficacia nella didattica e negli interventi mirati di recupero e sostegno e ha, inoltre, una serie di indubbi punti di attrazione e fascino intellettuale che contribuiscono a spiegarne il successo e la rapida diffusione.

Tratto e adattato da *Il Piano educativo individualizzato,* vol. 1, 2009, pp. 182-204

CAPITOLO 15

L'APPRENDIMENTO COOPERATIVO

(Anna La Prova)

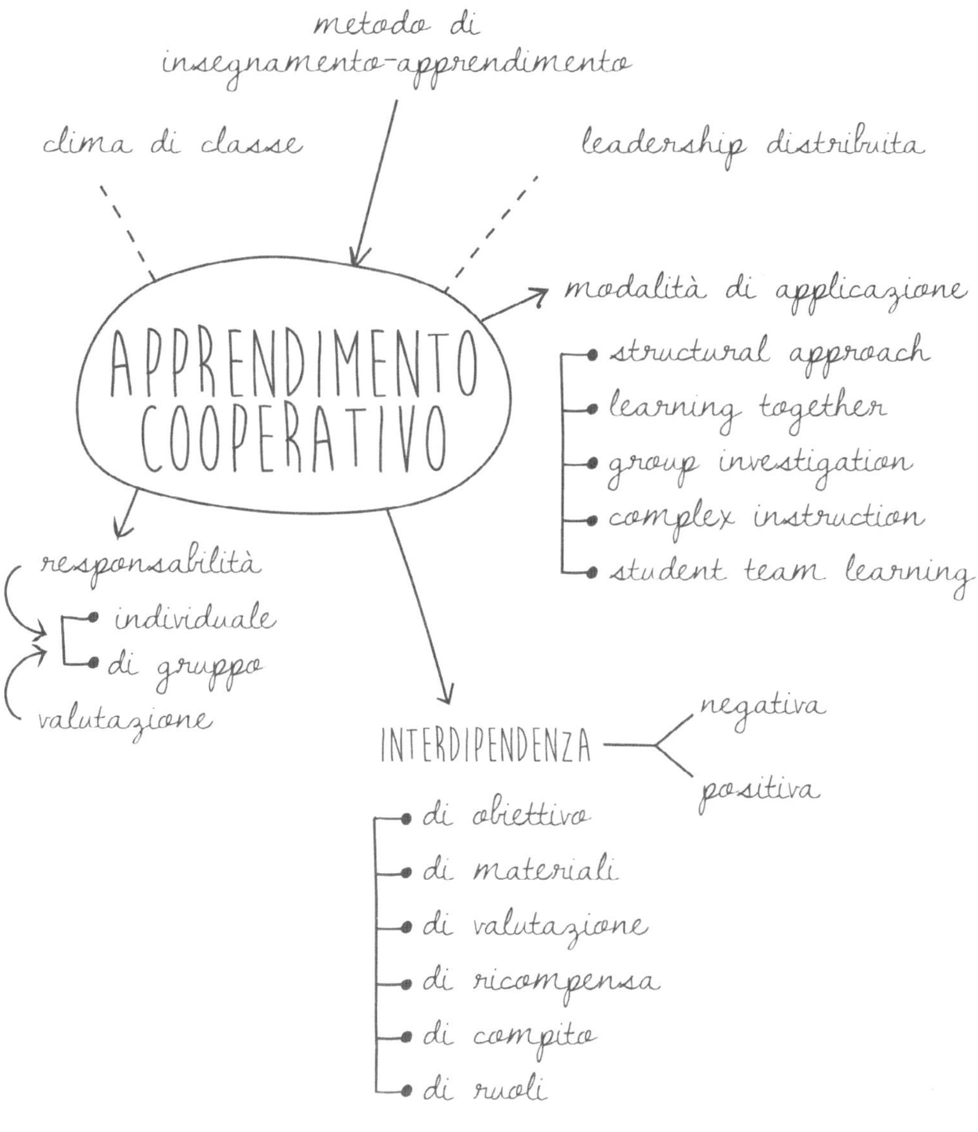

Premessa

Allievi disattenti e allievi lenti, allievi iperattivi e allievi demotivati. Altri chiaramente con ansia da prestazione, altri stranieri che non parlano ancora bene la nostra lingua, altri ancora che hanno un disturbo specifico di apprendimento e quindi hanno diritto a misure compensative e dispensative specifiche. Quelli con il sostegno, poi, hanno il loro Piano Educativo Individualizzato e hanno diritto ad essere «inclusi» e non solo «integrati» nella classe. Ciascuno con la sua individualità, ciascuno con la sua specialità, con i suoi bisogni educativi, con i suoi limiti e le sue risorse.

Come può l'insegnante prestare attenzione a tutti intercettando e rispondendo ai bisogni educativi speciali di ciascuno? È possibile prevedere un Piano Didattico Personalizzato per chi ha bisogni speciali? Ma poi è pur vero che esistono bisogni «speciali» e bisogni «normali»? Oppure nell'apprendere ciascun discente necessita di una «attenzione» alla sua specialità?

La risposta non può evidentemente essere quella di creare dei percorsi individuali; la questione non è nuova, era già stata rilevata dalla Legge Moratti 53/2003, quando si pose l'accento sulla necessità di una «personalizzazione degli apprendimenti, a partire da bisogni formativi specifici»; alla questione Carlo Petracca rispondeva, nell'ormai già lontano 2003, in questo modo:

> Il concetto di «personalizzazione» non deve essere confuso con quello di «formazione individuale». Sarebbe un assurdo dal punto di vista operativo pensare che ogni alunno possa avere il proprio Piano di Studio, composto da tante UDA individuali. L'insegnamento in questo caso non sarebbe più «personalizzato» o individualizzato, ma «individuale», e verrebbe a configurare un cammino esclusivo compiuto, come nell'antichità, con un precettore privato [...] la personalizzazione non può accogliere la rinuncia ai traguardi comuni sociali, non può negare la cooperazione dei pari in attività comuni di apprendimento, non può non riconoscere che «nessun uomo è un'isola». Se personalizzare volesse dire creare delle isole, questo sarebbe la negazione dell'educazione e porterebbe all'emarginazione sociale. (Petracca, 2003, pp. 132-133)

Allora che senso ha parlare di bisogni educativi speciali? Ha senso nella misura in cui cambiamo prospettiva e cominciamo a pensare di risolvere il problema a monte, creando un ambiente che sia «realmente» inclusivo, «a prescindere» e in «ogni caso».

Ha senso nel momento in cui non ci poniamo il problema di come personalizzare l'apprendimento, poiché è già intrinseco nella nostra didattica il fare scelte che vadano incontro a tutte le specialità e che, proprio per questo, mettano tutti nella condizione di apprendere a partire dalle proprie risorse, dall'intelligenza più utilizzata, dal proprio stile di apprendimento specifico.

Ha senso nel momento in cui l'insegnante viene «attrezzato» di una serie di strategie didattiche realmente inclusive, in modo tale che queste siano la «prima scelta» in ogni caso, e non «la scelta compensativa» o di second'ordine.

La domanda è come fare? Esistono strategie didattiche che possano realmente creare un ambiente inclusivo a tal punto che non sia necessario fare nessun'altra scelta se non quella di implementarle per tutti?

E se esistono, come si applicano?

L'*apprendimento cooperativo* è una di queste strategie. Lo affermo in virtù del fatto che in moltissimi anni di esperienza come formatrice in centinaia di scuole italiane ho potuto toccare con mano come, nel momento in cui questa metodologia viene applicata in modo serio e rigoroso, diventi realmente un modo per rispondere in maniera assolutamente esaustiva ai bisogni formativi di moltissimi studenti con bisogni educativi unici.

Questo perché il principio è quello per cui ciascun componente del gruppo, con le sue caratteristiche peculiari e speciali, può contribuire all'apprendimento di tutti e ognuno può divenire risorsa (e strumento compensativo) per gli altri.

Nelle strutture cooperative, ciascuno può trovare uno spazio in cui apprendere con il suo stile di apprendimento specifico e divenire allo stesso tempo supporto per gli altri. Ad esempio: ipotizziamo che in un gruppetto di tre studenti questi abbiano il compito di comprendere un brano di storia e che all'interno di esso ci sia un allievo con dislessia. Se vengono distribuiti i ruoli in un determinato modo — uno legge,uno sintetizza, uno scrive ciò che l'altro ha sintetizzato — si comprende bene come l'allievo dislessico, a cui si può dare il compito di sintetizzare oralmente, possa così compensare la sua difficoltà di leggere e, allo stesso tempo, mettere a disposizione del gruppo la sua capacità di comprendere se ascolta. In questo modo, non servono neanche tante tecnologie speciali ma, in una maniera semplice e naturale, utilizzando le «risorse umane» presenti nella classe, ciascuno viene valorizzato per ciò che sa fare, e al contempo trova compensazione nel compagno per ciò che non sa fare.

In questo senso le strutture cooperative non vanno confuse con le strutture di *peer tutoring* in cui un allievo che «ha di più» dà all'altro che «ha di meno», ma ciascuno viene considerato depositario di risorse da poter mettere al servizio del bene comune: l'apprendimento di tutti.

In un ambiente di apprendimento cooperativo ciascuno ha qualcosa da dare agli altri e qualcosa da ricevere, e questo permette di creare un apprendimento paritario e realmente inclusivo. Vediamo allora in dettaglio in cosa consiste l'apprendimento cooperativo e come si realizza.

Che cos'è l'apprendimento cooperativo?

L'apprendimento cooperativo (AC) è un metodo di insegnamento/apprendimento sviluppato negli anni Settanta del secolo scorso (Johnson e Johnson, 1989; Slavin, 1990; Kagan, 1994; Comoglio, 1996a) di cui si sono in seguito evolute varie forme, per cui in letteratura ne esistono definizioni diverse che si focalizzano sull'una o sull'altra caratteristica del metodo. In breve, si può definire l'AC come un metodo di insegnamento/apprendimento che utilizza i piccoli gruppi, grazie ai quali è possibile sia apprendere che migliorare le relazioni sociali. L'idea principale alla base del metodo è che il gruppo è un insieme di risorse, intese sia come conoscenze che come competenze, e gli allievi non sono considerati come «contenitori da riempire» di nozioni o abilità, ma come risorse da attivare, per cui l'insegnamento/apprendimento è un processo non di trasmissione dall'insegnante agli alunni ma di partecipazione e scambio tra tutte le persone coinvolte.

Le prime riflessioni sull'importanza dell'apprendimento mediato dal gruppo possono essere fatte risalire alle teorizzazioni sull'interdipendenza sociale, le quali sottolineano come il tipo di «incastro relazionale» che si realizza tra le persone di un gruppo influisca sia sul modo in cui i suoi membri interagiscono tra loro sia, nel lungo termine, sui risultati che esso raggiunge (Deutsch, 1968). In seguito si farà strada, intorno agli Settanta, negli Stati Uniti, il bisogno di rispondere a una domanda di socializzazione e di educazione alla convivenza civile, e di lì a poco si parlerà così di *cooperative learning,* grazie alle prime pubblicazioni dei fratelli Johnson. Si faceva sempre più strada, infatti, la consapevolezza di come il contesto classe fosse un contesto sociale a tutti gli effetti e, come tale, modello di relazioni (in pratica, le norme comportamentali che si sperimentano in classe vengono inevitabilmente interiorizzate: si pensi a quanto tempo, nel proprio percorso evolutivo, si trascorre a scuola e a quanto siano influenti le relazioni con i compagni) e poi riproposte in altri contesti sociali.

A partire dalla Legge delega del ministro Moratti (L. 53/2003) fino ad arrivare alle nuove Direttive ministeriali sull'inclusione degli allievi con bisogni educativi speciali (DM 27/12/2012 e CM n. 8 6/3/2013), si riflette sempre di più anche in Italia sul ruolo della scuola come un'agenzia non soltanto informativa ma anche e soprattutto formativa e educativa. Come vedremo, l'AC fornisce una risposta concreta e specifica a questa richiesta, perché è uno strumento flessibile che permette di perseguire più obiettivi educativi contemporaneamente, in quanto mira a promuovere sia un apprendimento efficace sia la convivenza civile e la prosocialità, stimolando diverse intelligenze e diversi stili di apprendimento.

Le principali modalità di applicazione dell'apprendimento cooperativo

Strutturare in classe gruppi cooperativi, tuttavia, non è un'operazione banale. È, infatti, necessario tenere presenti alcune regole specifiche e fondamentali, alle quali i diversi autori attribuiscono un'importanza relativa differente. Ne consegue che esiste una varietà di forme di attuazione dell'AC, che si distinguono in relazione alle norme o principi a cui si sceglie di dare priorità; tra questi, ricordiamo i principali, descrivendone brevemente le caratteristiche essenziali (Comoglio, 1996):

- *structural approach:* ideato da Kagan (1994), si focalizza principalmente sullo sviluppo di strutture di lavoro che — a prescindere dal tipo di contenuto — assicurino una reale interdipendenza positiva e il massimo coinvolgimento, attivo e responsabile, degli alunni; è quindi una struttura che mira all'organizzazione sociale della classe;
- *learning together:* questa modalità, proposta da D.W. Johnson e R.T. Johnson (1989), è la più diffusa e quella su cui è stato condotto il maggior numero di studi sperimentali. Si fonda su cinque principi chiave: interdipendenza positiva, responsabilità individuale e di gruppo, interazione promozionale faccia a faccia, abilità sociali e valutazione individuale e di gruppo (Johnson, Johnson e Holubec, 1996);
- *group investigation:* noto soprattutto dal lavoro di Sharan e Sharan (1998), è una modalità di AC che pone grande rilievo sull'elemento del «desiderio di conoscere»

come stimolo all'apprendimento e a questo proposito il principale compito dell'insegnante è suscitare interesse riguardo all'argomento che sarà oggetto di studio e di ricerca in gruppo; mira a sviluppare soprattutto le abilità metacognitive e i processi di autoregolazione dello studente rispetto sia alle strategie di apprendimento che alle modalità relazionali;
- *complex instruction* (Cohen, 1999): si caratterizza per l'attenzione che rivolge allo status degli alunni all'interno della classe, allo scopo di evitare che i più abili monopolizzino l'attività e che quelli in difficoltà rimangano passivi, per cui i primi continuano a migliorare e i secondi peggiorano. L'insegnante deve quindi individuare e proporre compiti complessi, il cui svolgimento implichi abilità differenti, così che ogni componente del gruppo possa contribuire, con la consapevolezza della necessità dell'apporto di ciascuno;
- *student team learning:* ideata da Slavin (1990), attribuisce grande rilievo alla motivazione estrinseca, per cui implica il sistematico utilizzo di gratificazioni e del confronto tra gruppi.

In questo capitolo vogliamo presentare in maniera più dettagliata la corrente applicativa del *learning together* proposto da Johnson, Johnson e collaboratori (1989; 1996), poiché è questa una delle modalità più frequentemente applicata dagli insegnanti italiani, proprio in ragione della sua particolare flessibilità. Essa prevede attività sia in coppia sia in gruppi più numerosi (4-5 alunni) e si fonda su cinque principi generali che descriviamo brevemente nei paragrafi successivi.

L'interdipendenza positiva

Si ha interdipendenza positiva tra i membri di un gruppo quando ognuno di essi percepisce che la sua relazione con gli altri è del tipo «tutti per uno, uno per tutti». In altre parole, ogni suo componente ha consapevolezza che l'operato di ciascuno può beneficiare o al contrario danneggiare l'intero gruppo, perciò il proprio condiziona quello altrui e viceversa (Johnson e Johnson, 1989): concretamente, si ha quando, ad esempio, l'insegnante, dopo un lavoro di gruppo, interroga casualmente e assegna un voto al gruppo per la risposta individuale. In questo modo, è molto probabile che, durante lo studio o lo svolgimento di un compito, ogni componente del gruppo si impegnerà per assicurarsi che tutti gli altri sappiano rispondere a un'eventuale interrogazione, in modo che il voto comune sia buono. «L'interdipendenza positiva è da considerarsi raggiunta quando i membri del gruppo comprendono che il rapporto di collaborazione che li unisce è tale per cui non può esistere successo individuale senza successo collettivo. Il fallimento del singolo è il fallimento del gruppo» (Johnson, Johnson e Holubec, 1996, p. 25).

L'interdipendenza positiva si realizza fornendo compiti strutturati in modo chiaro e tale per cui non possono essere realizzati se non con la collaborazione effettiva di ognuno; a questo scopo si possono utilizzare varie modalità. Di seguito ne descriviamo sinteticamente alcune.

Interdipendenza di obiettivo

Si realizza quando i membri di un gruppo lavorano insieme per raggiungere un risultato comune, come ad esempio quando ricevono la consegna di risolvere un problema insieme. Questo tipo di interdipendenza, da sola, in genere, non è sufficiente a creare una reale cooperazione.

Interdipendenza di materiali

Si ha quando i membri di un gruppo, nel perseguire il loro obiettivo, dipendono gli uni dagli altri per l'utilizzo dei materiali necessari allo svolgimento del compito; ad esempio vengono invitati a trovare sul vocabolario le parole sconosciute di un brano avendo a disposizione un solo testo, un solo vocabolario e un solo foglio per le risposte.

Interdipendenza di valutazione

Si ha quando, al termine di un lavoro, il gruppo riceve una valutazione sulla base dei risultati ottenuti da ciascuno; un esempio è la situazione in cui, dopo un lavoro comune, il voto individuale deriva per una parte da quello personale e per una parte dalla media dei voti di tutti, oppure quando il voto di uno vale per tutto il gruppo.

Interdipendenza di ricompensa

Si realizza quando i componenti di un gruppo, dopo aver lavorato con successo a un compito comune, ricevono una gratificazione collettiva, come ad esempio cinque minuti in più di ricreazione, la possibilità di svolgere un'attività gradita, punti per la propria squadra, ecc.

Interdipendenza di compito

Si ottiene ripartendo il lavoro in una serie di operazioni in modo che ogni studente debba fare la sua parte perché il compagno possa svolgere la propria.

Interdipendenza di ruoli

Si raggiunge affidando a ciascun componente del gruppo ruoli di funzionamento: ad esempio, spiegare, tenere il tempo, monitorare l'attenzione, dare la parola, ecc.

L'interdipendenza negativa e l'assenza di interdipendenza

Prima di procedere, è importante ricordare che il tipo di interdipendenza che si crea all'interno della classe può prescindere dalla consapevolezza dell'insegnante. Molto spesso, infatti, alcuni atteggiamenti o le modalità di dare una valutazione, un premio o una punizione stabiliscono in classe una tipologia di rapporti reciproci di cui l'insegnante stesso non si rende conto. Oltre alla situazione, auspicabile, dell'interdipendenza positiva, si possono instaurare allora anche quelle di *interdipendenza negativa* e di *assenza di interdipendenza.*

Si crea *interdipendenza negativa* quando, in qualche modo, si trasmette l'idea che al successo di uno corrisponda inevitabilmente l'insuccesso di un altro. Per quanto indesiderabile o all'apparenza remota, questa eventualità di fatto si compie con altissima frequenza nelle situazioni di verifica e valutazione. Solitamente, infatti, se uno studente riceve una valutazione di «buono» a un determinato compito, quel «buono» assume una connotazione diversa a seconda se il resto della classe si sia attestato su una votazione di «sufficiente» o di «ottimo»; in altre parole, il valore di quel «buono» non è assoluto, ma aumenta o diminuisce in relazione al voto conseguito dagli altri. Non è raro che gli insegnanti ammettano che, prima di assegnare una valutazione a un compito, aspettano di leggere tutti gli altri: questo mostra come il successo di ciascuno non sia dovuto esclusivamente alla qualità della prestazione ma sia in relazione di interdipendenza — negativa — con il risultato altrui. È un fatto del quale gli studenti appaiono pienamente consapevoli, tant'è vero che non appena viene riconsegnato un compito la prima cosa che fanno è chiedere ai compagni «quanto hanno preso».

Nelle situazioni di *assenza di interdipendenza* non esiste alcun tipo di «incastro» tra i membri di un gruppo, per cui il risultato di ciascuno non è influenzato dal risultato altrui (situazione che nella realtà delle classi si verifica con minore frequenza rispetto alla precedente).

È fondamentale che l'insegnante diventi consapevole del tipo di interdipendenza che tende a favorire tra i suoi allievi, poiché essa incide fortemente sul clima della classe e anche sulle prestazioni individuali. Immaginiamo, ad esempio, l'effetto che può avere, su uno studente con difficoltà e scarso senso di autoefficacia scolastica, il fatto che il resto della classe esulti per un suo successo o al contrario rimanga indifferente o si rallegri per un suo insuccesso. Pensiamo anche a quanto può essere motivante, per un ragazzo che riesce bene, aiutare un compagno che ha difficoltà e in questo modo permettere al gruppo di ottenere un ottimo voto. Inoltre, occorre acquisire consapevolezza di questa dimensione anche perché l'invito esplicito a impegnarsi per un risultato comune non può essere credibile se implicitamente si incoraggia, invece, un confronto di tipo competitivo. La coerenza è essenziale perché gli studenti percepiscono esattamente se e quanto l'insegnante è convinto di quanto afferma o richiede.

Infine, si potrebbe obiettare che, per alcuni studenti, le situazioni di interdipendenza negativa e quindi competitive, pur creando maggiore ansia, sono stimolanti e motivanti. Questo è sicuramente vero, ma per quanti studenti? Per uno, due, quattro... magari dieci, ma le classi sono il più delle volte composte da 20-25 ragazzi e l'insegnante ha la responsabilità di garantire la motivazione e l'apprendimento a tutti: è qui che i contesti competitivi, ma non quelli cooperativi, perdono la loro efficacia.

La responsabilità individuale e di gruppo

Strettamente legato al principio dell'interdipendenza positiva è quello di responsabilità individuale e di gruppo. Se infatti si riesce a creare un buon livello di interdipendenza tra i membri del gruppo, molto probabilmente ci si assicura anche un certo grado di responsabilità individuale e quindi di gruppo, poiché ogni componente percepisce di essere responsabile per sé e per gli altri. La responsabilità individuale si ottiene anche monitorando lo svolgimento del lavoro nei gruppi. Inoltre, poiché l'attività in gruppo è finalizzata a una migliore prestazione dei singoli, è necessaria una valutazione delle prestazioni sia individuali che di gruppo, per verificare il rispetto dei singoli ruoli: in questo modo il gruppo diviene responsabile del raggiungimento dei suoi obiettivi e ogni membro contribuisce con la propria parte di lavoro (cosa che impedisce lo sfruttamento del lavoro altrui; Johnson, Johnson e Holubec, 1996).

L'interazione promozionale faccia a faccia

L'interazione promozionale faccia a faccia consiste nel collaborare in modo positivo incoraggiandosi a vicenda, e necessariamente implica la fiducia che ogni feedback, positivo ma anche e soprattutto negativo, è finalizzato al miglioramento del lavoro individuale e quindi comune. «Questo aiuto reciproco si attua attraverso la spiegazione verbale delle strategie di soluzione dei problemi, la discussione dei concetti che si studiano, la condivisione delle proprie conoscenze con i compagni di classe e l'integrazione dei contenuti da apprendere con quanto già si conosce. Favorendo reciprocamente il loro apprendimento gli studenti si impegnano personalmente l'uno verso l'altro per raggiungere gli obiettivi comuni» (Johnson, Johnson e Holubec, 1996, pp. 27-28). Per favorire questo tipo di interazione, è importante che nel gruppo si abbia anche la possibilità «fisica» di interazione faccia a faccia, perciò è auspicabile che i gruppi siano composti da non più di 4-5 alunni, in modo da poter avere scambi diretti, faccia a faccia appunto.

Le abilità sociali

Non basta che gli studenti siano seduti in cerchio e che l'insegnante abbia dato loro un compito complesso da svolgere perché il lavoro di gruppo riesca: a questo scopo è necessario che ognuno nel gruppo sappia relazionarsi con gli altri in modo efficace, cioè che possieda abilità sociali. Il lavoro di gruppo comporta infatti un'interazione continua e inevitabilmente anche dei conflitti, che vanno affrontati in modo costruttivo e assertivo, senza passività né aggressività. I membri del gruppo devono saper sostenere efficacemente un ruolo di guida, prendere decisioni, creare un clima di fiducia, comunicare, gestire i conflitti (Johnson, Johnson e Holubec, 1996, p. 28) e, se queste abilità mancano, occorre intervenire per svilupparle. È quindi necessario che l'insegnante valuti il livello di abilità sociali presenti nella sua classe e promuova direttamente quelle carenti. Ciò non significa necessariamente che l'insegnamento delle abilità sociali debba essere condotto in maniera a sé stante; di fatto, le attività cooperative stesse sono veicolo di un'educazione alla socialità e forniscono quindi un contesto ideale per questo insegnamento (Fabiani e Passantino, 2007, pp. 79-81), perché mostrano in maniera concreta la necessità e l'utilità di mettere in atto le regole — facilitano il lavoro di gruppo e il raggiungimento degli obiettivi prefissati — e le difficoltà che si creano quando invece non vengono rispettate (non rispettarsi, parlarsi addosso o non dare aiuto ostacolano il perseguimento degli obiettivi).

La valutazione individuale e di gruppo

Al termine di un'attività complessa o di un lavoro particolarmente impegnativo, il gruppo cooperativo deve valutare cosa ha funzionato e cosa no, quali comportamenti di ciascuno sono risultati utili e quali no. Per migliorare progressivamente è infatti necessario analizzare attentamente le modalità di lavoro collettivo individuando le criticità e i punti di forza, nonché le possibilità di superare le prime e potenziare le seconde (Johnson, Johnson e Holubec, 1996). Questa valutazione è importante anche per favorire una consapevolezza metacognitiva delle proprie risorse e dei propri limiti, a sua volta fondamentale per l'acquisizione e il mantenimento delle competenze individuali.

I principi/regole descritti sopra non sono semplici riferimenti teorici, bensì costituiscono precise coordinate per l'insegnante che voglia assicurarsi di organizzare attività realmente cooperative, e quindi non in gruppi tradizionali o di altro tipo: a questo scopo, nell'organizzare l'attività di gruppo, dovrà verificare se la struttura garantisce un buon livello di interdipendenza positiva e di responsabilità individuale tra gli allievi, se ci sono le condizioni per un'interazione promozionale faccia a faccia, se il livello di abilità sociali presente nei singoli gruppi e nell'intera classe è adeguato o richiede un intervento specifico, se la revisione e la valutazione finale sono strutturate in maniera appropriata, ecc. Inoltre, se l'attività di uno o più gruppi non funziona, ha a disposizione delle linee guida che possono aiutarlo a individuare il livello e il tipo di difficoltà.

Oltre a quelli enunciati dai Johnson per il *learning together*, l'esperienza e la letteratura indicano altri due principi fondamentali per il buon funzionamento dei gruppi di apprendimento cooperativo: la contemporaneità delle azioni realizzate dai singoli durante il lavoro di gruppo e la leadership distribuita.

La contemporaneità delle azioni

Uno degli errori in cui è più facile cadere nel programmare attività di gruppo è quello di assegnare a ogni alunno numerose operazioni da svolgere, per garantire interdipendenza positiva, pensandole però come operazioni a catena: ciò espone al rischio che, quando l'ultimo allievo è impegnato nel suo compito, il primo si sia già annoiato e pensi a tutt'altro. È importante ricordare che per realizzare un gruppo cooperativo non basta far lavorare gli alunni a uno stesso tavolo: se l'attività che vanno a svolgere non prevede la contemporaneità delle azioni di ognuno, quello che si avrà sarà al più un gruppo di lavoro tradizionale o un gruppo di soggetti che lavorano vicini ma da soli. Occorre quindi prestare grande attenzione al tipo di compiti da proporre per l'attività in gruppo cooperativo, tenendo presente che non tutti si prestano a questa modalità di lavoro; quelli molto semplici, ad esempio, è preferibile che vengano eseguiti individualmente: in gruppo sarebbero demotivanti. Perciò, è sempre opportuno chiedersi: «Questo compito è adatto al lavoro in gruppo o gli allievi potrebbero svolgerlo prima e meglio individualmente?»; se la risposta è la seconda, allora è più opportuno non proporlo come attività di gruppo o pensare a come renderlo più complesso affinché fornisca occasione di confronto e approfondimento.

La leadership distribuita

Sebbene i vari autori le attribuiscano un'importanza differente (Johnson e Johnson, 1991; Dishon e O'Leary, 1984), per la nostra esperienza la leadership distribuita — ossia che si alterna tra i vari componenti del gruppo in relazione al tipo di obiettivo o alla struttura dell'attività — è un aspetto fondamentale del lavoro cooperativo efficace. La leadership si attua principalmente su due piani (Johnson e Johnson, 1991) — quello del compito e quello del clima relazionale — e si realizza assegnando incarichi specifici a ogni alunno, così che ciascuno diventi temporaneamente leader di una parte del lavoro comune.

Come si applica l'apprendimento cooperativo

A partire dai principi proposti dal *learning together,* passiamo ora a descrivere, più nel concreto, con quali modalità si può realizzare una lezione di apprendimento cooperativo.

A partire dall'esperienza come formatrice in scuole italiane di ogni ordine e grado, ho sintetizzato almeno tre principali modalità di realizzazione pratica di attività cooperative. Oltre ai tre modelli principali, ne riconosco un quarto che amo definire «di confine», poiché si pone a metà tra le ultime due modalità.

Tali modalità, che costituiscono una rivisitazione delle strutture previste dal *learning together,* sono le seguenti:

– attività di creazione del clima della classe;
– attività cooperative semplici;
– attività cooperative complesse;
– attività di confine.

Attività di creazione del clima della classe

Le attività di creazione del clima di classe sono da intendersi come «preparatorie» a quelle di apprendimento vere e proprie e in questo senso sono utili per favorire la conoscenza e la fiducia reciproca tra i componenti del gruppo classe. Creare, infatti, un'atmosfera piacevole aumenta la disponibilità degli alunni a mettersi in gioco e a impegnarsi nell'apprendimento. Si presentano come giochi relazionali e si ispirano ai principi della psicologia sociale relativa alla dinamica dei gruppi.

Attività cooperative semplici

Le attività cooperative semplici hanno le seguenti caratteristiche comuni:

– si svolgono in coppie di alunni o al massimo in gruppi di 3;
– prevedono un tempo breve di permanenza nella coppia (1 o 2 ore di lezione);
– non richiedono necessariamente un buon livello di abilità sociali;

– consistono in compiti non particolarmente difficili, che gli studenti potrebbero realizzare anche individualmente, ma che vengono proposti per il lavoro in coppia allo scopo di favorire il mantenimento dell'attenzione, la rielaborazione e lo studio.

Tali attività si distinguono ulteriormente in due tipologie: attività a sostegno della spiegazione e attività a supporto dello studio.

Attività a sostegno della spiegazione

Le attività di coppia a sostegno della spiegazione hanno lo scopo di coinvolgere gli alunni durante la lezione frontale, evitando che si distraggano con troppa facilità e stimolandoli all'ascolto attivo e all'elaborazione pressoché immediata dei contenuti proposti. Le lezioni frontali, infatti, comportano inevitabilmente una caduta d'attenzione dopo un periodo che può variare dai 20 ai 30 minuti, dopodiché, a meno che l'argomento non sia estremamente interessante per gli alunni o l'insegnante non sia eccezionalmente carismatico, è molto probabile che subentri la distrazione. Queste attività sono strutturate specificamente per ovviare al fisiologico calo attentivo e alle lacune e difficoltà che ne possono conseguire per gli alunni. Sostanzialmente, si propongono di stimolare l'interesse sull'argomento proposto in vari modi, ad esempio interrompendo la lezione ogni cinque minuti e ponendo delle domande su quanto si è detto a cui rispondere insieme, o invitando i ragazzi a prendere appunti e a confrontarsi con il compagno. Oltre a quelli più immediati di coinvolgere maggiormente gli studenti e aiutarli a rielaborare quanto proposto, in modo da appropriarsene, tali attività permettono di perseguire una molteplicità di obiettivi:
– favorire un atteggiamento attivo verso l'apprendimento;
– fornire la possibilità di ritornare su quanto è stato presentato e confrontarsi in modo da prevenire gli errori di comprensione;
– creare l'occasione per riflettere e farsi domande sulla spiegazione in modo da poter apprendere in modo critico e non passivo;
– favorire la possibilità di comprendere, cogliere collegamenti e quindi memorizzare per concetti.

Attività a supporto dello studio

Anche l'interiorizzazione di informazioni e concetti implica una notevole capacità attentiva e di elaborazione, capacità che spesso viene poco esercitata, limitandosi a una memorizzazione automatica senza un'autentica comprensione dell'argomento. I lavori di coppia a supporto dello studio intendono favorire una reale ed efficace appropriazione dei contenuti attraverso il confronto con il compagno e il suo aiuto. Dover pensare a domande da fare al compagno su quanto si sta studiando, sintetizzare un paragrafo appena letto e spiegarlo, schematizzare una parte del testo e presentarla all'altro sono alcune modalità di lavoro a coppia che «costringono» a riflettere e a elaborare in profondità il contenuto che si va apprendendo. Il confronto con il compagno, poi, aiuta a mettere a fuoco elementi che possono sfuggire nello studio individuale. Nello specifico, le attività di coppia a supporto dello studio intendono stimolare e favorire:

- la capacità critica e di rielaborazione;
- la capacità di confronto e di discussione su un dato argomento;
- l'approfondimento di un argomento;
- l'appropriazione di un contenuto;
- la correzione di eventuali errori di comprensione.

Attività cooperative complesse

Le attività cooperative complesse prevedono una strutturazione più formale in termini di tempi, ruoli e modalità di svolgimento:

- si svolgono in gruppi composti da un minimo di 3 a un massimo di 5 studenti (il numero ideale per un buon lavoro cooperativo in gruppi strutturati è 4);
- prevedono un tempo breve di permanenza nel gruppo relativamente lungo (da una settimana a diversi mesi);
- consistono in compiti generalmente complessi, per i quali è effettivamente necessario un lavoro di gruppo, perché lo svolgimento individuale richiederebbe molto più tempo ed energie;
- comportano una chiara suddivisione dei compiti individuali in base ai ruoli che ognuno riveste, nonché tempi e percorsi ben delineati;
- poiché il tempo di permanenza nel gruppo è maggiore e il compito è complesso, è quantomeno auspicabile che i componenti del gruppo abbiano raggiunto un buon livello di abilità sociali.

Attività di confine

Le attività di confine sono spesso inventate dagli insegnanti per fare fronte a necessità contingenti di trasformare attività complesse in strutture più semplici. Si collocano a metà strada fra le attività semplici e quelle complesse, perché hanno più elementi rispetto alle prime (come ad esempio quando per il lavoro di coppia viene strutturata una chiara suddivisione di ruoli e compiti) e mancano di una o due caratteristiche per rientrare nelle seconde.

Conclusioni

In questo capitolo si è descritto a grandi linee l'apprendimento cooperativo, identificandolo come metodologia didattica compensativa di molti possibili bisogni educativi speciali. A partire dall'analisi dei principi di base, si è focalizzata l'attenzione sul fatto che le strutture di gruppo cooperativo possono favorire il coinvolgimento attivo di ogni studente e l'espressione di tutte le individualità; allo stesso tempo, la presenza dei compagni può realmente compensare dei deficit specifici anche in assenza di particolari strumenti e/o tecnologie.

Il piccolo gruppo, infatti, espone e protegge allo stesso tempo, poiché da un lato prevede ruoli e compiti individuali, così che nessuno possa sottrarsi all'impegno comune, e dall'altro lato garantisce sia aiuto che accettazione e completamento per le difficoltà. È quindi evidente come questa struttura di insegnamento/apprendimento consenta al singolo allievo di sperimentare le proprie potenzialità e di essere più disponibile a mettersi in gioco. Abbiamo sottolineato anche come l'AC possa rispondere alla richiesta di educazione alla convivenza civile che arriva da più parti, ormai da anni, alle agenzie educative. Il confronto con i compagni — ognuno con le sue caratteristiche, spesso anche molto diverse dalle proprie, sotto i profili culturale, delle abilità (e disabilità), ecc. — promuove una conoscenza autentica di sé e degli altri e una percezione del diverso da sé come risorsa che può arricchire, anziché ostacolare o minacciare, la propria identità. In questo senso, ci sembra una metodologia didattica elettiva per creare un ambiente di apprendimento realmente inclusivo.

Tratto e adattato da *Alunni con BES,* 2014, pp. 271-282

CAPITOLO 16

LA GESTIONE DELLA CLASSE

(Luigi Tuffanelli e Dario Ianes)

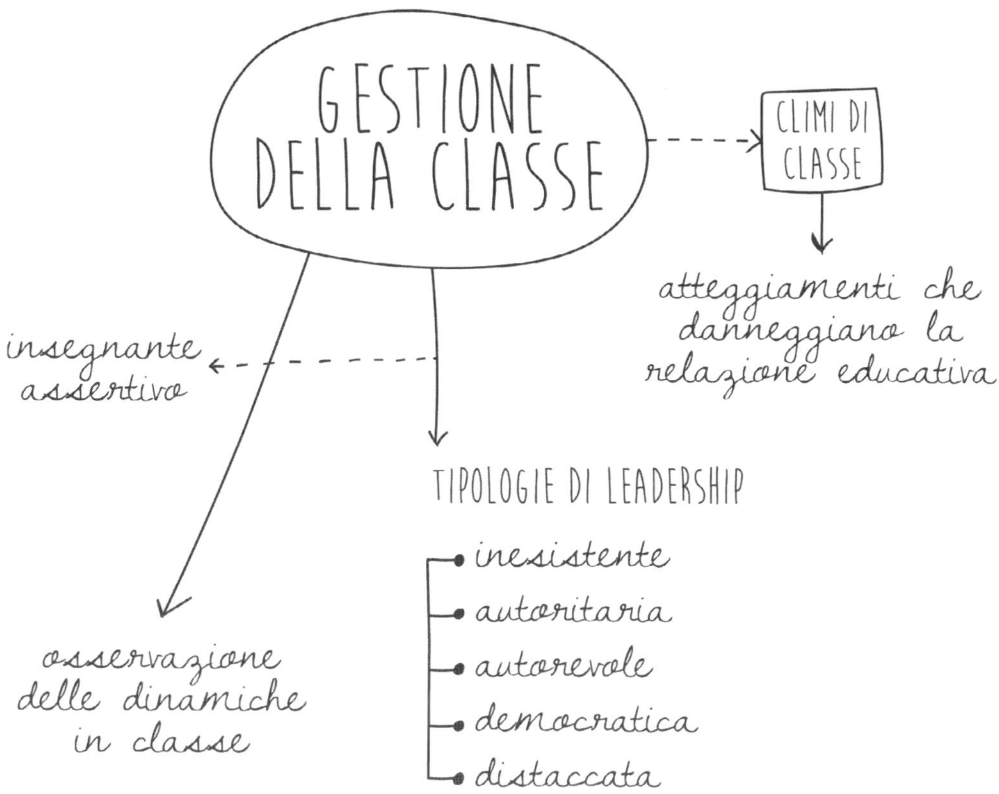

Seduzione e fuga

Il tema dell'atteggiamento da assumere di fronte agli alunni è molto delicato e per niente semplice, perché coinvolge ambiti diversi, dall'etica professionale allo stile personale, passando per propensioni molto soggettive, di gusto, e in quanto tali opinabili. Diciamo anzitutto che un bravo insegnante deve assumersi tutte le responsabilità e gli oneri che il suo ruolo comporta. Certo, è comprensibile, umano, che si ricerchi l'apprezzamento e la simpatia degli altri, perché fa stare meglio con se stessi e con il mondo. Però non si deve ottenere la simpatia degli alunni a qualunque prezzo, in modo incompatibile con il proprio ruolo.

Proviamo a inquadrare la questione partendo dall'etimologia della parola «educare», che deriva dal latino e significa letteralmente «trarre fuori». Il ruolo dell'educatore consiste nel creare le condizioni perché l'alunno tiri fuori, realizzi le sue potenzialità, apprenda. Dapprima, come si diceva, in modo guidato, mediato, e poi, con l'avanzare dell'età, in modo sempre più autonomo. Crescere, apprendere, vuol dire cambiare, pagando i prezzi e tollerando le frustrazioni inevitabili che questo processo comporta. Ciò presuppone delle sponde, delle regole chiare, richieste precise, ambienti strutturati, che contrastano nell'immediato con l'impulso alla libertà totale, ma che sono la condizione indispensabile per una crescita equilibrata.

Ci sono diversi modi per impostare una relazione educativa sbagliata: la seduzione è uno di questi, ma ce ne sono altri. Una relazione educativa inefficace, distorta, può dipendere da diversi atteggiamenti, che nell'immediato sembrano produrre risultati positivi, ma che con il tempo si mostrano fallimentari. Curiosamente, c'è una corrispondenza fra gli atteggiamenti inconsapevoli messi in atto dall'alunno e quelli dell'insegnante. Proviamo a rappresentarli con una tabella (tabella 16.1).

TABELLA 16.1
Atteggiamenti che danneggiano la relazione educativa

Alunno	Atteggiamenti negativi	Insegnante
Conquista, ricatto affettivo, collusione	Seduzione	Ricerca di approvazione, narcisismo
Evitamento del rapporto e del compito ansiogeni	Elusione	Schermo tecnico-professionale
Sfida permanente	Ribellione	Comportamento molto punitivo come autodifesa

Come si vede, gli atteggiamenti volti alla seduzione possono essere messi in atto anche dallo studente, che ricerca un'intesa particolare, manifesta una disponibilità che sfuma nell'adulazione, insomma un atteggiamento collusivo spesso ripagato con un trattamento di riguardo. Un altro modo negativo di evitare una relazione educativa vissuta come eccessivamente impegnativa e intrusiva consiste, da parte dell'insegnante, nel nascondersi dietro uno schermo tecnico-professionale, negando di fatto una parte importante della propria funzione. È un atteggiamento analogo a quello dello studente che elude i compiti e la relazione con l'insegnante perché vissuti come fonte d'ansia. Infine, l'atteggiamento forse più frequente per non stabilire una relazione positiva consiste nel ribellismo, nella sfida permanente da parte dell'alunno, cui fa da contraltare nel docente un comportamento che vorrebbe essere autoritario, ma che è solo un modo per schivare una relazione che non si riesce né a capire né a gestire.

Climi di classe

Particolarmente interessante e importante, ai fini della gestione della classe, è la tematica sui climi di classe, risalente a Kurt Lewin che, sfuggito nel '33 alle persecuzioni naziste e approdato negli USA, cominciò a indagare gli aspetti che caratterizzano la leadership all'interno di un gruppo. Lewin scoprì che i leader autoritari imponevano l'attività al gruppo, i leader democratici coinvolgevano l'intero gruppo nelle decisioni sulle scelte da compiere e i leader permissivi non influenzavano le scelte dei membri del gruppo né controllavano la loro attività. In conseguenza di ciò, osservò che si formavano diversi tipi di gruppo: i gruppi autoritari erano caratterizzati da incapacità d'iniziativa, frustrazione, aggressività verso il leader e nello stesso tempo dipendenza e richiesta di attenzione da parte sua; nei gruppi democratici invece emergeva una maggiore collaborazione, rapporti più spontanei tra i membri e con il leader, differenze di status meno evidenti, più libertà nel dare suggerimenti per l'organizzazione del gruppo e quindi una più elevata efficienza; infine, nei gruppi permissivi, si rilevava una maggiore aggressività tra i membri stessi e una tensione più accentuata, disorganizzazione, inconcludenza e un sentimento molto labile di appartenenza al gruppo. Si è fatto anche il tentativo di spostare qualche ragazzino da un gruppo a un altro di tipo diverso e si è notato che chi veniva spostato risentiva dell'atmosfera del gruppo e ne era condizionato. In pratica si uniformava al nuovo clima, a conferma dell'importanza della dinamica del gruppo sui comportamenti del singolo.

Tuttavia non ci sono solo queste tre tipologie di leadership. Ne potremmo indicare almeno cinque (figura 16.1).

La pallina di diverso colore è ovviamente l'insegnante e le frecce stanno a indicare l'orientamento e gli scopi di ogni membro del gruppo. L'orientamento e la disposizione rappresentano in modo intuitivo il particolare tipo di leadership. La presa del leader permissivo sui diversi membri del gruppo è praticamente inesistente. In realtà abbiamo a che fare con un gruppo solo apparente, perché i vari membri coesistono in uno spazio fisico, ma nel loro modo di operare non c'è nessuna convergenza verso uno scopo comune. Nella leadership autoritaria c'è un orientamento di tutti gli alunni verso l'insegnante leader, tranne il caso, non certo raro, dell'alunno particolarmente ribelle e intollerante verso la disciplina, che attiva una sua lotta personale nei confronti dell'insegnante, il quale naturalmente, come abbiamo visto, risponde con comportamenti molto punitivi e inefficaci dal punto di vista educativo. Io farei inoltre una distinzione fra leadership democratica e leadership autorevole. In quest'ultimo caso, come cerco di evidenziare nel mio disegno, la centralità e la guida sono sempre nelle mani dell'insegnante, che però interagisce molto con tutti gli allievi ed è molto attento ai loro bisogni. L'autorevolezza infatti è la capacità di coniugare regole certe con l'apertura al dialogo e con il sostegno emotivo. Invece nella leadership democratica l'insegnante, pur non abdicando al suo ruolo e alla sua responsabilità, si sa mettere in qualche modo alla pari con i suoi alunni, esprimendo un'opinione tra le altre.

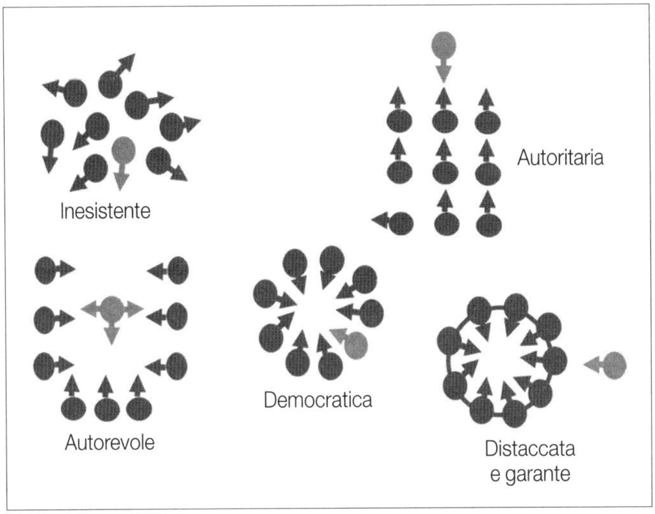

Fig. 16.1 Tipologie di leadership.

Nella leadership che abbiamo definito distaccata e garante l'insegnante potrebbe sembrare ininfluente, addirittura emarginato, ma è vero il contrario. Quando l'insegnante si può ritrarre dalla gestione diretta, perché confida nell'autonomia del gruppo nel perseguire un particolare obiettivo, significa che a monte c'è stato un lavoro molto efficace di responsabilizzazione e si sono fatti passi notevoli in direzione di quell'autonomia che, abbiamo visto, costituisce la mèta formativa cui la scuola deve tendere. Al momento non sembrano essere molto frequenti situazioni di questo tipo, anche perché raramente vengono cercate con determinazione perché ritenute perseguibili e praticabili. Molto, naturalmente, è legato al processo di maturazione degli alunni. La variabile età è decisiva. Però non è impossibile che si diano situazioni di questo tipo anche nella fase terminale del primo ciclo. Chiaramente stiamo parlando di gruppi piuttosto estesi (una decina di persone o anche più), che si autogestiscono per periodi limitati; perché, in gruppi più limitati, di tipo cooperativo, questa modalità di conduzione è praticabile fin dalla scuola primaria, fatte salve le condizioni di cui abbiamo già parlato.

Autorità e potere

In connessione con le tematiche affrontate, introduco la delicata e quasi impronunciabile questione del potere, che non è frequente richiamare esplicitamente quando si parla di didattica e di gestione della classe.

In realtà, in un processo educativo che funzioni la questione del potere è cogente. L'autorità esercitata dall'insegnante e l'autonomia conquistata dagli allievi si pongono in una relazione inversa: con il passare del tempo, la quota d'autorità si riduce progressivamente e viene rimpiazzata dall'autonomia che si incrementa (figura 16.2).

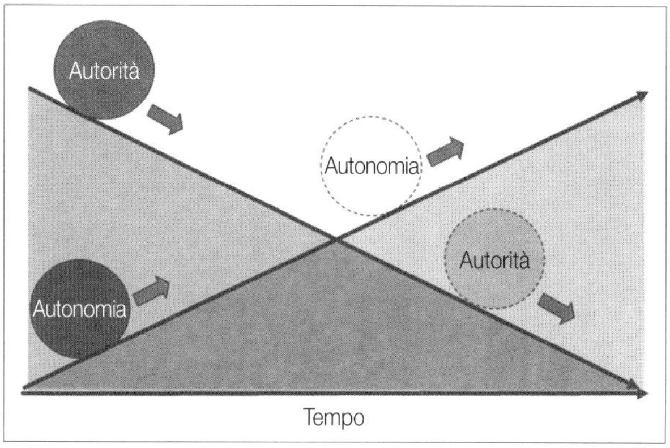

Fig. 16.2 Autorità e autonomia nel tempo.

Nello stesso tempo, cambiano le forme del potere e il tipo di leadership (figura 16.3): in una fase iniziale, quando gli alunni sono piccoli e hanno bisogno di una guida ferma, pacata ma rassicurante, il potere decisionale si concentra sull'insegnante, che lo esercita sotto forma di autorità visibile ed esplicita. In una fase intermedia il potere si distribuisce maggiormente sul gruppo e acquista la forma della comunicazione e dell'interazione, governate da una guida autorevole. Infine, se il processo si sviluppa positivamente, si creano le condizioni per una leadership democratica, dove il potere si esercita nelle forme della partecipazione.

Come si vede, il cerchio dell'autorità è tanto più in alto quanto più piccoli sono gli alunni. Si potrebbe pensare che è esagerato con dei bimbetti di sei anni. Ma non si deve confondere l'autorità con l'autoritarismo, che ne rappresenta la degenerazione, la caricatura: se si deve ricorrere all'intimidazione e alle minacce, significa che l'autorità è minacciata e precaria. Si pensi a come si sviluppa negli individui il senso morale. Nel bambino il giudizio morale è eteronomo, cioè regolato dall'esterno dall'autorità degli adulti. È solo con il passare del tempo che le regole vengono interiorizzate e il giudizio morale può diventare autonomo.

La linea del tempo che abbiamo rappresentato con una freccia nella figura 16.2 non vale solo per l'intero percorso scolastico, dall'inizio alla fine, dal bambino al tardo adolescente, ma può funzionare, ad esempio, anche per il triennio della secondaria di primo grado o per un ciclo ancora più breve di insegnamento, come può essere quello di un docente che entri in classe solo nel secondo anno. Immaginiamo l'autorità come una pietra che rotola. L'errore più frequente che si nota nei giovani colleghi, condizionati probabilmente dalla disponibilità molto alta degli alunni nei primissimi giorni, consiste nel collocare questa pietra non in alto (alto tasso di autorità), ma a metà o più in basso, nell'illusione di spingerla in alto solo successivamente in caso di necessità (figura 16.3). Ma dopo è troppo tardi; o meglio, la fatica richiesta è molto grande e molti non ne hanno la forza. Allora si cerca di recuperare l'autorità sciupata con un autoritarismo che spesso non funziona e, quand'anche «funzionasse» — nel senso che si riesce in qualche modo a mantenere l'ordine —, blocca il processo di crescita dell'autonomia degli alunni.

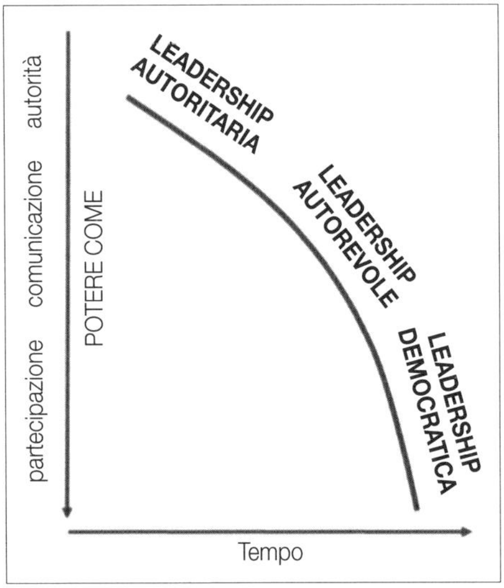

Fig. 16.3 Forme di potere e leadership dell'insegnante.

Perdere le staffe

Gli scoppi d'ira frequenti non sono affatto benefici allo scopo di scaricare la tensione, ma, al contrario, possono determinare seri danni alla salute: alterazioni del sistema nervoso periferico, problemi a livello cardiaco o gastroenterico, malattie psicosomatiche, danni al sistema immunitario. E le conseguenze psicologiche sono forse peggiori. Quando si è in preda alla collera, è difficile riuscire a controllare i comportamenti e il linguaggio e se ne devono poi sopportare le conseguenze: senso di colpa, percezione di impotenza di fronte ai problemi, minaccia all'autostima, deterioramento della relazione con le persone che sono investite dalla nostra rabbia.

Per mettersi al riparo da questi rischi, occorre riuscire a cogliere per tempo le avvisaglie della collera montante e mettere quindi in atto dei rimedi che consentano di modulare in modo opportuno le reazioni.

Ci sono diversi ordini di motivi che possono innescare scoppi di collera. In generale possiamo dire che siamo esposti alla collera quando la realtà tradisce le nostre aspettative e siamo quindi impreparati ad affrontare razionalmente gli eventi sgraditi e inattesi. È il caso delle frustrazioni che dobbiamo subire quando un ostacolo si frappone fra noi e i nostri obiettivi, oppure quando si fanno promesse che non vengono mantenute. Ma anche il dover subire prepotenze o ingiustizie scatena reazioni di collera. Ciò avviene perché ci si trova impreparati di fronte agli stimoli scatenanti e quindi non si attivano quei freni inibitori che consentono di mantenere la reazione emotiva sotto controllo. Si potrebbe sostenere che la collera, essendo una reazione istintiva, non si può controllare. Tuttavia, si può notare che è molto più probabile che si perdano le staffe quando ci si trova in una situazione vantaggiosa di potere, mentre ci si controlla molto di più quando si è in situazione di svantaggio (di fronte al dirigente che ti può licenziare, a un'altra persona più grande, grossa e aggressiva di te, ecc.). Quindi la perdita di controllo è solo relativa: ci si concede di perdere il controllo, perché non si rischia più di tanto. Tra lo stimolo e la risposta rabbiosa si frappone un intervallo, più o meno lungo, durante il quale lo stato d'ira si autoalimenta e cresce fino a un acme, oltre il quale c'è lo scatto di collera. Più alta è la tensione più difficile è il controllo.

La fase in cui si deve disinnescare il processo è quella iniziale, ma occorre interpretare bene gli indizi premonitori e mettere subito in atto le strategie di controllo.

Se il grado di accordo è molto basso, le reazioni d'ira possono essere neutralizzate o attutite. Prendere consapevolezza consente di attenuare l'intensità della risposta. Naturalmente, se agiscono simultaneamente più fattori, ad esempio un pregiudizio culturale e uno stato fisico negativo, diventa più difficile riuscire a esercitare un controllo.

L'insegnante assertivo

Non va inoltre dimenticato che l'insegnante ha una grande responsabilità, in quanto fornisce inevitabilmente, anche contro la sua volontà, un modello comportamentale. Albert Bandura (1969) ha sottolineato la grande influenza esercitata dall'adulto sull'apprendimento delle abilità sociali e, per converso, la sua responsabilità quando l'apprendimento non c'è. I comportamenti aggressivi dell'adulto fanno da modello ai bambini e ai ragazzini che, crescendo, propenderanno a essere a loro volta aggressivi. Questo non perché assistere a comportamenti violenti faccia diventare più violenti, ma perché l'adulto aggressivo sembra autorizzare i piccoli a esprimere gli impulsi di aggressività che loro stessi già possiedono. La «crisi dell'adulto», di cui abbiamo parlato, dipende anche dall'esposizione a modelli (televisivi e non) di adulti aggressivi.

È fondamentale che la scuola sia in grado di favorire l'apprendimento di abilità sociali. Diverse ricerche hanno dimostrato che un bambino o un ragazzo con elevata competenza sociale è più probabile che, una volta diventato adulto, viva uno stato di benessere psicologico, mentre chi da bambino presenta una carente competenza sociale correrà forti rischi di vivere in situazioni di disagio psicologico. E poi, *last but not least*, non dimentichiamo i vantaggi che derivano allo stesso insegnante. Gestire una classe nella quale gli studenti sanno relazionarsi positivamente è estremamente più facile e produttivo.

Insomma abbiamo una panoramica di questo tipo: da un lato c'è la conduzione aggressiva, che si manifesta in scoppi di collera, dall'altro la passività, che porta a una resa supina di fronte alla turbolenza della classe. In mezzo c'è quello stile di conduzione che gli psicologi, in particolare statunitensi, definiscono «assertivo». È caratteristico di una persona che sa controllare le proprie azioni, sa agire nel suo pieno interesse e difendere il suo punto di vista, ma sa riconoscere anche i diritti e le opinioni degli altri ed esprime in modo sincero e disinvolto i propri sentimenti. Una risposta aggressiva a un messaggio assertivo è molto improbabile, per cui si creano i presupposti per una relazione reciprocamente accettabile anche in presenza di opinioni o interessi divergenti.

Prima abbiamo detto che i modelli negativi incarnati nell'adulto possono essere assunti dai bambini. Per fortuna il meccanismo imitativo messo in luce da Bandura agisce anche in positivo: un adulto, un insegnante nel nostro caso, che riesca a offrire un modello di fermezza e di incisività temperate da pacatezza, empatia e disponibilità all'ascolto, ha buone probabilità di stimolare anche nei suoi alunni queste abilità sociali. Non a caso ci riferiamo più al fare del docente che al suo insegnamento esplicito. È stato infatti dimostrato (Salfi, in Tuffanelli, 1999) che gli alunni generalmente conoscono i comportamenti socialmente corretti, ma spesso, calati in situazione, non li praticano. Il comportamento dipende dall'obiettivo che uno ha, e l'obiettivo dipende dai suoi valori. Ebbene, i valori non si apprendono perché qualcuno li insegna, come il senso comune vorrebbe, con delega troppo comoda alla scuola, ma attraverso l'interiorizzazione di modelli: il bambino li legge nel comportamento di un adulto ai suoi occhi prestigioso, e solo in conseguenza di ciò li assume. Se vogliamo incidere sull'intelligenza sociale dell'alunno, e quindi sull'interiorizzazione di regole atte a favorire un'autodisciplina, rispettosa verso se stessi e gli altri, il miglior modo è praticarla.

Osservare le dinamiche

Naturalmente l'efficacia nella gestione della classe non dipende solo dall'insegnante, dal suo grado di assertività, ma anche dalle dinamiche che si determinano indipendentemente tra gli studenti. Nel gruppo classe si creano delle gerarchie spontanee tra gli alunni, per cui alcuni sono molto richiesti, mentre altri sono rifiutati. Facciamo l'esempio di una classe di prima media dopo il primo mese di scuola (figure 16.4 e 16.5). È stato utilizzato il sociogramma di Moreno, di cui non vogliamo qui discutere i pro e i contro. I due grafici che vediamo si riferiscono alle domande: «Chi vorresti avere per compagno di banco?» e «Chi non vorresti mai avere per compagno di banco?».

Nella figura 16.4, le frecce indicano la direzione della scelta, la doppia freccia una scelta reciproca. Le linee continue segnalano la prima scelta, le tratteggiate la seconda scelta. Non sono tracciate le frecce per la terza scelta, che però influisce nel punteggio. Si osservi ad esempio la posizione del n. 7, un alunno kosovaro di recente immigrazione.

Questa è una situazione assolutamente comune. Assecondando le richieste degli alunni si sarebbero determinati immediatamente dei problemi. Meglio allora che l'insegnante si assuma fin dall'inizio la responsabilità di definire i posti, avendo di mira un obiettivo fondamentale, che consiste nel creare un gruppo coeso, dove tutti gli alunni si conoscono bene e si accettano reciprocamente. Questo naturalmente non è un presupposto, ma appunto un obiettivo che si può raggiungere solo con molto tempo, pazienza e acume. È importante evitare che si formino dei sottogruppi esclusivi e in contrasto fra loro. Una disposizione molto attenta e flessibile, quindi modificabile secondo le necessità, è certamente uno dei fattori che possono favorire tale coesione e un clima di classe favorevole.

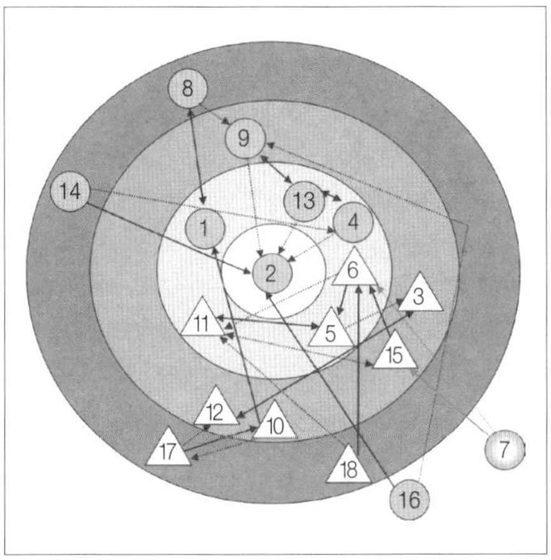

Fig. 16.4 Attrazioni.

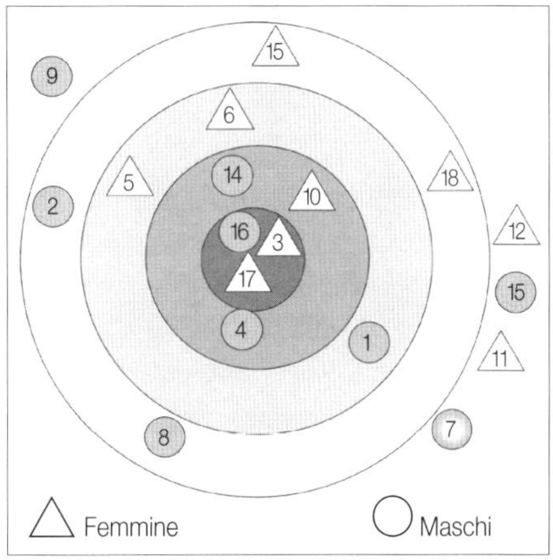

Fig. 16.5 Repulsioni.

Per operare le scelte giuste, occorre avere ipotesi fondate sulle dinamiche presenti nella classe. Il modo più semplice per acquisire dati consiste in un'osservazione informale, che si pratica sempre anche al di là delle intenzioni. L'importante è che ogni docente arrivi all'appuntamento in consiglio con delle osservazioni significative. Osserviamo la disposizione di una classe in condizioni strutturali non favorevoli per la ristrettezza degli spazi. Si è optato per una disposizione a ferro di cavallo per favorire l'interazione comunicativa tra gli alunni, ma, come vediamo, alcuni banchi avevano dovuto essere collocati nello spazio centrale (figura 16.6). Tre alunni (2, 19 e 20) presentavano comportamenti particolarmente problematici. Ciascun docente registrava su questa mappa le interazioni disturbanti più frequenti. Le frecce indicano le azioni (ad esempio chiamare, gettare un bigliettino, ecc.) compiute da qualcuno verso qualcun altro, mentre le linee che partono dal singolo alunno indicano i segni negativi (ad esempio distrazione) che non coinvolgono altri compagni. Finché il disturbo è limitato o alternato, riguardante cioè alunni diversi in tempi diversi, il controllo è ancora possibile. Quando invece il disturbo supera una certa soglia (figura 16.7) di alunni coinvolti (ad esempio 2, 18, 22, 8) e soprattutto si accende contemporaneamente in punti diversi della classe, allora il rischio che si perda il controllo è molto elevato. Se questa situazione si dovesse ripetere frequentemente, siamo di fronte a un'ecologia della classe patologica dal punto di vista degli apprendimenti.

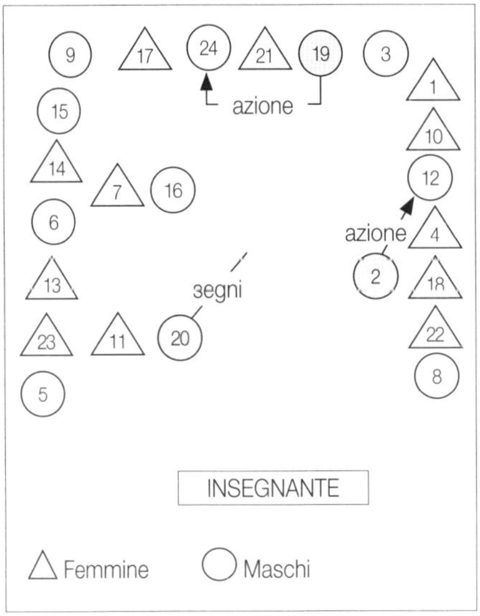

Fig. 16.6 Individuare i punti critici.

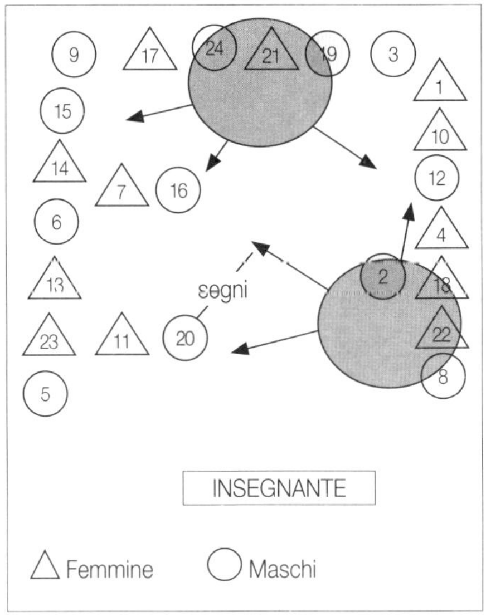

Fig. 16.7 La perdita del controllo.

Non di rado succede che con alcuni insegnanti non ci sono problemi, mentre con altri sì. Occorre allora verificare con quanti insegnanti si pone il problema. Naturalmente può dipendere sia da una conduzione inadeguata, dalla presenza di un numero tale di casi problematici da determinare l'ingovernabilità del sistema, o dai due fattori che si fecondano vicendevolmente. In taluni casi l'osservazione informale, con tutti i limiti che comporta, può non bastare. Allora è necessario, se c'è la disponibilità (insegnante di sostegno, collega disponibile, ecc.), ricorrere a un'osservazione più sistematica.

Contrariamente all'osservazione casuale, quella sistematica nasce da un progetto, utilizza strumenti specifici e segue regole prefissate (figura 16.8).

Nella figura abbiamo richiamato le caratteristiche principali di un'osservazione rigorosa e «tecnica». Prima di tutto occorre avere chiaro che cosa si intende osservare. La categoria del comportamento da osservare deve essere definita in modo molto preciso e analitico: non basta dire «l'aggressività di X», ma che tipo di aggressività (ad esempio verbale) e rivolta verso chi (ad esempio un compagno). Si sceglie poi un parametro di misurazione, ad esempio la *frequenza*, la *durata* o l'*intensità*. Mentre l'osservazione casuale si esercita sempre, l'osservazione sistematica è praticabile solo per tempi limitati, per cui occorre definire dei criteri precisi di *campionatura*. Infine, si devono acquisire dei dati di riferimento stabili oppure si deve essere in grado di spiegare l'instabilità di un andamento. Durante un intervento finalizzato a modificare un comportamento indesiderato, la *misurazione di base* ci fornirà i dati di partenza da raffrontare con i dati di processo. L'osservazione sistematica è certamente più rigorosa, ma anche più impegnativa. Naturalmente, a seconda di ciò che si vuole osservare e del numero di persone coinvolte nell'osservazione cambiano le tabelle da utilizzare come supporto all'osservazione.

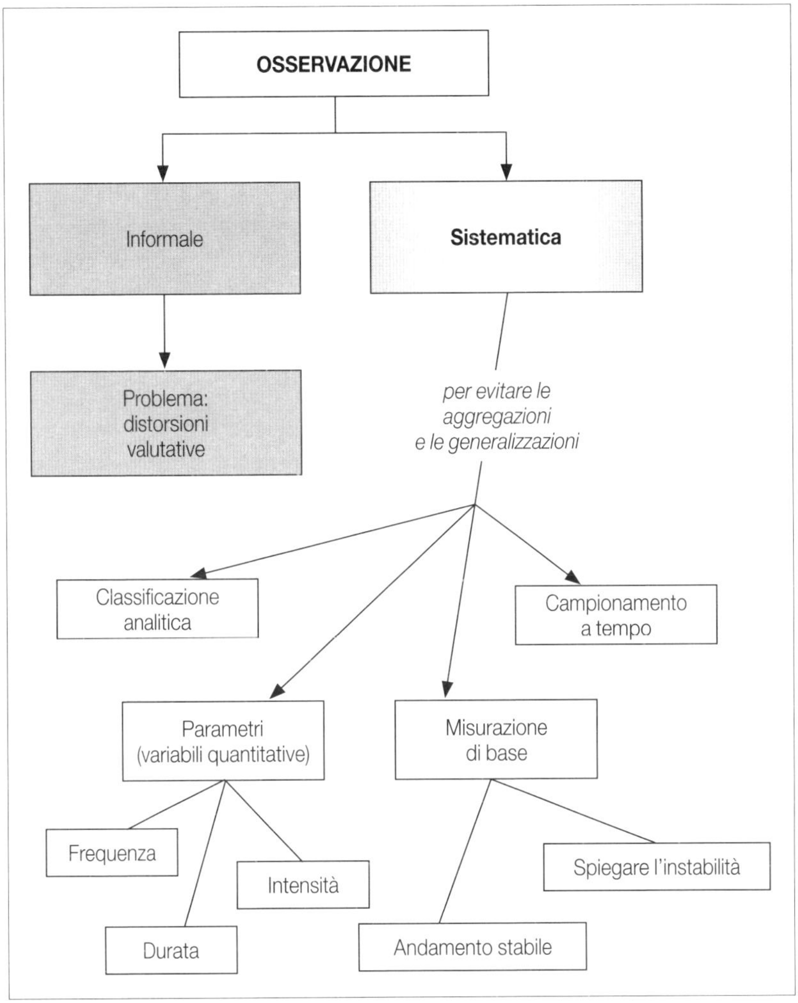

Fig. 16.8 Tipi di osservazione.

Comportamenti problematici e ambiente psicologico

L'osservazione serve a mettere a fuoco i comportamenti problematici, per consentire ovviamente di formulare ipotesi di intervento. I comportamenti disfunzionali nascono e si alimentano all'interno del contesto della classe. Come ha scoperto Lewin, la causa di un comportamento si deve ricondurre ai rapporti tra le diverse forze presenti in un campo psicologico e non esclusivamente a una tendenza dell'individuo. Lewin usa questa formula:

$$C = f\ (P, A)$$

nella quale C sta per il comportamento, f per la funzione, P per la persona e A per l'ambiente psicologico.

Il comportamento è funzione della persona e dell'ambiente psicologico, che è diverso dall'ambiente fisico: è dato dall'insieme di oggetti, persone, attività e situazioni con cui l'individuo è in rapporto in modo più o meno consapevole. Per intervenire sul comportamento problematico si deve quindi modificare (anche) il contesto: le dinamiche relazionali e i comportamenti dei vari attori che entrano in rapporto con l'alunno problematico. L'attribuzione dell'intera responsabilità al singolo è una semplificazione di comodo. Ma, com'è facilmente intuibile, non è tanto facile intervenire sull'ambiente psicologico, per la stessa complessità delle forze in campo: i problemi che l'insegnante si trova a dover affrontare, anche di un solo alunno — ma non è quasi mai questa la condizione — sono molto complessi, perché raramente un problema si presenta da solo. Molto spesso si accompagna, si fonde e si feconda reciprocamente con altri problemi, al punto che diventa difficile discriminare qual è la causa e quale l'effetto.

Di fronte a questo groviglio problematico l'insegnante vive spesso un senso di impotenza e di frustrazione, perché non sa da dove cominciare e «dove mettere le mani». Sentimento, lo diciamo per inciso, che contribuirà a rafforzare i problemi dell'alunno, i quali si riverberano sul gruppo, stimolando reazioni negative di altri alunni, che a loro volta incrementeranno il disagio dell'insegnante, il quale controllerà con maggiore difficoltà il gruppo. Su questa base si sentirà maggiormente legittimato ad attenuare il senso di autocontrollo e di responsabilità, in una spirale che non è certo gradevole né produttiva. Occorre spezzarla. Ma come? L'insegnante, lavorando su di sé, sull'immagine professionale che proietta, controllando la comunicazione e la progettazione rigorosa dei tempi e delle attività, controllando le proprie reazioni di collera e imparando a essere più assertivo, contribuisce fortemente a bonificare il clima psicologico della classe. Ma anche identificando il problema del singolo alunno e cooperando alla sua soluzione. Occorre ricordare infatti che per il sistema classe vale il principio ologrammatico: il singolo determina l'insieme che determina il singolo.

La questione allora si sposta su come identificare un comportamento-problema. Di solito viene segnalato dagli effetti che produce, vale a dire dal senso di disagio provato dagli insegnanti. Ma l'intensità del disagio può variare anche molto, al punto che certi alunni risultano problematici per alcuni insegnanti e per niente problematici per altri. Non è nemmeno tanto facile dire esattamente in che cosa consista un comportamento problematico. Anche quando ci si riesce, non è detto però che la valutazione di un insegnante concordi con quella dei colleghi. Un comportamento diventa un problema solo sulla base di criteri, perlopiù taciti, di desiderabilità o di accettabilità. Occorre quindi trovare preventivamente una base minima di accordo sui comportamenti da considerare come problematici. Ci sono dei criteri da seguire. Un primo criterio di accordo che può essere condiviso è quello del danno fisico. Se un comportamento produce un danno evidente e documentabile su di sé, sugli altri o sulle cose, è certamente da rifiutare, in proporzione all'entità del danno e all'intenzionalità con la quale è stato compiuto. Un altro criterio è quello dell'ostacolo: un comportamento che, pur non provocando danno agli altri, impedisce lo sviluppo intellettivo, affettivo e interpersonale del soggetto è certamente da rifiutare e da correggere. Più discutibile invece, anche se molto diffuso, è il criterio dello stigma sociale: quando c'è deviazione dalla norma e riprovazione da parte degli altri (comportamenti bizzarri, look stravagante, ecc.), non è facile decidere se un comportamento, che può anche risultare soggettivamente sgradevole, sia da correggere senz'altro. In taluni casi l'intervento potrebbe risultare come un'ingerenza indebita sulla libera espressione del soggetto e un volerlo piegare verso le aspettative della maggioranza benpensante. In altri casi invece l'intervento si potrebbe configurare come tutela della sua immagine e presentabilità sociale, altrimenti fortemente minacciate. In qualche modo però questo caso rientrerebbe nel secondo criterio, quello dell'ostacolo, almeno relativamente all'aspetto dell'interazione sociale.

L'analisi funzionale dei comportamenti

Si fa «analisi funzionale» quando si cerca di comprendere la possibile funzione di un comportamento, il suo «significato», rapportandolo al contesto in cui si origina, agli stimoli che lo precedono e che lo seguono. In molti casi si può rivelare non solo utile, ma addirittura indispensabile. I comportamenti che tendono a ripresentarsi più frequentemente sono quelli che «funzionano», cioè che svolgono una funzione in qualche modo utile per il soggetto. Quello che per noi è un problema è l'unica risposta che il soggetto ha trovato, e che continua a riprodurre, per fronteggiare situazioni di disagio. Solo comprendendo la funzione che un certo comportamento svolge possiamo ragionevolmente sperare di poterlo modificare. Un'analisi funzionale infatti mette non solo in evidenza le stimolazioni inadeguate, ma, implicitamente, suggerisce le stimolazioni adeguate che si sono trascurate.

Quando i comportamenti si sono consolidati e rinforzati, risalire alle premesse originarie è impresa ardua e poco produttiva. Più utile è chiedersi: perché *ora* si presentano? L'analisi funzionale può aiutare a trovare risposta a questa domanda cruciale. L'analisi si articola in due fasi:

1. chiedersi a quale finalità risponda un comportamento indesiderato. Quasi sempre lo scopo di un alunno non consiste nel creare problemi all'insegnante, ai compagni o ai genitori, ma nell'attirare la loro attenzione, magari negativa, oppure nell'evitare danni peggiori alla propria identità o al bisogno di autostima;
2. identificare nel contesto i fattori che scatenano il comportamento problema, la sua intensità e la sua frequenza, con lo scopo di rimuoverli.

In entrambi i casi è importante fare ipotesi anche sui fattori interni che possono avere provocato il comportamento indesiderato. Uno dei fattori decisivi nel determinare un comportamento è l'interpretazione della situazione in cui ci si trova ad agire. In pratica, potremmo dire che il comportamento è conseguenza di pensieri, sentimenti ed emozioni.

L'interpretazione data dall'insegnante influisce non solo sul proprio comportamento, ma anche su quello dell'alunno. Se ad esempio pensiamo che un alunno disturbi perché vuole evitare un compito che minaccia la sua autostima, una via possibile di intervento consiste nel presentare come non minaccioso quel particolare compito. Viceversa, se l'insegnante interpreta il senso di minaccia provato dall'alunno come pigrizia o strafottenza, accentuerà l'importanza del compito, incrementando ulteriormente, senza volerlo, il comportamento di rifiuto.

Proviamo a fare un elenco di che cosa può fare l'insegnante per fronteggiare i comportamenti problematici. Non tutte le indicazioni seguenti vanno bene per tutti i docenti. Ogni insegnante cercherà di praticare, almeno in un primo momento, quelle che gli sembrano più convincenti e adatte al suo stile di insegnamento. Teniamo presente però che modificare delle abitudini richiede sempre un certo investimento.

- Definire precisamente i comportamenti che danno effettivamente problema.
- Decidere una scala di priorità degli interventi.
- Affrontare un solo problema per volta e passare a un altro problema solo quando si sono raggiunti gli obiettivi prefissati in misura accettabile.
- Fissarsi degli standard realistici, evitando di porsi obiettivi improbabili.
- Effettuare un'analisi funzionale, imparando a diffidare delle proprie osservazioni esclusivamente casuali. In particolare ricostruire le finalità tacite di un comportamento e, se si riesce, le interpretazioni che l'alunno dà alla situazione scatenante.
- Ritirare il più possibile l'attenzione quando l'alunno manifesta comportamenti problematici e offrirla invece quando mostra comportamenti desiderabili.
- Non minacciare punizioni-bluff, ma solo quelle che si è in grado di attuare con assoluta certezza.
- Evitare reazioni d'ira incontrollata: l'insegnante viene visto come efficace solo se riesce a mantenere la calma. In caso contrario, l'alunno che scatena la perdita di autocontrollo del docente può divenire modello per i compagni più suggestionabili, che rinforzeranno i suoi comportamenti problematici.
- Sperimentare con l'alunno problematico forme di dialogo personale *vis à vis*, al di fuori del contesto classe, definendo con lui, se possibile, obiettivi praticabili.
- Costruire con l'alunno delle *schede feedback:* definire il singolo comportamento oggetto di intervento (ad esempio parlare senza prenotarsi); realizzare una scheda di auto-osservazione ed eventualmente di osservazione da parte di un compagno per tempi limitati (una crocetta ogni trasgressione della regola); esprimere (è l'insegnante che lo fa) una valutazione quantitativa (da 1 a 10) alla fine del tempo di osservazione; realizzare un grafico che evidenzi i probabili progressi; lodare, ma senza eccedere, i miglioramenti riscontrati.
- Evitare l'eccesso di familiarità, soprattutto nelle fasi di conoscenza iniziale.
- Indicare preferibilmente in positivo quello che gli alunni devono fare, anziché quello che devono evitare di fare.
- Richiamare alla responsabilità in modo diretto, rivolgendosi al singolo alunno ed evitando richiami generici.

Italiani a metà

Purtroppo è frequente che emergano delle criticità con gli alunni stranieri, e non solo con quelli di recente immigrazione. Cerchiamo intanto di avere una percezione più chiara dell'entità del fenomeno. I bambini figli di immigrati iscritti alla scuola primaria nel 2014/2015 erano circa il 10%. Tutto ciò naturalmente ci pone di fronte problemi molto rilevanti, non risolti nemmeno nei Paesi di più antica tradizione immigratoria, dove l'investimento nella scuola è più consistente che da noi.

Ci troviamo di fronte a una situazione paradossale: questi bambini sono nati qui, spesso sono ben integrati, italiani tra italiani ma ancora stranieri, senza cittadinanza e con diritti a metà. In generale il divario fra stranieri e nativi è evidente: sono numerosissimi gli elementi di svantaggio relativo, dal *drop out* alla «segregazione» negli istituti professionali, a prescindere dalle capacità e motivazioni mostrate. Però anche in questo caso bisogna evitare generalizzazioni affrettate e operare le giuste distinzioni. Scopriamo così che gli studenti nati sul nostro territorio, quelli della seconda generazione, sono, nonostante tutto, i più avvantaggiati. Le cose vanno un po' peggio, ma non tanto, per gli alunni immigrati quando avevano un'età compresa fra 0 e 5 anni, che hanno frequentato la scuola dell'infanzia in Italia. Per loro la nostra lingua non costituisce nessun ostacolo, come invece avviene per i ragazzi immigrati in un'età più avanzata. Diciamo che la difficoltà di inserimento è direttamente proporzionale all'età che hanno quando entrano in Italia. Ci sono poi naturalmente variabili legate al Paese e alla cultura di provenienza, al livello d'istruzione dei genitori, a come riescono a inserirsi, alle loro qualità personali e a molti altri fattori ancora. In generale tuttavia non è affatto infondato affermare che i problemi di esclusione di questi ragazzi e ragazze sono sempre piuttosto rilevanti ed è senz'altro necessario, al di là di una giusta condanna morale, comprendere i meccanismi che li determinano.

Occorre allora partire dal tema della costruzione dell'identità, impresa veramente difficile e rischiosa per chiunque, minacciata com'è da un senso inevitabile di precarietà, tanto maggiore quanto più l'identità è ancora incerta, in embrione, come avviene per un bambino o un adolescente. Per tutti, ma per queste fasce d'età in particolare, è fondamentale il senso di appartenenza, il sentirsi dentro oppure fuori. Alcune ricerche (Tajfel, 1982) hanno messo in evidenza la tendenza, comune a tutti gli esseri umani, a raggruppare gli altri e se stessi all'interno di categorie sociali (sesso, religione, etnia, età, professione, ecc.), che possono assumere contestualmente indici diversi di importanza. Queste categorizzazioni e autocategorizzazioni spingono a enfatizzare le somiglianze con chi viene avvertito come appartenente al proprio gruppo *(ingroup)* e a esasperare le differenze rispetto a chi non ne fa parte *(outgroup).* Questi fattori stanno alla base di atteggiamenti pregiudiziali molto negativi nei confronti di membri percepiti come esterni. Tali meccanismi hanno subito un'accelerazione formidabile col processo di mondializzazione e le conseguenti massicce migrazioni dai Paesi impoveriti del mondo. La convivenza gomito a gomito con bambini e ragazzi «venuti da lontano» costringe talvolta noi e i nostri alunni a scoprire una verità essenziale, che ha fatto da fondamento a quella particolare teoria della comunicazione che fu definita «prossemica»: persone di culture diverse non solo parlano lingue diverse, ma, cosa anche più importante, abitano differenti mondi sensoriali. Questo naturalmente vale per gli studenti immigrati dopo avere già interiorizzato i modelli di vita della loro cultura d'origine. Per gli immigrati di seconda generazione le cose sono diverse.

Il fenomeno dell'immigrazione ci pone quindi di fronte alla grande sfida interculturale, certamente più avanzata e lungimirante di quella multiculturale, ma che deve fare i conti anch'essa con i meccanismi spontanei di esclusione che scattano quando l'altro viene visto come un estraneo. È quindi molto importante imparare a cogliere gli indicatori di esclusione o, simmetricamente, di inclusione:

- dissonanza: manifestazioni di disagio, rifiuto, isolamento;
- consonanza: convivenza pacifica, rispetto delle regole ma assenza di coinvolgimento emotivo;
- accettazione: primi segni di simpatia («Però, è anche simpatico!»);
- accoglienza: scomparsa di atteggiamenti, per quanto mascherati, di insofferenza o di iperprotezione;
- valorizzazione: segni di appartenenza piena al gruppo dei pari.

Siccome non abbiamo mai a che fare con andamenti lineari, ma si procede per salti, anticipazioni e regressi, è opportuno registrare i segnali più significativi quando si presentano, in tempi che possono risultare anche piuttosto lunghi. Quando in un'area, ad esempio della «consonanza», gli indizi si infittiscono, e contemporaneamente si riducono, pur non scomparendo del tutto, gli indizi di dissonanza, significa che ci si sta avviando a un salto di fase. Non sempre gli indizi, ad esempio quelli di dissonanza, sono inequivocabili. Talvolta sono mascherati e possono sfuggire facilmente a uno sguardo poco attento. Occorre capire che la fase di dissonanza, segnalata perlopiù da manifestazioni di disagio, da rifiuto o isolamento, nasce dal bisogno che hanno i ragazzi della classe di crearsi uno spazio di identità comune: io sono il gruppo, il gruppo — quindi gli altri come me — è il mio Io. L'ingresso di un alunno migrante crea delle rappresentazioni incoerenti che producono disagio, disturbo, a volte ansia. Se lo stato di malessere provocato dall'incoerenza non viene ridotto, si crea destabilizzazione. Non ci sono scorciatoie per passare alle fasi successive. Sarebbe fatica sprecata, se non addirittura dannoso, che l'insegnante predichi accoglienza, disponibilità e rispetto. Tutto dipende dal clima della classe, dagli stili di insegnamento oltre che, naturalmente, dai vissuti familiari degli alunni. Se l'inclusione è una prassi consolidata, è probabile che il passaggio dalla dissonanza alla consonanza e poi ai successivi stadi sia temporalmente breve e qualitativamente rilevante. Naturalmente i livelli di criticità dipendono dalle caratteristiche e dal grado di diversità che vengono percepiti.

Gestire i conflitti

Riepilogando: si può sostenere che i comportamenti-problema non esistono nel vuoto, ma nascono, si evidenziano e vengono sostenuti all'interno di un contesto relazionale. Per intervenire sul comportamento problematico si deve modificare (anche) il contesto: le dinamiche relazionali e i comportamenti dei vari attori — in primis l'insegnante stesso — che entrano in rapporto con l'alunno problematico. I comportamenti palesi spesso nascondono delle intenzioni profonde e non del tutto consapevoli. Per questo un intervento efficace richiede preliminarmente un'analisi funzionale. Però ci sono delle situazioni conflittuali che sembra impossibile riuscire ad affrontare e risolvere con successo.

Occorre intanto chiarire che il termine «conflitto» si può interpretare in vario modo. Solitamente viene inteso nel senso di «scontro», «combattimento», «guerra» («il secondo conflitto mondiale»). Però lo si può interpretare anche in un'accezione positiva, come un'esperienza che fa crescere, come risposta alle inevitabili frustrazioni che la convivenza con gli altri comporta. Il conflitto crea le premesse alla capacità di «negoziare». Questa è un'altra parola interessante: deriva da *nec otium*, ossia, etimologicamente, «non (rimanere in) ozio». Il conflitto, premessa della negoziazione, spinge cioè a uscire dalla passività per assumere una posizione attiva e dinamica. Obiettivo, aggiungiamo, sommamente necessario di questi tempi.

Questo non vuol dire che nel conflitto non c'è violenza. Ce n'è certamente se si vuole danneggiare l'avversario in modo irreversibile, eliminando, per così dire, la persona insieme con il problema. Ma questo è un modo semplicistico e irrazionale di concepire i conflitti. C'è un modo più complesso, meno sbrigativo, ma più razionale, che consiste appunto nel concepire il conflitto come contrasto reversibile attraverso un processo di negoziazione. Proviamo a immaginare una situazione di conflitto fra due alunni. L'alunno A si rivolge all'alunno B in modo aggressivo (attacco, offesa, derisione ecc.). Quali sono le possibili vie d'uscita da questa situazione da parte di B? Proviamo a elencarle (figura 16.9).

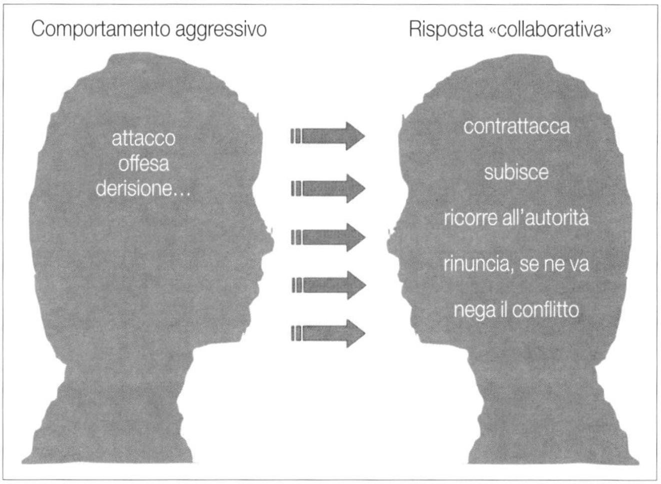

Fig. 16.9 Reazioni «collaborative».

Definiamo«collaborative» (tra virgolette) le risposte di B perché tendono tutte a rinforzare il comportamento aggressivo di A. Col contrattacco si determina nell'immediato una spirale inflazionistica, per cui il tasso di aggressività tenderà a crescere e, quand'anche un adulto intervenisse a sedare lo scontro, il risentimento di entrambi non tarderà a sprigionarsi in una nuova situazione. Una conseguenza simile, ma più dilazionata nel tempo, deriva dal ricorso all'autorità, che non elimina, ma anzi alimenta, le ragioni del conflitto. Le altre tre risposte, caratterizzate da passività, tendono ad alimentare la baldanza di A, che non perderà certamente occasione di riprodurre un successo ottenuto a così basso prezzo. Occorre allora cercare un'altra possibile, certo non facile, via d'uscita.

Potremmo trovarla in quello che Gordon (1991, pp. 190 e segg.) chiama «metodo 3: la via democratica alla risoluzione dei conflitti». Proviamo a rappresentarlo con un altro disegno (figura 16.10). Col «metodo 1», l'insegnante esce come vincitore (ma non in quanto educatore) dal conflitto. Vince ma non convince. L'alunno sarà ridotto alla remissività, ma coverà risentimento nei confronti dell'insegnante e la relazione educativa, oltre all'autostima dell'alunno, ne usciranno fortemente danneggiate. Col «metodo 2» succede il contrario: è l'alunno che vince sull'insegnante, con esiti facilmente immaginabili: l'insegnante perde il controllo non solo su quell'alunno, ma sull'intera classe. Il lavoro a quel punto diventerà insopportabile. Col «metodo 3» non ci sono vincitori e vinti: pur nel conflitto, la relazione permane, i danni reciproci non sono irreversibili. Attraverso un processo di negoziazione che può durare anche a lungo si cerca di pervenire a una soluzione reciprocamente accettabile, se non proprio desiderabile.

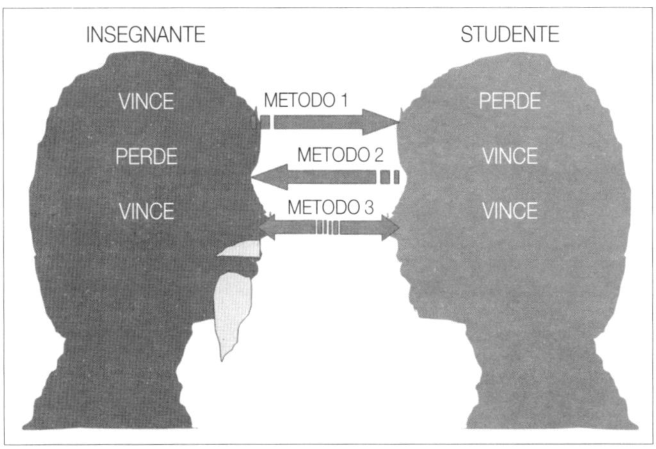

Fig. 16.10 La via democratica alla risoluzione dei conflitti.

È certamente una soluzione piuttosto complessa. Ma bisogna diffidare delle soluzioni facili per problemi difficili. E la gestione dei conflitti è uno di questi. Richiede una buona capacità di controllo e anche una certa creatività. Tuttavia, per quanto difficili, si possono seguire alcune linee-guida:

a) non far coincidere la persona con il problema, limitandosi ai contenuti specifici ed evitando giudizi colpevolizzanti e generalizzanti («Sei sempre il solito ...»);
b) affrontare la comunicazione quando le emozioni negative si sono un po' raffreddate, aspettando il momento buono (dopo un'ora, un giorno, ecc.), per vedere il conflitto da fuori, in modo distaccato, e non dall'interno;
c) anziché spiegare e giudicare, fare domande vere, non tendenziose, indagatorie o invasive;

d) cercare di capire le ragioni e le emozioni altrui, assumendo, almeno provvisoriamente, che l'altro possa avere ragione;
e) cercare attivamente una via d'uscita che possa essere reciprocamente soddisfacente.

Vietato vietare?

Nella teoria educativa di Gordon è certamente presente una forte carica antiautoritaria, che è il portato culturale del periodo (1974) in cui scrive *Insegnanti efficaci.* Per Gordon l'autorità e il potere sono sempre dannosi, tanto più se applicati in maniera incoerente e ingiusta. Nei decenni successivi si è sviluppato un forte dibattito sulle regole, sulla cui utilità ormai non c'è più dissenso. Semmai le divergenze rinascono quando si parla delle sanzioni conseguenti alle violazioni. Su questo punto sembrano fronteggiarsi due atteggiamenti antitetici, che diremo «repressivo» e «educativo». Col primo si prevedono precise punizioni conseguenti alle trasgressioni, mentre col secondo si punta di più a convincere al rispetto delle regole, escludendo però sanzioni.

La contrapposizione è forse più apparente che reale, se la si diluisce lungo l'arco evolutivo. Nei primi anni la sanzione — equilibrata, data al momento giusto, con l'atteggiamento appropriato — risulta certamente efficace dal punto di vista educativo. Quando le regole sono state interiorizzate, la trasgressione eventuale viene sanzionata dal senso di colpa. Se l'autoregolazione risulta insufficiente (pensiamo ad esempio alla guida dell'auto in situazioni pericolose per sé e per gli altri), anche per l'adulto la punizione è inevitabile.

In sintesi

1. Ci sono atteggiamenti che nell'immediato sembrano produrre risultati positivi, ma che con il tempo si dimostrano fallimentari: la seduzione, che mira alla ricerca di approvazione a tutti i costi, l'elusione sostanziale della relazione educativa, con il ripararsi dietro uno schermo tecnico-professionale e infine un comportamento molto punitivo che cela in realtà un bisogno di autodifesa di fronte alle sfide degli alunni.
2. Siccome l'ambiente psicologico e il particolare clima di classe incidono fortemente sul comportamento, è necessario che l'insegnante adotti un tipo di leadership funzionale alla crescita intellettuale e umana dei suoi studenti.
3. Il tipo di leadership deve essere modulato secondo le situazioni, gli obiettivi e il livello di autonomia conseguito dagli studenti. L'efficacia dell'insegnante dipende dal grado di flessibilità di cui può disporre nel passare da una forma di leadership all'altra.
4. In un processo educativo che funzioni, l'autorità esercitata dall'insegnante e l'autonomia conquistata dagli allievi sono inversamente proporzionali. Anche le forme del potere si trasformano in rapporto all'evoluzione degli alunni: dall'autorità rassicurante

si passa alla comunicazione e all'interazione per concludersi nella partecipazione alle decisioni.

5. L'ira si può e si deve controllare. La fase in cui si può disinnescare il processo è quella iniziale, ma occorre interpretare bene gli indizi premonitori e mettere subito in atto le strategie di controllo.
6. L'insegnante deve evitare sia la conduzione aggressiva, che si manifesta in scoppi di collera, sia la passività, che porta a una resa supina di fronte alla turbolenza della classe. Tra queste polarità negative si colloca l'assertività, che consiste in un controllo delle proprie azioni, nella tutela dei propri interessi e punti di vista, senza però disconoscere i diritti, le opinioni e i sentimenti degli altri. Assertivi non si nasce, ma ci si diventa con il tempo e con la volontà.
7. Prima ancora di essere repressi, i comportamenti problematici devono essere prevenuti, attraverso un'analisi condivisa della classe, della collocazione dei posti, dei fattori di rischio. L'osservazione delle dinamiche può essere condotta in modo informale oppure sistematico, in caso di necessità.
8. L'intervento su singoli casi problematici ha l'effetto di bonificare l'intera dinamica di classe. E viceversa: un clima di classe sereno, strutturato, accogliente è il primo fattore di inclusione anche nel caso di alunni percepiti come «diversi».
9. Prima di intervenire, occorre fare un'analisi funzionale dei comportamenti disturbanti, e poi seguire le indicazioni di intervento possibilmente in maniera condivisa con altri colleghi.
10. Il conflitto può essere una risorsa educativa se viene gestito con processi di negoziazione che mirano alla soddisfazione degli individui in conflitto. Ci sono delle linee-guida (cinque) che facilitano la gestione produttiva e creativa dei conflitti. La soluzione di un conflitto con il singolo alunno ha un effetto di riverbero sul clima di classe e sulla coesione del gruppo.
11. Non c'è alternativa tra punizione e educazione, perché la sanzione può avere una valenza educativa, a patto che sia equa, ragionevole, coerente e adeguata alla persona che la riceve.

Tratto e adattato da *La gestione della classe,* 2011, pp. 110-126

CAPITOLO 17

TECNOLOGIE PER LA DIDATTICA

(Francesco Zambotti)

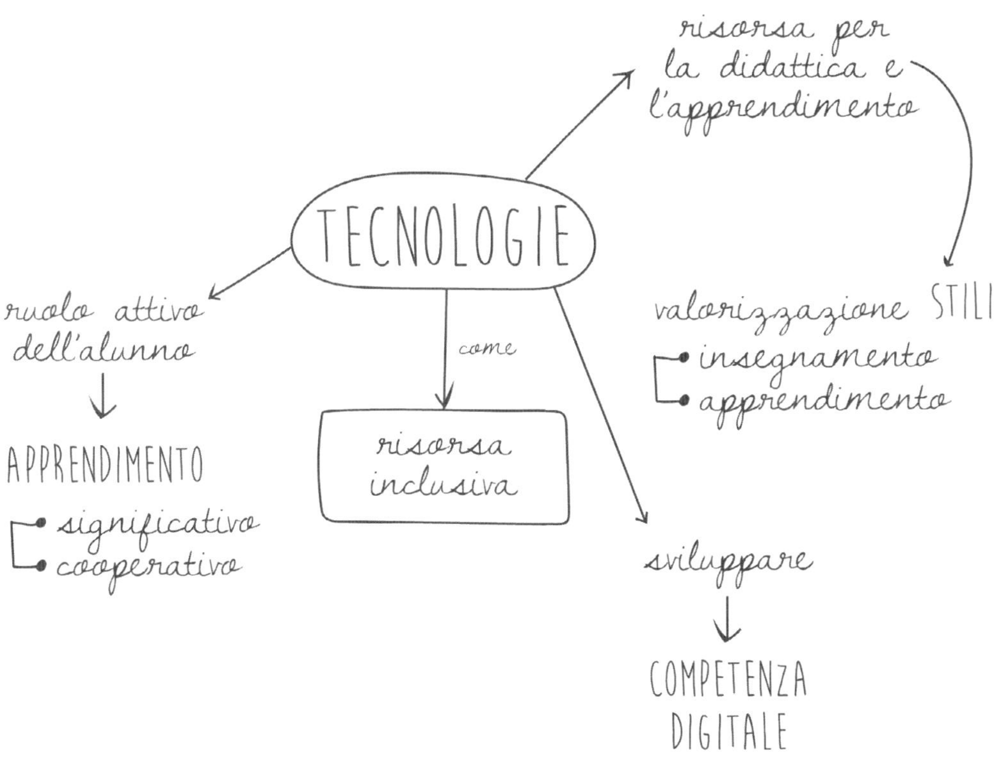

Se ogni mattina, entrati in classe, depositassimo tutta la tecnologia che abbiamo a disposizione in un unico mucchio, probabilmente ci stupiremmo di quanti apparecchi, quante funzionalità, quante modalità differenti di interazione, quanti contenuti diversi entrano ogni mattina a scuola e rimangono spesso inutilizzati.

Certamente nel nostro «mucchio» troverebbero posto moltissimi telefoni cellulari, molti dei quali di ultima generazione, con la possibilità di collegarsi in rete e di utilizzare funzioni avanzate di condivisione di contenuti. Probabilmente, specie nella scuola secondaria di secondo grado, ci saranno dei pc portatili, magari anche dei netbook, molte chiavette USB, ci sarà magari il computer di classe e forse anche una LIM; potremmo trovare dei tablet di proprietà degli alunni, ma anche degli insegnanti. Ci saranno tanti iPod e lettori mp3, numerose cuffie, auricolari e delle calcolatrici. Forse anche degli e-book reader e infine degli strumenti tecnologici specifici, se in classe sono presenti alunni con bisogni educativi speciali. Potrebbe trattarsi di ausili per la comunicazione, software per la sintesi vocale, Smartpen per la registrazione delle lezioni e la sincronizzazione degli appunti, ma anche barre braille, sensori, VOCA e molti altri software o periferiche personalizzate.

Questo, solo guardando il «mucchio» da fuori; se provassimo ad accendere ognuno di questi strumenti il quadro sarebbe ancora più complesso. Software, applicazioni, funzionalità, tecnologie diverse, sistemi operativi differenti, strumenti che comunicano tra loro in vari modi, connessioni web via rete, via cellulare, servizi cloud, servizi in streaming, servizi web, licenze free, open, proprietarie, file legali e file illegali, migliaia di fotografie, centinaia di filmati personali e, forse, da qualche parte anche il libro didattico in formato digitale, magari solo in PDF o forse interattivo con molte risorse online e applicazioni specifiche.

La scelta su come affrontare questo panorama complesso è del singolo insegnante. Si può spegnere tutto, ritenere tutto ciò una distrazione oppure considerarlo troppo complesso da gestire.

Si può scegliere di utilizzare qualcosa, di provare a usare qualche strumento o qualche funzione per arricchire la lezione o per permettere a qualche alunno con BES di studiare con strumenti che gli rendano più accessibili i contenuti, che compensino un disturbo.

Si può infine vedere in quel mucchio una sfida al cambiamento e provare a utilizzare le tecnologie a disposizione per rendere la nostra *didattica più diversificata, più multidimensionale, più inclusiva.* Si può pensare di cambiare il modo di stare in classe, di comunicare, di accedere ed elaborare i contenuti, di fare ricerca, di fare sintesi, di valutare, di utilizzare con competenza gli strumenti disponibili, giorno per giorno, capendo a fondo le possibilità, i vantaggi, i limiti e i rischi che le tecnologie mettono in mano a ognuno di noi.

Le tecnologie tra integrazione e inclusione scolastica

Non basta certamente decidere di utilizzare uno strumento, per quanto avanzato tecnologicamente possa essere, per proporre innovazione didattica. Questo assunto è ormai talmente tanto ripetuto che diventa quasi scontato affermarlo, ma *è bene non confondere l'innovazione tecnologica con l'innovazione didattica.*

Solamente una programmazione didattica basata sul cambiamento delle modalità di interazione tra docenti e tra studenti, dei metodi di elaborazione e produzione dei contenuti didattici in cui le tecnologie giocano un ruolo di facilitazione dei processi di studio e di comunicazione può dirsi realmente innovativa.

Al contrario, utilizzare strumenti tecnologici innovativi per riproporre modelli didattici tradizionali in cui cambia solamente la modalità di accesso al contenuto, e di interfaccia con lo stesso, non può essere considerata vera innovazione didattica.

Dal nostro punto di vista, inoltre, non esiste innovazione positiva che non vada nell'ottica della *maggiore inclusione didattica possibile.*

Il problema didattico di fondo, che ogni insegnante si trova a dover risolvere, è quindi quello dell'integrazione delle tecnologie (vecchie e nuove, didattiche e non) all'interno di un quadro di riferimento pedagogico che innovi la didattica in ottica inclusiva, incentivando metodologie didattiche attive, partecipative e significative. Una sfida certamente complessa, che amplia notevolmente il campo dell'utilizzo della tecnologia in classe rispetto al passato, per cercare di dare risposte efficaci ai bisogni eterogenei che la complessità delle classi e dei bisogni educativi (speciali e non) ci propone quotidianamente.

Anche dal punto di vista dell'uso didattico delle tecnologie si propone quindi l'evoluzione dallo scenario dell'integrazione a quello dell'inclusione scolastica. Sappiamo infatti che molto spesso le tecnologie per uso didattico sono entrate in classe (e ancora oggi questo accade) «grazie» alla presenza di un alunno con disabilità o con bisogni specifici, per rispondere ai quali è necessario utilizzare strumenti particolari.

È questo il caso delle *tecnologie abilitative-riabilitative,* ma anche di quelle *compensative.* Si tratta di strumenti, a volte semplici, a volte molto complessi e costosi, che sono specificamente costruiti per facilitare funzioni che il soggetto non riesce a svolgere a causa di un deficit, o che riesce a svolgere con prestazioni altamente deficitarie per via, ad esempio, di un disturbo specifico. La finalità di queste tecnologie è la crescita dell'autonomia della persona, nei contesti di vita quotidiana, così come nei processi di apprendimento.

Da questo punto di vista, la scuola gioca un ruolo fondamentale nel percorso di crescita di competenza d'uso di questi strumenti. Giustamente, Fogarolo e Scapin (2010) parlano di «competenze compensative», che stanno alla base innanzitutto di strategie, di un metodo di approccio, elaborazione e studio individuale, che può concretizzarsi anche nell'uso di un ausilio compensativo di tipo tecnologico qual è la sintesi vocale o un software specifico per la costruzione di mappe mentali e concettuali, ma che non parte certamente dall'adozione di uno strumento tecnologico specifico.

Rispetto a queste tipologie di strumenti, la sfida didattica è quella di integrare nel modo più efficace possibile l'uso di tali strumenti personali (spesso personalizzati, penso ad esempio ai VOCA per la Comunicazione Aumentativa Alternativa) nelle strategie di studio individuali e nella vita quotidiana di classe (Cafiero, 2009; Costantino, 2012). Costruire quindi competenze nell'alunno perché l'uso di questi strumenti sia efficiente ed efficace, perché li si usi in modo naturale, ricavandone benefici in termini di apprendimento e, allo stesso tempo, di socializzazione, senza ripercussioni sull'autostima.

Un lavoro svolto in collaborazione con le famiglie, con i Servizi, con la duplice finalità di aumentare l'autonomia e il benessere della persona. Un lavoro svolto con la classe, affinché l'uso dello strumento sia riconosciuto (in particolare per quanto riguarda l'utilizzo degli strumenti compensativi), valorizzato e anche in parte condiviso con i compagni. Una sfida, infine, per i docenti, che devono essere consapevoli delle strategie di apprendimento dei loro alunni e del funzionamento delle tecnologie da loro utilizzate, per integrarle in modelli di insegnamento-apprendimento che valorizzino la diversità di elaborazione delle informazioni e facilitino lo studio individuale.

Ancora troppo spesso, infatti, si pensa che adottare un ausilio equivalga a risolvere il problema. Questo grande equivoco, in realtà, provoca spesso maggiore frustrazione nell'alunno, proprio perché all'adozione dello strumento non seguono un cambiamento e un adattamento dell'offerta didattica da parte del docente. Il classico esempio di scenario negativo è quello dell'alunno con dislessia evolutiva nella scuola secondaria di secondo grado a cui è data in adozione la sintesi vocale, ma a cui vengono assegnate ogni giorno decine di pagine da studiare sul libro di testo digitale, senza alcuna forma di elaborazione in classe, senza alcuna modifica nelle strategie didattiche in uso in aula né forme di adattamento personalizzato. L'alunno si troverà ben presto con una mole di lavoro tale per cui il suo non potrà essere che un fallimento preannunciato, nonostante l'uso di uno strumento potenzialmente compensativo della sua difficoltà, che risulterà però inefficace per lo studio.

Perché le tecnologie possono essere inclusive?

Come abbiamo visto, le tecnologie didattiche giocano certamente un ruolo molto importante nel campo dell'integrazione scolastica, tuttavia ne giocano uno ancor più fondamentale nel campo della didattica inclusiva. Se torniamo al nostro mucchio iniziale di strumenti e tecnologie differenti, ci renderemo conto che la maggior parte di essi non nasce con finalità didattiche e nemmeno nel contesto scolastico.

Computer, tablet, cellulari, ma anche le LIM, non provengono dall'ambito di apprendimento, ma dal mondo delle telecomunicazioni e dal contesto aziendale. Tuttavia questi strumenti, o almeno alcuni di essi, sono diventati d'uso comune, irrinunciabili nella vita dei più e largamente presenti anche nell'ambiente scolastico, benché, da questo punto di vista, il ritardo tecnologico della scuola italiana sia endemico e difficilmente colmabile nel breve periodo, nonostante le iniziative ministeriali di innovazione digitale.

Possiamo però dire che nelle nostre classi (o almeno in una percentuale di esse) sono presenti, o possono esserlo, tecnologie che hanno significatività didattica, che non nascono per rispondere a necessità e bisogni specifici ma per essere utilizzate dall'intero gruppo di alunni e di docenti che compongono la comunità scolastica (Bonaiuti, 2009; Zambotti, 2010).

È necessario però sottolineare il fatto che questi strumenti convivono in classe con le tipologie precedentemente illustrate, per cui la sfida è unire l'uso di tecnologie per la classe e di quelle per il singolo alunno in un unico orizzonte pedagogico-didattico che, a nostro avviso, non può che essere l'orizzonte inclusivo.

Le tecnologie di classe, in questo senso, sono quelle che possono fungere da volano per l'inclusione, se utilizzate in una cornice didattico-pedagogica che parte dai principi cardine della didattica inclusiva e che cercheremo qui di seguito di illustrare brevemente, anche nell'unione con strumenti tecnologici individualizzati e personalizzati.

Perché le tecnologie possono essere inclusive? Innanzitutto, esse *possono* esserlo, non lo sono di per sé né di diritto né di fatto: è la loro modalità d'uso che ne decreta il grado di inclusività.

Questo ci impone di identificare alcune direzioni di azione didattica che possono essere valorizzate grazie all'uso delle tecnologie a scuola e che vedremo nel dettaglio nei prossimi paragrafi:

– didattica basata sulla valorizzazione dei diversi *stili di apprendimento e di insegnamento;*
– *apprendimento significativo* basato sulla risoluzione di problemi;
– strategie di *apprendimento cooperativo,* attivo e partecipativo;
– *adattamento dei materiali;*
– crescita di *competenza digitale* nella classe, in particolare rispetto a fasce di popolazione che non hanno accesso a risorse tecnologiche.

Didattica basata sulla valorizzazione dei diversi stili di apprendimento e di insegnamento

L'accettazione della diversità è alla base del concetto stesso di inclusione. La diversità come naturale condizione umana è il primo passo per agire in ottica inclusiva e pensare in modo inclusivo. Parlare di scuola inclusiva vuol quindi dire partire dalla valorizzazione delle diversità, oltre che dalla loro accettazione, e delle differenze. Una didattica inclusiva, dunque, non può che partire dalla valorizzazione delle diversità degli alunni e, in particolar modo, dei diversi modi in cui essi elaborano le informazioni e sviluppano i propri processi di apprendimento (Gentili, 2011). Si può fare, in questo senso, esplicito riferimento a teorie dell'apprendimento, quali ad esempio la teoria delle intelligenze multiple di Gardner (Gardner, 1983) o la teoria degli stili di pensiero di Sternberg (Sternberg, 2003), ma è possibile valorizzare le diversità anche riconoscendole all'interno della propria classe, senza fare esplicito riferimento a teorie cognitive.

Certamente uno degli obiettivi primari per agire in ottica inclusiva è quello di proporre metodi di studio e di apprendimento che diversifichino il panorama tradizionale centrato sulle modalità trasmissive della conoscenza da parte del docente. La scuola italiana, e quella secondaria in particolar modo — ma anche la primaria —, è ancora fortemente centrata su un modello di apprendimento in cui il canale predominante (quando non l'unico presente) è quello della lingua scritta e dell'esposizione orale. Uno stile di apprendimento fortemente «verbale-linguistico», per dirla con una delle nove intelligenze di Gardner, che lascia pochissimo spazio ad altre forme di elaborazione. Uno scenario in cui il libro di testo, piuttosto che la dispensa o la scheda didattica, è il canale principale di trasmissione delle informazioni formalizzate e la spiegazione orale del docente occupa gran parte del tempo speso in classe. Uno scenario in cui la valutazione si attua solo rispetto al compito scritto o all'interrogazione orale.

Utilizzando le tecnologie in classe, al contrario, si possono valorizzare in maniera significativa altre modalità di elaborazione e produzione della conoscenza (si veda a titolo di esempio il lavoro di McKenzie, 2006, sulle tecnologie per la didattica e le intelligenze multiple). In maniera quasi banale è chiaro che utilizzare tecnologie digitali valorizza l'approccio visuo-spaziale, molto più di quanto ciò non avvenga con la didattica tradizionale. Allo stesso tempo, però, l'uso del Web come risorsa per la didattica da parte degli alunni potenzia in maniera significativa la competenza analitica e logico-matematica. Contemporaneamente, lo sconfinato repertorio di contenuti disponibile in rete non può che facilitare l'uso di canali comunicativi quali sono quelli ritmico-musicali.

Tuttavia, l'apporto dato dalle tecnologie alla valorizzazione degli stili di apprendimento non è solo riconducibile alle forme di contenuto che è possibile utilizzare grazie al digitale, ma anche alle modalità di comunicazione e interazione che le tecnologie mettono in campo tra alunni e docenti.

Non c'è dubbio che il digitale e la rete abbiano creato e potenziato enormemente nuove forme di interazione tra le persone, che possono essere introdotte anche a scuola. Grazie a tecnologie di uso comune e a costo zero, ad esempio, è possibile attivare modalità di collaborazione a distanza che potenziano le «forme di intelligenza» interpersonali e intrapersonali, oltre che la partecipazione effettiva alle attività di classe di alunni che non possono essere presenti in aula con regolarità a causa di ospedalizzazioni e patologie che ne richiedono la permanenza in ambiente domestico. Le stesse tecnologie, però, aprono la didattica a forme di collaborazione con esperti esterni, tra classi vicine e lontane, con Agenzie sul territorio, quali musei, associazioni, biblioteche, ecc., facilitandone la progettazione, l'esecuzione e riducendone i costi.

È quindi evidente che innovare grazie all'uso delle tecnologie non può essere fatto a partire dagli strumenti, ma nemmeno dai contenuti; deve essere un processo, anche lungo, impegnativo e difficoltoso, che parte dagli alunni e dal ruolo che essi ricoprono nel processo di apprendimento.

Il ruolo attivo degli alunni: apprendimento significativo e cooperativo

Esiste un principio da cui, a mio avviso, tutta l'innovazione dipende: *le tecnologie devono essere utilizzate dagli alunni, non dai docenti.* Fino a che ciò non si realizza, difficilmente avremo creato innovazione e inclusione didattica.

In una recente opera, Marc Prensky descrive una situazione emblematica e che molti di noi hanno vissuto nelle nostre scuole. Scrive Prensky: «Molti strumenti tecnologici che le scuole hanno acquistato, come le LIM, hanno attaccati sopra biglietti con scritto "Studenti, non toccate!". In effetti, sul biglietto dovrebbe essere scritto l'opposto: "Insegnanti, non toccate!"; la nostra tecnologia deve essere usata dagli studenti» (Prensky, 2012a, p. 205).

Chiaramente la frase è provocatoria, ma è vero che spesso le tecnologie vengono utilizzate in classe a partire dalle necessità del docente più che dalle potenzialità che possono mettere in campo per gli alunni. Potenziare il grado di inclusione della didattica in classe, valorizzando le differenze individuali, è invece chiaramente un'azione che deve portare a enfatizzare il ruolo di protagonista dell'alunno nel processo di apprendimento.

Da questo punto di vista l'orizzonte pedagogico dell'apprendimento significativo ci sembra essere quello che riassume in se stesso la gran parte delle azioni positive che possono essere condotte in classe con e senza le tecnologie.

Oltre all'apprendimento significativo, per completezza del quadro di riferimento, di grande interesse è anche l'approccio costruzionista (Papert, 1984) che si basa sul concetto di costruzione di prodotti da parte del bambino e dell'allievo, non solo partendo da materiali reali, ma anche in chiave tecnologica utilizzando linguaggi di programmazione appositamente pensati per l'infanzia, quali ad esempio LOGO e Scratch (Colombi, 2010). Questa intuizione ha dato grande impulso a tutto il settore di sperimentazione sulla robotica educativa, che sta avendo grande rilievo in questi ultimi anni, anche nella scuola italiana, non solo primaria ma anche secondaria e all'università (Moro et al., 2012; Marcianò, 2013).

Tuttavia, l'approccio dell'apprendimento significativo si basa su costrutti teorici comuni a quelli del costruzionismo e, in particolare, sull'idea di apprendimento come integrazione delle nuove conoscenze a partire da ciò che l'alunno già conosce (Novak, 2001; Novak e Gowin, 2001; Novak, 2012). In questo senso, l'apprendimento significativo punta l'attenzione in maniera centrale sulla motivazione ad apprendere e sulla risoluzione di problemi in situazioni reali (Jonassen, 2010), specialmente utilizzando forme di interazione tipiche della didattica cooperativa.

L'uso delle tecnologie, in pratica, deve poter incentivare le forme di lavoro in piccolo e grande gruppo, basandosi sulla risoluzione di problemi reali che mettano in gioco le vere competenze in possesso degli studenti, per quanto riguarda sia gli apprendimenti disciplinari sia le tanto citate competenze europee, che raramente però vengono realmente valorizzate nella didattica quotidiana (e la competenza digitale è tra queste). Alcune azioni didattiche, quali la costruzione di un sito Web su un contenuto disciplinare, l'attivazione di forme di scrittura condivisa in ambiente Web, così come la costruzione di un poster multimediale, piuttosto che un'iniziativa di «social reading» mettono lo studente immediatamente di fronte a una serie di problemi reali da risolvere, di natura molto differente.

Innanzitutto, *problemi di tipo relazionale:* non è facile lavorare con gli altri, specie se si è abituati a farlo da soli. Secondariamente, *problemi di contenuto,* non solo per quanto riguarda la correttezza o meno di quanto ci si propone di fare, ma anche relativamente a questioni di selezione e di forma. In questa fase, la valorizzazione delle differenze è massima, perché possono essere potenziate moltissime forme diverse di approccio ed elaborazione delle informazioni. In ultima analisi, *problemi tecnici e di realizzazione,* che tutti quanti dobbiamo affrontare nel momento in cui vogliamo utilizzare le tecnologie non solo per usufruire di contenuti ma per produrli. In tutte queste diverse fasi di azione si realizza la possibilità, per le molte diversità presenti all'interno della classe, di esprimersi, di trovare la soluzione, di partecipare con le proprie grandi o piccole abilità alla costruzione del prodotto del gruppo.

La tecnologia ci facilita perché ci dà modo di non dover ricominciare da capo quando sbagliamo, di poter utilizzare fonti e risorse inimmaginabili fino a qualche anno fa, dandoci strumenti quasi professionali per realizzare le nostri azioni, molto spesso in forma del tutto gratuita, per lo meno per il mondo della scuola. Ci facilita anche perché, grazie alla rete, ci permettere di espandere il lavoro della classe anche al di fuori della mura scolastiche, proseguendo a casa, ma coinvolgendo anche personale e aiuti esterni, se necessari.

Inoltre permette di valorizzare, condividere, dare visibilità al lavoro degli alunni con conseguenze impensabili fino a qualche tempo fa, il che è un aspetto molto importante per la motivazione sia dei docenti sia degli studenti.

Adattamento dei materiali

Come già anticipato nelle righe precedenti, proporre modalità cooperative e partecipative di azione a scuola e a casa permette di attivare all'interno della classe risorse, competenze, strumenti nella costruzione di percorsi di apprendimento densi di significato. Questa azione, che è evidentemente un processo, permette anche alla classe di lavorare in maniera efficace sui materiali di apprendimento e sul loro adattamento rispetto a necessità specifiche all'interno della stessa.

L'orizzonte di lavoro inclusivo per la classe è quello di massimizzare il valore del momento della lezione in aula come momento di costruzione di «semi-elaborati» utili per lo studio individuale a casa o per l'adozione in percorsi individualizzati e personalizzati di apprendimento.

Ad esempio, l'adozione del libro di testo digitale per tutta la classe può in sé non costituire alcuna forma di innovazione didattica, qualora io, docente, spieghi in classe i contenuti esattamente come ho sempre fatto, magari proiettando le pagine sulla LIM invece che leggendole su carta. Allo stesso tempo però, se io, docente, gestisco l'attività degli alunni in modo che si utilizzi alla LIM il libro digitale in classe, insieme a un programma per creare mappe mentali o concettuali, creando nel corso della lezione un primo livello di adattamento e semplificazione del testo, per arrivare a costruire una mappa del contenuto, delle parole chiave, delle immagini significative, ecc., avrò raggiunto per lo meno tre obiettivi:

- avrò giorno per giorno insegnato ai miei alunni uno o più *metodi di studio,* non solo basati sull'analisi del testo, ma anche sulla selezione, organizzazione e relazione tra contenuti;
- avrò al contempo realizzato un *materiale semi-lavorato,* una prima bozza di mappa cognitiva, che potrà essere più o meno completa a seconda del tempo dedicatovi, ma che sarà utile a tutta la classe, e in particolar modo a quegli alunni che traggono maggiori vantaggi da un approccio visivo e analitico, così come a quelli che incontrano i maggiori ostacoli nel codice scritto. Questo materiale potrà essere completato a casa, oppure in una lezione successiva o da un sottogruppo di alunni, in ogni caso di certo faciliterà lo studio individuale del soggetto con BES, dal momento che questi troverà già un lavoro impostato dal quale partire, una tecnica sperimentata in classe e

condivisa con i compagni e non più un metodo diverso di studio, una risorsa speciale, trattandosi infatti di un normale metodo di elaborazione dell'informazione;
– avrò dato senso all'adozione di risorse tecnologiche per la classe, rendendo attivi i miei alunni nella fase di elaborazione dell'informazione in maniera condivisa e quindi dando loro modo di «compensare» molte delle difficoltà che altrimenti sarebbero emerse nel lavoro individuale, da quelle più macroscopiche dovute ai disturbi specifici, come ad esempio la difficoltà in lettura, a quelle più «nascoste» legate all'autostima, alla motivazione e al senso di autoefficacia.

Lavorare con la «materia prima digitale» ci permette inoltre di congelare la nostra attività in sequenze diversificate anche per quanto riguarda la complessità dei contenuti, per facilitare l'apprendimento degli alunni con disabilità intellettive presenti in classe. Nel momento in cui il docente analizza in classe un contenuto, prova a risolvere un problema, cerca di trovare una definizione ed esegue una ricerca in rete di informazioni o di materiali, dovrà necessariamente operare un processo di sintesi. Dovrà innanzitutto semplificare la propria fonte di partenza, rendere più ridotto il testo da visualizzare alla LIM, dare più spazio ai codici visivi, musicali, espressivi; dovrà identificare concetti e parole chiave, per poi approfondirli, esplorarli, correlarli ad altri argomenti già affrontati o a nozioni più specifiche. Nel fare tutto ciò l'insegnante, grazie al digitale, può salvare le varie fasi del proprio lavoro, può «congelarlo» a diversi livelli di difficoltà, rispetto alle competenze e alle abilità che i propri alunni presentano. Anche di fronte alla disabilità intellettiva grave, nel lavoro di adattamento del materiale compiuto in classe con i compagni, può arrivare a enucleare i principi cardine di un argomento, delle immagini significative, dei nessi cognitivi che possono essere utili per l'alunno che seguirà evidentemente un percorso individualizzato; questo senza contare la motivazione ad apprendere che è, normalmente, incentivata dalle tecnologie sia in termini di impegno sia di risultati.

Utilizzare il momento in aula quindi non solo per spiegare e valutare, ma per elaborare le informazioni con le tecnologie per produrre dei materiali adattati, semi-elaborati che poi gli alunni dovranno completare nel lavoro individuale. Lavorare per progetti e riscoprire una didattica più laboratoriale anche nelle discipline che tradizionalmente sono meno predisposte a questo orizzonte. Valorizzare le tecnologie che gli studenti portano da casa; ogni telefono presente in classe è una macchina fotografica e una videocamera. La gran parte di loro è un terminale Web. Già questa risorsa, unita a una connessione Internet e a un computer di classe con la LIM, può fare la differenza. Non dobbiamo aspettare che la scuola dia a ogni studente un computer: sempre meno, infatti, le tecnologie sono rappresentate dai pc, e sempre più l'innovazione sta nei dispositivi portatili che portiamo con noi tutto il giorno (e che spesso non sfruttiamo se non al 10% delle loro possibilità).

La crescita di competenza digitale nella classe per fasce di popolazione che non hanno accesso a risorse tecnologiche

L'ultimo obiettivo didattico da perseguire grazie a un uso inclusivo delle tecnologie didattiche non riguarda in senso stretto l'apprendimento. Riguarda in realtà il concetto di democrazia e del ruolo che la scuola pubblica ha nel far crescere competenze nelle fasce di popolazione che tradizionalmente non usufruiscono delle potenzialità degli strumenti tecnologici contemporanei.

È un luogo comune quello che vuole le nuove generazioni come esperti utenti digitali. Sempre più, infatti, si parla di competenza digitale necessaria, ma anche di «saggezza digitale» (Prensky, 2012b).

In realtà, i dati a nostra disposizione sull'uso delle tecnologie da parte dei giovani in Italia sono drammaticamente bassi. Le indagini annuali dell'ISTAT sulla cittadinanza digitale mostrano un panorama di giovani tra gli 11 e i 24 anni di cui oltre il 10% non usa un computer e circa il 30% non utilizza Internet tutti i giorni (Istat, 2015). Ciò vuol dire che circa un ragazzo su cinque non sta sviluppando quelle competenze digitali che il mondo del lavoro dà ormai come scontate e che la scuola europea pone tra i suoi obiettivi primari. Significa però, soprattutto, che già in partenza questi ragazzi non sapranno utilizzare tutte le risorse e i servizi che costituiscono oggi, e sempre più in futuro costituiranno, le basi di molte azioni della vita quotidiana (dalle tante forme di comunicazione all'utilizzo di prodotti culturali come la musica e i film, alla gestione di un conto in banca, alla pianificazione di un viaggio e alla comparazione di prezzi e merci, ecc.).

Gli stessi dati ISTAT, inoltre, ci dicono che il motivo per cui queste famiglie non utilizzano la rete non è di ordine economico, se non in piccola percentuale (il 15,8% dei casi), ma squisitamente culturale, dal momento che il 55,1% dichiara di non essere capace di farlo e oltre il 24% di ritenerlo uno strumento inutile.

Ovviamente, le famiglie che non utilizzano la rete né i computer sono soprattutto quelle delle fasce sociali più deboli, economicamente e socialmente. Sono quelle i cui figli spesso presentano svantaggi dal punto di vista socioculturale e che non possono trovare nel contesto familiare il luogo da cui accedere alla ricchezza e alla complessità del mondo tecnologico.

In tal senso, la scuola ha una missione puramente inclusiva nei confronti di questi alunni. È l'unica Agenzia democratica che si rivolge a tutta la popolazione e che può far crescere competenze digitali in questi soggetti svantaggiati. Non è un optional, è una competenza base del cittadino del mondo contemporaneo; se la scuola non crea competenze nell'uso significativo delle tecnologie per tutti i suoi alunni, ma in particolare per quelli che non trovano al di fuori delle mura scolastiche un tessuto sociale di riferimento culturalmente ricco e stimolante, queste persone saranno ancora più deprivate, ma anche ancora più esposte ai rischi che un uso scorretto delle tecnologie può comportare, quando non a veri e propri reati in cui incorrere. Ancor più, condanna queste fasce di popolazione a rimanere solo i fruitori, i consumatori di prodotti e contenuti, senza possibilità di essere protagonisti in prima persona del cambiamento che le tecnologie impongono alla nostra società.

Se questo è vero per tutti i nostri alunni, lo è ancor più per quelli con BES. Le persone con disabilità trovano spesso proprio grazie alle tecnologie un'autonomia di vita soddisfacente e uno sbocco lavorativo; le tecnologie facilitano enormemente la vita di persone con DSA, specie in ambito extrascolastico, quando l'incubo del libro di testo e dei compiti a casa non pervade le giornate; le tecnologie danno autonomia a tutte le persone, creano relazioni, aprono orizzonti, mettono in collaborazione, se usate con saggezza e competenza. La scuola forse poteva esimersi, fino a qualche decennio fa, dal partecipare al cambiamento; oggi non le è più concesso. Per rispondere in maniera inclusiva ai bisogni dei nostri alunni, essa deve porsi come protagonista anche dal punto di vista tecnologico; in caso contrario, costituirà una fonte di ulteriore esclusione.

BOX 17.1

Piano Nazionale Scuola Digitale – Decreto Ministeriale 851/15

Al comma 56 della Legge 107/15 si prevede che l'adozione del Piano Nazionale Scuola Digitale avvenga in sinergia «con la programmazione europea e regionale e con il Progetto strategico nazionale per la banda ultralarga.»
Al comma 58 vengono elencati gli obiettivi strategici del Piano Nazionale Scuola Digitale, ossia:
- realizzazione di attività volte allo sviluppo delle competenze digitali degli studenti;
- potenziamento degli strumenti didattici e laboratoriali necessari a migliorare la formazione e i processi di innovazione delle istituzioni scolastiche;
- adozione di strumenti organizzativi e tecnologici per favorire la *governance*, la trasparenza e la condivisione di dati, nonché lo scambio di informazioni;
- formazione dei docenti;
- formazione dei direttori dei servizi generali e amministrativi, degli assistenti amministrativi e degli assistenti tecnici per l'innovazione digitale nell'amministrazione;
- potenziamento delle infrastrutture di rete, con particolare riferimento alla connettività nelle scuole;
- valorizzazione delle migliori esperienze delle istituzioni scolastiche anche attraverso la promozione di una rete nazionale di centri di ricerca e di formazione;
- definizione dei criteri e delle finalità per l'adozione di testi didattici in formato digitale e per la produzione e la diffusione di opere e materiali per la didattica, anche prodotti autonomamente dagli istituti scolastici.

Inoltre il Piano Nazionale Scuola Digitale prevede:

Tre ambiti di lavoro:
1. Strumenti, contenuti e competenze
2. Formazione
3. Accompagnamento

Nove aree d'intervento:
1. Accesso
2. Spazi e ambienti per l'apprendimento
3. Identità digitale
4. Amministrazione digitale
5. Competenze degli studenti
6. Digitale, imprenditorialità e lavoro
7. Contenuti digitali
8. Formazione del personale
9. Accompagnamento.

Trentacinque Azioni. Per ciascuna azione sono individuati:
- le risorse
- gli strumenti
- i tempi di prima attuazione
- gli obiettivi misurabili.

Tratto e adattato da *Alunni con BES,* 2013, pp. 289-298

CAPITOLO 18

INDICAZIONI NAZIONALI E LINEE GUIDA:
SCUOLA DELL'INFANZIA, PRIMO CICLO DI ISTRUZIONE, LICEI, ISTITUTI TECNICI E PROFESSIONALI

(Nunziante Capaldo e Luciano Rondanini)

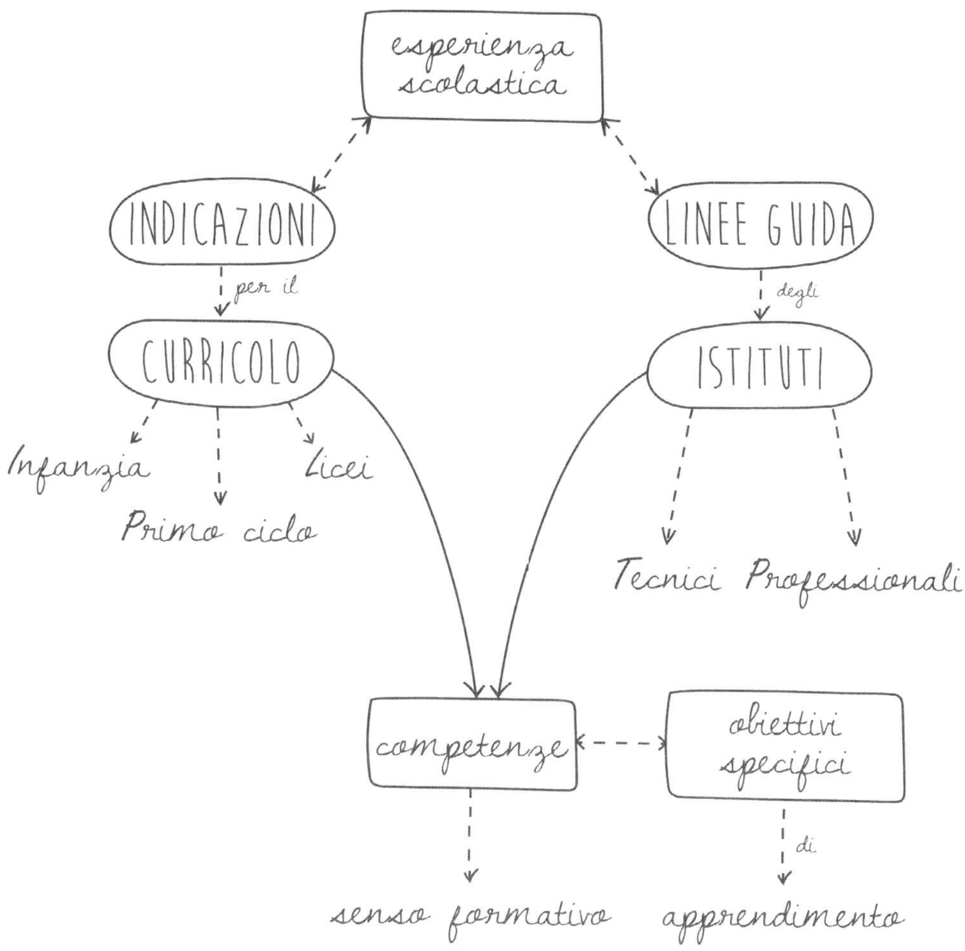

Le indicazioni nazionali: primo ciclo d'istruzione e Licei

Nel 2010 il MIUR ha emanato il *Regolamento di revisione dell'assetto ordinamentale dei Licei* (DPR n. 89 del 15 marzo 2010) con allegate le *Indicazioni nazionali riguardanti gli obiettivi specifici di apprendimento* concernenti le attività e gli insegnamenti compresi nei piani di studio per i percorsi liceali. Con questo Decreto sono stati istituiti sei indirizzi: liceo artistico, classico, linguistico, musicale e coreutico, scientifico e delle scienze umane.

I licci hanno durata quinquennale e si sviluppano in due bienni e un quinto anno che completa il percorso scolastico dello studente. Nell'ambito del liceo scientifico è possibile istituire l'opzione delle *scienze applicate* e, in quello delle scienze umane, l'opzione *economico-sociale.* Il curricolo dei licei è descritto nelle Indicazioni nazionali relativi agli obiettivi specifici di apprendimento previsti nel piano di studio delle singole aree liceali. Tali indicazioni rappresentano la declinazione disciplinare del *Profilo educativo, culturale* e *professionale* dello studente a conclusione del quinquennio.

Le Indicazioni tengono conto delle strategie suggerite nelle sedi europee ai fini della costruzione della «società della conoscenza», sottolineando l'importanza che i risultati di apprendimento nei diversi indirizzi devono essere ricondotti a un quadro di riferimento comune: area metodologica, logico-argomentativa, linguistica e comunicativa, storico-umanistica, matematica e tecnologica.

Viene rivendicata anche, come nelle Indicazioni della scuola dell'infanzia e del primo ciclo d'istruzione, l'unitarietà della conoscenza come un processo non meccanico, che implica la scoperta di qualcosa che entra nell'orizzonte di senso della persona che «vede», si «accorge», «prova» e «verifica» per capire.

Nel 2010 vengono emanate anche le Linee guida per il passaggio ai nuovi ordinamenti degli Istituti tecnici e professionali, di cui ci occuperemo nel paragrafo successivo.

Infine, nel 2012, in un arco di tempo relativamente breve, si è pervenuti alla stesura definitiva delle Indicazioni nazionali per il curricolo della scuola dell'infanzia e del primo ciclo d'istruzione, pubblicate sulla Gazzetta ufficiale con DM n. 254 del 16 novembre 2012. Questo testo sostituisce le Indicazioni per i Piani di studio personalizzati del 2004 dell'allora ministro Letizia Moratti e le Indicazioni per il curricolo del 2007 del ministro Giuseppe Fioroni, riconosciute, fino al 2012, entrambe vigenti in virtù di una dubbia «armonizzazione» contenuta nell'*Atto di indirizzo* del ministro Gelmini dell'8 settembre 2009.

Rispetto ai primi dieci anni d'inizio secolo, questo secondo decennio parte dunque con una maggiore stabilità dell'assetto organizzativo e didattico dell'intero sistema scolastico italiano. Infatti, le Indicazioni del 2012, quelle dei licei e le Linee guida degli Istituti tecnici e professionali del 2010 rappresentano scelte di lunga durata che permetteranno ai Dirigenti e ai docenti di poterle comprendere e attuare in un arco temporale medio-lungo, senza il rischio di repentini cambiamenti come di fatto è avvenuto dal 2001 al 2012.

I Documenti di cui sopra presentano significative differenze per il fatto che si rivolgono a tipologie di alunni e di studenti di età molto diverse, ma manifestano anche analogie e significative assonanze. La prima di queste riguarda il *Profilo dello studente* quattordicenne al termine del primo ciclo d'istruzione e del diciannovenne al termine dell'istruzione di secondo grado. In entrambi i testi gli estensori hanno avvertito la necessità di offrire ai docenti una descrizione sistematica di conoscenze, atteggiamenti, competenze, ecc. la cui acquisizione è ritenuta auspicabile a conclusione dei corrispondenti percorsi curricolari. La seconda affinità interessa la dimensione didattica, orientata a strategie attive, operative, di ricerca e cooperazione tra allievi e studenti dei due differenti gradi scolastici. La libertà del docente, si sottolinea nelle Indicazioni dei licei,

> si esplica non solo nell'arricchimento di quanto previsto nelle Indicazioni, in ragione dei percorsi che riterrà più proficuo mettere in particolare rilievo, ma nella scelta delle strategie e delle metodologie più appropriate, la cui validità è testimoniata non dall'applicazione di qualsivoglia procedura, ma dal successo educativo.

Le stesse «istruzioni» sono sottolineate in misura più ampia nelle Indicazioni per il curricolo del primo ciclo d'istruzione del 2012 in cui si afferma che

> imparare non è solo un processo individuale. La dimensione sociale dell'apprendimento svolge un ruolo significativo. In tal senso, molte sono le forme di interazione e collaborazione che possono essere introdotte (dall'aiuto reciproco all'apprendimento cooperativo, all'apprendimento tra pari), sia all'interno della classe, sia attraverso la formazione di gruppi di lavoro con alunni di classi e di età diverse.

In tutti i testi soprarichiamati si sottolinea l'importanza della costruzione di una comunità professionale ricca di relazioni, orientata all'innovazione, alla condivisione di conoscenze e stimolata dalla *leadership educativa* della dirigenza scolastica.

In particolare, come si afferma nella CM n. 22/2013, che indica le attività formative in relazione all'attuazione delle Indicazioni nazionali per il curricolo del primo ciclo, la figura del Dirigente viene considerata strategica, in una prospettiva pluriennale, nelle azioni di accompagnamento,

> sia in relazione ai risultati che ci si attende da ogni scuola sia per quanto concerne l'azione di promozione delle risorse umane e della professionalità, che solo il Dirigente scolastico può svolgere in modo efficace e continuativo.

Le Linee guida degli Istituti tecnici e professionali

Nel 2010 sono stati emanati il Regolamento del riordino dei Professionali (DPR 87/2010) e il Regolamento di riordino degli Istituti tecnici (DPR n. 88/2010). Le Linee guida di questi due segmenti scolastici definiscono il passaggio dei Professionali e dei Tecnici dal vecchio al nuovo ordinamento. Esse sono state redatte da un gruppo di lavoro operante presso il Dipartimento per l'Istruzione in continuità con il documento *Persone, tecnologie e professionalità: gli istituti tecnici e gli istituti professionali come scuole dell'innovazione,* predisposto dalla Commissione costituita il 14 dicembre 2007 dal ministro Giuseppe Fioroni.

Il successivo gruppo tecnico, insediato dal ministro Gelmini, ha raccolto le riflessioni già precedentemente definite, attraverso un confronto con docenti e Dirigenti di centinaia di istituti italiani coinvolti nella consultazione.

La struttura del testo delle Linee guida dei tecnici e dei professionali è speculare e si incentra sulle specifiche caratteristiche dei due ordini scolastici che possono essere sintetizzate nei seguenti punti: identità delle due scuole, profilo educativo, culturale e professionale dello studente (PECUP), innovazione dell'organizzazione scolastica (autonomia e flessibilità, dipartimenti, comitato tecnico scientifico, ufficio tecnico), progetto di vita e di lavoro dell'alunno, alleanze formative sul territorio con il mondo del lavoro e delle professioni, progettazione e valutazione per competenze, ecc.

Ognuno di questi punti viene declinato in relazione al profilo in uscita dello studente e incentrando il curricolo sul raccordo tra l'area di *istruzione generale* e l'area di *indirizzo professionale* e *tecnico*. In entrambi i testi si sottolinea che

> il peso dell'area di *istruzione generale* è maggiore nel primo biennio ove, in raccordo con l'area di *indirizzo*, esplica una funzione orientativa in vista delle scelte future, mentre decresce nel secondo biennio e nel quinto anno, dove svolge una funzione formativa, più legata a contesti specialistici, per consentire, nell'ultimo anno una scelta responsabile per l'inserimento nel mondo del lavoro o il prosieguo degli studi.

Inoltre nel primo biennio, i risultati di apprendimento dello studente sono raccordati con i quattro assi culturali (dei *linguaggi*, *matematico*, *scientifico-tecnologico* e *storico-sociale*) indicati nel DM n. 139/2007 che ha provveduto a innalzare a 16 anni l'obbligo d'istruzione.

Le Indicazioni della scuola dell'infanzia e del primo ciclo d'istruzione

Le Indicazioni per il curricolo del primo ciclo d'istruzione 2012 sono una revisione del testo precedente del luglio 2007. Le innovazioni contenute nel nuovo Documento sono però molte e particolarmente significative. Infatti, il testo del 2012 è stato redatto definitivamente dopo una consultazione on-line che ha coinvolto diecimila scuole. Tale monitoraggio ha permesso a un gruppo «redazionale» di integrare la bozza iniziale, apportando importanti novità sia nella parte generale che in quella riguardante le discipline.

La struttura complessiva è la stessa del 2007, con integrazioni e aggiornamenti che riguardano la «premessa» *Cultura Scuola, Persona*, il nuovo paragrafo *Finalità generali,* l'introduzione di passaggi inediti nella parte relativa all'*Organizzazione del curricolo* e la nuova stesura riferita sia alla scuola dell'infanzia che a quella del primo ciclo.

L'impianto generale del Documento è il seguente:

a) Cultura, scuola persona
b) Finalità generali
c) L'organizzazione del curricolo
d) La scuola dell'infanzia (campi di esperienza)
e) La scuola del primo ciclo (le discipline).

Nello schema di figura 18.1 sono evidenziate le variazioni che connotano il nuovo testo nei punti a), b), c). Va sottolineato però che anche le parti riferite ai campi di esperienza e alle discipline sono state interamente aggiornate.

La struttura del testo

CULTURA, SCUOLA, PERSONA
La scuola nel nuovo scenario **(agg.)**
Centralità della persona
Per una nuova cittadinanza
Per un nuovo umanesimo

FINALITÀ GENERALI (nuovo)
Scuola, Costituzione, Europa
Profilo dello studente

↓

L'ORGANIZZAZIONE DEL CURRICOLO
Dalle Indicazioni al curricolo **(nuovo)**
Aree disciplinari e discipline **(agg.)**
Continuità e unitarietà del curricolo **(nuovo)**
Traguardi per lo sviluppo delle competenze **(agg.)**
Obiettivi di apprendimenti **(agg.)**
Valutazione **(agg.)**

Fig. 18.1 Indicazioni per il curricolo del primo ciclo d'istruzione 2012: le novità e gli aggiornamenti.

Come si evince dallo schema, il testo delle Indicazioni 2012 è notevolmente cambiato rispetto al precedente documento del 2007. In particolare, è stata inserita una parte completamente nuova, *Finalità generali*, che riprende le competenze chiave per l'apprendimento permanente definite dal Parlamento europeo e dal Consiglio dell'Unione Europea del dicembre 2006. Ma quello che risulta particolarmente rilevante è il fatto che tali competenze costituiscono la cornice entro cui viene descritto il Profilo dello studente quattordicenne, al termine del primo ciclo d'istruzione.

Il Profilo, si sottolinea nel testo delle Indicazioni, tratteggia, in forma essenziale,

> le competenze riferite alle discipline di insegnamento e al pieno esercizio della cittadinanza, che un ragazzo deve mostrare di possedere al termine del primo ciclo d'istruzione. Il conseguimento delle competenze delineate nel profilo costituisce l'obiettivo generale del sistema educativo e formativo italiano.

Come si evince dalla lettura di questi primi paragrafi, le analogie tra le Indicazioni del 2012 con le Indicazioni dei licei e le Linee guida degli Istituti tecnici e professionali sono molteplici, a dimostrazione che, sul piano degli aspetti fondativi su piano culturale e pedagogico il sistema educativo d'istruzione in Italia è più compatto di quanto non appaia a una lettura superficiale.

Nei prossimi paragrafi cercheremo di approfondire alcuni di questi elementi che ci permetteranno di tessere le trame di un curricolo «lungo» dai 3 ai 19 anni.

Un aspetto comune alle Indicazioni e alle Linee guida è rappresentato dalle competenze di cittadinanza e alla promozione in tutti i gradi e ordini scolastici della *cultura della legalità*, intesa come l'insieme dei comportamenti che uno studente deve tenere sia nel confronti della «normatività» propria del legame sociale, sia verso le norme codificate dal sistema giuridico e dalle istituzioni locali.

Il senso dell'esperienza scolastica

Uno dei problemi che caratterizza il cammino scolastico dei ragazzi in Italia è rappresentato dalla difficoltà che i docenti incontrano nell'interessare gli alunni alle attività di studio e ai contenuti del loro insegnamento. Nelle Indicazioni nazionali del 2012, a questo proposito, si afferma:

> fin dai primi anni la scuola promuove un percorso di attività nel quale ogni alunno possa assumere un ruolo attivo nel proprio apprendimento, sviluppare al meglio le inclinazioni, esprimere le curiosità [...] assumere sempre maggiore consapevolezza di sé, avviarsi a costruire un proprio progetto di vita. *(Il senso dell'esperienza educativa)*

L'obiettivo di assicurare le condizioni per la costruzione di un percorso appassionante e la maturazione di un pensiero critico è presente anche nelle Indicazioni dei licei e nelle Linee guida dei tecnici e dei professionali. Nel PECUP di questi ultimi, si sottolinea che il secondo ciclo di istruzione e formazione è finalizzato:

- alla crescita educativa, culturale e professionale dei giovani, per trasformare la molteplicità dei saperi in un sapere unitario, dotato di senso e ricco di motivazioni;
- allo sviluppo dell'autonoma capacità di giudizio;
- all'esercizio della responsabilità personale e sociale.

Il Profilo dei Professionali e dei Tecnici, in continuità con quello del primo ciclo d'istruzione, evidenzia l'importanza delle conoscenze *(il sapere)*, delle abilità *(il fare consapevole)* e delle azioni che gli alunni intrattengono nelle loro relazioni interpersonali *(l'agire)*; sapere, fare, agire sono condizioni irrinunciabili per la crescita di persone capaci di prendersi cura di sé, degli altri, del mondo sia nell'esperienza di vita che nel proprio futuro lavorativo, professionale e sociale.

Però, come si diceva, la scuola incontra non poche difficoltà a motivare i ragazzi alle esperienze di apprendimento e ad appassionarli allo studio e all'applicazione. Perché oggi è così difficile sostenere un *discorso educativo* che renda possibile il raggiungimento delle finalità declinate nei Documenti di cui ci stiamo occupando? Perché, come brillantemente sostiene Massimo Recalcati, l'insegnante per onorare la sua parola riesce spesso a malapena a guadagnare il silenzio della classe? Ma la stessa domanda possiamo rivolgerla ai genitori: perché la parola del padre o della madre deve essere riconquistata di volta in volta dovendo ripartire quasi sempre daccapo?

L'elenco dei perché potrebbe continuare a lungo. Rispondere a questi interrogativi è difficile ma non impossibile.

Va detto, innanzitutto, che la crisi del discorso educativo non è circoscritta solo all'esperienza scolastica ma attraversa tutti i luoghi in cui i ragazzi crescono.

Una delle cause principali di questa condizione era stata anticipata da Pier Paolo Pasolini che accusava la società dei consumi di distruggere l'umanità e la dignità della persona. In *Scritti corsari* egli si scaglia contro questo «nuovo fascismo» che ha trasformato i giovani nell'intimo, dando loro «altri sentimenti», altri modi di pensare, di vivere e definisce la società dei consumi una civiltà dittatoriale che realizza un disegno pienamente fascista. L'edonismo sfrenato che caratterizza spesso gli stili di vita dei grandi e dei piccoli rischia di rendere il compito educativo decisamente arduo; infatti, gli individui sono trascinati verso le cose, il piacere, il «perché no?», ecc. senza incontrare argini e limiti ai rischi che tali eccessi comportano.

Andrea Bajani ha coniato un triste neologismo per connotare l'epoca attuale: l'era del *rinuncianesimo*.

> Alle parole non si chiede più di far succedere il mondo, ma di trasportarlo. A sedici anni un ragazzo preferisce restare in silenzio, dire una parola in meno invece che una di troppo. Perché tra le tante cose che potrebbe sbagliare, preferisce sbagliarne, appunto, una di meno. (Bajani, 2014)

I ragazzi assistono al passaggio delle parole e al loro avvicendarsi senza essere sfiorati dalla bellezza e dai significati in esse custoditi. Così chiedono ad altre parole di farli uscire, evadere, fuggire, riversandole sul telefonino, sul computer, *chattando* qua e là, all'insaputa dei genitori, degli insegnanti, degli educatori.

Alla scuola, in primis agli insegnanti, spetta il compito di insegnare la parola, di educare alla parola e di testimoniarla con comportamenti coerenti, non abdicando a questa funzione formatrice di vitale importanza. Ai docenti si chiede, oltre a un elevato profilo culturale, anche un sottile tratto educativo, capace di ascoltare la domanda dei ragazzi e dei giovani nella relazione e nel dialogo tra generazioni differenti.

Ragioni, domande, ipotesi

Le ragioni delle difficoltà a cui abbiamo fatto cenno possiamo farle risalire (partiamo da lontano!) alla rivoluzione illuministica. Infatti, gli illuministi del Settecento ritengono di agire sulla base della pura *ragione:* il compito dell'educazione è quello di far sì che gli individui ragionino con la propria testa. Per fare questo, occorre sbarazzarsi della *tradizione*.

> Sarà soltanto la ragione, e non la tradizione, la strada da seguire nella vita e nel pensiero. La metafisica è riuscire a farsi guidare dalla ragione e non dal pregiudizio. Questo è il grande insegnamento del Settecento. (Ferraris, 2011)

I principi dell'Illuminismo e della Rivoluzione francese hanno permeato, tra alterne vicende, la storia europea fino a tutto il Novecento, tanto che alla fine dell'Ottocento Nietzsche urla lo sconvolgente grido: «Dio è morto». Così, nel corso degli ultimi 200 anni, la coscienza pubblica europea si è progressivamente secolarizzata e gli stili di vita degli individui si sono adeguati a tale pervasivo processo.

Una delle stagioni del secolo scorso in cui il *potere della tradizione* ha conosciuto il «colpo di grazia» è stata la contestazione del 1968. In quella fase della storia occidentale, le istituzioni (famiglia, scuola, chiesa, ecc.), che avevano retto la vecchia struttura sociale, sono state attaccate frontalmente. La potenza dei «vecchi» princìpi è stata messa in discussione in modo radicale, cambiando il mondo delle persone, delle relazioni e della società.

> C'è stato un tempo in cui andare a scuola e pregare erano la stessa cosa. Al punto che ogni lezione iniziava con la preghiera, prima dell'appello. L'autorità dell'insegnante era garantita dalla potenza della tradizione alla quale si appoggiava: il modello pedagogico prevalente era quello correttivo-repressivo. Il rapporto tra insegnante e allievo fortemente gerarchizzato. (Recalcati, 2014)

L'alleanza scuola-famiglia-chiesa assicurava una certezza educativa che godeva di un'ampia condivisione sociale e che metteva insegnanti e genitori al riparo da ogni turbolenza che alunni e figli potevano provocare. Il 1968 ha sconvolto tutti gli equilibri del passato e, come afferma Recalcati, ha messo i figli contro i padri, gli allievi contro gli insegnanti, il desiderio contro la Legge. Il mondo che ha preceduto quell'epoca non c'è più ed è inutile pensare di poterlo ricreare.

Questo vale per tutti i sistemi organizzati, scuola compresa. Che fare, dunque?

Massimo Recalcati ripropone, come metafora della ripresa di una nuova centralità della scuola, il *complesso di Telemaco*, figlio di Ulisse, al quale affida il compito di ricostruire *ab imis* la figura dell'insegnante. Se l'autorità della parola del docente non può più essere garantita dalla tradizione,

> se non può accettare di essere sostituita dalla specularità senza passione degli oggetti tecnologici, deve essere ricostruita dalla testimonianza della forza della parola che ogni insegnante è tenuto a incarnare. [...] La Scuola-Telemaco vuole restituire valore alla differenza generazionale e alla funzione dell'insegnante come figura centrale nel processo di «umanizzazione della vita», rifiutando di interpretare questa differenza in termini solo sterilmente antagonistici. Piuttosto la Scuola-Telemaco sostiene che non vi sia trasmissione possibile senza incontro, senza l'impatto con l'Altro. (Recalcati, 2014)

Questo è il punto: l'incontro dello studente con l'insegnante, l'incontro dello studente con i saperi che si apprendono a scuola!

Risposte

Quali le basi su cui *ri-costruire* un possibile incontro tra insegnanti e studenti? Oggi ogni adulto che desidera rapportarsi costruttivamente con i giovani non può prescindere da una condizione di base: l'educazione al senso del limite. Questa finalità educativa deve essere posta alla base del lavoro delle persone che vogliono un incontro vero e autentico con i ragazzi.

L'altra faccia positiva del limite è la *regola,* mentre il contrario della «norma» è l'*eccesso* o, come sostiene Recalcati, il «perché no?». La regola è stato il principio fondativo della scuola fino agli anni Sessanta; oggi va riaffermata ma, come tante altre parole, *ri-significata.*

La scuola ha perso il valore simbolico del passato e si è trasformata per i ragazzi in un luogo di socializzazione. Il rapporto con lo studio, con la cultura e il senso che tutto questo ha nella vita dell'alunno devono partire da un imprescindibile presupposto: l'incontro costruttivo tra ragazzi e docenti.

Nella «vecchia» scuola questo requisito non era richiesto; lo studente sapeva che i contenuti dell'insegnamento (e solo quelli!) erano al centro del suo percorso formativo. Oggi, occorre ripartire dalle relazioni tra le persone costruendo insieme il significato delle cose si fanno, delle discipline, dei linguaggi, delle esperienze e dei progetti che si intendono portare a termine. In assenza di questo «patto educativo», è veramente difficile appassionare i giovani allo studio.

I punti di una nuova relazione e dell'apertura di un dialogo arricchente sia per gli alunni che per i docenti sono sinteticamente delineati da Charles (2002) in sei punteggiature, semplici ma molto rilevanti sul piano educativo:

1. *Valorizzazione degli studenti,* mostrare che ognuno è una persona apprezzata in classe;
2. *Fiducia e responsabilità,* offrire l'opportunità di prendere decisioni;
3. *Comunicazione,* parlare con rispetto ed evitare il sarcasmo;
4. *Istruzione,* offrire il massimo aiuto possibile nel momento giusto;
5. *Personalità dell'insegnante,* essere un modello di fermezza e cordialità;
6. *Gestione della classe,* coinvolgere gli studenti in specifici progetti ed esperienze di apprendimento.

Si tratta di alcune «regole» che, se attuate con convinzione e dedizione, possono aiutare a recuperare il senso di vicinanza che molti giovani chiedono all'impegno degli adulti. Fermezza, aiuto, accompagnamento, dialogo sono le parole di questa *prossimità educativa* che tutti gli insegnanti devono fare propria con coerenza e pazienza.

È un compito impegnativo perché il mondo dei mezzi di riproduzione e della comunicazione digitale abitua a una *distanza affettiva* tra osservatore e osservato, disorientando gli sguardi e «educando» una parola che nasce già corrotta dal logorio dell'abitudine. Questo mondo

> alimenta costantemente gli occhi con immagini perfette di persone con le quali non si ha niente in comune. Mentre riproduce *ininterrottamente distanza,* il mass medium la sfrutta, inventando nuove visioni scioccanti. E così la parola si è allontanata dai parlanti. Non essendo prossima, ci ha tolto uno strumento per raggiungere il prossimo. (Zoja, 2009)

La realtà virtuale rappresenta un contesto di apprendimento straordinariamente ricco di potenzialità a condizione che coesista con il *mondo reale;* imparare solo attraverso i mezzi tecnologici non risolverà i grandi problemi irrisolti dell'istruzione del nostro Paese.

Infatti, il grande rischio dei nuovi media è quello di proporre soluzioni che vengono recepite passivamente, soffocando l'approfondimento della condizione umana, dell'esperienza di vita e la scoperta di sé.

Il compito della scuola, dunque, è quello di ricreare le condizioni della vicinanza reale, fisica, ecc. la vicinanza degli sguardi, dei gesti, delle parole, anche di quelle che sembrano lontane. Occorre però partire dalle persone e dalle tante soggettività presenti in classe instaurando tra docenti e allievi una leale *relazione reciproca*. L'alunno chiede la presenza di adulti capaci di uno *sguardo osservante* che non nasconda i problemi o intenda «raddrizzare la vite storta» (come nel vecchio modello educativo) ma che lo porti a capire le ragioni delle difficoltà e la direzione del percorso. Questo sguardo osservante permette di

> scorgere la possibilità che giovani e adulti, vivendo nello stesso cantiere sociale, lavorino insieme alla ricerca di risposte a domande che per molti versi sono comuni. Un adulto interessato ai giovani, tutt'altro che complice con le loro inconcludenze, capace però di non tradirli nella loro ricerca. (Ferraroli, 2013)

La competenza tra prestazione e educazione

Una delle espressioni più ricorrenti nelle Indicazioni nazionali e nelle Linee guida è *competenza/e*. Molto evocata nei Documenti ministeriali, accolta dal mondo scolastico con una certa freddezza, criticata da quegli autori che vedono in essa il rischio di un apprendimento prestazionale e meccanico, lontano dalle finalità di «umanizzazione» del lavoro dei docenti frequentemente auspicato.

Proviamo a esaminare il peso attribuito al concetto di competenza nei testi dei quali ci siamo occupati in questo capitolo.

Nelle Indicazioni nazionali 2012, i *traguardi per lo sviluppo delle competenze* sono «riferimenti ineludibili» del curricolo dai 3 ai 14 anni. Il senso di questa espressione avalla un orizzonte dinamico di conoscenza; si sostiene, infatti, l'idea di un percorso, di una progressione, di un'evoluzione verso l'acquisizione di competenze nelle diverse discipline piuttosto che il raggiungimento di livelli prefissati o di parametri standardizzati. Tali traguardi, si sottolinea nel testo, aiutano le istituzioni scolastiche a finalizzare, pur nella loro prescrittività, l'azione educativa degli insegnanti.

Nelle Indicazioni nazionali dei Licei viene evidenziata l'importanza della relazione tra contenuti disciplinari e competenze attese. Ogni disciplina di studio dei differenti indirizzi liceali si apre con il paragrafo *Linee generali e competenze* a cui segue il paragrafo successivo *Obiettivi specifici di apprendimento*. Nel primo vengono esplicitate le competenze attese al termine del quinquennio, nel secondo i contenuti di apprendimento del primo, del secondo biennio e dell'anno conclusivo.

Il testo dei Licei è ancorato al peso della conoscenza e dei saperi, sottolineando in particolare che la competenza dell'italiano rappresenta un obiettivo trasversale a tutte le discipline, senza esclusione alcuna. La struttura della conoscenza, la solidità del sapere, l'enciclopedia delle discipline, ecc. prevalgono sul cosiddetto curricolo per competenze.

Invece, le Linee guida degli Istituti tecnici e professionali dedicano ampio spazio alla progettazione e alla valutazione per competenze, sottolineando l'importanza delle otto competenze chiave di cittadinanza del DM n. 139 del 2007. Una didattica per competenze, si afferma nelle Linee guida degli Istituti professionali, si basa sul requisito che

> una competenza sia generale, sia di studio, sia di lavoro si sviluppa in un contesto nel quale lo studente è coinvolto, personalmente o collettivamente, nell'affrontare situazioni, nel portare a termine compiti, nel realizzare prodotti, nel risolvere problemi che implicano l'attivazione e il coordinamento operativo di quanto egli sa, sa fare, sa essere o sa collaborare con gli altri.

Gli stessi principi sono affermati nelle Linee guida degli Istituti tecnici, in cui si sottolinea:

> una competenza si manifesta quando uno studente è in grado di affrontare un compito o realizzare un prodotto a lui assegnato, mettendo in gioco le sue risorse personali e quelle, se disponibili, esterne utili o necessarie.

Le Linee guida dei tecnici e dei professionali sono il testo che più correttamente esplicita il significato della competenza sia per il lavoro richiesto agli insegnanti sia per gli impegni rivolti agli studenti.

Un Documento che aiuta a stabilire una corretta relazione tra *persona-personalità-competenza* e che valorizza l'apporto dell'esperienza nel processo di crescita è quello degli *Orientamenti della scuola materna* del 1991. In questo testo si sottolinea che

> la scuola materna deve consentire ai bambini e alle bambine che la frequentano di raggiungere avvertibili traguardi di sviluppo in ordine all'identità, all'autonomia e alla competenza.

Lo sviluppo della competenza negli Orientamenti del 1991 riguarda:

- il consolidamento delle abilità sensoriali, percettive, motorie, linguistiche, intellettive, ecc. per consentire al bambino forme di ricostruzione della realtà;
- la sollecitazione della maturazione di capacità cognitive e culturali tali da permettere la comprensione e la rielaborazione delle esperienze di apprendimento;
- la valorizzazione dell'intuizione e dell'intelligenza creativa per lo sviluppo del senso estetico e del pensiero scientifico.

Riteniamo che l'orizzonte tracciato negli Orientamenti del 1991 conservi ancora molta validità, anche per il fatto che l'immagine di bambino che si afferma in quel testo è quella di un soggetto attivo, curioso, interessato a conoscere e capire, capace di interagire con gli altri e di servirsi della loro mediazione per conoscere e modificare la realtà. Queste parole esprimono il *valore formativo* del concetto di competenza riproponibile anche nei gradi scolastici successivi.

La competenza, infatti, coincide con la piena valorizzazione delle potenzialità dell'alunno impegnato in un processo di interazione costruttiva con *i pari, gli adulti, l'ambiente, la cultura* (Orientamenti, 1991).

L'idea di competenza, quindi, esalta una *concezione dinamica* dell'apprendimento, che rispecchia l'idea di un'organizzazione di contesti laboratoriali, operativi, ad alto tasso di partecipazione e di interazione interpersonale.

È fuori discussione che essa debba poggiare su solide conoscenze, acquisite dall'alunno in maniera significativa, comprese e padroneggiate in modo adeguato rispetto ai contesti di studio e ai compiti richiesti; l'opposizione tra conoscenza e competenza è insensata e priva di alcun significato.

Il rischio che si smarrisca il *senso formativo* della competenza è del tutto plausibile, soprattutto quando le richieste fatte all'alunno si riducono all'esercizio di una mera prestazione o di un'applicazione prettamente addestrativa. In questo caso però il problema non è la competenza, ma l'afasia di una scuola impegnata nella riproduzione di una stanca ritualità. La lezione monocorde del professore, la sua lezione-fiume così come attività «non frontali» inconcludenti e dispersive sono espressione di un nozionismo che rende la scuola, per l'appunto, afasica e condannata a riproporre esclusivamente se stessa. Invece, come sostiene Lucio Guasti,

> la competenza si rivolge essenzialmente alla personalità e ha come fine il suo sviluppo. È nata e si è sviluppata su un presupposto tipicamente *umanistico*: il potenziale di sviluppo del soggetto correlato alle operazioni che sono necessarie alla sua realizzazione.

In ambito europeo, gli elementi essenziali della competenza sono le conoscenze, le capacità e le attitudini. Queste ultime riguardano le dimensioni della persona a cui Guasti faceva riferimento: il rispetto di sé, dell'altro, il rifiuto del pregiudizio, dello stereotipo, ecc.

La competenza perciò è un modo di essere nel mondo, che implica valori, conoscenze comportamenti con i quali vivere le situazioni e risolvere problemi che esse presentano.

Possiamo concludere che la prima vera, irrinunciabile competenza è quella di saper vivere da persone libere, responsabili, impegnate a capire e progettare il mondo sulla scorta di principi e valori personalmente assunti.

Tratto e adattato da *Dirigere domani,* vol. 1, pp. 293-304

CAPITOLO 19

LE RELAZIONI SCUOLA-FAMIGLIA

(Desirée Rossi; Rocco Quaglia e Claudio Longobardi)

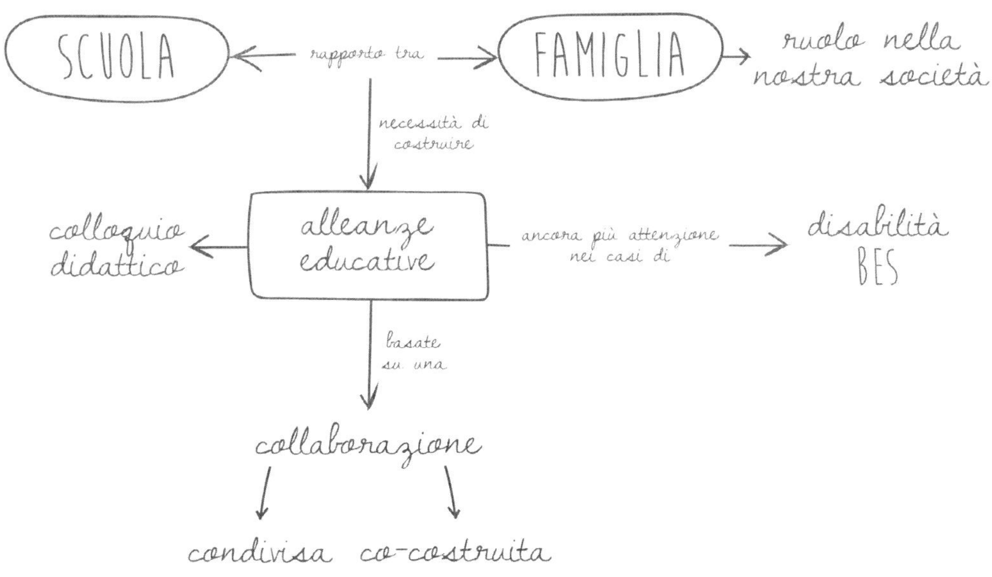

Cambiamenti di ruolo della famiglia nella società postmoderna

Desirée Rossi

È sotto gli occhi di tutti la velocità con cui, in un lasso di tempo incredibilmente breve, rispetto a tempi storici precedenti, avvengono enormi cambiamenti societari su diversi piani, da quello economico a quello dei rapporti sociali e umani. I sociologi definiscono il nuovo contesto «società affrettata», dove il tempo risparmiato grazie agli strumenti tecnologici che accorciano tempi e distanze anziché apportare un benessere dato da maggior relax viene riempito da attività frenetiche. Le famiglie si collocano oggi in un contesto di molteplici opportunità (occasioni di socialità, movimento e comunicazione), oltre che di grandi offerte tecnologiche e culturali che consentono crescita e sviluppo, ma si trovano anche all'interno di una società che impone una vita frenetica che invita al consumo e non lascia il tempo per l'osservazione, il pensiero e la riflessione. Questa famiglia fa fatica a orientarsi nel «turbine delle correnti» del contesto attuale e si dimostra affaticata nello sforzo di definire la propria identità e i propri compiti (Galardini, 2010). Addentrandoci nel tema del ruolo rivestito dalla famiglia in ambito educativo-sociale, si riscontra come i mass media propongano un modello genitoriale di irreale perfezione, di fronte al quale i genitori continuano a confrontarsi con estrema frustrazione e senso di colpa. Succede così che la percezione di «buona apparenza» con cui la famiglia si presenta all'esterno è quella della presenza di genitori perfetti con figli altrettanto perfetti, con un'oppressione data da aspettative di impossibile realizzazione dove si perdono di vista quali sono i reali bisogni e desideri di entrambe le parti. Tale fragilità genitoriale fa sì che il ricorso agli specialisti (corsi di formazione, psicologi, pediatri) sia sempre più frequente smarrendo la spontaneità relazionale e la responsabilità del proprio ruolo soprattutto nel difficile compito di stabilire e dare delle regole (Galardini, 2010). Sempre più spesso durante i primi colloqui coi genitori gli insegnanti si sentono dichiarare che dalla scuola si aspettano per i loro figli l'insegnamento delle regole, in quanto non si attribuiscono questo «onere» perché nel contesto di casa il tempo da trascorrere insieme è talmente scarso che è preferibile evitare i conflitti, l'imposizione di limiti, i rimproveri; in alcuni casi si delega quindi alla prima agenzia di socializzazione l'arduo compito di fornire dei paletti e delle direzioni di comportamento con la credenza che il bambino fino a quel momento non abbia assimilato modelli educativi e di comportamento e sia «un vaso che la scuola con la sua autorevolezza può riempire di norme e regole di vita». Si sottolinea quindi la difficoltà della famiglia nell'affrontare i propri compiti e responsabilità di ruolo, con un forte bisogno di trovare nuovi riferimenti validi con cui condividere ansie e dubbi e intraprendere riflessioni; la scuola assolve spesso la funzione di sostegno per le famiglie, perché in grado di trasferire i propri saperi grazie a modalità di partecipazione e condivisione (Galardini, 2010).

Attualmente le libertà di cui godono i singoli individui si sono enormemente ampliate. L'attenzione per i diritti individuali si è fortemente accentuata, anche se a scapito della necessaria coesione sociale. Oggi si discute e si negozia su tutto: nella vicenda sociale e politica, certo, ma anche in casa e a scuola. Le regole, i valori che caratterizzavano le diverse epoche si sono man mano radicalmente trasformati, fino ad arrivare alla configurazione della società odierna che il famoso studioso polacco Zygmunt Bauman chiama «liquida», poiché non ha più regole e legami forti. Secondo tale autore lo sciame dei consumatori tende a sostituire il gruppo. Ma, mentre nell'appartenenza ai gruppi tradizionali l'individuo alimentava il proprio sentimento di identità sociale, nello sciame ognuno si trasforma in consumatore solitario, anche se è in compagnia. In Europa negli ultimi cinquant'anni si è assistito al passaggio da forme di cieco e rigido autoritarismo a manifestazioni di pronunciate anarchie sociali, dall'alienazione dell'individuo in nome della coesione sociale al trionfo dell'individualismo che rivendica gratificazione continua dei desideri e del bisogno del singolo. Da un lato è vero che il lavoro di generazioni e l'euforia produttiva della seconda parte del Ventesimo secolo hanno contribuito a forme diffuse di benessere mai conosciute prima, parallelamente all'allargamento della partecipazione democratica a tutti i livelli. Dall'altro, è altrettanto vero che la società appare sempre più disgregata e confusa sul piano dei valori, delle norme sociali e del senso da attribuire alla vita in comunità. Scuola e famiglia sono state profondamente toccate da tali trasformazioni (Cesari Lusso, 2010).

Le continue e repentine trasformazioni degli ultimi anni portano a riconsiderare come la famiglia abbia nuovamente cambiato aspetto, ruolo e funzioni: le famiglie con bambini sono sempre meno numerose, il tasso di natalità si è ridotto drasticamente rispetto al passato e aumentano le famiglie ricomposte o «allargate».

Le Indicazioni per il curricolo del 2007 riconoscono la difficoltà del bambino di crescere maturando all'interno di riferimenti identitari e relazionali plurimi e, in particolare, di farlo all'interno dei tempi contratti che caratterizzano gli ambienti di vita e i rapporti familiari sociali; riconoscono inoltre la solitudine di molte famiglie e la carenza per molti bambini di contatti coi coetanei con i quali confrontarsi. Di fronte alla pluralità degli ambienti di sviluppo sociale e familiare e delle esperienze all'interno delle quali si sviluppa il bambino, diventano quindi prerequisiti fondamentali da parte della scuola le competenze comunicative e grande maturità nel gestire i rapporti umani.

La costruzione di alleanze educative tra scuola e famiglia

Numerose ricerche confermano che una buona collaborazione tra genitori e scuola è un fattore importante del successo scolastico dei bambini. Tanto più la comunicazione tra genitori e insegnanti è interattiva e partecipativa, tanto migliori potranno essere l'impegno e il relativo rendimento degli allievi. I cambiamenti sociali, economici e culturali, il rapido sviluppo dei mezzi tecnologici di comunicazione e dei saperi in ogni campo hanno messo la scuola di fronte a nuove problematiche, a nuove sfide, che spingono gli insegnanti alla costante ricerca di nuove risorse sul piano didattico, pedagogico e relazionale.

Le Indicazioni per il Curricolo del 2007, nelle loro premesse, ricordano proprio come siano l'impegno professionale dell'insegnante e la sua capacità di collaborare con le famiglie e di organizzare e gestire le risorse disponibili, in modo da creare contesti di apprendimento ricchi e significativi, a decretare se le potenzialità del bambino possono essere sviluppate o inibite. Le Indicazioni affrontano il tema della relazione con la famiglia dando importanza alla collaborazione che questa può instaurare con la scuola ed evidenziando meno gli elementi di problematicità della condizione infantile e le insicurezze sui valori che caratterizzano i contesti familiari. Le famiglie vengono interpretate secondo un'accezione pluralistica come i contesti che maggiormente esercitano influenza sullo sviluppo del bambino; si segnala inoltre l'insostituibile funzione della scuola, in vista della creazione di una *rete solida di scambi e di responsabilità comuni.* L'idea di base che si vuole trasmettere è quella della costruzione di un orizzonte di scambio e reciprocità (triade in interazione di cultura, scuola, persona) (Capaldo e Rondanini, 2008). Si chiarisce che i bambini arrivano alla scuola dell'infanzia già con una loro storia e un background di competenze che hanno acquisito nell'ambiente familiare e territoriale; di questo l'insegnante deve tener conto non solo in fase di inserimento ma anche nell'elaborazione della progettazione educativa. Programmare e agire momenti di condivisione tra genitori e insegnanti costituiscono un'occasione preziosa dove la famiglia può trovare sostegno, cura, fiducia e motivazione a svolgere al meglio il proprio ruolo educativo.

La relazione educativa con la famiglia con figli con disabilità

Particolare attenzione e sensibilità richiede l'accoglienza di bambini con disabilità e delle loro famiglie; sono famiglie provate dalla fatica che comporta, a livello fisico ma soprattutto psicologico, un bambino con difficoltà. Sono famiglie che stanno vivendo tra ostacoli e lotte continue, alle volte anche contro le istituzioni, un lungo percorso di elaborazione e accettazione pervaso di sentimenti di frustrazione, incredulità e sensi di colpa. L'insegnante deve tener conto di queste caratteristiche e, con forte senso empatico, sostenere i genitori attraverso l'ascolto e con un'attenzione premurosa alla restituzione della quotidianità educativa delle esperienze vissute nella giornata dal bambino. Questo speciale accompagnamento richiede uno scambio continuo, una valorizzazione del bambino e l'accettazione dell'insegnante del soggetto per quello che è, adoperandosi al meglio per favorire la sua crescita, per programmare interventi mirati in condivisione con la famiglia, allo scopo di sviluppare socialità e benessere, senza indurre false aspettative. Accogliere questi bambini richiede grande professionalità, che va costruita attraverso percorsi di conoscenza, ricerca e messa in gioco in prima persona; si lavora, in questi ambiti, su «confini relazionali» molto fragili dove l'insegnante deve mantenere la lucidità della consapevolezza del proprio ruolo per non cadere in comportamenti iperprotettivi e di accondiscendenza o in comportamenti isolanti, in modo da evitare il rischio di delega totale delle famiglie al servizio educativo. L'insegnante accompagna e supporta la famiglia condividendo i progressi del bambino, i suoi limiti e le strategie di migliore interazione, ma soprattutto l'abitua a «camminare in autonomia» senza creare legami di dipendenza e senso di inefficacia. Questa diposizione di apertura implica anche un lavoro di collegamento e condivisione con gli altri genitori, perché la presa in carico da parte della scuola sia collettiva ed eviti alla famiglia in difficoltà di sentirsi sola ad affrontare i diversi problemi di crescita del figlio.

Le caratteristiche del colloquio didattico

Rocco Quaglia e Claudio Longobardi

Il colloquio didattico è un tipo di dialogo che avviene tra un insegnante e un genitore, e si caratterizza rispetto a tutti i tipi di conversazione attuabili sia per gli obiettivi, sia per le caratteristiche, sia per l'ambito in cui si svolge. Tra i vari aspetti che specificano questo tipo di colloquio vi è il coinvolgimento di una terza persona, l'allievo, che costituisce l'argomento centrale dello scambio delle informazioni tra i due colloquianti. È l'allievo a motivare l'incontro, a suggerire i temi del colloquio, a influenzare il clima relazionale tra gli interlocutori, a decidere il livello di soddisfazione e di successo del lavoro svolto mediante gli incontri.

In ogni tipologia di colloquio, tuttavia, sono presenti caratteristiche che si possono riferire anche al colloquio didattico, pur avendo — quest'ultimo — proprie specificità che, rispetto al colloquio comunemente inteso, possono apparire come vere anomalie. L'insegnante, infatti, riceve i genitori come parte dei propri doveri istituzionali; a differenza di altre figure professionali, quali lo psicologo, lo psichiatra, il consulente, non è rimunerato per la sua prestazione. In più, il beneficiario principale del colloquio non è l'interlocutore, il quale non soltanto non deve retribuire l'insegnante, ma non ha neppure impegni o obblighi da soddisfare nei suoi riguardi. In breve, nessuna richiesta d'aiuto personale motiva il genitore a incontrare l'insegnante, e nessun obiettivo, o «patto», è implicito nella professione insegnante verso i genitori. Il lavoro dell'insegnante non riguarda il suo interlocutore, ma l'allievo. Con tali premesse diventa difficile trasformare un breve scambio verbale di informazioni in un colloquio quale strumento professionale. Tralasciando dunque l'idea di una tale trasformazione, si può tentare d'illustrare una possibile tecnica di colloquio con riferimento all'azione dell'insegnante, fornendo i necessari strumenti cognitivi per un ideale ma probabile percorso didattico d'inserimento della famiglia nella scuola, affinché l'istruzione diventi formativa e educativa.

L'insegnante che voglia conoscere e adottare il colloquio come parte integrante del suo lavoro dovrà innanzi tutto modificare la propria concezione d'incontro con i genitori: finché l'obiettivo è di informare circa il profitto e la condotta dell'allievo, non si può parlare di colloquio. L'incontro diventa colloquio quando si «parla insieme» in vista di qualcosa. Il colloquio, infatti, prevede l'assunzione di un impegno che è primariamente di collaborazione. L'insegnante ha un compito professionale nei confronti dei propri allievi, e per assolvere il proprio mandato ha bisogno di costruire un'*alleanza didattica* con le famiglie. Il colloquio diventa così uno strumento privilegiato per costruire una relazione, con un approccio professionistico, in vista di un progetto la cui attuazione richiede il coinvolgimento consapevole dei genitori. Il colloquio didattico ha dunque come primo obiettivo l'inserimento dei genitori nei processi di cambiamento, in ambito cognitivo e affettivo, degli allievi a scuola. Tale obiettivo prevede la creazione di un'intesa tra scuola e famiglia, il cui beneficiario ultimo è la società.

Nessuna legge prevede che gli insegnanti debbano conoscere lo strumento del colloquio, ma, poiché è previsto dagli ordinamenti scolastici (CCNL del 26 maggio 1999, art. 42) l'impegno per i docenti di intrattenersi a colloquio con i genitori degli allievi sia in un contesto plenario, sia in momenti di colloquio privato, diventa indispensabile utilizzare tale strumento nel migliore dei modi. D'altronde, le possibilità che esso offre di raccogliere informazioni porta ad assumere nuovi atteggiamenti e a produrre creativi modi di relazione educativa.

I caratteri del colloquio

L'asimmetria della relazione

La prima caratteristica del colloquio riguarda la relazione che si instaura tra i due interlocutori, che è necessariamente *asimmetrica,* cioè caratterizzata da una sostanziale diversità di ruoli (Bastianoni e Simonelli, 2001). Da un lato c'è una persona qualificata e competente in veste di professionista, dall'altro una persona in atteggiamento di richiedente, o comunque in posizione dipendente. Nel nostro caso, è l'insegnante che ricopre il ruolo di persona esperta per competenza e formazione, e per nessun motivo deve abdicare a tale ruolo. Il primo colloquio è il più importante, poiché in tale occasione si decidono la qualità dei successivi incontri e il livello di coinvolgimento dei genitori nel lavoro dell'insegnante. Soltanto l'esperienza può aiutare il conduttore del colloquio ad assumere il giusto atteggiamento, che è tale unicamente con riferimento agli scopi prefissati. Se l'intento, infatti, è la creazione di una relazione, corretto diventa un atteggiamento di apertura emotiva verso l'altro, accogliendolo nella sua qualità di genitore, e sospendendo nei suoi confronti ogni apprezzamento. Ricevere un qualsiasi interlocutore è diverso dall'accogliere il genitore di un allievo; distinguere la persona del genitore da quella del figlio diventa importante per l'adozione di un atteggiamento neutrale. In caso contrario, ogni valutazione operata sull'allievo si trasmetterebbe al genitore, trovando così «valide» giustificazioni per i giudizi espressi. L'altro è primariamente un genitore e, nella percezione dell'insegnante, diventerà il genitore di *qualcuno* quando si disporrà a cooperare per la riuscita scolastica del proprio figlio. In questo modo, l'altro potrà sentirsi accolto nel suo ruolo genitoriale, e non di buono o di cattivo genitore: il primo incontro non dovrebbe riguardare l'allievo ma la reciproca conoscenza tra l'insegnante (del figlio) e i genitori (dell'allievo).

Il genitore tenterà di proporre un'immagine di sé, fornendo opinioni, racconti e informazioni, che l'insegnante non deve né accogliere né respingere, ma semplicemente annotare: accogliere la persona non comporta accogliere la sua immagine; la persona è reale, l'immagine è una creazione fantasmatica. A questa immagine l'insegnante deve proporre — non opporre — la propria, che è l'immagine che l'istituzione gli mette a disposizione, cioè quella di un professionista.

Per costruire un'alleanza didattica, la relazione deve restare asimmetrica; in caso contrario, il pericolo è quello di ridurre il colloquio a una semplice chiacchierata, o a uno scambio di punti di vista. Il colloquio, come tecnica, non mira soltanto ad acquisire conoscenze, ma soprattutto a mantenere un rapporto in vista di un obiettivo. L'insegnante deve restare il centro delle iniziative da intraprendere, il detentore di un sapere specifico, il riferimento di un progetto educativo con precisi obiettivi da raggiungere.

In nessun momento l'insegnante deve idealmente scendere dalla cattedra; se lo facesse, perderebbe affidabilità. Qualora, infatti, l'insegnante mostrasse il proprio scoraggiamento al genitore per i mancati progressi del figlio, verrebbe meno alla sua funzione, e comunicherebbe un fondamentale sentimento di sfiducia nella propria azione educativa. In più, trasmetterebbe una valutazione negativa dell'allievo e, di conseguenza, del genitore. Espressioni quali «Non so più che cosa fare!» o «Tanto è tutto inutile!» decretano l'inutilità degli incontri, e invitano implicitamente il genitore a non perdere e a non far perdere tempo all'insegnante. Al contrario, una visione positiva del processo educativo e dell'importanza degli incontri con i familiari, di là di ogni realizzazione sul piano concreto, aiuta sia i genitori a conservare un legame con la scuola, sia soprattutto l'allievo nel sapersi oggetto dell'interesse dei genitori.

Deleteri al fine del mantenimento di una relazione asimmetrica sono gli atteggiamenti di dipendenza che talora l'insegnante assume nei confronti del genitore. In questi casi, le espressioni «Mi aiuti lei!» o «Bisogna che lei intervenga!» pongono il genitore in una posizione inattesa, vale a dire di sostituzione all'insegnante e di rovesciamento dei ruoli. L'insegnante deve dunque possedere precisi prerequisiti mentali.

Primo requisito è la *disponibilità* all'incontro. Il termine disponibilità non significa qui desiderare di incontrare l'altro, ma indica la condizione psichica conseguente all'aver superato alcune disposizioni interne. Fino a quando le nostre tendenze ci portano ad accogliere l'altro sia con un'eccessiva familiarità sia con un manifesto distacco, siamo dominati da un'immagine che vuole esibire il proprio controllo su una realtà che crea turbamento. Ogni comportamento «eccessivo» denuncia sempre uno stato interno di disagio. In ogni interazione l'altro attiva in noi un certo livello di tensione, oppure suscita una qualche forma di apprensione innescando di conseguenza operazioni di sicurezza. D'altronde, i genitori non sono né amici né clienti, e un'inappropriata familiarità sarebbe espressione di fragilità sul piano personale, così come una fredda rigidità sarebbe indizio d'insicurezza sul piano professionale.

Il secondo requisito del colloquio è il *rispetto* per l'altro, cioè per il suo tempo, per i suoi problemi, per i suoi argomenti e per la sua persona. Il tempo del colloquio non è sottratto a qualche altra attività e dedicato a qualcuno, ma è il tempo che l'altro ci concede per uno scambio di informazioni utili. Ascoltare, manifestando attenzione, induce l'altro a fidarsi del conduttore e gli comunica che anche il conduttore si fida di quel che gli viene riferito.

Il terzo requisito è la *neutralità,* che non è semplice sospensione di ogni atteggiamento valutativo nei confronti dell'altro, di quel che è e di quel che riferisce, ma è accoglienza dell'altro nella sua dimensione sociale, culturale, umana. È necessario superare ogni differenza «ideologica» per sentire le differenze come un valore.

L'interazione verbale

Il secondo carattere del colloquio è rappresentato dall'*interazione verbale* tra gli interlocutori. Se il colloquio mirasse unicamente all'acquisizione di informazioni, opinioni, percezioni, esperienze, potremmo declassarlo a livello di semplice intervista, in cui uno pone domande e l'altro si limita a rispondere. In realtà è innanzitutto uno strumento di comunicazione attraverso il quale ogni interlocutore invia all'altro messaggi, in vista di una reciproca conoscenza e per istituire una relazione che consenta la nascita di un'intesa operativa. Il colloquio dunque non si esaurisce in un «parlare con», poiché è contraddistinto dall'implicita previsione di una relazione al cui interno comunicare le rispettive realtà. Senza tale disponibilità o tacito «accordo» non si avrà sintonia tra gli interlocutori, e la comunicazione si rivelerà inadeguata, o mancante. Nella comunicazione, il ruolo centrale è sicuramente svolto dal linguaggio verbale, pur senza negare l'importanza degli aspetti non verbali.

Nel colloquio didattico, l'insegnante deve individuare obiettivi precisi che possano di volta in volta variare, pur conservando come finalità costante e ultima la migliore conoscenza dell'allievo per una più proporzionata azione didattica. A ogni incontro si può così identificare un tema da affrontare o un problema da approfondire: ciò permette di non riferire, in ogni incontro, ai genitori le stesse informazioni, costringendoli a rispondere in modo stereotipato e con un crescente disinteresse per il colloquio. L'identificazione di un tema consentirebbe inoltre di variare lo svolgimento del colloquio: nel caso l'insegnante avvertisse la necessità di indagare su aspetti specifici, potrebbe porre con maggiore precisione le proprie domande; al contrario, se il rapporto, o il processo comunicativo, fosse prioritario, potrebbe adottare uno scambio verbale più libero, lasciando al genitore la possibilità di riferire argomenti non direttamente collegati all'allievo ma considerati rilevanti. In nessun caso l'insegnante deve incontrare il genitore senza aver prima recuperato i contenuti dell'incontro precedente, e neppure deve essere sprovvisto di un'idea guida per il colloquio da sostenere. Esibire argomenti ai genitori, e non i risultati numerici, comunica infatti l'interesse dell'insegnante per l'allievo; d'altronde, anche i migliori risultati possono diventare scontati ed esaurire presto l'interesse dei genitori per l'allievo.

Il soggetto della comunicazione

Il terzo carattere del colloquio didattico è il *soggetto* della comunicazione. Le opinioni, le informazioni e i sentimenti che sono trasmessi tra i partecipanti al colloquio sono riferiti a una terza persona. Ciò espone il colloquio didattico a molti fraintendimenti e difficoltà di comunicazione. In primo luogo è da precisare che il soggetto di cui si parla non è necessariamente il medesimo: il genitore, infatti, parla del figlio e comunica vissuti, esperienze e conoscenze che sono di una madre o di un padre; l'insegnante, invece, parla di un allievo e affronta aree, temi e argomenti che si riferiscono al suo lavoro di docente. Spesso gli interlocutori parlano di due persone diverse: una che vive in un ambiente familiare, l'altra che interagisce in un ambiente scolastico. Le rispettive visioni sono pertanto differenti: l'errore che facilmente si commette da entrambe le parti è credere di conoscere in modo completo la personalità del soggetto. In realtà, si possiede una conoscenza parziale del figlio-allievo, poiché è limitata all'ambiente di osservazione. È compito dell'insegnante presentare e far conoscere l'allievo al genitore, in attesa che questi riesca a scorgere l'allievo nel figlio; in ogni caso, entrambi hanno bisogno di completare la propria visione del «soggetto».

L'obiettivo

Anche il colloquio didattico ha un *obiettivo,* che accompagna tutti gli altri obiettivi, sia quelli specifici di ogni singolo colloquio, sia quello finale riferito al benessere e al miglior rendimento dell'allievo. Ogni informazione acquisita o trasmessa, ogni conoscenza raccolta costituisce un elemento che deve concorrere a rendere l'insegnante idoneo a formulare una valutazione dell'allievo sul piano didattico, cioè riguardo alle sue abilità, competenze, attitudini, oltre che una deduzione delle sue inesperienze e carenze. Lo scopo del colloquio, tuttavia, non mira a un apprezzamento di tipo cognitivo o affettivo dell'allievo, ma a produrre una stima rivolta sia alle difficoltà presentate dall'allievo nell'affrontare i problemi in genere, sia all'indisponibilità ad apprendere in specifiche discipline.

Il clima relazionale

L'ultimo carattere del colloquio è il *clima relazionale,* che deve essere il più possibile rasserenante. La presenza dell'ansia blocca infatti ogni interazione sociale, rendendo impossibile la comunicazione. L'insegnante deve cogliere le manifestazioni di turbamento, d'incertezza e di disagio nel genitore ed essere in grado con un atteggiamento adeguato di tranquillizzarlo, rendendolo collaborativo nella formazione umana e scolastica del figlio. Il contatto emotivo è condizione essenziale per l'instaurarsi della relazione, e rende possibile, facilitandola, la comunicazione empatica.

In breve, affinché sia efficace, il colloquio deve prevedere che:

- l'interlocutore conduttore sia un «esperto» e sia sentito come tale dall'altro;
- tra gli interlocutori vi sia disponibilità a interagire verbalmente in un reciproco scambio di informazioni e di conoscenze;
- si identifichino con esattezza gli argomenti e soprattutto il soggetto del colloquio stesso;
- il conduttore sia empatico e capace di indurre l'altro a collaborare al proprio progetto educativo e formativo in vista di un fine comune, vale a dire facilitare il percorso scolastico all'allievo-figlio.

Il ruolo dell'insegnante

Il colloquio ha obiettivi propri, che — come già espresso — si focalizzano sulla raccolta e trasmissione delle informazioni, sullo sviluppo di una reciproca conoscenza e sulla creazione di un rapporto con l'altro. Tuttavia, l'insegnante colloca tali obiettivi all'interno di quelli più generali della scuola come istituzione. Vi è almeno una precisazione da fare, con riferimento al concetto di valutazione, prima di definire le mete della scuola; infatti, per quanto l'atteggiamento dell'insegnante nei confronti del genitore non sia di valutazione, e nonostante il colloquio didattico non miri specificamente a produrre una valutazione dell'allievo e delle sue difficoltà, tale colloquio ha in se stesso un carattere valutativo, poiché la «valutazione» costituisce il suo tema profondo, che permea e attraversa tutti gli obiettivi manifesti della scuola. La scuola, infatti, è chiamata ad assolvere precisi obiettivi istituzionali, quali: l'*istruzione,* che rinvia soprattutto alle capacità professionali dell'insegnante; l'*apprendimento,* che invece chiama in causa processi di apprendimento dell'allievo; la *formazione,* che è un obiettivo intrinseco di un sistema che si pone come educativo. Gli obiettivi del colloquio devono dunque essere finalizzati alla riuscita di quelli scolastici, se si vuole trasformare il colloquio in un valido strumento per il raggiungimento di una valutazione soddisfacente dell'allievo nel suo processo di sviluppo cognitivo, emozionale e sociale.

Il colloquio, pertanto, deve essere concepito come l'incontro tra scuola e famiglia, in cui le informazioni devono transitare da una parte all'altra in vista di una costruttiva collaborazione. Il conduttore del colloquio deve di conseguenza possedere conoscenze adeguate, sviluppare abilità per coinvolgere opportunamente la famiglia e disporre delle competenze necessarie per evitare di commettere errori durante l'interazione.

Se è vero che non si può non comunicare (Watzlawick, Beavin e Jackson, 1971), si deve pur riconoscere che ogni comunicazione è comunemente un atto di valutazione, soprattutto in campo educativo. L'insegnante valuta l'allievo non soltanto con riferimento alle sue potenzialità e capacità di apprendimento, ma anche alla sua famiglia d'origine, ossia per la sua condizione sociale, per l'educazione ricevuta, per i modi di esporsi socialmente in conseguenza di un particolare processo di acculturazione. Attraverso gli allievi, gli insegnanti preconoscono i loro genitori, e inconsapevolmente si prescrivono determinati comportamenti sociali. L'incontro con i genitori è, dunque, già predisposto dalle informazioni dedotte dalla conoscenza dell'allievo, e la «valutazione» che l'insegnante ha di questi influirà, in modo positivo o negativo, sull'atteggiamento che sarà adottato con i genitori. Si può asserire che la relazione insegnante-allievo anticipi quella che si instaurerà con il genitore. Separare idealmente il genitore dall'allievo, durante il primo incontro, potrebbe aiutare l'insegnante a non farsi influenzare nelle sue deduzioni, e soprattutto gli eviterebbe di provocare nei genitori una risposta reattiva, ossia di una persona che si sente giudicata. È compito dell'insegnante, in questo caso, come di qualunque altro conduttore di colloquio, riuscire a creare un'area d'interazione psichica in cui l'altro, cioè il genitore, si senta motivato sia a conoscere il suo interlocutore sia a riferire di sé, del figlio e della propria famiglia.

È necessario dunque che l'insegnante, al primo incontro, tenga separato l'allievo come persona dall'allievo come studente; sono i risultati dello studente che devono essere oggetto di informazioni non la personalità dell'allievo, un punto — quest'ultimo — su cui i genitori sono oltremodo suscettibili. In sintesi, ogni considerazione riguardante un risultato non deve mai essere spiegata o interpretata, invocando ragioni riferite all'intelligenza o a qualità del carattere dell'allievo. L'insegnante non produce diagnosi o concetti esplicativi ma programmi didattici, e ogni valutazione deve essere espressa in vista di un intervento per facilitare l'apprendimento. Il colloquio diventa così uno strumento per il perseguimento di uno scopo; tuttavia, l'insegnante, per trasformare il colloquio in uno strumento utile, deve necessariamente rendere facile la relazione, piacevole la conversazione, semplice la reciproca conoscenza.

A differenza di altri professionisti che ricorrono al colloquio, l'insegnante, se da un lato è agevolato perché non le dinamiche intrapsichiche, né le caratteristiche della personalità, e neppure la loro trasformazione costituiscono il suo oggetto d'interesse, dall'altro lato potrebbe incontrare difficoltà a governare il processo di conoscenza a causa di un impreciso schema teorico di riferimento. Di qui la necessità di acquisire conoscenze e prospettive teoriche capaci di favorire l'utilizzo del colloquio nella maniera migliore. In ogni modo, nel colloquio didattico, la finalità è di modesta portata, vale a dire coinvolgere l'altro in un progetto educativo, aiutandolo a sentirsi partecipe e non spettatore di quanto avviene a scuola. Ogni operazione, infatti, non deve essere rivolta ai vissuti, o ai meccanismi mentali, o ai processi di cambiamento, ma a un comune sostegno per motivare o facilitare i processi di apprendimento dell'allievo. Il possesso di uno schema teorico di riferimento è importante e non è dissociabile da un buon livello di cultura psicologica.

Gli errori più comuni che gli insegnanti potrebbero commettere durante il colloquio con i genitori sono di due tipi: assunzione di un ruolo *giudicante* oppure *compiacente*.

I nostri atteggiamenti rispecchiano gli obiettivi prefissati per l'incontro; così, se l'insegnante si propone di comunicare al genitore la propria valutazione sulla base dei risultati conseguiti dall'allievo, facendo di tale comunicazione il contenuto essenziale del colloquio, il suo atteggiamento assumerà inavvertitamente un carattere giudicante. Se, invece, l'obiettivo del colloquio è la relazione, allora la valutazione diventa un elemento compreso in un programma di strategie didattiche volte a sollecitare l'apprendimento. In questo modo, si può coinvolgere il genitore, motivandolo a offrire il proprio contributo e a sentirsi partecipe dei progressi del figlio. Un atteggiamento giudicante, d'altronde, blocca la relazione, anche qualora i giudizi siano positivi. Una valutazione positiva, infatti, non lascia spazio all'intervento dei genitori; in ogni caso limiterebbe la loro azione e il loro coinvolgimento. Il successo dell'allievo non si misura soltanto con il profitto, poiché la scuola non mira soltanto a informare ma anche a educare. In breve, un «colloquio giudicante» comunica al genitore o una «sentenza», in caso di una valutazione negativa, o un senso d'inservibilità, in caso di una valutazione positiva. Un giudizio sbrigativamente buono potrebbe, infatti, indurre il genitore a credere che non ci sia bisogno di una sua partecipazione al processo educativo, o che siano superflui il suo sostegno e il suo apporto all'impegno del figlio nello studio.

Avere come obiettivo prioritario la valutazione comporta, inoltre, l'assunzione di un atteggiamento di potere che pone l'altro in una situazione di dipendenza e d'impotenza, con l'effetto di generare stati d'ansia oppure di frustrazione. Nei casi estremi, l'insegnante può sentire il bisogno di manifestare al genitore la propria forza e la propria importanza come docente, ed esprimere giudizi di valore fino a criticare apertamente l'allievo.

Se l'obiettivo più importante dell'insegnante è, invece, ricevere una valutazione positiva dal genitore, il colloquio può allora diventare un'opportunità per mostrare la propria bravura e per indurre l'altro ad approvare il proprio lavoro. È una fantasia frequente desiderare di essere valutati migliori rispetto ai colleghi di lavoro; un insegnante, per corroborare tale fantasia potrebbe assumere con i genitori un atteggiamento di compiacenza. Il colloquio diventerebbe così un momento per illustrare ai genitori la quantità del lavoro svolto e la qualità dell'impegno assunto nei confronti degli allievi. Talora, l'insegnante potrebbe adottare un comportamento volto a dimostrare l'alta competenza posseduta come docente, facendo del colloquio uno strumento per suscitare approvazione e ammirazione.

Differente, come abbiamo visto, è la situazione in cui l'obiettivo centrale del colloquio sia la creazione della relazione; ne conseguono atteggiamenti di comprensione dell'allievo, con le sue difficoltà e i suoi bisogni.

La relazione si costruisce, infatti, nella condivisione di un nucleo emozionale e affettivo, mai intorno a semplici informazioni. Quel che l'insegnante deve trasmettere, prima di ogni informazione, è la propria comprensione delle difficoltà in cui l'allievo si dibatte. Comprendere non significa accondiscendere o essere indulgenti, ma *essere capaci di prendere l'altro con sé,* ossia di farsene carico. Mostrare comprensione, in questo caso, vuole dire comunicare al genitore che ci si sta occupando professionalmente dell'allievo, il soggetto del colloquio. S'inviano così al genitore alcuni messaggi, tra cui l'importanza che il lavoro scolastico e la riuscita dell'allievo hanno per l'insegnante; inoltre, s'induce il genitore ad attribuire, a sua volta, importanza al lavoro della scuola, e a rispondere con un atteggiamento di responsabilità.

Un altro aspetto di rilievo, contenuto nella comprensione mostrata dall'insegnante, è la visione che questi ha dell'allievo: una visione non genitoriale bensì *docenziale.* Non si potrà stabilire alcuna collaborazione o alleanza didattica fintantoché il figlio, per il genitore, non diventa allievo. Il *figlio* è qualcuno da giustificare in ogni caso; un genitore schierato con il figlio idealmente ricompone la diade «madre-figlio» o «padre-figlia» contro l'altro, che, questa volta, veste i panni dell'insegnante. Soltanto l'esperienza e la sensibilità personali potranno aiutare l'insegnante a trasformare, seppure parzialmente, l'immagine filiale, cui i genitori fanno riferimento, in quella del discente. Uno degli obiettivi prioritari del colloquio è, com'è stato più volte ricordato, la relazione insegnante-genitore, ma questa è senz'altro subordinata alla trasformazione, agli occhi del genitore, del figlio in allievo. Non si può chiedere all'insegnante di possedere una preparazione psicologica particolarmente approfondita, ma talora sono sufficienti alcuni accorgimenti e suggerimenti perché s'influisca positivamente sulla relazione genitore-figlio, qualora il genitore sia disponibile a considerare i bisogni di quest'ultimo.

In breve, la dinamica del colloquio è complessa e talora imprevedibile per la molteplicità delle variabili interdipendenti. Non sempre un conduttore può valutare gli effetti che una propria «qualità» personale può esercitare sull'interlocutore, e talora egli stesso è vittima delle caratteristiche personali del proprio interlocutore. D'altronde, la padronanza della tecnica del colloquio non è di per sé sufficiente a garantire esiti sempre positivi e prevedibili, neanche a un conduttore esperto. Alla tecnica, infatti, deve affiancarsi la *sensibilità* nell'avvicinare, interessare e coinvolgere l'altro negli obiettivi della scuola, che non si esauriscono nella *promozione* dell'allievo, ma nella sua *preparazione* ad affrontare i compiti che lo attendono nel suo futuro.

Tratto e adattato da *Insegnare domani nella scuola primaria,* 2013, pp. 494-497
Il colloquio didattico, 2011, pp. 19-50

AMBITO 3

AMBITO DELLA CONOSCENZA DELLE DISABILITÀ E DEGLI ALTRI BISOGNI EDUCATIVI SPECIALI IN UNA LOGICA BIO-PSICO-SOCIALE

“*La Repubblica riconosce e garantisce i diritti inviolabili dell'uomo, sia come singolo, sia nelle formazioni sociali ove si svolge la sua personalità, e richiede l'adempimento dei doveri inderogabili di solidarietà politica, economica e sociale.*”

ART. 2, COSTITUZIONE ITALIANA

CAPITOLO 20

INDIVIDUALIZZARE E INCLUDERE SECONDO LA «SPECIALE NORMALITÀ»

(Dario Ianes e Sofia Cramerotti)

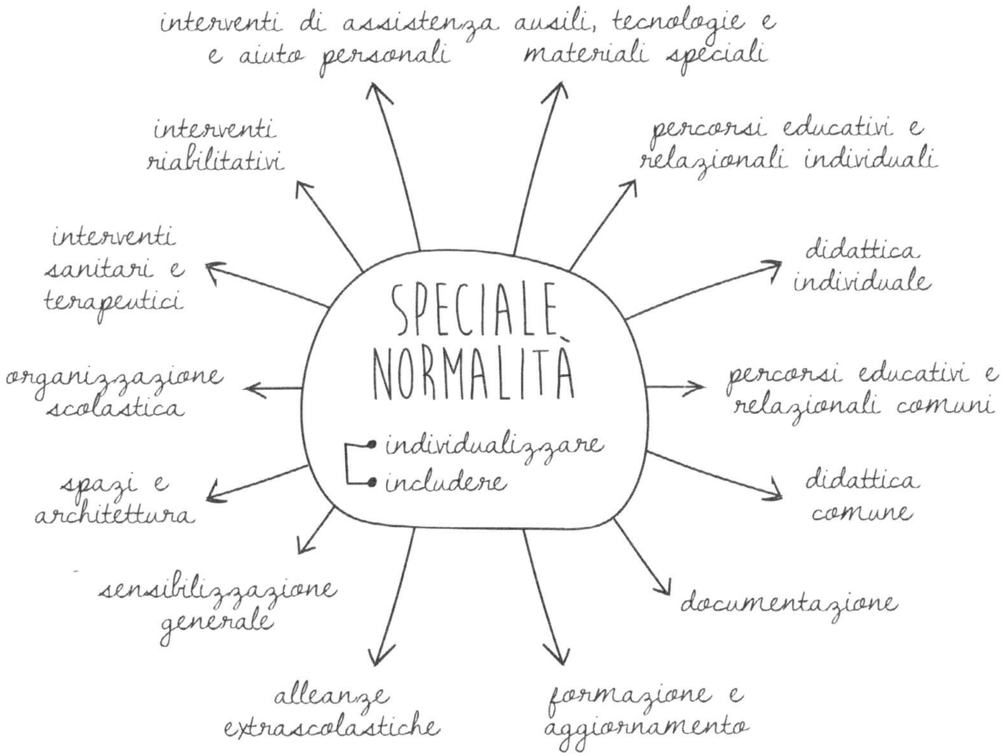

Sulla base del modello concettuale dell'ICF, applicato in senso generale come griglia di prima lettura dei Bisogni Educativi Speciali o reso operativo nella Diagnosi funzionale con i relativi strumenti di valutazione, una scuola realmente inclusiva riesce dunque a tracciare una mappa dei Bisogni Educativi Speciali, di quelle situazioni cioè che richiedono interventi individualizzati. Alcuni di questi interventi prenderanno la forma di veri e propri Piani educativi individualizzati, altri invece potranno essere, molto più informalmente, semplici accorgimenti facilitanti, modifiche nella routine, qualche attenzione o sensibilità in più.

La scuola che avrà maggiore consapevolezza del «paniere» dei suoi Bisogni Educativi Speciali, come potrà poi definire il suo reale fabbisogno di risorse aggiuntive, necessarie per le varie individualizzazioni, in termini di modificazioni, aggiunte, arricchimenti, semplificazioni, sostituzioni, adattamenti, fornitura di ausili, apparecchiature, personale, conoscenze e competenze, strategie d'azione, ecc.?

Le risorse dovrebbero essere raggruppate qualitativamente e ordinate secondo il principio di «speciale normalità», vale a dire «prima si pensa ad adattare, arricchendola, l'offerta formativa e didattica ordinaria e solo poi, se necessario, si introducono risorse tecniche sempre più specifiche, che dovrebbero comunque integrarsi nella normalità e arricchirla» (Ianes, 2005a; 2006).

Come spiega Ianes (2005b) il consiglio di classe o il team dei docenti viene accompagnato nell'attivazione di varie categorie di risorse per l'individualizzazione, proponendole in modo sequenziale. Dapprima vengono progettate e attivate le risorse normali, arricchite di aspetti specifici e tecnici se necessario, e successivamante, secondo l'ordine, vengono definite le risorse sempre più speciali e «ristrette» sulla situazione specifica di un particolare alunno.

Ragionare in termini di *speciale normalità* (Ianes, 2006) vuole dire due cose: attivare le risorse e gli interventi necessari privilegiando quelli più vicini alla normalità (arricchita di quel tanto di specialità che serve) e includere nella normalità, trasformandola, quei «principi attivi» tecnici e speciali che la rendono più efficace e che ne sono essi stessi modificati (Ianes e Macchia, 2008; Booth e Ainscow, 2008).

Rispetto alla prima componente, la strategia della speciale normalità dà dunque priorità a quello che si fa normalmente per tutti gli alunni.

Questa priorità della normalità ha ovviamente significato rispetto ai bisogni di identità e di appartenenza. Un altro significato forte è quello della corresponsabilizzazione di tanti attori dei processi educativi e quello della ricerca e attivazione di un quadro il più ampio possibile di risorse scolastiche ed extrascolastiche.

Corresponsabilizzarsi vuol dire attivarsi in un progetto di integrazione non delegando altri in nome della presunta difficoltà e complessità dei bisogni. Uno dei punti qualificanti di un'integrazione scolastica «sufficientemente buona» risulta essere proprio la partecipazione collettiva alle prassi inclusive, che non vanno delegate al personale speciale.

Le relazioni normali, le persone normali, le occasioni e le attività normali vengono coinvolte per prime, resistendo il più possibile alla tentazione di cercare risposte e risorse speciali, a cui delegare la gestione dei percorsi di integrazione e di inclusione.

Questo allargamento è poi ovviamente necessario se il team docenti o il Consiglio di classe ha riconosciuto l'ampiezza e la numerosità dei Bisogni Educativi Speciali (Ianes, 2005a; 2005b).

Se in una classe vi sono molti e diversi Bisogni Educativi Speciali dovranno essere attivate molte risorse, e le risorse normali prima di tutto. Le prime risorse che dovranno essere esaminate sono proprio le più normali, le più ordinarie. Ragionare in termini di speciale normalità significa dunque guardare a una amplissima gamma di risorse, includendo in esse anche risorse informali, come ad esempio i collaboratori scolastici (Piazza, 2003; 2009) o la famiglia, che tipicamente non venivano inclusi come partner fondamentali in un progetto educativo didattico.

Ragionare in termini allargati non vuol dire però coinvolgere chiunque, senza alcuna specifica e speciale formazione e competenza necessaria. Qui sta l'inclusione dei principi attivi della specialità nella normalità. «Speciale normalità» vuol dire allora normalità più ricca, resa più competente, più capace di rispondere adeguatamente alla complessità dei Bisogni Educativi Speciali: per fare questo, il lavoro dell'insegnante specializzato per il sostegno è strategico e insostituibile. Il suo lavoro competente, e speciale, serve a rendere competenti e speciali i contesti della normalità educativa e didattica (Ianes e Macchia, 2008; Booth e Ainscow, 2008).

Di seguito sono elencate 14 categorie di risorse che il Consiglio di classe o il team docenti può decidere di attivare per organizzare una didattica inclusiva secondo la speciale normalità. Le categorie sono presentate in una sequenza consigliata, sulla base delle considerazioni appena fatte. Sarebbe importante che i docenti e i dirigenti esplorassero a fondo cosa possono fare in ogni categoria di risorse, con il personale normale e con quello speciale, prima di passare alla categoria di risorse successiva. In un certo senso si dovrebbe seguire un principio di sussidiarietà: se le risorse dei primi livelli, quelli più normali, adeguatamente arricchite, riescono a rispondere ai vari Bisogni Educativi Speciali, meglio così, avremo realizzato un'offerta formativa e un percorso di inclusione più vicini all'idea di speciale normalità e non avrebbe senso progettare e attivare altre risorse più speciali.

1. *Organizzazione scolastica generale*

   In questa categoria si attivano tutta una serie di adattamenti nell'ordinaria organizzazione della vita scolastica: la strutturazione dei tempi scuola e degli altri servizi scolastici (mensa, biblioteca, trasporti, sportelli, gruppo sportivo, ecc.), degli orari sia degli alunni che degli insegnanti e dei collaboratori scolastici (ad esempio le compresenze), la formazione delle classi (numerosità e composizione), l'uso di classi aperte e moduli flessibili, ecc.

2. *Spazi e architettura*

   Lo spazio e l'architettura diventano una risorsa fondamentale quando garantiscono la massima accessibilità sia interna che esterna. Altri elementi fondamentali riguardano l'articolazione degli spazi interni, la disposizione dei banchi, la predisposizione delle attrezzature e del materiale in modo che facilitino l'apprendimento e favoriscano l'instaurarsi di relazioni positive.

3. *Sensibilizzazione generale*

   L'attivazione di risorse e strategie inclusive sarà tanto più facile, quanto più le persone saranno motivate, cioè sensibilizzate e coinvolte, rispetto ai diritti di sviluppo e apprendimento di tutti gli alunni. In questa categoria di risorse troviamo tutte le varie iniziative di informazione (per alunni, insegnanti, collaboratori scolastici, dirigenti e genitori), conoscenza, attivazione di sensibilità e di atteggiamenti positivi costruttivi rispetto agli alunni in difficoltà.

4. *Alleanze extrascolastiche*

   Questa categoria riguarda l'attivazione di alleanze strategiche con varie risorse extrascolastiche informali, partendo dal ruolo fondamentale delle famiglie, come insostituibile sostegno al percorso di inclusione e alla costruzione di reti di relazione e di vicinanza, fino ad arrivare al coinvolgimento del territorio e della comunità (gruppi giovanili, associazioni sportive o culturali, artigiani o artisti, ecc.) nelle attività scolastiche e educative.

5. *Formazione e aggiornamento*

   La quinta categoria di risorse riguarda l'input formativo specifico sugli insegnanti (curricolari o di sostegno): percorsi di formazione, possibilità di avvalersi di supervisione tecnica da parte di esperti, di consultare materiali bibliografici e informatici, software e banche dati online.

6. *Documentazione*

   Un'altra risorsa preziosa da attivare prioritariamente è rappresentata dallo scambio di informazioni ed esperienze, dalla consultazione di esperienze e di buone prassi compiute da altre istituzioni scolastiche, ricorrendo sia a centri di documentazione e informazione (sportelli, banche dati, strumenti telematici e bibliografici), sia a reti informali.

7. *Didattica comune*

   In questa categoria di risorse convergono le strategie inclusive realizzate all'interno della didattica comune, delle attività cioè svolte da tutti i docenti nei vari percorsi curricolari. Ci si riferisce sia alla scelta di metodologie didattiche maggiormente inclusive (gruppi cooperativi, tutoring, didattiche plurali sugli stili di apprendimento, didattica per problemi reali e laboratori, per mappe concettuali, per competenze, ecc.), sia alla predisposizione di vari tipi di adattamento degli obiettivi (riduzione, semplificazione, arricchimento, modulazione dei tempi di apprendimento, ecc.).

8. *Percorsi educativi e relazionali comuni*

   Nella scuola si attivano percorsi educativi e relazionali di vario genere: sulle abilità espressive (espressione corporea, teatro, musica, danza, ecc.), sull'educazione socioaffettiva, la riflessione metacognitiva, sull'apprendimento di *life skills,* laboratori di manipolazione, di educazione ambientale, ecc. in modo da favorire l'acquisizione di competenze socialmente rilevanti. Come nel punto precedente, vengono progettati gli adattamenti inclusivi che possono rispondere ai Bisogni Educativi Speciali.

9. *Didattica individuale*

   Nella nona categoria di risorse troviamo i percorsi di insegnamento-apprendimento individuali, svolti cioè in rapporto uno a uno. In questo caso gli accorgimenti didattici (attività, strategie e materiali) sono molto specifici ed estremamente individualizzati.

10. *Percorsi educativi e relazionali individuali*

    Anche in questo caso ci troviamo in rapporto uno a uno, ma le finalità sono diverse: le attività educative vengono rivolte a obiettivi di autonomia personale e sociale e le attività relazionali individuali possono prendere la forma di interventi psicoeducativi rivolti al superamento di comportamenti problema, oppure allo sviluppo di competenze comunicative e interpersonali fondamentali.

11. *Ausili, tecnologie e materiali speciali*

    Si tratta dell'impiego di materiali e ausili, anche tecnologici, volti a facilitare le possibilità di autonomia e apprendimento degli alunni (libri in Braille, software per l'apprendimento e la comunicazione, ecc.).

12. *Interventi di assistenza e di aiuto personale*

    La condizione specifica dell'alunno, la sua disabilità, può portare a bisogni di assistenza fisica diretta per quanto riguarda la mobilità, l'igiene personale, l'alimentazione, ecc. Può essere quindi previsto l'impiego di personale specifico, assistenti educatori, sanitari o ausiliari.

13. *Interventi riabilitativi*

    La tredicesima risorsa riguarda gli interventi riabilitativi specifici, come ad esempio la logopedia, la fisioterapia, la psicomotricità, la terapia occupazionale, l'arteterapia, la musicoterapia o altri interventi speciali e mirati.

14. *Interventi sanitari e terapeutici*

    In questa categoria confluiscono cure e terapie ad alto grado di specialità: interventi terapeutici e sanitari, come quelli condotti da neuropsichiatri, psicologi, neurologi, ecc.

Nella progettazione e nell'attivazione delle risorse necessarie si privilegia dunque la normalità del fare scuola, ma c'è sempre una seconda dimensione metodologica di cui dobbiamo sempre tener conto. La seconda dimensione della speciale normalità è l'inclusione dei principi attivi tecnici e speciali nella normalità, realizzando una coesistenza complessa in cui normalità e specialità siano presenti e si modifichino a vicenda, dando il meglio di ognuna.

Tratto e adattato da *Il Piano educativo individualizzato,* vol. 1, 2009, pp. 58-62

CAPITOLO 21

CODICI COMUNICATIVI DELL'EDUCAZIONE LINGUISTICA

(Antonella Reffieuna)

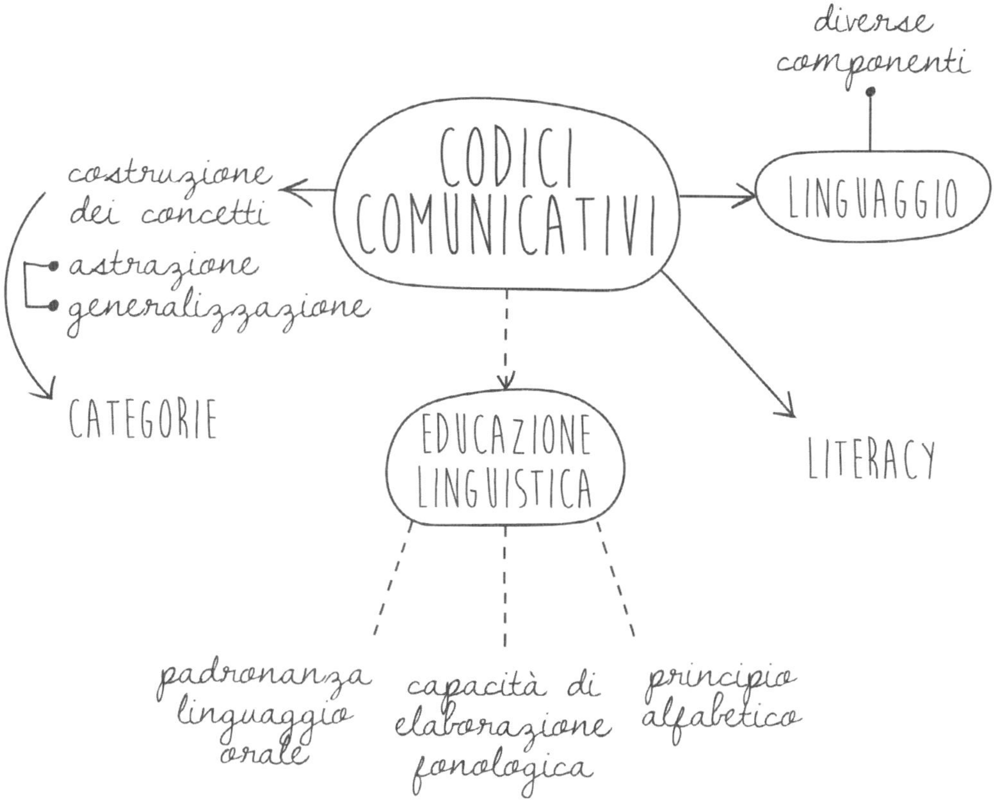

Premessa

Nel periodo che va dalla nascita al momento dell'ingresso nella scuola primaria il bambino realizza una quantità notevole di apprendimenti, i quali sono a fondamento di tutto ciò che dovrà apprendere successivamente e in particolare a scuola.

Gli apprendimenti del periodo prescolare non sono però caratterizzati solo dalla dimensione quantitativa: gli aspetti più significativi sono quelli relativi all'atteggiamento che il bambino manifesta nei confronti dell'apprendimento stesso e ai processi cognitivi che egli è capace di realizzare. Difficilmente in età successive il bambino mostra una disponibilità ad apprendere, una motivazione, un impegno, un entusiasmo analoghi a quelli manifestati prima dei 6 anni: osservandolo mentre apprende è facile constatare quanto egli sia attivo e quanto attivamente partecipi al suo stesso sviluppo (National Research Council, 2001). Ma soprattutto è facile vedere nei bambini in età prescolare la presenza di modalità di pensiero molto sofisticate, che però spesso sembrano sparire nel periodo successivo, fino al punto che quello stesso bambino, così pronto ad apprendere prima dei 6 anni, a scuola potrà manifestare difficoltà non indifferenti.

Lo studio di quello che a prima vista può apparire un paradosso ha interessato, nell'ultimo ventennio, molti ricercatori, i quali sono partiti dalla seguente domanda: «Perché nei bambini più grandi la comprensione dei concetti e le capacità procedurali sembrano meno adeguate che nei bambini più piccoli?» (Rittle-Johnson e Siegler, 1998, p. 75).

I domini privilegiati di apprendimento

Il paradosso citato costringe a rivedere le convinzioni che a livello di senso comune si possiedono del bambino: lo studio scientifico ha consentito infatti di evidenziare come egli sia un soggetto molto più capace di quanto le attuali pratiche educative inducano a ritenere (National Research Council, 2001).

Le neuroscienze e la psicologia dello sviluppo, in particolare, hanno da tempo rilevato come anche nel bambino piccolo l'apprendimento sia molto meno casuale e molto più consapevole di quanto possa sembrare. Vygotskij (1930-1931) parlava in proposito di *preistoria degli apprendimenti:* un'espressione che in genere viene scarsamente utilizzata, nonostante possieda, a nostro avviso, un significato che individua molto efficacemente le caratteristiche dell'apprendimento realizzato nella prima infanzia. Il termine preistoria segnala infatti come il bambino apprenda in modo analogo agli uomini primitivi, cioè attraverso l'esperienza diretta e in modo *apparentemente* casuale e inconsapevole. Ed è proprio questa *apparenza* di casualità e inconsapevolezza a evidenziare ciò di cui il bambino si mostra in realtà capace.

Gli studi sull'apprendimento precoce hanno ad esempio rivelato che anche bambini molto piccoli sono già in grado di eseguire alcuni processi metacognitivi (Brown e DeLoache, 1978; DeLoache, Miller e Pierroutsakos, 1998): si pensi anche soltanto alla concentrazione prolungata che manifestano in alcuni compiti. Ciò non significa però che tali capacità siano possedute dal bambino in modo generalizzato e consapevole.

Se infatti è vero che gli eventi dell'ambiente colpiscono i sensi del bambino in modo disordinato, non tutti questi stimoli vengono però registrati dal suo cervello e dalla sua mente. Il bambino mostra cioè una «tendenza positiva ad apprendere prontamente e precocemente alcune tipologie di informazioni» (National Research Council, 2000b, p. 81), le quali si presentano quindi come *domini privilegiati di apprendimento* (Geary, 1995; Gelman e Meck, 1992).

Le conoscenze di base (core knowledge)

I domini privilegiati di apprendimento sono riferiti a una serie di «conoscenze di base» *(core-knowledge)* che convergono su alcune ampie categorie, costituite dai concetti fisici e biologici, dalla causalità, dal numero e dal linguaggio (Carey e Gelman, 1991; si veda la figura 21.1).

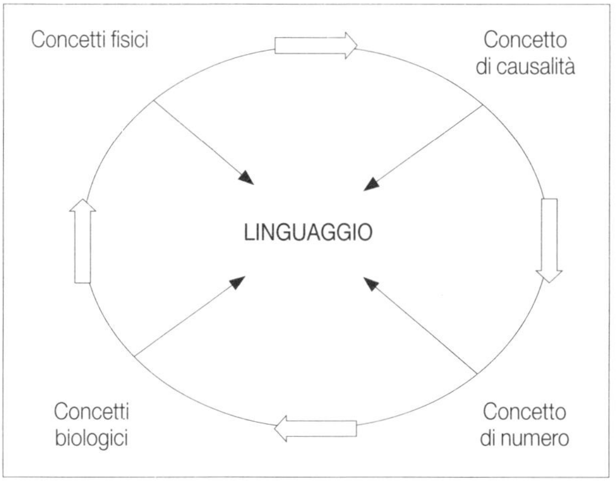

Fig. 21.1 I domini privilegiati dell'apprendimento prescolastico. Ogni dominio è specifico e separato dagli altri domini. L'apprendimento del linguaggio rende possibile al bambino costruire relazioni tra le conoscenze appartenenti a domini separati.

Il bambino, analogamente agli animali, nasce con una serie di «tendenze ad apprendere» che gli consentono di acquisire le numerose conoscenze di cui ha bisogno per comprendere il mondo e che si possono definire «incorporate» in lui in quanto inscritte nella sua struttura biologica. Tali conoscenze sono numericamente molto inferiori a quelle possedute dagli animali, ma quello che inizialmente può apparire uno svantaggio si rivela in realtà una condizione particolarmente favorevole. Alla nascita il bambino dispone infatti di un iniziale stato di attenzione diffusa che gli rende possibile apprendere molto di più degli animali.

Questo non significa che il bambino presti attenzione indistintamente a tutto quello che accade intorno a lui: i domini privilegiati di apprendimento si accompagnano infatti a una serie di «preferenze attentive», per cui l'attenzione si indirizza preferibilmente verso alcuni aspetti, in particolare verso il linguaggio, tanto che molto precocemente il bambino si mostra capace di distinguere tra la voce umana e gli altri suoni (Saffran, 2001).

Le preferenze attentive e le tendenze ad apprendere offrono al bambino ricche opportunità di fare esperienze significative e di imparare, proprio perché egli possiede concetti e processi «incorporati» che facilitano l'acquisizione di nuove conoscenze (Gentner e Goldin-Meadow, 2003).

Ovviamente ciò non significa che alla nascita il bambino possieda conoscenze trasmesse geneticamente o configurate come reti neurali preesistenti; si tratta di «conoscenze di base» che però non si presentano con forme analoghe a quelle delle età successive e quindi non fanno ovviamente riferimento a enunciati verbali o a pensieri compiuti (Munnich e Landau, 2003). Come evidenziano Munnich e Landau (2003), esse vengono considerare «innate» nel senso che sono presenti alla nascita o apprese molto precocemente ma non si manifestano in un comportamento esplicito acquisito grazie all'esperienza e che sia possibile studiare attraverso l'osservazione. Possiedono quindi tre caratteristiche distintive: emergono indipendentemente dall'esperienza; sono presenti nei bambini di tutte le culture; la loro assenza è dovuta al deficit di una parte del cervello. Si può quindi affermare, in sintesi, che i bambini sono precocemente pronti a incamerare conoscenze in alcuni settori-chiave, ma non nascono con questi tipi di conoscenze: essi, più semplicemente, possiedono una sorta di «sensibilità» ad assorbire certi tipi di conoscenze rispetto ad altri. La sensibilità connessa all'esistenza dei domini privilegiati facilita e migliora le possibilità di apprendere molte nuove conoscenze, ma ciò non significa che i percorsi organizzati di apprendimento diventino inutili: affinché il bambino arricchisca le proprie conoscenze e, soprattutto, vada al di là degli iniziali domini privilegiati, è indispensabile la mediazione delle pratiche culturali (Cole e Hatano, 2007).

A conferma di ciò, si può fare riferimento a due interessanti studi (Stavy e Wax, 1989; Hatano et al., 1993) sulle differenze esistenti tra bambini giapponesi e israeliani nella categorizzazione degli esseri viventi. I bambini israeliani risultano sottoinclusivi e non inseriscono tra gli esseri viventi le piante, mentre i bambini giapponesi sono superinclusivi e classificano anche molti oggetti inanimati come esseri viventi. La ragione di questa differenza sta nel diverso tipo di narrazioni che le due culture indirizzano loro: in Israele il riferimento alla Bibbia fa sì che le piante vengano presentate prevalentemente come create per fornire cibo agli animali, agli uccelli e agli insetti. In Giappone, invece, i bambini ascoltano storie che favoriscono la percezione di molti oggetti inanimati come dotati di vita. Ciò conferma quindi che le conoscenze riferite ai domini privilegiati sono presenti per l'appunto in età molto precoci, ma la costruzione di conoscenze di livello più elevato richiede la «partecipazione ripetuta a pratiche organizzate culturalmente» (Munnich e Landau, 2003, p. 126). Tra queste pratiche un insegnamento connotato inevitabilmente dal legame con la cultura della società in cui il bambino vive esercita un'influenza determinante.

Il fatto che i domini privilegiati facciano riferimento a una trama di strutture mentali, che facilitano e accelerano l'assimilazione e l'utilizzo delle conoscenze rispetto a specifici settori, evidenzia come il bambino nasca con la dotazione dei mezzi necessari a capire il mondo (National Research Council, 2000b) e ciò dimostra che «la mente umana è un organismo biologicamente preparato» (Carey e Gelman, 1991). Durante le prime fasi di vita, molti degli organismi viventi risultano responsivi nei confronti di alcune categorie di stimoli, allorché li incontrano la prima volta: ciò implica per l'appunto che esistano meccanismi cerebrali che creano una sorta di «sintonia» tra l'individuo e questi stimoli (Marler, 1991). Come già rammentato, il bambino è quindi biologicamente predisposto a elaborare gli input attinenti ai numeri, al linguaggio, alle proprietà fisiche degli oggetti, alle relazioni causa-effetto (Karmiloff-Smith, 1991). Questa «sintonia» dovrebbe pertanto essere presa in considerazione nell'elaborare il curricolo scolastico e nella programmazione delle attività quotidiane, in quanto essa rivela la ragione per la quale i bambini sono recettivi o, al contrario, non prestano attenzione alle diverse proposte degli insegnanti.

Tenere presente l'approccio dei domini privilegiati significa ad esempio essere consapevoli che alla radice della capacità di apprendere la fisica c'è un sistema di base di rappresentazione degli oggetti materiali e del loro movimento; alla radice dei sistemi di rappresentazione delle persone e delle loro organizzazioni sociali ci sono i giochi tipici della prima infanzia e in particolare quelli di ruolo, attraverso i quali il bambino «fa finta» di essere un adulto o un personaggio particolare (Spelke, 2003); alla radice della capacità di apprendere la matematica ci sono i sistemi di base di rappresentazione dello spazio e del numero.

Particolarmente interessante è quanto Gelman e Gallistel (1978) hanno evidenziato relativamente alla capacità di effettuare il conteggio di una serie di elementi. I due studiosi hanno ipotizzato che il bambino possieda in modo «innato» (secondo il significato prima precisato) cinque principi:

1. il principio di *corrispondenza uno-a-uno,* per cui ogni elemento deve essere conteggiato una volta sola;
2. il principio di *stabilità dell'ordine,* per cui la serie dei nomi dei numeri può essere utilizzata ripetutamente;
3. il principio di *cardinalità,* per il quale l'ultimo numero pronunciato non si riferisce soltanto a uno specifico elemento, ma indica anche il numero di elementi presenti nell'insieme;
4. il principio di *astrazione,* per cui è possibile contare qualunque tipo di collezione di oggetti;
5. il principio di *irrilevanza dell'ordine,* per il quale il conteggio può essere realizzato in modi diversi, secondo sequenze diverse.

Il possesso di questi principi consente al bambino di imparare velocemente le procedure di tipo matematico, cioè di apprendere la sequenza di azioni necessarie per risolvere problemi di varia natura in cui siano coinvolti i numeri (Rittle-Johnson e Siegler, 1998).

Il fatto che questi principi vengano appresi prima della costruzione del concetto di numero (di cui sono quindi precursori) evidenzia un interessante aspetto di carattere generale, non ristretto solo alla matematica, che comporta una serie di conseguenze in termini di insegnamento: la costruzione dei concetti precede cioè l'acquisizione di abilità e capacità di tipo procedurale.

L'apprendimento del bambino in età prescolare si realizza quindi secondo la sequenza rappresentata nella figura 21.2.

DOMINI PRIVILEGIATI DI APPRENDIMENTO

↓

ACQUISIZIONE DI CONOSCENZE SPECIFICHE NEI DIVERSI SETTORI

↓

COSTRUZIONE DEI CONCETTI

↓

APPRENDIMENTO DELLE PROCEDURE RELATIVE AL SETTORE

Fig. 21.2 Sequenza dell'apprendimento in età prescolare.

Il riferimento a tale sequenza permette di proporre ai bambini attività che consentano loro di apprendere in modo ottimale, senza fatica e provando entusiasmo. Le ragioni per cui ciò accade sono molteplici e anch'esse possono essere considerate come criteri-guida di carattere generale per progettare il curricolo della scuola dell'infanzia e, in particolare, per fare in modo che in età prescolare, allorché l'attenzione e l'autoregolazione sono in fase di iniziale costruzione, gli interessi naturali dei bambini vengano sviluppati ed estesi.

Partire dall'approccio dei domini privilegiati significa proporre ai bambini *contenuti per loro significativi.* I bambini amano acquisire conoscenze riferite agli esseri viventi e in particolare agli animali, che diventano precocemente capaci di distinguere dagli oggetti inanimati perché in grado di muoversi autonomamente; sono interessati a sapere che cosa mangiano gli animali e qual è il loro livello di ferocia; sanno elaborare le informazioni che rappresentano i numeri a un livello piuttosto astratto, distinguendo i valori numerici di quantità ridotte; sanno rispondere correttamente, già a 2 anni, a operazioni di addizione e sottrazione; comprendono in linea generale i concetti di vita, morte, malattia, salute, di cui ignorano però i dettagli (ad esempio sanno che il cibo mangiato sarà trasformato, ma non sanno come avviene la digestione); sanno prevedere e interpretare i fenomeni biologici in termini di vitalismo, per cui ritengono che gli esseri umani, gli animali e le piante traggano la loro forza vitale dal cibo e dall'acqua, che li fanno crescere; sono interessati alle relazioni antecedente-conseguente e alle spiegazioni causa-effetto.

La significatività dei contenuti fa sì che i bambini siano *motivati ad avere prestazioni ottimali,* cioè a impegnarsi a fondo per ottenere i migliori risultati possibili. I bambini non si stancano di ripetere le azioni necessarie per diventare davvero capaci di fare qualcosa e in queste ripetizioni sono sostenuti da una motivazione puramente intrinseca, non indotta dagli adulti.

Soprattutto, in età prescolare il bambino può *partecipare alle diverse attività con ruoli appropriati al suo livello di competenza* e ciò gli rende possibile apprendere attraverso il rapporto con gli adulti e con i pari.

Infine, le conoscenze relative ai domini privilegiati (in particolare quelle di tipo fisico e biologico) consentono al bambino non semplicemente di apprendere, ma di capire il mondo. Esse, infatti, sono riferite alle principali caratteristiche di quest'ultimo, di cui permettono di ridurre la complessità. Affinché il bambino possa costruire tali conoscenze si devono infatti realizzare alcune limitazioni che si presentano però come semplificazioni indispensabili all'esercizio delle capacità cognitive proprie del bambino: l'attenzione viene diretta verso alcuni fenomeni, trascurandone altri; le interpretazioni possibili vengono ridotte; le rappresentazioni costruite da ciascun sistema guidano solo le azioni e i processi cognitivi coinvolti in uno specifico compito; il modo con cui funziona ogni sistema è inaccessibile ad altre rappresentazioni e ad altri processi cognitivi; le rappresentazioni costruite da ciascun sistema sono relativamente isolate.

Inizialmente la conoscenza del bambino è quindi settoriale e isolata: ciò che egli impara in un ambito non presenta relazioni con ciò che impara in un altro settore. Se tale isolamento permanesse a lungo, non sarebbe però possibile al bambino conoscere davvero il mondo, perché in questo tutti i fenomeni sono interrelati. Nel corso dello sviluppo emerge quindi gradualmente la capacità di collegare concetti separati, resa possibile dallo strumento «naturalmente» più potente: il linguaggio.

Dapprima il mondo si presenta al bambino come un caleidoscopico flusso di impressioni, ma queste vengono mano a mano organizzate in virtù del sistema linguistico che sta nella sua mente (Gentner e Goldin-Meadow, 2003). Grazie al linguaggio, il bambino riesce a conservare le scoperte cognitive realizzate, in modo da combinarle per dare origine a qualcosa di nuovo (Gentner, 2003). Ma, soprattutto, l'apprendimento di una modalità simbolica di relazionare i fenomeni quale viene permessa dal linguaggio fornisce al bambino strumenti di rappresentazione grazie ai quali egli crea la struttura delle sue conoscenze.

Il linguaggio

Il linguaggio può essere definito come il dominio privilegiato per eccellenza. Alla nascita il bambino si trova infatti a «navigare in un mare di suoni» (Saffran, 2001), ma molto presto è in grado di distinguere la voce umana dagli altri suoni, quali lo squillo del telefono o i latrati dei cani; più tardi riconosce alcune caratteristiche della lingua materna rispetto ad altre lingue; quindi impara a identificare i confini delle parole, cioè la loro segmentazione, tanto che già verso i 7 mesi il bambino sa distinguere le singole parole all'interno della continuità del discorso (Jusczyk e Aslin, 1995). In tutto questo periodo, inoltre, i bambini sono particolarmente attratti dalle facce umane e indirizzano l'attenzione soprattutto sulle labbra della persona che parla, dimostrandosi capaci di rilevarne, guardando un video, la non sincronizzazione con i suoni pronunciati (National Research Council, 2000a).

Una tappa particolarmente significativa si presenta però verso i 9 mesi, allorché il bambino dimostra di aver acquisito una facoltà che sarà fondamentale per il suo sviluppo cognitivo: comprendere il significato *letterale* delle espressioni linguistiche pronunciate dalle persone che si prendono cura di lui; espressioni di cui in precedenza coglieva invece quasi esclusivamente il significato emotivo (Pinker, 1994). Ovviamente il bambino non capisce davvero *tutto* ciò che gli si dice. Lewis e Freedle (1973), analizzando la capacità di comprensione di bambini di 13 mesi, rilevarono in proposito un aspetto interessante, che forse potrebbe spiegare anche molte delle difficoltà che i bimbi possono manifestare in età successive: la strategia utilizzata dai piccoli era cioè determinata non tanto dalla comprensione letterale dell'enunciato dell'adulto, quanto dal fatto che l'adulto chiedesse loro di fare ciò che abitualmente facevano in quella situazione (National Research Council, 2000a). Se i bambini erano nel box, lanciavano la mela anche se la richiesta era stata di mangiarla; se erano seduti sul seggiolone mangiavano la mela anche se la richiesta era stata di lanciarla. Lo studio di Lewis e Freedle (1973) richiama quindi l'attenzione sul fatto che la comprensione viene costruita dal bambino in riferimento al contesto e conferma che il linguaggio non può essere appreso se non all'interno di un contesto sociale condiviso, fatto di situazioni, di gesti, di parole e adattato alle abilità emergenti del bambino, il quale svolge comunque un ruolo attivo. Gli adulti, allorché parlano ai bambini, non si limitano a pronunciare parole, ma forniscono aiuti e suggerimenti sull'azione da compiere e, soprattutto, assumono spesso espressioni del viso esagerate: di sorpresa, di divertimento, di dolore. Kaye (1979) osservò ad esempio madri che reagivano al pianto dei figli dapprima imitando il pianto per mettersi poi, immediatamente dopo, a sorridere. Le parole diventano allora un mezzo per condividere attività che presentano obiettivi e intenzioni comuni. Tomasello e colleghi (2005) sottolineano in proposito come tale processo sia alla base della *social cognition,* che nei bambini si costruisce nei primi 14 mesi di vita e li mette in grado di acquisire una caratteristica specie-specifica degli esseri umani: essere motivati a condividere emozioni, esperienze, attività con altre persone.

Siamo quindi molto lontani dalla vecchia prospettiva secondo cui il linguaggio veniva appreso quasi esclusivamente per imitazione: l'apprendimento avviene invece grazie al fatto che il bambino utilizza in pratica le abilità acquisite e fruisce di un «sistema di supporto» (Bruner, 1981; 1983) di carattere sociale. Nell'ambiente di vita il bambino si trova pertanto in una posizione molto diversa da quella di un passivo spettatore di un programma televisivo. Se gli adulti e il contesto sono adeguatamente responsivi, a partire dai 9 mesi di vita il bambino si impegna attivamente a capire il significato del linguaggio parlato intorno a lui e ciò determina un'accelerazione dell'apprendimento linguistico, tanto che verso i 3 anni di età si può affermare che il linguaggio sia ormai acquisito in modo pressoché completo, avendo raggiunto una fluenza analoga a quella adulta.

La padronanza del linguaggio permette al bambino di organizzare nella sua mente le impressioni e le rappresentazioni relative al mondo e di conservare le sue scoperte cognitive. Ma soprattutto il linguaggio consente al bambino di superare i limiti insiti nelle strutture di conoscenza dei domini privilegiati, in quanto porta con sé la possibilità di astrazione e di generalizzazione e, attraverso la comunicazione delle proprie scoperte ad altre persone, di superare i confini della propria mente.

L'esperienza che in precedenza era limitata a entità esterne come oggetti, animali, persone, ora si amplia e il bambino realizza anche esperienze con il linguaggio. Le due forme di esperienza fanno riferimento a due tipi di processi (si veda la figura 21.3): processi interni alla mente del bambino (intramentali) e processi di scambio con la mente di altre persone (intermentali).

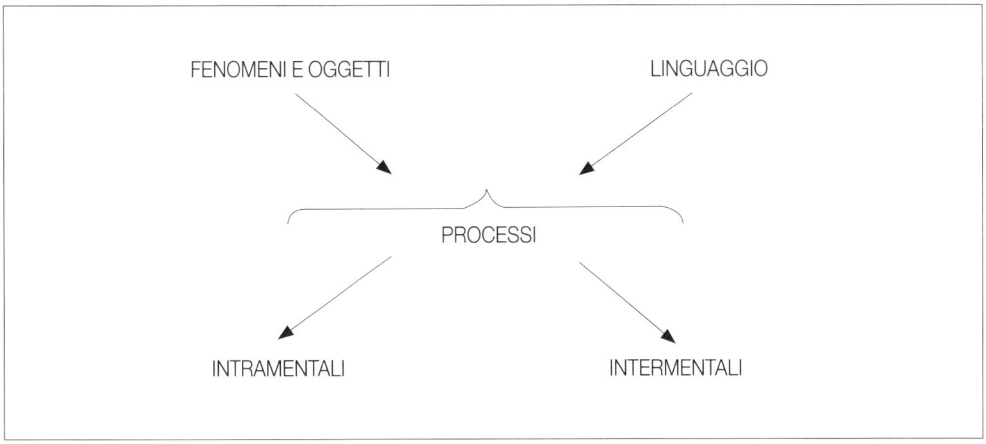

Fig. 21.3 Esperienza e processi.

Anche se i bambini sono in genere automotivati e capaci di autodirezione, la realizzazione dei due tipi di processo (la cui importanza ai fini dell'apprendimento è stata evidenziata soprattutto da Vygotskij, 1930-1931) necessita di altre persone (pari e adulti) che assumano la funzione di guida, di supporto, di risorse, di strumenti.

In riferimento al periodo prescolare sono stati approfonditi soprattutto i processi intermentali e ciò ha consentito di comprendere l'influenza che il gruppo dei pari, i genitori, gli insegnanti, i nonni hanno sullo sviluppo cognitivo dei bambini. Ciò può però determinare un'enfatizzazione della dimensione sociale che rischia di lasciare in secondo piano la conoscenza di ciò che succede nella mente dei bambini e dei cambiamenti che nel corso del tempo vi si verificano. La conoscenza dei processi intramentali dovrebbe essere invece preminente e dovrebbe soprattutto informare le scelte degli interventi realizzati da persone o riferiti all'uso di strumenti. Solo la conoscenza di quanto avviene all'interno del bambino consente infatti di realizzare interventi coerenti con le modalità di sviluppo.

La costruzione dei concetti

Tra i processi intramentali, assume notevole rilevanza la costruzione dei concetti, ai quali il bambino perviene in virtù delle relazioni create tra le conoscenze acquisite separatamente nei domini privilegiati.

Il concetto non corrisponde a un'entità esistente nel mondo reale e, soprattutto, è il prodotto finale di un processo complesso che inizia dalla percezione sensoriale. In tale processo assumono particolare importanza due sottoprocessi, l'*astrazione* e la *generalizzazione,* i quali presuppongono che nelle esperienze realizzate con oggetti, fenomeni e persone i bambini colgano gli elementi significativi secondo regole di differenza e di comunanza. Dal punto di vista evolutivo, la rilevazione delle differenze è molto più semplice di quella degli elementi di comunanza, in quanto si fonda su dati di tipo percettivo; la comunanza presuppone invece che il bambino faccia astrazione delle caratteristiche comuni e quindi nel corso dello sviluppo si presenta in momenti successivi.

Le categorie

Astrazione e generalizzazione consentono al bambino di costruire le *categorie,* le quali in fondo non sono altro che una sorta di «etichetta» che egli attribuisce ai fenomeni, agli eventi, agli oggetti, agli esseri viventi, alle persone. Le categorie non esistono di per sé ma sono il frutto di una costruzione individuale (Edelman, 1989) e quindi non si imparano e tanto meno si insegnano. Il bambino semmai impara, ma non in virtù di un insegnamento esplicito e sistematico, *come costruire* le categorie per il fatto di realizzare molteplici attività in setting diversi e in momenti diversi, ma deve esistere qualcuno che lo aiuta e lo sollecita a cogliere somiglianze e differenze e a generalizzare. Nel sostenere il processo di costruzione delle categorie, in particolare, sono indispensabili le attività di raggruppamento e di seriazione, che il bambino svolge spontaneamente quando gioca. Queste attività sono spesso riferite a uno dei domini privilegiati, quello di carattere biologico: il bambino le realizza infatti riguardo ad animaletti, piante, oggetti, costruzioni, personaggi.

Nella definizione delle categorie riveste un ruolo fondamentale la definizione del *prototipo,* cioè dell'esemplare che possiede tutte le caratteristiche che definiscono la categoria: il prototipo di un animale che nuota, che ha il corpo coperto di squame, che fa le uova, che non respira fuori dell'acqua è il pesce; il prototipo dell'animale che vola, che fa le uova, che ha il becco è l'uccello.

Contemporaneamente all'acquisizione del linguaggio e grazie alle attività di osservazione, di manipolazione di oggetti, di gioco con oggetti, carte e figurine, il bambino forma nella propria mente i prototipi di ogni categoria: di ciascuna specie animale, ma anche del fiume, del lago, del mare, della nuvola. Per verificare la presenza dei prototipi nella mente dei bambini piccoli è sufficiente formulare alcune affermazioni come «la balena non è un pesce»; «la nebbia è come una nuvola che è scesa vicino alla terra» per ottenere risposte di recisa negazione: «la balena è un pesce perché nuota»; «la nebbia non è una nuvola perché non sta in cielo».

Le categorie mantengono quindi il riferimento agli elementi concreti, che il bambino coglie percettivamente attraverso gli organi di senso. Questi elementi si impongono alla sua mente come evidenze indiscutibili: egli non può quindi accettare affermazioni che negano tali evidenze.

Pur con alcuni limiti dovuti a questa iniziale rigidità, la costruzione di categorie è l'indicatore del fatto che il bambino ha raggiunto un buon grado di sviluppo cognitivo, proprio perché la categoria è una sorta di «modello» costruito a livello mentale che non solo permette di andare oltre il dato sensibile ma, soprattutto, consente di ampliare le conoscenze.

Bruner e colleghi (1956) evidenziano in proposito come la categorizzazione sia una risposta ad alcune necessità: la riduzione della complessità dell'ambiente, in quanto comporta il riferimento agli attributi comuni; l'identificazione degli elementi del mondo, attraverso il riferimento a ciò che è già conosciuto; la non necessità di un apprendimento continuo, in quanto gli oggetti incontrati non si presentano sempre ex novo; la possibilità di sapere in anticipo quali azioni sono appropriate e quali inappropriate, per il fatto di disporre di elementi di conoscenza pregressi. Quando un evento o un oggetto non può essere identificato come appartenente a una categoria già definita, si ritiene di trovarsi di fronte a qualcosa che è «misterioso». In realtà il misterioso è la categoria che raccoglie ciò che non ha potuto far parte di altre categorie.

La categorizzazione permette quindi al bambino non soltanto di riconoscere oggetti o situazioni già incontrati, ma anche di apprendere una regola che può essere applicata a nuovi casi: una regola che deriva perlopiù dalle attività di raggruppamento (Bruner et al., 1956).

La capacità di realizzare raggruppamenti è fondamentale e si manifesta secondo un andamento evolutivo (Vygotskij, 1966; Bruner, 1973): dapprima il bambino realizza dei *mucchi,* cioè raggruppamenti costruiti senza fare riferimento ad alcun criterio specifico, semplicemente perché ha deciso di mettere insieme delle cose in quel modo. Il bambino tende «a legare, sulla base di un'impressione unica, gli elementi più disparati e privi di un legame interno, portandoli a un'immagine fusa indifferenziata» (Vygotskij, 1966): alla comunanza oggettiva il bambino sovrappone cioè l'evidenziazione di legami soggettivi, suggeriti dalla sua percezione, oppure dovuti a fattori di tipo spaziale e temporale. Successivamente costruisce dei *complessi,* facendo ricorso a legami oggettivi, scoperti nelle cose. La regola utilizzata non ha validità universale ma solo per alcuni degli elementi e risponde fondamentalmente a un criterio di vicinanza: gli oggetti vengono raggruppati sulla base della somiglianza con l'oggetto vicino, ma non esiste uno stesso elemento di somiglianza che possa unificare tutti gli oggetti. Il bambino parte cioè da un oggetto e poi a questo ne unisce un altro perché ha lo stesso colore; un altro perché ha la stessa forma; un altro ancora perché ha la stessa dimensione: all'interno del complesso i legami esistenti tra gli elementi sono perciò i più svariati e spesso non hanno niente in comune tra loro. Spesso il bambino utilizza anche un criterio «a catena»: mette cioè insieme gli elementi che hanno lo stesso colore, ma poi se l'ultimo ha la forma di un cerchio, comincia a unire altri elementi con la forma circolare, e così via. Infine il bambino giunge agli *pseudoconcetti,* in cui tutti gli elementi apparentemente vengono raggruppati sulla base di un solo attributo ma il bambino segue in realtà un ragionamento per complessi e quindi procede non partendo, ad esempio, dall'idea di triangolo, ma raggruppando gli oggetti che hanno la stessa forma.

Secondo Vygotskij (1966), in tale processo il bambino non procede liberamente, ma viene guidato dal significato delle parole, che è già stabilito nel linguaggio degli adulti. Ciò che interessa a livello di insegnamento è però che «il pensiero del bambino, diretto dai significati costanti e stabili delle parole, non modifica le leggi fondamentali della sua attività». Il fatto che il bambino utilizzi le parole del linguaggio adulto non comporta quindi che automaticamente egli davvero ne comprenda il significato e soprattutto non comporta che automaticamente esista una coerenza tra linguaggio e azione.

Il processo di categorizzazione e di costruzione di complessi è comunque fondamentale per lo sviluppo cognitivo, in quanto il bambino realizza un processo analogo a quello che sta alla base della scienza di Galileo e che induce Gopnik e Meltzoff (1997) ad affermare che egli procede nello stesso modo degli scienziati: egli scopre che è possibile «andare oltre» i dati sensibili e soprattutto scopre che in questa maniera la realtà si presenta spesso in modo molto diverso da quello rivelato dalla pura e semplice percezione sensoriale. Il bambino, quindi, giunge a comprendere che l'inserimento di un elemento in una categoria deve spesso fare riferimento ad attributi che non sono quelli che immediatamente si impongono all'attenzione: la balena non è un pesce perché, anche se ha le pinne, non fa le uova e allatta i piccoli. Nella costruzione delle categorie il bambino comprende allora che esistono elementi che possiedono le caratteristiche «tipiche» della categoria, ma poi esistono anche elementi che non presentano tutte queste caratteristiche e anzi ne possiedono alcune che sono tipiche di altre categorie.

È questo un aspetto molto interessante, perché evidenzia come nella costruzione delle categorie, analogamente a quanto avviene per il linguaggio, il bambino faccia inconsapevolmente riferimento a una dimensione probabilistica. La categoria viene infatti costruita in relazione al fatto che nei diversi elementi percepiti esistono caratteristiche che si presentano con una frequenza maggiore.

Un altro aspetto interessante riguarda la corrispondenza tra costruzione delle categorie e definizione linguistica delle stesse. Le categorie utilizzate più frequentemente sono infatti definite da una sola parola (tigre, sedia, mela). Non tutte le categorie codificate da una sola parola sono però allo stesso livello: quelle sovraordinate (ad esempio frutto, animale); quelle «di base» (mela, cane), e quelle specifiche (mela cotogna, bassotto). Quando un bambino (ma anche un individuo di età superiore) deve denominare un elemento, in genere non utilizza mai, in prima battuta, né la categoria sovraordinata né quella specifica, ma preferisce quella di base, pur essendo a un livello di astrazione superiore a quello riferito all'esperienza sensoriale (Rosch et al., 1976; 2005).

Le categorie, infine, non esistono isolatamente: ognuna è interamente inclusa in una categoria superiore, anche se non la esaurisce (Kay, 1971). Ciò permette di capire perché sia i bambini sia gli adulti utilizzano il livello-base delle categorie: è quello che reca con sé il maggior numero di informazioni, che risulta più valido, che permette la maggiore differenziazione rispetto ad altre categorie (distinguere una mela da una pera è più facile che distinguere due tipi diversi di mele) (Rosch et al., 1976; 2005).

È facile quindi comprendere l'importanza che nello sviluppo cognitivo del bambino possiede il processo di categorizzazione: non soltanto le categorie permettono di organizzare l'esperienza, ma inducono il bambino a fare riferimento a livelli diversi di astrazione: quello, per l'appunto, delle categorie, quello degli individui, quello delle proprietà e quello delle relazioni (Gelman e Kalish, 2006).

I concetti

Secondo molti studiosi esiste coincidenza tra categoria e concetto: il concetto non sarebbe altro che la rappresentazione mentale corrispondente alla categoria (Margolis,

1994; Oakes e Rakison, 2003; Smith, 1989). Secondo Gelman e Kalish (2006), invece, il concetto non può coincidere con le categorie proprio per il legame che queste mantengono con il mondo sensibile: il concetto, infatti, si riferisce anche a proprietà (rosso, felice, calmo), eventi o stati (correre, sedersi), elementi singoli (la mamma, il proprio cane), idee astratte (il tempo, la giustizia). La costruzione dei concetti avverrebbe non tanto secondo criteri associativi ma attraverso la percezione dell'esistenza nell'ambiente di regolarità e la capacità di apprendere a stabilire relazioni di natura causale (Gopnik e Schulz, 2004). In tale processo il linguaggio svolge però un ruolo cruciale sia in quanto permette l'associazione tra il termine linguistico e l'oggetto, sia perché, attraverso le strutture sintattiche, permette di operare distinzioni tra concetti diversi (si veda il box 21.1).

BOX 21.1

Come promuovere la costruzione dei concetti

I concetti non possono essere «trasmessi», ma devono essere costruiti autonomamente dal bambino. «I bambini sono [quindi] costruttori attivi della loro cognizione» (Karmiloff-Smith, 1992, p. 11). Come per altri processi, occorre però che i bambini trovino nell'ambiente un sostegno adeguato. Lo schema che proponiamo non vuol quindi essere un algoritmo rigido da seguire pedissequamente. È semplicemente un quadro di riferimento che, se presente nella mente dell'insegnante, offre a quest'ultimo la possibilità di cogliere le opportunità che man mano si presentano.

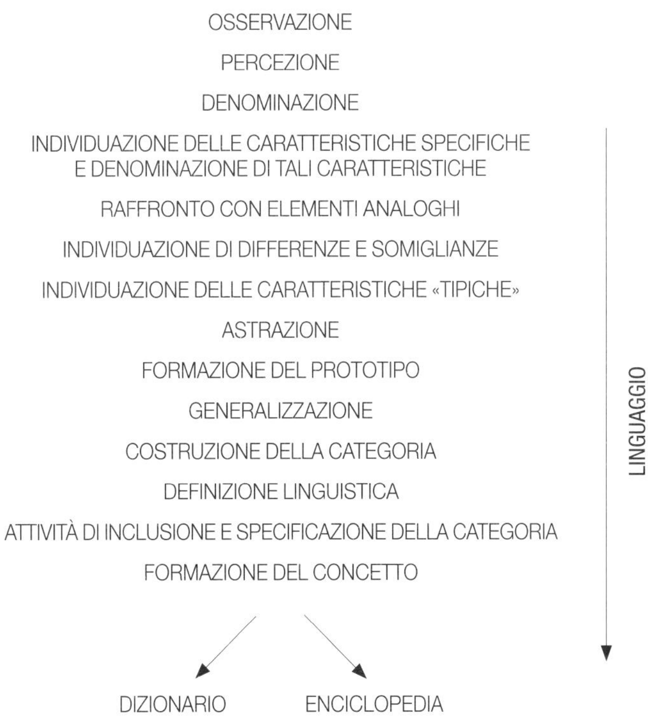

La costruzione del concetto è però resa possibile anche dalla realizzazione di un altro processo, studiato in particolare da Piaget (1967): quello di *classificazione.* La classe non corrisponde esattamente alla categoria in quanto possiede, rispetto a questa, un livello di astrazione molto maggiore. La costruzione di classi, in particolare, richiede il ricorso alla logica binaria, in quanto opera una distinzione tra gli elementi che possiedono una caratteristica e quelli che non la possiedono, senza operare ulteriori raggruppamenti. Di conseguenza la costruzione di una classe presuppone un livello di astrazione molto più elevato: distinguere tra oggetti «rossi e non rossi» è molto più difficile che distinguere tra rossi, verdi e blu, in quanto la categoria dei «non rossi» non possiede diretta corrispondenza a livello percettivo. Inoltre la costruzione di una classe non richiede solo processi di astrazione e di generalizzazione, ma anche di estensione (l'insieme degli elementi che la costituiscono), di inclusione (correlata all'uso dei termini «tutti», «alcuni») e di complementarità. In età prescolare raramente il bambino perviene al concetto di classe e soprattutto non giunge a costruire tutte le tipologie di concetti. Dei concetti a cui perviene «alcuni possiedono una base innata; altri [invece] possono essere facilmente appresi grazie all'apprendimento percettivo; altri ancora richiedono il ragionamento causale e l'integrazione di fatti diversi all'interno di informazioni desunte dal senso comune» (Gelman e Kalish, 2006, p. 702). Infine esistono concetti che si possono definire «fondativi», in quanto rendono possibile la costruzione di altri concetti (il concetto di essere vivente permette di apprendere il concetto di pianta e animale) o permettono di acquisire altre conoscenze (il concetto di triangolo permette di imparare la geometria).

L'emergere della literacy

L'espressione *emergent literacy* è stata utilizzata per la prima volta da Clay (1966; 1979). Spesso si usa anche l'espressione *literacy precoce,* ma i significati non sono equivalenti. Mentre infatti la precocità si limita a richiamare fenomeni presenti nei primi anni di vita, il termine «emergente» rinvia invece al processo per cui da molteplici interazioni relativamente semplici nasce progressivamente una nuova struttura, come frutto di un'auto-organizzazione del sistema (Goldstein, 1999). Fare riferimento all'*emergent literacy* significa quindi sottolineare che si tratta di un processo in virtù del quale nella mente del bambino si forma gradualmente una struttura che prima non esisteva e che è il risultato del fatto che il bambino, autonomamente, organizza, cioè mette in relazione, elementi prima distinti. La costruzione di tale nuova struttura non è cioè il frutto di un apprendimento sistematico indotto dall'esterno, ma di una riorganizzazione interna alla mente, a cui l'ambiente esterno si limita a fornire stimoli e opportunità il più possibile numerosi e diversificati.

L'*emergent literacy* richiama quindi il fatto che la literacy si costruisce molto prima dell'avvio dell'apprendimento scolastico e sistematico della lettura e scrittura e che nei primi anni di vita il bambino possiede capacità e abilità che si presentano come *precursori* della successiva padronanza della lingua scritta (Whitehurst e Lonigan, 2001). Si tratta di una visione che riguarda tutte le dimensioni dell'apprendimento e che sottolinea come quest'ultimo avvenga secondo un continuum che va dalla prima infanzia all'età adulta: concetto ripreso in modo particolarmente forte dall'OECD (2000) allorché evidenzia, per l'appunto, come la literacy debba essere misurata su un continuum, non come qualcosa che o si possiede o non si possiede.

La continuità si realizza non solo nel tempo ma anche nello spazio: la conseguenza è che la literacy emerge non soltanto da situazioni e attività direttamente collegate alla lingua scritta, ma da ogni situazione e attività in cui il bambino abbia a che fare con dei simboli. Anche in questo caso si tratta di un aspetto ricco di significati, che permette in primo luogo di evidenziare come la successiva capacità di leggere e scrivere, quale si manifesterà nella scuola primaria, non si fondi su un precoce insegnamento sistematico della lettura e della scrittura, ma piuttosto sulla proposta al bambino di molteplici, ricche e significative occasioni di «aver a che fare» con dei simboli, di qualunque natura essi siano. L'alfabeto e i numeri, di conseguenza, verranno considerati come una categoria di simboli che si presenta al bambino con una rilevanza maggiore rispetto alle altre categorie sia per la pervasività che presenta nel mondo odierno sia per i messaggi indiretti che gli adulti indirizzano ai bambini e che mirano a sottolineare quanto sia importante imparare le lettere e i numeri.

Nell'esaminare le modalità di sviluppo dell'*emergent literacy* non bisogna però dimenticare un elemento spesso trascurato e sottolineato invece da Whitehurst e Lonigan (2001): la quasi totalità delle ricerche è stata realizzata su bambini che parlano l'inglese. Di conseguenza non bisogna estendere meccanicamente i risultati di tali ricerche a bambini che parlano altre lingue.

A nostro avviso occorre però anche considerare come l'*emergent literacy* indirizzi l'attenzione verso apprendimenti che troppo spesso nel nostro Paese vengono dati per scontati, perché, rispetto ad altre lingue, l'italiano è una lingua foneticamente «trasparente», ovvero la pronuncia dei suoni corrisponde pressoché totalmente alla modalità di scrittura. Riteniamo pertanto possa essere produttivo rammentare quali apprendimenti vengono richiamati dall'*emergent literacy* ed evidenziare come essi, da un lato, suggeriscano una serie di attività da realizzarsi nella scuola dell'infanzia, dall'altro possano essere utilizzati come indicatori per verificare se il bambino, a 6 anni, si trovi nella condizione di poter affrontare l'apprendimento sistematico della lingua scritta. Le capacità e le abilità che il bambino acquisisce in età prescolare si presentano quindi non solo come *precursori* (Whitehurst e Lonigan, 2001) ma anche come *predittori* del successivo apprendimento della lingua scritta. Secondo Wiggins e McTighe (1998) non tutte le attività rivestono però la stessa importanza e quindi non tutte le conoscenze acquisite presentano un ruolo critico per il successivo apprendimento della vera e propria literacy: ci limiteremo a presentare quelle che possiedono un'importanza-chiave.

La padronanza del linguaggio orale

È il fattore fondamentale della literacy in età prescolare.

Il linguaggio naturale viene acquisito dal bambino in modo molto rapido e senza la necessità di un insegnamento sistematico ed esplicito. Spesso si ritiene, di conseguenza, che il linguaggio non necessiti di attenzioni particolari e che in età prescolare non esistano grandi differenze tra i bambini per quanto concerne il linguaggio orale. In realtà le differenze nascono molto presto e sono legate soprattutto allo sviluppo del lessico, all'arricchimento del vocabolario e all'apprendimento delle strutture grammaticali (quali ad esempio la concordanza articolo/nome o nome/verbo).

Molti studi (Duncan, Brooks-Gunn e Klebanov, 1994; Hart e Risley, 1995; McLloyd, 1998) evidenziano come non solo il livello socio-economico della famiglia ma anche le caratteristiche della comunità più ampia, e in particolare del vicinato, influenzino fortemente il numero e il tipo di parole possedute dai bambini (Kohen, Hertzman e Brooks-Gunn, 1998), anche se tali influenze possono essere, in modo più generale, ricondotte a quella negativa esercitata dal livello socio-economico della famiglia e, in particolare, dal livello di povertà (Brooks-Gunn e Duncan, 1997). La ricchezza del vocabolario di cui dispone il bambino riflette infatti la differenza di opportunità di cui egli fruisce in rapporto al contesto di vita (Hart e Risley, 1995). Ciò che risulta comune alla maggior parte dei bambini è l'ordine di acquisizione del vocabolario, per cui alcune parole vengono acquisite più tardi rispetto ad altre: i diari che, in tutto il mondo, gli scienziati hanno tenuto dei primi anni di vita dei loro figli riflettono liste di parole praticamente identiche (Ingram, 1989; Clark, 1993). Tale ordine è quasi sempre riflesso nei libri per bambini piccoli. Non si deve però pensare che per favorire lo sviluppo del vocabolario sia sufficiente proporre ai bambini di ripetere le parole riportate sui libri: nel bambino l'acquisizione di una nuova parola è infatti legata a quella di un nuovo concetto.

L'osservazione del bambino nel periodo in cui apprende il linguaggio (cioè tra i 12 e i 36 mesi) consente di avere alcune indicazioni sulla sequenzialità seguita. In primo luogo il bambino impara parole con un forte significato emotivo che indicano persone (mamma, papà, nonna, nonno, zia). In questa fase rientra anche l'apprendimento del proprio nome. Successivamente il bambino impara i nomi di animali, che però inizialmente vengono identificati spesso con il verso che producono (miao, grr, bau). Arrivato a questo punto il bambino è come se avesse appreso la procedura per imparare i nomi e spesso allora crea autonomamente nomi di oggetti e persone, dalla pronuncia spesso stranissima.

Nello sviluppo del linguaggio e soprattutto nello sviluppo cognitivo una fase molto importante è costituita dalla *nominazione*. Il nome, infatti, non è una semplice etichetta, ma indica un'intera classe di elementi: a livello implicito, attraverso l'attribuzione del nome, il bambino separa tutti gli elementi che possiedono una caratteristica da quelli che non la possiedono e quindi realizza una classificazione binaria che cognitivamente corrisponde a un processo molto complesso e di cui sarà capace a livello esplicito solo molti anni dopo.

In seguito alla fase di nominazione il bambino aumenta gradualmente la lunghezza degli enunciati (si veda il box 21.2), i quali via via si diversificano in rapporto alla crescente ricchezza del vocabolario e diventano sintatticamente più complessi attraverso l'uso dei pronomi, delle congiunzioni, degli aggettivi. Il bambino ama ripetere le frasi che sente da altre persone, ama inventarne di proprie, ama raccontare le storie, dire il nome degli oggetti e degli animali raffigurati nelle illustrazioni.

BOX 21.2
Come funziona il linguaggio: gli enunciati

Gopnik, Meltzoff e Kuhl (1999) evidenziano la strabiliante capacità dei neonati di distinguere, nel mare di suoni in cui sono immersi, quelli riferiti al linguaggio. Altrettanto sorprendenti sono però le capacità di cui i bambini si mostrano in possesso nell'affrontare le fasi successive dell'apprendimento del linguaggio.
Uno degli elementi di maggiore complessità del linguaggio riguarda la formulazione degli enunciati, cioè di flussi di parole che trasmettono significati, conoscenze, concetti da una mente all'altra (Pinker, 1994) e che consentono a chi li riceve di risalire all'indietro, dalle parole ai concetti.
Un enunciato non consiste semplicemente in una catena di parole: l'ordine delle parole corrisponde a un vero e proprio codice che fa riferimento a regole, le quali fanno parte della grammatica generativa. Quest'ultima comprende l'insieme dei princìpi e dei procedimenti con i quali, nelle svariate lingue, si costruiscono indefinitivamente le frasi. Il linguaggio si fonda infatti su princìpi di tipo combinatorio: non soltanto la diversa combinazione dei fonemi può dare origine a un numero infinito di parole, ma la diversa combinazione delle parole può dare origine a un numero pressoché infinito di enunciati. Soprattutto, l'enunciato non è la semplice somma delle parole che lo costituiscono: a seconda dell'ordine delle parole, il significato varia. Ciò permette di evidenziare come in età prescolare il bambino possieda una specifica sensibilità per l'ordine delle parole, che nelle fasi iniziali è legata a forme di apprendimento implicito ma che poi gradualmente deve diventare oggetto di apprendimento esplicito.
Nel formulare enunciati il bambino fa quindi riferimento sia al dizionario mentale in cui sono state codificate le parole e i concetti da queste rappresentati sia alle regole che sottostanno alle combinazioni di parole. Egli non si limita quindi a riprodurre frasi che ha già ascoltato in precedenza, ma decide autonomamente della correttezza grammaticale anche di frasi che non ha mai sentito, riesce a capirle ed è in grado di costruire nuove frasi.
L'enunciato, però, deve anche possedere un senso: Chomsky formulò il famoso enunciato «incolori idee verdi dormono furiosamente» per dimostrare come il rispetto delle regole grammaticali non sia sufficiente. Inoltre egli evidenziò che in molti casi la semplice catena di parole non funziona ma occorre fare riferimento alle parole utilizzate all'inizio: «o la ragazza mangia gelati o la ragazza mangia caramelle» presuppone necessariamente che la prima «o» sia seguita da una seconda «o». Si pensi allora all'importanza dell'apprendere a costruire correttamente frasi che prevedono ad esempio l'uso di «se... allora», le quali sono la premessa della costruzione di frasi sintatticamente più complesse quali «non sarebbe andato, se avesse saputo ciò che gli stava per succedere», in cui ogni tempo verbale dipende dal tempo del verbo precedente. Pinker (1994, p. 115) conclude con la seguente osservazione: «la grammatica è un protocollo che deve interconnettere l'orecchio, la bocca e la mente, tre tipi di macchine molto diversi». Un richiamo fondamentale alle tre componenti dell'apprendimento del linguaggio e, di conseguenza, dell'apprendimento dell'*emergent literacy*.

Tutte queste abilità linguistiche favoriscono il successivo apprendimento della lettura (Scarborough, 1991), ma esiste una capacità che in particolare opera come elemento fortemente predittore e precursore: quella che consiste nel produrre descrizioni, spiegazioni e narrazioni *decontestualizzate*. Il bambino si esprime con un linguaggio decontestualizzato quando descrive eventi del passato o immaginari senza disporre del supporto di un'altra persona con la quale è impegnato in una conversazione. Le sue conversazioni quotidiane sono invece relative ad attività che hanno luogo secondo i parametri del «qui e ora». I bambini che sono capaci di produrre resoconti decontestualizzati di eventi passati hanno maggiore probabilità di imparare a leggere con successo, rispetto ai bambini che non dispongono di tali facoltà (Dickinson e Smith, 1994). La lettura comporta infatti la capacità di comprendere il linguaggio decontestualizzato.

Diventa ovvio che la costruzione di queste capacità è possibile solo se intorno al bambino esiste un ambiente fortemente supportivo, in grado di offrirgli la possibilità di realizzare forme diverse di espressione linguistica (si veda il box 21.3).

BOX 21.3

Le componenti del linguaggio (Snow, Burns e Griffin, 1998)

La promozione dello sviluppo del linguaggio e la costruzione dell'*emergent literacy* richiedono che l'insegnante conosca il significato esatto di alcuni termini che altrimenti rischiano di essere intesi come sinonimi. Tale conoscenza è tanto più importante in quanto ciascuno dei termini si ricollega ad attività distinte da proporre agli allievi.

Fonologia = modo con cui i suoni linguistici vengono emessi. Si riferisce alla struttura sonora dei messaggi e, in particolare, alla percezione, alla rappresentazione e alla produzione dei suoni. Le caratteristiche fonologiche del linguaggio comprendono la dimensione prosodica (cioè l'intonazione, l'accentuazione e la temporalità) e le modalità di articolazione (parole, sillabe, fonemi).

Fonema = unità fonologica del linguaggio che produce le differenze di significato.

Morfologia = modo con cui le parole sono formate e sono in relazione con altre parole.

Semantica = modo con cui il linguaggio trasmette significati.

Pragmatica = modo con cui i membri di una comunità di parlanti conseguono i loro obiettivi attraverso il linguaggio.

Lessico = informazioni immagazzinate relative al significato e alla pronuncia delle parole. Sinonimo di vocabolario.

Sensibilità fonemica = si riferisce al fatto che ogni parola pronunciata può essere intesa come sequenza di fonemi. Poiché i fonemi sono l'unità di suono rappresentata dalle lettere dell'alfabeto, la sensibilità ai fonemi è la chiave per capire la logica del principio alfabetico e quindi per poter apprendere la fonetica e la grafia.

Sensibilità fonologica = è un'espressione più generale della sensibilità fonemica e si riferisce alla capacità generale di prestare attenzione ai suoni come distinti dal loro significato. Comprende la capacità di individuare le somiglianze sonore tra le parole, di costruire rime, di contare le sillabe.

Discriminazione linguistica = comprende la discriminazione fonemica. È diversa dalla sensibilità fonemica perché la capacità di cogliere o di discriminare differenze anche minime tra due parole pronunciate non comporta necessariamente la capacità di capire le caratteristiche di tali differenze. Chi parla pronuncia i suoni in modi molto diversi, che però non comportano cambiamenti di significato.

Fonetica = pratica di insegnamento che sottolinea come la grafia sia collegata in modo sistematico ai suoni del linguaggio.

Decodifica = aspetto del processo di lettura che comporta la derivazione della pronuncia dalla sequenza scritta delle lettere e quindi è fondata sulla conoscenza della corrispondenza tra lettere scritte e suoni.

In particolare l'arricchimento del vocabolario è favorito dal fatto che gli adulti condividano con i bambini la lettura di molti libri: sui libri si trovano infatti parole che sono presenti molto raramente nel linguaggio quotidiano ma che per poter essere comprese dai bambini necessitano della mediazione dell'adulto. I bambini, che a partire dai 3 anni di età vivono frequentemente l'esperienza della lettura condivisa, quando fanno l'ingresso nella scuola primaria dispongono quindi di un vocabolario molto più ricco dei bambini che vivono in famiglie che non offrono loro simili attività.

Il bambino non possiede però un'unica tipologia di vocabolario. Tradizionalmente si è sempre distinto tra *vocabolario passivo* (costituito dalle parole che si è in grado di comprendere) e *vocabolario attivo* (le parole che si è in grado di utilizzare), ma gli studi sulla lingua scritta hanno evidenziato la necessità di ulteriori distinzioni, individuando quattro tipologie:

1. il vocabolario necessario per capire ciò che viene detto oralmente da altre persone;
2. il vocabolario utilizzato per parlare con altre persone;
3. il vocabolario di lettura, costituito dalle parole necessarie per capire ciò che si legge;
4. il vocabolario di scrittura, costituito dalle parole che si è capaci di utilizzare quando si scrive.

Questa distinzione dovrà essere al centro dell'attenzione degli insegnanti della scuola primaria, ma è bene venga presa in considerazione già dagli insegnanti della scuola dell'infanzia, particolarmente dal momento in cui, verso i 5 anni, non ci si limiterà più a proporre ai bambini il racconto orale delle storie ma queste verranno lette dai libri. Non è infatti semplicemente in gioco l'apprendimento di parole: sono in gioco funzioni mentali diverse tra loro, ciascuna delle quali deve essere oggetto di specifica attenzione da parte degli insegnanti.

La capacità di elaborazione fonologica

Si riferisce alla consapevolezza che le parole sono costituite da segmenti sonori o da fonemi e alla capacità di «manipolare» i suoni. Essa comprende tre elementi: la sensibilità fonologica, la memoria fonologica e la denominazione fonologica.

La *sensibilità fonologica* (cioè la capacità di individuare e manipolare i suoni pronunciati nel linguaggio orale) si basa su una serie di abilità finalizzate a promuovere lo sviluppo della capacità di decodifica, fondata sulla corrispondenza tra grafema e fonema:

- individuare parole che rimano;
- unire fonemi o sillabe per formare una parola;
- eliminare fonemi o sillabe da una parola per formarne una nuova;
- individuare la consonante iniziale in una sillaba;
- individuare la vocale o la consonante finale di una parola;
- contare i fonemi che compongono una parola.

In età prescolare la sensibilità fonologica si riferisce solo al linguaggio orale: i bambini amano inventare parole prive di senso, o parole inesistenti che fanno rima con parole comuni, modificare parole conosciute cambiando i suoni che le compongono.

Nella scuola dell'infanzia, queste attività possono essere proposte anche in riferimento a filastrocche e canzoncine, di cui il bambino deve fare la parafrasi, ma rispettandone il ritmo e la metrica. Contrariamente a quanto si può pensare, dopo i 4 anni i bambini imparano facilmente a fare ciò e si divertono «un mondo», dimostrando spesso anche una sviluppata capacità di ironia, la quale fa sì che nei nuovi testi sovente venga benevolmente presa in giro qualche persona della propria famiglia o qualche compagno. In tutti i casi si tratta di attività fondate sulla capacità combinatoria dell'alfabeto, che quindi dovrebbero essere riprese nella fase di acquisizione sistematica della lingua scritta. Ciò che è importante è che si tratti di attività divertenti e spontanee, non programmate dall'insegnante in tempi prestabiliti ma realizzate quando se ne offre l'occasione.

Attraverso tali attività il bambino sviluppa anche una forma specifica di *memoria*, quella *fonologica,* la quale si riferisce alla memoria a breve termine di informazioni riferite ai suoni (Baddeley, 1986) e quindi si riconduce alla capacità di ripetere e di ricordare materiali presentati verbalmente. Il bambino sa ripetere:

– non-parole di lunghezza crescente;
– frasi sempre più lunghe;
– liste di cifre di crescente lunghezza.

Grazie alla memoria fonologica, i bambini «mantengono un'accurata rappresentazione dei fonemi associati con le lettere di una parola e quindi possono destinare maggiori risorse cognitive ai processi di decodifica e di comprensione» (Whitehurst e Lonigan, 2001, p. 15). Costruire un'efficace capacità di memorizzazione fonologica in riferimento al linguaggio orale è quindi la premessa necessaria per il successivo apprendimento della decodifica richiesta dalla lettura.

La *denominazione fonologica,* infine, consiste nella capacità di richiamare le informazioni fonologiche dalla memoria a lungo termine e si esplicita nella possibilità di dire il nome di singoli oggetti presentati sotto forma di illustrazione e di serie di oggetti o di colori, in modo il più possibile veloce.

Tutte le capacità riferite all'elaborazione fonologica influenzano il processo di decodifica, tant'è vero che le attività che vi si riferiscono sono presenti nel trattamento della dislessia fonologica. Qualora non si mettano in atto interventi specifici, le differenze riscontrate in tale ambito tra i bambini di età prescolare rimangono stabili anche nella successiva fase di scolarità primaria (Whitehurst e Lonigan, 2001). Quindi le difficoltà in termini di elaborazione fonologica conducono a rilevanti difficoltà nell'acquisizione della capacità di lettura.

Il principio alfabetico

Dopo i 4 anni i bambini sono affascinati dall'alfabeto, al punto che molti di essi imparano a leggere e a scrivere quasi «da soli» e si impegnano in tale apprendimento con un'intensità spesso sconosciuta a livello di scuola primaria. Le ragioni di tale interesse sono molteplici. Le lettere si presentano come una categoria particolare di stimoli visivi, diversi dai disegni e dai numeri. I bambini sanno che quegli strani segni hanno a che fare con gli adulti e quindi, siccome desiderano «fare come i grandi», sono affascinati da ciò che ai grandi li avvicina. Leggere è infatti la prima attività da adulti. L'interesse è però dovuto anche a una ragione intrinseca all'alfabeto stesso e legata al fatto che si tratta di un alfabeto fonetico.

Come noto, l'invenzione dell'alfabeto fonetico è, nella storia dell'uomo, molto recente, in quanto risale alla Grecia antica. Solo l'alfabeto greco aveva previsto infatti la corrispondenza biunivoca tra segno scritto e suono: l'alfabeto fenicio, ad esempio, non aveva le vocali. Questa corrispondenza permette di combinare i diversi segni in modi infiniti, come accade con i suoni. L'alfabeto consente quindi al bambino di realizzare l'apprendimento secondo modalità che sono tipiche dell'età prescolare e che si riconducono all'esplorazione. L'apprendimento esploratorio è caratterizzato dal fatto che il bambino sperimenta tutte le possibili variazioni e combinazioni connesse a un movimento, a un'attività, a un oggetto. Non a caso tutti i giochi infantili «tradizionali» si fondavano su comportamenti esploratori: i bambini imparavano ad esempio a lanciare e ad afferrare la palla in tutti i modi possibili, introducendo gradualmente nuovi elementi di difficoltà. Le stesse possibilità vengono offerte dall'alfabeto, infatti è sufficiente in proposito osservare ciò che fanno i bambini quando vengono loro consegnate le lettere magnetiche: dapprima le usano come se fossero giocattolini e quindi con esse costruiscono le casette, oppure come automobiline, o ancora le fanno rotolare sul pavimento. A un certo momento scoprono però che l'orientamento nello spazio è rigido, che la A non può esser capovolta o messa trasversalmente. Allora si dedicano a costruire delle strisce di lettere, dove queste si succedono ovviamente a caso. All'inizio giocano a chi fa la striscia più lunga, ma un giorno senza un motivo specifico scoprono che quei «giocattoli» si possono leggere e che a ciascuna forma corrisponde un suono diverso. Essi chiedono poi agli adulti di leggere le lettere che hanno accostato casualmente:

VOSHTVFLAMNERIGD
XUTNAKGAULPMDFHHGENAWQMFOPHHSG

Questa richiesta costituisce anche una verifica dell'intelligenza degli adulti. Se questi infatti rispondono al bambino che «non si può leggere» e magari distruggono anche la striscia, invitandolo a comportarsi seriamente, gli tolgono la possibilità di realizzare un apprendimento fondamentale per la successiva acquisizione della lettura. Se invece leggono (in modo fonetico) la striscia e magari accompagnano la lettura accentuando le smorfie della bocca e del viso e variando il tono della voce, scoprono che i bambini si divertono moltissimo, in quanto i suoni che ne risultano sono stranissimi: si provi a leggere in modo fonetico le strisce sopra riportate!

Contemporaneamente a questi giochi, in genere i bambini imparano a riconoscere, a leggere e a scrivere il proprio nome e le lettere che lo compongono vengono velocemente ritrovate in altri nomi: su testi stampati ma anche nelle insegne dei negozi, sulle etichette dei cibi, in tutte le scritte con cui i piccoli vengono in contatto.

Il bambino impara quindi la denominazione di ciascun segno scritto. È questa una fase molto importante, in cui spesso i genitori commettono però un grave errore, che consiste nel pronunciare le lettere non in modo fonetico, ma appoggiandole alla vocale i: a, bi, ci, di... Se ciò accade il bambino non può apprendere il principio dell'alfabeto fonetico e nell'apprendimento della lettura incontrerà qualche difficoltà in più.

Osservando il modo con cui un bambino in età prescolare impara a riconoscere le lettere dell'alfabeto, si scopre che non esiste un ordine precostituito e soprattutto che non esistono lettere più facili di altre: l'ordine di acquisizione varia da bambino a bambino ed è influenzato solo dalla valenza emotiva che i nomi hanno per lui. Spesso succederà ancora nella scuola primaria che il bambino si riferisca alle lettere del proprio nome per scrivere parole nuove: «Ah, sì! M come Marco!».

L'apprendimento del principio alfabetico permette ai bambini di imparare un concetto fondamentale: quello secondo cui le parole orali e scritte sono formate da elementi più piccoli, che ricorrono più volte, che possono essere riprodotti come se fossero disegni e che consentono di formare un numero infinito di parole diverse.

La conoscenza alfabetica non si identifica quindi con la recitazione dell'alfabeto: anzi, recitare a memoria l'alfabeto fonetico è molto difficile in quanto non esiste la possibilità di fare riferimento a una sorta di rima che invece è annessa all'alfabeto non fonetico (a, bi, ci, di... emme, enne, o...).

La conoscenza dell'alfabeto, invece, fa piuttosto riferimento all'acquisizione della *sensibilità fonemica,* cioè alla capacità di isolare, all'interno della parola, un fonema, di cambiare l'ordine dei fonemi, di aggiungerne di nuovi o di eliminarne alcuni al fine di trovare una nuova parola (Snow, Burns e Griffin, 1998).

Tratto e adattato da *Come funziona l'apprendimento,* 2012, pp. 136-157

CAPITOLO 22

CODICI DEL LINGUAGGIO LOGICO E MATEMATICO

(Daniela Lucangeli, Silvana Poli e Adriana Molin)

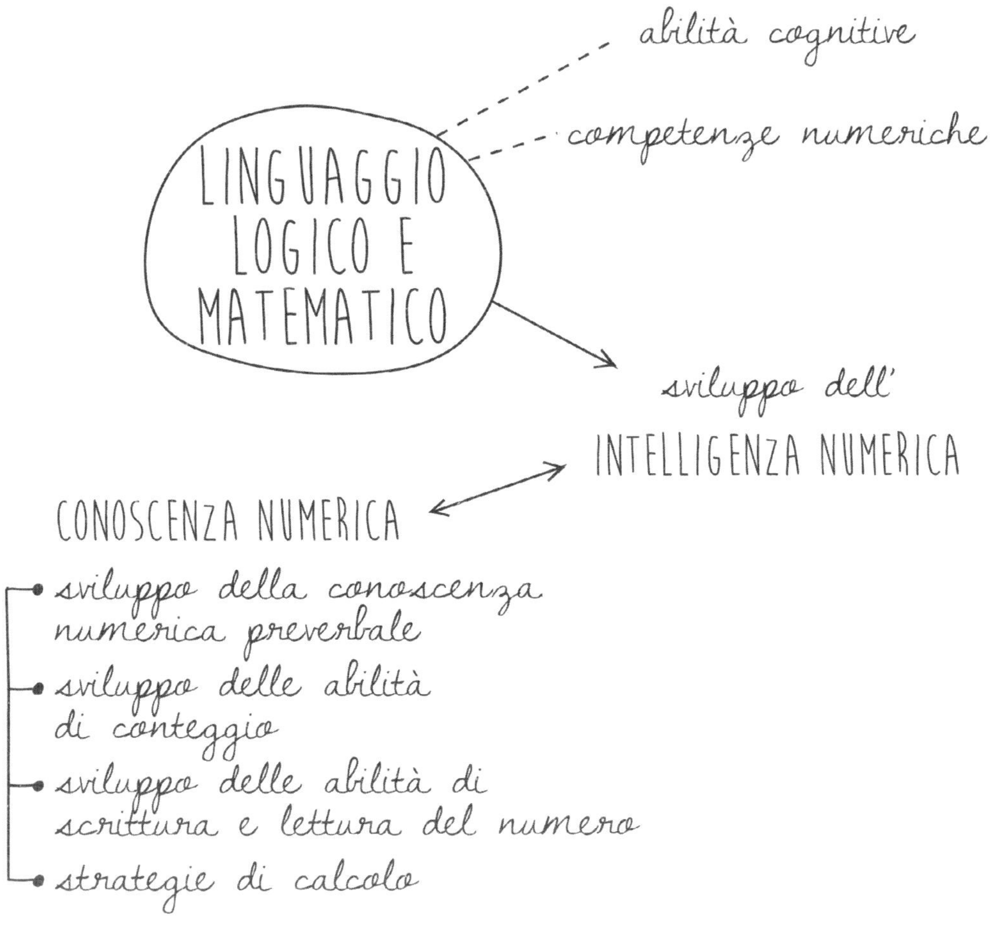

Premessa

Oggi la ricerca psicologica dimostra che nasciamo predisposti tanto all'intelligenza numerica quanto all'intelligenza verbale. Se allora è fondamentale, dal punto di vista educativo, accompagnare lo sviluppo del linguaggio attraverso un'adeguata istruzione, è altrettanto necessario accompagnare lo sviluppo delle attività di «intelligere» i fenomeni attraverso la sua quantità e i suoi princìpi.

Lo sviluppo dell'intelligenza numerica dai 3 ai 6 anni

La conquista della conoscenza numerica costituisce senza dubbio uno dei processi più affascinanti e complessi dello sviluppo infantile.

Come giungono i bambini a riconoscere le quantità, a rappresentarle e a manipolarle attraverso un sistema simbolico complesso come quello dei numeri?

E meglio ancora, cos'è l'intelligenza numerica?

Nell'ambito della letteratura psicologica il termine «intelligenza» ha assunto molte sfumature interpretative, a seconda dei diversi modelli che ne hanno tentato definizioni più o meno esaustive. E, in realtà, quando oggi le ricerche parlano di intelligenza numerica, non si riferiscono a nessuna di tali definizioni generali, bensì mettono in rilievo la nostra capacità di «intelligere», capire, interpretare, ragionare attraverso il complesso sistema cognitivo di numeri e quantità. Tale capacità non soltanto è innata (e non soltanto della nostra specie), ma permea il nostro sistema di interpretazione di eventi e fenomeni di diverso grado di complessità. Basti semplicemente pensare a come nella stessa evoluzione del linguaggio la distinzione singolare/plurale (pallina/palline) avverte del contemporaneo sviluppo della sottostante capacità di quantificare, cioè di riconoscere la quantità. D'altra parte, distinguere le quantità 1 diverso da tanti, o 1 diverso da 2, diverso da 3, ecc. e 3 più di 2, più di 1, ecc., implica processi di comprensione e appunto «intelligenze» di quantità che giungono a competenze via via più evolute, fino ad arrivare a costruire il complesso sistema dei numeri. Ma come avviene tale evoluzione?

Il dibattito generale: abilità cognitive e competenze numeriche

L'interrogativo sullo sviluppo della conoscenza numerica che emerge dalla riflessione psicologica riguarda l'evoluzione delle diverse abilità implicate nella comprensione e nella rappresentazione del mondo.

Per quanto concerne il dibattito generale, che si concentra sulla relazione che intercorre tra la conoscenza numerica e le altre competenze cognitive, le prospettive piagetiane e neopiagetiane rappresentano i principali modelli di riferimento teorico. Le ricerche contemporanee, invece, analizzano soprattutto l'interdipendenza cognitiva dei sistemi di elaborazione dei numeri e del linguaggio.

Spetta a Piaget il merito di aver formulato le prime fondamentali teorie cognitive riguardo l'elaborazione del concetto di numero (Piaget e Szeminska, 1941), ipotizzando un rapporto inscindibile tra le strutture d'intelligenza generale e l'evoluzione di competenze numeriche nelle abilità di pensiero. In particolare, Piaget ha ricondotto l'evoluzione delle strutture che presiedono alla conoscenza numerica al passaggio dell'intelligenza dal livello del pensiero irreversibile e preoperatorio al livello del pensiero concreto reversibile e delle operazioni logiche. Tale passaggio permette di giungere alla padronanza sia di vere e proprie *operazioni logiche* (che permettono di coordinare in vario modo i dati seguendo nessi di diverso genere logico), sia di *operazioni spazio-temporali* (che consistono nella capacità di collegare in svariati modi dati di ordine spaziale, temporale e spazio-temporale). Sono le operazioni spazio-temporali a garantire al bambino la capacità di riconoscere come valori invarianti i rapporti spaziali di ordine topologico e di ordine metrico (distanza, lunghezza, area, volume), o certe quantità fisiche come la quantità e la permanenza della sostanza, il peso, la durata, la velocità. E sono le operazioni logiche a permettergli di utilizzare nozioni come quelle di classe, di serie e di numero.

D'altra parte, Piaget evidenzia come la capacità da parte del bambino di produrre la sequenza verbale dei numeri non sia indice di saper contare utilizzando il concetto di numero; i bambini, infatti, sono in grado di servirsi dei numeri senza comprenderne appieno il significato. In primo luogo occorre che essi si rendano conto che ogni parola-numero corrisponde a un oggetto, e in secondo luogo che riconoscano che a ogni numero corrisponde una determinata quantità. Perché ciò possa avvenire, è necessario che il bambino giunga a padroneggiare proprio le operazioni logiche di classificazione e di seriazione.

L'influenza degli studi piagetiani al riguardo è stata particolarmente rilevante non soltanto nei confronti della ricerca psicopedagogica, ma anche della didattica della matematica (ci riferiamo soprattutto all'insiemistica).

In realtà molti studi successivi hanno rilevato alcuni elementi di debolezza nel modello piagetiano, soprattutto in relazione alla scansione degli stadi di sviluppo delle abilità numeriche (McGarrigle e Donaldson, 1975; Markman e Sibert, 1976; Mehler e Bever, 1978; Siegal, 1991; Vianello e Marin, 1997). Altri punti deboli sono stati inoltre riscontrati per ciò che riguarda le formulazioni linguistiche dei compiti piagetiani. Markman e Sibert (1976) hanno verificato ad esempio che le risposte dei bambini alle domande dello sperimentatore sono facilitate se vengono utilizzati nomi di collezioni (foresta, grappolo, mazzo), anziché di classi (alberi, acini, fiori). A livello di organizzazione concettuale la collezione può essere psicologicamente più forte poiché fondata sulla relazione «essere parte di», rispetto alla classe, in cui il rapporto tra gli elementi è «essere incluso in».

Il punto di svolta nell'approfondimento della ricerca neopiagetiana sullo sviluppo della conoscenza numerica è fornito da Robbie Case (Morra, 2002), il quale ha analizzato in modo specifico il passaggio dal conteggio alla comprensione delle relazioni tra tutti i numeri del sistema numerico, riprendendo ed espandendo l'impostazione piagetiana di schemi concettuali primitivi.

L'idea fondamentale alla base del modello psicologico proposto da Case è che il senso del numero dei bambini dipenda dalla presenza di potenti schemi organizzatori denominati «strutture concettuali centrali»; tali strutture costituiscono reti di concetti e relazioni che sottostanno alla maggior parte dei compiti che i bambini devono padroneggiare.

In particolare lo sviluppo del senso del numero nel bambino si articola nei seguenti momenti:

- il consolidamento di due schemi primitivi: uno verbale, digitale e sequenziale che vede il bambino in grado di procedere alle prime operazioni di conteggio verbale; l'altro spaziale e analogico che permette di individuare situazioni di numerosità relativa (sono di più/sono di meno) e di operatività concreta (aggiungere/togliere);
- l'interconnessione dei due schemi precedenti, che ne formano uno nuovo; si costituisce, in questa fase, una linea mentale del conteggio in cui i movimenti avanti e indietro equivalgono all'applicazione del + (più) e del – (meno);
- la differenziazione di nuovi elementi, che diventa possibile tramite le rappresentazioni delle proprietà numeriche: il bambino inizia a differenziare unità, decine e centinaia e a distinguere il numero oggetto dal numero operatore.

Gli alunni, una volta integrati gli schemi primitivi organizzatori — che sono quelli della numerosità e dell'operatività concreta — e una volta costruito uno schema nuovo — la linea del conteggio —, saranno in grado di differenziare unità, decine e centinaia e potranno comprendere le relazioni esistenti all'interno del sistema numerico.

Principali teorie sullo sviluppo della conoscenza numerica

La letteratura sulle ipotesi di sviluppo della conoscenza numerica si presenta particolarmente complessa e articolata, e offre un panorama non lineare di modelli interpretativi.

Pertanto, per rigore espositivo, è necessario introdurre le ricerche facendo riferimento a tre nuclei circoscritti di indagine:

- lo sviluppo della conoscenza numerica preverbale;
- lo sviluppo delle abilità di conteggio;
- lo sviluppo delle abilità di scrittura e lettura del numero.

Lo sviluppo della conoscenza numerica preverbale

L'interrogativo fondamentale è: come compare e si sviluppa nel bambino la capacità di riconoscere le quantità relative a eventi e fenomeni?

Numerose ricerche sperimentali hanno dimostrato che sia gli animali che i neonati sono in grado di discriminare tra differenti serie di elementi in base alla loro numerosità (si vedano Thomas e Chase, 1980; Washburn e Rumbaugh, 1991).

Per quanto concerne gli animali, Meck e Churck (1983) hanno ad esempio verificato che i topi possono discriminare le quantità sulla base del numero di elementi in un insieme di stimoli o della durata della sequenza degli elementi. Anche gli scimpanzé, gli animali per eccellenza più simili all'uomo, sono in grado di compiere semplici operazioni di transcodifica dal sistema di notazione arabico a quello pittografico e sono capaci di individuare il numero arabico corrispondente a una certa numerosità (Rumbaugh, Savage-Rumbaugh e Hegel, 1987).

Prendendo spunto dai risultati di questi studi, Gallistel e Gelman (1992) sono giunti a ipotizzare che le basi stesse della competenza numerica umana si possano trovare nei meccanismi preverbali per il calcolo e nel ragionamento aritmetico che la specie umana condivide con altre specie animali.

Risalgono al 1977 le prime ricerche di Gelman, che lo hanno portato a sperimentare come già bambini di due anni e mezzo siano capaci di compiere delle induzioni su piccoli insiemi formati da due o tre elementi e come inoltre siano in grado di discriminare disegni a seconda che rappresentino due o tre oggetti. Successivamente, Strauss e Curtis (1981), utilizzando il paradigma sperimentale dell'abituazione, hanno dimostrato che bimbi di 10-12 mesi sono in grado di riconoscere la variazione di quantità ($n - 1$ oppure $n + 1$) di insiemi di 3 o 4 elementi. Le sperimentazioni condotte da Antell e Keating (1983) hanno confermato come addirittura neonati da 1 a 12 giorni di vita riescano a differenziare insiemi di 2 e 3 elementi. In studi più recenti, Xu e Spelke (2000), sempre utilizzando la tecnica dell'abituazione, sono riusciti a rilevare che bambini di 5-6 mesi sono in grado di distinguere tra insiemi di 8 e di 16 elementi.

In sintesi, tutti questi riscontri sperimentali ci permettono di ipotizzare con una certa attendibilità l'esistenza di una competenza numerica non verbale mediata da una rappresentazione mentale della quantità.

Lo sviluppo delle abilità di conteggio

Come compare nel bambino la capacità di codificare le quantità attraverso il sistema verbale dei numeri e in che modo essa si sviluppa per permettere la piena competenza dei meccanismi implicati nella conta?

Questo è l'interrogativo alla base di tutte le ricerche che mirano a comprendere l'evoluzione delle abilità di conteggio.

Il delicato passaggio dalle competenze preverbali alla capacità effettiva di contare richiede al bambino l'abilità di mettere in relazione i concetti-numero con le parole-numero, deducendo tra molti significati logicamente possibili il significato corretto delle parole-numero (Wynn, 1992; 1999). Tuttavia risulta particolarmente difficile acquisire il significato corretto delle parole-numero proprio perché tali parole non si riferiscono a significati univoci, ma a proprietà di insiemi di elementi.

In particolare, per quanto riguarda il passaggio dalle competenze preverbali all'acquisizione delle parole-numero si riscontrano in letteratura due distinte posizioni teoriche: la teoria dei princìpi di conteggio e la teoria dei contesti diversi.

La teoria dei princìpi di conteggio

La teoria dei princìpi di conteggio è stata elaborata da Gelman e Gallistel (1978) e si fonda sulla convinzione che i bambini piccoli detengano un concetto innato di numero, concetto che evolve nell'acquisizione delle procedure di calcolo.

Questo passaggio avviene attraverso alcuni princìpi specifici:

a) il principio della *corrispondenza uno a uno*, secondo il quale a ogni elemento dell'insieme contato deve corrispondere una sola parola-numero;
b) il principio dell'*ordine stabile*, il quale si riferisce alla capacità di ordinare le parole-numero secondo una sequenza fissa che riproduce gli elementi che devono essere contati;
c) il principio della *cardinalità*, secondo cui l'ultima parola-numero usata in un conteggio rappresenta la numerosità degli elementi contati.

Le parole-numero che i bambini apprendono dal linguaggio vengono sistemate sulla loro lista innata di «etichette-numero mentali»: uno, due, tre, ..., quindici, ..., cinquanta, ..., cento, ...

Si può pertanto affermare che la competenza numerica non verbale detiene un ruolo fondamentale nello sviluppo della competenza verbale, in quanto fornisce la base dei princìpi impliciti che guidano l'acquisizione dell'abilità di conteggio verbale. Infatti, secondo Gallistel e Gelman, è proprio la competenza innata di riconoscimento non verbale della quantità a stare alla base delle competenze più complesse che garantiscono i meccanismi di conteggio verbale.

La teoria dei contesti diversi

Gelman e Gallistel fondano la loro teoria inerente allo sviluppo delle abilità di conteggio sulla convinzione dell'esistenza di strutture innate della conoscenza.

Anche Fuson (1991) conferma l'importanza delle competenze innate, tuttavia attribuisce pari valore alle competenze apprese, riconoscendo una costante interazione tra le due.

L'autrice, infatti, elabora una teoria definita «dei contesti diversi», secondo la quale i princìpi di conteggio e di calcolo, pur rispondendo a funzioni strutturali specifiche e innate, sono gradualmente sviluppati dal bambino attraverso ripetuti esercizi e per imitazione (Fuson e Hall, 1983; Fuson, 1988).

Fuson, come Gelman e Gallistel, rileva la presenza dei princìpi della conta, di associazione uno a uno e di ordine stabile, ma perché questi princìpi possano essere utilizzati in modo corretto e competente, l'autrice attribuisce una notevole importanza a ripetuti momenti di apprendimento. Questo può quindi richiedere anche molto tempo.

Altra variabile fondamentale che interviene nel processo di costruzione della conoscenza numerica è l'interazione con l'ambiente: il bambino forma la propria conoscenza del numero attraverso la relazione con ciò che lo circonda. Sebbene infatti i semanti dei numeri siano sempre gli stessi (per «semante» si intende la quantità corrispondente al numero), le situazioni in cui essi sono utilizzati possono essere le più svariate e pertanto si possono riscontrare anche alcune differenze sostanziali nei significati e nell'uso dei numeri.

Al fine di chiarire tale complessità nell'uso e nel significato attribuito ai numeri è utile riportare alcune risposte fornite da bambini italiani alla domanda: «Cosa sono i numeri? A cosa servono i numeri, secondo te?» (Lucangeli e Tressoldi, 2002):

M. (4 anni e 8 mesi): «Scritte un po' diverse, non sono lunghe lunghe come le parole».
L. (5 anni): «Sono che ti servono quando hai i soldini o le bambole. Se ne hai di più o di meno delle tue amichette».
T. (5 anni): «Sono numeri scritti o detti a voce. O anche sulle dita, uno per uno, ci si conta».
R. (5 anni e 2 mesi): «I numeri sono fatti per dire uno due tre, e poi non sbagliare fino a dieci o fino a dove sai tu».
S. (5 anni e 2 mesi): «I numeri piccoli servono a contare, i numeri grandi a scrivere a scuola».
D. (5 anni): «I grandi ci fanno molte cose. Di più che i bambini. Infatti ci fanno anche la spesa».

Già queste poche risposte ci dimostrano come i bambini siano in grado di individuare diversi aspetti implicati nel numero: aspetti lessicali (i numeri si scrivono, si dicono, ecc.), aspetti semantici relativi alle quantità che essi contraddistinguono e aspetti funzionali di calcolo e conteggio (i numeri servono a ...).

Da un punto di vista evolutivo, secondo Fuson, l'integrazione di tali aspetti e dei diversi significati che i numeri acquistano nella serie numerica viene raggiunta quando il bambino in primo luogo riconosce che ogni parola-numero si riferisce al totale delle unità che la precedono (compresa se stessa) e, in secondo luogo, capisce che la posizione di qualsiasi unità nella serie numerica assume il valore «più uno» in relazione all'unità precedente e «meno uno» in relazione alla successiva.

In particolare Fuson descrive i tre concetti numerici, strettamente interrelati tra loro, che sono alla base dell'acquisizione della conta:

a) la sequenza numerica;
b) la corrispondenza uno a uno tra le parole-numero e gli elementi contati;
c) il valore cardinale dei numeri.

Nella fase di acquisizione della sequenza numerica il bambino è coinvolto nella differenziazione delle parole che indicano numeri e nell'apprendimento del loro ordine in sequenza. L'uso competente di questi concetti inizia all'età di 3-4 anni (spesso i bambini piccoli sono stimolati a ripetere una sequenza di numeri come fosse una filastrocca), e con il progredire dell'età aumenta anche l'acquisizione, per intervalli, di parole-numero (in un primo periodo la sequenza corretta è fino alla parola 10, poi 20, 70, 100 nei periodi successivi). L'acquisizione della corrispondenza termine a termine tra parole-numero ed elementi di un insieme è spesso accompagnata da alcune tipologie caratteristiche di errori. I più frequenti sono gli errori «parola-indicazione», in cui il bambino indica un oggetto senza pronunciare la parola-numero, oppure indica pronunciando più parole-numero, e gli errori «indicazione-oggetto», in cui il conteggio e l'indicazione sono coordinati, ma è quest'ultima a essere imprecisa (il bambino mentre indica gli oggetti ne salta uno oppure ne indica uno più volte). Ci sono bambini che compiono entrambi gli errori: indicando più volte lo stesso oggetto senza pronunciare nessuna parola-numero, oppure indicano genericamente l'insieme di oggetti pronunciando velocemente le parole-numero. Errori più generali sono invece quelli in cui il bambino, una volta terminata la conta, ricomincia a indicare gli oggetti della collezione già contati. La presenza di queste diverse tipologie di errori è indice delle effettive difficoltà che i bambini possono incontrare nell'integrazione dell'indicazione e del conteggio vero e proprio.

Tuttavia, da un punto di vista educativo, molte sono le variabili che possono influenzare la produzione di una conta corretta: il grado di attenzione che il bambino dedica al compito, le caratteristiche stesse del compito, la disposizione degli oggetti da contare, ecc.

Infine, per quanto riguarda l'ultimo aspetto relativo alla cardinalità del numero, Fuson afferma che il bambino riconosce il valore cardinale delle parole-numero pronunciate intorno ai 4 anni; mentre prima di tale periodo è probabile che se gli viene chiesto di indicare il numero di oggetti in un insieme egli risponda con l'ultima parola della conta a cui è arrivato, senza comprendere che l'ultimo numerale contato si riferisce alla cardinalità dell'insieme stesso.

Fuson, inoltre, individua cinque distinti livelli evolutivi per descrivere la costruzione e l'integrazione dei concetti numerici di sequenza, di conta e di valore cardinale. A tali livelli corrispondono specifiche strutture numeriche concettuali dei diversi significati delle parole-numero e della loro progressiva integrazione.

Per rendere più chiaro e comprensibile l'andamento graduale dell'evoluzione, a ogni fase viene affiancato un esempio di risposta fornita da bambini italiani nell'indagine svolta da Lucangeli e Tressoldi (2002):

1. la sequenza di numeri è usata come stringa di parole (Luca, 4 anni: «Uno, due, sette, quattro, cinque, tre, venti»);
2. le parole-numero vengono usate in sequenza unidirezionale in avanti a partire dall'uno (Alberto, 4 anni e 6 mesi: «Uno, due, tre, quattro, cinque e poi non so bene bene»);
3. la sequenza è producibile a partire da un numero qualsiasi della serie stessa governata dalle relazioni numeriche di subito, prima, dopo, ecc. (Sara, 5 anni: «Vicino a cinque c'è sei e poi sette e otto e poi fino a venti te li dico tutti giusti»);
4. le parole-numero della sequenza sono trattate come entità distinte che non devono più ricorrere a elementi concreti di corrispondenza biunivoca (Lucia, 5 anni e 3 mesi: «Quattro è più di tre. Cinque è di più di quattro»);
5. la sequenza è usata come catena bidirezionale, sulla quale e attraverso la quale operare in modi distinti (Mattia, 6 anni e 5 mesi: «Sette, otto, nove, dieci, ...; venti, diciannove, diciotto, ...»).

Dalla teoria dei contesti diversi prendono le mosse anche gli studi di Steffe, Cobb e von Glasersfeld (1988), i quali approfondiscono i cambiamenti qualitativi nei sistemi di conteggio nelle diverse età.

In particolare Steffe (1991) ritiene che il concetto di numero sia definibile come un prodotto della interiorizzazione e reinteriorizzazione del concetto di oggetto e dell'abilità di conta.

Nelle loro ricerche gli autori identificano cinque livelli di sviluppo, caratterizzati da differenze qualitative sia nei tipi di conta usati dai bambini, sia nello sviluppo delle strutture concettuali relative alla conta stessa:

1. *stadio dello schema di conta percettivo*: il processo di conta percettivo si compone di tre capacità, quella di riconoscere una collezione percettiva, quella di produrre una serie numerica e quella infine di coordinarle insieme;

2. *stadio dello schema di conta figurativo:* in questo stadio il materiale percettivo non è più indispensabile al bambino. Vi è ancora però la ricerca di qualcosa che può essere contato, come i movimenti delle dita o l'enunciazione delle parole-numero. I tipi di conta coinvolti in questo stadio sono quelli degli item motori e verbali. I bambini sollevano una a una le dita in sintonia con le parole-numero enunciate (nello stadio precedente, invece, i bambini non sollevavano le dita simultaneamente alla parola-numero corrispondente);
3. *stadio della serie iniziale dei numeri:* il bambino comprende il valore astratto delle unità. La parola-numero è considerata un'unità che include in se stessa l'attività del contare, la quale comprende tutte le unità che la precedono inclusa se stessa;
4. *stadio della serie dei numeri con relazioni implicite di inclusione:* il bambino è capace di ricostruire i concetti di «unità di unità» e «unità composite». La parola-numero «cinque» comprende le parole da uno a cinque e nello stesso tempo è compresa nella parola-numero «nove». Quindi il concetto di unità comprende sia quello di «tutto» che di parte;
5. *stadio della serie dei numeri con relazioni esplicite di inclusione:* in questo stadio le unità si riferiscono a un concetto di ripetibilità. La serie numerica è formata da unità equivalenti «iterate e incluse». Ad esempio, il numero cinque può essere considerato sia una unità ripetuta cinque volte, sia una delle parole-numero della conta (si veda Lucangeli e Tressoldi, 2002).

Lo sviluppo delle abilità di scrittura e lettura del numero

Le ricerche presenti in letteratura che si sono occupate di approfondire la conoscenza su come compaia e si sviluppi la capacità di utilizzare il sistema simbolico dei numeri arabici seguono due linee di indagine: una relativa allo sviluppo delle abilità di scrittura del numero, l'altra relativa allo sviluppo delle abilità di lettura dello stesso.

Per quanto concerne il primo aspetto, diversi studi sperimentali hanno tentato di evidenziare l'evoluzione di tale competenza fin dalle prime fasi dell'apprendimento (Sastre e Moreno, 1976; Hughes, 1982; 1987; Pontecorvo, 1985; Sinclair, Mello e Siegrist, 1988; Sinclair e De Zwarth, 1989; Bialystok, 1992; Agli e Martini, 1995). Queste ricerche affrontano il problema della notazione numerica nel bambino in età prescolare adottando per lo più un approccio costruttivistico dello sviluppo cognitivo. Liverta Sempio (1997) ha evidenziato al riguardo che i risultati raggiunti da tali studi presentano ampie convergenze sul piano empirico, ma non sul piano teorico. Manca infatti una teoria univoca sullo sviluppo della competenza nel numero scritto e sul rapporto tra acquisizione grafica e acquisizione concettuale del numero.

Tuttavia, sulla base degli studi sopra ricordati, si possono distinguere in linea generale tre tipi fondamentali di notazione numerica:

- notazione con grado informativo nullo per un osservatore esterno, ma portatore di significato personale per il bambino;
- notazione basata sulla corrispondenza biunivoca;
- notazione convenzionale.

Gli studi di Hughes (1982; 1987) vanno a integrare tale classificazione e sono particolarmente utili per illustrare la variabilità espressiva che l'autore esemplifica in quattro categorie di rappresentazione:

- *idiosincratica*, cioè priva di notazioni comprensibili;
- *pittografica*, che riproduce cioè figurativamente gli oggetti della collezione;
- *iconica*, formata cioè da segni grafici (ad esempio aste e simboli, posti in corrispondenza biunivoca con gli oggetti);
- *simbolica*, cioè costituita dai numeri arabici veri e propri.

Da un punto di vista evolutivo, si è potuto osservare che i bambini di tre anni e mezzo e di quattro anni usano molti segni sia idiosincratici che pittografici, mentre dai quattro ai quattro anni e mezzo i bambini utilizzano in prevalenza segni iconici (simboli e lettere) e cominciano a usare simboli arabici. Questi ultimi sono usati con familiarità dai bambini di cinque anni, e a cinque anni e mezzo la maggior parte dei bambini usa il simbolo arabico corrispondente alla quantità esatta (entro il 9), anche se si riscontrano con una certa frequenza errori di scrittura quali la specularità e le rotazioni nell'uso degli stessi.

Dopo aver sinteticamente analizzato lo sviluppo delle capacità di scrittura dei numeri arabici, per completare il quadro relativo all'evoluzione della capacità di utilizzazione del sistema simbolico, è indispensabile approfondire anche il complesso e articolato panorama dello sviluppo delle capacità di lettura dei numeri. Senza entrare nello specifico dei meccanismi cognitivi di natura lessicale e sintattica alla base della lettura di numeri, diverse ricerche hanno messo in luce come nella codifica verbale di un numero ciascuna cifra, a seconda della sua posizione, assuma un «nome» diverso.

In particolare i numeri primitivi appartengono a tre classi distinte, chiamate «ordini di grandezza» o «livelli»:

1. le unità;
2. i «teens», che contengono la sottocategoria dei «dici» (11, 12, 13, ...);
3. le decine (20, ... 30, ... 40, ...).

Ogni elemento è caratterizzato, oltre che dalla classe cui appartiene, dalla posizione occupata nella classe stessa. Per esempio: il cinque possiede la quinta posizione nel livello delle unità; il quindici, la quinta posizione in quello dei «teens», il quaranta la quarta posizione in quello delle decine. Per quanto riguarda gli errori maggiormente commessi dai bambini nella lettura dei numeri, si possono distinguere:

- *errori a livello di lessico numerico,* quelli cioè relativi alla produzione delle singole cifre, ma che non coinvolgono il loro posto all'interno del numero.
  Ad esempio: 4 / 7 leggo, o mi rappresento mentalmente, scrivo o dico ad alta voce «sette» invece di «quattro»;
- *errori di lettura a base sintattica,* quelli cioè dovuti a difficoltà nel riconoscimento delle posizioni delle cifre all'interno del numero, legati pertanto alla sintassi interna del numero stesso.
  Ad esempio: 574 «cinquesettequattro»; 20057 «duecentocinquantasette».

In sintesi, si tratta di tutti quegli errori di transcodificazione tra i diversi codici arabico e verbale e viceversa.

In letteratura esistono diverse ricerche che hanno tentato, anche se da differenti prospettive, di delineare le principali fasi evolutive, tuttavia non esiste un quadro univoco o generalizzabile (per una sintesi si veda Liverta Sempio, 1997).

L'ipotesi che detiene i maggiori consensi in questa prospettiva alquanto controversa è quella di fondo secondo la quale il riconoscimento del numero scritto procederebbe per fasi successive e complementari, implicando un'interdipendenza tra la capacità di leggere i numeri e di riconoscerne il corrispondente semante quantitativo (Pontecorvo, 1985; Bialystok, 1992; Louden e Hunter, 1999).

Possiamo comunque distinguere le due linee principali seguite dalle ricerche: la prima si riferisce allo studio dello sviluppo della capacità di riconoscere i numeri scritti, la seconda allo studio dello sviluppo della capacità di comprensione simbolica vera e propria.

Pontecorvo (1985), nei suoi lavori sperimentali relativi allo sviluppo della capacità di riconoscimento dei numeri scritti, ha messo in luce diverse fasi evolutive: l'identificazione errata, l'identificazione soltanto di alcuni numeri (i più semplici e noti), l'identificazione del numero corretto accompagnata dalla rappresentazione esatta della quantità corrispondente.

Lo sviluppo della comprensione simbolica è stato invece studiato in maniera sistematica da Bialystok (1992), secondo il quale la comprensione simbolica di numeri e lettere implica diverse tipologie di relazione: quelle tra sistemi orali e scritti e quelle tra tali sistemi e i semanti corrispondenti. La comprensione simbolica dei numeri dovrebbe perciò permettere di integrare le rappresentazioni dei numeri stessi in modo che al numero che si dice «tre» corrisponda la scrittura arabica 3 e il suo semante quantitativo.

Secondo Bialystok, lo sviluppo di tale comprensione si articola in tre stadi:

- *l'apprendimento delle notazioni orali dei numeri,* dove i bambini sono in grado di recitare la sequenza appresa, ma non sono capaci di distinguere uno a uno gli elementi sia nella scrittura che nel semante corrispondente;
- *la rappresentazione formale,* in cui si integrano la capacità di riconoscere il nome verbale e la scrittura corrispondente al numero;
- *la rappresentazione simbolica,* in cui la rappresentazione formale (nome e scrittura del numero) è integrata al riconoscimento della quantità corrispondente.

Pertanto, volendo ricostruire il filo conduttore delle diverse ricerche sullo sviluppo della capacità numerica, non si può prescindere dal comprendere la funzione centrale svolta dall'evoluzione dei meccanismi di riconoscimento preverbale delle quantità; solo quando tale evoluzione si è sviluppata e integrata con gli apprendimenti relativi ai sistemi di conteggio, lettura e scrittura dei numeri elementari possono avere origine tutti i meccanismi di calcolo e manipolazione del sistema numerico.

In conclusione, ciascun bambino, che debba servirsi della propria conoscenza numerica per apprendere i complessi meccanismi del calcolo, deve essere in grado di avere a che fare con i numeri a tutti i livelli: riconoscerne i semanti quantitativi e sviluppare tutti i processi di conteggio necessari, utilizzandoli nel codice del loro linguaggio scritto e orale. Quando, dunque, intorno ai sei anni la scuola insegna al bambino le prime operazioni di calcolo, convinta di iniziare così il lungo percorso di sviluppo e apprendimento dell'intelligenza numerica, in realtà prende un abbaglio, in quanto ciascun bambino avrà iniziato a «intelligere» il mondo attraverso i numeri molto tempo prima.

Le strategie di calcolo mentale nelle prime fasi dell'apprendimento scolastico

Se l'evoluzione dell'intelligenza numerica accompagna il bambino a integrare nei primi anni di vita complessissime capacità — dalla quantificazione innata alla enumerazione verbale, dai meccanismi di conteggio alle capacità di lettura e scrittura dei numeri, ecc. —, la domanda più naturale consiste nel chiedersi come queste continuino la loro evoluzione verso i meccanismi di calcolo vero e proprio che la stessa scuola pone alle sue basi di alfabetizzazione.

Relativamente alla ricerca psicologica, seguendo la letteratura sulla *simple arithmetic* (aritmetica elementare con operatori prevalentemente inferiori alla decina) è possibile ipotizzare una progressiva evoluzione delle strategie utilizzate dai bambini nelle operazioni di calcolo mentale: se nei primi anni di scuola primaria è fondamentale l'uso di strategie di conteggio, successivamente queste vengono abbandonate a favore di strategie basate sul recupero mnemonico dei risultati dei calcoli e delle procedure tipiche dell'operazione.

In realtà, nei bambini più piccoli, strategie più o meno avanzate coesistono e continuano a competere per un lungo periodo di tempo. Siegler e Mitchell (1982) hanno rilevato, già in bambini di scuola dell'infanzia, l'utilizzo di almeno quattro differenti tipi di strategie per eseguire semplici addizioni mentali: il conteggio con le dita esplicito; la «strategia delle dita» senza evidente conteggio; il conteggio verbale ad alta voce senza il supporto delle dita o di altri referenti specifici; la mancanza di una strategia chiaramente desumibile dal comportamento. Nel modello di Siegler e Mitchell la scelta della strategia da adottare non è guidata da una consapevolezza di tipo metacognitivo (il bambino non distingue il livello di difficoltà delle singole addizioni), ma si tratta piuttosto di un processo automatico basato sul criterio interno del «livello di fiducia», inteso come la soglia al di sotto della quale il soggetto non avverte la sicurezza di dare la risposta corretta al quesito aritmetico. Inizialmente viene fissato il livello di fiducia relativo alla strategia di recupero: se la sicurezza nella risposta supera questa prima soglia, il bambino tenta di recuperare la risposta in memoria, altrimenti si rappresenta gli addendi in modo visibile (solleva le dita) o attraverso un'immagine mentale. Infine, se anche questa rappresentazione è insufficiente, il bambino conta gli oggetti rappresentati (strategia di conteggio) e stabilisce l'ultimo numero come risposta. La strategia più evoluta sarebbe quindi quella del recupero, le altre verrebbero adottate di riserva solo in caso di insuccesso della prima.

Dopo il 1984 Siegler sviluppa ulteriormente il proprio modello introducendo il concetto di «forza di attivazione» che incide sia sull'accuratezza che sulla velocità di esecuzione: la strategia di recupero non precede più ogni altro procedimento, ma viene selezionata solo se la sua forza supera quella delle altre strategie associate all'operazione da eseguire. In particolare, nel meccanismo di scelta, al criterio di fiducia si aggiunge quello relativo al tempo di ricerca in memoria che non deve oltrepassare un limite prefissato (dopo un certo numero di tentativi di recupero si passa all'uso di strategie ricostruttive di conteggio). Nel corso dello sviluppo, con l'esercizio, la forza di attivazione del processo di recupero aumenta e questa strategia diventa quella predominante (Siegler e Shrager, 1984; Siegler, 1988; Siegler e Jenkins, 1989).

A differenza di Siegler, Ashcraft (1994) ipotizza che, all'inizio della scolarità elementare, i processi di recupero e le strategie ricostruttive di conteggio operino parallelamente: in questa fase i bambini, data l'incompleta e poco affidabile memorizzazione delle operazioni, attivano contemporaneamente regole dichiarative (processo di recupero) e procedurali (insieme di regole conosciute e processi di conteggio), utilizzando per la risposta la strategia più veloce. In seguito, con l'aumentare dell'età, il bambino fa sempre maggiore affidamento sulla conoscenza di tipo dichiarativo in cui i calcoli con gli operatori a una cifra sono rappresentati in memoria in una struttura a rete. Secondo il modello di Ashcraft negli adulti la conoscenza procedurale ha un ruolo marginale.

Al contrario Baroody (1983) rivaluta il ruolo della conoscenza procedurale sottolineando come anche questa si sviluppi e contribuisca ad aumentare l'efficacia del calcolo mentale: durante l'apprendimento si passa da processi basati su lente procedure di conteggio all'utilizzo di una serie di regole applicate in modo sempre più automatico. Ad esempio i bambini imparano precocemente sia la regola secondo cui lo zero non cambia il risultato dell'addizione (N + 0 = N), sia quella per cui sommando 1 a un numero N si ottiene il numero successivo nella sequenza dei numeri naturali (N + 1). L'utilizzo di tali regole consente di eliminare dall'ipotetica tabella mentale di Ashcraft tutte le entrate in cui uno degli operatori sia zero o uno e risulta quindi, secondo Baroody, cognitivamente più economico della memorizzazione delle singole operazioni di base (viene ridotta la quantità di informazione dichiarativa contenuta in memoria). La maggior parte delle operazioni a una cifra potrebbe dunque venire eseguita attraverso una conoscenza di tipo procedurale.

Le ricerche di Geary (Geary, Brown e Samaranayake, 1991; Geary, 1993) condotte su bambini della prima classe primaria avvalorano l'ipotesi di una successione nell'acquisizione delle strategie. Egli osserva che, inizialmente, i bambini tendono a contare sulle dita utilizzando una procedura «totale» *(counting all)* in cui si contano entrambi gli addendi. Ad esempio per eseguire l'operazione 4 + 3 i bambini più piccoli sollevano una alla volta e contano le dita corrispondenti al primo addendo (1, 2, 3, 4), poi fanno lo stesso per il secondo addendo (1, 2, 3), e infine ricominciano il conteggio a partire dall'unità iniziale del primo addendo (1, 2, 3, 4, 5, 6, 7). Al termine del primo anno di scuola viene invece utilizzata una strategia di conteggio più sofisticata, quella del *counting on,* ipotizzata anche dal modello di Groen e Parkman (1972): il bambino inizia a contare dall'addendo maggiore e aggiunge quello minore, un'unità alla volta, fino a raggiungere il risultato (ad esempio 4 + 3 = 4 + 1, + 1, + 1). Geary individua anche una strategia più evoluta che consiste nel guardare le dita senza contarle, per aiutarsi nel recupero della risposta.

Levine e colleghi (1992) hanno studiato lo sviluppo delle abilità di calcolo verbale e non verbale in bambini dai 4 ai 6 anni di età. Nei compiti definiti «non verbali» per la quasi totale assenza della componente linguistica, lo sperimentatore, dopo aver presentato al bambino una serie di oggetti, li copriva e successivamente aggiungeva o sottraeva un certo numero di elementi facendoli vedere chiaramente. Il bambino, al quale non veniva mostrato il risultato finale delle trasformazioni, doveva ricostruire una fila che contenesse una quantità di oggetti pari alla serie finale. I compiti verbali erano sia *story problems* (ad esempio: Marco ha 3 oggetti. Ne riceve 2 in più. Quanti ne ha in tutto?) che *number facts* (ad esempio: quanto fa 3 più 2?). Dai risultati è emerso che, già a 4 anni, i bambini sono in grado di eseguire correttamente operazioni di addizione e sottrazione non verbale con piccole numerosità di oggetti. I compiti verbali risultano più difficili e, in particolare, i quesiti *number facts* vengono risolti in modo corretto solo dopo i 5-6 anni.

Una successiva ricerca di Huttenlocher, Jordan e Levine (1994) ha indicato che l'abilità di calcolo nasce e si sviluppa a partire dai 2-3 anni. Già a questa età i bambini sanno discriminare la numerosità di piccoli insiemi: pur non possedendo ancora il meccanismo di conteggio degli elementi, eseguono con successo semplici addizioni e sottrazioni presentate visivamente tramite oggetti concreti.

Altri studi si sono focalizzati sulle variabili del contesto di apprendimento, analizzando gli effetti della classe sociale, della cultura di appartenenza e della scolarità sullo sviluppo delle abilità di calcolo. Jordan, Huttenlocher e Levine (1992), esaminando le abilità di calcolo verbale e non verbale in bambini di 5 anni appartenenti a differenti classi sociali, hanno rilevato come i bambini delle classi sociali più deprivate eseguissero bene i calcoli di tipo non verbale, ma non quelli verbali. Le stimolazioni linguistiche sembrerebbero dunque incidere precocemente sulle abilità di calcolo convenzionale, mentre non influenzerebbero le abilità logico-matematiche di tipo non verbale.

Anche Ginsburg (1982), confrontando le abilità di calcolo di bambini africani e americani, scolarizzati e non, ha evidenziato come i processi mentali sottostanti alle abilità di calcolo non differissero significativamente in soggetti diversi per cultura, razza e classe sociale. Il contesto culturale e la scolarizzazione sono invece risultati decisamente rilevanti per l'esecuzione delle operazioni standard di calcolo verbale.

Dal punto di vista educativo questi risultati indicano la possibilità di intervenire per sviluppare le abilità matematiche attraverso un adeguato programma scolastico.

Tratto e adattato da *L'intelligenza numerica,* vol. 1, 2003, pp. 7-23
L'intelligenza numerica, vol. 2, 2003, pp. 28-32

CAPITOLO 23

STRATEGIE METACOGNITIVE E ABILITÀ DI STUDIO

(Cesare Cornoldi, Rossana De Beni e Gruppo MT; Rossana De Beni, Francesca Pazzaglia, Adriana Molin e Claudia Zamperlin)

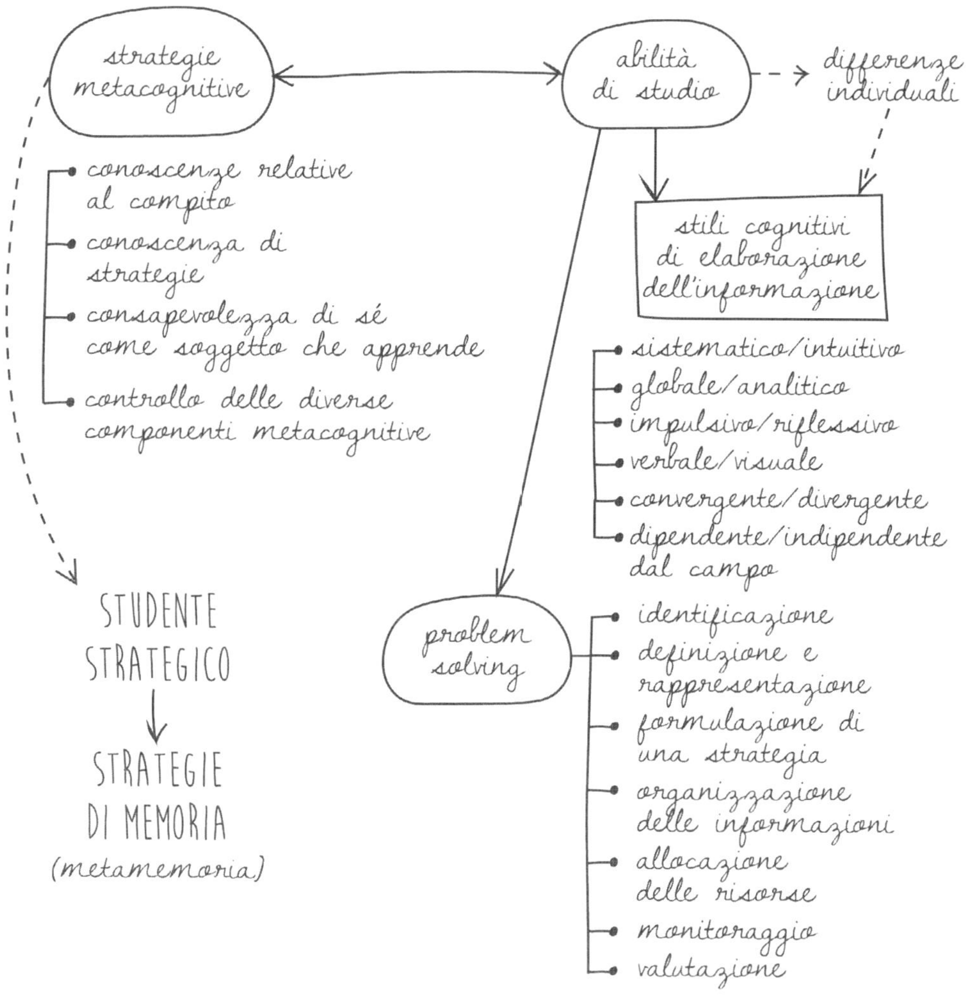

Strategie di apprendimento e di studio

Cesare Cornoldi, Rossana De Beni e Gruppo MT

La nozione di strategia (e conseguentemente di strategia di memoria e/o apprendimento) è stata variamente analizzata e definita dagli psicologi. Essa, in generale, si riferisce ai casi in cui una situazione può essere affrontata in modi differenti: questi modi possono essere considerati «strategie» se hanno finalizzazione, regolarità e controllo (più o meno consapevole).

Molte ricerche hanno mostrato come lo sviluppo delle capacità di memoria vada di pari passo con lo sviluppo di capacità e propensione all'uso di strategie, a partire da quelle più semplici di ripetizione del materiale fino a quelle più complesse che richiedono una sua organizzazione. La ricerca si è quindi impegnata nell'individuare i principi di funzionamento mentale che stanno alla base degli effetti positivi delle strategie. Questi principi sono ovviamente vari, quanto varie sono le strategie che si possono usare, ma quasi tutti in qualche modo rimandano al principio generale che un soggetto che eserciti un controllo attivo sul suo processo di apprendimento impara meglio e di più di un soggetto passivo e che una maggiore elaborazione produce generalmente una memorizzazione migliore. Rohwer e colleghi hanno fatto riferimento al principio affine della «generatività» per il quale quanto più una strategia mnemonica implica la riformulazione di una determinata informazione o la generazione di ulteriori informazioni non contenute nel testo, tanto più essa migliorerà l'apprendimento. Questo principio (che trae spunto da un effetto di memoria chiamato «effetto di generazione») ci ricorda soprattutto l'importanza di una buona codifica dell'informazione. Ad esso potrebbe essere associato un secondo principio che ci ricorda che un'informazione sarà facilmente recuperata dalla memoria, quando necessario, se, nel momento in cui la memorizziamo, includiamo il riferimento agli indizi che ne permetteranno un agevole recupero.

A partire da queste indagini si sono sviluppati gli sforzi di insegnare ai ragazzi un certo numero di strategie. A questo scopo sono stati predisposti programmi strategici, in cui l'insegnamento di una strategia è stato associato a una serie di raccomandazioni necessarie per renderlo efficace. Paris e colleghi (1984) hanno sottolineato la necessità di fornirvi, in aggiunta, «conoscenza condizionale», cioè informazioni relative a quando sia opportuno usare una certa tecnica; altri autori hanno insistito sulla necessità che il soggetto esegua esercizi di vario tipo (con materiali diversi e in ambienti differenti) e abbia l'occasione di constatare di prima mano l'utilità della strategia; altri ancora hanno messo l'accento sull'importanza che il ragazzo sia consapevole del significato, degli scopi e dell'utilità della strategia loro proposta. Schneider e Pressley (1989) hanno fatto riferimento a un vero e proprio decalogo da tenere presente nell'insegnamento di una strategia.

1. Fornirne una spiegazione dettagliata.
2. Insegnarla fornendo un esempio concreto, ovvero offrendosi come un modello da imitare di individuo che usa la strategia *(modeling).*
3. Ripetere bene le prime due fasi.
4. Ottenere dagli alunni osservazioni e commenti.

5. Porre l'accento sul controllo che la strategia permette di operare sul processo di apprendimento.
6. Rinforzare il soggetto dopo che ha mostrato di usarla appropriatamente.
7. Invitare il soggetto ad automonitorarsi, cioè a osservarsi e tenersi sotto controllo mentre impara a usare la strategia e quando si trova nei contesti in cui sarebbe opportuno applicarla.
8. Operare un confronto tra i risultati ottenuti usando la strategia e quelli conseguiti con il sistema tradizionale precedentemente usato.
9. Incoraggiare il ragazzo a generalizzare la strategia ad altri contesti.
10. Insegnarne l'uso in materie e con materiali diversi e in contesti differenti.

Un programma di insegnamento di strategie si propone quindi di dare al ragazzo un repertorio di strategie, ma anche di metterlo nelle condizioni di usarle efficacemente.

Metacognizione e studio

L'attività didattica volta a dare al ragazzo un metodo di studio deve, a nostro modo di vedere, tenere conto dell'importanza che non venga insegnato soltanto *un* metodo di studio, del ruolo delle differenze individuali, dell'influenza degli atteggiamenti e dei vissuti legati al mondo della scuola, del peso che ha la metacognizione.

In effetti la nozione di «metacognizione» ha avuto in ambito psicopedagogico un notevole impatto proprio in relazione all'insegnamento di strategie di memorizzazione e di studio. Si doveva spiegare perché, anche quando le strategie erano state ben apprese, esse non venivano generalizzate o comunque usate. Un po' schematicamente, partendo dagli spunti di Borkowski e Day (1995), potremmo dire che non c'è generalizzazione se il soggetto non è in grado di capire la natura del compito e dei processi in esso implicati e riconoscere le relazioni di un compito nuovo con uno vecchio per il quale la strategia era stata appresa e applicata con successo. Non c'è propensione ad applicarla se non si ha una visione d'insieme del nostro funzionamento mentale, se non si è realmente convinti dell'importanza dell'impegno personale e dell'efficacia delle azioni che compiamo, se non ci sono chiare prospettive finalizzate a un miglioramento personale e al raggiungimento di taluni obiettivi, se non si è convinti dell'efficacia delle proprie iniziative e, infine, se non si possiede una capacità di autoregolazione e pianificazione in grado di organizzare la propria attività in maniera da raggiungere gli obiettivi prefissati.

Tutti gli aspetti appena menzionati rinviano in qualche modo alla nozione di «metacognizione», la quale costituisce una specie di grande contenitore in cui vengono raccolte tutte le operazioni cognitive sovraordinate alle operazioni cognitive esecutive, con la funzione di coordinarle, guidarle e indurre alla riflessione. Di fatto le operazioni cognitive possono essere raccolte in talune categorie fondamentali quali l'atteggiamento metacognitivo (o conoscenza metacognitiva generale), le conoscenze metacognitive specifiche e i processi metacognitivi di controllo.

L'atteggiamento metacognitivo si riferisce alla propensione a riflettere sul proprio funzionamento mentale e allo sviluppo di alcune idee di fondo sul funzionamento mentale (che si può analizzare, controllare, modificare, ecc.). Le conoscenze metacognitive specifiche si riferiscono alle idee e alle informazioni sul funzionamento mentale che un individuo ha acquisito. Ad esempio, la convinzione che esistano strategie più appropriate per affrontare certi compiti corrisponde a un buon atteggiamento metacognitivo, mentre la conoscenza di specifiche strategie adatte al caso è un esempio di conoscenze metacognitive specifiche. Infine i processi metacognitivi di controllo riguardano le operazioni con cui l'individuo effettivamente sovraintende alla esecuzione dei propri processi cognitivi, tipicamente influenzato dall'atteggiamento metacognitivo e utilizzando le proprie conoscenze metacognitive specifiche. Esempi di processi metacognitivi di controllo sono i seguenti: capire il compito, valutarne la difficoltà e l'importanza (generale o di singole parti), stimare le proprie abilità e risorse, definirsi gli obiettivi (ad esempio in relazione alle caratteristiche non solo personali, ma anche specifiche della prova), esaminare le strategie utilizzabili, decidere, pianificare, monitorare l'attenzione e il rispetto del piano, valutare gli esiti della propria azione e trarne delle conseguenze.

È nostra convinzione che lo sviluppo di conoscenza metacognitiva sia un requisito fondamentale per una buona utilizzazione delle risorse cognitive individuali. D'altra parte, per raggiungere un obiettivo di questo tipo, occorrerebbe impostare «metacognitivamente» tutto l'insegnamento e quindi avviare dei programmi sistematici.

Processi metacognitivi implicati nella comprensione durante la lettura

Rossana De Beni, Francesca Pazzaglia, Adriana Molin, e Claudia Zamperlin

Osservando i ragazzi della scuola secondaria di primo grado, ci si rende immediatamente conto che leggono in maniera più flessibile, adatta al compito di lettura, di quelli più giovani. Sulla base della struttura del testo e del compito assegnato, variano le strategie di lettura (Gordon, 1989). Imparano a dare il giusto significato ad attività del tipo «dare una rapida scorsa al testo» (Meyers e Paris, 1978) e appaiono in maniera spontanea strategie di elaborazione del testo più sofisticate: ad esempio, utilizzano le «parole chiave», fanno annotazioni sul testo tipiche dell'attività di studio. Questa evoluzione nel compito di lettura, che riguarda soprattutto la comprensione del perché si legge e come si legge, è dovuta principalmente all'esperienza di lettore e allo sviluppo delle abilità metacognitive.

Con metacomprensione ci si riferisce a quell'insieme di conoscenze e abilità che riguardano la comprensione del testo e distinguono i lettori efficaci dai meno efficaci. De Beni e Pazzaglia (1995), ispirandosi al modello metacognitivo della Brown, individuano quattro ampie categorie di componenti e precisamente:

1. conoscenze relative al compito;
2. conoscenza di strategie;
3. consapevolezza di sé come lettore;
4. controllo, per lo più inconsapevole, che pianifica, integra e coordina le diverse componenti metacognitive.

Le conoscenze relative al compito sono identificabili con la consapevolezza di dover dare un senso a ciò che si legge e con l'insieme delle conoscenze sulle caratteristiche di un testo — acquisito grazie all'esperienza di lettore — che viene anche indicato come sensibilità al testo. La sensibilità al testo viene intesa come capacità di: (a) valutare la difficoltà del testo negli aspetti grammaticali, sintattici e semantici; (b) individuare le informazioni rilevanti e distinguere tra contenuti essenziali e insignificanti; (c) cogliere le costrizioni date dal contesto, utilizzandole ai fini di una migliore comprensione; (d) riconoscere la particolare struttura del testo e individuare errori o incongruenze presenti al suo interno. Basilare è anche la conoscenza che la lettura non è un'attività unitaria, ma diversificata in base a tipo di consegne e scopi.

La conoscenza e l'uso delle strategie sono le componenti metacognitive che hanno suscitato un grande interesse fin dagli anni Settanta. In lettura le strategie sono molteplici e in relazione allo scopo del lettore e del compito. Tra le principali citiamo quelle di base: la scorsa rapida del testo utile a cogliere le idee principali, la lettura analitica funzionale ad approfondire i contenuti, la lettura selettiva da adottare nei casi in cui si ricerchino solo alcune informazioni isolate. Strategie più complesse, come rileggere, prendere appunti, sottolineare sono attivate per mantenere il controllo della comprensione *(strategie fix-up)* e utilizzate in maniera consapevole di fronte a testi che devono essere studiati. È da sottolineare che un buon lettore è molto flessibile nell'uso delle strategie e, in maniera consapevole, modifica la strategia in uso rendendola più adatta alla situazione in cui è inserito.

Le conoscenze che il lettore ha su se stesso riguardano le sue reali capacità, il suo stile cognitivo, il background di conoscenze, la motivazione, i deficit. I buoni lettori possiedono alcune nozioni di base sul funzionamento della loro memoria e sono consapevoli dell'importanza di attivare le conoscenze precedenti per una migliore comprensione del testo. Tendono a non sovraccaricare la loro memoria nel tentativo di ritenere porzioni troppo ampie di testo o di mantenere in sospeso troppi punti oscuri, ma adottano strategie di semplificazione e/o di piccoli passi. L'insieme delle diverse conoscenze viene utilizzato, pianificato e integrato grazie a una costante attività di coordinamento e di controllo, che permette di cogliere errori o cadute di comprensione e di approntare le strategie adeguate al tipo di compito e alla risoluzione di difficoltà incontrate nella comprensione del testo.

Lo studio: abilità complessa

Affrontare con successo l'apprendimento e lo studio è sicuramente un desiderio e un obiettivo di tutti gli studenti, così come è desiderio di tutti i docenti insegnare ad allievi che studiano, imparano e realizzano pienamente la loro formazione. Purtroppo succede che alcuni studenti manifestino delle difficoltà di studio già nella scuola primaria, che altri partano molto bene e poi si arenino, che altri invece affrontino lo studio con entusiasmo e si dimostrino studenti efficaci e brillanti. Perché succede questo? In cosa differiscono gli studenti di successo da quelli con difficoltà? La scuola, gli insegnanti, come possono aver influito o possono influire su percorsi scolastici così diversi?

Innanzitutto, facendo riferimento alle caratteristiche individuali dello studente, possiamo attribuire la diversità di risultati scolastici al fatto che gli studenti differiscano per abilità cognitive, conoscenze, in particolare strategiche, stili cognitivi, motivazioni. Se gli studenti sono strategici nell'affrontare i diversi compiti, i risultati possono essere molto differenti tra loro. Ma l'apprendimento, come si è visto, non è un fatto solo individuale, è contestualizzato e inserito in una dinamica di relazione insegnamento-apprendimento. Le strategie si possono insegnare con ricadute positive su abilità e prestazioni cognitive, che perciò non vanno considerate immutabili bensì viste in senso dinamico. Le abilità di studio si sviluppano in relazione all'esperienza, non solo scolastica, e si modificano nel tempo. La scuola è il luogo privilegiato dove tali esperienze vengono progettate in modo coerente, dove vengono predisposte le situazioni stimolo adatte e sono forniti i feedback necessari.

Se insegnare a studiare diventa un obiettivo didattico-educativo rilevante, è indispensabile innanzitutto chiarire meglio cosa si intende per studio e quali processi cognitivi e non cognitivi vi siano coinvolti. Anche se spesso parliamo di apprendimento e di studio come fossero sinonimi, in realtà non lo sono. Il concetto di apprendimento è molto più ampio di quello di studio. Si apprendono infatti comportamenti, abitudini, conoscenze, reazioni emotive secondo modalità diverse. Studiare invece è una particolare forma di apprendimento che ha come scopo l'apprendere dal testo, o da una lezione, in modo intenzionale (Anderson, 1978). Studiare un testo significa leggerlo attentamente e in modo selettivo con lo scopo di comprenderlo, ricavarne informazioni e memorizzarle per eseguire una prova, come può essere un'interrogazione o un compito scritto. L'attività di studio in genere è intenzionale e autodiretta dallo studente che decide autonomamente di studiare, scegliendo obiettivi, tempi e strategie. Sostanzialmente nello studio si distinguono tre fasi fondamentali. La prima, definita di *prelettura,* implica l'organizzazione e la definizione degli obiettivi, la seconda è centrata sulla *lettura, comprensione ed elaborazione del testo,* la terza è finalizzata alla *memorizzazione* del materiale e alla *rievocazione.* Per ogni fase è possibile utilizzare delle strategie che possono essere semplici (ad esempio la ripetizione per la fase della memorizzazione), complesse (ad esempio la costruzione di schemi grafici per la fase della memorizzazione), o organizzate in piani (una sequenza di strategie), fino a costituire un metodo, cioè un insieme strutturato di strategie che riguarda tutte e tre le fasi dello studio.

*Lo studio implica diverse abilità cognitiv*e, come l'attenzione, la lettura, la comprensione e la memoria, che insieme concorrono all'apprendimento di nuove informazioni. *L'abilità di studio è in relazione con le strategie utilizzate* per leggere, capire, memorizzare e monitorare l'attenzione, che fanno sì che, a partire da abilità di partenza simili, si affrontino compiti identici con modalità strategiche differenti, che spiegano le diverse prestazioni.

Come si è già detto per la memoria, *lo studio strategico è in relazione con la metacognizione.* Le conoscenze metacognitive relative allo studio riguardano ciò che lo studente sa o crede di sapere relativamente a se stesso come studente, alle sue abilità di studio, allo studio in generale, alle discipline e al compito specifico che deve affrontare in quel momento, alle strategie da utilizzare, agli scopi che si pone. Alcuni esempi di conoscenza metacognitiva possono essere i seguenti:

- Leggere un romanzo o leggere un testo di studio non è la stessa cosa.
- Quando leggo per studiare è importante capire il testo utilizzando la lettura silente.
- Io in genere sono un buon visualizzatore, perciò...
- Questa disciplina è troppo difficile per me.
- Questo argomento non mi servirà perciò...

Affermazioni come queste vengono in genere utilizzate per conoscere la metaconoscenza dello studente, che è invitato a leggere con attenzione e a esprimere quanto corrispondano ai suoi pensieri e alla sua situazione.

I processi metacognitivi di controllo, che integrano e pianificano le conoscenze precedenti, riguardano attività come il prevedere i risultati dello studio, il pianificare lo studio secondo tempi e modi, monitorarlo in itinere, verificarne i risultati finali (Brown, 1987), cioè l'autogestione dell'attività cognitiva (Paris et al., 1984). Ecco qui di seguito alcune affermazioni che evidenziano processi di controllo attivi durante lo studio:

- Per questo argomento è importante visualizzare i concetti principali.
- Questo testo richiede particolare attenzione perché alcuni passaggi sono poco chiari.
- Considerati gli impegni pomeridiani mi organizzo il tempo dello studio in questo modo...
- Questo capitolo lo studierò dividendolo in... Prevedo queste fasi per raggiungere i seguenti risultati...

L'uso ripetuto in più contesti delle strategie non solo migliora la prestazione, ma ha delle ricadute sulla stessa metacognizione: migliorano le conoscenze metacognitive, la sensibilità metacognitiva e il controllo. Quando si diventa via via più esperti dello studio, si utilizzano le strategie in modo più automatico e spontaneo, con risparmio di fatica, maggiore soddisfazione personale e senso di autoefficacia. Gli studenti principianti invece si avvicinano alla tipologia di studente che è stato definito con deficit strategico di produzione: non usano le strategie in modo spontaneo, necessitano di aiuti esterni, spendono più risorse cognitive senza trarre evidenti vantaggi. Anche studenti con buone abilità di base possono essere poco strategici o demotivati e ottenere risultati inferiori a studenti meno dotati (Cote e Levine, 2000).

Quanto detto finora ci porta a riflettere sulla complessità dello studio in cui interagiscono abilità cognitive, strategie, conoscenza e controllo metacognitivo, percezione del Sé, senso di autoefficacia, motivazioni ed emozioni, elementi che vanno tutti considerati per impostare correttamente un intervento didattico-educativo efficace. Se l'insegnante per primo non è consapevole delle diverse componenti dello studio e delle relazioni reciproche, difficilmente potrà pensare di realizzare un percorso educativo significativo e davvero utile per i suoi studenti.

Differenti stili cognitivi di elaborazione dell'informazione

Si è detto che le componenti che contribuiscono a spiegare le differenti prestazioni di studio degli studenti riguardano le abilità, le strategie, la metacognizione e la motivazione. Un ulteriore elemento di differenza nell'apprendimento è dato dagli stili cognitivi di elaborazione dell'informazione, che incide soprattutto sulla modalità di affrontare i diversi compiti, sui percorsi scelti piuttosto che sui risultati raggiunti. La ricerca sugli stili cognitivi si è focalizzata sullo studio delle differenze individuali di tipo qualitativo. È iniziata negli anni Cinquanta con i lavori di Bruner sulla scoperta dei concetti (1971), di Guilford sulla creatività e multifattorialità dell'intelligenza (1967), di Witkin e colleghi sulla percezione (1962).

Generalmente per stile cognitivo si intende la modalità di elaborazione che il soggetto adotta in modo prevalente, che permane nel tempo e che si generalizza a compiti diversi. Lo stile cognitivo è una caratteristica del soggetto che influenza non solo l'elaborazione cognitiva ma anche aspetti di personalità, come le reazioni emotive, gli atteggiamenti, le relazioni sociali (Boscolo, 1986; Cornoldi, 1991).

Lo stile cognitivo ha delle relazioni e delle analogie con costrutti quali le strategie cognitive, lo stile di apprendimento (Boscolo, 1986), lo stile di pensiero (Sternberg, 1999). Ad esempio se consideriamo la strategia come un insieme di procedure finalizzate alla risoluzione di un compito, possiamo definire lo stile cognitivo come una tendenza costante a utilizzare una determinata classe di strategie, ad esempio strategie verbali oppure strategie immaginative.

Lo stile cognitivo si differenzia dall'abilità. Secondo Sternberg (1997), riferendosi agli stili di pensiero, le differenze nell'apprendimento non sono legate ai diversi livelli di intelligenza e abilità ma alle modalità di utilizzo di tale intelligenza e abilità. Gli stili sono perciò considerati dall'autore delle *preferenze* nell'uso delle proprie abilità che possono variare a seconda delle circostanze, del compito e dell'età e che si sviluppano in relazione all'ambiente culturale di appartenenza. Un ruolo specifico lo svolge anche la scuola in quanto può privilegiare alcune modalità di elaborazione e trascurarne altre, oppure, al contrario, valorizzare e sollecitare diverse strategie di apprendimento.

Lo stile cognitivo di ognuno tende a stabilizzarsi nel tempo attraverso un processo di tipo circolare, per cui l'adozione dello stile preferito conduce a risultati migliori che, a loro volta, stimolano la motivazione e portano a riutilizzare in compiti simili le stesse strategie. Questo non significa che lo stile sia rigido, anzi presenta, in genere, la caratteristica della plasticità; ci possono essere situazioni che si affrontano meglio con uno stile cognitivo diverso dal proprio. La capacità di riconoscere le situazioni come più o meno confacenti al proprio stile dipende dal livello metacognitivo dello studente. Nell'apprendimento è perciò importante che gli studenti conoscano e adottino preferibilmente il loro stile, ma che facciano anche esperienza con stili differenti, imparando a riconoscere le caratteristiche del compito e del materiale in cui è più opportuno usare uno stile piuttosto che un altro.

Un insegnante che nella progettazione didattica si ponga l'obiettivo generale di sviluppare le abilità di studio potrà porre tra i sotto-obiettivi anche la consapevolezza dei propri stili cognitivi e l'uso di strategie diverse.

Gli stili su cui esiste una maggiore convergenza tra gli studiosi sono i seguenti: stile globale/analitico, dipendente/indipendente dal campo, verbale/visuale, convergente/divergente, sistematico/intuitivo, impulsivo/riflessivo.

Lo *stile globale/analitico* concerne la preferenza di una persona per una percezione del dettaglio o dell'insieme. Ad esempio di fronte a una lettera grande (F) composta da molte lettere piccole (A) qualcuno può percepire di primo acchito una F, mentre un altro può percepire una serie di A. La modalità di elaborazione percettiva influenzerà poi il successivo recupero dell'informazione. A scuola uno studente dallo stile globale, di fronte a un testo o a un'immagine tenderà a cogliere inizialmente l'aspetto generale, al contrario uno studente dallo stile analitico punterà inizialmente la sua attenzione sui particolari.

Lo *stile dipendente/indipendente dal campo* studiato da Witkin e collaboratori (1962) si riferisce, come il precedente, principalmente all'elaborazione percettiva ma anche alla soluzione dei problemi e a caratteristiche di personalità. Il soggetto dallo stile dipendente possiede una percezione poco differenziata e fortemente dominata dall'organizzazione del campo, mentre quello dallo stile indipendente si lascia poco influenzare dal contesto e ha un atteggiamento più autonomo. Uno dei compiti proposti per identificare tale stile consiste nel far riconoscere al soggetto velocemente alcune figure geometriche semplici inserite in figure più complesse. Lo studente campo-indipendente a scuola, e forse anche nella vita, è più portato ad avere un suo punto di vista, è più flessibile nell'affrontare le varie situazioni stimolo. L'alunno campo-dipendente si basa maggiormente sui dati che gli vengono forniti, è più legato alla situazione stimolo.

Lo *stile verbale/visuale* si basa sulla distinzione tra soggetti che prediligono il codice linguistico e altri che preferiscono un codice di tipo visuospaziale. Pur essendo trasversale a vari compiti cognitivi, lo stile si esplica maggiormente a livello di memoria: le informazioni si codificano, si organizzano e si recuperano in funzione dello stile preferito. La maniera più semplice per valutare la preferenza di un individuo è quella di presentare un compito in cui si richiede un'elaborazione verbale e una visiva e confrontare poi la prestazione mnestica fornita nelle due modalità. Lo studente verbalizzatore utilizzerà preferibilmente strategie di apprendimento come il riassunto o le associazioni verbali, mentre lo studente visualizzatore punterà su strategie come le immagini mentali, i legami grafici, la rappresentazione grafica.

Lo stile convergente/divergente è stato descritto da Wallach (1970; 1971) a partire dalla distinzione proposta da Guilford, nel suo modello multifattoriale di intelligenza, tra produzione convergente e divergente. Il soggetto dallo stile convergente, basandosi sulle informazioni di cui dispone, procede seguendo una linea logica e convenzionale e «converge» verso una risposta unica e prevedibile. Il soggetto divergente, invece, parte dall'informazione data per procedere in modo autonomo e creativo, generando una quantità e varietà di risposte, di buona qualità, originali e flessibili, basandosi su una capacità di passare contemporaneamente in rassegna gli elementi dell'ambiente e le conoscenze possedute. Tale stile coinvolge perciò processi sia di pensiero che di memoria.

Lo stile sistematico/intuitivo si riferisce al ragionamento, in particolare al modo in cui un soggetto perviene all'individuazione di una regola o di un criterio di classificazione: il sistematico procede gradualmente prendendo in esame le variabili singolarmente, l'intuitivo procede per ipotesi che cerca di confermare o confutare. La definizione di questo stile risale ai lavori di Bruner e colleghi (1971) sulla scoperta dei concetti, che hanno evidenziato come le persone possano utilizzare almeno due modalità diverse per affrontare il compito. Il percorso dello studente sistematico è più lento, sembra essere più impegnativo e più consapevole; quello dello studente intuitivo appare più veloce, facile, difficilmente comunicabile a parole, ma in realtà ambedue le strade portano a buoni risultati.

Lo stile impulsivo/riflessivo si basa sui tempi decisionali e riguarda i processi di valutazione e decisione nella risoluzione di un compito cognitivo particolarmente difficile. È tra gli stili più classici ed è stato oggetto di numerosi studi; in particolare Kagan (1965) ne ha evidenziato la persistenza nell'arco dello sviluppo e le implicazioni in vari processi come la lettura, l'inferenza e l'analisi percettiva. Un compito tipico per individuare lo stile è quello di scegliere la figura uguale a quella data, tra varie alternative.

Rispetto agli altri stili, questo presenta caratteristiche particolari in quanto la polarità riflessiva è chiaramente più adattiva di quella impulsiva e i valori estremi dell'impulsività sono considerati un'espressione patologica. Si deve tuttavia evidenziare che in molti compiti, non solo scolastici, è importante mettere in atto un'elaborazione veloce e corretta, mentre altre situazioni richiedono un'elaborazione più lenta: sono queste le due modalità che lo stile esemplifica.

Si deve precisare che gli stili possibili sono tanti e tutti hanno in genere la caratteristica di essere o sembrare dicotomici in quanto presentano modalità contrapposte, ambedue efficaci, di affrontare un compito. In realtà queste modalità di elaborazione dell'informazione rappresentano delle situazioni estreme in cui, salvo qualche rara eccezione, nessun individuo si ritrova appieno. Anzi è possibile pensare che ognuno possieda in misura diversa ciascuno stile e che vi sia per ciascuno, in maniera tendenzialmente stabile, la prevalenza dell'uno o dell'altro. Inoltre di fronte a compiti particolari, che richiedono l'adozione di uno stile diverso da quello preferito, possono essere messi in atto processi e scelte strategiche tipici dello stile opposto.

Lo studente strategico, che realizza successi scolastici, conosce il suo stile preferenziale e lo utilizza in contesti appropriati, ma sa anche essere flessibile e usare uno stile alternativo se il compito e la situazione lo richiedono.

Interazione tra stile di insegnamento e stile di apprendimento

Secondo Sternberg (1997) molte difficoltà degli studenti possono avere origine dalla discordanza tra il modo di insegnare del docente e il modo di apprendere dell'alunno, e dalla tendenza, sia degli insegnanti che degli studenti, a confondere la discordanza di stile con la mancanza di abilità e quindi a sottovalutare dei risultati in se stessi buoni, ma percepiti come inadeguati. Per mostrare come l'integrazione tra insegnamento e stili e strategie di apprendimento possa essere positiva o negativa, vediamo qualche caso esemplificativo.

È abbastanza tipico che un insegnante, soprattutto se di materie letterarie, possieda uno stile verbalizzatore, utilizzi nel suo insegnamento modalità prevalentemente verbali, insegni ai suoi studenti strategie di studio come il riassunto e l'esposizione orale perché ritenute più efficaci, e consideri veramente bravo e intelligente l'alunno che eccelle nelle abilità verbali. Tra l'insegnante e lo studente verbalizzatore si instaura una buona relazione, lo studente si sente apprezzato e questo aumenta la sua autostima e la sua motivazione positiva ad apprendere e a migliorare. Lo stesso insegnante offrirà minori opportunità di apprendimento allo studente visualizzatore, non riconoscerà come altrettanto positive le sue prestazioni e darà una valutazione negativa delle sue abilità generali creando nello studente sfiducia in se stesso e demotivazione. È chiaro, perciò, come tra gli stili del docente e quelli dell'alunno esista una relazione che, se è congruente, va a vantaggio sia del rapporto tra l'insegnante e lo studente che dell'apprendimento di quest'ultimo. Come è possibile per l'insegnante rispondere alle caratteristiche individuali e agli stili di tutti i suoi studenti e contemporaneamente essere se stesso? Quali obiettivi educativi porsi e come impostare la propria attività didattica? Proviamo a dare qualche risposta, senza aver la pretesa di fornire soluzioni esaustive e valide in tutti i contesti.

In primo luogo l'insegnante dovrebbe acquisire la consapevolezza che esistono vari stili cognitivi e che questi non si identificano con le abilità, dovrebbe inoltre verificare le proprie modalità di insegnamento-apprendimento poiché, come abbiamo visto, influiscono molto sull'interazione con l'alunno e sulla riuscita scolastica.

Successivamente, l'insegnante potrà riconoscere e valorizzare lo stile e le strategie preferite dai suoi studenti, che costituiranno il punto di partenza per poterne sviluppare altri. Negare quello che lo studente sa fare, sia esso giusto o sbagliato, è spesso controproducente in quanto può indurre ostilità verso l'insegnante e la scuola e rifiuto per una certa materia o l'apprendimento in generale.

Per valorizzare gli stili di tutti e per promuovere negli studenti la consapevolezza delle proprie caratteristiche cognitive e della necessità di ampliarle e migliorarle, è importante variare e incrementare il proprio repertorio di metodi di insegnamento e fornire una molteplicità di situazioni stimolo che permettano allo studente sia di utilizzare il suo stile sia di cimentarsi con stili e strategie di apprendimento diversi.

Imparare/insegnare a essere uno studente strategico

I programmi didattici che si pongono lo scopo di insegnare a studiare vantano ormai una certa tradizione dal momento che i primi lavori risalgono agli anni Venti. Ma tra i più noti, il metodo *SQ4R* di Robinson (1970) risale al 1946 ed è utilizzato ancora oggi. La sua applicazione prevede di sfogliare il materiale, attraverso una scorsa rapida di titoli e sottotitoli *(Survey)*, porsi delle domande iniziali *(Question)*, leggere una prima volta il testo per avere un'idea generale *(Read)*, rileggere analizzando bene il testo *(Reread)*, ripetere i contenuti subito dopo aver finito di leggere *(Recite)* e infine ripassare *(Review)*. Molti manuali di studio fanno precedere i capitoli relativi ai diversi contenuti dall'esposizione delle fasi di questo metodo.

Ciò dà una idea della sua notorietà anche se non è detto che un utilizzo di questo tipo risulti sicuramente efficace.

Il metodo, inoltre, presenta un approccio allo studio ad ampio spettro che vuole essere valido in tutte le situazioni e questo, come si è visto, può non essere sempre efficace poiché non si studia tutto allo stesso modo.

Negli anni Ottanta, Dansereau (1988) ha proposto il metodo *MURDER* che, come il precedente, prevede delle fasi di studio valide in molti contesti. Questo metodo prevede che, ancor prima di iniziare a studiare, si debba instaurare un atteggiamento mentale ed emotivo positivo *(Mood)* verso il materiale di studio; segue la lettura cercando di capire *(Understand),* il riassumere e ricordare il testo *(Recall),* il controllare l'esattezza e completezza del ricordo *(Detect),* il mettere in atto strategie per fissare meglio i contenuti *(Elaborate)* e infine il ripassare *(Review).* La novità di questo metodo sta nel porre attenzione alla componente emotivo-motivazionale (la fase *Mood)* e nel prevedere sia strategie generali dirette all'elaborazione del testo sia strategie dirette allo studente che apprende. Fra le prime vi sono strategie per costruire reticoli e mappe, immagini mentali, analisi di concetti chiave. Tra le seconde si suggeriscono strategie per migliorare la concentrazione e l'interesse per il materiale di studio.

Solo in seguito si sono compresi appieno i limiti dell'insegnare strategie valide in generale, per tutte le discipline e per tutti gli studenti e si sono elaborati dei training basati su un approccio metacognitivo che tengano conto delle caratteristiche individuali dello studente, del compito, degli aspetti cognitivi, metacognitivi e emotivo-motivazionali. A chi fosse interessato ad approfondire tale evoluzione nella ricerca scientifica in questo campo e ad avere una panoramica di altri programmi, consigliamo la lettura dei lavori di Moè e De Beni (1995) e De Beni e Moè (2000).

Successivamente, attraverso un'attività graduata e guidata, vengono proposte le altre strategie mirate sia alla fase della comprensione che a quella della memorizzazione, che costituiscono due momenti importanti dello studio. Tra le strategie per comprendere si sono scelte le seguenti: scorrere il testo richiamando conoscenze preesistenti, fare ipotesi sul contenuto in base ai titoli e alle figure, dividere il testo in modo ottimale, individuare le parti importanti, porsi delle domande per verificare la comprensione, comprendere le figure e integrarle nel testo. Tra le strategie per ricordare si sono presentate le seguenti: utilizzare le figure come sussidio mnemonico, riassumere il testo secondo modalità differenti (riassunto copia e cancella, con parole o frasi-chiave, riassunto personale), costruire tabelle e diagrammi, formarsi immagini mentali, anche bizzarre, ripetere il materiale subito e a distanza di tempo.

L'insegnamento di strategie è associato allo sviluppo di competenze metacognitive in quanto vengono sottolineati i rapporti costi-benefici, l'efficacia delle strategie in relazione al contesto, la possibilità di generalizzazione, la necessità di impegnarsi strategicamente. Il programma è inoltre corredato di alcuni strumenti di verifica (prova di studio di un testo storico seguita da domande aperte e chiuse, questionario di attribuzione, questionario su aspetti di organizzazione e concentrazione nello studio) che consentono, attraverso la somministrazione iniziale e finale, di valutare l'efficacia dell'intervento didattico.

Il programma è stato realizzato e sperimentato con alunni della scuola secondaria di primo grado dell'obbligo ma può essere valido anche per alunni di ordini di scuola diversi.

Imparare a studiare la geografia (De Beni, Zamperlin, Benvenuti e Vocetti, 1995) è un secondo programma metacognitivo specifico, ideato per lo studio di una disciplina. Come obiettivi e struttura è simile a quello di storia, ma si differenziano i principi guida individuati, che in relazione alla specificità della materia sono stati i seguenti: studio degli elementi naturali, degli elementi umani, dell'ambiente, localizzazione e distribuzione dei fenomeni, trasformazioni naturali e umane nel corso del tempo, relazioni di causa-effetto, rappresentazione di concetti e conoscenze.

Strumenti di verifica: questionari e prove di abilità

La progettazione di un intervento didattico per sviluppare le diverse competenze dello studio prevede di ideare e utilizzare strumenti di verifica della situazione iniziale e dei risultati finali in stretta sintonia con gli obiettivi scelti. La didattica metacognitiva pone al centro del suo intervento lo studente al fine di sviluppare la consapevolezza e il controllo dei propri processi di apprendimento, e si basa, per quanto riguarda la valutazione, su strumenti di tipo metacognitivo. Questo spiega il grande uso, anche in ambito di ricerca, di questionari in cui si chiede agli studenti di analizzare delle affermazioni che riguardano strategie di studio, organizzazione dei tempi di lavoro, aspetti motivazionali, credenze relative alle abilità, all'intelligenza, alle cause di successo o insuccesso scolastico e di esprimere un giudizio in assoluto e/o in relazione alla loro personale esperienza.

I questionari sono sostanzialmente autopercettivi e autovalutativi in quanto lo studente esprime un giudizio rispetto a come lui si vede e a quello che pensa e crede rispetto alle diverse variabili indagate dallo strumento. In sostanza i questionari sono metacognitivi perché danno informazioni sulla conoscenza metacognitiva delle persone, siano esse studenti, insegnanti, psicologi, e ovviamente forniscono una conoscenza personale e molto soggettiva. Ne deriva che se uno studente afferma di pianificare lo studio o di preferire strategie di studio immaginative rispetto a quelle verbali non si deve desumere che ciò sia necessariamente vero. In realtà non abbiamo indicazioni precise su come pianifica lo studio e usa le strategie immaginative, in altre parole non valutiamo la prestazione cognitiva, né il controllo dell'attività di studio, ma soltanto la componente della conoscenza metacognitiva. Abbiamo però già avuto modo di evidenziare come tra conoscenza metacognitiva, controllo, motivazione, uso di strategie e prestazione cognitiva ci sia una relazione reciproca, anche se non di tipo causale lineare, che porta a concludere che la conoscenza metacognitiva influisce realmente sul funzionamento mentale. Ecco perché è importante valutare, con diversi strumenti e modalità, questa componente dello studio.

Se, invece, si vuole avere una valutazione dei processi cognitivi implicati nello studio si utilizzano delle prove di abilità specifiche, come sono le prove di lettura e comprensione, le prove di memoria oppure delle prove di studio vere e proprie in cui si richiede allo studente di studiare un testo, di argomento nuovo o poco noto, e di rispondere successivamente a delle domande specifiche sui contenuti. Sia le prove metacognitive che quelle di prestazione sono utili per valutare meglio le competenze di studio degli studenti e l'efficacia degli interventi didattici predisposti.

Difficoltà di studio

Considerata la complessità delle abilità di studio si possono individuare diverse tipologie di studenti con difficoltà differenti.

Una prima categoria riguarda studenti con difficoltà di studio legate a disturbi specifici nella lettura strumentale, nella comprensione del testo, nella memoria e nell'attenzione. In questo caso il problema primario riguarda lo specifico processo cognitivo, ma le prestazioni di studio ne vengono ampiamente danneggiate. Si pensi a uno studente con dislessia della scuola secondaria di secondo grado che deve affrontare ogni pomeriggio pagine e pagine di lettura e studio di diversi manuali. Questo studente non riesce a tenere il passo dei suoi compagni, ma potrebbe essere facilitato nello studio attraverso una riduzione del materiale da leggere.

Una seconda tipologia di studenti presenta difficoltà di tipo strategico. Utilizzando la distinzione di Flavell (1979) si possono individuare studenti con deficit di mediazione, nei quali mancano le abilità di base per usare le strategie, e con deficit di produzione, che non usano spontaneamente le strategie, ma che sono in grado di usarle qualora vengano loro insegnate. La prima situazione è tipica di studenti con disabilità intellettiva di una certa gravità; la seconda, invece, riguarda sia studenti con disabilità intellettiva lieve, sia studenti più giovani o comunque inesperti che necessitano di una guida. Alcuni studenti poi dimostrano una povertà strategica o una rigidità d'uso delle strategie e una scarsa automatizzazione dovute a poca esperienza in contesti diversi. Anche studenti maturi possono presentare queste difficoltà, magari per alcune discipline, se ad esempio l'insegnamento impartito loro è stato prevalentemente contenutistico.

Una terza categoria di studenti presenta difficoltà legate soprattutto alla conoscenza metacognitiva, in particolare a errate convinzioni, che a loro volta portano a cattive abitudini, come ad esempio pensare che per studiare sia sufficiente leggere e capire, pensare che si possa studiare con la radio o la TV accesa, che chi è dotato impara senza sforzo, ecc.

Una quarta categoria di studenti ha difficoltà legate in particolare ai processi di controllo metacognitivo: non sanno prevedere in anticipo i loro risultati, non sanno pianificare e organizzare il lavoro personale, non sanno autovalutare la loro prestazione accorgendosi di eventuali cadute.

Una quinta categoria di studenti sono quelli che hanno marcate difficoltà associate a demotivazione verso lo studio in generale o verso talune discipline (ad esempio la matematica o l'italiano) e attività specifiche (le espressioni, la grammatica), a stili attributivi, percezioni del sé, stati emotivi poco funzionali. Questi studenti non puntano molto sulla scuola, sono convinti che gli scarsi risultati scolastici dipendano da variabili come la fortuna, la difficoltà della materia, le richieste dei professori, la scarsa abilità e intelligenza. Per alcuni la scuola e lo studio suscitano malessere generale o situazioni di ansia.

La soluzione dei problemi

Quando nasce un problema? Quando è necessario superare qualche ostacolo per raggiungere un determinato obiettivo o per rispondere a una certa domanda. Se, infatti, otteniamo senza sforzo ciò che desideriamo, non ci troviamo di fronte nessun problema:

stiamo semplicemente recuperando una risposta o una soluzione già pronta dalla nostra mente. Le operazioni che portano alla soluzione di un problema, secondo Bransford e Stein (1993) sono caratterizzate dalla ciclicità e sono le seguenti:

1. *L'identificazione del problema*. È necessario rendersi conto che una certa situazione implica un problema. Può sembrare strano, ma a volte capita di trovarsi di fronte a un problema e non saperlo riconoscere: il dover evitare di trovarsi sulla traiettoria di una macchina che non viene vista è un esempio. Un altro esempio, più vicino al mondo degli studenti: scrivere la tesi finale e non riuscire a identificare il problema che si vuole trattare.
2. *La definizione e rappresentazione del problema*. È necessario, per trovare la soluzione giusta, definire e rappresentare il problema in modo adeguato. Ad esempio, nel caso della tesi, la definizione dell'argomento è essenziale per determinare una strategia complessiva e iniziare una ricerca sull'argomento. Questa è una fase particolarmente critica poiché una rappresentazione imprecisa o inadeguata può pregiudicare un raggiungimento soddisfacente dell'obiettivo che ci eravamo posti.
3. *La formulazione di una strategia*. Una volta che il problema è stato rappresentato in modo tale da consentire delle operazioni, il passaggio successivo consiste nella pianificazione di una strategia di soluzione. Tale strategia implica un'*analisi*, ossia la scomposizione del problema complesso in più parti, e una *sintesi*, strategia complementare alla precedente che ricompone in modo utile i diversi elementi. In associazione a queste strategie, un'altra coppia di azioni cognitive è rappresentata dal *pensiero divergente*, che tenta di generare il maggior numero di alternative possibili al problema, e dal *pensiero convergente,* che dovrebbe orientare verso la strategia più adeguata e che permette una verifica. Per ritornare all'esempio della tesina, il pensiero divergente ci permetterà di ipotizzare diversi argomenti possibili da trattare, quello convergente ci farà optare per quello che ci offre maggiori possibilità di sviluppo.
4. *L'organizzazione delle informazioni*. Una volta definite le strategie di soluzione, è necessario organizzare e riorganizzare le informazioni allo scopo di costruire un quadro su cui applicare le strategie formulate. Nel caso della tesina, uno schema riassuntivo o una mappa degli argomenti da trattare, relativi al problema che ci siamo posti, possono diventare strumenti utili al fine del raggiungimento del nostro obiettivo: laurearsi.
5. *L'allocazione delle risorse*. Nella maggior parte dei casi si deve affrontare il problema della disponibilità delle risorse, che generalmente sono limitate: tempo, strumenti, spazi, denaro e così via. Si tratta di dedicare una quantità di risorse mentali alla *pianificazione del lavoro complessivo o globale*, focalizzandosi sul suo insieme, per arrivare alla soluzione più adeguata. Alcuni studi hanno evidenziato che gli studenti migliori, solitamente, impiegano più tempo nella pianificazione della fase iniziale della tesi, decidendo come risolvere il problema, rispetto agli studenti meno bravi. Probabilmente, nell'impiegare più tempo per decidere che cosa fare, gli studenti più efficaci hanno meno probabilità di partire con il piede sbagliato, evitano di entrare in vicoli ciechi: fanno ricerche, organizzano appunti, pianificano la tesina.
6. *Il monitoraggio dell'attività in corso*. I buoni solutori di problemi non aspettano di arrivare alla fine del proprio lavoro per controllare dove ha portato, ma lo fanno

cammin facendo, con verifiche frequenti per decidere se effettivamente si stanno avvicinando all'obiettivo. Se capissero che non vi si stanno avvicinando, rivedrebbero i passi già compiuti. Potrebbero anche accorgersi, a un certo punto, che esisteva una procedura migliore e, quindi, modificare il percorso, orientandosi diversamente.

7. *La valutazione.* È la fase finale necessaria per stabilire se la soluzione trovata ha centrato l'obiettivo. Alcune valutazioni sono immediate, altre richiedono più tempo. Nel caso della tesina, dopo il completamento della prima stesura, con molta probabilità, la sottoporremo a una valutazione critica rivedendola e correggendola più volte, prima della consegna definitiva. Frequentemente proprio durante questa fase possono essere riconosciuti nuovi problemi, possono emergere nuove strategie o disponibilità di risorse che portano a un nuovo ciclo.

Queste fasi hanno un carattere dinamico e flessibile, non esiste una sequenza ottimale. A volte la soluzione di qualche problema richiede di sopportare ambiguità e incertezze per un certo periodo, altre volte si deve andare avanti e indietro, scambiare l'ordine a seconda delle opportunità, aggiungere passi non previsti da questo ciclo. Le diverse modalità che ci permettono di raggiungere la soluzione sono strettamente legate alla natura del problema da risolvere e alle caratteristiche personali del solutore.

Le strategie di memoria

La strategia è una modalità, una procedura per affrontare un compito cognitivo, quale, ad esempio, un compito di memoria. Le strategie non si identificano con il processo cognitivo, ma si collocano a un livello superiore, sono potenzialmente consce, ma possono essere utilizzate anche in modo automatico, in particolare quando si è più esperti nell'uso di quella specifica strategia e del dominio di applicazione. Si possono imparare grazie all'esperienza o in seguito a istruzioni specifiche. La codifica, più o meno profonda e organizzata, la doppia codifica, la codifica immaginativa, l'utilizzo di «chiavi» per accedere alla memoria, il *chunking,* possono essere considerate strategie di memoria capaci di influenzare positivamente le nostre prestazioni. Le strategie sono molte e possono riguardare la codifica e il recupero. Qui di seguito verranno brevemente illustrate alcune strategie per migliorare la memoria.

La reiterazione meccanica consiste nel ripetersi più volte quanto si vuole memorizzare a livello subvocalico o vocalico. Essa viene anche chiamata ripetizione di mantenimento in quanto serve a mantenere l'informazione nel loop articolatorio. È una strategia molto semplice, ma non la più efficace. A un gradino superiore abbiamo la *ripetizione integrativa,* in cui si cerca di ripetere il materiale cercando di comprenderlo e collegandolo alle informazioni che possediamo attraverso uno sforzo cognitivo.

L'*associazione* consiste nel collegare le nuove informazioni da ricordare con qualcosa di familiare, come ad esempio accade quando colleghiamo un numero di telefono nuovo con numeri a noi familiari, come i nostri anni o il numero civico, e così via.

La mediazione riguarda la trasformazione di qualcosa di difficile da ricordare in qualcosa di più facile attraverso la formazione di un legame (mediatore) tra ciò che è difficile e ciò che è facile. Il caso più tipico di mediazione è dato dalla strategia della parola chiave utilizzata nell'apprendimento del vocabolario di una lingua straniera. Per imparare la parola inglese *floor* si può trasformarla in *fiore* e quindi cercare una connessione tra i due termini attraverso una frase («pavimento di fiori») o un'immagine mentale (vedere con l'occhio della mente un pavimento di fiori). Il mediatore consigliato nella tecnica della parola chiave è di tipo immaginativo, ma può essere anche verbale.

L'organizzazione è una strategia che basandosi sulle conoscenze precedenti crea una struttura che leghi insieme in modo coerente e organico le informazioni in arrivo. È una strategia più complessa delle precedenti ma proprio per questo più efficace. Quando il materiale è già di per sé ben strutturato, il soggetto è facilitato nel compito di cogliere questa organizzazione e utilizzarla. Ad esempio, se si deve imparare una lista di parole già organizzate in categorie si tratta solo di utilizzare la categorizzazione già fornita in fase di codifica e utilizzarla successivamente come chiave per il recupero. Quando invece il materiale che si deve apprendere non ha una sua organizzazione, ricordarlo presenta maggiori difficoltà e il soggetto dovrà creare una organizzazione soggettiva attraverso una forte elaborazione dall'alto. Si deve però osservare che anche l'apprendimento di materiale strutturato, come può essere un testo coerente, trae vantaggio da un'elaborazione personale, in quanto la memoria sembra trarre i massimi benefici quando l'organizzazione è fatta direttamente dalla persona che deve ricordare (Atkinson et al., 1996). L'organizzazione del materiale poi può essere rappresentata graficamente attraverso schemi o mappe, tabelle, disegni schematici. La rilevanza di questa strategia a scuola è evidente ma forse è opportuno fare qualche precisazione al fine di usarla meglio. Il vantaggio mnemonico è maggiore quando è lo studente stesso a elaborare la sua organizzazione del materiale e a rappresentarlo graficamente secondo la modalità più opportuna, in relazione al materiale stesso e alle proprie conoscenze. La capacità di utilizzare bene e in modo autonomo la strategia richiede tempo ed esercizio, che è compito dell'insegnante progettare, realizzare, verificare. L'insegnante inoltre si dovrà chiedere quanto la sua lezione o il testo di studio sia strutturato e potrà fornire in anticipo un esempio di schema grafico di quello che lo studente dovrà elaborare per facilitare la codifica. Lo stesso schema può essere utilizzato successivamente in fase di recupero delle informazioni. Anche la strategia di porre o porsi domande prima e dopo la lettura di un testo è una modalità per elaborare e organizzare il materiale. Le domande possono riguardare fatti, cause ed effetti, inferenze, ecc. e sono specifiche per le diverse tipologie di testo.

In conclusione, da quanto fin qui esposto si evince che il *processo cognitivo di memoria è funzione della strategia utilizzata* (Cornoldi, 1995), ma cosa determina la scelta di una strategia piuttosto che di un'altra e perché alcune persone sono più strategiche di altre? L'approccio metacognitivo a queste tematiche può dare alcune risposte.

Metamemoria

Il concetto di metamemoria è stato oggetto di interesse crescente all'interno della psicologia cognitiva, da quando Flavell e Wellman (1977) ne hanno fornito una presentazione sistematica. La metamemoria, quindi, costituisce, anche storicamente, il punto di partenza della teoria metacognitiva, perché questa nasce dallo studio delle strategie di memoria e solo in seguito si è estesa ad altri processi cognitivi.

La metamemoria è quel settore della più vasta teoria metacognitiva che riguarda la *conoscenza* e il *controllo dei processi di memoria.* Essa comprende tutte quelle conoscenze e abilità che riguardano ciò che il soggetto sa e crede, le strategie che usa, le motivazioni che lo spingono riguardo alla memoria. A tale proposito la teoria metacognitiva sostiene che se la metamemoria di una persona è buona questa sarà maggiormente in grado di analizzare la natura del problema, scegliere le strategie più adatte in modo flessibile, spendere la necessaria quantità di risorse cognitive, disporle in modo produttivo e, di conseguenza, mostrare una buona prestazione mnestica. Si assume quindi che il livello metacognitivo, e in particolare la conoscenza metacognitiva, abbia un ruolo causale sulla prestazione di memoria. Possiamo quindi dare una prima risposta alla domanda che ci eravamo posti e concludere che la *scelta e l'uso delle strategie è in funzione della metamemoria* (Cornoldi, 1995).

Nella metamemoria Flavell e Wellman (1977) distinguono una *sensibilità metacognitiva,* che riguarda il riconoscere le situazioni in cui è necessaria un'attività di memorizzazione, da altre variabili, come le caratteristiche personali, le caratteristiche del compito, la potenziale applicabilità delle strategie. Chi possiede un sofisticato e ben sviluppato sistema metamnestico sa che non tutte le persone risolvono ugualmente bene i compiti di memoria (interazione persona/compito) e che la strategia più adatta dipende sia dalla persona che dalla circostanza (interazione persona/compito/strategia). Successivamente Flavell (1979; 1981) ha introdotto il concetto di *esperienza metacognitiva* in riferimento alle situazioni in cui, durante alcuni processi cognitivi, si verificano delle nuove intuizioni riguardo alla cognizione stessa. Le conoscenze metacognitive, le esperienze e il comportamento cognitivo interagiscono in continuazione e un cambiamento in uno comporta un cambiamento negli altri. Anche per la conoscenza metacognitiva e strategica si può parlare di conoscenza dichiarativa, procedurale e contestuale in stretta relazione tra loro. Da ciò si evince che la relazione tra scelta strategica e metamemoria non è semplice e lineare ma chiama in gioco aspetti metacognitivi diversi con relazioni reciproche. Ad esempio se uno studente decide di utilizzare una strategia di organizzazione, come uno schema grafico, per ricordare meglio il capitolo di un libro di testo, ciò è il risultato del fatto che sa che si tratta di una strategia potente, precedentemente verificata, che, se utilizzata in contesti appropriati, può migliorare l'apprendimento.

Differenze individuali, deficit di mediazione e di produzione

Con lo studio della memoria in prospettiva cognitivista le differenze individuali (persone ricordano di più e altre di meno) ed evolutive (bambini piccoli ricordano meno di quelli grandi) furono imputate a differenze nei processi utilizzati più che a differenze nelle strutture della memoria. Si pensò che non esistessero persone con una memoria «espansa», quanto piuttosto persone che utilizzavano in misura maggiore o minore strategie più o meno efficaci.

Secondo questa logica gli studi sulle scarse prestazioni di memoria di alcune tipologie di soggetti, come ad esempio quelli con disabilità intellettiva, è stata interpretata come deficit di tipo strategico cioè come mancato uso di strategie. Flavell sostiene che le potenziali difficoltà sottostanti il mancato uso delle strategie siano due: i deficit di mediazione e i deficit di produzione.

La prima difficoltà nasce dalla mancanza delle abilità di base su cui la strategia si fonda, per cui anche se la strategia viene insegnata non produce effetti. La seconda si riferisce invece a una situazione più matura in cui non vi è ancora un uso spontaneo della strategia, ma se questa viene insegnata può essere proficuamente utilizzata e incrementare la prestazione. Bambini di sette anni, ad esempio, che non utilizzano la strategia della ripetizione in modo spontaneo possono essere sollecitati a usarla traendone vantaggi. Bambini più piccoli invece non traggono nessun aiuto dall'istruzione. I risultati delle prime ricerche portarono a considerare la prestazione di memoria come il risultato di un passaggio da uno stadio non strategico a uno strategico (Schneider e Pressley, 1989). L'età in cui l'uso spontaneo della strategia viene acquisito varia da strategia a strategia in relazione alla sua complessità (la strategia della ripetizione ad esempio compare per prima).

La possibilità di istruire all'uso delle strategie alimentò la speranza di poter risolvere molti problemi di memoria di alunni con disabilità intellettiva o con difficoltà di apprendimento, come pure quella degli anziani o di pazienti con varie patologie, attraverso programmi specifici. Fu però chiaro fin da subito che l'uso spontaneo, maturo e flessibile delle strategie adatte alle differenti situazioni non poteva essere il risultato automatico del training di addestramento. Infatti, sebbene i training fossero efficaci nell'immediato, non portavano a risultati stabili nel tempo, né le strategie venivano applicate a nuove situazioni.

Accade poi che anche soggetti con un buon patrimonio di metamemoria non utilizzino quella particolare strategia pur conoscendola ed essendo consapevoli della sua efficacia. Immaginate di dover sostenere un esame fra due giorni, e di non avere avuto ancora il tempo di prendere in mano il testo. Pur sapendo fare degli ottimi schemi grafici e sapendo quanto siano utili, pensate di utilizzare questa strategia? Vi è una quantità di altri potenziali motivi, oltre alle conoscenze metacognitive e all'ipotesi della capienza della memoria, che entrano in gioco quando una persona, di fronte a un problema di memoria, sceglie una strada o un'altra. Motivazione, rapporto costi-benefici, familiarità con il compito, risorse cognitive generali fanno sentire il loro peso sulla scelta strategica e sui risultati ottenuti. Un aspetto saliente del recente approccio alla metamemoria, e alla metacognizione in generale, riguarda l'espansione del concetto ad ambiti non più strettamente cognitivi, ma anche emotivo-motivazionali.

Tratto e adattato da *Imparare a studiare,* 2015, pp. 15-21
Psicologia cognitiva dell' apprendimento, 2003, pp. 63, 67, 79-81, 141-143, 162-174

CAPITOLO 24

ORGANIZZARE LA DIDATTICA

Flavio Fogarolo e Caterina Scapin; Caterina Scapin

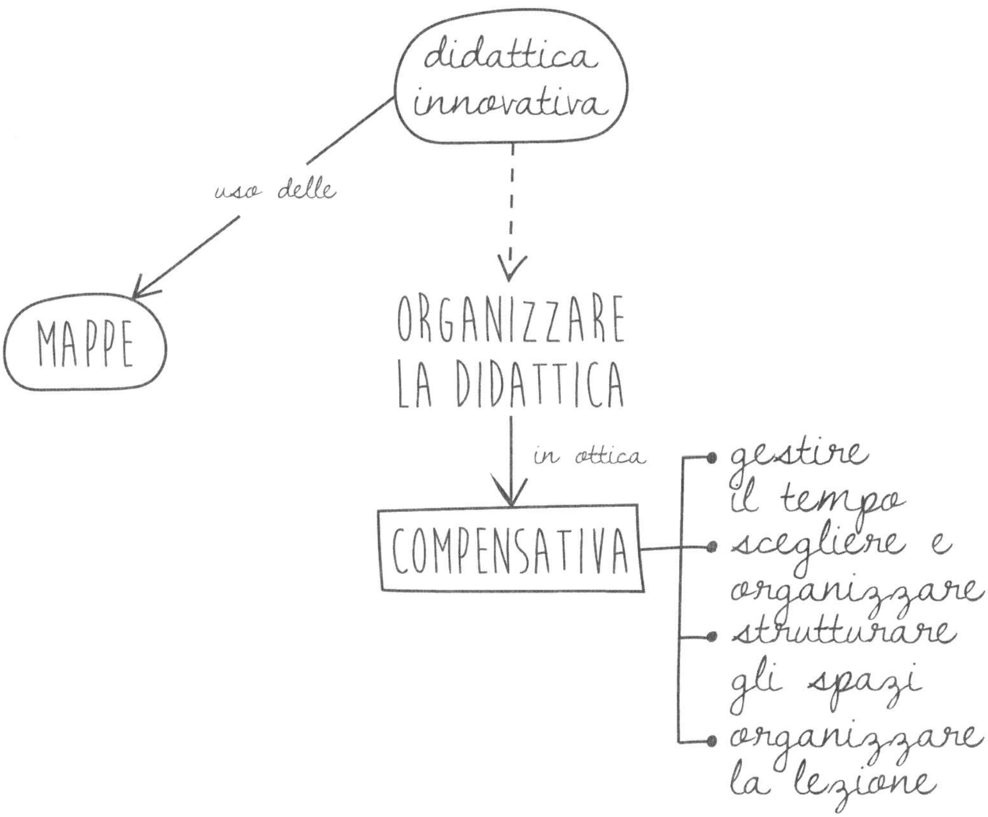

Didattica compensativa

(Flavio Fogarolo e Caterina Scapin)

Si parla in questa sede di *didattica compensativa* per indicare come questo tipo di approccio possa andare oltre il semplice impiego personale di strumenti e strategie per coinvolgere globalmente tutta l'attività di insegnamento/apprendimento. Essa è quindi, innanzitutto, un insegnamento che tiene conto delle difficoltà di ciascuno e agevola i diversi stili di apprendimento personali. Ma compito dell'insegnante è anche quello di promuovere un efficace metodo di studio e di lavoro che, partendo dalle oggettive difficoltà dell'alunno, individui assieme a lui e ai genitori delle soluzioni operative — e compensative — il più possibile efficaci.

Imparare a gestire il tempo

L'alunno con dislessia ha spesso difficoltà a organizzare e gestire il proprio tempo eppure, per lui, è proprio il tempo una delle risorse più importanti e determinanti ai fini dell'apprendimento. Gestirlo in modo efficace diventa allora uno degli elementi fondamentali del suo «imparare a imparare». Il ragazzo che presenta questi problemi avrà probabilmente bisogno di un orologio, da muro o da tavolo, analogico o digitale, ma comunque chiaro e ben visibile dalla sua postazione di lavoro. È importante stimolare la capacità di stimare e quantificare il tempo (quello passato, quello che servirà per fare una cosa, quello che è stato effettivamente impiegato per fare quella cosa, ecc.) per arrivare a fare delle previsioni (quanti esercizi come questo posso fare in un'ora, di quanto tempo ho bisogno per fare quest'altra cosa, ecc.).

È opportuno che anche a scuola si stimoli il ragazzo a misurare il tempo (ottimo il cronometro del cellulare) per imparare a farsi un'idea di quanto ne serve, più o meno, per fare i compiti, in base alla quantità e alla difficoltà. All'inizio probabilmente cronometrerà tutto, poi solo i compiti nuovi. Stessa cosa per lo studio personale: può cronometrare i tempi di lettura con la sintesi vocale, il tempo necessario per costruire una mappa, o per leggerne una già pronta, ecc.

Se serve si può ricorrere anche a una sveglia, o a un conta minuti da cucina, o all'allarme del cellulare per scandire il tempo per lo studio o un appuntamento. Il cellulare è molto efficace perché il tempo dell'allarme può essere impostato anche sul calendario e si può usare quindi collegato a un'agenda (o meglio, un diario, come si chiama a scuola) per inserire gli impegni e i conseguenti richiami della sveglia.

Il diario

Il diario è il più classico e diffuso strumento di pianificazione del lavoro scolastico, ma anche una vera «bestia nera» per moltissimi ragazzi con difficoltà.

Sono parecchi i fattori che rendono complicata, per un alunno con difficoltà, la gestione del diario a partire dall'uso di uno spazio limitato e strutturato per cui non basta scrivere delle cose ma bisogna farlo nel posto giusto, sapendo anche decifrare varie informazioni testuali di contesto (la data, l'ora, la materia) che a volte sono complesse da cogliere. Un altro fattore di difficoltà, apparentemente banale ma in realtà sovente il più determinante, deriva dal fatto che i compiti vengono dettati alla fine della lezione e spesso bisogna scrivere in fretta o comunque in tempi non sufficienti per questi alunni.

La didattica compensativa, in questo caso, dovrà partire proprio dall'assicurare il tempo necessario per una corretta compilazione del diario: ovviamente non è possibile, o sarebbe troppo penalizzante, accordare tempi supplementari come si fa con i compiti, e l'unica soluzione è anticipare, per tutti, l'inizio delle operazioni. Importante, in ogni caso, è che l'insegnante verifichi puntualmente la correttezza delle trascrizioni, almeno con i bambini «a rischio».

Molte sono, in questo campo, le strategie compensative possibili, più o meno complicate, più o meno efficaci. Tra i tanti consigli, appaiono particolarmente interessanti tre soluzioni di tipo compensativo: l'uso di diari facilitati, del registratore e, infine, di un diario informatico.

Il diario facilitato ha le pagine di dimensione maggiore del normale, stile quadernone, e ha una strutturazione graficamente più chiara e marcata.

Un'altra preziosa risorsa è il registratore, che può essere usato sia in alternativa al diario cartaceo che, più semplicemente, come supporto aggiuntivo, da consultare in caso di dubbio.

Infine, c'è il diario elettronico. L'utilizzo di un'applicazione informatica per gestire il diario può essere una soluzione interessante per i ragazzi che presentano difficoltà e che già usano abitualmente il computer come strumento compensativo sia a casa che a scuola. È una modalità di gestione che può essere molto vantaggiosa perché viene agevolata sia la scrittura, in caso di disgrafia, che la lettura con la sintesi vocale: anche se il programma usato per il diario non è esplicitamente predisposto per la sintesi, utilizzando uno dei vari software che gestiscono la sintesi per selezione si può facilmente riascoltare quello che si è scritto. Ci sono, però, alcune controindicazioni dello strumento informatico, che non sempre è «amichevole» e facile da usare come si vorrebbe. Anche in questo caso serve probabilmente un momento di addestramento iniziale.

I programmi per computer che imitano la gestione di un diario, o agenda, sono numerosi e non mancano neppure i prodotti gratuiti.

L'organizzazione del materiale

Una buona organizzazione aiuta a investire meno tempo nel reperire informazioni, e permette quindi di ridurre l'ansia e di essere più efficienti, soddisfatti e motivati a imparare. Consente inoltre di trasferire più facilmente la conoscenza in differenti situazioni e contesti.

Purtroppo, come il diario, l'organizzazione del materiale scolastico è spesso per i ragazzi con difficoltà molto problematica. Anche questo è un problema che si affronta con molto buon senso, non dando nulla per scontato e usando senza vergognarsi (o stupirsi, se visto dalla parte degli adulti) tutti gli stratagemmi che l'inventiva o semplicemente la necessità possono suggerire.

L'organizzazione del materiale è strettamente legata alla gestione del diario e quindi possono essere utili alcuni accorgimenti già visti prima, magari opportunamente integrati.

Un classico sistema che usano i ragazzini con DSA, ma non solo, per non dimenticare nulla consiste nel portare sempre tutto con sé. Lo zaino tende ad assumere dimensioni e peso colossali, ma è un inconveniente che si sopporta stoicamente pur di non correre il rischio di trovarsi senza il quaderno o il libro necessari. Con il tempo le materie — e quindi i pesi — aumentano, crescendo in modo assai più veloce di quanto, con l'età, aumentino la forza e la resistenza dei piccoli «sherpa». Non ci sono muscoli che tengano e portare tutto ogni giorno a scuola diventa impossibile. Molte strategie personali, adottate spesso dagli alunni, puntano proprio a ridurre il peso e le dimensioni dei singoli oggetti per poter continuare a portare sempre tutto con sé. Una ragazza della scuola secondaria di primo grado, ad esempio, aveva organizzato così il suo materiale: intanto suddiviso per aree, non per discipline. L'area linguistica (italiano, storia e geografia, inglese e francese) tutta in un unico raccoglitore ad anelli di colore azzurro, con dei separatori e delle linguette esterne dove aveva scritto i nomi delle varie discipline; poi una cartellina dello stesso colore per inserire i fogli volanti da sistemare con calma nel pomeriggio a casa. In modo simile aveva organizzato l'area scientifica (matematica, scienze, tecnologia) con un raccoglitore e una cartellina rossa e le educazioni (artistica, musicale, motoria, religione e laboratorio) con le copertine tutte verdi. Risultavano perciò solo tre quaderni da gestire e, a parte, pochi fogli, contenenti solo le ultime cose, per far meno confusione.

Dalla parte dell'insegnante

L'approccio compensativo, visto dalla parte dell'insegnante, si concretizza essenzialmente in un insegnamento che sa tener conto delle diversità e facilita l'adozione di metodi e stili di apprendimento personali, partendo dal principio che tutti gli alunni possono conseguire un adeguato successo formativo, ma non tutti nello stesso modo. Più che una didattica per i ragazzi con DSA, che del resto neppure esiste come non esiste un unico modello di DSA, è quindi una didattica che favorisce ogni soluzione in grado di ridurre gli effetti negativi dei disturbi di apprendimento ossia, in pratica, ogni strumento, strategia o tecnologia che riesca a compensare il disturbo.

Molte soluzioni sono utili per tutti gli alunni, non solo per quelli con DSA; perché è evidente che un insegnamento efficace funzionerà meglio con tutti.

L'aula

Organizzare l'aula significa rendere una classe accogliente, nella quale si sta bene e diventa facile imparare. Tutti entrano in classe più volentieri se lo spazio è stato pensato e organizzato per loro o, meglio, da loro.

Si lascino parlare le pareti: che insegnino, che diano rinforzi e suggeriscano. Chiunque, anche quando la conoscenza si fa complessa, gradisce punti di riferimento precisi, stimolanti e rassicuranti. E non si abbia paura di lasciarli copiare: lo fa solo chi non sa, e soltanto finché ne ha davvero bisogno.

Qualunque sia lo spazio utilizzato (cartellone, striscione, bacheca, ecc.) è essenziale scrivere in modo chiaro, ben leggibile anche da lontano: poche parole, grandi, nitide, ben distanziate. Il messaggio deve essere chiaramente fruibile anche dal posto di ciascuno: se il cartellone si può leggere solo avvicinandosi, serve a poco.

Usare immagini di facile lettura, anche fotografie, che possono richiamare concetti/parole, carte geografiche semplici da leggere, schemi, mappe, ecc. È bene predisporre angoli per tutte le discipline, soprattutto se i contenuti sono complessi.

Si presti attenzione comunque a non eccedere con i marcatori visivi e a non trasformare lo spazio-aula in un'occasione di distrazione e disturbo attentivo.

Infine, è bene che ogni aula, anche quella dei più piccoli, sia munita di orologio, calendario, datari, sempre di dimensioni adeguate per essere consultati da lontano.

La lezione

Nessuno si mette volentieri a leggere un libro, ma anche un semplice articolo di giornale, se non sa prima di cosa parla. E questo vale anche per un ascolto consapevole.

All'inizio della lezione è importante informare gli allievi sull'argomento che si andrà a trattare: serve per richiamare le conoscenze pregresse, ma anche per creare aspettative chiedendo di fare anticipazioni e ipotesi sul contenuto. Quello che so, quello che non so, quello che credo di sapere, quello che vorrei sapere, quello che vorrei capire, ecc. Può essere molto utile una mappa: l'insegnante la può tracciare alla lavagna durante la spiegazione, oppure consegnarne una già pronta, preparata appositamente o fotocopiata da un libro.

Si è già vista l'importanza del supporto visivo: una spiegazione sostenuta da documentari, video, presentazioni in PowerPoint, lavagna interattiva risulta certamente più interessante, spesso divertente e, soprattutto, facile da comprendere e ricordare. E questo vale ovviamente per tutti, alunni con DSA compresi. È davvero difficile che a un bambino si possano trasmettere efficacemente delle conoscenze usando solo il linguaggio verbale. Se uniamo tanti bambini, e formiamo quindi una classe (una classe di oggi: varia, mista e multicolore), la probabilità che tutti, dal primo all'ultimo, recepiscano correttamente un messaggio trasmesso solo a parole, anche leggermente complesso, è praticamente vicina a zero.

La spiegazione deve essere sempre interattiva: chiedere costantemente di fare ipotesi, creare conflitto cognitivo in base alle affermazioni dei ragazzi e a quelle dell'insegnante, richiamare ciò che si è già studiato, ma non solo nelle proprie materie.

Usare ovviamente un linguaggio semplice e chiaro. L'introduzione di termini specifici deve essere graduale e sarà necessario ricordarne spesso, soprattutto nel primo periodo, il significato.

«Avete capito?» è una delle domande più inutili che un insegnante possa porre ai suoi allievi, perché quasi sempre tutti risponderanno di sì, sia (ovviamente) chi ha capito davvero, sia chi non ha capito nulla ma non se ne rende assolutamente conto. Meglio verificare la comprensione in altro modo, più oggettivo, con domande semplici e brevi rivolte possibilmente a tutta la classe. Tutti, sistematicamente, per non rischiare sorprese.

Da ricordarsi che è davvero molto difficile che quello che viene scritto alla lavagna o comunicato a voce durante una lezione possa essere trasformato in appunti scritti dal ragazzo con difficoltà. Mentre stiamo spiegando, potremo al massimo chiedergli la trascrizione di brevi frasi o l'inserimento di promemoria efficaci nel testo che sta usando, in modo da ridurre al minimo le informazioni (ad esempio parole-concetto a lato del paragrafo, piccoli schemi a bordo pagina). In alternativa si può usare il registratore, la consegna della mappa concettuale/mentale, la consegna di fotocopie chiare e ben leggibili o di testi in formato digitale che l'alunno potrà leggere a casa con la sintesi vocale.

Le letture fatte in classe sono molto utili per preparare i ragazzi allo studio individuale. Spesso il docente coinvolge gli alunni in questa attività, facendoli leggere a turno a voce alta. Bisogna vigilare che la qualità della lettura sia sempre funzionalmente accettabile, altrimenti si può rivelare inefficace, se non controproducente. Ma ogni volta che la complessità del testo, le esigenze di attenzione o di coinvolgimento della classe lo richiedono, l'insegnante deve farsi carico direttamente della lettura del testo perché una lettura chiara, fatta da una persona che conosce bene l'argomento, diventa in questi casi indispensabile per la comprensione.

Per quanto riguarda ad esempio l'alunno con dislessia, l'esonero dalla lettura ad alta voce in classe è una delle misure dispensative più spesso evocate. Tuttavia, anche in questo caso, un approccio personalizzato, attento ai bisogni e alle potenzialità del singolo alunno, può essere la strada più efficace: si può quindi favorire anche la sua lettura ad alta voce preparando momenti opportuni, assecondando le richieste personali e proponendo del testo adeguato, per quantità e difficoltà, alle sue competenze.

Verso la fine della lezione l'insegnante verificherà che l'alunno che presenta difficoltà abbia ben compresa la consegna dei compiti per casa e, facendosi eventualmente aiutare da un compagno «tutor», controllerà che tutto sia stato correttamente annotato sul diario. Non è raro che il tutor stesso scopra di essersi dimenticato di scrivere qualcosa nel diario, per cui tale operazione si rivelerà utile anche per lui.

Verifiche e valutazione

Per gli alunni con difficoltà di apprendimento le interrogazioni vanno ben programmate, frazionando opportunamente i contenuti e analizzando assieme con cura i tempi e gli sforzi necessari per la loro preparazione. Se si dice a un ragazzo, che difetta anche nella pianificazione dello studio, che lo si interrogherà su due capitoli entro una settimana, lui accetterà perché convinto di farcela. Ma anche queste sono competenze che si possono imparare. Durante l'interrogazione potrà usare gli strumenti compensativi predisposti (calcolatrice, cartine geografiche-storiche, tabelle, formule, linea del tempo, ecc.) nonché le mappe, gli schemi, le tabelle con cui è abituato a studiare. Le parole chiave contenute in tabelle o mappe rappresentano solo una linea-guida del pensiero, da sviluppare durante l'interrogazione; non vanno intese come un suggerimento ma come un input per la memoria che, nel loro caso, non viaggia in automatico. L'insegnante dovrà evitare ogni segno di impazienza nell'attesa della risposta.

Se la verifica scritta prevede delle schede da compilare o completare, accertarsi che siano chiare e ben strutturate, che ci sia abbondante spazio per le risposte e che il testo non sia troppo fitto o pieno di parole.

Spesso il ragazzo con difficoltà di apprendimento ha bisogno di più tempo degli altri per completare le esercitazioni, ma non sempre è possibile concederlo nelle normali verifiche somministrate durante l'anno (diversa è la situazione durante gli esami, che riguarda però eventi molto rari e circoscritti). Si può predisporre una scheda con meno domande di comprensione o, meglio, anteporre quelle più significative in modo che, anche attraverso una compilazione incompleta, si possa verificare il raggiungimento degli obiettivi più importanti. Se possibile, sostituire le domande scritte con quelle orali; accertarsi in ogni caso che le consegne siano state comprese correttamente. Se l'alunno usa il computer con sintesi vocale, i compiti vanno ovviamente sempre proposti anche in formato digitale.

Vanno sempre preferite verifiche scalari, chiare graficamente, possibilmente su un unico argomento, favorendo l'applicazione di strategie metacognitive, in modo da verificare le competenze acquisite e far emergere gli apprendimenti raggiunti.

Inoltre va evidenziato un altro importante aspetto che sottende alle verifiche scritte. A causa delle difficoltà di lettura e scrittura il ragazzo affronta il compito con un marcato stato d'ansia e per questo va aiutato a controllarlo attraverso semplici strategie, quali il parlare con l'insegnante per ricevere rassicurazioni o piccole spiegazioni, avere punti guida o scalette a cui fare riferimento (Cornoldi et al., 2010).

Se l'esigenza di rispettare il tempo a disposizione crea ansia o disorientamento, è meglio proporre verifiche senza scadenza («Puoi impiegare tutto il tempo che vuoi»), cercando di portare gradualmente l'alunno a pianificare le attività in modo adeguato.

Poiché la performance scolastica e l'autostima sono in rapporto interattivo, la valutazione sarà necessariamente di tipo formativo, tenendo in considerazione il percorso personale di apprendimento.

Anche il modo di correggere è importante: si valuta l'impegno (ovviamente), si separa sempre l'errore esecutivo (ortografico, di calcolo, ecc.) da quello di contenuto, si mettono pochi segni rossi in modo che la segnalazione dell'errore sia sempre accompagnata da un'indicazione precisa, e ben riconoscibile, di come migliorarlo.

Un compito troppo pieno di correzioni, anche se meritate, è demotivante perché percepito dagli alunni come un invito alla resa e non, come dovrebbe essere, come un incitamento alla riscossa.

La scelta del libro di testo

Per un insegnante, scegliere con attenzione e consapevolezza un libro di testo da adottare significa anche mettersi dalla parte degli alunni che fanno fatica a leggere e a capire.

La sua impostazione grafica, strutturale e sintattica può infatti agevolare, ma anche rendere più difficoltosa, la comprensione di ciò che si va studiando, ad esempio per la presenza o meno di marcatori visivi, di grafici e schemi o di elementi che possono facilitare la realizzazione di una mappa. E questo vale sia per la versione cartacea sia per quella digitale.

Ci sono senza dubbio degli aspetti importanti da esaminare e valutare. Devono essere chiaramente identificabili gli elementi strutturali del testo: titoli dei capitoli, titoli dei paragrafi, didascalie, immagini, box secondari o di approfondimento. Si rivelano utili inoltre:

- un fondo colorato, ma non tutto omogeneo, per identificare le eventuali sezioni della pagina;
- un testo ben leggibile, con colori ben visibili e contrastati, caratteri nitidi, raggruppati e distanziati in modo percettivamente chiaro e funzionale alla lettura;
- un linguaggio semplice, sia nella terminologia sia nella costruzione sintattica;
- un sistema efficace per l'individuazione e il riconoscimento delle parole chiave;
- una ricca dotazione di materiale visivo di supporto: cartine, tabelle, disegni, schemi, mappe;
- fotografie e disegni «da leggere», ossia utili e significativi per la comprensione, non solo con funzione evocativa o decorativa;
- una «guida allo studio», con domande/esercizi di riflessione o approfondimento, meglio se all'interno del capitolo, per facilitare i riferimenti al testo anche se lungo. La sequenza di queste domande, con relative risposte, si trasforma facilmente in un efficace riassunto.

Le mappe

Caterina Scapin

La «rappresentazione per mappe» è una delle più potenti strategie compensative a disposizione degli alunni, in particolare in caso di marcata difficoltà di lettura, e quindi di studio, sui testi tradizionali perché sostituisce, o semplicemente «integra», la comunicazione testuale con quella visiva.

È una strategia che ha quasi sempre anche una componente tecnologica, perché le mappe si producono di solito (ma non necessariamente) con il computer, ma in cui le capacità individuali sono assolutamente determinanti: il computer può leggere un testo con la sintesi vocale, può anche scrivere quello che viene dettato al microfono, ma non può mai «costruire» una mappa concettuale. Lo strumento informatico, in questo caso, può servire solo a concretizzare un progetto che deve necessariamente essere sviluppato da una persona in grado di comprendere la struttura e l'organizzazione delle informazioni da rappresentare.

Sono molte le strategie compensative che vengono sviluppate e applicate autonomamente dai soggetti con difficoltà di apprendimento, ma l'uso di mappe non rientra tra queste e richiede anzi un attento e specifico intervento formativo, soprattutto sulla capacità di organizzare e strutturare le informazioni che si vogliono rappresentare; le abilità informatiche, pur necessarie, si rivelano al confronto decisamente banali.

È utile indicare subito i principali limiti di questo approccio compensativo che vanno sempre considerati quando lo si propone. Il primo è che nella stragrande maggioranza dei casi non esistono mappe già pronte, adatte a ogni specifica esigenza di studio, né ci sono sistemi automatici per produrle. Le mappe vanno quindi costruite da, o per, lo specifico utente e questo richiede tempo, oltre che competenze. Per gli alunni con dislessia ad esempio il problema dell'efficienza del lavoro scolastico è uno dei più gravi e sentiti: essi, giustamente, vogliono fare le stesse cose che fanno i compagni, anche in modo diverso, ma non impiegando il doppio delle ore che servono agli altri. Il secondo limite è, semplicemente, il rischio di banalizzare i contenuti, confondendo la sintesi con la semplificazione o la rappresentazione sintetica delle conoscenze con le conoscenze stesse.

Perché le mappe sono utili anche ai ragazzi con DSA

Per molti versi, le mappe sono utili per gli alunni con DSA come lo sono per i loro compagni: aiutano a organizzare le conoscenze già possedute e facilitano l'elaborazione, la comprensione e la memorizzazione delle nuove informazioni. Diventano particolarmente interessanti, e utili, per chi ha disturbi di apprendimento perché:

- proprio in queste due attività (l'accesso autonomo e l'organizzazione delle informazioni) l'alunno con DSA incontra le maggiori difficoltà;
- rappresentano un'importante risorsa compensativa in quanto la lettura delle mappe si basa prevalentemente sull'analisi grafica, essendo la decodifica del testo ridotta alle sole parole etichetta, per cui anche un alunno dislessico, opportunamente addestrato, riesce a leggerle e comprenderle senza problemi.

La mappa aiuta i ragazzi con DSA a memorizzare i contenuti soprattutto perché ne favorisce l'organizzazione logica ed evidenzia i collegamenti tra le informazioni possedute, sia quelle recenti che quelle ben sedimentate. Anche quando i contenuti sono in grande quantità, con la mappa sono riuniti in uno spazio ridotto che favorisce la memoria visiva.

Per i ragazzi con DSA l'uso delle mappe è ottimo per preparare un'argomentazione, sia scritta che orale, perché ne visualizza e traccia il percorso, ossia l'ordine (necessariamente sequenziale in questo caso) dell'esposizione, ben sapendo che il ragazzo con DSA tende a perdersi in queste circostanze perché ha difficoltà nei processi di automatizzazione delle informazioni. La mappa, oltre che la memorizzazione, facilita e potenzia anche la comprensione grazie all'insieme delle connessioni logiche che collegano i concetti, anche in modo flessibile e dinamico. I singoli concetti sono riassunti in parole o frasi minime che permettono il recupero veloce delle informazioni e la loro memorizzazione.

Parallelamente la mappa prevede l'inserimento di concetti nuovi e la conseguente attribuzione, e memorizzazione, di termini specifici prima sconosciuti, e anche questa è un'abilità difficile per il soggetto con DSA.

La mappa, infine, esplicita visivamente quei processi mentali di rielaborazione personale del testo che sono fondamentali per lo sviluppo della comprensione e rendono il soggetto consapevole dei propri processi conoscitivi.

È questo un importante aspetto metacognitivo da sostenere soprattutto nei ragazzi con DSA, che operano più facilmente per strategie che per processi.

In generale, la mappa minimizza i punti deboli del ragazzo con DSA, compensando la lentezza nella lettura, la stanchezza nell'attenzione, la disorganizzazione, la difficoltà di comprensione del testo, la scarsa organizzazione delle idee, la struttura sintattica semplice, l'uso di frasi minime, l'uso di una sintesi delle informazioni che non è sempre esaustiva.

I vantaggi sono maggiori quando le informazioni da elaborare sono molte e complesse, come per gli studenti della scuola secondaria, ma per gestire la complessità è necessario aver sviluppato in precedenza idonee competenze, per cui sarebbe un errore limitarne l'uso ai soli ragazzi più grandi.

Si segnala a volte che, proprio a causa delle sue difficoltà specifiche, l'alunno con DSA trova particolarmente difficile la produzione o la fruizione del sistema di rappresentazione per mappe e questo si riscontra soprattutto in caso di forme particolarmente severe di disturbo. A causa della disgrafia è improponibile una prima progettazione a mano libera, la dislessia severa rende difficilissimo individuare nel testo le parole chiave, la carenza di memoria a breve termine fa svanire i collegamenti, ecc.

Certamente anche gli alunni con disturbo severo possono realizzare e utilizzare delle mappe a supporto dei loro studi, ed è anzi proprio per loro che questa strategia compensativa può diventare particolarmente utile e importante. Con gradualità e con un'adeguata formazione, che comprenderà anche l'uso efficace del computer eventualmente integrato con la sintesi vocale, molti problemi possono essere superati.

In caso di contenuti complessi, come il paragrafo di un libro o un intero capitolo, sarà probabilmente necessario fornire una mappa già predisposta, dal docente o da un compagno, o almeno facilitare alcuni passaggi preliminari, ad esempio evidenziando nel testo le parole-concetto o preparando la struttura della mappa inserendo le parole etichette solo nei nodi principali.

Molto importante e utile è l'aiuto di qualche libro con mappe già predisposte sull'argomento che si andrà a trattare in classe; anche internet offre molte opportunità di questo tipo.

Insegnare a costruire mappe

La costruzione di una mappa concettuale, soprattutto se di tipo strutturale e quindi destinata a riprodurre contenuti in chiave oggettiva, è un'operazione complessa, che richiede senza dubbio una specifica attività formativa.

Non ci si riferisce tanto all'esecuzione grafica (posizionare i nodi e le frecce, inserire i nomi), che risulta spesso un'attività tutto sommato abbastanza facile, almeno per un approccio iniziale, quanto alla capacità di sintesi e di attenta rilettura dei contenuti che tutta l'operazione richiede: individuare i nodi e i concetti associati, assegnare ad essi delle etichette significative (parole-concetto), individuare i collegamenti e assegnare le parole-collegamento.

Anche in questo caso la strategia didattica più auspicabile, ma anche più logica, è quella che prevede il coinvolgimento di tutta la classe, non solo dell'alunno con DSA.

Lavorare su mappe già esistenti

Le mappe rientrano tra gli strumenti di comunicazione e quindi è normale che si insegni prima di tutto a consultarle, poi a produrle. È impossibile che un bambino impari a leggere (ma anche a disegnare, a cantare, a suonare, ecc.) avendo a disposizione solo i testi prodotti da lui stesso o dai compagni, e questo vale anche per le mappe: insegnare a produrre mappe significa prima di tutto insegnare a leggere, comprendere e usare quelle già esistenti.

Vi sono delle interessanti, e anche divertenti, attività didattiche basate sulla manipolazione di mappe, che possono aiutare a sviluppare una maggiore consapevolezza sui loro meccanismi di comunicazione e sull'efficacia di certe scelte. È utile, ad esempio, mettere a confronto più mappe che espongono lo stesso argomento, selezionando la migliore ed esplicitando i criteri individuati per la comparazione; o, ancora, riorganizzare la mappa variando i criteri o le finalità espositive.

Si possono collegare poi altri esercizi riconducibili didatticamente alle prassi di esercitazione linguistica: cancellare concetti/legami che risultino ridondanti o fuorvianti; ampliare, fondere, ridurre mappe aventi lo stesso tema ma anche mappe a carattere interdisciplinare; trasferire i criteri con cui una mappa è stata costruita per farne un'altra; completare una mappa (tipo cloze) individuando il tema o inserendo i concetti o i legami. Tali attività sono riconducibili a obiettivi trasversali alle singole discipline e poiché sono spendibili anche nella vita quotidiana, non solo scolastica, vanno apprese, consolidate e potenziate.

Partendo dai nuclei di intervento più finalizzati alle parti specifiche, le attività preliminari possono riguardare:

- saper scegliere il corretto significato di una parola in base al contesto e allo scopo comunicativo;
- saper usare il vocabolario o l'enciclopedia per scegliere il significato/l'informazione più adatti;
- saper utilizzare le parti di un libro (saper scorrere un libro, saper comprendere i capitoli, saper ricavare informazioni da fotografie, grafici e didascalie);
- saper fare una ricerca.

A livello operativo, questi esercizi funzionano meglio se si usano dei cartoncini, o dei foglietti adesivi, per spostare e riorganizzare liberamente i nodi e i collegamenti, in modo che l'onere esecutivo, sia nel disegno manuale che nel lavoro al computer, sia ridotto al minimo e prevalga invece l'atteggiamento critico-creativo.

Attività preparatorie sul testo

Sviluppare una mappa richiede delle competenze linguistiche e logiche che vanno opportunamente favorite. Si tratta, fortunatamente, di abilità generali che saranno utili in molti altri contesti, non solo nella preparazione delle mappe. Ci si riferisce soprattutto alla capacità di individuare i concetti e i legami e di assegnare loro delle etichette appropriate (parole-concetto e parole-collegamento).

Sono molto utili le attività didattiche basate sulla manipolazione del testo, con esercizi su:

- formulazione di parafrasi/immaginazione: riassumere con parole proprie il materiale e poi formare delle immagini mentali dei concetti fondamentali;

– realizzazione del reticolo: identificare i concetti/idee importanti (nodi) e rappresentare le interrelazioni in forma di mappa o reticolo;
– analisi dei concetti-chiave: può essere utile, a questo riguardo, iniziare il lavoro spiegando che la parola-concetto evoca alla mente immagini o eventi, cominciando a distinguere tra parole che indicano concetti e parole che non lo sono: *mano* è una parola concetto, *prende* è una parola legame.

Prima di realizzare una mappa, è importante allenare i bambini/ragazzi, con vocabolario, libro di testo, giornale o lista di parole, a disporre in categorie i termini scelti distinguendo tra concetti e non-concetti. Ancora, è necessario esercitare i ragazzi sulle parole che collegano i concetti (legami) utilizzando parole, tra cui anche preposizioni e congiunzioni connettive (*ha/hanno*, *è/sono*, *dove*, *come*, *quando*, *perché*, ecc.). È importante proporre frequenti esercitazioni sulla costruzione di brevi frasi, anche nucleari, che contengano parole-concetto e parole-legame: «il sole è coperto», «sono ammalato».

Per concludere, si propone di seguito un breve elenco di attività preparatorie che si possono svolgere in classe:
– proporre esempi ed esercizi per classificare, ordinare, comparare, raggruppare (oggetti, parole, concetti, ecc.);
– fare similitudini (con oggetti, situazioni, parole, concetti, anche con uso del vocabolario);
– spiegare il significato di concetto e fare molti esempi;
– da una frase-concetto trovarne altre e individuare la gerarchia;
– legare insieme frasi date;
– sostituire le frasi con parole-chiave usando esercizi di grammatica (nomi collettivi, nomi propri/comuni, sinonimi/contrari, dalla frase alla parola, nomi specifici, ecc.);
– fare esempi per aiutare a distinguere tra nomi che indicano negli eventi e negli oggetti le regolarità e quelli che indicano la specificità;
– chiedere di comporre brevi frasi (esercizi di grammatica dalla frase complessa, con espansioni, alla frase minima, nucleare);
– introdurre parole nuove, specifiche.

In molte di queste attività gli alunni con difficoltà, soprattutto nei casi severi, dovranno usare adeguati strumenti compensativi come tabelle, grafici, voce dell'adulto o del compagno, registratore, sintesi vocale, glossari, ecc.

Tratto e adattato da *Dislessia e altri DSA a scuola*, 2015, pp. 215-224, 207-212

CAPITOLO 25

ASPETTI EMOTIVO-MOTIVAZIONALI E METACOGNITIVI NELL'APPRENDIMENTO

(Rossana De Beni, Francesca Pazzaglia, Adriana Molin e Claudia Zamperlin)

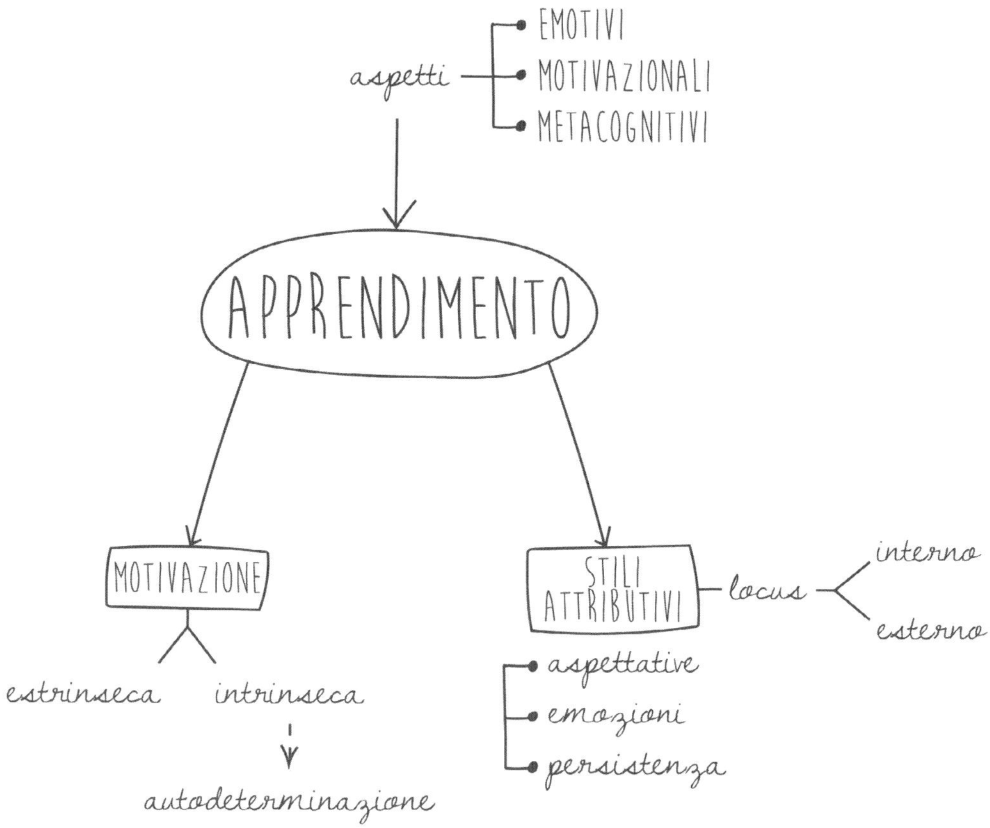

La motivazione: definizione e tipologie differenti

Sono molte le variabili che possono spiegare le differenze tra uno studente definito strategico e di successo e uno, invece, meno brillante o addirittura con carriera scolastica accidentata. Le caratteristiche individuali dello studente quali le abilità possedute, le diverse conoscenze, l'uso di strategie, gli stili cognitivi di elaborazione dell'informazione, la consapevolezza metacognitiva dei processi mentali e la capacità di dirigerli e controllarli, sono sicuramente aspetti fondamentali dell'apprendimento e dello studio. Un'altra componente molto rilevante, se non fondamentale, è quella che riguarda gli aspetti emotivo-motivazionali dell'apprendimento. Tutti gli aspetti insieme e in stretta relazione tra loro possono infatti facilitarlo o, al contrario, ostacolarlo, ma in ogni caso rendono personale e specifico il processo di elaborazione e costruzione della conoscenza di cui un insegnante attento, competente ed efficace deve tener conto nella progettazione del suo lavoro.

Certamente l'insegnamento di diverse strategie di studio è condizione necessaria ai fini di una buona prestazione scolastica, ma non è sufficiente per garantire una successiva applicazione spontanea delle strategie insegnate, per estenderle ad altre situazioni, per mantenere nel tempo un atteggiamento strategico, anche verso compiti più complessi o vissuti come difficili, che possono scoraggiare lo studente, mettere in dubbio le sue abilità e portarlo a ripercorrere vecchie strade. Un corretto insegnamento strategico, per essere davvero fruttuoso, dovrebbe perciò comprendere e sostenere anche gli aspetti motivazionali-emotivi dell'apprendimento e dello studio. Ma cosa sono? Quali sono i più rilevanti nel contesto scolastico? Cosa può fare l'insegnante rispetto a caratteristiche così personali dello studente? L'insegnante deve occuparsi anche di questi aspetti o rischia di sovrapporsi all'attività dello psicologo?

Quando parliamo di aspetti emotivo-motivazionali ci riferiamo alla motivazione, all'emozione, all'affettività, che colorano la nostra elaborazione dell'informazione. Quando impariamo qualcosa di nuovo o leggiamo un bel libro o, ancora, ascoltiamo una conferenza interessante, i differenti processi cognitivi, definiti «freddi», che mettiamo in atto, sono sempre accompagnati da motivazioni e scopi, reazioni emotive e affettive, cioè da processi psicologici definiti «caldi». Scopo di questo capitolo non è certo quello di affrontare tematiche così complesse e articolate come sono la motivazione, l'emozione e l'affettività (su cui esiste un'ampia letteratura), ma piuttosto quello di centrare l'attenzione su alcuni aspetti, teorie, modelli della motivazione, che sono più rilevanti nell'apprendimento.

Innanzitutto si deve precisare che la relazione tra apprendimento e motivazione non è diretta ma mediata da diversi aspetti (De Beni e Moè, 2000) che variano in relazione ai differenti approcci teorici e possono riguardare:

a) l'uso più efficace e più metacognitivo delle strategie;
b) una corretta attribuzione dei precedenti successi e insuccessi scolastici a cause interne e controllabili, come ad esempio l'impegno;
c) la scelta di compiti «sfidanti» che consentano di mettersi alla prova; la scelta di obiettivi più legati ai risultati, alla prestazione o più centrati sui processi e la padronanza;

d) le emozioni positive provate in contesti di apprendimento motivato e che si concretizzano nella soddisfazione o orgoglio per la riuscita, nella maggiore fiducia in sé, nelle proprie abilità (o propria «intelligenza»), nella percezione di autoefficacia, nella soddisfazione di bisogni come l'autodeterminazione, la competenza, l'autonomia. Queste emozioni positive si estendono ai rapporti con i compagni e gli insegnanti, al maggior interesse per le discipline.

Tali complesse relazioni sono state studiate anche attraverso la creazione di modelli interpretativi diversi; in alcuni sono presenti e interrelati elementi strategici, metacognitivi, motivazionali: lo studio strategico ed efficace può condurre a buoni risultati di apprendimento e questi ultimi possono incrementare l'iniziale interesse, che a sua volta conduce alla ricerca di ulteriori strategie e così via.

La motivazione è un concetto piuttosto ampio che può essere visto da più punti diversi a seconda delle teorie di riferimento. La definizione classica di motivazione, che deriva dall'etimologia della parola (motus = movimento), vista come una spinta del soggetto verso un oggetto, può andare bene per alcuni approcci come ad esempio quello comportamentista (teoria del rinforzo), quello psicodinamico (teoria delle pulsioni), quello della motivazione intrinseca (bisogni di curiosità, competenza, autodeterminazione), ma non per altri dove rivestono un ruolo rilevante le aspettative, gli obiettivi che ci si pone, gli atteggiamenti, le credenze soprattutto in relazione alle proprie competenze e abilità. Al di là delle molteplici distinzioni, che non possono essere prese in considerazione in questo lavoro, la motivazione può essere definita come una configurazione organizzata di esperienze soggettive che consente di spiegare l'*inizio,* la *direzione,* l'*intensità* e la *persistenza di un comportamento diretto a uno scopo* (De Beni e Moè, 2000). Riferita all'apprendimento e allo studio possiamo dire che la motivazione ci spiega perché uno studente studia e l'altro no, come studia lo studente, quanto insiste sul compito, per quanto tempo mantiene l'interesse e l'impegno sullo studio. Quest'ultimo aspetto è meglio definito dal termine volizione ed è forse quello che spesso manca a studenti che sono in difficoltà.

Altra modalità classica di considerare la motivazione è quella di distinguerla in *intrinseca* (ad es. curiosità, interesse, successo) ed *estrinseca* (ad es. premi, castighi, approvazione sociale). Anche se è una distinzione utile e ancora attuale, non permette di distinguere tra motivazioni innate e istintive, come i bisogni, e altre mediate cognitivamente come aspettative e obiettivi. Posizioni più recenti propongono di distinguere motivazioni in cui il soggetto esercita un ruolo attivo *(motivazione come attrazione)* e altre in cui è più passivo *(motivazione come spinta).* Altri autori distinguono diverse tipologie di motivazione in base alle *credenze del singolo* circa le proprie capacità ad affrontare determinati compiti (autoefficacia, percezione di competenza, attribuzioni, senso di controllo e autodeterminazione), *agli scopi* che portano ad affrontare il compito (obiettivi, interessi, valori, motivazioni intrinseche) e *alle reazioni emotive* al compito (ansia, rabbia, orgoglio, vergogna, sentimenti legati al valore di sé e all'autostima).

Un altro aspetto importante, evidenziato con maggiore forza dalle teorie più recenti, è quello di considerare la motivazione non solo in relazione al singolo ma in funzione del materiale proposto e della situazione. Questa posizione di tipo interattivo è ormai condivisa ampiamente anche da chi si occupa di elaborazione dell'informazione e apprendimento, ed è proprio questo aspetto che ci permette di comprendere l'importante ruolo che ha la scuola, insieme alla famiglia e all'ambiente culturale di appartenenza, nel motivare allo studio, alla conoscenza, alla curiosità, alla crescita personale. Molto, in questa direzione, può fare un insegnante competente, sensibile e motivato a svolgere bene il suo lavoro. Anche per la motivazione, come per la metacognizione, si può dire che solo un insegnante motivato può orientare positivamente la motivazione dei suoi studenti.

Considerata l'ampia gamma di costrutti teorici sulla motivazione, ci focalizzeremo su alcuni concetti e modelli che sono in più stretta relazione con l'apprendimento e lo studio strategico-metacognitivo, dando particolare spazio alla teoria dell'attribuzione, mentre per un'analisi esauriente e dettagliata rinviamo a De Beni e Moè (2000) e a Stipek (1996).

La motivazione intrinseca: curiosità, competenza, autodeterminazione, esperienza di flusso

La motivazione intrinseca è quella che ha origine all'interno del soggetto e che porta ad affrontare un compito per se stesso, senza finalità esterne. Secondo questa prospettiva si fa qualcosa traendo soddisfazione da quello che si fa, ad esempio si studia per il piacere di studiare.

Secondo i teorici della motivazione intrinseca non sono innati solo i bisogni di tipo fisiologico (fame, sete, sonno, ecc.) ma anche altri. Ad esempio se osserviamo un bambino piccolo o un animale, il nostro gatto, ci accorgiamo come in certe situazioni dimostrino curiosità e interesse: il bambino prende subito in mano un oggetto nuovo, lo osserva, lo smonta e il gatto non può resistere alla tentazione di entrare in uno scatolone che appoggiate per terra. Queste azioni sono dettate da un bisogno innato di essere curiosi. Si deve a Berlyne (1971) lo studio sistematico di quella che lui definisce *curiosità epistemica,* concepita come un bisogno universale di conoscere e di apprendere, che si manifesta tramite l'esplorazione dell'ambiente, motivata solo dal desiderio di sapere. La teoria della curiosità epistemica sottolinea soprattutto il ruolo dell'ambiente e dà particolare importanza alle caratteristiche degli stimoli, definite «collative»: novità, complessità, incongruenza con precedenti conoscenze a un livello ottimale, per non creare risposte di ansia o di fuga. Se a scuola si vuole suscitare questa motivazione è importante analizzare bene le caratteristiche dei materiali che proponiamo, la tipologia di testi, l'organizzazione della lezione e chiederci se possiedono le caratteristiche prima menzionate.

Se osserviamo bene il comportamento esplorativo del bambino o del nostro gatto possiamo facilmente renderci conto che non solo è frutto del desiderio di conoscere ma riflette anche una motivazione intrinseca di padroneggiare e controllare l'ambiente circostante e le situazioni e sentirsi competente ed efficace. Questo bisogno è stato definito di «competenza» *(effectance).*

Harter (1978) ha esaminato lo sviluppo della motivazione di competenza in tre aree (cognitiva, sociale, fisica) per effetto dei successi e degli insuccessi incontrati nei tentativi di padronanza e della presenza o assenza di sostegno da parte degli adulti. Se il bambino viene sostenuto nei suoi primi tentativi di padronanza tende a svilupparsi un sistema di autoricompensa, che rende via via superflua l'approvazione esterna e consente di sviluppare obiettivi di padronanza. Questi obiettivi permettono di affrontare le situazioni come sfide in cui vengono messe alla prova le proprie abilità allo scopo di sentirsi efficaci. Tutto questo fa sentire il bambino competente e gli fa interiorizzare una percezione di controllo personale che a sua volta fa aumentare la motivazione alla competenza. L'esercizio delle abilità che si sviluppano produce un'esperienza emotiva positiva che rende autorinforzanti i tentativi di padronanza.

Il bambino che non viene incoraggiato o che viene disapprovato nei tentativi di padronanza sviluppa un bisogno di approvazione esterna che lo porta a sentirsi dipendente dal rinforzo dell'adulto e a porsi obiettivi di prestazione caratterizzati dal desiderio di mostrare le proprie abilità e dal timore di mostrarsi incapace, con reazioni di ansia. Tutto questo fa sentire il bambino meno competente, più controllato dall'esterno e ciò comporta una diminuzione della motivazione di competenza. Il sentirsi meno competente genera reazioni emotive negative, come l'ansia e la paura di fallire che portano a evitare compiti o situazioni in cui ci si sente incompetenti. In questo modo si abbassa la motivazione iniziale di competenza.

Nella teoria della Harter (1978) hanno particolare rilevanza quattro concetti che sono poi stati ripresi da altre teorie motivazionali: la percezione di competenza, costrutto simile all'autoefficacia, la percezione di controllo, che ha dei legami con il concetto di autodeterminazione e che è rilevante anche per la teoria dell'attribuzione, la sfida ottimale e la motivazione interiorizzata.

La *percezione di competenza* si distingue dal bisogno innato di competenza, in quanto si sviluppa per effetto dei successi e degli insuccessi incontrati, delle interpretazioni a essi date e del sostegno ambientale che incide sulla qualità dei tentativi di padronanza.

La *percezione di controllo* si riferisce alla sensazione di sentirsi personalmente agenti della situazione. Questa percezione dipende dalla quantità di impegno dedicato nello svolgimento di un'attività, dal tipo di approvazione ricevuta e dalla bontà dei risultati raggiunti.

La *sfida ottimale* consiste nella situazione in cui la difficoltà del compito è tale per cui il soggetto la vive come una sfida possibile per mostrarsi competente. I compiti di questo tipo non devono essere troppo facili, ma nemmeno troppo difficili rispetto alle competenze possedute. Spesso a scuola si propongono argomenti, lezioni, attività, verifiche che non costituiscono una sfida ottimale per gli studenti, o che magari lo sono solo per alcuni, e perciò non sono motivanti o addirittura possono generare ansia, paura, evitamento.

La *motivazione interiorizzata* emerge quando il bambino, ma anche l'adulto, impara ad autopremiarsi o autopunirsi, creandosi un sistema di autogratificazione. Si può paragonare a una motivazione estrinseca che viene assunta come propria dal soggetto. Si pensi a uno studente universitario che deve affrontare un esame fondamentale, ma ritenuto molto difficile e troppo corposo in termini di pagine da studiare. Lo studente non è motivato intrinsecamente a studiarlo, ma sa che per andare avanti con i suoi programmi deve proprio studiare quella disciplina, e anche i genitori e i docenti spingono in questa direzione. Lo studente inizia a studiare mosso da motivazioni estrinseche (i genitori potrebbero disapprovarlo, ecc.) ma strada facendo si rende conto che la materia non è poi così ostica, si rende conto che pianificando lo studio e impegnandosi strategicamente ottiene dei risultati positivi; superare l'esame diventa una sfida ottimale, così si automotiva e la motivazione estrinseca iniziale diviene interiorizzata. Questo esempio ci fa riflettere sul fatto che in alcune situazioni la motivazione estrinseca è importante, soprattutto per avviare un processo di apprendimento, ma per garantire la persistenza sul compito (volizione) è importante interiorizzare la motivazione estrinseca e farla propria.

È sicuramente un'esperienza condivisa quella di sentirsi soddisfatti quando ci comperiamo qualcosa (vestiti, libri, dischi) seguendo soltanto i nostri gusti, oppure decidiamo di fare qualcosa a una certa ora (mangiare o fare il bagno a mezzanotte) senza vincoli esterni. Le persone hanno infatti bisogno di esercitare forme di controllo rispetto a quello che fanno, in particolare hanno bisogno di scegliere tra i diversi compiti, attività e situazioni. Tale concetto di scelta è stato studiato da Deci e Ryan (1985) che hanno proposto la teoria dell'autodeterminazione. L'*autodeterminazione* consiste nella libera scelta, svincolata da bisogni o forze esterne, di condurre un'azione. Il prototipo di un comportamento autodeterminato è l'azione intrinsecamente motivata che implica curiosità, spontaneità, interesse. L'impegno profuso in questo caso è svincolato da incentivi esterni, possibili risultati, obiettivi e dipende dal desiderio di svolgere proprio quella specifica attività per le caratteristiche a esse inerenti. Può corrispondere alla situazione dell'artista, ma anche della persona qualunque che dipinge, scrive un libro, suona il piano solo per il piacere che prova.

La teoria dell'autodeterminazione ci dice quindi che, se il soggetto vive una situazione di libera scelta, mantiene o accresce la motivazione per il compito, se invece sente l'attività come imposta dall'esterno si sentirà meno autodeterminato e intrinsecamente motivato. Alla base di una condotta autodeterminata sta quindi il bisogno di sentirsi artefici delle proprie azioni e di scegliere liberamente il tipo di compito e la sua modalità di svolgimento. L'ambiente sociale promuove l'autodeterminazione quando soddisfa altri bisogni innati quali la competenza, l'autonomia e l'approvazione sociale. Ad esempio se a scuola si vuole promuovere la lettura, e soprattutto il piacere per la lettura, è importante lasciare libero lo studente di cimentarsi con i testi che vuole lui e che ritiene alla sua portata (competenza), lasciarlo libero nella scelta del titolo, del genere, dei tempi di lettura (autonomia), approvare le sue scelte e stimolarlo ad avere un atteggiamento di ricerca verso il libro che gli può piacere di più (approvazione sociale). Ovviamente un'attività di informazione relativa ai generi testuali, agli autori e al loro stile, alle difficoltà che possono insorgere, all'organizzazione della biblioteca di istituto, ecc. facilita e rende più realistica ed efficace la scelta degli studenti. Anche il proporre verifiche scritte o attività di schedatura dei testi, in questo preciso contesto, forse è poco produttivo al fine di sviluppare il piacere della lettura, mentre in relazione ad altri obiettivi didattici può essere fondamentale.

Vi è mai capitato di essere così presi dalla lettura, dalla soluzione di un gioco, e di non rendervi conto che è passata da un pezzo l'ora di cena? In questi casi avete provato una particolare tipologia di motivazione intrinseca definita *motivazione di flusso,* che è in gioco quando siamo immersi in qualche attività stimolante e non ci accorgiamo che il tempo passa. Nell'esperienza di flusso l'attenzione è concentrata più sullo svolgimento del compito che sui risultati e la motivazione si mantiene per effetto del piacere provato nel controllo e nella realizzazione del compito. In genere questa esperienza avviene rispetto a compiti in cui ci si sente competenti, che forniscono feedback immediati rispetto all'efficacia delle proprie azioni, e che hanno un grado ottimale di sfida e di curiosità. Altra caratteristica dell'esperienza di flusso è un'alterata percezione del tempo. Se i vostri studenti alla fine dell'ora vi diranno: «Ma come, è già finita la lezione?» significa che l'argomento li ha così presi da provare un'esperienza di flusso.

Motivazione, credenze e obiettivi

Qual è l'attività sportiva che fate più volentieri e qual è, invece, quella che fate meno volentieri? Supponiamo che per voi la prima scelta sia sciare e chiediamoci quali sono le motivazioni che vi hanno orientati. Probabilmente in questo sport vi sentite bravi, sciando potete accrescere la vostra immagine, questo vi spinge a scegliere delle piste impegnative per dimostrare la vostra competenza. Poniamo invece che non siate motivati a sciare per le ragioni opposte: sugli scii vi sentite delle frane, non vedete nessuna possibilità di migliorare, la vostra immagine viene svalorizzata e se proprio siete costretti a sciare scegliete le piste più semplici. E se pensate alla vostra carriera scolastica da quali attività e discipline eravate attratti? Quali, invece, non potevate proprio sopportare?

Tra le motivazioni che dirigono e sostengono i comportamenti delle persone rivestono un ruolo importante le credenze relative all'intelligenza, alle abilità possedute (Dweck, 2000), all'autoefficacia e alla fiducia in se stessi (Bandura, 2000; Caprara et al., 2001). Rispetto all'intelligenza, al funzionamento della mente, alle diverse abilità psichiche, ma anche rispetto al funzionamento del cuore o del computer esistono sostanzialmente due tipi di teorie: quelle degli esperti, costruite sulla base di ricerche scientifiche e conoscenze strutturate, che si possono definire esplicite, e quelle ingenue o implicite che tutti noi abbiamo, basate sul senso comune e sulle nostre credenze. Queste ultime sono delle teorie personali che usiamo e applichiamo senza esserne del tutto consapevoli.

Per quanto riguarda l'intelligenza c'è chi concepisce l'intelligenza come una quantità fissa di abilità difficilmente modificabili e migliorabili per effetto di opportune esperienze e apprendimenti *(teoria dell'intelligenza come entità)* e chi, invece, ritiene che possa essere modificata in senso positivo in seguito a opportune stimolazioni *(teoria dell'intelligenza incrementale).* Tale concezione dell'intelligenza è anche in relazione con gli obiettivi di apprendimento e la percezione di abilità *(autoefficacia).* Chi considera l'intelligenza come entità può presentare caratteristiche motivazionali diverse a seconda della personale percezione di abilità, che in questo caso costituisce la variabile critica. Chi valuta positivamente le proprie abilità è prevalentemente orientato alla prestazione, ai risultati e tende ad attribuire i successi all'abilità innata e stabile e a essere motivato estrinsecamente. Chi non valuta bene le proprie abilità tende a sviluppare caratteristiche di demotivazione tipiche dell'impotenza appresa. Fra queste caratteristiche le più importanti riguardano la paura di fallire, la tendenza a evitare le situazioni di apprendimento e la poca persistenza di fronte alle difficoltà poste dal compito e dalla situazione.

Chi, invece, possiede una teoria dell'intelligenza incrementale, indipendentemente dall'autovalutazione delle proprie abilità, è prevalentemente orientato alla padronanza e tende ad attribuire i risultati ottenuti all'impegno. La motivazione all'apprendimento è tendenzialmente intrinseca e si caratterizza per un impegno finalizzato all'apprendimento e alla crescita delle proprie competenze e conoscenze. La relazione tra teoria dell'intelligenza e obiettivi più orientati alla padronanza o alla prestazione non va intesa in modo rigido ma come tendenza.

Teoria dell'attribuzione e stili attributivi

Le attribuzioni sono i processi attraverso i quali gli individui interpretano le cause degli eventi, delle azioni, e dei fatti che si verificano nel loro ambiente (Kelley, 1967). Questi processi sono una conseguenza del bisogno, presente in ogni individuo, di comprendere il mondo e le sue regole (Heider, 1958), necessità che può essere considerata analoga alla curiosità epistemica e alla motivazione alla competenza. Ad esempio uno studente che ottiene un giudizio positivo potrebbe attribuire il suo successo all'impegno personale, cioè al fatto di aver studiato, alla propria abilità, alla facilità del compito, al caso o ad altre cause ancora e anche a più cause contemporaneamente. Le attribuzioni possono quindi essere considerate come il risultato di decisioni che l'individuo mette in atto spontaneamente per capire chi o che cosa è responsabile degli eventi che accadono.

Ogni individuo, infatti, possiede uno schema di attribuzioni dato da un insieme di credenze e cognizioni che viene adottato come modello per spiegare la realtà e che costituisce il suo *stile attributivo* (De Beni e Zamperlin, 1997). Questo schema ha come antecedenti la prestazione attuale, la prestazione passata e la prestazione degli altri e influisce su quella futura. Lo stile attributivo è quindi un insieme sufficientemente stabile di categorie causali a cui le persone abitualmente fanno riferimento. Alcuni penseranno che le cose vanno bene o male perché ci si impegna, altri perché sono facili o difficili, altri per cause aleatorie o per la propria abilità o incapacità. Al di là dei personali e differenti stili di attribuzione, in generale, le attribuzioni relative al proprio comportamento saranno prevalentemente di tipo interno in caso di successo (riesco perché sono bravo o mi impegno) e di tipo esterno in caso di fallimento (non riesco perché sono sfortunato o il compito è difficile), mentre le attribuzioni rispetto al comportamento degli altri saranno prevalentemente di tipo esterno per il successo (ce l'ha fatta perché è stato fortunato) e di tipo interno per il fallimento (non si è impegnato, non è bravo). Questo costituisce il cosiddetto errore sistematico di attribuzione o *bias* edonico, che è presente in tutti noi, e che sta alla base del pregiudizio.

Il fatto che esistono diverse cause a cui gli eventi possono essere collegati ha indotto gli studiosi a ricercare un sistema di classificazione basato sull'indicazione di precise categorie. Il primo a occuparsi di ciò fu Heider (1958) che propose una classificazione basata sul *locus of control* interno o esterno, distinguendo fra eventi attribuiti a cause interne come l'impegno o l'abilità, ed eventi attribuiti a cause esterne come la difficoltà di un compito o la fortuna.

Weiner e colleghi (1971) introdussero, successivamente, una seconda dimensione di analisi: la *stabilità*. Il riferimento a una dimensione di stabilità riguarda la possibilità di previsione di eventi futuri: il soggetto ha una maggiore possibilità di prevedere i risultati futuri di eventi riferiti a cause stabili (ad es. abilità, difficoltà del compito) mentre cause instabili (ad es. fortuna, impegno) rendono gli esiti meno prevedibili. Weiner (1985), infine, propose una terza linea di classificazione in rapporto alle reazioni affettive e alla previsione di controllo personale: la *controllabilità*. Esistono attribuzioni che si caratterizzano per essere maggiormente sotto il controllo del soggetto, come l'impegno, e altre su cui è impossibile esercitare il controllo, come la fortuna. Nella tabella 25.1 sono rappresentate le otto possibili attribuzioni che si ottengono incrociando le tre dimensioni di analisi illustrate.

TABELLA 25.1
Tipologia di attribuzioni secondo la formulazione definitiva di Weiner (1985)

Locus interno	Stabile controllabile	Tenacia
	Stabile incontrollabile	Abilità
	Instabile controllabile	Impegno
	Instabile incontrollabile	Tono, umore
Locus esterno	Stabile controllabile	Pregiudizio
	Stabile incontrollabile	Difficoltà
	Instabile controllabile	Aiuto
	Instabile incontrollabile	Fortuna

Stili di attribuzione, aspettative, emozioni, persistenza

La distinzione sopra illustrata è importante perché permette di evidenziare gli effetti che differenti tipi di attribuzioni producono sulle aspettative, le emozioni e la persistenza nell'esecuzione di compiti.

Le *aspettative* sono determinate dalla percezione della propria abilità e da quanto si è disposti a impegnarsi in base alla difficoltà del compito, alla percezione del proprio controllo della situazione e alle precedenti esperienze proprie e altrui. Le aspettative sono influenzate dalla dimensione di stabilità, in particolare l'attribuzione a cause stabili (abilità/inabilità, facilità/difficoltà del compito) porta ad aspettarsi, in caso di successo, un ulteriore successo o, in caso di fallimento, un ulteriore fallimento. Inoltre un insegnante che si aspetta che un ragazzo non sia bravo e che crede che ciò dipenda da cause interne (non si impegna, non è abile) è portato anche a credere e ad aspettarsi che quel ragazzo non sarà mai bravo.

L'analisi degli effetti delle attribuzioni sulle *emozioni* può essere fatta a partire dalle tre dimensioni utilizzate nel classificarle riportate nella tabella 25.2.

TABELLA 25.2
Emozioni conseguenti alle principali attribuzioni

Attribuzione	Situazione di successo	Situazione di fallimento
Impegno	Soddisfazione	Senso di colpa, vergogna
Abilità	Fiducia in sé	Depressione, apatia, vergogna
Difficoltà del compito	Sorpresa	Pietà
Caso	Sorpresa	Sorpresa, pietà
Aiuto di altri	Gratitudine	Rabbia

Chi attribuisce il proprio successo all'impegno o all'abilità (locus attributivo interno) è portato ad avere un'autostima positiva (soddisfazione e orgoglio), mentre chi attribuisce le cause di un fallimento alla mancanza di impegno o alla propria inabilità ha una bassa autostima da cui derivano senso di colpa e vergogna.

La controllabilità riguarda l'attribuzione della responsabilità e quindi del merito o del demerito a se stessi o a fattori esterni e si collega a emozioni quali la rabbia, la gratitudine, il senso di colpa.

Lo studente che attribuisce la riuscita all'impegno (attribuzione instabile) rispetto a quello che l'attribuisce all'abilità (attribuzione stabile) ha una maggiore *persistenza nell'eseguire un compito* particolarmente difficile.

Le attribuzioni influenzano anche le prestazioni e l'apprendimento; questo aspetto viene trattato nel paragrafo successivo.

Modello metacognitivo multicomponenziale, attribuzioni, prestazioni e apprendimento

Tra i più recenti modelli metacognitivi illustriamo brevemente quello di Borkowski e Muthukrishna (1994), che considera la metacognizione come un sistema complesso formato da molte componenti (cognitiva, metacognitiva-strategica, motivazionale-attributiva ed emotiva) interagenti tra loro secondo un'ottica didattico-evolutiva (vedi figura 25.1).

All'inizio della scolarizzazione il bambino affronta dei compiti utilizzando un numero limitato di strategie cognitive. Sulla base delle informazioni di ritorno che riceve dai risultati ottenuti e dalle osservazioni dell'insegnante, egli sperimenta l'efficacia di diverse strategie in ambiti diversi e arricchisce il suo repertorio iniziale. Come si può osservare c'è uno stretto legame tra abilità cognitiva, prestazione, uso di strategie e conoscenza strategica specifica.

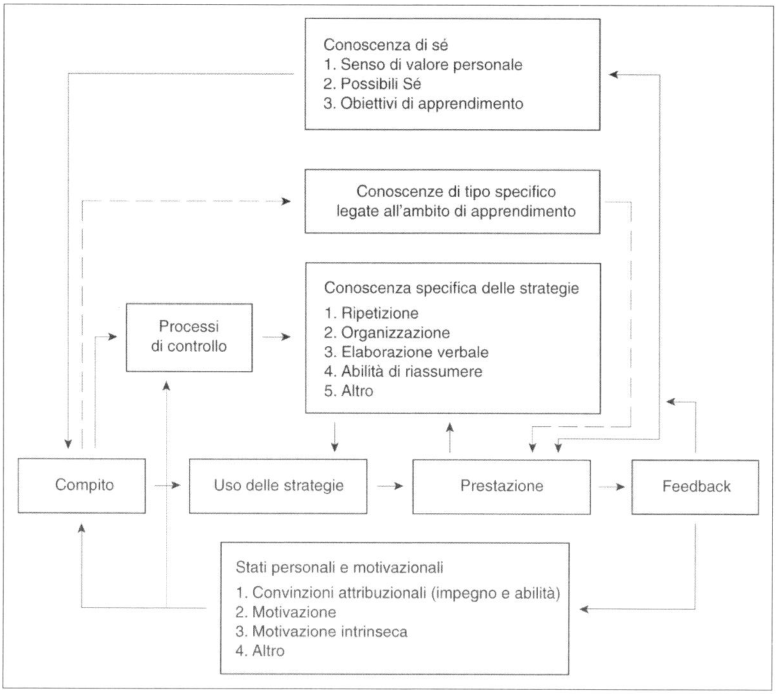

Fig. 25.1 Componenti cognitive, motivazionali e di autostima della metacognizione: modello di Borkowski e Muthukrishna (1994).

In una fase successiva la conoscenza e l'uso di strategie specifiche stimolano lo sviluppo di processi metacognitivi di controllo (scelta tra le strategie apprese di quella più funzionale al compito e monitoraggio nell'utilizzo della strategia scelta) e un processo spontaneo di autoregolazione dell'apprendimento.

Con l'affinarsi della conoscenza strategica e dei processi di controllo, il bambino sviluppa una consapevolezza circa l'utilità di essere strategici, di come la prestazione sia legata all'uso di strategie adeguate (impegno strategico) e non al caso. Si sviluppa così quella che in un precedente modello veniva definita la conoscenza strategica generale che concerne convinzioni attribuzionali, motivazione all'uso di strategie, senso di autoefficacia.

Infine lo studente accresce la conoscenza del Sé e formandosi dei possibili Sé orienta, rafforza e motiva l'attività cognitiva proiettandosi verso progetti a lunga scadenza.

In conclusione il modello sottolinea una relazione tra cognizione, metacognizione, prestazione, stili attributivi, motivazione al compito e autostima, dove riveste un ruolo centrale l'uso di strategie, con conseguente enfasi sul ruolo dell'istruzione. È l'insegnante, infatti, che come mediatore culturale può contribuire a sviluppare negli alunni un positivo atteggiamento verso lo studio, collegando in modo opportuno ed efficace la prestazione all'impegno strategico, attraverso feedback appropriati e la scelta e l'organizzazione di situazioni stimolo, materiali e compiti funzionali all'uso di diverse strategie.

Tra le cause individuate da Weiner, nel modello metacognitivo di Borkowski viene considerata centrale e prevalente l'importanza attribuita all'impegno inteso come sforzo personale *(effort)* profuso in direzione strategica, cioè orientato ad apprendere e a utilizzare strategie appropriate al compito.

Il tipo di attribuzione, poiché incide sulla probabilità d'uso di strategie di apprendimento, influenza indirettamente la prestazione in compiti scolastici. Infatti chi crede di riuscire o non riuscire per effetto dell'impegno personale, dell'interesse, della motivazione, presenta un atteggiamento strategico che lo porta ad avere delle buone abitudini di studio e ad applicare correttamente le strategie, tende a prodigare ogni sforzo possibile per riuscire, ha un maggior senso della realtà e più fiducia in se stesso (Borkowski e Muthukrishna, 1994). In definitiva, è più motivato al successo e, di conseguenza, ottiene prestazioni superiori soprattutto nell'applicazione di strategie di memoria e studio. Chi invece pensa di riuscire o di non farcela a causa dell'abilità innata (considerata come un tratto stabile non modificabile) o per effetto di fattori esterni (facilità/difficoltà del compito, fortuna/sfortuna, aiuto/non aiuto) è meno portato a utilizzare strategie o a individuare delle corrette abitudini di studio perché meno convinto di poter controllare gli eventi, ritiene inutile anche impegnarsi. Conseguentemente anche i risultati saranno scadenti e riconfermeranno le attribuzioni del soggetto.

La situazione appena descritta, se protratta nel tempo attraverso continui fallimenti, potrebbe far pensare all'impossibilità di riuscita in situazioni simili a quelle del fallimento (ad es. in compiti di matematica, nelle interrogazioni di storia o di scienze, nel sostenere un particolare esame) e nelle situazioni più estreme portare all'insorgenza di patologie come ad esempio la sindrome dell'*impotenza appresa (learned helplessness).* In questo caso lo studente è portato a credere che il fallimento sia inevitabile e che non sia possibile fare nulla né per affrontare una situazione positiva, né per evitarne una negativa.

Esistono diversi stili attributivi, ognuno in maniera diversa presenta una sua utilità in funzione della difesa della propria immagine personale o della specifica situazione in cui lo studente si trova. Nella situazione di apprendimento lo stile più funzionale al successo nello studio è quello che si caratterizza per il fatto di riconoscere grande importanza all'impegno personale. Infatti, come è già stato sottolineato, lo studente che attribuisce prevalentemente i propri risultati a quanto lui ha fatto e a come lo ha fatto (con quanto impegno, con quanto sforzo, con quanta efficacia strategica) riesce a ottenere prestazioni migliori e sa affrontare positivamente anche l'insuccesso, che viene vissuto come indicatore per adottare strategie più adeguate. L'efficacia nello studio viene in questa prospettiva considerata anche in funzione degli aspetti emotivo-motivazionali che stanno alla base dell'utilizzo delle strategie conosciute.

Lo sviluppo degli stili attributivi, educazione e insegnamento

La capacità di formulare delle attribuzioni emerge alla fine del terzo anno di vita, quando il bambino comincia a riflettere sulle cause dei propri risultati positivi o negativi e delle conseguenti emozioni di felicità o tristezza e quindi a provare emozioni di autoconsapevolezza. I bambini piccoli, però, non riescono a distinguere bene fra le cause. Prima dell'età di 12 anni il bambino crede che abilità e impegno siano la stessa cosa o che, a parità di risultati, chi si impegna meno sia necessariamente più bravo. Fino all'età di 12 anni, i fallimenti scolastici sono attribuiti prevalentemente alla mancanza di abilità o alla difficoltà del compito. I bambini più grandi, invece, attribuiscono meno influenza all'abilità e sono più consapevoli che la riuscita dipende dall'impegno e l'insuccesso dall'impegno insufficiente e conseguentemente sono più propensi all'uso di strategie. Gli studenti più grandi possono presentare anche attribuzioni e conseguenti comportamenti più sofisticati: se si aspettano un fallimento, che potrebbe dimostrare la loro incompetenza, si impegnano meno per poter sostenere che il cattivo risultato non è imputabile a scarse capacità, ma all'impegno insufficiente.

Con lo sviluppo cambia anche il rapporto fra stile attributivo e prestazione. Ad esempio l'importanza centrale riconosciuta all'abilità non è collegata a prestazioni più negative fino a quando il bambino non riesce a distinguere l'abilità dall'impegno. La relazione positiva tra importanza riconosciuta all'impegno e prestazione migliore inizia a comparire a partire dalla terza elementare, ma diventa significativa a livello di prima media.

Il sistema attributivo non è innato ma trae origine sia dall'insieme di esperienze passate di successo o fallimento sia dall'ambiente culturale, familiare e scolastico. Le numerose ricerche che hanno confrontato il sistema attributivo di ragazzi, genitori e insegnanti di diversi Paesi hanno dimostrato che, ad esempio, i bambini americani riconoscono maggiormente come causa dei loro successi e insuccessi l'impegno personale, mentre i bambini tedeschi danno più peso all'abilità perché queste sono le cause più frequentemente riconosciute dai loro genitori e insegnanti.

Gli atteggiamenti e le concezioni degli insegnanti influenzano, quindi, diversi aspetti emotivo-motivazionali dei ragazzi. Gli alunni sono in genere particolarmente abili nel cogliere le reazioni emotive che gli adulti manifestano in caso di successo o insuccesso e nel dedurre l'attribuzione sottostante. Ad esempio, se l'insegnante ha una reazione di collera il ragazzo sarà portato ad attribuire il proprio insuccesso alla mancanza di impegno (causa instabile e controllabile) e quindi penserà in futuro di potercela fare, mentre se l'insegnante si dimostra compassionevole, il ragazzo potrà più probabilmente ricercare la causa del proprio fallimento nella mancanza di abilità (attribuzione stabile e incontrollabile) e potrà scorgere minori possibilità di riuscita futura.

Le aspettative e l'atteggiamento di genitori e insegnanti possono essere, inoltre, una delle cause di alcune differenze individuali, fra cui quelle legate al sesso. È stato osservato che le ragazze vengono criticate più spesso dei ragazzi a causa della prestazione scolastica non adeguata e quindi ricevono più frequentemente un feedback negativo sulla prestazione che può ripercuotersi sul sistema attributivo. In effetti, mentre i maschi presentano spesso un atteggiamento di negazione per cui tendono ad attribuire l'insuccesso a cause esterne e il successo a cause interne, le femmine, anche in presenza di un rendimento scolastico buono, sviluppano più probabilmente un atteggiamento depressivo o di impotenza appresa, caratterizzato da un basso grado di fiducia in sé, per cui tendono ad attribuire il successo a cause esterne e l'insuccesso a cause interne stabili, si sentono spesso esaminate, frequentemente non considerano le esperienze positive passate e, di conseguenza, temono di non farcela (Stipek, 1996). Questo spiegherebbe perché ci sono materie ritenute a torto più maschili, ad esempio la matematica, che le femmine affrontano male perché poco motivate a causa dell'attribuzione degli insuccessi alla mancanza di abilità piuttosto che all'impegno (Stipek, 1996; Lucangeli e Pedrabissi, 1997).

Considerato che l'insegnante ha numerose possibilità di stimolare lo stile attributivo dei ragazzi e che soprattutto può svolgere un ruolo fondamentale nei casi in cui questo risulti essere poco funzionale all'apprendimento, risulta interessante analizzare le teorie che l'insegnante possiede e gli obiettivi che si pone. Ad esempio, se è «entitario», concepisce cioè l'intelligenza come un tratto stabile, è molto probabile che attribuisca il fallimento a mancanza di abilità e quindi che ponga il ragazzo in situazioni facili per evitargli l'insuccesso, con la conseguenza che quest'ultimo capisce di non essere bravo e si demotiva; se è invece «incrementale», ritiene cioè che l'intelligenza sia modificabile, e questa è una situazione più frequente per chi si pone obiettivi di apprendimento piuttosto che di prestazione (Dweck, 2000), è più probabile che ponga i ragazzi di fronte a compiti stimolanti che li portano a impegnarsi senza temere il fallimento che è parte normale e prevedibile del processo di apprendimento.

Interventi e programmi didattici mirati

Così come lo stile attributivo può essere appreso, può anche essere modificato in seguito a uno specifico intervento che ristruttura positivamente un eventuale stile inadeguato o sostiene e rinforza quello adeguato. Prima di intraprendere un programma di intervento è però opportuno conoscere le attribuzioni degli alunni al fine di individuare eventuali disfunzioni attributive e, dopo l'intervento, valutarne l'efficacia.

Lo stile attributivo può essere misurato e valutato attraverso l'uso di questionari che vengono letti direttamente dallo studente o presentati dall'insegnante o dall'operatore nei casi in cui sia necessario, ad esempio con bambini piccoli o con soggetti con difficoltà di apprendimento. In tali questionari le situazioni di successo o di fallimento possono essere presentate in forma verbale, cioè tramite la descrizione di situazioni ipotetiche, o figurale, cioè tramite illustrazioni. Viene, in genere, chiesto di indicare quali possono essere state le cause probabili dell'evento (ad es. «Hai ottenuto un buon giudizio nel compito di ...») scegliendole da una lista di quattro o più cause oppure chiedendo quanto ognuna delle cause elencate può aver contribuito all'evento.

Gli strumenti presenti nella letteratura inglese sono molteplici. In italiano è disponibile il *Questionario di Attribuzione* (De Beni e Moè, 1995), con taratura riferita a studenti dagli 11 ai 20 anni. Lo strumento propone 24 situazioni ipotetiche riferite a compiti di apprendimento, di memoria e della vita quotidiana, 12 di successo e 12 di insuccesso, nelle quali il ragazzo potrebbe essersi trovato, a cui attribuire tre cause, in ordine decrescente di importanza, scelte tra le seguenti: impegno, abilità, facilità del compito, fortuna, aiuto. Versioni semplificate di tale questionario sono state inserite negli strumenti della valutazione iniziale e finale prevista dai programmi per insegnare a studiare la storia e la geografia proprio al fine di tenere sotto controllo non solo gli aspetti strategici e metacognitivi dell'intervento, ma anche quelli emotivo-motivazionali. I dati che si ottengono dal questionario di attribuzione, che può essere uno strumento agile per avere una prima idea degli aspetti motivazionali-emotivi del nostro studente, possono essere integrati da informazioni relative alle credenze sulle proprie abilità o «intelligenza» in generale o in relazione ad aspetti specifici (lo studente ha una teoria ingenua dell'intelligenza di tipo incrementale o di tipo entitario, pensa di poter modificare le abilità di matematica o di italiano?), sulla propria efficacia, sugli obiettivi di padronanza o di prestazione. Anche per la valutazione di questi aspetti si utilizzano dei questionari di tipo autopercettivo.

I programmi ideati per modificare lo stile attributivo degli studenti, definiti training metacognitivo-motivazionali, prevedono di associare l'insegnamento di strategie con aspetti metacognitivo-motivazionali, fra cui quelli legati alle attribuzioni, in modo che si instauri un processo come quello illustrato nel modello proposto da Borkowski e Muthukrishna (1994) precedentemente esposto. L'obiettivo fondamentale di tali interventi è quello di insegnare la relazione fra impegno, comportamento strategico e prestazione efficace, che è un presupposto fondamentale affinché il ragazzo impari ad attribuire i risultati scolastici non soddisfacenti non all'abilità o a fattori esterni stabili e incontrollabili, ma allo scarso impegno, al mancato uso di strategie o a ostacoli esterni temporanei. Tale insegnamento prevede le seguenti fasi fondamentali:

- l'insegnante descrive la strategia e la sua efficacia in determinati contesti;
- lo studente utilizza la strategia in una situazione che gli consente di risolvere con successo un compito;
- l'insegnante fa notare allo studente che la riuscita va attribuita all'impegno, cioè allo sforzo intenzionale di applicare la strategia.

Attraverso un insegnamento metacognitivo-motivazionale è possibile instaurare un circolo virtuoso per cui l'insegnante propone compiti che i ragazzi risolvono attraverso l'uso di adeguate strategie e, attraverso un feedback contingente alla prestazione, sottolinea l'importanza dell'impegno strategico, cioè dell'impiego consapevole e deliberato (che quindi richiede sforzo, fatica e impegno) di adeguate strategie piuttosto che semplicemente esortare a impegnarsi di più (senza indicare come), situazione che può generare sensi di colpa e demotivazione. I ragazzi, in tal modo, non solo imparano ad attribuire all'impegno i loro risultati, ma acquisiscono capacità di autoregolazione, si assumono la responsabilità dell'apprendimento, imparano a stabilire obiettivi di padronanza piuttosto che di prestazione e soprattutto a tollerare il fallimento. Tutto ciò porta a un aumento dell'autostima e della motivazione, quindi a un miglioramento della prestazione, e a imparare che nell'applicare una strategia ci sono dei vantaggi, ma si devono sopportare anche dei costi e cioè a riconoscere che l'impegno è la causa del successo e che quindi è necessario, per ottenere un certo risultato scolastico, fare fatica. Ciò permette di rafforzare il grado di fiducia in sé e di spezzare un circolo vizioso, in cui l'insuccesso è attribuito a poca abilità o a cause esterne, che impedisce lo sviluppo di un metodo di studio alternativo e l'adozione di nuove e più adatte strategie.

Le difficoltà di tipo emotivo-motivazionale: l'impotenza appresa

Quando la tendenza ad attribuire all'abilità personale innata sia i successi che gli insuccessi diventa uno stile attributivo consolidato, in caso di ripetuti fallimenti, la persona può rischiare di ritrovarsi in una situazione in cui, convinta di non possedere le abilità necessarie per riuscire in quella determinata situazione o in altre simili, pensa che non ce la farà mai e che qualunque cosa faccia per riuscire sarà inutile. Tale situazione è stata definita come *impotenza appresa* poiché si caratterizza per un senso di incapacità appreso attraverso esperienze fallimentari vissute come il riflesso della propria mancanza di abilità (Seligman, 1975; Abramson, Seligman e Teasdale, 1978). L'impotenza appresa è accompagnata dall'aspettativa di un inevitabile fallimento e dalla sensazione che non sia possibile fare nulla per affrontare positivamente la situazione.

Studi condotti in ambito umano (i primi sono stati fatti su animali) hanno dimostrato che non sempre i ripetuti fallimenti conducono ad abbandonare il compito. La variabile critica, che permette di predire se si svilupperà nel soggetto un'impotenza appresa, è il tipo di attribuzione formulata. Se gli insuccessi sono ricondotti a cause controllabili (ad es. impegno) o instabili (ad es. aiuto) l'individuo può preservare l'aspettativa di riuscita futura. Se invece sono attribuiti a una causa ritenuta stabile, come la mancanza di abilità (causa interna, incontrollabile, globale), c'è una maggiore probabilità di sviluppare l'impotenza appresa.

Un'esemplificazione di questo processo è dato da uno studente che fallisce in una prova di matematica. Di fronte all'insuccesso lo studente potrebbe esprimere diversi tipi di attribuzione. Se esprime una causa interna, stabile, globale incontrollabile («Non sono intelligente») tenderà a sviluppare con maggiore probabilità l'impotenza appresa, rispetto alle altre situazioni, e in particolare rispetto a quella in cui esprime un'attribuzione interna, ma instabile e specifica per quella situazione («Ero saturo di matematica»). Così se attribuisce il fallimento a mancanza di impegno strategico, a errato metodo di studio, ha minore probabilità di sviluppare l'impotenza appresa.

L'impotenza appresa comporta problemi a livello cognitivo, emotivo e motivazionale. A livello cognitivo vi è la percezione di scarso controllo della situazione accompagnato a una teoria dell'intelligenza come entità e a obiettivi di apprendimento orientati alla prestazione. A livello emotivo si hanno paura, timore e ansia di fronte alle situazioni che non si vorrebbero affrontare, depressione per la propria incapacità di riuscire e apatia e rassegnazione di fronte ai fallimenti, considerati inevitabili. A livello motivazionale c'è la tendenza ad attribuire i successi delle proprie azioni a cause esterne, un abbassamento della fiducia in se stessi e dell'autostima.

Una situazione di impotenza appresa protratta nel tempo può condurre a una vera depressione, attraverso un meccanismo per cui gli insuccessi vengono tendenzialmente attribuiti alla mancanza di abilità («Non sono capace di ...») e i successi a cause esterne. Qualunque sia l'esito dei propri tentativi, questo viene attribuito a cause che sono al di fuori del proprio controllo. Di fronte a casi estremi come può essere considerata la depressione, l'insegnante ovviamente non è chiamato a intervenire, né a fare diagnosi; di fronte, invece, a situazioni di impotenza appresa può intervenire cercando di modificare le credenze attribuzionali dello studente e in ogni caso può svolgere un importante ruolo di prevenzione.

Tratto e adattato da *Psicologia cognitiva dell' apprendimento,* 2003, pp. 216-233

CAPITOLO 26

ALUNNI CON DISTURBI EVOLUTIVI SPECIFICI, DSA E ADHD

(Stefano Franceschi; Giorgia Sanna)

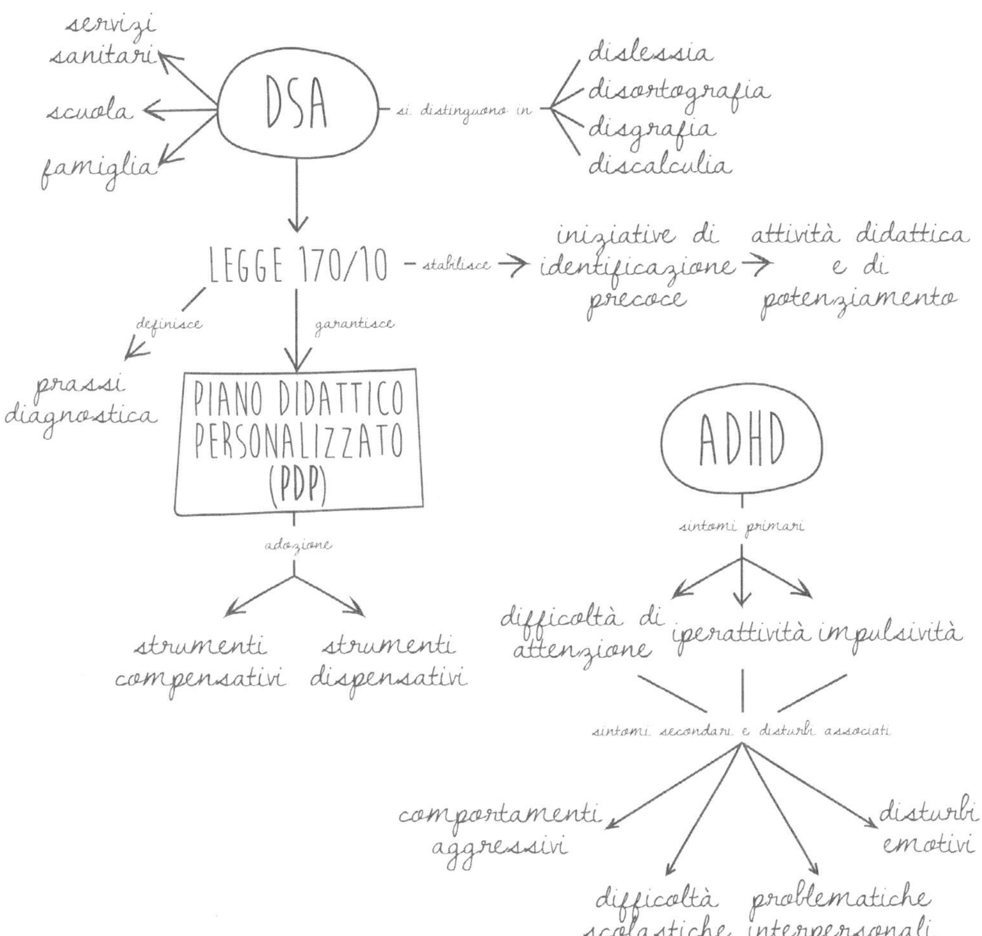

PRIMA PARTE – DISTURBI SPECIFICI DELL'APPRENDIMENTO

Stefano Franceschi

Negli ultimi anni in Italia si è assistito a un forte incremento di interesse per i disturbi specifici dell'apprendimento, che costituiscono un fenomeno particolarmente complesso, e in particolar modo per la dislessia evolutiva (Stella e Savelli, 2011).

Questa attenzione si è accentuata con la recente approvazione della Legge 170/2010 «Nuove norme in materia di disturbi specifici di apprendimento in ambito scolastico» che ha rappresentato il punto di arrivo di un lungo percorso per il pieno riconoscimento dei DSA nel nostro Paese e per consentire la migliore realizzazione delle potenzialità delle persone che ne sono affette. In linea generale la Legge 170 definisce dei principi al fine di garantire un corretto approccio a questi disturbi sia in ambito scolastico sia sanitario. Un approccio in ambito scolastico di carattere didattico dettagliatamente approfondito nel primo decreto attuativo del MIUR (n. 5669), accompagnato da Linee Guida, che stabilisce una serie di interventi atti a garantire la realizzazione di una didattica personalizzata e individualizzata ai particolari bisogni degli alunni con DSA (come la redazione di un Piano Didattico Personalizzato o specifiche forme di valutazione e verifica scolastica). È pur vero che l'approvazione di una legge non può di per sé risolvere tutti i problemi dato che la sua efficacia è fortemente dipendente dalla sua corretta applicazione.

Allo stato attuale, alcuni nodi critici interni alla legge sono stato oggetto di particolare attenzione: la questione aperta dall'art. 3 comma 1, ovvero per il riconoscimento del disturbo e la conseguente applicazione delle misure connesse avessero validità le sole diagnosi rilasciate dal SSN o anche quelle effettuate da specialisti o strutture accreditate, è stata affrontata nel recentissimo documento di Accordo Stato-Regioni su «Indicazioni per la diagnosi e la certificazione dei Disturbi Specifici di Apprendimento» che ha demandato alle Regioni la possibilità «nel caso in cui i servizi pubblici o accreditati dal Servizio sanitario nazionale non siano in grado di garantire il rilascio delle certificazioni in tempi utili per l'attivazione delle misure didattiche e delle modalità di valutazione previste e, comunque, quando il tempo richiesto per il completamento dell'iter diagnostico superi sei mesi [...]» di «prevedere percorsi specifici per l'accreditamento di ulteriori soggetti privati ai fini dell'applicazione dell'art. 3 della Legge 170/2010»; soggetti privati che devono dimostrare il possesso di alcuni specifici requisiti (art. 2 comma 1).

È comunque innegabile che la Legge, fortemente appoggiata dalle famiglie e dalle associazioni che si occupano della tutela dei diritti degli studenti con DSA (in particolar modo dall'Associazione Italiana Dislessia), possa veramente rappresentare il «volano» del cambiamento pratico e culturale riguardo ai DSA quanto mai necessario nel nostro Paese.

Cosa sono i Disturbi Specifici dell'Apprendimento

I Disturbi Specifici dell'Apprendimento (DSA) sono disabilità che compromettono significativamente l'acquisizione delle abilità strumentali di lettura, scrittura e del numero-calcolo che si manifestano in presenza di adeguate capacità cognitive (il termine «specifico» si riferisce alla condizione che questi disturbi si manifestano in soggetti indenni dal punto di vista intellettivo-cognitivo) e in assenza di patologie neurologiche e di deficit sensoriali ma possono costituire una limitazione importante per alcune attività della vita quotidiana. La classificazione adottata dalla Legge 170/2012, che riprende la distinzione operata in ambito clinico dalla Consensus Conference (2009), differenzia nella categoria «DSA» quattro quadri clinici distinti: la dislessia, la disortografia, la disgrafia e la discalculia.

La *dislessia* è un disturbo specifico che si manifesta con una difficoltà nell'imparare a leggere, in particolare nella decifrazione dei segni linguistici, ovvero nella correttezza e nella rapidità della lettura.

La *disortografia* è un disturbo specifico di scrittura che si manifesta in difficoltà nei processi linguistici di transcodifica.

La *disgrafia* è un disturbo specifico di scrittura che si manifesta in difficoltà nella realizzazione grafica.

La *discalculia* è un disturbo specifico che si manifesta con una difficoltà negli automatismi del calcolo e dell'elaborazione dei numeri.

I DSA possono sussistere separatamente o insieme; a questo proposito va sottolineato che la comorbilità nei Disturbi Specifici di Apprendimento e l'associazione tra loro e altri disturbi è la regola più che l'eccezione (si veda il paragrafo «Comorbilità tra e nei DSA»). A oggi esistono numerose definizioni della dislessia evolutiva, tuttavia quella che meglio riassume le caratteristiche e le più aggiornate conoscenze sul problema è quella fornita dall'International Dyslexia Association (IDA), un autorevole organo che raggruppa le associazioni nazionali sulla dislessia, che nel 2003 ha aggiornato ed esteso la definizione operativa di dislessia evolutiva elaborata nel 1994, sottolineando in particolare l'aspetto della specificità, l'origine neurobiologica e le caratteristiche con cui si manifesta: «La dislessia evolutiva è una disabilità specifica dell'apprendimento di origine neurobiologica. Essa è caratterizzata dalla difficoltà a effettuare una lettura accurata e/o fluente e da abilità scadenti nella scrittura e nella decodifica. Queste difficoltà tipicamente derivano da un deficit nella componente fonologica del linguaggio che è spesso inattesa in rapporto alle altre abilità cognitive e alla garanzia di un'adeguata istruzione scolastica. Conseguenze secondarie possono includere i problemi di comprensione nella lettura e una ridotta pratica della lettura che può impedire la crescita del vocabolario e delle conoscenze generali» (Lyon et al., 2003).

La definizione che meglio descrive la discalculia evolutiva è stata fornita dalla neuropsicologa inglese Temple (1997), che l'ha definito come un «disturbo delle abilità numeriche e aritmetiche che si manifesta in bambini di intelligenza normale e che non hanno subito danni neurologici: essa può presentarsi associata a dislessia, ma è possibile che ne sia anche dissociata».

Base neurobiologica e ipotesi causali

La base neurobiologica dei DSA, verosimilmente genetica (Pennington, 1999), è oggi ampiamente compresa e riconosciuta dalla comunità scientifica internazionale e recentemente anche dalla comunità scientifica italiana (Consensus Conference, 2009; Consensus Conference ISS, 2010); infatti, grazie all'impiego delle metodologie d'indagine delle neuroimmagini, come la PET (tomografia a emissione di positroni) o la RMF (risonanza magnetica funzionale), è stato possibile rilevare un disfunzionamento di alcune aree della corteccia del cervello delle persone con dislessia. L'accordo sulla natura neurobiologica del disturbo e sulla modalità di trasmissione genetica non è tutt'oggi estendibile alla localizzazione precisa delle sedi e delle funzioni responsabili del deficit. L'ampio consenso delle basi neurobiologiche dei DSA ovviamente non esclude il possibile ruolo che possono avere i fattori ambientali nel modulare l'espressione del disturbo nel corso degli anni; ruolo che è stato riconosciuto nella Consensus Conference sui DSA. Un criterio utile per la definizione dei DSA è:

> il carattere neurobiologico delle anomalie processuali che caratterizzano i DSA. È altrettanto importante sottolineare che i fattori «biologici» interagiscono attivamente, nella determinazione della comparsa del disturbo, con i fattori ambientali. (Consensus Conference, 2009)

Attualmente, tra i modelli teorici causali della dislessia evolutiva, in letteratura internazionale, si delineano tre principali filoni.

La teoria del deficit della processazione fonologica (Brady e Shankweiler, 1991) postula uno specifico problema nella rappresentazione, nell'immagazzinamento e nel recupero dei suoni del linguaggio nei soggetti dislessici. La stessa definizione dell'IDA (International Dyslexia Association) evidenzia quale *core symptom* del disturbo un deficit nella componente fonologica del linguaggio (Lyon, Shaywitz e Shaywitz, 2003; si veda anche Gersons-Wolfensberger e Ruijssenaars, 1997). In effetti, la spiegazione principale più largamente condivisa è che la dislessia derivi da deficit molto circoscritti all'abilità di processazione fonologica (Snowling, 1980; 1981; Morais, Cluytens e Alegria, 1984; Stanovich, 1986; Stanovich e Siegel, 1994), che interferirebbero con l'apprendimento del processo di lettura con conseguente difficoltà da parte del bambino dislessico a fissare le corrispondenze grafema-fonema. Queste evidenze sottolineano che i soggetti con disabilità di lettura non raggiungerebbero un sufficiente grado di consapevolezza per la struttura fonemica interna alle parole che impedirebbe o rallenterebbe l'apprendimento delle corrispondenze grafema-fonema in un sistema alfabetico come ad esempio quello della lingua italiana. Il sintomo principale del deficit fonologico è rappresentato dalla caratteristica difficoltà dei dislessici nella lettura di non parole (Rack et al., 1992; Stella e Franceschi, 2006) che obbligano selettivamente a ricodificare la stringa grafemica in un codice fonologico.

Una seconda teoria postula che il deficit risiede in un'alterazione nel funzionamento della via visiva magnocellulare (Stein e Walsh, 1997). Questa teoria, definita del deficit magnocellulare, indicherebbe che le difficoltà di lettura siano riconducibili a lievi anomalie in una specifica parte del sistema visivo chiamata appunto «magnocellulare», specializzato nella percezione del movimento, nella codifica visuo-spaziale e coinvolto nel controllo dei movimenti oculari. I circuiti magnocellulari giocano un ruolo importante anche per altre modalità sensoriali (ad esempio uditiva) e questo potrebbe spiegare le difficoltà riscontrate nei soggetti dislessici nel percepire stimoli uditivi in rapida successione e di breve durata (come le consonanti).

La teoria cerebellare del deficit di automatizzazione (Nicolson e Fawcett, 2005) come fattore causale della dislessia postula che il cervelletto gioca un ruolo importante nei processi articolatori del linguaggio, che a loro volta influenzano le rappresentazioni fonologiche, e che interviene nell'automatizzazione delle procedure (come il leggere). Questa teoria si fonda sull'osservazione di scarse prestazioni dei dislessici in compiti che richiedono coordinazione motoria.

Al di là dei dati empirici provenienti da diversi ambiti di ricerca che convergono, maggiormente, nell'individuare un core deficit fonologico della dislessia (Ramus et al., 2003), la difficoltà nel trattare e nel confrontare le teorie eziologiche alla base della dislessia evolutiva deriva dal fatto che spesso essa si presenta in co-occorrenza con altri disturbi, sia di linguaggio che attentivi che di coordinazione motoria, e che quindi contribuiscono a determinare quadri neurofunzionali particolarmente variegati ed eterogenei.

Manifestazione dei DSA

I DSA hanno un carattere evolutivo e si manifestano già dalle prime fasi di apprendimento, quando il bambino viene a contatto con il codice scritto. Solitamente il bambino compie errori caratteristici nella lettura e nella scrittura come la sostituzione di lettere (m/n; v/f; b/d, a/e) oppure l'inversione di lettere e numeri (ad esempio 21/12), fatica a imparare le tabelline e alcune informazioni in sequenza come i giorni della settimana, i mesi dell'anno; può fare confusione nei rapporti spaziali e temporali (destra/sinistra; ieri/domani). In alcuni casi sono presenti anche difficoltà in abilità fino-motorie (ad esempio allacciarsi le scarpe), nel calcolo, nella capacità di attenzione e di concentrazione.

Comorbilità tra e nei DSA

La questione della comorbilità nei e tra i Disturbi Specifici di Apprendimento (DSA) solleva importanti interrogativi sia a livello clinico, per quanto riguarda l'inquadramento diagnostico, le stime epidemiologiche, la progettazione dell'intervento riabilitativo, che a livello teorico, in relazione allo statuto epistemologico del termine «specifico» e al modello di architettura cognitiva «modulare» che esso sottende (Rice e Brooks, 2004; Rispens e Van Yperen, 1997).

Il disturbo di lettura è spesso associato ad altre condizioni disfunzionali più o meno evidentemente connesse con l'apprendimento. Dalle osservazioni cliniche si rileva quotidianamente come la dislessia sia, sul piano epidemiologico, molto più frequentemente associata ad altri disturbi piuttosto che presentarsi isolatamente. Un'elevata comorbilità è da evidenziare con gli altri disturbi specifici dell'apprendimento quali la disortografia, la disgrafia e la discalculia. La natura linguistica del disturbo di scrittura (Disortografia) è influenzata negativamente dagli stessi processi che rendono difficoltosa la lettura. Molti studi, anche italiani (Gagliano et al., 2007; Stella, Franceschi e Savelli, 2009), hanno dimostrato come la prevalenza del disturbo di scrittura nei bambini dislessici sia particolarmente elevata (con valori percentuali compresi tra il 65% e il 99%). Questo dato suggerirebbe che la dissociazione nello sviluppo dei processi di lettura e scrittura sia più una prospettiva teorica che non una realtà clinicamente evidente, almeno in età evolutiva. Tuttavia, l'ipotesi che lettura e scrittura siano abilità autonome, e quindi soggette a possibili compromissioni indipendenti, è una questione teorica tuttora molto dibattuta in letteratura. Per quanto riguarda gli aspetti prettamente motori del disturbo di scrittura (disgrafia), essi sono indipendenti dalle competenze linguistiche e riguardano maggiormente le abilità prassiche e visuo-motorie che, se deficitarie, potrebbero evolvere in un disturbo nella grafia spesso co-diagnosticato nei soggetti dislessici; anche il disturbo del calcolo può presentarsi in associazione al disturbo di lettura. Un recente lavoro di ricerca sui disturbi comorbili nella dislessia evolutiva ha evidenziato che circa il 50% dei soggetti presenta una comorbilità circoscritta ai vari DSA (Stella, Franceschi e Savelli, 2009) senza altri disturbi associati.

Tuttavia, oltre alla frequente comorbilità tra i vari DSA, il disturbo di lettura può presentarsi associato ad altre condizioni disfunzionali sia di tipo neuropsicologico sia di carattere psicopatologico (Mugnaini, Chelazzi e Romagnoli, 2008). Nel primo gruppo troviamo i deficit della percezione visiva, disturbi dell'attenzione e iperattività, deficit della memoria di lavoro, disturbi del linguaggio, disturbi di coordinazione motoria oltre a problematiche legate alle prassie, alla coordinazione oculo-motoria e ad altri aspetti dello sviluppo motorio. Nel secondo gruppo troviamo condizioni di natura diversa, come i disturbi d'ansia, sia generalizzati che di separazione, e la fobia scolare, anch'essi frequentemente associati ai disturbi specifici dell'apprendimento.

È evidente, quindi, come in presenza di una percentuale così notevole di alterazioni del neuro-sviluppo e psico-patologiche associate al disturbo di lettura, possa essere *difficile continuare a considerare la dislessia evolutiva come un'entità clinica facilmente isolabile e descrivibile nosograficamente* con le singole categorie dei sistemi diagnostici attuali.

Nel documento finale della Consensus Conference (2009), elaborato con il concorso delle principali associazioni clinico-scientifiche che si interessano ai DSA, è stata riconosciuta, sul piano descrittivo, la consistente comorbilità tra più disturbi («la pratica clinica evidenzia un'alta presenza di comorbilità sia fra i disturbi specifici dell'apprendimento sia con altre condizioni cliniche quali disprassie, disturbi del comportamento e dell'umore, ADHD, disturbi d'ansia, ecc.»), senza che si potesse stabilire e qualificare il tipo di relazione che lega i vari disturbi tra loro. «Allo stato attuale delle conoscenze la comorbilità nelle due condizioni descritte va intesa come una co-occorrenza, definita come contemporaneità o concomitanza della presenza di più disturbi in assenza di una relazione tra loro di tipo causale o monopatogenetica. Pertanto anche la compresenza di disturbi specifici dell'apprendimento (ad esempio, dislessia e disortografia) non va necessariamente intesa come espressione diversa di un unico fattore patogenetico.»

Principali fattori di rischio (DSL e familiarità)

La ricerca internazionale attraverso studi longitudinali (che esaminano e seguono lo sviluppo degli stessi bambini per diversi anni) ha documentato un legame sufficientemente solido e di relazione causale tra il Disturbo Specifico del Linguaggio (DSL) e il Disturbo Specifico dell'Apprendimento (DSA); infatti, nonostante vi sia la possibilità di una remissione del disturbo specifico del linguaggio prima dell'avvio alla fase di apprendimento formale del codice scritto, vi sono probabilità particolarmente elevate (stimate fino all'80%) che un disturbo specifico del linguaggio che persiste oltre i quattro anni possa evolvere in un disturbo specifico dell'apprendimento. Il disturbo specifico del linguaggio è il predittore più affidabile della dislessia.

Un ulteriore elemento di rischio che potrebbe far prevedere la comparsa di un DSA è dato dalla familiarità: infatti gli studi sulla familiarità della dislessia evolutiva evidenziano che il 40% dei papà e il 23% delle mamme dei bambini dislessici evolutivi sono anch'essi affetti dallo stesso disturbo.

Individuazione precoce del rischio DSA

L'importanza di adottare azioni volte all'identificazione precoce è stata recentemente riconosciuta anche dalla Legge 170/2010 (art. 3, comma 3), che stabilisce che apposite iniziative di screening (strumento essenziale per una precoce identificazione del problema) debbano essere attuate dalle scuole di ogni ordine e grado — già a partire dalla scuola dell'infanzia — di concerto con gli operatori del Servizio Sanitario Nazionale, secondo protocolli condivisi (art. 7, comma 1). La Legge sottolinea come l'attuazione di queste iniziative, volte a identificare una condizione di «rischio», non costituisca l'emissione di una Diagnosi di DSA.

> *Art. 3 comma 3*
>
> È compito delle scuole di ogni ordine e grado, comprese le scuole dell'infanzia, attivare, previa apposita comunicazione alle famiglie interessate, interventi tempestivi, idonei a individuare i casi sospetti di DSA degli studenti, sulla base dei protocolli regionali di cui all'articolo 7, comma 1. L'esito di tali attività non costituisce, comunque, una diagnosi di DSA.
>
> *Art. 7 comma 1*
>
> Con decreto del Ministro dell'istruzione, dell'università e della ricerca, di concerto con il Ministro della salute, previa intesa in sede di Conferenza permanente per i rapporti tra lo Stato, le regioni e le province autonome di Trento e di Bolzano, si provvede, entro quattro mesi dalla data di entrata in vigore della presente legge, a emanare linee guida per la predisposizione di protocolli regionali, da stipulare entro i successivi sei mesi, per le attività di identificazione precoce di cui all'articolo 3, comma 3.

Il principale obiettivo di un'azione di screening (Greer, Bauchner e Zuckerman, 1989), è quello di identificare soggetti, appartenenti a una popolazione generale, che presentino un elevato rischio per un particolare disturbo e quindi di prevedere e/o anticipare un certo corso di eventi, nel caso specifico l'insorgere di un DSA, al fine di prevenirlo o ridurne gli effetti intervenendo in maniera tempestiva ed efficace, dato che la tempestività sembra essere una delle variabili più rilevanti per determinare l'efficacia di un intervento di recupero (Baker e Smith, 1999; Jackson et al., 1999; Schneider, Roth e Emmoser, 2000). Nei Paesi anglosassoni e in quelli scandinavi le prassi di screening sono ormai ben consolidate e collaudate, mentre nel nostro Paese pur essendo proliferate negli ultimi anni varie iniziative in questa direzione, non esiste una metodologia di intervento universalmente riconosciuta e adottata né strumenti ben validati rispetto alle caratteristiche di sensibilità e specificità nella loro capacità predittiva. Infatti, negli ultimi tempi, anche in Italia numerosi studi indicano che anticipare l'identificazione del rischio all'ultimo anno della scuola dell'infanzia è una possibilità concreta (Fioravanti, Franceschi e Savelli, 2012), da cui potrebbero derivare alcuni vantaggi, primo tra tutti quello di modulare fin dall'inizio le strategie di insegnamento sulle specifiche necessità di questi alunni (il concetto di un insegnamento personalizzato richiamato anche nella Legge 170/2010), aumentando in questo modo la probabilità di «accompagnare» il bambino nelle diverse fasi di acquisizione del codice alfabetico, senza che il suo ritmo si discosti troppo da quello del resto della classe. Per l'ultimo anno della scuola dell'infanzia sono stati costruiti strumenti di valutazione diretta (Marotta et al., 2008) e questionari osservativi (Terreni et al., 2011) finalizzati all'individuazione precoce del rischio di sviluppare un DSA.

Gli unici strumenti presenti nel panorama nazionale per l'identificazione precoce delle difficoltà di calcolo sono: per la scuola dell'infanzia, la batteria BIN 4-6 (Molin, Poli e Lucangeli, 2007), che fornisce un quadro dei primi apprendimenti matematici in bambini a sviluppo tipico, relativamente alla fascia d'età 4-6 anni; per la scuola primaria, l'AC-MT 6-10 (Cornoldi, Lucangeli e Bellina, 2012); per la scuola secondaria di primo grado, l'AC-MT 11-14 (Cornoldi e Cazzola, 2004).

Va comunque sottolineato che, se da un lato gli screening possono rappresentare importanti mezzi di prevenzione e conoscenza che consentono con un certo grado di affidabilità di anticipare un decorso di sviluppo e ridurre la sequela di effetti negativi conseguente a un mancato riconoscimento precoce delle difficoltà, è altrettanto vero che sono strumenti molto delicati che dovrebbero essere maneggiati con cura da persone esperte. A tal proposito la Consensus Conference (2009) raccomanda che gli screening

> andrebbero condotti dagli insegnanti con la consulenza di professionisti della salute. Andrebbero intesi come ricerca-azione: professioni diverse accettano di affrontare un problema condividendo evidenze scientifiche e azioni e verificandone gli effetti nel tempo. Questi screening richiedono dunque un'attività di formazione e di costruzione condivisa di strumenti con gli operatori sanitari al fine di mettere gli insegnanti in condizioni di riconoscere gli indicatori di rischio e di favorire in modo ottimale lo sviluppo delle competenze implicate nell'apprendimento della letto-scrittura e del calcolo. Essi andrebbero condotti all'inizio dell'ultimo anno della scuola dell'infanzia con l'obiettivo di realizzare attività didattico-pedagogiche mirate. Qualora, nonostante un'attività didattica mirata, alla fine dell'ultimo anno della scuola dell'infanzia permangano significativi segnali di rischio, è opportuna la segnalazione ai servizi sanitari per l'età evolutiva. [...] All'inizio della scuola primaria, soprattutto in assenza di valutazioni precedenti o di passaggio di informazioni tra i due ordini di scuola, gli indicatori di rischio e gli screening assumono caratteristiche e obiettivi sovrapponibili a quelli descritti per la scuola dell'infanzia.

Cosa deve/può fare la scuola

I Disturbi Specifici dell'Apprendimento sono un problema complesso che richiede, per essere efficacemente affrontato, la messa in atto di comportamenti sinergici tra i diversi attori (scuola, famiglia, servizi sanitari) che a vario titolo sono coinvolti nelle diverse fasi di gestione dell'intervento con alunni con DSA. Infatti, se a livello nosografico e descrittivo, i DSA sono disturbi funzionalmente circoscritti all'apprendimento delle abilità strumentali da un punto di vista quotidiano, le ricadute sono pervasive in molti ambiti della vita personale-sociale. Le *Linee guida per il diritto allo studio degli alunni e degli studenti con disturbo specifico di apprendimento* (parte integrante del decreto n. 5669), documento particolarmente dettagliato per un'applicazione pratica nel contesto classe, richiamano l'attenzione sul ruolo fondamentale dell'insegnante che è in una posizione privilegiata per osservare lo sviluppo e l'evoluzione delle abilità e quindi le eventuali atipie negli apprendimenti. Alle attività di identificazione precoce (si veda paragrafo «Individuazione precoce del rischio DSA»), e di osservazione delle prestazioni atipiche che fanno emergere le difficoltà nell'apprendimento della lingua scritta, partendo dalla constatazione che la principale differenza tra ritardo e disturbo dell'apprendimento può essere rintracciata nel modificazione della risposta a seguito di stimolazioni mirate, non devono seguire segnalazioni di consultazione specialistica bensì *attività di potenziamento e recupero* che meglio possono contribuire a chiarire la natura della difficoltà.

Il *potenziamento* riguarda lo sviluppo tipico ed è l'insieme degli interventi volti a favorire e promuovere l'acquisizione e il normale sviluppo di una funzione non ancora esercitata al meglio.

Con questa lettura le iniziative di identificazione precoce consentono di avviare delle attività di potenziamento sulla base degli indicatori utilizzati per rilevare la condizione di rischio e di modellare l'intervento in relazione alla specifica fase di apprendimento. Nella progettazione e nella realizzazione di queste attività di potenziamento è necessario tenere in debita considerazione le abilità fonologiche dell'allievo, in modo da potergli proporre stimoli adatti alle sue capacità. Inoltre il lavoro di potenziamento deve considerare la gradualità di acquisizione della lingua scritta così come descritto dalla Frith (1985) nel suo modello gerarchico di apprendimento della letto-scrittura: quindi prevedere dapprima gli stimoli di livello alfabetico, che consentono ai bambini con difficoltà di esercitarsi con parole in cui il numero dei fonemi corrisponde al numero delle lettere e, solo successivamente, quando si è raggiunta una buona stabilità con questo livello, introdurre i livelli più complessi della fase ortografica e della fase lessicale in cui le mappature non sono più biunivoche.

La scuola deve garantire inoltre in sinergia con gli altri attori (famiglia e servizi sanitari) l'attuazione di una didattica personalizzata e individualizzata attraverso la stesura di un Piano Didattico Personalizzato (PDP, come previsto dall'art. 5 del decreto n. 5669) anche attraverso l'impiego di strumenti compensativi didattici e tecnologici.

Didattica Individualizzata

La didattica individualizzata consiste nelle attività di recupero individuale che può svolgere l'alunno per potenziare determinate abilità o per acquisire specifiche competenze, anche nell'ambito delle strategie compensative e del metodo di studio; tali attività individualizzate possono essere realizzate nelle fasi di lavoro individuale in classe o in momenti ad esse dedicati, secondo tutte le forme di flessibilità del lavoro scolastico consentite dalla normativa vigente.

Didattica Personalizzata

La didattica personalizzata si sostanzia attraverso l'impiego di una varietà di metodologie e strategie didattiche, tali da promuovere le potenzialità e il successo formativo in ogni alunno: l'uso dei mediatori didattici (schemi, mappe concettuali, ecc.), l'attenzione agli stili di apprendimento, la calibrazione degli interventi sulla base dei livelli raggiunti, nell'ottica di promuovere un apprendimento significativo.

A titolo esemplificativo, nel sito del MIUR vengono pubblicati alcuni modelli di Piano Didattico Personalizzato (http://www.istruzione.it/web/istruzione/dsa).

SECONDA PARTE – DISTURBO DA DEFICIT DI ATTENZIONE/IPERATTIVITÀ

Giorgia Sanna

Quadro clinico, cause eziologiche e caratteristiche comportamentali

L'ADHD (Acronimo inglese di «Attention Deficit Hyperactivity Disorder») si riferisce al Disturbo da Deficit di Attenzione/Iperattività che si caratterizza per la presenza di sintomi di disattenzione, impulsività/iperattività, riconducibili a difficoltà nell'autocontrollo e nella capacità di pianificazione, non attribuibili a un deficit dell'intelligenza. Riguardo alle origini dell'ADHD nel corso degli anni Novanta le conoscenze scientifiche si sono notevolmente arricchite per l'intensificarsi di numerosi studi, tuttora in corso, sul funzionamento del cervello. Tuttavia, sulle origini dell'ADHD esistono ancora oggi pareri non uniformi: da un lato c'è chi sostiene che esso derivi da conseguenze ambientali particolarmente svantaggiate e dall'altro invece c'è chi ritiene che le cause del disturbo siano da rintracciare in anomalie di tipo neurobiologico. In realtà, è verosimile che la causa dell'ADHD sia multifattoriale e cioè che i vari fattori, neurobiologici e psicosociali, contribuiscano insieme al suo manifestarsi, ma che i fattori psicosociali, da soli, non siano la causa primaria. Tra coloro che sostengono l'origine organica, sulla base di evidenze genetiche e studi di neuroimmagini, l'ADHD è riconosciuto quale espressione di un disturbo che coinvolge la corteccia prefrontale, i nuclei della base e il cervelletto, e che si manifesta come alterazione nell'elaborazione delle risposte agli stimoli ambientali. Alcuni studi fondati sulle tecniche di diagnostica per immagini hanno evidenziato che la corteccia prefrontale, parte del cervelletto e alcuni nuclei della base (nucleo caudato e il globus pallidus) dei bambini con ADHD risultano più piccoli di quelli dei bambini sani. Tali differenze appaiono significative poiché le aree cerebrali di dimensioni ridotte sono proprio quelle che regolano l'attenzione, la programmazione e controllo del comportamento, l'inibizione delle risposte automatiche, la capacità di resistenza alle distrazioni. Se è pur vero che una quota consistente di bambini può presentare comportamenti di disattenzione e/o irrequietezza motoria, è altrettanto vero che i bambini con un Disturbo da Deficit di Attenzione/Iperattività hanno difficoltà pervasive e persistenti che sono state dettagliatamente descritte nella Circolare del MIUR prot. n. 4089 del 15/06/2010 che ha a sua volta fatto riferimento a un documento congiunto sottoscritto da associazioni che si occupano dell'ADHD (AIRIPA, SINPIA, AIDAI e AIFA). Nel documento citato vengono evidenziate le caratteristiche dei bambini con ADHD che presentano difficoltà nel:

- selezionare le informazioni necessarie a eseguire il compito e mantenere l'attenzione per il tempo utile a completare la consegna;
- resistere a elementi distraenti presenti nell'ambiente o a pensieri divaganti;
- seguire le istruzioni e rispettare le regole;
- utilizzare i processi esecutivi di individuazione, pianificazione e controllo di sequenze di azioni complesse, necessarie all'esecuzione di compiti e problemi;
- regolare il comportamento che si caratterizza quindi per un'eccessiva irrequietezza motoria e si esprime principalmente in movimenti non finalizzati, nel frequente abbandono della posizione seduta e nel rapido passaggio da un'attività all'altra;
- controllare, inibire e differire risposte o comportamenti che in un dato momento risultano inappropriati: aspettare il proprio turno nel gioco o nella conversazione;
- applicare in modo efficiente strategie di studio che consentano di memorizzare le informazioni a lungo termine.

Tali modalità di comportamento sono presenti in tutti i contesti (casa, scuola, ambienti di gioco) e nella gran parte delle situazioni quotidiane (lezioni, compiti a casa, gioco con i genitori e con i coetanei, a tavola, davanti al televisore, ecc.), costituendo una caratteristica costante del bambino, tanto da interferire in modo marcato con il suo funzionamento sociale.

Sebbene ancora non esista una risposta certa e univoca del funzionamento cognitivo dei bambini con ADHD, numerose ricerche affermano che i loro problemi principali riguardano difficoltà di attenzione sostenuta, di memoria a breve termine, di pianificazione e autocontrollo; queste difficoltà hanno quali conseguenze dirette un basso rendimento scolastico. Il tutto è ulteriormente complicato dalla presenza importante di iperattività e impulsività che possono determinare conseguenze negative a livello di relazioni sociali e comportamentali.

Le caratteristiche primarie dell'ADHD — disattenzione, iperattività e impulsività — producono quindi a cascata difficoltà secondarie a breve e a lungo termine (tabella 26.1).

TABELLA 26.1

Caratteristiche primarie e secondarie del bambino con ADHD

Caratteristiche primarie	Caratteristiche secondarie
- deficit di attenzione sostenuta - deficit di memoria a breve termine - deficit di pianificazione e auto regolazione (funzioni esecutive) - iperattività - impulsività	Derivano dall'interazione tra quelle primarie del disturbo e l'ambiente circostante: - difficoltà scolastiche - difficoltà di socializzazione - bassa stima di sé

Alcuni cenni sulla diagnosi

L'iter diagnostico per l'ADHD è complesso e richiede un'elevata esperienza da parte degli operatori clinici. La diagnosi è di competenza del neuropsichiatra infantile esperto, tuttavia anche altri operatori della salute mentale dell'età evolutiva con competenze specifiche possono fare diagnosi di ADHD.

Non esistono test diagnostici specifici per questo disturbo, la diagnosi si basa sull'osservazione clinica e sulla raccolta di informazioni fornite da fonti multiple e provenienti da diversi contesti: genitori, insegnanti, educatori.

Per la raccolta di informazioni vengono spesso utilizzate interviste semistrutturate o questionari. Tali strumenti possono essere esclusivamente centrati sulla sintomatologia dell'ADHD, oppure spaziare sui diversi ambiti della psicopatologia, in modo da individuare possibili disturbi associati (disturbi dell'umore, disturbi d'ansia, disturbi della condotta).

È inoltre opportuno effettuare un esame psicologico direttamente con il bambino e valutare con apposite prove strutturate:

- le capacità cognitive;
- lo stato degli apprendimenti scolastici;
- l'eventuale presenza di disturbi del linguaggio;
- le capacità di pianificazione, autocontrollo, categorizzazione, ecc. (funzioni esecutive).

Per la varietà e la complessità della valutazione è auspicabile la collaborazione tra differenti figure professionali come il pediatra, lo psicologo, il pedagogista, l'assistente sociale, ecc.

Si ribadisce l'importanza della raccolta di informazioni sul comportamento e le caratteristiche del bambino da fonti multiple, attraverso la compilazione di questionari specifici per genitori e insegnanti.

I questionari sono strumenti preziosi come complemento diagnostico, ma consentono solo un inquadramento parziale del disturbo e, in nessun caso, il loro utilizzo esclusivo consente di poter formulare automaticamente una diagnosi.

La diagnosi di ADHD si basa su due sistemi di classificazione principali: l'ICD-10 (International Classification of Diseases) dell'OMS (1992) e il DSM-5 «Manuale Diagnostico e Statistico dei Disturbi Mentali», redatto dalla American Psychiatric Association (APA, 2014), che ha sostituito la precedente versione DSM-IV del 1994; diverse linee guida sul disturbo, tra cui quelle del NICE (National Institute for Clinical Excellence, UK), fanno ancora riferimento al DSM-IV, così come studi clinici avviati prima della nuova edizione del DSM.

Nel DSM-5 ci sono stati dei cambiamenti per la diagnosi di ADHD: i sintomi possono presentarsi prima dei 12 anni, e non entro i 7 anni come nel DSM IV; diversi sintomi devono ora essere presenti in più di un ambiente piuttosto che in almeno due contesti (ad esempio casa e scuola; scuola e situazioni di gioco, ecc.); nuove descrizioni sono state aggiunte per mostrare come i sintomi potrebbero cambiare in età più avanzata; per la diagnosi in adulti e adolescenti solo 5 i sintomi sono necessari, invece dei 6 richiesti per i bambini più piccoli.

Il sistema di classificazione medica ICD-10 chiama il disturbo Sindrome Ipercinetica (HKD), simile al Disturbo da Deficit Attentivo con Iperattività di tipo combinato (Disattenzione + Iperattività/Impulsività ADHD-C) come indicato nei criteri del DSM.

I 18 sintomi descritti nel DSM-5, così come nel DSM-IV, sono gli stessi presenti nell'ICD-10, l'unica differenza risiede nell'item (f) della categoria Iperattività/Impulsività (parla eccessivamente) che per l'OMS è segno di impulsività mentre per l'APA di iperattività.

I criteri diagnostici sono divisi in due domini di sintomi: Disattenzione e Iperattività/Impulsività.

Per l'ICD si ha una diagnosi se si presentano contemporaneamente sintomi di disattenzione, iperattività e almeno un sintomo di impulsività; la contemporanea presenza di altri disturbi psichiatrici, come il disturbo della condotta o il disturbo oppositivo-provocatorio, comporta l'inclusione in specifici raggruppamenti diagnostici, come disturbo ipercinetico della condotta. L'ICD infatti non ammette comorbilità, ma tenta di descrivere una specifica sindrome per ogni tipo di paziente. Con il DSM, invece, sono possibili le comorbilità (con il DSM-5 è possibile effettuare una diagnosi di ADHD in comorbilità con il disturbo dello spettro autistco).

TABELLA 26.2

Sintomi e criteri diagnostici secondo il DSM-5® (APA, 2014, pp. 68-70)*

Disturbo da Deficit di Attenzione e Iperattività

A. Un pattern persistente di disattenzione e/o iperattività-impulsività che interferisce con il funzionamento o lo sviluppo, come caratterizzato da (1) e/o (2):

1. Disattenzione: Sei (o più) dei seguenti sintomi sono persistiti per almeno 6 mesi con un'intensità incompatibile con il livello di sviluppo e che ha un impatto negativo diretto sulle attività sociali e scolastiche/lavorative.
   Nota: I sintomi non sono soltanto una manifestazione di comportamento oppositivo, sfida, ostilità o incapacità di comprendere i compiti o le istruzioni. Per gli adolescenti più grandi e per gli adulti (17 anni e oltre di età) sono richiesti almeno cinque sintomi.
   a. Spesso non riesce a prestare attenzione ai particolari o commette errori di distrazione nei compiti scolastici, sul lavoro o in altre attività (per es., trascura o omette dettagli, il lavoro non è accurato).
   b. Ha spesso difficoltà a mantenere l'attenzione sui compiti o sulle attività di gioco (per es., ha difficoltà a rimanere concentrato/a durante una lezione, una conversazione o una lunga lettura).
   c. Spesso non sembra ascoltare quando gli/le si parla direttamente (per es., la mente sembra altrove, anche in assenza di distrazioni evidenti).
   d. Spesso non segue le istruzioni e non porta a termine i compiti scolastici, le incombenze o i doveri sul posto di lavoro (per es., inizia i compiti ma perde rapidamente la concentrazione e viene distratto/a facilmente).
   e. Ha spesso difficoltà a organizzarsi nei compiti e nelle attività (per es., difficoltà nel gestire compiti sequenziali; difficoltà nel tenere in ordine materiali e oggetti; lavoro disordinato, disorganizzato; gestisce il tempo in modo inadeguato, non riesce a rispettare le scadenze).
   f. Spesso evita, prova avversione o è riluttante a impegnarsi in compiti che richiedono sforzo mentale protratto (per es., compiti scolastici o compiti a casa; per gli adolescenti più grandi e gli adulti, stesura di relazioni, compilazione di moduli, revisione di documenti).
   g. Perde spesso gli oggetti necessari per i compiti o le attività (per es., materiale scolastico, matite, libri, strumenti, portafogli, chiavi, documenti, occhiali, telefono cellulare).
   h. Spesso è facilmente distratto/a da stimoli esterni (per gli adolescenti più grandi e gli adulti, possono essere compresi pensieri incongrui).
   i. È spesso sbadato/a nelle attività quotidiane (per es., sbrigare le faccende; fare commissioni; per gli adolescenti più grandi e per gli adulti, ricordarsi di fare una telefonata; pagare le bollette; prendere appuntamenti).

2. **Iperattività e impulsività:** Sei (o più) dei seguenti sintomi persistono per almeno 6 mesi con un'intensità incompatibile con il livello di sviluppo e che ha un impatto negativo diretto sulle attività sociali e scolastiche/lavorative:
Nota: I sintomi non sono soltanto una manifestazione di comportamento oppositivo, sfida, ostilità o incapacità di comprendere i compiti o le istruzioni. Per gli adolescenti più grandi e per gli adulti (età di 17 anni e oltre) sono richiesti almeno cinque sintomi.
    a. Spesso agita o batte mani e piedi o si dimena sulla sedia.
    b. Spesso lascia il proprio posto in situazioni in cui si dovrebbe rimanere seduti (per es., lascia il posto in classe, in ufficio o in un altro luogo di lavoro, o in altre situazioni che richiedono di rimanere al proprio posto).
    c. Spesso scorrazza e salta in situazioni in cui farlo risulta inappropriato. (Nota: Negli adolescenti e negli adulti può essere limitato al sentirsi irrequieti.)
    d. È spesso incapace di giocare o svolgere attività ricreative tranquillamente.
    e. È spesso "sotto pressione", agendo come se fosse "azionato/a da un motore" (per es., è incapace di rimanere fermo/a, o si sente a disagio nel farlo, per un periodo di tempo prolungato, come nei ristoranti, durante le riunioni; può essere descritto/a dagli altri come una persona irrequieta o con cui è difficile avere a che fare).
    f. Spesso parla troppo.
    g. Spesso "spara" una risposta prima che la domanda sia stata completata (per es., completa le frasi dette da altre persone; non riesce ad attendere il proprio turno nella conversazione).
    h. Ha spesso difficoltà nell'aspettare il proprio turno (per es., mentre aspetta in fila).
    i. Spesso interrompe gli altri o è invadente nei loro confronti (per es., interrompe conversazioni, giochi o attività; può iniziare a utilizzare le cose degli altri senza chiedere o ricevere il permesso; adolescenti e adulti possono inserirsi o subentrare in ciò che fanno gli altri).

B. Diversi sintomi di disattenzione o di iperattività-impulsività erano presenti prima dei 12 anni.
C. Diversi sintomi di disattenzione o di iperattività-impulsività si presentano in due o più contesti (per es., a casa, a scuola o al lavoro; con amici o parenti; in altre attività).
D. Vi è una chiara evidenza che i sintomi interferiscono con, o riducono, la qualità del funzionamento sociale, scolastico o lavorativo.
E. I sintomi non si presentano esclusivamente durante il decorso della schizofrenia o di un altro disturbo psicotico e non sono meglio spiegati da un altro disturbo mentale (per es., disturbo dell'umore, disturbo d'ansia, disturbo dissociativo, disturbo di personalità, intossicazione o astinenza da sostanze).

Specificare quale:

314.01 (F90.2) Manifestazione combinata: Se il Criterio A1 (disattenzione) e il Criterio A2 (iperattività-impulsività) sono soddisfatti entrambi negli ultimi 6 mesi.
314.00 (F90.0) Manifestazione con disattenzione predominante: Se il Criterio A1 (disattenzione) è soddisfatto ma il Criterio A2 (iperattività-impulsività) non è soddisfatto negli ultimi 6 mesi.
314.01 (F90.1) Manifestazione con iperattività/impulsività predominanti: Se il Criterio A2 (iperattività-impulsività) è soddisfatto e il Criterio A1 (disattenzione) non è soddisfatto negli ultimi 6 mesi.

Specificare se:

In remissione parziale: Quando tutti i criteri sono stati precedentemente soddisfatti, non tutti i criteri sono stati soddisfatti negli ultimi 6 mesi e i sintomi ancora causano compromissione del funzionamento sociale, scolastico o lavorativo.

Specificare la gravità attuale:

Lieve: Sono presenti pochi, ove esistenti, sintomi oltre a quelli richiesti per porre la diagnosi, e i sintomi comportano solo compromissioni minori del funzionamento sociale o lavorativo.
Moderata: Sono presenti sintomi o compromissione funzionale compresi tra" lievi" e "gravi".
Grave: Sono presenti molti sintomi oltre a quelli richiesti per porre la diagnosi, o di- versi sintomi che sono particolarmente gravi, o i sintomi comportano una marcata compromissione del funzionamento sociale o lavorativo.

ADHD, un Bisogno Educativo Speciale

Con la diffusione della Direttiva del 27 dicembre 2012, «Strumenti d'intervento per alunni con bisogni educativi speciali e organizzazione territoriale per l'inclusione scolastica», e la successiva Circolare del 6 marzo, «Indicazioni operative», la scuola italiana si è trovata in una situazione di *confusione*, si sono create molte aspettative e al tempo stesso molti dubbi e resistenze.

In tanti professionisti della scuola si sono domandati come recepire la Direttiva e la successiva Circolare e cosa farne per renderle operative nella quotidianità scolastica.

La Direttiva estende il campo di intervento e di responsabilità della scuola a tutti i Bisogni Educativi Speciali, non solo agli alunni con certificazione di disabilità, andando a comprendere quindi anche quelli con svantaggio sociale e culturale, disturbi aspecifici e specifici (per questi dal 2010 è in vigore la Legge 170) di apprendimento e/o disturbi evolutivi specifici, difficoltà linguistiche e culturali derivanti dalla provenienza da culture diverse, ecc.

La lettura attenta della Direttiva ministeriale del 27 dicembre 2012 e la relativa Circolare n. 8 del 6 marzo 2013 può portarci a delle considerazioni sulle finalità inclusive della scuola italiana. Il bambino individuato come BES non necessariamente richiederà la presenza di un docente di sostegno per la classe, vi è quindi una corresponsabilità degli insegnanti curricolari e di sostegno. I docenti sono coloro che valutano il funzionamento del bambino o ragazzo in classe e che pongono la loro esperienza e competenza in ambito didattico e pedagogico per individuare i casi BES e per intervenire.

La Direttiva del 27 dicembre 2012 e la Circolare n. 8 del 6 marzo 2013 si integrano reciprocamente: la Direttiva estende il campo di intervento e di responsabilità della scuola a *tutti i BES*.

Vediamo cosa dice la Direttiva Ministeriale, nel paragrafo 1.3, relativamente alla stesura di un Piano Didattico Personalizzato (PDP) per i bambini che abbiano una diagnosi di ADHD depositata a scuola:

> *1.3 Alunni con deficit da disturbo dell'attenzione e dell'iperattività*
>
> Un discorso particolare si deve fare a proposito di alunni e studenti con problemi di controllo attentivo e/o dell'attività, spesso definiti con l'acronimo ADHD (Attention Deficit Hyperactivity Disorder), corrispondente all'acronimo che si usava per l'Italiano di DDAI – Deficit da disturbo dell'attenzione e dell'iperattività.
>
> L'ADHD si può riscontrare anche spesso associato ad un DSA o ad altre problematiche, ha una causa neurobiologica e genera difficoltà di pianificazione, di apprendimento e di socializzazione con i coetanei. Si è stimato che il disturbo, in forma grave tale da compromettere il percorso scolastico, è presente in circa l'1% della popolazione scolastica, cioè quasi 80.000 alunni. (fonte ISS)
>
> Con notevole frequenza l'ADHD è in comorbilità con uno o più disturbi dell'età evolutiva: disturbo oppositivo provocatorio; disturbo della condotta in adolescenza; disturbi specifici dell'apprendimento; disturbi d'ansia; disturbi dell'umore, ecc.

Il percorso migliore per la presa in carico del bambino/ragazzo con ADHD si attua senz'altro quando è presente una sinergia fra famiglia, scuola e clinica. Le informazioni fornite dagli insegnanti hanno una parte importante per il completamento della diagnosi e la collaborazione della scuola è un anello fondamentale nel processo riabilitativo.

In alcuni casi il quadro clinico particolarmente grave — anche per la comorbilità con altre patologie — richiede l'assegnazione dell'insegnante di sostegno, come previsto dalla Legge 104/92. Tuttavia, vi sono moltissimi ragazzi con ADHD che, in ragione della minor gravità del disturbo, non ottengono la certificazione di disabilità, ma hanno pari diritto a veder tutelato il loro successo formativo.

Vi è quindi la necessità di estendere a tutti gli alunni con Bisogni Educativi Speciali le misure previste dalla Legge 170 per alunni e studenti con Disturbi Specifici di Apprendimento.

Dal quanto detto si evidenzia come la decisione dei consigli di classe e team docenti assuma un forte ruolo decisionale laddove vi siano in classe alunni e studenti che non riescono, per svariati motivi, a rendere al meglio. Gli aspetti di carattere didattico pedagogico vengono evidenziati con forza, quali ambiti di diretta competenza degli insegnati e laddove gli inseganti hanno voce in capitolo. Il D.M. 27.12.2012 chiarisce che per tutti gli alunni con BES, ed è bene ribadirlo, è possibile avvalersi delle misure dispensative e strumenti compensativi, in base a quanto disposto per la L. 170/10.

Ora passiamo alla Circolare Ministeriale n. 8 del 06.03.2013, che fornisce indicazioni operative a tutti gli istituti scolastici, che dice:

> La Direttiva estende pertanto a tutti gli studenti in difficoltà il diritto alla personalizzazione dell'apprendimento, richiamandosi espressamente ai principi enunciati dalla Legge 53/2003. Fermo restando l'obbligo di presentazione delle certificazioni per l'esercizio dei diritti conseguenti alle situazioni di disabilità e di DSA, è compito doveroso dei Consigli di classe o dei team dei docenti nelle scuole primarie indicare in quali altri casi sia opportuna e necessaria l'adozione di una personalizzazione della didattica ed eventualmente di misure compensative o dispensative, nella prospettiva di una presa in carico globale ed inclusiva di tutti gli alunni.

Strumento privilegiato è il percorso individualizzato e personalizzato, redatto in un Piano Didattico Personalizzato (PDP), che ha lo scopo di definire, monitorare e documentare — secondo un'elaborazione collegiale, corresponsabile e partecipata — le strategie di intervento più idonee e i criteri di valutazione degli apprendimenti. In questa nuova e più ampia ottica, il Piano Didattico Personalizzato non può più essere inteso come mera esplicitazione di strumenti compensativi e dispensativi per gli alunni con DSA; esso è bensì lo strumento in cui si potranno, ad esempio, includere progettazioni didattico-educative calibrate sui livelli minimi attesi per le competenze in uscita (di cui moltissimi alunni con BES, privi di qualsivoglia certificazione diagnostica, abbisognano), strumenti programmatici utili in maggior misura rispetto a compensazioni o dispense, a carattere squisitamente didattico-strumentale.

In questi due stralci si ribadisce il ruolo forte e la responsabilità dei consigli di classe e dei team docenti nell'indicare e valutare i casi che abbisognano di una didattica personalizzata per avere opportunità eque di apprendimento in relazione alla loro situazione di BES.

Manifestazioni dell'ADHD in età prescolare e individuazione precoce

L'attenzione per un riconoscimento precoce dell'ADHD è sempre più di interesse per i clinici e i ricercatori, in particolare per l'importanza che l'età prescolare ricopre nella possibilità di effettuare un intervento precoce ed efficace.

Individuare precocemente dei bambini che hanno delle caratteristiche di rischio per lo sviluppo di una condizione clinicamente significativa non è però cosa semplice. (tabella 26.3).

I bambini in età prescolare vivono un momento di grande fluidità evolutiva e la difficoltà risiede dunque nella capacità di distinguere l'ADHD da altri problemi che possono comunque avere manifestazioni comportamentali significative non facilmente inquadrabili, come disabilità intellettiva, disturbi sensoriali, gravi problemi di interazione genitori-figlio, ecc.

TABELLA 26.3
Decorso del disturbo: età prescolare

Età prescolare
– Marcata iperattività
– Sonno discontinuo e agitato
– Aggressività
– Litigiosità
– Frequenti scoppi d'ira
– Oppositività
– Scarsa percezione del pericolo con presenza di frequenti incidenti

Inoltre, i bambini piccoli agiscono in situazioni di per sé meno strutturate che nella successiva età scolare, e l'osservazione e la definizione di comportamenti che possono rientrare in un disturbo è veramente complessa.

Le caratteristiche primarie dell'ADHD sono abbastanza comuni nei bambini in età prescolare e i comportamenti che potrebbero essere sintomatici del disturbo sono spesso transitori.

La maggior parte dei bambini con il disturbo riceve una diagnosi in età scolare, spesso tra gli 8 e i 9 anni, e anche gli studi perlopiù sono rivolti a bambini in età scolare.

Sebbene si riconosca la difficoltà nella formulazione ufficiale di una diagnosi precoce è necessario però evidenziare che esistono degli indicatori in grado di individuare quali bambini potrebbero essere maggiormente a rischio.

Gli aspetti di cui si tiene conto per cercare di comprendere l'effettiva compromissione dei sintomi sono:

- la *severità* del problema, cioè la manifestazione di determinati comportamenti in misura molto più marcata ed evidente rispetto ai coetanei;

– *le relazioni sociali* compromesse a casa, scuola e in contesti ludici in relazione e in rapporto alla media dei coetanei; l'aggressività personale, cioè non finalizzata all'ottenimento ad esempio di un gioco (aggressività strumentale: sottrazione di un gioco o un oggetto per curiosità o per la volontà di giocarvi) è particolarmente indicativa quale fattore di rischio nella capacità di sapersi relazionare con gli altri (Vio e Spagnoletti, 2013, p.18);
– *la pervasività* dei sintomi che si manifesta nella maggior parte dei contesti di vita e con diverse figure di riferimento.

Poter attivare interventi psicoeducativi precocemente porta indubbiamente dei vantaggi. Si può agire tempestivamente su difficoltà e comportamenti problema in una fase in cui non si sono ancora consolidati (Macchia, 2006).

Un'azione educativa mirata in età prescolare potrebbe essere più efficace proprio perché il bambino piccolo è più recettivo alle influenze ambientali (per approfondire si vedano Caponi et al., 2008; 2009).

In questa momento evolutivo i bambini, tutti i bambini, imparano ad autoregolarsi e a focalizzare la propria attenzione, a organizzare un gioco e sperimentano procedure cimentandosi in piccole attività e nelle relazioni con gli altri. In questi progressi e conquiste gli adulti hanno un ruolo molto importante perché possono svolgere una funzione eteroregolatrice di guida e insegnare ai bambini, attraverso comandi verbali o ponendosi come modello (ad esempio guarda come faccio…) a inibire alcune manifestazioni poco funzionali o al contrario favorirne di positive mediante messaggi di rinforzo.

Compiti scolastici e compiti complessi

Uno dei problemi principali dei bambini con ADHD risiede nella difficoltà a mantenere l'interesse nei confronti delle attività scolastiche, che richiedono sforzo cognitivo e autoregolazione attentiva, per il tempo necessario al loro svolgimento. Di norma preferiscono orientare l'attenzione verso attività immediatamente gratificanti, evitando quelle che necessitano di un lavoro impegnativo, per poter avere subito un riconoscimento e un'approvazione. Tuttavia, i bambini con ADHD riescono a portare a termine i compiti quando sono seguiti individualmente (con un rapporto 1:1), e se aiutati sistematicamente riescono a focalizzare e a mantenere l'attenzione.

Questo conferma che non c'è incapacità a prestare attenzione in termini assoluti, ma è presente una difficoltà ad autocontrollarla.

La maggioranza degli alunni presenta carenti prestazioni scolastiche e difficoltà nella gestione di attività organizzate (giochi, sport di squadra), attribuibili alle scarse abilità di pianificazione, al deficit di attenzione sostenuta e alla frequente necessità di avere nuovi stimoli (Barkley, 1997). Riguardo alle prestazioni scolastiche carenti, si nota che questi alunni, pur possedendo le abilità strumentali (lettura, scrittura, calcolo), non riescono a esprimere completamente il loro potenziale di apprendimento.

Le prestazioni scadenti si rilevano soprattutto:
- nello svolgimento di compiti molto lunghi, in cui sono necessari il controllo dell'attenzione per tempi prolungati, la capacità di ignorare eventuali stimoli distraenti, la messa in pratica di competenze legate all'organizzazione e alla pianificazione di un compito;
- in attività in cui occorre stare attenti su più versanti come prendere appunti, quando bisogna seguire il docente che parla (ascoltare e capire) e scrivere ciò che è essenziale per lo studio e il ripasso (saper sintetizzare e selezionare gli argomenti);
- nelle prove di comprensione del testo scritto in cui è richiesta una selezione delle informazioni rilevanti (eliminare il superfluo e utilizzare i dati significativi per lo svolgimento del compito);
- nelle produzioni scritte (temi, riassunti), a causa delle difficoltà di pianificazione e organizzazione e scelta delle idee da mettere per iscritto;
- nello studio di materie da esporre oralmente: i bambini con ADHD non sono disposti a investire nello studio più tempo di quello da loro stimato (spesso erroneamente) come necessario per l'apprendimento di una nuova competenza; inoltre, anche quando conoscono delle efficaci strategie di studio, presentano difficoltà nell'applicarle sistematicamente, e ciò è dovuto a una scarsa competenza metacognitiva;
- nella risoluzione di problemi matematici, per via della complessità delle operazioni cognitive che è necessario mettere in atto: identificazione delle informazioni chiave, rappresentazione cognitiva della situazione problema, individuazione dello schema di soluzione.

I fattori che ostacolano la buona prestazione scolastica sono dunque diversi:
- problemi attentivi
- difficoltà di pianificazione e organizzazione nei compiti complessi
- scarse abilità di gestione dello sforzo e di stima del tempo necessario
- scarsa motivazione
- atteggiamenti provocatori e oppositivi.

Interventi comportamentali e psicoeducativi

Gli interventi psicoeducativi utilizzati per il trattamento dell'ADHD che hanno dato maggiori riscontri di efficacia sono quelli impostati secondo un approccio cognitivo-comportamentale. Questi programmi includono sia tecniche più strettamente comportamentali per sviluppare e potenziare comportamenti desiderabili e ridurre quelli problematici, sia tecniche cognitive per favorire l'apprendimento dell'automonitoraggio e del problem solving (SINPIA, 2006).

Gli interventi comportamentali hanno portato a dei risultati positivi in molti studi clinici, sebbene il confronto diretto tra diversi studi sia spesso difficile a causa della complessità e della variabilità delle caratteristiche degli interventi (Whalen e Henker, 1991). Infatti durante l'approccio terapeutico abilitativo possono intervenire numerose variabili: gli obiettivi selezionati per il trattamento, i realizzatori degli interventi (gli insegnanti, i genitori, i terapeuti), il setting nel quale avviene il trattamento (in classe, a casa), le tecniche, la durata e la frequenza delle sedute. Inoltre la generalizzazione è resa difficile a causa dell'eterogeneità dell'ADHD e delle tecniche di campionamento (Whalen e Henker, 1991; Woodward et al., 1997).

La scuola

Le indicazioni operative del MIUR per la gestione dei bambini con ADHD a scuola sottolineano la necessità di predisporre l'ambiente nel quale viene inserito l'alunno con ADHD in modo tale da ridurre al minimo le fonti di distrazione oltre alla necessità di utilizzare nell'attività didattica tecniche educative di documentata efficacia (ad esempio aiuti visivi, introduzione di routine, tempi di lavoro brevi e con piccole pause, gratificazioni immediate, ecc.). In una prospettiva di cambiamento e rinnovamento nel lavoro globale con la classe, rispetto alle strategie di gestione del comportamento e all'organizzazione del lavoro scolastico, è importante riuscire a definire e porsi degli obiettivi possibili e raggiungibili sia dal bambino che dall'insegnante.

Poniamo il caso che l'alunno con ADHD abbia il banco sempre in disordine, i quaderni pasticciati, pieni di segnacci, con compiti appena iniziati e non portati a termine, e oggettive difficoltà ad ascoltare le istruzioni e a metterle in pratica. Se si volessero risolvere tutti questi problemi contemporaneamente e in poco tempo probabilmente si rischierebbe di non ottenere grandi miglioramenti.

Quando i cambiamenti da raggiungere sono numerosi è importante lavorare per micro-obiettivi e operare delle scelte:

- gestire un obiettivo per volta, dopo aver dato chiare istruzioni su come fare e proponendosi come modello positivo (ad esempio, l'insegnante può mostrare concretamente come è possibile tenere il proprio banco in ordine);
- scegliere obiettivi raggiungibili per il bambino: ad esempio, tenere il banco in ordine può essere un obiettivo possibile per iniziare; diversamente, se per meritare un elogio o un premio gratificante l'obiettivo è tenere il banco in ordine, svolgere il problema, non alzarsi dal posto e non chiacchierare mentre l'insegnante spiega, stiamo chiedendo davvero troppo, con il rischio di non ottenere nulla oltre al senso di inefficacia di docente e bambino;
- concordare l'obiettivo con l'alunno e definire con lui le strategie con cui perseguirlo;
- elogiare il bambino a ogni traguardo raggiunto;
- aggiungere un nuovo obiettivo da perseguire solo quando quello precedente è stato raggiunto.

Questa modalità di lavoro, per micro-obiettivi e con una definizione chiara dei compiti, è utilizzabile anche per le proposte didattiche, tenendo conto di quelli che sono i maggiori limiti del bambino:

- mantenere a lungo l'attenzione su un compito;
- pianificare un lavoro;
- muoversi continuamente.

La famiglia

Per le madri e i padri dei bambini iperattivi, impulsivi e disattenti, assumere un ruolo genitoriale efficace è di cruciale importanza, ma proprio per questo è anche una grande fatica. Questi bambini sono, come abbiamo già visto, per le loro caratteristiche, imprevedibili e difficili. La conseguenza, dal punto di vista del genitore, può essere uno stile educativo autoritario e la tendenza a imporre le regole, con la speranza che questo eviti situazioni in cui la relazione genitore-figlio degeneri. In realtà, con la scelta di una «linea dura» può accadere proprio l'opposto, e cioè il bambino fa i capricci, il genitore cerca di risolvere la situazione in maniera rigida e punitiva, e il bambino diventa ancora più oppositivo, e così via. Si crea così un circolo vizioso che porta frustrazione e senso di colpa al genitore che si convince di essere una causa determinante dei problemi comportamentali del figlio. Si instaurano quindi modalità di gestione del problema direttive e veicolate da comandi poco chiari e ripetitivi: «Smettila, fai sempre così! Sei il solito. Stai attento! Ascoltami! Te l'ho ripetuto mille volte, ecc.», senza che vi sia da parte del genitore una vera e propria azione educativa efficace.

Questo genera una funzione genitoriale poco coerente (Barkley, 1998) che non porta ad altro se non a situazioni sempre più difficilmente gestibili e a credenze su di sé, come genitori, e sul figlio non obiettive e difficilmente modificabili; la tendenza è quella di vedere il proprio figlio come privo di punti di forza e pregi, impossibile da gestire, e percepire se stessi come un totale fallimento senza possibilità di appello.

Tra i motivi dell'instaurarsi di tali credenze vi è, tra gli altri, il fatto che spesso i genitori non conoscono i veri motivi per cui il loro figlio ha queste manifestazioni; non sempre ai genitori vengono fornite informazioni chiare sulla natura dell'ADHD e sul fatto che non vi sia un nesso causale diretto, legato all'educazione e al parenting, sul manifestarsi di molti aspetti del disturbo.

Il messaggio importante però è che non sono la madre o il padre in quanto tali a causare il disturbo; lo stile educativo e comunicativo però può contribuire a rinforzare determinati comportamenti problematici e a rendere più difficile l'apprendimento di comportamenti positivi. In generale, le figure parentali, in queste situazioni di conflitto e di inefficacia educativa, non avendo consapevolezza di quanto possa essere importante rivedere il proprio stile genitoriale per cambiare la situazione, cercano di gestire le emergenze piuttosto che agire con un piano e degli obiettivi chiari (Di Pietro e Dacomo, 2009).

Quando il clima familiare e le relazioni dei genitori con il loro bambino creano disagio, sofferenza e incapacità di trovare soluzioni e capire dove risiede la difficoltà, può essere necessario l'aiuto di un esperto che favorisca la visione e l'analisi distaccata del problema, e che aiuti a stilare un piano di lavoro adatto alla situazione. Tra gli interventi rivolti ai genitori rientrano i parent training e cioè i programmi strutturati di formazione con lo scopo di favorire l'acquisizione di maggiori competenze educative e relazionali.

CAPITOLO 27

METODI EDUCATIVO-DIDATTICI PER LE DISABILITÀ SENSORIALI

(Chiara Frigerio; Federica Baroni)

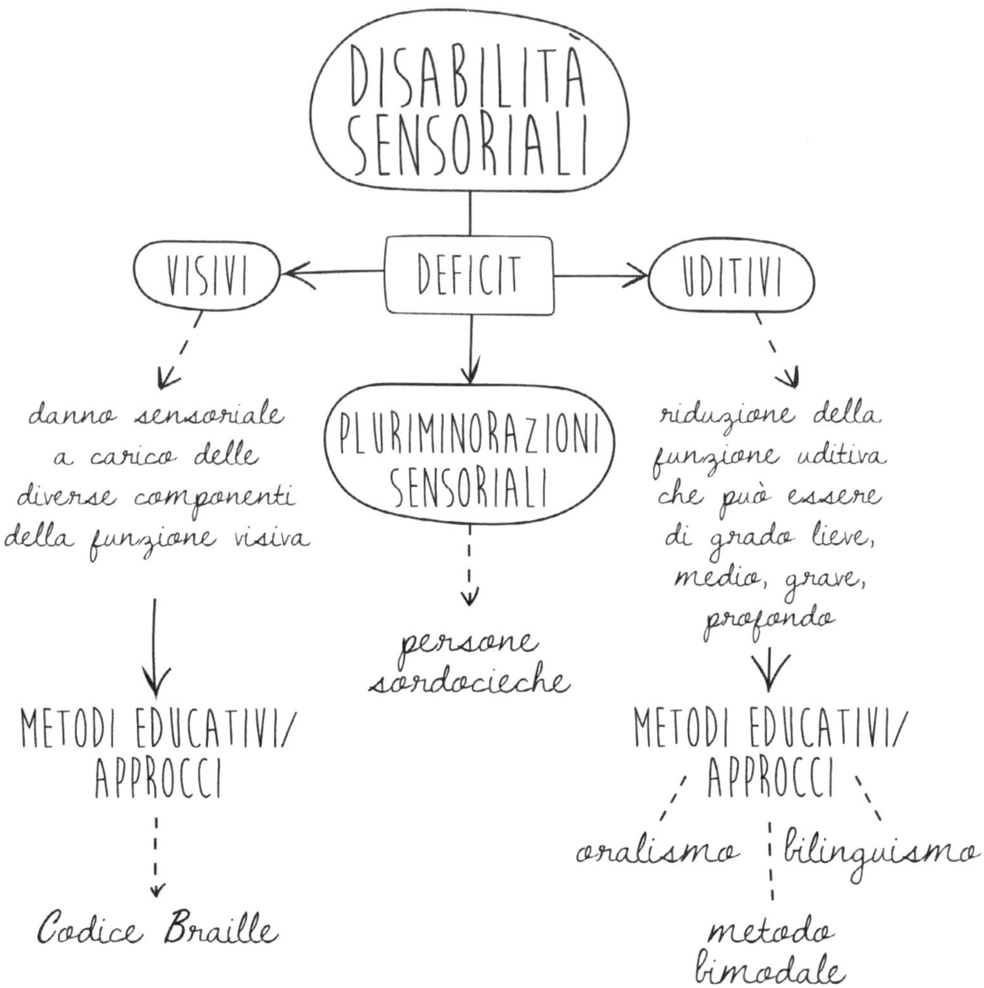

Deficit visivi

Chiara Frigerio

L'espressione «minorazione visiva» viene usata per indicare un danno sensoriale a carico delle diverse componenti della funzione visiva. Nell'aggiornamento e revisione del 2006, l'*International Classification of Diseases* 10 ha stabilito quattro livelli di capacità visiva: visione normale, ipovisione media, ipovisione grave, cecità. Secondo l'Organizzazione Mondiale della Sanità (OMS), un soggetto è considerato cieco quando l'acuità visiva corretta nell'occhio migliore è inferiore a 1/20, mentre è considerato ipovedente quando essa è compresa tra 3/10 e 1/20. La definizione di cecità non risulta essere internazionalmente condivisa, ma ha indicazioni di soglie limite di capacità visiva differenti da un Paese all'altro.

In Italia, la Legge n. 138 del 3 aprile 2001, *Classificazione e quantificazione delle minorazioni visive e norme in materia di accertamenti oculistici,* ha ridefinito la classificazione delle differenti minorazioni visive, sottolineando che la situazione di cecità non sempre equivale alla completa assenza di capacità visiva e che risulta indispensabile effettuare una più accurata valutazione comprendente la quantità del *visus residuo* e la percentuale di percezione del *campo perimetrico*, ovvero la porzione di spazio che l'occhio è in grado di vedere, a capo fermo, davanti a sé (in una persona normovedente è di circa 180°). La nuova classificazione opera una suddivisione in cinque livelli:

- *cecità totale:* totale mancanza di vista in entrambi gli occhi; mera percezione dell'ombra e della luce o del moto della mano nell'occhio migliore; residuo perimetrico binoculare inferiore al 3%;
- *cecità parziale:* residuo visivo non superiore a 1/20 in entrambi gli occhi o nell'occhio migliore anche con la migliore correzione; residuo perimetrico binoculare inferiore al 10%;
- *ipovisione grave:* residuo visivo non superiore a 1/10 in entrambi gli occhi o nell'occhio migliore, anche con la migliore correzione; residuo perimetrico binoculare inferiore al 30%;
- *ipovisione medio-grave:* residuo visivo non superiore a 2/10 in entrambi gli occhi o nell'occhio migliore, anche con la migliore correzione; residuo perimetrico binoculare inferiore al 50%;
- *ipovisione lieve:* residuo visivo non superiore a 3/10 in entrambi gli occhi o nell'occhio migliore, anche con la migliore correzione; residuo perimetrico binoculare inferiore al 60%.

Nella situazione di ipovisione i dati relativi all'*acuità visiva* (livello di definizione dei dettagli), al visus residuo e al campo visivo vengono integrati da un'indagine della capacità di percezione dei contrasti cromatici.

Se descrivere e comprendere le caratteristiche di una persona cieca in modo assoluto appare, in qualche modo, più semplice, in quanto esprime una condizione fisica e sensoriale accertata, nel caso di una persona con ipovisione questo risulta più complicato e di difficile interpretazione. Una persona viene considerata ipovedente se il deficit visivo è irreversibile e non può essere corretto, del tutto o in parte, tramite lenti correttive o trattamenti medico-riabilitativi e se tale minorazione la pone in una situazione di disabilità nel suo rapporto con l'ambiente e le attività pratiche legate alla quotidianità (attività domestiche e lavorative, fruizione di immagini e testi, spostamenti). Quindi, nonostante l'importanza dell'indagine diagnostica effettuata dal medico oculista, i dati da lui ricavati risultano poco indicativi rispetto al modo in cui la persona ipovedente utilizza la vista. È solo attraverso una valutazione della *funzionalità visiva,* basata sull'osservazione dell'interazione tra l'individuo e l'ambiente in cui vive, che si possono ampliare le informazioni necessarie e, di conseguenza, attivare le modalità di intervento riabilitativo e educativo più efficaci.

La valutazione funzionale indagherà, tra l'altro, a quale distanza il soggetto individua un oggetto o una persona, se ne coglie dimensione e movimenti, quali meccanismi compensativi mette in atto in situazioni di difficoltà e negli spostamenti, quali fonti di illuminazione risultano maggiormente adatte e quali comportano un'ulteriore difficoltà percettiva. Si effettuerà anche una valutazione dell'affaticamento visivo, un'informazione necessaria a stabilire quali situazioni possono essere proposte, in quali momenti e con quali tempi di lavoro.

Grazie all'osservazione di queste specifiche variabili, molto differenti da soggetto a soggetto, si potrà strutturare un setting di lavoro e un ambiente il più possibile accessibile, accogliente e funzionale alla persona con disabilità visiva.

Deficit uditivi

Federica Baroni

L'Organizzazione Mondiale della Sanità riporta che oltre il 5% della popolazione mondiale (328 milioni di adulti e 32 milioni di bambini) presenta una perdita uditiva superiore ai 40 decibel (dB) nell'orecchio migliore, riferimento che scende a 30 dB per i bambini: ciò significa che per una parte importante della popolazione udire suoni e partecipare a una conversazione può risultare difficoltoso.

Per sordità, dunque, si intende una riduzione dell'udito che può essere lieve, media, grave o profonda in riferimento a parametri fissati dal *Bureau International d'Audiophonologie:*

- *lieve,* con perdita tra 21 e 40 dB. Il parlato è percepito se il tono è normale; difficoltà insorgono se la voce è bassa o l'interlocutore è distante; la maggior parte dei rumori della vita quotidiana sono percepiti;
- *media,* con perdita tra 41 e 70 dB. Il parlato è percepito se il tono è alto; si comprende meglio se l'interlocutore è ben visibile; alcuni rumori della vita quotidiana possono essere percepiti;
- *grave,* con perdita tra 71 e 90 dB. Il parlato è percepito se la voce è forte e vicina all'orecchio; possono essere percepiti rumori forti;
- *profonda,* con perdita uguale o superiore a 91 dB. Il parlato non è percepito e solo i rumori molto forti possono essere uditi.

Oltre al grado, altro aspetto determinante nella possibilità di acquisire spontaneamente la lingua vocale è l'epoca di insorgenza della sordità: si definiscono «prelinguali» le sordità alla nascita o insorte prima dei 18 mesi; «perilinguali» quelle acquisite tra i 18 e i 36 mesi; «postlinguali» quelle acquisite dopo i 36 mesi. È chiaro che una sordità grave o profonda, insorta prima del periodo critico di acquisizione spontanea della lingua da parte del bambino (circa 1 su 1000), avrà conseguenze dirette sullo sviluppo del linguaggio verbale e sulla competenza linguistica; in questi casi sono determinanti — dal punto di vista clinico — una diagnosi precoce, un'appropriata protesizzazione e una terapia logopedica costante e prolungata nel tempo. Anche dal punto di vista educativo, la diagnosi precoce con screening neonatale a larga scala resta un aspetto fondamentale affinché i familiari attivino fin da subito strategie comunicative efficaci nella relazione con il bambino sordo.

Occorre comunque tener ben presente che, anche nelle situazioni di miglior intervento dal punto di vista clinico, la modalità e i tempi di acquisizione del linguaggio verbale nel bambino sordo differiscono da quelli del bambino udente: se per il secondo il canale uditivo integro è di importanza fondamentale per l'esposizione e le prime produzioni linguistiche, per il bambino sordo il «bagno sonoro» nella comunicazione verbale che lo circonda è reso difficoltoso dal deficit.[1]

Tuttavia, la produzione verbale non è compromessa: un pregiudizio, ancora oggi diffuso, è l'idea — da cui il vecchio termine «sordomuto»[2] — che alla sordità consegua il mutismo. In realtà, i sordi hanno difficoltà a gestire i suoni in uscita per via della funzione di controllo che esercita l'orecchio, a cui si aggiunge la perdita di importanti informazioni sonore che un bambino udente acquisisce spontaneamente negli anni decisivi per lo sviluppo del linguaggio, ma non per questo si può parlare di mutismo; l'apparato fono-articolatorio dei bambini sordi, infatti, si presenta integro.

Con il DM del 5 febbraio 1992 il Ministero della Salute, nella ridefinizione dei contenuti della Legge n. 381/1970,[3] precisa che «la locuzione "che gli abbia impedito il normale apprendimento del linguaggio parlato" deve essere intesa nel senso che l'ipoacusia *renda o abbia reso difficoltoso* il normale apprendimento del linguaggio parlato»: la sordità non porta a una definitiva compromissione dello sviluppo del linguaggio verbale, ma a una condizione di acquisizione non spontanea che rende determinanti l'intervento logopedico, un approccio educativo di tipo «olistico» e un ambiente comunicativo accessibile al bambino sordo.

Le pluriminorazioni sensoriali

Federica Baroni e Chiara Frigerio

Dedichiamo il presente paragrafo alla pluridisabilità sensoriale, consapevoli di non poter essere esaustive su un tema così vasto, ma certe che l'attenzione alle vite di questi

[1] Per approfondimenti sull'acquisizione del linguaggio nei bambini udenti e sordi si veda Caselli, Maragna e Volterra, 2006.

[2] Sostituito oggi in Italia dal termine «sordo» come indicato nella Legge n. 95 del 20 febbraio 2006: «In tutte le disposizioni legislative vigenti, il termine "sordomuto" è sostituito con l'espressione "sordo"».

[3] «Si considera sordo il minorato sensoriale dell'udito affetto da sordità congenita o acquisita durante l'età evolutiva che gli abbia impedito il normale apprendimento del linguaggio parlato.»

bambini, nonché la formazione delle figure educative del mondo della scuola, debbano ancora crescere.

Abbiamo privilegiato la locuzione «pluridisabilità sensoriale» come riferimento a una realtà più complessa di quanto il termine, più restrittivo, «sordocecità» non lasciasse intendere: tuttavia, come tutte le categorizzazioni, anche questa scelta ha dei limiti. Inoltre, per orientamento pedagogico, non parleremo di «gravità» (se non in riferimento a quadri diagnostici o terminologie medico-scientifiche), bensì di «complessità», adottando una prospettiva educativa più che clinica.

Abbiamo riscontrato che la realtà della pluridisabilità sensoriale è poco affrontata in chiave pedagogica, come se il mondo della scuola avesse delegato quello della riabilitazione per la progettazione e realizzazione di un possibile intervento. Se è vero che la relazione comunicativa con alunni che presentano più di una disabilità è difficile e richiede competenze specialistiche a cui è necessario appellarsi, è vero anche che esistono realtà che da anni strutturano percorsi integrati che, valorizzando l'unicità di ciascun bambino, tengono conto dei suoi interessi, dei suoi stili prioritari di comunicazione, delle sue modalità percettive e dell'ambiente (familiare e sociale) in cui vive.

In questa direzione lavora l'Unità speciale per sordociechi e pluriminorati psicosensoriali della Lega del Filo d'Oro di Osimo[4] (in cui vi sono il centro diagnostico, i servizi educativo-riabilitativi con la scuola dell'infanzia paritaria e la scuola primaria paritaria «Nostra Casa», il settore medico, il centro di ricerca), che progetta percorsi educativo-riabilitativi personalizzati grazie all'interazione di diverse figure professionali (educatori, insegnanti, medici, psicologi, pedagogisti, logopedisti, fisioterapisti, musicoterapisti, tecnici delle attività occupazionali, degli ausili e della mobilità, OSS). È in questa dimensione «olistica» e multidisciplinare che anche il mondo della scuola è chiamato a entrare se si vuole rispondere adeguatamente ai bisogni educativi di questi bambini.

La definizione di sordocecità è relativamente recente ed è contenuta nella Legge n. 107 del 24 giugno 2010, *Misure per il riconoscimento dei diritti alle persone sordocieche,* che recepisce le indicazioni del Parlamento Europeo nel riconoscimento di questa disabilità come «specifica e unica»: «si definiscono sordocieche le persone cui siano distintamente riconosciute entrambe le minorazioni, sulla base della legislazione vigente, in materia di sordità civile e di cecità civile» (art. 2).

Nelle situazioni in cui al deficit visivo e/o uditivo si associano disabilità motorie e/o intellettive, si parla di «pluridisabilità psicosensoriale», dove il quadro diagnostico si presenta grave con importanti limitazioni nell'apprendimento, nel linguaggio, nella relazione e comunicazione, nella mobilità e nell'autonomia, con conseguenze psicologiche (personali e familiari) evidenti.

Le cause possono essere congenite o acquisite. Tra le cause congenite: infezioni virali contratte durante la gravidanza (rosolia, citomegalovirus, toxoplasmosi), severa prematurità alla nascita, sindromi (sindromi di Usher, CHARGE, Norrie, ecc.) o malattie non

---

[4] Un particolare ringraziamento alla dott.ssa Patrizia Ceccarani per averci fornito la documentazione e la consulenza necessarie sul tema. Per informazioni sul Centro, i servizi, il materiale scientifico e didattico: http://www.legadelfilodoro.it/chi-siamo/presenza-sul-territorio/residenziale/osimo.

sindromiche; tra quelle acquisite: trauma da parto, ipossia, tumori, trauma cranico. Negli anni sono diminuite le disabilità causate da infezioni virali, mentre sono aumentate le cerebropatie legate alla prematurità, per effetto di una generale maggiore sopravvivenza alla nascita (Ceccarani, Gambelli e Raimondi, 2013, pp. 297-305).

Tra le sindromi che possono causare sordocecità o pluridisabilità psicosensoriali vi sono la sindrome di Usher e quella di CHARGE. La prima si manifesta con ipoacusia congenita associata a retinite pigmentosa (degenerazione progressiva della retina) ed è presente nel 3-6% delle persone con ipoacusia congenita, nel 18% delle persone con retinite pigmentosa e nel 50% della popolazione sordocieca. In molti casi il bambino nasce con sordità profonda (o medio-grave) e sviluppa intorno ai dieci anni (o dopo l'adolescenza) la retinite pigmentosa, con progressiva diminuzione del campo visivo periferico.

La sindrome di CHARGE è una patologia rara, ma una delle maggiori cause di cecità e sordità associate. Il quadro clinico è complesso perché coinvolge diverse aree, come dimostra l'acronimo che riassume le principali conseguenze, non necessariamente presenti tutte insieme, di questa sindrome: *Coloboma* (difetto della visione), *Heart defects* (problematiche cardiache), *Atresia of the choanae* (cavità nasali ostruite), *Retardation of growth and developmental delay* (ritardo dello sviluppo), *Genital anomalies* (malformazione dei genitali), *Ear anomalies* (malformazione dell'orecchio).

La descrizione della complessa condizione patologica di questi bambini e ragazzi ci dice che qualsiasi intervento educativo deve tener conto delle dinamiche psicologiche che coinvolgono i bambini stessi e le loro famiglie (nel caso della sindrome di Usher, ad esempio, pesa il pensiero di una condizione degenerativa certa), ma anche della fondamentale importanza che lo stesso intervento educativo può avere nella costruzione di una solida rete relazionale, comunicativa e di supporto nella vita di queste persone.

Ritenendo che sia l'ambito in cui sono prioritariamente chiamate a intervenire le figure educative (anche del mondo della scuola) alle quali si rivolge questo volume, focalizzeremo l'attenzione sul tema della comunicazione, come presupposto fondamentale nella costruzione di un'efficace relazione educativa.

Lo sviluppo del linguaggio, come abbiamo visto, può essere difficoltoso in presenza di deficit di tipo sensoriale, a maggior ragione se sia l'udito sia la vista sono in qualche modo coinvolti, tanto che le prime interazioni con le figure di cura rischiano di essere gravemente limitate dalle difficoltà del bambino di percepire chi e che cosa lo circondano. Nei casi in cui l'acquisizione del linguaggio strutturato (verbale o non verbale) è così compromessa, è necessario sviluppare al più presto una qualsiasi modalità comunicativa (o più modalità comunicative) attraverso cui il bambino possa esprimersi.

Per le persone sordocieche non si può parlare di un sistema comunicativo unico e specifico, perché molto dipende dalle abilità residue, dall'epoca di insorgenza della disabilità, dalla gravità del deficit e dalle preferenze individuali di ciascuno. In generale, si può dire che hanno fondamentale importanza i sensi vicari come tatto, movimento, odorato e gusto, su cui vengono costruite le relazioni con le altre persone e con l'ambiente circostante e su cui si basa la cosiddetta *comunicazione totale,* che integra differenti sistemi comunicativi (espressioni di viso e corpo, lingua dei segni, dattilologia, lingua dei segni tattile, lettura labiale, Braille, immagini, comunicazione oggettuale, metodi specifici) (Ceccarani, 2006, pp. 525-539).

Con la *comunicazione oggettuale* il bambino entra in contatto con gli oggetti della vita quotidiana attraverso cui gli vengono comunicate e può comunicare le azioni ad essi corrispondenti. Gli oggetti possono rappresentare non solo attività, ma anche persone e luoghi o sequenze temporali se più oggetti vengono allineati e se al bambino viene data la possibilità di interagire con essi attraverso il tatto. Per le modalità percettive con cui il bambino si relaziona agli oggetti, che diventano il tramite della sua comunicazione con l'adulto, è importante che si faccia attenzione alle caratteristiche dei materiali e al colore. Questa modalità, privilegiando il tatto e la concretezza, è particolarmente indicata per un primo approccio alla comunicazione, in caso di sordocecità e disabilità intellettiva.

Se il bambino ha un residuo visivo e un adeguato livello cognitivo, alla comunicazione tramite oggetti è possibile associare la *comunicazione attraverso immagini,* dalle più realistiche fotografie a sistemi simbolici più astratti, fino alla proposta della Comunicazione Aumentativa e Alternativa (CAA).[5] In situazioni di ipovisione sono necessari accorgimenti affinché l'immagine risulti chiara e sufficientemente leggibile. È chiaro che questa modalità apre a possibilità comunicative più ampie rispetto alla precedente, per cui occorre un'opportuna valutazione in situazione.

Se non vi sono particolari problemi motori, ulteriori possibilità sono offerte dalla *comunicazione gestuale,* sia quella spontanea e non codificata del gesto sia quella strutturata e codificata della lingua dei segni. La gestualità del bambino va sempre sostenuta e incentivata con l'attribuzione di significati su cui strutturare una comunicazione sempre più completa e intenzionale, perché ciò lo rassicura e lo inserisce in una dimensione relazionale importantissima per il suo sviluppo.

Se il bambino presenta un deficit visivo, la gestualità dovrà privilegiare il tatto e l'udito; al contrario, di fronte a una disabilità uditiva è possibile privilegiare la vista e proporre un intervento educativo attraverso la lingua dei segni che, essendo una lingua vera e propria, non ha limiti nelle possibilità espressive e comunicative. Se, però, come ad esempio accade nella sindrome di Usher, al deficit uditivo subentra una limitazione visiva, i segni dovranno adeguarsi per configurazione e velocità di esecuzione e tener conto del campo visivo ristretto e dell'illuminazione dell'ambiente. In caso di perdita visiva importante, dalla lingua dei segni occorre passare alla *lingua dei segni tattile,* che prevede un contatto tra le mani del segnante e il suo interlocutore. Anche la lingua dei segni tattile si avvale della dattilologia, con l'accorgimento di eseguire le lettere dell'alfabeto sul palmo della mano della persona sordocieca.

Il *Tadoma,* invece, è un metodo che, attraverso il tatto, consente alle persone sordocieche di percepire i movimenti delle labbra dell'interlocutore e le vibrazioni del suo parlato. Si tratta, dunque, di una modalità alternativa di percepire il linguaggio verbale e per questo è utilizzato anche con i bambini per insegnare loro a parlare. Il metodo

[5] Un sistema di comunicazione multimodale che si rivolge a persone con bisogni comunicativi complessi. Per approfondimenti, consulenza e formazione sul tema si faccia riferimento al Centro Sovrazonale di Comunicazione Aumentativa di Milano e Verdello (CSCA), http://www.sovrazonalecaa.org/.

consiste nell'appoggiare il pollice sulle labbra dell'interlocutore, l'anulare sulla mascella, il mignolo sul collo e le altre dita sulle guance.

Il *Malossi,* infine, è un metodo che richiede la conoscenza del codice alfabetico, dunque è utilizzato generalmente da chi ha una sordocecità acquisita: il palmo e le dita della mano vengono toccate (o pizzicate) in punti specifici che corrispondono ciascuno a una lettera dell'alfabeto; in questo modo è possibile imparare abbastanza rapidamente a comporre parole e frasi. A queste modalità di comunicazione si aggiunge il *Braille,* che è chiaramente trasversale a tutti questi linguaggi e codici.

A supporto della comunicazione, in situazioni in cui al deficit sensoriale si associano problemi cognitivi e/o motori tali da portare a un'assenza del linguaggio verbale, intervengono anche strumenti tecnologici come *switches* e VOCAs *(Vocal Output Communication Aids):* i primi sono pulsanti di facile pressione attraverso cui è possibile interagire con oggetti e sistemi dell'ambiente circostante (ad esempio per l'attivazione di un giocattolo a cui il sensore è collegato); i VOCAs, invece, sono dispositivi per la messa in voce di uno o più messaggi preregistrati e si utilizzano indipendentemente dal collegamento con un PC. I sistemi più semplici, utili per un primo approccio o in situazioni di disabilità grave, consentono la gestione di un unico messaggio precedentemente registrato, mentre quelli più complessi associano un messaggio vocale diverso a ciascuna delle immagini (o dei simboli della CAA) riportate sul dispositivo. Questi dispositivi devono essere semplici da utilizzare, resistenti, facilmente trasportabili e hanno come principale caratteristica il fatto che, riportando il messaggio nel linguaggio verbale, permettono la comunicazione anche con chi non conosce il codice espressivo del bambino o i sistemi simbolici di cui si avvale (comunicatori, The Grid, ecc.).

L'esistenza, anche in termini generali, dei linguaggi, dei codici, dei metodi e degli strumenti che abbiamo qui presentato deve essere nota agli insegnanti e agli educatori che lavorano nelle nostre scuole, affinché l'informazione e la formazione prevengano la frustrazione (reciproca) di una relazione fallimentare o, peggio, di una relazione nemmeno tentata. Se si assume la prospettiva pedagogica che cerca in ciascuno di noi l'integralità e l'inesauribilità della persona umana, nessuna comunicazione e nessuna educazione può restare sospesa, nemmeno di fronte alle complessità che abbiamo appena descritto.

Il dibattito nazionale e internazionale

Ha ancora senso parlare di Braille in una realtà sempre più pervasa di tecnologia? Perché fare tanta fatica a riconoscere lettere e parole sotto le dita, quando si può ascoltare quello che interessa in cuffia? Che bisogno ha il cieco di rileggere, rivedere, ripensare, riscrivere quanto letto, sempre usando il Braille, quando può semplicemente digitare e riascoltare ciò che ha scritto? Sgombriamo subito il campo dai dubbi: il Braille per i ragazzi/bambini con disabilità visiva è necessario, indispensabile, imprescindibile.[6]

---

[6] http://www.lucemagazine.it/educazione/educazione/62-in-difesa-del-braille.

Così esordisce Giancarlo Abba, direttore scientifico dell'Istituto dei Ciechi di Milano, nel suo intervento in occasione della Settima giornata nazionale del Braille,[7] il 21 febbraio 2014.

Il sistema Braille nasce intorno al 1829 dalla genialità di Louis Braille, un ragazzo francese divenuto cieco nei primi anni di vita, che opera un capovolgimento radicale rispetto ai sistemi di scrittura tattili, lenti e macchinosi, fino a quel momento ideati e proposti alle persone non vedenti, principalmente bambini e ragazzi che vivevano e studiavano negli istituti. Braille, infatti, parte dalla valutazione dei limiti, ma anche delle possibilità sensoriali, di chi è privo della vista, parte cioè dall'utilizzatore finale del sistema di lettura e scrittura per individuare un codice funzionale a modalità percettive specifiche, quelle della percezione aptica. Un codice in rilievo, strutturato su sei punti, disposti a una distanza tale da essere percepita senza difficoltà dalla superficie sensibile di un polpastrello: 64 segni per scrivere testi, formule matematiche, spartiti musicali.

Ma il percorso che ha portato all'affermazione del codice Braille, come unico sistema di scrittura e lettura usato dalle persone non vedenti, non è stato facile fin dal suo primo apparire. Louis Braille stesso incontrò la forte opposizione degli insegnanti dell'*Institut National des Jeunes Aveugles* di Parigi, il convitto dove risiedeva. Dufau, il direttore dell'Istituto dal 1840 al 1850, arrivò a vietarne l'uso ritenendolo «un'inutile e pericolosa criptografia della quale i ciechi si servivano unicamente per sottrarsi al suo controllo» (Banchetti, 2002) e uno strumento che portava in sé, essendo una scrittura ignota al resto del mondo, il rischio di un isolamento sociale e culturale dei ciechi.

Queste affermazioni appaiono, dopo più di un secolo, incomprensibili se non ricondotte al contesto in cui furono pronunciate. Eppure, il dibattito intorno al Braille non può dirsi esaurito e, per certi versi, anche in questo sta la forza di rinnovamento che lo ha da sempre contraddistinto.

Forti resistenze incontra ancora da parte di coloro che lo interpretano come una sorta di «stigma» della cecità, come un fattore che contribuisce a rimarcare ed enfatizzare la «diversità» (letta in chiave negativa) della persona con disabilità visiva. Anche nel contesto dell'educazione formale questa presa di posizione risulta tuttora diffusa. L'atteggiamento di rifiuto non fa che alimentare una prospettiva pedagogica incapace di tenere conto dell'unicità di ogni persona, di ogni bambino, e impedisce di riorientare l'azione educativa in funzione della presenza stessa, all'interno del contesto, di tale specificità.

Se può risultare umanamente comprensibile la diffidenza nei confronti dell'uso del codice Braille da parte di bambini con grave ipovisione (o soggetti alla degenerazione della capacità visiva) che faticano ad accettare il deficit o di genitori di figli con disabilità che non riescono a considerare l'esistenza di percorsi diversi da quello teso alla normalizzazione, ciò non può valere per le figure educative, nella scuola come in altri contesti.

---

[7] In Italia la Legge n. 126 del 3 agosto 2007 ha istituito la «Giornata nazionale del Braille», celebrata il 21 febbraio di ogni anno «per richiamare l'attenzione e l'informazione sull'importanza che il sistema Braille riveste nella vita nelle persone non vedenti [...] al fine di sviluppare politiche pubbliche e comportamenti privati che allarghino la possibilità di reale inclusione sociale e di accesso alla cultura e all'informazione per tutti coloro che soffrono di minorazioni visive». La Giornata internazionale del Braille è il 4 gennaio.

Le difficoltà di apprendimento del sistema Braille, o peggio l'esonero dalla produzione scritta e dalla lettura, da parte di bambini con disabilità visiva (se non sussistono elementi di maggiore complessità) sono, spesso, da attribuirsi alla scarsa preparazione degli insegnanti. Le dinamiche di delega all'insegnante di sostegno o all'assistente alla comunicazione sono molto diffuse e difficili da modificare, ma sono altrettanto presenti atteggiamenti di rifiuto di insegnanti di sostegno che, non conoscendo il Braille, ne mortificano l'utilità didattica (anche con i genitori dei bambini non vedenti) e si limitano a proporre, o a richiedere, contenuti in forma orale.

Questo si ripercuote sui bambini (gli adulti di domani) ai quali viene negata la possibilità di intraprendere un percorso di apprendimento significativo e rispettoso delle loro caratteristiche percettive e cognitive. La sola comunicazione orale non porta, o fatica a portare, a uno sviluppo delle competenze di codifica ed elaborazione del pensiero, di comprensione di un messaggio, di valutazione della correttezza ortografica, lessicale, semantica, contestuale del proprio atto comunicativo (considerazione diversa meritano situazioni di pluridisabilità nelle quali la comunicazione orale è l'unico, o il migliore, canale disponibile). È con la lettura e la scrittura che il bambino/ragazzo, vedente e non vedente, dà corpo al pensiero, lo ferma e attiva i canali della comunicazione intersoggettiva.

La presenza sempre più massiccia delle nuove tecnologie nei contesti educativi ha mitigato gli effetti dell'inadeguata preparazione di alcuni insegnanti che ora possono, in tempo reale, leggere e produrre utilizzando un computer la versione «in nero» dell'elaborato, stamparla e ottenere, mediante stampante Braille, anche la versione tattile, il tutto senza conoscere il codice.

Bisogna riconoscere che lo sviluppo e la diffusione di nuove e più efficienti tecnologie ha abbattuto in larga misura il muro della riservatezza del codice Braille (Quatraro, 2002). Il successo dell'impiego di strumenti digitali ha ridotto la necessità di mediazione e di traduzione da un sistema di scrittura a un altro e ha consentito alle persone con disabilità visiva un potenziale di accesso alla cultura e all'informazione paragonabile, storicamente, solo a quello portato dalla nascita del Braille. Inoltre, ha permesso di intervenire su uno dei maggiori limiti legati all'uso del Braille, cioè l'ingombro del materiale cartaceo.[8]

Oggi, grazie all'utilizzo integrato di *screen reader* e *display Braille*, il bambino/ragazzo non vedente può accedere ai contenuti e all'informazione in modo più veloce e autonomo, può effettuare interventi sul testo controllandone la forma, reperendo e correggendo eventuali errori o imprecisioni. Tenendo in considerazione l'ingresso delle nuove tecnologie nel percorso di apprendimento — e di vita — delle persone con disabilità visiva, appare facile intravedere un declino, forse non imminente, ma relativamente vicino, di libri di testo e ausili tradizionali per la scrittura e lettura in codice Braille.

Tuttavia, una riflessione tiflopedagogica e tecnica condivisibile è quella di Abba:

[8] «Se mettessimo in fila i volumi stampati in Braille contenuti nella memoria di uno smartphone di ultima generazione copriremmo una distanza di 212 chilometri, un'autostrada di libri che va da Milano a Bologna!», Franco Lisi, specialista di tecnologie assistive e responsabile del Centro informatico dell'Istituto dei Ciechi di Milano: http://www.lucemagazine.it/eventi/istituto/58-giornata-del-braille.

> nell'apprendere a leggere e scrivere in Braille, il bambino compie operazioni cognitive che lo rendono consapevole della parola, dello spazio fra le parole, dell'ortografia, della dimensione ritmata tra righe e della dimensione della pagina. Egli compie un insieme di atti motori, di motricità fine e di affinamento senso-percettivo che gli permettono di costruire le competenze necessarie nella letto-scrittura. Scrivere una pagina reale diventa un passaggio indispensabile per «scrivere una pagina virtuale». Significa avere consapevolezza della quantità delle pagine interiorizzando precisi riferimenti spaziali che si associano a misurazioni di tipo temporale.[9]

Il processo di apprendimento risulta, quindi, legato anche a una certa attività fisica. Leggere con gli occhi o con le dita, a differenza dell'ascolto, implica il ricorso a schemi motori connessi a schemi logico-concettuali legati alla memoria di lavoro e alla collocazione spazio-temporale (riga, pagina, volume).

Il solo contatto con le parole che, letteralmente, emergono dalla barra Braille, non risulta essere sufficiente: la natura effimera dei caratteri *labili* del supporto[10] non dà la percezione della disposizione del testo. Inoltre, lo sforzo immaginativo necessario a ricostruire mentalmente la struttura della pagina, e con essa i significati che veicola, risulta impegnativo, in termini di affaticamento e concentrazione, sia per il bambino sia per l'adulto.

Per consentire al bambino/ragazzo con disabilità visiva di compiere un percorso di apprendimento rispettoso e soddisfacente, è doveroso mettere in campo tutte le risorse disponibili, umane e tecnologiche, maggiormente funzionali. Starà al ragazzo scegliere con maturata consapevolezza il metodo e l'ausilio che meglio corrisponde alle sue esigenze e a quelle dell'ambiente formativo, professionale, ricreativo in cui si trova. La responsabilità della scuola resta quella di non ostacolare, né ridurre, il contatto e il confronto con queste possibilità.

In conclusione, è importante ricordare che attualmente il Braille è l'unico codice di scrittura e lettura usato dalle persone non vedenti nel mondo. Dal 1949 l'Unesco ha intrapreso un percorso per uniformare il sistema adattandolo alle necessità fonetiche e grafiche di ogni lingua.[11] Un'elaborazione condivisa a livello internazionale del Braille a 8 punti[12] risulta, invece, ancora distante.

Riprendendo il discorso sui metodi, precedentemente inquadrato in prospettiva storica, possiamo ridurre a tre gli approcci verso cui si orientano le scelte educative delle famiglie, spesso su indicazione dei terapisti:

1. *oralismo:* ha come obiettivo l'insegnamento della lingua vocale; si basa sulla tempestiva protesizzazione, sulla precoce esposizione alla terapia logopedica, sulla stimolazione uditiva e sulla lettura labiale, oltre che su una precoce esposizione alla lingua scritta;

---

[9] http://www.lucemagazine.it/educazione/educazione/62-in-difesa-del-braille.
[10] Il *display Braille* presenta riga per riga i caratteri che appaiono e scompaiono scorrendo il testo.
[11] http://unesdoc.unesco.org/images/0008/000872/087242eb.pdf.
[12] Il codice Braille a 8 punti viene utilizzato dai display Braille e consente di ottenere 256 combinazioni di punti diverse, pari al numero dei caratteri delle codifiche informatiche più diffuse, il codice ASCII esteso.

diverse possono essere le modalità di attuazione degli interventi, ma è in ogni caso escluso l'utilizzo della lingua dei segni;
2. *metodo bimodale:* è un metodo misto che si basa sull'utilizzo dell'italiano segnato (IS) e dell'italiano segnato esatto (ISE) combinando l'espressione acustico-verbale con l'utilizzo dei segni; i segni non seguono la struttura frasale propria delle lingue dei segni, ma si appoggiano alla sintassi dell'italiano omettendo (IS) o riproducendo con la dattilologia (figura 27.1) articoli, preposizioni, pronomi, ecc. (ISE);
3. *bilinguismo:* pone al centro la comunicazione che avviene, in base agli interlocutori e ai contesti, in lingua verbale o in lingua dei segni. Si fonda sul principio che la modalità comunicativa visivo-gestuale, a differenza di quella acustico-vocale, è appresa naturalmente dal bambino sordo, con gli stessi tempi e le medesime tappe di acquisizione del linguaggio verbale nel bambino udente; sulla base di una spontanea e solida L1 (la lingua dei segni) il bambino costruirà una lingua vocale (l'italiano) senza che le difficoltà imposte dal deficit uditivo ritardino, o frustrino, il suo desiderio di comunicazione.

Oggi il dibattito nazionale e internazionale è ancora incentrato sull'opportunità o meno di avvicinare i bambini sordi alla lingua dei segni con approcci che vanno dalla totale opposizione (in particolare in Italia e in ambito medico-riabilitativo) alla possibile integrazione (soprattutto nel Nord Europa e negli Stati Uniti, con particolare riferimento al modello dei diritti e alla prospettiva pedagogica).

Il dibattito sul tema che, come si è visto, è di lunga data, è oggi acuito dai progressi della medicina e delle biotecnologie che, con la diffusione degli impianti cocleari, rendono ancora più radicali le posizioni di coloro che sostengono l'inutilità (se non la pericolosità) delle lingue dei segni (si veda Gitti, 2008) in opposizione a coloro che si appellano ai principi di autodeterminazione e identità collettiva delle persone sorde (si veda Ladd, 2003). Una lettura in chiave sociologica ci porterebbe a dire che la prima posizione risponde a una visione individuale e medicalizzata della disabilità, mentre la seconda a un paradigma sociale che richiama la responsabilità individuale e collettiva nel garantire alle persone con disabilità il diritto alla libertà di scelta (Oliver, 1996; Barnes, 2008).

Generalizzando, in Italia la scelta del bilinguismo è intrapresa soprattutto dai genitori sordi segnanti, dai genitori udenti che sono entrati in qualche modo in contatto con adulti sordi (o con i pochi professionisti che sostengono questo modello) che hanno mostrato loro una visione culturale e positiva della disabilità uditiva e, tardivamente, nel caso di genitori che hanno visto fallire un'iniziale riabilitazione logopedica basata esclusivamente sul linguaggio verbale.

Nei Paesi a minor impronta oralista, invece, l'esposizione del bambino sordo — anche con impianto cocleare — alla lingua dei segni è incentivata con corsi ai genitori e alle figure educative, secondo la logica del cosiddetto «bilinguismo additivo» (Cummins, 1979) che vuole che lo sviluppo della competenza linguistica (e della duplice sensibilità culturale) sia paritetico, reciproco e interdipendente tra le due lingue: nel nostro caso, la lingua dei segni (L1) sarebbe un ponte per l'acquisizione della lingua verbale, in contrasto con il pregiudizio che delegittima la prima in nome di una presunta superiorità della seconda. E di pregiudizio si tratta dal momento che, mentre si esalta il plurilinguismo nelle lingue vocali (si pensi all'inglese alla scuola dell'infanzia), si continua a dubitare delle opportunità di apprendimento offerte dal bilinguismo quando una delle due lingue è non verbale; ciò, nonostante la ricerca in campo linguistico e psicolinguistico abbia largamente dimostrato, a partire dagli studi di William Stokoe negli Stati Uniti e di Virginia Volterra in Italia, che le lingue dei segni hanno tutte le caratteristiche per essere definite lingue (Volterra, 2004).

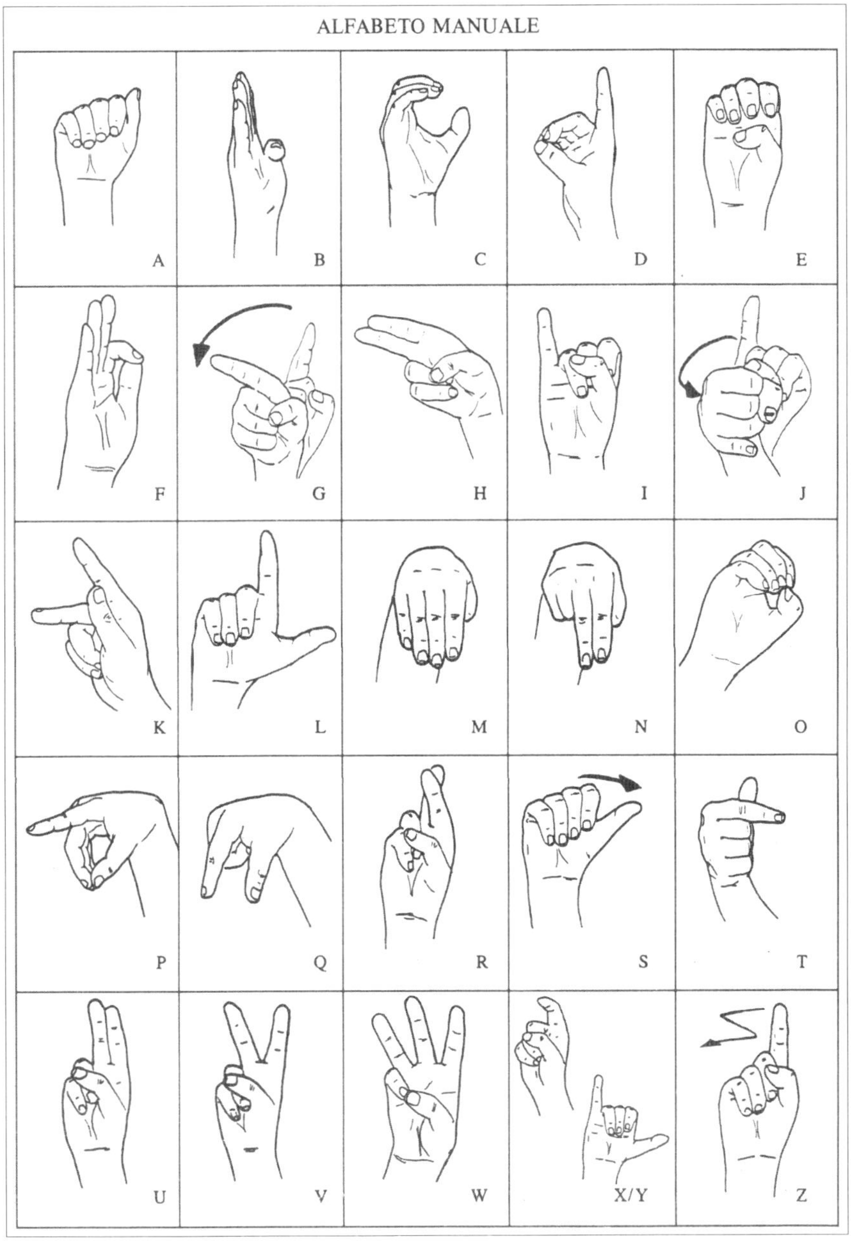

Fig. 27.1 La dattilologia nel nuovo alfabeto manuale italiano.

Certamente è importante sottolineare che il modello dell'educazione bilingue, perché possa realmente definirsi tale, non può — anzi, non deve — escludere né la lingua parlata né la riabilitazione logopedica.

Sul piano strettamente didattico, il dibattito pone in questione i metodi e l'accessibilità di contesti e curricula: da tempo, le riflessioni sulle difficoltà scolastiche degli alunni sordi considerano con maggiore attenzione le problematiche derivanti da setting inadeguati o da strategie educative inefficaci, spostando la prospettiva del limite dallo studente all'ambiente e richiamando insegnanti e educatori alle loro responsabilità progettuali. Negli Stati Uniti, in particolare, si è parlato di vero e proprio «fallimento dell'educazione dei sordi» in riferimento alle mancanze del sistema educativo americano, che proporrebbe programmi di studio non accessibili sul piano linguistico e, contestualmente, svaluterebbe le potenzialità degli alunni sordi aspettandosi un rendimento scolastico inferiore alla norma: le difficoltà di apprendimento degli studenti, soprattutto di chi ha una sordità profonda, vengono spesso attribuite al limite imposto dal deficit senza considerare le carenze comunicative nella relazione quotidiana insegnante-alunno in classe (Johnson, Liddell ed Erting, 1991).

In Italia, per quanto riguarda il funzionamento del sistema educativo nella sua complessità, non si può parlare, salvo rare eccezioni (Scuola di Silenzio, 2005), di un vero e proprio dibattito in riferimento alla specifica realtà degli alunni sordi, semmai di micro esperienze quotidiane di integrazione o di esclusione che restano nelle narrazioni — e nelle piccole battaglie quotidiane — delle famiglie e dei ragazzi. Nella scuola italiana il successo formativo degli alunni, così come l'insuccesso e l'abbandono scolastico, sono ancora strettamente legati alla «fortuna» o alla «sfortuna» (così la vivono le famiglie) di aver avuto un insegnante di sostegno, di classe o un assistente alla comunicazione più o meno competenti.

In generale, le criticità del nostro sistema sono quelle evidenziate da recenti ricerche sullo stato dell'integrazione degli alunni con disabilità (Associazione Treelle, Caritas Italiana e Fondazione Giovanni Agnelli, 2011):

- non adeguata preparazione dei docenti sui temi della disabilità;
- mancanza di figure specializzate che siano di supporto agli insegnanti;
- una realtà scolastica quotidiana fatta di deleghe all'insegnante di sostegno senza una vera e propria presa in carico dell'alunno con disabilità da parte di tutti i soggetti che operano nella scuola;
- mancanza di continuità delle figure di riferimento per l'alunno, dovuta a un'eccessiva mobilità degli insegnanti di sostegno;
- scarsa capacità di interazione e cooperazione tra la scuola e gli altri attori (famiglie, servizi sanitari e sociali, volontariato);
- una rigidità dei ruoli del personale scolastico (dirigenti e personale ATA);
- scarso monitoraggio e mancata valutazione di processi e risultati.

Per gli alunni sordi le criticità maggiori riguardano la formazione degli insegnanti, la carenza di figure specializzate, la costruzione di una solida rete territoriale che massimizzi le esperienze positive e costruisca comunità di pratiche a cui far riferimento.

In particolare, gli insegnanti devono sapere che le difficoltà di apprendimento dell'alunno sordo (salvo in casi di pluridisabilità) dipendono in prevalenza dal setting e dalle strategie didattiche che devono essere scelti con l'obiettivo di minimizzare, se non annullare, le barriere alla comunicazione.

In questo senso, figure specializzate come gli assistenti alla comunicazione sono una risorsa se intervengono per orientare l'azione del docente verso pratiche che tengano conto della didattica visiva e della presenza dell'alunno sordo in classe. Nella realtà scolastica, tuttavia, accade che a queste figure (quando previste e quando opportunamente formate) vengano delegati ruoli e compiti che spettano ai docenti, i quali finiscono per non modificare il proprio modo di fare lezione e per rendere l'assistente una sorta di «strumento compensativo».

Queste considerazioni valgono indipendentemente dall'approccio oralista o bilingue nell'educazione; è del resto innegabile — come anche la ricerca ha dimostrato in studi sulle produzioni verbali non-standard dei bambini non udenti (Chesi, 2006) — che medesime difficoltà linguistiche, spesso correlate all'insuccesso scolastico, emergono in persone sorde con storie educative diverse. In particolare, le difficoltà si manifestano nell'uso della morfologia libera (articoli, pronomi, preposizioni, ecc.), nella coniugazione dei verbi e nella concordanza, nella comprensione di proverbi e modi di dire, nel discrimine a livello semantico di parole omofone/omografe (Fabbretti e Tomasuolo, 2006, pp. 76-81).

È indubbio che il miglioramento della competenza linguistica degli alunni sordi sia una via prioritaria per la loro integrazione (Maragna, Roccaforte e Tomasuolo, 2013, p. 22) e che ciò dovrebbe essere garantito a tutti, indipendentemente dalle scelte educative delle famiglie, attraverso figure professionali integralmente formate e libere da pregiudizi sui metodi, così come afferma anche la *Convenzione ONU sui diritti delle persone con disabilità* (art. 24, Educazione):

> Gli Stati Parti offrono alle persone con disabilità la possibilità di acquisire le competenze pratiche e sociali necessarie in modo da facilitare la loro piena e uguale partecipazione al sistema di istruzione e alla vita della comunità. A questo scopo, gli Stati Parti adottano misure adeguate, in particolare al fine di (a) agevolare l'apprendimento del Braille, della scrittura alternativa, delle modalità, mezzi, forme e sistemi di comunicazione aumentativi e alternativi, delle capacità di orientamento e di mobilità e agevolare il sostegno tra pari e attraverso un mentore; (b) agevolare l'apprendimento della lingua dei segni e la promozione dell'identità linguistica della comunità dei sordi; (c) garantire che le persone cieche, sorde o sordocieche, e in particolare i minori, ricevano un'istruzione impartita nei linguaggi, nelle modalità e con i mezzi di comunicazione più adeguati per ciascuno e in ambienti che ottimizzino il progresso scolastico e la socializzazione. Allo scopo di facilitare l'esercizio di tale diritto, gli Stati Parti adottano misure adeguate nell'impiegare insegnanti, ivi compresi insegnanti con disabilità, che siano qualificati nella lingua dei segni o nel Braille e per formare i dirigenti e il personale che lavora a tutti i livelli del sistema educativo. Tale formazione dovrà includere la consapevolezza della disabilità e l'utilizzo di appropriati mezzi, modalità, forme e sistemi di comunicazione aumentativi e alternativi, e di tecniche e materiali didattici adatti alle persone con disabilità.

Gli sforzi di tutti, dentro e fuori il mondo della scuola, dovrebbero convergere verso la predisposizione di contesti di apprendimento integralmente accessibili agli alunni sordi, al di là delle radicali posizioni che hanno infiammato — e continuano ad infiammare — il dibattito sui metodi.

Tratto e adattato da *Disabilità sensoriale a scuola,* 2015, pp. 21-30, 97-101, 105-111

CAPITOLO 28

INTERVENTI PSICOEDUCATIVI NEI COMPORTAMENTI PROBLEMA

(Dario Ianes)

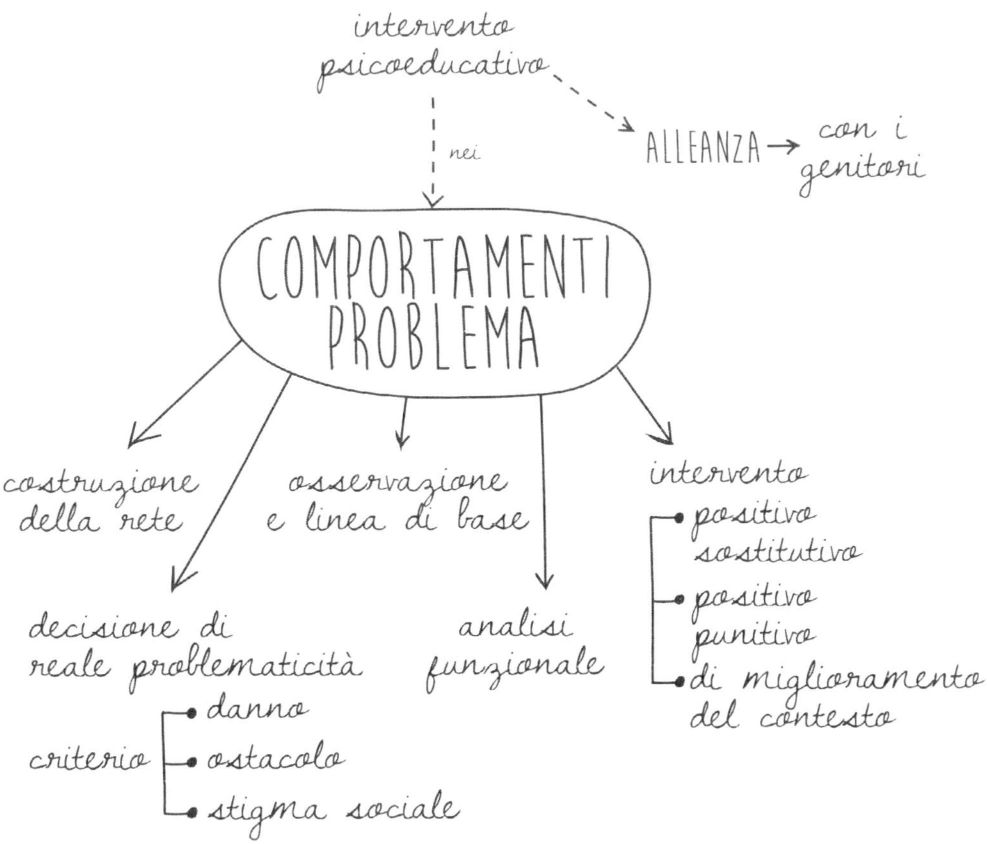

L'alleanza psicoeducativa

L'approccio ai comportamenti problema gravi, quali l'aggressività, l'autolesionismo e le stereotipie, presentato in questo capitolo, si basa sull'idea di un intervento di tipo non repressivo e non punitivo, ma volto invece a favorire lo sviluppo di competenze comunicative e interpersonali alternative.

Gli interventi psicoeducativi proposti si inseriscono nella cornice di una forte alleanza tra chi condivide la responsabilità di cura, sviluppo e benessere dell'alunno disabile: genitori, insegnanti, educatori, psicologi, personale medico e del volontariato, ecc.

Il concetto di «alleanza» è quindi un concetto centrale in questo tipo di intervento; la condivisione del lavoro educativo e delle strategie, l'alleanza diretta, nella relazione di aiuto, con la persona che presenta bisogni speciali e tra figure di riferimento sono dunque i punti fondamentali sui quali impostare un intervento che sia realmente efficace, volto a migliorare l'integrazione e la partecipazione sociale e quindi, in definitiva, la qualità di vita dell'alunno disabile.

L'intervento psicoeducativo nel caso dei comportamenti problema non si presenta certo come un percorso facile e privo di difficoltà. Una di queste può essere l'opposizione da parte dell'alunno disabile, soprattutto se grave, alle proposte educative con varie forme di rifiuto, blocco, chiusura in sé, fuga, evitamento, ecc. che frenano il suo sviluppo e mettono a dura prova coloro che svolgono funzioni educative.

I comportamenti problema logorano i rapporti educativi e, allo stesso tempo, mettono uno stigma all'alunno che li manifesta; questo viene caratterizzato in senso negativo e così si riducono obiettivi, speranze, fiducia e si generano invece timore e demotivazione. I comportamenti problema hanno quindi il risultato immediato di escludere direttamente l'alunno da una serie di possibilità di autorealizzazione.

La risposta che dobbiamo dare non deve essere comunque semplicemente assistenziale e gestionale, anche se può essere necessaria nella gestione delle crisi pericolose, dove vanno limitati i danni e vanno protette le persone dai possibili effetti del comportamento problema. Gli interventi gestionali non ci devono però far cadere nell'illusione di soluzione definitiva e costruttiva del problema.

Nell'intervento psicoeducativo si va ben oltre, si cerca cioè di capire perché un comportamento problema si manifesta e come si potrebbe aiutare l'alunno a sostituirlo con strategie più evolute, con comportamenti socialmente più accettabili.

Per fare questo dobbiamo fondare però il nostro intervento su alleanze strategiche: allearsi con l'alunno disabile per comprendere il significato del suo comportamento, allearsi con i suoi bisogni, espressi in modo anche molto problematico, e allearsi tra figure di riferimento educativo per decidere e condurre una strategia comune.

Questa alleanza non è affatto facile, in quanto spesso l'alunno disabile viene vissuto quasi come un «nemico» più che come un alleato, ma questa è forse l'unica strada che ci può far intravedere una qualche probabilità di riuscita. L'alleanza può poi risultare altrettanto difficile e faticosa — per vari motivi — anche tra le diverse figure di riferimento educativo.

Un altro punto fondamentale riguarda poi l'origine dei comportamenti problema e la loro comprensione. Va detto innanzitutto che i comportamenti problema sono funzionali al soggetto che li manifesta, anche se sono realmente dannosi o controproducenti. Le funzioni che essi svolgono sono prevalentemente comunicative e solo in parte minore sono invece di autoregolazione del flusso di stimolazioni e di sensazioni.

Questa posizione, ormai largamente condivisa dalla comunità scientifica internazionale, è stata iniziata dalla concettualizzazione e dagli studi di Edward Carr (Carr et al., 1998), secondo il quale i comportamenti problema sono dei precisi atti di comunicazione, «messaggi» non sempre facili da interpretare, ma il cui senso è spesso empiricamente verificabile. Infatti, in mancanza di strategie di comunicazione migliori e socialmente più accettabili, l'alunno disabile userà i comportamenti problema. Se il comportamento problema è comunicazione, lo dovrà essere anche il suo trattamento: esso perciò non può limitarsi al tentativo di ridurre o eliminare il comportamento in questione, ma deve puntare a identificare la funzione e insegnare forme alternative e più efficaci di comunicazione.

Dunque è necessario un investimento puntuale di procedure e di energie per capire i valori funzionali dei comportamenti problema e, sulla base di questi, progettare un intervento di sostituzione.

Da questo si può capire che la base di lavoro da cui partire è di tipo proattivo, positivo e sostitutivo; se però la gravità del comportamento lo richiede, e quanto è stato fatto nella fase positiva-sostitutiva purtroppo non è stato sufficiente, si dovranno «avere il coraggio» e la responsabilità di usare anche procedure positive-punitive.

Infine non va dimenticato che l'intervento psicoeducativo deve modificare e strutturare anche il contesto delle possibilità di vita della persona disabile, nel senso di una maggiore apertura alla comunicazione, all'interazione positiva, all'autodeterminazione, alla scelta autonoma e, in definitiva, alla libertà.

La costruzione del gruppo di riferimento e della rete educativa

Come abbiamo già accennato, il gruppo di riferimento educativo per l'intervento è idealmente composto da tutte le persone che condividono qualche responsabilità sull'alunno.

Riuscire a creare questo gruppo di lavoro che rappresenta la rete educativa è già un buon punto di partenza, non sempre facile da raggiungere.

Il primo compito a cui questo gruppo di lavoro è chiamato a far fronte è la stesura dell'*elenco grezzo* dei comportamenti problema da parte di ciascun componente. L'elenco va compilato cercando di essere il più possibile precisi nell'individuazione e nella descrizione dei comportamenti problematici accanto ai quali andrebbero riportati anche i sentimenti di disagio che l'insegnante o il familiare vive.

A questo punto il compito successivo del gruppo diventa quello di confrontare gli elenchi, un confronto prima sui comportamenti e poi sui vissuti. Da questo confronto scaturirà la stesura dell'*elenco condiviso,* ossia la lista di tutti i comportamenti dichiarati con disagio dai partecipanti al gruppo educativo.

Tutti questi comportamenti sono davvero problematici? Adesso è arrivato il momento di chiederselo e di condurre quella fase cruciale che definiamo *decisione di reale problematicità.*

La decisione di reale problematicità

In questa fase, sulla base degli elenchi compilati, si decide (cercando il consenso di tutti) quali comportamenti sono davvero problematici «per l'alunno e non per noi». L'espressione «e non per noi» fa intendere che ci siano due categorie di comportamenti problema: quelli «veri» (per l'alunno) e quelli «falsi» (solo per noi).

Nella decisione di reale problematicità va dunque elaborata la consapevolezza dei propri vissuti di disagio e tutti devono fare un radicale cambio di prospettiva: da quella soggettiva del disagio per sé a quella oggettiva di problema reale e urgente per la persona disabile. Va quindi assunta una prospettiva più «neutrale», che ha a cuore esclusivamente il benessere, lo sviluppo e la liberazione dell'alunno dalle «gabbie» dei suoi comportamenti problema.

A questo proposito si possono usare tre criteri che dovrebbero aiutare nella discussione e nel prendere una decisione nel modo più razionale e obiettivo possibile. I tre criteri sono gli stessi che abbiamo usato per decidere se l'alunno presentava o no un reale problema di funzionamento educativo-apprenditivo (Bisogno Educativo Speciale).

Il criterio del danno

Ci si può chiedere se quel comportamento produca, all'alunno, ad altri, o a cose, un danno documentabile (come ad esempio in molte forme di autolesionismo, di aggressività e distruzione). Se la risposta è affermativa allora non dovrebbero esserci dubbi nel considerare quel comportamento come realmente problematico.

Il criterio dell'ostacolo

Spesso si incontrano dei comportamenti che vengono vissuti anche con grande disagio, ma che non danneggiano in senso fisico l'alunno o altre persone o oggetti. In questi casi si possono considerare realmente problematici solo quei comportamenti che costituiscono un «ostacolo», reale o documentabile in senso oggettivo, allo sviluppo intellettivo, affettivo, interpersonale o fisico dell'alunno (come ad esempio alcune stereotipie molto invasive).

Il criterio dello stigma sociale

Esistono dei comportamenti che non danneggiano o ostacolano la persona, ma che vengono comunque vissuti con disagio e inclusi nell'elenco condiviso. Ma se non danneggiano o ostacolano, sono reali comportamenti problema? Si potrebbe rispondere di no, sostenendo che sono piuttosto deviazioni positive dalla norma, variazioni anche molto bizzarre nel modo di comportarsi, modi strani di esprimere la propria identità che vanno considerati nell'ambito del diritto dell'alunno a essere e manifestarsi per quello che è.

Non dobbiamo però dimenticarci di aver cura e di proteggere l'immagine sociale dell'alunno spesso svalorizzata a priori e danneggiata da ulteriore stigma sociale prodotto da qualche comportamento problema. In questi casi, la «bizzarria» diventerà realmente problematica.

L'elenco dei comportamenti realmente problematici

In queste prime fasi di lavoro è necessario individuare anche una figura di «mediatore» che coordini il lavoro del gruppo e cominci a costruire l'elenco dei comportamenti problematici in base alle decisioni prese dal gruppo e tenendo conto che i diversi contesti di vita creano situazioni differenti: un comportamento può risultare problematico e ostacolante in un contesto ma non in un altro.

L'elenco può essere strutturato in ordine di priorità percepita di intervento, di gravità, di possibilità e probabile facilità di intervento, ecc. L'importante è che non si cerchi, in questa fase, di «spiegare» il comportamento con varie teorie interpretative o tanto meno di prospettare soluzioni o interventi.

Alla fine di questo lavoro di discussione e di mediazione il gruppo di riferimento ha raggiunto un importante obiettivo: ha prodotto l'elenco dei comportamenti realmente problematici, frutto di una condivisione — anche di vissuti personali — e di un accordo all'interno della rete educativa.

Inoltre, la fase di decisione di reale problematicità ci aiuta a restringere il campo dell'intervento, definendo un numero generalmente più piccolo di comportamenti, percepiti come realmente problematici da tutti e sui quali c'è un obbligo, anche di tipo deontologico-professionale, oltre che genericamente morale, di intervenire.

In questa fase di decisione e di valutazione, il gruppo non ha solitamente bisogno di ricorrere a strumenti di osservazione, scale o griglie strutturate, ma può anche accadere che senta il bisogno di esplorare la situazione del soggetto aiutandosi con elenchi già predisposti di comportamenti problema o profili dei tratti psicopatologici.

Questi strumenti possono servire poi anche per confrontare in modo sistematico le varie percezioni e valutazioni fatte dai singoli partecipanti del gruppo di riferimento, potendo così disporre di materiale scritto che testimoni e conservi il lavoro svolto (per un'ampia serie di strumenti di valutazione si veda anche Ianes e Cramerotti, 2002).

L'alleanza con i genitori

La costruzione di un'alleanza con i genitori costituisce un altro dei punti fondamentali dell'intervento psicoeducativo sui comportamenti problema. Non sempre la ricerca e l'instaurarsi di questa alleanza risultano semplici: può infatti accadere che, a causa delle percezioni spesso negative dei genitori circa la possibilità di riuscita e di miglioramento del figlio, nonché una certa resistenza alle proposte da parte di insegnanti e operatori, la costruzione di un'alleanza significativa risulti un compito veramente difficile.

Inoltre, non sono ancora molte le ricerche che indagano questo aspetto legato all'intervento, forse perché in molti casi non sono ancora sufficientemente lontani i fantasmi della colpevolizzazione dei genitori e, in particolare della madre, per determinate patologie dei figli.

Costruire un'alleanza con i genitori vuol dire quindi basare il proprio lavoro su un modello collaborativo nel quale, accanto a una forte relazione di sostegno e alla creazione di un senso di *empowerment,* siano perseguiti obiettivi comuni, verso i quali i genitori siano guidati e sui quali essi stessi possano dare concretamente un contributo rilevante, attivando risorse, in molte occasioni inaspettate.

Un bell'esempio in questa direzione è quello offerto da Eric Schopler (1998), fondatore del celebre approccio TEACCH (Treatment and Education of Autistic Related Communication Handicapped Children), il quale ha fondato l'intervento psicoeducativo nell'alleanza tra genitori e operatori.

Ci sono molti modi per aiutare i genitori ad acquisire nuove abilità, modalità di gestione e conoscenze; molto efficaci e ampiamente diffusi si sono rivelati i programmi di *Parent training,* programmi di formazione strutturati, basati sull'insegnamento di abilità educative, sull'elaborazione congiunta ed emotiva, sul modellamento, le simulazioni con feedback, il role play, ecc. (Benedetto, 2005).

L'osservazione iniziale e la linea di base

Arrivati a questo punto del lavoro, diventa fondamentale cominciare a raccogliere dati sulla situazione, concentrandosi su quelli che ci serviranno maggiormente per l'intervento psicoeducativo e quindi basati sul *come, quanto* e *perché* si manifesta un comportamento problema. Tra i vari componenti del gruppo di lavoro, è quindi bene che si creino un accordo e una strategia di lavoro comune (e quindi anche di osservazione), nonché la conoscenza di metodologie — seppur semplici — che permettano la raccolta di informazioni sia di carattere qualitativo che quantitativo di misurazione del comportamento (come ad esempio schede e griglie di osservazione).

Per quanto riguarda il primo punto da analizzare, ossia il «come» si manifesta il comportamento, risulta chiaro che qui ci addentriamo nella vera e propria «descrizione operazionale del comportamento», dove sarà necessario definire con cura i vari aspetti qualitativi di un determinato comportamento: in questo modo tutti i partecipanti al gruppo di lavoro avranno ben chiaro quale comportamento e quali caratteristiche andranno poi osservate in maniera più sistematica, evitando descrizioni generiche che potrebbero nascondere aspetti essenziali.

In una seconda fase si procede poi alla «preosservazione informale» del comportamento, durante la quale, avendo ben presenti le caratteristiche del comportamento, si osserva, senza l'uso di strumenti formalizzati, quello che succede e si immagina come potrebbe essere svolta una successiva osservazione sistematica, ossia che usi un sistema formalizzato, costante nel tempo e che produca precisi dati di tipo quantitativo (come ad esempio frequenza e durata di un comportamento in un periodo temporale ben definito, emesso nei confronti di una precisa persona/oggetto/parte del proprio corpo, ecc.).

Questa prima descrizione delle operazioni di osservazione potrebbe far pensare a un eccessivo sovraccarico di compiti soprattutto da parte di chi non è professionalmente coinvolto. In effetti il rischio esiste e quindi bisogna analizzare con molta attenzione che i costi di un'osservazione rigorosa, anche in contesti domestici o informali, non superino i benefici, rischiando così di creare fonti di stress nocive alla collaborazione che dovrà essere invece sempre più rafforzata per le fasi successive dell'intervento, ben più importanti.

L'osservazione quantitativa iniziale rimane comunque un momento fondamentale all'interno del lavoro psicoeducativo. Innanzi tutto per l'importanza di stabilire il «reale» peso dei comportamenti problema nelle varie situazioni. Poi per poter stabilire con precisione la *Linea di base dei comportamenti,* cioè la fotografia dettagliata e attendibile di come questi comportamenti si manifestano normalmente prima di iniziare l'intervento, per poter stabilirne poi l'efficacia. Infine, per l'importanza di evidenziare alcune «aree di attenzione» in cui si manifesta con particolare forza e frequenza il comportamento problema.

L'analisi funzionale

Affrontando questa nuova parte del lavoro di intervento psicoeducativo sui comportamenti problema, ci troviamo a dover definire una nuova dimensione di alleanza con il soggetto disabile. Si tratta dell'alleanza con la *funzione* svolta dal suo comportamento problema. Infatti, noi attribuiamo un «valore» al comportamento problema attraverso il riconoscimento della sua funzione, della sua utilità, che cercheremo di scoprire per stabilire poi con essa un'alleanza, in senso metaforico.

Non si tratta di accettare la forma, ossia il come si manifesta il comportamento problematico, ma di accettarne la funzione; solo in questo modo sarà possibile aiutare la persona a manifestare la funzione con forme positive e socialmente più accettabili di comportamento.

L'analisi funzionale risulta quindi indispensabile per individuare la reale funzione del comportamento problema, per quello specifico alunno.

La tecnica dell'analisi funzionale ci permette infatti di osservare e valutare la circolarità delle interazioni, delle comunicazioni e delle azioni-reazioni che coinvolgono il comportamento problema, quello degli altri e il livello di stimolazioni che il soggetto produce. Il comportamento problema infatti si manifesta in presenza di alcune condizioni di stimolo che lo precedono e/o gli sono contemporanee, e che in qualche maniera lo influenzano. Il comportamento produce poi degli effetti e delle reazioni a vari livelli, che retroagiscono sulle condizioni iniziali, variandole in genere nella direzione desiderata dal soggetto.

In questo caso si può quindi parlare di comportamento funzionale, cioè che è riuscito a produrre l'effetto voluto in quelle condizioni. Il ciclo che si viene a creare è quindi: condizione iniziale-comportamento-reazione-nuova condizione-comportamento-reazione, ecc. in un'interazione che continua con questa scansione e successione.

Nell'analisi funzionale si è soliti ricercare allora il ruolo delle condizioni antecedenti sul comportamento problema e il ruolo degli effetti prodotti dal comportamento stesso. Confrontando sistematicamente queste due categorie di informazioni, raccolte attraverso numerose osservazioni qualitative, si potrà formulare un'ipotesi delle funzioni svolte attualmente da quel comportamento problema (Ianes e Cramerotti, 2002).

Il ruolo delle condizioni antecedenti

Il comportamento problema è sempre preceduto da un «qualcosa» e, soprattutto, si colloca all'interno di un contesto. Le condizioni antecedenti influenzano e in qualche modo «facilitano» l'emissione del comportamento problema. Le condizioni antecedenti possono essere classificate in base a tre criteri:

1. la vicinanza temporale al comportamento problema (più gli antecedenti si collocano lontano dal comportamento problema e più risulteranno di difficile lettura);
2. la loro collocazione e tipologia;
3. la qualità e il tipo di influenza.

Le condizioni che vanno prese in considerazione in questo tipo di analisi sono:

- condizioni dello stato fisico del soggetto;
- condizioni dello stato affettivo-emotivo del soggetto;
- condizioni dello stato cognitivo del soggetto;
- condizioni delle relazioni con gli altri significativi presenti;
- condizioni delle relazioni più allargate (di gruppo) attualmente in corso;
- condizioni del contesto (fisico-ambientale, delle attività e delle relazioni in senso globale).

Esistono due grandi ambiti di ruoli facilitanti, giocati dalle condizioni antecedenti: un ruolo motivante, che dà la spinta, il perché, il bisogno e l'obiettivo da raggiungere (motivazioni negative e positive, naturalmente), e un ruolo più orientante alla specifica azione, che indica le forme dei comportamenti, il momento più opportuno per agire, le persone più ricettive all'azione, ecc.

L'analisi funzionale ci aiuta perciò a definire con la maggior precisione possibile quali sono queste condizioni antecedenti e quale ruolo di facilitazione svolgono sul comportamento problema.

Un altro fattore che va tenuto in considerazione è il rapporto molto forte e privilegiato che esiste tra aspetti emozionali e comportamenti problema; infatti nella persona disabile è spesso presente una forte reattività emotiva con scarse competenze comunicative e interpersonali utili per gestire le emozioni. In questi casi, perciò, anche il minimo evento, come ad esempio una banale situazione di incertezza, può causare un livello altissimo di ansia e agitazione che può sfociare in comportamenti aggressivi e distruttivi; sono infatti molti i casi in cui, alla base dei comportamenti problema, c'è un'emotività poco controllata.

Lovaas (1992) sostiene che c'è una relazione inversa tra comportamenti adattivi e problematici: in genere, più la persona è competente nella comunicazione e nell'interazione, meno avrà bisogno di strategie diverse e dannose. Da queste considerazioni deriva la strategia primaria dell'approccio psicoeducativo ai comportamenti problema: aiutare l'alunno a sviluppare e utilizzare in autonomia competenze alternative, in grado di rispondere alla funzione e di sostituire la forma di comportamento problematica.

Senza nulla togliere alle neuroscienze e agli studi sulla genetica dei comportamenti, crediamo che la partita dei comportamenti problema si giochi quasi del tutto a livello di comunicazione e di apprendimento. Per un approfondimento sulla possibile interazione tra meccanismi di apprendimento e fattori biologici si può fare riferimento ai lavori di Edward Carr (1994) e Brian Iwata (1994) che possono essere considerati a pieno titolo i «padri» dell'analisi funzionale.

L'origine e il mantenimento dei comportamenti problema sta nelle interazioni, nelle comunicazioni, nelle relazioni, nel valore funzionale di un'azione che ne crea l'apprendimento e il mantenimento. Certamente la condizione biologica del soggetto può giocare un ruolo: se un alunno autistico ha un'ipersensibilità percettiva e sensoriale, causata da qualche caratteristica del suo sistema nervoso centrale, che gli crea, ad esempio, un fortissimo disagio in luoghi con motori elettrici o con altro tipo di vibrazioni, sarà per lui molto forte la motivazione a fuggire o meglio a evitare questi stati di disagio. Dovrà allora imparare una strategia che si dimostri funzionale ed efficace e, dati i suoi deficit di comunicazione e interazione sociale, è più probabile che cerchi di arrangiarsi scappando via o buttandosi per terra per evitare di andare nei luoghi che gli creano disagio. Se, per far cessare questi comportamenti, le persone che gli stanno intorno gli consentiranno di non andare in questi luoghi, la strategia sarà funzionale e comunicativa e, dato il «successo» ottenuto è molto probabile che verrà messa in atto anche in futuro quando si presenteranno situazioni simili.

Il ruolo degli effetti prodotti dal comportamento problema

Le condizioni prese in esame preliminarmente a livello di osservazione e valutazione delle condizioni antecedenti, devono essere utilizzate per l'analisi degli effetti prodotti dal comportamento problema. Questo, infatti, non cade nel vuoto, ma produce degli effetti a vari livelli.

Molti di questi effetti si intrecciano contemporaneamente: alcuni sono immediatamente connessi al comportamento (ad esempio nel graffiarsi), altri hanno bisogno anche di altre persone e quindi vanno visti nel contesto più allargato.

Nell'analizzare il ruolo degli effetti sul comportamento dobbiamo tener conto di due semplicissimi meccanismi di apprendimento: il *rinforzamento positivo* e il *rinforzamento negativo.* Nel primo caso, al comportamento segue un effetto che l'alunno vive come positivo per sé, in quanto risponde a una sua motivazione positiva e a un suo bisogno (attenzione, controllo sull'ambiente, sicurezza, autostima, stimoli piacevoli, ecc.) e, di conseguenza, il comportamento che l'alunno ritiene abbia prodotto quell'effetto si consolida e aumenta la sua probabilità di comparsa nelle situazioni antecedenti in cui si è precedentemente manifestato. Un esempio molto chiaro di comportamento problema mantenuto da rinforzamento positivo, si trova in uno storico studio di Lovaas e Simmons (1969), dove alcuni ragazzi che ricevevano molta attenzione sociale per i loro comportamenti autolesionistici, ne aumentavano la frequenza di emissione. Quando gli stessi ragazzi furono osservati in una stanza vuota, il comportamento non veniva mai manifestato.

Nel rinforzamento negativo di un comportamento problema, invece, questo cresce in forza e probabilità di emissione se riesce a far evitare o fuggire condizioni antecedenti vissute come negative, che creano forte disagio al soggetto. In questo caso il comportamento viene appreso, perché è funzionale alla riduzione di uno stato vissuto come negativo.

Sia con il rinforzamento positivo che con quello negativo si producono quindi apprendimenti di strategie funzionali, nel primo caso utili a un «arricchimento» del soggetto, nel secondo caso a una «difesa» da situazioni spiacevoli. Le funzioni più frequenti del comportamento problema rispondono principalmente a un fine comunicativo: controllare il comportamento di altri, in modo da ottenere effetti di tipo rinforzante, positivo e negativo. Questi effetti devono essere mediati dall'intervento di altre persone, che ricevono la comunicazione e vi rispondono.

Esistono però dei comportamenti problema che non sono comunicativi, in cui gli effetti sono automaticamente prodotti dal corpo del soggetto, attraverso sensazioni positive o riduzione di sensazioni negative, come, ad esempio, in molte forme di stereotipie. L'alunno produce dei comportamenti che, in se stessi, generano feedback presumibilmente piacevoli, di tipo cinestesico (come dondolare, girare su se stessi), tattile (strofinare le mani su superfici, leccare), uditivo (giocherellare con la carta o con oggetti), gustativo (mettersi le mani in bocca, mangiare tessuti).

Molte ricerche mostrano che se un alunno si trova in una condizione di inattività e con scarsi input sensoriali, aumenta di molto la probabilità che utilizzi comportamenti problema con funzione produttrice positiva di stimoli (autostimolatoria), i quali avrebbero il ruolo di aumentare, omeostaticamente, il flusso di stimolazioni afferenti al sistema nervoso centrale.

Accanto a questa funzione autoregolatoria in positivo, se ne può riscontrare anche una in negativo, dove il comportamento problema, molto frequentemente stereotipie o atti autolesivi, serve a ridurre un flusso troppo forte di stimoli, che crea disagio, a volte anche molto forte.

Nella valutazione funzionale delle osservazioni si dovrebbe propendere per queste ipotesi autoregolatorie se i comportamenti problema non sembrano legati a particolari relazioni, alla presenza di alcune persone o ad attività.

Carr (1998) distingue tre possibili varianti nella funzione autoregolatoria, che vengono definite come «sensoriale», ossia mantenuta dall'autostimolazione che esso produce, «omeostatica», ossia come risposta a una stimolazione troppo alta o troppo bassa da parte dell'ambiente, e «organica», dove l'autolesionismo è appreso sulla base di meccanismi biologici.

La raccolta dei dati funzionali e la loro interpretazione

Una prima e semplice modalità di raccolta dei dati è costituita, come abbiamo visto, da interviste strutturate, questionari, griglie o altre modalità simili, in cui vengono raccolte informazioni rispetto alle variabili critiche per un'interpretazione funzionale del comportamento.

Molte volte è però necessario osservare direttamente le situazioni, utilizzando modalità semplici di rilevazione. Una di queste è quella che prevede l'uso di foglietti di colore diverso (uno per ogni comportamento problema osservato) da parte dei diversi osservatori coinvolti, sui quali vengono annotati, come in un diario, le condizioni antecedenti e gli effetti del comportamento, assieme a eventuali altre indicazioni.

Alla fine della giornata i foglietti vengono collocati su un cartellone suddiviso in quattro colonne, ognuna dedicata alle funzioni principali:

- funzione comunicativa di rinforzamento positivo;
- funzione comunicativa di rinforzamento negativo;
- funzione autoregolatoria positiva;
- funzione autoregolatoria negativa.

All'interno di una funzione potremmo poi, rileggendo i vari foglietti, trovare alcuni schemi comuni e alcune ricorrenze di situazioni che ci saranno di grande utilità per la programmazione dell'intervento.

La fase dell'analisi funzionale dovrebbe averci dato informazioni utili sulla/e funzioni svolte dal comportamento problema in modo che si possa progettare su queste basi un intervento positivo sostitutivo.

Il tavolo del gruppo di riferimento dovrebbe così aver raggiunto un altro traguardo importante per la costruzione di una forte alleanza psicoeducativa e per il successo dell'intervento: la definizione condivisa delle funzioni svolte dal comportamento problema.

Una buona analisi funzionale corrisponde quindi a delle buone fondamenta in una costruzione educativa e ci preserva dal rischio di ipersemplificare e di attenderci spiegazioni sempre lineari. Infatti possiamo trovare che:

- lo stesso comportamento problema serve a due funzioni diverse in due persone diverse;
- la stessa persona può manifestare vari comportamenti problema, ognuno con funzionalità diverse;
- un comportamento problema di una persona può servire a funzioni diverse in contesti diversi (Singh, 1997).

La consapevolezza che alcuni adulti di riferimento (o tutti) giochino un ruolo inconsapevole di mantenimento di qualche comportamento problema può far scattare un senso di colpa e di inadeguatezza, che si può manifestare con la celebre frase: «Ma allora ho sbagliato tutto...». Se questo accade, e tra i partecipanti del gruppo vi è un'alleanza sufficientemente forte, non dovrebbe essere difficile aiutare la persona a superare questo vissuto, valorizzando le aree di competenza positiva presenti e l'impegno educativo che viene investito. Il ruolo di sostegno reciproco tra i vari membri che fanno parte del gruppo di lavoro è quindi, in questo e in molti altri momenti del percorso, di fondamentale importanza.

L'intervento positivo sostitutivo

La prima regola che va tenuta in considerazione nell'impostare un intervento psicoeducativo è che esso debba essere *proattivo, positivo* e *sostitutivo.*

Un intervento *proattivo* non definisce modalità di «risposta» ai comportamenti problema, ma li anticipa, lavora prevenendo i comportamenti negativi e crea attivamente tutte le condizioni perché il soggetto sviluppi strategie alternative positive.

Per *positivo* si intende un intervento «ottimistico, fiducioso e valorizzante» e «orientato allo sviluppo di comportamenti positivi, alternativi, antagonisti a quello problematico». La nostra tensione educativa non sarà dunque conflittualmente rivolta a contrastare il comportamento problema, ma a favorire lo sviluppo e l'utilizzo di strategie comportamentali e comunicative positive e alternative.

Questo punto non è certamente facile da accettare per quei componenti del gruppo che possono non fare immediatamente propria la filosofia per cui «del comportamento problema non ci occupiamo, ci interessa sviluppare i comportamenti positivi» pur percependo la gravità del comportamento stesso. Questo atteggiamento positivo infatti non vuole dire trascurare un comportamento problema grave, ma limitarsi unicamente a un intervento minimo di gestione della crisi e di protezione dell'incolumità del soggetto e degli altri, investendo piuttosto tutte le nostre forze educative sul versante dei comportamenti positivi.

Per individuare questi comportamenti è necessario prima analizzare la terza linea guida, quella che fa riferimento alla *sostituzione.* I comportamenti positivi obiettivo dell'intervento sono strettamente «sostitutivi» del comportamento problema, nel senso che il soggetto li dovrà usare in alternativa al comportamento problema. In questo gioca un ruolo fondamentale l'alleanza con la funzione svolta dal comportamento problema emesso dal soggetto; questa ci permette di modificare la forma con cui essa si esprime, sostituendola con una positiva.

All'interno di questa alleanza la parte senz'altro più significativa è dunque la funzione, che cerchiamo di capire, accettare e sostenere, a meno che non sia essa stessa urgentemente dannosa per il soggetto e per chi gli sta intorno.

Ma cosa si può fare se anche la funzione è negativa per il soggetto? Se questa negatività è per un certo periodo sopportabile, ci si allea tatticamente alla funzione e, una volta modificata la forma, ci si occuperà della funzione problematica in sé. Se ad esempio la funzione è *comunicativa di evitamento* e rimane ancora una forte avversione per alcune situazioni, si dovrà cercare di capirne il motivo e conseguentemente intervenire a ribilanciare emozioni negative e motivazioni positive. Se la funzione è *comunicativa di rinforzamento positivo,* si dovrà ricorrere a strategie di sviluppo di competenze di tolleranza alla dilazione della gratificazione e alla frustrazione. Il più delle volte, però, dopo aver modificato la forma negativa del comportamento, alleandosi tatticamente con la funzione, si riduce quasi spontaneamente l'eventuale negatività della funzione, e non è più necessario intervenire ulteriormente.

Costruire un'alleanza psicoeducativa per il cambiamento significa anche sviluppare un processo in cui l'alunno disabile viva come desiderabile il cambiamento stesso e trovi una sua motivazione intrinseca per parteciparvi attivamente attraverso la definizione comune di accordi di autoregolazione. Dobbiamo inoltre ricordare che i comportamenti problema «servono» al soggetto, e di conseguenza non sarà affatto semplice eliminarli senza costruire insieme qualcosa in cambio che sia, per lui/lei, altrettanto o più valido.

Le operazioni di base da compiere nell'intervento psicoeducativo positivo sostitutivo

1. Entrare spesso in situazione

L'analisi funzionale ci ha indicato quali sono le condizioni antecedenti in cui è più probabile che il soggetto emetta il comportamento problema: con queste situazioni costruiremo una scaletta di avvicinamento graduale ma frequente e sistematico. Non dovremo evitare queste situazioni, perché altrimenti priveremo il soggetto di occasioni essenziali per apprendere i comportamenti alternativi; i nuovi apprendimenti richiedono infatti esercizio frequente e gradualità.

È chiaro che in queste situazioni accompagneremo il soggetto con una forte presenza rassicurante e di guida, avendo cura di graduare la difficoltà (utili in questo caso le tecniche di *fading*).

2. Definire gli specifici comportamenti positivi sostitutivi

Un comportamento problema tipico dei soggetti con disabilità intellettiva è quello di aggredire le altre persone quando si vuole ottenere, ad esempio, un oggetto che la persona ha in mano.

In questo caso è chiaro che va insegnata una modalità alternativa e sostitutiva per esprimere le proprie richieste. Una possibile sequenza di azioni alternative e positive che potrebbe essere insegnata è la seguente:

1. avvicinarsi all'altro;
2. fermarsi a distanza di un braccio;
3. indicare l'oggetto con la mano aperta;
4. indicare se stesso;
5. ottenuto l'oggetto, ringraziare toccando la spalla dell'altro (linguaggio non verbale).

Nella programmazione di queste azioni e/o di questi gesti va tenuto in considerazione il fatto che essi siano comprensibili a tutti e quindi anche generalizzabili ad altri contesti, situazioni e persone. Questo permetterà una corretta interpretazione anche da parte di chi è all'oscuro delle modalità di intervento. Questa nuova strategia comunicativa è accettabile e corretta; il nuovo comportamento risulta inoltre antagonista dal punto di vista fisico (non è possibile contemporaneamente indicare e strappare) e porta agli stessi esiti funzionali: ottenere l'oggetto.

La definizione di comportamenti positivi alternativi è particolarmente difficile nei casi di stereotipie autostimolatorie o comportamenti problema motivati da una funzione autoregolatoria positiva. Nello scegliere comportamenti positivi che abbiano un adeguato valore funzionale, si dovrebbero seguire questi tre criteri aggiuntivi a quello fondamentale, e cioè la capacità di produrre effetti sensoriali analogamente funzionali:

– comportamenti alternativi il più possibile appropriati all'età e non infantilizzanti;
– comportamenti alternativi non stigmatizzanti socialmente;
– comportamenti alternativi che non interferiscano con l'apprendimento di altre abilità.

Questo non è affatto semplice, ma si può ricorrere a forme di osservazione diretta delle preferenze manifestate dai soggetti e organizzare delle situazioni di vera e propria scelta tra oggetti/stimoli di tipo orale, visivo, uditivo, tattile, cinestetico, termico, vibratorio, olfattivo, ecc. In queste situazioni si valuta quanto lo stimolo offerto come alternativa è ricercato e scelto dal soggetto, e di conseguenza lo si può utilizzare per le attività positive sostitutive.

3. Accompagnamento, guida e aiuto al comportamento positivo

Nell'esercitare l'alunno sui comportamenti positivi, la relazione di aiuto dovrà arricchirsi di azioni specifiche che accompagnino l'esecuzione, molto probabilmente ancora incerta, dei comportamenti positivi alternativi, garantendo quasi il successo costante dell'alunno. In questo momento ci saranno di grande utilità, se ci sono, dei comportamenti «precursori» a quello problematico, comportamenti che sistematicamente lo precedono e che possono essere anche poco visibili (come ad esempio sguardi, vocalizzazioni o movimenti particolari). Nella situazione antecedente immediata, cogliendo tali precursori, chi interviene può più facilmente e con maggiore tempismo dare l'aiuto necessario e sufficiente affinché il comportamento positivo abbia luogo.

Inizialmente, nelle prime prove di apprendimento, il «merito» del comportamento positivo sarà quasi esclusivamente di chi interviene, ma un po' alla volta le parti si invertiranno e chi aiuta ridurrà progressivamente e gradualmente il suo aiuto fisico, accompagnando il soggetto con suggerimenti verbali, poi solo gestuali e alla fine esclusivamente con la sua presenza.

4. Valorizzazione del comportamento positivo

L'azione positiva dell'alunno dovrà garantirgli una serie di effetti positivi, come abbiamo visto, analoghi a quelli che era in grado di ottenere con il comportamento problema, anzi, se possibile, più potenti dal punto di vista motivazionale. Chi interviene, a questo punto, avrà il compito di valorizzare, nel modo necessario e sufficiente, il comportamento positivo, o una sua approssimazione accettabile.

Sono molto utili le «lodi descrittive», come ad esempio «Complimenti... ottimo... gli hai chiesto benissimo la radio... bravo, gli hai toccato piano la spalla e lui ti ha dato la radio!».

Se fosse eventualmente necessario, in casi di disabilità intellettiva grave o particolari difficoltà, non dobbiamo trascurare la possibilità di ricorrere a forme di valorizzazione tangibili e molto forti dal punto di vista della motivazione estrinseca, arrivando anche a modalità, sempre se sono l'unica cosa che stimola positivamente l'alunno, di rinforzamento positivo tangibile. Anche in questo caso valgono le stesse regole: le valorizzazioni devono essere forti, ossia raggiungere lo scopo di fornire tutto ciò che serve all'alunno disabile per rispondere adeguatamente, ma ridursi gradualmente fino a scomparire nelle loro caratteristiche estrinseche e artificiali.

Naturalmente anche questo lavoro richiede numerose prove di apprendimento basate sul susseguirsi di «situazione-aiuto-valorizzazione».

5. Frustrazione del comportamento problema

Nonostante l'accompagnamento continuo, attento e costante, accade spesso che il comportamento problema riappaia improvvisamente, sorprendendo chi interviene, perché si manifesta velocemente oppure perché l'alunno ne improvvisa delle varianti inaspettate, o per tanti altri motivi. L'insegnante avrà allora il compito di frustrare questo comportamento, di fare cioè in modo che non ottenga gli effetti che l'analisi funzionale ha evidenziato essere importanti per il suo mantenimento. Ma come fare?

In linea teorica, se l'effetto funzionalmente significativo è ottenere un oggetto, questo non dovrà passare di mano. L'operatore dovrà allora agire come forza pacifica di interposizione, impedendo in modo dolce e non violento che il comportamento porti l'effetto desiderato e abituale. Dobbiamo però fare molta attenzione al fatto che è molto diverso frustrare un comportamento dall'impedirlo. Nel primo caso il soggetto agisce, ma l'azione non ha l'esito abituale previsto; nel secondo caso l'azione non può essere compiuta, e di conseguenza l'attore non può fare l'esperienza della sua inefficacia rispetto al risultato atteso. È fondamentale invece che l'alunno disabile si renda conto che il comportamento problema non raggiunge più il risultato.

La frustrazione del comportamento problema può essere relativamente semplice per quei comportamenti che portano a gratificazioni sociali, che sono cioè comunicativi e, più in generale, nei casi in cui riusciamo ad avere un certo controllo sugli effetti del comportamento. Tale procedura è però complessa o in alcune situazioni addirittura impossibile nel caso dei comportamenti problema rinforzati automaticamente, che hanno cioè una funzione autoregolatoria sensoriale.

Chi interviene in senso psicoeducativo dovrà essere molto attento anche agli effetti collaterali tipici della frustrazione. La ricerca indica che gli effetti collaterali negativi della frustrazione si dividono in due categorie: l'effetto di incremento di forza/frequenza nel comportamento problema e l'effetto di risposte emozionali-comportamentali di aggressività (Lerman, Iwata e Wallace, 1999). Questo dato ci indica che la frustrazione va controllata con cura e mantenuta entro i limiti il più possibile contenuti attraverso le varie procedure positive sostitutive finora illustrate.

Se si riuscisse a produrre un cambiamento stabile senza ricorrere alla frustrazione vi sarebbero soltanto vantaggi per tutti. Un atteggiamento frustrante, agito in modo non corretto, può diventare anche inavvertitamente punitivo e, di conseguenza, produrre fuga, rifiuto, evitamento e risposte emotive di tipo aggressivo o ansioso. Per evitare queste possibili difficoltà, va sempre mantenuta forte e costante la serie di procedure positive di intervento descritte precedentemente.

6. Estensione e generalizzazione dell'intervento

Le cinque strategie educative descritte precedentemente vengono agite continuamente, per tutto il tempo che è necessario, finché si può ridurre al minimo e poi eliminare del tutto la serie di aiuti e di valorizzazioni estrinseche usate. Mentre si procede, non appena si comincia ad avvertire un progresso dell'alunno disabile nell'acquisizione del comportamento positivo alternativo e nel suo uso spontaneo e sostitutivo nelle situazioni critiche, si dovrebbe lavorare per la generalizzazione e il mantenimento del cambiamento positivo. Un cambiamento si generalizza quando il nuovo comportamento, comunicativo o di autooccupazione costruttiva, viene usato dal soggetto in una serie ampia e diversa di contesti, persone, luoghi e situazioni, anche molto differenti da quelli in cui è stato originariamente condotto l'intervento e addirittura del tutto nuovi e mai incontrati prima.

Come è noto, la generalizzazione è una tipica difficoltà degli alunni con disabilità intellettiva e autismo, che spesso collegano in modo molto stretto i comportamenti acquisiti a una o più caratteristiche irrilevanti della situazione. La generalizzazione dei comportamenti acquisiti non va attesa in modo passivo, sperando che avvenga, ma va attivata pazientemente e sistematicamente, estendendo gradualmente l'intervento (Stokes e Baer, 1977). In pratica, questo significa modificare progressivamente le condizioni in cui sta avvenendo l'apprendimento, cambiando persone, oggetti, luoghi, momenti della giornata, ecc., in modo che tutto ciò che è «accessorio» cambi gradualmente, mentre ciò che necessariamente deve caratterizzare la situazione rimanga come costante strutturale.

È importante lavorare sulla generalizzazione, anche per permettere il mantenimento della competenza acquisita nel tempo. Rispetto a questo, l'unico modo «garantito» per evitare che le persone disabili dimentichino le strategie apprese è quello di rendere i comportamenti positivi realmente utili e impiegati frequentemente nei vari contesti reali. Se un nuovo comportamento è davvero utile e funzionale, e viene richiesto e usato frequentemente, non si perderà.

Questo rimanda poi al lavoro che deve essere fatto in parallelo a queste strategie positive, proprie della relazione di aiuto, e cioè il miglioramento del contesto, delle possibilità di scelta, autodeterminazione e vita indipendente, nella direzione di una maggiore reale autonomia.

L'intervento positivo punitivo

Può accadere però che, nonostante si abbia operato seguendo tutti i principi esposti fino a questo momento, facendo tutto quanto era possibile per l'alunno, arrivi purtroppo un momento in cui il gruppo di riferimento deve fare una valutazione importante sulla necessità di aggiungere all'intervento positivo alcuni aspetti punitivi, come conseguenze «spiacevoli» da far vivere all'alunno dopo i comportamenti problema. Questo solitamente accade quando le procedure del livello positivo sostitutivo hanno ottenuto un risultato che si ritiene insufficiente, se confrontato con la gravità del comportamento, i danni, gli ostacoli e lo stigma sociale che produce con la sua persistenza nel tempo.

Il gruppo deve allora decidere se quello che ora rimane del comportamento problema richiede un'ulteriore fase di intervento, che sarà più costosa per tutti, perché si dovranno introdurre elementi di carattere punitivo.

Prima però dobbiamo rivolgerci ancora alcune domande come: «Sono davvero necessari questi interventi? La situazione lo richiede realmente? Siamo ragionevolmente sicuri che non si può in alcun modo rendere più efficace l'intervento positivo sostitutivo che stiamo conducendo? Siamo disposti ad affrontare la situazione con i costi psicologici che essa richiede a tutti?»

Quest'ultima domanda riveste un'importanza particolare, in quanto è un punto fondamentale se vogliamo rispondere seriamente al bisogno (e al diritto) dell'alunno disabile di uscire dalla sua gabbia di comportamenti problema. È un suo diritto quello di poter usufruire di tutte le modalità di intervento psicoeducativo che si sono dimostrate efficaci, anche se talvolta costose da un punto di vista psicologico.

Questo livello di intervento si definisce «positivo punitivo» perché è lo sviluppo ulteriore dell'intervento positivo, non lo sostituisce affatto, ma aggiunge qualcosa a esso: le procedure della fase precedente non vengono affatto interrotte né ridotte, ma rimangono la base forte e indispensabile della relazione di aiuto. Se la relazione deve dare davvero aiuto, in alcuni casi è necessario che ponga dei limiti e applichi anche procedure punitive. Anche questo è un doveroso impegno educativo.

Vediamo più da vicino che cosa intendiamo per punizione. Possiamo definire la punizione come un evento psicologicamente negativo che viene fatto seguire a un comportamento problema con l'obiettivo di farlo cessare o diminuire.

Possiamo classificare la punizione in due grandi categorie:

1. *punizione di primo tipo,* che consiste nel dare direttamente al soggetto una stimolazione spiacevole dopo il comportamento negativo;
2. *punizione di secondo tipo,* che consiste nel sospendere temporaneamente una situazione positiva dopo il comportamento problematico.

A questo punto può sorgere spontaneamente il dubbio se la punizione funzioni davvero per ridurre un comportamento. Il punto fondamentale è che, per funzionare, la punizione dovrebbe, in teoria, essere:

– *immediata;*
– *forte;*
– *continua* (non intermittente e irregolare) e *inevitabile* (anche se questo nella vita quotidiana diventa davvero difficile).

Allo stesso modo va però detto che i costi della punizione sono spesso altissimi, sia a livello personale che relazionale e sociale. Infatti la punizione può:

– produrre comportamenti di evitamento o addirittura di rinforzamento dei comportamento problema;
– produrre ansia, disagio e disturbi emozionali;
– insegnare modelli di comportamento aggressivo;
– danneggiare la relazione di aiuto, ecc.

È chiaro che tutti questi effetti diventano particolarmente deleteri con gli alunni disabili, che hanno un particolare bisogno di essere compresi e accettati. Accettare una persona, però, non significa affatto accettare e giustificare i suoi comportamenti negativi, ma aiutarla a trovarne di sostitutivi. L'uso della punizione rischia però molto spesso di trasmettere alla persona questo messaggio negativo di non accettazione personale.

Nonostante le molte implicazioni negative, la punizione aggressiva, personale e dannosa sembra essere, ancora oggi, una modalità largamente impiegata nei contesti educativi e relazionali. Questo è forse legato ad alcune ragioni ben precise; la prima può essere il fatto che purtroppo questa è la prima e a volte l'unica modalità di intervento che ci viene in mente in alcuni momenti di tensione e che ci permette di scaricare la nostra rabbia, la nostra frustrazione o di «vendicarci» per alcune arrabbiature e delusioni che abbiamo subito. In secondo luogo essa ha molto spesso l'effetto di far cessare a breve termine il comportamento problema e questo finisce per rinforzare la nostra tendenza alla punizione, anche se poi a medio e lungo termine produce effetti decisamente negativi (D'Ambrosio, 2004; 2006).

Queste motivazioni sono spesso faticosamente ammesse da chi usa la punizione (magari talvolta anche inconsapevolmente), ma sono presenti anche tra i genitori di bambini disabili. È facile incontrare poi docenti o educatori che ammettono di aver usato la punizione non nella convinzione di fare la cosa più giusta per il soggetto in quel momento, ma per aver perso il controllo sulle proprie emozioni.

Il gruppo di lavoro si trova quindi, a un certo punto, a dover decidere circa la fattibilità di quelle procedure positive punitive che sono realmente utilizzabili e accettabili sotto il profilo etico, legale e professionale.

Di seguito vengono presentate alcune di queste procedure di intervento; l'ordine di presentazione è importante perché coincide con l'ordine con cui dovrebbero essere usate: dalla meno spiacevole alla più avversiva, seguendo il principio di tutela del soggetto, che ha il diritto di «subire» il minor livello di interventi spiacevoli possibile.

Il timeout

Il timeout è un tipico esempio di punizione di secondo tipo, in quanto consiste nell'allontanare brevemente la persona da una situazione gradevole. Vanno però subito messe in luce due difficoltà pratiche nell'uso della metodologia del timeout. La prima è che bisogna fare molta attenzione ed essere certi che la sospensione di un'attività sia veramente spiacevole per la persona; una procedura di timeout, per funzionare, deve sottrarre all'alunno dei rinforzatori e non permettergli di fuggire da un'attività noiosa, ansiogena o frustrante. Inoltre, il timeout, per avere speranza di successo, deve essere:

- *immediato;*
- *preannunciato con precisione e concordato con l'alunno* (una punizione non va mai improvvisata!);
- *breve,* qualche minuto di allontanamento dalla situazione gratificante è di solito la misura giusta per una procedura di timeout;
- *non deve trasformarsi in una punizione di primo tipo:* esso è semplicemente sospensione dal rinforzamento e niente più.

Il costo della risposta

Il costo della risposta è una procedura punitiva accettabile che consiste nel far seguire al comportamento problema un comportamento che potremmo chiamare «riparatore».

Un primo semplice esempio di costo della risposta può essere quello di portare una persona a chiedere scusa se ha offeso un compagno o se ha distrutto qualcosa, di venir multato della cifra necessaria per riacquistare ciò che è stato danneggiato.

Questa forma di punizione ha il vantaggio di essere maggiormente accettata, poiché più compresa, dalle persone disabili con un certo livello cognitivo, in quanto le forme di punizione e di gratificazione possono essere concordate direttamente.

Anche in questo caso vanno seguite alcune regole base:

– chiarire in anticipo le sanzioni a cui si va incontro se non si rispettano le regole;
– accertarsi che ciò che noi crediamo essere un «costo» non sia in realtà un premio per l'alunno punito;
– fare in modo che le valorizzazioni e le gratificazioni siano comunque sempre più numerose delle punizioni.

L'ipercorrezione

L'ipercorrezione è invece una forma di intervento punitivo su un comportamento problema che consiste nel guidare l'alunno a eseguire una correzione (talvolta anche marcata) del suo comportamento problema dopo che lo ha emesso (pulire, lavarsi, riordinare, ecc.).

Questa modalità ha certamente il vantaggio di inserirsi molto bene all'interno dei progetti educativi, rendendo anche più naturale la situazione punitiva stessa, rappresentando un notevole passo in avanti verso la normalizzazione (cosa ad esempio che non accade nelle procedure che prevedono il blocco fisico, vedi sotto).

Inoltre, la procedura dell'ipercorrezione punta direttamente non solo alla punizione del comportamento problema, ma anche — e contemporaneamente — all'insegnamento di comportamenti positivi e abilità nuove.

Il blocco fisico

Una metodologia punitiva difficile è il cosiddetto blocco fisico, che consiste nel bloccare il comportamento negativo del soggetto solo dopo che questo comincia a essere emesso. Si tratta di una procedura usata molto raramente; viene infatti utilizzata soltanto con soggetti con deficit intellettivi molto gravi, che manifestano ad esempio comportamenti distruttivi e autolesionistici particolarmente pericolosi e resistenti alle altre procedure di trattamento.

Nei rari casi in cui sia necessario utilizzare procedure di blocco fisico, bisognerebbe fare molta attenzione al fatto che il contatto fisico non scateni una risposta di aggressività ancora maggiore e venga limitato al momento acuto del comportamento problema.

Il blocco fisico è la procedura più restrittiva che possiamo mettere in atto ed è quella che richiede più impegno da parte di chi la usa e, allo stesso tempo, più sofferenza in chi la riceve. Per questo dobbiamo valutare molto bene il quadro delle nostre risorse e dei nostri limiti.

Il blocco fisico ha però una forte valenza protettiva e di contenimento del soggetto che, bloccato da una persona sicura di quello che fa e che gli dice serenamente il perché ha dovuto bloccarlo, sperimenta direttamente il senso del limite, applicato a dei precisi comportamenti, nel contesto di una relazione di aiuto che lo sostiene anche fisicamente.

Questo è facile a dirsi, ma naturalmente molto più complesso ad applicarsi soprattutto quando ci troviamo a interagire con alunni che manifestano comportamenti molto violenti e pericolosi. In questo caso l'aiuto concreto degli altri componenti del gruppo educativo, o di eventuali supervisori professionalmente preparati, diventa di importanza fondamentale.

Rifiutandoci di intraprendere, se necessario, anche la strada «positiva punitiva» dell'intervento, con tutte le necessarie sensibilità, attenzioni e garanzie, non possiamo che danneggiare ulteriormente lo sviluppo dell'alunno disabile, rinforzando la sua gabbia di comportamenti problema, rifugiandoci dietro l'alibi della gravità, della patologia e del rifiuto categorico, a tutti i costi, della punizione.

Il lavoro di miglioramento del contesto

Il lavoro svolto fino a questo momento si è per lo più concentrato sulla dinamica relazionale di aiuto diretta tra l'alunno e gli altri significativi.

Ora dobbiamo però guardare anche al più ampio contesto di vita dell'alunno disabile, anche se questa fase dovrebbe comunque svolgersi in contemporanea e in maniera complementare a quella «positiva sostitutiva» esposta precedentemente.

Jane Carlson parla di *dimensione molare-contestuale* dell'intervento psicoeducativo, intesa come un «continuum molto ampio di variabili nei contesti sociali, biologici e fisici. Queste variabili possono riguardare le amicizie e il sostegno da parte della famiglia, malattie fisiche, stati di deprivazione fisiologica e qualità degli ambienti di vita».

Il lavoro molare-contestuale ha come obiettivo principale quello di potenziare quei contesti che sostengono uno stile di vita normale e soddisfacente, integrato nella comunità. L'obiettivo principale è il miglioramento della qualità di vita dell'alunno disabile e di chi gli sta vicino, a fianco di un intervento nella relazione di aiuto individuale di tipo positivo sostitutivo.

Ci sono quattro punti fondamentali da tenere in considerazione quando si lavora sul contesto di vita più allargato dell'alunno disabile. Vediamoli nel dettaglio.

Dilatare gli ecosistemi di vita e di relazione

La vita di tutti i giorni si ambienta su uno sfondo in cui sono inseriti l'alunno e gli altri significativi, tra i quali si creano interazioni reciproche, influenze, condizionamenti, interconnessioni, facilitazioni, ostacoli, ecc.

Possiamo quindi parlare di vari contesti di vita come di altrettanti ecosistemi di vita e di relazioni, dove si creano flussi di influenze reciproche. Ecosistemi fondamentali sono la famiglia, la cerchia dei parenti e dei vicini, la scuola, il centro socioeducativo, la comunità alloggio, il quartiere, il gruppo dei pari, ecc.

Il fatto che il gruppo di riferimento educativo sia rappresentativo della maggior parte di questi contesti ci aiuta a ragionare tenendoli presenti tutti, in un intervento che deve essere il più possibile allargato, espanso sul maggior numero di ecosistemi possibili, tendendo alla globalità.

Si vede quindi come questo tipo di intervento si inserisca in un approccio normalizzante, non di isolamento della problematica o ancor peggio, di trattamento in un contesto artificiale avente esclusivamente finalità terapeutiche.

Può essere quindi utile, per il gruppo di lavoro, stendere una mappa dei vari ecosistemi che l'alunno vive, con l'obiettivo di aumentarne progressivamente il numero o le dimensioni. Per alcuni alunni si tratterà di aggiungere via via un piccolo pezzo verso la normalizzazione, per altri invece saranno ulteriori passi verso forme più elevate di integrazione sociale.

Costruire continuità educativa nei vari ecosistemi

La seconda «espansione» di cui ci si deve occupare riguarda l'uso delle varie procedure definite nelle fasi di intervento positivo sostitutivo e positivo punitivo. La strategia generale di sviluppo di nuove competenze per contrastare i comportamenti problema si articola in tante tattiche specifiche quante sono le persone coinvolte, che la interpreteranno nei vari contesti e ruoli.

Queste persone dovrebbero diventare sempre di più, coinvolgendo via via nuovi contesti con la partecipazione attiva di altrettante figure chiave. In questo modo la portata dell'intervento aumenta e di conseguenza la sua efficacia. Si crea una continuità «orizzontale» tra i vari ecosistemi, in cui l'alunno vive e una positiva coerenza che agisce come moltiplicatore di efficacia delle procedure. Una procedura può infatti essere banale, poco geniale, e probabilmente poco efficace se utilizzata solo da una persona di riferimento, ma diventa potente e risolutiva quando viene condivisa collettivamente e rimbalza da una persona all'altra, facendo sì che la persona non si senta più sola ma parte di un percorso condiviso. L'unione fa la forza, anche nel portare avanti progetti educativi.

Espandere gli interventi in un Progetto di vita

La terza considerazione riguarda un allargamento «longitudinale» dell'intervento, una sua proiezione nel futuro del Progetto di vita dell'alunno. Il contesto si allarga anche se guardiamo più lontano, verso periodi della vita che ci sembrano ancora molto distanti.

Spesso la problematicità del comportamento e la tipologia di disabilità ci portano a «chiudere l'orizzonte» pensando solo al «qui e ora». Pensare al futuro degli alunni disabili non è certo un compito facile e questo lo sanno bene le famiglie che, proprio per questo vanno aiutate, sostenute e incoraggiate nella costruzione di un Progetto di vita per il loro figlio affinché egli sia il più indipendente e autonomo possibile.

Migliorare la qualità psicoeducativa dei contesti attuali

La quarta dimensione del lavoro sui contesti riguarda, come era prevedibile, il miglioramento della loro qualità psicoeducativa attuale, rispetto a sei dimensioni fondamentali.

a) *Potenziare il ruolo attivo dell'alunno,* superando l'atteggiamento assistenzialistico e di pietismo, aprendosi invece alla volontà di incrementare aspettative, obiettivi positivi e costruttivi di valorizzazione continua.

b) *Migliorare il grado di attrazione reciproca tra adulto di riferimento e alunno,* creando una relazione significativa basata su vicinanza positiva, empatia, reciprocità, desiderio di stare insieme, gradevolezza delle cose che si fanno, ricerca di interessi e passioni condivise. Dovrà essere dedicata anche una certa cura all'aspetto fisico del soggetto, che andrà valorizzato.
c) *Aumentare le possibilità di scelta, autodeterminazione e libertà,* anche se a volte questo crea difficoltà e atteggiamenti ambivalenti, sia negli educatori che nei genitori, tra la ricerca di autonomia e la preoccupazione per gli eventuali rischi che questa comporta. Questo non deve però bloccare le possibilità di scelta da parte dell'alunno in quanto questo è sicuramente uno dei suoi diritti primari.
d) *Aumentare i contenuti di prosocialità dei contesti,* ossia migliorare la «qualità diffusa» dei comportamenti di relazione, che dovrebbero orientarsi il più possibile verso comportamenti prosociali e di competenza sociale nelle varie interazioni, formali e informali.
e) *Aumentare la responsività dei contesti alle comunicazioni,* ossia fare in modo che i contesti siano disposti ad ascoltare e a interagire e che l'alunno percepisca gli adulti come persone di fiducia alle quali rivolgersi in caso di bisogno. In generale va fatto in modo che la comunicazione sia vissuta dall'alunno come una strategia utile, molto funzionale per raggiungere obiettivi e risolvere situazioni difficili rispetto alla modalità propria dei comportamenti problema.
f) *Formare nuove capacità di tollerare la dilazione della gratificazione o la frustrazione,* attraverso precise strategie educative messe in atto dalle varie figure educative (ad esempio, aiutando l'alunno ad attendere, attraverso l'impegno in compiti graditi sempre più lunghi) e volte al saper tollerare, senza emozioni esageratamente violente, né comportamenti problema, il fatto che non sia immediatamente possibile raggiungere l'obiettivo della soddisfazione dei propri desideri, o la rimozione di un disagio.

Queste strategie aumentano la qualità psicoeducativa dei contesti di vita dell'alunno e ne ampliano la portata esistenziale. Non sono facilmente applicabili senza interventi di supporto che aiutino principalmente i familiari a superare l'ambivalenza con cui, come abbiamo visto, sono generalmente vissuti questi sviluppi nei contesti.

Questo comporta che la famiglia abbia il diritto di essere sostenuta e incoraggiata (versante emotivo-esperienziale), ma anche formata rispetto alle esigenze educative del figlio (versante più strettamente tecnico di acquisizione di competenze). A questo si devono inoltre aggiungere veri e propri momenti di tregua e sollievo dalle tensioni e dalle incombenze di cura.

L'intervento psicoeducativo nei comportamenti problema è davvero il banco di prova per tutti: dai genitori ai dirigenti dei servizi. Non lascia scampo. In altri ambiti di lavoro educativo si può «far finta» di fare. Con i comportamenti problema no, l'alunno disabile è più esigente, ci interroga continuamente con i suoi morsi, le testate, le urla, e non è facile nascondersi. È un banco di prova del nostro impegno, della tenacia, della creatività, dell'intelligenza e della formazione di ognuno. È una prova diretta anche di quanto, come operatori, siamo disposti a fare «alleanza» con gli altri, soprattutto con i familiari, ascoltandoli realmente, valorizzandoli e imparando da loro.

Tratto e adattato da *La Speciale normalità*, 2006, pp. 137-165

CAPITOLO 29

AUTISMO A SCUOLA

(SINPIA; SIPeS; Clea Terzuolo; Giuseppe Maurizio Arduino)

Indicazioni per il trattamento in età prescolare e scolare

SINPIA

Indicazioni di trattamento per bambini in età prescolare

Le caratteristiche che conferiscono a tale periodo un'assoluta specificità sono rappresentate da una serie di aspetti riassumibili nel modo seguente:

- è l'età in cui viene abitualmente formulata per la prima volta la diagnosi di autismo, una diagnosi che ha un impatto emotivo fortissimo sui genitori. Essi peraltro non riescono ad avere una spiegazione sulle cause («perché»), non riescono a comprenderne la natura («che cos'è»), non riescono a prevederne l'evoluzione («come sarà da grande»);
- è l'età in cui il «fenotipo» comportamentale risulta abbastanza omogeneo. Il quadro clinico, infatti, è dominato dalla compromissione dell'interazione sociale e della comunicazione, che peraltro in questa età si traduce in comportamenti nel complesso sovrapponibili da bambino a bambino (l'aggancio relazionale è sempre molto difficile, spesso impossibile; l'aderenza alle proposte dell'altro è sempre molto scarsa, spesso assente; la percezione dell'altro è saltuaria e sempre strumentale, in quanto limitata alla richiesta di appagamento di bisogni personali: in una parola, «il bambino vive in un mondo tutto suo»). Nella maggioranza dei casi è solo progressivamente che si renderà evidente la specificità del profilo clinico-evolutivo proprio di ciascun bambino;
- è l'età in cui i processi di maturazione e crescita del Sistema Nervoso Centrale sono particolarmente spinti e in cui non si è ancora verificata una definita differenziazione delle strutture encefaliche. Probabilmente, è proprio questo che determina la massima «pervasività» dei sintomi e, paradossalmente, la particolare omogeneità del fenotipo comportamentale;
- è l'età in cui è praticamente impossibile individuare elementi con significato prognostico e prevedere anche in termini generici l'evoluzione a lungo termine.

Gli aspetti appena esposti, recepiti ormai a livello internazionale, sono alla base di un orientamento generale, in rapporto al quale in questa fascia di età l'intervento deve essere *precoce*, *intensivo*, *curricolare* (Howlin, 1998; National Research Council, 2001).

L'intervento deve essere precoce

La precocità permette una più adeguata sistematizzazione e riorganizzazione interna delle esperienze percettive: esse vengono facilitate in quanto si ha la possibilità di «operare» in un periodo in cui le strutture encefaliche non hanno assunto una definita specializzazione funzionale e le funzioni mentali, pertanto, sono in fase di attiva maturazione e differenziazione (Guralnick, 1998; Dawson, Ashman e Carver, 2000).

L'intervento deve essere intensivo

Il termine «intensivo» si riferisce alla necessità di attivare una nuova dimensione di vita, per il bambino e per la famiglia. Per quel che riguarda il bambino, si tratta di organizzare una serie di situazioni strutturate, nell'ambito delle quali egli possa confrontarsi con nuove esperienze, nuove attività e nuovi modelli di relazione. Ciò, soprattutto all'inizio, richiede tempo: tempo per conoscere il bambino, tempo per formulare un progetto personalizzato, tempo per verificare le sue risposte e adattare su di esse il progetto. L'indicazione che deriva dall'esperienza internazionale fa riferimento a un tempo non inferiore alle 18 ore settimanali (National Research Council, 2001).

Per quel che riguarda la famiglia, bisogna ugualmente organizzare situazioni strutturate, nell'ambito delle quali è necessario lavorare sul disorientamento dei genitori per attivare le loro naturali risorse e coinvolgerli nel progetto terapeutico. Anche questo obiettivo, soprattutto all'inizio, richiede tempo: tempo per conoscere i genitori, tempo per aiutarli a elaborare le angosce connesse al disturbo e alla scarsa prevedibilità del suo divenire, tempo per formulare insieme a loro le strategie per la realizzazione del progetto.

Il termine «intensivo», tuttavia, non è limitato a una mera dimensione temporale, ma si riferisce anche all'esigenza di un'adeguata organizzazione dei tempi, degli spazi e delle attività del bambino nel corso di una sua giornata abituale. Ciò fa sì che le esperienze quotidiane possano assumere una valenza terapeutica. In questa prospettiva la «terapia» non è solo quella che si svolge nel servizio di riabilitazione, ma è piuttosto un progetto, che deve essere elaborato dall'équipe del Servizio di NPI. Tale progetto prevede obiettivi specifici realizzabili mediante programmi con caratteristiche conformi ai contesti in cui essi devono essere implementati (famiglia, servizio di riabilitazione, scuola).

È evidente che, affinché tali programmi possano rispondere alle finalità più generali del progetto, è necessario un collegamento funzionale fra le figure cui è demandata la responsabilità di implementarli (genitori, terapisti e insegnanti; National Research Council, 2001; Prizant et al., 2003).

L'intervento deve essere curricolare

Il termine «curricolare» si riferisce ai contenuti che devono caratterizzare i diversi programmi previsti dal progetto. In termini di contenuti, si ritiene che ciò di cui il bambino necessita per uno sviluppo quanto più possibile «tipico» può essere «insegnato» facendo riferimento a un ordine sequenziale di «tappe», che sono quelle che normalmente compaiono nel corso dello sviluppo. Nel concetto di «curricolare» è implicito un altro aspetto critico per la formulazione del programma, vale a dire la necessità di una definizione chiara degli obiettivi e di un monitoraggio sistematico del percorso terapeutico. In particolare è necessario:

- individuare, fra gli obiettivi possibili, quelli che si riferiscono a competenze osservabili e misurabili;
- stabilire un punto di partenza e prefissare una serie di tappe sequenziali;
- predisporre un sistema per la raccolta dei dati in itinere e la valutazione dei risultati in tempi prefissati.

Su cosa bisogna agire?

Le caratteristiche del periodo portano a individuare alcuni punti critici comuni ai diversi bambini. Tali punti critici dettano gli obiettivi prioritari dell'intervento, che sono individuabili nei seguenti aspetti:

1. il disorientamento dei genitori;
2. il disturbo dell'interazione sociale e della comunicazione, espresso da una marcata difficoltà (o impossibilità) di aggancio relazionale e da una scarsa (o assente) disponibilità a esperienze condivise;
3. la scarsa modulazione degli stati emotivi.

Individuare questi tre aspetti quali punti critici cui deve rivolgersi il progetto non significa naturalmente ignorare eventuali altri problemi che possono essere presenti. Va tuttavia considerato che molti di questi «altri» problemi sono spesso secondari in termini di sequenza causale. È evidente tuttavia che quando gli eventuali «altri» problemi sembrano assumere una valenza preminente nel caratterizzare il comportamento disadattivo, essi vanno specificamente presi in considerazione e trattati. Pertanto, i tre punti descritti vanno considerati quali obiettivi irrinunciabili (obiettivi di minima) di qualsivoglia programma si vada ad applicare in questa particolare fascia di età.

Quali sono il ruolo e la funzione della scuola?

Considerando l'età, il livello di sviluppo e la natura del problema, l'ambiente scolastico (asilo nido e scuola dell'infanzia) rappresenta uno spazio particolarmente utile per «completare» il progetto. L'ambiente scolastico, infatti, permette di trasferire, in un contesto di incontro e confronto con i coetanei, il lavoro programmato per l'attenzione congiunta, la capacità di usare simboli, la comunicazione e la modulazione degli stati emotivi. Affinché tale spazio possa assumere una valenza terapeutica è tuttavia necessario che gli operatori della scuola vengano coinvolti attivamente nel progetto. Si ripropone ancora una volta la necessità di definire, a monte dei contenuti dell'intervento, la strutturazione del contesto all'interno del quale tali contenuti vanno poi inseriti. Il coinvolgimento degli operatori dell'ambiente scolastico deve essere svolto dagli operatori del Servizio attraverso incontri periodici, nell'ambito dei quali vanno discussi gli aspetti generali che riguardano il bambino, le sue modalità relazionali, i suoi stili comunicativi e le caratteristiche del suo modo di rispondere alle sollecitazioni esterne. Nel mettere al corrente gli operatori scolastici degli obiettivi terapeutici individuati negli altri contesti (Servizio e famiglia), si definiscono quelli realizzabili all'interno dell'ambiente scolastico. Una risorsa che va particolarmente utilizzata è la presenza dei coetanei. Essi, infatti, con la spontaneità che li caratterizza, la naturalezza del loro modo di rapportarsi e la capacità di una sintonizzazione empatica, si pongono come figure particolarmente idonee per attivare sequenze di interazione in grado di facilitare la crescita sociale del bambino autistico. È evidente che il ruolo che possono svolgere i coetanei è soprattutto potenziale. Si rende pertanto necessario un loro coinvolgimento attivo, attraverso la sensibilizzazione nei confronti di tematiche che, per la loro complessità, devono essere affrontate con modalità e strumenti adeguati al livello di sviluppo.

Indicazioni di trattamento per bambini in età scolare

L'età dei 6-7 anni segna un momento decisivo nella storia del bambino con autismo. Quando con l'età di 6-7 anni si rende necessaria l'iscrizione alla scuola primaria, il passaggio da un ambiente meno strutturato e più flessibile (scuola dell'infanzia) a uno decisamente più strutturato e organizzato secondo una logica curricolare (scuola primaria) comporta necessariamente una rivalutazione (da parte dei genitori e dello stesso tecnico) del quadro generale. La nuova realtà, infatti:

- propone nuovi elementi di confronto;
- stimola bilanci su tutto il lavoro precedentemente svolto;
- fornisce elementi per aumentare la consapevolezza delle reali capacità del bambino;
- destabilizza equilibri precari.

A questa età, peraltro, si va caratterizzando in maniera sempre più definita il profilo proprio di ciascun bambino. Il bambino, cioè, sembra uscire da quella fase di globale disorientamento, che per molti aspetti conferiva un carattere di apparente omogeneità al quadro («non vedo, non sento, non parlo»), e fornisce indicazioni più esplicite sul suo quadro neuropsichico, in termini di:

- aspetti temperamentali;
- grado di compromissione relazionale;
- livello comunicativo;
- competenze cognitive;
- eventuale presenza di problemi in comorbidità.

In altri termini, a questa età la popolazione di bambini autistici, pur se caratterizzata da comportamenti che soddisfano i criteri diagnostici per una collocazione nosografica all'interno di un'unica categoria (disturbo autistico), mette in evidenza per ciascun bambino una serie di caratteristiche del tutto «originali», che rendono estremamente diversificato il comportamento adattivo. Relativamente al comportamento adattivo, si viene a definire una sorta di continuum, ai cui estremi si collocano, da un lato, gli autistici a basso funzionamento e, dall'altro, gli autistici ad alto funzionamento.

Su cosa bisogna agire?

Mentre nel periodo precedente (età prescolare) il carattere del progetto era prevalentemente «centrato sul bambino», con una connotazione fortemente abilitativa (far emergere le abilità), in questa seconda fase il carattere del progetto è sempre più «centrato sulla famiglia» e più in generale sul contesto ambientale, con finalità comunque abilitative (far emergere le abilità), ma sempre più adattive (utilizzazione delle abilità per favorire l'adattamento del soggetto all'ambiente in cui vive). Ne deriva che gli aspetti da prendere in considerazione per la formulazione del programma terapeutico riguardano:

- i genitori;
- il bambino;
- la scuola.

È evidente che anche in questo caso valgono le considerazioni esposte per l'età prescolare. È possibile, cioè, che in rapporto alla variabilità fenotipica del quadro vengano a crearsi situazioni specifiche che vanno opportunamente valutate e trattate.

Quali sono il ruolo e la funzione della scuola?

La scuola rappresenta uno spazio privilegiato nel progetto terapeutico, in quanto oltre a favorire gli apprendimenti scolastici (lettura, scrittura, calcolo) permette di realizzare una parte di quel programma più generalmente finalizzato al miglioramento dell'interazione sociale, all'arricchimento della comunicazione funzionale e alla diversificazione degli interessi e delle attività. Peraltro, la presenza dei coetanei rende l'ambiente scolastico il palcoscenico naturale, nel quale il soggetto può generalizzare acquisizioni e competenze favorite in setting strutturati in maniera terapeutica (terapia psicomotoria, logopedia, educazione strutturata in un rapporto uno a uno).

a) Nelle situazioni in cui persiste una marcata compromissione funzionale nelle aree della socialità, della comunicazione e delle funzioni cognitive, l'insegnante preposto alla presa in carico del soggetto deve conoscere le principali strategie di approccio (principi dell'ABA, della CAA, ecc.) e, con l'aiuto degli operatori del Servizio, deve ispirarsi a esse per la realizzazione degli obiettivi curricolari individuati secondo le esigenze del caso.
b) Nelle situazioni in cui il livello comunicativo-linguistico e cognitivo risultano nel complesso soddisfacenti la variabile critica sul «come» agire risulta determinata dalla disponibilità relazionale.

Nelle situazioni di marcata compromissione di aggancio relazionale, abitualmente associate a comportamenti disadattivi, diventa determinante il ruolo degli operatori del Servizio. Essi, infatti, d'accordo con gli operatori scolastici devono definire un dispositivo spaziotemporale adeguato e individuare le modalità affettivo-relazionali più idonee per favorire il lavoro sugli apprendimenti scolastici.

Nel caso in cui il bambino presenti anche sul piano relazionale una soddisfacente possibilità di aggancio, il lavoro sugli apprendimenti scolastici deve essere, comunque, integrato dalla valorizzazione dei momenti di interazione e scambio che solo la scuola può fornire per l'arricchimento della cognizione sociale. In questa prospettiva, risultano particolarmente utili gli incontri con gli operatori del Servizio nell'ambito dei quali essi possano illustrare agli insegnanti gli obiettivi prioritari del progetto.

In termini *curricolari* gli obiettivi da perseguire sono quelli illustrati nella tabella seguente.

Obiettivi da perseguire nel contesto scolastico

Facilitare la consapevolezza delle intenzioni, delle preferenze e delle esperienze altrui
Facilitare la capacità di raccontare le proprie esperienze relative a eventi passati e futuri, fornendo nel contempo informazioni sufficienti per l'ascoltatore
Sviluppare l'abilità di mantenere e di modificare il tema di conversazione secondo la prospettiva dell'ascoltatore (ad esempio stimolarlo a prendere coscienza delle preferenze, dello stato emotivo, delle conoscenze di base di chi ascolta)
Sviluppare l'uso del linguaggio per mediare e risolvere conflitti e/o divergenze di opinioni
Sviluppare l'uso del linguaggio per esprimere sentimenti ed empatia con gli altri

Facilitare l'uso di un linguaggio più avanzato per esprimere le differenze di significato (ad esempio le congiunzioni e le proposizioni subordinate)
Incoraggiare l'acquisizione di convenzioni verbali per iniziare le interazioni, per interagire a turno e per terminarle
Incoraggiare l'acquisizione dei segnali non verbali e paralinguistici per rinforzare le intenzioni sociali (ad esempio lo sguardo, la posizione del corpo, il volume della voce)
Aumentare l'abilità di interpretare e usare il linguaggio in modo flessibile secondo il contesto sociale e i segnali non verbali dell'interlocutore (parole con significati molteplici, linguaggio figurato, sarcasmo, ecc.)

Indicazioni di trattamento per l'età adolescenziale

Con l'adolescenza molti comportamenti possono subire un netto miglioramento, mentre altri possono peggiorare notevolmente. Come per tutti gli adolescenti, anche i bambini con autismo, crescendo, fanno i conti con le difficoltà di adattamento al corpo che cambia, alla sessualità emergente, alle trasformazioni nei processi di pensiero e nelle capacità di osservazione e valutazione di sé e del mondo circostante. Le tensioni e il senso di confusione che accompagnano lo sviluppo puberale possono determinare nell'adolescente autistico un incremento dell'isolamento, di comportamenti stereotipati o la comparsa di aggressività. Allo stesso tempo, per la maggiore sensibilità agli aspetti di confronto sociale che la fase di sviluppo comporta, l'adolescente con autismo, soprattutto se meno compromesso dal punto di vista cognitivo, può fare i conti per la prima volta con la consapevolezza delle proprie differenze rispetto ai coetanei (mancanza di amici, di interessi condivisibili, di progetti per il futuro). Questo aspetto può far emergere disturbi dell'umore, che necessitano spesso di un trattamento specifico.

Va considerato che la variabilità espressiva di queste complesse dinamiche è tale che non possono essere fornite indicazioni prestabilite, ma bisogna necessariamente far ricorso a programmi personalizzati.

Il bambino con autismo a scuola

SIPeS

Il punto centrale sul quale porre l'attenzione è la *diversità qualitativa* del disturbo autistico, prima ancora di quella quantitativa, la quale tende ora ad assumere contorni meno nebulosi, grazie al progredire della ricerca e alle lucide e stupefacenti descrizioni che in questi ultimi anni sono state fatte direttamente da persone con autismo.

Esistono, quindi, negli allievi affetti da disturbo autistico abilità sicuramente deficitarie, le quali si connettono, però, con competenze apparentemente sorprendenti in varie funzioni *(punti di forza e di debolezza).*

L'adozione di questa prospettiva porta a vedere nell'approccio educativo che si rivolge alla persona, al bambino e non solo al suo deficit, la strada più feconda e promettente. Per la scuola il bambino con autismo può rappresentare una sfida in diversi ambiti.

Gli ostacoli (e le sfide) principali riguardano l'accoglienza, l'apprendimento, la socializzazione, i problemi di comportamento.

Accoglienza

È molto utile attivare visite preventive agli ambienti esterni e interni, e una preventiva conoscenza delle figure adulte; non sovraccaricare l'impatto in senso percettivo (quantità di ambienti, oggetti, visi) ed emozionale (attese, aspettative, incognite); valutare la praticabilità della frequenza fin dal primo giorno: orientare l'accesso a scuola mediante il ritrovamento di visi noti, di oggetti e icone personali.

Apprendimento

L'apprendimento dipenderà:

1. per quanto riguarda il bambino, dal suo livello cognitivo, dalla sua capacità di prestare attenzione, di comprendere la comunicazione verbale e non verbale, di tollerare determinati stimoli;
2. per quanto riguarda la scuola, dall'adeguatezza dei contenuti in base alle caratteristiche del bambino, dalla maggiore o minore presenza di stimoli nell'aula, dall'organizzazione dello spazio, dall'accuratezza con cui è stato stilato il piano educativo individualizzato, sulla base della valutazione iniziale e della presenza di competenze specifiche sull'autismo, dalla collaborazione fra gli insegnanti, dall'attivazione di logiche di sostegno diffuso e di aiuto fra compagni.

Quanto l'apprendimento sarà un problema dipenderà, quindi, non solo dalle caratteristiche del bambino e del disturbo, ma anche dalle competenze specifiche degli insegnanti e dalle strategie educative utilizzate.

Socializzazione

Come abbiamo visto, la socializzazione rappresenta uno dei problemi principali dei bambini con disturbi dello spettro autistico. Le difficoltà nell'interazione sociale rappresentano il nucleo dell'autismo. Il bambino potrà isolarsi oppure cercare insistentemente l'altro, mettere in atto comportamenti bizzarri nell'interazione o evitare sistematicamente il contatto con i propri compagni. Potrà essere molto diverso a seconda che si trovi in un contesto in cui è solo con l'insegnante, in un piccolissimo gruppo o in un grande gruppo. Probabilmente il comportamento sarà più adeguato nel rapporto uno-a-uno e nel piccolo gruppo (due o tre bambini) mentre potrà essere molto a disagio nel grande gruppo, soprattutto se soffre di problemi sensoriali (fastidio per i rumori, per la confusione, per l'eccessivo movimento, per la temperatura o la luminosità dell'aula, ecc.). Il processo di socializzazione varia in funzione delle caratteristiche peculiari della persona ed è un percorso che va adeguatamente costruito in modo flessibile e nel corso del tempo. Anche l'espressione delle competenze sociali dipenderà quindi, oltre che dalle caratteristiche del bambino e del disturbo, anche da quanto sarà strutturata la situazione in cui si trova, dalle dimensioni del gruppo e, in generale, dagli stimoli presenti nell'ambiente.

Problemi di comportamento

I problemi di comportamento rappresentano un'altra importante sfida per gli insegnanti. Tali problemi possono manifestarsi in vari modi: oppositività al lavoro proposto, mancato rispetto delle regole della classe, crisi di collera, aggressività, autolesionismo, comportamento distruttivo, rituali che disturbano o condizionano il lavoro degli altri compagni e altri ancora. L'intervento sui problemi di comportamento deve tenere conto del fatto che nella quasi totalità dei casi essi hanno un significato e una funzione e possono essere determinati da:

1. risposte sensoriali anomale a determinati stimoli ambientali (rumore, luminosità, calore, confusione, ecc.);
2. proposte didattiche non adeguate alle caratteristiche del bambino: rispetto al contenuto (ad esempio, troppo difficile o, in una minoranza di casi, troppo facile) e/o alla forma (l'istruzione verbale di un'attività può risultare più difficile da comprendere rispetto a un'attività auto-esplicativa o con spiegazione espressa visivamente);
3. difficoltà nella comunicazione, rispetto alla comprensione per ciò che concerne l'espressione adeguata dei propri bisogni e stati d'animo.

Tali esempi, naturalmente, sono da ritenersi orientativi e non esaustivi delle possibili cause che possono portare all'attivazione di un comportamento disadattivo. Per affrontare in modo razionale ed efficace i problemi di comportamento, tenendo conto delle evidenze della ricerca scientifica, è necessario fare una precisa «analisi funzionale del comportamento problema» (Ianes e Cramerotti, 2002) come abbiamo avuto modo di sottolineare ampiamente precedentemente.

Raccomandazioni per l'intervento psicoeducativo nella scuola

Non esiste ancora l'intervento che risponde alla complessità dell'autismo. La pervasività del disordine, la molteplicità dei quadri clinici e la cronicità del disturbo richiedono l'integrazione di vari metodi in un approccio multidisciplinare: il programma abilitativo deve necessariamente essere individualizzato sulle caratteristiche di ciascun bambino, in base al livello cognitivo, all'età, al funzionamento neuropsicologico, alle abilità presenti e potenziali e, non da ultimo, ai bisogni espressi dalla famiglia.

Il modello di intervento abilitativo al momento più validato dalla letteratura internazionale è quello *psicoeducativo con approccio cognitivo-comportamentale.*

Il programma di intervento viene stabilito dai servizi specializzati, dagli insegnanti e dagli educatori, in accordo con la famiglia, in relazione alle caratteristiche peculiari del singolo bambino: è auspicabile la piena collaborazione degli operatori del territorio, degli insegnanti e degli educatori per integrare il programma specifico con le attività di insegnamento-apprendimento previste per il gruppo classe attraverso l'utilizzo di metodologie e strategie tipiche di integrazione (come l'apprendimento cooperativo, il tutoring, le metodologie attive, la riorganizzazione degli spazi e dei tempi, ecc.).

L'intervento psicoeducativo strutturato

Clara Terzuolo

L'intervento psicoeducativo migliore è quello che parte da una relazione fatta di ciò che il bambino propone e suggerisce: risorse personali, isole di abilità, distorsioni, difficoltà e interessi.

Un programma di trattamento psicoeducativo parte da un'efficace valutazione delle abilità funzionali e prosegue con la stretta collaborazione tra i professionisti e i genitori che assumono il ruolo di co-terapeuti attraverso l'apprendimento delle tecniche di educazione speciale secondo i bisogni del proprio figlio (Schopler e Reichler, 1976).

Il modello riabilitativo di riferimento è quello dell'educazione strutturata, in particolare quello che è stato sviluppato dalla *Division TEACCH (Treatment and Education of Autistic Related Communication Handicapped Children)* dell'Università del North Carolina, un programma riconosciuto a livello mondiale come uno dei più efficaci e che tiene conto di tutte le risorse che ruotano attorno alla persona con autismo, dalla famiglia alla scuola.

Il Programma TEACCH consiste in una valutazione individualizzata, in un Progetto educativo «tagliato su misura» (Schopler, 1991): gli interventi interessano terapie integrate e programmate in modo individualizzato a seconda dell'area che si intende sviluppare e vengono effettuati all'interno di diversi contesti. Vediamo qui di seguito i principali.

1. Lavoro individuale
   - Sviluppo di abilità cognitive;
   - Sviluppo dell'intersoggettività e delle capacità di comunicazione;
   - Sviluppo delle autonomie;
   - Sviluppo di abilità di generalizzazione;
   - Azioni di gioco sociale relazionale e simbolico, imitazione, pensiero creativo e astratto;
   - Terapia per affinare la motricità fine e globale e per migliorare la coordinazione oculo-manuale;
   - Facilitazione degli apprendimenti in ambito didattico e scolastico;
   - Terapie volte a favorire l'espressione e la decodifica di bisogni ed emozioni;
   - Gestione di situazioni problematiche e sviluppo del comportamento adattivo.

   Una strategia operativa importante è quella di rendere attraente il momento del lavoro, rilassante la gestione di una situazione scolastica che generalmente è fonte di stress. Occorre creare un ambiente empatico con il bambino attraverso un gioco che lo coinvolga e lo motivi a stare seduto o a guardarci negli occhi come, ad esempio, le bolle di sapone, il polistirolo sbriciolato che scende in una bottiglia trasparente, un oggetto dalla forma o dal suono interessante. Il tempo è uno strumento fondamentale: occorre concederlo e saperlo organizzare trasformandolo in un segnale di lettura immediata. I bambini autistici hanno bisogno di tempo e spesso affrontano con impegno e fatica l'abbandono di un'attività o l'inizio di un nuovo compito e la concentrazione che possono offrire nei confronti di un impegno scolastico è maggiore se è comprensibile e chiara la consegna successiva. L'ordine di esecuzione delle attività deve essere adattato alle prestazioni individuali iniziando dalle richieste più semplici e proseguendo con le più complesse che richiedono maggior concentrazione e impegno.

2. Partecipazione alla costruzione del Programma (*Agenda*)
   La partecipazione del bambino alla costruzione dell'*Agenda* ha lo scopo di favorire la prevedibilità di tempi e azioni. L'attesa di un'attività attraente e piacevole aumenta il livello di motivazione e la collaborazione. Le indicazioni possono essere oggetti, figure o scritte che il bambino è in grado di interpretare. Il «sistema parola» costituisce un vocabolario stabile. L'essenziale è capire.

3. Attività
   L'attività più adatta è quella che si comprende, che ha un buon livello di gratificazione in relazione all'esecuzione del compito, che risponde ai requisiti di un progetto individualizzato. La finalità è ottenere qualcosa di utile per la vita e per il benessere del bambino.
   La linea delle abilità emergenti (ciò che il bambino sa fare con aiuto) tracciata dal *Test funzionale Pep-R* (Schopler et al., 1990) aiuta l'educatore a orientare la scelta delle attività da proporre in relazione al Progetto riabilitativo.
   L'utilizzo di contenitori a scomparti può agevolare l'esecuzione indipendente e favorire la comprensione dei concetti di «insieme», di «classe», di «maggiore e minore».
   Il bambino autistico ha una risorsa che in alcuni casi può trasformarsi in un limite: è iperrealistico, attento al particolare, poco incline ad allusioni, sorprese e metafore di tipo convenzionale spesso contenute nelle indicazioni delle schede operative scolastiche (unire con una freccia o un simbolo il sole al mare, la neve al cappello, ecc). Occorre quindi modificare l'espressione del compito («metti in un cerchio o in una scatola gli indumenti che usi al mare e nell'altra gli abiti che si indossano quando fa freddo»), adattando senza allontanarsi dalla finalità dell'azione didattica. Utilizzando strumenti di lavoro visibili e toccabili è possibile constatare che il bambino è in grado di eseguire il compito e che la difficoltà risiede nella forma della presentazione e nella difficile comprensione di essa.
   In altri casi può essere utile l'uso della *Comunicazione Aumentativa Alternativa,* di parole scritte e di immagini, di indicazioni gestuali o sonore, tutto ciò che consente di trasformare indicazioni astratte in comunicazione concreta, semplificando il significato della richiesta, agendo sullo spazio fisico e sulla sequenza delle azioni necessarie allo svolgimento del compito.

4. Lavoro in piccolo gruppo
   I deficit di comunicazione e di comprensione sociale sono alla base anche della maggior parte dei problemi di comportamento, frequenti nell'autismo, che ostacolano talvolta non solo l'apprendimento, ma anche la presenza in classe o addirittura nella scuola del bambino autistico (Frith, 1989).
   La principale finalità del lavoro in piccolo gruppo consiste nel facilitare le relazioni sociali favorendo la condivisione di esperienze, la reciprocità sociale e la comprensione di regole di comunicazione verbale e non verbale attraverso simulate, giochi

di scambio e attenzione congiunta, racconto spontaneo con mediazioni oggettuali, indicazioni cartacee stabili, elaborazione di testi.
L'analisi del compito con rinforzo visivo potenzia abilità di svolgimento di azioni procedurali in sequenza (fare la spesa, cucinare un dolce, raccontare una fiaba).

5. La rete dei servizi
   L'esperienza di apprendimento deve essere sperimentata simultaneamente in tutti i contesti di vita del bambino per consentire la condivisione e l'utilizzo delle metodologie educative specifiche nella struttura riabilitativa, nella scuola e in famiglia.
   L'attività al tavolo pensata e progettata appositamente per le persone con autismo, in quanto risponde ai bisogni che derivano dai deficit di attenzione e di percezione, può essere traslata nella scuola, a casa e nelle attività di tempo libero. Ogni ausilio che ne fa parte diverrà, in seguito ai progressi personali del bambino, meno strutturato, meno indispensabile, e lascierà spazio all'innovazione e all'adattamento a situazioni quotidiane, alla cooperazione in piccolo gruppo.
   L'ambulatorio offre spazi accoglienti e definiti e propone una strutturazione che agevola la comprensione del mondo e delle sue regole, facilita l'apprendimento in ambito scolastico e lavorativo e fornisce strumenti per la gestione dell'autonomia e del tempo libero, ma l'obiettivo bersaglio della terapia è trasportare tecniche e strumenti, abilità e progressi fuori dalle mura della struttura riabilitativa.
   Il setting terapeutico è quindi una palestra dove è possibile allenarsi a sostenere lo sforzo della comprensione delle consegne, gestire i problemi di comportamento, imparare tecniche di comunicazione e di relazione e sperimentarle nella vita: a casa, nel gioco, a scuola, in piscina, al campo sportivo, nel cortile di casa con i coetanei.

6. Interventi educativi in famiglia
   Il principio che è alla radice dell'approccio TEACCH è la collaborazione tra i genitori e gli operatori. I genitori forniscono soluzioni e suggerimenti che offrono ai professionisti indicazioni importanti per un lavoro di cooperazione.
   In famiglia si evidenziano le priorità educative: autonomia personale (uso del bagno e igiene, indipendenza nelle attività quotidiane), gestione delle relazioni in famiglia, contenimento dei comportamenti aggressivi in relazione a eventi destabilizzanti (cambiamenti di routine, del tempo e dell'ora legale, alterazione dei ritmi sonno e veglia), particolarità dell'alimentazione ed eccessiva selezione dei cibi, comportamenti problematici (cambiare canale alla TV, percorrere un nuovo tratto stradale) abilità sociali e relazionali (accettare l'invito di conoscenti, uscire fuori a cena, invitare i compagni per la festa di compleanno dei fratelli), gestione del tempo libero (svago, giochi sociali e alternanza di turni con i fratelli).
   Ecco alcuni esempi di azioni di cooperazione educativa:
   - Intervento educativo in famiglia (se necessario);
   - Azioni di autonomia: preparasi la cartella, organizzare il tempo libero, ecc.;
   - Organizzazione di spazi di lavoro al tavolo (attività scolastiche: comprensione e organizzazione delle proposte);

- Progetti finalizzati alla gestione di specifici problemi di comportamento: difficoltà di contenimento al supermercato, difficoltà ad adattarsi al cambiamento di un percorso stradale;
- Parent training e gruppi di discussione per genitori;
- Territorio: corsi di formazione per i volontari a sostegno della famiglia.

7. Interventi educativi a scuola

   Nel servizio scolastico, collocato in un sistema integrato con i servizi territoriali e con il contesto familiare, la metodologia TEACCH diventa realtà applicativa e l'insegnante competente mette a disposizione del bambino con autismo stili di conduzione e programmi altamente individualizzati, flessibili, creativi e modificabili.

   Le competenze acquisite con l'ausilio di un sistema di lavoro organizzato al tavolo, la comprensione del tempo in riferimento al «prima» e al «dopo», al «dove» e «per quanto tempo lavoro», le competenze cognitive e l'apprendimento di abilità didattiche e relazionali che si sperimentano nel setting ambulatoriale all'interno di uno spazio privo di distrazione e strutturato, trovano all'interno della scuola il loro effettivo completamento.

   Nell'aula ricca di stimoli (disegni, poster, giochi, banchi, libri, lavagne, rumori, finestre, spazi, luci, ecc.), sarà più facile applicarsi se le abilità richieste sono già state sperimentate in un contesto di lavoro privilegiato; è nella scuola che lo sforzo personale del bambino e la tensione progettuale rivelano la loro efficacia.

   Lo scopo del training ambulatoriale è quindi quello di trasportare le acquisizioni nell'aula, vicino ai coetanei, sul banco scolastico, durante l'intervallo, nelle gite e in tutte le esperienze ludiche individuali e di gruppo che il sistema scolastico propone.

   Si tratta di progettare una scuola inclusiva che favorisca il benessere del bambino, l'integrazione scolastica e faciliti l'apprendimento attraverso alcune linee progettuali:

   - Interventi educativi in classe da parte dell'educatore sanitario: trasporto di tecniche e metodologie sperimentate con il bambino in ambulatorio dentro l'aula;
   - Strutturazione spazio/tempo se necessario;
   - Consulenza funzionale sulle strategie educative e sull'adattamento delle proposte didattiche;
   - Lavori in piccolo gruppo: racconto di fiabe con ausili visivi;
   - Preparazione del passaggio di livello scolastico da effettuarsi prima dell'inizio dell'anno scolastico (maggio): incontri con i Dirigenti scolastici, con i genitori e le future insegnanti, sperimentazione del percorso casa-scuola, lavoro all'interno della nuova scuola, strutturazione in aula (se necessaria) e conoscenza degli ambienti.

I supporti visivi e i sistemi organizzati non sono strumenti terapeutici, il loro beneficio risiede nell'insegnamento del loro impiego. La ricchezza degli strumenti della *Comunicazione Aumentativa Alternativa* ha sede nell'evoluzione verso la leggerezza della struttura e la maggiore flessibilità ed è un obiettivo che si raggiunge utilizzando tali tecniche come un «mezzo» e non come un «fine».

Comunicazione Aumentativa e Alternativa

Giuseppe Maurizio Arduino

La compromissione della comunicazione è una delle caratteristiche che definiscono i disturbi dello spettro autistico. La comunicazione può essere compromessa in vari modi e con differenti gradi di gravità. Tra i soggetti con Disturbi dello Spettro Autistico (DSA) possiamo infatti trovare persone che non parlano e non comprendono il linguaggio, altre che non parlano ma comprendono bene, altre ancora che parlano ma comprendono poco ciò che dicono, oppure che hanno una buona proprietà di linguaggio e una buona comprensione.

Lo sviluppo di migliori capacità comunicative sarà pertanto uno dei principali obiettivi dell'intervento educativo/abilitativo rivolto a un bambino con autismo.

Questo intervento dovrà, da un lato, potenziare l'intersoggettività e tutte quelle forme di comunicazione non verbale ed espressiva che intervengono precocemente nello sviluppo delle capacità di interazione sociale del bambino, dall'altro si dovrà porre l'obiettivo di individuare un codice di comunicazione convenzionale condiviso che consenta di veicolare gli scambi comunicativi tra il bambino e le altre persone del suo ambiente.

Nello sviluppo del bambino tipico e in una parte di quelli con DSA, questo codice è rappresentato dal linguaggio. Nella maggior parte dei bambini con autismo, invece, il linguaggio non rappresenta sempre un codice condiviso, perché il bambino non parla o comprende poco le parole oppure, come capita in molti casi, perché il linguaggio di cui il bambino dispone non è sufficiente per esprimere i suoi bisogni e, per dirla in termini più ampi, la sua *soggettività*.

La *Comunicazione Aumentativa e Alternativa* (CAA) interviene proprio a supporto di queste difficoltà. Il termine «aumentativa» indica l'uso di strumenti che supportano e «aumentano» il linguaggio quando questo è presente, seppur in maniera limitata, nel soggetto. A questo significato del termine «aumentativa», che si è soliti indicare, ne va aggiunto un secondo, altrettanto importante, che riguarda l'uso che il partner comunicativo del bambino (il genitore, l'insegnante, l'operatore) fa di codici di comunicazione non verbale. Non è cioè *solo il bambino* che usa un codice in senso «aumentativo» a supporto del proprio linguaggio, ma è anche il *partner comunicativo* che lo utilizza, affiancandolo al proprio linguaggio, con lo scopo di farsi comprendere meglio. Un esempio può essere l'indicazione, da parte di un adulto, di un'immagine mentre sta dando al bambino una consegna o gli sta chiedendo una cosa.

Il termine «alternativa» si riferisce invece all'uso di un certo codice come «alternativa» al linguaggio; l'assenza di linguaggio rappresenta infatti una grave disabilità che non solo condiziona la comunicazione e le relazioni sociali, ma influisce sull'apprendimento ed è alla base di molti problemi di comportamento. Offrire un metodo alternativo per farsi capire ha quindi implicazioni non solo sulla comunicazione, ma anche sull'interazione sociale e l'apprendimento e consente inoltre di prevenire molti problemi di comportamento.

Facciamo qualche esempio. Un bambino con autismo che non parla in genere si fa capire utilizzando modalità motorie di comunicazione: per esempio prende i genitori per mano e li porta nel luogo dove si trova ciò che desidera, per esempio un gioco o un cibo. Spesso questa è l'unica modalità, non essendo presente in molti casi la capacità di indicare. La CAA interviene in questo caso fornendo un codice di comunicazione alternativo al linguaggio. Se consideriamo invece il caso di un bambino che dice qualche parola, ma usa il linguaggio prevalentemente in modo ecolalico e non sempre comprende ciò che dice, la CAA può aiutarlo a organizzare il linguaggio «aumentandone» l'efficacia comunicativa. Ciò può avvenire fornendo al bambino un codice visivo che potrà essere utilizzato insieme al linguaggio e a supporto dello stesso. Le strategie di CAA potranno anche essere utilizzate per migliorare la strutturazione della frase e il suo utilizzo a scopo comunicativo.

Abbiamo visto, con questi esempi, che la CAA si avvale innanzitutto di strumenti di tipo visivo iconico, come fotografie, disegni e pittogrammi: anche l'uso dei gesti e di segni convenzionali rappresenta una forma di CAA, che in alcuni casi è utilizzabile anche nel caso dei DSA. Queste modalità visive di comunicazione sono le più adatte per comunicare con soggetti con Disturbi dello Spettro Autistico che, nella maggior parte dei casi, hanno buone capacità di elaborazione e memoria visiva.

La CAA viene considerata in rassegne di studi sugli esiti (Simpson et al., 2005) e in linee guida istituzionali (Fuentes-Biggi, 2006), come una metodologia di trattamento «raccomandata», anche se il suo supporto scientifico, pur presente, è ancora parziale.

In una rassegna del 2001, Mirenda, (traduzione italiana del 2005) fa il punto su ciò che sappiamo sulla CAA e l'autismo, distinguendo fra ausili che servono a favorire la comprensione (l'input), come per esempio agende e altri aiuti visivi (Hodgdon, 1999) e ausili che facilitano l'espressione e al contempo favoriscono la comprensione (ausili per aumentare l'input e l'output).

È il caso, quest'ultimo, dell'intervento di CAA proposto da Joanne M. Cafiero, conosciuto come *Natural Aided Language* (Cafiero, 2005). Cafiero propone l'uso di immagini (in genere pittogrammi PCS di Mayer-Johnson), singole, su tabelle o su dispositivi elettronici, sia da parte del bambino con autismo sia del suo partner comunicativo, come supporto alla comunicazione in contesti naturali. Fanno riferimento a questo approccio anche alcune delle esperienze italiane di uso della CAA con bambini con autismo (Zappella et al., 2001, Arduino et al. 2001).

Mirenda distingue inoltre sistemi di CAA che si avvalgono di ausili per l'output: si tratta di metodologie di impostazione comportamentale che insegnano, attraverso l'utilizzo di immagini, a fare delle richieste e a sviluppare altre funzioni comunicative. L'esempio più conosciuto e utilizzato è rappresentato dal *Picture Exchange Communication System* (PECS), un programma di intervento comportamentale che parte dall'insegnamento della richiesta attraverso lo scambio di un'immagine con l'oggetto (per esempio un cibo o un gioco) corrispondente. Questo programma, messo a punto da Frost e Bondy (1994) e utilizzato anche in Italia (Visconti et al., 2007; Lerna et al., 2008), prevede una sequenza di apprendimento di complessità crescente e consente in un certo numero di casi di aumentare anche le competenze linguistiche (Magiati e Howlin, 2003).

Un'altra forma di CAA che viene descritta da Mirenda è il *Training di Comunicazione Funzionale*, che utilizza modalità analoghe a quelle sopra indicate, ma è centrato soprattutto sull'insegnamento di abilità di comunicazione il cui scopo principale è quello di ridurre problemi di comportamento che sono connessi proprio con la difficoltà di comunicare. In pratica, dopo un'approfondita analisi funzionale del problema di comportamento, se questo è determinato da un problema di comunicazione, si insegna al soggetto un comportamento comunicativo il cui scopo sia equivalente a quello alla base del problema di comportamento: per esempio, se un soggetto non verbale mette in atto comportamenti di fuga o aggressività con lo scopo di allontanarsi dalla classe quando è stanco, si può insegnare un modo non verbale di comunicare questo suo bisogno.

Come abbiamo detto in precedenza la CAA può avvalersi di modalità diverse: gesti e segni convenzionali, oggetti concreti, fotografie, disegni, pittogrammi, scrittura. Inoltre, il livello tecnologico degli strumenti impiegati può essere differente a seconda delle necessità del soggetto e delle risorse disponibili. A questo proposito si è soliti distinguere tra *CAA non assistita* (si avvale solo del corpo del soggetto, come nell'uso dei gesti o dei segni manuali) e *CAA assistita* (vengono utilizzati strumenti, come le immagini, oltre al corpo del soggetto). Inoltre, possiamo distinguere una CAA *senza tecnologia* (per esempio uso di disegni o foto), a *bassa tecnologia* (è il caso di pulsanti attraverso cui possono essere attivati messaggi registrati) e ad *alta tecnologia* (strumenti elettronici con sintesi di voce, di varia complessità).

La messa a punto di un programma di CAA dovrebbe sempre partire da una valutazione funzionale delle abilità del soggetto, in base alla quale vengono definiti gli strumenti più adatti, in *quel* momento, per *quell'*individuo. Con un bambino non verbale che ha una buona comprensione del significato delle immagini, si può iniziare proponendo un codice iconico; man mano che il bambino cresce, se impara a leggere, le immagini possono essere sostituite da parole scritte.

Per la valutazione della comunicazione è utile avvalersi di strumenti che sono stati ideati specificamente per l'autismo, come per esempio le griglie proposte da Watson e collaboratori (1997) o il test *VCAA/Valutazione della comunicazione aumentativa e alternativa* (Goldman, 2006).

Uno dei principi della CAA è che l'utilizzo di strumenti aumentativi o alternativi di comunicazione deve essere condiviso e diffuso in tutti i contesti di vita del bambino. Non è cioè corretto metodologicamente, né efficace, pensare che la CAA venga utilizzata dal bambino soltanto con la logopedista; il coinvolgimento attivo della famiglia e della scuola rappresenta infatti un aspetto irrinunciabile di qualsiasi programma di CAA. Il documento di indirizzo sull'*Integrazione scolastica degli alunni con disturbi dello spettro autistico* (Società Italiana di Pedagogia Speciale, 2008) raccomanda anche a scuola l'utilizzo di aiuti visivi per la comunicazione (Dixon, 2008).

L'uso della CAA con soggetti con DSA rappresenta anche un modo concreto per dare applicazione ai principi dell'ICF (OMS, 2002; 2007) che enfatizza il ruolo dei fattori ambientali nel rendere possibile (o meno) la partecipazione e l'integrazione sociale della persona disabile. Tra questi fattori ambientali, la CAA rappresenta senza dubbio uno dei più importanti *facilitatori* per i soggetti con disturbi dello spettro autistico.

Interventi psicoeducativi e strategie comportamentali

Le più recenti prese di posizione provenienti sia dall'ambito medico (SINPIA, 2005) che da quello psicopedagogico (SIPeS, 2008), circa le modalità più adeguate per affrontare le problematiche che caratterizzano l'autismo, convergono sul punto cruciale che afferma la priorità di una serie di interventi di sviluppo di competenze e di sostituzione positiva di comportamenti problema attraverso una metodologia sostanzialmente abilitativa e psicoeducativa. Non si parla più di psicoterapie. Si parla invece di facilitare in maniera strutturata e sistematica lo sviluppo di competenze che aiutino il soggetto a migliorare il più possibile il suo adattamento all'ambiente, attraverso l'apprendimento e l'uso spontaneo di attività personali, nonché attraverso l'esercizio relativo al maggior numero possibile di partecipazioni a ruoli sociali integrati e normali.

Sempre di più si vanno strutturando una serie di «consensi» su alcuni punti strutturanti di una generale metodologia psicoeducativa, al cui interno si trovano «metodi» e approcci specifici.

1. Gli interventi psicoeducativi si articolano sulle conoscenze e le evidenze finora disponibili sulle peculiari caratteristiche di funzionamento (cognitivo, interpersonale, comunicativo, emotivo, sensoriale, ecc.) del soggetto con disturbi dello spettro autistico. Ciò significa, ad esempio, dover adattare alcuni approcci all'insegnamento scolastico, privilegiando modalità visive rispetto a modalità verbali di trasmissione delle informazioni.
2. Gli interventi psicoeducativi vengono scelti sulla base dell'evidenza di dati di efficacia ed efficienza riportati da studi internazionali accreditati e ora anche da riviste nazionali specifiche.
3. Gli interventi psicoeducativi sono scelti con cura rispetto alle caratteristiche del soggetto, alla sua età, agli obiettivi e alle varie caratteristiche dei contesti di vita e di relazione. Nessuno pensa più che esista un singolo intervento per tutti i soggetti con autismo: la parola d'ordine è individualizzare.
4. Gli interventi psicoeducativi vengono contestualizzati in una «sistema che si prende cura» globalmente e diacronicamente, nell'ambito di un Progetto di vita e di un sistema che coinvolge e corresponsabilizza gli attori che, per tutto l'arco della vita del soggetto con autismo, se ne prendono cura. Famiglia, scuola, servizi sociali, servizi sanitari, comunità e terzo settore vengono sempre più considerati partner fondamentali, la cui alleanza è indispensabile.
5. Gli interventi psicoeducativi vengono attivati sempre più precocemente.
6. Gli interventi psicoeducativi cercano di estendersi il più possibile a molte aree di vita e di relazione del soggetto, tentando di diventare, compatibilmente con le risorse disponibili, intensivi (anche 20 ore a settimana).
7. Gli interventi psicoeducativi si «adattano» per un uso quotidiano nei contesti consueti di vita del soggetto: famiglia e scuola, o attività occupazionali o lavorative. In questo modo si cerca di importare nei contesti normali di vita quei «principi attivi» tecnici che arricchiscono e fanno diventare speciale la normalità di vita del soggetto, che a sua volta «umanizza» e rende meno artificiosi e tecnicistici quegli approcci (si pensi

all'approccio ABA o TEACCH condotti nella quotidianità delle attività scolastiche integrate) (Ianes, 2006).
8. Gli interventi psicoeducativi si strutturano tendenzialmente sempre di più come «curricoli» sequenziali, ordinati in percorsi strutturati, con obiettivi e attività ben definite, ma senza la prescrittività e la rigidità meccanicistica che caratterizzava le prime proposte veterocomportamentali (ad esempio di Lovaas, uno dei primi autori a essere tradotto in Italia).

Si parla dunque di «interventi psicoeducativi» perché la metodologia educativa speciale *(special education)* viene ancora più raffinata dalle conoscenze psicologiche.

Gli interventi comportamentali ispirano i loro principi all'analisi del comportamento e quindi alle leggi che regolano il comportamento, i suoi cambiamenti e i fattori che determinano tali cambiamenti nel contesto in cui la persona vive.

L'*Applied Behavior Analysis (ABA)* è finalizzata ad applicare i dati emersi dall'analisi sperimentale del comportamento per comprendere le relazioni che intercorrono fra i comportamenti e le varie condizioni esterne, formulando così delle ipotesi sul perché un dato comportamento si verifichi in quel particolare contesto. Di conseguenza, l'ABA vuole mettere in atto una serie di strategie/interventi volti a modificare il comportamento e/o i fattori contestuali implicati. L'ABA non va quindi considerata un modello specifico di intervento per l'autismo o altre forme di disabilità, quanto piuttosto una metodologia molto articolata che prevede l'applicazione di precisi principi/tecniche (che traggono la loro origine più remota nel *condizionamento operante*) secondo una progettazione specifica e analitica dell'intervento.

I primi approcci basati sull'ABA specificamente dedicati a bambini autistici risalgono alla fine degli anni Sessanta; si trattava per lo più di interventi comportamentali finalizzati a insegnare competenze specifiche aventi lo scopo di migliorare alcuni degli aspetti più critici che caratterizzano l'autismo: la socializzazione, la sfera comunicativa e i comportamenti adattivi.

Lovaas (1979) è stato uno dei primi a utilizzare questo approccio con soggetti autistici e, negli anni, lo ha sempre più «raffinato» ed elaborato *(UCLA Young Autism Project)* fino alla proposta del suo *Discrete Trial Training* (Lovaas, 1981).

Il *Discrete Trial Training (DTT)* o «Insegnamento per sessioni separate» prevede che le competenze da apprendere siano suddivise in sequenze di sotto-obiettivi e proposte all'interno di attività in un rapporto uno-a-uno con l'adulto. La procedura di insegnamento prevede che si tengano in considerazione tre componenti: l'istruzione, la risposta e la conseguenza.

I progressi del bambino in questo caso sono valutati attraverso una rilevazione costante e precisa dei dati, che permette di determinare la percentuale di risposte corrette ed eventualmente il passaggio al successivo sotto-obiettivo.

Ecco le caratteristiche principali di tale procedura:

- l'insegnamento è condotto dall'operatore;
- l'operatore sceglie i materiali didattici, definisce il programma e prestabilisce quale sia la risposta corretta;

– il rinforzo è estrinseco al compito;
– vengono ripetute più volte le stesse attività;
– il focus del trattamento è la risposta del bambino.

Il metodo prevede un grande coinvolgimento della famiglia, una strutturazione e un numero di ore di intervento settimanale non indifferente (anche fino a 40).

Una delle maggiori critiche mosse a molti approcci comportamentali «tradizionali» è stata quella di essere eccessivamente «artificiosi» negli insegnamenti e nei contesti, e quindi di avere conseguenze notevoli circa la possibilità di adeguata *generalizzazione* delle abilità acquisite.

Abilità quali la *generalizzazione, la discriminazione e il mantenimento delle competenze apprese* sono infatti obiettivi primari per i bambini autistici e costituiscono la base indispensabile per far sì che tali competenze siano in effetti «spendibili» anche nei vari contesti di vita quotidiana frequentati dal bambino e non solo esclusivamente legate ai vari setting di apprendimento.

Gli approcci più recenti quindi, conosciuti con i termini di approcci «neocomportamentali» o «naturalistici», si sono orientati verso una ricerca della continuità e un utilizzo delle tecniche dell'ABA all'interno degli ambienti che il bambino frequenta naturalmente durante la giornata, come ad esempio la famiglia e la scuola, e sulla possibilità, nelle situazioni che lo consentono, di scelta maggiormente autonoma da parte del bambino autistico rispetto alle attività da svolgere (si vedano ad esempio i programmi basati sull'*insegnamento-apprendimento incidentale*).

Questo, in una prospettiva di rete e di alleanze psicoeducative, comporta anche un forte coinvolgimento dei familiari, degli insegnanti, dei compagni di scuola, del gruppo dei pari, delle varie figure di riferimento educativo e non, che diventano a loro volta fondamentali collaboratori dei training di apprendimento e dei vari programmi di intervento psicoeducativo.

Nell'ottica comportamentale, quindi, uno degli obiettivi di lavoro primari e più sentiti anche dai familiari della persona autistica è quello di incrementare repertori di abilità socialmente significative e ridurre quelli problematici, attraverso una serie di tecniche e procedure specifiche la cui efficacia è a oggi ampiamente documentata nella letteratura internazionale.

La presenza di *comportamenti problema* preoccupa fortemente familiari e operatori che condividono un progetto educativo per il bambino autistico. Questi comportamenti (che siano di chiusura, quali le stereotipie, o che appartengano invece a forme di aggressività ed etero/autolesionismo, rifiuto, distruzione, opposizione, collera, ecc.), compromettono fortemente le possibilità di apprendimento e talvolta le ostacolano e le bloccano a tal punto da non consentire nemmeno il minimo approccio e avvicinamento al soggetto (Ianes e Cramerotti, 2002).

L'intervento sui comportamenti problema deve tener conto, come abbiamo già anticipato, che la maggior parte di essi è un vero e proprio «messaggio» con un significato ben preciso e codificabile, con una funzione e che tali comportamenti possono essere determinati da:

1. risposte sensoriali anomale a determinati stimoli ambientali quali rumore, luminosità, calore, confusione, ecc.;

2. proposte di lavoro non adatte alle caratteristiche del bambino, ad esempio rispetto alla facilità/complessità del compito o alle modalità di presentazione del materiale (es. verbale vs visuale);
3. difficoltà a comunicare i propri bisogni, emozioni, stati d'animo in modo diverso, alternativo e socialmente più accettabile.

C'è da dire però che purtroppo l'analisi delle cause relative alla messa in atto di determinati comportamenti problema non è così evidente, semplice e immediata. Essa richiede un lavoro quanti-qualitativo molto attento, dettagliato e preciso basato sull'*Analisi funzionale (modello ABC)* dei vari comportamenti da prendere in esame, come ben ci suggeriscono i vari approcci basati sull'*Applied Behavior Analysis.*

In particolare vanno sempre presi in considerazioni e analizzati:

- *gli antecedenti,* ossia tutto ciò che precede il comportamento in esame;
- *il comportamento* che deve essere osservabile e misurabile;
- *le conseguenze* derivanti da tale comportamento;
- *il contesto* in cui tale comportamento si verifica, inteso nell'accezione ampia del termine, includendo quindi oltre al luogo e alle situazioni che circondano il bambino, anche le persone con cui interagisce, i materiali che utilizza, le attività che svolge, ecc.

Nell'analisi funzionale del comportamento problema, che deriva necessariamente da un'accurata osservazione iniziale e definizione della Linea di base (la «fotografia» dettagliata e attendibile di come questi comportamenti si manifestano normalmente prima di iniziare l'intervento), l'obiettivo primario e indispensabile è quello di individuare la reale funzione di tale comportamento.

Questa tecnica ci permette infatti di osservare e valutare la circolarità delle interazioni, delle comunicazioni e delle azioni-reazioni che coinvolgono il comportamento problema, quello degli altri e il livello di stimolazioni che il soggetto produce. Come abbiamo anticipato sopra, infatti, il comportamento problema si manifesta in presenza di alcune condizioni stimolo che lo precedono e/o gli sono contemporanee, e che in qualche maniera lo influenzano. Il comportamento produce poi degli effetti e delle reazioni a vari livelli, che retroagiscono sulle condizioni iniziali, variandole in genere nella direzione desiderata dal soggetto.

Nell'analisi funzionale si è soliti ricercare il ruolo delle condizioni antecedenti sul comportamento problema e il ruolo degli effetti prodotti dal comportamento stesso. Confrontando sistematicamente queste due categorie di informazioni, raccolte attraverso numerose osservazioni qualitative, si potrà formulare un'ipotesi delle funzioni svolte da quel comportamento problema (funzione comunicativa di rinforzamento positivo/negativo, funzione autoregolatoria positiva/negativa).

Grazie a questa attenta e accurata analisi sarà possibile, successivamente, impostare l'intervento più adatto:

- *Intervento positivo sostitutivo,* che dovà essere — come precedentemente indicato — basato su tre linee guida fondamentali: *proattivo* (non definisce modalità di «risposta» ai comportamenti problema, ma li anticipa, lavora prevenendo i comportamenti negativi e crea attivamente tutte le condizioni perché il soggetto sviluppi strategie alternative positive); *positivo* (orientato allo sviluppo di comportamenti positivi, alternativi, antagonisti a quello problematico); *sostitutivo* (i comportamenti positivi, obiettivo dell'intervento sono strettamente «sostitutivi» del comportamento problema, nel senso che quando il soggetto li userà svolgeranno – positivamente – la stessa funzione).

– *Intervento positivo punitivo,* basato su *punizioni di primo tipo* (dare direttamente al soggetto una stimolazione spiacevole dopo il comportamento negativo) e/o *punizioni di secondo tipo* (sospendere temporaneamente una situazione positiva dopo il comportamento problematico). Procedure di intervento specifico sono il timeout, il costo della risposta, l'ipercorrezione, il blocco fisico, ecc. (Ianes e Cramerotti, 2002).

I programmi educativi rivolti alle persone con autismo che derivano dall'analisi del comportamento si focalizzano sull'insegnamento di competenze attraverso l'uso di tecniche specifiche.

Come già accennato, questo approccio definisce dunque come oggetto appropriato di intervento il comportamento attuale della persona (sia nei suoi aspetti problematici, che in quelli deficitari rispetto allo sviluppo delle varie abilità), pur riconoscendo naturalmente che gli eventi della storia passata e i processi genetici e organici hanno in molti casi giocato un ruolo determinante.

Molti di questi fattori però non possono essere più modificati e soltanto l'ambiente di stimolo circostante e lo stato attuale dell'organismo possono essere in qualche misura coinvolti per facilitare l'apprendimento di abilità adattive e comportamenti adeguati. Il ruolo degli operatori, degli insegnanti, degli educatori e dei genitori diventa allora quello di far acquisire comportamenti più adattivi e di organizzare l'ambiente in modo che esso sia naturalmente rinforzante per i nuovi comportamenti appresi, che così saranno maggiormente mantenuti e impiegati nel tempo.

Tratto e adattato da *Autismo a scuola,* 2013, pp. 137-147, 150-162
Facciamo il punto su... L'autismo, 2009, pp. 44-66

CAPITOLO 30

LA PSICOMOTRICITÀ NELLA SCUOLA

(Luisa Formenti)

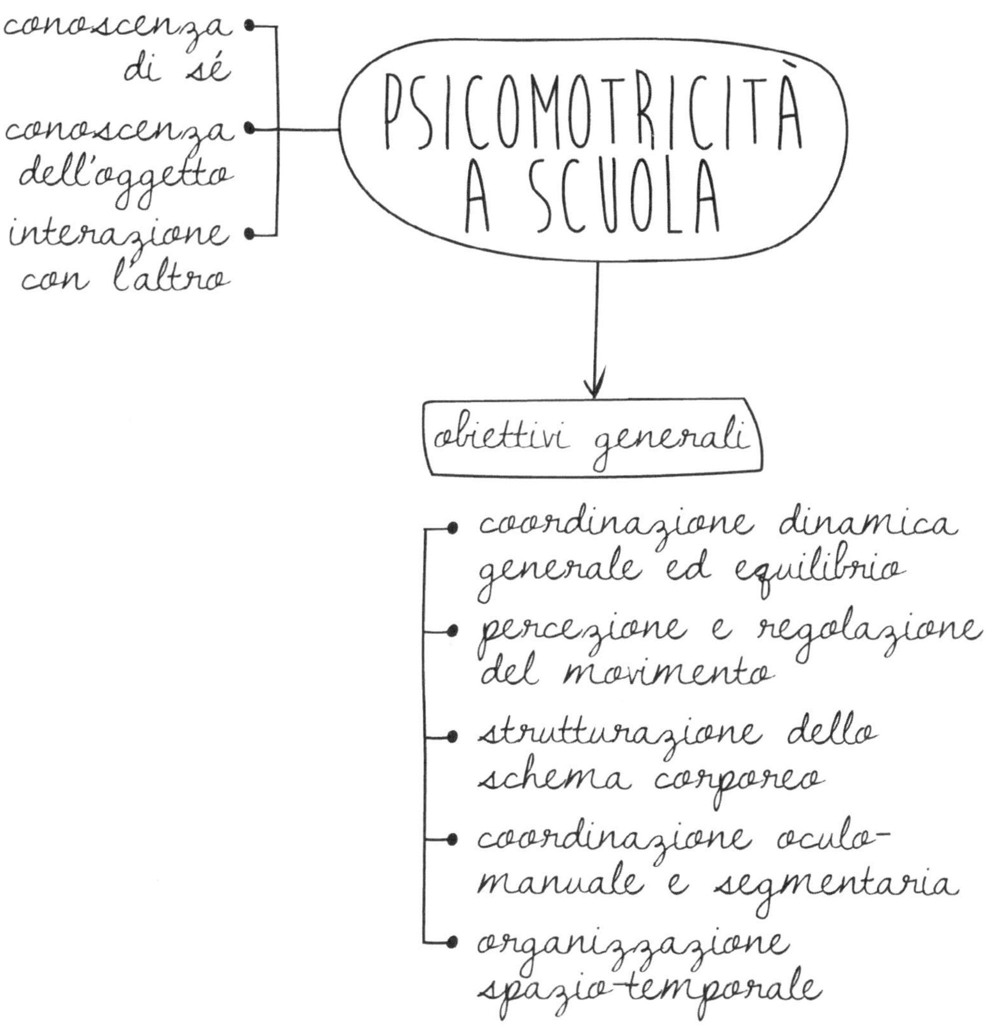

La psicomotricità

Per introdurre questo capitolo è necessario rifarsi all'origine del termine psicomotricità, teso a valorizzare la sinergia tra movimento e immagine mentale, azione e mondo interiore, intenzionalità e atto, considerati in un'ottica di integrazione personale e sociale dell'individuo. Nel corso del Novecento questo ambito di ricerca ha visto un'evoluzione progressiva e un suo graduale riconoscimento grazie a studi sviluppatisi in diversi ambiti scientifici, che andavano evidenziando sempre maggiori connessioni tra sviluppo emotivo, affettivo, cognitivo e organico, andando a confermare le prime ipotesi teoriche di alcuni studiosi francesi (Tissié, Wernicke, Dupré) che all'inizio del XX secolo sottolinearono quanto l'esperienza motoria fosse in grado di modificare incisivamente i livelli cognitivi di soggetti con disabilità.

Questo termine ha avuto una sua profonda evoluzione nel tempo, fino ad arrivare al significato che gli è conferito attualmente in base al quale esso fa riferimento non solo a una completa integrazione tra mente e corpo, ma anche a una disciplina che intende supportare i processi di sviluppo dell'infanzia, valorizzando il bambino come *essere di globalità*, che manifesta e realizza se stesso attraverso la pienezza della propria azione nel mondo: nell'uso dello spazio e degli oggetti, nell'interazione con l'altro, nella capacità di rappresentarsi attraverso il movimento, la parola, il gioco.

La psicomotricità, disciplina diffusa in ambito nazionale e internazionale, in particolar modo in Europa e Sud America, ha inteso esplorare questa modalità specifica di relazione del bambino con il mondo, interessandosi in particolar modo ai seguenti aspetti dello sviluppo:

- la relazione tonico-emozionale tra il bambino e l'adulto all'interno dei processi di sviluppo;
- il gioco pre-verbale e senso motorio nella scoperta della realtà e nell'espressione di sé;
- lo sviluppo del gioco simbolico nella formazione dell'identità;
- la percezione e la strutturazione dello spazio e del tempo come elementi fondanti nella percezione della dimensione di realtà;
- la strutturazione del pensiero attraverso l'azione;
- lo sviluppo della socializzazione nelle sue diverse fasi;
- l'integrazione delle diverse funzioni, nella formazione delle abilità personali.

La psicomotricità si applica sia in campo riabilitativo e terapeutico, che in campo educativo-preventivo, sostenendo l'importanza dell'integrazione tra esperienza e sviluppo dell'identità personale, tra azione, riflessione e intenzionalità, supportando attraverso la via dell'azione e del gioco lo sviluppo del pensiero simbolico, la capacità di decentramento cognitivo e la socializzazione.

Psicomotricità e integrazione

Nella seconda metà degli anni Settanta la psicomotricità si è inserita nella scuola attraverso proposte didattiche principalmente individualizzate, a supporto dello sviluppo dei bambini con disabilità, con l'intento di potenziare i processi abilitativi e cognitivi dei bambini con deficit psichico e organico, partendo innanzitutto dal rafforzamento delle abilità motorie di base.

Questa proposta intendeva valorizzare non solo il consolidamento delle abilità personali, ma anche la dimensione creativa all'interno della relazione tra insegnanti e bambini e all'interno dei gruppi o delle classi che venivano coinvolti nell'esperienza psicomotoria.

Le aule di sostegno che vennero arricchite dall'apporto della proposta psicomotoria non solo contenevano oggetti maggiormente coinvolgenti, ma cominciavano a valorizzare una delle dimensioni più amate dai bambini in ogni età: quella del gioco, sia spontaneo che finalizzato. La psicomotricità fu una delle risposte attivate per contrastare il rischio di isolamento che le *aule di sostegno* in quel periodo rischiavano di rappresentare: spazio sostitutivo dell'istituto speciale, collocate all'interno della realtà scolastica, ma non meno segreganti, se non inserite all'interno di una progettazione più ampia, finalizzata a un'integrazione educativa e didattica rivolta a tutti i bambini.

Queste realtà *laboratoriali*, così definite perché valorizzavano gli aspetti più concreti e creativi dei processi di apprendimento, divennero gradualmente una risorsa importante per la scuola italiana, non solo per i bambini con deficit, ma anche per le classi e gli insegnanti che mettevano in gioco le proprie abilità attraverso l'uso di diversi linguaggi espressivi.

La scuola cominciò in quegli anni a essere arricchita da diverse proposte: musica, drammatizzazione, manipolazione, pittura, fotografia, danza, ecc., anche a seconda delle risorse presenti tra il personale scolastico.

Alla scuola degli apprendimenti formali, svolti prettamente a tavolino, si andava sostituendo la scuola attiva, sulla scia degli insegnamenti introdotti da Celestine Freinet e molto vicina al modello pedagogico psicomotorio. Fu una delle risposte più diffuse all'interno di una realtà italiana che andava organizzandosi per accogliere le differenze e rispondere ai bisogni di crescita di ciascun bambino (sia che fosse disabile, nomade o con difficoltà di socializzazione) dando spazio ai ritmi personali e alle diverse modalità di apprendimento.

La psicomotricità ha vissuto in questi trent'anni una graduale trasformazione all'interno dell'ambito scolastico, proponendosi non più come dimensione unicamente riabilitativa, rivolta ai bambini con disabilità, ma anche come esperienza educativa originale, in cui i bambini potessero vivere la dimensione ludica, potenziando le proprie abilità motorie, sociali, comunicative. Ai bambini delle classi della scuola dell'infanzia e del primo ciclo della primaria, dove la psicomotricità si era gradualmente inserita, veniva offerta l'opportunità di sperimentarsi all'interno di percorsi psicomotori caratterizzati dall'esperienza libera e diretta con i materiali (cerchi, palloni, stoffe, corde, ecc.) e da un preciso lavoro di percezione e regolazione delle abilità corporee, attraverso il confronto con lo spazio, il tempo, gli oggetti, i compagni. Gli obiettivi generali su cui si lavorava erano i seguenti:

- coordinazione dinamica generale ed equilibrio;
- percezione e regolazione del movimento;
- strutturazione dello schema corporeo;

– coordinazione oculo-manuale e segmentaria;
– organizzazione spazio-temporale.

La psicomotricità, da intervento «speciale», centrato sulla ri-educazione, si è così trasformata, all'interno di diverse realtà scolastiche, in un intervento educativo utile a tutti i bambini, per affinare le differenti funzioni e consolidare i pre-requisiti di base degli apprendimenti.

L'influenza della scuola psicomotoria francese

In quegli anni la realtà scolastica italiana veniva arricchita dall'influenza diretta di esponenti di rilievo della psicomotricità francese, chiamati da centri di formazione, enti locali o realtà scolastiche italiane, che proponevano agli insegnanti percorsi teorico-pratici favorenti la sperimentazione diretta dei processi psicomotori. Tra i diversi contributi è importante citare quelli che si sono rivolti maggiormente all'ambito educativo, influenzando direttamente lo sviluppo della psicomotricità italiana.

Picq e Vayer, partendo dalla rieducazione dei disabili, focalizzarono la loro ricerca su un approccio educativo in grado di affrontare le diverse problematiche individuali. Essi riconsiderarono le insufficienze mentali e altri disturbi cognitivi come espressione di un insufficiente uso cognitivo delle capacità individuali. Affermarono inoltre l'importanza di un'educazione che considerasse la persona nella sua totalità, in un rapporto attivo con le realtà circostante, focalizzando tre passaggi fondamentali nella conoscenza del mondo:

– la conoscenza di sé;
– la conoscenza dell'oggetto;
– l'interazione con l'altro.

Essi sottolinearono come nel bambino la conoscenza di sé e la costruzione dello *schema corporeo,* ovvero una percezione integrata e coerente della propria immagine corporea, sia la base per ogni successiva acquisizione. *Grazie al movimento del corpo il bambino riconosce gli elementi principali del mondo degli oggetti, come lo spazio, il tempo, il colore, il numero, la struttura e la casualità* (Vayer). Attraverso un uso sempre più coordinato e discriminato del corpo, il bambino estende le proprie conoscenze e acquisisce una padronanza degli elementi che costituiscono il mondo degli oggetti, sottolineando che è intorno al corpo e in riferimento a esso che si stabiliscono le prime nozioni spaziali, ed è grazie all'azione corporea che si costituiscono le prime relazioni con gli oggetti. Picq e Vayer (1971) valorizzarono l'azione intenzionale come possibilità di progredire attraverso successivi aggiustamenti, sottolineando innovativamente che il movimento *in sé* non è educativo; perché l'esercizio possa intervenire nella vita psichica e contribuire al suo sviluppo, bisogna che sia volontario, pensato, preciso, controllato. Per potenziare le esperienze educative proposero attività di dialogo tonico, gioco corporeo, equilibrio e disequilibrio, attività propriocettive e di espressione corporea, considerando la motricità come *fondamentale sorgente di conoscenza* nello sviluppo del bambino.

TABELLA 30.1
Due modelli a confronto[1]

Secondo la pedagogia psicomotoria	Secondo la pedagogia di C. Freinet
• La storia personale è scritta nel tono (nel corpo e nelle sue tensioni). • La psicomotricità è il modo «originale» del bambino di essere al mondo. • L'espressione autentica è nella spontaneità. • L'azione sta alla base della formazione del pensiero. Attraverso l'azione conosciamo la realtà e noi stessi, gli altri, le nostre possibilità, il nostro posto nel mondo. • Il bambino ha bisogno di sperimentare. • Puntare al piacere di fare e di pensare su ciò che si fa. Il pensiero nasce dall'azione, dall'esperienza, dal vissuto. • Relazione come condivisione, stimolo per crescere. • Limite come parte strutturante nella conoscenza della realtà. • La regola come protezione dal caos, che viene interiorizzata attraverso un processo progressivo. • Ciò che connota la crescita sono i processi di «trasformazione». Trasformazione di oggetti esterni che trasformano oggetti interni e viceversa.	• La memoria ha radici affettive. • L'originalità è implicita nel processo di pensiero. • L'espressione vera è quella che non viene censurata. • Gli insegnamenti sono in movimento. Condizioni familiari, scolastiche eccessivamente pressanti fanno perdere il dinamismo, la voglia di pensare, riflettere e cercare per sé. • Sperimentare, procedere per ipotesi, perché questo è il modo naturale del bambino per conoscere. • Far vivere il piacere di apprendere attraverso l'esperienza concreta diretta, attiva. • Gruppo come ampliamento di libertà. • Errore come conoscenza. • Le regole non si insegnano dall'esterno nella loro forma astratta e morta. • Il «metodo naturale» è tutto nel gioco di aggiustamento reciproco di «assimilazione e accomodamento» tra interno esterno.
RIEPILOGO Questa pedagogia, radicata profondamente nel pensiero fenomenologico, prende in carico la «totalità dell'Essere nella sua globalità» essere che passa attraverso l'esperienza della differenziazione e va verso l'individuazione e la percezione della realtà.	**RIEPILOGO** Questa pedagogia assume, per educare, il «metodo naturale», perché sale dalla vita normale, naturale, complessa e va verso la differenziazione, il confronto, l'esplorazione e la legge.

L'esperienza psicomotoria di piena integrazione tra azione e pensiero ha assunto nella loro ricerca la funzione di stimolare non solo l'azione intenzionale, ma anche la capacità riflessiva del soggetto rispetto a ciò che sperimenta, permettendogli di acquisire in questo modo maggiori strumenti di conoscenza e potenziando le sue capacità di esplorazione del mondo.

Dal *punto di vista psicopedagogico* Picq e Vayer proposero alcune scelte metodologiche che ritroveremo come elementi centrali anche in autori successivi:

– una proposta didattica specifica, differenziata dalle altre, realizzata in un tempo e uno spazio pensato appositamente per fornire ai bambini un'esperienza globale ricca e stimolante, ma anche strutturata e protetta;
– la valorizzazione dell'azione autonoma del bambino, libera da condizionamenti, riflessiva, attenta alla consequenzialità degli eventi;
– l'osservazione da parte dell'adulto delle abilità del bambino e delle sue strategie di azione;

[1] La tabella, originariamente più ampia, è stata presentata da Patrizia Coppa al Congresso ANUPI di Bassano del maggio 2001, all'interno della relazione *Quale prevenzione psicomotoria*.

- l'associazione del vissuto a successivi processi di costruzione e rappresentazione, necessari per l'approfondimento e per la fissazione dell'esperito.

Il ruolo proposto all'adulto a supporto dell'esperienza psicomotoria del bambino è la possibilità di fornire un ambiente sereno e stimolante, di accompagnare i processi di conoscenza, di regolare l'equilibrio delle sue azioni e stimolare la sua autonomia. Questi autori introdussero nella scuola italiana i primi oggetti psicomotori: le tavolette in legno, i cubi vuoti e pieni, i mattoni, i cerchi e le corde, atti a favorire la sperimentazione di quei prerequisiti posti a fondamento di ogni successivo processo di conoscenza. Per sostenere interventi attentamente mirati alle differenti fasi di sviluppo proposero, inoltre, un esame psicomotorio che andasse a testare le diverse abilità personali all'interno dei processi di crescita, in funzione di uno sviluppo complessivo equilibrato.

Un secondo approccio rilevante nello sviluppo del pensiero psicomotorio è quello di Jean Le Boulch (1975), che sostenne la necessità di un *superamento della dicotomia mente-corpo* attraverso una ricerca che fondò le proprie basi su una piena integrazione tra scienze umane e scienze biologiche. Egli diede particolare importanza alle funzioni di coordinazione, di controllo tonico e ritmo, di conoscenza dello spazio e progressiva strutturazione di una presa di coscienza personale, in equilibrio tra sensibilità affettività e razionalità. Per Jean Le Boulch l'organizzazione dello schema corporeo è centrale in questo processo di integrazione personale e si sviluppa, in linea con gli studi di Piaget, attraverso differenti fasi: dal corpo proprio al corpo vissuto, al corpo percepito. La percezione del proprio corpo si acquisisce in rapporto allo spazio, al tempo e agli oggetti; solo gradualmente e attraverso un progressivo lavoro di presa di coscienza si arriva a un'integrazione degli elementi percettivi con quelli cognitivi, raggiungendo competenze motorie e intellettive sempre più raffinate.

Con i suoi studi di *psicocinesi* vennero approfonditi ulteriormente i processi attivi della conoscenza corporea, valorizzando modalità pedagogiche innovative con le quali proporre ai bambini le diverse esperienze:

- l'esplorazione dell'oggetto e dello spazio in modo libero e creativo;
- la sperimentazione da parte del bambino di attività il più possibile diversificate, mettendo in comune le conoscenze spontanee;
- il consolidamento delle abilità acquisite e lo sviluppo della coscienza corporea.

La scoperta e il potenziamento delle diverse possibilità corporee accanto all'esperienza di una motricità vissuta armoniosamente ed efficacemente venne considerata uno strumento concreto per riequilibrare il proprio rapporto con la realtà; il *corpo* non viene più considerato come strumento da dominare, ma come *centro di maturazione neuromotoria e tonico-emozionale*, che permette al bambino di esprimersi, crescendo in tutta la sua pienezza.

L'educazione psicomotoria assume quindi la funzione di *sostenere lo sviluppo della persona*, rinforzando l'acquisizione delle abilità di coordinazione, equilibrio, orientamento, ma anche di organizzazione, creazione e progettazione, verso la conquista di un'autonoma capacità di affermazione ed espressione.

L'influsso della psicomotricità francese generò alcuni filoni di ricerca all'interno delle realtà scolastiche italiane, tra i quali possiamo ricordare:

- la valorizzazione della *dimensione spazio-temporale* nella formazione dei bambini, realizzando percorsi didattici specifici, finalizzati a consolidare l'orientamento nello spazio, la lateralità, la coordinazione e il ritmo all'interno dei processi cognitivi (Cazzago, 1994);
- il supporto allo *sviluppo del pensiero logico-matematico,* la creazione di percorsi graduati, che accompagnino il bambino attraverso diverse fasi di apprendimento: dall'esperienza vissuta in prima persona, alla fase manipolatoria, quindi alla rappresentazione, fino ad arrivare gradualmente ai successivi processi di astrazione.

Sotto il nome di psicomotricità si diffusero, in particolar modo nella scuola primaria, percorsi strutturati di topologia e di educazione spazio-temporale, proposti con modalità esperienziali sostanzialmente direttive e preconfezionate, che finivano col sacrificare quella parte intenzionale e ludico-espressiva che l'educazione psicomotoria intendeva proporre. Ma è soprattutto nei Programmi della Scuola Elementare (1985) e nei Nuovi Orientamenti della Scuola dell'Infanzia (1991) che vennero accolti pienamente alcuni elementi centrali della concezione psicomotoria dello sviluppo:
- la valorizzazione dell'esperienza direttamente vissuta;
- l'acquisizione di capacità di espressione e comunicazione;
- lo sviluppo della capacità di progettare e intuire strategie;
- la valorizzazione delle proposte e delle iniziative creative dei bambini;
- la dimensione affettiva, come componente essenziale del processo di crescita;
- la valorizzazione del gruppo e dei processi di socializzazione.

In questi anni le attività motorie videro un'evoluzione considerevole, se rapportate alla vecchia educazione fisica della scuola: «Qualunque fosse l'etichetta data ai nuovi metodi, tutti hanno certamente qualcosa in comune, ovvero il tentativo di rendere l'attività motoria più partecipata, più creativa; più mirata alla valorizzazione dell'individuo e agli obiettivi educativi» (Canevaro e Rossini, 1983). Un'educazione motoria che mette al centro la crescita del bambino, valorizzandone l'azione, la creatività, l'autonomia, la competenza. Si va affermando così all'interno della scuola un nuovo asse di ricerca, che vede il corpo non più come strumento da allenare e fortificare, ma come «qualcosa da informare, attraverso le varie esperienze corporee, così che esso sappia costituirsi come asse centrale dell'organizzazione delle proprie modalità di essere, nei confronti di se stesso, del mondo, degli altri, delle cose. Dal punto di vista epistemologico siamo passati da un corpo dualistico, meccanico, somatico, da sottomettere al potere e al controllo della ragione e della volontà, a un corpo dinamico, vivo, che si pone come centro e mediatore di ogni rapporto con il mondo esterno, degli altri, delle cose, coinvolgendo in ciò ogni settore dell'essere umano, cognitivo, relazionale, affettivo, espressivo, oltre che propriamente relazionale.» (Nicolodi, 1992, p. 21).

Un elemento di ulteriore e più profonda innovazione venne apportato in questo senso dall'approccio di André Lapierre e Bernard Aucouturier, che sottolinearono quanto sotto un'attitudine fisica e morfologica del corpo ci sia sempre un'attitudine psicologica e cognitiva, e quanto l'integrazione dei diversi processi vada a facilitare profondamente lo sviluppo del bambino.

Con la loro prima ricerca (Lapierre e Aucouturier, 1974) verificano quanto ogni nozione basilare venga acquisita non in maniera automatica e imposta dall'esterno, ma secondo un processo evolutivo che parte dall'azione sensomotoria, per arrivare, attraverso l'analisi e l'organizzazione percettiva, ai processi di astrazione, in un continuo scambio tra esperienza vissuta e pensiero.Essi considerano due modalità del bambino di vivere l'esperienza e di affrontare la realtà, tra loro profondamente intrecciate:

- il *pensiero affettivo*, che attribuisce un valore all'esperienza in base ai vissuti emozionali consci e inconsci, in quanto modalità primaria di approcciare il mondo, rispondendo ai bisogni fondamentali di riconoscimento, di affettività, di sicurezza;
- il *pensiero astratto*, che fonda le sue basi sull'esperienza concreta, organizzandosi progressivamente attraverso la formazione di una serie di nozioni fondamentali, collocate all'interno di precise categorie:
  - l'*intensità* diversamente sfumata o in pieno contrasto oppositivo: duro-morbido, poco-molto, pesante-leggero, chiaro-scuro;
  - la *grandezza*, in base alle diverse dimensioni: grande-piccolo, lungo-corto, alto-basso, largo-stretto, fino ad arrivare a concetti maggiormente strutturati (di superficie, volume, ecc.);
  - la *velocità*, continua e discontinua, maggiore o minore;
  - la *direzione*, nel tempo e nello spazio, definendo una posizione di partenza, una prospettiva, una finalità.
- la *posizione,* considerando il dentro, il fuori, il sopra e il sotto, nei diversi significati, spaziali ma anche affettivi e relazionali;
- l'*orientamento*: avanti-dietro, destra sinistra, partendo dal proprio corpo e arrivando a una progressiva organizzazione spaziale, comprendente orizzontalità, verticalità, simmetria.

Ogni processo di astrazione nasce dal passaggio attraverso un'iniziale *dimensione senso-motoria*, nella quale il bambino è coinvolto globalmente in tutta la dimensione tonico-emozionale, in un utilizzo sensoriale e percettivo dell'oggetto e dello spazio. Il gioco va dirigendosi in modo naturalmente progressivo verso tappe successive, in cui il pensiero acquisisce un ruolo sempre più importante, passando attraverso modalità *esplorative*, *costruttive* e *simboliche*.

Nella loro proposta psicomotoria i processi di decentramento e astrazione vengono consolidati dalla fase della *rappresentazione*, formalizzata attraverso il *disegno*, la *manipolazione* e la *narrazione,* in linea con quanto elaborato, seppur in modo maggiormente direzionato, nella proposta degli autori presentati precedentemente. La novità importante sottolineata dai due autori, che percorrendo strade diverse svilupperanno l'orientamento più psicodinamico della psicomotricità, è che il bambino agisce in funzione della relazione con l'altro, adulto o bambino, in successivi processi di identificazione e differenziazione, che sostengono e accompagnano la sua azione nel mondo e quindi i suoi processi di crescita.

Grande valore viene ad assumere nel gioco il significato simbolico dell'azione, rapportato al presente della relazione, ma anche ai significati più profondi che nell'azione vengono giocati.

Partendo dall'iniziativa dei primi allievi formati in psicomotricità all'interno di corsi sempre più strutturati, diverse furono le scuole che fiorirono sul territorio italiano verso la fine degli anni Settanta, seguendo i vari orientamenti psicomotori e cominciando a proporre la formazione di una nuova figura professionale: lo psicomotricista, professionista operante sia nell'area riabilitativa che educativa, presente nelle équipes medico-psico-pedagogiche, ma anche supporto di insegnanti, educatori e genitori.

Tratto e adattato da *Psicomotricità a scuola*, 2009, pp. 15-25

CAPITOLO 31

PERSONALIZZAZIONE E INDIVIDUALIZZAZIONE

(Massimo Baldacci)

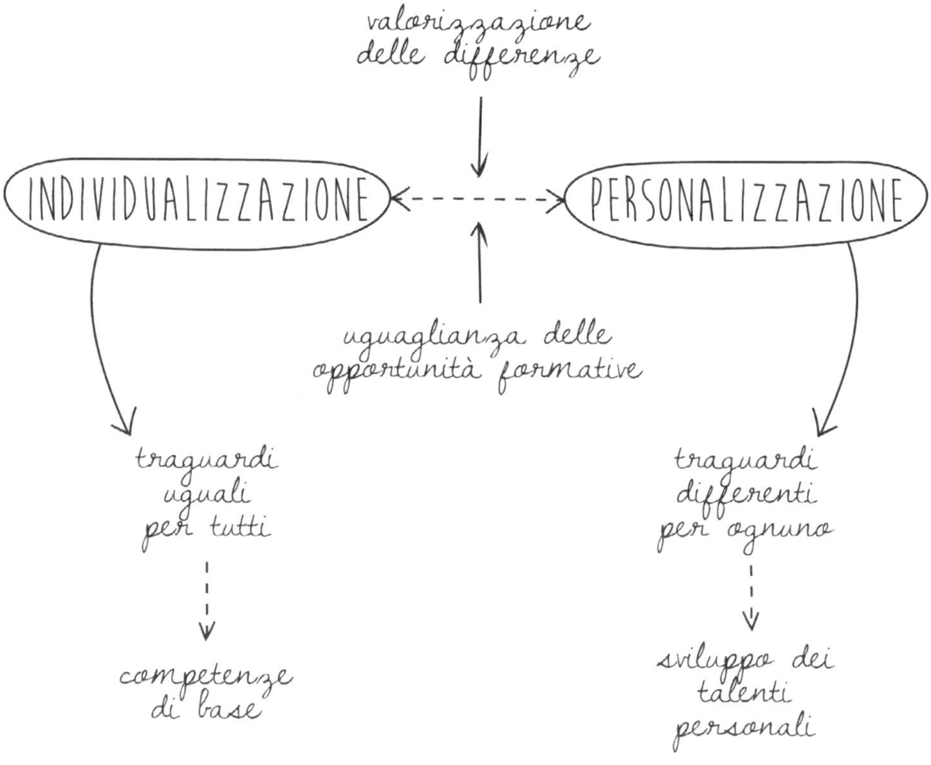

La sfida dell'istruzione e i modelli della didattica

L'epoca che si è aperta con l'ingresso dell'umanità nel terzo millennio rappresenta un periodo senza precedenti nella storia dell'uomo. La globalizzazione dell'economia, la rivoluzione tecnologico-informatica, il regime pervasivo dell'informazione e altri fenomeni del tutto inediti stanno ridisegnando radicalmente la realtà sociale in cui viviamo, ponendola sotto il segno della complessità e del cambiamento permanente.

Dal punto di vista formativo, un elemento forte di questo quadro è la tendenza dell'attuale società a porsi come *società della conoscenza*. In questo genere di situazione sociale, la conoscenza ha assunto un carattere pervasivo, che attraversa l'intero ventaglio delle attività umane. In conseguenza di ciò, la padronanza di un elevato livello di conoscenze è diventato un bisogno ineludibile per chiunque, una vera e propria condizione d'accesso ad adeguate *chance* di vita. E questo vale per l'uomo considerato sia nella veste di lavoratore-professionista, sia in quella di cittadino, sia in quella di fruitore di beni materiali e immateriali (culturali).

Se ci chiediamo quale sia il riflesso di questa situazione sulla formazione scolastica, la risposta è che questo stato di cose pone alla scuola una vera e propria sfida, che possiamo definire la *sfida dell'istruzione*. La richiesta alla scuola di curare l'istruzione non è in sé nuova: questo è sempre stato il suo compito specifico. Ma è senz'altro inedito il modo in cui questo compito tende oggi a configurarsi, tanto da assumere le caratteristiche di una «sfida». L'elemento di novità è rappresentato dal fatto che oggi si tende a chiedere alla scuola di soddisfare congiuntamente tre istanze formative che in passato si sono piuttosto presentate come alternative. Queste istanze sono: la *qualità dell'istruzione*, l'*uguaglianza delle opportunità formative* e la *valorizzazione delle differenze personali*.

Per quello che riguarda la *qualità dell'istruzione*, l'attuale società conoscitiva — caratterizzata da uno sviluppo tecnologico sempre più rapido ed elevato, dall'avvento dell'economia immateriale e dalla crescente complessità sociale e culturale — esige che la scuola non si limiti a essere soltanto un'agenzia di socializzazione. Il compito irrinunciabile dell'istituzione scolastica appare quello dell'alfabetizzazione culturale, rispetto al quale le si chiede di compiere un salto qualitativo tanto sul piano dell'alfabetizzazione primaria (relativo alle conoscenze dichiarative e procedurali fondamentali e all'acquisizione degli strumenti culturali basilari, a partire da quelli linguistici e matematici: leggere, scrivere e far di conto), quanto sul piano dell'alfabetizzazione secondaria (inerente l'allenamento dell'intelligenza inquisitiva, euristica e creativa). Questa realizzazione di una qualità più elevata degli apprendimenti scolastici appare una condizione fondamentale per permettere agli uomini e alle donne di domani di sapersi orientare e di sapersi muovere da artefici della propria esistenza nella nuova complessità sociale; ovvero: per consentire loro di saper far fronte, come lavoratori, alle esigenze di trasformazione, aggiornamento e riconversione professionale determinate dal progresso tecnologico; di saper assumere, come consumatori (di beni materiali e immateriali), distanza critica e capacità di scelta autonoma rispetto a un sistema di offerte sempre più variegato e caotico; di maturare, come cittadini, consapevolezza storica del presente e attitudine alla partecipazione alla vita sociale e politica, ecc.

Tutto questo, per quanto importante, non appare però sufficiente. Una scuola autenticamente democratica è chiamata anche a garantire l'*uguaglianza delle opportunità formative*. Infatti, in una società come quella che abbiamo sommariamente descritta, la disuguaglianza formativa sarà fattore di ineguali *chance* di vita. Una scuola democratica si deve perciò impegnare a garantire a tutti i propri utenti almeno le *competenze fondamentali*, che risultano cruciali per assicurare la pari dignità intellettuale, etico-sociale e politica delle persone. In altre parole, si chiede alla scuola di realizzare un'uguaglianza che non sia puramente formale (l'apertura degli accessi scolastici a tutti) o limitata a una mera uguaglianza di trattamento, bensì quella più impegnativa di una sostanziale parità di padronanza delle competenze basilari. Questo significa non tanto che tutti devono raggiungere i medesimi livelli di conoscenza e abilità, quanto che certi livelli di conoscenza e di abilità, pienamente adeguati, dovrebbero essere raggiunti da tutti.

Pertanto, oggi la scuola è chiamata non soltanto a promuovere una più elevata qualità dell'istruzione, ma anche a garantirne la diffusione a tutti.

Vi è però una terza istanza che oggi reclama soddisfazione: quella della *valorizzazione delle differenze personali*.

Nell'odierna società agiscono simultaneamente tendenze contrastanti. Da un lato si registrano potenti spinte all'omologazione culturale (soprattutto da parte dei mass-media); da un altro si osserva il riemergere di particolarismi antropologici locali; da un altro ancora, si assiste all'esplosione della soggettività e all'affermazione della diversità individuale come valore da tutelare. Quest'ultima tendenza, per quanto riguarda la scuola, assume, tra l'altro, la forma della promozione dei differenti tipi di potenzialità individuali, in vista di una realizzazione e di una valorizzazione dei diversi generi di talento. Quest'ultimo, infatti, viene considerato un aspetto fondamentale dell'originalità personale e viene visto nei termini di una vocazione che tenderà a determinare il destino professionale di un individuo, il passaporto per la sua piena integrazione nella realtà sociale. Perciò, si chiede alla scuola di scoprire e promuovere lo specifico talento di ognuno.

La cifra della complessità della questione formativa nell'epoca della società della conoscenza è rappresentata dalla domanda di soddisfare queste tre esigenze pedagogiche in maniera congiunta. Precedentemente, l'accento formativo aveva piuttosto mostrato una tendenza «pendolare», oscillando ora verso l'esigenza dell'uguaglianza (contrapposta a una logica elitaria, classista e selettiva), ora verso quella della qualità (contrapposta al livellamento in basso degli esiti formativi), ora verso quella della differenza (contrapposta all'uniformità dei percorsi formativi e alla standardizzazione degli esiti). Oggi ci si rende invece conto che queste posizioni fanno valere motivi complementari, che, per non dare luogo a soluzioni unilaterali e sbilanciate, necessitano di essere ricomposti in un quadro di sintesi. Infatti, la qualità dell'istruzione senza uguaglianza formativa significherebbe il ritorno di una prospettiva elitaria e sostanzialmente antidemocratica della formazione; per altro, l'uguaglianza senza qualità porterebbe a una falsa parità, resa inautentica dal livellamento in basso, che andrebbe a scapito dei soggetti con retroterra socioculturale più debole. Parallelamente, l'uguaglianza formativa senza promozione delle diversità potrebbe creare il rischio di esiti omologanti, di non sostenere la realizzazione delle potenzialità personali; per altro, la valorizzazione dei talenti individuali al di fuori di un quadro di uguaglianza formativa rispetto alle competenze fondamentali creerebbe rischi di nuove forme di disuguaglianza e di emarginazione.

Tuttavia, la consapevolezza che queste tre esigenze devono essere mantenute in stretta connessione è propria soltanto delle forme di riflessione più mature e avvertite. Maggiormente ricorrente è invece la tendenza a realizzare forme di sintesi soltanto parziali, che finiscono per sopprimere o lasciare in ombra uno di questi motivi. Dato che oggi, di fronte agli scenari della società della conoscenza, l'esigenza che viene considerata unanimemente irrinunciabile è quella della qualità dell'istruzione, questo è il motivo che tende a restare in costante evidenza. A questo motivo viene connesso ora quello dell'uguaglianza formativa, ora quello della promozione delle diversità cognitive. Queste ultime due esigenze vengono messe in connessione più raramente e, spesso, sono piuttosto considerate come alternative.

Pertanto, la scuola viene messa di fronte a due modi di dare risposta alla sfida dell'istruzione, a due sistemi di finalità. Il primo si basa sulla connessione tra la qualità dell'istruzione e l'uguaglianza formativa. Il secondo è invece fondato sul legame tra la qualità dell'istruzione e la promozione dei talenti personali. Il primo mira ad assicurare a tutti gli alunni livelli di padronanza elevati, o comunque pienamente adeguati, delle competenze fondamentali dei curricoli formativi. Il secondo punta a permettere a ognuno di sviluppare una propria forma di eccellenza cognitiva, il talento in un certo campo di attività.

Passiamo allora a esaminare questi due modelli, cercando di indagarne la logica interna e le rispettive conseguenze.

Cominciamo dal *modello delle «competenze di base»*. L'idea di fondo di questo modello è che l'istruzione scolastica debba essere volta soprattutto all'apprendimento di contenuti e abilità disciplinari, inerenti cioè ai vari *campi del sapere*. Poiché i saperi scolastici rappresentano corpi di conoscenze relativamente codificati e consolidati (anche se soggetti a ridefinizione), assimilarne i contenuti vuol dire, prima di tutto, apprenderne i concetti fondamentali e i procedimenti essenziali, comprendendone la logica e imparando a usarli. L'accento formativo cade perciò sull'acquisizione delle «competenze di base». Adoperiamo il termine «competenza» per indicare che non ci si riferisce a una semplice conoscenza dichiarativa, ma all'integrazione di questa con una conoscenza procedurale; ovvero: con «competenza» intendiamo la capacità d'uso delle conoscenze disciplinari. Il fatto che certe competenze siano considerate «basilari» significa che esse costituiscono sia i prerequisiti per gli apprendimenti scolastici successivi, sia abilità culturali cruciali per l'esistenza, per vivere con piena dignità e adeguatezza la propria esperienza di lavoratore, di cittadino e di persona. Queste competenze di base sono relative, in primo luogo, agli strumenti culturali fondamentali, a partire dalla lettura. All'interno di ogni sapere si può però identificare un nucleo essenziale di conoscenze e di abilità, per le quali, a titolo di comodo, si può usare la vecchia ma efficace espressione di «basi della materia». In altri termini, l'idea è che la scuola si deve occupare soprattutto (ma non esclusivamente) di ciò che deve essere saputo da tutti e la sua principale preoccupazione deve consistere nel fatto che ognuno sappia effettivamente ciò che tutti devono sapere. In modo sommario e per mero esempio, si possono indicare preoccupazioni del tipo: che ognuno sappia leggere e comprendere adeguatamente ciò che legge; che ognuno sappia scrivere e articolare chiaramente il proprio pensiero, ecc. Ovviamente, questo non significa che la scuola non debba anche dare modo ai bambini e ai ragazzi di cominciare ad acquisire consapevolezza delle proprie preferenze e delle proprie potenzialità circa specifiche attitudini, permettendo loro di coltivarle tramite opportune attività opzionali ed elettive; la preoccupazione non deve consistere nel fatto che tutti sappiano le stesse cose, ma nel fatto che certe cose siano sapute da tutti. L'attenzione per il nucleo comune delle competenze deve restare preminente sia perché le potenzialità specifiche necessitano di un tempo adeguato per manifestarsi e precisarsi, sia perché tale nucleo concerne le conoscenze e le abilità di cui nessuno può fare a meno, pena la sua disuguaglianza rispetto agli altri e la mutilazione della sua esperienza.

L'altra idea che caratterizza questo modello è che tutti hanno diritto a un certo livello di istruzione e quindi a raggiungere effettivamente la piena padronanza delle competenze di base. In altre parole, una volta che si sia riconosciuta l'esistenza di un nucleo di competenze irrinunciabili per chiunque, l'impegno di una scuola autenticamente democratica non può essere altro che quello di cercare di assicurare a tutti gli alunni (o per lo meno al più alto numero possibile di loro) queste competenze secondo un livello di piena adeguatezza (o almeno a un grado che sia il più vicino possibile a questo livello).

Per questi motivi, la scuola non può che essere posta sotto il segno dell'*uguaglianza delle opportunità formative.* Con questa espressione, però, non ci si limita a intendere che nella scuola a ognuno debbono essere concesse pari occasioni di apprendimento o uguaglianza di trattamento formativo. Infatti, questo modo di intendere l'uguaglianza formativa tenderebbe fatalmente a riprodurre, in uscita dalla scuola, le disuguaglianze d'ingresso tra gli alunni. Alla scuola spetta di praticare una versione più impegnativa dell'uguaglianza formativa, che consiste nella *parità degli esiti* rispetto alle *competenze fondamentali* del curricolo. Tale compito viene pensato come realizzabile in quanto i limiti dell'*educabilità* dell'individuo sono posti essenzialmente all'*esterno*, nell'ambiente d'apprendimento e nelle modalità con cui questo è organizzato; oppure, essi vengono fatti dipendere dall'interazione tra i fattori interni (le caratteristiche dell'alunno) e quelli esterni (le modalità di trattamento didattico). In entrambi i casi, questi limiti sono almeno parzialmente controllabili attraverso un'adeguata didattica. Considerata l'importanza attribuita al governo dei processi d'apprendimento, l'insegnamento tende a adottare soluzioni tecniche avanzate, accuratamente programmate e opportunamente diversificate, allo scopo di assicurare a ogni alunno le condizioni adeguate per il raggiungimento della piena padronanza delle competenze. L'esemplare paradigmatico di queste forme di insegnamento è rappresentato dall'*individualizzazione.*

Analizziamo adesso il *modello dei talenti personali.* L'idea di fondo di questo modello è che la scuola debba puntare soprattutto a conseguire risultati inerenti lo sviluppo di specifiche forme di *intelligenza* e di *talento* dello scolaro (analogamente a Gardner, 1987 e 2005, considereremo equivalenti questi due concetti). Questa prospettiva si distingue da quella che abbiamo appena esaminato perché le abilità perseguite non sono riferite direttamente alla struttura dei saperi, ma all'architettura della mente. Infatti, si ritiene che i talenti siano specifici per dominio conoscitivo e/o per campo di attività, ma si pensa che il fondamento di tale specificità non debba essere identificato tanto nelle forme di organizzazione della cultura, quanto nella struttura della mente. Si crede cioè che una certa attitudine, riscontrata in un certo campo di attività, sia il riflesso dello sviluppo ottimale di certe strutture e/o funzioni mentali. A questo proposito, la vecchia «frenologia» aveva dato corpo al senso comune popolare legando le attitudini a uno sviluppo differenziato del cervello, apprezzabile attraverso l'analisi della morfologia cranica (che evidenzierebbe il cosiddetto «bernoccolo» della matematica, della musica, ecc.). Oggi, secondo una concezione molto accreditata, si ritiene invece che sia la «mente» a essere caratterizzata da una conformazione «modulare» che la vedrebbe suddivisa in moduli funzionali specifici per dominio conoscitivo.[1] Ognuno di questi moduli sarebbe cioè deputato a elaborare un certo tipo d'informazione e/o a trattare un certo campo di simboli (linguistici, matematici, ecc.). Nella versione di Gardner, questi moduli hanno dimensioni «macro» e presiedono alla soluzione di problemi e alla produzione di opere entro un certo sistema simbolico-culturale.

Muovendo da queste idee, si ritiene che in aggiunta a un'intelligenza di carattere generale, o al posto di questa, vi siano molteplici generi di attitudini cognitive specifiche o *formae mentis*. Si tratta di differenti tipi di «intelligenze» che identificano la multiformità dei talenti di cui può essere dotato l'uomo.

Si crede, inoltre, che ogni soggetto abbia proprie specifiche propensioni intellettuali e, pertanto, che ognuno possa sviluppare proprie particolari attitudini, raggiungendo in esse un livello di *eccellenza*. In altre parole, nel quadro di questo modello si mira a sviluppare ciò che distingue qualitativamente un alunno dagli altri, ciò che, rispetto al suo profilo di abilità, caratterizza la sua singolarità. La *personalizzazione* costituisce il correlato operativo di questo intento.

In genere, in questo modello i limiti di educabilità dell'individuo e la fonte del talento vengono posti all'*interno* dell'individuo stesso, nel suo patrimonio genetico. Il talento è perciò concepito come una sorta di potenziale innato e, quindi, la funzione della scuola è organizzare le condizioni che rendono «atto» ciò che esiste già in «potenza». Spesso, ciò vuol dire limitarsi a non ostacolare quelle che si considerano come tendenze naturali del soggetto, in quanto si ritiene che gli alunni dotati di talento in un dato ambito lo manifesteranno in modo spontaneo. Tuttavia, si cerca anche di offrire al soggetto l'opportunità di coltivare i propri specifici talenti, attraverso attività elettive di natura opzionale.

Il momento cruciale è individuato nell'orientare gli alunni verso indirizzi di studio coerenti con le loro inclinazioni (secondo la tripartizione: umanistiche, scientifiche, tecnico-pratiche).

---

[1] Si tenga presente che questa è soltanto un'ipotesi, anche se oggi è probabilmente quella che gode di maggior credito. A questo proposito, oltre a Gardner (1987), si vedano Fodor (1988) e Karmiloff-Smith (1995).

Individualizzazione e personalizzazione: un'alternativa didattica?

L'individualizzazione è indubbiamente una delle questioni più dibattute della formazione scolastica. Da un lato, viene avvertita con sempre maggiore forza e lucidità la necessità di una scuola a misura d'alunno, come condizione per garantire l'efficacia delle pratiche formative. Dall'altro, si riscontrano però persistenti difficoltà nella traduzione pratica di questo principio. Così, la discussione oscilla tra la consapevolezza di questa esigenza e l'incertezza circa il suo significato pragmatico, rischiando di radicalizzarsi tra la proclamazione di elevate (e talvolta velleitarie) utopie formative e la manifestazione di scetticismo circa le reali possibilità della loro concretizzazione.

Uno dei motivi di difficoltà che affligge questo dibattito è rappresentato dall'irrisolta ambiguità semantica del termine «individualizzazione». Infatti, in prima approssimazione, di questo si possono individuare almeno due diverse accezioni: una di carattere *pedagogico*, maggiormente ampia e generale, e una di natura *didattica*, più delimitata e specifica.

L'individualizzazione assume rilievo di «categoria» pedagogica in quanto, dando risalto alle differenze che contrassegnano le persone, indica un'esigenza generale di «mediazione» educativa del processo integrativo io-mondo nella situazione formativa concreta e determinata. Cioè a dire: pone l'istanza che tale «mediazione» tenga conto di tali differenze, adattando ad esse le concrete strategie educative, al fine di garantire autenticità all'atto educativo. Concepita come una siffatta «categoria» pedagogica, l'individualizzazione inerisce a una *criteriologia generale* dell'educazione. Ovvero, la sua funzione è quella di principio-guida per la prassi educativa, di criterio formativo che implica l'attenzione alle differenze della persona nella molteplicità delle sue dimensioni, sia individuali (cognitive e affettive) sia sociali. In altre parole, a questo livello l'«individualizzazione» si esprime in un'attenzione pedagogica permanente verso l'educando, rappresenta una preoccupazione costante senza che questa porti a individuare azioni formative specifiche e concrete. Piuttosto, indica un requisito che ogni azione formativa deve soddisfare: essere stata concepita tenendo conto dell'alunno nella sua concretezza esistenziale.

Di tenore semantico diverso appare l'individualizzazione concepita come «categoria» didattica. In questo caso, il termine sta a significare l'adattamento dell'insegnamento alle caratteristiche individuali dei bambini attraverso precise e concrete modalità di intervento didattico, acquisendo un contenuto operativo riconoscibile e circoscritto. In altre parole, il concetto di individualizzazione indica un requisito che viene soddisfatto soltanto da un certo insieme di procedure didattiche, che vengono perciò denominate «individualizzate». Di conseguenza, l'insegnamento non è *soltanto* o *sempre* individualizzato. La teoria della didattica distingue tra strategie individualizzate e strategie non individualizzate, assegnando loro differenti funzioni e ipotizzando che entrambe debbano avere i loro momenti di utilizzazione nelle pratiche formative scolastiche.

Ovviamente, nella discussione è importante non confondere queste due accezioni, che, per quanto diverse, non sono però opposte o incompatibili. Anzi, una formazione efficace, una scuola a misura d'alunno, esige la loro combinazione, nel senso che sullo sfondo di uno stile pedagogico individualizzato (di attenzione costante alla personalità dello scolaro) devono trovare spazio anche momenti di didattica individualizzata (di adattamento della proposta didattica alle sue caratteristiche cognitive).

Tuttavia, il grado di penetrazione di queste due interpretazioni nel dibattito scolastico sull'individualizzazione è stato diverso. Infatti, l'accezione pedagogica appare maggiormente diffusa e consolidata, tanto da poter asserire che in qualche modo essa fa ormai parte del «senso comune» educativo degli insegnanti o almeno della parte più sensibile di questi. Viceversa, il significato didattico del termine sembra godere di una minore diffusione e di un più debole radicamento, cosicché, spesso, l'individualizzazione resta confinata nell'interpretazione pedagogica o rimane una mera esigenza cui non corrispondono dimensioni operative concrete e coerenti.

La distinzione tra il livello pedagogico e il livello didattico del concetto d'individualizzazione, per quanto fondamentale, resta però insufficiente. Occorre compiere un'ulteriore distinzione interna al livello didattico.

La questione a cui intendiamo fare riferimento era in qualche modo già stata posta da Claparède (1920), con una famosa conferenza pubblicata col titolo *L'école sur mesure.* In questo scritto, lo studioso ginevrino nota che le differenze individuali sono tanto di natura *quantitativa*, e in questo caso si tratta di *disuguaglianze*, quanto di carattere *qualitativo*, e in questo caso corrispondono a *diversità*.

La preoccupazione didattica di Claparède è diretta soprattutto verso queste ultime. Secondo lui, il modo corretto di tenere conto delle differenze individuali, realizzando così una scuola su misura del bambino, è quello di introdurre, accanto a un «programma minimo» comune per tutti, un «sistema di opzioni» tra le quali l'alunno possa liberamente scegliere quelle che corrispondono alle proprie attitudini e alle proprie preferenze. In questo modo, Claparède individua due tipi di «individualizzazione». Una prima forma è diretta a eliminare le disuguaglianze tra gli individui rispetto al programma basilare, e si è tradotta nell'individualizzazione dei percorsi in rapporto a comuni traguardi formativi. Una seconda forma è indirizzata a coltivare le diversità di attitudini tra gli individui rispetto a contenuti opzionali, e implica l'esistenza di traguardi formativi differenti per i vari alunni.

Si tratta di un'alternativa che Claparède aveva però instradato fin dall'inizio su binari paralleli e complementari, piuttosto che porla come una biforcazione implicante una decisione a senso unico.

Nel corso degli anni, la parte più corposa del dibattito ha riguardato il primo aspetto, legato ai problemi relativi all'avvento della scuola di massa e alla necessità di assicurare i traguardi formativi fondamentali a un'utenza dalle attitudini diseguali. Tra gli studiosi particolarmente sensibili a questo problema si può segnalare Bloom (1979), la cui preoccupazione prioritaria è fondare una cultura didattica caratterizzata dall'idea che tutti sono in grado di apprendere le competenze fondamentali del curricolo, a condizione che si fornisca a ogni alunno l'approccio didattico adeguato e il tempo di cui ha bisogno. Perciò, l'uguaglianza formativa, più che un principio filosofico, rappresenta un'ipotesi che può essere suffragata empiricamente, mostrando coi fatti che in condizioni didattiche adeguate la grande maggioranza degli alunni riesce a raggiungere la padronanza degli obiettivi di un corso di studi. Le sperimentazioni condotte da Bloom e da altri sull'uso del *mastery learning* (la più organica delle strategie individualizzate) hanno ampiamente corroborato questa concezione.

Nel corso degli anni Ottanta, la teorizzazione di Gardner (1987) sulla pluralità delle intelligenze, che ha avuto una vasta risonanza, ha posto nuovamente la questione sollevata decenni prima da Claparède.

Com'è noto, secondo la teoria di Gardner l'intelligenza non rappresenta una facoltà unica e generale. Esisterebbero almeno sette forme diverse di intelligenza (verbale, matematica, musicale, spaziale, corporea, personale, interpersonale), specifiche per «campo di contenuto» (verbale, matematico, ecc.) e relativamente indipendenti l'una dall'altra, pur operando in maniera combinata e sinergica nei vari compiti quotidiani. Senza entrare nei particolari di questa complessa e articolata concezione, per i nostri scopi è sufficiente notare che secondo Gardner ciascuna intelligenza rappresenta una forma di abilità mentale, un peculiare tipo di «talento», e che la loro relativa indipendenza fa sì che l'abilità in un certo campo non implichi pari capacità negli altri. In altri termini, ogni individuo avrebbe maggiore talento in certi campi piuttosto che in altri e ciò non solo in forza del suo *training* formativo, ma anche in ragione del suo corredo genetico.

Per questi motivi, la valutazione delle abilità cognitive del bambino, prima che una questione di *grado* (quanto è capace), dovrebbe essere impostata come una questione di *genere:* in quale tipo di intelligenza il soggetto mostra di eccellere. In questo modo, lo psicopedagogista americano è implicitamente giunto a una definizione dell'individualizzazione che riecheggia largamente l'idea della scuola su misura di Claparède: individualizzare significa diversificare i traguardi della formazione in relazione alle *potenzialità* mentali del bambino, aiutando ciascuno a sviluppare la forma di eccellenza cognitiva che corrisponde al genere di talento posseduto. Il termine *personalizzazione* verrà usato per indicare questo secondo tipo di individualizzazione.

A questo punto, sembra utile ricapitolare le distinzioni concettuali a cui si è pervenuti e cercare di fornire qualche ulteriore precisazione relativa a esse.

Al *livello pedagogico* (*definizione 1*), l'idea dell'individualizzazione rappresenta un principio generale dell'educazione che richiede attenzione verso le differenze della persona nella pluralità delle sue dimensioni (individuali e sociali, cognitive e affettive, ecc.). Si tratta cioè non di una forma d'azione specifica e concreta, ma di un'esigenza che ogni intervento formativo deve rispettare: tenere conto della personalità dell'alunno.

Al *livello didattico* (*definizione 2*) l'idea dell'individualizzazione designa invece l'adeguamento della proposta didattica alle caratteristiche individuali dei discenti, attraverso precise e concrete procedure d'insegnamento. Circa quest'ultime, è opportuna un'ulteriore distinzione tra «individualizzazione» in senso stretto e quella che abbiamo proposto di chiamare «personalizzazione».

L'*individualizzazione* in senso stretto (*definizione 2a*) si riferisce alle procedure didattiche finalizzate ad assicurare a tutti gli studenti le competenze comuni (o di base) del curricolo, attraverso una diversificazione dei percorsi d'apprendimento.

La *personalizzazione* (*definizione 2b*) indica invece le procedure didattiche che hanno lo scopo di permettere a ogni studente di sviluppare le proprie peculiari potenzialità intellettive, differenti per ognuno, sempre attraverso forme di differenziazione degli itinerari d'apprendimento.

In altre parole, mentre nell'*individualizzazione* i traguardi sono uguali per tutti, nella *personalizzazione* i traguardi sono differenti per ognuno.

Ovviamente, oltre a questi livelli concettualmente analitici si può indicare un livello più generale (*definizione 0*), nel quale l'idea di individualizzazione vale secondo un'accezione «categoriale», tale da ricomprendere in sé tutti questi diversi significati.

Sul piano del metodo, questa proposta terminologica non risponde né a una strategia di pura registrazione e sistemazione lessicografica dell'uso di questi termini, né a quella di un'introduzione meramente convenzionale di una nuova notazione (per il problema delle definizioni si vedano, per esempio, Quine, 2004 e Scheffler, 1972). Cerca piuttosto di combinare queste due strategie (quella lessicografica e quella convenzionalista) riprendendo alcuni termini (individualizzazione e personalizzazione) connessi al concetto e alla pratica della *differenziazione* degli interventi educativi e didattici, in parte recependone l'uso (ma cercando di raffinarlo, di renderlo più chiaro) e in parte reinterpretandone il significato. Ovviamente, in questa maniera, si cerca di non fissare una pretesa «essenza» autentica di questi concetti, bensì, come voleva Dewey (1948, pp. 105-106), di introdurre distinzioni del tutto *strumentali*, cioè *utili* nel contesto della pratica formativa.

In senso generale, queste diverse pratiche didattiche (l'individualizzazione e la personalizzazione) sono legate, come abbiamo visto, a due differenti modelli formativi, a due modi alternativi e complementari di concepire il compito della scuola. L'individualizzazione rappresenta il braccio operativo del modello centrato sulle *competenze di base,* mentre la *personalizzazione* costituisce il correlato didattico del modello centrato sullo sviluppo dei *talenti personali.*

Resta però da chiederci come si debba impostare il rapporto tra individualizzazione e personalizzazione, ovvero come si debba risolvere la tensione tra l'esigenza di dotare tutti delle competenze fondamentali e quella di sviluppare le potenzialità personali di ognuno. Secondo un approccio ispirato al problematicismo pedagogico (si veda Bertin, 1975; sulla fondazione problematicista della didattica: Frabboni, 2000) la tensione tra queste due esigenze non deve essere riassorbita astrattamente, in un qualche genere di sintesi a priori che risulterebbe irrimediabilmente fittizia rispetto alla complessità della problematica educativa reale. Al contrario, sul piano teoretico, si tratta di lasciar valere questa tensione dialettica in tutta la sua irriducibilità, lasciando sussistere le due esigenze come opposte e complementari al tempo stesso, in quanto garanzia di antidogmatismo verso assolutizzazioni unilaterali e inevitabilmente settarie di una di esse. In altri termini, la dialettica tra queste due distinte esigenze assicura che non si abbia, a priori, una prevalenza totalizzante e irrimediabilmente ideologica di una di esse; vieta semplificazioni manichee che pongano una di queste esigenze come assolutamente valida e l'altra come del tutto negativa. Questa soluzione teoretica ha la funzione di non pregiudicare la scelta educativa con impostazioni dogmatiche e aprioristiche, garantendone così l'apertura all'intero campo di possibili alternative e impegnandola, altresì, ad assicurare aderenza storica e massimo respiro educativo alla soluzione adottata. In altre parole, la pariteticità teoretica delle due esigenze è solo un preliminare alla scelta educativa. È nel momento della scelta che si decide quale concreta soluzione adottare in rapporto alla situazione storico-sociale in cui si deve contestualizzare l'opera educativa. È in funzione di tale situazione che deve essere pensata tale scelta. Ciò significa che, in ragione del contesto storico-sociale, potrebbe essere privilegiata ora un'esigenza, ora l'altra. Contemporaneamente, la scelta è chiamata però a soddisfare l'istanza razionale della massima apertura nei confronti delle esigenze antitetiche individuate sul piano teorico. Questo vuol dire che ponendosi come ideale l'equilibrio tra tali esigenze, la scelta tenderà a privilegiare l'una o l'altra non in maniera assoluta, bensì in termini relativi. Ovvero: la scelta storicamente situata tende a essere scelta di una *dominanza relativa* di un'esigenza, rispetto alla quale l'altra esigenza non deve essere soppressa, ma essere lasciata sussistere in forma subordinata.

Tratto e adattato da *Personalizzazione o individualizzazione?*, 2006, pp. 9-21

CAPITOLO 32

IL PIANO EDUCATIVO INDIVIDUALIZZATO SU BASE ICF

(Dario Ianes e Sofia Cramerotti)

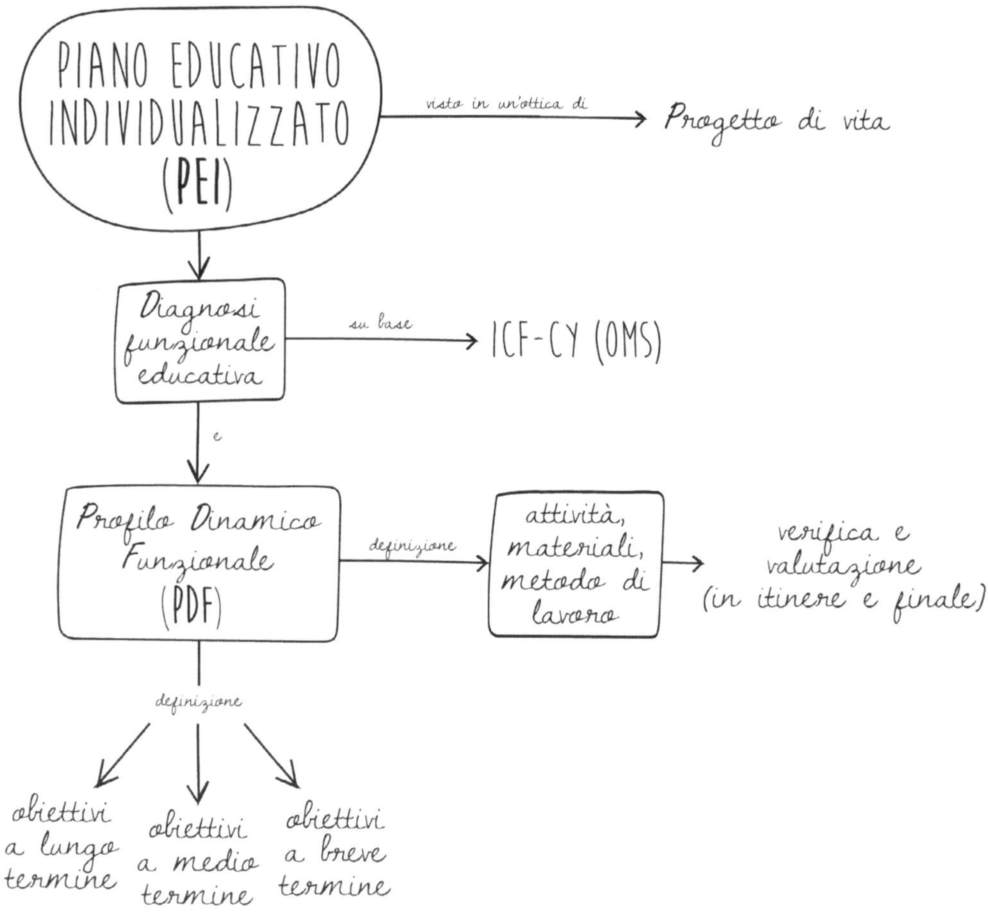

Introduzione

Le condizioni problematiche che causano difficoltà di apprendimento e Bisogni Educativi Speciali sono molte: alcune gravi e ben definite, come può essere il disabilità intellettiva in una sindrome organica, altre più sfumate, come i disturbi dell'apprendimento o i problemi di comportamento.

Di fronte a queste oggettive difficoltà nel seguire la programmazione rivolta alla classe e altre forme di partecipazione sociale ai vari ruoli della vita di alunno, gli insegnanti si trovano nella necessità di elaborare forme di didattica individualizzata. In generale, ciò significa costruire obiettivi, attività didattiche e atteggiamenti educativi «su misura» per la singola e specifica peculiarità di quell'alunno, ponendo particolare attenzione ai suoi punti di forza, dai quali si potrà partire per impostare il lavoro.

Va ricordato che la costruzione del Piano educativo individualizzato e la sua applicazione concreta non dovrebbero mai essere delegate unicamente all'insegnante di sostegno, coinvolgendo al massimo qualche suo volenteroso collega: tutti gli insegnanti devono esserne partecipi, perché l'inclusione degli alunni in difficoltà deve riguardare tutti gli ambiti della vita scolastica e non essere solo una presenza limitata a qualche ora o a qualche attività svolta con l'insegnante specializzato, magari in qualche «aula di sostegno».

Le attività dell'insegnante di sostegno dovrebbero estendersi e integrarsi in una più globale «funzione di sostegno», attivata dalla comunità scolastica nel suo insieme, nei confronti delle tante e diverse situazioni di disagio e difficoltà che si manifestano. In questo caso sarà l'insieme della comunità-scuola, composto di insegnanti, personale tecnico, alunni e altre persone significative, che mobiliterà tutte le risorse disponibili, formali e informali, per soddisfare i bisogni formativi ed educativi speciali degli alunni, in relazione al tipo e al grado di difficoltà che presentano.

In quest'ottica, che cerca di superare la vecchia logica di emarginazione della coppia «alunno con disabilità-insegnante di sostegno», si sono ormai sperimentate molte attività didattiche alternative e soluzioni organizzative diverse, che mettono in primo piano il ruolo attivo degli alunni, lo sviluppo di reti di rapporti di amicizia e di aiuto, il lavoro con gruppi di apprendimento cooperativo, il tutoring o insegnamento reciproco tra alunni, il coinvolgimento delle famiglie e delle realtà sportive, culturali e di volontariato della comunità territoriale. Alla base di un'integrazione scolastica efficace vi è comunque sempre l'attivazione di un buon Piano educativo individualizzato.

Vediamo allora sinteticamente quali sono le componenti fondamentali di un PEI-Progetto di vita, come è costruito e quali fasi di programmazione devono essere affrontate nella sua definizione. Il PEI-Progetto di vita è costituito dalle componenti presentate nella figura successiva, che corrispondono ad altrettante fasi di programmazione e di lavoro.

La Diagnosi funzionale educativa

La Diagnosi funzionale educativa è la prima componente del Piano educativo individualizzato: essa si pone come obiettivo fondamentale la conoscenza più estesa e la

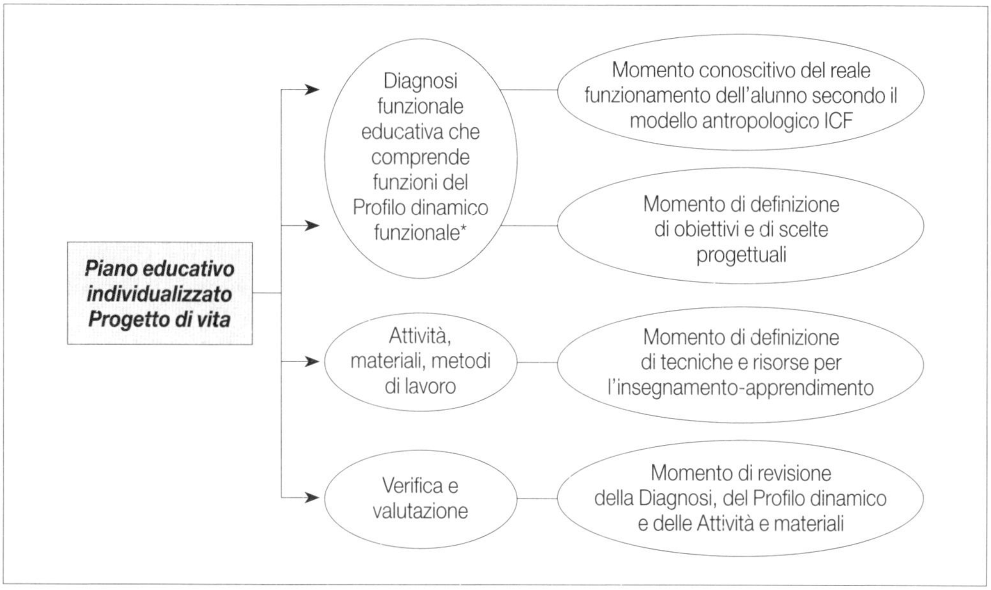

Fig. 32.1 Le fasi di programmazione e di lavoro del Piano educativo individualizzato.
* Come stabilito dall'Intesa Stato-Regioni del 20 marzo 2008, la Diagnosi funzionale include anche il Profilo dinamico funzionale e corrisponde, in coerenza con i principi dell'ICF, al Profilo di funzionamento della persona.

comprensione più approfondita possibile dell'alunno in difficoltà. Questa conoscenza deve però essere «funzionale educativa», appunto, e cioè utile alla realizzazione concreta e quotidiana di attività didattiche ed educative appropriate, significative ed efficaci.

La Diagnosi funzionale è quindi la base indispensabile per una buona definizione di un Piano educativo individualizzato – Progetto di vita, dal momento che in essa si esplora la situazione globale dell'alunno, si cerca di conoscerne i vari aspetti, le varie interconnessioni, i punti di forza e di debolezza, le risorse, i vincoli, ciò che facilita e ciò che invece ostacola. La Diagnosi funzionale dovrebbe essere un percorso globale di conoscenza e comprensione profonda ed estensiva del funzionamento del soggetto e dei suoi contesti.

Proprio per questo la Diagnosi funzionale deve risultare da un lavoro interdisciplinare, che veda la collaborazione degli insegnanti, degli operatori dell'ASL e dei familiari. La sua stesura non dovrebbe essere delegata allo psicologo, al neuropsichiatra e nemmeno all'unità multidisciplinare: queste professionalità dovranno certo fornire i loro contributi di conoscenze, preziosi in moltissimi ambiti, secondari in altri. Purtroppo oggi invece la Diagnosi funzionale, così come viene descritta nell'art. 3 dell'Atto di indirizzo e coordinamento alle Aziende Sanitarie del 1994 e come viene ancora largamente intesa e utilizzata nel nostro Paese, risente di un'impostazione prevalentemente clinico-medica e molto spesso fornisce ben pochi aiuti concreti agli insegnanti impegnati a definire una programmazione individualizzata. Per questo si potrebbe dire che è ben poco «funzionale».

Il ruolo della scuola deve invece essere centrale: gli insegnanti possono ormai utilizzare una vasta gamma di strumenti di raccolta di dati e di conoscenze per la comprensione profonda e utile dell'alunno in difficoltà, attivando direttamente una regia e un coordinamento nel gruppo di lavoro a livello di scuola che integri i vari contributi che provengono dagli ambiti sanitario, familiare e sociale. Attualmente, il modello che meglio di tutti abbraccia questa visione è quello proposto dall'Organizzazione Mondiale della Sanità nella classificazione *ICF – Classificazione Internazionale del Funzionamento, della Disabilità e della Salute* (2002) disponibile anche nella versione *ICF-CY* per bambini e adolescenti (OMS, 2007) e quindi ancora più vicino ai bisogni e alle peculiarità che caratterizzano queste fasi dello sviluppo umano. Il modello ICF risponde appieno alle esigenze di avere una modalità conoscitiva della realtà globale dell'alunno che aiuti adeguatamente nella progettazione individualizzata.

L'importanza del modello ICF per la definizione della Diagnosi funzionale e quindi per la stesura di un vero e proprio *Profilo di funzionamento dell'alunno* è sottolineata anche dall'*Intesa Stato-Regioni* del 20 marzo 2008 e dalle *Linee guida per l'integrazione scolastica degli alunni con disabilità* emanate dal MIUR nell'agosto 2009. In riferimento a quest'ultimo documento, si sottolinea l'esigenza fondamentale che il personale scolastico si avvicini e si formi all'uso di questo modello, nella prospettiva di una visione sempre più globale e completa dell'alunno con Bisogni Educativi Speciali.

La Diagnosi funzionale si lega direttamente ai processi di inclusione scolastica, di apprendimento e socializzazione, non si esprime solo in termini tecnico-sanitari, e cerca di attivare collaborazioni a più largo raggio, coinvolgendo direttamente gli insegnanti e la famiglia, anche attraverso l'uso di strumenti specifici, naturalmente nel rispetto delle prerogative professionali dei vari operatori. Come ogni diagnosi nei campi più diversi, anche quella funzionale, finalizzata a un intervento educativo o a un percorso didattico individualizzato rivolto agli alunni in difficoltà, cerca di raggiungere la conoscenza più approfondita ed estesa possibile delle varie caratteristiche della persona nella situazione/relazione che esamina.

Oltre ad avere questa finalità «descrittiva» degli aspetti più o meno evidenti della situazione, essa dovrebbe elaborare ipotesi (e possibilmente verificarle) sulle interconnessioni e relazioni di reciproca influenza tra fattori diversi (comprensione delle interconnessioni e delle mediazioni), ad esempio tra attività e specifiche funzioni corporee; fattori contestuali, ambientali e personali; tra fattori contestuali personali e partecipazione sociale, e così via. L'aspetto analitico e descrittivo dovrebbe dunque essere compresente e integrato con lo sforzo di comprendere relazioni che interconnettono.

Accanto a questi ovvi requisiti generali, nel caso della Diagnosi funzionale legata alla definizione del Piano educativo individualizzato, si ha in più un'esigenza specifica di carattere pragmatico, espressa dal termine «funzionale»: i dati di conoscenza, raccolti nella diagnosi, dovrebbero consentire di operare direttamente nel concreto della prassi scolastica quotidiana. Questo vuol dire che una Diagnosi funzionale è realmente «funzionale» solo se è di immediata utilità per l'insegnante, se riesce a guidarlo direttamente nella scelta di obiettivi appropriati e di metodi di lavoro efficaci sulla base delle caratteristiche peculiari dell'alunno in difficoltà. Si tenga presente che la Diagnosi funzionale è un «processo» ampio e ricorsivo nel tempo, ben diverso da quello della diagnosi clinica, che individua dal punto di vista «medico legale» l'alunno come «persona handicappata» (secondo la Legge 104 del 1992).

Per costruire un buon PEI vi è dunque bisogno di una metodologia di diagnosi che sia realmente funzionale, cioè che descriva dettagliatamente le caratteristiche dell'alunno, le interpreti e cerchi di spiegarle, ma che nel contempo sia connessa strettamente alla realtà della vita scolastica, familiare e sociale, nei suoi aspetti di insegnamento/apprendimento e di relazionalità, socialità e sviluppo psicologico-affettivo. Non è dunque una diagnosi clinica un po' «allungata», anzi, si potrebbe, per chiarire ulteriormente, proporre l'abolizione dell'espressione «Diagnosi funzionale» a favore dell'espressione «valutazione psicoeducativa funzionale».

Queste considerazioni portano a sostenere che la Diagnosi funzionale dovrebbe essere un compito multidisciplinare e collegiale, che spetta a tutti gli attori coinvolti nella realizzazione del PEI-Progetto di vita e nel processo di inclusione scolastica: agli insegnanti in primo luogo, agli specialisti sanitari e sociali (gli psicologi dell'educazione e gli assistenti sociali sono troppo spesso dimenticati), alla famiglia ed eventualmente ad «altri significativi» nel processo di programmazione individualizzata e di integrazione. Tra questi soggetti non dobbiamo dimenticare l'alunno stesso, naturalmente nei casi in cui gli sia possibile assumere il ruolo di narratore di sé, delle sue percezioni dei punti di forza, dei deficit, delle sue aspirazioni e dei suoi progetti.

Non si può quindi delegare la Diagnosi funzionale esclusivamente ai tecnici specialisti, con l'aspettativa illusoria che essi forniscano agli insegnanti un «distillato» prodigioso di conoscenze e di linee operative, miracolosamente capace di metterli in condizione di lavorare adeguatamente, risolvendo ogni dubbio e difficoltà. La conoscenza approfondita della situazione dell'alunno, l'esplorazione delle sue capacità, dei suoi deficit e delle varie cause che portano a questa situazione devono coinvolgere una gamma molto ampia di persone e professionalità che, naturalmente, si pongono da prospettive e con metodologie di valutazione diverse, necessariamente da integrare e completare a vicenda.

Anche la famiglia dell'alunno possiede una quantità immensa e preziosa di dati: essi provengono, talvolta disordinatamente, dalla conoscenza esperienziale (diventano racconti, biografie e autobiografie fondamentali per capire a fondo i contesti di vita del soggetto) e spesso sono accompagnati da ipotesi interpretative incomplete. Gli specialisti sanitari tendono invece spesso a fare interpretazioni sulla base di pochi dati di conoscenza diretta dell'alunno (e spesso settoriali), mentre gli insegnanti si trovano in una situazione che si potrebbe definire intermedia, per certi versi sicuramente privilegiata: vivono molte ore a contatto con l'alunno ma in una relazione professionale, e perciò con minor coinvolgimento emotivo rispetto ai familiari.

La Diagnosi funzionale diventa allora qualcosa di più di un solo compito interdisciplinare: diventa una raccolta di informazioni e un'elaborazione a più mani, dove i diversi apporti vanno sintetizzati e resi significativi da una regia attenta e consapevole, una regia che sappia assumere le funzioni di organizzare e coordinare la raccolta di dati, finalizzandola in modo chiaro ed esplicito al miglioramento della prassi scolastica quotidiana, ma che sappia anche attivare la pluralità di contributi, decentrando e delegando vari aspetti della conoscenza dell'alunno.

A chi spetta questo ruolo di regia? Se la Diagnosi funzionale deve essere realmente «funzionale» all'integrazione scolastica (come è nello spirito della normativa oggi vigente), la regia dovrebbe essere collocata all'interno della scuola e gestita da un ristretto gruppo operativo che conosca perfettamente le situazioni di apprendimento e di socialità di quella scuola. Accanto a questa ipotesi, se ne possono naturalmente fare molte altre: si pensi all'operatività possibile dello psicologo scolastico, figura professionale che si affaccia, in maniera ancora non sistematica, sul panorama della scuola italiana dell'autonomia.

L'ICF-CY per bambini e adolescenti

Prima di analizzare nel dettaglio le aree fondamentali della Diagnosi funzionale, è opportuno tornare brevemente a parlare di alcune importanti questioni inerenti l'*ICF-CY* versione per bambini e adolescenti, lo strumento messo a punto dall'Organizzazione Mondiale della Sanità.

La *Classificazione Internazionale del Funzionamento, della Disabilità e della Salute per bambini e Adolescenti (ICF-CY)* deriva dalla *Classificazione Internazionale del Funzionamento, della Disabilità e della Salute (ICF;* OMS, 2002) ed è realizzata per essere universalmente utilizzata non per classificare ma per documentare le caratteristiche della salute, del benessere, del funzionamento e i cambiamenti legati allo sviluppo e alla crescita del bambino e dell'adolescente fino al diciottesimo anno di età, nonché l'influenza dell'ambiente circostante (OMS, 2007). Anche l'ICF-CY fornisce quindi un «modello concettuale di riferimento» e un «linguaggio e una terminologia comune e condivisa» per facilitare la documentazione e la misurazione della salute e della disabilità nei bambini e negli adolescenti. Ecco quindi che ICF-CY funge da «facilitatore di dialogo» tra figure professionali diverse, non diminuendo ma anzi valorizzando la specifica competenza di ciascuna di queste figure (Leonardi, 2008).

Nelle classificazioni internazionali dell'OMS, le condizioni di salute come malattie, disturbi e lesioni vengono classificate principalmente attraverso l'ICD-10, che fornisce un modello di riferimento eziologico. Il funzionamento e la disabilità associati alle condizioni di salute vengono invece classificati attraverso l'ICF. Queste due classificazioni sono quindi complementari e dovrebbero essere utilizzate congiuntamente per definire il *Profilo diagnostico funzionale* dell'alunno.

Uno dei principali obiettivi dell'ICF-CY è quello di coinvolgere gli intervistati — naturalmente quando le condizioni e l'età lo permettono — nella definizione della natura e dell'entità del funzionamento nel loro contesto ambientale; ciò è particolarmente importante nella codifica della partecipazione.

Un altro ambito applicativo rilevante, rispetto al quale si stanno muovendo i primi importanti passi, è quello relativo all'utilizzo di questa classificazione come strumento di *screening*, di raccolta cioè di dati anche quantitativi e non solo qualitativi utili per la programmazione di interventi tempestivi e idonei già prima che determinate condizioni si verifichino.

Il possesso di dati numerici e di informazioni anche quantitative raccolte attraverso le *checklist ICF* permetterà quindi gradualmente di costruire, anche da parte del mondo scolastico, delle banche dati dalle quali attingere e con le quali confrontarsi rispetto alla diffusione di determinate problematiche.

Con ICF-CY, la scuola assume e potenzia il suo ruolo attivo nella definizione del profilo funzionale dei suoi attori principali: gli alunni.

Per svolgere questo difficile compito, la scuola è chiamata ad assumersi due importanti responsabilità: *formarsi* e *formare.* Non si sta quindi «perdendo tempo» nell'acquisire nuove competenze legate all'uso dell'ICF-CY. Questo tempo lo si guadagna nel lungo termine, quando si verrà chiamati a confrontare i profili funzionali iniziali e «finali» degli allievi. Averli chiari fin dal principio consentirà di verificare se ciò che è stato messo in atto attraverso il percorso di intervento educativo scelto si è rivelato efficace per diminuire una certa disabilità, pur rimanendo a parità di diagnosi (Leonardi, 2008).

Raccolta rigorosa e quantitativa di dati, screening condotti in modo adeguato, monitoraggio continuo, verifica, documentazione dell'efficacia, ecc. sono quindi compiti ai quali la scuola non può più sottrarsi e sui quali è chiamata urgentemente a formarsi e a formare.

Le aree fondamentali della Diagnosi funzionale secondo ICF-CY

Una Diagnosi funzionale che voglia essere il più possibile completa e utile alla progettazione scolastica/esistenziale non si effettua con qualche osservazione, qualche scheda, qualche test. È un processo articolato, che è sicuramente problematico e semplicistico schematizzare e costringere all'interno di un modello. Ma in questo caso il modello è la concettualizzazione dell'ICF-CY, che ci aiuta a organizzare in modo realmente globale e completo la raccolta di informazioni sul soggetto e sui suoi contesti di vita.

Dobbiamo avere presenti fin dall'inizio due principi. Il primo è che non è utile immergersi nei particolari e nei dettagli perdendo di vista la necessità di fare una sintesi di una realtà umana globale e unitaria, di una persona reale, che è molto di più e ben altro che una fredda serie di dati oggettivi sul suo «funzionamento». Il secondo è che non bisogna cercare di fermare il fluire nel tempo delle situazioni personali, relazionali e contestuali cristallizzando come definitive e stabili le nostre osservazioni e pensando che rimarranno immutate anche nel futuro. La situazione di una persona è oggi in equilibrio nell'interazione del suo passato con i progetti verso il suo futuro.

Con queste precauzioni ben presenti esaminiamo la struttura del modello di Diagnosi funzionale nella figura successiva.

La situazione globale di una persona, del suo stato di salute e di funzionamento nei suoi contesti reali di vita, va descritta mettendo in relazione informazioni su:

- condizioni fisiche
- funzioni corporee
- strutture corporee
- attività personali
- partecipazione sociale
- fattori contestuali ambientali
- fattori contestuali personali.

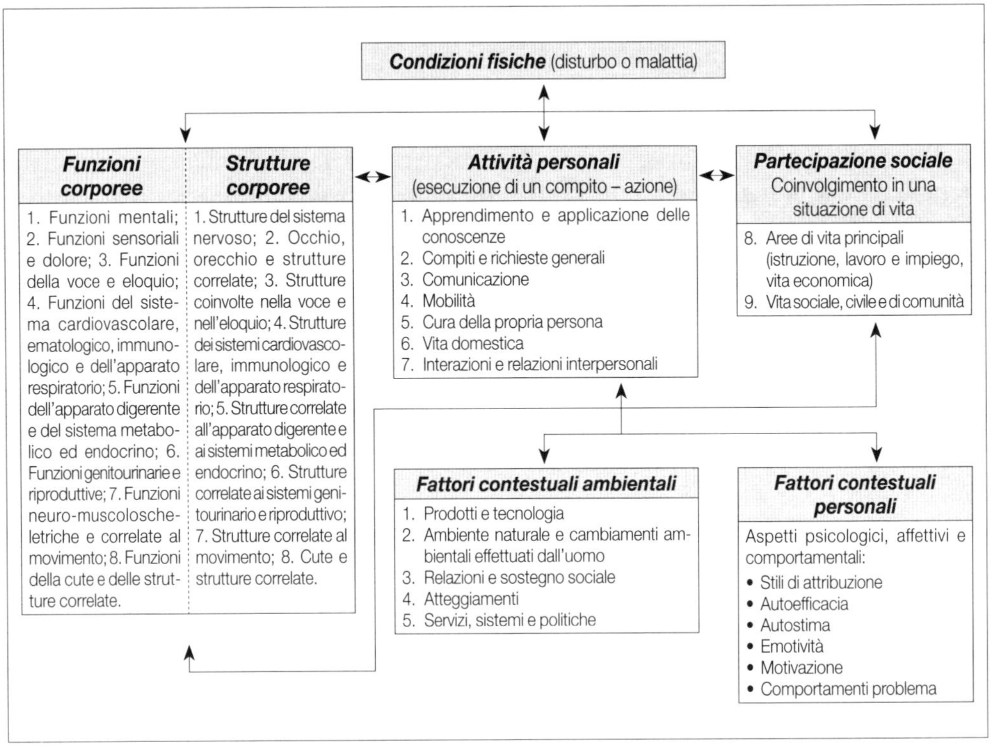

Fig. 32.2 Struttura del modello ICF-CY in base alla quale definire la Diagnosi funzionale.

Condizioni fisiche

La situazione fisica, «organica» dell'alunno riguarda in primo luogo le caratteristiche tipiche della sua sindrome, in termini biologici, fisiopatologici e delle necessità terapeutiche e riabilitative. È evidente che in questa parte della Diagnosi funzionale sono richieste professionalità specialistiche in ambito neurologico, neuropsichiatrico, pediatrico, ortopedico, riabilitativo e in altre branche delle scienze biomediche.

È utile suddividere questa parte della Diagnosi funzionale in due distinti campi di informazione.

Il primo è la storia clinica, e cioè gli eventi vissuti dall'alunno dal punto di vista organico. Per chi opera in ambito educativo/didattico è infatti estremamente importante conoscere almeno i principali eventi clinicamente significativi che hanno segnato la storia dell'alunno, in particolare le malattie, i ricoveri, le cure tentate, i risultati raggiunti, ecc. Diventa fondamentale per gli insegnanti sapere quanto le condizioni fisiche dell'alunno si siano evolute positivamente o se vi sia invece una tendenza al peggioramento. Questa tendenza all'evoluzione in senso positivo o negativo dovrebbe essere riportata sia per quanto riguarda le varie caratteristiche fisiche specifiche della sindrome, sia in riferimento agli altri aspetti del funzionamento organico. Questa parte sarà in stretta relazione con le due parti successive: «Funzioni e strutture corporee».

Il secondo campo di informazioni clinico-mediche riguarda essenzialmente gli effetti, riscontrati o prevedibili, sulla prassi scolastica causati primariamente dalle condizioni cliniche dell'alunno, così come sono state individuate dagli specialisti.

In particolare, sono da evidenziare le seguenti questioni operative:

1. «precauzioni» che l'insegnante deve prendere con l'alunno viste le sue particolari condizioni fisiche, come ad esempio l'attenzione alla dieta, alle posture, a movimenti particolari, ecc.;
2. la necessità di assumere farmaci (e i loro reali effetti diretti e collaterali);
3. la necessità e il tipo di interventi riabilitativi di varia natura;
4. la programmazione nel tempo di visite e controlli;
5. le persone specifiche di riferimento tecnico nei vari ambiti.

Gli insegnanti e le famiglie dovrebbero essere particolarmente esigenti nei confronti degli operatori sanitari, al momento della formulazione e della discussione di questa parte della Diagnosi funzionale, chiedendo loro un'elaborazione approfondita di questi dati: dati storici e anamnestici, dati sulle condizioni attuali ma, soprattutto, informazioni concrete sul significato operativo di stretta rilevanza biomedica che la patologia riscontrata riveste per la vita scolastica. Questo non vuol certo dire che l'operatore sanitario debba predire cosa farà o non farà l'alunno a scuola: dovrebbe comunque sforzarsi, assieme agli insegnanti, di declinare in senso operativo e quotidiano le sue conoscenze biomediche.

Funzioni corporee

Le funzioni corporee sono le funzioni fisiologiche dei vari sistemi corporei (comprese le funzioni mentali). Le menomazioni sono da ritenersi come problemi nella funzione del corpo, intesi come una deviazione o una perdita significativa.

Nell'ICF-CY vengono prese in considerazione le funzioni mentali, le funzioni sensoriali e del dolore, le funzioni della voce e dell'eloquio, le funzioni dei sistemi cardiovascolare, ematologico, immunologico e dell'apparato respiratorio, le funzioni dell'apparato digerente e dei sistemi metabolico ed endocrino, le funzioni genitourinarie e riproduttive, le funzioni neuro-muscoloscheletriche e correlate al movimento, le funzioni della cute e delle strutture correlate.

Per la definizione della Diagnosi funzionale abbiamo bisogno di informazioni sul livello reale di competenza dell'alunno nei vari settori del suo sviluppo intellettivo, comunicativo, motorio, dell'autonomia e così via. Per quanto riguarda gli ambiti dell'Attività e della Partecipazione e per le «Funzioni mentali», si devono ricercare i punti di forza dell'alunno, da definire negli aspetti di *capacità* e *performance.*

Se le capacità e le performance non raggiungono le aspettative, si viene a evidenziare una difficoltà, un deficit, una restrizione di attività e/o partecipazione. Questo confronto tra capacità e performance del soggetto e aspettative su di lui caratterizza l'essenza stessa del processo di valutazione delle competenze. L'ICF-CY e i suoi ambiti ci forniscono in questo senso una mappa generale che ci indica cosa osservare e cosa descrivere.

Il confronto tra capacità e performance dell'alunno e criteri di riferimento può però essere fatto anche seguendo un approccio radicalmente diverso rispetto a quello del confronto con parametri di sviluppo ben definiti. Questa seconda modalità consiste nel confrontare le capacità/performance concretamente manifestate dall'alunno con quanto uno specifico ambiente di vita richiede per un soddisfacente adattamento e un buon livello di autostima.

Il criterio di riferimento è allora quell'insieme di competenze indispensabile all'interno delle varie «ecologie di vita e di relazione» in cui si dovrebbe trovare l'alunno: la famiglia, la scuola, il quartiere, il gruppo di amici, ecc. In questo tipo di valutazione non ci sono riferimenti normativi standardizzati e tappe di sviluppo che dovrebbero essere raggiunte a una determinata età: si cerca invece di determinare il livello di adattamento (o *comportamento adattivo*) dell'alunno rispetto alle richieste tipiche dei diversi ambienti in cui si trova realmente a vivere.

Nel definire la mappa delle aree principali di valutazione sono stati operati alcuni cambiamenti rispetto a quanto viene suggerito su questo punto specifico della Diagnosi funzionale all'interno dell'art. 3 dell'Atto di indirizzo e coordinamento del 1994.

In primo luogo si è voluto dare maggiore rilievo alla parte «affettivo-relazionale», portandola nei «fattori contestuali personali», conferendole carattere di maggiore autonomia, con più strumentazione, attribuendole contenuti psicologici, affettivo-emotivi, relazionali e comportamentali.

In secondo luogo sono stati uniti i punti «cognitivo» e «neuropsicologico» ed è stato dato particolare spazio agli aspetti metacognitivi e di controllo superiore dei processi e delle attività mentali, collegandoli agli item definiti dall'ICF-CY nella sezione «Funzioni mentali».

Le aree linguistiche, motorio-prassiche e dell'autonomia personale e sociale sono comprese nella sezione «Attività personali», assieme ad altre rilevanti, come ad esempio le interazioni e relazioni interpersonali. L'area sensoriale è ben rappresentata nelle corrispondenti sezioni delle «Funzioni e Strutture corporee».

Nell'area delle Funzioni mentali (cognitive e metacognitive) si dovrebbe valutare il funzionamento intellettivo dell'alunno, che va esaminato attraverso il suo modo abituale e quotidiano di operare nelle principali funzioni cognitive, o processi mentali, e non solo attraverso l'uso di strumenti standardizzati.

In realtà suddividere e «smontare» il funzionamento cognitivo in specifiche funzioni «semplici», ben identificabili e valutabili, è difficile, ma è comunque molto utile per individuare deficit specifici e punti di forza da tenere presenti nel lavoro didattico e da cui ricavare corrispondenti obiettivi di insegnamento o di recupero.

Strutture corporee

Le strutture corporee sono le parti anatomiche del corpo, come gli organi, gli arti e le loro componenti. Le menomazioni sono problemi nella struttura del corpo, intesi come deviazioni o perdite significative.

Nell'ICF-CY vengono prese in considerazione le varie strutture corporee: strutture del sistema nervoso, occhio, orecchio e strutture correlate, strutture coinvolte nella voce e nell'eloquio, strutture dei sistemi cardiovascolare, immunologico e dell'apparato respiratorio, strutture correlate all'apparato digerente e ai sistemi metabolico ed endocrino, strutture correlate ai sistemi genitourinario e riproduttivo, strutture correlate al movimento, cute e strutture correlate.

Attività personali

Le attività personali fanno riferimento all'attività e all'esecuzione di un compito o di un'azione da parte di un individuo. Le limitazioni dell'attività sono le difficoltà che un individuo può incontrare nello svolgimento delle varie attività. L'ICF-CY prevede che ogni attività possa essere descritta con due qualificatori per:

- *capacità:* ossia l'abilità di eseguire un compito o un'azione *senza* l'influsso, positivo o negativo, di fattori contestuali ambientali e/o personali;
- *performance:* ossia l'abilità di eseguire un compito o un'azione *con* l'influsso, positivo o negativo, di fattori contestuali ambientali e/o personali.

La sezione «Attività personali» comprende le seguenti aree.

- *Apprendimento e applicazione delle conoscenze:* questa parte riguarda le esperienze sensoriali intenzionali come guardare e ascoltare, l'apprendimento di base, l'applicazione delle conoscenze acquisite, pensare, risolvere problemi e prendere decisioni.
- *Compiti e richieste generali:* questa parte riguarda gli aspetti generali dell'eseguire compiti singoli o articolati, organizzare la routine e affrontare lo stress.
- *Comunicazione:* riguarda le caratteristiche generali e specifiche della comunicazione attraverso il linguaggio, i segni e i simboli, inclusi la ricezione e la produzione di messaggi, sostenere una conversazione e usare strumenti e tecniche di comunicazione.
- *Mobilità:* riguarda il muoversi cambiando posizione del corpo o collocazione o spostandosi da un posto all'altro, portando, muovendo o manipolando oggetti, camminando, correndo o arrampicandosi e usando vari mezzi di trasporto.
- *Cura della propria persona:* riguarda la cura di sé, lavarsi e asciugarsi, occuparsi del proprio corpo e delle sue parti, vestirsi, mangiare e bere, prendersi cura della propria salute.
- *Vita domestica:* riguarda l'esecuzione di azioni e compiti domestici e quotidiani. Le aree della vita domestica includono: procurarsi un posto in cui vivere, cibo, vestiario e altri beni di prima necessità, pulire la casa, sistemare e aver cura degli oggetti personali, ecc.
- *Interazioni e relazioni interpersonali:* riguarda l'esecuzione delle azioni e dei compiti richiesti per le interazioni semplici e complesse con le persone (estranei, amici, parenti, membri della propria famiglia, partner e persone amate) in un modo contestualmente e socialmente adeguato.

Partecipazione sociale

La partecipazione è il coinvolgimento attivo in una normale situazione di vita integrata. Le restrizioni della partecipazione sono i problemi che un individuo può incontrare nel coinvolgimento nelle normali situazioni di vita. Ogni ambito di partecipazione può essere descritto con gli stessi due qualificatori di capacità e performance della sezione «Attività personali».

La sezione «Partecipazione sociale» comprende:

- *Aree di vita principali:* questa parte riguarda lo svolgimento dei compiti e delle azioni necessarie per impegnarsi nell'educazione, nel gioco, nel lavoro e nell'impiego e nelle questioni di gestione economica.
- *Vita sociale, civile e di comunità:* questa parte riguarda le azioni e i compiti richiesti per impegnarsi nella vita sociale fuori dalla famiglia, nella comunità, in aree della vita comunitaria, sociale e civile.

Fattori contestuali ambientali

I fattori contestuali ambientali costituiscono gli atteggiamenti, l'ambiente fisico e sociale in cui la persona vive. I qualificatori, in questa sezione, indicano il grado in cui un fattore ambientale rappresenta un «facilitatore» o una «barriera». Appartengono a questa sezione:

- *Prodotti e tecnologia:* i prodotti o sistemi di prodotti, naturali o fatti dall'uomo, gli strumenti e la tecnologia esistenti nell'ambiente circostante di un individuo, che vengono raccolti, creati, prodotti e fabbricati (ogni prodotto, strumento, apparecchiatura o tecnologia adattato o progettato appositamente per migliorare il funzionamento di una persona con disabilità).
- *Ambiente naturale e cambiamenti effettuati dall'uomo:* gli elementi animati e inanimati dell'ambiente naturale o fisico, e le parti di quell'ambiente che sono state modificate dall'uomo, così come le caratteristiche delle popolazioni umane all'interno di quell'ambiente.
- *Relazioni e sostegno sociale:* le persone o gli animali che forniscono sostegno concreto fisico o emotivo, nutrimento, protezione, assistenza, e riguarda anche le relazioni con altre persone, nella loro abitazione, nel luogo di lavoro, a scuola, nel gioco, o in altri aspetti delle loro attività quotidiane.
- *Atteggiamenti:* gli atteggiamenti che sono le conseguenze osservabili di costumi, pratiche, ideologie, valori, norme, convinzioni razionali e convinzioni religiose. Questi atteggiamenti influenzano il comportamento individuale e la vita sociale a tutti i livelli, dalle relazioni interpersonali e associazioni comunitarie alle strutture politiche, economiche e giuridiche; gli atteggiamenti individuali o della società nei riguardi dell'affidabilità e del valore di una persona possono, ad esempio, motivare pratiche positive, onorifiche o invece pratiche negative e discriminanti (ad esempio stigmatizzazione, stereotipizzazione e marginalizzazione o abbandono della persona).
- *Servizi, sistemi e politiche: servizi* che forniscono programmi strutturati e interventi in vari settori della società, pensati al fine di rispondere alle necessità degli individui; *sistemi* che sono meccanismi amministrativi di controllo e organizzativi, e sono stabiliti a livello locale, provinciale, nazionale e internazionale, dai governi o da altre autorità riconosciute; *politiche* costituite da regole, ordinamenti, convenzioni e norme stabiliti a livello locale, provinciale, nazionale e internazionale, dai governi o da altre autorità riconosciute.

Fattori contestuali personali

I fattori contestuali personali sono il background personale della vita e dell'esistenza di un individuo e rappresentano quelle sue caratteristiche individuali che non fanno parte della condizione fisica. Questi fattori comprendono il sesso, l'etnia, l'età, lo stile di vita, modelli di comportamento generali e stili caratteriali.

Questa dimensione della Diagnosi funzionale è della massima importanza, perché ci permette di conoscere più da vicino una serie di aspetti psicologici e comportamentali che influenzano in modo talvolta determinante il benessere psichico dell'alunno, il suo apprendimento e le sue possibilità di una socializzazione soddisfacente. Alcuni di questi aspetti sono di immediata percezione da parte dell'insegnante, altri vanno invece analizzati utilizzando specifici strumenti di valutazione o avvalendosi della collaborazione di uno psicologo. In ogni caso questa area completa e «umanizza» la Diagnosi funzionale, che altrimenti rischierebbe di ridursi alla descrizione della situazione biomedica, dei livelli di sviluppo e delle attività personali, della partecipazione e dei fattori contestuali ambientali.

Questa «umanizzazione» prende le forme di una valutazione dell'immagine di sé come persona che apprende, immagine che l'alunno ha sviluppato nel tempo, dei suoi atteggiamenti e idee sul suo lavoro scolastico, del suo senso di autoefficacia e livello di autostima, della sua identità autonoma, della sua affettività ed emotività, della sua motivazione, della sua maturità relazionale ed eventualmente dei suoi comportamenti problematici. L'alunno viene qui considerato come una persona complessa dal punto di vista psicologico e non più solo come una persona che sa o non sa fare le cose che ci aspettiamo da lei.

Nel nostro modello di Diagnosi funzionale si è quindi voluto privilegiare il ruolo di alcuni aspetti psicologici, affettivi e comportamentali, e in particolare:

- stili di attribuzione;
- autoefficacia;
- autostima;
- emotività;
- motivazione;
- comportamenti problema.

La nostra attenzione ai fattori contestuali si può concretizzare in due modi:

1. descrizione generale delle valenze positive o negative dei vari fattori (quando applicabili, naturalmente!) per farne un profilo globale dei contesti e dell'influenza che hanno sul complesso di capacità e sulla situazione del soggetto;
2. connessione specifica e puntuale di alcuni fattori contestuali (con le valenze facilitanti o ostacolanti) con alcune aree di Attività o Partecipazione. Ad esempio, descrivendo o valutando l'area della comunicazione, potremo aggiungere le considerazioni sul ruolo facilitante per il linguaggio espressivo non verbale di alcuni ausili tecnologici per la comunicazione (Prodotti e tecnologia) e di una forte autostima, particolarmente nelle aree familiare e interpersonale (Fattori contestuali personali: autostima).

La connessione tra Diagnosi funzionale e attività di insegnamento: il lavoro del Profilo dinamico funzionale

A questo punto della realizzazione del Piano educativo individualizzato si effettuano alcune importanti operazioni rispetto ai dati emersi dalla Diagnosi funzionale. In primo luogo occorre identificare gli obiettivi che si potranno concretamente inserire in una programmazione reale di attività scolastiche. Sulla base di questa selezione, gli obiettivi a medio e breve termine verranno integrati nelle attività e nella programmazione della classe, e verranno definite delle attività concrete di insegnamento sulla base anche della conoscenza di determinate tecniche educative/didattiche. Ciò significa organizzare delle sequenze di obiettivi a breve termine, con incrementi molto graduali di difficoltà, utilizzando le metodologie di adattamento, di analisi del compito e altre tecniche di facilitazione. Nel Profilo dinamico funzionale si trovano dunque le linee concrete di prospettiva, e cioè quello che si vorrà raggiungere, espresso in obiettivi a lungo, medio e breve termine. Il Profilo dinamico funzionale funge quindi da strumento di raccordo tra la conoscenza dell'alunno, prodotta dalla Diagnosi funzionale educativa, e la definizione di attività, tecniche, mezzi e materiali per la prassi didattica di ogni giorno.

Ciò in pieno accordo con quanto sancito dall'Intesa della Conferenza Unificata Stato-Regioni-Province-Comuni del 20 marzo 2008, secondo cui la Diagnosi funzionale va a includere anche il Profilo dinamico funzionale e diventa così, in coerenza con i principi ICF, un vero e proprio *Profilo di funzionamento della persona.*

La Diagnosi funzionale produce solitamente una notevole quantità di dati: medici, familiari, sociali, sulla situazione evolutiva e sulle competenze dell'alunno rispetto agli obiettivi della classe, sulle sue caratteristiche psicologiche, emotive e relazionali, e sugli eventuali comportamenti problematici. Questi dati provengono da valutazioni mediche, relazioni degli assistenti sociali, incontri con i genitori, i terapisti della riabilitazione, i logopedisti, gli psicologi; provengono inoltre dall'osservazione diretta degli insegnanti all'inizio dell'anno scolastico, da precedenti valutazioni e dalla somministrazione di test, verifiche e prove oggettive.

Tutti questi dati spesso si accumulano in modo disordinato, senza collegamenti significativi fra di loro, e da queste informazioni frammentarie, più o meno precise e oggettive, si fa fatica a ricomporre e integrare l'unità globale e unica di quell'alunno, con la sua situazione e la sua storia.

Le operazioni del Profilo dinamico funzionale dovrebbero quindi aiutare a ricostruire, dai dati della Diagnosi funzionale, una sintesi integrata che permetta di comprendere le caratteristiche dell'alunno, trasformandole in obiettivi a breve, medio e lungo termine.

Come si può notare, questa proposta riguardo al Profilo dinamico funzionale introduce elementi diversi rispetto all'articolo 4 («Profilo dinamico funzionale») dell'Atto di indirizzo e coordinamento alle Aziende Sanitarie Locali del febbraio 1994. La concezione di profilo che traspare dall'Atto di indirizzo, infatti, lascia perplessi per diversi motivi. Vi è spesso un riferimento «prognostico»: ad esempio, nel comma 1, dove si legge che il profilo «indica [...] il prevedibile livello di sviluppo che l'alunno in situazione di handicap dimostra di possedere nei tempi brevi (sei mesi) e nei tempi medi (due anni)»; oppure, nel comma 2, «descrive in modo analitico i possibili livelli di risposta dell'alunno in situazione di handicap riferiti alle relazioni in atto e a quelle programmabili»; e, nel comma 3, «comprende [...] l'analisi dello sviluppo potenziale dell'alunno a breve e medio termine». Un'espressione ricorrente è quella di «potenzialità», sul cui significato possono nascere diversi dubbi.

È ovviamente importante che nel profilo vi sia un'ottica positiva, che metta in evidenza le capacità dell'alunno e stimoli a promuovere sviluppo e crescita, al di là di un'ottica patologica e legata al pessimismo del deficit. Ma non è certo con queste concezioni «prognostiche», ancora molto legate a una concezione medica, che si rende operativa in senso pedagogico e didattico quest'ottica positiva.

Che senso ha parlare di «prevedibile livello di sviluppo» che l'alunno «dimostra di possedere»? Come si può dimostrare di possedere un... prevedibile livello di sviluppo? Lo sviluppo, come ognuno sa, dipende da un gran numero di fattori in relazione reciproca, che risiedono nella persona, nell'ambiente, nell'interazione di questi due elementi e nelle rappresentazioni che di questi elementi si fanno i soggetti stessi (si pensi, per quest'ultimo punto, alla fiducia che può avere o non avere l'insegnante rispetto alle possibilità del suo alunno). Come si può prevedere l'esito di tutto questo (che non si conosce...) soltanto dopo un primo periodo di «inserimento» scolastico?

Non ha senso cercare di prevedere il futuro, ma è essenziale cercare invece di costruirlo, giorno dopo giorno, con attività concrete, mirate a precisi obiettivi. Dove si arriverà, quali saranno «i possibili livelli di risposta» non lo sa nessuno, e concentrarsi in questo sforzo prognostico può essere addirittura controproducente, se induce aspettative riduttive.

Andrebbe dunque abbandonato il concetto di «potenzialità esprimibile» e introdotto invece quello di obiettivi a lungo, medio e breve termine, cercando cioè di superare quella concezione «prognostica» di profilo, per definire una serie di operazioni che si fondino su una concezione pedagogica e psicologica moderna, sulle metodologie più accettate di programmazione didattica, che siano di reale e immediata utilità per gli insegnanti impegnati nell'inclusione scolastica.

Se si cerca di rendere più pedagogica e allargata la Diagnosi funzionale, a maggior ragione la stessa logica va riproposta in questa fase, che dovrebbe essere il ponte essenziale per la definizione di attività concrete di insegnamento.

Il Profilo dinamico va articolato come un processo a quattro fasi (come indicato nella tabella successiva), che trasforma i dati della Diagnosi funzionale in obiettivi a breve termine rispetto a precise priorità. Ma non è solo questo: nella prima fase si cerca di introdurre un elemento del tutto trascurato nel profilo ministeriale e cioè la sintesi significativa e il coordinamento dei dati raccolti, con lo scopo di capire meglio la situazione dell'alunno e proporgli un programma di lavoro realmente rispondente ai suoi bisogni speciali.

In conclusione, queste le varie operazioni e fasi attraverso cui va costruito il Profilo dinamico funzionale: vanno dapprima sintetizzati i risultati della Diagnosi funzionale, riducendoli organicamente attorno ai concetti unificanti di «capacità-performance», «deficit» e «relazioni di influenza»; come operazione successiva va ricavata una serie di obiettivi potenziali a lungo termine, di abilità e cambiamenti adattivi che idealmente si vorrebbero raggiungere con quell'alunno; subito dopo vanno però ridotte le nostre «pretese», scegliendo una serie più accessibile di obiettivi a medio termine, cercando di definirli attraverso la mediazione di esigenze diverse; questi obiettivi vanno poi ulteriormente scomposti e analizzati in obiettivi a breve termine, organizzati in alcuni casi addirittura in sequenze facilitanti di sotto-obiettivi graduati per difficoltà crescente. A questo punto si avranno le idee molto più chiare sul percorso da seguire e soprattutto sul perché si sta andando in un certo luogo piuttosto che in un altro. Si sarà pronti allora a definire modi concreti per aiutare l'alunno in questo viaggio, con attività specifiche di insegnamento, sia che si tratti di adattamenti e modifiche di ciò che viene fatto da tutti i suoi compagni in classe, sia che si tratti di materiali e attività più specifici.

TABELLA 32.1

Le fasi operative e le funzioni svolte dal Profilo dinamico funzionale

FASE 1: Sintetizzare in modo significativo i risultati della Diagnosi funzionale

La grande quantità di informazioni che sono state raccolte da tante fonti vengono confrontate tra di loro e sintetizzate nelle aree significative del modello ICF (condizioni fisiche, funzioni e strutture corporee, attività personali, ecc.). Le informazioni dovrebbero essere sintetizzate e integrate attorno a quattro poli principali:

1. *punti di forza, cioè livello raggiunto, abilità possedute adeguatamente* («capacità» ICF);
2. *punti di forza, livelli raggiunti, abilità manifestate grazie alla mediazione positiva di fattori contestuali* («performance» ICF; specificando il ruolo giocato dalla mediazione positiva o negativa dei fattori contestuali);
3. *deficit,* cioè carenza, mancanza, incapacità o sviluppo inadeguato rispetto ai criteri e alle aspettative;
4. *relazioni di influenza e di mediazione* tra vari ambiti di funzionamento dell'alunno. Se pensiamo alla persona umana come a un essere caratterizzato dal più alto grado di integrazione e interconnessione di aspetti e caratteristiche, dobbiamo tentare di individuare alcune di queste relazioni, soprattutto quelle più utili per gli obiettivi dell'integrazione scolastica.

FASE 2: Definire gli obiettivi a lungo termine

Da questi quadri sintetici si ricavano gli obiettivi a lungo termine, quelli cioè che «idealmente» ci piacerebbe raggiungere in una prospettiva temporale che si potrebbe collocare dall'uno ai tre anni. Nella prospettiva del Progetto di vita, questa dimensione temporale si può dilatare notevolmente, arrivando a definire obiettivi anche in dimensioni esistenziali dell'età adulta. Si potrebbe dire che in questa fase della stesura del Profilo dinamico funzionale si definiscono gli obiettivi «teorici», cioè tutti quelli che legittimamente derivano dalla sintesi riportata precedentemente. Gli obiettivi possono derivare dal deficit, e si pongono comunque come capacità o performance. Una gamma dunque di possibili obiettivi, all'interno della quale si dovranno operare una valutazione e una scelta per concentrare le nostre energie su quelli ritenuti prioritari.

FASE 3: Scegliere gli obiettivi a medio termine

In questa fase vengono scelti tra gli obiettivi a lungo termine quelli a medio termine, da raggiungere cioè nell'arco di alcuni mesi o di un anno scolastico. Si passa cioè dall'obiettivo a lungo termine, teoricamente adeguato, considerati i deficit e le abilità evidenziati nella Diagnosi funzionale, all'obiettivo effettivo, quello cioè su cui si inizia a lavorare e per il quale si deve cominciare a pensare quali materiali, tecniche e interventi saranno più efficaci.

FASE 4: Definire gli obiettivi a breve termine e le sequenze di sotto-obiettivi

In moltissimi casi, aver definito una buona serie di obiettivi a medio termine non esaurisce questa fase di programmazione; c'è infatti bisogno di semplificarli, ridurne la complessità e scomporli in sotto-obiettivi che facilitino l'apprendimento. In molti casi si deve lavorare sugli obiettivi a medio termine, per ricavarne sequenze facilitanti di obiettivi più accessibili, da presentare immediatamente al nostro alunno. Vi sono diversi metodi per costruire sequenze di sotto-obiettivi facilitanti; qui di seguito ricordiamo brevemente i tre più utilizzati.

1. *Ridurre le difficoltà dell'obiettivo semplificando le richieste di corretta esecuzione.* Un obiettivo può essere portato più vicino ai livelli attuali di competenza dell'alunno se riusciamo a ridurne la difficoltà attraverso una modifica dei criteri di corretta esecuzione, quali ad esempio l'accuratezza, la velocità di azione, l'intensità, la durata e la frequenza ottimale di emissione di un determinato comportamento. Questa semplificazione sta alla base della tecnica di insegnamento che va sotto il nome di *shaping* (modellaggio).
2. *Ridurre la difficoltà dell'obiettivo attraverso l'uso degli aiuti necessari e sufficienti.* Un obiettivo può essere reso più accessibile anche attraverso l'uso accorto e pianificato di aiuti, di cui andranno forniti solo quelli necessari e sufficienti, né di più né di meno, per non correre il rischio di creare dipendenza e passività dandone troppi.

3. *Ridurre la difficoltà dell'obiettivo attraverso l'analisi del compito (task analysis).* L'analisi del compito permette di scomporre un obiettivo sia in senso sequenziale-descrittivo, elencando le serie di risposte singole che compongono quel compito, sia in senso strutturale-gerarchico, individuando le abilità più semplici e prerequisite che costituiscono la struttura di base di quell'obiettivo e che vanno costruite per prime, appunto in ordine gerarchico. Entrambe queste modalità consentono di costruire sequenze di sotto-obiettivi più graduali in termini di difficoltà e perciò più facilitanti.

Le attività, i materiali e i metodi di lavoro

In questa terza parte del PEI-Pdv si elaborano soluzioni operative nella dinamica insegnamento-apprendimento per favorire il raggiungimento degli obiettivi definiti nel Profilo dinamico funzionale. In primo luogo si identificheranno gli spazi, i tempi, le persone e le altre risorse materiali, organizzative, strutturali e metodologiche che serviranno per realizzare attività didattiche, educative e di stimolazione. Si pensi ai materiali specifici, all'adattamento dei testi scolastici e dei materiali didattici, all'uso di luoghi (ad esempio, le uscite in ambienti reali del quartiere), alle tecniche didattiche (ad esempio quelle metacognitive) che in alcuni casi sono necessarie per superare determinate difficoltà di apprendimento.

Altre tecniche specifiche che vanno certamente ricordate in questo contesto sono quelle che stanno alla base del processo di insegnamento-apprendimento e, in particolare, quelle che fanno riferimento all'approccio cognitivo-comportamentale (come ad esempio l'analisi del compito, l'uso degli aiuti, delle facilitazioni e dei rinforzi, le tecniche di apprendimento senza errori, i modelli competenti, le strategie di generalizzazione e mantenimento, ecc.) e tutte quelle metodologie innovative che prevedono il coinvolgimento attivo del gruppo dei pari (ad esempio nell'apprendimento cooperativo e nel tutoring).

Non va dimenticata poi l'importanza di altre «cornici» di riferimento decisamente fondamentali (ampiamente descritte nel primo volume de *Il Piano educativo individualizzato – Progetto di vita)*, ossia la *cornice relazionale*, al cui centro si colloca la qualità della relazione insegnante-alunno, e la *cornice affettiva*, orientata verso un'attenzione continua alle emozioni, agli stati d'animo e ai sentimenti, fattori che tutti insieme contribuiscono ad arricchire profondamente i processi di insegnamento-apprendimento.

Nell'agire educativo-didattico quotidiano, qualunque siano gli obiettivi che si cercano di raggiungere, ci si deve quindi sempre muovere su quattro piani distinti ma strettamente interconnessi tra loro: la relazione con l'alunno, la dimensione affettiva, la dimensione didattica — organizzata in concrete attività orientate da precise metodologie di riferimento — e la gestione «microscopica», molecolare delle dinamiche di comunicazione e mediazione didattica rispetto al raggiungimento di obiettivi specifici nelle varie aree di funzionamento dell'alunno e degli apprendimenti disciplinari.

Gli insegnanti hanno quindi bisogno di un repertorio ampio di attività, situazioni, modelli di lavoro, sequenze di obiettivi articolate per difficoltà crescente e che si siano dimostrate efficaci.

Le verifiche e le valutazioni

La quarta parte del Piano educativo individualizzato dovrebbe riguardare le attività di verifica, sulla base degli esiti oggettivi delle attività di insegnamento e stimolazione o di intervento educativo. Una prima considerazione riguarda la collocazione temporale delle attività di verifica: esse non dovrebbero essere previste soltanto alla fine dell'anno scolastico, ma dovrebbero accompagnare, come una prassi costante, le varie attività realizzate. Per quanto riguarda poi le modalità operative, la verifica dovrebbe essere rivolta a qualcosa di più della pura e semplice acquisizione degli obiettivi: occorre valutare anche il grado di generalizzazione delle abilità e il loro sviluppo in reali competenze, il grado di mantenimento nel tempo delle competenze acquisite e il livello raggiunto rispetto alle capacità di autoregolazione autonoma dell'alunno nell'esecuzione di una data abilità.

Oltre a ciò andrebbe introdotta un'altra voce nella valutazione in itinere, e cioè l'appropriatezza, la validità e la sensatezza, rispetto a un progetto complessivo di vita, degli obiettivi inseriti nel Profilo dinamico funzionale. In altre parole, ci si dovrebbe chiedere se le abilità che si cerca di far acquisire all'alunno (o che l'alunno ha appreso) sono davvero significative per lui, migliorano cioè in modo effettivo la sua competenza quotidiana, elevando la reale qualità della sua vita attraverso il loro costante utilizzo negli ecosistemi di vita e di relazione in cui l'alunno si trova.

Sono cioè congruenti con il suo Progetto di vita? Sulla base di queste domande potranno essere anche riformulati i contenuti del Profilo, se essi si sono dimostrati poco realistici oppure scarsamente significativi per il Progetto di vita di quell'alunno. Andrebbe poi verificata, valutata e corretta anche la Diagnosi funzionale, la conoscenza approfondita della specifica realtà di quell'alunno, dato che procedendo con l'insegnamento e l'inclusione emergeranno senz'altro molte sue nuove caratteristiche.

La verifica del Piano educativo individualizzato è quindi un momento fondamentale, che non va sottovalutato e che vede coinvolte tutte le varie figure educative che — a titolo diverso — rientrano nel percorso educativo e di Progetto di vita dell'alunno.

Questo concetto importantissimo è stato ribadito e sistematizzato anche nella recente Intesa Stato-Regioni-Province-Comuni del 20 marzo 2008.

Per svolgere al meglio le richieste di questa quarta parte del PEI, può rivelarsi utile una serie di suggerimenti operativi e alcune domande guida che possono aiutare il gruppo di lavoro sul PEI a organizzare al meglio gli incontri di verifica, in modo tale che il lavoro di revisione e le eventuali modifiche/implementazioni attuate al Piano educativo siano realmente appropriate, significative e funzionali per il buon esito del lavoro con l'alunno.

Il primo passo e una base di partenza è costituire un gruppo di lavoro accomunato da obiettivi e intenti comuni. Questo può sembrare un passaggio scontato, dato che si è in una fase in cui già molte persone sono state coinvolte nella stesura del PEI, ma in realtà non è così, poiché molto spesso quello della revisione è un momento ingiustamente sottovalutato dal gruppo di lavoro, in cui il meccanismo della «delega» e del «puoi pensarci tu?» è sempre pericolosamente in agguato.

Anche il momento di verifica e di revisione del PEI deve quindi essere innanzitutto condiviso e le modifiche che vengono apportate al piano di lavoro devono essere necessariamente concordate e accettate da tutti i componenti, e quindi anche eventualmente mediate e negoziate.

Per quanto riguarda più nello specifico la valutazione degli alunni con disabilità, va affermato che essa è: un diritto, necessariamente riferita al loro PEI, compito di tutti gli insegnanti. Nella figura 32.3 viene illustrata una schematizzazione relativa alla valutazione degli alunni con disabilità nel primo e nel secondo ciclo di istruzione.

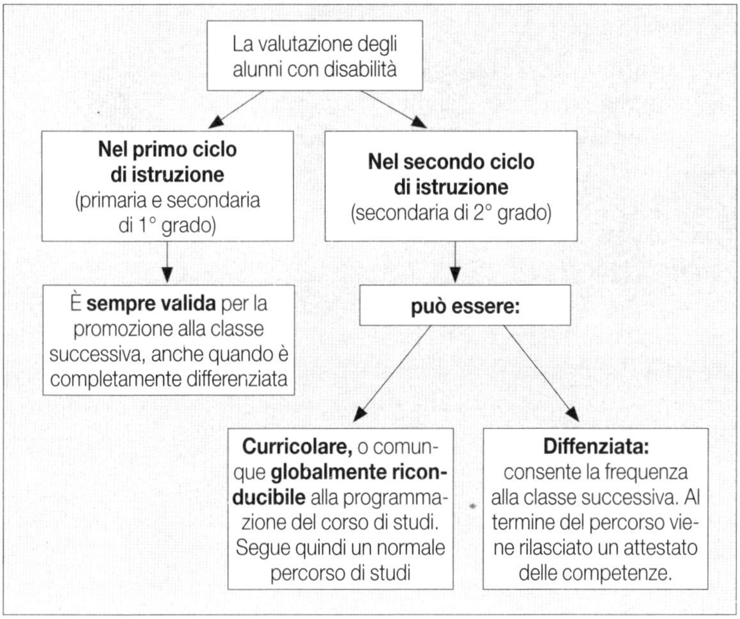

Fig. 32.3 La valutazione degli alunni con disabilità.

Come si può vedere, per gli studenti con disabilità del secondo ciclo scolastico sono possibili due percorsi distinti:
- uno *curriculare* o *per obiettivi minimi,* con conseguimento di un regolare titolo di studio;
- uno *differenziato,* con rilascio di attestato delle competenze, ma non del diploma.

Anche nel caso di programmazione curriculare va definito un PEI che può prevedere piccoli adattamenti rispetto alla programmazione della classe. In questo caso il Consiglio di classe dovrà deliberare che esso, globalmente, è riconducibile ai programmi di studio previsti (programmazione per obiettivi minimi).

Perciò:
- *all'inizio dell'anno scolastico* subito dopo la definizione del PEI, il Consiglio di classe definisce se esso è valido per il conseguimento del titolo di studio.
- *alla fine dell'anno scolastico* in sede di scrutinio si valuta se gli obiettivi sono stati raggiunti o meno.

Un elemento importantissimo del Piano educativo individualizzato degli studenti che seguono una programmazione curricolare o per obiettivi minimi è la *definizione dei criteri o dei metodi di valutazione.*

Anche se gli obiettivi didattici sono sostanzialmente uguali a quelli dei compagni, la situazione di disabilità può a volte richiedere che vengano attivate delle procedure molto diverse nel momento in cui si va ad accertare il loro raggiungimento.

Occorre in particolare definire bene il concetto di *equipollenza:* usare metodi diversi per verificare il raggiungimento degli stessi obiettivi.

Esempi di applicazione del concetto di equipollenza sono:

- *Prove diverse rispetto alla modalità di espressione-comunicazione*: una prova scritta o grafica diventa orale, una orale diventa scritta ecc.
- *Prove diverse rispetto alla modalità di somministrazione:* domande aperte diventano chiuse, a scelta multipla ecc.
- *Prove diverse rispetto ai tempi:* oltre all'assegnazione di un tempo maggiore a disposizione si può variare anche la frequenza delle verifiche o interrogazioni e definire la loro programmazione.
- *Prove diverse rispetto alla quantità:* numero di esercizi, di domande ecc. Se non è possibile aumentare i tempi o se la risposta fisica del soggetto non consente la somministrazione di un'intera prova, si possono selezionare e proporre solo le parti più significative.
- *Prove diverse rispetto ai contenuti,* che rimangono però idonei a valutare globalmente il raggiungimento degli obiettivi.

Quando gli obiettivi del Piano educativo individualizzato sono nettamente difformi rispetto a quelli della classe, la programmazione viene dichiarata *differenziata* e l'alunno pertanto non può conseguire il titolo di studio.

La famiglia va informata di questa scelta e ha facoltà di opporsi; in questo caso l'alunno seguirà ugualmente il suo PEI, con il sostegno e ogni altra tutela prevista, ma la valutazione sarà effettuata in base ai criteri definiti per tutta la classe.

Alla fine dell'anno, l'alunno che segue una programmazione differenziata viene ammesso alla classe successiva, ma di fatto non ha conseguito la promozione. Sulla pagella andrà annotato che la valutazione è stata effettuata in base la proprio Piano educativo individualizzato.

Negli anni successivi, l'alunno prosegue automaticamente con la programmazione differenziata.

Il Consiglio di classe, se ne ravvede l'opportunità, può deliberare il rientro dalla programmazione differenziata modificando il PEI dell'alunno con disabilità in modo che torni a essere riconducibile ai programmi.

Con questa decisione del Consiglio di classe (non sono richiesti esami integrativi) il percorso dell'alunno riacquista valore legale.

Tratto e adattato da *Insegnare domani nella scuola primaria*, 2013, pp. 359-379

CAPITOLO 33

DAL PEI AL PROGETTO DI VITA

(Dario Ianes)

Più ragioniamo attorno alla costruzione di un buon Piano educativo individualizzato e più ci accorgiamo che l'orizzonte non può essere stretto sulla scuola, anzi, dovrebbe allargarsi il più possibile. Se poi prendiamo come modello base la concettualizzazione antropologica dell'ICF, questo allargamento e questa globalità sono ancor più d'obbligo. Ma un conto è allargare un po' (anche tanto) la prospettiva di progettazione individualizzata, includendo la vita extrascolastica, le attività del tempo libero, le varie attività familiari, anche nei periodi non scolastici, un altro conto è tentare un «Progetto di vita», in cui si cerchi di guardare il più possibile in là, nel futuro, nelle dimensioni dell'essere adulto, con i vari ruoli sociali.

Progetto di vita è innanzitutto un «pensare» in prospettiva futura, o meglio un pensare doppio, nel senso dell'«immaginare, fantasticare, desiderare, aspirare, volere...» e contemporaneamente del «preparare le azioni necessarie, prevedere le varie fasi, gestire i tempi, valutare i pro e i contro, comprendere la fattibilità...».

Insomma, c'è un pensiero progettuale «caldo» e un pensiero progettuale «freddo». Noi operatori saremo in grado di esercitarli entrambi nello sviluppare un progetto di vita per l'alunno disabile? La famiglia lo sarà? L'alunno disabile stesso sarà in grado di autoprogettarsi, miscelando il «caldo» con il «freddo»?

Progettare la vita può suonare anche come un azzardo, uno sforzo inutile, addirittura un atto di superbia: come si può pensare di progettare la vita di qualcuno? Se ne violerebbero principalmente la libertà di scelta, l'autodeterminazione!

E come si può pensare di progettare la propria vita? Quello che ci accadrà è solo in minima parte sotto il nostro «controllo» (ma è poi possibile un reale «controllo», o è un'illusione di potenza?): forse c'è il destino o forse il progetto di qualcun altro, e poi la persona disabile non avrebbe comunque le capacità per controllare totalmente le cose. E allora? Ci fermiamo di fronte alle vere (o presunte) difficoltà, oppure cerchiamo di fare qualcosa?

Torniamo al ruolo del pensiero nel Progetto di vita: è un ruolo essenziale, soprattutto il pensiero «caldo», l'immaginazione, o il desiderio di essere, un giorno...

Noi operatori abbiamo questo pensiero caldo rispetto al nostro alunno disabile, oppure facciamo anche noi fatica a vedere oltre la fine dell'anno scolastico, oppure oltre la fine del ciclo di studi? Si dirà che questa miopia (visione selettiva) è necessaria al presente: chi guarda troppo in là non vede gli ostacoli e inciampa. Giusto, ma non ha senso camminare bene se però non si sa dove andare, o addirittura se non si vuole andare in qualche posto. Camminare allora a cosa serve?

Immaginare i propri alunni da grandi non è facile. Immaginare adulti i propri figli ancora meno. Se poi sono disabili, questo pensiero si blocca, si accartoccia nella paura.

Chi ascolta i vissuti dei genitori trova spesso una più o meno consapevole percezione di «vederli sempre uguali», di «vivere alla giornata», di «concentrarsi sui bisogni del presente», di ansia per il futuro, per ciò che accadrà, per la debolezza e lo smarrimento del figlio, per i dubbi sulla capacità della famiglia e della società di prendersi cura veramente del figlio, ecc.

È un po' più facile immaginarsi il futuro degli alunni e dei nostri figli se si incontrano delle persone adulte che, per qualche aspetto, ce li ricordano. Un ragazzo giovane con lo stesso sorriso, ci potrà far immaginare il nostro alunno tra quindici anni; una signora con la stessa capigliatura ci potrà far immaginare nostra figlia a cinquant'anni, e così via. Bene ha fatto Enrico Montobbio (Montobbio e Lepri, 2000) a citare il caso della madre di una bimba Down di quattro anni che, vedendo alla scuola dell'infanzia della figlia una signora Down adulta che lavora, si rende conto per la prima volta di come potrà diventare da adulta sua figlia: una persona che lavora, con un ruolo sociale adulto, che si valorizza e si sente utile.

Comincia da qui, da questa prima percezione di «possibilità», il lungo viaggio per diventare adulti. Ma per iniziare questo viaggio, è necessario che qualcuno ci creda, che qualcuno immagini questa possibilità, che qualcuno cominci a «dare il permesso» di crescere e di cambiare. A sé, come genitore, e al proprio figlio.

Si leggano, a questo proposito le pagine estremamente interessanti scritte dal padre di un bambino con autismo (Collins, 2005) e di uno con sindrome di Down (Bérubé, 2008).

Dunque il Progetto di vita comincia molto presto, almeno in famiglia. Nei casi migliori è un progettare molto cauto, molto protettivo. Si ha paura delle illusioni-delusioni, dell'incontro del figlio con la consapevolezza del proprio limite, con le amare realtà che la vita gli riserverà, con le grandi mancanze e delusioni nei momenti critici (ad esempio, la debolezza di un gruppo adolescenziale con le amicizie e i riti di passaggio e di identificazione). Si vuole proteggere il figlio, finché si può, dalle frustrazioni, dal dolore. Lo si vuole proteggere dall'autoconsapevolezza della propria situazione, dell'accorgersi di essere «diverso» in modo irreparabile. Questa cautela fa muovere con timore, valutando bene le situazioni, e con la dovuta delicatezza.

Sempre più famiglie riescono però a guardare con forza più lontano nel corso della vita del loro figlio, uscendo il prima possibile dagli stereotipi del figlio-malato e figlio-bambino. E iniziano ad agire, a costruire, ad anticipare eventi per non arrivare impreparate, anche se per queste cose spesso non c'è una vera e propria «preparazione» da seguire.

Sempre più famiglie, ad esempio, si pongono il problema del preparare e del facilitare il grande distacco tra loro e il figlio, e lo fanno realizzando forme di soggiorno temporaneo del figlio presso piccole comunità, ancora «durante noi» senza attendere il «dopo di noi». Esperienze di vita che aiutino il figlio a fare qualche passo significativo di autonomia e i familiari a elaborare gradualmente la sua indipendenza.

Per gli insegnanti guardare un po' più in là potrebbe essere molto più facile o molto più difficile. Molto più facile perché sono emotivamente meno coinvolti, e possono ragionevolmente progettare nel futuro con meno ansia. Molto più facile anche perché dovrebbero essere più informati sulle reali possibilità della persona disabile adulta nei campi lavorativo, sociale, abitativo, del tempo libero. In realtà non è sempre così: molti insegnanti non conoscono bene la realtà della persona disabile adulta, ed è un deficit di conoscenza che in parte spiega perché si facciano pochi Progetti di vita.

Una buona qualità della vita adulta dovrebbe essere l'elemento di riferimento per orientare l'insegnamento a un'integrazione sociale più ampia, un'indipendenza più matura e un lavoro più soddisfacente per gli alunni disabili che diventeranno adulti tra un po' di anni.

Per gli insegnanti dovrebbe essere più facile che per i familiari elaborare un Progetto di vita, perché sanno analizzare una competenza richiesta da un contesto di vita in una serie di abilità specifiche, sanno costruire percorsi graduali di apprendimento di queste abilità, sanno realizzare modalità di insegnamento-apprendimento orientate ai contesti e vissute direttamente nella realtà. Per molti insegnanti però, orientarsi a un Progetto di vita è difficile, forse perché sono imprigionati nel dover «fare un programma», e questo programma è (giustamente) scolastico, con difficoltà e con fatica integrato con quello della classe. Questo sembra già così tanto che diventa il tutto. Qualcuno poi subisce anche dall'esterno o dai colleghi pressioni verso obiettivi più tradizionalmente scolastici rispetto a obiettivi più utili nella vita, ed allora rinuncia e si richiude in un Piano educativo individualizzato miopemente scuolacentrico. Qualcuno ha timore nell'intraprendere la strada del lavoro su un Progetto di vita, ha meno certezze, meno punti fermi rispetto ai processi di integrazione con quello che fanno i compagni di classe. Qualcuno non se la sente di uscire dalle quattro mura della scuola, o è un po' pigro nell'affrontare le difficoltà di percorsi di apprendimento in situazioni reali.

Comunque sia, proviamo a darci un po' da fare, affrontando la questione dell'allargare il Piano educativo individualizzato in un Progetto di vita da tre punti di vista, che corrispondono, ovviamente, a tre livelli d'azione complementari: tecnico-didattico-formativo, psicologico e relazionale.

Il Progetto di vita dal punto di vista tecnico-didattico-formativo

La prima cosa da osservare è che non pensiamo affatto al Progetto di vita come a un paio di foglietti aggiunti in coda al PEI, lo vediamo invece come un «orientamento di prospettiva», interno alle varie attività, continuo e costantemente attivo nella definizione degli obiettivi a lungo termine, nella scelta dei criteri per gli obiettivi a medio termine, nelle attività di valutazione autentica, di sviluppo psicologico, ecc. È evidente che questo sguardo lontano, lungimirante, potrà diventare molto concreto e applicato nel dettaglio quando l'età lo consentirà, ma sarebbe un errore pensare che il Progetto di vita diventi di attualità solo con l'adolescenza. Abbiamo visto che nella mente e nel cuore del genitore può iniziare anche nella scuola dell'infanzia. Ma per gli insegnanti? Anche nella scuola dell'infanzia si può avere una prospettiva lungimirante: innanzitutto perché la struttura del PEI è essa stessa «adulta».

Se infatti prendiamo come fondamento del PEI il modello concettuale dell'ICF, valutando la situazione dell'alunno nel suo complesso e proponendo obiettivi nelle varie dimensioni del modello, sappiamo che questa stessa articolazione varrà anche per la vita adulta. Ragioneremo sempre sulle aree di Attività personali, di Partecipazione sociale (naturalmente in ruoli diversi), sui Fattori contestuali ambientali e personali, ecc. La strutturazione complessiva ci viene dunque in aiuto. Ancora nella scuola dell'infanzia potremmo avere una buona attenzione al Progetto di vita se daremo la giusta importanza alle autonomie, ma non soltanto quelle personali, alla comunicazione in contesti reali, alla capacità di interagire con gli estranei, di esplorare in modo psicologicamente adatto il proprio corpo, di costruirsi buone rappresentazioni dell'ambiente, e così via.

Si potrà obiettare che queste attività si fanno anche se non si pensa affatto al bambino-adulto, perché rispondono ai suoi bisogni attuali, e che addirittura con il pensare troppo al bambino-adulto si corre il rischio di privarlo della sua infanzia. Rispetto alla prima obiezione, siamo d'accordo, ma vorremo sottolineare che se anche l'attività può essere la stessa, lo sguardo sarà diverso, nel senso che con il bambino-adulto in una parte della nostra mente, anche remota o minoritaria, attiveremo, più o meno consapevolmente, aspettative, stimoli, collegamenti, comunicheremo attese, in un certo senso «daremo degli appuntamenti» al nostro alunno per quando sarà diventato grande.

La seconda obiezione è fondata se nel giocare alla filastrocca dei numeri si insistesse perché il bambino metta in fila monete e banconote, se nel giocare a riordinare si facesse finta di rimettere a posto il magazzino di un negozio, se nel passeggiare si insistesse sul come trovare parcheggio... È ovvio che giocare si deve, liberi da obblighi e da condizionamenti, ma non si dimentichi, comunque, che «il mondo dei grandi» entra nel gioco, e spesso lo rende significativo e motivante.

Fare entrare il Progetto di vita nel Piano educativo individualizzato vuole dire due cose dal punto di vista tecnico-didattico:

- scegliere obiettivi orientati il più possibile alla vita adulta;
- usare modalità «adulte» di lavorare all'apprendimento di questi obiettivi.

Per quanto riguarda gli obiettivi più direttamente legati alle competenze della vita adulta, alcune sezioni dell'ICF ci potranno essere utili, in particolare quelle della Partecipazione sociale. Oltre a ciò dovremo orientarci verso alcune macro direzioni di sviluppo:

- ruoli lavorativi: «imparare a lavorare, non imparare un lavoro» (Montobbio e Lepri, 2000);
- competenze di gestione del tempo libero, sia in casa che fuori;
- competenze di gestione autonoma e/o assistita di un proprio luogo di vita;
- competenze di sviluppo/mantenimento di una rete di supporto sociale informale;
- competenze di gestione delle proprie risorse economiche;
- competenze affettive e sessuali;
- competenze per realizzare una propria vita familiare.

Ognuna di queste macro direzioni di realizzazione nella vita adulta richiede, per avere il «successo possibile» nei vari ecosistemi, una serie di competenze decisionali, realizzative, operative che però non avrebbero alcun senso se non fossero rese significative da una globale capacità di autoprogettarsi un'identità coesa, continua tra passato e futuro, in un Sé stabile e costruttivo.

Di queste condizioni psicologiche si parlerà tra poco, ma non dimentichiamo che ciò che ora ci appare come una dimensione utopistica, irraggiungibile, soprattutto nel caso della disabilità intellettiva più grave, spesso lo è perché non ci abbiamo lavorato intenzionalmente nei lunghi anni che sono passati, stazionando in ruoli troppo infantili, troppo da «paziente», da «disabile», ecc.

I celebri meccanismi della «profezia che si autoavvera» lavorano anche in positivo, non soltanto in negativo!

Nel pensare in un'ottica adulta ci confronteremo anche con le nostre capacità di gestire l'incertezza rispetto al punto in cui si potrà arrivare, di cosa riserverà la vita al nostro alunno. Ma questo non lo potremmo sapere, qui non è dato fare prognosi, si può soltanto aiutare l'alunno a far crescere un tassello alla volta, nel contesto di una forte fiducia nelle sue possibilità. Certo non tutti i bambini gravemente disabili, per i quali era stata prognosticata una «vita da vegetale», sono diventati o diventeranno come Claudio Imprudente, ma qualcuno in più lo sarà certamente (Imprudente, 2003).

Ritornando agli aspetti metodologici, due competenze utili agli insegnanti nella ricerca e definizione di obiettivi adulti sono l'*analisi degli ecosistemi* e la *valutazione della Qualità della vita.* Per un'analisi più dettagliata, nel contesto del lavoro educativo rivolto all'integrazione sociale, si veda Ianes (1996) e Wehman, Renzaglia e Bates (1988). Per i nostri scopi qui è sufficiente ricordare che, nel fare l'analisi degli ecosistemi, si mettono a fuoco i vari ambienti di vita (ad esempio, il sistema dei trasporti pubblici urbani) che andrebbero padroneggiati dal soggetto a un certo livello (ad esempio, nei trasporti casa-scuola, casa-ludoteca, casa-amici, ecc.). Le routine decisionali-esecutive che questi livelli di competenza specifici richiedono vengono scomposte in elementi singoli (ad esempio, acquistare il biglietto, andare alla fermata, compiere il tragitto giusto, ecc.), utilizzando le consuete metodologie di *task analysis,* e messe in rapporto alla capacità del soggetto e alla disponibilità di eventuali fattori contestuali-ambientali facilitatori o protesici. In questo modo si dispone dei vari elementi che sarà necessario ricomporre per raggiungere quelle competenze.

Anche il concetto di Qualità della vita ci può essere utile. Esistono infatti molti studi sulla situazione adulta (Ianes, 1996), che possono darci utili indicazioni rispetto agli obiettivi che rappresentano competenze ritenute fondamentali per una vita di buona qualità. Troviamo allora competenze legate all'autodeterminazione, alla libera scelta, al mantenimento di una buona rete di supporto sociale, alla gestione consapevole della propria salute, oltre naturalmente alla dimensione identitaria e autoprogettuale, di cui si parlerà tra poco.

Dal punto di vista delle modalità «adulte» di insegnamento-apprendimento, vale la pena ricordare che puntare a obiettivi adulti può richiedere modalità poco consuete (sarebbe meglio dire… poco scolastiche) di insegnamento-apprendimento, come, ad esempio, le esperienze dirette nel vivo della situazione reale (del resto sarebbe difficile imparare a usare l'autobus solo sul banco di scuola), le situazioni di simulazione e *role playing* (che ci costringeranno talvolta a imbarazzanti assunzioni di ruoli), il contatto-coinvolgimento-formazione-supervisione di risorse informali di insegnamento (colleghi di officina, il conducente di autobus, la cassiera al supermercato, ecc.), la costruzione di un super portfolio di competenze, che dovrà essere sufficientemente capace per contenerle tutte e dare loro un senso rispetto all'identità e all'autoprogettazione del soggetto stesso.

Il Progetto di vita dal punto di vista psicologico

La condizione adulta richiede una complessa «maturazione» psicologica e affettiva: la persona diventerà adulta nella misura in cui la sua identità sarà autonoma e stabile, la sua separazione/individuazione dalle persone adulte della sua famiglia d'origine potrà dirsi compiuta, quando le sue capacità autoprogettuali elaboreranno Sé possibili e sequenze di azioni per realizzarli, quando sarà in grado di gestirsi autonomamente le varie qualità del suo tempo (occupato, progettuale, vuoto, ecc.), quando sarà in grado di accettare/costruire compromessi tra desideri e realtà, quando saprà rivestire ruoli attesi e prescrittivi in vari contesti (il lavoro, la partecipazione sociale, gli amici), quando saprà elaborare un suo individuale e originale percorso affettivo, sessuale, familiare.

Tutto ciò sembra enormemente complesso, e certo lo è per chi ha deficit significativi; ciò però non ci esime dall'intraprendere la strada del favorire il più possibile, dal punto di vista psicologico, lo sviluppo dell'essere adulto. Dei tanti punti di approccio a questo discorso, crediamo che quello sull'identità sia fondamentale.

L'identità può essere considerata come la *riflessione consapevole e stabile, storica e insieme progettuale, sull'insieme delle nostre varie caratteristiche, che dà una direzione di senso alle nostre azioni future e un significato a quelle passate.*

Nelle varie fasi della sua vita la persona è continuamente chiamata a riflettere sulla propria continuità temporale e sulle differenze con le altre persone. La crescita del senso di identità va incontro, nell'arco della vita, a crisi di vario genere, soprattutto in momenti «delicati» dello sviluppo evolutivo (come ad esempio nell'adolescenza, quando si assiste al passaggio da un'identità definita dai propri genitori — «Io sono ciò che i miei genitori dicono di me» — a un'identità definita in funzione di proprie scelte autonome).

Dobbiamo ricordare, a questo punto, che l'identità di una persona inizia a costruirsi soprattutto grazie al processo di identificazione con le figure parentali che offrono il primo e importantissimo modello di riferimento, altri modelli poi seguiranno, e speriamo che tra questi ci sia anche qualche insegnante! Discuteremo qui prevalentemente di identità soggettiva, ossia dell'insieme delle caratteristiche di una persona, così come le vede e le descrive a se stessa. Esiste ovviamente la possibilità che si venga a creare anche una forte discrepanza fra come la persona si vede e si definisce e come la vedono gli altri. In molti casi il mio modo di vedermi è il riflesso del modo in cui mi vedono gli altri e del modo in cui io so che mi vedono gli altri, talvolta fino all'indossare la maschera di un falso Sé (Oliverio Ferraris, 2007).

Considerando l'identità da un punto di vista psicologico ed educativo ci viene subito in mente una serie di domande fondamentali che tipicamente ci rivolgiamo quando stiamo pensando alla nostra identità. Chi sono io? Come mi vedo? Come mi vedono gli altri? Come mi descriverei? Come mi penso? Come vorrei essere? Come ero? Perché mi penso in un certo modo? E così via. Sono domande che cercano un senso alla mia esistenza, un significato tutto mio, diverso da quello degli altri, prezioso proprio perché individuale, irripetibile, caratterizzato dalla mia unicità. L'identità personale è costruita attraverso la memoria, il ricordo di quello che abbiamo fatto e di quello che siamo stati.

> Ciò che conta per l'identità è la memoria; sono i nostri ricordi che fanno di noi quello che siamo. (Di Francesco, 1998, p. 10)

La nostra identità è dunque molto legata al nostro passato, al nostro essere «figli di...». I nostri antenati e i nostri genitori hanno un ruolo fondamentale, nel bene e nel male:

> Di fatto, in qualche modo, i nostri genitori e i nostri ascendenti sono in noi; i loro segni strettamente associabili nel nostro genoma, ri-suscitano continuamente la loro presenza in noi. Noi portiamo in maniera confusa, indistinta questa molteplicità di esseri che sopravvivono così oltre la loro morte. E inoltre, inconsciamente, mille modulazioni di voce, la maniera di comportarsi, abitudini mentali si sono inscritte in noi per mimetismo rispetto ai nostri parenti prossimi. I nostri ascendenti sono inclusi nella nostra identità. (Morin, 2002, p. 68)

Queste elaborazioni cognitive e affettive sono difficili e faticose e l'aiuto psicologico ed educativo alla persona con disabilità intellettiva che sta costruendo, durante tutto l'arco della sua vita, la sua identità è altrettanto difficile e faticoso. Cerchiamo allora di farci venire qualche idea per aiutare l'elaborazione di un'identità il più forte e autonoma possibile in una persona con disabilità intellettiva.

Ripartiamo ancora dall'ICF: questo modello ci ricorda continuamente che la persona (e di conseguenza la sua identità) è il risultato dei vari rapporti tra molti elementi.

Un'identità ben sviluppata dovrà allora essere il più possibile globale, prendere cioè in considerazione tutti gli elementi costitutivi: noi dovremmo avere un'identità in parte biologica, in parte corporea, legata alle capacità, alle attività, alla partecipazione sociale, ai fattori ambientali, sociali, familiari, personali e psicologici.

Aiutiamo dunque la persona con disabilità intellettiva a non restringere la sua identità su alcuni elementi soltanto: gli aspetti funzionali o strutturali del corpo, le sua capacità (tanto meno i suoi deficit), la sua famiglia. Aiutiamo la persona con disabilità intellettiva a considerare se stessa in tutti i vari aspetti descritti dall'ICF, senza trascurarne qualcuno.

Un'identità ben sviluppata e integrata dovrà inoltre tener conto delle relazioni, delle interconnessioni e dei rapporti di reciproca influenza tra i vari aspetti. Ogni aspetto non funziona da solo, interagisce con altri. Un fattore contestuale ambientale positivo, come ad esempio una famiglia che sostiene e valorizza l'autonomia del figlio, favorisce lo sviluppo di capacità, la partecipazione sociale, il rafforzamento di fattori contestuali personali positivi (immagine di sé, sicurezza, identità autonoma) che, a loro volta, favoriranno una crescita degli altri fattori.

L'ICF ci insegna dunque a pensare a noi stessi in modo globale e interconnesso, mettendo cioè in relazione i vari fattori. Nel modello ICF troviamo l'identità e il concetto di sé all'interno dei fattori contestuali personali. Da quella posizione l'identità influenza molti altri aspetti della vita e dell'apprendimento: un adolescente maschio con disabilità intellettiva lieve non riusciva ad apprendere alcune abilità domestiche come ad esempio lavare gli indumenti, stenderli, piegarli, perché nella sua «identità di genere» (cosa significa per lui essere un maschio) quelle abilità erano cose «da donne». Lui pensava così e questo suo pensiero su ciò che è giusto fare essendo maschi mediava negativamente il suo percorso di apprendimento. È evidente che questo suo pensiero aveva una chiara origine nei fattori contestuali ambientali culturali.

L'identità influenza molti aspetti ma ne viene a sua volta influenzata: i successi/fallimenti in alcune capacità, i limiti funzionali/strutturali del corpo, le difficoltà di partecipazione sociale, gli atteggiamenti sociali e familiari costituiscono parti significative del contenuto del Sé e dell'identità, attraverso il rispecchiarsi nell'Altro.

Ma guardiamo un po' più da vicino come funziona psicologicamente l'identità: l'identità si sviluppa, si modifica attraverso il lavoro interconnesso di quattro dimensioni mentali, a cui è utile dedicare un'attenzione specifica.

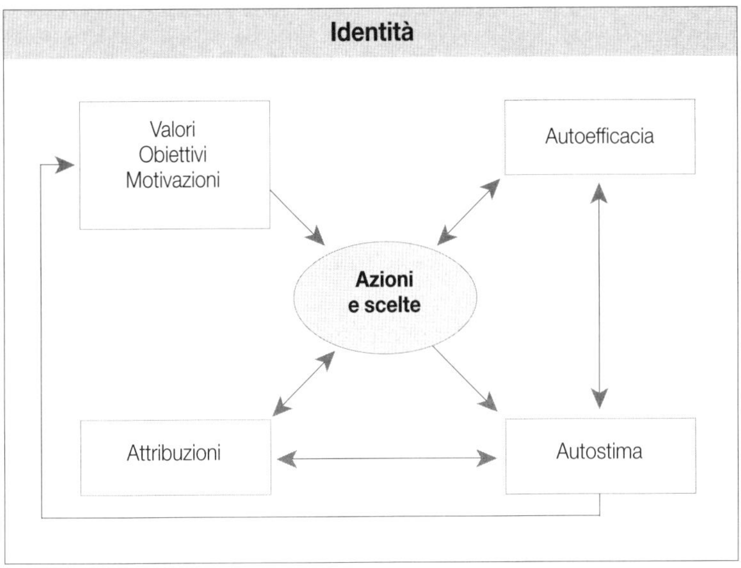

Nella dimensione *valori, obiettivi, motivazioni* noi collochiamo tutto ciò a cui attribuiamo un valore positivo (obiettivi da raggiungere) o valore negativo (situazioni da evitare): in positivo desideri, aspirazioni, bisogni, modelli da imitare, fonti di gratificazione e successo. Questa dimensione ci spinge a un'azione, orientata a fare quello che siamo capaci per raggiungere i risultati desiderati.

La teoria della motivazione ha fra i suoi sostenitori più autorevoli Maslow (1954), che ha elaborato la teoria secondo cui l'essere umano risponde con il proprio comportamento a una scala precisa di bisogni. La sua teoria può essere percettivamente visualizzata attraverso una «piramide»; partendo dalla base della piramide troviamo nell'ordine i bisogni fisiologici, i bisogni di sicurezza, i bisogni di appartenenza, il bisogno di stima e infine, all'apice della piramide, il bisogno di autorealizzazione. Ma qualunque sia la teoria della motivazione umana che più ci convince (Perticone, 2004; Ostinelli, 2005), con la relativa concettualizzazione, dovremo aiutare la persona disabile a sviluppare il più possibile un ampio ventaglio di desideri, obiettivi, punti di arrivo, destinazioni da raggiungere, modelli da copiare. Fare come i compagni di scuola, come i fratelli, come i genitori, come gli insegnanti, ecc. Il desiderio di una meta fa muovere un viaggio.

Ma le nostre azioni, spinte dalla motivazione, sono sottoposte alla mediazione positiva o negativa di altre due dimensioni identitarie: *l'autoefficacia* («Sono in grado di fare quell'azione che vorrei fare?») e *le attribuzioni* («Sono proprio quelle azioni che producono i risultati? Oppure nel mio caso i risultati dipendono da altre cose, come l'aiuto o la benevolenza degli altri, piuttosto che da quello che posso fare io?»). Comprendiamo benissimo che una persona dovrebbe avere un'identità che lo rassicura rispetto alle sue capacità di fare un'azione («Ce la posso fare») e rispetto al ruolo causativo della sua azione su un certo risultato («Fare così porta risultati»). Autoefficacia e attribuzioni hanno un ruolo di mediazione primario rispetto all'azione e all'apprendimento.

Il *senso di autoefficacia,* secondo le varie ricerche di Albert Bandura (1996; 2000) è la percezione che la persona ha delle proprie possibilità di raggiungere il successo nell'esecuzione di un compito, e cioè il senso di competenza, di «potercela fare». Gli effetti positivi di un buon senso di autoefficacia si trovano anche nella continuità dell'impegno, nella persistenza nel tempo dello sforzo, nonché nella creatività e libertà di operare autonomamente delle scelte.

Lo *stile di attribuzione* fa invece riferimento agli atteggiamenti e alle convinzioni che la persona possiede rispetto all'utilità del suo impegno attivo e dell'uso di strategie e azioni (Ravazzolo et al., 2005). Le attribuzioni possono quindi essere considerate come valutazioni che l'individuo mette in atto spontaneamente per capire chi o che cosa sia responsabile degli eventi che gli accadono. Ogni persona possiede un suo schema di attribuzioni composto da un insieme di credenze e cognizioni che viene usato come modello per spiegare la realtà e che costituisce il suo personale stile attributivo. Lo stile attributivo è quindi un insieme sufficientemente stabile di categorie causali a cui la persona fa riferimento abitualmente e varia da individuo a individuo. Alcuni infatti credono che le cose vadano bene o male perché ci si impegna attivamente, alcuni perché si è capaci o incapaci «di natura», altri perché sono facili o difficili, altri ancora per cause aleatorie come il caso o la fortuna.

Un altro importante fattore psicologico è l'*autostima,* ossia il giudizio, le percezioni e la sensazione di valore/soddisfazione su se stessi, che è la risultante delle nostre azioni positive, dei messaggi positivi che riceviamo e della nostra personale autovalutazione e che a sua volta fornisce energia, direzione e conferma alle motivazioni (Bracken, 2003; Plummer, 2002; 2003; 2007; Forsman et al., 2003). Più ci sentiamo bene con noi stessi e sentiamo di avere valore, più le cose avranno valore per noi. L'autostima, pur essendo considerata una caratteristica globale e unitaria, è costituita in realtà da varie dimensioni, ciascuna delle quali si può considerare un'area relativamente indipendente. Dobbiamo tenere sempre presente che l'autostima si costruisce attraverso meccanismi cognitivi di valutazione di se stessi in rapporto ad eventi esterni (successi/insuccessi), a messaggi di accettazione o di rifiuto che ci inviano altre persone e in funzione di standard di giudizio delle proprie prestazioni che il soggetto utilizza più o meno consapevolmente.

Aiuteremo dunque una persona disabile a sviluppare una buona identità autonoma se sosterremo i suoi desideri, le sue motivazioni, se lo aiuteremo a credere nella sua efficacia, nell'efficacia delle sue azioni e se lo aiuteremo a coltivare una buona autostima.

Nello sviluppo dell'identità è cruciale, come abbiamo già sottolineato, anche la variabile «tempo»: noi siamo quello che siamo stati, quello che abbiamo fatto, scelto, ecc. È importante aiutare la persona con disabilità intellettiva a «fare memoria», a ricostruire le scelte, i desideri, i dubbi, i risultati, le emozioni coinvolte; questo «fare memoria» dovrà assumere spesso forme anche molto concrete: oggetti che ricordano, fotografie, viaggi sui luoghi, diari e racconti autobiografici, ecc. (Farello e Bianchi, 2005).

Noi siamo però anche quello che vorremmo essere, siamo il nostro «Progetto di vita», quello che vorremmo accadesse nella nostra esistenza, gli appuntamenti che diamo a noi stessi tra qualche anno, anche i nostri sogni.

Il futuro deve essere desiderabile, un periodo di sviluppi positivi. Questa fiducia nel futuro non è oggi particolarmente diffusa nei giovani e nei loro genitori o insegnanti: tale difficoltà a credere in un futuro positivo e nel seguire valori è alla base di molte analisi contemporenee del disagio giovanile (Benasayag e Schmit, 2004; Galimberti, 2007).

Un'identità forte ha sempre qualche progetto da seguire, qualche obiettivo da raggiungere, qualche aspirazione, qualche motivazione. Sappiamo però quanto questo sia difficile per le persone con disabilità intellettiva e per le loro famiglie; una mamma ha recentemente detto, parlando proprio del progettare il futuro della famiglia: «Li vediamo sempre uguali... e il futuro è troppo pieno di incertezza e di ansia, non voglio pensarci».

Nello sviluppo dell'identità è importante anche la capacità metacognitiva di osservarsi, di guardarsi «quasi dall'esterno».

L'autoconsapevolezza è particolarmente difficile per le persone con disabilità intellettiva, ma proprio per questo e perché nella costruzione della propria identità ci si deve guardare, osservare, valutare, è un compito psicologico ed educativo importante. È necessario aiutare la persona con disabilità intellettiva a guardarsi sempre più in profondità, utilizzando, come grandi schemi di orientamento, sia il modello ICF sia i quattro ambiti: motivazioni, autoefficacia, attribuzioni, autostima, oscillando continuamente tra il ricordare quello che si era e il desiderare (e progettare) quello che si vorrebbe essere.

Molte delle «azioni» importanti per lo sviluppo dell'identità adulta sono «scelte», «decisioni autonome», forse talvolta ribellioni, cose sulle quali come genitori o educatori non siamo d'accordo. Si potrebbe quasi dire che l'identità si nutra di scelte (sull'abbigliamento, gli amici, lo studio, il lavoro, ecc.) e sia contemporaneamente all'origine delle scelte. La persona con disabilità intellettiva trova molte difficoltà nel fare scelte, difficoltà cognitive e di scarsa competenza, ma anche emotive (scegliendo A bisogna a malincuore rinunciare a B) e spesso ambientali-familiari; c'è molto spesso qualcuno che sceglie (troppo) al posto suo. Favorire l'autodeterminazione nelle scelte non è solo un necessario atteggiamento democratico nell'educazione, è anche un modo fondamentale per aiutare lo sviluppo di un'identità forte e adulta (Canevaro e Ianes, 2003; 2005).

Un'identità, per crescere forte e autonoma, ha bisogno anche di confini, confini per separare e in questo modo proteggere. Confini nello spazio corporeo, nello spazio di vita, di decisione, di relazione (io sono il padre e tu sei il figlio, e anche se tu sei molto dipendente da me non siamo la stessa persona). È difficile, in molti casi, per l'educatore o il genitore, rispettare i confini della persona con disabilità intellettiva, perché i suoi bisogni sono spesso enormi, perché dobbiamo «invadere» il suo territorio per tanti buoni motivi (scarse capacità, necessità di sicurezza e protezione dai pericoli), ma questo deve farci riflettere: anche il soggetto con maggiori limitazioni nella attività personali ha il diritto all'inviolabilità di alcuni dei suoi confini, perché al riparo di questi confini egli può far crescere la sua identità. Non abbiamo appeso tutti, un giorno o l'altro, alla maniglia della nostra camera un cartello con scritto «Vietato entrare ai genitori! Pericolo di morte!»?

Purtroppo molti adolescenti con disabilità intellettiva non sanno appendere questo cartello, ma rivendicano, a modo loro, dei confini invalicabili.

La costruzione della propria identità porta comunque sempre con sé sofferenza per ognuno di noi e spesso siamo tentati di proteggere le persone con disabilità intellettiva da una sofferenza che riteniamo troppo forte, in particolare per la più profonda e autentica presa di coscienza della loro situazione di vita; ma anche in questo dovremmo cercare di avere più fiducia nelle loro risorse psicologiche e nelle nostre capacità di dare loro l'aiuto necessario. Non è possibile lavorare seriamente a un buon Progetto di vita se non dedicheremo una particolare e costante attenzione a queste dimensioni psicologiche, nel contesto di una relazione di aiuto continuamente orientata allo sviluppo di competenze significative.

Il Progetto di vita dal punto di vista relazionale: un'azione collettiva

Avere un approccio rivolto al Progetto di vita richiede necessariamente anche un ampliamento di orizzonte rispetto agli «attori» di questo processo nell'ottica dei Piani di Zona previsti dalla legge 328 del 2000. Dovrà essere coinvolta la scuola, certo, ma anche la famiglia, i Servizi (sociosanitari, sociali, per l'impiego, educativi, domiciliari, ecc.), le risorse relazionali informali della rete familiare (parenti, amici, ecc.), le risorse associative, ricreative e culturali di un territorio e di una comunità, i vicini di casa, i negozianti, il barista, i vigili urbani, ecc. E chi più ne ha, più ne metta. E più riusciamo a metterne, più il Progetto di vita sarà ampio e partecipato. Una prima linea di azione concreta sarà allora quella di esplorare, estendere e rendere più ricca e consapevole la rete di rapporti e opportunità di relazione e di aiuto in cui è inserito il soggetto.

Si può visualizzare questa rete sul diagramma a «cipolla» della figura 33.1, dove al centro c'è il soggetto e negli strati successivi le persone che sono in rapporti con lui, che potremmo definire sempre più formali e istituzionali (Hutton e Roberts, 1990; Seed, 1997; Maguire, 1989).

Naturalmente i criteri di organizzazione dello schema sulla rete di relazioni possono essere anche molto diversi: si possono creare cerchi concentrici sulla base della frequenza di interazioni, oppure sull'intensità emotiva delle relazioni, e così via. L'organizzazione illustrata nello schema sembra interessante, perché rappresenta immediatamente la situazione di molte persone disabili: un nucleo forte (il soggetto e la sua famiglia) e una scorza altrettanto forte (servizi, scuola, ecc.), mentre in mezzo, negli strati che dovrebbero essere spontanei, informali o quasi, si trova ben poco.

Ed è qui invece che si dovrebbe rimpolpare la cipolla, conquistando nuovi territori, nuovi attori per un Progetto di vita del soggetto, nuove persone-luoghi-situazioni con cui condividere la responsabilità di fare parte attiva del mondo relazionale del soggetto. Questo non avviene miracolosamente, per un improvviso soprassalto di solidarietà sociale della comunità del soggetto, che accorgendosi della sua presenza, se ne vuole riappropriare, dandogli status e ruoli.

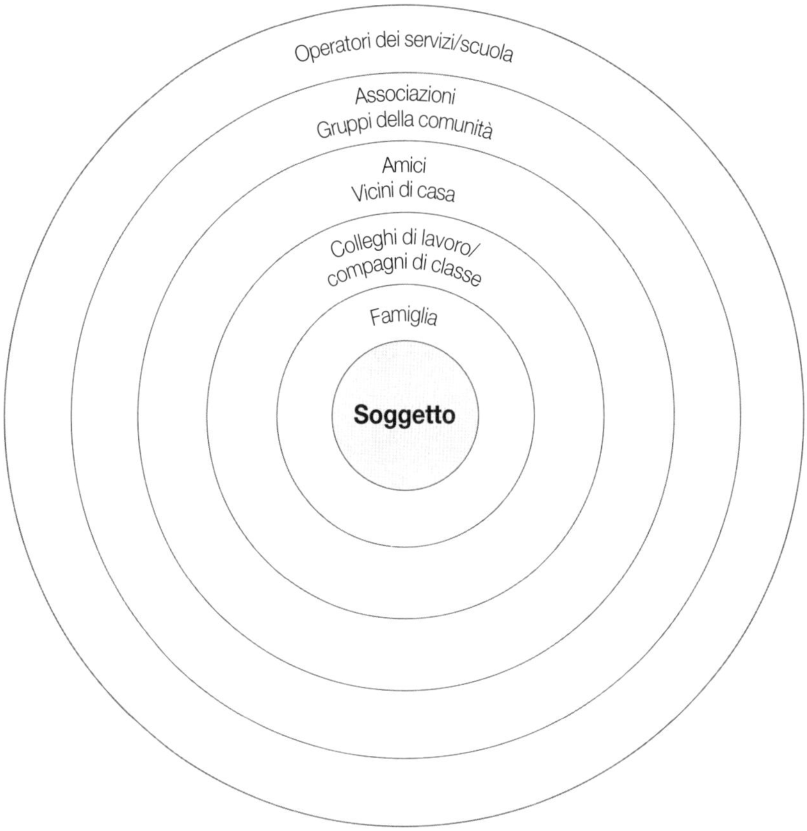

Fig. 33.1 Diagramma della rete di figure coinvolte nel Progetto di vita dell'alunno.

I ruoli vanno cercati e costruiti con una paziente opera di mediazione, sia quelli lavorativi che quelli di gestione del tempo libero o di altre situazioni comunitarie. Per questo è fondamentale che esistano operatori educativi (educatori sociali) e tutor che facciano questo lavoro di mediazione finché è necessario, e strutture comunitarie permanenti di facilitazione dei processi di integrazione sociale, sia per i soggetti disabili che per le loro famiglie. Si pensi alle ludoteche, ai gruppi giovanili, culturali, sportivi, alle cooperative sociali per il tempo libero e per il supporto familiare, e così via.

Questo tipo di azione assomiglia alla paziente tessitura di una rete (non come Penelope, però!) in cui si collega un nodo a un altro nodo (un altro soggetto attore), poi a un altro ancora, cercando di fare in modo che i fili siano il più possibile robusti.

Qui entra in gioco la seconda fondamentale linea di azione: creare i collegamenti, le alleanze, le sinergie, gli accordi, le comunicazioni, le mediazioni, i patti, lo sviluppo di una visione il più possibile comune. Si potrebbe giocare sull'espressione «Costruire un Progetto di vita in Comune», ricordando che proprio agli Enti locali, alle Amministrazioni pubbliche più vicine alla vita dei cittadini è demandata la responsabilità di prendersi carico globalmente della situazione di vita dei cittadini.

Al di là comunque dei ruoli istituzionali che dovrebbero esercitare le Amministrazioni pubbliche, qui ci preme ricordare che le alleanze produttive, soprattutto quelle più delicate, sono l'esito principalmente di un atteggiamento di *empowerment* dell'Altro come partner affidabile, che si potrebbe tradurre con «riconoscimento, valorizzazione delle sue risorse e miglioramento delle sue capacità di azione». Questo atteggiamento di «fiducia nelle capacità educative» tra un insegnante e la cassiera del bar dove il ragazzo disabile sta imparando a spendere la sua paghetta non è difficile; lo è un po' di più tra gli insegnanti e i genitori, tra questi e gli operatori dei Servizi, e tra gli operatori e gli insegnanti. Spesso non ci sono riconoscimento e stima reciproci, non c'è valorizzazione dei punti di forza, non c'è un aiuto concreto per sviluppare capacità nuove. Talvolta c'è paura, ad esempio di subire un ennesimo processo, stanchezza e appiattimento su relazioni collusive, che non hanno il coraggio di stimolare un cambiamento, oppure c'è critica, competizione, aggressione, sfiducia. Ma queste sono cose fin troppo note e non ha senso continuare a lamentarsene: cerchiamo di agire costruttivamente, sapendo che un'alleanza starà in piedi e sarà produttiva nella misura in cui entrambi i partner ne ricavano qualcosa: ascolto, sostegno psicologico, aiuto pratico, formazione di competenze, ecc. Per un'analisi del tema dell'alleanza psicoeducativa applicata agli interventi sui comportamenti problema, si veda Ianes e Cramerotti (2002).

Un Progetto di vita non è dunque un'ottica individualistica («Ce la posso fare da solo!»), come qualche misantropo tenta di far diventare l'insegnamento o la terapia, è invece un'impresa collettiva, con a capo il soggetto con disabilità.

Tratto e adattato da *Il Piano educativo individualizzato,* vol. 1, pp. 44-57

CAPITOLO 34

IL PIANO DIDATTICO PERSONALIZZATO PER GLI ALUNNI CON BES

(Flavio Fogarolo)

Per gli tutti alunni con bisogni educativi speciali (BES) va redatto annualmente un documento di programmazione che espliciti il percorso di personalizzazione individuato per ciascuno di essi. Come è noto, questo documento prende il nome di PEI (Piano educativo individualizzato) per gli alunni con disabilità, di PDP (Piano didattico personalizzato) per quelli con DSA (disturbi specifici di apprendimento) e altri BES.

A parte le sigle, c'è una profonda differenza, concettuale e giuridica, tra le tre diverse situazioni di BES, che è opportuno richiamare sinteticamente.

– *Il PEI per gli alunni con disabilità* è prescritto dalla Legge 104/92, art. 13, e dal DPR 24/2/94, art. 4, e definito a livello locale dai soggetti coinvolti nel processo di integrazione scolastica (Scuola, ASL, Enti locali) negli Accordi di programma. Il PEI è redatto *congiuntamente* dagli operatori scolastici e da quelli dei Servizi sociosanitari dell'ASL che sostengono l'integrazione, con la *collaborazione* della famiglia (DPR 24/2/94). La responsabilità di questo atto, in tutte le sue varie fasi, è pertanto sempre condivisa tra i due soggetti pubblici: la Scuola e i Servizi.
La normativa definisce solo in linea di massima i contenuti del PEI e l'adozione di eventuali modelli o schemi va concordata negli Accordi di programma o in altre intese a livello locale; va inoltre ricordato che il PEI è strettamente connesso a un precedente documento di programmazione chiamato Profilo Dinamico Funzionale (PDF), riferito a un ambito temporale assai più ampio (in genere un ciclo scolastico) i cui contenuti sono definiti in modo molto dettagliato nel DPR del 94.
Il PEI, come abbiamo visto, è redatto con la *collaborazione* della famiglia. Il termine «collaborazione» indica un ruolo diverso, ma non subalterno, della famiglia rispetto a quello dei due soggetti pubblici e professionali, in quanto beneficiaria del servizio.
– *Il PDP per gli alunni con DSA* è previsto,[1] anche se in modo meno esplicito, dalla legislazione introdotta tra gli anni 2010 (Legge 170) e 2011 (DM 5669 e Linee guida). Il principio fondamentale, chiaramente ribadito nel DM, è che non basta che la scuola attivi una serie di azioni didattiche ma è necessario che esse vadano *esplicitate* in un documento di programmazione: «... la scuola predispone, nelle forme ritenute idonee e in tempi che non superino il primo trimestre scolastico, *un documento* che dovrà contenere almeno le seguenti voci, articolato per le discipline coinvolte dal disturbo:
  • dati anagrafici dell'alunno;
  • tipologia di disturbo;
  • attività didattiche individualizzate;
  • attività didattiche personalizzate;
  • strumenti compensativi utilizzati;
  • misure dispensative adottate;
  • forme di verifica e valutazione personalizzate» (MIUR, 2011, p. 8).

[1] In effetti né la Legge 170 né il Decreto né le Linee guida formalizzano espressamente l'obbligo di stendere il PDP. L'articolo 5 del DM dice: «La scuola garantisce ed esplicita, nei confronti di alunni e studenti con DSA, interventi didattici individualizzati e personalizzati, anche attraverso la redazione di un Piano didattico personalizzato, con l'indicazione degli strumenti compensativi e delle misure dispensative adottate». Nelle Linee guida, p. 8, troviamo: «Tale documentazione può acquisire la forma del Piano didattico personalizzato».

Di fatto i margini di discrezionalità, per la scuola, vengono drasticamente ridotti: può definire *come* redigere questo documento («nelle forme ritenute più idonee») e può eventualmente anche decidere di chiamarlo in altro modo, non necessariamente PDP, ma la norma indica chiaramente non solo i contenuti ma anche i tempi di redazione. Rispetto al PEI della disabilità, è da sottolineare innanzitutto che il PDP è di piena competenza della sola scuola che può (*può*, non *deve*) chiedere la collaborazione di specialisti e altri soggetti esterni ma conserva interamente la responsabilità della sua definizione.

Rispetto alle famiglie non si parla di collaborazione, come nel PEI, ma di *raccordo,*[2] ossia di concreta partecipazione e scambio di informazioni. Dal punto di vista pratico, ne deriva un quadro molto simile, centrato sui diritti come utente e ovviamente non sui compiti operativi che restano di competenza degli operatori professionisti.

– *Il PDP per gli altri alunni BES* è profondamente diverso. Nei casi analizzati in precedenza, la scuola ha l'obbligo di predisporre un documento di programmazione specifico come conseguenza dell'individuazione dell'alunno con disabilità o DSA.
  Per gli altri alunni con BES, quelli che vengono individuati autonomamente dalla scuola con delibera del Consiglio di classe, il PDP non è conseguenza dell'individuazione del bisogno educativo speciale ma parte integrante e contestuale.
  Leggiamo nella Circolare ministeriale n. 8 del marzo 2013: «Fermo restando l'obbligo di presentazione delle certificazioni per l'esercizio dei diritti conseguenti alle situazioni di disabilità e di DSA, *è compito doveroso dei Consigli di classe o dei team dei docenti nelle scuole primarie indicare in quali altri casi sia opportuna e necessaria l'adozione di una personalizzazione della didattica* ed eventualmente di misure compensative o dispensative, nella prospettiva di una presa in carico globale e inclusiva di tutti gli alunni. Strumento privilegiato è il percorso individualizzato e personalizzato, redatto in un *Piano Didattico Personalizzato* (PDP), che ha lo scopo di definire, monitorare e documentare — secondo un'elaborazione collegiale, corresponsabile e partecipata — le strategie di intervento più idonee e i criteri di valutazione degli apprendimenti» (CM n. 8 6/3/2013).
  Due immediate, e importanti, conseguenze di queste affermazioni sono le seguenti:
  - la scuola non è chiamata a identificare gli alunni con BES ma quelli che hanno bisogno di una personalizzazione, definita in un PDP. Pertanto il PDP non è una conseguenza di questo riconoscimento come per la disabilità e i DSA («Questo alunno è BES *quindi* la scuola deve predisporre un PDP») ma parte integrante dell'identificazione della situazione di bisogno («Questo alunno è BES *perché* secondo la scuola ha bisogno di un PDP»);
  - la soglia di individuazione dell'alunno con BES non dipende dall'entità del bisogno ma dalla valutazione dell'effettiva convenienza della strategia didattica personalizzata che si intende attuare: la personalizzazione, dice infatti la Circolare ministeriale,

[2] «Nella predisposizione della documentazione in questione è fondamentale il raccordo con la famiglia, che può comunicare alla scuola eventuali osservazioni su esperienze sviluppate dallo studente anche autonomamente o attraverso percorsi extrascolastici» (MIUR, 2011, par. 3.1, p. 8).

deve essere *opportuna e necessaria* e questo significa che, almeno a grandi linee, la scuola deve aver chiaro fin dall'inizio il tipo di intervento che intende attuare con quello specifico alunno, a supporto delle sue difficoltà, perché solo in questo modo è possibile una consapevole valutazione di convenienza.

Paradossalmente, possiamo dire che gli alunni nei confronti dei quali ci sentiamo impotenti perché non sappiamo cosa fare per loro, per quanto evidenti e gravi siano i loro bisogni educativi, non possono essere considerati BES finché non saremo in grado di dire come intendiamo effettivamente personalizzare il loro percorso e valutare quindi se esso sia opportuno e conveniente.
Diversamente dalla disabilità e dai DSA, la normativa non definisce il contenuto del PDP per i BES non certificati e possiamo quindi supporre che la scuola possa strutturare autonomamente questo documento, in base alle necessità di pianificazione.
Da considerare infine il ruolo della famiglia. Vanno certamente estese a tutti gli alunni BES le procedure di partecipazione previste nella definizione del documento di programmazione per la disabilità e i DSA: la famiglia interviene come soggetto portatore di interessi (la tutela del figlio) ma anche come risorsa educativa e come preziosa fonte di informazioni, con funzioni necessariamente distinte da quelle dei soggetti (scuola e, nel PEI, Servizi) che rivestono un ruolo professionale, con conseguenti responsabilità. Nel caso degli alunni BES individuati autonomamente dalla scuola, in assenza quindi di una certificazione clinica, occorre tutelare maggiormente la famiglia perché manca l'autorizzazione a predisporre per il figlio un percorso personalizzato, che è invece sempre quantomeno implicita quando viene consegnato a scuola un documento che attesta il bisogno. La Circolare di marzo 2013 prescrive pertanto che: «Nel caso in cui sia necessario trattare dati sensibili per finalità istituzionali, si avrà cura di includere nel PDP apposita autorizzazione da parte della famiglia» e che il PDP va sempre firmato dalla stessa.

TABELLA 34.1

Confronto delle principali caratteristiche dei tre documenti di programmazione analizzati: PEI per gli alunni con disabilità, PDP per i DSA, PDP per gli altri BES

	PEI per gli alunni con disabilità	PDP per gli alunni con DSA	PDP per gli alunni con altri BES
È obbligatorio?	È obbligatorio per tutti gli alunni con disabilità in base alla L. 104/92 e al DPR 24/2/94	L'obbligo, implicito nella L. 170/10, è indicato nelle Linee Guida anche se non si adotta ufficialmente la denominazione «PDP»	La stesura del PDP è contestuale all'individuazione dell'alunno con BES. Non si può parlare strettamente di *obbligo* perché è conseguente a un atto di discrezionalità della scuola.
Chi lo redige? Chi ne è responsabile?	È redatto congiuntamente (responsabilità condivisa in tutte le sue fasi) dalla Scuola e dai Servizi socio-sanitari che hanno in carico l'alunno.	È redatto solo dalla scuola che può chiedere il contributo di esperti ma ne rimane responsabile	È redatto solo dalla scuola che può chiedere il contributo di esperti ma ne rimane responsabile.

Quali vincoli?	Le azioni definite nel PEI devono essere coerenti con le indicazioni precedentemente espresse nella Certificazione, nella Diagnosi Funzionale e nel Profilo Dinamico Funzionale	Le azioni definite nel PDP devono essere coerenti con le indicazioni espresse nella Certificazione di DSA consegnata alla scuola	Il PDP tiene conto, se esistono, di eventuali diagnosi o relazioni cliniche consegnate alla scuola
Che ruolo ha la famiglia?	La famiglia collabora alla redazione del PEI (DPR 24/2/94)	Il PDP viene redatto in raccordo con la famiglia (Linee Guida 2011)	Il PDP è il risultato dello sforzo congiunto scuola-famiglia (CM n. 8 6/3/2013)
La normativa vigente ne definisce i contenuti?	I contenuti del PEI sono definiti dalla normativa (DPR 24/2/94) solo negli obiettivi generali. Un'articolazione dettagliata può essere concordata a livello locale, di solito negli Accordi di programma	I contenuti minimi del PDP sono indicati nelle Linee Guida sui DSA del 2011.	Non vengono indicati dalla normativa i contenuti minimi
Chi costruisce o sceglie eventuali modelli o strumenti per la compilazione?	La scelta di modelli o altri strumenti per la compilazione del PEI è di competenza dei due soggetti (scuola e Servizi) che detengono congiuntamente la responsabilità della sua redazione. Si definiscono a livello territoriale negli Accordi di programma	La scuola è libera di scegliere o costruire i modelli o gli strumenti che ritiene più efficaci	La scuola è libera di scegliere o costruire i modelli o gli strumenti che ritiene più efficaci

Un piano «efficace»

Il PDP non è un adempimento burocratico ma uno strumento di pianificazione. Questo vale certamente pure per i DSA, anche se in quel caso la sua redazione costituisce, come abbiamo visto, un *obbligo* per la scuola, e il rischio che venga considerato come un'incombenza fine a se stessa è reale e diffuso.

Ma è assurdo che venga vissuto in questo modo per gli alunni BES individuati dalla scuola, visto che in questo caso tutto nasce da una decisione autonoma degli insegnanti che hanno ritenuto che proprio la definizione di un percorso personalizzato fosse la strategia di intervento più idonea a rispondere ai bisogni.

Essendo uno strumento, il PDP va valutato prima di tutto in termini di *efficacia:* deve *funzionare*, ossia essere idoneo a raggiungere gli obiettivi prefissati. In uno strumento di pianificazione didattica l'efficacia è connessa innanzitutto alla sua capacità di modificare il modo di insegnare, quindi i comportamenti e i procedimenti attivati a casa e a scuola da parte degli insegnanti e, per quanto di loro competenza, dei genitori. Se un PDP non è in grado di modificare nulla, se tutti continuano a insegnare e sostenere l'apprendimento come hanno sempre fatto o quasi, è purtroppo inefficace e non possiamo stupirci se in questi casi viene vissuto come una inutile incombenza burocratica perché, così fatto, probabilmente lo è davvero.

Per essere efficace, indipendentemente dai contenuti, il piano dovrebbe contenere indicazioni:

- *significative,* ovvero individuare e selezionare le attività o modalità di insegnamento più importanti, quelle che sono in grado di determinare effettivamente un cambiamento. È difficile per un Consiglio di classe anche solo ricordare, non semplicemente realizzare, un numero troppo elevato di indicazioni didattiche o metodologiche e un piano troppo lungo e dettagliato ha più probabilità di rimanere sulla carta;
- *realistiche,* ovvero considerare attentamente i vincoli ed evitare di fare promesse che non si possono mantenere o, rispetto all'alunno, prevedere prestazioni che mai sarà in grado di compiere. Vanno considerate subito le risorse disponibili e i limiti del contesto in cui si deve operare, e in base ad essi calibrare il progetto. La classe numerosa, la presenza di altri alunni con bisogni, la mancanza di ore di compresenza... sono situazioni che certamente ostacolano il progetto ma che sono note fin dall'inizio e costituiscono normali limiti, e premesse, da considerare nella definizione delle azioni da svolgere;
- *coerenti,* vale a dire evitare contraddizioni interne ma anche, ed è il rischio più frequente, palesi e ingiustificate difformità tra le varie discipline o tra i vari insegnanti;
- *concrete e verificabili,* poiché affermazioni vaghe e generiche, interpretabili a piacere, non producono nessun risultato. Tutti, e prima di tutto la famiglia, dovranno in seguito essere in grado di riconoscere se quanto è stato previsto nel PDP è stato effettivamente messo in pratica.

Ovviamente il PDP non è concluso nel momento in cui viene formalmente approvato, ma inizia piuttosto proprio allora a svolgere in pieno la sua funzione di supporto alla programmazione, divenendo uno strumento di lavoro da consultare ogni volta che appare utile per mettere in pratica quanto previsto, ma anche da ridiscutere quando sorgono le inevitabili difficoltà.

Il PDP va compilato ogni anno, ma certamente non è un documento che nasce annualmente con vita autonoma e indipendente. L'Ufficio Scolastico Regionale dell'Emilia-Romagna ha emesso nel maggio del 2013 una approfondita Circolare sui BES in cui, tra le altre cose, analizza in modo stimolante anche questa criticità partendo dai PEI per la disabilità.

> Uno degli aspetti più carenti che questo Ufficio ha avuto modo di riscontrare analizzando svariati Piani Educativi Individualizzati consiste nell'assenza diffusa di obiettivi declinati in modo preciso e delle corrispondenti modalità di valutazione in ordine al fatto che essi siano stati raggiunti o meno e perché. Alcuni PEI esaminati ripartono annualmente come se non vi fosse mai stata una programmazione precedente, senza che si possa comprendere quali competenze erano state acquisite e quali in corso di acquisizione, quali strategie hanno funzionato e quali no, su cosa occorre puntare e così via. Nell'affrontare il discorso degli alunni che non rientrano nella Legge 104/92 occorre tener presente che qualsiasi sia la situazione che determina la necessità di una personalizzazione del percorso di apprendimento (e quindi di insegnamento), occorre che sia necessariamente indicato in quali punti e per cosa occorre introdurre delle variazioni e come si intende valutare se le scelte effettuate siano o no efficaci rispetto ai risultati. [...] Le forme di personalizzazione devono essere attuate soltanto là dove necessario, per quanto necessario, per il tempo indispensabile, ed essere ritratte man

> mano che l'alunno procede e migliora. Mantenere l'aiuto oltre il necessario significa abituare alla dipendenza, al disimpegno, alla deresponsabilizzazione. Non è un buon servizio che si offre agli allievi né in termini scolastici né in termini di crescita umana. (MIUR – Ufficio Scolastico Regionale dell'Emilia-Romagna, 2013)

La circolare dell'USR Emilia-Romagna conclude questo passaggio con una decisa affermazione, che condividiamo: «*non può darsi alcuna personalizzazione dei percorsi senza accurate e precise procedure di valutazione: iniziale, finale e continua*».

Personalizzare il percorso didattico è una scelta che deriva, come abbiamo visto, da una valutazione di necessità e convenienza: a fronte di un bisogno la scuola elabora un intervento ma lo attiva solo se, messo sulla bilancia per misurare vantaggi e controindicazioni, i benefici prevalgono oltre ogni ragionevole dubbio. Questa valutazione però non può essere fatta solo al momento iniziale ma va rivista in modo continuo e sistematico (strutturalmente *continuo* ma con *sistematiche* iniziative di controllo) per accertarsi che la convenienza sussista.

Rispetto alla necessità di rendere strutturale il monitoraggio e la verifica del PDP, occorre superare un'apparente contraddizione. Il PDP è un documento che contiene dati sensibili e deve essere quindi gestito seguendo adeguate procedure: va conservato in locale protetto, accessibile solo a persone autorizzate, e ci sarà il divieto di effettuare copie per uso personale, a parte quella per i genitori. Ma contemporaneamente è anche uno strumento di lavoro da consultare e monitorare quotidianamente e andrebbe quindi gestito in modo da renderne possibile un uso abituale e informale: una copia inserita nel registro dell'insegnante, nel suo cassetto a scuola, magari anche sulla sua scrivania a casa da esaminare mentre prepara compiti e altri materiali. Una soluzione semplice può essere quella di concentrare solo nelle pagine iniziali del documento le informazioni veramente sensibili (in particolare dati anagrafici e diagnosi) in modo che sia possibile estrarre facilmente, usando solo le pagine successive, un PDP anonimo da usare liberamente, eventualmente marcandolo con una sigla che lo renda riconoscibile. È una procedura che va usata con attenzione, soprattutto quando l'alunno è l'unico DSA o con personalizzazione della classe, ma che, se gestita con sufficiente buon senso, può aiutare a superare questa contraddizione altrimenti insanabile.

Non basta compensare e dispensare

Compensare e *dispensare* sono le due parole chiave che da alcuni anni sintetizzano in Italia le indicazioni didattiche per i DSA, addirittura inserite formalmente in una Legge dello Stato (Legge 170/2010). È un approccio basato sostanzialmente su fattori di tipo quantitativo: fornire a chi ne ha bisogno qualcosa *in più* (strumenti compensativi) o consentire che vengano svolte delle prestazioni *in meno* (misure dispensative). Sembra purtroppo ignorata l'idea che in molti casi serva invece «solo» un intervento didattico *qualitativamente diverso*.

Abbiamo corso seriamente il pericolo che il binomio compensativi/dispensativi fosse in modo semplicistico e acritico inserito anche negli interventi di programmazione per tutti i BES. Sembrano queste, in effetti, le indicazioni della Direttiva del Ministro dell'istruzione:

> Le scuole — con determinazioni assunte dai Consigli di classe, risultanti dall'esame della documentazione clinica presentata dalle famiglie e sulla base di considerazioni di carattere psicopedagogico e didattico — possono avvalersi per tutti gli alunni con bisogni educativi speciali degli strumenti compensativi e delle misure dispensative previste dalle disposizioni attuative della Legge 170/2010 (DM 5669/2011). (DM 27/12/2012, punto 1.5)

Fortunatamente la successiva CM n. 8 6/3/2013 corregge il tiro: «Il Piano Didattico Personalizzato non può più essere inteso come mera esplicitazione di strumenti compensativi e dispensativi per gli alunni con DSA». Questa indicazione comporta come conseguenza, per certi versi ovvia ma non scontata, che i contenuti indicati nelle Linee guida per i DSA come elementi necessari del documento didattico di programmazione non vadano automaticamente estesi agli altri BES.

È necessario riflettere con attenzione su questi termini, per nulla equivalenti:

- la *compensazione*, nei sui vari aspetti, rappresenta un'azione che mira a ridurre gli effetti negativi del disturbo per raggiungere comunque prestazioni funzionalmente adeguate;
- le *misure dispensative* rappresentano una presa d'atto della situazione e hanno lo scopo di evitare, con un'adeguata azione di tutela, che il disturbo possa comportare un generale insuccesso scolastico con ricadute personali anche gravi.

Certamente in molti casi le misure dispensative sono necessarie, ma deve essere chiaro che esse non rappresentano mai una soluzione, neppure indiretta, ai problemi degli alunni con DSA ma semplicemente il riconoscimento e l'accettazione, da parte della scuola, dei loro limiti. Viceversa, un'efficace azione compensativa può arrivare a fornire competenze in grado di ridurre, se non il disturbo, certamente le difficoltà operative e funzionali che comporta (Fogarolo, 2012).

Nella vita adulta sarà molto difficile poter disporre di misure dispensative (di fatto è un concetto inimmaginabile, almeno per adesso, in un contesto lavorativo) mentre le strategie che sono state acquisite per compensare il disturbo saranno utilizzabili anche dopo la scuola, purché funzionalmente efficaci.

Ma se è un errore mettere sullo stesso piano, nella stesura del PDP, le strategie compensative, che danno autonomia, e quelle dispensative, che semplicemente evitano problemi maggiori, lo è anche dimenticarsi della didattica: è come se un alunno con disturbo o difficoltà di apprendimento dovesse solo fare con uno strumento diverso, compensando, o non fare del tutto, dispensato, quello che gli risulta difficoltoso.

Il primo obiettivo del PDP è proprio quello di individuare un sistema efficace per portare l'alunno a superare i propri limiti e arrivare veramente a *imparare*.

Spesso, purtroppo, questo piano è concepito dalle scuole proprio come una lista di strumenti compensativi e misure dispensative, eventualmente con la definizione di qualche criterio di valutazione, mentre del tutto secondaria appare la sezione in cui viene esplicitato come la scuola intenda adattare le sue modalità di insegnamento per far conseguire all'alunno, nonostante le difficoltà, un autentico *successo formativo*.

Il primo intervento per l'alunno con bisogni educativi speciali è proprio una didattica efficace, ossia un modo di fare scuola che tenga conto delle sue specificità, valorizzandone le potenzialità. Gli strumenti compensativi e, tantomeno, le misure dispensative non possono assolutamente essere messi sullo stesso piano, come ingredienti equivalenti e intercambiali del nostro PDP: un po' di questo, un po' di quello, secondo i gusti.

Esiste una gerarchia funzionale, che va rispettata:

- prima di tutto vengono gli interventi di tipo *abilitativo,* finalizzati cioè a dare delle abilità, tra i quali rientra certamente, anche se non è l'unico, l'insegnamento;
- quando l'intervento abilitativo non è efficace si può ricorrere, se esiste, a un intervento di tipo *compensativo,* individuando un sistema alternativo per raggiungere, almeno in modo parziale o in alcune limitate circostanze, risultati funzionalmente equivalenti;
- infine, se non ha funzionato l'intervento abilitativo e non sono stati individuati sistemi compensativi efficaci, è possibile prevedere anche una strategia di tipo *dispensativo,* che non risolve i problemi esistenti ma almeno ne evita di nuovi.

Consideriamo questo esempio: se un bambino trova difficile imparare ad allacciarsi le scarpe, abbiamo a disposizione tre strategie di intervento:

- una di tipo *abilitativo:* con metodo e pazienza sosteniamo il bambino a imparare la sequenza dei movimenti per allacciare autonomamente le scarpe. È chiaramente la soluzione migliore perché interviene direttamente sull'area di difficoltà e dà autonomia;
- una di tipo *compensativo:* anziché le scarpe con i lacci usiamo quelle, molto più comode, con gli strappi. Non abbiamo risolto il problema alla radice (il bambino non sa ancora allacciare le sue scarpe) ma riusciamo a renderlo autonomo, pur con altre strategie;
- una, infine, di tipo *dispensativo:* è l'adulto che allaccia le scarpe. In mancanza di valide alternative rappresenta una soluzione inevitabile, in grado di soddisfare almeno i bisogni più evidenti: il bambino potrà camminare con le scarpe allacciate senza rischio di inciampare ma all'autonomia e alle competenze penseremo più avanti.

Nessuna persona di buon senso considererebbe come equivalenti le tre soluzioni: che la prima sia preferibile alla seconda, e la seconda alla terza è ritenuto da tutti fuori discussione.

Una situazione analoga, a scuola, potrebbe essere quella di un alunno che incontra difficoltà a eseguire un calcolo.

Anche in questo caso possiamo prevedere:

- un intervento *abilitativo*: si individuano strategie didattiche il più possibile efficaci per insegnare a eseguire autonomamente quel calcolo;
- un intervento *compensativo:* si fornisce un aiuto per bypassare la difficoltà. In fondo, il calcolo serve a risolvere delle problematicità legate alla vita reale e se lo stesso risultato posso ottenerlo, ad esempio, con una calcolatrice, la limitazione funzionale è ridotta e comunque accettabile. Ovviamente, se l'alunno avesse imparato a essere autonomo

nel calcolo sarebbe stato meglio, perché ora potrebbe servirsene anche quando non dispone dello strumento compensativo;
- infine, c'è l'ipotesi *dispensativa*: se non ce la fai... troviamo il modo comunque di farti sopravvivere a scuola. Non è la stessa cosa, evidentemente.

Questo non significa che le misure dispensative non debbano essere usate, ma solo che devono sempre essere tenuti in considerazione i limiti di questo approccio, per cercare di renderli meno determinanti possibile.

Tratto e adattato da *Alunni con BES: Bisogni Educativi Speciali,* pp. 145-154

CAPITOLO 35

IL SERVIZIO NAZIONALE PER LA QUALITÀ DEL SISTEMA EDUCATIVO

(Nunziante Capaldo e Luciano Rondanini)

Il Sistema nazionale di valutazione, un lento avvio

Nel corso dell'ultimo quindicennio un altro organismo è venuto a definirsi all'interno del nostro sistema di istruzione, il Servizio nazionale per la qualità del sistema educativo. Esso viene a coprire un'esigenza che si è progressivamente posta anche nel nostro Paese relativamente alla necessità di procedere alla valutazione dell'efficacia e dell'efficienza della sua azione. Il punto di partenza, unanimemente riconosciuto, di una prima organica discussione sulla *valutazione esterna* del sistema d'istruzione è stata la Conferenza nazionale sulla scuola del giugno 1990, voluta dall'allora Ministro Sergio Mattarella.

In realtà, la questione della valutazione del sistema scolastico si era ormai affermata da tempo nel resto dei Paesi europei e ora giungeva con un certo ritardo anche sulla scena della nostra tradizione pedagogica. La prospettiva è quella di fare il punto sull'andamento del sistema e di individuare i possibili miglioramenti per favorire il suo sviluppo.

A dare il via all'operazione è la Direttiva n. 307 del 21 maggio 1997 con la quale viene istituito il *Servizio nazionale per la qualità dell'istruzione*. Nella Circolare ministeriale n. 403 del 26 giugno 1997 che accompagna la Direttiva si afferma:

> Scopo fondamentale di un sistema di valutazione è dunque quello di valutare lo stato e l'efficacia del sistema formativo del Paese nelle sue articolazioni e a tutti i suoi livelli, al fine di suggerire i necessari miglioramenti anche a confronto con comparabili situazioni di altri Paesi.

Nel 1999 si assiste a un ulteriore significativo passo nella definizione di tale Servizio con la trasformazione del CEDE (primo Centro europeo dell'educazione con sede a Frascati) in *Istituto nazionale per la valutazione del sistema di istruzione* (INVALSI), destinato a valutare l'efficacia e l'efficienza del sistema, ma anche della singola istituzione nonché dell'utenza; a studiare le cause dell'insuccesso e della dispersione scolastica; a offrire supporto e assistenza all'autonomia; a promuovere l'innovazione e a sostenere la partecipazione di scuole italiane a progetti di ricerca di livello europeo.

Una ulteriore importante innovazione coinvolge la Biblioteca di documentazione pedagogica di Firenze, già BDP. Si tratta di uno degli organismi più vecchi del nostro sistema di formazione, nato per iniziativa di Giuseppe Lombardo Radice, il quale nel 1925 aveva promosso una Mostra didattica nazionale, che nel 1939 era stata trasformata dal ministro del Fascismo Bottai in Museo nazionale della scuola, per poi diventare negli anni Cinquanta Centro didattico di studi e di innovazione e infine BDP. A trasformarla in *Istituto nazionale di documentazione per l'innovazione e la ricerca educativa* (INDIRE) è il D.lgs. n. 258 del 20 luglio 1999. A definirne i compiti sono i commi 4 e 5 dell'art. 2:

> 4. L'Istituto cura lo sviluppo di un sistema di documentazione finalizzato alle esperienze di ricerca e innovazione didattica e pedagogica in ambito nazionale e internazionale oltre che alla creazione di servizi e materiali a sostegno dell'attività didattica e del processo di autonomia; rileva i bisogni formativi con riferimento ai risultati della ricerca; sostiene le strategie di ricerca e formazione riferite allo sviluppo dei sistemi tecnologici e documentari ed elabora e realizza coerenti progetti

nazionali di ricerca coordinandosi con le università e con gli organismi formativi nazionali e internazionali, curando la diffusione dei relativi risultati; collabora con il Ministero della Pubblica Istruzione per la gestione dei programmi e dei progetti della Unione europea.

5. L'Istituto cura lo sviluppo delle attività di raccolta, elaborazione, valorizzazione e diffusione dell'informazione e di produzione della documentazione a sostegno dell'innovazione didattica e dell'autonomia.

Particolarmente significativa in tal senso è la Direttiva n. 170/2001 che delinea un quadro di strategie che il Sistema avrebbe adottato negli anni seguenti.

La Direttiva n. 170/2001 ha riguardato l'INVALSI e ha indicato una serie di priorità per tale istituto:

- la definizione e la validazione di strumenti di valutazione;
- l'aggiornamento dei materiali raccolti dall'archivio docimologico;
- la creazione di un archivio sulle competenze disciplinari acquisite dagli alunni;
- il collegamento con l'Osservatorio nazionale sugli esami di Stato;
- l'autoanalisi e l'autovalutazione d'istituto;
- la creazione dell'Osservatorio nazionale per la dispersione scolastica;
- iniziative legate a progetti promossi dall'OCSE.

Verso il modello definitivo

Nell'arco del primo decennio del XXI secolo vengono gettate le basi per far partire anche in Italia un sistema nazionale da costruire *ex novo*, attraverso una serie di progetti pilota finalizzati a «misurare», sulla base di una adesione volontaria delle scuole, gli esiti degli apprendimenti degli alunni della scuola primaria e secondaria di primo grado in Italiano e Matematica.

Questi orogetti, denominati PP1 (a.s. 2001-2002), PP2 (a.s. 2002-2003), PP3 (a.s. 2003-2004) sono serviti per rafforzare la scelta presente nella Legge 53/2003 (ministro Letizia Moratti) di adottare uno specifico provvedimento per dettare le norme generali sulla valutazione del sistema scolastico.

In particolare, all'INVALSI veniva affidato il compito di effettuare *verifiche periodiche e sistematiche* relative alle conoscenze e alle abilità degli alunni e alla qualità complessiva dell'offerta formativa delle singole scuole.

Nel novembre 2004 con il Decreto legislativo n. 286, il MIUR provvede a istituire il *Servizio nazionale di valutazione*. Nel provvedimento si indicano i principali compiti che tale Servizio, tramite l'INVALSI, dovrà realizzare: verifiche periodiche e sistematiche sulle conoscenze e abilità degli alunni, predisposizione di apposite prove da somministrare agli alunni nel corso dell'espletamento dell'esame di Stato del 1° e del 2° ciclo, promozione di apposite azioni rivolte alla formazione del personale docente, interventi finalizzati a prevenire il fenomeno dell'insuccesso scolastico...

Si arriva, dopo ulteriori passaggi, alla Legge n.10 del 2011 nella quale si prevede l'adozione da parte del MIUR di un apposito *Regolamento* per definire il funzionamen-

to e la struttura del *Sistema nazionale di valutazione* (SNV). La legge stabilisce che la struttura di tale Sistema poggi su tre soggetti:
- l'Istituto nazionale per la valutazione del sistema di istruzione e formazione (INVALSI);
- l'Istituto nazionale di documentazione del sistema di istruzione e formazione (INDIRE);
- il corpo ispettivo.

Il Regolamento relativo all'avvio del Sistema nazionale di valutazione è entrato in vigore il 19 lugio2013 a seguito dell'emanazione del DPR 28 marzo 2013, n. 80 «*Regolamento sul sistema nazionale di valutazione in materia di istruzione e formazione*». Nell'art. 1 del Decreto si ripropongono i soggetti ai quali sarà affidata la gestione dell'SNV: *INVALSI*, che ne assume il coordinamento, *INDIRE* e *corpo ispettivo*. I provvedimenti successivi e attuativi del DPR 80 e la struttura organizzativa del nostro SNV possono essere così rappresentati:
- DPR del 28.3.2013, n. 80 – Regolamento del sistema nazionale di valutazione in materia d'istruzione e formazione;
- Circolare MIUR del 21.10.2014, n. 47 di trasmissione della Direttiva del 19.9.2014 «*Priorità strategiche della valutazione del sistema educativo di istruzione e formazione*».

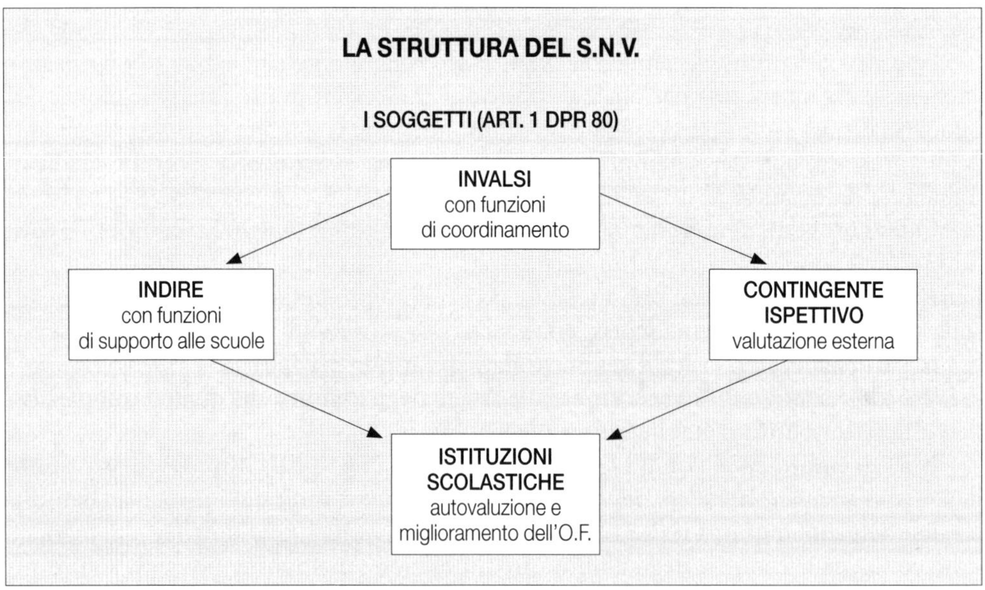

Le scuole sono *co-protagoniste* dell'SNV, in quanto sono, allo stesso tempo, destinatarie di un servizio organizzato dal Sistema e istituzioni che partecipano a pieno titolo al miglioramento del Sistema medesimo.

Compiti, obiettivi, valore aggiunto

L'INVALSI elabora i *protocolli di valutazione* che dovranno essere utilizzati dai nuclei di valutazione esterna (NEV), composti da un dirigente tecnico con funzioni di coordinamento, da un esperto del mondo della scuola, da un esterno; pianifica altresì il programma delle visite agli istituti che saranno soggetti a tale accertamento esterno.

L'INDIRE supporterà le istituzioni scolastiche nella definizione e nell'attuazione dei *piani di miglioramento* della qualità dell'offerta formativa; cura inoltre il sostegno ai processi di innovazione centrati sulla diffusione e sull'utilizzo delle nuove tecnologie.

Il contingente ispettivo concorre a realizzare gli obiettivi dell'SNV, coordinando i nuclei di valutazione, in modo da valorizzare il ruolo stesso dei dirigenti e dei docenti delle scuole visitate.

Nel regolamento di cui al DPR n. 80/2013 emergono due importanti novità rispetto ai progetti che hanno preceduto alcune sistematiche azioni di valutazione delle scuole:
- l'*obbligatorietà* dell'autovalutazione d'istituto tramite un format predisposto in formato digitale dall'INVALSI;
- il ricorso alla *valutazione esterna*, affidata, come già sottolineato, a un dirigente tecnico con funzioni di coordinamento, a un esperto del mondo della scuola e a un esterno.

Nel corso dell'a.s. 2014-2015, tutte le istituzioni scolastiche hanno provveduto a deliberare il Rapporto di autovalutazione (RAV) nel quale sono state esplicitate le criticità del servizio e il piano di miglioramento che si intende concludere nell'a.s. 2017-2018.

Il RAV è riconducibile a quattro passaggi, che sono di natura:
- *descrittiva*: relativa alla raccolta delle informazioni e dei dati ritenuti più pertinenti all'elaborazione del piano di miglioramento;
- *valutativa*: relativa all'esame e a ipotesi interpretative in merito agli esiti conseguiti dagli alunni;
- *metodologica*: relativa all'attivazione del processo di miglioramento, attraverso gruppi di lavoro, commissioni di studio (*chi fa che cosa*);
- *proattiva*: relativa all'individuazione di alcune priorità sulle quali le scuole decidono di innestare il processo di miglioramento.

Le priorità di intervento esplicitate da ogni istituzione scolastica nel proprio Rapporto di autovalutazione sono confluite nel gennaio 2016 nel *Piano Triennale dell'Offerta Formativa* (PTOF), che nella Legge 107/2015 ha sostituito il «vecchio» POF (Piano dell'Offerta Formativa).

Al termine (ma anche nel corso) del triennio entro cui le scuole dovranno aver conseguito gli obiettivi esplicitati nel piano di miglioramento, i singoli istituti avranno più chiaro in che misura essi hanno operato e quale sarà il *valore aggiunto* effettivamente conseguito. Che cos'è il valore aggiunto?

> Il valore aggiunto evidenzia il *modus operandi* della istituzione scolastica, «depurato» da tutte quelle condizioni di svantaggio che connotano l'utenza di una scuola rispetto a un'altra che si trovi in analoghe condizioni. In questo senso, il valore aggiunto è strettamente collegato all'*effetto scuola,* in quanto, ad esempio, i risultati

> ottenuti da uno studente di un liceo, raffrontati con quelli conseguiti da un alunno di un istituto professionale, vengono calcolati *al netto* dei fattori di contesto che non sono controllabili dalla scuola. (Capaldo- Rondanini, 2015)

In ogni caso, una valutazione dell'istituzione scolastica che si prefigge l'obiettivo di innescare processi di miglioramento non può essere affidata a semplici calcoli statistici.

> È necessario, invece, interpretare *in loco* in che modo certi esiti derivino dalle forme organizzative interne, dalle caratteristiche del contesto esterno, dalle risorse a disposizione, dalla tipologia dell'utenza. L'autovalutazione d'istituto consiste proprio nell'analisi di questa *soft information* che dall'esterno è difficile rilevare. (Capaldo-Rondanini, 2015)

La recente Legge sulla *Buona Scuola* (107/2015) non modifica i principi cardine del sistema di valutazione; si dà, infatti, per acquisita la normativa più recente, dal DPR 80/2013, più volte citato, ai provvedimenti successivi di attuazione (Direttiva del settembre 2014 e CM 47 dell'ottobre dello stesso anno).

Si completerà il sistema con l'introduzione dei passaggi normativi relativi alla valutazione delle professionalità, attraverso *forme premiali* di riconoscimento del merito dei dirigenti scolastici e dei docenti.

Tratto e adattato da *Il sistema italiano di istruzione e formazione. Memoria, progetto e nuovi compiti*, pp. 243-249

AMBITO 4

AMBITO ORGANIZZATIVO E DELLA GOVERNANCE

“*La scuola è aperta a tutti. L'istruzione inferiore, impartita per almeno otto anni, è obbligatoria e gratuita. I capaci e meritevoli, anche se privi di mezzi, hanno diritto di raggiungere i gradi più alti degli studi. La Repubblica rende effettivo questo diritto con borse di studio, assegni alle famiglie ed altre provvidenze, che devono essere attribuite per concorso.*”

— Art. 34, Costituzione Italiana

CAPITOLO 36

PROCEDURE PER L'ACCOGLIENZA E L'INTEGRAZIONE

(Sofia Cramerotti; Nunziante Capaldo e Luciano Rondanini)

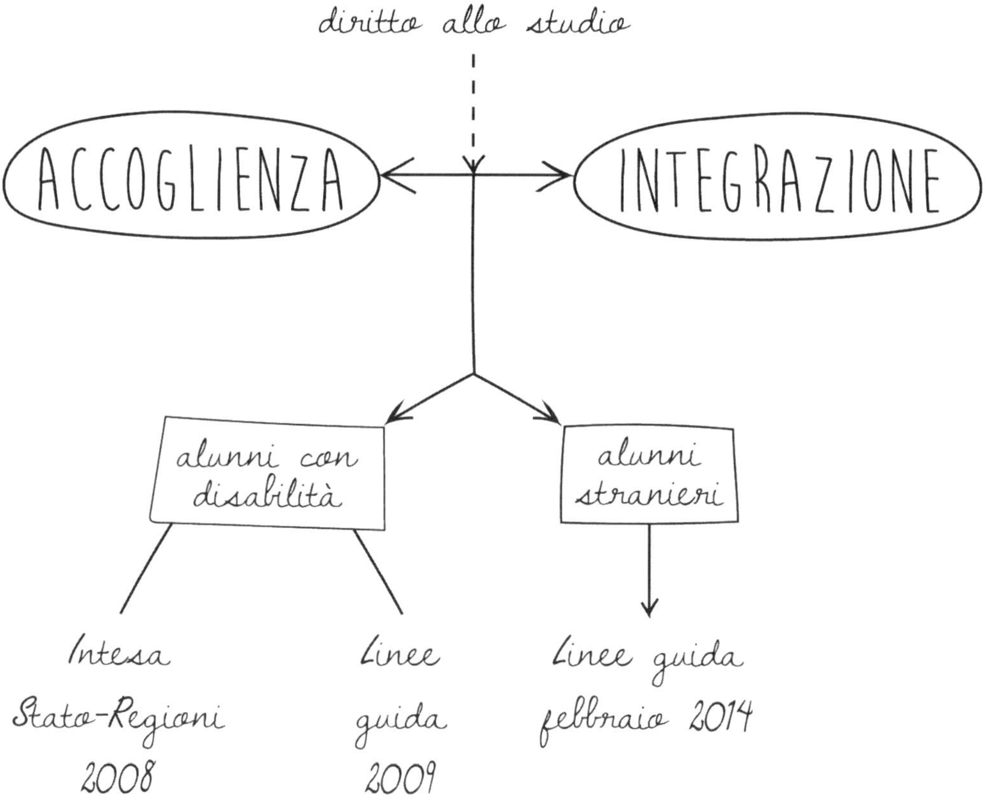

L'accoglienza scolastica, la presa in carico e l'integrazione degli alunni con disabilità

Sofia Cramerotti

Il 20 Marzo 2008 la Conferenza Stato-Regioni ha definito i nuovi criteri di presa in carico per l'integrazione scolastica, sanciti in un'apposita Intesa. Tale documento è interessante fin dal titolo e dall'introduzione che sottolineano che esso è «finalizzato a stabilire modalità e criteri» per il coordinamento di tutti gli interventi delle diverse istituzioni pubbliche coinvolte, le quali «si impegnano a realizzare gli interventi, prevedendo anche modalità di valutazione e monitoraggio».

Inoltre, come abbiamo visto, essa contiene delle significative novità quali: la centralità dell'alunno disabile, la semplificazione in materia di certificazione, l'abolizione del profilo dinamico funzionale con il suo assorbimento nella diagnosi funzionale, il richiamo alle esigenze effettive nell'assegnazione dei docenti specializzati per il sostegno.

Un altro documento strategico, parlando di integrazione, è costituito dalle «Linee guida per l'integrazione scolastica degli alunni con disabilità» (MIUR, 2009). L'intento è quello di innalzare il livello qualitativo degli interventi formativi e educativi degli alunni con disabilità. La finalità è stata quindi quella di fornire agli operatori scolastici una visione organica che li potesse orientare verso la reale corrispondenza e conformità ai principi dell'integrazione. Il box 36.1 riporta i contenuti delle Linee guida, mentre il box 36.2 alcune ulteriori specifiche tratte dalla Legge 107/2015.

BOX 36.1

Linee guida per l'integrazione scolastica degli alunni con disabilità – MIUR 2009

I PARTE: IL NUOVO SCENARIO. IL CONTESTO COME RISORSA

1. I principi costituzionali e la legislazione italiana in materia di alunni con disabilità
   1.1 Art. 3 ed Art. 34 Costituzione
   1.2 Legge 118/71 e Legge 517/77
   1.3 Legge 104/92
   1.4 DPR 24 febbraio 1994
2. Convenzione ONU per i diritti delle persone con disabilità
3. La Classificazione Internazionale del Funzionamento dell'OMS

II PARTE: L'ORGANIZZAZIONE

1. Il ruolo degli Uffici Scolastici Regionali
2. Rapporti interistituzionali

III PARTE: LA DIMENSIONE INCLUSIVA DELLA SCUOLA

1. Il ruolo del dirigente scolastico
   1.1 Leadership educativa e cultura dell'integrazione
   1.2 Programmazione

1.3 Flessibilità
1.4 Il progetto di vita
1.5 La costituzione di reti di scuole

2. La corresponsabilità educativa e formativa dei docenti
2.1 Il clima della classe
2.2 Le strategia didattiche e gli strumenti
2.3 L'apprendimento-insegnamento
2.4 La valutazione
2.5 Il docente assegnato alle attività di sostegno

3. *Il personale ATA e l'assistenza di base*

4. La collaborazione con le famiglie

Nella *Premessa* alle Linee Guida MIUR del 2009 si legge quanto segue:

> «Le presenti Linee Guida raccolgono una serie di direttive che hanno lo scopo, nel rispetto dell'autonomia scolastica e della legislazione vigente, di migliorare il processo di integrazione degli alunni con disabilità. Elaborate sulla base di un confronto fra dirigenti ed esperti del MIUR nonché con la partecipazione delle Associazioni delle persone con disabilità, esse mirano a rilanciare il tema in questione, punto fermo della tradizione pedagogica della scuola italiana, e che tale deve essere anche in momenti di passaggio e trasformazione del sistema di istruzione e formazione nazionale. Individuano inoltre una serie di criticità emerse in questi ultimi anni nella pratica quotidiana del fare scuola e propongono possibili soluzioni per orientare l'azione degli Uffici Scolastici Regionali, dei Dirigenti Scolastici e degli Organi collegiali, nell'ambito delle proprie competenze.
>
> L'integrazione scolastica degli alunni con disabilità è un processo irreversibile, e proprio per questo non può adagiarsi su pratiche disimpegnate che svuotano il senso pedagogico, culturale e sociale dell'integrazione trasformandola da un processo di crescita per gli alunni con disabilità e per i loro compagni a una procedura solamente attenta alla correttezza formale degli adempimenti burocratici. Dietro alla «coraggiosa» scelta della scuola italiana di aprire le classi normali affinché diventassero effettivamente e per tutti «comuni», c'è una concezione alta tanto dell'istruzione quanto della persona umana, che trova nell'educazione il momento prioritario del proprio sviluppo e della propria maturazione.
>
> Crescere è tuttavia un avvenimento individuale che affonda le sue radici nei rapporti con gli altri e non si può parlare di sviluppo del potenziale umano o di centralità della persona considerandola avulsa da un sistema di relazioni la cui qualità e la cui ricchezza è il patrimonio fondamentale della crescita di ognuno. La scuola è una comunità educante, che accoglie ogni alunno nello sforzo quotidiano di costruire condizioni relazionali e situazioni pedagogiche tali da consentirne il massimo sviluppo.
>
> Una scuola non solo per sapere dunque ma anche per crescere, attraverso l'acquisizione di conoscenze, competenze, abilità, autonomia, nei margini delle capacità individuali, mediante interventi specifici da attuare sullo sfondo costante e imprescindibile dell'istruzione e della socializzazione. In questo senso si configura la norma costituzionale del diritto allo studio, interpretata alla luce della legge 59/1997 e del DPR 275/1999, da intendersi quindi come tutela soggettiva affinché le istituzioni scolastiche, nella loro autonomia funzionale e flessibilità organizzativa, predispongano le condizioni e realizzino le attività utili al raggiungimento del successo formativo di tutti gli alunni.
>
> La prima parte delle Linee Guida consta in una panoramica sui principi generali, individuabili tanto nell'ordinamento italiano quanto in quello internazionale, concernenti l'integrazione scolastica. Ciò non per ripetere conoscenze già note a chi lavora nel mondo della scuola, ma per ricapitolare un percorso davvero eccezionale di legisla-

zione scolastica, proprio quando la Convenzione ONU per i diritti delle persone con disabilità, ratificata dal Parlamento italiano con la Legge 18/2009, impegna tutti gli Stati firmatari a prevedere forme di integrazione scolastica nelle classi comuni, che è, appunto, la specificità italiana.

La prima parte presenta inoltre l'orientamento attuale nella concezione di disabilità, concezione raccolta in particolare dalla detta Convenzione.

Si è andato infatti affermando il «modello sociale della disabilità», secondo cui la disabilità è dovuta dall'interazione fra il deficit di funzionamento della persona e il contesto sociale.

Quest'ultimo assume dunque, in questa prospettiva, carattere determinante per definire il grado della Qualità della Vita delle persone con disabilità.

In linea con questi principi si trova l'ICF, l'International Classification of Functioning, che si propone come un modello di classificazione bio-psico-sociale decisamente attento all'interazione fra la capacità di funzionamento di una persona e il contesto sociale, culturale e personale in cui essa vive.

La seconda parte entra nelle pratiche scolastiche, individuando problematiche e proposte di intervento concernenti vari aspetti e soggetti istituzionali coinvolti nel processo di integrazione. In particolare, si riconosce la responsabilità educativa di tutto il personale della scuola e si ribadisce la necessità della corretta e puntuale progettazione individualizzata per l'alunno con disabilità, in accordo con gli Enti Locali, l'ASL e le famiglie».

BOX 36.2

Integrazione degli alunni con disabilità e «Buona Scuola»

La legge n. 107 del 2015 («Buona Scuola») contiene al suo interno anche obiettivi specifici volti alla «promozione dell'inclusione scolastica degli studenti con disabilità» e al «riconoscimento delle differenti modalità di comunicazione» (cfr. articolo 1, comma 181, lettera c).
Più nello specifico, il Governo è chiamato a intervenire nei seguenti ambiti:

1. La ridefinizione del ruolo del personale docente di sostegno al fine di favorire l'inclusione scolastica degli studenti con disabilità, anche attraverso l'istituzione di appositi percorsi di formazione universitaria.
2. La revisione dei criteri di inserimento nei ruoli per il sostegno didattico, al fine di garantire la continuità del diritto allo studio degli alunni con disabilità, in modo da rendere possibile allo studente di fruire dello stesso insegnante di sostegno per l'intero ordine o grado di istruzione.
3. L'individuazione dei livelli essenziali delle prestazioni scolastiche, sanitarie e sociali, tenuto conto dei diversi livelli di competenza istituzionale.
4. La previsione di indicatori per l'autovalutazione e la valutazione dell'inclusione scolastica.
5. La revisione delle modalità e dei criteri relativi alla certificazione, che deve essere volta a individuare le abilità residue al fine di poterle sviluppare attraverso percorsi individuati di concerto con tutti gli specialisti di strutture pubbliche, private o convenzionate che seguono gli alunni con disabilità ai sensi degli articoli 3 e 4 della legge 5 febbraio 1992, n. 104, e della legge 8 ottobre 2010, n. 170, che partecipano ai gruppi di lavoro per l'integrazione e l'inclusione o agli incontri informali.
6. La revisione e la razionalizzazione degli organismi operanti a livello territoriale per il supporto all'inclusione.

7. La previsione dell'obbligo di formazione iniziale e in servizio per i dirigenti scolastici e per i docenti sugli aspetti pedagogico-didattici e organizzativi dell'integrazione scolastica.
8. La previsione dell'obbligo di formazione in servizio per il personale amministrativo, tecnico e ausiliario, rispetto alle specifiche competenze, sull'assistenza di base e sugli aspetti organizzativi ed educativo-relazionali relativi al processo di integrazione scolastica.
9. La previsione della garanzia dell'istruzione domiciliare per gli alunni che si trovano nelle condizioni di cui all'articolo 12, comma 9, della legge 5 febbraio 1992, n. 104.

Infine, vanno sottolineati due ulteriori aspetti:

- La possibilità di istituire posti di sostegno in deroga nei limiti delle risorse previste a legislazione vigente
- La possibilità di assicurare agli studenti con disabilità l'insegnamento delle materie scolastiche anche attraverso il riconoscimento delle differenti modalità di comunicazione, senza nuovi o maggiori oneri a carico della finanza pubblica.

Linee guida per gli alunni stranieri

Nunziante Capaldo e Luciano Rondanini

Alcune delle principali forze politiche presenti in Parlamento sono intenzionate a modificare l'attuale norma sull'acquisizione della cittadinanza da parte degli stranieri, che risale alla Legge 91 del 1992.

Questa prospettiva si lega a un ripensamento profondo del nostro futuro, considerato che la struttura sociale dell'Italia sta rapidamente cambiando e la presenza di cittadini non italiani (CNI) sta crescendo, anche se a ritmi più lenti rispetto ai primi dieci anni dell'inizio del XXI secolo.

Come viene sottolineato nelle *Linee guida per l'accoglienza e l'integrazione degli alunni stranieri* del febbraio 2014,

> la presenza di alunni stranieri è un dato strutturale e riguarda tutti i livelli del sistema scolastico. La trasformazione più significativa, e con più incidenza sui percorsi formativi, riguarda il forte aumento degli alunni con cittadinanza non italiana nati in Italia.

La seconda generazione di stranieri (*2g*) comprende i bambini nati in Italia da genitori entrambi stranieri *(native borns).*

In questo costrutto possono essere inclusi anche i figli giunti in Italia dopo la nascita (newcomers): la cosiddetta *generazione 1,5.*

Al lato opposto del fenomeno migratorio possiamo collocare gli alunni stranieri neo-arrivati, che giungono in Italia in età pre e adolescenziale: per questi l'esperienza scolastica (e non solo) risulta molto diversa da quella dei loro coetanei nati in Italia o arrivati per ricongiungimento da piccoli.

Il tema delle seconde generazioni si collega al fatto che molti bambini, che continuiamo a chiamare stranieri, fanno le stesse esperienze e frequentano la medesima scuola dei coetanei italiani.

Le cosiddette seconde generazioni devono mediare tra differenti appartenenze e identificazioni: quelle con i membri che compongono la propria famiglia, genitori in primis, e quelle con la società ospitante, in particolare con i compagni di scuola, contesto nel quale si costruiscono legami, amicizie, valori in una certa misura indipendenti rispetto all'ambiente di provenienza. E nel nostro sistema d'istruzione la presenza degli alunni stranieri è cresciuta in modo rilevante nell'ultimo quindicennio.

Nell'a.s. 2012-2013 gli alunni stranieri frequentanti la scuola statale erano complessivamente 786.630, corrispondente all'8,8% del totale. Di questi la stragrande maggioranza appartiene alla seconda generazione. In particolare nelle scuole dell'infanzia e della primaria questa tipologia di *nuovi cittadini* raggiunge indici molto elevati, che vanno oltre l'80%.

Ci sono regioni però in cui la percentuale degli alunni CNI, rispetto al dato nazionale, si raddoppia. È il caso dell'Emilia-Romagna nella quale, nell'a.s. 2012-2013 erano presenti nel sistema d'istruzione 90.286 alunni stranieri, pari al 15% del totale.

Pertanto, le politiche educative che interessano gli alunni CNI devono essere ripensate alla luce di questo dato strutturale del nostro sistema d'istruzione.

Le *Indicazioni nazionali per il curricolo della scuola dell'infanzia e del primo ciclo d'istruzione* del novembre 2012 confermano la scelta dell'educazione interculturale che permette a tutti i bambini e i ragazzi il riconoscimento reciproco della propria identità.

I popoli che si sono fatti cogliere impreparati all'appuntamento con il fenomeno dell'immigrazione hanno pagato a duro prezzo la loro chiusura. Non possiamo costruire il futuro dei bambini e dei giovani su una reciproca indifferenza.

L'accoglienza

La parola «accoglienza» pone le persone di fronte al grande tema dell'incontro. Accogliere l'altro è difficile soprattutto quando le origini e le provenienze degli individui sono molto diverse tra loro. I popoli del Paese che «accoglie» si sentono spesso minacciati dalle convinzioni e dalla presenza di minoranze avvertite come distanti ed estranee.

Nelle politiche migratorie il momento dell'accoglienza risulta determinante per avviare un processo corretto d'inclusione. Considerato che in Italia la scuola è l'unico spazio pubblico in cui tutti i ragazzi si incontrano, in essa si gettano le basi di un'effettiva accoglienza o di un senso del distacco e della separazione.

In ambito scolastico l'accoglienza riveste un duplice significato: il primo riguarda aspetti amministrativi, il secondo organizzativi e educativi.

Nelle Linee guida del 2014 si sottolinea che:

> Con il termine accoglienza ci si riferisce all'insieme degli adempimenti e dei provvedimenti attraverso i quali viene formalizzato il rapporto dell'alunno e della sua famiglia con la realtà scolastica.

È l'accoglienza dei *dispositivi*, che coincide con l'insieme delle procedure e delle modalità del momento iniziale. Nelle Linee guida, si evidenzia inoltre l'importanza del coinvolgimento delle famiglie.

> Così, si sottolinea nel Documento, oltre alle informazioni sull'alunno e agli aspetti organizzativi e amministrativi, assume una notevole importanza la relazione con le

famiglie degli alunni. Per un corretto inserimento di questi ultimi, sono altresì determinanti le associazioni dei genitori. In questo contesto, infatti, lo scambio vicendevole di esperienze e suggerimenti tra le famiglie, una a supporto dell'altra, può fornire un positivo contributo all'integrazione dell'intero gruppo familiare.

Una buona accoglienza però non può limitarsi solo, per quanto auspicabile, a questa fase. Ci sono almeno altre due dimensioni che devono essere evidenziate: l'accoglienza negli atteggiamenti e l'accoglienza nel tempo. La prima interessa la cornice delle «attenzioni» dei docenti e di tutto il personale della scuola che si iscrive nel processo di «cura educativa» rivolto ai bisogni del bambino straniero, soprattutto se è neo-arrivato. Gli atteggiamenti fanno parte di quell'implicito professionale che si manifesta con i gesti, con le premure e con le forme di accompagnamento.

L'accoglienza nel tempo è sicuramente legata alle prime forme di integrazione, ma si sviluppa in un tempo «lungo», quando emergeranno esigenze legate agli apprendimenti, alla conoscenza dell'italiano e più in generale ai problemi dello studio. In generale però l'esperienza della migrazione costringe le persone, soprattutto i bambini, a adattamenti molto rapidi che spesso non vengono affrontati con le adeguate forme di sostegno.

Alla base dell'integrazione degli alunni stranieri, di prima e di seconda generazione, dobbiamo porre il tema dell'identità. Non un'identità di tipo assimilativo secondo cui lo straniero deve riconoscersi unicamente nella cultura del Paese ospitante, ma un'identità plurale che permetta a ogni gruppo umano di elaborare una visione positiva di sé, della propria comunità ma anche delle altrui appartenenze.

L'inclusione, infatti, è la ricerca di nuovi orizzonti che interessano tutti i contesti dell'esistenza nei quali i diritti e i doveri degli uni devono essere anche i diritti e i doveri degli altri.

Si può parlare in questo senso di *competenza interculturale* come capacità di interagire con persone che vivono una significativa molteplicità dei modi di concepire la vita (valori, usi, costumi, ecc.), rendendo la vita stessa più ricca di strumenti abilitativi, in grado di mettere tutti gli individui nella condizione di affrontare le sfide di un mondo nel quale la prospettiva interculturale sarà la regola e non l'eccezione.

Il diritto all'apprendimento e la valutazione dei risultati

L'art. 45 del DPR 394/1999 (*Regolamento recante norme di attuazione del testo unico delle disposizioni concernenti la disciplina dell'immigrazione e norme sulla condizione dello straniero)* prevede che:

> I minori stranieri presenti sul territorio nazionale hanno diritto indipendentemente dalla regolarità della posizione in ordine al loro soggiorno, nelle forme e nei modi previsti per i cittadini italiani.

Questo principio non è mai stato messo in discussione anche nei momenti in cui si sono ipotizzate le «classi ponte» per i soli stranieri o soluzioni simili.

Quindi, nel nostro Paese l'iscrizione scolastica di un alunno non italiano avviene seguendo le procedure di tutti gli altri allievi. Il diritto allo studio è formalmente e universalmente garantito. È del tutto evidente che l'assegnazione alla classe di un ragazzo neo-arrivato in corso d'anno potrà variare in relazione alla sua specifica condizione, secondo quanto deliberato dal Collegio dei docenti. Nell'art. 45 soprarichiamato si afferma che:

> I minori stranieri soggetti all'obbligo scolastico vengono iscritti alla classe corrispondente all'età anagrafica, salvo che il Collegio dei docenti deliberi l'iscrizione in una classe diversa.

La documentazione richiesta ai genitori, fatta salva la possibilità di produrre autocertificazione, la cui normativa si estende anche ai cittadini stranieri, è la seguente: *permesso di soggiorno* e *documenti anagrafici*. In mancanza dei documenti, la scuola è comunque tenuta (Linee guida 2014) a iscrivere il minore straniero. Non vi è neanche l'obbligo, si afferma nelle Linee guida, da parte degli operatori scolastici di denunciare la condizione di soggiorno irregolare. Inoltre devono essere prodotti i *documenti sanitari* e *quelli scolastici*.

Un tema controverso è invece quello della valutazione degli apprendimenti. Infatti, da un lato nel Regolamento sulla valutazione scolastica (DPR n. 122/2009) si sottolinea che la valutazione degli alunni stranieri avviene come per tutti gli altri, dall'altro però nella Direttiva del 27 dicembre 2012 sugli alunni con Bisogni Educativi Speciali (BES) si ipotizzano forme di valutazione personalizzata.

Nelle *Linee guida per l'accoglienza e l'integrazione degli alunni stranieri* del febbraio 2014, a questo proposito, si afferma che gli alunni CNI necessitano di interventi didattici di natura transitoria relativi all'apprendimento dell'italiano e che solo in casi eccezionali si può ricorrere alla predisposizione di un Piano Didattico Personalizzato (PDP). Si fa riferimento in questo caso, si sottolinea nel testo, agli alunni neo-arrivati ultratredicenni, provenienti da Paesi di lingua non latina. Dunque, la correttezza dell'affermazione del principio pedagogico sulla valutazione degli alunni stranieri, come equivalente a quella degli allievi italiani, implica una contestuale attenzione alla cultura, alla storia e alle competenze in italiano di ciascun alunno.

La norma quindi, nel sottolineare, in generale, la dimensione formativa della valutazione, pone delle eccezioni per quanto concerne la popolazione scolastica straniera. Si dovrà pertanto assicurare una valutazione che tenga conto della storia scolastica precedente, degli esiti raggiunti, delle conoscenze e abilità maturate, delle caratteristiche delle scuole frequentate, ecc. formulando un «bilancio di competenze» che valorizzi i punti di forza e le potenzialità dell'individuo.

In ogni caso, la normativa sugli esami non consente di differenziare le prove, fatta eccezione per gli studenti che vengono presentati dal consiglio di classe con un PDP.

Nelle Linee guida inoltre si assicura che

> per l'esame al termine del primo ciclo, nel caso di notevoli difficoltà comunicative, è possibile prevedere la presenza di docenti o mediatori linguistici competenti nella lingua d'origine degli studenti per facilitare la comprensione. Nel caso sia stato possibile assicurare allo studente l'utilizzazione della lingua d'origine per alcune discipline scolastiche, potrà essere effettuato l'accertamento delle competenze maturate.

Alcune delle condizioni previste per l'esame di licenza secondaria di primo grado sono assicurate anche al termine dell'esame del secondo ciclo d'istruzione. Ad esempio, nel colloquio orale potranno essere valorizzati contenuti relativi alla cultura e alla lingua del Paese d'origine.

Scuola multiculturale o scuola internazionale?

Questo paragrafo riprende il titolo dell'*incipit* delle Linee guida ricordate più volte. Perché?

La prospettiva interculturale, fatta propria dal nostro Paese fin dai primi documenti dell'allora MPI, agli inizi degli anni Novanta (in particolare, la CM 205/1990), si sta dimostrando una scelta complessivamente vincente.

Nel Documento del MIUR, *La via italiana per la scuola interculturale e l'integrazione degli alunni stranieri* del 2007, si afferma che la nostra scuola sceglie di adottare la prospettiva interculturale come promozione del dialogo e del confronto tra le culture per tutti gli alunni e a tutti i livelli.

> Scegliere tale ottica significa, quindi, non limitarsi a mere strategie di integrazione degli alunni immigrati, né a misure compensatorie di carattere speciale. Si tratta, invece, di assumere la diversità come paradigma dell'identità stessa della scuola nel pluralismo, come occasione per aprire l'intero sistema a tutte le differenze (di provenienza, genere, livello sociale, storia scolastica).

Questa scelta, anche in considerazione dell'importanza economica (non solo!) di Paesi che stanno cambiando in profondità gli equilibri mondiali, diventa una straordinaria opportunità per tutti, stranieri e italiani.

Va sottolineato innanzitutto che la nostra lingua può essere veicolata in realtà nazionali di tutti i continenti. Il plurilinguismo è dinamico e in continuo movimento e, quindi, facilita scambi, relazioni, rapporti che si sviluppano a livello planetario.

In secondo luogo, l'opportunità, come sta avvenendo in molte nostre scuole, di inserire nel curricolo d'istituto lingue nuove (cinese, russo, arabo, ecc.) è un volano di crescita per l'intera comunità scolastica e per la più ampia comunità sociale.

Dalla scuola multiculturale stiamo passando alla *scuola internazionale*, grazie agli stimoli che la presenza degli immigrati ci sta offrendo.

Come opportunamente si sottolinea nelle Linee guida,

> l'educazione interculturale costituisce lo sfondo da cui prende avvio la specificità di percorsi formativi rivolti ad alunni stranieri, nel contesto di attività che devono connotare l'azione educativa nei confronti di tutti.
>
> Infatti, l'educazione interculturale rifiuta sia la logica dell'assimilazione sia quella della convivenza tra comunità etniche chiuse ed è orientata a favorire il confronto, l'arricchimento delle persone, il reciproco riconoscimento, nel rispetto delle diverse identità e appartenenze.

La dimensione internazionale del curricolo d'istituto segna già la strada che le istituzioni scolastiche più avvedute hanno intrapreso.

Nel nostro Paese, in certe realtà, vengono organizzati corsi pomeridiani nei quali il bambino cinese e il coetaneo italiano studiano insieme la lingua cinese. Il primo per non dimenticare la lingua materna, il secondo per acquisire dimestichezza con un idioma che potrà diventare il perno attorno cui fare ruotare il proprio futuro. La scuola funge in tal modo da volano destinato ad arricchire non soltanto l'integrazione dentro le aule, ma una straordinaria opportunità di crescita per tutti i ragazzi nel più ampio contesto sociale.

Tratto e adattato da *Dirigere domani,* 2015, pp. 340-341, 348-351

CAPITOLO 37

RISPOSTE ORGANIZZATIVE DELLA SCUOLA IN OTTICA INCLUSIVA: DALLA DIDATTICA LABORATORIALE ALLA COMPRESENZA DIDATTICA

(Francesco Zambotti; Umberto Margiotta; Dario Ianes)

Bisogni educativi e Bisogni Educativi Speciali a scuola

Francesco Zambotti

La realtà quotidiana della nostra scuola, così come quella della nostra società, è contraddistinta dal confronto costante con l'eterogeneità delle richieste e dei bisogni dei nostri alunni e della comunità intera che gravita attorno al mondo della scuola. Già quindici anni fa, Brahm Norwich, uno dei massimi studiosi internazionali delle pratiche e politiche inclusive, aveva evidenziato come nella scuola coesistano quotidianamente tre tipi fondamentali di bisogni educativi a cui è necessario rispondere (Norwich, 2000, pp. 19-25):

- bisogni *comuni,* che fanno riferimento a caratteristiche possedute da tutti;
- bisogni *specifici,* che riguardano aspetti condivisi da alcuni alunni;
- bisogni *individuali,* che sono riconducibili esclusivamente ad alcuni alunni e sono differenti da tutti gli altri.

In questa tripartizione, elaborata a livello internazionale, ritroviamo anche la complessità e la ricchezza dei bisogni tipici della scuola italiana che da quarant'anni, non senza difficoltà, accoglie tutti gli alunni con disabilità nelle classi comuni e che, negli ultimi anni, ha contribuito a innovare la normativa, cercando una risposta ai bisogni educativi degli alunni con Disturbi Specifici di Apprendimento (DSA) e con altre forme di svantaggio di origine socioculturale, linguistico o clinico.

Nella macrocategoria di Bisogni Educativi, quindi, convergono tutte quelle necessità educative normali e speciali che richiedono degli accorgimenti didattici specifici per realizzare una piena inclusione di tutti gli alunni, che si traduce nel massimo grado possibile di apprendimento rispetto alle proprie potenzialità e di partecipazione alla vita sociale e comunitaria, sia a scuola, sia nell'extrascuola.

La progettualità del laboratorio

Umberto Margiotta

È evidente come in un'ottica di didattica laboratoriale si vada oltre una responsabilità magistrale come gestione amministrativa dei programmi, oltre una logica esecutiva e si metta, invece, in campo una logica progettuale, una logica di relazioni complesse che utilizza risorse umane e tecniche assolutamente diverse.

Il laboratorio esige per la progettualità stessa che lo contraddistingue di portare le attività educative all'esterno della scuola, di servirsi di «esperti» e di risorse esterne, di utilizzare costantemente il metodo della ricerca che si affina via via, che impone la necessità di usare documentazione pertinente, di mettere a punto strumenti per la rilevazioni dei dati, di criteri, di produrre verifiche di interpretazione dei dati stessi.

Se il laboratorio è luogo di ricerca produttiva che si contraddistingue ed evita la genericità e l'approssimazione proprio grazie alla sua connessione con la produttività, occorre tener presente che le circostanze, i mezzi e i modi del produrre sono diversi e allo stesso modo è diversa la realtà fisica del laboratorio. La distinzione tra teorico e pratico può risultare un'indebita semplificazione, giacché ciascuna ricerca necessita di strumentazioni sue proprie, di procedure che continuamente richiedono il meticciamento tra teoria e pratica e una ricerca di fisica teorica può, ad esempio, richiedere esperimenti continui e laboratori con apparecchiature tecnologiche ingenti. Occorre, insomma, tener presente che il matematico, il fisico teorico, lo storico e l'artista fanno ricerca produttiva in modi molto diversi e la diversità rientra anche in ciascun campo. Ma ci sono anche significativi tratti comuni: solo in via provvisoria possiamo assumere la ricerca come un procedimento tutto sistematico, intenzionale e lineare; in realtà nella ricerca si evidenzia tutta la eterogeneità della struttura della mente: il problema, il progetto, i mezzi tecnici, le verifiche, la documentazione sono caratterizzati da andamenti che danno largo spazio a elementi informali, a intuizioni, a scoperte improvvise, a tempi apparentemente morti, a regressioni, a scoraggiamenti, a digressioni.

Utilizzando il metodo della ricerca, la programmazione si trasforma in progettualità e l'interdisciplinarità — che spesso è un forzato e artificioso accostamento di materie diverse — diventa un naturale elemento. Dunque, la ricerca è assunta come mezzo normale e necessario per trovare spiegazioni scientifiche, per compiere operazioni tecniche, per conoscere istituzioni, ambienti naturali o produttivi, e più in generale dare giudizi e prendere decisioni su basi attendibili. La ricerca, prima di essere una metodologia di soluzione di problemi intenzionale e sistematica elaborata da esperti, è un modo naturale di comportarsi della mente in quanto la mente di per sé ha strutture e funzioni per avvertire e risolvere problemi: compito dell'educazione è quello di rafforzare e affinare i naturali poteri di ricerca dei nostri allievi.

Il laboratorio si caratterizza, allora, come modalità di apprendimento significativo, di analisi e riflessione sul sapere, che l'allievo accumula a scuola ma in larga parte anche nell'extrascuola, diviene l'ambiente nel quale egli mette alla prova ciò che sa, per astrarre ciò che c'è di comune nelle varie discipline con le quali si confronta dentro la scuola. Ambiente quindi non inteso solo come luogo o spazio attrezzato, come aula speciale o decentrata, ma anche come insieme delle condizioni didattiche, sociali e degli interessi per svolgere un compito.

In esso si organizzano attività formative e si sviluppano progetti e unità di apprendimento attraverso la prassi didattica e la ricerca-azione; in esso si coniugano le conoscenze e le abilità, si crea la connessione tra l'aspetto pratico dell'apprendimento e gli obiettivi in una dimensione operativa atta a costruire un percorso di apprendimento formativo. L'attività di laboratorio educa a un percorso di apprendimento flessibile con la possibilità di fare scelte continue e a un modo collettivo di fare cultura: con il corpo e con le mani, più che con i simboli e l'apparato percettivo, l'allievo risponde ai problemi cognitivi posti dall'insegnamento, interagisce e confronta le sue competenze con quelle del gruppo.

Nel momento in cui poi si risvegliano dei bisogni compressi, con le attività laboratoriali si risponde anche a degli interessi spesso trascurati, quali la comunicazione, la costruzione, il fare da sé, il movimento, l'esplorazione.

È evidente come la didattica laboratoriale diventa una metodologia indispensabile per creare ambienti di apprendimento integrati all'interno dei quali gli allievi riconoscono la complessità dell'esperienza umana e sociale e tutte le discipline di studio si intrecciano ologrammaticamente con queste «educazioni». Non si tratta, allora, di insegnare dodici materie a cui si aggiungono sei «educazioni», in una logica scompositiva e di specialismo autoreferenziale: si organizzano, invece, attività educative e didattiche scolastiche unitarie in grado di mobilitare capacità e trasformarle in competenze personali che fanno complessivamente più «sagge» le persone nell'affrontare i problemi e i compiti quotidiani della cittadinanza, dell'ambiente, della circolazione stradale, della salute, delle pratiche alimentari, dell'affettività.

Il ruolo del docente nella pratica laboratoriale

Si è detto che i problemi o i progetti o i compiti che una didattica laboratoriale affronta hanno la caratteristica di essere legati alla vita reale e, come tali, di essi non si conosce a priori la risposta compiuta: la loro caratteristica è proprio quella di coinvolgere studenti e docenti in un comune percorso di ricerca. Studenti e docenti in una relazione simmetrica, dunque? Il docente resta docente, ovviamente; è l'esperto, chi ha maggiori competenze, e, in questa sua veste, ha il dovere di essere modello ed esempio, per l'allievo, di nitidezza e armonia nel percorso risolutivo dei problemi, nella risoluzione dei progetti o nello svolgimento dei compiti. Anche il docente, però, cammina sul filo del problema da risolvere o del progetto da realizzare o del compito da eseguire senza «rete di protezione». Partecipa, in modo diverso, ma partecipa, con i suoi allievi, a una comunità di apprendimento di cui non è affatto spettatore esterno. Il tirocinio formativo che riserva all'allievo è molto di più, anche per lui, di un esercizio ripetitivo: è ogni volta la dimostrazione della sua creatività personale e della competenza professionale.

Nella scelta delle attività, siano esse obbligatorie o opzionali facoltative ma sempre improntate al principio del laboratorium, al docente è richiesto, quale condizione fondamentale, di dichiarare le scelte didattiche e educative, di informare e coinvolgere esplicitamente i destinatari, di spiegare perché serva quel determinato percorso e di condividerlo con i docenti, la famiglia e il territorio. Le scelte fatte dal docente devono essere gestite con il massimo della consapevolezza per non cadere né in automatismi né in una sorta di programmazione olimpica, anticipata, che non rispetterebbe le diverse dinamiche degli apprendimenti personalizzati.

La laboratorialità diviene così il momento in cui l'intenzionalità educativa si fa prassi, ovvero il fine che mentalmente il docente si prefigge fa i conti con la realtà che effettivamente trova e gli permette di valorizzare e rinforzare le motivazioni, di rispondere ai bisogni sociali e ai livelli cognitivi, affettivi, emotivi del soggetto che apprende e di avvalorare contemporaneamente tutti gli apporti disciplinari.

Come si pone, dunque, il docente all'interno della didattica laboratoriale? All'interno delle unità di apprendimento egli dichiara gli obiettivi formativi incrociando gli obiettivi generali del processo formativo e gli obiettivi specifici di apprendimento con la situazione attuale in cui opera, favorendo lo strutturarsi di competenze attraverso opportune strategie educative.

Ne consegue che il docente è anche un esperto conoscitore di metodologie didattiche che agisce seguendo un piano elaborato, riflettendo sulla propria esperienza, confrontandosi con i colleghi, ripensando e correggendo la progettazione in funzione di un nuovo assetto sempre più funzionale all'apprendimento degli allievi.

Nei confronti degli alunni, il docente ha ruolo di accompagnamento, di tutorato e di consulenza. È di volta in volta: propositore-organizzatore; facilitatore della interazione fra i diversi soggetti; negoziatore; garante del processo e del compito; risorsa.

Riprendendo le categorie di Bruner (1997, p. 132), l'insegnante di laboratorio collabora, come membro di una comunità ermeneutica, a un processo interpretativo, a cui partecipano tutti i membri in quanto soggetti capaci di pensare, e come soggetto «esperto» in grado di fornire consulenza in funzione della costruzione della conoscenza. Con l'esercizio dell'autorevolezza il docente favorisce, mediante una continua negoziazione, la crescita individuale e lo sviluppo di tutte le potenzialità dell'allievo, sostenendolo nelle difficoltà, indirizzandolo verso nuovi orizzonti, sollecitando la sua curiosità e il suo interesse.

Come docente di attività di laboratorio egli è attento supervisore dell'applicazione rigorosa delle procedure, pronto però a cogliere i cambiamenti del contesto in cui opera per ridefinire in itinere il processo in un'ottica di flessibilità. La raccolta della documentazione di tutte le fasi del percorso gli consente di attivare, da solo o con il confronto nel team dei docenti interessati, processi di riflessione e di adattamento a nuove esigenze, per offrire a ogni alunno occasioni di apprendimento rispondenti ai bisogni individuali.

È compito del docente stabilire i criteri e le prove di valutazione sulla base dei risultati attesi. In questo caso un metro di giudizio adeguato a un «lavoro autentico» non può essere rappresentato solo dalle prove tradizionalmente volte alla valutazione di conoscenze e abilità; occorre predisporre modalità di osservazione, e successivamente di valutazione, che abbiano come oggetto le competenze che ciascun allievo utilizza nelle varie situazioni che una didattica laboratoriale a tutto campo continuamente utilizza. Si tratta di un tipo di valutazione che considera sia il processo sia il prodotto finale di un percorso, che fornisce informazioni sui progressi conseguiti dallo studente, su quelle capacità che, opportunamente mobilitate, hanno reso significativo l'apprendimento.

La centralità delle didattiche laboratoriali

In *Insegnanti al timone* di Bottani, uno dei maggiori esperti internazionali di sistemi scolastici, in un quadro complessivamente a tinte fosche, vi è un piccolo paragrafo nell'ultimo capitolo caratterizzato da toni idilliaci: è dedicato alle grandi potenzialità della «rivoluzione pedagogica del XX secolo» (Bottani, 2002), quella del costruttivismo epistemologico e pedagogico che pone al centro del processo di insegnamento-apprendimento l'attività costruttiva dello studente.

Per Bottani, la riqualificazione della scuola potrà avvenire soltanto se i principi del costruttivismo potranno generalizzarsi, soppiantando pedagogie e approcci metodologici adatti alla scuola del secolo passato. Per il costruttivismo, l'apprendimento si può realizzare se lo studente è posto al centro del processo di costruzione della conoscenza, se lo studente è attivo sul piano cognitivo e se il processo di insegnamento-apprendimento tiene conto delle complesse dinamiche relazionali che possono facilitare o ostacolare la costruzione della conoscenza. Il costruttivismo ha rielaborato, realizzandone una sintesi felice, i punti di forza del contributo pedagogico di alcuni grandi psicopedagogisti del Novecento, quali Dewey, Piaget, Vygotskij e Bruner, e lasciando invece cadere gli aspetti più effimeri (Calvani, 1998).

Una delle tesi centrali della Cultura dell'Educazione di Bruner è che

> la tradizione pedagogica occidentale rende poca giustizia all'importanza dell'intersoggettività nella trasmissione della cultura [...]. Così il modello dell'insegnamento diventa quello del singolo docente, presumibilmente onnisciente, che racconta e mostra in maniera esplicita ad allievi presumibilmente ignari di qualcosa di cui presumibilmente non sanno niente [...]. Sono convinto che uno dei più grandi regali che una psicologia culturale possa fare all'educazione sia la riformulazione di questa concezione ormai svuotata di significato [...]. Questo comporta la costruzione di culture scolastiche che operino come comunità interattive, impegnate a risolvere i problemi in collaborazione con quanti contribuiscono al processo educativo. Questi gruppi non rappresentano solo un luogo di istruzione, ma anche un centro di costruzione dell'identità personale e di collaborazione. Dobbiamo far sì che le scuole diventino un luogo dove viene praticata (e non semplicemente proclamata) la reciprocità culturale, il che comporta una maggiore consapevolezza da parte dei bambini di quello che fanno, come lo fanno e perché... E siccome all'interno di queste culture scolastiche improntate al reciproco apprendimento si produce spontaneamente una divisione del lavoro, l'equilibrio tra l'esigenza di coltivare i talenti innati e quella di offrire a tutti l'opportunità di progredire viene espressa dal gruppo in una forma più umanistica: «da ciascuno secondo le sue capacità». (Bruner, 1997)

Queste considerazioni sono solo un esempio di ciò che è stato teorizzato negli ultimi decenni da molti psicopedagogisti ed esperti di problematiche educative, e che è stato poi riportato nelle indicazioni ministeriali degli ultimi trent'anni. Viene da molti costantemente indicata la necessità di didattiche laboratoriali, di un insegnamento laboratoriale in tutte le discipline scolastiche, e non tanto di laboratori, intesi questi come attività effettuate in ambiti specifici extracurricolari, o anche come attività connesse alle discipline fondamentali, come il laboratorio scientifico, ma giustapposte a un insegnamento tradizionale, libresco e trasmissivo.

Didattiche laboratoriali come sinonimo, quindi, di modalità di conduzione del processo di insegnamento-apprendimento centrate sul ruolo attivo degli studenti nella costruzione della conoscenza, didattiche centrate sui processi, sulla problematizzazione, sulle ipotesi, sugli errori, come punti di partenza del processo di concettualizzazione e di sistematizzazione delle conoscenze, cioè didattiche metacognitive.

Le didattiche laboratoriali sono poco diffuse a causa del modello enciclopedico dei saperi. La realtà della scuola sembra, tuttavia, contraddire la teoria: le didattiche laboratoriali sono marginali, anche nella scuola primaria, nell'insegnamento delle principali materie scolastiche. Quali i motivi?

Una prima difficoltà è individuare le metodologie laboratoriali più adatte, nei vari ambiti disciplinari, a permettere effettivamente allo studente di essere attivo nel processo di costruzione della conoscenza. Una prima difficoltà è, cioè, quella della concretizzazione di considerazioni pedagogiche generali in modelli didattici che tengano conto in modo non estrinseco delle problematiche epistemologiche e psicologiche dei vari saperi. Una seconda difficoltà è quella di prendere le distanze da modelli didattici apparentemente costruttivisti, che sottolineano ad esempio l'importanza dell'apprendimento cooperativo, o altre esigenze pedagogiche importanti, ma che rimangono poi su un terreno spontaneistico, attivistico; questi modelli sono basati solo apparentemente sull'attività degli studenti, ma non sono poi in grado di far sì che gli studenti siano attivi sul piano cognitivo, che partecipino in prima persona al processo della concettualizzazione (Dewey, 1949).

La causa principale, tuttavia, della limitata diffusione di didattiche laboratoriali consiste nel fatto che, in generale, non è stata individuata come altra faccia della medaglia della realizzazione della scuola del curricolo verticale (cioè della scuola di qualità per tutti) la necessità di ripensare profondamente i saperi disciplinari che si propongono alle varie età.

L'utilizzo non occasionale di metodologie e modalità relazionali innovative non si è generalmente verificato neppure nella scuola primaria (la scuola che è stata riformata in modo più profondo; OCSE, 1998), da una parte per mancanza di risorse adeguate (strumenti, ambienti, seria formazione in servizio), dall'altra soprattutto per la permanenza, in molti insegnanti, dirigenti scolastici e genitori, della visione nozionistica-enciclopedica della scuola tradizionale (bisogna «svolgere il programma»). Spesso le discipline scolastiche continuano, infatti, a non essere centrate sull'apprendimento dello studente, ma sulla loro struttura specialistica, enciclopedica, nozionistica, libresca, su saperi incomprensibili: saperi manualistici, sistematico-deduttivi, formalizzati, saperi, cioè, adatti a menti già formate; essi non possono essere insegnati con didattiche costruttiviste: possono soltanto, in modo illusorio rispetto all'apprendimento degli studenti, essere trasmessi. Le discipline scolastiche, spesso, nella loro organizzazione tradizionale, sono noiose, non coinvolgenti, non motivanti, e molto distanti dalle strutture cognitive degli studenti, costituiscono conseguentemente per molti studenti un muro invalicabile e sono quindi funzionali a una scuola selettiva. Se il rinnovamento dell'insegnamento delle discipline curricolari non diventa il nodo fondamentale dell'innovazione di sistema (senza il passaggio, cioè, dalla scuola del programma alla scuola del curricolo verticale) tutte le altre innovazioni sono un dettaglio, bello o brutto, ma inessenziale. E la scuola potrà anche diventare di tutti, ma come parcheggio.

Modalità innovative di fare scuola che vogliano sintonizzarsi con le motivazioni, gli interessi e le cognizioni della maggior parte degli studenti richiedono conseguentemente e necessariamente un profondo ripensamento del che cosa si insegna, dal punto di vista sia quantitativo che qualitativo che organizzativo. L'aspetto quantitativo è quello più evidente: se non ci si concentra su una minore quantità di saperi non è possibile realizzare nessun rinnovamento metodologico-relazionale (cioè curricolare). Occorre, innanzitutto, abbandonare l'illusione dell'enciclopedismo, che si traduce in un insegnamento basato prevalentemente sul manuale, sul prodotto, sulla memorizzazione cieca. Diceva Ernesto Codignola, addirittura nel 1949, nell'introduzione a *Esperienza e educazione* di Dewey: «La vera originalità della pedagogia attiva è nel bando dato all'ideale enciclopedico, il vero cancro della scuola moderna, nel nuovo spirito introdotto nelle relazioni tra insegnante e alunno, nella rivoluzione copernicana che ha fatto del discente e delle sue esigenze vitali il vero centro dell'attività didattica» (Codignola, 1949).

Vi è poi l'aspetto qualitativo. Anzi, noi riteniamo che questo problema costituisca il nodo fondamentale del rinnovamento del curricolo, ma anche quello più complesso. La soluzione non risiede infatti in una bignamizzazione (che corre spesso il rischio di trasformarsi in semplificazioni banalizzanti) della struttura (o organizzazione o canone) tradizionale del sapere dei vari ambiti disciplinari, ma in una loro radicale destrutturazione e riorganizzazione, passando così dalla loro struttura specialistica a una loro organizzazione educativa (Dewey, 1961).

Saperi essenziali delle diverse discipline (il che cosa insegnare alle varie età) e metodologie e modalità relazionali innovative sono le due facce inseparabili della medaglia della costruzione del curricolo (Fiorentini, 2000), cioè della scuola di qualità per tutti. Come si individuano i saperi essenziali? Come si fa a individuare i saperi essenziali, in una prospettiva di curricolo verticale? Essi non sono banalmente i saperi minimi; essi, per essere formativi, per riuscire, cioè, a sviluppare contemporaneamente conoscenze durature, competenze trasversali e comportamenti adeguati sul piano educativo, devono essere significativi da due punti di vista; devono essere, contemporaneamente, fondamentali nella cultura, nelle discipline, e adeguati alle strutture motivazionali e cognitive dello studente. La loro individuazione è un'operazione molto impegnativa, che si colloca sul terreno della complessità educativa; può essere condotta soltanto con competenze multidisciplinari e interdisciplinari.

La didattica laboratoriale come metodologia

L'espressione «didattica laboratoriale» (o «didattica per laboratori») enfatizza una strategia di insegnamento che si basa esplicitamente e costantemente sul fare degli allievi più che sull'ascoltare da parte degli stessi le informazioni dei docenti, che si avvale — anche se ciò non è proprio una condizione del tutto indispensabile — di strumenti e luoghi specializzati.

Essa si contrappone, concettualmente e sul versante operativo, a una didattica — nella tradizione della scuola italiana largamente prevalente — la quale punta e confida in egemonica misura sul potenziale informativo e formativo della parola dell'insegnante, in quanto detentore del sapere, assorbita in silenzio e con la massima attenzione da parte del discente-allievo (sapere comune/sapere scientifico).

Privilegiare una didattica di tipo laboratoriale non significa escludere del tutto quella di tipo trasmissivo: vuol però dire consapevolezza che i bambini e i ragazzi imparano con maggiore facilità e in maniera più consistente se mediano il sapere tramite il fare, se non si limitano ad ascoltare quanto comunicato dall'insegnante ma compartecipano alla costruzione della propria cultura in un'ottica di ricerca, ideando congetture e sperimentandone la solidità, avvalendosi nell'esercizio di tale attività di strumenti appositi e di luoghi-spazi specializzati.

Una «didattica per laboratori», dunque, è innanzitutto forma mentis dell'insegnante, convinto dell'estrema opportunità di impegnare i propri allievi in azioni di ricerca, scoperta, sperimentazione, verifica, controllo e della più rilevante efficacia di tale atteggiamento formativo rispetto a quello consueto, consistente appunto in un processo monodirezionale di trasmissione del sapere da lui verso i discenti, quindi disponibilità di luoghi-spazi specializzati, sia per lo svolgimento di attività di tipo «artistico» (in tale circostanza si parla diffusamente di atelier), sia per la realizzazione di percorsi di acculturazione scientifica (avvalendosi di laboratori veri e propri).

Immediato e intenso è il rapporto intercorrente tra «didattica laboratoriale» e personalizzazione dell'insegnamento-apprendimento. L'attuazione di una didattica per laboratori, infatti, consente di attenuare la centralità della classe (luogo in cui generalmente si dà corso a una didattica non personalizzata) e di conferire rilevanza primaria alla persona di ogni alunno, con le sue potenzialità, le sue motivazioni, i suoi bisogni, i suoi desideri.

La compresenza didattica come moltiplicatore di risorse didattiche inclusive

Dario Ianes

Per muoversi verso l'inclusione la scuola ha bisogno di risorse qualificate, e gli insegnanti, con le loro competenze professionali e umane, sono le risorse principali. Le recenti norme di sviluppo della scuola («La Buona Scuola», Legge del 13 luglio 2015 n. 107 – Riforma del sistema nazionale di istruzione e formazione e delega per il riordino delle disposizioni legislative vigenti – GU serie generale n. 162 del 15.07.2015) sembrano definire un organico funzionale arricchito per rendere l'offerta formativa più ampia e più inclusiva, ma sicuramente, già oggi, i circa 130.000 insegnanti di sostegno sono una formidabile realtà professionale che potrebbe dare una spinta decisiva nella direzione inclusiva alla nostra scuola. Lo potrebbero fare se si evolvesse in modo radicale il loro ruolo, ma in che direzione?

L'attuale ruolo e pratica professionale degli insegnanti di sostegno sono sempre più messi in discussione e si moltiplicano le proposte di un'evoluzione più o meno radicale di questa figura professionale (Treellle, Caritas e Fondazione Agnelli, 2011; Ianes, 2015a; 2015b). Il ruolo degli insegnanti di sostegno dovrebbe cambiare contemporaneamente in due direzioni: circa l'80% di essi diventerebbero insegnanti curricolari a pieno titolo per realizzare compresenze sulle classi e il 20% specialisti itineranti *(peer tutor)* per dare supporto tecnico a tutti i colleghi curricolari. Su 117.000 insegnanti di sostegno oggi occupati, 95.000 andrebbero ad arricchire il corpo docenti e 22.000 costituirebbero un folto gruppo di esperti che si muovono tra le varie scuole.

Prima di cercare di ipotizzare cosa potrebbe accadere realmente nella scuola a seguito di questa evoluzione, sgombriamo ancora una volta il campo da possibili equivoci: gli ex insegnanti di sostegno che diventano curricolari si aggiungono all'organico, lo aumentano, per potenziare l'offerta formativa, dunque il corpo docente normale cresce.

Gli ex insegnanti di sostegno che diventano specialisti itineranti non lavorano con due o tre o quattro alunni con disabilità, ma intervengono nelle situazioni di classe dove è presente un alunno con disabilità secondo le loro competenze e, dunque, danno supporto tecnico a diverse classi (circa 10 ognuno), anche su plessi differenti (Ianes, 2015b).

In questo modo si eviterebbero i tanto deprecati meccanismi di delega al sostegno e i fenomeni di *push* e *pull out* dalla classe, rinforzando con le ore strutturali di compresenza l'offerta formativa per tutti e la qualità inclusiva della didattica. L'insegnante di sostegno, come siamo abituati a concepirlo, un insegnante «speciale» generato da un alunno «speciale», non dovrebbe più esistere, trasformato in un docente curricolare a tutti gli effetti, assegnato alle classi in una logica di organico funzionale della scuola autonoma.

A questo punto diventa assolutamente centrale la metodologia didattica «in compresenza», perché sia didatticamente efficace e inclusiva per tutti gli alunni e perché costituisca un vantaggio in termini di apprendimento e partecipazione anche per l'alunno con disabilità che ha diritto a un percorso individualizzato, così come per quello con DSA o altre forme di BES.

Alla base del nostro ragionamento va messo un punto fermo, una considerazione tanto banale quanto spesso trascurata da chi analizza la situazione scolastica italiana, e cioè che ci sono enormi differenze tra gli ordini di scuola. Ciò che accade nelle scuole dell'infanzia è diverso da ciò che succede nella scuola primaria, che a sua volta si distingue dal contesto della secondaria di primo grado, un mondo differente da quella di secondo grado, estremamente eterogenea a seconda che si tratti di licei, tecnici, professionali o formazione professionale regionale. Ci sono dunque molti aspetti in comune, ma anche tante differenze, che vanno considerate nel pensare a una proposta di evoluzione dell'insegnante di sostegno nella direzione della compresenza didattica inclusiva.

La tesi fondamentale e generalizzabile è che 1 + 1 = 3, e cioè che una compresenza didattica ben realizzata produca una quantità di risorse per una buona qualità degli apprendimenti e dell'inclusione superiore alla somma delle singole parti.

Il primo scenario che si costruisce è dunque quello di un aumento diretto di ore curricolari, da usare per realizzare la migliore qualità possibile di didattica inclusiva e, dunque, di integrazione nelle attività della classe dell'alunno con disabilità. Avremo cioè un certo numero di ore di compresenza: l'ex insegnante di sostegno, invece di uscire dall'aula con il «suo» alunno con disabilità, partecipa a pieno titolo alle attività didattiche della classe, come peraltro accade in quelle situazioni (imprevedibili e rare) in cui l'integrazione funziona bene. In alcuni insegnamenti, le attività didattiche saranno svolte paritariamente da due docenti, in codocenza, compresenza, *team teaching*.

Nella scuola dell'infanzia e nella primaria, queste nuove possibilità di arricchimento dell'offerta formativa non costituiscono affatto una novità e sarebbero quindi gestite senza particolari problemi: in questi ordini scolastici gli insegnanti sono abituati a lavorare, collaborare e programmare insieme. Ci sarebbero più risorse di ore per compresenze qualificate (non per tappare buchi di assenze...) e questa novità verrebbe assorbita senza scosse.

Nella scuola secondaria, invece, l'abitudine a lavorare insieme in classe è molto meno diffusa (fatta eccezione per qualche esperienza di metodologia CLIL in alcune materie e poco altro), come anche quella di programmare le attività didattiche in collaborazione con altri colleghi. È prevedibile, dunque, come ho riscontrato direttamente in vari incontri con i docenti in questi ultimi anni, che molti ex insegnanti di sostegno, ma anche curricolari, possano sentirsi spaesati e insicuri rispetto al tema delle compresenze e contitolarità reale: «Cosa ci fa nelle mie ore un altro insegnante di lettere?» o «Se non sono più di sostegno, che faccio in classe?». Se, poniamo, un ex insegnante di sostegno, abilitato in lettere, aveva 10 ore di sostegno nella 1ª A, adesso sarà a fianco del collega di lettere della 1ª A e insieme porteranno avanti le attività didattiche per tutti gli alunni, con l'obiettivo, per entrambi, di realizzare una didattica inclusiva per tutti e un'integrazione scolastica di qualità per l'alunno con disabilità che è in classe, con gli altri compagni, non fuori.

L'obiettivo, e il dovere professionale, di realizzare Didattica Inclusiva e un'integrazione scolastica di qualità sono di pari responsabilità per tutti i docenti, non soltanto per quello di sostegno. Essi dunque valuteranno e programmeranno insieme nel Piano Educativo Individualizzato – Progetto di vita le attività, gli adattamenti degli obiettivi e dei materiali, realizzandoli assieme, nel contesto di attività inclusive per tutti gli alunni della classe. È importante chiarire bene che quell'insegnante di lettere, matematica, ecc., non è nominato per effetto della certificazione di disabilità di uno o più alunni, non è il «loro» insegnante, è un insegnante della scuola, che lavora in una o più classi, nel proprio ambito disciplinare, come tutti gli altri.

Quanto valore aggiunto portano alla Didattica Inclusiva (e di conseguenza anche all'apprendimento e partecipazione degli alunni con i vari BES), ad esempio, dieci ore di compresenza dentro la classe rispetto a dieci ore di «dentro-fuori» assegnate all'alunno con disabilità? Secondo me valgono di più, producono maggiori effetti positivi, consentono di lavorare più efficacemente e, dunque, non comportano una diminuzione di risorse per l'alunno con disabilità, che non avrebbe più il «suo» insegnante di sostegno con le «sue» ore di sostegno, ma un altro docente curricolare in classe per costruire migliore inclusione per tutti e, di conseguenza, migliore integrazione dell'alunno con disabilità.

È prevedibile a questo punto l'obiezione di chi tutela i diritti degli alunni con disabilità: il numero totale degli (ex) insegnanti di sostegno nelle classi diminuirebbe, perché un 20% diventerebbe specialista itinerante e il restante 80% «diluirebbe» il suo intervento nell'attività in classe anche con gli altri alunni; in questo modo, agli alunni con disabilità arriverebbe un intervento complessivo più debole, dunque si lederebbe il diritto a un'integrazione di qualità determinando una situazione discriminante e, quindi, da respingere.

Al contrario, io credo che questa nuova organizzazione produrrebbe più ricchezza di intervento, maggiori efficacia ed efficienza, e dunque risponderebbe meglio ai diritti all'integrazione di qualità, che è quello che tutti noi vogliamo, oltre a migliorare la qualità inclusiva della scuola. Cerchiamo di vedere come.

Attraverso un certo numero di ore di compresenza si possono attivare molte risorse latenti della classe, della scuola e non solo. La mia convinzione è che negli insegnanti curricolari, nei compagni di classe, nell'organizzazione, nei materiali didattici, negli alunni con vari tipi di BES esistano molte risorse utili per l'integrazione, risorse che però oggi sono nascoste, silenti, «addormentate» da un sistema distorto.

Risorse che aspettano di essere svegliate, attivate, utilizzate e che, se lo fossero, genererebbero a loro volta altre risorse.

Un primo esempio è la metodologia didattica dell'apprendimento cooperativo (Johnson, Johnson e Holubec, 2015), tanto declamata come una delle metodologie di insegnamento-apprendimento più inclusive, perché consente adattamenti di obiettivi, di ruoli, maggiore partecipazione, tanto conosciuta dai docenti (la letteratura disponibile è ampia) e desiderata, quanto raramente utilizzata nel concreto, anche da chi la saprebbe e la vorrebbe attuare. Questo perché da solo un insegnante curricolare spesso non trova il tempo, l'aiuto, la possibilità, il confronto operativo nel fare in due... insomma, non lo fa. E magari in quella classe c'è un insegnante di sostegno che nelle sue ore porta quasi sempre fuori l'alunno con disabilità, mentre il collega curricolare avrebbe la potenzialità di realizzare apprendimento cooperativo in classe, ma non lo fa.

Ovviamente, se in alcune ore di attività venisse adottato l'apprendimento cooperativo, si attiverebbe anche la preziosissima risorsa dei compagni di classe, che diventerebbero forze attive dei processi di insegnamento reciproco e di integrazione dell'alunno con disabilità e di tutti gli altri.

In questo caso, mi sembra ragionevole sostenere che la compresenza di due insegnanti curricolari «libererebbe» le risorse tecniche professionali inibite in uno dei due docenti e le risorse di cooperazione e costruzione tra pari delle competenze negli altri alunni della classe. Il saldo dovrebbe essere positivo: investi dieci ore di compresenza curricolare e ti ritorna molto di più.

In una gran parte degli insegnanti curricolari sono infatti presenti, ma dormienti, notevoli risorse di competenze professionali che potrebbero essere usate, se attivate, per l'inclusione e per l'integrazione scolastica degli alunni con disabilità. Molti di loro si sono specializzati nelle attività di sostegno, hanno fatto per alcuni anni il sostegno e poi sono passati sulla classe, dunque sanno parecchio di disabilità e di strategie di insegnamento-apprendimento. Moltissimi hanno frequentato corsi di aggiornamento su tanti temi didattici che poi non sono riusciti a mettere in pratica per vari motivi, uno dei quali è anche il sentirsi poco sostenuti da qualcuno che si rimbocca le maniche, come loro, e prova ad applicare le cose sentite ai corsi. Uno dei problemi principali dell'aggiornamento professionale, infatti, è trovare la «spinta» per tradurre nella pratica le novità metodologiche e un supporto concreto per fare i primi passi. Molti insegnanti curricolari hanno frequentato convegni, master, hanno letto libri (pagati di tasca propria) ma si trovano spesso in un contesto lavorativo che non facilita né premia sviluppi e innovazioni professionali. Certamente non saranno alcune ore di compresenza (circa 1.710.000 a settimana) a far esplodere la professionalità inclusiva latente dei docenti curricolari, ma mi sentirei di scommettere che darebbero un aiuto determinante.

Con maggiore compresenza le metodologie didattiche ordinarie potrebbero evolversi verso forme strutturalmente più inclusive, come l'apprendimento cooperativo, l'aiuto e l'insegnamento reciproco diretto *(tutoring)*, la didattica laboratoriale, per progetti, per problemi reali, l'adattamento e la diversificazione dei materiali di apprendimento (testi, schede e oggetti digitali), l'uso partecipato e inclusivo delle tecnologie. Tutte belle cose, che molti insegnanti saprebbero e vorrebbero fare, ma che da soli riescono a realizzare in modo inferiore alle loro potenzialità. Insieme a un collega, invece, le cose cambiano. E insieme a un collega le cose si possono fare meglio. Esistono innumerevoli forme di *coteaching*, in cui i ruoli si possono differenziare e interscambiare, come dimostrato dalla letteratura più accreditata a livello internazionale (tra i molti faremo stretto riferimento a Conderman, Bresnahan e Pedersen, 2009; Villa, Thousand e Nevin, 2013; Beninghof, 2012) e di alcune buone esperienze realizzate in classi italiane.

Con due insegnanti la classe si può più facilmente dividere in gruppi e sottogruppi, non è più un monolite inattaccabile, si può essere più vicini agli alunni, sia in senso didattico che psicologico, si possono rompere le barriere dell'aula, conquistando spazi diversi alla didattica ordinaria (anche l'ex aula di sostegno potrebbe essere utilizzata...), si riesce meglio anche a intervenire sulle problematiche comportamentali in modo più preventivo, o almeno più precoce, il gruppo classe fa meno paura, è più gestibile.

Il giacimento di risorse nascoste non sta solo nella professionalità dei docenti curricolari, ma è anche nel gruppo di alunni della classe. Come sappiamo, questa è una ricchezza fondamentale, ma ben lungi dall'essere «sfruttata» appieno. Lavorando qualche ora in compresenza, gli insegnanti potrebbero più facilmente costruire un clima prosociale, positivo, rispettoso delle differenze, sensibile ai bisogni e all'aiuto degli altri, che è la trama di relazioni su cui tessere i ricami delicati e complessi dell'apprendimento cooperativo efficace e del tutoring. I compagni di classe sono spesso una risorsa allo stato grezzo, che va estratta, raffinata, perché possa dare i propri frutti migliori. E ci vogliono tempo, metodologia, programmazione.

Un uso costante della compresenza porta sicuramente anche una serie di vantaggi psicologici innanzitutto agli ex insegnanti di sostegno, che diventano insegnanti curricolari a tutti gli effetti: non si sentiranno più docenti di serie B, accettati talvolta a fatica nei Consigli di classe, si sentiranno finalmente «pari», con pari responsabilità e ruoli. Non ci sarà più alcuna distinzione tra colleghi che possa indurre a forme di svalorizzazione.

Non sottovalutiamo anche il fatto che, nella nostra proposta, l'esistenza di un posto di sostegno non sarà più determinata dalla certificazione di uno specifico alunno, che ha il «merito» di aver generato un posto di lavoro. Questo fatto credo possa liberare gli ex insegnanti di sostegno da quell'ansia esistenziale di sentirsi «appesi» a una diagnosi e non stabilmente parte dell'organico funzionale di una scuola.

I colleghi curricolari dovranno fare i conti con sensazioni molto probabilmente ambivalenti: da un lato, avere in compresenza stabile un altro collega curricolare porterà una maggiore tranquillità e sicurezza nell'avviare e gestire didattiche innovative e nel realizzare climi di classe prosociali e favorevoli, dall'altro lato, però, la presenza di un collega durante le attività in classe indurrà sicuramente in molti insegnanti una sensazione di ansia e di «visibilità» rispetto al proprio operato che prima, nella loro splendida solitudine, non avevano mai provato. Questo soprattutto nella scuola secondaria. Tale eventuale disagio sarà però compensato dai vantaggi portati dall'avere un collega con il quale confrontarsi, discutere insieme di ciò che accade in classe, programmare attività e materiali, e così via. Una piccola perdita di sovranità assoluta in cambio di condivisione e aiuto reciproco.

Gli alunni avranno dei vantaggi psicologici, oltre a quelli prodotti da una migliore qualità inclusiva della didattica e, dunque, degli apprendimenti? Partendo dagli alunni con Bisogni Educativi Speciali, un beneficio risulta subito evidente: non avranno più l'insegnante speciale, quello solo per chi ha problemi, «appiccicato» addosso, che segna evidentemente la loro diversità indesiderata e peggiora la stigmatizzazione, rinforzando in tutti stereotipi e pregiudizi. Non avranno più addosso uno dei segni concreti ed evidenti della loro problematicità. Ognuno di noi ha conosciuto almeno una situazione in cui un alunno con disabilità ha rifiutato la presenza dell'insegnante di sostegno, in quanto agente involontario e, in buona fede, di stigmatizzazione. Tutti gli studenti, comunque, si sentiranno maggiormente compresi, aiutati, valutati da due persone piuttosto che da una.

La disponibilità aumentata di insegnanti curricolari trova la sua collocazione ideale in un organico funzionale di una scuola autonoma, in cui vengono superati i legami stretti tra insegnante di sostegno e alunno con disabilità certificata e si assegnano le risorse di personale (tutto) su basi diverse. L'organico funzionale di scuola supera la schematizzazione rigida tra organico «normale» e organico «di sostegno», quest'ultimo calcolato sulla base delle certificazioni di disabilità. In un organico funzionale dovrebbero essere assegnate alla scuola le risorse di personale necessarie alla realizzazione del proprio Piano dell'Offerta Formativa (POF) e del Piano Annuale per l'Inclusività (PAI), che costruisce una progettualità complessiva per rispondere adeguatamente ai bisogni formativi di tutti gli alunni (Ianes e Cramerotti, 2013).

Questa prospettiva richiede una capacità progettuale molto più elevata di quella che mediamente incontriamo nella scuola, per troppo tempo penalizzata da un approccio rigido e deterministico alle risorse umane, approccio che non lasciava alcuno spazio alla progettualità, stretto com'era tra le esigenze delle ore curricolari, da un lato, e delle certificazioni di disabilità, dall'altro. Progetti diversi trovano ben poco spazio e poche risorse aggiuntive, anche se l'autonomia delle scuole consentirebbe ampi spazi di creatività e di progettazione locale molto diversificata.

Nell'utilizzo massiccio della compresenza, la maggiore disponibilità di docenti curricolari libererà anche qualche capacità progettuale innovativa in più, e aumenterà in modo virtuoso la flessibilità del sistema scuola. Evidentemente le possibilità progettuali e la flessibilità interna saranno enormemente facilitate da una stabilizzazione di questo organico funzionale, non più esposto alla variabilità delle situazioni singole di alunni con disabilità ma rapportato al numero totale degli alunni. Un altro fattore positivo di stabilizzazione sarà, infatti, quello della distribuzione omogenea degli studenti con disabilità nelle varie scuole, evitando situazioni di concentrazione impropria, in cui troviamo percentuali di alunni con disabilità ben superiori a quelle epidemiologicamente rilevate.

La compresenza didattica come passo avanti verso l'Universal Design for Learning

L'approccio pedagogico e istruzionale definito UDL (Universal Design for Learning) rappresenta per la Didattica Inclusiva uno schema concettuale molto generativo di interessanti ed efficaci misure didattiche. Alla base di questo approccio vi è il movimento culturale dell'Universal Design, che in architettura e nell'industria sostiene la necessità di progettare fin dall'inizio ambienti di vita, di lavoro, oggetti che siano accessibili e fruibili da parte di tutti: bambini, adulti, anziani, persone con vari tipi di disabilità, ecc. In questo modo il manufatto nasce già adatto a tutti e non necessita di successivi, costosi e spesso problematici adattamenti a posteriori. Questo approccio, con la sua «universalità», poggia decisamente sui valori etici delle pari opportunità e dell'equità.

Per applicarlo al design educativo, il gruppo di ricerca del CAST (Center for Applied Special Technology) ha utilizzato alcune concettualizzazioni di ciò che avviene nell'apprendimento generate in ambito neuroscientifico e validate nella pratica didattica (Hall, Meyer e Rose, 2012; Meyer, Rose e Gordon, 2014; Rose, Daley e Rose, 2011). In breve, i tre grandi principi che costituiscono l'ossatura metodologica fondamentale dell'UDL e che sono strettamente vicini a quelli di differenziazione, personalizzazione e individualizzazione che fondano per noi la Didattica Inclusiva, sono:

1. dare agli alunni molti e diversi *modi di rappresentazione* del materiale di apprendimento, per favorire il riconoscimento;
2. dare agli alunni molti e diversi *modi di azione ed espressione,* varie opzioni flessibili per esprimere ciò che hanno appreso;
3. dare agli alunni molti e diversi *modi di coinvolgimento* motivazionale ed emotivo nel compito di apprendimento per generare e mantenere una buona motivazione positiva (Rose e Meyer, 2002).

> Il Congresso degli Stati Uniti, con la Legge 110-315 del 2008 (Higher Education Opportunity Act) riconosce l'approccio UDL come «uno schema di riferimento scientificamente valido per orientare l'azione educativa che:
> - dà flessibilità nei modi in cui l'informazione è presentata, nei modi in cui gli studenti rispondono o dimostrano le conoscenze e abilità e nei modi in cui gli studenti sono coinvolti e
> - riduce le barriere nell'istruzione, fornisce adattamenti appropriati, supporti e sfide, mantiene aspettative di successo alte per tutti gli studenti, compresi quelli con disabilità e scarse conoscenze della lingua inglese» (HEOA, 2008).

La base neuroscientifica su cui poggiano i tre principi fondamentali comprende riscontri sperimentali su due grandi versanti: l'enorme variabilità delle attività cerebrali che avvengono in alunni diversi sottoposti allo stesso compito, al di là del disturbo o dell'estrema peculiarità del funzionamento cerebrale e cognitivo, e la definizione di tre grandi network neuronali specializzati in diverse funzioni necessarie ad ogni apprendimento.

Il primo network viene definito di «riconoscimento» e serve a percepire e dare significato a ciò che percepiamo, ci rende capaci di identificare e comprendere informazioni, idee e concetti.

Il secondo network è quello «strategico», in relazione principalmente alle «funzioni esecutive» *(executive functions)* ed è specializzato nella generazione e supervisione di azioni mentali e motorie. Questo network ci rende capaci di pianificare, eseguire e monitorare azioni e abilità.

Il terzo network è quello «affettivo», specializzato nel valutare la realtà e nel generare significati emotivi. Questo network ci rende capaci di coinvolgerci nei vari compiti di apprendimento e di vita.

Su queste basi, che certamente semplificano molto la complessità della relazione insegnante-alunno nelle dinamiche di apprendimento, ma che sono comunque una concettualizzazione utile, si è sviluppato negli ultimi dieci anni un importante movimento didattico che ha elaborato e sperimentato le diffusissime Linee guida UDL (CAST, 2011) per la progettazione dell'insegnamento.

Nella tabella 37.1 (Hall, Meyer e Rose, 2012, p. 13) troviamo i tre principi, le 9 Linee guida e le singole azioni conseguenti: le riportiamo di seguito in una originale ridefinizione in chiave inclusiva, con le corrispondenti azioni didattiche rese possibili o aumentate proprio attraverso la compresenza, per sostenere la tesi che attraverso il coteaching ci si può avvicinare un bel po' all'ideale dell'UDL inclusivo.

TABELLA 37.1

Universal Design for Learning: principi, linee guida e azioni

Principio 1: Molti e diversi modi di rappresentazione
Linea guida 1: Fornire varie opzioni per la percezione del materiale di apprendimento
1.1. Offrire molti modi per personalizzare l'informazione in arrivo 1.2. Offrire alternative all'informazione uditiva 1.3 .Offrire alternative all'informazione visiva
Linea guida 2: Fornire varie opzioni nei linguaggi usati, nelle espressioni matematiche e nei simboli
2.1. Chiarire termini e simboli 2.2. Chiarire sintassi e struttura 2.3. Aiutare la decodifica di testi, notazioni matematiche e simboli 2.4. Aiutare la decodifica dei linguaggi usati 2.5. Illustrare attraverso mezzi diversi
Linea guida 3: Fornire varie opzioni per la comprensione
3.1. Attivare o fornire le informazioni di background necessarie 3.2. Evidenziare schemi e strutture, aspetti rilevanti, idee principali e relazioni concettuali 3.3. Guidare l'elaborazione delle informazioni, la visualizzazione e la manipolazione 3.4. Facilitare il transfer e la generalizzazione
Principio 2: Molti e diversi modi di azione ed espressione
Linea guida 4: Fornire varie opzioni per le azioni fisiche
4.1. Variare i modi di risposta e di uso del materiale 4.2. Ottimizzare l'accesso a strumenti e tecnologie assistive
Linea guida 5: Fornire varie opzioni per l'espressione e la comunicazione
5.1. Usare diversi media per la comunicazione 5.2. Usare diversi strumenti per la costruzione e realizzazione di prodotti 5.3. Usare livelli diversi e graduati di aiuto nelle varie fasi di pratica ed esercizio mirato all'acquisizione fluida dell'abilità
Linea guida 6: Fornire varie opzioni per le funzioni esecutive
6.1. Guidare la definizione di obiettivi appropriati 6.2. Aiutare la pianificazione e l'utilizzo di strategie 6.3. Facilitare la gestione delle informazioni e delle risorse 6.4. Migliorare la capacità di monitorare i propri progressi
Principio 3: Molti e diversi modi di coinvolgimento
Linea guida 7: Fornire varie opzioni per stimolare l'interesse
7.1. Aumentare le possibilità personali di scelta e di autonomia/autodeterminazione 7.2. Aumentare la rilevanza, il valore e l'autenticità del compito 7.3. Ridurre gli elementi minacciosi e le distrazioni

Linea guida 8: Fornire varie opzioni per sostenere l'impegno e la persistenza
8.1. Mantenere alto il valore degli obiettivi e delle finalità del compito 8.2. Ottimizzare il livello di «sfida» del compito attraverso la modulazione delle richieste e delle risorse disponibili 8.3. Stimolare la collaborazione e il senso di comunità di apprendimento 8.4. Utilizzare feedback sulla padronanza e sulle attribuzioni
Linea guida 9: Fornire varie opzioni per l'autoregolazione
9.1. Stimolare aspettative e opinioni che aumentino la motivazione 9.2. Formare abilità personali di gestione delle difficoltà 9.3. Formare abilità di autovalutazione e autoriflessione

Principio 1: Molti e diversi modi di rappresentazione

Linea guida 1: Fornire varie opzioni per la percezione del materiale di apprendimento.

Con due insegnanti che lavorano contemporaneamente il materiale può essere differenziato «in diretta»; ad esempio con un insegnante che parla e l'altro che usa schemi, disegna immagini, proietta informazioni visive con la LIM, oppure ingrandisce o fornisce altri aiuti percettivi, ad esempio con linguaggi gestuali, nel caso di alunni con deficit uditivi, ecc.

Linea guida 2: Fornire varie opzioni nei linguaggi usati, nelle espressioni matematiche e nei simboli.

Con due insegnanti che lavorano contemporaneamente il linguaggio principale utilizzato può essere accompagnato da spiegazioni terminologiche, traduzioni simultanee, espansioni semantiche, ecc. Lo stesso può essere fatto per quelle espressioni tecniche o simboliche tipiche della matematica o di discipline simili che possono diventare barriere alla comprensione, ma che, se tradotte in diretta dall'altro insegnante, possono essere meglio comprese.

Linea guida 3: Fornire varie opzioni per la comprensione.

Con due insegnanti che lavorano contemporaneamente uno può fornire le informazioni e l'altro «fiancheggiare» e fornire un aiuto diretto, anche ponendosi come modello competente, per l'attivazione di una serie di strategie utili per la comprensione significativa, come ad esempio recuperare le conoscenze già apprese, fare mappe mentali o concettuali, evidenziare le informazioni principali, confrontare, valutare, pensare a come si potrebbero generalizzare queste conoscenze o abilità in contesti diversi, e così via. Una specie di «scaffolding vivente» che può modulare il suo aiuto in funzione del grado di competenza che vede nei diversi alunni.

Principio 2: Molti e diversi modi di azione ed espressione

Linea guida 4: Fornire varie opzioni per le azioni fisiche.

Con due insegnanti che lavorano contemporaneamente si possono creare e gestire in parallelo vari modi di costruire fisicamente dei prodotti significativi dell'apprendimento:

con un insegnante si scrive e si parla, con l'altro si disegna e si costruiscono oggetti tridimensionali, e così via. Un secondo insegnante è prezioso anche come supporto specifico per quegli alunni che usano tecnologie assistive per esprimere il loro apprendimento, come nel caso di alunni con deficit motori.

Linea guida 5: Fornire varie opzioni per l'espressione e la comunicazione.

Con due insegnanti che lavorano contemporaneamente si possono usare nello stesso tempo linguaggi comunicativi diversi, ad esempio un insegnante può utilizzare strumenti CAA con un alunno con gravi deficit di comunicazione orale e rilanciare le sue idee alla classe, che invece dialoga direttamente con l'altro insegnante. Con una buona compresenza c'è la possibilità di gestire con accettabili difficoltà una serie di «stazioni-laboratorio», dove gruppi diversi di alunni progettano e realizzano oggetti e prodotti diversi, con materiali e linguaggi diversi.

Linea guida 6: Fornire varie opzioni per le funzioni esecutive.

Con due insegnanti che lavorano contemporaneamente si possono rappresentare drammaticamente, come su un palcoscenico, i ruoli cognitivi e metacognitivi che costituiscono le basi delle funzioni esecutive e del pensare strategicamente: definire il problema, le alternative, valutare, pianificare, prevedere, immaginare conseguenze, progettare, sottoporre le opzioni alternative a critica, ecc. Un insegnante può giocare il ruolo del problem solver ingenuo, o impulsivo, l'altro quello del fantasioso divergente o dell'ipercritico. Oppure, più semplicemente, i due insegnanti aiutano direttamente o indirettamente gli alunni in queste azioni cognitive e metacognitive dividendosele tra loro ed essendo così più puntuali ed efficaci, oltre che potendo maggiormente adattarle alle diversità degli alunni.

Principio 3: Molti e diversi modi di coinvolgimento

Linea guida 7: Fornire varie opzioni per stimolare l'interesse.

Con due insegnanti che lavorano contemporaneamente è più facile garantire agli alunni qualche possibilità di scelta autonoma, infatti maggiori occasioni di autodeterminazione in genere stimolano qualche interesse in più, e due visioni esperte della competenza che si propone agli alunni possono far nascere motivazioni intrinseche più forti e diverse.

Linea guida 8: Fornire varie opzioni per sostenere l'impegno e la persistenza.

Con due insegnanti che lavorano contemporaneamente è possibile rendersi conto più precisamente di quelle situazioni che per qualche alunno sono troppo difficili o troppo facili e regolare il flusso delle attività; intervenire in tempo reale in quei momenti di vuoto o di disturbo e dispersione della concentrazione, oppure di sbandamento delle attività cooperative di qualche gruppo; dare feedback più vicini nel tempo alle azioni degli alunni e darli in un modo maggiormente personalizzato (gli insegnanti in compresenza sono più vicini agli studenti).

Linea guida 9: Fornire varie opzioni per l'autoregolazione.

Con due insegnanti che lavorano contemporaneamente, uno può condurre l'attività principale e l'altro essere di aiuto sulle strategie metacognitive «calde», e cioè di autoregolazione della motivazione (vedi Linea guida 8), ma soprattutto delle reazioni emotive di ansia, senso di incapacità, senso di frustrazione o tristezza da errore che accompagnano tipicamente apprendimenti sfidanti. Uno dei due insegnanti può assumere il ruolo del «saggio» che accompagna e aiuta le autoriflessioni e autovalutazioni degli alunni su come apprendono, che obiettivi si pongono, che aspettative e sfide si sentono di definire, e così via.

La schematizzazione precedente aiuta a collocare nei diversi principi dell'UDL una serie di azioni di compresenza didattica, ma altrettanto si può fare prendendo come schema concettuale di base la dinamica della relazione di insegnamento-apprendimento e le risultanze evidence-based rispetto alle strategie didattiche più efficaci.

Tratto e adattato da *La didattica laboratoriale,* 2013, pp. 42-51
Compresenza didattica inclusiva, 2015, pp. 14-26

CAPITOLO 38

L'ELABORAZIONE DEL PIANO ANNUALE PER L'INCLUSIVITÀ

(Beatrice Pontalti)

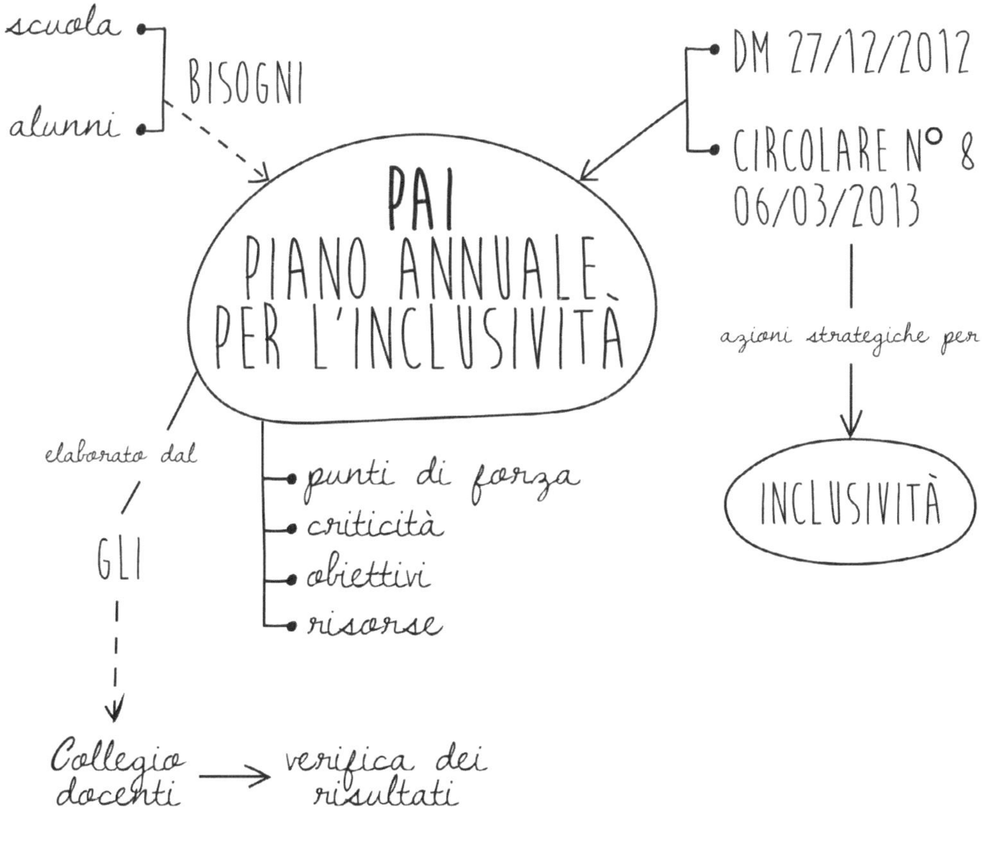

Il Piano Annuale per l'Inclusività

Il 6 marzo 2013 il Ministero dell'Istruzione ha emanato la Circolare n. 8 che illustra le indicazioni operative per l'attuazione della Direttiva ministeriale del 27 dicembre 2012 «Strumenti di intervento per gli alunni con bisogni educativi speciali e organizzazione territoriale per l'inclusione scolastica».

Tra le «azioni strategiche» per realizzare una «politica dell'inclusione» nelle singole scuole, la Circolare indica «l'elaborazione di una proposta di *Piano Annuale per l'Inclusività* riferito a tutti gli alunni con BES, da redigere al termine di ogni anno scolastico (entro il mese di giugno)».

In questo capitolo analizzeremo in che cosa consiste il Piano Annuale per l'Inclusività, chi deve essere impegnato nella sua elaborazione, con quali modalità e a quale scopo.

Il Piano Annuale per l'Inclusività (PAI) consiste in un documento che riassume una serie di elementi finalizzati a migliorare l'azione educativa della scuola indirizzata a tutti gli alunni che la frequentano.

È un *documento-proposta,* elaborato dopo un'attenta lettura dei bisogni della scuola, una verifica dei progetti attivati, un'analisi dei punti di forza e delle criticità che hanno accompagnato le azioni di inclusione scolastica realizzate nel corso dell'anno scolastico. L'attenzione è posta sui bisogni educativi dei singoli alunni, sugli interventi pedagogico-didattici effettuati nelle classi nell'anno scolastico corrente e sugli obiettivi programmati per l'anno successivo.

Chi lo predispone

Il Piano Annuale per l'Inclusività (PAI) è predisposto dal *Gruppo di lavoro e di studio d'Istituto* che assume la denominazione di Gruppo di Lavoro per l'Inclusione (GLI).

Il GLI è quindi l'evoluzione del GLHI:[1] la sua azione comprende tutti gli alunni che presentano bisogni educativi speciali, indipendentemente dalla causa, dalla gravità o dall'impatto che questi bisogni hanno sull'apprendimento.

Il GLI, nominato dal Dirigente scolastico, è composto dai rappresentanti di tutti i soggetti coinvolti nel processo educativo: insegnanti di sostegno e curricolari, assistenti educatori per l'autonomia e la comunicazione, collaboratori scolastici impegnati nell'assistenza igienica, genitori, rappresentanti delle Aziende Sanitarie locali, degli Enti locali, delle Associazioni che collaborano con la scuola e, per la scuola secondaria di secondo grado, dai rappresentanti degli studenti.

Vista l'eterogeneità delle professionalità che lo costituiscono, il GLI presuppone la disponibilità dei suoi componenti a incontrarsi periodicamente, oltre che una capacità di dialogo, di condivisione e di programmazione delle priorità e delle scelte organizzative.

Il Piano Annuale viene presentato al *Collegio dei docenti* affinché lo discuta e, se approvato, viene inoltrato all'Ufficio scolastico regionale, al Gruppo di lavoro interisti-

[1] GLHI, acronimo di Gruppo di Lavoro Handicap d'Istituto, era stato previsto dalla Legge 104/1992 all'art. 15, presso ogni scuola di ordine e grado.

tuzionale provinciale o regionale, e alle altre Istituzioni territoriali che prenderanno in esame le richieste in esso contenute, in base alle proprie competenze, per procedere alla loro assegnazione compatibilmente con le disponibilità.

Quali dati inserire

Il Piano Annuale per l'Inclusività raccoglie dati di tipo quantitativo e di tipo qualitativo che sintetizzano i punti di forza e di criticità della scuola, gli obiettivi che si intende attuare e la proposta di assegnazione delle risorse funzionali alla realizzazione degli obiettivi presentati.

I dati di tipo quantitativo si riferiscono alla *rilevazione degli alunni* tutelati dalla Legge 104/1992, che presentano una disabilità certificata di tipo visivo, uditivo o psicofisico, e degli alunni con disturbi specifici di apprendimento tutelati dalla Legge 170/2010. La Circolare n. 8 fa riferimento anche ad altri alunni la cui situazione personale sia tale da rendere molto difficoltoso il processo di apprendimento: ad esempio, gli alunni con disturbi evolutivi specifici (ADHD, disturbo oppositivo-provocatorio, borderline cognitivo), o con un disagio comportamentale che impedisca la costruzione di una relazione nel contesto scolastico, oppure che provengono da una situazione socioculturale molto svantaggiata che ostacola il percorso formativo o, ancora, che non conoscono la lingua italiana in modo sufficiente da comprendere ciò di cui si parla a scuola.

Affinché tale rilevazione non si riduca a una classificazione fine a se stessa, è necessario accompagnarla a un'analisi dei *piani educativi individualizzati* (PEI) e dei *piani didattici personalizzati* (PDP), verificando quanti sono e come incidono sulla didattica nelle singole classi.

Gli elementi qualitativi che permettono una valutazione dell'inclusività che la scuola vuole realizzare riguardano l'*organizzazione* della gestione degli *spazi* (aule, laboratori, palestra, spazi esterni alla scuola e sul territorio), dei *tempi* (orari di frequenza degli alunni, flessibilità nella strutturazione degli orari degli insegnanti, ore di compresenza e loro distribuzione nell'arco della settimana), delle *modalità di lavoro* adottate in classe da ogni docente per costruire competenze conoscitive, metodologiche, relazionali e comunicative tra gli alunni. Ad esempio, modalità di conduzione della lezione (lezione frontale, lavori in piccoli gruppi omogenei o eterogenei e successiva restituzione al gruppo classe, lezioni individuali); modalità di organizzazione dei contenuti e dei percorsi (trasmissione, analisi metacognitive dei processi, costruzione condivisa delle conoscenze, utilizzo di linguaggi diversi e delle nuove tecnologie); modalità di gestione delle relazioni tra pari e con l'insegnante (interventi di mediazione, tutoraggio, coaching); modalità di progettazione delle verifiche e della valutazione degli apprendimenti (relativamente al singolo alunno e al gruppo classe nel suo insieme).

Un altro dato da inserire nel Piano Annuale riguarda le *risorse* da attivare in base alla lettura dei bisogni degli alunni e del contesto, alla valutazione degli interventi svolti durante l'anno scolastico e alla verifica finale dei risultati ottenuti. Le risorse si riferiscono all'*impiego di personale* con competenze specifiche su compiti mirati (insegnanti di sostegno, facilitatori della comunicazione, assistenti educatori, figure di coordinamento, esperti interni ed esterni alla scuola), all'individuazione di *strumenti* che agevolino l'apprendimento e l'autonomia degli alunni (ad esempio banchi con differenti possibilità di inclinazione, strumenti per la tiflodidattica, computer e software dedicati a esigenze specifiche, ecc.), all'attivazione di *iniziative* che rispondano ai bisogni di formazione della scuola e a un costruttivo coinvolgimento di tutti i soggetti che contribuiscono alla realizzazione di un clima inclusivo (incontri di tipo informativo su temi specifici per studenti, genitori, personale docente e non docente, in collaborazione con il personale dei Servizi sociali e sanitari, il volontariato sociale, altri Enti con cui la scuola è in contatto, corsi di aggiornamento, sperimentazioni e percorsi di ricerca-azione in collaborazione con l'Università, ecc.).

I tempi di stesura

La Circolare n. 8/2013 indica due momenti fondamentali per la stesura del Piano Annuale per l'Inclusività: la fine dell'anno scolastico in corso e l'inizio di quello successivo.

Entro la fine di giugno il Piano Annuale deve essere approvato dal Collegio dei docenti, in modo tale che le risorse possano essere attivate — compatibilmente con le disponibilità finanziarie degli Uffici scolastici e degli Enti territoriali — già *a partire da settembre,* prima dell'inizio delle lezioni. Qualora ci sia una discrepanza tra risorse umane richieste e concesse, sarà compito del GLI adattare il Piano per permettere al Dirigente scolastico di procedere all'assegnazione del personale ai singoli plessi o classi.

Il PAI è il risultato degli incontri del GLI, avvenuti in corso d'anno, il calendario dei quali dovrebbe essere stabilito in modo tale da facilitare la partecipazione di tutti.

La verifica

È compito del Collegio dei docenti procedere alla verifica dei risultati raggiunti e dell'efficacia delle risorse impiegate nelle singole scuole.

A livello di istituto scolastico, si valuta la *ricaduta delle iniziative formative e informative* proposte a genitori, insegnanti, studenti e personale non docente. È opportuno raccogliere alcuni dati su cui riflettere e da confrontare nel tempo, attraverso la somministrazione di un questionario o di altri strumenti che permettano una lettura a vari livelli, dal percepito dei diretti interessati alla ricaduta oggettiva nel contesto (ad esempio, modifiche nelle interazioni tra le varie agenzie educative, nella documentazione dei percorsi, nel coinvolgimento dei soggetti esterni alla scuola, nella gestione delle attività disciplinari in aula e nei laboratori, nella progettazione delle attività di verifica dei processi di apprendimento e delle competenze raggiunte).

A livello di classe, ogni team osserva il contesto in cui si sta realizzando la costruzione di un clima inclusivo documentandone le caratteristiche di funzionamento che hanno un effetto positivo sugli alunni: tra queste, le strategie metodologico-didattiche che favoriscono una partecipazione attiva degli alunni nel gruppo-classe alla luce delle competenze acquisite da ognuno, l'efficacia degli strumenti compensativi e delle misure dispensative adottate, delle proposte attivate a livello laboratoriale, in piccoli gruppi e individuali.

Anche l'*efficacia delle risorse umane* assegnate alle classi va valutata con attenzione, rispetto alla ricaduta pedagogico-didattica sul contesto scolastico nel suo insieme e sul percorso formativo dei singoli alunni con bisogni educativi speciali per i quali le risorse sono state richieste. Tra gli elementi da prendere in esame ci sono il livello di responsabilità assunto da ogni figura educativa rispetto al percorso formativo programmato all'inizio dell'anno scolastico, i successi ottenuti, le difficoltà incontrate nelle pratiche di intervento e le strategie adottate per gestirle. Vanno inoltre verificate le attività svolte per classi aperte, di recupero, consolidamento e potenziamento degli apprendimenti.

La scuola svolge la propria azione educativa in *collaborazione con la famiglia* e con una serie di Agenzie presenti sul territorio. La partecipazione dei genitori è incentivata da numerose norme ministeriali e avviene sia direttamente, attraverso i colloqui individuali e le occasioni di incontro organizzate dalla scuola, sia indirettamente, attraverso i rappresentanti negli Organi collegiali. Essi partecipano alle decisioni organizzative e alla definizione del progetto educativo della scuola. Valutare il livello di partecipazione della famiglia nella costruzione di un clima inclusivo implica un'apertura ad ascoltarne le proposte e una disponibilità a discutere le posizioni assunte dalla scuola, per giungere a un progetto dell'offerta formativa più condiviso e sostenuto dalle famiglie stesse.

Vanno valutate anche le azioni che si progettano per facilitare la continuità tra diversi gradi scolastici e, per gli studenti di scuola secondaria, per costruire contatti con il mondo del lavoro.

Le *Agenzie esterne* alla scuola che collaborano con essa per l'ampliamento dell'offerta formativa sono le Aziende Sanitarie locali, gli Enti locali, le Istituzioni culturali ed economiche, le Associazioni di volontariato. Il loro coinvolgimento è regolamentato da una serie di accordi tra le parti a livello provinciale o regionale che la scuola deve conoscere, utilizzare e incentivare. Ai fini dell'inclusività è utile rilevare quali siano le possibilità di contatto e di scambio per condividere le proposte extrascolastiche, non solo per la gestione dei compiti o di percorsi terapeutico-riabilitativi o di inserimento sociale.

Il GLI raccoglie le valutazioni espresse dal Collegio dei docenti, le condivide tra i suoi componenti, le integra e formula così la proposta di Piano Annuale per l'anno successivo.

Costruire un contesto inclusivo costituisce quindi un impegno forte per tutti i soggetti coinvolti: il Piano Annuale per l'Inclusività è uno strumento che può aiutare la scuola a pensare utilizzi alternativi delle risorse, per la gestione di azioni educative grazie alle quali ogni alunno veda riconosciuta e valorizzata la propria specificità.

Tratto e adattato da *Alunni con BES,* 2013, pp.183-187

CAPITOLO 39

RILEVAZIONE, MONITORAGGIO E VALUTAZIONE DELL'INCLUSIVITÀ DELLE SCUOLE

(Heidrun Demo)

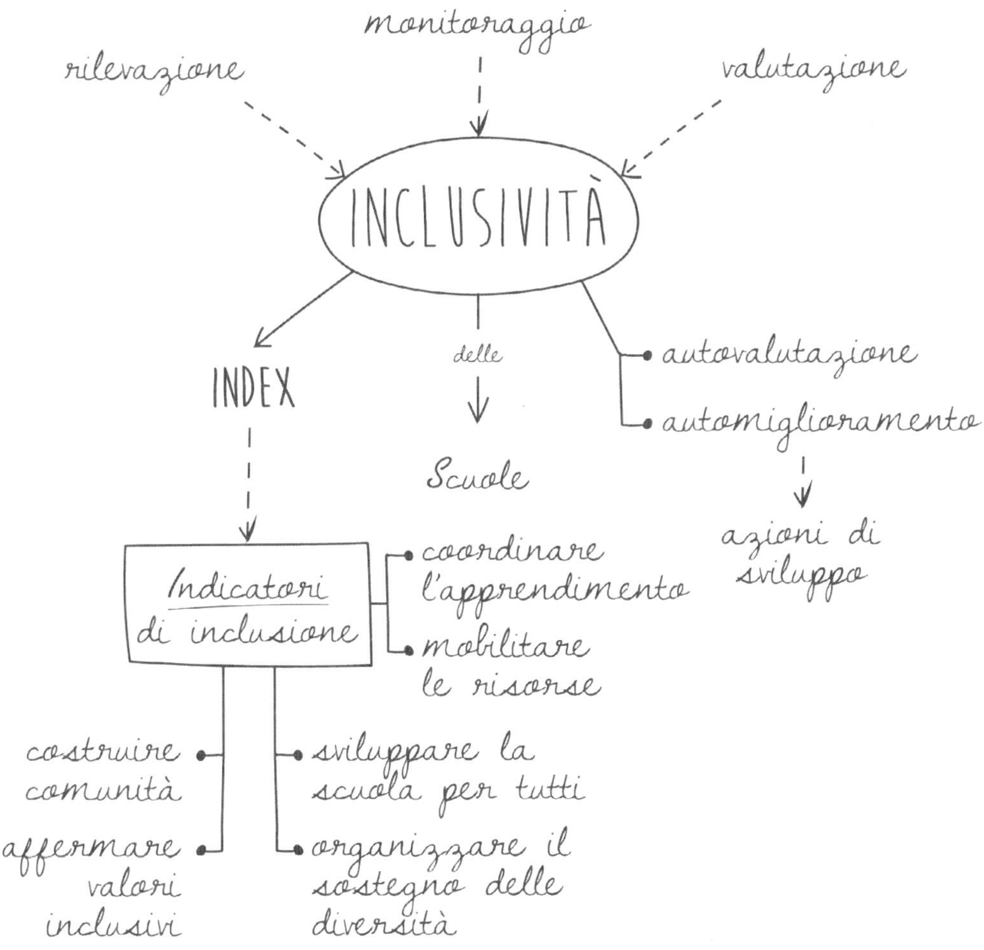

L'Index per l'Inclusione è costituito da una raccolta strutturata di *indicatori dell'inclusione* e dalla descrizione di una *metodologia di autovalutazione e automiglioramento* che fa uso di quegli indicatori per individuare i punti di forza e le criticità di una realtà scolastica e per progettare azioni di sviluppo che possano migliorarla. Nasce nel 2001 in Inghilterra sulla base di una ricerca-azione condotta da Tony Booth e Mel Ainscow. Dal 2008 esiste una versione italiana dell'Index, che nel frattempo è stato tradotto in oltre 30 lingue in tutto il mondo.

Di seguito, oltre a una descrizione degli indicatori e della metodologia dell'Index, si troveranno alcune riflessioni sul modo in cui esso può contribuire a realizzare gli elementi dell'inclusione introdotti dalla Direttiva e dalla Circolare ministeriali, rispettivamente del 27 dicembre 2012 e del 6 marzo 2013, sui BES.

Che cos'è e come funziona l'Index per l'Inclusione?

L'Index per l'Inclusione è uno strumento che raccoglie materiali e metodologie che consentono ad alunni, insegnanti, genitori e dirigenti di valutare l'inclusione nella propria comunità scolastica e di progettare azioni che la rendano un ambiente sempre più inclusivo.

L'intero processo proposto si fonda sulla definizione dell'inclusione del modello sociale dei *disability studies* (Barton, 2006; Medeghini et al., 2013; Oliver, 1990), che interpreta l'inclusione come il continuo miglioramento di un contesto per rispondere ai bisogni dei soggetti che ne fanno parte. Se poi si parla di inclusione scolastica, allora, si tratta, più nello specifico, di «un percorso verso la crescita illimitata degli apprendimenti e della partecipazione di tutti» (Booth e Ainscow, 2008, p. 110). In questa visione, è inclusiva la scuola che abbatte le barriere e rinforza i facilitatori per l'apprendimento e la partecipazione di tutti, tenendo conto delle diverse caratteristiche sociali, biologiche o culturali di ognuno.

Questa definizione di inclusione è poi articolata da Booth e Ainscow in un sistema complesso di indicatori che mette a fuoco gli elementi che ne caratterizzano la qualità. Questi descrivono essenzialmente alcuni aspetti specifici della vita scolastica che aiutano a individuare, in fatto di inclusione, i punti di forza e le situazioni che invece richiedono un intervento. Sono organizzati in tre dimensioni: la *cultura inclusiva* (i valori e il clima relazionale della scuola), le *politiche inclusive* (gli aspetti organizzativi e legati all'accessibilità della scuola) e le *pratiche inclusive* (tutto quel che riguarda i processi di apprendimento e insegnamento e le risorse che per essi vengono utilizzate) (si veda la tabella 39.1).

Accanto alla definizione degli indicatori di qualità dell'inclusione, Index propone anche una metodologia di lavoro in cui gli indicatori divengono la guida per un processo di autovalutazione e automiglioramento. In un modo molto concreto, gli indicatori divengono le domande di questionari che la scuola può somministrare ad alunni, genitori e insegnanti per valutare i diversi aspetti dell'inclusione al fine di individuare quelli da migliorare. Sulla base di questa analisi, il Collegio docenti elabora priorità e strategie di miglioramento e prova, infine, a realizzarle.

TABELLA 39.1
Gli indicatori dell'Index per l'Inclusione

Dimensione A: Creare culture inclusive	Dimensione B: Produrre politiche inclusive	Dimensione C: Sviluppare pratiche inclusive
Sezione A.1: Costruire comunità	**Sezione B.1: Sviluppare la scuola per tutti**	**Sezione C.1: Coordinare l'apprendimento**
Ciascuno deve sentirsi benvenuto	La selezione del personale e le carriere sono trasparenti	L'insegnamento è progettato tenendo presenti le capacità di apprendimento di tutti gli alunni
Gli alunni si aiutano l'un l'altro	I nuovi insegnanti vengono aiutati ad ambientarsi nella scuola	Le lezioni stimolano la partecipazione di tutti gli alunni
Gli insegnanti collaborano fra loro	La scuola promuove l'accoglienza di tutti gli alunni	Le lezioni sviluppano la comprensione della differenza
Gli insegnanti e gli alunni si trattano con rispetto	La scuola rende le proprie strutture accessibili a tutte le persone	Gli alunni sono attivamente coinvolti nelle attività di apprendimento
C'è collaborazione fra gli insegnanti e le famiglie	Tutti i nuovi alunni vengono aiutati ad ambientarsi nella scuola	Gli alunni apprendono in modo cooperativo
Gli insegnanti e il Consiglio d'Istituto collaborano positivamente	La scuola organizza i gruppi-classe in modo che tutti gli alunni vengano valorizzati	La valutazione contribuisce al raggiungimento degli obiettivi educativi per tutti gli alunni
Tutte le comunità locali sono coinvolte nell'attività della scuola		La disciplina in classe è improntata al mutuo rispetto
		Gli insegnanti collaborano nella progettazione, insegnamento e valutazione
		Gli insegnanti di sostegno promuovono l'apprendimento e la partecipazione di tutti gli alunni
		Le attività di studio a casa contribuiscono all'apprendimento di tutti
		Tutti gli alunni prendono parte alle attività esterne all'aula
Sezione A.2: Affermare valori inclusivi	**Sezione B.2: Organizzare il sostegno delle diversità**	**Sezione C.2: Mobilitare le risorse**
Le attese sono elevate per tutti gli alunni	Tutte le forme di sostegno sono coordinate	Le differenze tra gli alunni vengono utilizzate come risorsa per l'insegnamento e l'apprendimento
Gruppo insegnanti, Consiglio d'Istituto, alunni e famiglie condividono una filosofia inclusiva	Le attività di formazione aiutano gli insegnanti ad affrontare le diversità degli alunni	Le competenze degli insegnanti sono utilizzate al meglio

Gli alunni sono valorizzati in modo uguale Insegnanti e alunni si trattano l'un l'altro come esseri umani oltre che come rappresentanti di un «ruolo» Il gruppo insegnante cerca di rimuovere gli ostacoli all'apprendimento e alla partecipazione in ogni aspetto della vita scolastica La scuola si sforza di ridurre ogni forma di discriminazione	Le politiche rivolte ai bisogni educativi speciali sono inclusive Viene utilizzata la normativa sull'individualizzazione per ridurre gli ostacoli all'apprendimento e alla partecipazione di tutti gli alunni Il sostegno agli alunni stranieri che imparano l'italiano è coordinato con il sostegno all'apprendimento degli altri compagni Le politiche di sostegno personale e del comportamento sono collegate a quelle di sostegno allo sviluppo curricolare e all'apprendimento Le pratiche disciplinari che portano all'esclusione dalle attività vengono ridotte Gli ostacoli alla frequenza sono ridotti Il bullismo viene contrastato	Gli insegnanti sviluppano delle risorse per sostenere l'apprendimento e la partecipazione Le risorse della comunità sono conosciute e utilizzate Le risorse della scuola sono equamente distribuite così da sostenere l'inclusione

Fase 1: Cominciare a usare l'Index

L'azione più importante di questa prima fase è la costituzione di un gruppo di coordinamento, l'Index team. Questo progetterà le metodologie, gli strumenti e la tempistica per la realizzazione del ciclo di autovalutazione e automiglioramento nel modo più democratico e partecipato possibile.

Fase 2: L'analisi della scuola

In questa fase, alunni, genitori e insegnanti compilano i questionari predisposti dall'Index team esprimendo il proprio punto di vista su ciò che nella scuola funziona o su ciò che necessita di un intervento. Il risultato di questa fase è un quadro complessivo di punti di forza e criticità della scuola in fatto di inclusione.

Fase 3: Produrre un progetto inclusivo

In questa fase prende avvio il processo di automiglioramento: il Collegio docenti, guidato dall'Index team, progetta priorità e strategie di cambiamento della scuola, tenendo conto dei risultati dell'autovalutazione.

Fase 4: Realizzare le priorità

In questa fase le strategie di cambiamento progettate vengono messe in pratica, realizzate e documentate.

Fase 5: Revisione del processo dell'Index

Siamo in questa fase alla conclusione di un ciclo dell'Index: si valutano l'efficacia delle strategie progettate e la qualità del lavoro in un'ottica generale. Questo stadio può agganciarsi a una nuova autovalutazione per rilanciare l'inizio di un nuovo ciclo dell'Index nella prospettiva di un miglioramento potenzialmente infinito.

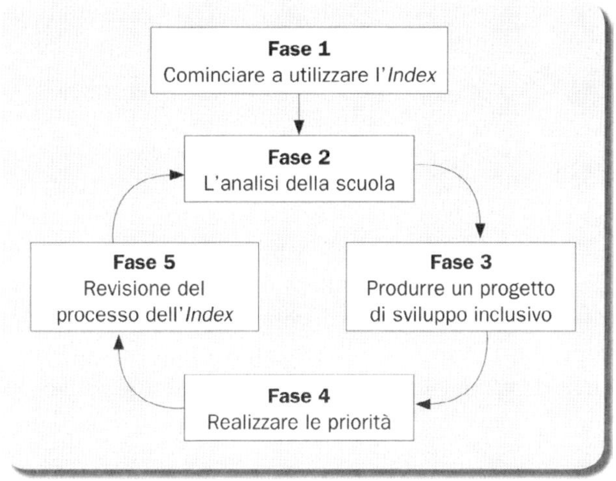

Fig. 39.1 Il processo di sviluppo con l'Index e il ciclo di pianificazione dello sviluppo della scuola (tratto da Booth e Ainscow, 2008, p. 120).

Quanto ai tempi di applicazione dell'intero processo dell'Index, sembrano essere necessari due anni per un buon avvio dei lavori e la realizzazione del primo ciclo di autovalutazione e automiglioramento. Una volta che lo strumento è a regime, l'intero processo può avere durata annuale.

Il processo metodologico che l'Index propone è di fatto sovrapponibile a quello di una ricerca-azione, una forma di ricerca il cui obiettivo non è tanto quello di produrre un sapere generalizzabile, quanto di modificare un contesto secondo le percezioni e i desideri di coloro che ne fanno parte. Fondamentale nella ricerca-azione e, di conseguenza, anche in una buona applicazione della metodologia che Index propone, è il protagonismo di coloro che «abitano» il contesto da migliorare. Non si tratta insomma di una metodologia in cui la consulenza di un esterno definisce azioni di sviluppo e miglioramento, ma sono invece proprio gli «interni», gli insegnanti, i genitori e gli alunni, a farlo. Proprio per questo è importante curare le premesse del lavoro con l'Index. Difficilmente un percorso di questo tipo potrà essere imposto; al contrario, sarà importante proporre fin dall'inizio la condivisione dei valori e della visione inclusiva che lo sottendono in modo da risvegliare motivazione e interesse circa gli obiettivi e la direzione di un eventuale cambiamento. Solo sulla base di tale condivisione di intenti — che porta a un impegno congiunto per questo processo — si creano le condizioni per un efficace e riuscito utilizzo dell'Index per l'Inclusione.

Benché il lavoro con l'Index non possa essere delegato *in toto* a un esterno proprio per questo bisogno di protagonismo «dal basso», l'accompagnamento del processo da parte di un soggetto non interno alla scuola è comunque auspicabile. Questo assume il ruolo dell'«amico critico» (Schratz et al., 2003), ovvero accompagna la scuola sostenendola nei suoi processi decisionali contrapponendo però anche quello sguardo esterno capace di vedere le cose in modo diverso da chi è coinvolto nelle dinamiche interne. L'amico critico ha un compito complesso che abbraccia una serie di ambiti diversi. In primo luogo, deve essere qualcuno che conosce bene le riflessioni legate al tema dell'inclusione e a uno sviluppo della sua qualità. In secondo luogo, deve avere un background metodologico sia in fatto di autovalutazione (conoscenza ad esempio di diversi strumenti di autovalutazione e possibilità di somministrazione) che di progettazione partecipata del miglioramento. È importante inoltre che abbia una certa competenza organizzativa che sostenga la scuola nella progettazione e nel rispetto di scadenze e tempistica. Infine, deve possedere capacità di moderatore, cioè saper cogliere aspetti conflittuali nel processo, dar loro voce, e mettere in luce eventuali barriere anche ideologiche o valoriali presenti nella cultura di una scuola o in singole persone, in modo da rendere più trasparente e chiara la comunicazione fra i membri della comunità scolastica. Pur in questa complessità di compiti, resta sempre molto importante ricordare che i protagonisti del lavoro sono i membri interni della comunità scolastica e che l'amico critico non assume quindi mai alcuna decisione nelle singole fasi del processo: egli può evidenziare i pro e i contro di una scelta, portare a esempio le esperienze efficaci o fallimentari di altre scuole, può anche esprimere una propria posizione, ma non partecipa mai ai momenti in cui si prendono decisioni vere e proprie.

L'Index per l'Inclusione nel contesto della Direttiva e della Circolare ministeriali sui BES

La Circolare ministeriale n. 8 del 6/3/2013 con oggetto la Direttiva ministeriale 27/12/2012 «Strumenti d'intervento per alunni con bisogni educativi speciali e organizzazione territoriale per l'inclusione scolastica» cita esplicitamente l'Index per l'Inclusione come uno dei possibili strumenti utili per realizzare una delle azioni, a livello di singola istituzione scolastica che le scuole italiane sono chiamate a realizzare: «la rilevazione, il monitoraggio e la valutazione del grado di inclusività della scuola [...] finalizzate ad accrescere la consapevolezza dell'intera comunità educante sulla centralità e la trasversalità dei processi inclusivi in relazione alla qualità dei "risultati" educativi».

È evidente che l'Index risponde appieno a questa logica, soprattutto se l'idea di valutare l'inclusione della scuola è legata non tanto a un processo di valutazione esterna e standardizzata, quanto a un'autovalutazione volta a costruire una cultura della riflessione su tutto ciò che dentro a una comunità scolastica può divenire barriera o, invece, facilitatore di processi di inclusione. Questo modo di concepire l'autovalutazione dell'inclusione mette in luce come l'azione di tutte le persone che ne fanno parte, e gli strumenti che ognuna di queste mette in campo, interagiscano e abbiano un effetto sulla qualità dei processi inclusivi. In questo senso, proprio come auspicato dalla Circolare, l'Index propone un'idea di inclusione che coinvolge tutti e corresponsabilizza l'intera comunità educante.

Oltre al legame esplicitamente evidenziato dalla Circolare, l'Index si presta ad essere uno strumento utile anche per la realizzazione di almeno altre due azioni a livello di singola istituzione scolastica: l'avvio dei lavori del Gruppo di Lavoro per l'Inclusione (GLI) e la redazione del Piano Annuale per l'Inclusività (PAI).

Il GLI, secondo la Circolare, deve essere costituito da figure con ruoli differenti all'interno della scuola, che assicurino quella capillare corresponsabilizzazione rispetto al tema dell'inclusione («funzioni strumentali, insegnanti per il sostegno, AEC, assistenti alla comunicazione, docenti "disciplinari" con esperienza e/o formazione specifica o con compiti di coordinamento delle classi, genitori ed esperti istituzionali o esterni in regime di convenzionamento con la scuola»). Questa formazione è molto simile a quella suggerita per l'Index team, i cui membri devono essere eterogenei, e soprattutto risulta avere origine dalla medesima logica: un gruppo di persone che rappresenti le diverse funzioni e i diversi ruoli della comunità educante perché l'inclusione è un processo che riguarda tutti e a cui tutti devono collaborare.

L'Index è potenzialmente uno dei principali strumenti di lavoro del GLI. Attraverso il processo di autovalutazione e automiglioramento che esso propone, il GLI può non solo rilevare, monitorare e valutare il grado di inclusività della scuola, ma può costruire un buon Piano Annuale per l'Inclusione. Per quel riguarda la valutazione, l'Index fornisce alcuni questionari già pronti, ma adattabili alle specifiche realtà scolastiche che permettono di fare emergere i punti di forza e le criticità di una data comunità dal punto di vista delle diverse persone che ne fanno parte (alunni, insegnanti, genitori). Per quel che riguarda la progettazione del miglioramento, l'Index, a differenza del Ministero, non propone una scheda da compilare;[1] descrive invece una metodologia attraverso cui si può coinvolgere un intero collegio docenti a concorrere alla progettazione del miglioramento. Da questo lavoro di condivisione possono poi svilupparsi diverse forme di progettazione che mettono in evidenza di anno in anno aspetti differenti, ma che sono sempre caratterizzati dalla forte corresponsabilizzazione e partecipazione dell'intera comunità educante per l'inclusione.

Lavorare in questa modalità più partecipata e costruttivista previene una delle possibili rischiose derive interpretative della Circolare: il fatto cioè che produca una burocratizzazione dei processi talmente forte da portare a una compilazione meccanica e svuotata di contenuto, ad esempio, del Piano Annuale d'Inclusione, ma lo stesso si potrebbe dire dei Piani Didattici Personalizzati per alunni con BES di seconda o terza fascia. Un'interpretazione burocratica della normativa non porterebbe, come ovvio, alcun vantaggio all'inclusione.

Questo è già in parte accaduto con i processi di autovalutazione introdotti dalla normativa sull'autonomia scolastica. Sono diverse le scuole in cui l'autovalutazione è ormai un processo collaudato che viene riproposto di anno in anno, ma che si ferma allo stadio della fredda e sterile fotografia dell'esistente. L'Index, grazie al fatto che non propone solo

[1] http://www.istruzione-ancona.gov.it/2013/05/piano-annuale-per-linclusione-bozza-di-modello/.

uno strumento, ma una metodologia di lavoro che implica partecipazione, lega sempre l'autovalutazione alla progettazione del cambiamento, inserendola così nell'orizzonte di senso più ampio della valutazione di qualità in ottica di sviluppo e cambiamento.

Le fasi del processo di autovalutazione e automiglioramento con l'Index per l'Inclusione

La descrizione delle fasi del processo di autovalutazione e automiglioramento con l'Index fa riferimento in parte alle indicazioni originali di Booth e Ainscow (2008) e in parte ai risultati di una ricerca finanziata dalla Libera Università di Bolzano e coordinata dal Professor Dario Ianes, volta a studiare i risvolti applicativi dell'Index nel contesto italiano (Brugger-Paggi et al., 2013).

Fase 1: Cominciare a usare l'Index

Condividere la scelta di intraprendere un percorso con l'Index

È importante che l'inizio del lavoro con l'Index per l'Inclusione sia percepito dall'intero corpo insegnante della scuola e condiviso dalla maggior parte dei docenti. Si tratta di una metodologia di progettazione dello sviluppo e del cambiamento che parte dal basso, che offre, ma che chiede anche, partecipazione. Meccanismi di delega — per cui, ad esempio, una scuola approva il percorso ma non lo condivide realmente e invece lo affida a un piccolo gruppo di insegnanti più motivati — portano con facilità al fallimento dell'intero processo. Quando, infatti, si arriva al momento di realizzare strategie concrete per cambiare alcuni aspetti, ad esempio, della didattica o dell'organizzazione scolastica, se queste non vengono portate avanti da un gruppo cospicuo di insegnanti, difficilmente il cambiamento diventerà tangibile e lo sviluppo coinvolgerà l'intera comunità scolastica.

Questo non significa che l'idea di cominciare a utilizzare l'Index non possa partire da un piccolo gruppo di insegnanti o da un singolo Dirigente, ma questi devono poi assumere il ruolo di moltiplicatori, condividere l'entusiasmo e la motivazione con altri. L'Index, infatti, non ha senso se utilizzato come strumento per un singolo insegnante. Certo, può offrire spunti di riflessione sulle scelte didattiche e sulla gestione del clima relazionale all'interno delle ore che il singolo insegnante progetta e realizza. Mettere però in pratica quell'idea di inclusione complessa che l'Index propone richiede una partecipazione a più livelli della comunità scolastica, di cui il singolo insegnante e le sue scelte rappresentano solo una piccola, seppure importante, parte.

Per questo, il fatto che l'inizio del percorso con l'Index passi da un votazione formale nel Collegio docenti assume una funzione fondamentale: rappresenta la formalizzazione di una presa in carico collettiva del percorso di autovalutazione e di automiglioramento della scuola in direzione inclusiva. Subito dopo verrà costituito un gruppo di lavoro che si occuperà di coordinare il processo e di definirne gli strumenti e le metodologie, ma è indispensabile che il Collegio docenti, attraverso una votazione a maggioranza, dichiari la propria piena disponibilità a partecipare.

Costituire l'Index team

L'Index team è il gruppo di coordinamento del processo attivato dall'Index. Sei sembra essere un numero giusto di membri, che permette non solo la presenza di una certa ricchezza di punti di vista ma anche di svolgere discussioni e assumere decisioni in tempi ragionevoli.

La parola chiave per la costituzione dell'Index team è *eterogeneità*. Quando Booth e Ainscow definiscono le caratteristiche di questo gruppo di coordinamento scrivono: «È importante che il gruppo di coordinamento rispecchi la composizione per genere ed etnia della scuola, possibilmente coinvolgendo rappresentanti delle famiglie, degli alunni e personale non docente» (Booth e Ainscow, 2008, p. 127). Citano, insomma, l'importanza che nel gruppo siano rappresentati uomini e donne e persone che rispecchiano le diverse culture che si trovano nella scuola; ma molte altre ancora sono le caratteristiche di cui si può tenere conto per garantire che nell'Index team sia rappresentata la varietà degli insegnanti presenti nel Collegio docenti di una scuola: anzianità di servizio, ambiti disciplinari, ruolo (sostegno/curricolare), funzioni nella scuola (coordinatore del gruppo per l'intercultura, funzione obiettivo per l'integrazione, ecc.). Sarebbe estremamente dannoso che il gruppo fosse costituito da solo personale specifico legato ai processi dell'integrazione (ad esempio insegnanti di sostegno e assistenti alla persona): questo non rispecchierebbe l'idea che sta alla base dell'Index e cioè che l'inclusione è un processo che riguarda l'intera comunità scolastica. Sarebbe inoltre poco funzionale se nel gruppo ci fossero solo insegnanti che già da tempo collaborano a funzioni dirigenziali o di coordinamento. Il loro contributo è certamente importante, poiché hanno una visione più esperta su alcuni aspetti gestionali e organizzativi della scuola, al contempo, però, dato che l'Index mira ad attivare un percorso fortemente partecipato, è importante che anche l'Index team rispecchi tale intento, coinvolgendo persone che non svolgono funzioni di responsabilità organizzativa o gestionale.

Booth e Ainscow auspicano inoltre la presenza di figure che fanno parte della comunità scolastica, ma non sono insegnanti: alunni, genitori, personale non docente. Certo, una composizione allargata di questo tipo creerebbe un'eterogeneità interessante per i punti di vista chiamati a incontrarsi nel gruppo. Vanno però anche considerate le prassi della scuola e l'abitudine, o meno, di coinvolgere nei gruppi di lavoro altre figure oltre al corpo insegnante. Per alcune scuole può infatti essere una sfida già sufficientemente ambiziosa il fatto di garantire una certa eterogeneità nei rappresentanti del corpo docente, per altre, invece, può essere assolutamente utile e arricchente far intervenire anche altre persone.

È molto importante, al momento della costituzione dell'Index team, fare chiarezza sui suoi compiti. Questo previene eventuali processi di delega da parte del Collegio docenti. Il gruppo di coordinamento, infatti, non è un gruppo che si sostituisce alla comunità scolastica e che, in sua rappresentanza, svolge un'autovalutazione del grado di inclusività della scuola e progetta strategie per migliorarla. Fare l'autovalutazione, progettare e realizzare il cambiamento sono compiti di tutti gli insegnanti. L'Index team ha invece il ruolo di scandire i tempi del processo dell'Index e definire gli strumenti e le modalità con cui autovalutare e progettare in modo democratico e partecipato azioni di sviluppo (tabella 39.2).

TABELLA 39.2
Compiti dell'Index team e di tutti gli insegnanti

Compiti dell'Index team	Compiti di tutti gli insegnanti
Conoscere strumenti per l'autovalutazione e mettere a punto quelli da utilizzare nella scuola Conoscere metodologie per la progettazione democratica e partecipata di azioni di sviluppo e mettere a punto quelle da utilizzare nella scuola Conoscere strumenti per la valutazione dell'efficacia delle azioni di sviluppo progettate e mettere a punto quelli da utilizzare della scuola	Dare la propria autovalutazione del grado di inclusività della scuola, utilizzando gli strumenti predisposti dall'Index team Partecipare, secondo le modalità previste dall'Index team, alla progettazione democratica e partecipata delle azioni di sviluppo Realizzare le azioni di sviluppo progettate Valutare l'efficacia delle azioni di sviluppo utilizzando gli strumenti predisposti dall'Index team

Fase 2: L'autoanalisi della scuola

In Appendice all'Index per l'Inclusione si trovano alcuni questionari di autovalutazione costruiti sulla base degli indicatori proposti da Booth e Ainscow, differenziati per insegnanti, alunni e genitori (Booth e Ainscow, 2008, pp. 157-235). Le versioni sono diverse fra loro per complessità, linguaggio, ma anche per tematiche, che vengono adattate in base alle informazioni che i rispondenti conoscono sulla scuola. L'Index propone, infatti, che la fase di autovalutazione coinvolga tutti e tre i fondamentali protagonisti della comunità scolastica: genitori, alunni e insegnanti. Ciò permette, effettivamente, di ricostruire al meglio il percepito sulla scuola poiché si può effettivamente attingere alla percezione di tutti coloro che la «abitano».

L'adattamento dei questionari

I questionari proposti dall'Index non vanno intesi come strumenti di valutazione oggettivi e standardizzati della qualità dell'inclusione. Questi hanno l'obiettivo di scoprire e rendere esplicito il punto di vista di ognuno sul grado di inclusività raggiunto dalla scuola, il percepito soggettivo. I dati che ne emergono non vanno interpretati nell'ottica dell'osservato e nemmeno dello standardizzato che permette ad esempio la comparazione di dati fra scuole diverse. È proprio per questo motivo che sono utilizzati in un processo di autovalutazione e automiglioramento in cui i protagonisti sono i membri stessi della comunità: è centrale quel che essi pensano dell'inclusione realizzata nelle loro scuole. Insomma, l'analisi della scuola che l'Index produce non può essere intesa come una fotografia oggettiva della realtà. Proprio per queste caratteristiche dello strumento può succedere che in una scuola nel corso del tempo i risultati dell'autovalutazione appaiano peggiorati, perché proprio in seguito a un maggiore investimento nell'inclusione e a un maggior impegno per il suo miglioramento lo sguardo dei membri della comunità si fa di anno in anno più consapevole e critico. O, ancora, può succedere che l'autovalutazione faccia emergere dei punti percepiti come critici (ad esempio, assenza di interventi contro il bullismo da parte degli insegnanti) che non indicano una criticità reale in quell'ambito ma piuttosto nella comunicazione di quel che in quell'area si fa (ad esempio, ai genitori non è stato comunicato il percorso intrapreso di prevenzione del bullismo).

Compito dell'Index team è mettere a punto gli strumenti per costruire un buon momento di autovalutazione: esso lavorerà quindi all'adattamento dei questionari e alla scelta delle modalità di somministrazione di questi.

I questionari devono essere *«fatti su misura» per la scuola.* Questo significa che, pur trovandoli pronti — e questo è evidentemente un grande aiuto in termini di economia del lavoro — possono essere modificati tenendo conto del linguaggio e dei temi che caratterizzano una certa realtà scolastica. Può essere ad esempio utile riformulare alcune domande per scegliere di utilizzare espressioni e lessico più comuni; ancora, si può decidere di eliminarne alcune nel caso non siano rilevanti in un certo contesto (es., una domanda sull'uso della sospensione come punizione in una scuola primaria in cui questa non sia più usata da molto tempo); infine, può essere interessante aggiungere delle domande che l'Index non contiene, ma che mettono in luce un elemento importante per l'inclusione in un certo contesto (es., una domanda sulla modalità di gestione dei pomeriggi in una scuola con il tempo pieno).

L'adattamento dei questionari comporta anche il rischio di «tradire» le intenzioni originarie dello strumento. Ad esempio, il fatto di eliminare una domanda perché percepita come possibile fonte di dati che mettono in discussione l'operato della scuola o degli insegnanti implicherebbe un taglio non giustificabile nell'ottica di un reale miglioramento dell'inclusione. È quindi importante essere molto attenti ad apportare modifiche, domandandosi se queste siano in linea con l'idea originaria di inclusione che l'Index propone.

La somministrazione dei questionari

Una volta che il questionario è stato adattato, l'Index team ha il compito di scegliere in che contesto proporne la somministrazione. Due aspetti sono particolarmente importanti a questo proposito: 1. fare in modo che ci sia un buon ritorno dei questionari compilati, in modo che effettivamente se ne possano ricavare dati che rappresentano piuttosto fedelmente il percepito; 2. proporre una forma di somministrazione che non induca a una compilazione meccanica, ma che possa essere un momento di riflessione autentica sull'inclusione.

Tendenzialmente, il massimo ritorno dai questionari si ottiene eseguendo una *somministrazione in presenza:* prevedendo cioè un momento in cui i rispondenti compilano il questionario a scuola. Nel caso degli insegnanti, si tratta generalmente di un Collegio docenti, nel caso dei genitori, dei momenti di riunione o delle udienze, nel caso degli alunni, infine, di un momento di lezione. Soprattutto nel caso dei genitori, questa modalità di somministrazione non è sempre semplice da organizzare, in alternativa il questionario può essere inviato e restituito tramite gli alunni.

Il fatto poi che venga programmato un momento riservato e dedicato completamente alla compilazione del questionario, oltre a sottolineare l'importanza dell'iniziativa, garantisce i tempi per una riflessione di una certa accuratezza. Concretamente, questo significa progettare un incontro con i genitori, un Collegio docenti con gli insegnanti e una lezione con gli alunni interamente dedicati all'Index per l'Inclusione, in cui vi sia il tempo di confrontarsi sul concetto di inclusione che esso propone per poi, infine, rispondere al questionario. Ciò consente naturalmente di inserire la compilazione dello strumento in una cornice di senso più ampia e condivisa e di offrire un contesto che facilita una riflessione più accurata delle domande proposte. Nella quotidianità scolastica può non essere sempre possibile ricreare queste condizioni ideali per la somministrazione; si può quindi optare per soluzioni intermedie, ad esempio con un investimento maggiore sugli insegnanti, riducendo invece in un primo momento il tempo del lavoro con gli alunni e i genitori.

Un ultimo aspetto interessante nel valutare le modalità si somministrazione riguarda la scelta della *persona che somministra.* Se, ad esempio, da un lato l'amico critico, da figura esterna, può catalizzare con più facilità l'attenzione diretta al progetto Index (questi viene identificato con il progetto e veicola quindi l'idea di un tempo pienamente dedicato ad esso), dall'altro la messa in campo di figure interne alla scuola (membri dell'Index team, ma anche altri insegnanti, ad esempio nella somministrazione dei questionari agli alunni o ai genitori) può invece implicitamente comunicare la capillare corresponsabilità al progetto. In base quindi all'accento che nelle singole scuole si ritiene importante dare, l'Index team deciderà a chi affidare la somministrazione dei questionari.

L'analisi dei dati dell'autovalutazione

Trattando la fase dell'autovalutazione, un ultimo aspetto importante riguarda l'analisi dei dati. Una volta raccolti tutti i questionari è infatti fondamentale riuscire a produrre un'analisi che permetta di mettere in luce i maggiori punti di forza e le maggiori criticità. Se la scuola si avvale dell'accompagnamento di un amico critico con competenze nell'ambito dell'analisi quantitativa una serie di indagini, anche più complesse, sono possibili. In questa sede si delinea una metodologia praticabile anche da scuole che lavorino con un amico critico senza particolari competenze in questo ambito o addirittura facendone del tutto a meno.

Tre sono le principali fasi dell'analisi dei dati:

1. *calcolo della media* di inclusività risultante dalle risposte per ogni domanda di questionario;
2. *ordinamento delle domande* di ogni questionario da quella con media di inclusività più alta a quella con media di inclusività più bassa e individuazione dei 5 punti di forza e delle 5 criticità;
3. *individuazione delle tematiche* rilevanti.

Questa analisi si basa sulla trasformazione delle risposte in valori numerici, sulla cui base viene poi calcolata una media. L'attribuzione del valore numerico alle risposte è determinata sulla base del grado di inclusività della risposta. Ad esempio: alla domanda «gli insegnanti collaborano fra di loro?» la risposta «sì» è la più inclusiva e quindi le viene attribuito il valore più alto, 3; alla risposta «abbastanza/non so» verrà attribuito valore

2; al «no» 1. Sulla base di questa corrispondenza risposta-valore numerico, per ogni domanda viene calcolata la media di inclusività delle risposte assegnate.

Sulla base delle medie calcolate, è possibile ordinare le domande di ogni questionario partendo da quella che ha ottenuto risposte più inclusive a quella che ha ottenuto risposte invece meno inclusive. Le prime cinque nella classifica corrispondono a quelli che sono percepiti come punti di forza dalla categoria di persone che hanno compilato il questionario, le ultime cinque alle criticità.

L'ultima fase dell'analisi dei dati consiste in un atto interpretativo e va per questo svolto dall'Index team, costituito da membri interni alla scuola. Le prime due fasi possono infatti essere delegate all'amico critico, se questo è disponibile, o a qualsiasi esterno che offra tale supporto. Si tratta semplicemente di fare dei calcoli sulla base delle risposte e di ordinarne i risultati. L'ultima fase, invece, comporta la ricerca di nessi fra criticità e punti di forza emersi e richiede, quindi, la conoscenza del contesto. L'obiettivo di questa operazione è la sintesi dei diversi elementi rilevati: ad esempio, una scuola in cui emergano punteggi bassi nelle tre domande poste agli alunni «Al mio insegnante piace ascoltarmi quando ho delle idee?», «Ai miei insegnanti piace che racconti quello che faccio a casa?» e «Penso che avere chiari gli obiettivi nel lavoro mi aiuti a migliorare gli apprendimenti?» potrebbe porre in risalto la tematica del «protagonismo degli alunni».

Altri strumenti di autovalutazione

L'Index propone dei questionari già predisposti per praticare l'autovalutazione. Nonostante ciò può essere interessante — e in alcuni casi rivelarsi anche necessario — pensare ad altri strumenti di autovalutazione.

Se ad esempio l'Index viene usato in una scuola dell'infanzia e si vuole proporre l'autovalutazione ai bambini, è naturalmente importante fare uso di un linguaggio che comprendano, che quindi non può essere quello di domande in forma scritta, come in un questionario. È possibile riproporre la modalità del questionario sostituendo le domande scritte con delle *immagini* che rappresentano una domanda (che la maestra leggerà ad alta voce nel momento della somministrazione) e accanto alle quali i bambini applicheranno un emoticon felice o invece triste, in base alla loro percezione positiva o negativa della domanda. Si può però pensare anche ad altri strumenti. Ad esempio, il *focus group:* sulla base degli indicatori dell'Index, l'Index team elabora una traccia per le domande e intervista i bambini in piccoli gruppi.

Può essere necessario pensare a strumenti alternativi di autovalutazione anche nel caso di persone che abbiano difficoltà a utilizzare la lingua italiana, soprattutto se scritta. Può essere questo il caso di genitori di una madrelingua diversa dall'italiano, ma anche di alcuni alunni. Una prima possibilità è evidentemente la traduzione del questionario nella loro lingua. Se ciò non fosse possibile, anche in questo caso un focus group in cui vi sia la possibilità di esprimersi oralmente potrebbe ampliare le loro possibilità di partecipazione.

In generale, va messo in evidenza come utilizzare un focus group o altri strumenti poco strutturati (per un approfondimento in questo senso si veda Schratz et al., 2003) produce un tipo diverso di dati, più qualitativo. Per questo, anche se richiede un certo investimento di tempo, potrebbe essere interessante pensare ad alcuni focus group che affiancano l'autovalutazione attraverso i questionari anche nel caso di alunni, genitori e insegnanti che possono far uso di entrambi gli strumenti.

Fase 3: Produrre un progetto di sviluppo inclusivo

Progettare priorità e strategie

In questa fase, il compito del Collegio docenti è la progettazione di obiettivi prioritari per il cambiamento e degli strumenti, dei percorsi, delle metodologie per raggiungerli.

Protagonista della fase è dunque l'intero Collegio. Fino a questo momento la maggior parte del lavoro si è svolto all'interno dell'Index team, che ha valutato i pro e i contro di diversi strumenti di autovalutazione e ha poi individuato quali e come somministrare nella propria scuola. Il Collegio docenti è stato invece coinvolto solo in due momenti: un primo informativo, con annessa votazione per scegliere di aderire al progetto e un secondo, in cui ha compilato il questionario di autovalutazione. In questa terza fase, invece, è fondamentale coinvolgere tutti gli insegnanti, o almeno la maggior parte di questi. La loro partecipazione e la condivisione piena della progettualità del cambiamento garantiscono infatti le migliori premesse alla fase 4, quella della realizzazione delle priorità.

Questa è la fase di ponte fra la riflessione e l'azione. Se l'autovalutazione può essere interpretata come un momento in cui la comunità scolastica si ferma per riflettere sullo stato dell'inclusione, nella fase 3 vengono invece poste le basi progettuali per avviare l'azione di cambiamento. Per questo motivo questa fase deve essere caratterizzata dall'elemento della fattibilità, da due punti di vista: quello della numerosità delle priorità e quello della chiarezza nella descrizione delle strategie.

Le priorità sono gli obiettivi primari di cambiamento. La loro definizione implica necessariamente una scelta. Le tematiche rilevanti che emergono dall'autovalutazione sono generalmente molte e ampie, poiché sono il frutto di un'autovalutazione che tiene conto di quella vasta gamma di indicatori che gli autori di Index propongono. Nel momento in cui, però, si passa alla fase progettuale, non si deve temere di fare dei forti tagli e di decidersi per alcuni aspetti. Si tratta proprio di provare a fissare delle priorità che appaiano come realisticamente raggiungibili.

Criteri utili nella selezione delle tematiche rilevanti per identificare le priorità su cui lavorare possono essere:

- la *forza* della tematica, che è tanto maggiore quando più critico appare dai dati l'aspetto individuato (tematiche che emergono da domande con medie di inclusività molto basse hanno più forza);
- la *diffusione* della tematica, che è tanto maggiore quanto più è emersa come rilevante (in positivo o in negativo) in tutte le categorie di persone che hanno partecipato all'autovalutazione;
- la *rilevanza* della tematica rispetto agli aspetti contestuali della scuola, che tiene conto del valore o del significato che la scelta di una certa priorità avrebbe nel qui e ora della scuola.

Per una buona progettazione, alla scelta delle priorità deve seguire una stringente pianificazione delle strategie di cambiamento. Questa deve essere caratterizzata da concretezza e precisione. È importante che al termine di questa fase ci sia una pianificazione dettagliata delle azioni di sviluppo in cui sia chiaro che cosa ci si aspetta, da chi e in che tempi. Può essere utile riassumere i risultati di questa fase in una tabella che sintetizzi con precisione le azioni progettate (tabella 39.3).

Costruire partecipazione

Partecipare significa essere membri attivi in una comunità, membri cioè che sentono non solo di appartenere a un certo contesto, ma di poter contribuire a dargli forma. Nel processo di automiglioramento che l'Index propone la partecipazione gioca un ruolo fondamentale, soprattutto nella fase della progettazione delle priorità e delle strategie. Proprio per questo motivo è molto importante che l'Index team dedichi una certa attenzione alla scelta di metodologie di lavoro che permettano all'intero Collegio docenti di sentirsi partecipe in questa fase.

TABELLA 39.3
Esempio di quadro riassuntivo di priorità e strategie

Priorità	Azioni	Tempi	Coordinamento	Coinvolgimento	Risorse
Migliorare l'accoglienza dei nuovi insegnanti	Colloquio informativo col Dirigente a inizio anno	Entro la prima settimana di scuola	Dirigente	Dirigente e nuovi insegnanti	/
	Assegnazione di un «tutor» a ogni nuovo insegnante	Per tutto l'anno scolastico	Il Dirigente propone l'assegnazione dei tutor e la concorda con gli insegnanti	Dirigente, insegnanti tutor, nuovi insegnanti	/
Migliorare la condivisione di materiali	Creazione di uno spazio online su cui condividere materiali didattici	Per tutto l'anno scolastico, attivazione entro dicembre	Insegnante responsabile ICT	Responsabile ICT, tutti gli insegnanti	Spostare 5 PC dall'aula computer ai 5 corridoi della scuola
	Organizzazione di laboratori per la costruzione da parte degli insegnanti di materiali utili per tutta la scuola	Per tre pomeriggi di formazione	L'Index team proporrà al Collegio docenti una lista di 5 esperti disponibili, il Collegio ne voterà 3	Index team, tutti gli insegnanti	Fondi per pagamento di esperti

Nello scegliere il modo in cui questa fase verrà gestita, è anche importante ricordare che generalmente a una maggiore partecipazione corrisponde anche la necessità di un tempo di lavoro più lungo. Più si avrà, infatti, l'intento di garantire a tutti la possibilità di esprimere un proprio contributo significativo sulla progettazione del cambiamento, più ci sarà bisogno di tempo per realizzarlo.

Presento qui due possibili metodologie. Una prima è molto nota nel mondo della scuola ed è probabilmente il modo più diffuso di assumere decisioni all'interno del Collegio docenti: un gruppo di lavoro fa una proposta (nel nostro caso, l'Index team propone alcune priorità e strategie di miglioramento) e poi il Collegio docenti con una votazione per maggioranza approva o respinge la proposta. In alcuni casi, un breve momento di discussione iniziale può in parte arricchire o modificare la proposta elaborata dal gruppo di lavoro. Una seconda modalità prevede invece che il Collegio docenti si divida in sottogruppi coordinati dai membri dell'Index team. All'interno di questi sottogruppi, e quindi con la partecipazione di tutti gli insegnanti, vengono elaborate le proposte per gli obiettivi e le azioni di sviluppo inclusivo. Alla fine del lavoro nei sottogruppi, le proposte verranno messe al voto di maggioranza e approvate o respinte dall'intero Collegio docenti.

Entrambe le metodologie proposte sono democratiche, ma la seconda chiaramente risulta maggiormente partecipata rispetto alla prima. È altrettanto evidente che per realizzare la seconda sarà probabilmente necessario mettere in calendario due Collegi docenti organizzati in modalità lavoro di gruppo per arrivare a generare le idee per le priorità nel primo e per le strategie nel secondo, mentre la prima metodologia risulta molto più snella da realizzare. A seconda della situazione contingente di una certa scuola in un dato periodo, si sceglierà quindi la metodologia più adatta, nella ricerca di un equilibrio fra il massimo grado di partecipazione possibile e il carico di lavoro effettivamente gestibile dal corpo insegnanti.

Più livelli di progettazione

All'interno di un'istituzione scolastica, la progettazione delle azioni di cambiamento può aver luogo a più livelli: istituto, singoli plessi o classi. Tutti gli indicatori possono essere affrontati a livello di plesso o istituto, anche se, per alcuni, pensare a possibili azioni di cambiamento a diversi livelli può portare a un lavoro più differenziato e capillare. Un lavoro ad esempio sull'indicatore «C'è condivisione di una filosofia inclusiva» può generare alcune azioni nella classe e altre a livello di plesso o istituto, conducendo verso la realizzazione della medesima priorità. È invece importante tenere in considerazione che non tutti gli indicatori che l'Index propone possono essere affrontati al solo livello di classe. Non ha ad esempio senso provare a pensare ad azioni di miglioramento a livello di classe rispetto all'indicatore «I nuovi insegnanti sono aiutati ad ambientarsi».

Progettare a livello di classe attiva inoltre l'aspetto molto interessante della partecipazione degli alunni. È molto difficile, infatti, pensare di coinvolgere tutti gli alunni in progettazioni che riguardano un intero plesso o addirittura un istituto comprensivo. La loro partecipazione però è molto più semplice da organizzare se si pensa di progettare alcune priorità e strategie di cambiamento anche per le singole classi. Soprattutto per gli indicatori che riguardano la cultura inclusiva e le pratiche di insegnamento/apprendimento attivate il loro contributo può introdurre punti di vista estremamente preziosi.

Progettare a più livelli richiede anche un'analisi dei dati dell'autovalutazione più articolata. Diventa infatti importante poter mostrare i diversi risultati dell'autovalutazione distinti per plessi e classi, in modo che ogni realtà possa conoscere e tener conto delle proprie specificità. Questo implica concretamente che al momento della restituzione dei dati, oltre ad analizzare i risultati complessivi dell'istituto e dei plessi nelle modalità descritte nella fase 2, ad ogni classe va consegnato un ritorno sui propri specifici elementi di criticità e di forza.

Fase 4: Realizzare le priorità

Questa fase rappresenta il cuore dell'automiglioramento, il momento in cui la progettazione di azioni di sviluppo sulla base dei risultati emersi dall'autovalutazione viene realizzata. È anche lo stadio in cui si manifesta virtuosamente o, invece, viziosamente il coinvolgimento della comunità scolastica: è in questa tappa del percorso, infatti, che si mostrano le problematiche o invece i frutti del lavoro del coinvolgimento coltivato nelle tappe precedenti.

Tenere viva l'attenzione sulle azioni di cambiamento che si è progettato di portare avanti nella numerosità degli impegni che si susseguono durante un anno scolastico è l'aspetto centrale di questa fase del processo. La difficoltà è maggiore, naturalmente, per quelle azioni che richiedono continuità per periodi lunghi, ad esempio un intero anno. È quindi importante pensare esplicitamente ad alcuni strumenti che di tanto in tanto riportino a mettere a fuoco gli impegni presi.

La documentazione rappresenta una modalità per farlo, sebbene ovviamente questa abbia un valore anche a sé stante, legato alla necessità di lasciare traccia di ciò che viene realizzato all'interno di una scuola. Affinché questa però non venga percepita come un appesantimento del cuore di questa fase, il fare e la realizzazione, è importante che venga impostata con strumenti molto snelli: tabelle con check-list in cui indicare e quantificare quando e con che frequenza una certa strategia venga messa in pratica, raccolta e archiviazione di materiali prodotti, fotografie o brevi video di attività realizzate.

La documentazione raggiunge al massimo l'obiettivo di tenere viva l'attenzione sul lavoro con l'Index se è *visibile.* Ad esempio può essere utile appendere in aula insegnanti una check-list su cui si tiene un conteggio comune delle azioni realizzate oppure rendere disponibili i materiali raccolti in un luogo normalmente frequentato dagli insegnanti. Vedere le tracce di quello che tutti i docenti stanno realizzando è anche un buon reminder degli impegni condivisi rispetto al progetto.

Un'altra possibilità rivelatasi utile per mantenere l'attenzione sul progetto è quella di organizzare durante questa fase la *restituzione dei dati* per chi ha partecipato all'autovalutazione, ma non alla progettazione. Si tratta generalmente dei genitori, ma anche degli alunni, nel caso in cui la scuola non abbia fatto una progettazione anche a livello di classe. La restituzione va organizzata poiché è chiaramente importante in un progetto fortemente basato sulla partecipazione mostrare a tutti coloro che hanno preso parte alla fase di raccolta dati per l'autovalutazione i risultati emersi. Inoltre è sensato farlo nel momento in cui siano anche già state progettate le azioni di cambiamento, affinché sia evidente che la raccolta dati non è fine a se stessa, ma invece strettamente connessa al cambiamento.

Perché il momento della restituzione contribuisca al meglio a ravvivare l'attenzione sulle strategie di cambiamento è importante che sia gestito dagli insegnanti delle singole classi. Non avrebbe senso, infatti, delegare il momento all'Index team, che già risulta costituito dagli insegnanti maggiormente coinvolti nel processo dell'Index. Quest'ultimo può assumersi il compito di elaborare dei materiali comuni con i quali gli insegnanti delle classi presentano i dati emersi e poi le priorità e le strategie pianificate (ad esempio un cartellone comune a tutte le classi o alcune slide), ma è importante che siano poi i singoli insegnanti a farsi carico del momento della presentazione.

Un'ultima modalità dimostratasi utile ai fini di mantenere elevata la motivazione rispetto alle strategie condivise è una sorta di *valutazione in itinere informale.* Questa viene gestita dall'Index team che, con una serie di interviste informali fra i colleghi, prova a capire se essi stanno realizzando le azioni concordate e, se questo non accade, tenta di comprenderne i motivi. Si definisce l'intervista «informale» perché si svolge in un setting informale (in un breve incontro in aula insegnanti, nel corridoio, durante la sorveglianza in giardino) e perché ha luogo con una modalità informale di conversazione fra pari. Non ha una funzione di controllo, bensì di focalizzazione su eventuali problemi nella realizzazione di alcune strategie, che, se necessario, possono essere discusse con il Collegio docenti nell'ottica di un cambiamento delle strategie.

Fase 5: Revisione del processo dell'Index

Il momento della revisione è inteso come il momento della valutazione finale, dove si valutano cioè la qualità e l'efficacia del processo di autovalutazione e automiglioramento che la scuola è riuscita a realizzare. Si tratta quindi sia di verificare la realizzazione delle azioni di cambiamento che di riflettere le tappe del lavoro con l'Index e valutarne la qualità. Nello specifico sono tre gli aspetti da prendere in considerazione:

1. La realizzazione delle strategie: le azioni di cambiamento e gli strumenti pianificati sono stati effettivamente implementati?
2. Il raggiungimento delle priorità: le strategie programmate e messe in pratica hanno portato alla realizzazione degli obiettivi?
3. La qualità del lavoro con l'Index: è stato utile il lavoro? Gli strumenti per l'autovalutazione sono stati percepiti positivamente da chi li ha utilizzati? E le metodologie per la progettazione?

Dal punto di vista metodologico, esistono diverse modalità per realizzare questa fase.

Una prima possibilità è quella di *somministrare un questionario all'intera comunità scolastica* che verifichi l'avvenuta realizzazione di obiettivi e strategie e che rilevi la qualità del processo percepita. Ad esso può essere affiancata la somministrazione completa del questionario di autovalutazione iniziale che può essere utile per due motivi. In primo luogo, può mettere in luce dei cambiamenti non previsti. Molti degli indicatori dell'Index sono fra loro collegati e quindi un lavoro su uno di essi può provocare dei cambiamenti anche in altri. Una verifica mirata dell'efficacia delle strategie progettate per il raggiungimento delle priorità non riuscirebbe a evidenziarli. Inoltre, consente una raccolta di dati ad ampio raggio molto utile in vista dell'avvio di un nuovo ciclo di autovalutazione e automiglioramento. L'utilizzo, invece, del solo questionario di autovalutazione iniziale in questa fase finale è sconsigliabile per due motivi. In primo luogo, poiché nella progettazione delle priorità vengono operate delle scelte che possono portare alla progettazione di strategie che migliorino non l'indicatore nel suo complesso, ma solo alcuni suoi aspetti: può accadere infatti che lo strumento non rilevi cambiamenti che invece si sono verificati solo perché non presenta domande sufficientemente precise. Inoltre, può accadere che il lavoro su un certo indicatore abbia come effetto una maggiore consapevolezza della sua problematicità e che quindi porti a valutarlo ancora più criticamente. Essendo i questionari di autovalutazione proposti dall'Index dei misuratori del percepito e non dell'osservato, potrebbero rispecchiare questa accresciuta criticità con dei risultati potenzialmente addirittura più bassi di quelli rilevati all'inizio del percorso.

Una seconda possibilità, particolarmente utile per una valutazione della qualità del lavoro con l'Index, è la *conduzione di alcuni focus group* che ripercorrano l'esperienza di lavoro con l'Index mettendo in luce i diversi punti di vista. Si tratta evidentemente di una metodologia che offre l'opportunità di raccogliere dati qualitativi meno strutturati rispetto al questionario e che potrebbe quindi anche far emergere temi nuovi, non previsti dall'Index team. Alcuni esempi di domande per i focus group sono: Quale parte del percorso credete abbia funzionato meglio? Quale meno bene? Credete che il lavoro con l'Index abbia effettivamente cambiato qualcosa nella scuola? Può essere molto interessante fare una lettura comparata di ciò che le persone che hanno partecipato a diverso titolo al progetto raccontano di esso: Index team, altri insegnanti, genitori, alunni.

Infine, una modalità di valutazione particolarmente adatta alle scuole che hanno deciso di avviare una progettazione del cambiamento anche a livello classe è quella della *conversazione in classe con gli alunni.* In questo caso è importante che la conversazione non sia guidata dall'insegnante di classe affinché i bambini si sentano più liberi dalle aspettative. Vista la numerosità dei soggetti con cui si interagisce, è importante progettare con una certa attenzione le modalità di intervento da parte degli allievi. Una semplice conversazione con alzata di mano per regolare i turni di parola rischia di non dar voce alla percezione di tutti; è quindi importante prevedere delle metodologie che invece regolino la partecipazione. Un esempio potrebbe essere quello di far precedere la discussione da un momento in cui ogni alunno raccoglie un paio di parole chiave su un foglietto che viene poi presentato alla classe.

Quest'ultima fase costituisce certamente una valutazione finale, ma è ancora più utile se la si inquadra nell'idea dell'inclusione come un processo di miglioramento potenzialmente infinito e di crescita illimitata; in tal modo, il momento di revisione fa emergere nuove criticità e nuovi punti di forza che danno l'avvio a nuovi cambiamenti. In quest'ottica, valutare se la priorità e le strategie sono effettivamente state realizzate svolge non tanto la funzione di uno statico controllo finale quanto piuttosto di raccolta di informazioni necessarie a decidere se continuare il lavoro in quella direzione o se, invece, prevedere nuovi obiettivi o nuove azioni per realizzarli. Allo stesso modo, la valutazione della qualità del lavoro con l'Index non va vista come una valutazione sommativa sulle scelte metodologiche operate dall'Index team da parte del Collegio docenti in chiusura di progetto, ma piuttosto come la possibilità di fare emergere delle indicazioni che possano orientare le scelte per il lavoro con l'Index negli anni successivi.

Tratto e adattato da *Alunni con BES,* 2013, pp. 195-213

CAPITOLO 40

ORGANIZZAZIONE SCOLASTICA: AUTONOMIA, OFFERTA FORMATIVA E RETI INTERISTITUZIONALI

(Nunziante Capaldo e Luciano Rondanini)

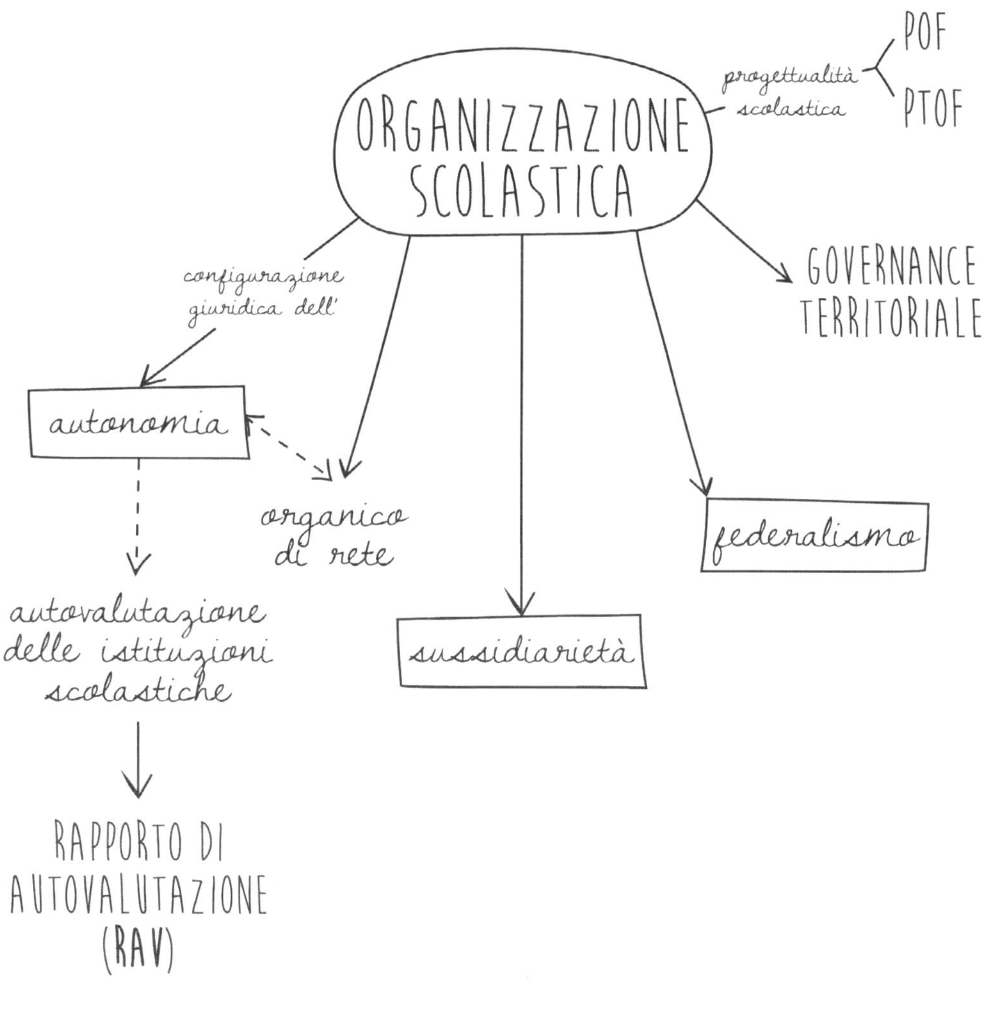

Scenari che si rinnovano

L'autonomia della scuola è diventata realtà con la Legge del 15 marzo 1997 n. 59, nella quale all'art. 21 si affermava che tale scelta si inseriva in un processo di riorganizzazione del nostro sistema formativo che, a sua volta, rientrava nel più ampio processo di riorganizzazione dell'intero Stato. Le ragioni profonde che hanno guidato tale passaggio vanno pertanto ricercate nella necessità di dare un nuovo senso al nostro sistema Stato, rivedendo il rapporto tra centro e periferia e ridistribuendo le potestà secondo il principio di sussidiarietà.

Tale riordino è avvenuto per alcuni aspetti a Costituzione invariata, attraverso le varie norme Bassanini, per altri modificando l'assetto costituzionale, come è avvenuto con la Riforma del Titolo V della Costituzione, attuata con la Legge costituzionale n. 3/2001, e con le conseguenti riforme legate a quella che è stata comunemente definita la *devolution*. Va detto che, almeno inizialmente, questo progetto ha incontrato un consenso abbastanza diffuso, che nasceva proprio dall'insoddisfazione dell'andamento complessivo del sistema Italia.

Poi, a partire dall'approvazione della Legge costituzionale n. 3, l'accordo politico generale è venuto meno e l'aver adottato il cambio del testo costituzionale con la condivisione di una sola parte del Parlamento è diventato un pericoloso precedente. Il fatto di non aver previsto, nell'applicazione, norme di salvaguardia in quella fase di transizione ha creato incertezze e contrapposizioni che spesso hanno generato anche fenomeni di contenzioso.

Con la scelta sulla devolution il processo di decentramento si era ulteriormente ampliato con il trasferimento alle Regioni di competenze esclusive in materia di organizzazione e gestione della scuola, mentre per altre materie di potestà legislativa concorrente avrebbero dovuto essere chiariti ulteriori passaggi soprattutto in riferimento ai rapporti con l'Europa e a varie funzioni amministrative.

Le tematiche che hanno caratterizzato quella fase sono riconducibili ad alcuni concetti di fondo, quali il federalismo, il decentramento, la *deregulation* e hanno condotto alla ridefinizione di un diverso modello statuale che oggi viene rimesso ancora in discussione. La stessa idea di stato federale sembra aver perso una parte del suo fascino, travolta com'è stata dalla crisi economica e dall'azione svolta sul nostro Paese dalle scelte comunitarie per il risanamento del debito pubblico.

Gli stessi principi di *sussidiarietà* e di *federalismo solidale*, che sembravano aver introdotto un modello più avanzato di democrazia, fondato su una cittadinanza societaria piuttosto che statuale, oggi sono oggetto di riflessioni non sempre positive. Il primo principio, quello di *sussidiarietà*, era stato introdotto con la Riforma del Titolo V della Costituzione, caratterizzandosi come *sussidiarietà verticale*, criterio distributivo delle competenze tra Stato e autonomie locali, e *sussidiarietà orizzontale*, tesa a esaltare la capacità di iniziative della società civile. Il secondo principio, quello del *federalismo solidale*, avrebbe dovuto guidare il processo di *devolution* stemperandolo da egoismi localistici. A nulla è approdata anche la Legge delega per il federalismo fiscale n. 42 del 5 maggio 2009.

Oggi tutto ciò va ripensato, anche in funzione del nuovo assetto ordinamentale di cui si sta dotando il nostro Paese che, oltre alla riforma del Senato in atto, ha già condotto alla soppressione delle province, enti dai quali dipendevano gli istituti di istruzione secondaria e per i quali si è attualmente in una strana fase di limbo. Dobbiamo muoverci alla ricerca di una *governance* territoriale più funzionale ai bisogni espressi dal contesto culturale contemporaneo e rifondare il patto educativo.

L'organico di rete

Una delle novità della Buona Scuola è rappresentata dall'organico funzionale dell'autonomia del singolo istituto, che potrà comprendere anche reti di scuole, soprattutto per migliorare la qualità dell'integrazione degli alunni con disabilità e più in generale con bisogni educativi speciali e per contrastare il fenomeno della dispersione scolastica.

L'organico di rete, ad esempio, nell'ambito del sostegno rivolto agli studenti in situazione di disabilità e DSA, costituisce un'opportunità da valorizzare; se ben organizzata a livello territoriale la rete potrà rappresentare un volano di crescita dell'inclusione educativa e sociale delle fasce più vulnerabili della popolazione scolastica.

I livelli di intervento che possono rilanciare la funzione del sostegno, unitamente a quella di tutti gli altri insegnanti, sono essenzialmente tre: l'organizzazione generale della singola *scuola*, la gestione della *classe*, le scelte politiche della *comunità* ovvero del contesto sociale allargato. Tale modello può essere schematizzato come in figura 40.1.

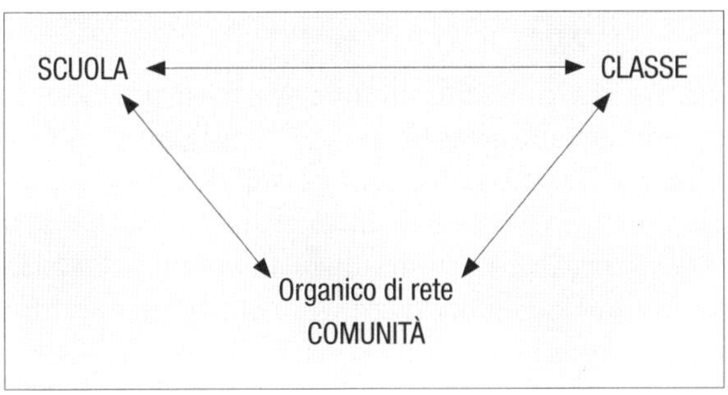

Fig. 40.1 I tre livelli di intervento.

- L'istituzione scolastica promuove una cultura dell'inclusione a partire dalla leadership del Dirigente che, in accordo con gli organi collegiali, stabilisce le Linee guida del piano triennale d'istituto a cui tutti i docenti dovranno attenersi: un vero e proprio sistema di coerenze che, una volta condiviso dal Collegio dei docenti e deliberato dal consiglio d'istituto, costituisce il vademecum di lavoro di tutti gli operatori. La scuola, quindi, assicura livelli essenziali di inclusione tramite un dispositivo finalizzato a vincolare i comportamenti professionali degli insegnanti e del restante personale (ATA, ecc.).

- All'impegno della scuola fa da contraltare la gestione della classe che dovrà riconoscersi come ambiente di reciproco sostegno. Nel nostro Paese, l'aula rappresenta lo *spazio pubblico* in cui tutti i ragazzi quotidianamente si incontrano e condividono rapporti, amicizie, impegni e anche le contraddittorietà tipiche dell'età giovanile. È nella classe che si promuovono concretamente processi di inclusione o di esclusione. Di qui l'importanza dell'organizzazione didattica (tempi, spazi, forme di raggruppamento, ecc.) che gli insegnanti devono saper padroneggiare.
- Infine, la comunità territoriale, famiglie in primis, accrescerà le opportunità educative della scuola, attraverso la promozione di laboratori extrascolastici, gruppi pomeridiani, attività sportive, iniziative associative, *servizi di prossimità,* ecc., che contraddistinguono una comunità di cura educativa che, sul piano delle scelte dei decisori politici, riduce i fattori di vulnerabilità e sostiene i processi di sviluppo delle persone.

L'organico di sostegno di rete si colloca all'interno del perimetro di questo triangolo, nel quale l'alunno con BES vive concretamente il proprio cammino esistenziale e costruisce, a cominciare dal nido e dalla scuola dell'infanzia, il personale progetto di vita.

Il senso dell'autonomia

Al termine del primo quindicennio di realizzazione dell'autonomia si può certamente affermare che tale scelta ordinamentale costituisce un elemento di base irrinunciabile per tutto l'impianto del nostro sistema formativo. Le prospettive che tale operazione ha aperto vanno ricondotte al quadro generale di riordino dello Stato in termini di efficienza, efficacia, trasparenza, e che hanno avuto il loro fondamento nell'art. 21 della Legge 59/1997.

L'autonomia delle istituzioni scolastiche e degli istituti educativi si inserisce nel processo di realizzazione della autonomia e della riorganizzazione dell'intero sistema formativo. Ai fini della realizzazione dell'autonomia delle istituzioni scolastiche le funzioni dell'amministrazione centrale e periferica della pubblica istruzione in materia di gestione del servizio di istruzione, fermi restando i livelli unitari e nazionali di fruizione del diritto allo studio nonché gli elementi comuni all'intero sistema scolastico pubblico in materia di gestione e programmazione definiti dallo Stato, sono progressivamente attribuite alle istituzioni scolastiche (art. 21, legge 15 marzo 1997, n. 59). I principi fondanti dell'autonomia scolastica sono quelli della partecipazione e della democrazia. In realtà, almeno inizialmente, era diffusa la consapevolezza che tale prospettiva avrebbe potuto provocare effetti non sempre positivi, soprattutto legati ad una pericolosa polverizzazione del sistema scolastico o alla prevalenza di scelte aziendalistiche su quelle formative. Ha prevalso, in realtà, l'idea di una scuola agente culturale del territorio che ha saputo dialogare con il contesto di appartenenza contribuendo al suo stesso sviluppo.

L'attribuzione dell'autonomia e della personalità giuridica a tutte le istituzioni scolastiche di ogni ordine e grado va ricondotta alla scelta di un modello organizzativo dei pubblici servizi centrato sia sul conseguimento degli obiettivi propri delle singole scuole, sia sulla loro reale capacità di adattare tale servizio alle esigenze dell'utenza.

A regolamentarla sono stati diffusi vari provvedimenti legislativi, tra i quali i più importanti da questo punto di vista sono stati il DPR. n. 275, 8 marzo 1999, *Regolamento recante norme in materia di autonomia delle istituzioni scolastiche* e il DL n. 44, 1° febbraio 2001, *Regolamento recante le Istruzioni generali sulla gestione amministrativo-contabile delle istituzioni scolastiche.*

Se il DL n. 44/2001 ha dettato le regole per gli aspetti finanziari, il DPR n. 275/1998, ha regolato la vita pedagogica delle scuole autonome, confermando l'unitarietà del sistema scolastico nazionale e sottolineando le responsabilità degli organismi territoriali in materia di istruzione. Alle scuole è stata concessa la possibilità di iniziativa nel campo organizzativo, didattico e della ricerca proprio in una prospettiva che conduce a definire quella delle scuole come autonomia funzionale. È l'art. 1, comma 2, a definire le finalità dell'autonomia:

> l'autonomia delle istituzioni scolastiche è garanzia di libertà d'insegnamento e di pluralismo culturale e si sostanzia nella progettazione e nella realizzazione di interventi di educazione, formazione e istruzione mirati allo sviluppo della persona umana, adeguati ai diversi contesti, alla domanda delle famiglie e alle caratteristiche specifiche dei soggetti coinvolti, al fine di garantire il loro successo formativo, coerentemente con le finalità e gli obiettivi generali del sistema di istruzione e con l'esigenza di migliorare l'efficacia del processo di insegnamento e di apprendimento.

Le forme di autonomia che il Regolamento ha previsto sono state sostanzialmente tre: *didattica*; *organizzativa*; *di ricerca, sperimentazione e sviluppo*. La prima riguarda gli aspetti didattici: ogni istituzione scolastica opera nel rispetto della libertà d'insegnamento dei docenti, delle libere scelte delle famiglie e delle finalità generali del sistema che indica gli obiettivi nazionali per la realizzazione del diritto allo studio. La seconda è l'autonomia organizzativa che riguarda la funzionalità del sistema, l'utilizzo delle risorse umane, l'articolazione delle attività e del tempo scolastico. La terza forma di autonomia è quella della ricerca, della sperimentazione e dello sviluppo e riguarda la capacità di ciascuna istituzione scolastica di promuovere e sostenere l'innovazione.

Tale prospettiva viene oggi rilanciata dalla riforma della Buona Scuola che si pone come obiettivo fondamentale quello di dare piena attuazione all'autonomia scolastica intervenendo sulla scuola a vari livelli.

> 1. Per affermare il ruolo centrale della scuola nella società della conoscenza e innalzare i livelli di istruzione e le competenze delle studentesse e degli studenti, rispettandone i tempi e gli stili di apprendimento, per contrastare le diseguaglianze socio-culturali e territoriali, per prevenire e recuperare l'abbandono e la dispersione scolastica, in coerenza con il profilo educativo, culturale e professionale dei diversi gradi di istruzione, per realizzare una scuola aperta, quale laboratorio permanente di ricerca, sperimentazione e innovazione didattica, di partecipazione e di educazione alla cittadinanza attiva, per garantire il diritto allo studio, le pari opportunità di successo formativo e di istruzione permanente dei cittadini, la presente legge dà piena attuazione all'autonomia delle istituzioni scolastiche di cui all'articolo 21 della legge 15 marzo 1997, n. 59, e successive modificazioni, anche in relazione alla dotazione finanziaria. (art. 1, comma 1, Legge n. 107/2015)

Occorre ricordare che la riforma della scuola è uno degli aspetti di un più ampio processo riformatore che dovrebbe modificare lo stesso ordinamento generale della nostra Repubblica. In questo senso, vi sono ripensamenti sulle funzioni che dovrebbero svolgere gli organismi rappresentativi, sulle loro competenze e vi è un forte ripensamento anche sulla scelta del federalismo. Con il prossimo referendum costituzionale, saremo chiamati ad approvare o meno le scelte del Parlamento che ha ridisegnato i rapporti tra Stato e Regioni, legando l'autonomia di queste ultime alla correttezza dei loro bilanci. Si parla, così, di *federalismo differenziato*, nel senso che a essere premiate con la devoluzione di ulteriori poteri dovrebbero essere le regioni più virtuose. In realtà, il nuovo progetto costituzionale riprende il discorso delle materie di competenza concorrente tra Stato e Regioni attribuendo al primo la legislazione esclusiva in vari ambiti, compreso quello dell'istruzione. Altro intervento significativo dovrebbe essere quello della soppressione delle province a cui, sino a oggi, sono stati affidati molti ambiti in materia di istruzione, soprattutto di quella secondaria.

La configurazione giuridica della scuola dell'autonomia

Prima di giungere alla realizzazione del sistema delle scuole dell'autonomia, è stato necessario compiere un lungo iter che ha condotto a un primo riordino del precedente modello. Tale iter ha riguardato:
- la progressiva riduzione del numero delle istituzioni scolastiche effettuata con i processi di dimensionamento e di razionalizzazione, realizzati soprattutto alla fine degli anni Novanta, e proseguiti anche successivamente con la generalizzazione del modello degli istituti comprensivi su tutto il territorio nazionale: una congrua dimensione rappresentava, infatti, il presupposto per il riconoscimento dell'autonomia e per il conferimento della qualifica dirigenziale ai capi d'istituto;
- l'attribuzione della personalità giuridica alle istituzioni scolastiche dimensionate, operazione che le ha trasformate in enti per vari aspetti diversi dallo Stato;
- l'ampliamento dell'autonomia amministrativa da un punto di vista didattico, organizzativo, finanziario;
- l'attribuzione della qualifica dirigenziale ai capi di istituto in servizio presso scuole dimensionate, previa frequenza di un corso di qualificazione.

Per quanto concerne la scuola primaria, essa ha conservato sul piano pedagogico il suo carattere di luogo di conoscenza e sede di elaborazione culturale, mentre sul piano amministrativo ha assunto un diverso e più moderno assetto, anche in relazione alle leggi di riforma dello Stato degli anni Novanta.

Sul piano strettamente giuridico, essa, pur mantenendo la sua natura pubblica, con l'acquisizione della personalità giuridica, ha assunto il carattere di ente, cioè di centro autonomo di imputazione di interessi, di rapporti giuridici, di posizioni giuridiche soggettive, mantenendo tale alterità sia nei confronti di terzi, sia nei confronti dello stesso Stato.

Va chiarito che, nel nostro modello statuario, gli enti si caratterizzano per la loro maggiore o minore indipendenza nei confronti dello Stato; in questo senso, nel nostro ordinamento possiamo distinguere: gli enti *autonomi*, a cui è concesso il massimo dell'autonomia, hanno poteri di autorealizzazione delle loro attività, mentre lo Stato può effettuare solo un controllo di legittimità sulle loro scelte; quelli *ausiliari*, che sono subalterni nei confronti dello Stato, ma godono di autonomia limitata nelle attività che essi svolgono, mentre lo Stato conserva poteri di direttiva, di controllo, di nomina degli organismi dirigenziali; gli enti *strumentali*, del tutto subordinati allo Stato, con compiti di mera esecuzione delle direttive impartite.

In questo quadro, alla scuola è affidato lo svolgimento di funzioni e il conseguimento di finalità di competenza dello Stato, il quale conserva il suo potere decisionale in materie quali gli ordinamenti e i programmi scolastici, l'organizzazione generale dell'istruzione. Nello stesso tempo, pur essendo ente, la scuola mantiene la sua qualità di organo dello Stato. Ne consegue che essa opera come ente nell'ambito dell'autonomia amministrativa che lo Stato le ha concesso, ma continua a essere organo dello Stato per tutto il resto, per cui dal punto di vista giuridico si configura come *ente ausiliario* dello Stato. In questo senso, le stesse scuole, comprese le primarie, in quanto enti pubblici, sono destinatarie di tutti i principi e le disposizioni che hanno innovato il settore della pubblica amministrazione: il riferimento è, in particolare, al principio della distinzione tra le funzioni e gli organi di indirizzo politico e di gestione e a quanto è stato ridefinito dal Decreto n. 165/2001 come novellato dal Decreto n. 150/2009.

Le istituzioni scolastiche hanno, pertanto, una doppia anima, poiché sono enti autonomi e nel contempo enti ausiliari nello Stato in quanto perseguono sue finalità. Il doppio livello di azione, anche ai fini della valutazione di efficacia ed efficienza, deve fare riferimento in questo senso al conseguimento di obiettivi e parametri di qualità posti dalle istituzioni stesse nell'esercizio della loro autonomia e di quelli definiti in modo uniforme in sede nazionale.

Nella Legge costituzionale n. 3 del 18 ottobre 2001 l'autonomia della scuola ha ottenuto il riconoscimento e la dignità costituzionali.

Autonomia, sussidiarietà, federalismo

Abbiamo già ricordato che in questa fase storica si è alla vigilia di un rinnovo del nostro ordinamento statuale che rimetterà in gioco anche quanto stabilito con la riforma del Titolo V della Costituzione e con la Legge costituzionale n. 3/2001. Con tale scelta erano state attribuite agli enti locali varie funzioni in materia di politica scolastica, mentre l'assetto ordinamentale della Repubblica, definito dall'art. 114 della Costituzione, era stato così modificato. La Repubblica «[...] è costituita dai Comuni, dalle Province, dalle Città metropolitane, dalle Regioni e dallo Stato. I Comuni, le Province, le Città metropolitane e le Regioni sono enti autonomi con propri statuti, poteri e funzioni secondo i principi fissati dalla Costituzione. La prima novità è rappresentata dalla nuova posizione costituzionale degli Enti Locali, in base alla quale viene meno la loro subalternità rispetto allo Stato. Comuni, Province e Città metropolitane vengono collocati dalla riforma su un piano di parità con le Regioni. [...] L'ordine dell'elenco parte volutamente dall'ente territoriale più piccolo, ma più prossimo al cittadino, quasi a indicarne la posizione privilegiata rispetto agli enti che seguono.» (Balboni, 2001).

In realtà, era stato l'art. 117 a intervenire più direttamente sulla scuola e a modificare la tradizionale distribuzione delle funzioni normative; nel testo si affermava che

> [...] lo Stato è l'ente con funzioni normative enumerate, mentre le Regioni si vedono riconosciuta una competenza normativa generale. Più precisamente, il comma 2 dell'art. 117 elenca le materia riservate alla potestà esclusiva dello Stato, mentre il comma 3 contempla la potestà di tipo concorrente. (Balboni, 2001)

Nello specifico della scuola primaria, l'art. 117 confermava allo Stato la legislazione esclusiva in materia di «[...] norme generali sull'istruzione, mentre» erano «materia di legislazione esclusiva delle Regioni l'istruzione e la formazione professionale.» Spettava «poi alle Regioni la potestà legislativa in riferimento a ogni materia non espressamente riservata alla legislazione dello Stato.»

Tali scelte avevano introdotto nella nostra organizzazione scolastica il principio federalista, ampliando in modo significativo gli ambiti legislativi delle Regioni, pur in un quadro generale di federalismo solidale. Non si trattava solo di una mera questione di poteri trasferiti alle Regioni, ma di consentire l'organizzazione di servizi più rispondenti alle esigenze dei cittadini e ai bisogni di una società mondializzata.

Oggi tale linea viene accantonata. Nel progetto di riordino definito dal nostro Parlamento, si procede ancora a una ulteriore modifica di tale quadro a partire dalle province, per le quali il nuovo testo dell'art. 114 ha previsto la soppressione:

> *Art. 29. (Abolizione delle Province)*
>
> 1. All'articolo 114 della Costituzione sono apportate le seguenti modificazioni: a) al primo comma, le parole: «dalle Province,» sono soppresse; b) al secondo comma, le parole: «le Province,» sono soppresse.

Permangono, pertanto, nel nostro ordinamento statuale solo i Comuni, le Regioni, le Città metropolitane. Ulteriore e più importante modifica sarà quella apportata all'art. 117 che conferma e amplia notevolmente le potestà legislativa esclusiva dello Stato in materia di istruzione con l'aggiunta delle disposizioni, generali e comuni, sull'ordinamento scolastico, sull'istruzione universitaria e sulla programmazione strategica della ricerca scientifica e tecnologica, oltre che con le disposizioni generali e comuni sull'istruzione e formazione professionale. Alle Regioni, fatta salva l'autonomia delle istituzioni scolastiche, rimane la competenza su servizi scolastici e promozione del diritto allo studio, compresa l'università.

> *Art. 31. (Modifica dell'articolo 117 della Costituzione)*
>
> L'articolo 117 della Costituzione è sostituito dal seguente: «Art. 117. - La potestà legislativa è esercitata dallo Stato e dalle Regioni nel rispetto della Costituzione, nonché dei vincoli derivanti dall'ordinamento dell'Unione europea e dagli obblighi internazionali. Lo Stato ha legislazione esclusiva nelle seguenti materie: ... m) determinazione dei livelli essenziali delle prestazioni concernenti i diritti civili e sociali che devono essere garantiti su tutto il territorio nazionale; ... n) disposizioni

generali e comuni sull'istruzione; ordinamento scolastico; istruzione universitaria e programmazione strategica della ricerca scientifica e tecnologica; o)... disposizioni generali e comuni sull'istruzione e formazione professionale; ... Spetta alle Regioni la potestà legislativa... salva l'autonomia delle istituzioni scolastiche, in materia di servizi scolastici, di promozione del diritto allo studio, anche universitario [...].

Spazi di maggior autonomia sono stati previsti anche nelle modifiche all'art. 116 della Costituzione, quando si afferma che esse potranno avere maggiore autonomia nel caso dovessero registrare l'equilibrio di bilancio tra le entrate e le spese. I temi del federalismo e della sussidiarietà sembrano aver perduto, in questo nuovo quadro che si va delineando, quel fascino che aveva guidato le decisioni legislative durante tutto l'arco del nuovo millennio.

Per una nuova *governance* territoriale

Quelli di oggi non sono più gli scenari culturali sui quali si è sviluppata l'azione formativa della scuola dell'autonomia in questo quindicennio. Non si può, tuttavia, rinnegare quello che è stato un importante percorso storico che ha consentito agli stessi istituti scolastici, in virtù dell'autonomia, di diventare protagonisti della promozione culturale del territorio. Se sino a questo momento la Legge costituzionale n. 3 ha dettato le regole generali per i rapporti Stato-Regioni-istituzioni scolastiche, le nuove scelte sono destinate a rimettere tutto in discussione.

Al di là delle modifiche normative che si verificheranno, ciò che non deve andare perduto è il patrimonio di esperienze che sono state fatte in questa prima fase di autonomia e che, in questo senso, hanno condotto al cambio radicale del sistema delle relazioni tra amministrazioni e territorio. Lo stesso esercizio delle funzioni amministrative è passato dal centro alla periferia, affidando i controlli di legittimità e la scelta dei modelli organizzativi alle iniziative dei diversi enti territoriali. Si è profondamente trasformato il sistema politico e di governo in una prospettiva che ha consentito lo sviluppo delle capacità di scelta e di azione delle entità locali in conseguenza dell'assunzione di un più vasto repertorio di responsabilità e di competenze. Al modello di governo verticale si è sostituito un *modello orizzontale* fondato sul presupposto che i centri di decisione, individuati nelle amministrazioni pubbliche e nelle autonomie funzionali, indicano obiettivi comuni, operano d'intesa tra loro, realizzano la collaborazione delle risorse.

Nel nuovo quadro istituzionale l'autonomia non dovrà essere interpretata come un passaggio di consegne dallo Stato alle istituzioni scolastiche, né come affermazione di un modello autoreferenziale delle singole istituzioni scolastiche concepite e gestite secondo modelli di piccole autarchie, nelle quali nessuno è autorizzato a intervenire. Si tratterà, invece, di assicurare una *governance* adeguata, nella quale, al di là di tutti i provvedimenti normativi, si dovrà dar vita a una comunità di apprendimento che sappia costruire e realizzare progetti educativi condivisi, ispirati a valori universali, e, soprattutto, in grande armonia con quella che è la realtà culturale, sociale, lavorativa nella quale l'istituzione scolastica opera. In tale prospettiva la *governance* si qualifica come capacità delle persone, dei gruppi sociali e delle istituzioni che vivono in una determinata comunità di costruire dal basso una rete di servizi e di condivisioni finalizzata a promuovere un equilibrato sviluppo a livello territoriale. A questo proposito qualcuno ha parlato di «cittadinanza societaria» ricordando che le società sono fatte di relazioni nelle quali tutti i protagonisti tendono a organizzarsi in un'ottica di sussidiarietà orizzontale che diventa il nucleo costitutivo di ogni autentica comunità che vuole costruire il bene comune.

Questo impegno richiede, al di là delle potestà legislative, che tutti gli organismi interpretino come una responsabilità diffusa e non solo della scuola i temi dell'educazione. Il sistema formativo, infatti, si sviluppa se aumenta la partecipazione della più ampia società civile; la stessa scuola, se vuole essere moderna e realmente democratica, deve caratterizzarsi come spazio di riconoscimento dell'intera comunità.

Anche di fronte a ulteriori modifiche degli scenari istituzionali, il miglioramento degli esiti scolastici sarà più fattibile nelle realtà a elevato *capitale sociale,* dove si registra una altrettanto elevata condivisione di tutti gli *stakeholders* (portatori di interessi), non solo dei soggetti istituzionali ma anche e soprattutto del mondo economico, dei gruppi civili, della società tutta. D'altro canto, anche nella cultura scolastica è ormai condivisa l'idea della necessità di una rendicontazione sociale del suo operato.

In realtà, proprio nella scuola primaria, come del resto per tutti gli altri gradi scolastici, oggi la partecipazione vive una fase di declino: non vi è reale coinvolgimento delle famiglie, né gli stessi responsabili degli enti territoriali sembrano riconoscere la giusta rilevanza al mondo della scuola. Vetusti appaiono anche gli organismi di partecipazione definiti nel lontano 1974 dai Decreti delegati, con gli unici interventi di modifica che risalgono agli adeguamenti conseguenti all'adozione del modello degli istituti comprensivi. Questo settore è attualmente in fase di riordino e, con tutta probabilità, gli organi collegiali attuali saranno sostituiti da nuovi organismi, quali:

– il consiglio dell'autonomia con compiti di indirizzo;
– il consiglio dei docenti, articolato in consigli di classe, commissioni e dipartimenti;
– il nucleo di autovalutazione con funzioni prevalentemente tecniche.

A ciò si deve aggiungere qualche modifica apportata dalla Legge n. 107/2015, che ha già riordinato alcuni ambiti di competenza degli attuali organi collegiali.

Gli organi collegiali dei Decreti delegati del 1974
Consiglio di interclasse che nella scuola elementare (primaria) è composto dai docenti e da un rappresentante dei genitori: si occupa della vita scolastica della classe; Collegio dei docenti che è composto da tutti i docenti di un istituto ed è presieduto dal dirigente scolastico: delibera sugli aspetti pedagogici e didattici, sull'azione educativa e sulle attività di insegnamento, sulla valutazione di istituto e formula proposte sulla formazione delle classi, su iniziative di formazione. Elegge il Comitato per la valutazione del personale insegnante; Consiglio d'istituto, che è composto da docenti, genitori, personale ATA: delibera il regolamento di Istituto, il Piano dell'offerta formativa, il programma annuale; definisce i criteri generali per la formazione delle classi, le modalità di svolgimento dell'orario delle attività didattiche. Elegge la Giunta esecutiva che prepara i lavori del Consiglio ed è presieduta dal dirigente scolastico.

PEI, POF, PTOF: non solo una questione terminologica

Tra le innovazioni più rilevanti introdotte dalla legge n. 107/2015 per la piena autonomia delle istituzioni scolastiche, un posto di rilievo spetta al Piano triennale dell'offerta formativa che, di fatto, ha abrogato il Piano dell'offerta formativa (POF) istituito con il Regolamento per l'autonomia, art. 3. del Regolamento dell'autonomia, DPR n. 275/1999.

Infatti, il comma 14 dell'art 1 della legge n. 107/2015 sostituisce i riferimenti normativi precedenti, prevedendo che ciascuna istituzione scolastica predisponga tale documento.

Il Piano triennale si caratterizza quindi come lo sviluppo dell'idea di formulare un documento che definisca l'identità di ciascuna istituzione scolastica. La sua origine è lontana e risale al 1992, con la pubblicazione della CM n. 362 del 22 dicembre relativa all'educazione alla salute che sosteneva l'opportunità per le scuole di definire un Progetto educativo di istituto (PEI), vera e propria carta di identità delle singole istituzioni scolastiche. Una successiva disposizione, la CM n. 120 del 9 aprile 1994, aveva poi affidato ai docenti e agli organi scolastici il compito di definire «un complessivo Progetto educativo di Circolo-Istituto, inteso come sintesi pedagogica delle scelte culturali, organizzative, operative che caratterizzano l'offerta formativa della scuola».

Il PEI cambiava, in sostanza, il rapporto tra scuola e contesto ambientale, spingendo la prima a definire una propria identità culturale e progettuale, caratterizzata dall'individuazione di priorità educative che avrebbero poi dovuto essere rendicontate all'utenza.

In una fase successiva, con l'avvento dell'autonomia, al PEI si è sostituto il POF, ovvero il Piano dell'offerta formativa, definito, nell'art. 3 del Regolamento emanato dal DPR n. 275 del 1999, come «il documento fondamentale costitutivo dell'identità culturale e progettuale delle istituzioni scolastiche ed esplicita la progettazione curricolare, extracurricolare, educativa ed organizzativa che le singole scuole adottano nell'ambito della loro autonomia».

Il POF si presentava già come un'evoluzione del PEI, soprattutto perché la logica dell'autonomia consentiva margini di operatività più ampi. Esso, infatti, riportava le generali azioni che le scuole avrebbero intrapreso in termini di garanzia per il diritto allo studio, quali la continuità, l'orientamento, l'integrazione, la prospettiva interculturale; le scelte curricolari in riferimento alle discipline e alle attività didattiche, nonché quelle aggiuntive e facoltative; l'articolazione del monte ore annuale dei curricoli. Il POF, inoltre, progettava anche soluzioni modulari, unità d'insegnamento inferiori ai sessanta minuti, compensazioni tra discipline e attività, articolazioni dell'orario di insegnamento su base plurisettimanale, con una possibile distribuzione dell'attività didattica in cinque giorni settimanali; definiva l'organizzazione delle attività anche precedendo il superamento del vincolo delle classi a favore della creazione di gruppi di studio; promuoveva l'adattamento del calendario scolastico alle esigenze del territorio.

In definitiva, la logica che si è affermata con l'avvento del POF è stata quella di abbandonare forme di progettualità frammentate per recuperare invece il senso complessivo di una proposta scolastica realmente *formativa*. In questo senso, i principi che hanno guidato l'iniziativa sono stati quelli della flessibilità, della responsabilità, dell'integrazione in una prospettiva di garanzia di successo formativo per tutti e per ciascun alunno.

Oggi questo processo evolutivo conosce un'ulteriore tappa che conferma le scelte precedenti, per cui il Piano triennale dell'offerta formativa si pone (in base alla Legge n. 107/2015, art. 1, comma 14) come «il documento fondamentale costitutivo dell'identità culturale e progettuale delle istituzioni scolastiche ed esplicita la progettazione curricolare, extracurricolare, educativa e organizzativa che le singole scuole adottano nell'ambito della loro autonomia».

In definitiva, anche la proposta del Piano triennale dell'offerta formativa si muove secondo tale logica e, anzi, la conferma proiettando le scelte non più su un arco temporale annuale, ma triennale. Nel contempo, il PTOF mira a sviluppare pienamente l'autonomia delle istituzioni scolastiche che, dopo una fase iniziale molto vivace, sembrava essersi un po' affievolita.

PTOF e progettualità scolastica

La possibilità di consentire alle scuole di sviluppare la propria progettualità in un arco di tempo più ampio era già prevista nel Disegno di legge presentato dal Governo per la realizzazione della Buona Scuola. Si leggeva infatti nel testo (Disegno di legge 2015, art. 1 – Oggetto e principi):

> La presente legge disciplina l'autonomia delle istituzioni scolastiche, anche in relazione alla dotazione finanziaria, allo scopo di garantire la massima flessibilità, diversificazione, efficienza e efficacia del servizio scolastico, e alla integrazione e miglior utilizzo delle risorse e delle strutture, alla introduzione di tecnologie innovative e al coordinamento con il contesto territoriale. In tale ambito, l'istituzione scolastica effettua la programmazione triennale dell'offerta formativa per il potenziamento delle competenze degli studenti e l'apertura della comunità scolastica al territorio.

Oggi tale prospettiva appare pienamente perseguibile. Il disposto della Legge n. 107/2015 punta, infatti, alla piena realizzazione dell'autonomia potenziando da un lato le funzioni dei Dirigenti scolastici per un utilizzo più diretto e immediato delle risorse della scuola, e consentendo, dall'altro, alle istituzioni scolastiche autonome ampi spazi di progettualità dal momento che possono contare su risorse certe e stabili e su un loro possibile potenziamento per la piena realizzazione delle attività previste.

Per quanto concerne la sua definizione, il Piano triennale deve riportare il quadro complessivo degli insegnamenti, delle attività curricolari ed extracurricolari, di quelle educative e organizzative, compresi il fabbisogno di strutture e di attrezzature e le attività di formazione per il personale della scuola, nonché le risorse per la realizzazione dell'offerta formativa.

Le istituzioni scolastiche predispongono quindi, entro il mese di ottobre dell'anno scolastico precedente al triennio di riferimento, il Piano triennale dell'offerta formativa. Tale piano contiene anche la programmazione delle attività formative rivolte al personale docente e amministrativo, tecnico e ausiliario, nonché la definizione delle risorse occorrenti in base alla quantificazione disposta per le istituzioni scolastiche. Il Piano può essere rivisto annualmente entro il mese di ottobre (Legge 107/2015, art. 1, comma 12).

Tale definizione, proprio perché il PTOF si configura come una vera e propria pianificazione della vita scolastica, deve avvenire in un quadro di coerenza sia in riferimento agli obiettivi generali ed educativi dei vari tipi e indirizzi di studi, sia rispetto alle esigenze del contesto culturale, sociale ed economico nel quale la scuola opera, sia, ancora, nei confronti della più generale programmazione territoriale dell'offerta formativa.

Una funzione fondamentale nella costruzione del Piano triennale è svolta dal Dirigente scolastico: è suo, infatti, il compito di definire gli indirizzi con un quadro di massima entro cui deve muoversi al Collegio dei docenti. Tale direttiva viene redatta e diffusa dopo opportuni contatti con gli enti locali e con le diverse realtà istituzionali, culturali, sociali ed economiche del territorio, tenendo nel dovuto conto proposte e pareri formulati dagli organismi e dalle associazioni dei genitori e, per le scuole secondarie di secondo grado, dagli studenti. L'idea di fondo che tale opzione delinea è quella di una scuola inserita pienamente nella comunità locale e territoriale e impegnata a soddisfare le sue esigenze di formazione.

Con l'introduzione del PTOF vengono modificati anche alcuni aspetti dei rapporti interni tra i Dirigenti scolastici e gli organi collegiali, soprattutto nei confronti del Collegio dei docenti, per il quale essi devono svolgere funzioni di indirizzo, mantenendo la piena responsabilità in materia di funzionamento educativo-didattico.

Per quanto concerne l'iter di approvazione, esso prevede prioritariamente, come ricordato, la definizione da parte del Dirigente scolastico di un documento di indirizzo per le scelte che il collegio dei docenti deve formulare in vista del conseguimento degli obiettivi prefissi, tenendo conto degli aspetti formativi ed educativi, amministrativi e organizzativi della scuola. Una volta predisposto e approvato per gli aspetti educativi e formativi il PTOF, il testo viene presentato al Consiglio di istituto che procede alla sua approvazione definitiva.

Rispetto alla tempistica, il Piano deve essere predisposto entro il mese di ottobre precedente al triennio di riferimento e può essere rivisto e aggiornato annualmente entro l'ottobre di ciascun anno.

In questa fase iniziale, il MIUR, dopo aver diffuso una Nota il 5 ottobre 2015 nella quale ha indicato nel 15 gennaio 2016 la data per la definizione del PTFO prorogando di fatto il termine ultimo, ha confermato tale linea sia nella Nota dell'11 dicembre 2015 che ha suggerito alle istituzioni scolastiche orientamenti per la definizione del Piano, sia in quella del 7 gennaio 2016 per la formazione triennale del personale scolastico.

Viene inoltre superato l'obbligo delle scuole di rendere pubblico il Piano dell'offerta formativa consegnandolo ad alunni e famiglie al momento dell'iscrizione come previsto dal Regolamento per l'autonomia. Il Piano triennale, infatti, in base ai principi della trasparenza e dell'integrità, deve essere reso pubblico attraverso il Portale Unico dei dati dell'istituito scolastico secondo la Legge 107/2015, art. 1, comma 136. Sullo stesso portale andranno rese immediatamente pubbliche le sue eventuali revisioni e modifiche.

I contenuti caratterizzanti il PTOF

Il documento di indirizzo redatto dal Dirigente scolastico va considerato come il punto di partenza per l'elaborazione del piano delle attività formative. Naturalmente tale documento, nel quale sono definiti gli indirizzi per le attività didattiche, gestionali e amministrative, deve essere ispirato ai principi essenziali ai quali deve puntare l'azione formativa. Il richiamo è allo sviluppo dei livelli di istruzione e all'acquisizione delle competenze delle alunne e degli alunni, al contrasto delle disuguaglianze socio-culturali, alla lotta all'abbandono e alla dispersione scolastica, all'efficacia, efficienza e trasparenza dell'azione della scuola sotto tutti gli aspetti.

Il PTOF può articolarsi secondo una serie di parti.

La prima è quella che delinea le *priorità strategiche* per ciascuna scuola indicando a quali aspetti verrà riservata maggior attenzione, senza che si perdano di vista le finalità generali.

La seconda è quella della *progettazione curricolare, extracurricolare, educativa e organizzativa,* nella quale dovrà trovare definizione l'organizzazione didattica complessiva, con orari, plessi, sedi, attività, servizi.

A parte il quadro di fondo che è costituito dalle finalità generali, in questa parte del PTOF andranno anche definiti, in una prospettiva di valorizzazione del merito scolastico e dei talenti:

- gli obiettivi educativi e formativi;
- il curricolo verticale;
- le attività didattiche curricolari ed extracurricolari. Vi è un particolare richiamo alla realizzazione di iniziative di formazione per studenti e alunni in materia di sicurezza e primo soccorso, di educazione alla parità dei sessi, di prevenzione della violenza di genere, del bullismo, e di tutte le forme di discriminazione;
- le attività di continuità e orientamento, anche tenendo conto delle opportunità offerte dal mondo del lavoro.

Al comma settimo sono individuati gli obiettivi che la scuola deve considerare prioritari per il potenziamento della sua offerta formativa triennale. In particolare, essi riguardano:

- la valorizzazione e il potenziamento delle competenze linguistiche nella lingua italiana, nell'inglese e in altre lingue europee;
- il potenziamento delle competenze logiche e matematiche e di quelle scientifiche;
- il potenziamento delle competenze culturali e pratiche nella musica, nell'arte e nella sua storia, nel cinema, nelle tecniche e nella produzione di media. In tal senso un forte richiamo è effettuato anche all'alfabetizzazione, alle tecniche di produzione e diffusione delle immagini;
- il potenziamento delle competenze di cittadinanza attiva e democratica, con particolare attenzione all'educazione interculturale e al dialogo tra diverse culture, al rispetto delle differenze di genere, alla cultura della pace. Si sottolinea qui anche l'importanza di esercitare l'assunzione di responsabilità, la solidarietà, la cura del beni comuni in un

quadro di consapevolezza dei propri diritti e doveri. In questo senso è richiamata la necessità di promuovere conoscenze in ambito giuridico ed economico-finanziario, oltre che l'esercizio dell'autoimprenditorialità;
- lo sviluppo di comportamenti ispirati al rispetto della legalità, della sostenibilità ambientale, dei beni patrimoniali e paesaggistici;
- il potenziamento delle discipline motorie e l'assunzione di comportamenti ispirati a stili di vita sani nell'ambito dell'alimentazione, dello sport. Si sottolinea anche che va rispettato il diritto allo studio degli studenti impegnati in attività sportive agonistiche;
- lo sviluppo di competenze digitali, soprattutto sul piano critico e consapevole del loro utilizzo, anche negli aspetti che richiamano il mondo del lavoro;
- il potenziamento delle metodologie e delle attività laboratoriali;
- la prevenzione e il contrasto della dispersione scolastica, della discriminazione e del bullismo anche di tipo informatico;
- il potenziamento dell'inclusione scolastica e della garanzia del diritto allo studio per gli alunni con bisogni educativi speciali: in questo caso vanno garantiti percorsi individualizzati e personalizzati anche con il sostegno di servizi educativi e sociali del territorio. Particolare attenzione andrà inoltre riservata agli alunni adottati, per i quali va applicato il disposto delle Linee di indirizzo del 18 dicembre 2014 definite dal Ministero;
- la valorizzazione della scuola come comunità viva e aperta al territorio e in grado di promuovere l'interazione con le famiglie e con la comunità locale, compreso il mondo del lavoro;
- l'apertura pomeridiana delle scuole anche potenziando il tempo scolastico e rimodulando il monte ore delle attività di apprendimento. Si suggerisce anche la possibilità di ridurre il numero degli alunni per classe e di articolare dei gruppi di studio, prevedendo magari la realizzazione di percorsi formativi individualizzati in grado di coinvolgere maggiormente gli alunni. Particolare attenzione va riservata infine alla *premialità* e al riconoscimento del merito;
- per il secondo ciclo di istruzione, l'incremento dell'alternanza scuola-lavoro;
- per studenti di cittadinanza e lingua non italiana, la realizzazione di percorsi di alfabetizzazione e perfezionamento dell'italiano come seconda lingua, anche appoggiandosi agli enti locali e alle loro comunità di origine;
- la definizione di un adeguato sistema di orientamento.

Naturalmente, la definizione di tutte queste attività deve avvenire non dimenticando da un lato il disposto delle Indicazioni Nazionali 2012, dall'altro il quadro delle otto competenze-chiave di cittadinanza come definite nei documenti per l'obbligo formativo.

La terza parte del PTOF riguarda invece gli *organici:* il numero di posti di personale, compreso quello per l'organico dell'autonomia e per le reti di scuole. Devono anche essere definite le attività di formazione che nel triennio si intendono realizzare per il personale scolastico.

La quarta parte è relativa agli *aspetti delle dotazioni materiali* e al fabbisogno di attrezzature, infrastrutture, sussidi.

Una quinta parte, riferita in modo trasversale a tutte le altre, deve riguardare il *piano di miglioramento:* in questo senso, viene richiamata la necessità che le istituzioni scolastiche promuovano, anche in ottica RAV (Rapporto di Autovalutazione), processi di valutazione e autovalutazione, con conseguente rendicontazione sociale e diffusione dei risultati conseguiti.

È previsto che i dati del piano di miglioramento possano essere utilizzati anche ai fini della valutazione dei Dirigenti scolastici.

In molte parti del testo della Legge 107/2015 viene sottolineata inoltre l'importanza di promuovere forme di flessibilità didattica e organizzativa. Tali forme potrebbero riguardare:

- gli studenti: classi aperte, articolazione di gruppi classe in sottogruppi, laboratori, *atelier*, forme di individualizzazione e personalizzazione, anche come richiamato dalla circolare del MIUR dell'11 dicembre 2015;
- la programmazione delle attività: l'articolazione modulare del monte ore annuale di ciascuna disciplina, compresi gli insegnamenti interdisciplinari; la programmazione flessibile anche su base plurisettimanale dei tempi del curricolo complessivo e di quelli delle singole discipline; il potenziamento del tempo scolastico, anche con eventuali orari aggiuntivi coperti con attività svolte dalle dotazioni organiche dell'autonomia, tenendo conto delle richieste dell'utenza. A ciò si aggiunge la programmazione flessibile, anche su base plurisettimanale, dei tempi del curricolo complessivo e di quelli delle singole discipline, anche prevedendo la possibilità di articolare in modo vario i gruppi-classe.

L'autovalutazione delle istituzioni scolastiche

Abbiamo in precedenza accennato al fatto che per la completa attuazione della Legge 107/2015 dovranno essere emanati vari Decreti delegati. Tra questi, uno dei più rilevanti è relativo alla ridefinizione della normativa in materia di valutazione e certificazione delle competenze degli allievi e degli esami di Stato, art. 1, comma 180 della legge.

Si tratta, come è ovvio, di una questione che inevitabilmente modificherà i processi di autovalutazione delle istituzioni scolastiche, compreso il Rapporto di Autovalutazione.

Quest'ultimo è stato introdotto dal DPR 28 marzo 2013, n. 80 (*Regolamento sul sistema nazionale di valutazione in materia di istruzione e formazione* in vigore dal 19 luglio 2013), in questi termini:

> L'avvio della valutazione del sistema educativo di istruzione, secondo il procedimento previsto dall'art. 6 del D.P.R. n. 80/2013, costituisce un passo importante per completare il processo iniziato con l'attribuzione dell'autonomia alle istituzioni scolastiche. L'autonomia responsabilizza le scuole «nella progettazione e nella realizzazione di interventi di educazione, formazione e istruzione mirati allo sviluppo della persona umana, adeguati ai diversi contesti, alla domanda

> delle famiglie e alle caratteristiche specifiche dei soggetti coinvolti, al fine di garantire loro il successo formativo, coerentemente con le finalità e gli obiettivi generali del sistema di istruzione e con l'esigenza di migliorare l'efficacia del processo di insegnamento e di apprendimento» e il Sistema Nazionale di Valutazione ha come fine il «miglioramento della qualità dell'offerta formativa e degli apprendimenti».
>
> Autonomia, valutazione e miglioramento sono, dunque, concetti strettamente connessi. Mediante la valutazione, interna ed esterna, le scuole possono individuare gli aspetti positivi da mantenere e consolidare e gli elementi di criticità in relazione ai quali realizzare azioni di miglioramento.
>
> Avviare il Sistema Nazionale di Valutazione significa, perciò, rafforzare l'autonomia di tutte le istituzioni scolastiche mediante la messa a disposizione di procedure, strumenti e dati utili e, di conseguenza, metterle in condizione di svolgere sempre meglio i compiti fondamentali ad esse attribuiti. (*Orientamenti per l'elaborazione del Rapporto di Autovalutazione*)

Nel Regolamento sono individuate le quattro priorità che devono caratterizzare il processo:

1. l'*autovalutazione* delle istituzioni scolastiche, con analisi e verifica della qualità del servizio erogato;
2. la *valutazione esterna*, effettuata da un nucleo di valutatori esterni alle scuole;
3. le *azioni di miglioramento*, a cura delle stesse istituzioni scolastiche;
4. la *rendicontazione sociale*, con la pubblicazione, diffusione dei risultati raggiunti sia nei confronti degli attori interni sia dei rappresentanti della più ampia comunità sociale.

Per quanto concerne la valutazione esterna, l'INVALSI ha pubblicato nella prima settimana di gennaio 2016 le Linee di lavoro che guideranno tale operazione: essa prenderà il via nei primi mesi del 2016. Viene confermato che il NEV, Nucleo esterno di valutazione, sarà composto da un Dirigente tecnico che lo coordinerà, da un esperto del mondo della scuola e da un esperto esterno. È previsto che saranno visitate circa 350-400 istituzioni scolastiche, numero decisamente limitato rispetto alle oltre 8000 scuole esistenti nel nostro Paese.

Era stata però la Direttiva n. 11 del settembre 2014 e la circolare n. 47 del mese successivo ad avviare il processo di autovalutazione:

> tutte le istituzioni scolastiche elaboreranno nel corso del primo semestre 2015, attraverso un modello online, il rapporto di autovalutazione, arricchito da una sezione appositamente dedicata all'individuazione delle priorità strategiche e dei relativi obiettivi di miglioramento.

La finalità generale dell'intero RAV è quella di promuovere la formazione degli alunni e realizzare vantaggiosi cambiamenti nei loro esiti formativi e educativi raccogliendo dati, informazioni, dinamiche nell'offerta formativa di ciascuna scuola per favorire processi miglioramento nell'ambito delle criticità evidenziate.

La struttura del modello predisposto dal Servizio è il seguente:

LA STRUTTURA DEL RAV

Contesto e risorse
- Popolazione scolastica
- Territorio e capitale sociale
- Risorse economiche e materiali
- Risorse professionali

Esiti
- Risultati scolastici
- Risultati nelle prove standardizzate
- Competenze chiave e di cittadinanza
- Risultati a distanza

Processi
- Pratiche educative e didattiche (4 indicatori)
- Pratiche gestionali e organizzative (3 indicatori)

Processo di Autovalutazione

Individuazione delle priorità
- Priorità e traguardi
- Obiettivi di processo

Tale modello si articola in cinque sezioni:
- contesto;
- esiti;
- processi;
- autovalutazione;
- individuazione delle priorità.

Ciascuna sezione è descritta in apposite aree a loro volta suddivise in quattro voci:
1. indicatori;
2. domande guida;
3. opportunità e vincoli;
4. altro.

Tutto ciò dovrebbe consentire alle scuole di passare dal *check-up* all'individuazione delle priorità sulle quali elaborare il progetto di miglioramento. In questo senso, la qualità dell'analisi diventa condizione determinante per definire conseguenti piani di miglioramento. È la stessa *Guida all'autovalutazione* predisposta dall'INVALSI ad avvertire che:

> l'analisi è articolata quando non ci si limita a elencare dati o a descrivere ciò che la scuola fa, ma i dati vengono interpretati tenendo conto della specificità del contesto,

oppure evidenziando i punti di forza e di debolezza dell'azione della scuola o ancora individuando aspetti strategici.

Le azioni previste dal RAV saranno realizzate secondo il seguente piano:
- Autovalutazione (tutte le scuole)
- Valutazione esterna (circa 800 scuole; ogni anno)
- Azioni di miglioramento (tutte le scuole)
- Rendicontazione sociale (tutte le scuole)

In definitiva nel RAV, come strumento di autovalutazione, sono anticipati molti dei principi presenti nella Legge 107/2015, soprattutto quando si fa riferimento al PTOF e al piano di miglioramento che le scuole dovranno definire.

D'altra parte, proprio la logica della temporalità triennale della progettualità scolastica non potrà che confermare tale linea: la qualità della formazione degli alunni è strettamente legata alla consapevolezza che i docenti hanno dei percorsi posti in essere e dei limiti e problemi che questi mostrano. E tutto ciò non può avvenire senza reali e continui processi di valutazione e autovalutazione.

L'organico dell'autonomia

Altra novità importante introdotta dalla Legge 107/2015 e legata alla realizzazione del PTOF è quella dell'organico dell'autonomia. Era stato lo stesso ministro Giannini ad annunciare nel suo discorso di insediamento l'intenzione di riprendere l'idea dell'organico funzionale per la scuola, dichiarato in altre epoche, ma mai realizzato:

> L'organico funzionale serve ad affrontare il problema del sostegno e dell'integrazione, assicurando continuità didattica e formazione specifica per le diverse disabilità. Esso si traduce nella creazione di un gruppo professionale qualificato, che, nell'ambito di una rete di scuole, operi dalla formazione dei docenti all'integrazione degli alunni disabili e che non si traduca in un mero aumento quantitativo delle ore di sostegno. (Linee Programmatiche Ministro Stefania Giannini)

L'idea di assegnare alle scuole un organico più ampio rispetto a quello destinato a coprire cattedre, insegnamenti e orari di lezione risale alla metà degli anni Novanta, quando si parlò di *organico funzionale* per la scuola elementare che effettivamente fu sperimentato nell'anno scolastico 1997/98.

I Provveditori agli Studi, sulla base dell'organico complessivo fissato al comma 71, determinano l'organico funzionale di ciascun circolo didattico in relazione al numero degli alunni, alla consistenza delle classi, al sostegno necessario per l'integrazione degli alunni con disabilità, alla distribuzione delle scuole sul territorio e alle relative situazioni socio-ambientali, nonché alla diffusione dell'insegnamento della lingua straniera e alle esigenze di scolarizzazione a tempo pieno espresse dall'utenza (legge n. 662/1996, art. 1, comma 72).

La scelta innovativa fu estesa a partire dall'anno scolastico 1999/2000 anche per la scuola dell'infanzia, mentre per le secondarie in quello stesso anno, in base al disposto del DM n. 71/1999 sarebbe partita una sperimentazione con organici potenziati sulla base di specifici progetti in 366 scuole secondarie. Negli anni successivi, l'organico funzionale è stato progressivamente assorbito da altre esigenze, sino a scomparire.

L'idea era stata ripresa successivamente con l'ipotesi di creare un organico funzionale di rete tra le scuole dell'autonomia per potenziare l'offerta formativa, promuovere l'integrazione scolastica, combattere la dispersione e l'insuccesso scolastico. Era stato in particolare l'articolo 50 del DL n. 5 del 9 febbraio 2012, conosciuto come *Decreto legislativo su semplificazione e sviluppo* a occuparsene. In realtà, il fatto che non sia stato mai dato impulso alla creazione di reti tra scuole ha indirettamente impedito la realizzazione di tale prospettiva che oggi viene ripresa con la proposta dell'*organico dell'autonomia*.

Sono i commi 5-7 dell'art. 1, Legge 107/2015 a introdurre nella scuola tale innovazione, considerata: «funzionale alle esigenze didattiche, organizzative e progettuali delle istituzioni scolastiche come emergenti dal piano triennale dell'offerta formativa. I docenti dell'organico dell'autonomia concorrono alla realizzazione del piano triennale dell'offerta formativa con attività di insegnamento, di potenziamento, di sostegno, di organizzazione, di progettazione e di coordinamento».

L'organico dell'autonomia sarà determinato con cadenza triennale e su base regionale; esso comprenderà l'*organico di diritto*, i *posti per il potenziamento* e l'*organico dei posti di sostegno*, comprensivi anche di quelli in deroga per i casi più gravi di alunni con disabilità. Tale opzione potrà consentire a ciascuna scuola di pianificare, con cadenza triennale, gli interventi che si intenderanno realizzare.

L'organico dell'autonomia è finalizzato a diventare gradualmente *funzionale* alle caratteristiche che ogni istituto intenderà dare alla propria offerta formativa: non dovrà tradursi, pertanto, in un semplice incremento dell'organico dei docenti, ma nella messa a disposizione delle scuole di figure aggiuntive per realizzare specifiche progettualità e destinate a qualificare il servizio offerto. A questo proposito, l'articolo 1, comma 7 prevede che, riconoscendo le diverse opzioni metodologiche e valorizzando le corrispondenti professionalità, l'organico scolastico comprenderà:

a) il fabbisogno dei posti comuni e di sostegno dell'organico dell'autonomia, sulla base del monte orario degli insegnamenti, con riferimento anche alla quota di autonomia dei curricoli e agli spazi di flessibilità, nonché del numero di alunni con disabilità, ferma restando la possibilità di istituire posti di sostegno in deroga nei limiti delle risorse previste a legislazione vigente;
b) il fabbisogno dei posti per il potenziamento dell'offerta formativa;
c) il piano indica altresì il fabbisogno relativo ai posti del personale amministrativo, tecnico e ausiliario, nel rispetto dei limiti e dei parametri stabiliti dal regolamento di cui al decreto del Presidente della Repubblica 22 giugno 2009, n. 119, tenuto conto di quanto previsto dall'articolo 1, comma 334, della Legge 29 dicembre 2014, n. 190, il fabbisogno di infrastrutture e di attrezzature materiali, nonché i piani di miglioramento dell'istituzione scolastica previsti dal regolamento di cui al decreto del Presidente della Repubblica 28 marzo 2013, n. 80.

I singoli istituti scolastici saranno chiamati, pertanto, a definire nel Piano triennale, oltre alle attività di potenziamento dell'offerta formativa che intenderanno realizzare, il contingente di risorse professionali che occorrerà per la loro realizzazione. Una volta assegnate le risorse, saranno i Dirigenti scolastici a conferire direttamente gli incarichi di durata triennale ai docenti. Questa possibilità di permanenza degli insegnanti nella stessa sede per un triennio afferma la prevalenza della qualità del servizio scolastico e del diritto all'apprendimento degli studenti su un interesse, pur legittimo, dei docenti di spostarsi annualmente per motivi personali.

Questa innovazione è destinata anche a influire sensibilmente sui meccanismi della mobilità scolastica. È previsto che dopo questa fase iniziale, nella quale per l'anno scolastico 2015/2016 sono stati assegnati alle scuole oltre 55.000 posti di potenziamento, di cui 6.500 circa di sostegno, dall'anno successivo tale organico confluirà nell'unico Organico dell'autonomia che sarà finalizzato all'ampliamento dell'offerta formativa. La sua gestione efficace consentirà alle singole scuole di adottare quelle forme di flessibilità organizzative e didattiche in grado di valorizzare tutte le potenzialità degli studenti in modo significativo.

L'attenzione alla cultura digitale

Nella Legge 107/2015 trova ampio spazio anche il mondo della *cultura digitale*. Infatti si afferma che (art.1, comma 56):

> al fine di sviluppare e di migliorare le competenze digitali degli studenti e di rendere la tecnologia digitale uno strumento didattico di costruzione delle competenze in generale, il Ministero dell'istruzione, dell'università e della ricerca adotta il Piano nazionale per la scuola digitale, in sinergia con la programmazione europea e regionale e con il Progetto strategico nazionale per la banda ultralarga.

Tale scelta si pone in continuità con il percorso già effettuato dal sistema scolastico italiano che ha da tempo aderito a quanto aveva stabilito l'Unione europea nella Raccomandazione del 18 dicembre 2006 che, nel definire le otto competenze-chiave per l'apprendimento permanente, aveva inserito anche quella *digitale*. Quella indicazione era stata fortemente condivisa al punto che il nostro Paese l'aveva inserita tra le competenze-chiave di cittadinanza nel Regolamento per l'adempimento dell'obbligo scolastico:

> comunicare o comprendere messaggi di genere diverso (quotidiano, letterario, tecnico, scientifico) e di complessità diversa, trasmessi utilizzando linguaggi diversi (verbale, matematico, scientifico, simbolico, ecc.) mediante diversi supporti (cartacei, informatici e multimediali) o rappresentare eventi, fenomeni, principi, concetti, norme, procedure, atteggiamenti, stati d'animo, emozioni, ecc. utilizzando linguaggi diversi (verbale, matematico, scientifico, simbolico, ecc.) e diverse conoscenze disciplinari, mediante diversi supporti (cartacei, informatici e multimediali). (Decreto ministeriale n. 139 del 22 agosto 2007. Regolamento recante norme in materia di adempimento dell'obbligo di istruzione)

In realtà, l'attenzione alla cultura tecnologica e digitale è stata sempre viva nel nostro Paese e sono moltissime le iniziative realizzate, soprattutto per la formazione del personale scolastico e per il potenziamento delle dotazioni tecnologiche: si pensi, in questo senso, al *Programma di sviluppo delle tecnologie didattiche* (1997-2001) e al piano *Infrastrutture tecnologiche nelle scuole* (2001-2003) che aveva coinvolto circa 22.000 scuole, ma anche agli interventi di potenziamento tecnologico del sistema amministrativo scolastico. Sempre in riferimento all'UE, che nel maggio 2010 aveva lanciato il piano *Agenda digitale*, anche l'Italia ha dato il via *all'Agenda Digitale Italiana*, definendo i seguenti obiettivi:

> favorire la crescita, lo sviluppo dell'economia e della cultura digitali, attuare politiche di incentivo alla domanda di servizi digitali e promuovere l'alfabetizzazione informatica, nonché dare impulso alla ricerca e alle innovazioni tecnologiche, quali fattori essenziali di progresso e opportunità di arricchimento economico, culturale e civile e, nel contempo, di rilancio della competitività delle imprese [...]. (Decreto-legge 18 ottobre 2012, n. 179, coordinato con la Legge di conversione 17 dicembre 2012, n. 221)

A tale iniziativa hanno fatto seguito numerosi altri interventi, il più importante dei quali è stato il Piano nazionale scuola digitale (PNSD).

	Azioni del Piano nazionale scuola digitale (PNSD)
Prima fase	LIM nelle classi, Classi 2.0, La scuola in ospedale, HSH (Hospital School Home@network), @urora, @usilio per il Recupero, l'Orientamento e il Reinserimento degli Adolescenti, Oltre l'@urora, per gli studenti drop-out, editoria digitale, Scuol@ 2.0
Seconda fase	LIM in classe, Classi 2.0, Scuol@ 2.0, Centri Scolastici Digitali

Tra i vari interventi vanno ancora ricordati: il Piano di formazione dei docenti realizzato in due fasi, 2007-2012 e 2012-2014; il Piano per diffusione di wireless nella scuola, Legge n. 128 dell'8 novembre 2013; la creazione del Mercato Elettronico della Pubblica Istruzione (MePI).

Il Piano nazionale per la scuola digitale annunciato nella Legge 107/2015 e adottato con Decreto n. 851 del MIUR il 27 ottobre 2015, si pone sulla scia di quanto già realizzato, proponendo un intervento organico che dia un assetto definitivo al digitale nella scuola. In questo senso, sono individuati gli obiettivi che dovranno essere perseguiti:

- la realizzazione di attività per lo sviluppo delle competenze digitali degli studenti, attraverso la collaborazione con università, associazioni, organismi del terziario e imprese;
- il potenziamento delle dotazioni didattiche e laboratoriali per la formazione e l'innovazione;
- l'adozione di strumenti organizzativi e tecnologici, la *governance*, la trasparenza e la condivisione di dati, lo scambio di informazioni tra gli addetti ai lavori, l'utenza, il MIUR;
- la formazione degli docenti per l'innovazione didattica, lo sviluppo della cultura digitale per l'insegnamento, l'apprendimento di competenze lavorative, cognitive e sociali degli studenti;
- la formazione dei Direttori dei servizi generali e amministrativi, degli Assistenti amministrativi e degli Assistenti tecnici;
- il potenziamento delle infrastrutture di rete;

– la valorizzazione delle migliori esperienze delle scuole, anche promuovendo la creazione di una rete nazionale di centri di ricerca e di formazione;
– la definizione di finalità e criteri per l'adozione di testi didattici in formato digitale e per la produzione e la diffusione di prodotti per la didattica, anche ideati autonomamente dalle scuole.

Le istituzioni scolastiche potranno inoltre prevedere nel loro Piano triennale azioni che si richiamino agli obiettivi del Piano digitale per la scuola:

> A decorrere dall'anno scolastico successivo a quello in corso alla data di entrata in vigore della presente legge, le istituzioni scolastiche promuovono, all'interno dei piani triennali dell'offerta formativa e in collaborazione con il Ministero dell'istruzione, dell'università e della ricerca, azioni coerenti con le finalità, i principi e gli strumenti previsti nel Piano nazionale per la scuola digitale di cui al comma 56. (Legge 107/2015, art. 1, comma 57)

Nel frattempo, nelle scuole cominciano a operare gli *animatori digitali* previsti dal PNSD.

Si tratta di docenti, uno per istituto, particolarmente esperti e dotati di capacità organizzative a cui le scuole potranno affidare processi di innovazione digitale relativi alla realizzazione di attività, alla creazione di laboratori, alla ricerca di soluzioni metodologiche e tecnologiche, alla diffusione della cultura digitale. Nella Nota del 19 novembre 2015 il MIUR ha indicato il profilo operativo che tale figura dovrebbe realizzare:
– *formazione interna*: stimolare la formazione interna alla scuola negli ambiti del PNSD, attraverso l'organizzazione di laboratori formativi (senza essere necessariamente un formatore), favorendo l'animazione e la partecipazione di tutta la comunità scolastica alle attività formative, come ad esempio quelle organizzate attraverso gli snodi formativi;
– *coinvolgimento della comunità scolastica*: favorire la partecipazione e stimolare il protagonismo degli studenti nell'organizzazione di workshop e altre attività, anche strutturate, sui temi del PNSD, anche attraverso momenti formativi aperti alle famiglie e ad altri attori del territorio, per la realizzazione di una cultura digitale condivisa;
– *creazione di soluzioni innovative*: individuare soluzioni metodologiche e tecnologiche sostenibili da diffondere all'interno degli ambienti della scuola (come l'uso di particolari strumenti per la didattica di cui la scuola si è dotata; la pratica di una metodologia comune; l'informazione su innovazioni esistenti in altre scuole; un laboratorio di *coding* per tutti gli studenti), coerenti con l'analisi dei fabbisogni della scuola stessa, anche in sinergia con attività di assistenza tecnica condotta da altre figure.

CAPITOLO 41

DISABILITÀ E INTEGRAZIONE LAVORATIVA

(Mariateresa Cairo; Sofia Cramerotti e Massimo Turrini)

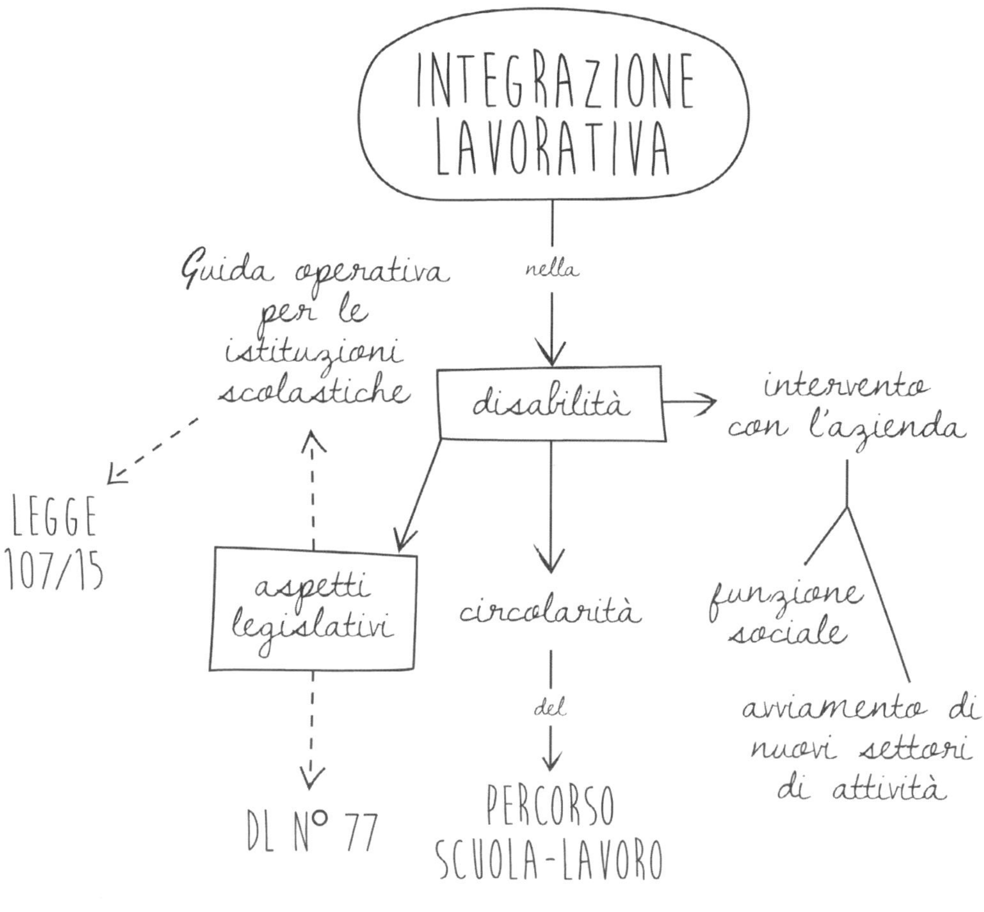

Aspetti legislativi

Mariateresa Cairo

L'inserimento lavorativo delle persone disabili è un diritto tutelato e sancito dalla nostra Costituzione (artt. 2, 3, 4 e 38).

Il lavoro, a livello giuridico, è riconosciuto come un diritto umano che assume un valore fondamentale, in quanto bisogno primario dell'individuo; è una componente dei diritti della persona e parte del percorso di definizione delle sue capacità di autonomia, dei suoi obiettivi e delle sue strategie. Il lavoro concorre allo sviluppo della persona in tutte le sue potenzialità. Purtroppo, al soggetto disabile non sempre sono garantite pari opportunità nell'esercizio dei propri diritti di cittadinanza, nel processo di autorealizzazione e di integrazione economica e sociale.

Il compito dei diversi attori istituzionali e delle parti sociali consiste nella costruzione di condizioni sociali e produttive in grado di rendere *ogni persona* soggetto attivo e partecipe alla vita sociale. Per realizzare questo obiettivo è necessario capire e accettare la realtà della diversabilità, anche nei suoi aspetti specifici e immodificabili. La dignità della persona disabile va oltre le menomazioni fisiche, psichiche e sensoriali, che spesso richiedono servizi, strumenti, interventi particolari per permettere il recupero e il mantenimento del soggetto nel tessuto sociale e, quindi, anche lavorativo.

Perché il disabile si realizzi come persona portatrice di diritti, non è sufficiente collocarlo in un posto di lavoro e insegnargli un mestiere.

L'idea del diritto al lavoro deve tradursi nella costruzione delle condizioni dell'incontro tra la persona e le strutture produttive, nella convinzione che il lavoro è il solo mezzo che permetta il raggiungimento di una vera autonomia, nonché fattore determinante per la realizzazione personale.

La prima legge che intendiamo ricordare è la 482 del 2 aprile 1968 («Disciplina generale delle assunzioni obbligatorie presso le pubbliche amministrazioni e le aziende private»).

Questa legge, conosciuta come «Legge sul collocamento obbligatorio degli invalidi», fu l'unica legge nazionale all'epoca deputata all'inserimento nel mondo del lavoro delle persone disabili; con essa fu realizzato il proposito di riunire in un unico testo la materia disarticolata dei provvedimenti fino ad allora in vigore.

Essa conteneva al suo interno i seguenti criteri:

1. i soggetti aventi diritto ad assunzione obbligatoria erano gli invalidi di guerra, militari e civili, gli invalidi per servizio, gli invalidi del lavoro, gli invalidi civili, i ciechi, i sordomuti, gli orfani, le vedove dei caduti in guerra, per servizio o sul lavoro, gli ex-tubercolotici e i profughi. Erano fuori da tali categorie coloro che avevano superato i 55 anni di età, coloro che avevano perduto ogni capacità lavorativa, coloro che potevano essere a causa della loro disabilità pericolosi per la salute e l'incolumità dei compagni di lavoro e per la sicurezza degli impianti;
2. i soggetti obbligati erano le imprese private con più di 35 dipendenti che dovevano assumere il 15% dei lavoratori appartenenti alle categorie sopra citate; gli enti pubblici con più di 35 dipendenti avrebbero dovuto assumere senza concorso i soggetti idonei alla professione richiesta;

3. il collocamento era obbligatorio, ovvero l'assegnazione di una persona a una azienda era effettuata con modalità burocratiche e non veniva richiesta alcuna valutazione delle caratteristiche dell'azienda e delle potenzialità del soggetto inviato. La modalità di inserimento al lavoro avveniva mediante chiamata numerica;
4. le aziende private tenute ad assumere lavoratori appartenenti alle categorie indicate in precedenza, dovevano rivolgere le richieste agli uffici provinciali del lavoro e della massima occupazione (UPLMO) o, per incarichi di vigilanza e custodia, potevano chiedere nominalmente i lavoratori. Le amministrazioni dello Stato, le aziende e gli enti pubblici avevano la possibilità di scegliere e assumere direttamente i lavoratori iscritti negli elenchi;
5. erano previste sanzioni e contravvenzioni minime;
6. non erano previsti incentivi per i datori di lavoro;
7. gli organi del collocamento erano gli uffici provinciali del lavoro e della massima occupazione e le commissioni provinciali.

Questa legge ha avuto importanti meriti storici:

a) ha riorganizzato con una certa coerenza una legislazione particolarmente frammentata, emanata su specifiche esigenze e in periodi diversi tra loro;
b) ha riaffermato il diritto al lavoro delle persone disabili tenendo vivo l'interesse per questa problematica;
c) ha dato avvio a diverse esperienze innovative, che negli anni successivi sono state realizzate a livello territoriale, grazie all'impegno e alla motivazione etica e professionale di molti operatori e associazioni;
d) per la prima volta persone che sembravano condannate all'emarginazione, potevano fare una preziosa esperienza di integrazione sociale e civile spesso con risultati positivi anche da un punto di vista produttivo (Battafarano e Fontana, 2001).

Sono, però, da evidenziare alcuni limiti di fondo:

a) il carattere appariva meramente impositivo, generando la convinzione che l'assunzione dei disabili fosse una sorta di tributo aggiuntivo, di onere improduttivo per le aziende. Per questo molti datori di lavoro preferivano pagare le sanzioni previste dalla legge o sottoporsi a contenziosi giudiziari piuttosto che procedere alle assunzioni;
b) l'aliquota del 15% era molto alta e quindi destinata a essere totalmente o parzialmente non rispettata. Essa riguardava solo aziende con almeno 35 dipendenti (quindi escludeva molte piccole imprese private italiane);
c) non venivano previste strutture e iniziative di supporto sia al soggetto che all'azienda. Soprattutto per le forme di disabilità più gravi non erano previste agevolazioni fiscali, contributi per l'adattamento al posto di lavoro, la riduzione del numero totale di soggetti da assumere obbligatoriamente, la realizzazione di tirocini guidati, monitoraggi durante la fase iniziale del collocamento, ecc.;
d) la suddivisione delle categorie protette aventi diritto al collocamento appariva decisamente superata e incongrua: basti ricordare la notevole percentuale di collocamenti riservata agli invalidi di guerra e agli invalidi civili di guerra, nonché l'inclusione accanto alle categorie di disabili di persone quali gli orfani e le vedove di guerra, per

servizio e per lavoro, che avrebbero dovuto usufruire di agevolazioni in quanto «fasce sociali deboli», e non certo confuse con i disabili;

e) veniva concessa eccessiva discrezionalità agli enti pubblici (spesso privi di una preparazione adeguata) cui veniva attribuita la decisione di procedere effettivamente agli inserimenti: ciò determinava spesso una significativa area di inadempienza alla legge, nonché una gestione clientelare degli inserimenti;
f) emergeva l'insoddisfazione di molte persone disabili che, inserite nel mondo del lavoro senza una adeguata formazione professionale, finivano per considerare il lavoro una «nicchia» tranquilla in cui rifugiarsi e non un'occasione per mettere a frutto le proprie capacità umane e professionali;
g) nella categoria invalidi civili erano presenti soggetti portatori di menomazioni fisiche, ma non venivano considerate altre forme di disabilità come i disabili mentali. I soggetti disabili e i malati mentali erano considerati all'interno della categoria invalidi, categoria che inglobava anche persone non necessariamente in situazione di svantaggio esistenziale;
h) la filosofia che stava alla base di questa norma era sostanzialmente burocratica e impositiva, stabiliva un obbligo e un diritto, ma non si preoccupava di come obbligo e diritto potevano essere realizzati concretamente. Imprese e soggetti disabili venivano lasciati soli: le prime ad adempiere all'obbligo di assunzione senza una adeguata preparazione, i secondi a esercitare un diritto senza una adeguata formazione.

Poco più di trent'anni dopo, la Legge 68 del 12 marzo del 1999 recante le «Norme per il diritto al lavoro dei disabili» ha radicalmente modificato il quadro normativo di riferimento nella materia delle assunzioni obbligatorie, determinando un'autentica rivoluzione per quanto riguarda l'approccio alla problematica dell'inserimento del soggetto disabile nel mondo del lavoro.

Questa legge ha permesso di iniziare a ragionare sul fatto che il disabile non è un soggetto passivo da collocare in azienda, ma una persona dotata di sue abilità e capacità, che richiedono di essere formate per divenire competenze. Ogni soluzione semplificatoria dell'inserimento lavorativo va dunque rifiutata: azienda e disabile non possono più essere lasciati soli nel momento del collocamento.

Secondo questa legge:

1. i soggetti aventi diritto al lavoro rimandano a quattro categorie di persone:
   – persone in età lavorativa affette da minorazioni fisiche, psichiche o sensoriali e ai disabili intellettivi, che abbiano una capacità lavorativa superiore al 45% accertata dalle commissioni per il riconoscimento della invalidità civile;
   – persone invalide del lavoro con un grado di invalidità superiore al 33% accertata dall'Istituto nazionale per l'assicurazione contro gli infortuni sul lavoro e le malattie professionali (INAIL);
   – persone non vedenti e non udenti;
   – persone invalide di guerra, invalide civili di guerra e invalide per servizio.

   Con questa nuova legge il limite anagrafico del 55° anno di età viene meno e quindi possono essere iscritti agli elenchi tutti i soggetti che abbiano compiuto il 15° anno di età fino all'età del pensionamento;

2. i datori di lavoro pubblici e privati sono tenuti ad assumere una quota di soggetti disabili che varia secondo le dimensioni dell'azienda in misura proporzionata al numero di dipendenti:
   - 7% dei lavoratori occupati, se lavorano più di 50 dipendenti;
   - due lavoratori, se sono occupati dai 36 ai 50 dipendenti;
   - un lavoratore, se sono occupati dai 15 ai 35 dipendenti. Per i datori di lavoro privati che occupano da 15 a 35 dipendenti l'obbligo si applica solo in caso di nuove assunzioni;
3. il collocamento è mirato, ovvero prevede una serie di strumenti tecnici e di supporto che permettono di valutare adeguatamente le persone con disabilità nelle loro capacità lavorative e di inserirle nel posto adatto, attraverso analisi di posti di lavoro, forme di sostegno, azioni positive e soluzioni dei problemi connessi con gli ambienti, gli strumenti e le relazioni interpersonali sui luoghi quotidiani di lavoro e di relazione;
4. le aziende possono stipulare delle convenzioni con gli enti pubblici preposti per il collocamento mirato dei disabili. Le convenzioni prevedono una serie di azioni e modalità di sostegno all'inserimento, quali lo svolgimento di tirocini con finalità formative o di orientamento, la facoltà (per l'azienda) di scelta nominativa della persona disabile da inserire, l'assunzione con contratto di lavoro a termine, l'allungamento del periodo di prova, il lavoro in deroga;
5. sono previste consistenti sanzioni economiche in caso di mancato rispetto della legge;
6. sono previste agevolazioni per le assunzioni;
7. gli enti competenti in materia di formazione professionale e integrazione lavorativa sono le regioni e le province, attraverso i centri per l'impiego. Per questo sulla concreta realizzazione delle prassi operative e sulla organizzazione dei servizi a livello nazionale incidono fortemente i decreti legislativi e le leggi che localmente vengono emanate;
8. è reso possibile il coinvolgimento delle cooperative sociali di tipo B, con le quali le aziende private possono stipulare delle convenzioni per l'affidamento di commesse di lavoro in cambio dell'inserimento «temporaneo» di lavoratori disabili. Altre realtà potenzialmente coinvolgibili dagli enti pubblici preposti sono consorzi, organizzazioni di volontariato, altri soggetti pubblici e privati idonei;
9. il datore di lavoro non può chiedere al disabile una prestazione non compatibile con i suoi deficit. Nel caso di aggravamento delle condizioni di salute la persona disabile può chiedere che venga accertata la compatibilità delle mansioni a lei affidate con il proprio stato di salute.

Fra i meriti di questa legge:

a) si inizia a parlare di inserimento mirato: valutare qual è il posto di lavoro adatto al disabile, prevedere uno specifico programma di formazione professionale, utilizzare operatori specializzati nella mediazione fra domanda e offerta, oltre che nella conoscenza delle problematiche della disabilità. Il collocamento mirato diventa quel complesso di interventi volti a stabilire una retta correlazione tra le attitudini lavorative dei soggetti protetti e le occasioni di occupazione;

b) si cerca di superare il ruolo assistenziale attribuito alle imprese nei confronti dei soggetti disabili, di costruire un sistema in cui allo Stato venga attribuita una funzione di tipo assistenziale e alle imprese una funzione di *empowerment* anche nei confronti dei diversamente abili, oltre che di tutti gli occupati;
c) grazie all'utilizzo delle convenzioni è consentito fare deroghe personalizzate onde adattare il rapporto soggetto-azienda anche a tempi di inserimento diversificati. Le convenzioni rappresentano un modo concreto di favorire il rapporto tra persone disabili e mondo del lavoro.

Alcuni limiti sembrano, però, emersi:

a) la distinzione nella legge di persone disabili senza particolari difficoltà e di persone disabili con particolari difficoltà non è stata accompagnata alla necessità di sottolineare l'importanza del consenso dell'interessato nel coinvolgimento in percorsi formativi e lavorativi. Non è sufficiente che il soggetto conosca, è anche importante che sia consapevole delle proprie mansioni e dei propri requisiti. È opportuno elaborare strategie che coinvolgano la persona diversamente abile nella programmazione degli interventi che la riguardano, favorendo un coinvolgimento motivazionale che si traduca in maggiore autonomia con una ricaduta significativa sul profilo globale della persona (Gerelli e Lorini, 2000);
b) a causa di alcune modificazioni apportate dalla cosiddetta «Legge Biagi» (Legge 30/2003) l'inserimento dei giovani disabili nelle cooperative finisce per esonerare gli imprenditori dalle loro dirette responsabilità in cambio di commesse affidate dagli stessi alle cooperative sociali. La permanenza dei disabili in queste strutture rischia di protrarsi a tempo indeterminato e «scivolare» da esperienza formativa a una sorta di ghetto, in cui collocare persone che le imprese continuano sostanzialmente a rifiutare (Marocchi, 1999);
c) rimane aperto il problema di definire una migliore classificazione che permetta di segnalare non solo il deficit di una persona, ma anche le sue capacità: un disabile al 100% in carrozzina può svolgere determinate attività (si pensi a quelle attività legate all'uso del computer) altrettanto bene di un normodotato;
d) è presente, se pur non passato alle cronache, il problema del mobbing verso soggetti disabili da parte di colleghi; atti dovuti a ignoranza e pregiudizio. Questo fenomeno rivela come non sia sufficiente avere attribuito un ruolo dall'alto o dall'esterno. Ognuno di noi ha esperienza di se stesso non solo direttamente per quello che fa, che dice, che sente, ma anche indirettamente attraverso le opinioni che gli altri individui dello stesso gruppo sociale hanno di lui. L'essere pensati dagli altri in quanto competenti in un ruolo e in quanto inseriti nelle complessità sociali e nelle regole a esso associate è una esperienza molto forte. Per un disabile rimane cruciale l'accompagnamento da parte di un educatore nell'ambiente lavorativo.

La Legge 104 del 5 febbraio 1992 è la «Legge quadro per l'assistenza, l'integrazione sociale e i diritti delle persone handicappate».

Dopo un ventennio dalla Legge 118 del 1971 si attendeva una legge quadro che unificasse e coordinasse insieme le norme in materia di disabilità e individuasse i nuovi diritti per i soggetti interessati, definendone i modi per l'attuazione. Si sentiva l'esigenza di un testo legislativo in grado di raccogliere e riordinare le disposizioni esistenti, per colmare le lacune e superare le sovrapposizioni di competenze.

Con l'approvazione di questa legge furono introdotte precise norme (artt. 18, 19, 20, 21 e 22) sull'integrazione lavorativa dei soggetti disabili demandando alle regioni l'istituzione e «la tenuta dell'albo regionale degli enti, istituzioni, cooperative sociali, di lavoro, di servizio, e dei centri di lavoro guidato, associazioni e organizzazioni di volontariato che svolgono attività idonee a favorire l'inserimento e l'integrazione lavorativa delle persone handicappate» (art. 18).

Questa legge chiarì alcuni aspetti connessi al collocamento obbligatorio, e previde interventi per facilitare l'inserimento e l'integrazione dei soggetti disabili nel mondo del lavoro attraverso una serie di agevolazioni, anche a favore dei lavoratori che avevano familiari con disabilità.

Molti sono i punti di forza di questa legge:

a) il passaggio al concetto di handicap come concetto sociale. La legge 104 è costruita intorno alla definizione dell'OMS del 1981 di handicap, che recepisce l'importanza della situazione estrinseca vissuta dal soggetto disabile e l'influenza che possono avere sulla sua qualità della vita le aspettative, i valori, i pregiudizi e le credenze presenti in un certo contesto, il sancire pienamente il diritto all'educazione, all'istruzione, alle cure sanitarie, al lavoro delle persone disabili, in quanto cittadini;
b) il riconoscimento della capacità lavorativa della persona disabile, attraverso l'introduzione di parametri per l'identificazione delle capacità lavorative e delle competenze;
c) il considerare la specificità delle diverse istituzioni (scuola, famiglia, servizi socio-sanitari) e l'utilità dei rapporti interistituzionali (attraverso intese e convenzioni) per il recupero delle risorse umane e finanziarie.

Fra i limiti di questa legge è possibile individuare:

a) il fatto di essere rimasta per molto tempo disattesa, poiché mancante di una adeguata copertura finanziaria e poco prescrittiva nei confronti dei compiti assegnati allo Stato, alle regioni, ai comuni, alle province, alle ASL;
b) il fatto di essere rimasta legata al concetto di assistenza nei confronti dei soggetti disabili, senza sottolineare sufficientemente e garantire l'esercizio dei diritti fondamentali da parte di queste persone;
c) il fatto di avere assimilato nella categoria handicap psichico la disabilità intellettiva e la malattia mentale. Le due problematiche non sono, infatti, equiparabili in riferimento all'integrazione lavorativa, poiché il primo si riferisce a un problema di funzionamento intellettivo e di adattamento inferiore alla norma, ma stabilizzato e migliorabile attraverso interventi educativi e riabilitativi, mentre il secondo si caratterizza per una varietà di disturbi cognitivi, emotivi e sociali con maggiori ripercussioni sul piano dei rapporti interpersonali e dei comportamenti, tali da rendere in certe situazioni difficoltoso il rapporto del soggetto con l'ambiente circostante (Breda e Rago, 1991);
d) il fatto di avere comunque proposto un debole concetto di capacità lavorativa in quanto ancora legato al modello della invalidità (Legge 482/1968);

e) il fatto di non aver sufficientemente sottolineato l'utilità di forme di sostegno alla famiglia d'origine del disabile. Rimane questo un aspetto che risulta fortemente disatteso e che richiederebbe la realizzazione di molte agevolazioni economiche, a partire dall'abbattimento delle barriere architettoniche presenti nelle abitazioni, alla possibilità di usufruire di mezzi di trasporto, alla possibilità di lavorare a casa, all'assistenza socio-sanitaria, ecc. Molto dipende anche dalla opportunità di ricevere informazioni adeguate e precise; per questo le associazioni di famiglie svolgono un importante ruolo.

La Legge 381 dell'8 novembre 1991 («Disciplina delle cooperative sociali») consente ai disabili condizioni e opportunità di inserimento lavorativo, che soddisfano esigenze formative e professionali (artt. 2, 4, 5, 8 e 9).

Vengono delineati da questa legge due modelli organizzativi di cooperazione sociale:

1. le cooperative che gestiscono servizi socio-sanitari e educativi (cooperative di tipo A);
2. le cooperative che svolgono attività produttive (agricole, industriali, artigianali, commerciali) finalizzate all'inserimento lavorativo di persone svantaggiate (cooperative di tipo B).

Le prime centrano la loro attività sul rapporto tra operatore e utente, figure che si trovano ad avere ruoli nettamente distinti sul piano giuridico, economico e relazionale. L'operatore è colui a cui viene demandata la titolarità e la responsabilità dell'intervento; il destinatario (utente-paziente-cliente) si trova in situazione dipendente nel rapporto di prestazione, ma con la possibilità di co-determinarne la progettazione.

Le seconde comprendono soci normodotati e soci svantaggiati che, con pari dignità e ruolo, organizzano e svolgono attività lavorative:

> [...] nella realtà, la distinzione tra cooperative di tipo A e cooperative di tipo B non si è rivelata così netta e profonda: molte cooperative hanno saputo instaurare un rapporto operatore/utente molto gratificante per la persona svantaggiata, rispettoso dei suoi diritti e della sua dignità, così come, nelle cooperative di tipo B, il ruolo dei soci normodotati è maggiormente gravato da compiti gestionali e di responsabilità operative rispetto a quello dei soci svantaggiati. (Donatello e Michielin, 2003, p. 27)

Le cooperative sociali, sorte sin dagli anni Ottanta si ponevano l'obiettivo di remunerare i disabili come normali lavoratori, dovendo realizzare così un fatturato che garantiva un equilibrio economico all'impresa. Questa scelta, dopo anni di sviluppo spontaneo non privo di difficoltà, è stata sancita dalla Legge 381/1991, che ha riconosciuto esplicitamente come cooperative sociali di tipo B quelle impegnate nell'inserimento lavorativo, sia di disabili fisici e psichici, sia di altre tipologie di lavoratori con gravi difficoltà a inserirsi nel mondo del lavoro.

La circolarità del percorso scuola-lavoro

Ragionare di inserimento al lavoro di disabili significa inevitabilmente pensare in termini di *progetto di vita* (Mariani, 1998; Cavagnola, 2000).

Occorre precisare che il lavoro non rappresenta per tutti un bisogno e una risorsa. Non tutti i disabili (ci riferiamo ai disabili mentali gravi) raggiungono un livello sufficiente di consapevolezza o possiedono le minime capacità cognitive, fisiche e relazionali per avvertire la necessità del lavoro o per mantenere un impegno lavorativo. L'inserimento lavorativo è l'esito di un lungo processo di socializzazione e culturalizzazione. La proposta di crescita verso il ruolo lavorativo e lo status di lavoratore deve essere compresa in un progetto di vita e non comparire in modo astorico e al di fuori delle realistiche possibilità di sviluppo della persona (Campanini e Presti, 2005).

Oggi l'inserimento al lavoro dei disabili è reso possibile grazie ai percorsi formativi individualizzati compatibili con le caratteristiche del soggetto e del sistema produttivo e grazie al collocamento mirato.

Si possono distinguere tre livelli di avvio al lavoro delle persone disabili:

1. *inserimento terapeutico,* che corrisponde a un più ampio progetto di recupero della persona in difficoltà, di cui l'inserimento lavorativo costituisce una parte, sia pure significativa. Il fine non è l'avvio al lavoro, ma la ricostruzione di una personalità e il sostegno alla identità soggettiva;
2. *inserimento lavorativo*, che corrisponde a un avvio al lavoro vero e proprio, articolato in fasi ben precise e con lo scopo di riuscire a creare un rapporto stabile ed efficace della persona disabile con il mondo del lavoro;
3. *integrazione lavorativa*, che, accanto all'inserimento lavorativo, comporta anche lo sviluppo nella persona diversamente abile della consapevolezza di essere un lavoratore e quindi di vivere una esperienza paritaria a tutti gli effetti nel mondo del lavoro.

Al di là delle leggi, l'esito positivo degli inserimenti lavorativi dipende in gran parte dalle capacità degli attori del mercato del lavoro, dal loro grado di coinvolgimento, dalla condivisione di obiettivi da raggiungere e dalla strumentazione messa in campo. Il tentativo deve essere quello di *organizzare una rete di servizi* che siano di supporto agli inserimenti mirati. L'inserimento lavorativo è da un lato un processo di crescita e di valorizzazione della persona disabile nella sua dinamicità e nelle sue potenzialità, dall'altro un lavoro di organizzazione e di decentramento delle funzioni dello Stato secondo il principio di sussidiarietà, che responsabilizza le politiche sociali al fine di cercare di lavorare in modo organico nei confronti del disabile e del suo inserimento sociale (Gheno e Bolis, 2005).

Le aspettative su se stessi e i bisogni motivanti

Per una persona disabile, l'inserimento lavorativo assume un importante significato: rappresenta una meta fondamentale per la realizzazione di se stessi, per l'autostima e per l'identità.

Significa «urlare» a tutti di essere una persona capace, in grado di apportare un proprio contributo al benessere sociale, di poter produrre ricchezza, di non essere più solamente da aiutare e di non avere sempre bisogno degli altri, di essere una persona come tutti finalmente libera e autonoma (D'Alonzo, 2003).

> L'importanza dell'attività lavorativa per il disabile è evidente a tutti [...], infatti, il lavoro rappresenta non solo lo strumento essenziale dell'autosufficienza e il tramite primario della socializzazione, ma anche l'elemento fondamentale per la realizzazione di se stessi, della risoluzione delle problematiche dell'autostima e dell'identità.
>
> Il lavoro rappresenta, inoltre, la logica conclusione di tutta l'attività di inserimento, socializzazione e riabilitazione svolta nelle età precedenti. (Lepri e Montobbio, 1993, p. 10)

Attraverso il lavoro la persona con disabilità assume un ruolo all'interno del contesto sociale, con la possibilità di sperimentare la vita di gruppo (Montobbio, 1999; Montobbio e Lepri, 2000).

La *motivazione* rappresenta l'aspetto più importante da tenere in considerazione se si vogliono ottenere risultati soddisfacenti e se si vuole dare al soggetto diversamente abile una reale opportunità di integrazione. Nella didattica, la motivazione influenza l'apprendimento e l'apprendimento stesso influenza la motivazione. Maslow parlava di due bisogni fondamentali che ogni persona deve soddisfare per sentirsi motivata: i *bisogni di mancanza* e i *bisogni di crescita.*

I primi si riferiscono ai bisogni fisiologici, di sicurezza, di appartenenza, di amore, di stima; i secondi riguardano la realizzazione di sé, la conoscenza, la comprensione, i bisogni estetici. Per il ragazzo disabile, la conoscenza e la comprensione delle cose e degli avvenimenti non sono separati dall'azione, la motivazione deriva dall'azione stessa. Per una crescita equilibrata, qualsiasi persona, soprattutto con deficit, deve poter sviluppare alcune importanti opportunità. Le proposte formative non devono rappresentare un pericolo che l'allievo teme di affrontare, bensì essere un campo di impegno in cui sperimentarsi e in cui apprendere dall'esperienza.

Per la persona disabile il lavoro rappresenta un potentissimo elemento di crescita e maturazione, uno strumento fondamentale per realizzare il Sé, la propria autonomia e identità e per svolgere un ruolo sociale attivo.

Quali sono i fattori che inducono e alimentano nella persona l'impegno?

Le ragioni dell'impegno sembrano derivare solo in parte dalle caratteristiche personali del soggetto e sono molto legate al clima che si respira nell'ambiente di lavoro, come la *qualità del confronto e dello scambio sociale.* Chiunque lavori è più motivato in certi contesti e in certi gruppi di lavoro e molto meno in altri (per esempio, in contesti in cui si lavora isolati, in cui il lavoro è parcellizzato, in cui è difficile interagire con i colleghi intorno all'oggetto di lavoro e mancano le basi per una interazione positiva). Un fattore contestuale che incide in modo decisivo sull'impegno è la *percezione della equità.* La persona risulta motivata dalla percezione che nell'organizzazione produttiva, in cui è inserita, onori e oneri sono equamente distribuiti fra i colleghi. La percezione della equità rende il clima organizzativo più tranquillo e sicuro e modifica i rapporti di lavoro.

Anche l'uso organizzativo della *competizione* può essere un fattore contestuale che gioca a favore dell'impegno del soggetto. Può essere produttivo, infatti, mettere le persone in competizione tra di loro solo fino a quando la concorrenza non si spinge oltre certi limiti, cioè a condizione che il giocare sul bisogno delle persone di affermarsi non mini il senso di appartenenza. Il senso di appartenenza è un bisogno che ogni membro di un'organizzazione sente, ed è a sua volta legato alla percezione dell'equità.

In una situazione di inserimento di persone svantaggiate, la relazione lavoratore-datore di lavoro e la relazione lavoratore svantaggiato-altri lavoratori non devono basarsi sull'aiuto e sulla assistenza, bensì sullo scambio, dove poi prende forma la qualità della relazione (reciprocità). Ciò che deve essere mantenuto, e che rischia di essere continuamente falsato, è il triangolo singolo lavoratore-altri lavoratori-oggetto intorno a cui si lavora. Questa struttura deve rimanere in piedi, deve essere tematizzata e mantenuta trasparente, pur con tutti i suoi aspetti problematici.

In ogni attività lavorativa ognuno porta a termine determinati obiettivi, cioè contribuisce in modo personale all'oggetto del lavoro, ma sempre coniugando i suoi bisogni agli obiettivi organizzativi, i soli che permettono di regolare le relazioni rendendole stabili, controllate e gestibili.

L'azienda

Lo sfondo sul quale si inserisce l'intervento dell'azienda è costituito:

1. dall'incentivare *la funzione sociale dell'azienda* a fianco di quella commerciale-produttiva e amministrativo-finanziaria. Si può chiedere a un'azienda di diventare socialmente capace? Perché ciò avvenga dovrebbero coesistere due elementi:
   - la capacità dell'azienda di progettare la propria organizzazione sotto il profilo tecnologico, con una particolare attenzione anche allo sviluppo delle persone;
   - la consapevolezza da parte dell'azienda di essere una componente vitale di un ambiente, di un territorio e quindi di dover dare il proprio contributo ai problemi sociali (Marocchi, 1999).

Il paradigma concettuale della *learning organization*, cioè di un'impresa che fa dell'apprendimento un suo punto di forza e quindi sopravvive e si sviluppa se fa apprendimento, può aiutare le aziende a essere socialmente responsabili;

2. cercare di inserire il maggior numero possibile di soggetti svantaggiati anche attraverso *l'avviamento di nuovi settori di attività*. L'occupazione a domicilio e il telelavoro rappresentano opportunità preziose per il lavoratore disabile:

> [...] chi ha avuto in sorte un deficit, spesso è portatore di bisogni precisi, che richiedono ambienti specifici a volte non compatibili con il classico luogo di lavoro. Pensiamo agli eventuali problemi logistici (spostamento da casa all'ufficio), ma anche alla necessità di cure su misura che si possono magari svolgere meglio disponendo di maggiore libertà in quanto a orari ed essendo meno vincolati a un luogo preciso. Inoltre, il lavoro a distanza ha degli ovvi vantaggi nel consentire la scelta e l'adattamento personalizzato delle modalità di svolgimento del lavoro. (Battafarano e Fontana, 2001, p. 40)

L'inserimento prevede alcune fasi:

1. *reperimento delle aziende e la fase di presentazione del progetto:*
   - individuare le organizzazioni di lavoro esistenti nel territorio potenzialmente interessate al progetto di integrazione;

- informare e focalizzare l'attenzione delle organizzazioni sugli scopi e i metodi del progetto, sul livello di coinvolgimento richiesto, sulle soluzioni giuridico-normative ed economiche proposte, sui vantaggi prevedibili per l'azienda;
- incrementare il livello di motivazione delle singole strutture lavorative mediante colloqui con i loro rappresentanti e la presentazione di esperienze analoghe;

2. analisi delle *caratteristiche strutturali e funzionali dell'ecosistema lavoro* (la struttura fisica, l'ambiente, la sicurezza, i servizi interni, la segnaletica, gli orari, gli organismi interni, ecc.);
3. *task analysis, job analysis e job match*:
   - la *task analysis* sta a significare quell'insieme di operazioni per cui un compito viene scandito e suddiviso nelle sue componenti base. Individuato un obiettivo o compito, questo viene «spezzettato» in tutte le sue componenti e in tutti i passi in sequenza che ne permettono una esecuzione corretta. L'analisi del compito permette di giungere a una programmazione attenta del curricolo, di individuare i prerequisiti necessari all'esecuzione del compito e di verificare dove il soggetto incontra le maggiori difficoltà per poter adeguatamente intervenire con appropriate modalità e tecniche educative;
   - la *job analysis* è l'analisi della posizione di lavoro, cioè di quel repertorio di prerequisiti che la persona deve possedere per occupare con successo una posizione di lavoro (ad esempio, abilità di autonomia personale, abilità che permettono di vivere nel contesto lavorativo e abilità che rendono possibile l'apprendimento e l'esecuzione dell'attività lavorativa). Inoltre è necessario considerare la presenza di una serie di prestazioni che vanno oltre la mansione specifica e che sono attività indispensabili per poter lavorare in maniera produttiva e reciprocamente gratificante (ad esempio, raggiungere quotidianamente il posto di lavoro, documentare la propria presenza, orientarsi adeguatamente all'interno della struttura, eseguire al meglio l'attività lavorativa di cui si è responsabili, gestire relazioni interpersonali con i colleghi di lavoro, con i dirigenti, con le persone esterne alla organizzazione);
   - il *job match* è la metodologia per sviluppare il maggior numero di opportunità occupazionali che, con più probabilità, possono incontrare le preferenze del potenziale datore di lavoro; significa lavorare sullo *span* di collaborazione, di coinvolgimento e di partecipazione del soggetto disabile nelle modalità, nei tempi, nei compiti e nelle prestazioni di lavoro.

Le competenze interpersonali

Il percorso scuola-lavoro necessita di tempi lunghi. Il vero problema per un disabile non è semplicemente «imparare un lavoro» quanto piuttosto «imparare a lavorare».

Tale criterio è cruciale soprattutto per le persone con disabilità mentale e psichica. Le difficoltà sono legate non tanto al fare, quanto all'essere nelle relazioni, al percepirsi come persona investita di diritti e doveri collegati con un ruolo.

I tempi di apprendimento legati all'imparare a essere nel ruolo lavorativo sono molto più lunghi dell'imparare un compito lavorativo.

Il problema principale in ambito educativo e didattico per quanto riguarda i soggetti disabili mentali è che essi vanno incontro frequentemente a due tipi di difficoltà: da un lato, le modificazioni tanto difficilmente raggiunte spesso non si mantengono nel tempo, dall'altro, le acquisizioni vengono a stento generalizzate ad altri contesti.

Detto questo, è utile sottolineare il fatto che la vera sfida del disabile intellettivo non è solo quella di imparare un lavoro, ma piuttosto di acquisire una attitudine, una mentalità, una specifica qualità della socializzazione. Se l'imparare un lavoro si basa semplicemente su elementi strutturali, l'imparare a lavorare si riferisce all'ambito più ampio degli elementi funzionali e relazionali.

Per questo è necessaria la presenza di educatori specializzati e specificamente impegnati nell'inserimento lavorativo di soggetti con disabilità.

L'accompagnamento del disabile verso il lavoro si configura come un compito professionale svolto da operatori capaci di mediare tra esigenze soggettive dei disabili e richieste d'adattamento del sistema produttivo.

Gli educatori devono essere in grado di svolgere una corretta valutazione delle potenzialità delle persone con disabilità e al tempo stesso capaci di saper valutare i livelli di complessità relazionale di un ambiente di lavoro (Mancini e Sabbatini, 1999).

Il collocamento mirato permette di avviare le persone disabili ad attività compatibili con le loro effettive potenzialità lavorative, attraverso l'accertamento dei profili professionali e la predisposizione di interventi necessari per valorizzare le capacità residue e sensibilizzare il contesto lavorativo. In questo modo ogni percorso di inserimento lavorativo muove da una valutazione della persona, della sua storia, delle sue aspettative, delle sue difficoltà e delle sue abilità e da un'attenta considerazione delle caratteristiche strutturali e funzionali dell'ambiente di lavoro.

Il collocamento mirato giunge per completare un processo che ha inizio con la formazione professionale. Deve avvenire in un luogo di lavoro che permetta la realizzazione e il consolidamento delle abilità, dei desideri e delle reali potenzialità del soggetto.

Il collocamento mirato è il *punto di partenza* che rende operative le acquisizioni precedenti.

L'alternanza scuola-lavoro: il Decreto legislativo 15 aprile 2005, n. 77

Sofia Cramerotti e Massimo Turrini

Nel Decreto legislativo 15 aprile 2005, n. 77 che cura la «Definizione delle norme generali relative all'alternanza scuola-lavoro, a norma dell'articolo 4 della Legge 28 marzo 2003, n. 53» pubblicato nella Gazzetta Ufficiale n. 103 del 5 maggio 2005, si trova specifica trattazione dell'alternanza scuola-lavoro.

Di seguito gli articoli che vi fanno riferimento comprendendo le situazioni di disabilità:

Art. 1. Ambito di applicazione

1. Il presente decreto disciplina l'alternanza scuola-lavoro, di seguito denominata: «alternanza», come modalità di realizzazione dei corsi del secondo ciclo, sia nel sistema dei licei, sia nel sistema dell'istruzione e della formazione professionale,

per assicurare ai giovani, oltre alle conoscenze di base, l'acquisizione di competenze spendibili nel mercato del lavoro. Gli studenti che hanno compiuto il quindicesimo anno di età, salva restando la possibilità di espletamento del diritto-dovere con il contratto di apprendistato ai sensi dell'articolo 48 del decreto legislativo 10 settembre 2003, n. 276, possono presentare la richiesta di svolgere, con la predetta modalità e nei limiti delle risorse di cui all'articolo 9, comma 1, l'intera formazione dai 15 ai 18 anni o parte di essa, attraverso l'alternanza di periodi di studio e di lavoro, sotto la responsabilità dell'istituzione scolastica o formativa.

2. I percorsi in alternanza sono progettati, attuati, verificati e valutati sotto la responsabilità dell'istituzione scolastica o formativa, sulla base di apposite convenzioni con le imprese, o con le rispettive associazioni di rappresentanza, o con le camere di commercio, industria, artigianato e agricoltura, o con gli enti pubblici e privati, ivi inclusi quelli del terzo settore, disponibili ad accogliere gli studenti per periodi di apprendimento in situazione lavorativa, che non costituiscono rapporto individuale di lavoro. Le istituzioni scolastiche e formative, nell'ambito degli ordinari stanziamenti di bilancio, destinano specifiche risorse alle attività di progettazione dei percorsi in alternanza scuola-lavoro.
3. Le disposizioni di cui al presente articolo non si applicano alle scuole, enti e istituti di formazione e istruzione militare.

Art. 2. Finalità dell'alternanza

1. Nell'ambito del sistema dei licei e del sistema dell'istruzione e della formazione professionale, la modalità di apprendimento in alternanza, quale opzione formativa rispondente ai bisogni individuali di istruzione e formazione dei giovani, persegue le seguenti finalità:
   a) attuare modalità di apprendimento flessibili e equivalenti sotto il profilo culturale ed educativo, rispetto agli esiti dei percorsi del secondo ciclo, che colleghino sistematicamente la formazione in aula con l'esperienza pratica;
   b) arricchire la formazione acquisita nei percorsi scolastici e formativi con l'acquisizione di competenze spendibili anche nel mercato del lavoro;
   c) favorire l'orientamento dei giovani per valorizzarne le vocazioni personali, gli interessi e gli stili di apprendimento individuali;
   d) realizzare un organico collegamento delle istituzioni scolastiche e formative con il mondo del lavoro e la società civile, che consenta la partecipazione attiva dei soggetti di cui all'articolo 1, comma 2, nei processi formativi;
   e) correlare l'offerta formativa allo sviluppo culturale, sociale ed economico del territorio.

Art. 3. Realizzazione dei percorsi in alternanza

1. Ferme restando le competenze delle regioni e delle province autonome di Trento e di Bolzano in materia di programmazione territoriale dell'offerta formativa, le istituzioni scolastiche o formative, singolarmente o in rete, stipulano, nei limiti degli importi allo scopo annualmente assegnati nell'ambito delle risorse di cui all'articolo 9, comma 1, apposite convenzioni, a titolo gratuito, con i soggetti di cui all'articolo 1, comma 2, secondo quanto previsto ai commi 2 e 3 del presente articolo.
2. Ai fini dello sviluppo, nelle diverse realtà territoriali, dei percorsi di cui all'articolo 1 che rispondano a criteri di qualità sotto il profilo educativo ed ai fini del

monitoraggio e della valutazione dell'alternanza scuola lavoro, nonché ai fini di cui al comma 3, è istituito, a livello nazionale, il Comitato per il monitoraggio e la valutazione dell'alternanza scuola-lavoro, con decreto del Ministro dell'istruzione, dell'università e della ricerca, di concerto con il Ministro del lavoro e delle politiche sociali e con il Ministro delle attività produttive, previa intesa in sede di Conferenza unificata, di cui all'articolo 8 del decreto legislativo 28 agosto 1997, n. 28l. Il Comitato è istituito assicurando la rappresentanza dei soggetti istituzionali interessati, delle camere di commercio, industria, artigianato e agricoltura e delle rappresentanze dei lavoratori e dei datori di lavoro. Per la valutazione dei percorsi il Comitato si coordina con l'Istituto nazionale di valutazione del sistema dell'istruzione (INVALSI), di cui all'articolo 2 del decreto legislativo 19 novembre 2004, n. 286.

3. Con decreto del Ministro dell'istruzione, dell'università e della ricerca, di concerto con il Ministro dell'economia e delle finanze, previa intesa in sede di Conferenza unificata di cui all'articolo 8 del decreto legislativo 28 agosto 1997, n. 281, sulla base delle indicazioni del comitato di cui al comma 2, sono definiti:
   a) i criteri generali cui le convenzioni devono fare riferimento;
   b) le risorse finanziarie annualmente assegnate alla realizzazione dell'alternanza ed i criteri e le modalità di ripartizione delle stesse, al fine di contenere la spesa entro i limiti delle risorse disponibili;
   c) i requisiti che i soggetti di cui all'articolo 1, comma 2, devono possedere per contribuire a realizzare i percorsi in alternanza, con particolare riferimento all'osservanza delle norme vigenti in materia di sicurezza nei luoghi di lavoro e di ambiente ed all'apporto formativo nei confronti degli studenti ed al livello di innovazione dei processi produttivi e dei prodotti;
   d) le modalità per promuovere a livello nazionale il confronto fra le diverse esperienze territoriali e per assicurare il perseguimento delle finalità di cui al comma 2;
   e) il modello di certificazione per la spendibilità a livello nazionale delle competenze e per il riconoscimento dei crediti di cui all'articolo 6.
4. Le convenzioni di cui al comma 1, in relazione al progetto formativo, regolano i rapporti e le responsabilità dei diversi soggetti coinvolti nei percorsi in alternanza, ivi compresi gli aspetti relativi alla tutela della salute e della sicurezza dei partecipanti.

Art. 4. Organizzazione dei percorsi in alternanza

1. I percorsi in alternanza hanno una struttura flessibile e si articolano in periodi di formazione in aula e in periodi di apprendimento mediante esperienze di lavoro, che le istituzioni scolastiche e formative progettano e attuano sulla base delle convenzioni di cui all'articolo 3.
2. I periodi di apprendimento mediante esperienze di lavoro fanno parte integrante dei percorsi formativi personalizzati, volti alla realizzazione del profilo educativo, culturale e professionale del corso di studi e degli obiettivi generali e specifici di apprendimento stabiliti a livello nazionale e regionale.
3. I periodi di apprendimento mediante esperienze di lavoro sono articolati secondo criteri di gradualità e progressività che rispettino lo sviluppo personale, culturale e professionale degli studenti in relazione alla loro età, e sono dimensionati tenendo

conto degli obiettivi formativi dei diversi percorsi del sistema dei licei e del sistema dell'istruzione e della formazione professionale, nonché sulla base delle capacità di accoglienza dei soggetti di cui all'articolo 1, comma 2.

4. Nell'ambito dell'orario complessivo annuale dei piani di studio, i periodi di apprendimento mediante esperienze di lavoro, previsti nel progetto educativo personalizzato relativo al percorso scolastico o formativo, possono essere svolti anche in periodi diversi da quelli fissati dal calendario delle lezioni.
5. I periodi di apprendimento mediante esperienze di lavoro sono dimensionati, per i soggetti disabili, in modo da promuoverne l'autonomia anche ai fini dell'inserimento nel mondo del lavoro.
6. I percorsi in alternanza sono definiti e programmati all'interno del piano dell'offerta formativa e sono proposti alle famiglie e agli studenti in tempi e con modalità idonei a garantirne la piena fruizione.

Art. 5. Funzione tutoriale

1. Nei percorsi in alternanza la funzione tutoriale è preordinata alla promozione delle competenze degli studenti ed al raccordo tra l'istituzione scolastica o formativa, il mondo del lavoro e il territorio. La funzione tutoriale personalizzata per gli studenti in alternanza è svolta dal docente tutor interno di cui al comma 2 e dal tutor esterno di cui al comma 3.
2. Il docente tutor interno, designato dall'istituzione scolastica o formativa tra coloro che, avendone fatto richiesta, possiedono titoli documentabili e certificabili, svolge il ruolo di assistenza e guida degli studenti che seguono percorsi in alternanza e verifica, con la collaborazione del tutor esterno di cui al comma 3, il corretto svolgimento del percorso in alternanza.
3. Il tutor formativo esterno, designato dai soggetti di cui all'articolo 1, comma 2, disponibili ad accogliere gli studenti, favorisce l'inserimento dello studente nel contesto operativo, lo assiste nel percorso di formazione sul lavoro e fornisce all'istituzione scolastica o formativa ogni elemento atto a verificare e valutare le attività dello studente e l'efficacia dei processi formativi. Lo svolgimento dei predetti compiti non deve comportare nuovi o maggiori oneri per la finanza pubblica.
4. I compiti svolti dal tutor interno di cui al comma 2 sono riconosciuti nel quadro della valorizzazione della professionalità del personale docente.
5. Ai fini di un costruttivo raccordo tra l'attività di formazione svolta nella scuola e quella realizzata in azienda, sono previsti interventi di formazione in servizio, anche congiunta, destinati prioritariamente al docente tutor interno ed al tutor esterno.

Art. 6. Valutazione, certificazione e riconoscimento dei crediti

1. I percorsi in alternanza sono oggetto di verifica e valutazione da parte dell'istituzione scolastica o formativa.
2. Fermo restando quanto previsto all'articolo 4 della legge 28 marzo 2003, n. 53, e dalle norme vigenti in materia, l'istituzione scolastica o formativa, tenuto conto delle indicazioni fornite dal tutor formativo esterno, valuta gli apprendimenti degli studenti in alternanza e certifica, sulla base del modello di cui all'articolo 3, comma 3, lettera e), le competenze da essi acquisite, che costituiscono crediti, sia ai fini della prosecuzione del percorso scolastico o formativo per il conseguimento del

diploma o della qualifica, sia per gli eventuali passaggi tra i sistemi, ivi compresa l'eventuale transizione nei percorsi di apprendistato.

3. La valutazione e la certificazione delle competenze acquisite dai disabili che frequentano i percorsi in alternanza sono effettuate a norma della legge 5 febbraio 1992, n. 104, con l'obiettivo prioritario di riconoscerne e valorizzarne il potenziale, anche ai fini dell'occupabilità.
4. Le istituzioni scolastiche o formative rilasciano, a conclusione dei percorsi in alternanza, in aggiunta alla certificazione prevista dall'articolo 3, comma 1, lettera a), della legge n. 53 del 2003, una certificazione relativa alle competenze acquisite nei periodi di apprendimento mediante esperienze di lavoro.

BOX 41.1

Guida operativa per la scuola «attività di alternanza scuola lavoro» (8/10/2015)

La *Guida Operativa per le scuole sull'alternanza scuola lavoro* è un documento operativo attraverso il quale il MIUR ha inteso fornire delle indicazioni utili per la realizzazione dei percorsi. Con l'entrata in vigore della Legge n. 107/2015, l'alternanza diviene, infatti, un elemento strutturale dell'offerta formativa del sistema educativo italiano. I percorsi in alternanza sono finalizzati anche a incrementare le opportunità di lavoro e le capacità di orientamento degli studenti. Tra gli aspetti più significativi sono da citare:

- l'obbligatorietà di attivare percorsi di alternanza per tutte le scuole secondarie di secondo grado (istituti tecnici, professionali e licei);
- la definizione della durata minima dei percorsi (almeno 400 ore per gli istituti tecnici e professionali, almeno 200 ore per i licei).

Operativamente la Guida fornisce:

- un quadro e le finalità degli orientamenti europei e della normativa nazionale sull'alternanza scuola-lavoro;
- informazioni sulle forme di raccordo tra scuola, territorio e mondo del lavoro;
- indicazioni sulla progettazione didattica, sull'organizzazione dei percorsi e sui requisiti delle strutture ospitanti;
- indicazioni in merito alle convenzioni da attivare, all'impresa formativa simulata, agli adempimenti relativi alla salute e sicurezza degli studenti in alternanza presso le strutture ospitanti;
- indicazioni per la valutazione e la certificazione degli apprendimenti, nonché sul monitoraggio e la valutazione dei percorsi,
- indicazioni sule risorse finanziarie e sulla rendicontazione delle attività;
- una selezione di documenti e moduli esemplificativi.

Tratto e adattato da *L'integrazione scolastica degli alunni con disabilità*, 2007, pp. 431-438, 442-447

CAPITOLO 42

I CENTRI TERRITORIALI DI SUPPORTO, I CENTRI TERRITORIALI PER L'INCLUSIONE E IL RUOLO DELL'ASSOCIAZIONISMO

(Enrico Angelo Emili; Sofia Cramerotti)

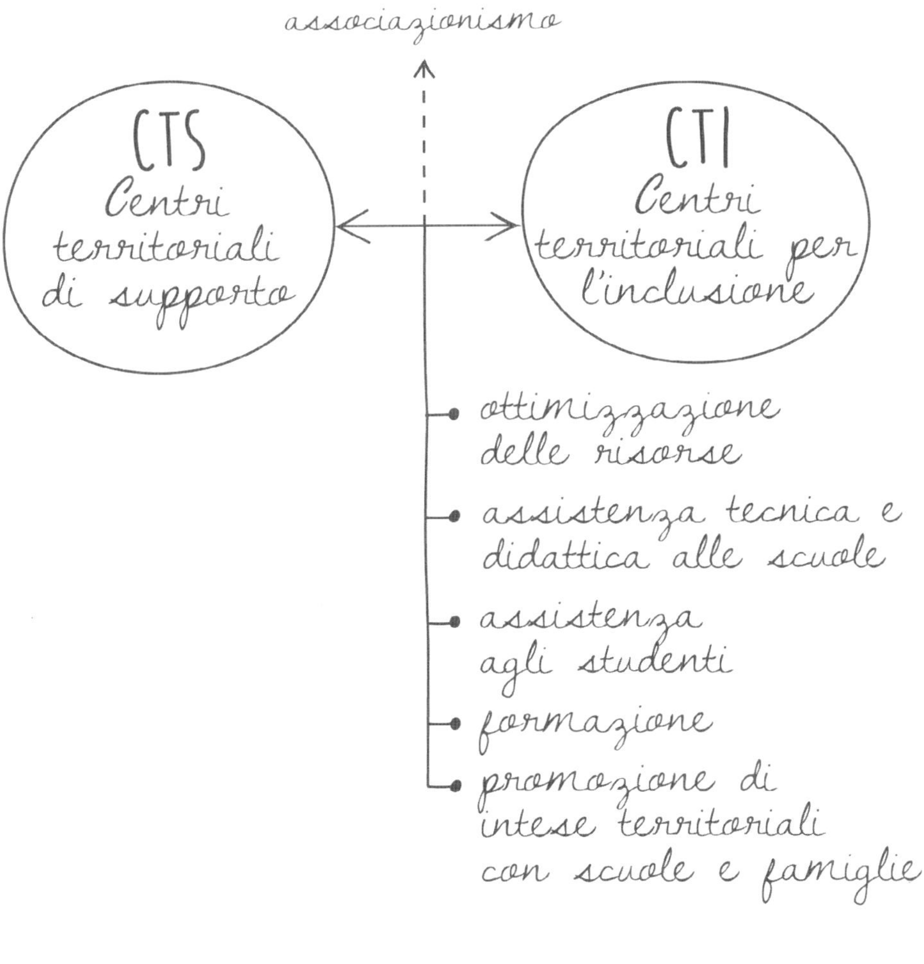

I CTS e i BES

Enrico Angelo Emili

La Direttiva ministeriale del 27 dicembre 2012 «Strumenti d'intervento per alunni con bisogni educativi speciali e organizzazione territoriale per l'inclusione scolastica» e la successiva Circolare ministeriale n. 8 del 6 marzo 2013 ribadiscono il ruolo fondamentale ricoperto da anni dai CTS come collegamento fra l'Amministrazione e le scuole rispetto ai temi dell'inclusione.

I CTS sono stati istituiti nell'a.s. 2005/2006 dagli Uffici Scolastici Regionali (USR) nel quadro di un progetto finanziato dalla Presidenza del Consiglio dei Ministri e coordinato dal MIUR. In particolare, le azioni 4 e 5 del Progetto, denominato «Nuove Tecnologie e Disabilità», hanno definito l'istituzione e il funzionamento dei circa 102 CTS distribuiti uniformemente su tutto il territorio nazionale. Gli obiettivi delle due azioni sono di seguito riportati.

> *Azione 4*: Realizzare una rete territoriale permanente che consentisse di concentrare, conservare e diffondere le conoscenze (buone pratiche, corsi di formazione) e le risorse (hardware e software) a favore dell'integrazione didattica dei disabili attraverso le nuove tecnologie. La rete era pensata come struttura destinata a sostenere concretamente le scuole nell'acquisto e nell'uso efficiente delle nuove tecnologie per l'integrazione scolastica.
>
> *Azione 5*: Attivare sul territorio iniziative di formazione sull'uso corretto delle tecnologie rivolte gli insegnanti e agli altri operatori scolastici, nonché ai genitori e agli stessi alunni disabili.

I CTS sono stati mantenuti attivi negli anni dagli Uffici Scolastici Regionali grazie a fondi assegnati dal MIUR sulla base della Legge 440/97. Il tema non è tuttavia più stato ripreso centralmente fino alla Direttiva ministeriale e alla Circolare citate poco sopra. In particolare, la CM 8/2013, facendo riferimento alle potenzialità operative dei CTS, affida loro il delicato ruolo di «interfaccia fra l'Amministrazione e le scuole, e tra le scuole stesse» e sottolinea la loro funzione di «rete di supporto al processo di integrazione, allo sviluppo professionale dei docenti e alla diffusione delle migliori pratiche».

I CTS sono dislocati operativamente presso una scuola-polo nel territorio corrispondente a ogni provincia di una regione.[1]

Le riflessioni effettuate in questi anni dai docenti attivi nei CTS portano a ritenere che il loro ruolo sia fondamentale (Fogarolo, 2012, p. 225):

- per l'*ottimizzazione delle risorse* nella fase di acquisizione delle attrezzature hardware e software e nella loro gestione;
- nell'*assistenza tecnica e didattica* alle scuole;
- nell'*assistenza iniziale e diretta agli studenti* in fase di acquisizione delle competenze necessarie per utilizzare, ad esempio, un netbook;
- nella *formazione* degli altri docenti, di operatori, studenti e famiglie.

---

[1] Ad esempio, in Emilia-Romagna sono presenti 9 CTS/CTSP che garantiscono la copertura di tutta la Regione: CTS Bologna, CTS Faenza, CTS Cadeo (PC), CTS Reggio Emilia, CTS Delta del Po (FE), CTSP Modena, CTSP Parma, CTSP Forlì-Cesena (FC) e CTSP Rimini.

Le più recenti indicazioni ministeriali ampliano il ruolo dei CTS assegnando loro compiti più estesi rispetto a quelli originari (sostanzialmente centrati, come si diceva, sulle nuove tecnologie). Nella prospettiva tracciata dalla Direttiva e dalla Circolare, si ipotizza che i CTS possano svolgere, nei limiti delle risorse disponibili (che non sono state ampliate né integrate), le funzioni di seguito sintetizzate:

1. *coordinamento con altri enti e servizi del territorio, con le scuole e con le famiglie* sulle tematiche dell'integrazione scolastica degli alunni in difficoltà;
2. *collaborazione con altre scuole polo per l'inclusione,* dislocate sul territorio a livello distrettuale, dove è istituito il CTS provinciale; raccordo e collaborazione con il Gruppo di Lavoro Interistituzionale Provinciale (GLIP) e Regionale (GLIR);
3. *iniziative di informazione e di formazione* per docenti, genitori e studenti rispetto alle risorse tecnologiche disponibili, gratuite (compresi i software dell'Azione 6 del Progetto «Nuove Tecnologie e Disabilità») e commerciali;
4. *servizio di consulenza* a docenti, genitori e studenti sui temi dell'inclusione scolastica e sugli ausili;
5. *acquisto e gestione del comodato d'uso degli ausili,* dietro presentazione di un progetto delle scuole, eventualmente anche avvalendosi di esperti esterni che individuino le soluzioni più appropriate nelle situazioni più complesse e ne verifichino, assieme agli operatori CTS, i docenti e la famiglia, l'efficacia. A tal scopo definizione di accordi con Ausilioteche e/o Centri Ausili presenti sul territorio;
6. *gestione ottimale delle risorse* ed efficienza nella fornitura dei servizi;
7. *partecipazione a ricerche didattiche e sperimentazione di nuovi ausili,* hardware o software anche in collaborazione con altre scuole o CTS, Università e Centri di ricerca; raccolta e diffusione di buone pratiche didattiche;
8. *organizzazione di iniziative di formazione sui temi dell'inclusione scolastica,* dei BES, e delle tecnologie per l'inclusione;
9. *definizione di un piano annuale di intervento* relativo a iniziative di formazione e acquisti; gestione dei fondi MIUR specificamente assegnati (preventivi di spesa relativi ad acquisti, iniziative di formazione e spese di gestione del centro);
10. *promozione di intese territoriali* con i Servizi sociosanitari del territorio per favorire l'inclusione.

I Centri Territoriali per l'Inclusione (CTI)

La Direttiva e la Circolare citate fanno presumere che i Centri Territoriali per l'Inclusione (CTI) siano prefigurati con ruolo analogo a quello dei CTH. Nella Circolare si legge che i CTI dovrebbero essere individuati a livello di rete territoriale collegandosi o assorbendo i Centri di Documentazione per l'integrazione degli alunni con disabilità (CDH) e i Centri Territoriali di Risorse per l'integrazione scolastica degli alunni con disabilità (CTRH). La Circolare precisa che anche gli operatori dei CTI dovranno essere docenti di sostegno e/o curricolari esperti e possedere specifiche competenze e specializzazioni nelle tematiche relative ai BES, al fine di supportare concretamente le scuole e i colleghi con consulenze e azioni di formazione mirata. Ad esempio, gli operatori potrebbero essere individuati tra i corsisti dei recenti Master e/o Corsi di perfezionamento in «Didattica e psicopedagogia per i DSA», tra i docenti che abbiano ricoperto incarichi nel progetto «Nuove Tecnologie e Disabilità (NTD)» o maturato comprovata esperienza nel campo delle nuove tecnologie in progetti per il recupero dello svantaggio linguistico e culturale. Nella Circolare viene inoltre indicato che le istituzioni scolastiche interessate possono presentare la propria candidatura per instituire un CTI direttamente all'Ufficio Scolastico Regionale del proprio territorio, ma viene altresì evidenziato che, laddove l'istituzione dei CTI risulti complessa dal punto di vista territoriale o poco funzionale, saranno le singole scuole, attraverso il Gruppo di Lavoro per l'Inclusione (GLI), a curare i contatti con il CTS di riferimento. Ciò che nella Direttiva e nella Circolare non viene specificato, è doveroso dirlo, è in quale orario di servizio e/o con quali risorse economiche questi compiti dovrebbero essere svolti.

Il ruolo dell'associazionismo

Sofia Cramerotti

L'associazionismo è espressione di partecipazione, solidarietà e pluralismo; è strumento di aggregazione per produrre beni o servizi di interesse collettivo senza scopo di profitto.

In Italia l'associazionismo riceve tutela costituzionale e il Ministero del Lavoro e delle Politiche Sociali ha il dovere di attuare tutte le disposizioni normative per riconoscerlo e sostenerlo.

Per i cittadini, quindi, le associazioni rappresentano un veicolo di partecipazione alla vita civile e politica della collettività, per far sentire la propria voce e agire collettivamente guadagnando forza e credibilità nel portare avanti con convinzione e tenacia le proprie proposte.

Le associazioni hanno, quindi, le seguenti finalità:

- promuovere progetti sperimentali per far fronte a esigenze della collettività;
- favorire l'applicazione di metodologie di intervento per l'inclusione sociale;
- sostenere iniziative di formazione e aggiornamento su temi specifici;
- promuovere ricerche e studi finalizzati al miglioramento della qualità di vita;
- essere punti di riferimento per favorire il dialogo costante con le istituzioni sul territorio;
- farsi portatrici autorevoli delle istanze dei soggetti più deboli.

Dare voce ai cittadini, anche a quelli che presentano disabilità o altre forme di difficoltà, significa permettere loro di partecipare a questioni che riguardano la loro vita o quella dei propri familiari. Oggi, più che mai il mondo dell'associazionismo è tenuto a mobilitarsi a tutela dei diritti delle persone, soprattutto di quelle fasce più deboli, per un reale miglioramento della loro qualità di vita.

La valorizzazione delle potenzialità offerte dalle associazioni dovrebbe quindi essere un momento imprescindibile, perché esse sono strumenti di crescita civile, culturale, sociale e politica.

Oggi esistono molte associazioni di famiglie e di persone con disabilità. Il loro ruolo e la loro importanza sono andati crescendo negli ultimi trent'anni e, anche nel nostro Paese, possiamo dare loro il merito di aver stimolato, sollecitato e guidato un profondo cambiamento culturale e relativo allo sviluppo di una sensibilità diffusa rispetto alla disabilità, durante l'infanzia e nella vita adulta.

La loro opera è prevalentemente centrata sulla diffusione di informazioni, sulla sensibilizzazione e la tutela dei diritti. In merito a quest'ultimo obiettivo, le associazioni ritengono che ci sia ancora molto da fare, soprattutto se si fa riferimento alla Convenzione ONU sui diritti delle persone con disabilità, nella quale viene ufficialmente sancito il diritto all'inclusione sociale.

Nel nostro Paese vengono portate avanti molte iniziative, i cui risultati spesso non sono di buona qualità. Proprio su questo, però, si gioca l'impegno di *advocacy* delle varie associazioni, oltre che sulla sollecitazione delle Amministrazioni perché attivino servizi innovativi: microcomunità abitative per il sollievo familiare («durante noi»), microcomunità residenziali per il «dopo di noi», percorsi di formazione dei genitori, percorsi di integrazione lavorativa, ecc.

Il ruolo dell'associazionismo è strategico e lo è sempre di più, proprio perché sono le associazioni a svolgere azioni in difesa dei diritti delle persone con disabilità le quali, nella maggior parte dei casi, non possono rappresentarsi da sole. Anche se non sembra che le cose siano molto cambiate, negli ultimi anni si sono verificate delle trasformazioni fondamentali.

l mondo dell'associazionismo è ascoltato a livello europeo e interpellato regolarmente dalle istituzioni, a livello internazionale: ciò significa che, seppur molto lentamente, alcune cose stanno cambiando.

La Convenzione per i diritti delle persone con disabilità ha certamente contribuito a modificare determinati atteggiamenti, sia a livello politico sia a livello culturale.

La visione della persona con disabilità è ormai quella di *persona che ha diritti nella sua eguaglianza, non solo nella sua diversità.*

Tuttavia non è possibile non constatare — ancora oggi — il mancato rispetto di alcuni diritti. Se si prende come punto di riferimento la Convenzione ONU sui diritti delle persone con disabilità, è evidente che perfino il diritto all'educazione, se interpretato come educazione permanente che riguarda anche gli adulti, non è rispettato. Inoltre, in Italia, è spesso non pienamente rispettato anche il diritto all'inserimento lavorativo delle persone con disabilità.

La strada da fare per promuovere e rendere effettiva l'inclusione delle persone con disabilità è, purtroppo, ancora lunga. Tuttavia, non impossibile.

Tratto e adattato da *Alunni con BES*, 2013, pp. 221-223, 225

BIBLIOGRAFIA

AA.VV. (2013), *Dislessia e altri DSA a scuola*, Trento, Erickson.

Adams G.R. e Berzonsky M.D. (2003), *Blackwell handbook of adolescence,* Malden, Blackwell Publishing.

Adolphs R. (1999), *Social cognition and the human brain*, «Trends in Cognitive Science», vol. 3, pp. 469-479.

Agli F. e Martini A. (1995), *Rappresentazione e notazione della quantità in età prescolare,* «Età Evolutiva», n. 51, pp. 30-44.

Ainsworth M.D.S. (1982), *Attachment: Retrospect and prospect.* In C.M. Parkers e J. Stevenson-Hide (a cura di), *The place of attachment in human behavior,* New York, Basic Books.

Allen J.P. e Land D.J. (1999), *L'attaccamento nell'adolescenza.* In J. Cassidy e P.R. Shaver (a cura di), *Manuale dell'attaccamento. Teoria, ricerca e applicazioni cliniche*, Roma, Giovanni Fioriti, pp. 363-381.

Anderson J.R. (1978), *Arguments concerning representations for mental imagery,* «Psychological Review», n. 85, pp. 249-277.

Andrich S. e Miato L. (2003), *La didattica inclusiva,* Trento, Erickson.

Antell S. e Keating D.P. (1983), *Perception of numerical invariance in neonates,* «Child Development», n. 51, pp. 695-710.

APA (2014), *DSM-5®: Manuale diagnostico e statistico dei disturbi mentali*, Milano, Raffaello Cortina Editore. Traduzione italiana della Quinta edizione (*DSM-5® Diagnostic and statistical manual of mental disorders*, Fifth Edition, American Psychiatric Publishing, Washington, DC, 2013) di Francesco Saverio Bersani, Ester di Giacomo, Chiarina Maria Inganni, Nidia Morra, Massimo Simone, Martina Valentini.

Ardigò A. (1964), *Innovazione e comunità,* Milano, Giuffrè.

Arduino G.M. et al. (2001), *Interventi con il bambino che non parla.* In M. Zappella e G. De Luca (a cura di), *Dossier: L'autismo oggi,* «Percorsi di Integrazione», n. 3/2000, n. 1/2001, pp. 38-43.

Ashcraft M.H. (1994), *Model of Mental Calculation.* Relazione presentata al workshop «Concepts of Number and Simple Arithmetic», Trieste, Sissa-Isas.

Ashman A.F. e Conway R.N.F. (1991), *Guida alla didattica metacognitiva nelle difficoltà di apprendimento,* Trento, Erickson.

Associazione Treellle (2006), *La scuola dell'infanzia. Seminario di presentazione del Rapporto OCSE,* Reggio Emilia, 21-22 settembre.

Associazione Treellle, Caritas Italiana e Fondazione Giovanni Agnelli (2011), *Gli alunni con disabilità nella scuola italiana*, Trento, Erickson.

Atkinson R., Atkinson R.C., Smith E.E., Bem D.J. e Nolen Hoeksema S. (1996), *Hilgard's introduction to psychology*, London, Harcourt Brace & Company.

Atkinson J.W. e Shiffrin R.M. (1968), *Human memory: A proposed system and its control processes.* In K.W. Spence (a cura di), *The psychology of learning and motivation,* New York, Academic Press, vol. II, pp. 89-195.
Ausubel D.P. (1968), *Educational psychology: A cognitive view,* New York, Holt, Rinehart & Winston, trad. it. *Educazione e processi cognitivi: Guida psicologica per gli insegnanti,* Milano, FrancoAngeli, 1998.
Balboni E. (2001), *Verso la Repubblica delle autonomie,* a cura dell'ANCI e della Lega delle Autonomie locali della Lombardia, Milano.
Baldacci M. (2004), *Individualizzazione.* In G. Cerini e M. Spinosi (a cura di), *Voci della scuola,* vol. IV, Napoli, Tecnodid, pp. 208-213.
Baird A.A., Gruber S.A., Fein D.A., Maas L.C., Steingard R.J., Renshaw, P.F. et al. (1999), *Functional magnetic resonance imaging of facial affect recognition in children and adolescents,* «Journal of American Academy of Children and Adolescent Psychiatry», vol. 38, pp. 195-199.
Banchetti S. (2002), *La figura di Louis Braille e l'originalità del suo sistema di lettura e scrittura tattile.* In *L'alfabeto Braille come fondamento dell'emancipazione culturale e sociale dei ciechi,* Monza, Biblioteca Italiana per Ciechi «Regina Margherita».
Bancroft J. (1989), *Human sexuality and its problems,* Edinburgh, Churchill Livingstone.
Bandura A. (1969), *Principles of behavior modification,* New York, Holt, Rinehart andWinston.
Bandura A. (1977), *Social learning theory,* Englewood Cliffs, N.J., Prentice-Hall.
Bandura A. (a cura di) (1996), *Il senso di autoefficacia,* Trento, Erickson.
Bandura A. (2000a), *Autoefficacia: Teoria e applicazioni,* Trento, Erickson.
Bandura A. (2000b), *Exercise of human agency through collective efficacy,* «Current Directions in Psychological Science», n. 9, pp. 75-78.
Baddeley A. (1986), *Working memory,* New York, Oxford University Press.
Baddeley A.D. (1992), *La memoria umana. Teoria e Pratica,* Bologna, il Mulino.
Bajani A. (2014), *La scuola non serve a niente,* Roma-Bari, Laterza.
Bara B. (1999), *Pragmatica cognitiva,* Torino, Bollati-Boringhieri.
Barbera F. (2010), *Un'insolita compagna: la dislessia,* Vicenza, Editrice Veneta.
Barkley R.A. (1997), *Behavioral inhibition, sustained attention, and executive functions: Constructing a unifying theory of ADHD,* «Psychological Bulletin», vol. 121, pp. 65-94.
Barnes C. (2008), *Capire il modello sociale della disabilità,* «Intersticios», vol. 2, n. 1.
Bartlett F.C. (1974), *La memoria,* Milano, FrancoAngeli.
Barton L. (2006), *Overcoming disability barriers: 18 years of disability and society,* London, Routledge.
Bastianoni P. e Simonelli A. (2001), *Il colloquio psicologico,* Roma, Carocci.
Battafarano G. e Fontana G.P. (2001), *I nuovi lavori dell'handicap: un percorso attraverso la legge n. 68 per l'inserimento e l'integrazione lavorativa delle persone disabili,* Milano, FrancoAngeli.
Benedetto L. (2005), *Il parent training: counseling e formazione per genitori,* Roma, Carocci.
Berger P.L. e Luckman T. (1966), *La realtà come costruzione sociale,* Bologna, il Mulino.
Berlyne D.E. (1971), *Conflitto, attivazione e creatività,* Milano, Angeli.
Bertagna G. (2003) (a cura di), *Raccomandazioni per la comprensione e l'attuazione dei Documenti nazionali della Riforma,* www.cisem.it.
Berti A.E. (1994), *Apprendimento.* In S. Bonino, *Dizionario di psicologia dello sviluppo,*Torino, Einaudi.
Bertin G.M. (1975), *Educazione alla ragione,* Roma, Armando.
Baroody A.J. (1983), *The development of procedural knowledge: An alternative explanation for chronometric trends of mental arithmetic,* «Developmental Review», n. 3, pp. 225-230.
Benasayag M. e Schmit G. (2004), *L'epoca delle passioni tristi,* Milano, Feltrinelli.
Beninghof A.M. (2012), *Co-Teaching that works: Structures and strategies for maximizing student learning,* New York, Wiley.
Berndt T.J. (1979), *Developmental changes in conformity to peers and parents,* «Developmental Psychology», vol. 15, pp. 608-616.

Bernstein B. (1978), *Struttura sociale, linguaggio e apprendimento.* In A.H. Passow, M. Goldberg e A. Tannenbaum (a cura di), *L'educazione degli svantaggiati,* Milano, FrancoAngeli.
Berubé M. (2008), *La vita come è per noi,* Trento, Erickson.
Bianchi F., Farello P. e Scataglini C. (2009), *Storia facile per le scuole superiori,* Trento, Erickson.
Bialystok E. (1992), *Symbolic representation of letters and numbers,* «Cognitive Development», n. 7, pp. 301-316.
Bianchi M.L., Rossi V. e Ventriglia L. (2011), *Dislessia: la legge 170/2010,* Firenze, LibriLiberi.
Bijou S.W. (1968), *Studies in the experimental development of left -right concepts in retarded children using fading techniques.* In N.R. Ellis (a cura di), *International review of research in mental retardation,* vol. III, New York, Academic Press.
Block J.H. (1972) (a cura di), *Mastery Learning in classe,* Torino, Loescher.
Block J.H. (1980) (a cura di), *Mastery Learning,* Torino, Loescher.
Block J.H. e Anderson W. (1972) (a cura di), *Mastery Learning in classe,* Torino, Loescher.
Bloom B.S. (1979), *Caratteristiche umane e apprendimento scolastico,* Roma, Armando.
Blos P. (1968), *Character formation in adolescence, «The Psychoanalytic Study of the Child»,* vol. 23, pp. 245-263.
Bloom B.S. (a cura di) (1956), *Taxonomy of educational objectives, the classification of educational goals, Handbook I: Cognitive Domain,* New York, McKay.
Bloom B.S. (1979), *Caratteristiche umane e apprendimento scolastico,* Roma, Armando.
Bonaiuti G. (2009), *Didattica attiva con la LIM. Metodologie, strumenti e materiali con la Lavagna Interattiva Multimediale,* Trento, Erickson.
Bonaiuti G. (2010), *Didattica attiva con i video digitali. Metodi, tecnologie, strumenti e materiali con la Lavagna Interattiva Multimediale,* Trento, Erickson.
Booth T. e Ainscow M. (2008), *L'index per l'inclusione. Promuovere l'apprendimento e la partecipazione nella scuola,* Trento, Erickson.
Booth T. e Ainscow M. (2011), *Index for Inclusion,* Third edition revised by Tony Booth, Bristol, CSIE.
Borkowski J.G. et al. (1990), *Modificazione dello stile di attribuzione e insegnamento di strategie.* In D. Ianes (a cura di), *Ritardo mentale e apprendimenti complessi,* Trento, Erickson.
Borkowski J.G. e Day J.D. (1995), *Insegnare la generalizzazione delle strategie: creare convinzioni positive relative al successo e costruire i sé possibili.* In R. Vianello e C. Cornoldi (a cura di), *Handicap e apprendimento,* Bergamo, Junior, pp. 9-21.
Bortolato C. (2005), *La linea del 20,* Trento, Erickson.
Bortolato C. (2008), *La linea del 100,* Trento, Erickson
Bortolato C. (2009), *La linea del 1000,* Trento, Erickson.
Boscolo P. (1986), *Psicologia dell'apprendimento scolastico,* Torino, Utet.
Bottani N. (2002), *La domination masculine,* Parigi, Editions du Seuil.
Bowlby J. (1969), *Attachment and loss: Vol. 1. Attachment,* New York, Basic Books.
Bowlby J. (1988), *Una base sicura,* Milano, Raffaello Cortina.
Bracken B. (2003), *TMA/Test di valutazione multidimensionale dell'autostima,* Trento, Erickson.
Bransford J.D. e Stein B.S. (1993), *The ideal problem solver: A guide for improving thinking, learning, and creativity* (2a ed.), New York, Freeman.
Breda M.G. e Rago M. (1991), *Formare per l'autonomia: stumenti per la preparazione professionale degli handicappati intellettivi,* Torino, Rosenberg & Sellier.
Bronfenbrenner U. (2006), *Ecologia dello sviluppo umano,* Bologna, il Mulino.
Brooks-Gunn J. e Duncan G.J. (1997), *The effects of poverty on children,* «The Future of Children», vol. 2, pp. 55-71.
Brown A.L. (1974), *The role of strategic behaviours in retardate memory.* In N.R. Ellis (a cura di), *International review of research in mental retardation,* New York, Academic Press.

Brown A. (1987), *Metacognition, executive control, self regulation and other more mysterious mechanisms.* In F.E. Winert e R.H. Kluwe (a cura di), *Metacognition, motivation and understanding*, Hillsdale, Erlbaum, pp. 65-116.
Brown A.L. (1980), *Metacognitive development and reading.* In R.J. Spiro, B. Bruce e W.F. Brewer (a cura di), *Theoretical issues in reading and comprehension,* Hillsdale, NJ, Erlbaum.
Brown A.L. e Campione J.C. (1994), *Guided discovery in a community of learners.* In K. McGilly (a cura di), *Classroom lessons: Integrating cognitive theory and classroom practice,* Cambridge, MA, MIT Press/Bradford Books, pp. 229-270.
Brown A. e DeLoache J.S. (1978), *Skills, plans and self-regulation.* In R. Siegler (a cura di), *Children's thinking: What develops?* , Hillsdale, NJ, Erlbaum, pp. 3-35.
Brugger-Paggi E., Demo H., Garber F., Ianes D. e Macchia V. (2013), *L'Index per l'Inclusione nella pratica / Index für Inklusion in der Praxis. Come costruire la scuola dell'eterogeneità / Kindergarten und Schule der Vielfalt gestalten*, Milano, FrancoAngeli.
Bruner J.S. (1973a), *Beyond the information given: Studies in the psychology of knowing,* New York, Norton, trad. it. *Psicologia della conoscenza. Vol. 1: Percezione e pensiero,* Roma, Armando, 1976.
Bruner J.S. (1973b), *Il significato dell'educazione,* Roma, Armando.
Bruner J.S. (1981), *Intention in the structure of action and interaction.* In L.P. Lipsitt (a cura di), *Advances in infancy research,* Norwood, NJ, Ablex, vol. 1, pp. 41-56.
Bruner J.S. (1983), *Child's talk: Learning to use language,* New York, Norton, trad. it. *Il linguaggio del bambino: Come il bambino impara a usare il suo linguaggio,* Roma, Armando, 1987.
Bruner J.S. (1992), *La ricerca del significato,* Torino, Bollati Boringhieri.
Bruner J.S. (1997), *La cultura dell' educazione,* Milano, Feltrinelli.
Bruner J.S. (1999), *Verso una teoria dell'istruzione,* Roma, Armando.
Bruner J.S. (2002), *La cultura dell'educazione,* Milano, Feltrinelli.
Bruner J.S. et al. (1956), *A study of thinking,* New York, Wiley, trad. it. *Il pensiero: Strategie e categorie,* Roma, Armando, 1973.
Bruner J.S. et al. (1971), *Il pensiero. Strategie e categorie,* Roma, Armando.
Buckley M. e Saarni C. (a cura di) (2009), *Handbook of positive psychology in schools,* New York, Routledge/Taylor & Francis Group.
Buzan T. e Buzan B. (2010), *Mappe mentali,* Urgnano (BG), Alessio Roberti Editore.
Buzzi C., Cavalli A. e De Lillo A. (2002), *Giovani del nuovo secolo. Quinto rapporto Iard sulla condizione giovanile in Italia,* Bologna, il Mulino.
Cafiero M.J. (2005), *Meaningful Exchange for People with Autism*, Bethesda, MD, Woodbine House.
Cafiero J.M. (2009), *Comunicazione aumentativa e alternativa. Strumenti e strategie per l'autismo e i deficit di comunicazione,* Trento, Erickson.
Calkins C. e Walker H. (1994), *L'adattamento all'ambiente di lavoro nei soggetti deboli. Interventi psico-educativi di supporto*, Trento, Erickson.
Calvani A. (1998), *Costruttivismo, progettazione didattica e tecnologia.* In D. Bramanti (a cura di), *Progettazione formativa e valutazione,* Roma, Carocci.
Campanini F. e Presti S. (2005), *Mani abili: dall'integrazione scolastica al progetto di vita*, Roma, Carocci.
Canevaro A. (1999), *Pedagogia speciale. La riduzione dell'handicap,* Milano, Mondadori.
Canevaro A. (2006), *Le logiche del confine e del sentiero,* Trento, Erickson.
Canevaro A. (a cura di) (2007), *L'integrazione scolastica degli alunni con disabilità. Trent'anni di inclusione nella scuola italiana*, Trento, Erickson.
Canevaro A., Balzaretti C. e Rigon G. (1997), *Pedagogia speciale dell'integrazione. Handicap: conoscere e accompagnare,* Firenze, la Nuova Italia.
Canevaro A., Cives G. e Frabboni F. (1999), *Fondamenti di pedagogia e di didattica,* Roma-Bari, Laterza.
Canevaro A., D'Alonzo L. e Ianes D. (2009), *L'integrazione scolastica di alunni con disabilità dal 1977 al 2007,* Bolzano University Press.

Canevaro A., D'Alonzo L., Ianes D. e Caldin R. (2011), *L'integrazione scolastica nella percezione degli insegnanti*, Trento, Erickson.

Canevaro A. e Ianes D. (2002), *Buone prassi di integrazione scolastica,* Trento, Erickson.

Canevaro A. e Ianes D. (2003), *Diversabilità,* Trento, Erickson.

Canevaro A. e Ianes D. (2005), *Dalla parte dell'Educazione,* Trento, Erickson.

Canevaro A. e Rossini S. (1983), *Dalla psicomotricità ad una diversa educazione fisica*, Torino, Omega.

Caponi B. e Cornoldi C. (1991), *Memoria e metacognizione,* Trento, Erickson.

Caponi B., Clama L., Re A.M., Cornoldi C. e Gruppo «Rete Ricerca Infanzia» Treviso (2008), *Sviluppare la concentrazione e l'autoregolazione – Vol. 1,* Trento, Erickson.

Caponi B. et al. (2008), *Sviluppare la concentrazione e l'autoregolazione. Vol. 1*, Trento, Erickson.

Caprara G.V. (a cura di) (2001), *La valutazione dell'autoefficacia,* Trento, Erickson.

Capurso M. (2004), *Relazioni educative e apprendimento,* Trento, Erickson.

Carey S. e Gelman R. (a cura di) (1991), *The epigenesis of mind: Essays on biology and cognition,* Hillsdale, NJ, Erlbaum.

Carletti A. e Varani A. (a cura di) (2005), *Didattica costruttivista,* Trento, Erickson.

Carletti A. e Varani A. (2007), *Ambienti di apprendimento e nuove tecnologie,* Trento, Erickson.

Carlson C.L., Jacobvitz D. e Sroufe L.A. (1995), *A developmental investigation of inattentiveness and hyperactivity,* «Child Development», vol. 66, pp. 37-54.

Carr E.G. (1994), *Emerging themes in the functional analysis of problem behavior,* «Journal of Applied Behavior Analysis», vol. 27, pp. 197-209.

Carr E.G. et al. (1998), *Il problema di comportamento è un messaggio. Interventi basati sulla comunicazione per l'handicap grave e l'autismo,* Trento, Erickson.

Carver C.S. e Scheier M.F. (2004), *Autoregolazione del comportamento,* Trento, Erickson.

Cortez V.L. e Bugental D.B. (1994), *Children's visual avoidance of threat: A strategy associated with low social control,* «Merrill-Palmer Quarterly», vol. 40, pp. 82-97.

Capaldo N. e Rondanini L. (2008), *La scuola dei piccoli. Identità della scuola dell'infanzia,* Trento, Erickson.

Capaldo N. e Rondanini L. (2015), *Dirigere Domani: Manuale per una preparazione completa ed efficace, Vol. 1,* Trento, Erickson.

Casey B.J., Epstein J.N., Buhle J., Liston C., Davidson M.C. e Tonev S.T. et al. (2007), *Frontostriatal connectivity and its role in cognitive control in parent-child dyads with ADHD,* «The American Journal of Psychiatry», vol. 164, n. 11, pp. 1729-1736.

Casey B.J., Galvan A. e Hare T.A. (2005), *Changes in cerebral functional organization during cognitive development,* «Current Opinion in Neurobiology», vol. 15, n. 2, pp. 239-244.

Casey B.J., Thomas K.M., Davidson M.C., Kunz K. e Franzen P.L. (2002), *Dissociating striatal and hippocampal function developmentally with a stimulus-response compatibility task,* «Journal of Neuroscience», vol. 22, n. 19, pp. 8647-8652.

CAST – Center for Applied Special Technologies (2011), *Universal Design for Learning Guidelines Version 2.0,* Wakefield, MA, CAST.

Castoldi M. (2012), *Valutare a scuola. Dagli apprendimenti alla valutazione di sistema,* Roma, Carocci.

Castoldi M. (2014), *Capire le prove Invalsi: una guida intelligente,* Roma, Carocci

Cattaneo P. (2004), *Educazioni.* In G. Cerini e M. Spinosi (a cura di). *Voci della scuola*, Napoli, Tecnodid, pp. 137-145.

Cavagnola R. (2000), *Il piano educativo per l'adulto con ritardo mentale: ecosistemi e qualità della vita,* Trento, Erickson.

Cavalli A. e Argentin G. (a cura di) (2010), *Gli insegnanti italiani: come cambia il modo di fare scuola. Terza indagine dell'Istituto IARD sulle condizioni di vita e di lavoro nella scuola italiana*, Bologna, il Mulino.

Cazzago P. (1994), *Dal vissuto al simbolo: curricolo psicomotorio per i bambini di 4 anni,* Brescia, La Scuola.
Ceccarani P. (2006), *Problemi riabilitativi nei sordo ciechi.* In A. Martini (a cura di), *Genetica della funzione uditiva normale e patologica,* Torino, Omega Edizioni, pp. 525-539.
Ceccarani P., Gambelli L. e Raimondi D. (2013), *Essere persone speciali.* In E. Raimondo (a cura di), *Odontoiatria speciale per il paziente critico e diversamente abile,* Milano, Edi.Ermes, pp. 297-305.
Celi F. (1989), *Imparo a... leggere senza errori,* Trento, Erickson.
Ceppi G. e Zini M. (1998), *Bambini, spazi e relazioni. Meta-progetto di ambiente per l'infanzia,* Reggio Children, Milano, Research Center.
Cesari Lusso V. (2010), *È intelligente ma non si applica,* Trento, Erickson.
Charles C.M. (2002), *Gestire la scuola,* Roma, LAS.
Chesi C. (2006), *Il linguaggio verbale non standard dei bambini sordi,* Roma, Edizioni Universitarie Romane.
Child Development Project (2000), *Ways we want our class to be. Class meetings that build commitment to kindnessand learning,* Oakland, Developmental Studies Center.
Chiosso G. (2004), *Personalizzazione.* In G. Cerini e M. Spinosi (a cura di). *Voci della scuola,* Napoli, Tecnodid, pp. 288-296.
Chomsky N. (1979), *Saggi linguistici, vol. 2. La grammatica generativa trasformazionale,* Torino, Bollati Boringhieri.
Cisotto L. (1998), *Scrittura e metacognizione,* Trento, Erickson.
Claparède E. (1920), *La scuola su misura,* Firenze, La Nuova Italia, 1952.
Clark E.V. (1993), *The lexicon in acquisition,* New York, Cambridge University Press.
Clay M.M. (1966), *Emergent reading behavior,* unpublished doctoral thesis, University of Auckland, NZ.
Clay M.M. (1979), *Reading: The patterning of complex behaviour,* Auckland, Heinemann.
Codignola T. (1949), *Introduzione.* In J. Dewey, *Esperienza e educazione,* Firenze, La Nuova Italia.
Cohen E.G. (1999), *Organizzare i gruppi cooperativi: Ruoli, funzioni, attività,* Trento, Erickson.
Cole M. e Hatano G. (2007), *Cultural-historical activity theory: Integrating phylogeny, cultural history, and ontogenesis in cultural psychology.* In S. Kitayama e D. Cohen (a cura di), *Handbook of cultural psychology,* New York, Guilford Press, pp. 109-135.
Cole P.M., Michel M.K. e Teti L.O. (1994), *The development of emotion regulation and dysregulation: a clinical perspective,* «Monographs of the Society for Research in Child Development», vol. 59, pp. 73-100.
Coleman J.C. (1980), *Friendship and the peer group in adolescence.* In J. Adelson (a cura di), *Handbook of Adolescence Psychology,* New York, John Wiley & Sons.
Coleman J.C. e Hendry L. (1990), *La natura dell'adolescenza,* Bologna, il Mulino.
Colombi A.E. (2010), *Immagina, programma e condividi con Scratch,* Trento, Erickson.
Collins P. (2005), *Né giusto né sbagliato,* Milano, Adelphi.
Collins A., Brown J. S. e Newman S. (1989), *Cognitive apprenticeship: Teaching the crafts of reading,writing and mathematics.* In L. Resnick (a cura di), *Knowing, learning and instruction. Essays in honor of Robert Glaser,* Englewood Cliffs, NJ, LEA.
Comitato provinciale di valutazione del sistema educativo (2010), *Valorizzare le qualità del sistema educativo del Trentino – Rapporto 2010,* Provincia Autonoma di Trento.
Commissione Europea/EACEA/Eurydice, (2012), *Sviluppo delle competenze chiave a scuola in Europa: Sfide ed opportunità delle politiche educative,* Rapporto Eurydice. Lussemburgo: Ufficio delle pubblicazioni dell'Unione europea.
Comoglio M. (1996), *Che cos'è il Cooperative Learning,* «Orientamenti Pedagogici», vol. 43, pp. 259-293.
Cooper M.L., Albino A.W., Orcutt H.K. e Williams N. (2004), *Stili di attaccamento e regolazione intrapersonale. Uno studio longitudinale dall'adolescenza agli inizi dell'età adulta.* In W.S. Rholes

e H.A. Simon (a cura di), *Teoria e ricerca nell'attaccamento adulto,* Milano, Raffaello Cortina, pp. 463-493.
Comoglio M. (1999), *Educare insegnando*, Roma, LAS.
Conderman G.J., Bresnahan M.V. e Pedersen T. (2009), *Purposeful co-teaching: Real cases and effective strategies,* Thousand Oaks, CA, Corwin.
Cooley C.H. (1902), *Human nature and social order,* New York, Scribner's.
Cornoldi C. (1986), *Apprendimento e memoria nell'uomo*, Torino, Utet.
Cornoldi C. (1995), *Metacognizione e apprendimento,* Bologna, il Mulino.
Cornoldi C. (1990a), *Autocontrollo, metacognizione e psicopatolologia dello sviluppo,* «Orientamenti Pedagogici», vol. 3, pp. 492-511.
Cornoldi C. (1990b), *Metacognitive control processes and memory deficits in poor comprehenders,* «Learning Disability Quarterly», vol. 13, autunno.
Cornoldi C. (1991a), *I disturbi di apprendimento*, Bologna, il Mulino.
Cornoldi C. (1991b), *Strategie cognitive e stili di apprendimento.* In C. Cornoldi e R. Vianello (a cura di), *Handicap, stili di insegnamento, stili di apprendimento,* Bergamo, Juvenilia.
Cornoldi C. (2007), *Difficoltà e disturbi dell'apprendimento,* Bologna, il Mulino.
Cornoldi C., De Beni R. e Gruppo MT (1989), *Guida alla comprensione del testo nella scuola dell'obbligo,* Bergamo, Juvenilia Edizioni Scolastiche.
Cornoldi C., De Beni R. e Gruppo MT (2015), *Imparare a studiare*, Trento, Erickson.
Cornoldi C., Gardinale M., Masi A. e Pettenò L. (1996), *Impulsività e autocontrollo,* Trento, Erickson.
Cornoldi C., Lucangeli D. e Bellina M. (2002), *AC-MT/Test di valutazione delle abilità di calcolo – Gruppo MT,* Trento, Erickson.
Cornoldi C., Tressoldi P.E., Tretti M.L. e Vio C. (2010), *Il primo strumento compensativo per un alunno con dislessia: un efficiente metodo di studio,* «Dislessia», vol. 7, n. 1, pp. 77-87.
Cornoldi C. e Caponi B. (1991), *Memoria e metacognizione,* Trento, Erickson.
Cornoldi C. e Cazzola C. (2004), *AC-MT 11-14/Test di valutazione delle abilità di calcolo e problem solving,* Trento, Erickson.
Cornoldi C. et al. (1995), *Matematica e metacognizione,* Trento, Erickson.
Cornoldi C. et al. (1999), *Il bambino metatelevisivo,* Trento, Erickson.
Corradini L. (2011), *Cittadinanza e Costituzione tra norma e progetto.* In A. Tosolini, P. Brunello e B. Rosini (a cura di), *Cittadinanza e Costituzione,* Brescia, La Scuola.
Costantino M.A. (2012), *Costruire libri e storie con la CAA. Gli IN-book per l'intervento precoce e l'inclusione,* Trento, Erickson.
Cote J.E. e Levine C.G. (2000*), Attitude versus aptitude: Is intelligence or motivation more important for positive higher-educational outcomes?, «Journal of Adolescent Research», n. 15, pp. 58-80.*
Cottini L. (2004), *Didattica speciale e integrazione scolastica,* Roma, Carocci.
Crittenden P.M. (1997), *Pericolo, sviluppo e adattamento*, Milano, Masson.
Csikszentmihalyi M., Larson R. e Prescott S. (1977), *The ecology of adolescent activity and experience, «Journal of Youth and Adolescence» vol. 6, pp. 281-294.*
Cummings M.E. e Davies P. (1996), *Emotional security as a regulatory process in normal development and the development of psychopathology,* «Development and Psychopathology», vol. 8, n. 1, pp. 123-139.
Cummins J. (1979), *Linguistic Interdependence and the Educational Development of Bilingual Children,* «Review of Educational Research», vol. 49, n. 2, pp. 222-251.
Cutrera G. (2008), *Demone bianco. Una storia di dislessia*, www.lulu.com
Czerwinsky Domenis L. (2005), *Un errore utile,* Trento, Erickson.
Dallapè A. (2011), *Automiglioramento dei processi attraverso l'Index per l'Inclusione,* http://www.vivoscuola.it.
Damasio A. (1994), *L'errore di Cartesio. Emozione, ragione e cervello umano,* Milano, Adelphi.

D'Alonzo L. (2003), *Pedagogia speciale*, Brescia, La Scuola.
D'Ambrosio C. (2004), *Psicologia delle punizioni fi siche,* Trento, Erickson.
D'Ambrosio C. (2006), *Si può educare senza punire,* Trento, Erickson.
Dalton J.E. e Watson M. (1997), *Among friends*, Oakland, Developmental Studies Center.
Dansereau D.F. (1988), *Cooperative learning strategies.* In C.E. Weinstein et al. (a cura di), *Learning and study strategies: Issues in assessment, instruction, and evaluation educational psychology,* San Diego, Academic Press, pp. 103-120.
Dawson G., Ashman S.B. e Carver L.J. (2000), *The role of early experience in shaping behavioral and brain development and its implications for social policy*, «Developmental Psychopathology», vol. 12, pp. 695-712.
De Bartolomeis F. (1978), *Sistema dei laboratori*, Milano, Feltrinelli.
De Beni M. (1998), *Prosocialità e altruismo. Guida all'educazione socioaffettiva*, Trento, Erickson.
De Beni R. (1994), *Memoria, apprendimento e immaginazione.* In P. Legrenzi (a cura di), *Manuale di psicologia generale*, Bologna, il Mulino
De Beni R. e Moè A. (2000), *Motivazione e apprendimento,* Bologna, il Mulino.
De Beni R. e Pazzaglia F. (1991), *Lettura e metacognizione,* Trento, Erickson.
De Beni R. e Pazzaglia F. (1995), *La comprensione del testo,* Torino, Utet.
De Beni R. e Zamperlin C. (2002), *Guida allo studio del testo di storia*, Trento, Erickson
De Beni R. et al. (2003), *Psicologia cognitiva dell'apprendimento,* Trento, Erickson.
De Grandis C. (2005), *Français facile,* Trento, Erickson.
De La Garanderie A. (2003), *I mezzi dell'apprendimento e il dialogo con l'alunno,* Trento, Erickson.
De Toni E. (1972), *Il periodo dell'adolescenza dal punto di vista auxologico,* «Minerva Medica», vol. 63, n. 25, pp. 1479-1514.
Deci E. e Ryan R. (1985), *Intrinsic motivation and self-determination in human behavior*, New York, Plenum Press.
Dehaene S. (1992), *Varieties of numerical abilities,* «Cognition», n. 44, pp. 1-42.
DeLoache J.S., Miller K.F. e Pierroutsakos S.L. (1998), *Reasoning and problem-solving.* In W. Damon e R.M. Lerner (a cura di), *Handbook of child psychology. Vol. 2: Cognition, perception and language,* pp. 801-850.
Demo H. (2013), *L'Index per l'inclusione: analisi del suo potenziale innovativo nel contesto italiano,* «L'integrazione Scolastica e Sociale», vol. 12, n. 1, pp. 41-52.
Derry S.J. (1990), *Remediating academic diffi culties through strategy training,* «Remedial and Special Education», vol. 11, p. 6.
DeSimone A., Murray P. e Lester D. (1994), *Alcohol Use, Self-Esteem, Depression, and Suicidality in High School Students,* «Adolescence», vol. 29, pp. 9-39.
Deutsch M. (1968), *The effects of cooperation and competition upon group process.* In D. Cartwright e A. Zander (a cura di), *Group dynamics,* New York, Harper & Row, pp. 319-353.
Dewey J. (1949), *Esperienza e educazione,* Firenze, La Nuova Italia.
Dewey J. (1961), *Come pensiamo: Una riformulazione del rapporto fra il pensiero riflessivo e l' educazione,* Firenze, La Nuova Italia.
Dewey J. (1998), *Rifare la filosofia*, Roma, Donzelli.
Diamond L. e Fagundes C.F. (2008), *Developmental perspectives on links between attachment and affect regulation over the lifepsan.* In R.V. Kail (a cura di), *Advances in Child Development and Behavior,* vol. 36, pp. 83-134, San Diego, CA, Elsevier Academic Press.
Dickinson D.K. e Smith M.W. (1994), *Long term effects of preschool teachers' book readings on low-income childrens' vocabulary and story comprehension,* «Reading Research Quarterly», vol. 29, pp. 104-122.
Di Francesco M. (1998), *L'io e i suoi sé,* Milano, Raffaello Cortina.
Di Pietro M. (1992), *L'educazione razionale-emotiva,* Trento, Erickson.
Di Pietro M. (1999), *L'ABC delle mie emozioni,* Trento, Erickson.

Di Pietro M. e Dacomo M. (2009), *Largo, arrivo io!,* Trento, Erickson.

Dishon D. e O'Leary P. (1984), *A guidebook for cooperative learning: A technique for creating more effective schools*, Holmes Beach, FL, Learning Publications.

Dixon J. (2008), *Facilitare la comunicazione nell'autismo*, Trento, Erickson

Dolan R.J. (2002), *Emotion, cognition, and behavior*, «Science», vol. 298, n. 5596, p. 1191.

Dollard J. e Miller N.E. (1975), *Personalità e psicoterapia,* Milano, FrancoAngeli.

Donatello M. e Michielin P. (2003), *Lavoro e oltre,* Milano, McGrawHill.

Donati P. e Folgheraiter F. (a cura di) (2009), *La Qualità nel welfare,* Trento Erickson.

Doll B., Zucker S. e Brehm. K. (2004), *Resilient classrooms: Creating healthy environments for learning*, New York, Guilford Press.

Douvan E.A.M. e Adelson J. (1966), *The adolescent experience,* New York, John Wiley & Sons.

Dovigo F. (2007), *Fare differenze,* Trento, Erickson.

Dovigo F. (2008), *L'Index per l'inclusione: una proposta per lo sviluppo inclusivo della scuola.* In T. Booth e M. Ainscow (a cura di), *L'Index per l'Inclusione,* Trento, Erickson, pp. 7-42.

Downs A.C. (1990), *The social biological constructs of social competency.* In T.P. Gullotta, G.R. Adams e R. Montemayor (a cura di), *Developing social competency in adolescence,* Newbury Park, CA, Sage, pp. 234-254.

Duncan J.G., Brooks-Gunn J. e Klebanov P.K. (1994), *Economic deprivation and early childhood development,* «Child Development», vol. 2, pp. 296-318.

Dweck C.S. (2000), *Teorie del sé: Intelligenza, motivazione, personalità e sviluppo,*Trento, Erickson.

Dweck C. e Leggett E.L. (1988), *A social-cognitive approach to motivation and personality*, «Psychological Review», n. 95, pp. 256-273.

Edelman G.M. (1989), *The remembered present,* New York, Basic Books, trad. it. *Il presente ricordato,* Milano, Rizzoli, 1991.

Ekman P. (1972), *Universals and cultural differences in facial expressions of emotion.* In J. Cole (a cura di), *Nebraska Symposium on Motivation, vol.19,* Lincoln, NE, University of Nebraska Press, pp. 207-283.

Ekman P. (1973), *Darwin and facial expression: a century of research in review,* New York, Academic Press.

Ekman P. (1977), *Biological and Cultural Contributions to Body and Facial Movement.* In J. Blacking (a cura di), *Antrhopology of the Body,* London, Academic Press, pp. 34-84.

Erikson E.H. (1974), *Gioventù e crisi di identità,* Roma, Armando.

Erkolahti R., Ilonen T., Saarijarvi S. e Terho P. (2003), *Self-image and depressive symptoms among adolescents in a non-clinical sample,* «Nordic Journal of Psychiatry», vol. 57, pp. 447-451.

Ernst M., Nelson E.E., Jazbec S., McClure E.B., Monk C.S., Leibenluft E. et al. (2005*), Amygdala and nucleus accumbens in responses to receipt and omission of gains in adults and adolescents,* «Neuroimage», vol. 25, n. 4, pp. 1279-1291.

Ernst M., Pine D.S. e Hardin M. (2006), *Triadic model of the neurobiology of motivated behavior in adolescence,* «Psychological Medicine: A Journal of Research in Psychiatry and the Allied Sciences», vol. 36, n. 3, pp. 299-312.

Etzel B. e Le Blanc J.M. (1979), *The simplest treatment alternative: The law of parsimony applied to choosing appropriate instructional control and errorless learning procedures for the difficult-to-teach child,* «Journal of Autism and Development Disorders», vol. 9, pp. 361-382.

Etzel B., Le Blanc J., Schilmoeller E. e Stella M. (1981), *Stimulus control procedures in the education of young children.* In S. Bijou e R. Ruiz, *Behavior modification: Contribution to education,* Hillsdale, NJ, Erlbaum.

Eysenck H.J. (1990), *Trait theory of personality.* In A.M. Colman (a cura di), *Companion Encyclopedia of Psychology,* London, Routledge, vol. 1.

Fabbretti D. e Tomasuolo E. (2006), *Scrittura e sordità*, Roma, Carocci.

Fabio R.A. e Pellegatta B. (2005a), *Attività di potenziamento cognitivo* – vol. 1, Trento, Erickson.

Fabio R.A. e Pellegatta B. (2005b), *Attività di potenziamento cognitivo* – vol. 2, Trento, Erickson.
Farello P. e Bianchi F. (2005), *Progetto di vita e orientamento,* Trento, Erickson.
Fassone E. (1981), *La Corte di Cassazione emargina gli handicappati,* in «Prospettive assistenziali», n. 56.
Fedeli D. (2006), *Emozioni e successo scolastico*, Roma, Carocci.
Ferraris M. (2011), *Kant e l'Illuminismo,* Roma, La Biblioteca di Repubblica.
Ferraroli S. (2013), *Educare si deve,* Torino, Elledici.
Feuerstein R. et al. (2008), *Il Programma di Arricchimento Strumentale di Feuerstein. Fondamenti teorici e applicazioni pratiche*, Trento, Erickson.
Feuerstein R. et al. (2013), *LPAD: Learning Propensity Assessment Device. Batteria per la Valutazione Dinamica della Propensione all'Apprendimento*, Trento, Erickson.
Feuerstein R., Feuerstein R.S., Falik L. e Rand Y. (2008), *Il Programma di Arricchimento Strumentale di Feuerstein*, Trento, Erickson.
Feuerstein R., Rand Y. e Rynders J.E. (1992), *Non accettarmi come sono: Un approccio nuovo per affrontare la sindrome di Down*, Milano, Sansoni.
Feuerstein R., Rand Y., Haywood H.C., Kyram L. e Hoffman M.B. (1995), *Learning Propensity Assessment Device – manual,* Jerusalem, The International center for the Enhancement of Learning Potential
Fiorentini C. (2000), *Didattica in atto.* In R. Laporta, C. Fiorentini, F. Cambi, G. Tassinari e C. Testi, *Aggiornamento e formazione degli insegnanti,* Firenze, La Nuova Italia, pp. 114-142.
Flavell J.H. (1979), *Metacognition and cognition monitoring: A new area of psychological inquiry,* «American Psychologist», n. 34, pp. 906-911.
Flavell J.H. (1981), *Cognitive monitoring.* In W.P. Dickson (a cura di), *Children's Oral Communication Skills,* New York, Academic Press.
Flavell J.H. e Wellman H.M. (1977), *Metamemory*. In R.V. Kail Jr e J.W. Hagen (a cura di), *Perspectives on the development of memory and cognition*, Hillsdale, LEA.
Fodor J.A. (1988), *La mente modulare*, Bologna, il Mulino.
Fogarolo F. (a cura di) (2010), *ALFa READER. Ausilio per la lettura facilitata*, Trento, Erickson.
Fogarolo F. (a cura di) (2012), *Costruire il Piano Didattico Personalizzato*, Trento, Erickson.
Fogarolo F. (2013), *Il computer di sostegno – Nuova edizione,* Trento, Erickson.
Fogarolo F. e Scapin C. (2010), *Competenze compensative. Tecnologie e strategie per l'autonomia scolastica degli alunni con dislessia e altri DSA*, Trento, Erickson.
Fogarolo F. e Scataglini C. (2013a), *IperMAPPE2. Costruire mappe per lo studio individuale e l'insegnamento in classe,* Trento, Erickson.
Fogarolo F. e Scataglini C. (2013b), *IperMAPPE 2*, Guida + CD-ROM, Trento, Erickson.
Fogarolo F. e Tressoldi P. (2011), *Quando è opportuno proporre agli alunni con DSA l'uso di tecnologie compensative?*, «Difficoltà di Apprendimento», vol. 17, n. 2.
Fondazione Giovanni Agnelli (2014), *Rapporto sulla scuola in Italia*, Roma-Bari, Laterza.
Fondazione Giovanni Agnelli (2014), *La valutazione nelle scuole,* Roma-Bari, Laterza.
Fondazione Giovanni Agnelli (2010), *Rapporto sulla scuola in Italia*, Roma-Bari, Laterza.
Fontana D. (1996), *Manuale di psicologia per gli insegnanti,* Trento, Erickson.
Forsman L. et al. (2003), *Basic Self-Esteem Scale/Valutazione dell'autostima di base negli adulti,* Trento, Erickson.
Frabboni F. (2000), *Manuale di didattica generale*, Roma-Bari, Laterza, 6° ed.
Frabboni F. (2004), *Pedagogia,* Milano, Accademia.
Frabboni F., Lodini E. e Manini M. (1984), *La scuola di base a tempo lungo,* Liguori Editore, Napoli.
Franta H. (1985), *Relazioni sociali nella scuola. Promozione di un clima umano positivo,* Torino, SEI.
Franta H. (1988), *Atteggiamenti dell'educatore. Teoria e training per la prassi educativa,* Roma, LAS.
Freeman D. (1983), *Margaret Mead and Samoa,* Cambridge, London, Harvard University Press.
Freeman S. e Dake L. (2007), *Il linguaggio verbale nell'autismo,* Trento, Erickson.

Freud A. (1958), *Adolescence, «The Psychoanalytic Study of the Child», vol. 13, pp. 255-278.*
Frick P.J. (1994), *Family dysfunction and the disruptive behavior disorders: A review of recent empirical findings,* «Advances in Clinical Child Psychology», vol. 16, pp. 203-226.
Frijda N.H. (1986), *The emotions,* Cambridge, University Press.
Friso G. et al. (2011), *Studio efficace per ragazzi con DSA,* Trento, Erickson.
Friso G., Palladino P. e Cornoldi C. (2006), *Avviamento alla metacognizione,* Trento, Erickson.
Frith U. (1989), *Autism. Explaining the enigma,* Oxford, Blackwell, trad. it. *L'autismo. Spiegazione di un enigma,* Roma-Bari, Laterza, 1996.
Frost L. e Bondy A. (1994), *The Picture Exchange Communication System training manual,* Cherry Hill, NJ, PECS Inc.
Fuentes-Biggi J. et al. (2006), *Guia de buena pratica para el tratamiento de los trastornos del espectro autista,* in «Revista de Neurologia», vol. 43, n. 7, pp. 425-438.
Fuson K.C. (1988), *Children counting and concepts of number,* New York, Springer-Verlag.
Fuson K.C. (1991), *Relations entre comptage et cardinalité chez les enfants de 2 à 8 ans.* In J. Bideaud, C. Meljac e J.P. Fischer (a cura di), *Les chemins du nombre,* Lille, Presses Universitaires de Lille.
Fuson K.C. e Hall, J.W. (1983). *The acquisition of early number word meaning: a conceptual analysis and review.* In H.P. Ginsburb (a cura di), *The development of mathematical thinking,* New York, Academic Press.
Gagnon J.H. (1989), *Sexuality across the life course in the United States.* In C.F. Turner, H.G. Miller e L.E. Moses (a cura di), *AIDS sexual behavior and intravenous drug use,* Washington, DC, National Academy Press, pp. 500-536.
Galardini A.L. (2010), *Partecipare l'educazione. Scuola dell'infanzia, famiglie, comunità,* Roma, Carrocci.
Gallistel C.R. e Gelman R. (1992), *Preverbal and verbal counting and computation,* «Cognition», n.44, pp. 43-74.
Galimberti U. (2007), *L'ospite inquietante,* Milano, Feltrinelli.
Garner P.W. e Spears F.M. (2000), *Emotion regulation in low-income preschoolers,* «Social Development», vol. 9, pp. 246-264.
Gardner H. (1987), *Formae mentis,* Milano, Feltrinelli.
Gardner H. (2005), *Educazione e sviluppo della mente: Intelligenze multiple e apprendimento,* Trento, Erickson.
Gardner H. et al. (2002), *Project Spectrum: Manuale di valutazione prescolare,* Azzano San Paolo, BG, Edizioni Junior.
Gardner M. e Steinberg L. (2005), *Peer influence on risk taking, risk preference, and risky decision making in adolescence and adulthood: An experimental study,* «Developmental Psychology», vol. 41, pp. 625-635.
Geary D.C. (1993), *Mathematical disabilities: Cognitive, neuropsychological and genetic components,* «Psychological Bulletin», n. 114, pp. 345-362.
Geary D.C. (1995), *Reflections of evolution and culture in children's cognition: Implications for mathematical development and instruction,* «American Psychologist», vol. 50, pp. 24-37.
Geary D.C., Brown S.C. e Samaranayake V.A. (1991), *Cognitive addition: A short longitudinal study of strategy choice and speed of processing differences in normal and mathematically disabled children,* «Developmental Psychology», n. 27, pp. 787-797.
Gelman R. e Gallistel C.R. (1978), *The child's understanding of number,* Cambridge, MA, Harvard University Press.
Gelman S.A. e Kalish C.W. (2006), *Conceptual development.* In W. Damon e R.M. Lerner (a cura di), *Handbook of child psychology. Vol. 2: Cognition, perception and language,* Hoboken, NJ, Wiley, pp. 687-733.
Gelman R. e Meck E. (1992), *Early principles aid initial but not later conceptions of number.* In J. Bideaud, C. Meljac, & J.P. Fisher (a cura di), *Pathways to number, children's developing numerical abilities,* Hillsdale, NJ: LEA.

Gentile M. (2004), *Contesto.* In G. Cerini e M. Spinosi (a cura di), *Voci della scuola*, Napoli, Tecnodid, pp. 83-90.
Gentile M., Rubino F., Iaccarino C. e La Prova A. (2002), *La conduzione della classe a piccoli gruppi e lo sviluppo della funzione docente. Rapporto Tecnico relativo all'Azione 2 del Piano Integrato d'Area Empolese Val d'Elsa – Sub-Area Bassa Val d'Elsa – a.s. 2001-2002,* Certaldo.
Gentile M. e Petracca C. (2003), *Apprendimento cooperativo. Spunti per l'innovazione didattica,* Torino, Elmedi, Bruno Mondadori.
Gentili G. (2011), *Le intelligenze multiple in classe*, Trento, Erickson.
Gentner D. (2003), *Why we're so smart.* In D. Gentner e S. Goldin-Meadow (a cura di), *Language in mind,* Cambridge, MA, MIT Press, pp. 3-14.
Gentner D. e Goldin-Meadow S. (2003), *Whither Worf.* In D. Gentner e S. Goldin-Meadow (a cura di), *Language in mind*, Cambridge, MA, MIT Press, pp. 3-14.
Gerelli C. e Lorini G. (2000), *Modelli, strumenti e percorsi innovativi per la gestione del collocamento mirato dei disabili*, Milano, FrancoAngeli.
Gheno S. e Bolis A. (2005), *Il lavoro diverso. Per una nuova politica di inserimento delle persone disabili*, Milano, Guerrini.
Giedd J.N., Blumenthal J., Jeffries N.O., Castellanos F.X., Liu H., Zijdenbos A., Paus T., Evans A.C. e Rapoport J.L. (1999), *Brain development during childhood and adolescence: a longitudinal MRI study,* «Nature Neuroscience», vol. 2, n. 10, pp. 861-863.
Gineprini M. e Guastavigna M. (2004), *Mappe per capire, capire per mappe,* Roma, Carocci Faber.
Ginsburg H.P. (1977), *Childrens' arithmetic: The learning processes,* New York, Van Nostrand.
Gitti G. (2008), *Sordità e apprendimento della lingua*, Milano, FrancoAngeli.
Giustini A. (2004), *Narrativa facile,* Trento, Erickson.
Giustini A. (2006), *Grammatica facile,* Trento, Erickson.
Gogtay N., Giedd J.N., Lusk L., Hayashi K.M., Greenstein D., Vaituzis A.C. et al. (2004), *Dynamic mapping of human cortical development during childhood through early adulthood,* «Proceedings of the National Academy of Sciences of the United States of America», vol. 101, n. 21, p. 8174.
Goldman H. (2006), *VCAA/Valutazione della Comunicazione Aumentativa e Alternativa,* Trento, Erickson.
Goldstein J. (1999), *Emergence as a construct: History and issues,* «Emergence: Complexity and Organization», vol. 1, pp. 49-72.
Goleman D. (1995), *Emotional intelligence,* New York, Bantam, trad. it. *Intelligenza emotiva: Che cos'è, perché può renderci felici,* Milano, Rizzoli, 1996.
Goleman D. (2006), *Intelligenza sociale,* Milano, Rizzoli.
Gopnik A. e Meltzoff A.N. (1997), *Words, thoughts, and theories,* Cambridge, MA, MIT Press.
Gopnik A., Meltzoff A.N. e Kuhl P.K. (1999), *The scientist in the crib,* New York, HarperCollins, trad. it. *Tuo figlio è un genio,* Milano, Baldini e Castoldi Dalai, 2000.
Gross J.J. (a cura di) (2007), *Handbook of emotion regulation*, New York, The Guilford Press.
Gottman J. e Declaire J. (1999), *Intelligenza emotiva per un fi glio,* Milano, Rizzoli.
Gross J.J. e Munoz R.F. (1995), *Emotion regulation and mental health, «Clinical Psychology: Science and Practice»,* vol. 2, pp. 151-164.
Rosch E. et al. (1976), *Basic objects in natural categories,* «Cognitive Psychology», vol. 3, pp. 382-439.
Gopnik A. e Schulz L. (2004), *Mechanisms of theory formation in young children,* «Trends in Cognitive Sciences», vol. 8, pp. 371-377.
Gordon W. (1989), *Learning and memory*, Pacific Grove, Brook/Cole.
Graham S. e Baker G.P. (1991), *Gli effetti controproducenti dell'aiuto non richiesto: Un'analisi cognitivo-attribuzionale,* «Insegnare all'handicappato», vol. 5, n. 3, pp. 219-235.
Greenspan S.I. e Wieder S. (2006), *Infant and early childhood mental health: A comprehensive development approach to assessment and intervention,* Arlington, VA, American Psychiatric Publishing.

Groen G.J. e Parkman J.M. (1972), *A chronometric analysis of simple addition,* «Psychological Review», n. 79, pp. 329-343.
Gross J.J. (a cura di) (2007), *Handbook of emotion regulation,* New York, The Guilford Press.
Guasti L. (2008), *Collana «Didattica per operazioni mentali»,* Trento, Erickson.
Guasti L. (2012), *Insegnamento della religione cattolica e curricolo reale*, Diocesi di reggio Emilia e Guastalla, Reggio Emilia.
Guasti L. (2014), *Competenze e valutazione metodologica: indicazioni e applicazioni pratiche per il curricolo,* Trento, Erickson
Guilford J.P. (1967), *Creativity: Yesterday, today and tomorrow,* «Journal of Creative Behavior», n. 1, pp. 3-14.
Guralnik M.J. (1998), *Effectiveness of early intervention for vulnerable children: A developmental perspective,* «American Journal on Mental Retardation», vol. 102, pp. 319-345.
Hall T., Meyer A. e Rose D. (2012), *Universal design for learning in the classroom*, New York, Guilford Press.
Harnishfeger K.K. e Bjorkland F. (1993), *The ontogeny of inhibition mechanisms: A renewed approach to cognitive development.* In M.L. Howe e R. Pasnek (a cura di), *Emgering Themes in Cognitive Development,* New York, Springer-Verlag, pp. 28-49.
Harré R. (1986), *The social construction of emotions,* Oxford, Blackwell.
Hart B. e Risley T.R. (1995), *Meaningful differences in the everyday experience of young american children,* Baltimore, MD, Brookes.
Harter S. (1978), *Effectance motivation reconsidered: Toward a developmental model,* «Human Development», n. 21, pp. 34-64.
Hatano G. et al. (1993), *The development of biological knowledge: A multinational study,* «Cognitive Development», vol. 1, pp. 47-62.
Heider F. (1958), *The psychology of interpersonal relations*, New York, Wiley & Sons.
HEOA – *Higher Education Opportunity Act* (2008), US Government.
Herba C. e Phillips M. (2004), *Annotation. Development of facial expression recognition from childhood to adolescence: behavioural and neurological perspectives,* «The Journal of Child Psychology and Psychiatry and Allied Disciplines», vol. 45, n. 2004, pp. 1185-1198.
Hierbert J. (1988), *A theory of developing competence with written mathematical symbols,* «Educational Studies in Mathematics», n. 19, pp. 333-355.
Hodgdon L.A. (1999; 2004), *Strategie visive per la comunicazione*, Brescia, Vannini.
Howlin P. (1998), *Practitioner review: Psychological and educational treatments for autism,* «Journal of Child Psychology and Psychiatry», vol. 39, pp. 307-322.
Hughes M. (1982), *Rappresentazione grafica spontanea del numero nei bambini,* «Età Evolutiva», n. 12, pp. 5-10.
Hughes M. (1987), *I bambini ed il numero,* «Età Evolutiva», n. 27, pp. 62-66.
Huttenlocher J., Jordan N.C. e Levine S.H. (1994), *A mental model of early arithmetic,* «Journal of Experimental Psychology: General», n. 123, pp. 284-296.
Hutton J. e Roberts T. (1990), *SEDS/Test di valutazione dei problemi comportamentali ed emozionali,* Trento, Erickson.
Iaccarino C. (2013), *BES. Tutti inclusi nella comprensione del testo,* http://www.adhdbambiniiperattivi.com/risorse-gratuite.
Ianes D. (1985), *Un programma di insegnamento sull'uso del denaro.* In W. Williams e D. Ianes, *Matematica pratica per l'handicappato,* Trento, Erickson.
Ianes D. (a cura di) (1990), *Ritardo mentale e apprendimenti complessi,* Trento, Erickson.
Ianes D. (a cura di) (1996), *Metacognizione e insegnamento,* Trento, Erickson.
Ianes D. (2001), *Didattica speciale per l'integrazione,* Trento, Erickson.
Ianes D. (2004), *La diagnosi funzionale secondo l'ICF,* Trento, Erickson.

Ianes D. (2005), *Bisogni Educativi Speciali e inclusione: Valutare le reali necessità e attivare tutte le risorse,* Trento, Erickson.
Ianes D. (2006), *La speciale normalità,* Trento, Erickson.
Ianes D. (2009), *Qualche spunto di riflessione su integrazione, inclusione, disabilità e Bisogni Educativi Speciali,* «L'integrazione Scolastica e Sociale», vol.8, n. 5, pp. 440-445.
Ianes D. (2015a), *Insegnanti di sostegno: un'evoluzione necessaria,* «Italian Journal Of Special Education For Inclusion», vol. 2, Lecce, Pensa Multimedia.
Ianes D. (2015b), *L'evoluzione dell'insegnante di sostegno – Nuova edizione,* Trento, Erickson.
Ianes D., Cramerotti S. e Scataglini C. (2008), *Fare sostegno nelle scuole superiori: Dagli aspetti teorico-metodologici alla dimensione operativa,* Trento, Erickson.
Ianes D., Cramerotti S. e Tait M. (2007), *Facciamo il punto su... La dislessia,* libro+DVD+CDROM, Trento, Erickson.
Ianes D., Demo H. e Zambotti F. (2010), *Gli insegnanti e l'integrazione. Atteggiamenti, opinioni e pratiche,* Trento, Erickson.
Ianes D. e Biasioli U. (2005), *L'ICF come strumento di classificazione, descrizione e comprensione delle competenze,*«L'integrazione scolastica e sociale», vol. 4, n. 5, pp. 391-422.
Ianes D. e Canevaro A. (2008), *Facciamo il punto su...L'integrazione scolastica.,* Trento, Erickson.
Ianes D. e Cramerotti S. (2002), *Comportamenti problema e alleanze psicoeducative,* Trento, Erickson.
Ianes D. e Cramerotti S. (2009), *Il Piano educativo Individualizzato – Progetto di vita. Voll. 1, 2 e 3,* Trento, Erickson.
Ianes D. e Cramerotti S. (a cura di) (2011), *Usare L'ICF nella scuola*, Trento, Erickson.
Ianes D. e Cramerotti S. (2013a), *Alunni con BES – Bisogni Educativi Speciali. Indicazioni operative per promuovere l'inclusione scolastica sulla base della DM 27/12/2912 e della CM n. 8 6/3/2013,* Trento, Erickson.
Ianes D. e Cramerotti S. (a cura di) (2013b), *Insegnare domani nella scuola primaria: Manuale per una preparazione metacognitiva ed efficace,* Trento, Erickson.
Ianes D. e Demo H. (2007), *Educare all'affettività*, Trento, Erickson.
Ianes D. e Macchia V. (2008), *La didattica per i Bisogni Educativi Speciali. Strategie e buone prassi di sostegno inclusivo* Trento, Erickson.
Ianes D., Lucangeli D. e Mammarella I.C. (2010), *Facciamo il punto su... La discalculia e altre difficoltà in matematica*, Trento, Erickson.
Imprudente C. (2003), *Una vita imprudente,* Trento, Erickson.
Ingram D. (1989), *First language acquisition: Method, description, and explanation,* New York, Cambridge University Press.
Istat (2010), *La disabilità in Italia. Il quadro della statistica ufficiale,* Roma, Istat.
Istat (2012), *I cittadini e le nuove tecnologie*, report di ricerca pubblicato online: http://www.istat.it/it/archivio/78166.
Istat (2012), *L'integrazione degli alunni con disabilità nelle scuole primarie e secondarie di primo grado statali e non statali, Rapporto Anno scolastico 2010-2011*,http://www.istat.it/it/archivio/50280.
Iwata B.A. (1994), *Functional analysis methodology,* «Journal of Applied Behavior Analysis», vol. 27, pp. 197-209.
Izard C.E. (1971), *The face of emotion,* New York, Appleton-Century-Crofts, Educational Division.
James W. (1901), *Principi di psicologia*, Milano, SEI.
Jonassen D.H. (2010), *Learning to solve problems: A handbook for designing problem-solving learning environments*, New York, Routledge.
Johnson D.W. e Johnson R.T. (1987), *Learning together and alone*, Englewood Cliffs, NJ, Prentice-Hall.
Johnson D.W. e Johnson R.T. (1989), *Cooperation and competition: Theory and research*, Edina, MN, Interaction Book Company.

Johnson D.W. e Jonhson R.T. (1991), *Cooperative Learning and classroom and school climate.* In B.J. Fraser e H.J. Walberg (a cura di), *Educational environments: Evaluation, antecedents, and consequences*, New York, Pergamon Press, pp. 55-74.

Johnson D.W., Johnson R.T e Anderson D. (1983), *Social interdependence & classroom climate,* «The Journal of Psychology», vol. 114, pp. 135-.142.

Johnson D.W., Johnson R.T. e Holubec E.J. (1996), *Apprendimento cooperativo in classe,* Trento, Erickson.

Johnson R., Liddell S. e Erting C. (1991), *Educazione degli studenti sordi*, Roma, Anicia.

Jonassen D.H. (2010*), Learning to solve problems: A handbook for designing problem-solving learning environments*, New York, Routledge.

Jusczyk P.W. e Aslin R.N. (1995), *Infants' detection of the sound patterns of words in fluent speech,* «Cognitive Psychology», vol. 29, pp. 1-23.

Kagan J. (1965), *Individual differences in the resolution of response uncertainty,* «Journal of Personality and Social Psychology», n. 2, pp. 154-160.

Kagan S. (1994), *Cooperative learning*, San Juan Capistrano, CA, Kagan Cooperative Learning.

Karmiloff-Smith A. (1991), *Beyond modularity: Innate constraints and developmental change.* In S. Carey e R. Gelman (a cura di), *The epigenesis of mind: Essays on biology and cognition,* Hillsdale, NJ, Erlbaum, pp. 171-198.

Karmiloff-Smith A. (1992), *Beyond modularity: A developmental perspective on cognitive science,* Cambridge, MA, The MIT Press, trad. it. *Oltre la mente modulare. Una prospettiva evolutiva sulla scienza cognitiva,* Bologna, il Mulino, 1995.

Kaufman E.L., Loid M.W., Reese T.W. e Volkman J. (1994*), The discrimination of visual number,* «American Journal of Psychology», n. 62, pp. 498-525.

Kay P. (1971), *Taxonomy and semantic contrast,* «Language», vol. 47, pp. 866-887.

Kaye K. (1979), *Thickening thin data: The maternal role in developing communication and language.* In M. Bullowa (a cura di), *Before speech: The beginning of interpersonal communication,* Cambridge, MA, Cambridge University Press, pp. 191-206.

Kazdin A.E. (1984), *Behavior modification in applied settings,* Homewood, Dorsey Press.

Kelley H.H. (1967), *Attribution theory in social psychology.* In D. Levine (a cura di), *Nebraska symposium on motivation,* Lincoln, NE, University of Nebraska Press, n.15, pp.192-238.

Kirby E. e Grimley L. (1989), *Disturbi dell'attenzione e iperattività,* Trento, Erickson.

Klahr D. e Wallace J.G. (1976), *Cognitive development: An information processing view,* Hillsdale, NJ, Lawrence Erlbaum Associates.

Kobak R. e Sceery A. (1988), *Attachment in late adolescence: Working models, affect regulation, and representations of self and others,* «Child Development», vol. 59, pp. 135-146.

Kohen D.E., Hertzman C. e Brooks-Gunn J. (1998), *Neighbourhood influences on children's school readiness,* Hull, Canada, Applied Research Branch – Strategic Policy Human Resources Development.

Kolb D.A. (1973), *On management and the Learning process,* MIT, Working Paper.

Kopp C.B. (1989), *Regulation of distress and negative emotions: A developmental view*, «Developmental Psychology», vol. 25, pp. 343-354.

La Prova A. (2004), *La costruzione di un clima di classe positivo,* «Psicologia Scolastica», vol. 3 n. 2, pp. 211-232.

Ladd P. (2003), *Understanding Deaf Culture: In Search of Deafhood*, Clevedon, Multilingual Matters.

Lancioni G. (1992), *Facilitare l'apprendimento,* Trento, Erickson.

Lane R.D., Quinlan D., Schwartz G., Walker P. e Zeitlin S. (1990), *The levels of emotional awareness scale: A cognitive-developmental measure of emotion,* «Journal of Personality Assessment», vol. 55, pp. 124-134.

Lapierre A. e Aucouturier B. (1974), *Il corpo e l'inconscio in educazione e terapia,* Roma, Armando.

Lasaracina F. e Lunel D. (2008), *Hallo Deutsch!*, Trento, Erickson.

Le Boulch J. (1975), *Verso una scienza del movimento umano,* Roma, Armando.

Leary T. (1957), *Interpersonal diagnosis of personality: A functional theory and methodology for personality evaluation,* New York, Ronald Press.

LeDoux J.E. (1996), *The Emotional Brain,* New York, Simon e Schuster.

Leonardi M. (2008), *ICF-CY.* In D. Ianes e A. Canevaro (a cura di), *Facciamo il punto su... L'integrazione scolastica* (libro + DVD + CD-ROM), Trento, Erickson.

Lepri C., Montobbio E. e Papone G. (a cura di) (1999), *Lavori in corso: persone disabili che lavorano,* Tirrenia-Pisa, Del Cerro.

Lerna A. et al. (2008), *L'utilizzo del PECS per implementare le competenze comunicativo-relazionali in bambini con Disturbo Autistico,* «Autismo e disturbi dello sviluppo», vol. 6, n. 1, pp. 91-106.

Lerman D.C., Iwata B.A. e Wallace M.D. (1999), *Side eff ects of extinction: Prevalence of bursting and aggression during the treatment of self-injuriousbehavior,* «Journal of Applied Behavior Analysis», vol. 33, pp. 1-8.

Lerner R.M. e Steinberg L. (2004), *Handbook of Adolescent Psychology,* Hoboken, NJ, John Wiley & Sons.

Levi G. (2012), *Lavorare sulla salute mentale in età evolutiva,* Roma, Armando Editore.

Levine M. (2005), *I bambini non sono pigri,* Milano, Mondadori.

Lewin K. (1939), *The Field theory approach to adolescence,* «American Journal of Sociology», vol. 44, pp. 868-897.

Lewin K. (1972), *Teoria e sperimentazione in psicologia sociale,* Bologna, il Mulino.

Lewin K. (1976), *Il bambino nell'ambiente sociale,* Firenze, La Nuova Italia.

Lewis M. e Freedle R. (1973), *Mother-infant dyad: The cradle of meaning.* In P. Pliner (a cura di), *Communication and affect: Language and thought,* New York, Academic Press, pp. 127-155.

Linehan M.M. (2001), *Trattamento cognitivo-comportamentale del disturbo borderline*, Milano, Raffaello Cortina.

Liverta Sempio O. (1997), *Il bambino e la costruzione del numero,* Roma, La Nuova Italia Scientifica.

Louden W. e Hunter J. (1999), *One hundred children: Baseline assessment of literacy in early years of education,* «Journal of Research in Reading», vol. 22, n. 1, pp. 89-94.

Lovaas O.I. (1979), *Contrasting illness and behavioral models for the treatment of autistic children: A historical perspective,* in «Journal of Autism and Developmental Disorders», vol. 9, pp. 315-323.

Lovaas O.I. (1981), *Teaching developmentally disabled children: The «me» book,,* Baltimore, MD, University Park Press.

Lovaas O.I. (1992), *Autismo infantile: intervista con Ivar Lovaas.* In D. Ianes (a cura di), *Autolesionismo, stereotipie, aggressività,* Trento, Erickson.

Lovaas O.I. e Simmons J.Q. (1969), *Manipulation of self-destruction in three retarded children,* «Journal of Applied Behavior Analysis», vol. 2, pp. 143-157.

Lucangeli D. e Tressoldi P.E. (2002), *Lo sviluppo della conoscenza numerica: alle origini del capire i numeri,* «Giornale Italiano di Psicologia», n. 4, pp. 701-723.

Lurija A.R. (1961), *The role of speech in the regulation of normal and abnormal behaviors,* New York, Liveright.

MacAulay D.J. (1990), *Classroom environment: A literature review,* «Educational Psychology», vol. 10, n. 3, pp. 239-253.

Marcia J.E. (1980), *Identity in adolescence.* In J. Adelson (a cura di), *Handbook of adolescent psychology,* New York, John Wiley & Sons.

Magiati I. e Howlin, P. (2003), *A Pilot Evaluation Study of the Picture Exchange Communication System (PECS) for Children with Autistic Spectrum Disorders,* in «Autism», vol. 7, n. 3, pp. 297-320.

Magnusson D., Stattin H. e Allen V. (1985), *Biological maturation and social development: a longitudinal study of some adjustment. Processes from mid-adolescence to adulthood,* «Journal of Youth and Adolescence», vol. 14, n. 4, pp. 267-283.

Maguire L. (1989), *Il lavoro sociale di rete,* Trento, Erickson.

Mancini G. e Sabbatini G. (a cura di) (1999), *Riabilitazione-lavoro. Una metodologia per l'inserimento lavorativo delle persone ex-tossicodipendenti, disabili e dei pazienti psichiatrici*, Roma, Carocci.

Mandler G. e Shebo B.J. (1982), *Subitizing: An analysis of its component processes,* «Journal of Experimental Psychology: General», vol. 111, n. 1, pp. 1-22.

Maragna, S., Roccaforte, M. e Tomasuolo, E. (2013), *Una didattica innovativa per l'apprendente sordo: Con esempi di lezioni multimediali e tradizionali,* Milano, FrancoAngeli.

Marcia J.E. (1966), *Development and validation of ego identity status,* «Journal of Personality and Social Psychology», vol. 3, pp. 551-558.

Marcianò G. (2013), *In questo numero,* «BRICKS», http://bricks.maieutiche.economia.unitn.it/?page_id=3829.

Margiotta U. (1997), *Riforma del curricolo e formazione dei talenti,* Roma, Armando.

Margolis E. (1994), *A reassessment of the shift from the classical theory of concepts to prototype theory,* «Cognition», vol. 1, pp. 73-89.

Mariani V. (1998), *Il piano educativo riabilitativo individualizzato per il disabile mentale adulto,* Tirrenia-Pisa, Del Cerro.

Meirieu P. (1996), *La pédagogie entre le dire et le faire,* Paris, ESF.

Markman E.M. e Sibert J. (1976), *Classes and collections: Internal organization and resulting holistic properties,* «Cognitive Psychology», n. 8, pp. 561-577.

Marler P. (1991), *The instinct to learn.* In S. Carey e R. Gelman (a cura di), *The epigenesis of mind: Essays on biology and cognition,* Hillsdale, NJ, Erlbaum, pp. 37-66.

Marocchi G. (1999), *Integrazione lavorativa, impresa sociale, sviluppo sociale. L'inserimento lavorativo in cooperative sociali di lavoratori svantaggiati come fattore di crescita della economia locale*, Milano, FrancoAngeli.

Marsh H.W., Parada R.H. e Ayotte V. (2004), *A Multidimensional Perspective of Relations Between Self-Concept (Self Description Questionnaire II) and Adolescent Mental Health (Youth Self-Report),* «Psychological Assessment», vol. 16, n. 1, p. 27.

Marzocchi G.M., Molin A. e Poli S. (2000), *Attenzione e metacognizione,* Trento, Erickson.

Maslow A. (2010), *Motivazione e personalità*, Roma, Armando Editore.

Matthews S.C., Simmons A.N., Lane S.D. e Paulus M.P. (2004), *Selective activation of the nucleus accumbens during risk-taking decision making,* «Neuroreport», vol. 15, n. 13, pp. 2123-2127.

Mazzoni G. e Cornoldi C. (1991), *Metacognizione e processi di controllo in memoria,* «Giornale Italiano di Psicologia», vol. XVIII.

McCombs B.L. e Pope J.E. (1996), *Come motivare gli alunni difficili,* Trento, Erickson.

McGarrigle J. e Donaldson M. (1975), *Conservation accidents,* «Cognition», n. 3, pp. 341-350.

McKenzie W. (2006), *Intelligenze multiple e tecnologie per la didattica,* Trento, Erickson.

McLloyd V.C. (1998), *Socioeconomic disadvantage and child development,* «American Psychologist», vol. 53, pp. 185-204.

Meck W.H. e Churck R.M. (1983), *A mode control model of counting and timing process,* «Journal of Experimental Psychology: Animal Behavior Process», n. 9, pp. 320-334.

Medeghini R., D'Alessio S., Marra A.D., Vadalà G. e Valtellina E. (2013), *Disability Studies,* Trento, Erickson.

Medeghini R., Fornasa W., Maviglia M. e Onger G. (2009), *L'inclusione scolastica. Processi e strumenti di autoanalisi per la qualità inclusiva,* Brescia, Vannini.

Mehler J. e Bever T.G. (1978), *Cognitive capacity of very young children,* «Science», n. 158, pp. 151-162.

Melilli F. (2008), *Il ruolo delle Province per una riforma organica dell'Istruzione,* «Rassegna dell'Autonomia Scolastica», vol. XXVII, n. 1.

Melnick S.M. e Hinshaw S.P. (2000), *Emotion regulation and parenting in AD/HD and comparison boys: Linkages with social behaviors and peer preference,* «Journal of Abnormal Child Psychology», vol. 28, pp. 73-86.

Meljac e J.P. Fischer (a cura di), *Pathway to number: Children's developing numerical abilities,* Hillsdale, NJ, Lawrence Erlbaum, pp. 171-189.
Menesini E., Giuliana Pinto G., Annalaura Nocentini A. (a cura di) (2014), *Apprendimento e competenza sociale nella scuola : un approccio psicologico alla valutazione e alla sperimentazione,* Roma, Carocci.
Messick S. (1994), *The matter of style: Manifestations of personality in cognition, learning, and teaching,* «Educational Psychologist», vol. 29, n. 3, pp. 121-136.
Messick S. (1996), *Human abilities and modes of attention: The issues of stylistic consistencies in cognition.* In I. Dennis e P. Tapsfield (a cura di), *Human abilities: Their nature and measurement,* Hillsdale, NJ, Lawrence Erlbaum, pp. 77-96.
Meyers M. e Paris S.G. (1978), *Children's metacognitive knowledge about reading,* «Journal of Educational Psychology», n. 70, pp. 680-690.
Meyer A., Rose D. e Gordon D. (2014), *Universal design for learning,* CAST Professional Publishing.
Miato L. e Miato S.A. (2003), *La didattica inclusiva. Organizzare l'apprendimento cooperativo meta cognitivo,* Trento, Erickson.
Mirenda P. (2005), *Comunicazione aumentativa e tecnologia assistiva. Che cosa sappiamo veramente?,* «Autismo e disturbi dello sviluppo», vol. 3, n. 3, pp. 295-320.
Moè A. e De Beni R. (1995), *Metodo di studio: dalle strategie ai programmi metacognitivi.* In O. Albanese et al. (a cura di), *Metacognizione ed educazione,* Milano, FrancoAngeli, pp. 121-140.
Moffitt T.E. (1990), *Juvenile delinquency and attention deficit disorder: Boys' developmental trajectories from age 3 to age 15,* «Child Development», vol. 61, pp. 893-910.
Montobbio E. (a cura di) (1999), *Il falso sé nell'handicap mentale: l'identità diffi cile*, Pisa, Del Cerro.
Montobbio E. e Lepri C. (2000), *Chi sarei se potessi essere: la condizione adulta del disabile mentale,* Pisa, Del Cerro.
Morin E. (1993), *Introduzione al pensiero complesso*, Milano, Sperling & Kupfer.
Morin E. (2000), *La testa ben fatta,* Milano, Raffaello Cortina
Morin E. (2002), *L'identità umana,* Milano, Raffaello Cortina.
Moro M., Menegatti E., Sella F. e Perona M. (2012), *Imparare con la robotica. Applicazioni di problem solving,* Trento, Erickson.
Morra S. (2002), *Il contributo di Robbie Case allo studio dell'apprendimento,* «Età Evolutiva», vol. 72, pp. 98-109.
Munnich E. e Landau B. (2003), *The effects of spatial language on spatial representation: Setting some boundaries.* In D. Gentner e S. Goldin-Meadow (a cura di), *Language in mind,* Cambridge, MA, MIT Press, pp. 113-156.
Mussen P. (1984), *Child development and personality,* New York, Harper Collins.
National Research Council (2000a), *How people learn: Brain, mind, experience and school,* Committee on Developments in the Science of Learning, Committee on Learning Research and Educational Practice, Commission on Behavioral and Social Sciences and Education, Washington, DC, National Academy Press.
National Research Council (2000b), *From neurons to neighborhoods: The science of early childhood development,* Committee on Integrating the Science of Early Childhood Development, Board on children, Youth and Families, Washington, DC, National Academy Press.
National Research Council (2001a), *Eager to learn: Educating our preschoolers, Committee on Early Childhood Pedagogy,* Commission on Behavioral and Social Sciences and Education, Washington, DC, National Academy Press.
National Research Council (2001b), *Educating children with autism*, Washington, DC, National Academy Press.
Naveh-Benjamin M. (1991), *A comparison of training programs intended for different types of test-anxious students: Further support for an information processing model,* «Journal of Educational Psychology», n. 83, pp. 134-139.

Neri S. (1991) (a cura di), *Gli Orientamenti per la scuola materna,* Milano, Fabbri.
Neubauer J. (1992), *The Fin-De-Siècle Culture Of Adolescence,* New Haven/London, Yale University Press.
Nicoletti I. (1989), *Crescita e scuola: aspetti biologici, psicologici e sociali dello sviluppo infantile,* Milano, Giuffrè.
Nicolodi G. (1992), *Maestra, guardami...*, Bologna, Csifra.
Nisbet J. e Shucksmith J. (1986), *Learning strategies,* London, Routledge.
Nocera S. (2014), *Schede sulla normativa dell'inclusione scolastica,* http://aipd.it/aipd_scuola/.
Nocera S. (2015), *Il diritto alla partecipazione scolastica. Normativa e giurisprudenza per la piena partecipazione scolastica degli alunni con disabilità*, Vicalvi (FR), Key Editore.
Nocera S. e Tagliani N. (2015), *La normativa inclusiva nella nuova legge di riforma sulla «buona scuola»*, Vicalvi (FR), Key Editore.
Norton R. (1983), *Communicator style: Theory, application and measures*, Beverly Hills, Sage, trad. it. in M. Giampietro, *Il machiavellico*, «Psicologia Contemporanea», n. 179, Firenze, Giunti, 2003.
Norwich B. (2000), *Inclusion in education: From concepts, values and critique to practice.* In H. Daniels (a cura di), *Special Education Reformed: Beyond Rhetoric?,* London, Falmer Press.
Novak J. (2001), *L'apprendimento significativo. Le mappe concettuali per creare e usare la conoscenza,* Trento, Erickson.
Novak J. (2012), *Costruire mappe concettuali: Strategie e metodi per utilizzarle nella didattica* Trento, Erickson
Novak J.D. e Gowin D.B. (2001), *Imparando a imparare*, SEI, Torino.
OCSE (1998), *Esami delle politiche nazionali dell' Istruzione: L'Italia,* Roma, Armando.
O'Dea J.A. (2006), *Self-concept, self esteem and body weight in adolescent females: A three-year longitudinal study,* «Health Psychology», vol. 11, n. 4, pp. 599-611.
Oakes L.M. e Rakison D.H. (2003), *Issues in the study of categories and concepts in early development: An introduction.* In D.H. Rakison e L.M. Oakes (a cura di), *Early concept and category development: Making sense of the blooming, buzzing confusion,* New York, Oxford University Press, pp. 3-23.
OECD (2000), *Measuring student knowledge and skills. The PISA 2000 Assessment of reading, mathematical and scientific literacy,* Paris, OECD.
Offer D. (1969), *The psychological world of the teenager,* New York, Basic Books.
Oliver M. (1990), *The politics of disablement,* New York, St. Martin's Press.
Oliver M. (1996), *Understanding disability*, New York, Palgrave.
Oliverio Ferraris A. (2007), *La ricerca dell'identità,* Firenze, Giunti.
OMS – Organizzazione Mondiale della Sanità (2002), *ICF/International Classifi cation of Functioning, Disability and Health,* trad. it. *Classificazione Internazionale del Funzionamento, della Disabilità e della Salute,* Trento, Erickson.
OMS – Organizzazione Mondiale della Sanità (2007), *ICF-CY/Classificazione Internazionale del Funzionamento, della Disabilità e della Salute. Versione per bambini e adolescenti,* Trento, Erickson.
Ongini V. e Rondanini L. (a cura di) (2014), *Prove di Futuro,* Trento, Erickson.
Ostinelli G. (2005), *Motivazione e comportamento,* Trento, Erickson.
Palincsar A.S. et al. (1991), *Examining the context of strategy instruction,* «Remedial and Special Educational», vol. 12, n. 3, maggio-giugno.
Palma G. (2015), Progetto di riforma alla parte seconda della Costituzione Italiana. Semipresidenzialismo e fine del bicameralismo, GDS.
Palmonari A. (1997), *Psicologia dell'adolescenza,* Bologna, il Mulino.
Palmonari A., Pombeni M.L. e Kirchler E. (1993), *Developmental tasks and adolescents' relationship with their peer and family.* In S. Jackson e H. Rodriguez-Tomè (a cura di), *Adolescence and its social words,* Hove, Lawrence Erlbaum Associates, pp.145-167.
Paolucci L. (2000), *L'attività contrattuale della scuola autonoma,* Bologna, Temi.

Papert S. (1984), *Mindstorms. Bambini, computer e creatività*, Torino, Emme.
Paris S.G., Cross D.R. e Lipson M.Y. (1984), *Informed strategies for learning: A program to improve children's reading awareness and comprehension*, «Journal of Educational Psychology», n. 76, pp. 1239-1252.
Paris S.C. e Winograd P. (1990), *Promoting metacognition and motivation of exceptional children*, «Remedial and Special Education», vol. 11, n. 6.
Pasolini P.P. (1977), *Scritti corsari*, Milano, Garzanti.
Passatore F. (1976), *Animazione/dopo*, Firenze, Guaraldi.
Pavone M. (2000), *Valutare gli alunni in situazione di handicap*, Trento, Erickson.
Pavone M. (2001), *Quale formazione per l'insegnante specializzato e per quale specializzazione?*, «Le leggi dell'integrazione scolastica e sociale», n. 2/7.
Pavone M. (2001), *Educare nelle diversità. Percorsi per la gestione dell'handicap nella scuola dell'autonomia*, Brescia, La Scuola, 2001.
Pavone M. (2002), *Modelli di semestre aggiuntivo di sostegno*, in «L'integrazione scolastica e sociale», n. 1/2, maggio 2002, pp. 142-155.
Pavone M. (2004), *L'integrazione scolastica dei disabili. Quadro di riferimento* e *Fattori di protezione per l'integrazione*, in MIUR, ITC «Q. Sella» di Torino; M.L. Tordini (a cura di), *La condizione dell'infanzia e dell'adolescenza in Italia. Bambini e adolescenti nella scuola*, Torino, stampato in proprio.
Pavone M. (2004), *Personalizzare l'integrazione*, La Scuola, Brescia.
Pavone M. (2006), *Il portfolio per l'alunno disabile*, Trento, Erickson.
Pazzaglia F., Moè A., Friso G. e Rizzato R. (2002), *Empowerment cognitivo e prevenzione dell'insuccesso*, Trento, Erickson.
Peeters T. e Gillberg C. (1999), *Autism: Medical and educational aspects*, London, Whurr Publishers, trad. it. *Autismo: Aspetti medici e pratica educativa*, Roma, Il Minotauro, 2006.
Pellerey M. (2000), *Il portafoglio progressivo come nuovo strumento di valutazione delle competenze*, «ISRE», vol. 7, n. 2, pp.5-28.
Penna M.P. e Stara V. (2006), *Valutare l'e-learning secondo i principi lcd (learner centered design)*, «Information Sciences for Decision Making», n. 25, http://isdm.univtln.fr/PDF/isdm25/PennaStara_TICE2006.pdf
Perticone G. (2004), *La mia motivazione*, Trento, Erickson.
Petracca C. (2003), *Progettare per competenze. Verso i piani di studio personalizzati*, Milano, Bruno Mondadori.
Phillips M.L., Drevets W.C., Rauch S.L. e Lane R.D. (2003), *Neurobiology of emotion perception. I: The neural basis of normal emotion perception*, «Biol Psychiatry», vol. 54, pp. 504-514.
Piaget J. (1967), *La genèse des structures logiques élémentaires*, Paris-Neuchâtel, Delachaux & Niestlé, trad. it. *La genesi delle strutture logiche elementari*, Firenze, La Nuova Italia, 1977.
Piaget J. e Inhelder B. (1971), *Dalla logica del fanciullo alla logica dell'adolescente*, Firenze, Giunti-Barbera.
Piaget J. e Szeminska A. (1941), *La genèse du nombre chez l'enfant*, Neuchâtel-Paris, Delachaux & Niéstle, trad. it. *La genesi del numero nel bambino*, Firenze, La Nuova Italia, 1968.
Piazza V. (2003), *Per chi suono la campanella?*, Trento, Erickson.
Piazza V. (2009), *L'insegnante di sostegno*, Trento, Erickson.
Picq L. e Vayer P. (1971), *Educazione psicomotoria e ritardo mentale*, Roma, Armando.
Pine D.S., Cohen P. e Brook J.S. (2001), *Emotional reactivity and risk for psychopathology among adolescents*, CNS Spectrum, vol. 6, n. 1, pp. 27-35.
Pinker S. (1994), *The language instinct*, New York, William Morrow, trad. it. *L'istinto del linguaggio*, Milano, Mondadori, 1997.
Plummer D. (2002), *La mia autostima*, Trento, Erickson.

Plummer D. (2007), *Laboratorio autostima,* Trento, Erickson.
Polito M. (2004), *Comunicazione positiva e apprendimento cooperativo,* Trento, Erickson.
Pontecorvo C. (1985), *Figure, parole, numeri: un problema di simbolizzazione,* «Età Evolutiva», n. 22, pp. 5-33.
Pontecorvo C. e Pontecorvo M. (1986), *Psicologia dell'educazione: Conoscere a scuola,* Bologna, Il Mulino.
Pope A., McHale S. e Craighead E. (1992), *Migliorare l'autostima,* Trento, Erickson.
Prensky M.R. (2012a), *From digital natives to digital wisdom: Hopeful essays for 21st Century learning,* Thousand Oaks, CA, Corwin.
Prensky M.R. (2012b), *Brain gain: Technology and the quest for digital wisdom,* New York, Palgrave Macmillan; trad. it. *La mente aumentata* (2013), Trento, Erickson.
Prizant B.M., Wetherby A.M., Rubin E. e Laurent A.C. (2003), *The SCERTS Model,* «Infants and Young Children», vol. 16, pp. 296-316.
Quatraro A. (2002), *Attualità del Braille nell'era dell'informatica.* In *L'alfabeto Braille come fondamento dell'emancipazione culturale e sociale dei ciechi,* Monza, Biblioteca Italiana per Ciechi «Regina Margherita».
Quine W.V.O. (2004), *Due dogmi dell'empirismo.* In W.V.O. Quine, *Da un punto di vista logico,* Milano, Raffaele Cortina.
Ravazzolo C. et al. (2005), *Stili attributivi motivazionali,* Trento, Erickson.
Recalcati M. (2014), *L'ora di lezione,* Torino, Einaudi.
Reggio Children (2009), *Rendere visibile l'apprendimento,* Reggio Emilia, Project Zero.
Riegel K. (1973), *Dialectic operations: the final period of cognitive development,* «Human Development», vol. 16, pp. 346-370.
Rittle-Johson B. e Siegler R.S. (1998), *The relation between conceptual and procedural knowledge in learning mathematics.* In C. Donlan (a cura di), *The development of mathematical skill,* Hove, UK, Psychology Press, pp. 75-110.
Robinson A. (1970), *Effective study,* New York, Harper & Row.
Rodari G. (1974), *Grammatica della fantasia. Introduzione all'arte di inventare storie,* Torino, Einaudi.
Roger C.R. e Dymonf R.F.(1954), *Psychotherapy and personality change: Co-ordinated research studies in the client-centered approach,* Chicago, University Press.
Rohwer W.D. (1994), *An invitation to an educational psychology of studying,* «Educational Psychologist», vol. 19, n. 1, pp. 1-14.
Rohwer W.D. e Thomas J.W. (1987), *The role of mnemonic strategies in study effectiveness.* In M.A. McDaniel e M. Pressley (a cura di), *Imagery and related mnemonic processes,* New York, Springer, pp. 428-450.
Rohwer W.D., Thomas J.W. e Iventosch L. (1987), *Relationships among student characteristics, study activities, and achievement as a function of course characteristics,* «Contemporary Educational Psychology», vol. 12, n. 4, pp. 344-364.
Roletto E. (2005), *La scuola dell'apprendimento,* Trento, Erickson.
Rondanini L. (2011), *Ragazzi disabili a scuola: Percorsi e nuovi compiti,* Santarcangelo di Romagna, Maggioli.
Rosch E. et al. (2005), *Basic objects in natural categories.* In D.A. Balota e E. Marsh (a cura di), *Cognitive psychology: Key readings,* London, Psychology Press, pp. 448-471.
Rose D.H. e Meyer A. (2002), *Teaching every student in the digital age: Universal Design for Learning,* Association for Supervision and Curriculum Development.
Rose L.T., Daley S. G. e Rose D.H. (2011), *Let the Questions Be Your Guide: MBE as Interdisciplinary Science,* «Mind, Brain, and Education», vol. 5, pp. 153-162.
Rosenberg M. (1965), *Society and the adolescent self-image,* Princeton, N.J., Princeton University Press.
Rosenberg M. (1979), *Conceiving the self,* New York, Basic Books.

Rubinacci A. (2007), *Governance. Voci della Scuola,* Napoli, Tecnodid.
Rumbaugh D.M., Savage-Rumbaugh S. e Hegel M.T. (1987), *Summation in the chimpanzee (Pan Troglodytes),* «Journal of Experimental Psychology: Animal Behavior Process», n. 9, pp. 320-334.
Rusch E.R. e Mithaugh D.E. (1980), *Vocational training for Mentally Retarded Adults: A behavior analytic approach,* Chapaign, III, Research Press.
Rutter M., Graham P., Chadwick O. e Yule W. (1976), *Adolescent turmoil: Fact or fiction?,* «Journal of Child Psychology and Psychiatry», vol. 17, pp. 35-56.
Ryan R.M. (1993), *Agency and organization: Intrinsic motivation, autonomy and the self in psychological development.* In J. Jacobs (a cura di), *Nebraska symposium on motivation: Developmental perspectives on motivation,* Lincoln, NE, University of Nebraska Press, vol. 40, pp. 1-56.
Saffran J.R. (2001), *Words in a sea of sounds: The output of infant statistical learning,* «Cognition», vol. 81, pp. 149-169.
Salfi D. (1999), *Scambio affettivo e incontro sociale in classe: Come scoprire le dinamiche, come governarle.* In L. Tuffanelli (a cura di), *Intelligenze, emozioni e apprendimenti,* Trento, Erickson.
Saottini C. (2004), *Il gruppo dei pari.* In A. Maggiolini e G. Pietropolli Charmet (a cura di), *Manuale di psicologia dell'adolescenza: compiti e conflitti,* Milano, FrancoAngeli, pp. 168-183.
Sastre G. e Moreno M. (1976), *Represéntation graphique de la quantité,* «Bulletin de Psychologie», vol. 30, n. 1, pp. 346-355.
Scala E. (2004), *Simple English Practice,* Trento, Erickson.
Scala E. (2005), *Simple English Culture,* Trento, Erickson.
Scala E. e Losi L. (1998), *Simple English: Corso di inglese essenziale,* Trento, Erickson.
Scapin C. e Da Re F. (2014), *Didattica per competenze e inclusione. Dalle Indicazioni nazionali all'applicazione in classe,* Trento, Erickson.
Scarborough H.S. (1991), *The relation of utterance length to grammatical complexity in normal and language-disordered groups,* «Applied Psycholinguistic», vol. 1, pp. 23-45.
Scataglini C. (1999), *Come individualizzare l'insegnamento nell'handicap e nelle difficoltà di apprendimento: dieci strategie di base,* Relazione presentata al IX Seminario Estivo Erickson, Pergine Valsugana (TN), 23-28 agosto 1999.
Scataglini C. (2002), *Geografia facile,* Trento, Erickson.
Scataglini C. e Giustini A. (1998), *Adattamento dei libri di testo: Semplificazione progressiva delle difficoltà,* Trento, Erickson.
Scataglini C. e Giustini A. (1999), *Storia facile,* Trento, Erickson.
Scataglini C. e Giustini A. (2000), *Scienze facili,* Trento, Erickson.
Scataglini C. (2004), *Informatica facile,* Trento, Erickson.
Schratz M., Jakobsen L.B., MacBeath J. e Meuret D. (2003), *Autovalutazione e cambiamento attivo nella scuola,* Trento, Ericskon.
Scheffler I. (1972), *Il linguaggio della pedagogia*, Brescia, La Scuola.
Scherer K.R. (1984), *Emotion as a multicomponent process: A model and some crosscultural data,* «Review of Personality and Social Psychology», vol. 5, pp. 37-63.
Schneider W. e Pressley M. (1989), *Memory development between 2 and 20,* New York, Springer-Verlag.
Schoen D.A. (1993), *Il professionista riflessivo,* Bari, Dedalo.
Schopler E. (1998), *Autismo in famiglia*, Trento, Erickson.
Schopler E. (1991), *Strategie educative nell'autismo,* Milano, Masson.
Schopler E. e Reichler R.J. (1976), *Psychopathology and child development: Research and treatment,* New York, Plenum Press.
Schopler E., Reichler R.J. e Lansing M. (1990), *Psycho-Educational Profile-Revised (PEP-R),* Raleigh, NC, Autism Society of North Carolina Bookstore.
Schunk D.H. (1990), *Percezione di autoefficacia nell'apprendimento: Indicazioni per gli alunni con deficit cognitivi,* «Insegnare all'handicappato», vol. 4, pp. 197-216.

Schunk D.H. e Zimmermann B.J. (a cura di) (1998), *Self-regulated learning*, New York, Guilford.
Scuola di Silenzio (2005), *Lettera ad una Ministro (e dintorni)*, Roma, Armando.
Seed P. (1997), *Analisi delle reti sociali,* Trento, Erickson.
Seligman M.E.P. (1990), *Imparare l'ottimismo,* Firenze, Giunti, 1996.
Sen A. (2003), *Capabilities and well-being.* In M. Nussbaum e A. Sen (a cura di), *The quality of life,* Oxford, Clarendon Press, pp. 30-53.
Sharan Y. e Sharan S. (1998), *Gli alunni fanno ricerca,* Trento, Erickson.
Sica C., Chiri L.R., Favilli R.e Marchetti I. (2011), *Q-PAD: Questionario per la valutazione della psicopatologia in adolescenza,* Trento, Erickson.
Sica C., Turchi G. P. e Ghisi M. (2004), *Attaccamento e psicopatologia nell'adolescente e nell'adulto: Una rassegna critica,* «Rassegna di Psicologia», vol. 2, pp. 33-55.
Siddique C. e D'Arcy C. (1984), *Adolescence, stress and psychological well-being,* «Journal of Youth and Adolescence», vol. 13, pp. 459-474.
Siegal M. (1991), *A clash of conversational worlds: Interpreting cognitive development through communication.* In L.B. Resnick, J.M. Levine e S.D. Teasley (a cura di), *Perspectives on socially shared cognition,* Washington, American Psychological Association, pp. 23-40.
Siegler R.S. (1976), *Three Aspects of Cognitive Development,* «Cognitive Psychology», vol. 8, n. 4, pp. 481-520.
Siegler R.S. (1988), *Individual differences in strategy choices: Good students, not-so-good students and perfectionists,* «Child Development», n. 59, pp. 833-851.
Siegler R.S. e Jenkins E.A. (1989), *How children discover new strategies,* Hillsdale, Erlbaum.
Siegler R.S. e Mitchell R. (1982), *The development of numerical understanding,* «Advances in Child Development and Behavior», n. 16, pp. 241-312.
Simon T.J. (1997), *Reconceptualizing the origins of number knowledge: A non-numerical account,* «Cognitive Development», vol. 12, n. 3, pp. 349-372.
Simpson R.L. et al. (2005), *Autism spectrum disorders. Intervention and treatments for children with autism,* Thousand Oaks, CA, Corwin Press.
Sinclair A., Mello D. e Siegrist F. (1988), *La notation numérique chez l'enfant.* In H. Sinclair (a cura di), *La production de notations chez le jeune enfant,* Paris, Presses Universitaire de France, pp. 71-97.
Sinclair A. e De Zwarth H. (1989), *L'acquisizione della scrittura alfabetica e della notazione matematica.* In G. Stella e F. Nardocci (a cura di), *Il bambino inventa la scrittura,* Milano, FrancoAngeli, pp. 85-101.
Singh N.N. (a cura di) (1997), *Prevention and treatment of severe behavior problems,* Pacific Grove, Brooks/Cole Publishing Company.
SINPIA – Società Italiana di Neuropsichiatria dell'Infanzia e dell'Adolescenza (2005), *Linee guida per l'autismo,* Trento, Erickson.
SINPIA – Società Italiana di Neuropsichiatria dell'Infanzia e dell'Adolescenza (2006), *Linee guida per il DDAI e i DSA,* Trento, Erickson.
SIPeS – Società Italiana di Pedagogia Speciale (2008), *Integrazione scolastica degli alunni con disturbi dello spettro autistico,* Trento, Erickson.
Skinner B.F. (1971), *Scienza e comportamento,* Milano, FrancoAngeli.
Slavin R.E. (1990), *Cooperative Learning: Theory, research, and practice*, Englewood Cliffs, NJ, Prentice-Hall.
Slavin R.E. (1995), *Cooperative earning and intergroup relations.* In A.B. James (a cura di), *Secondary* School and Cooperative Learning. *Theories, models and strategies,* New York, Garland Publishing Inc., pp. 281-300.
Smeets P., Lancioni G. e Hoogeven F. (1984b), *Effects of different stimulus manipulations on the acquisition of word recognition in trainable mentally retarded children,* «Journal of Mental Deficiency Research», vol. 28, n. 2, pp. 109-122.

Smeets P., Lancioni G. e Hoogeven F. (1984a), *Using stimulus shaping and fading to establish stimulus control in normal and retarded children,* «Journal of Mental Deficiency Research», vol. 28, pp. 109-122.
Smith J.D. (1989), *Analytic and holistic processes in categorization.* In B.E. Shepp e S. Ballesteros (a cura di), *Object perception: Structure and processes,* Hillsdale, NJ, Erlbaum, pp. 297-323.
Snow C.E., Burns S. e Griffin P. (a cura di) (1998), *Preventing reading difficulties in young children,* Washington, DC, National Academy Press
Sowell E.R., Peterson B.S., Thompson P.M. e Welcome S.E. (2003), *Mapping cortical change across the human life span,* «Nature Neuroscience», vol. 6, pp. 309-315.
Specchia A. (1998), *Lavorare per mappe e schemi,* Milano, Juvenilia.
Spelke E.S. (2003), *What makes us smart? Core knowledge and natural language.* In D. Gentner e S. Goldin-Meadow (a cura di), *Language in mind,* Cambridge, MA, MIT Press.
Stavy R. e Wax N. (1989), *Children's conceptions of plants as living things,* «Human Development», vol. 2, pp. 88-94.
Steffe L.P. (1991), *Stades d'apprendissage dans la construction de la suite des nombres.* In J. Bideaud, C. Meljac e J.P. Fischer (a cura di), *Les chemis du nombre,* Lille, Presses Universitaires de Lille, pp. 113-132.
Steffe L.P., Cobb P. e von Glasersfeld E. (1988), *Construction of arithmetical meanings and strategies,* New York, Springer-Verlag.
Steinberg L. (1989), *Pubertal maturation and parent-adolescent distance: an evolutionary perspective.* In G. Adams, R. Montemayor e T. Gullotta (a cura di), *Advances in adolescent behavior and development,* Newbury Park, CA, Sage Publications, pp. 71-97.
Steinberg L. (2005), *Cognitive and affective development in adolescence,* «Trends in Cognitive Sciences», vol. 9, n. 2, pp. 69-74.
Stella G. (2004), *La dislessia,* Bologna, il Mulino.
Stella G. e Savelli E. (2011), *Dislessia oggi,* Trento, Erickson.
Stern D. e Eichorn D. (a cura di) (1989), *Adolescence and work: Influences of social structure, labor markets, and culture,* New Jork, Lawrence Erlbaum Associates.
Sternberg R.J. (1985), *Beyond IQ. A triarchic theory of human intelligence,* Cambridge, Cambridge University Press, trad. it. *Teorie dell'intelligenza.* Milano, Bompiani, 1987.
Sternberg R.J. (2003), *Stili di pensiero,* Trento, Erickson.
Stipek D.J. (1996), *La motivazione nell'apprendimento scolastico. Fondamenti teorici e orientamenti operativi,* Torino, SEI.
Stokes T.F. e Baer D.M. (1977), *Procedure e tecniche di generalizzazione.* In D. Ianes (1990) (a cura di), *Ritardo mentale e apprendimenti complessi,* Trento, Erickson, pp. 221-252.
Strauss M.S. e Curtis L.E. (1981), *Infant perception of numerosity,* «Child Development», n. 52, pp. 1146-1152.
Striefel S. e Owens E.R. (1988), *Tecniche di transfer nell'apprendimento del linguaggio: Fading, time delay, esemplari multipli in matrice,* «Insegnare all'handicappato», vol. 3, n. 1.
Thomas R.K. e Chase L. (1980), *Relative numerousness judgments by squirrel monkeys,* «Bulletin of the Psychonomic Society», n. 16, pp. 79-82.
Thompson R.A. (1994), *Emotion regulation: A theme in search of definition. The development of emotion regulation: Biological and behavioral considerations,* «Monographs of the Society for Research in Child Development», vol. 59, pp. 25-52.
Tiriticco M. (2014), *Libro di testo addio?,* «Edscuola Press – Il weblog di Educazione&Scuola», disponibile all'indirizzo: http://www.edscuola.eu/ wordpress/?p=41395.
Tocci W. (2015), *La scuola, le api e le formiche. Come salvare l'educazione dalle ossessioni normative,* Roma, Donzelli.
Toga A.W., Thompson P.M. e Sowell E.R. (2006), *Mapping brain maturation,* «Trends in Neurosciences», vol. 29, n. 3, pp. 148-59.

Tognon A. (2010), *Cinque pensieri sul federalismo scolastico,* «Dirigere la scuola», vol. 10, n. 9.
Tomkins S.S. (1962), *Affect Imagery Consciousness: The Positive Affects (Vol. 1)*, New York, Springer.
Tomlinson C.A. (2006), *Adempiere la promessa di una classe differenziata*, Roma, LAS.
Tomasello M. et al. (2005), *Understanding and sharing intentions: The origins of cultural cognition,* «Behavioral and Brain Sciences», vol. 5, pp. 675-691.
Tosolini A., Brunello P. e Rosini B. (a cura di) (2011), *Cittadinanza e Costituzione,* Brescia, La Scuola
Treellle, Caritas Italiana e Fondazione Giovanni Agnelli (2011), *Gli alunni con disabilità nella scuola italiana: bilancio e proposte,* Trento, Erickson.
Tuffanelli L. (2004), *Il Portfolio delle competenze per la scuola secondaria di primo grado,* Trento, Erickson.
Tuffanelli L. e Ianes D. (2003), *Formare una testa ben fatta,* Trento, Erickson.
Tuffanelli L. e Ianes D. (2011), *La gestione della classe,* Trento, Erickson.
Tzuriel D. (2004), *La valutazione dinamica delle abilità cognitive,* Trento, Erickson.
Vianello R. (2012), *Potenziali di sviluppo e di apprendimento nelle disabilità intellettive,* Trento, Erickson.
Vianello R. e Marin M.L. (1997), *OLC. Operazioni Logiche e Conservazione,* Bergamo, Junior.
Villa R., Thousand J. e Nevin A. (a cura di) (2013), *A Guide to Co-Teaching: New Lessons and Strategies to Facilitate Student Learning. 3rd Edition,* Thousand Oaks, CA, Corwin Press.
Vio C., Marzocchi G.M. e Offredi F. (1999), *Il bambino con deficit di attenzione/iperattività: Diagnosi psicologica e formazione dei genitori,* Trento, Erickson.
Visco I. (2014), I*nvestire in conoscenza. Crescita economia e competenze per il XXI secolo,* Bologna, il Mulino.
Visconti P., Peroni M. e Ciceri F. (2007), *Immagini per parlare*, Brescia, Vannini.
Volterra V. (a cura di) (2004), *La lingua dei segni italiana,* Bologna, il Mulino.
Vygotskij L.S. (1930-1931), *Istoria razvitija vyssih psihiceskih funckcij,* Moskva, trad. it. *Storia dello sviluppo delle funzioni psichiche superiori e altri scritti,* Firenze, Giunti, 1974.
Vygotskij L.S. (1966), *Pensiero e linguaggio*, Firenze, Giunti.
Vygotskij L.S. (1973), *Lo sviluppo psichico del bambino,* Roma, Editori Riuniti.
Vygotskij L.S. (1980), *Il processo cognitivo,* Torino, Boringhieri.
Vygotskij L.S. (2006), *Psicologia pedagogica,* Trento, Erickson.
Wallach M.A. (1970), *Creativity.* In P.H. Mussen (a cura di), *Charmichael's manual of child psychology*, New York, Wiley, vol. 1.
Wallach M.A. (1971), *The intelligence/creativity distinction*, Morriston, NJ, General Learning Press.
Washburn D.A. e Rumbaugh D.M. (1991), *Ordinal judgements of numerical symbols by macaques (Macaca Mulatta),* «Psychological Science», n. 2, pp. 190-193.
Watson L.R. et al. (1997), *La comunicazione spontanea nell'autismo (secondo il Metodo TEACCH),* Trento, Erickson.
Watzlawick P., Beavin J.H. e Jackson D.D. (1971), *Pragmatica della comunicazione umana,* Roma, Astrolabio.
Wehman P., Renzaglia A. e Bates P. (1988), *Verso l'integrazione sociale,* Trento, Erickson.
Wells A. (2002), *Disturbi emozionali e metacognizione,* Trento, Erickson.
Whalen C.K. e Henker B. (1991), *Therapies for hyperactive children: Comparisons, combinations and compromises,* «Journal of Consulting and Clinical Psychology», vol. 59, pp. 126-137.
Whitehurst G.J. e Lonigan C.J. (2001), *Emergent literacy: Development from prereaders to readers.* In S.B. Neuman e D.K. Dickinson (a cura di), *Handbook of early literacy research. Vol. 1,* New York, Guilford Press, pp. 11-29.
Whitman T. (1990), *Autoistruzione e ritardo mentale: Lo sviluppo di abilità autoregolatorie verbali.* In D. Ianes (a cura di), *Ritardo mentale e apprendimenti complessi,* Trento, Erickson.
Wiggins G. e McTighe J. (1998), *Understanding by design,* Alexandria, VA, Association for Supervision and Curriculum Development.
Witkin H.A. (1976), *Cognitive style in academic performance and in teacher-student relations.* In S. Messick et al., *Individuality in learning,* San Francisco, CA, Jossey Bass.

Witkin H.A. et al. (1962), *Psychological differentiation: Studies of development*, New York, Wiley.

Woodward L., Downey L. e Taylor E. (1997), *Child and family factors influencing the clinical referral of children with hyperactivity: A research note,* «Journal of Child Psychology and Psychiatry», vol. 38, pp. 479-485.

Wood D., Bruner J.S. e Ross G. (1976), *The role of tutoring in problem solving,* «Journal of Child Psychology and Psychiatry», Pergamon Press.

Wood S.J., De Luca C.R., Anderson V. e Pantelis C. (a cura di) (2004), *Neurodevelopment and Schizophrenia,* New York, Cambridge University Press.

Wynn K. (1992), *Children's acquisition of the number words and the counting system,* «Cognitive Psychology», n. 24, pp. 220-251.

Wynn K. (1999), *Numerical competence in infants.* In C. Donlan (a cura di), *The development of mathematical skills. Study in developmental psychology,* Hove, Psychology Press, pp. 3-25.

Xu F. e Spelke E.S. (2000), *Large numbers discrimination in 6-month-old infants,* «Cognition», vol. 74, n. 1, B1-B11.

Yurgelun-Todd D.A. e Killgore W.D. (2006), *Fear-related activity in the prefrontal cortex increases with age during adolescence: a preliminary fMRI study,* «Neuroscience Letters» vol. 406, n. 2006, pp. 194-199.

Zambotti F. (2010), *Didattica inclusiva con la LIM,* Trento, Erickson.

Zappella M. et al. (2001), *In classe con un allievo con autismo.* In C. Ricci (a cura di), *Manuale per l'integrazione scolastica*, Milano, Fabbri Editori.

Zazzo B. (1966), *Psychologie differentielle de l'adolescence,* Paris, PUF.

Zeman J. e Garber J. (1996), *Display rules for anger, sadness, and pain: It depends on who is watching,* «Child Development», vol. 67, pp. 957-973.

Zoja L. (2009), *La morte del prossimo,* Torino, Einaudi.

Finito di stampare
nel mese di febbraio 2016
da Esperia srl – Lavis (TN)
per conto delle Edizioni
Centro Studi Erickson S.p.A.
Trento